LE CONTRÔLE DE LA GESTION DES SOCIETÉS COTÉES

Logiques Juridiques

Fondée par Gérard Marcou

Dirigée par Jean-Claude Némery et Thomas Perroud

Le droit n'est pas seulement un savoir, il est d'abord un ensemble de rapports et pratiques que l'on rencontre dans presque toutes les formes de sociétés. C'est pourquoi il a toujours donné lieu à la fois à une littérature de juristes professionnels, produisant le savoir juridique, et à une littérature sur le droit, produite par des philosophes, des sociologues ou des économistes notamment.

Parce que le domaine du droit s'étend sans cesse et rend de plus en plus souvent nécessaire le recours au savoir juridique spécialisé, même dans des matières où il n'avait jadis qu'une importance secondaire, les ouvrages juridiques à caractère professionnel ou pédagogique dominent l'édition, et ils tendent à réduire la recherche en droit à sa seule dimension positive. À l'inverse de cette tendance, la collection « Logiques juridiques » des éditions L'Harmattan est ouverte à toutes les approches du droit. Tout en publiant aussi des ouvrages à vocation professionnelle ou pédagogique, elle se fixe avant tout pour but de contribuer à la publication et à la diffusion des recherches en droit, ainsi qu'au dialogue scientifique sur le droit. Comme son nom l'indique, elle se veut plurielle.

Dernières parutions

Yingyi LI, *Les contrats administratifs en Chine, Une perspective comparative,* 2020.

Basile MERAND, *Les fonctions du consentement des administrés en droit administratif français*, 2020

Amer TABBARA, *Les actions de groupe dans le contentieux international*, 2020.

Mathieu BAUCHARD, *Emmanuel Macron et l'imposition de la richesse, La politique fiscale des hauts revenus et patrimoines entre 2019 et 2019*, 2020.

Newton Tavares FILHO, Juger les lois, *L'activisme du Tribunal suprême au Brésil*, 2020.

BALLA CISSÉ, *Le juge, la doctrine et le contrôle des lois de révision de la constitution,* 2020.

Boris BARRAUD, *La prospective juridique*, 2020.

Virginie LANCERON, *La fonction de coordination en droit public,* 2019.

Abir ELMEKKI, Les réserves aux traités relatifs aux droits de l'homme : évolutions récentes, 2019.

Behnaz HAKIMI, Protection de la faune sauvage dans l'Union Européenne et principe de proportionnalité, 2019.

Matthieu Zolomian

LE CONTRÔLE DE LA GESTION DES SOCIETÉS COTÉES

Préface de Hervé Le Nabasque

L'Harmattan

5-7, rue de l'Ecole-Polytechnique, 75005 Paris

www.editions-harmattan.fr

ISBN : 978-2-343-19378-6
EAN : 9782343193786

Remerciements

Mes remerciements vont tout d'abord au Professeur Hervé Le Nabasque. Je lui suis reconnaissant d'avoir accepté de diriger ma thèse et de m'avoir inculqué, tout au long de mon doctorat et postérieurement, la rigueur scientifique. Je lui suis aussi reconnaissant de m'avoir accordé sa confiance en m'ayant accueilli au sein de ses équipes pédagogiques.

Je tiens ensuite à remercier les Professeurs Alain Couret, Philippe Didier, Michel Germain et Didier Porrachia d'avoir accepté de siéger au sein du jury. Les échanges de ces quelques heures de soutenance auront été stimulants et très enrichissants.

Les rencontres au cours de cette aventure qu'est le doctorat sont trop nombreuses pour pouvoir être évoquées individuellement. Pourtant, chacun a compté, par leurs conseils, leurs discussions, ou leur simple présence. Je tiens cependant à remercier plus particulièrement ceux qui ont fréquenté la salle de droit commercial, qui ont rempli un rôle essentiel au cours du doctorat.

Enfin, je ne peux qu'exprimer mon immense gratitude à mon épouse, Sophie, qui m'a supporté – dans toutes les acceptions du terme – au cours de la rédaction de la thèse. Son enthousiasme, sa bienveillance et ses remarques m'ont permis de mener à bien la thèse. Ses encouragements m'ont aidé à surmonter les moments de doutes. De tout, je lui suis à tout jamais reconnaissant.

Principales abréviations utilisées dans la thèse

AJ	Actualité jurisprudentielle du Recueil Dalloz
AJDA	Actualité juridique, droit administratif
AJ Pénal	Actualité juridique, pénal
AMF	Autorité des marchés financiers
ANSA	Association nationale des sociétés par actions
AN	Assemblée Nationale
Art.	Article
Aut. Conc.	Autorité de la concurrence
Banque	Revue Banque
Bull. civ.	Bulletin des arrêts de la Cour de cassation (chambres civiles)
Bull. COB	Bulletin mensuel de la Commission des opérations de bourse
Bull. crim.	Bulletin des arrêts de la Cour de cassation (chambre criminelle)
BICC	Bulletin d'information de la Cour de cassation
Bulletin Joly sociétés	Bulletin Joly mensuel d'information sur les sociétés
Bulletin Joly bourse	Bulletin Joly Bourse et Produits financiers
Cass. Ass. Plén.	Assemblée plénière de la Cour de cassation
Cass. civ.	Chambre civile de la Cour de cassation
Cass. civ. 1ère	Première chambre civile de la Cour de cassation
Cass. civ. 2ème	Deuxième chambre civile de la Cour de cassation
Cass. civ. 3ème	Troisième chambre civile de la Cour de cassation
Cass. com.	Chambre commerciale de la Cour de cassation
Cass. crim.	Chambre criminelle de la Cour de cassation
Cass. mixte	Chambre mixte de la Cour de cassation
Cass. req.	Chambre des requêtes de la Cour de cassation
Cass. soc.	Chambre sociale de la Cour de cassation
CE	Conseil d'État
CE, Ass.	Assemblée du contentieux du Conseil d'État
CEDH	Cour européenne des Droits de l'Homme
Chron.	Chronique
CIJ	Cour internationale de justice
CMF	Conseil des marchés financiers
CJCE	Cour de justice des communautés européennes
CJUE	Cour de justice de l'Union européenne
COB	Commission des opérations de bourse
Comm.	Commentaire
concl.	conclusions

conf. ou cf.	consulter
contra	en sens contraire
D.	Recueil Dalloz
Déc.	Décision
dir.	Sous la direction de
DP	Dalloz Périodique
éd.	édition
et alii.et alii	et autres
Ibid. Ibid.	Ibidem (même référence que la revue précitée dans la même note)
Id.	Idem (même référence que la note précédente)
in	Dans
in fine	à la fin, dernière phrase
infra	ci-dessous
IR	Informations rapides du Recueil Dalloz
J.-Cl.	Jurisclasseur
JCP	Jurisclasseur périodique
JCP CI	Jurisclasseur périodique édition « commerce et industrie »
JCP E	Jurisclasseur périodique édition « entreprise »
JCP G	Jurisclasseur périodique édition « générale »
JCP N	Jurisclasseur périodique édition « notariale »
JCP S	Jurisclasseur périodique édition « sociale »
J.O. AN	Journal officiel de l'Assemblée Nationale
J.O. Sénat	Journal officiel du Sénat
JOCE	Journal officiel de la Communauté européenne
JORF	Journal officiel de la République Française
JOUE	Journal officiel de l'Union européenne
obs.	observations
op. cit.	opere citato (œuvre précitée)
OPCVM	Organisme de placement collectif en valeurs mobilières
p.	page
préf.	Préface de
rapp.	Rapport
Rép. civ.	Encyclopédie Dalloz, répertoire de droit civil
Rép. com.	Encyclopédie Dalloz, répertoire de droit commercial
Rép. pén.	Encyclopédie Dalloz, répertoire de droit pénal
Rép. pr. pén.	Encyclopédie Dalloz, répertoire de procédure pénale
Rép. sociétés	Encyclopédie Dalloz, répertoire de droit des sociétés

RJDA	Revue de jurisprudence de droit des affaires
RTD Civ.	Revue trimestrielle de droit civil
RTD Com.	Revue trimestrielle de droit commercial
S.	Recueil Sirey
Somm.	Sommaire du Recueil Dalloz
supra	ci-dessus
T. com.	Tribunal de commerce
T. corr.	Tribunal correctionnel
TGI	Tribunal de grande instance
Vol.	Volume

SOMMAIRE

PREFACE

Les sociétés « cotées » (celles dont les titres sont admis à la négociation sur un marché réglementé) évoluent dans un monde qui n'est pas tout à fait celui des sociétés non cotées. Confrontées de manière permanente au Marché, à l'Autorité qui le contrôle, aux petits épargnants comme aux investisseurs professionnels, aux agences de notation, de conseil en droits de vote, aux associations de défense des actionnaires minoritaires, aux codes de gouvernance auxquels elles ont adhéré, elles se doivent de donner d'elles une image aussi lisse que possible et « conforme », qui plus est. Pour elles, le devoir de compliance va au-delà du mot. Leur communication doit être irréprochable et leur gestion satisfaire de multiples besoins, qui ne se réduisent plus à ceux de leurs actionnaires, même si ceux-ci restent prioritaires. A ce titre, la réforme annoncée de l'article 1833 du code civil leur sied, par anticipation, en ce qu'elle inscrira dans le marbre de la loi ce que l'on sait déjà, savoir qu'elles doivent être gérées en considération – aussi – de leur responsabilité sociale et environnementale.

D'où l'intérêt d'une étude consacrée au contrôle de la gestion des sociétés cotées, alors pourtant qu'aucun de ces deux termes n'a de sens très précis. L'auteur retient dans l'ouvrage qu'il nous livre, et de l'un et de l'autre, l'acception la plus large.

A le suivre, la « gestion » ne s'entend pas exclusivement de celle qui émane des organes de gestion de la société (conseil d'administration, directoire ou gérant) mais de tout acte accompli au nom et pour le compte de la société, quel qu'en puisse être l'auteur ou même la dimension, éventuellement extrapatrimoniale. A ce titre, relèvent de la gestion les décisions qu'adoptent les assemblées lorsqu'elles modifient les statuts, nomment ou révoquent des dirigeants, approuvent les comptes, affectent le résultat, décident une fusion, une augmentation de capital, la cession d'un actif essentiel ou un apport partiel d'actif, car ce sont là des actes de gestion au sens non organique du terme, ne seraient-ils pas susceptibles d'expertise au sens de l'article L 225-231 du code de commerce. Mais la gestion recouvre aussi la communication que la société se doit de faire, à son propos, à destination du Marché, laquelle doit être précise, sincère et, comme les comptes sociaux, fidèle.

Quant au « contrôle », distingué – cela s'entend – du contrôle-domination que définit l'article L 233-3 du code de commerce, il s'entend lui aussi de manière extensive. Il est, bien sûr, le pouvoir de vérifier, le plus souvent a posteriori, la régularité et quelquefois la qualité de la gestion de la société, à charge pour les dirigeants d'en répondre, le cas échéant, devant les tribunaux, avec cette tentation, pour l'actionnaire, de demander réparation du préjudice qu'il dit avoir subi du fait de la perte de valeur de ses titres. On sait le résultat. Mais le « contrôle » s'entend aussi de l'action préventive qui accompagne la prise de décision des dirigeants (le contrôle dit a priori de la gestion sociale ou de certains actes de gestion) : l'art du conseil et de l'étude préalable (le rôle des comités), le pouvoir d'autoriser l'accomplissement de certains actes, voire d'exercer un simple droit de regard sur la gestion de la société ou le statut de ses dirigeants. A ce titre, relèvent du contrôle de la gestion des sociétés cotées, au sens large que l'auteur a prêté à ce terme, les procédures de recrutement et de sélection des dirigeants, le contrôle de leur rémunération (la procédure du say on pay, dont l'auteur regrettera qu'elle soit devenue contraignante), l'appréciation de la qualité de l'information que la société communique au Marché (en ce compris par l'AMF), les missions dévolues aux divers comités et, notamment, aux comités d'audit ainsi qu'aux commissaires aux comptes. La vision est donc large, mais elle se justifie, pour au moins deux raisons.

Si la société est « cotée », l'auteur se devait d'insister sur cette dimension particulière et se garder – surtout – d'aborder son sujet sous l'angle trop étroit du seul droit des sociétés, déjà remarquablement visité par d'autres auteurs avant lui et, notamment, par Raphael Contin dans la belle thèse qu'il a consacrée au « contrôle de la gestion des sociétés anonymes » en 1976. Aussi la contribution de Matthieu Zolomian va-t-elle bien au-delà du simple contrôle de la gestion stricto sensu pour embrasser l'ensemble des mécanismes qui contribuent, de près, de loin, à la régulation de la gestion d'une société cotée ou, pour mieux dire, à son « encadrement ». A cette fin, l'auteur emprunte le chemin attendu du droit des sociétés, lequel distingue – fréquemment – entre sociétés cotées et sociétés non cotées, mais également ceux que lui ouvrent le droit financier, les codes de gouvernance, le droit du travail, le droit de la concentration, sans oublier de se livrer, régulièrement, à des études de droit comparé qui lui permettent de mesurer l'excellence, parfois, des procédures du droit français, leur inadaptation aussi, voire leur insuffisance.

Ensuite, l'expérience a montré que le contrôle de la gestion d'une société puisait à d'autres sources que celles, traditionnelles, du droit des sociétés et, pour tout dire, du droit tout court. Une chose est de disserter sur les missions dévolues par la loi aux organes dont c'est le métier de contrôler régulièrement la gestion d'une société, sous forme d'autorisations préalables (cautions, avals et garanties, régime des conventions réglementées) ou de contrôles a posteriori (expertise de gestion, contrôle de la régularité – mais non de l'opportunité – de certaines opérations par les commissaires aux comptes, actions sociale ou personnelle en responsabilité dont l'auteur pense, à juste titre, qu'elles sont promises à un avenir plus brillant qu'aujourd'hui), une autre de tenir compte de la dimension sociologique qui accompagne la mise en place d'une « bonne gouvernance » d'entreprise. Produire des rapports (document de référence ou rapport sur le gouvernement d'entreprise, par exemple) est une tâche astreignante ; se garder d'en améliorer le contenu au fil des exercices est une faute : les proxy advisors y prêtent une attention particulière (mais quel sera demain le régime de leur responsabilité, si celle-ci est un jour assortie au pouvoir qu'ils exercent ?), comme la plupart des fonds d'investissement qui, faute de « mieux », au fil du temps, révisent leur politique d'investissement.

De la même façon, l'information (la simple information, c'est-à-dire le fait de devoir porter certains événements à la connaissance du public et, du même coup, des actionnaires), peut se révéler quelquefois aussi « embarrassante » que de devoir sacrifier à la procédure de contrôle des conventions réglementées. Au résultat, « on ne fait pas », si faire oblige à le dire ; ce qui est bien une façon comme une autre de contrôler, par prévention, certains comportements.

Au terme de cette acception large de la notion de « gestion » et de celle de « contrôle », l'auteur observe que le contrôle de la gestion des sociétés cotées, s'il appartient encore aux actionnaires et aux organes dédiés à cette fonction (conseil de surveillance, ici, conseil d'administration, là) comme dans les sociétés non cotées, échoit à plus d'acteurs dans les premières nommées. Ce n'est pas dire, et l'auteur le souligne, que l'AMF, l'ACPR, les proxy advisors, les commissaires aux comptes, les multiples comités dont la société s'est dotée, et encore moins le juge, seraient devenus des organes de contrôle de la gestion de la société ; c'est dire que leur présence, les tâches qui leur incombent, leurs recommandations, voire la perspective – redoutable – d'une action en justice, incitent « spontanément » ceux qui contrôlent la société (si contrôle il y a) ou ceux qui la dirigent à un réflexe de précaution, pour ne pas dire de compliance, qui contribue à l'amélioration de la gestion des sociétés cotées. Ainsi, des formes « insidieuses » de contrôle, encore très perfectibles, laissent entrevoir que la société cotée n'est plus ce qu'elle était (la « chose » des actionnaires) mais devient peu à peu ce que d'aucuns appellent « l'entreprise citoyenne », une réalité de demain, qu'on en accepte l'augure ou s'entête à le nier.

Hervé Le Nabasque

INTRODUCTION

> *« La démocratie de la société par actions étant un mythe,*
> *le contrôle de la gestion ne peut être qu'une fiction,*
> *les contrôlés étant, en fait, leurs propres contrôleurs ».*[1]

1. Les sociétés par actions, outil du capitalisme. S'il est commun de considérer que les sociétés anonymes, et par extension les sociétés par actions[2], sont les « merveilleux instruments du capitalisme » moderne[3], une tendance tend à assimiler les deux dans un mouvement mêlant outil et résultat[4]. Cette confusion entre sociétés par actions et capitalisme est accrue par l'apparition de structures sociales d'une influence telle qu'elles représentent véritablement des États dans l'État[5] et plus encore lorsqu'elles opèrent sur différents continents. Dès lors que cette confusion est communément opérée, il est loisible aux personnes la commettant de conclure

---

[1] Raphaël CONTIN, *Le contrôle de la gestion des sociétés anonymes*, préf. Roger PERCEROU, Paris, Librairies Techniques, 1975, p. 24.

[2] Les sociétés par actions, mentionnées à l'article L. 224-1 du Code de commerce, regroupent les sociétés anonymes, les sociétés en commandite par actions et les sociétés par actions simplifiées. Les sociétés anonymes représentent le socle des sociétés par actions, en ce que le régime applicable aux deux autres sociétés par actions s'inspire grandement du régime applicable à la société anonyme.

[3] Georges RIPERT, *Aspects juridiques du capitalisme moderne*, 2ème éd. (réédition), Paris, L.G.D.J., 1995, p. 109. Plus qu'un instrument, la société serait, au même titre qu'un outil de production, une machine : « Le fait qu'une société puissante (…) reçoit dans son sein ceux qui se proposent de les édifier (…) montre encore combien nous avons profondément le sentiment qu'elles font essentiellement partie, comme la machine à vapeur, de l'ensemble de la série mécanologique ». Voir : Jacques LAFFITE, *Réflexions sur la science des machines*, 2ème éd., Paris, Vrin, 1972, p. 72.

[4] Pour une description de cette confusion opérée il y a près d'un demi-siècle : Jean PAILLUSSEAU, *La société anonyme, technique d'organisation de l'entreprise*, préf. Yvon LOUSSOUARN, Paris, Sirey, 1967, p. 1.

[5] Bien que clairement dotée d'une connotation négative, cette expression permet d'appréhender la dimension que les possibles règles de fonctionnement de ces sociétés. Aussi est-il possible, à titre d'exemple, de citer la société coréenne Samsung : « Pesant à lui seul plus d'un cinquième du PIB national, le groupe familial est un État dans l'État en Corée du Sud et son patron (…) jugé plus influent que la présidente de la République » : S.F. « Plus qu'une entreprise, une "république" », *Le Figaro économie*, 22 avril 2013, p. 20 ; Philippe MESMER, « Samsung, un État dans l'État », *Le Monde économie*, 25 janvier 2014, p. 2. Pour l'utilisation de l'expression à propos de la société Electricité de France : Patrick BONAZZA, Catherine GOLLIAU, Frédéric LEWINO, « Hautes tensions à EDF », *Le point*, 20 juin 1998, p. 68 ; M.-B. B., « L'État pourrait avoir le droit de décider l'arrêt définitif d'une centrale nucléaire », *Le Monde*, 19 juillet 2013, p. 7.

que la société peut être habitée des mêmes vices que le capitalisme, notamment celui d'opérer « une répartition inégale des richesses »[6]. On peut alors aisément comprendre que certains membres de la société prise dans son acception la plus large s'alarment d'une éventuelle appropriation des richesses sociales par quelques-uns, nécessairement au détriment du plus grand nombre. Il est indéniable que quelques sociétés par actions ont vu leur nom apparaître sur le devant de la scène médiatique ou judiciaire en raison du comportement de certaines de leurs composantes, mais cela ne doit en aucun cas conduire à jeter l'opprobre sur la totalité des sociétés anonymes. De même, il semble bien hâtif de devoir confondre les structures sociales et le capitalisme en lui-même. En effet, si la société par actions a été l'instrument de l'avènement du capitalisme, c'est justement parce que cette dernière est apparue avant que le capitalisme ne soit théorisé en tant que système d'économie politique.

2. L'avènement des sociétés par actions au XVIIème siècle : la conquête de nouveaux mondes. Les formes sociales de collaboration entre plusieurs personnes sont connues depuis la haute Antiquité et notamment par le biais de la société en commandite[7]. Les sociétés par actions, plus abstraites, ont fait leur apparition légèrement plus tard. Certains considèrent que l'une des premières sociétés par actions date du XIIème siècle, alors qu'un moulin de la région de Toulouse avait été concédé à une société et divisé en un certain nombre de parts « que l'on distribua entre tous les associés suivant le montant de leur intérêt »[8]. Si la qualité de société par actions a été contestée depuis la redécouverte de ces « uchaux de Basacle »[9], surtout en raison du caractère civil de ces actions, il n'en demeure pas moins que cette forme de coopération

---

6 Traduction de Winston CHURCHILL : « *The inherent vice of capitalism is the unequal sharing of the blessings* ». Discours prononcé devant la Chambre des Communes : « Demobilisation », *HC Deb. 22 octobre 1945*, vol. 414, cc. 1703-1704.

7 Aussi est-il possible, pour un auteur, de retrouver trace d'une forme de société en commandite à l'époque Mésopotamienne, principalement pour les expéditions : Maxime LEMOSSE, « Le commerce antique jusqu'aux invasions arabes », dans Jacques LACOURT-GAYET (dir.), *Histoire du Commerce*, Tome II, Paris, SPID, 1950, p. 21. D'autres situent l'origine de la commandite à l'époque Romaine, sans doute en raison du plus grand nombre de sources disponibles. Voir notamment : Raymond-Théodore TROPLONG, *Du contrat de société civile et commerciale*, Vol. 1, Paris, Charles Hingray, 1843, p. LIV et s. ; Raymond SALEILLES, « Etude sur l'histoire des sociétés en commandite », *Annales de droit commercial*, 1895, § 7 et s. (l'auteur soulève toutefois un doute sur la qualification exacte de la société).

8 R.-T. TROPLONG, *op. cit.* note 7, p. LXXIV et s.

9 Voir notamment Edmond-Eugène THALLER, « Les sociétés par actions dans l'ancienne France », *Annales de droit commercial* 1901, p. 185, spéc. p. 187. Voir, *contra* : « Tout compte fait, les sociétés de moulins sont des entités juridiques au capital composé de parts librement cessibles ; la responsabilité des pariers serait bien limitée au montant de ces dernières, certes ces résultats sont atteints par les procédés parfois fort éloignés de la technique juridique moderne ; il n'en reste pas moins que ces sociétés médiévales toulousaines réunissent les caractères dans lesquels la grande majorité de la doctrine récente et la jurisprudence voient les critères décisifs de l'existence des sociétés par actions » : Germain SICARD, *Les moulins de Toulouse au Moyen-Age : aux origines des sociétés anonymes*, préf. Georges BOYER, Paris, Armand Colin, 1953, p. 360.

collective, à laquelle le Roi Charles V prit part tant en qualité « que participant que de *parier* »[10], est passée à la postérité en tant qu'acte fondateur de l'acceptation d'une personnalité différente de celle de ses membres[11]. Au-delà de cette théorie – sans doute teintée de patriotisme – selon laquelle l'origine des sociétés par actions serait française, il est possible de retracer des sociétés par actions tant dans les « contrats d'armement des navires »[12] que dans la fameuse *Casa di San Giorgio*, banque génoise créée en 1409 dans le but de regrouper tous les porteurs de titres représentant les emprunts émis par la ville de Gênes finançant notamment ses visions expansionnistes[13]. Bien qu'à l'origine cette banque ne soit pas à proprement parler une société[14] mais plutôt un regroupement de créanciers, son évolution historique en compagnie, devant gérer et administrer les conquêtes liguriennes, lui a permis de bénéficier de la qualification de société par actions.

Les sociétés par actions, dans une forme plus aboutie et plus pérenne, ont en effet été rendues nécessaires par les grandes expéditions ayant permis de découvrir et de coloniser les territoires jusqu'alors inconnus et non exploités, principalement les Amériques et l'Asie. Avec les expéditions du XVème et du XVIème siècles, les grandes puissances européennes ont disposé de nouveaux territoires à exploiter et à sécuriser, nécessitant de nombreux fonds. C'est ainsi que les compagnies anglaise et néerlandaise des Indes Orientales, respectivement créées en 1600 et 1602[15], ont permis la cession d'actions représentant leur capital, mais aussi une gestion par des directeurs nommés pour un mandat de trois ans non renouvelable, selon une modalité s'apparentant à un suffrage indirect, les participants désignant « les principaux participants », à qui il incombait la tâche de nommer les directeurs[16]. Ces compagnies, organisées sous forme de sociétés par actions, ayant pour objet

---

[10] R.-T. TROPLONG, *op. cit.* note 7, p. LXXV.

[11] Catherine PRIETO, *La société contractante*, préf. Jacques MESTRE, Aix-en-Provence, PUAM, 1994, p. 12 ; Jean HILAIRE, *Introduction historique au droit commercial*, Paris, PUF, 1986, p. 184.

[12] Karl LEHMANN, *Geschlichtliche Entwicklung des Aktienrechts bis zum Code de commerce*, Berlin, Carl Heymanns Verlag, 1895. Cité par : E. E. THALLER, *op. cit.* note 9, p. 196.

[13] J. HILAIRE, *op. cit.* note 11, p. 183. Voir aussi : Levin GOLDSCHMIDT, *Universalgeschichte des Handelsrechts*, Stuttgart, Enke, 1891. Cité par : Jean ESCARRA, *Manuel de droit commercial*, Paris, Sirey, 1947, p. 261.

[14] Voir en ce sens : Jean ESCARRA, « Pour une étude de droit commercial comparé sur l'organisation légale des porteurs d'obligations », *Annales de l'Université de Grenoble*, 1919, n° 2, spéc. p. 380 ; J. ESCARRA, *op. cit.* note 13, p. 262.

[15] Henry WEBER, *La compagnie Française des Indes*, préf. Emile LEVASSEUR, Paris, Arthur Rousseau, 1904, p. 18 et 25.

[16] Pour la description du fonctionnement de la compagnie néerlandaise des Indes : J. HILAIRE, *op. cit.* note 11, p. 200. Voir aussi : H. WEBER, *op. cit.* note 15, p. 18 et s. ; André-Emile SAYOUS, « Les sociétés anonymes par actions, leur nature dégagée par la méthode historique d'après l'histoire de la compagnie hollandaise des Indes Orientales de 1602 à 1623 », *Revue d'économique politique* 1902, spéc. p. 620 et s. Voir pour l'organisation de la compagnie anglaise des Indes : *ibid.*, p. 25 et s.

de favoriser le commerce avec les colonies et les comptoirs et de s'approprier des ressources, ont permis l'accroissement rapide de richesses des couronnes britannique et néerlandaise, ce qui ne pouvait pas désintéresser le Royaume de France. Ainsi, trois ministres royaux parmi les plus importants du XVIIème siècle – Richelieu, Mazarin et Colbert – ont favorisé la création de diverses compagnies servant autant d'outil développant le commerce que d'outil de colonisation. Si de nombreuses compagnies ont été créées sous l'égide de ces ministres[17], l'une d'entre elles doit être isolée : la Compagnie française des Indes Orientales qui disposait d'un capital considérable, divisé en actions, détenu pour une partie non négligeable – un cinquième – par le Roi[18]. Telle une véritable société par actions actuelle, les porteurs d'actions de la compagnie des Indes Orientales avaient une responsabilité limitée à leurs apports – nécessairement en numéraire –, un droit de cession de leurs titres, ainsi que le droit de participer aux décisions collectives dans le cadre d'une assemblée générale annuelle devant « désigner des directeurs chargés de suivre la marche journalière des affaires »[19], qui n'étaient pas responsables de la conduite des affaires[20].

Cette répartition théorique du pouvoir se heurtait toutefois à une limite factuelle. L'origine royale de ces compagnies, issues de lettres patentes[21], semblait octroyer au Roi un pouvoir d'immixtion dans la gestion tel qu'au final, il lui revenait de nommer les directeurs et de les contrôler directement[22]. Point un élément important des sociétés par actions, le droit de contrôle exercé par l'actionnaire majoritaire, en l'occurrence le Roi. En raison de cet actionnariat principal d'origine publique, les compagnies coloniales du XVIIème siècle ont donc été peu considérées et leur apport à la construction au

---

[17] Aussi est-il possible de citer, par ordre chronologique la compagnie de la Nouvelle-France, la compagnie du Cap-Vert et du Sénégal ou encore la compagnie de Chine. Voir : E. E. THALLER, *op. cit.* note 9, p. 188-189.

[18] J. HILAIRE, *op. cit.* note 11, p. 201 ; « On forma une compagnie des Indes Occidentales en 1664 ; et celle des grandes Indes fut établie la même année. (…) Le roi donna plus de six millions de notre monnoie d'aujourd'hui à la compagnie. Il invita les personnes riches à s'y intéresser. Les reines, les princes et toute la cour fournirent deux-millions numéraire de ce tems-là. Les cours supérieures donnèrent douze-cent-mille livres, les financiers deux-millions, le cors des marchands six-cent-cinquante-mille livres (…) », VOLTAIRE, *Le siècle de Louis XIV*, Tome II, Berlin, F. Henning, 1751, p. 112.

[19] J. HILAIRE, *op. cit.* 11, p. 201.

[20] « Les directeurs de ladite Compagnie ne pourront estre inquietez ny contraints en leurs personnes et biens pour raison des affaires de ladite Compagnie, ny les effets d'icelle susceptibles d'aucuns hypoteques pour nos affaires, ny saisis pour ce qui pourroit nous estre deub par les Particuliers Interessez en icelle » : *Déclarations du Roy, l'une portant établissement d'une Compagnie pour le Commerce des Indes Orientales, L'autre, en faveur des Officiers de son Conseil et Cours souveraines intéressées en ladite Compagnie et en celle des Indes Occidentales*, article V, Paris, Imprimeurs ordinaires du Roy, 1er septembre 1664.

[21] Voir *supra* note 20. Un auteur fait état de la grande difficulté de lister toutes les lettres patentes : E. E. THALLER, *op. cit.* note 9, p. 188.

[22] J. HILAIRE, *op. cit.* 11, p. 202.

droit des sociétés minimisé[23] notamment en raison de l'absence de disposition les régulant dans l'Ordonnance royale de 1673, dite Code Savary[24]. De par leur actionnariat public, mais aussi par leurs missions dépassant les simples prérogatives d'une personne privée, un parallèle a été dressé entre ces compagnies coloniales et les actuelles sociétés d'économie mixte[25]. Cette comparaison, en dépit de son anachronisme, laisse transparaître le lien entre ces compagnies et les sociétés anonymes, les sociétés d'économie mixte étant nécessairement organisées sous la forme de sociétés anonymes[26].

3. La consécration des sociétés par actions aux XVIIIème et XIXème siècles : l'encadrement et la consécration des pratiques commerciales et financières. À la suite de ces compagnies coloniales, de nombreuses sociétés purement privées s'étaient constituées sur le territoire. Toutefois, leur création nécessitait l'établissement de lettres patentes, c'est-à-dire un acte d'établissement signé de la main du Roi[27], notamment en raison de la nécessité d'une concession d'un monopole royal[28]. Au-delà de cette question liée à l'exercice de l'activité sociale, il est aussi possible de voir dans l'exigence d'autorisation une des conséquences de la déconfiture de la Compagnie du Mississipi, autrement connue sous le nom de Banque de Law[29]. Cette exigence d'autorisation afin de créer une société par actions, apparue à la suite de cet incident, était justifiée par la volonté de protéger les particuliers contre les

---

[23] Voir en ce sens : Henri LEVY-BRUHL, *Histoire juridique des sociétés de commerce en France aux XVIIème et XVIIIème siècles*, Paris, Domat-Montchrestien, 1938, p. 43. Voir aussi : C. PRIETO, *op. cit.* note 11, p. 13.

[24] Il est par ailleurs intéressant de noter que l'ordonnance de mars 1673 ne concerne pas les compagnies coloniales alors que le préambule de ce texte mentionne : « Comme le Commerce est la source de l'abondance publique et la richesse des Particuliers, Nous avons depuis plusieurs années appliqué nos soins pour le rendre florissant dans notre Royaume. C'est ce qui Nous a portés premièrement à ériger parmi nos Sujets plusieurs Compagnies, par le moyen desquelles ils tirent présentement des Pays les plus éloignés, ce qu'ils n'avoient auparavant que par l'entremise des autres Nations » : Jacques-Antoine SALLE, *L'esprit des ordonnances de Louis XIV*, Tome II, Paris, Samson, 1763.

[25] J. HILAIRE, *op. cit.* note 11, p. 201.

[26] Article L. 1522-1 1° du Code général des collectivités territoriales : « (…) La société revêt la forme de société anonyme régie par le livre II du Code de commerce, sous réserve des dispositions du présent titre (…) ». Voir aussi : Paul DIDIER, *Droit commercial*, Tome II, 3ème éd., Paris, PUF, 1999, p. 4 (« La société anonyme avait été développée pour les besoins des entreprises coloniales de la monarchie »).

[27] H. LEVY-BRUHL, *op. cit.* note 23, p. 45.

[28] *Id.*

[29] Pour la peur créée par cette déconfiture : J. HILAIRE, *op. cit.* note 11, p. 207. Pour une description de l'avènement, l'essor et la déroute de la Compagnie du Mississipi, voir : E. E. THALLER, *op. cit.* note 9, p. 194.

dangers d'une spéculation, alors même que la création de la Bourse de Paris n'avait suivi que de quatre ans la déroute des mississippiens[30].

Cette méfiance s'est accentuée, pour aboutir à son paroxysme, avec le décret du 24 août 1793, qui supprima « toutes les [sociétés] dont le fonds capital reposait sur des actions au porteur, sur des effets négociables ou sur des inscriptions sur un livre transmissibles à volonté et défendit d'en établir de pareilles à l'avenir sans autorisation des corps législatifs »[31]. L'interdiction des sociétés par actions a toutefois été remise en cause peu de temps après, sous l'Empire. En effet, l'œuvre législative impériale s'est attelée à la tâche de réguler les activités commerciales, particulièrement les sociétés par actions qui n'avaient pas été mentionnées par l'Ordonnance Colbertienne de 1673. Lors des débats relatifs à la société anonyme, Cambacérès avait ainsi affirmé que : « L'ordre public est intéressé dans toute société qui se forme par actions parce que, trop souvent, ces entreprises ne sont qu'un piège tendu à la crédulité des citoyens. (...). Si elle forme ses fonds par des actions mises sur la place, il faut bien que l'autorité supérieure examine la valeur de ces effets et n'en permette le cours que lorsqu'elle s'est bien convaincue qu'elle ne cache pas de surprise »[32]. Aussi, le Code de commerce, dans sa première mouture, avait-il subordonné la constitution des sociétés anonymes à une autorisation donnée par un décret pris en Conseil d'État[33], première forme de contrôle portant sur les sociétés avant même leur constitution.

L'encadrement des sociétés anonymes a engendré une véritable « fièvre des commandites »[34] par actions, librement constituées et parfois dans un but fallacieux, et abouti à de nombreuses déconfitures. De ce fait, les sociétés anonymes ont pu se constituer librement à partir de 1863 à la condition que

---

[30] E. E. THALLER, *op. cit.* note 9, p. 198. L'auteur mentionne par ailleurs qu'un modèle de Bourse existait déjà à Amsterdam depuis le début du XVIIème siècle. Ainsi, pour lui, John Law « fut un importateur et un importateur assez maladroit ». Pour une brève description historique des bourses, voir : Souley AMADOU, « Bourses d'hier et de demain », dans Jean-Pierre MATTOUT, Hubert DE VAUPLANE (dir.), *Mélanges AEDBF-France I*, Paris, Banque Editeur, 1997, spéc. p. 17-20.

[31] H. LEVY-BRUHL, *op. cit.* note 23, p. 51.

[32] *Id.*, p. 52.

[33] Article 37 du Code de commerce de 1807 : « La société anonyme ne peut exister qu'avec l'autorisation du gouvernement et avec son approbation pour l'acte qui la constitue ; cette approbation doit être donnée dans la forme prescrite pour les règlements d'administration publique ». Voir : P. DIDIER, *op. cit.* note 26, p. 4 ; Marie-Hélène DE LAENDER, « La société anonyme : un mal nécessaire ? », dans Paul LE CANNU (dir.), *D'un Code à l'autre : le droit commercial en mouvement*, Paris, L.G.D.J., 2007, p. 261 ; Jean-Guillaume LOCRE, *Esprit du Code de commerce*, Tome I, Paris, Imprimerie Impériale, 1807, p. 149 ; Michel REGNAUD DE-SAINT-JEAN-D'ANGELY, « Discours prononcé au Corps Législatif dans la séance du 1er septembre 1807 sur le projet du Code de commerce », dans Michel REGNAUD DE SAINT-JEAN-D'ANGELY, *Code de commerce précédé des motifs présentés au Corps Législatif*, Paris, Demonville, 1807, p. 18-19.

[34] M.-H. DE LAENDER, *op. cit.* note 33, p. 261 ; P. DIDIER, *op. cit.* note 26, p. 5 ; J. HILAIRE, *op. cit.* note 11, p. 217.

leur capital social fut inférieur à vingt millions de francs[35]. La différence de régime de constitution selon la différence de capital social, libre s'il était inférieur à vingt millions de francs et soumis à autorisation lorsqu'il était supérieur à cette somme, ne pouvait perdurer, au risque de ralentir l'initiative économique, d'autant plus que la révolution industrielle française nécessitait des instruments juridiques adaptés pour permettre aux entreprises françaises de soutenir la concurrence des structures anglaises[36].

La dernière évolution majeure du XIXème siècle, opérée avec la loi du 24 juillet 1867[37] vient définitivement supprimer l'exigence d'autorisation pour la constitution des sociétés anonymes et fait disparaître la distinction entre sociétés anonymes et les sociétés à responsabilité limitée. Cette loi a représenté, durant quatre-vingt-dix-neuf ans, le droit applicable aux sociétés commerciales, amendé de quelques modifications[38] rendues nécessaires par l'importance des sociétés, principalement des sociétés anonymes, « dans la vie économique moderne »[39]. Cette loi fondatrice de 1867, tout comme ses modifications subséquentes, consacre juridiquement l'apparition d'un couple

---

[35] Il était alors question de « Société à responsabilité limitée ». Il ne faut toutefois pas être trompé par la formulation adoptée, ces sociétés n'étant rien d'autre que des petites sociétés anonymes, car la loi du 23 mai 1863 exigeait un minimum de sept associés, ainsi qu'un capital social divisé en actions. Voir : Louis TRIPIER, *Commentaire de la loi du 23 mai 1863 sur les sociétés à responsabilité limitée*, Paris, Librairie de Madame Mayer-Odin, 1863, p. 1-2.

[36] Cette concurrence était d'autant plus exacerbée que le traité franco-britannique du 30 avril 1862 permettait aux sociétés d'outre-Manche d'exercer leurs activités en France sans aucune forme d'autorisation. Il en était de même de la loi du 30 mai 1857, qui autorisait les sociétés belges légalement constituées à exercer leurs droits en France, *Bulletin des lois* 1857, B. 503, n° 4578. Voir en ce sens : Georges RIPERT, René ROBLOT, par Michel GERMAIN et Véronique MAGNIER, *Traité de droit des affaires, Tome II : Les sociétés commerciales*, 21ème éd., Paris, L.G.D.J., 2014, p. 274 ; G. RIPERT, *op. cit.* note 3, p. 61. Sur la loi du 30 mai 1857 : Jacques BEGUIN, « Un texte à abroger : la loi sur la reconnaissance internationale des sociétés anonymes étrangères », dans *Mélanges offerts à Claude CHAMPAUD*, Paris, Dalloz, 1997, p. 1 ; François-Guy TREBULLE, « Prochaine abrogation de la loi du 30 mai 1857 », *Droit des sociétés* 2004, comm. 182.

[37] Loi du 24 juillet 1867 sur les sociétés, *Recueil Duvergier*, p. 241. Voir aussi : Hippolyte-Ferréol RIVIERE, *Commentaire de la loi du 24 juillet 1867 sur les sociétés*, Paris, A. Marescq Ainé, 1868.

[38] Aussi est-il possible de citer la loi du 1er août 1893 portant modification des articles 1, 3, 8, 27 et 42 et adjonction des articles 68, 39, 70, 71 à la loi du 24 juillet 1867, *J.O.* du 3 août 1893, p. 4507 ; la loi du 22 novembre 1913, portant modification de l'article 34 du code de commerce et des articles 27 et 31 de la loi du 24 juillet 1867 sur les sociétés par actions, *J.O.* du 23 novembre 1913, p. 10178 ; la loi du 1er mai 1930 modifiant la loi du 22 novembre 1913 sur les sociétés, *J.O.* du 2 mai 1930, p. 4898 ; la loi du 13 novembre 1933 réglementant le droit de vote dans les assemblées d'actionnaires des sociétés par actions, *J.O.* du 15 novembre 1933, p. 11494 ; la loi du 18 septembre 1940 sur le nombre et la responsabilité des administrateurs, *J.O.* du 19 septembre 1940, p. 5059 ; la loi du 16 novembre 1940 relative aux sociétés anonymes, *J.O.* du 26 novembre 1940, p. 5828 ; et la loi du 4 mars 1943 relative aux sociétés par actions, *J.O.* du 6 mars 1943, p. 642.

[39] André AMIAUD, « L'évolution du droit des sociétés par actions », dans *Etudes offertes à Georges RIPERT*, Tome II, Paris, L.G.D.J., 1950, p. 287.

actionnaires-dirigeants ou actionnaires-gérants. Si l'actionnaire apparaît juridiquement tout puissant dans les sociétés par actions à l'aune de la loi de 1867[40], cette vision n'est toutefois pas consacrée économiquement.

4. La distanciation économique entre la société, les dirigeants et les actionnaires. La structure sociale a très tôt intéressé les économistes, trouvant en celle-ci le moyen de théoriser les comportements individuels au sein d'une collectivité particulière. Cette théorisation, visant à modéliser des systèmes de création de valeur au sein d'une structure sociale comme au sein de l'État, est apparue dans un écrit qu'il est commun de considérer comme l'œuvre fondatrice de l'économie moderne[41]. Prenant pour exemple les compagnies coloniales, principales compagnies par actions existant à l'époque, Adam SMITH a identifié la composition de ces compagnies et les risques qui y sont inhérents.

Si la compagnie est théoriquement dirigée par des administrateurs ou des directeurs sous le contrôle des actionnaires, cette vision est souvent remise en cause. En effet, les actionnaires ont le plus souvent l'unique volonté de percevoir un dividende, guidés par la perspective de chances de gains élevés et de risques de pertes limitées à l'apport. Dès lors, les directeurs sont plutôt enclins à ne pas gérer la société avec la plus grande attention, surtout s'ils n'ont pas d'intérêt financier dans la compagnie administrée[42]. La théorie

---

[40] Voir en ce sens : Jean PERROUD, « La condition de l'actionnaire », *dans Etudes offertes à Georges RIPERT*, précité note 39, p. 319, spéc. p. 333. Ainsi, « la situation de l'actionnaire vis-à-vis du conseil d'administration paraît à l'heure actuelle suffisamment garantie par la loi. Si en fait ces garanties jouent mal, c'est la faute de l'actionnaire, qui ne montre pas une vigilance suffisante ».

[41] A titre d'exemple, Alfred MARSHALL, économiste britannique du début du XXème siècle, est réputé avoir affirmé que « tout était déjà dans [les écrits de] SMITH ». Voir : Joseph A. SCHUMPETER, *History of Economic Analysis*, 12ème éd., Londres, Routledge, 1981, p. 802.

[42] Adam SMITH, *Recherches sur la nature et les causes de la richesse des nations*, Livre V, Chapitre 1, Article 1, § 2 : « Le commerce d'une compagnie par actions est toujours conduit par un corps de directeurs. À la vérité, ce corps est souvent sujet, sous beaucoup de rapports, au contrôle de l'assemblée générale des propriétaires. Mais la majeure partie de ces propriétaires ont rarement la prétention de rien entendre aux affaires de la compagnie, mais bien plutôt, quand l'esprit de faction ne vient pas à régner entre eux, tout ce qu'ils veulent c'est de ne se donner aucun souci là-dessus, et de toucher seulement l'année ou les six mois des dividendes, tels que la direction juge à propos de les leur donner, et dont ils se tiennent toujours contents. L'avantage de se trouver absolument délivré de tout embarras et de tout risque au-delà d'une somme limitée, encourage beaucoup de gens (qui, sous aucun rapport, ne voudraient hasarder leur fortune dans une société particulière) à prendre part au jeu des compagnies par actions. Aussi, ces sortes de compagnies attirent-elles des fonds beaucoup plus considérables qu'aucune société particulière de commerce ne peut se flatter d'en réunir.

(...) Néanmoins, les directeurs de ces sortes de compagnies étant les régisseurs de l'argent d'autrui plutôt que de leur propre argent, on ne peut guère s'attendre à ce qu'ils y apportent cette vigilance exacte et soucieuse que les associés d'une société apportent souvent dans le maniement de leurs fonds. Tels que les intendants d'un riche particulier, ils sont portés à croire que l'attention sur les petites choses ne conviendrait pas à l'honneur de leurs maîtres, et ils se dispensent très aisément de l'avoir. La négligence et la profusion doivent toujours dominer plus ou moins dans l'administration des affaires de la compagnie ».

smithienne vient poser les jalons de ce qui a représenté l'évolution des sociétés intervenant un siècle plus tard. En effet, il est possible de fixer au XIXème siècle l'expansion des bourses d'échange[43], qui ont permis aux sociétés de diffuser leurs titres et favoriser l'acquisition de droits sociaux par le plus grand nombre. Les sociétés ont donc pu voir évoluer la structure de leur actionnariat, en passant d'un actionnariat concentré pouvant être organisé autour d'un bloc familial à un actionnariat plus atomisé dans lequel l'actionnaire détient la majorité relative avec une faible portion de capital[44]. Les dirigeants disposeraient alors d'une plus grande marge de manœuvre afin de gérer et d'administrer la société, subissant moins de pression de la part des actionnaires, ayant nécessairement moins d'influence en raison de leur dispersion progressive. Une distance, sinon un fossé, s'instaurerait entre les dirigeants et les actionnaires, car ces derniers peuvent avoir tendance à se désintéresser de la conduite de la société en s'attachant plus à accomplir le rôle d'ordinaire dévolu aux investisseurs[45].

C'est alors que la théorie de la société fondée principalement sur le contrat vient conférer un cadre au fonctionnement social. Appréhendée en tant que carrefour de contrats[46], la société semble être une agrégation de relations contractuelles, parmi lesquelles figurent la relation entre les dirigeants et les actionnaires. Cette relation, pouvant être qualifiée de relation d'agence[47], implique que la société soit dirigée dans l'intérêt des actionnaires, les dirigeants veillant à maximiser la valeur actionnariale. Dès lors, la société est, en principe, totalement profitable aux actionnaires, qui ne doivent souffrir d'aucun coût, sauf les éventuels coûts d'agence liés à la surveillance des

---

[43] Par exemple, la Bourse de New York a été créée le 8 mars 1817, celle de Londres en 1801, celle de Francfort en 1820 et la Bourse de Tokyo en 1878.

[44] Aussi est-il possible de citer, à titre illustratif et caricatural, la structure de l'actionnariat en 1930 de la société étasunienne American Telephone and Telegraph Company (connue actuellement sous le nom AT&T), dont l'actionnaire majoritaire détenait 0.70%. Voir Adolph A. BERLE et Gardiner C. MEANS, *The modern corporation and private property*, New York, Macmillan, 1932, p. 4 et 47.

[45] Stéphane ROUSSEAU, Ejan MACKAAY, *Analyse économique du Droit*, 2ème éd., Paris, Dalloz-Thémis, 2008, p. 493.

[46] Traduction de la théorie économique du « *nexus of contracts* ». Sur cette notion, voir notamment : Henry N. BUTLER, « The contractual theory of the corporation », *George Mason Univerity Law Review* 1989, Vol. 11:4, p. 99, et les références citées p. 99.

[47] Voir en ce sens : Alain COURET, « Apports de la théorie micro-économique moderne », *Revue des sociétés* 1984, spéc. p. 249 : « une relation d'agence est un contrat dans lequel une ou plusieurs personnes a recours aux services d'une autre personne pour accomplir en son nom une tâche quelconque, ce qui implique une certaine délégation de nature décisionnelle à l'agent ». Stephen A. ROSS, « The Economic Theory of Agency: The Principal's Problem », *American Economic Review* 1983, p. 134 ; Michael C. JENSEN, William H. MECKLING, « Theory of the Firm: Managerial Behavior, Agency Costs and Ownership Structure », *Journal of Financial Economics* 1976 p. 305 ; Eugene FAMA, « Agency problems and the theory of the firm », *Journal of Political Economy* 1980, p. 288 ; Michael C. JENSEN, Kevin J. MURPHY, « Performance Pay and Top Management Incentives », *Journal of Political Economy* 1990, p. 225.

dirigeants afin de vérifier si ceux-ci mettent effectivement en œuvre une gestion profitable à l'actionnariat. En dépit de la distanciation entre dirigeants et actionnaires, il demeure, théoriquement, un lien fort entre ces derniers et la société.

Ce lien se vérifie parmi les tenants d'un courant libéral pour lesquels la société est une chose appropriable. En considérant ce point de vue, il est logique que cette chose, lorsqu'elle est entre les mains d'une autre personne que son propriétaire, soit utilisée dans l'intérêt exclusif de ses propriétaires. C'est alors que certains économistes appartenant à l'école de Chicago ou s'en réclamant, parmi lesquels figure un prix Nobel d'économie[48], considèrent que la société doit être gérée dans le seul objectif de maximiser la valeur actionnariale, et dans le but d'ajouter à la richesse des actionnaires[49]. De ce fait, les dirigeants sont les « agents des individus qui possèdent la société (...), et leur première responsabilité est [de les satisfaire] »[50]. Cette vision, aussi bénéfique soit-elle pour les actionnaires, peut ne plus correspondre aux considérations actuelles liées aux diverses crises économiques – et principalement boursières – apparues depuis la fin des années 1970.

En premier lieu, la théorie selon laquelle la société doit viser la maximisation de la valeur actionnariale est fondée sur une conception de la société comme un carrefour de contrats. Or, selon les tenants de cette théorie, le propre de la société est de ne pas être caractérisée par le seul contrat entre actionnaires ou entre les actionnaires et cette société, mais aussi par les contrats – formels ou non – qu'elle a pu conclure avec d'autres entités, dénommées parties prenantes[51] ou participants[52]. Dès lors, en quoi les contrats conclus entre actionnaires seraient-ils plus influents dans la conduite sociale que ceux conclus avec les parties prenantes tels les créanciers, fournisseurs ou les salariés ? On pourrait objecter que sans les actionnaires, c'est-à-dire sans l'apport qu'ils effectuent, il ne saurait être de société, fondant ainsi la vision actionnariale de la société. Ce serait toutefois oublier que sans les parties prenantes, la société existe juridiquement, mais en aucun cas économiquement, réduite à être telle un voilier un jour sans vent : elle est à flot, mais ne peut en aucun cas avancer. En effet, sans créancier ni fournisseur,

---

[48] Milton FRIEDMAN, « The social Responsibility of Business is to Increase its Profits », *The New York Times Magazine*, 13 septembre 1970, p. SM 17.

[49] Ou à tout le moins leur permettre de profiter de l'économie créée par la société. Cette conception a pu être traduite juridiquement en France, à l'article 1832 du Code civil tel qu'issu de la loi du 4 janvier 1978 : « la société est instituée par deux ou plusieurs personnes qui conviennent par un contrat d'affecter à une entreprise commune des biens ou leur industrie en vue de partager le bénéfice ou de profiter de l'économie qui pourra en résulter ».

[50] Traduction de « *the manager is the agent of the individuals who own the corporation (...), and his primary responsibility is to them* » : M. FRIEDMAN, *op. cit.* note 48.

[51] Traduction française du terme *stakeholder*, Voir : François-Guy TREBULLE, « Stakeholders Theory et droit des sociétés », *Bulletin Joly sociétés* 2006, p. 1337, § 1. Voir aussi : S. ROUSSEAU, E. MACKAAY, *op. cit.* note 45, p. 497-502.

[52] Alain VIANDIER, *La notion d'associé*, préf. François TERRÉ, Paris, L.G.D.J., 1978.

pas de crédit ni de matière première ; et sans salarié, aucune production, ce qui signifie que la société ne peut avoir aucune activité économique matérielle. Dès lors, il n'est pas inopportun que les dirigeants sociaux considèrent, dans leur conduite de la gestion sociale, les parties prenantes autres que les actionnaires[53]. La conduite de la société peut ainsi être menée dans l'intérêt d'autres personnes que ses propriétaires, signifiant que la structure sociale peut tendre à se distancier de ses actionnaires.

5. La société favorisant les parties prenantes ? Il peut paraître logique que la théorie visant à privilégier les parties prenantes soit plus récente que celle de la primauté actionnariale, car cette dernière est fondée sur le droit de propriété, droit le plus primitif qui soit[54]. Or, il apparaît que les fondements à la théorie des parties prenantes peuvent se retrouver dans un système qui a permis de fonder une des théories modernes de l'organisation du travail[55], le fordisme. Ce système d'organisation du travail est caractérisé par la standardisation des tâches de production, mais aussi, et surtout, d'une augmentation des salaires. En effet, le slogan de Henry FORD, qui était « *five dollars a day* », a représenté une augmentation sensible de la rémunération offerte aux salariés, dans l'objectif de les fidéliser. Ce mécanisme, par lequel les richesses créées par la société étaient attribuées à d'autres personnes que les actionnaires, fut à l'origine du litige opposant les frères Dodge à la société Ford, porté devant la Cour suprême du Michigan. Celle-ci a décidé que les dividendes devaient en priorité être distribués aux actionnaires[56], ce qui semble consacrer la vision restrictive selon laquelle la société doit être gérée dans l'intérêt unique des actionnaires. Cette vision restrictive doit être contrastée, car en l'espèce, l'opposition entre une meilleure rémunération des salariés, la réduction du prix des automobiles vendues et le profit des actionnaires n'était pas aussi évidente. En effet, l'augmentation des salaires versés aux ouvriers travaillant sur les chaines de montage couplée à la réduction des prix de vente ont permis à ces mêmes ouvriers d'acquérir des automobiles qu'ils construisaient eux-mêmes. Ainsi, les sommes versées étaient, pour partie, récupérées par la société et redistribuées aux actionnaires à plus long terme. Par conséquent, si la rentabilité immédiate par véhicule a été réduite, la rentabilité à plus long terme a été améliorée, ce qui tend à

---

[53] Cette précision est justifiée par la définition classique des *stakeholders* retenue par : R. Edward FREEMAN, *Strategic Management – A Stakeholder Approach*, Cambridge, Cambridge University Press, 2ème éd., 2010, p. 25.

[54] « La propriété, comme fait, existe partout où il y a des hommes et des biens... Il ne saurait être question de nier le fait même de propriété » : Guillaume CARDASCIA, « Le concept babylonien de la propriété », *Revue internationale des droits de l'antiquité*, 1959, p. 19. Cité par : Jean-Philippe LEVY, André CASTALDO, *Histoire du droit civil*, 2ème éd., Paris, Dalloz, 2010, p. 321. Voir aussi : François TERRÉ, Philippe SIMLER, *Les biens*, 9ème éd., Paris, Dalloz, 2014, p. 96.

[55] Vincent BARBEY, Marie-Sophie CLAVERIE, Jean-Julien JARRY, « Les nouveaux modes d'organisation du travail », *Cahiers de droit de l'entreprise* 2009, entretien 6.

[56] Dodge v. Ford Motor Co., 170 *N.W.* 668 (1919) (Michigan Supreme Court).

prouver que la gestion de la société profitant aux salariés peut aussi profiter aux actionnaires, sous une forme plus diffuse[57]. Cette vision de la société n'a toutefois pas résisté à l'évolution de l'économie, le modèle fordiste comportant des limites dirimantes, car ne pouvant fonctionner et être rentable qu'à la condition que la demande soit croissante. Une fois que celle-ci cesse de croître, les augmentations salariales ne sont plus justifiées ct la société peut ne plus être aussi profitable.

La fin du modèle fordiste ne signifie toutefois pas la fin des considérations sociétales des sociétés par actions. Les sociétés par actions cotées étant des personnes juridiques à part entière, il semblerait logique qu'elles doivent agir en suivant les mêmes règles et les mêmes obligations que les personnes physiques. C'est alors que des voix se sont fait entendre pour affirmer que les sociétés – et particulièrement les sociétés par actions ayant une activité concernant le plus grand nombre – doivent agir en considération du respect des intérêts des membres de la société *lato sensu*. Il est, par conséquent, question de la responsabilité sociétale des entreprises ou des sociétés, nouveau sujet d'études en économie et objet de diverses déclarations, notamment de la part de représentants des entreprises[58]. La question de l'appréhension juridique de ce souhait, qui ne doit pas se limiter à l'effet de mode pour certains[59], vient se poser. En effet, deux forces apparemment opposées marquent l'appréhension juridique du phénomène de la responsabilité sociétale des sociétés. La première tend à considérer que le droit devrait appréhender tous les phénomènes nouveaux, afin de leur donner un encadrement normatif et faire évoluer le droit en même temps que la société ; tandis que la seconde viserait plutôt à ne pas encadrer les nouvelles pratiques avec trop de précision, de peur que les normes créées, parce qu'elles ont vocation à durer, ne deviennent obsolètes[60]. Dès lors, si la séparation entre actionnaires et dirigeants est marquée et entérinée par le droit, la distanciation entre les aspirations de la société et les attentes de ses actionnaires – pourtant

[57] Leonard I. ROTMAN, « Debunking the "End of History" thesis for corporate law », *Boston college international and comparative law review*, avril 2010, p. 234.

[58] « La RSE est un véritable levier de performance pour l'entreprise, un moyen d'améliorer son efficacité économique, financière et sociale, sa compétitivité, ses profits à long terme. C'est un levier de préservation de la valeur de ses actifs, de maîtrise de ses risques, donc en définitive un facteur de pérennité. [...] Quand la PME comprend sa responsabilité sociétale comme étant d'abord un véritable levier de performance pour elle, alors, ce n'est plus un coût mais un investissement et au bout du compte une stratégie gagnante » : Laurence PARISOT « Introduction », dans MOUVEMENT DES ENTREPRISES DE FRANCE, *Cap vers la RSE Faire de la responsabilité sociétale de l'entreprise un levier de performance*, Paris, 2012.

[59] Jacques IGALENS, « La "responsabilité sociale" au cœur des stratégies », *Le Monde économie* 20 novembre 2012, p. 8.

[60] Voir en ce sens Bruno OPPETIT, « Droit et économie », *Archives de philosophie du Droit*, Tome XXXVII, 1992, p. 17, spéc. p. 18 : « La rationalité formelle ne peut totalement s'abstraire des situations concrètes, pas plus qu'un droit matériel ne saurait, sans conduire à la négation même de l'idée de droit, dépendre exclusivement de faits variables et contingents ».

empiriquement vérifiable – n'a pas intégré le corpus législatif. Tout au plus existe-t-il des normes permettant de suggérer la prise en compte des parties prenantes dans la conduite de la gestion sociale. Cette interrogation relative à l'opportunité de suivre le mouvement de la responsabilité sociétale de l'entreprise incite à s'interroger sur la conduite des activités sociales et sur la personne envers laquelle la société est redevable. La réponse à cette question dépend de l'acception retenue du terme contrôle.

6. Le contrôle. Le terme contrôle rencontre deux acceptions différentes, dont l'une est consacrée par le Code de commerce. Les articles L. 233-3[61] et L. 233-16[62] du Code de commerce disposent que le contrôle s'entend de la domination qu'exerce une société sur une autre[63]. Le contrôle est alors un état de fait dans lequel une personne morale – mais le raisonnement est aussi adaptable aux personnes physiques[64] – détient des actions ou des droits d'une autre société d'une manière telle qu'elle détient le « pouvoir de déterminer la politique sociale » et de « décider de l'exploitation et de la cession des

---

[61] « I - Une société est considérée, pour l'application des sections 2 et 4 du présent chapitre, comme en contrôlant une autre :
1° Lorsqu'elle détient directement ou indirectement une fraction du capital lui conférant la majorité des droits de vote dans les assemblées générales de cette société ;
2° Lorsqu'elle dispose seule de la majorité des droits de vote dans cette société en vertu d'un accord conclu avec d'autres associés ou actionnaires et qui n'est pas contraire à l'intérêt de la société ;
3° Lorsqu'elle détermine en fait, par les droits de vote dont elle dispose, les décisions dans les assemblées générales de cette société ;
4° Lorsqu'elle est associée ou actionnaire de cette société et dispose du pouvoir de nommer ou de révoquer la majorité des membres des organes d'administration, de direction ou de surveillance de cette société ;
II. - Elle est présumée exercer ce contrôle lorsqu'elle dispose directement ou indirectement, d'une fraction des droits de vote supérieure à 40 % et qu'aucun autre associé ou actionnaire ne détient directement ou indirectement une fraction supérieure à la sienne ».

[62] « II. - Le contrôle exclusif par une société résulte :
1° Soit de la détention directe ou indirecte de la majorité des droits de vote dans une autre entreprise ;
2° Soit de la désignation, pendant deux exercices successifs, de la majorité des membres des organes d'administration, de direction ou de surveillance d'une autre entreprise. La société consolidante est présumée avoir effectué cette désignation lorsqu'elle a disposé au cours de cette période, directement ou indirectement, d'une fraction supérieure à 40 % des droits de vote, et qu'aucun autre associé ou actionnaire ne détenait, directement ou indirectement, une fraction supérieure à la sienne ;
3° Soit du droit d'exercer une influence dominante sur une entreprise en vertu d'un contrat ou de clauses statutaires, lorsque le droit applicable le permet.
III. - Le contrôle conjoint est le partage du contrôle d'une entreprise exploitée en commun par un nombre limité d'associés ou d'actionnaires, de sorte que les décisions résultent de leur accord ».

[63] Sur les évolutions récentes de cette notion, voir : Jean-Philippe DOM, « Les dimensions du groupe de sociétés après les réformes de l'année 2001 », *Revue des sociétés* 2002, p. 1.

[64] Michel STORCK, « Du contrôle d'une société en droit français », *Revue des sociétés* 1986, spéc. p. 394.

actifs »[65]. Cette notion de contrôle, qui peut être qualifiée de politique et d'économique, emporte quelques conséquences majeures.

La première application de la notion de contrôle en tant que domination a été la détermination de la nationalité de la société, car de nombreuses sentences arbitrales[66] et considérations doctrinales[67] avaient conduit à la conclusion selon laquelle la nationalité de la société était la même que la nationalité des personnes qui la contrôlaient. Cette considération ne doit toutefois pas être généralisée, les litiges concernant des problématiques de protection diplomatique des actionnaires et de la société, ou de statut des étrangers en France en temps de guerre[68]. Cette fonction du contrôle des sociétés a été en partie abandonnée par une décision de la Cour internationale de Justice, pour laquelle la nationalité doit, par priorité, être déterminée au moyen d'éléments tels que le lieu du siège social ou le lieu d'incorporation de la société, s'il est différent du premier[69]. Ce contrôle-domination ou contrôle politique permet, plus prosaïquement, de vérifier à un instant donné, à qui appartient la société et quelle pourrait être l'orientation donnée à la conduite sociale. Cette situation de fait[70] qui a reçu une consécration légale, nécessite toutefois une attention particulière de la part des actionnaires qui contrôlent la société. En effet, par la séparation stricte des pouvoirs au sein des sociétés anonymes – et plus généralement des sociétés par actions –, mais aussi par l'organisation hiérarchique[71] qui y prédomine, les actionnaires qui contrôlent la société n'exercent pas directement leur pouvoir de direction, qui s'opère par le biais des dirigeants sociaux.

---

[65] Dominique SCHMIDT, « Les définitions du contrôle d'une société », *Revue de jurisprudence commerciale*, novembre 1998, p. 9.

[66] Voir notamment : Sentence Finale du tribunal Arbitral de Delagoa concernant le chemin de fer de Lourenço Marques du 29 mars 1900. Citée par : Alberto SANTA MARIA, *European Economic Law*, 2ème éd., Alphen aan den Rijn, Wolters Kluwer, 2009, p. 343-344. Voir aussi : El Triumfo Company, sentence arbitrale du 8 mai 1902, *Recueil des sentences arbitrales*, Vol. XV, p. 467-479.

[67] Voir notamment : Yvon LOUSSOUARN, « Rapport sur le contrôle des sociétés par les sociétés en droit français », dans *Travaux de l'Association Capitant*, Tome XV, Paris, Dalloz, 1967, spéc. p. 360-361 ; Raymond MICHEL, *Le contrôle économique des sociétés et ses rapports avec leur nationalité*, Thèse Université de Paris, 1923, spéc. p. 170 et s.

[68] Y. LOUSSOUARN, *op. cit.* note 67, p. 361.

[69] Barcelona Traction, Light and Power Company, Limited, *C.I.J. Recueil* 1970, p. 3, spéc. § 70, p. 42.

[70] Claude BERR, « La place de la notion de contrôle en droit des sociétés », dans *Mélanges offerts à Daniel BASTIAN*, Tome I, Paris, Libraires Techniques, 1974, spéc. p. 3 ; D. SCHMIDT, *op. cit.* note 65, p. 9 ; Paris, 17 mai 1989, *Bulletin Joly sociétés* 1989, p. 807, note Michel JEANTIN.

[71] Cass. civ., 4 juin 1946, *JCP* 1947, II, 3518.

C'est alors qu'il convient de considérer la seconde acception du contrôle, la plus traditionnelle, car issue de l'origine du terme[72]. Le contrôle est ainsi un contre-pouvoir, un droit de regard, une mission de vérification ou de surveillance[73] et n'est plus uniquement une situation de fait, mais une opération accomplie par un sujet de droit. Si les deux acceptions du terme contrôle paraissent antinomiques[74], il n'en est à la vérité rien dans le cadre des sociétés par actions, car les deux notions peuvent se compléter. En effet, les associés de contrôle, c'est-à-dire ceux qui la dominent, ne sont pas ceux qui exercent effectivement la direction de la société, sauf exceptions. Dès lors, ils doivent accomplir des tâches de contrôle, entendu cette fois en tant que surveillance, afin de faire respecter leurs droits. En étant illustratif de la complémentarité des deux acceptions, il serait possible de constater une surveillance opérée par les actionnaires majoritaires, c'est-à-dire un contrôle exercé par ceux qui détiennent le contrôle. Cette conception du « contrôle-vérification »[75] n'est toutefois pas complète.

En effet, considérer que la possibilité de surveiller la société est limitée aux seuls actionnaires majoritaires est réducteur, car tout un chacun dispose de la faculté d'exercer un droit de regard sur un phénomène ou une activité qui l'intéresse. Dès lors, le droit de contrôler peut être exercé par tout autre intervenant social que les actionnaires majoritaires, tels que les administrateurs[76], les actionnaires minoritaires ou encore les salariés.

L'opération de contrôle-vérification, telle qu'entendue dans cette étude, n'est donc en aucun cas propre aux actionnaires. La possibilité offerte à toute personne d'exercer le contrôle sur la société étant admise, encore faut-il déterminer les acteurs sur lesquels s'exerce ce contrôle social. Il est acquis que le contrôle s'exerce sur ceux qui détiennent le pouvoir au sein de la société[77], mais encore est-il nécessaire de déterminer leur identité.

7. Les dirigeants, objets du contrôle ? S'il est acquis que la gestion sociale est exercée par les dirigeants sociaux, il est possible de s'interroger sur la possibilité d'une réciprocité de cette proposition. Tout acte accompli par les dirigeants en vertu de leur mandat social, quel que soit son objet, peut-il être caractérisé d'acte de gestion ? Cette interrogation est légitime, car le dirigeant peut user des pouvoirs et des avantages dus à sa fonction pour conclure des actes qui lui sont favorables, nécessitant un contrôle de la part d'une autorité

---

[72] Le terme contrôle est une contraction de deux termes « contre-rôle », qui s'entendait à l'origine comme le second registre tenu en parallèle du premier, puis a été étendu au rôle opposé à une fonction. Voir : Gérard CORNU (dir.), *Vocabulaire juridique*, 9ème éd., Paris, PUF Quadrige, 2011, p. 263 ; *Dictionnaire de l'Académie Française*, 9ème éd.

[73] *Id.* Voir aussi : C. BERR, *op. cit.* note 70, p. 2.

[74] R. CONTIN, *op. cit.* note 1, p. 18.

[75] *Id.*

[76] Voir en ce sens : Jean-Marie DE BERMOND DE VAULX, « L'usage de la notion de contrôle par le conseil d'administration ou la direction dans les sociétés anonymes », *JCP* 1970, I, 2366.

[77] Hervé LE NABASQUE, *Le pouvoir dans l'entreprise*, Thèse dactylographiée Rennes I, dir. Jean PAILLUSSEAU, 1986, p. 552 et s.

quelconque afin d'éviter que le dirigeant n'abuse de sa fonction et de ses prérogatives. Ce risque d'abus est d'autant plus grand dans les sociétés cotées, alors que les avantages à la disposition des dirigeants sont plus développés que dans les sociétés dont les actions ne sont pas admises aux négociations sur un marché réglementé, mais aussi en raison de l'éloignement, à tout le moins théorique, entre les actionnaires et les dirigeants[78]. De par cet éloignement, des obligations pèsent sur les dirigeants de sociétés cotées, participant ainsi du contrôle de leur gestion.

8. L'obligation de déclaration portant sur les dirigeants agissant sur les marchés, fruit d'un processus normatif complexe. Les dirigeants, en raison de leur position au sein de la société, peuvent disposer des meilleures informations afin de déterminer la valeur des titres sociaux[79]. Il est dans ce cas question d'asymétrie d'information, les dirigeants ayant plus d'éléments, tant quantitativement que qualitativement, que tout autre intervenant[80]. Les opérations des dirigeants sur les titres de la société au sein de laquelle ils ont été nommés présentent de forts risques d'atteinte à la transparence et la sécurité des marchés, sur lesquels tous les opérateurs devraient bénéficier des mêmes informations. Il a donc été question de réguler de telles transactions.

La Commission des opérations de bourse a, dès le 22 janvier 2002, considéré dans une recommandation formulée à tous les émetteurs que ces pratiques devaient être encadrées[81]. Aussi les sociétés émettrices étaient-elles encouragées à recueillir de la part de chaque dirigeant les transactions réalisées sur leurs titres financiers, puis à diffuser cette information semestriellement, de façon globale et anonyme, en la transmettant à la Commission des opérations de bourse[82]. Cette recommandation, dont la normativité était faible[83], précède de quelques mois l'adoption d'une directive

---

[78] Voir *supra* § 4.

[79] Ces informations ne sont pas nécessairement des informations privilégiées au sens de l'article L. 465-1 du Code monétaire et financier. Sur ces informations particulières, voir *infra* note 1910.

[80] Sur ce point : Alexis MARRAUD DES GROTTES, « Les dirigeants, le management, et leur entourage sous surveillance », *Droit et patrimoine*, mars 2006, p. 54. Voir aussi : Anastasia SOTIROPOULOU, *Les obligations d'information des sociétés cotées en droit de l'Union Européenne*, Bruxelles, Larcier, 2012, p. 229.

[81] COMMISSION DES OPERATIONS DE BOURSE, « Recommandation n° 2002-01 relative à la déclaration par les mandataires sociaux des transactions effectuées sur les titres de leur société », *Bulletin mensuel COB*, février 2002, p. 17. Voir aussi : Hervé LE NABASQUE, « Recommandation de la COB sur les transactions effectuées par les dirigeants des sociétés cotées sur leurs titres », *Revue de droit bancaire et financier* 2002, comm. 117.

[82] *Id.*

[83] Jean-Philippe PONS-HENRY, « Déclaration des transactions : les dirigeants d'émetteurs rappelés à l'ordre », note sous Sanct. AMF, 1ère sect., 1er octobre 2009, Sociétés Théolia et Colibri, Jean-Marie Santander, A, Philippe Perret et Mme B », *Bulletin Joly bourse* 2010, p. 22.

par le Parlement Européen, dite « abus de marché »[84], qui disposait en substance une obligation d'information assimilable. La différence majeure entre la recommandation de la Commission des opérations de bourse et la disposition communautaire tenait dans l'identité du débiteur de l'obligation, à savoir l'émetteur pour la règle de marché et le dirigeant pour la directive[85].

Cette directive a été transposée assez rapidement par la loi du 1er août 2003[86], insérant dans le Code monétaire et financier un article L. 621-18-2, qui obligeait toute personne faisant appel public à l'épargne à communiquer à l'Autorité des marchés financiers et à publier les « acquisitions, cessions, souscriptions ou échanges de leurs titres (…) lorsqu'ils sont réalisés par l'un de leurs mandataires sociaux ou une personne qui leur sont liées »[87]. Le texte du Code monétaire et financier s'avérait plus précis que la recommandation de l'Autorité des marchés financiers, mais demeurait en contradiction avec le texte de l'Union Européenne. En effet, en faisant peser l'obligation de communication sur l'émetteur, le texte interne semblait complexifier le mécanisme, l'émetteur devant attendre que les dirigeants lui communiquent leurs transactions. Ce régime a été modifié par la loi du 20 juillet 2005 qui a renversé le régime : plutôt que de faire peser sur la société émettrice les obligations de communiquer à l'autorité de marché et de publier cette information, il a été plutôt question de contraindre les dirigeants intéressés de communiquer eux-mêmes à l'Autorité des marchés financiers les transactions sur les titres de la société dont ils sont mandataires, l'obligation d'information incombant par la suite à l'autorité sectorielle[88]. En dépit de quelques modifications intervenues[89], le mécanisme de déclaration des transactions réalisées par les dirigeants demeure celui posé par la loi de 2005.

---

[84] Directive 2003/6/CE du 28 janvier 2003 sur les opérations d'initiés et les manipulations de marché (abus de marché), *JOUE* L. 96/16 du 12 avril 2003. Il est à noter que cette directive a été abrogée par le Règlement n° 596/2014 du 16 avril 2014 sur les abus de marché et abrogeant la directive 2003/6/CE du Parlement et du Conseil et les directives 2003/124/CE, 2003/125/CE et 2004/72/CE de la Commission, *JOUE* L. 173/1 du 12 juin 2014.

[85] Article 19, paragraphe 1 du Règlement n°596/2014 du 16 avril 2014, précité note 84 : « Les personnes exerçant des responsabilités dirigeantes et les personnes ayant un lien étroit avec elles notifient à l'émetteur (…) toute transaction effectuée pour leur compte propre et se rapportant aux actions ou à des titres de créance dudit émetteur (…) ».

[86] Loi n° 2003-706 du 1er août 2003 de sécurité financière, *JORF* du 2 août 2003, p. 13220.

[87] Anne FAUCHON, Thomas PHILIPPON, « La déclaration préalable : pour une prévention efficace du délit d'initié », *Bulletin Joly sociétés* 2008, p. 442.

[88] Article L. 621-18-2 du Code monétaire et financier tel qu'issu de la loi n° 2005-811 du 20 juillet 2005 portant diverses dispositions d'adaptation au droit communautaire dans le domaine des marchés financiers, *JORF* du 21 juillet 2005, p. 11835.

[89] Notamment par : Ordonnance n° 2009-80 du 22 janvier 2009 relative à l'appel public à l'épargne et portant diverses dispositions en matière financière, *JORF* du 23 janvier 2009, p. 1431 ; Loi n° 2010-1249 du 22 octobre 2010 de régulation bancaire et financière, *JORF* du 23 octobre 2010, p. 18984 ; Loi n° 2012-387 du 22 mars 2012 relative à la simplification du droit et à l'allégement des démarches administratives, *JORF* du 23 mars 2012, p. 5226.

9. L'information des transactions sur les titres de la société dirigée : une obligation à portée générale. L'article L. 621-18-2 du Code monétaire et financier, complété par les articles 223-22 A et suivants du Règlement général de l'Autorité des marchés financiers, précise que le champ d'application de l'obligation est large. En effet, sont appréhendées toutes les personnes bénéficiant d'un mandat[90] au sein d'une société dont les titres sont admis aux négociations sur un marché règlementé ou sur un système multilatéral de négociation organisé[91]. Le spectre des actes pouvant justifier une déclaration à l'Autorité des marchés financiers est aussi extrêmement large, pourvu qu'ils aient pour objet l'acquisition, la cession, la souscription ou l'échange d'actions. Aussi peuvent être déclarées à l'autorité de marché les levées de stock-options, les achats et ventes à terme fermes ou conditionnels, le prêt de titres[92] *etc.* Au regard de ce champ d'application étendu, le Règlement général de l'Autorité des marchés financiers a aménagé très légèrement l'obligation, la limitant aux opérations d'un montant supérieur à 20 000 euros sur une année[93]. L'instauration de ce seuil présente l'avantage de ne pas soumettre à la publication des vétilles[94], mais soulève cependant au moins deux inconvénients.

10. Une exception souffrant d'imperfections. Le seuil de publication se calcule au cours d'une année, c'est-à-dire qu'il est nécessaire d'additionner toutes les opérations sur les titres réalisés au cours d'une année afin d'établir si le dirigeant doit les déclarer à l'autorité sectorielle. Il est donc possible qu'une seule opération d'un faible montant entraîne, pour un dirigeant, l'obligation rétroactive de déclarer toutes les transactions sur les titres sociaux. En effet, l'Autorité des marchés financiers considère que le dépassement de ce seuil du fait d'une seule opération fait présumer un dépassement intervenu lors de toutes les transactions intervenues lors d'une année[95]. Cette précision opérée par l'organe de surveillance du marché entraîne l'insertion d'une

---

[90] L'article L. 621-18-2 I a du Code monétaire et financier précise que sont visés par cette obligation : « Les membres du conseil d'administration, du directoire, du conseil de surveillance, le directeur général, le directeur général unique, le directeur général délégué ou le gérant de cette personne ». Voir aussi : Thierry BONNEAU, France DRUMMOND, *Droit des marchés financiers*, 3ème éd., Paris, Economica, 2010, p. 641.

[91] Article 223-22 A du Règlement général de l'Autorité des marchés financiers.

[92] Pour une liste plus exhaustive d'actes pouvant donner lieu à déclaration, voir : AUTORITE DES MARCHES FINANCIERS, *Position AMF n° 2006-14 : Questions – réponses sur les obligations de déclaration des opérations réalisées par les dirigeants, leurs proches et les personnes assimilées.*

[93] Article 223-23 du Règlement général de l'Autorité des marchés financiers : « Conformément au dernier alinéa de l'article L. 621-18-2 du Code monétaire et financier, ne donnent pas lieu à déclaration les opérations réalisées par une personne mentionnée à l'article précité lorsque le montant cumulé desdites opérations n'excède pas 20 000 euros pour l'année civile en cours ».

[94] Un auteur fait application de l'adage *de minimis non curat prætor* : A. MARRAUD DES GROTTES, *op. cit.* note 80, p. 56.

[95] AUTORITE DES MARCHES FINANCIERS, *op. cit.* note 92, §5, p. 6.

mention lors de la déclaration, indiquant qu'elle concerne des transactions qui, à l'origine, bénéficiaient de la dispense[96].

Une autre remarque pouvant être formulée à l'égard de cette exemption disposée à l'article 223-23 du Règlement général de l'Autorité des marchés financiers concerne son montant. En effet, en ayant fixé le plafond à un montant de 20 000 euros, le régulateur français a clairement entendu que l'exemption soit rarement mise en œuvre. Cela se traduit d'ailleurs dans les faits, l'Autorité des marchés financiers étant littéralement noyée sous les déclarations. Un relèvement de ce plafond serait souhaitable afin de désengorger l'autorité sectorielle, mais aussi de n'appréhender que les opérations significatives tant pour la société que pour ses dirigeants. Quel que soit le seuil retenu pour l'exemption, il n'en demeure pas moins que cette publication des transactions réalisées par les dirigeants sur les titres de la société au sein de laquelle il intervient est justifiée.

11. Une déclaration d'opérations sur titres justifiée par des impératifs de protection du marché. Il doit bien être rappelé que les dirigeants sociaux n'ont pas l'interdiction d'acquérir ou de céder les titres de la société qu'ils dirigent. Ils doivent en revanche, lorsque le montant de l'opération dépasse 20 000 euros sur une année, formuler une déclaration auprès de l'Autorité des marchés financiers. Cette mesure, purement informative, a pour principal but de préserver la transparence des marchés. En effet, les dirigeants ont, par leur poste, des informations sur des évènements qui peuvent, ou pourraient, influer sur le cours du titre. La publication des opérations réalisées sur les titres d'une société accomplies par le dirigeant peut alors être un signal aux différents opérateurs de marché, qui adopteraient un comportement mimétique en présumant que le comportement du dirigeant est celui de la personne la mieux informée. L'équilibre de l'information serait alors en partie rétabli[97]. La transparence et l'égalité d'accès à l'information seraient de ce fait préservées par la publication de ces transactions.

Cette information, parce qu'elle est transmise à l'Autorité des marchés financiers, lui est aussi utile dans la détection des abus de marché. L'autorité sectorielle peut alors utiliser ces éléments qui lui sont transmis pour veiller à ce qu'à travers ces transactions n'aient pas été réalisés des abus de marché, tel des manipulations de cours ou des opérations d'initiés[98]. Cette publication est la première étape menant vers un contrôle des opérations du dirigeant et donc un contrôle de sa gestion.

12. Le contrôle de la gestion personnelle du dirigeant écarté. En acquérant ou cédant des titres de la société qu'il administre, le dirigeant effectue bel et bien une opération de gestion. En revanche, il s'agit dans cette hypothèse

---

[96] *Id.*

[97] Voir en ce sens, considérant 26 de la Directive 2003/6/CE précitée note 84, mais aussi : J.-Ph. PONS-HENRY, *op. cit.* note 83.

[98] Considérant 7 de la Directive 2004/73, précitée note 84.

d'une gestion de ses biens propres, dans son seul intérêt. Bien que l'agissement du dirigeant puisse en partie nuire à l'intérêt social – notamment s'il cède massivement les titres qu'il détient –, il n'en demeure pas moins que l'obligation de publier les transactions opérées par le dirigeant ne concerne que son patrimoine propre. Ces opérations ne ressortent pas de la gestion sociale, mais de la gestion personnelle du dirigeant social. Il convient donc d'écarter ces opérations de l'étude relative au contrôle de la gestion sociale.

13. Le contrôle de la gestion sociale. Le contrôle opéré par les différentes entités sociales porte alors, afin de faire respecter leurs différents intérêts, sur la conduite des activités sociales et non de tout acte du dirigeant. En effet, pour veiller à la préservation de leurs intérêts, il ne leur est pas nécessaire de contrôler les modalités de constitution de la société, car l'acte constitutif est un acte ponctuel qui n'emporte en soi aucune conséquence sur les parties prenantes autres que les actionnaires. Les différents actes pris au cours de la vie sociale, dont la charge incombe à certaines personnes en représentant d'autres, sont des actes constitutifs de la gestion sociale.

La gestion sociale est un terme qui appartient, à l'origine, au domaine de l'économie. Au sens générique, le fait de gérer est l'action « d'administrer pour le compte d'une autre personne »[99], ce qui signifie qu'une activité de gestion est justifiée par l'impossibilité pour la personne morale d'agir par elle-même[100]. La gestion est dans ce cas l'action de « gérer un (...) ensemble de biens en vertu de la loi ou d'une convention »[101]. Elle représente donc l'ensemble des actes effectués au nom de la société et qui participent de la conduite de son activité économique, quels qu'en soient les auteurs et la teneur de l'acte. La gestion est constituée de tous les actes ayant des implications économiques et financières pour la société, c'est-à-dire tous les actes ajoutant ou retranchant au patrimoine social. Aussi la gestion n'est-elle pas une simple question de compétence exclusive telle que le mentionne la Cour de cassation dans le cadre de la procédure de nomination d'un expert de gestion[102], mais regroupe tous les actes conclus pour le compte de la société et qui l'engagent à l'égard de tiers, quel que soit l'organe à son origine.

La gestion, ici utilisée dans son acception du droit des sociétés et plus largement le droit commercial, ne recoupe donc pas les notions connues par le droit civil d'administration et de disposition[103]. En raison de la paralysie des organes sociaux pouvant être entraînée par la dissociation des actes d'administration et des actes de disposition, la jurisprudence a progressivement considéré que les frontières pouvaient se brouiller, affirmant alors que l'acquisition d'un immeuble, qualifiée traditionnellement d'acte de

---

[99] *Dictionnaire de l'Académie Française*, précité note 72.

[100] Voir en ce sens : Mireille MARTEAU-PETIT, *La notion d'acte de gestion et le droit des sociétés*, Thèse dactylographiée, Paris II, dir. Bruno OPPETIT, 1992, p. 317.

[101] G. CORNU, *op. cit.* note 72, p. 490.

[102] Voir *infra* § 595.

[103] Sur ces notions, voir Claude BRENNER, « Actes juridiques », *Rép. Dalloz civil*, § 291 et s.

disposition, pouvait être considérée comme un acte d'administration, et donc de la compétence du conseil d'administration[104]. Au regard de ces décisions de justice mettant à mal la distinction classique entre acte d'administration et acte de disposition, le législateur a lui-même dépassé cette opposition, en affirmant à l'article 98 de la loi du 24 juillet 1966, fixant les pouvoirs du conseil d'administration, qu'il était investi des pouvoirs « de gestion », venant remplacer sa mission d'administrer la société, et donc pouvant comprendre à la fois les pouvoirs d'administration et de disposition[105]. En d'autres termes, la définition de la gestion dans le cadre du droit des sociétés par actions ne peut être limitée à l'opposition de l'administration et de la disposition et peut recouvrir le champ de ces deux notions.

La gestion ainsi entendue est une notion large, qui désigne, dans les sociétés dont les titres sont admis aux négociations sur un marché réglementé, une réalité différente de celle applicable aux autres sociétés. En considérant que la décision de gestion est celle qui ajoute ou retranche au patrimoine social, cela signifie que toute décision de la société qui pourrait avoir pour effet de faire varier le cours du titre serait considérée comme décision de gestion. En d'autres termes, et selon des critères plus organiques, la gestion en tant que telle peut émaner tout à la fois des instances exécutives de la société – parmi lesquelles figurent les directeurs généraux, les membres du directoire ou les gérants des sociétés en commandite par actions – et du conseil d'administration ou même de l'assemblée générale, lorsque celle-ci est amenée à connaître par exemple de décisions relatives à la fusion ou à des modifications du capital social[106].

Ce contrôle de la gestion implique de vérifier l'activité des organes chargés, à titre permanent ou ponctuel, de la gestion sociale. S'il est convenu que l'assemblée générale ne peut être qualifiée que d'organe ponctuel de gestion car elle ne connaît de décisions de gestion que lorsqu'elles lui sont proposées, il est question de déterminer ce que sont les organes permanents de gestion, compétents en tout état de cause pour être à l'initiative d'actes de gestion. Il ne fait aucun doute que les membres du directoire, les directeurs généraux et gérants sont des dirigeants nommés spécialement pour gérer la société, notamment en raison de leur pouvoir de représentation de la structure sociale à l'égard des tiers et de leur pouvoir de l'engager en toute circonstance. Une difficulté apparaît toutefois à l'égard du conseil d'administration, qui dispose légalement de la possibilité de se saisir de toute question intéressant la bonne marche de la société, et partant de sa gestion, mais aussi de la possibilité de contrôler les directeurs généraux et directeurs généraux délégués[107]. Les administrateurs ne sont traditionnellement pas considérés

---

[104] Lyon, 29 janvier 1937, *DP* 1939, 2, p. 49, note Paul PIC.
[105] J. PAILLUSSEAU, *op. cit.* note 4, p. 241.
[106] M. MARTEAU-PETIT, *op. cit.* note 100, p. 318 ; R. CONTIN, *op. cit.* note 1, p. 20.
[107] Article L. 225-35 du Code de commerce.

comme des dirigeants dans le cadre des textes de droit des sociétés[108], mais il convient toutefois de les considérer en tant que gestionnaires.

Traiter le contrôle de la gestion par le biais du contrôle des opérations réalisées par les organes de gestion aurait été déficient, car l'assemblée générale ne peut véritablement faire l'objet d'un contrôle, sauf à considérer que la minorité des actionnaires représente un contrôleur au sein de cette assemblée. Dès lors, derrière ce contrôle de la gestion apparaissent encore des indices relatifs à la dissociation entre les dirigeants, en tant que gestionnaires, et les actionnaires et autres parties prenantes amenés à contrôler leur action, afin de vérifier que leurs intérêts soient effectivement respectés[109]. Cette séparation entre équipe managériale et les diverses parties prenantes apparaît clairement au sein de toutes les sociétés, plus encore dans les sociétés cotées.

14. La société cotée, l'objet d'une *summa divisio* ? L'expression société cotée, bien que couramment usitée[110], est juridiquement désuète[111]. En effet, il n'existe officiellement plus de société cotée ou d'action cotée depuis une loi de 1996[112], qui fait disparaître la cote officielle ou du second marché au profit de l'expression « admission aux négociations sur un marché réglementé ». Par ailleurs, comme l'ont relevé certains, la formule « société cotée » est une métonymie[113]. En effet, ne peut être cotée que la société dont les actions sont admises à la cote, on assimile donc par raccourci la société aux actions qu'elle émet. Par cette dénomination, ne seront considérées que les sociétés dont les actions sont admises aux négociations sur un marché réglementé, à l'exclusion des autres titres financiers pouvant être offerts sur ces marchés.

En dépit de la formule d'admission des actions aux négociations sur un marché réglementé, la pratique et la doctrine font le plus souvent appel à la notion de société cotée, sans doute en vertu d'un certain conservatisme d'une notion ancienne, mais aussi en raison de la complexité de la nouvelle dénomination. Quelle que soit l'appellation retenue, il n'en demeure pas moins que ces sociétés ne peuvent concerner que deux sociétés commerciales, les sociétés anonymes et les sociétés en commandite par actions[114], ainsi que

---

[108] Voir, dans le cas des rémunérations différées accordées aux dirigeants, la mise à l'écart des administrateurs : article L. 225-42-1 du Code de commerce.

[109] Voir en ce sens : « La démocratie suppose enfin que des contrôles permettent de s'assurer que le pouvoir s'exerce bien dans l'intérêt de tous », Yves GUYON, « La société anonyme, une démocratie parfaite », dans *Mélanges offerts à Christian GAVALDA,* Paris, Dalloz, 2001, p. 133.

[110] Philippe MERLE, *Droit commercial – sociétés commerciales*, 20ème éd., Paris, Dalloz, 2016, p. 29.

[111] Paul DIDIER, Philippe DIDIER, *Les sociétés commerciales*, Paris, Economica, 2011, p. 886.

[112] Loi n° 96-697 du 2 juillet 1996 de modernisation des activités financières, *JORF* du 4 juillet 1996, p. 10063.

[113] Olympe DEXANT-DE BAILLIENCOURT, *Les pactes d'actionnaires dans les sociétés cotées*, préf. Hervé SYNVET, Paris, Dalloz, 2012, p. 5 ; P. DIDIER, Ph. DIDIER, *op. cit.* note 111, p. 886.

[114] Article L. 224-2 du Code de commerce.

d'autres sociétés particulières, telles les sociétés civiles de placement immobilier, au sens des articles L. 214-51 et suivants du Code monétaire et financier. Les sociétés par actions simplifiées, qui peuvent depuis l'Ordonnance du 22 janvier 2009[115] opérer certaines opérations qui ne ressortent pas de la définition de l'offre au public[116], ne peuvent en aucun cas émettre des actions sur un marché réglementé[117]. Elles sont par conséquent exclues du champ de cette étude.

Ces sociétés, dont le capital est théoriquement le plus sujet à dispersion, sont les plus sujettes à un actionnariat atomisé, distendant les relations entre la société et ses différentes composantes. Cet éloignement entre la société et ses différents éléments, ajouté au fait que ces sociétés représentent une grande proportion des liquidités de toutes les sociétés, font que les sociétés dont les titres sont offerts aux négociations sur un marché réglementé forment un sujet d'étude courant. En effet, de nombreux textes, internes comme unionistes, tendent à isoler de plus en plus les sociétés cotées en créant des règles spécifiques à ces sociétés[118], conduisant des auteurs à identifier une autre *summa divisio* du droit des sociétés, entre les sociétés qui offrent leurs titres financiers au public sur un marché réglementé et les autres[119], ou à tout le moins les autres sociétés par actions[120]. Des ouvrages sont même consacrés

---

[115] Ordonnance n° 2009-80 du 22 janvier 2009, précitée note 89.

[116] Article L. 227-2 du Code de commerce, renvoyant à l'article L. 411-2 I 2°, 3°, et à son II du Code monétaire et financier.

[117] Voir en ce sens, mais aussi décrivant les titres financiers que peuvent émettre les sociétés par actions simplifiées sur les marchés : Jean-Jacques DAIGRE, Bénédicte FRANCOIS, « La société par actions simplifiée : une société pouvant faire appel au marché ? », *Revue des sociétés* 2010, p. 11.

[118] Voir en cela les normes citées par : Pierre-Henri CONAC, « La distinction des sociétés cotées et non cotées », *Revue des sociétés* 2005, p. 67, spéc. p. 70-74. Voir par ailleurs : « Concrètement, il conviendrait aujourd'hui de distinguer trois grands types de sociétés : les sociétés cotées (...), les sociétés "ouvertes" et les sociétés "fermées" », GROUPE DE HAUT NIVEAU D'EXPERTS EN DROIT DES SOCIETES, *Un cadre réglementaire moderne pour le droit des sociétés*, 2002, p. 39. Voir aussi l'article L. 225-1 du Code de commerce qui, dans son second alinéa, distingue entre les sociétés non cotées pouvant être créées avec deux actionnaires, et les sociétés dont les titres sont admis aux négociations sur un marché réglementé, pour lesquelles « le nombre d'associé ne peut être inférieur à sept ».

[119] Voir, pour une distinction entre les deux types de sociétés : Marie-Anne FRISON-ROCHE, « La distinction entre sociétés cotées et non cotées », dans J.-P. MATTOUT, H. DE VAUPLANE, *op. cit.* note 30, p. 189 ; Alain VIANDIER, « Le droit des sociétés, demain », *JCP E* 2000, p. 3. Pour une « fracture entre sociétés cotées et sociétés non cotées » : Alain COURET, « De quelques apports conceptuels du droit financier contemporain », dans *Mélanges en l'honneur de Claude CHAMPAUD*, Paris, Dalloz, 1997, p. 195, spéc. p. 213.

[120] Voir en ce sens : Bénédicte FRANCOIS, *L'appel public à l'épargne, critère de distinction entre sociétés par actions*, Thèse dactylographiée Paris II, 2003.

uniquement aux sociétés cotées[121], ce qui tendrait à prouver que celles-ci deviennent de plus en plus autonomes, se détachant progressivement des autres sociétés, consacrant la *summa divisio* souhaitée par certains. Ainsi, le droit positif semble conduire à la caractérisation d'une autonomie, sinon d'une indépendance du droit des sociétés cotées[122].

Il serait cependant possible de nuancer cette affirmation. En effet, des auteurs, tels Madame le Professeur FRISON-ROCHE, ont pu affirmer que retenir une telle division permettrait, *de facto*, de consacrer une autre distinction, d'inspiration allemande, entre petites et grandes sociétés[123]. La *summa divisio* serait alors en partie insatisfaisante, car si toutes les grandes sociétés – soit les sociétés ayant la plus grande capitalisation – sont des sociétés cotées[124], l'inverse n'est pas vérifié, les plus petites sociétés pouvant elles aussi être cotées. Cela est d'autant plus vrai que l'ordonnance du 22 janvier 2009 a abandonné l'exigence d'un capital social minimal de 225 000 euros pour que les actions d'une société soient admises aux négociations sur un marché réglementé, signifiant qu'une société anonyme avec un capital social de 37 000 euros[125] pourrait être une société cotée. Dès lors, il semblait logique de retenir que la cotation ne représente pas une division fondamentale en droit des sociétés[126].

Pourtant, et au regard du nombre croissant de normes applicables aux seules sociétés dont les titres sont admis aux négociations sur un marché réglementé, on ne peut plus douter de la spécificité du droit applicable à ces sociétés. Ainsi, le droit des sociétés cotées devient, au même titre que le droit propre à chaque forme sociale, un droit spécial. Il convient dès lors de raisonner en termes de superposition plus qu'en termes d'alternative. Le droit applicable aux sociétés cotées comporte des règles spécifiques, mais celles-ci doivent trouver à s'articuler avec les règles des sociétés anonymes et aux sociétés en commandite par actions, tout comme avec celles du droit commun des sociétés. C'est pourquoi il s'agira d'aborder autant les règles propres aux sociétés cotées que les règles de droit des sociétés, qui peuvent connaître une résonnance particulière dans le cadre des sociétés cotées.

---

121 Daniel OHL, *Droit des sociétés cotées*, 3ème éd. Paris, LexisNexis, 2008 ; Philippe BISSARA, Régis FOY, Amicie DE VAUPLANE, *Droit et pratique de la gouvernance des sociétés cotées*, Paris, Joly éditions, 2007. Voir aussi des thèses consacrées uniquement au droit des sociétés cotées, voir : O. DEXANT-DE BAILLIENCOURT, *op. cit.* note 113 ; A. SOTIROPOULOU, *op. cit.* note 80 ; Konstantinos SORGAKIS, *La transparence des sociétés cotées en droit européen*, préf. Jean-Jacques DAIGRE, Paris, I.R.J.S., 2013.

122 Sur ce point, consacrant l'autonomie du droit des sociétés cotées, voir : D. OHL, *op. cit.* note 121, p. 7.

123 M.-A. FRISON-ROCHE, *op. cit.* note 119, spéc. p. 199.

124 Yves GUYON, *Droit des affaires – Droit commercial et sociétés*, 8ème éd., Economica, Paris, 1994, § 399. Cité par : M.-A. FRISON-ROCHE, *op. cit.* note 119, spéc. p. 199.

125 Soit le minimum légal selon l'article L. 224-2 du Code de commerce.

126 Voir en ce sens : Philippe MARINI, *La modernisation du droit des sociétés*, Paris, La documentation Française, 1996, spéc. p. 13.

15. Le contrôle de la gestion des sociétés cotées. Le contrôle de la gestion des sociétés cotées correspond donc aux règles relatives au contrôle de la gestion des sociétés anonymes ou en commandite par actions, auxquelles se rajoutent des règles propres aux sociétés cotées, contenues dans le Code de commerce, le Code monétaire et financier, le Règlement général de l'Autorité des marchés financiers ou encore les différentes règles des entreprises devant organiser les marchés réglementés.

Ces différentes normes sont justifiées par des impératifs propres au droit financier, notamment la protection des différents intervenants sur les marchés tels que les actionnaires ou les investisseurs. On retrouve la traditionnelle préoccupation de la préservation des intérêts des actionnaires, mais aussi d'autres intervenants ayant un lien plus ou moins étroit à la société, les *stakeholders*. S'intéresser au contrôle de la gestion dans les sociétés cotées permet d'appréhender plus de règles protectrices de ces différents intérêts. Le contrôle de la gestion sociale, lorsqu'il est question des sociétés cotées, n'est alors pas modifié dans sa nature profonde, mais est au contraire enrichi par ces normes. Les sociétés cotées, débitrices d'un devoir d'exemplarité en raison de leur dimension économique et de leur influence sociétale, sont des sociétés dans lesquelles il existe le plus de lutte d'influence et d'intérêts à prendre en considération. Dès lors, le contrôle de la gestion devient une opération particulièrement sensible, d'autant plus délicate que la société est importante.

Le contrôle de la gestion intéresse un grand nombre d'acteurs au sein des sociétés cotées. Celles-ci, par les conséquences économiques liées à leur intervention sur les marchés financiers, sont particulièrement exposées aux diverses influences qui peuvent s'exercer sur ces marchés. Ainsi, l'information, financière ou non, qui fait état de la gestion des sociétés dépasse largement le cadre des informations communes du droit des sociétés[127], et cela afin de protéger tous les intervenants sur les marchés financiers, parmi lesquels figurent bien évidemment les actionnaires, mais aussi les investisseurs potentiels. Ceux-ci se servent de cette information communiquée pour arbitrer leurs décisions d'investissement. La diffusion d'information au marché est donc le support d'un contrôle de la gestion opéré par des acteurs pouvant être tiers à la société, et il y a là une spécificité du contrôle de la gestion des sociétés cotées.

Le contrôle interne de la gestion des sociétés cotées, pouvant être mené en amont de la diffusion de l'information, voire antérieurement à la décision de gestion, prend toute sa dimension. Certaines règles du droit des sociétés ont alors une importance toute particulière car au-delà de leur effet interne, elles vont connaître une résonnance par leur conséquence sur le marché. À titre d'exemple, la procédure de contrôle des conventions réglementées, prévue par le droit des sociétés, prend un essor particulier au sein des sociétés cotées : si

---

[127] À titre d'exemple, les nombreuses informations exigées au titre des articles L. 225-37-2 du Code de commerce sont en grande partie exclusives aux sociétés cotées.

le contrôle *a priori* est bien évidemment important au sein de la société, la mention de ces conventions dans le rapport de gestion et le document de référence publiés et diffusés attire l'attention du marché et des investisseurs. Cela peut engendrer des conséquences pires que celles du non-respect de la procédure, car les effets économiques et réputationnels liés à la communication d'une convention peu intéressante pour la société, ou caractérisée d'un flagrant conflit d'intérêts, peuvent s'avérer désastreux pour la société. Celle-ci peut en effet ne plus être aussi attractive pour les investisseurs, et voir ses actionnaires se détourner d'elle. Il s'agit alors de démontrer dans ce travail que les procédures du contrôle de la gestion des sociétés cotées sont principalement celles du droit commun – les sociétés cotées étant avant tout des sociétés commerciales – qui connaissent toutefois une importance particulière en raison de l'intervention sur le marché de ces sociétés.

16. Le pouvoir, enjeu du contrôle de la gestion des sociétés cotées : la question de la *corporate governance*. Dès qu'on admet que le contrôle de la gestion soulève la thématique de la répartition des pouvoirs au sein de la société cotée, on constate aussi que cette thématique de la vérification de la conduite de la société est mise en lumière chaque fois qu'apparaissent dans les médias ou devant les tribunaux des affaires traitant des agissements répréhensibles des dirigeants. Il peut alors être considéré que si des faits fautifs ont été accomplis, c'est parce que la société ne comporte pas en son sein des structures de contrôle suffisantes. Il est donc question des modalités de gestion et de leur contrôle. Certains auteurs, principalement étasuniens, ont alors appelé dès les années 1970 à ce que certaines fonctions au sein de la société soient repensées, ou à tout le moins que les rôles des organes sociaux soient précisés[128]. Cette réflexion s'est matérialisée en 1978 aux États-Unis par l'établissement du *Corporate Director's guidebook*, un guide d'utilisation à destination des administrateurs[129]. Ces travaux menés par des universitaires et praticiens se sont principalement attardés sur le rôle du conseil d'administration, dont les fonctions devaient être réorientées afin de le replacer au centre de la société. Au travers de la promotion du conseil d'administration, il était question de repenser l'organisation et le déroulement de la prise de décision au sein des sociétés nord-américaines. C'est ce que certains auteurs ont décrit sous le vocable de *corporate governance*. Suite à ces prémices, le mouvement de la *corporate governance* s'est accéléré très vite dans le monde, de telle façon à ce que la question est apparue en France.

---

[128] Voir en ce sens : André TUNC, « Le gouvernement des sociétés anonymes : le mouvement de réforme aux États-Unis et au Royaume-Uni », *Revue Internationale de droit comparé* 1994, spéc. p. 61.

[129] *Id.* Voir aussi : Philippe BISSARA, « Les véritables enjeux du débat sur "le gouvernement de l'entreprise" », *Revue des sociétés* 1998, p. 5.

17. L'expansion anglo-saxonne de la *corporate governance* : des rapports concernant le conseil d'administration. Bien qu'un *vademecum* ait été formulé à l'attention des administrateurs des sociétés anonymes anglo-saxonnes cotées, les décennies 1980 et 1990 ont été marquées, tant aux États-Unis[130] qu'en Grande-Bretagne[131], par différents scandales mettant en lumière les faiblesses relatives à l'information et à la surveillance au sein des sociétés cotées. Une réaction est intervenue, principalement demandée par les praticiens des sociétés cotées que sont les dirigeants eux-mêmes et les organisations de marché qui aspiraient à une plus grande stabilisation des pratiques, ainsi qu'à une limitation des scandales qui affectaient son bon fonctionnement[132]. C'est alors que la Banque d'Angleterre et la bourse de Londres ont mis en place en 1991 une commission présidée par Sir Adrian CADBURY, dont le rapport rendu en décembre 1992 représente la première manifestation européenne d'une volonté d'améliorer la conduite des affaires internes à la société[133]. Bien qu'ayant une vertu généraliste et désirant

---

[130] Il est question, aux États-Unis, de la crise des « *saving and loans* » entre 1986 et 1990. Ces caisses d'épargne avaient un fonctionnement en partie fondé sur des avantages fiscaux liés aux acquisitions immobilières qu'elles faisaient en raison des crédits hypothécaires qu'elles accordaient. Une fois cet avantage aboli par la *Tax Reform act of 1986*, ces structures se sont trouvées dans des situations économiques obérées, conduisant à une crise systémique. Voir : Colette NEUVILLE, « Le gouvernement d'entreprise : pour quoi faire ? », *Les petites affiches* 7 mai 1997, p. 24. Pour un autre phénomène contemporain, celui des offres publiques d'acquisition et des défenses parfois mises en œuvre de façon inconsidérée : Ph. BISSARA, *op. cit.* note 129 ; Estelle SCHOLASTIQUE, *Le devoir de diligence des administrateurs de société, droits français et anglais*, préf. André TUNC, Paris, L.G.D.J., 1998, p. 16.

[131] En Grande-Bretagne, les deux scandales financiers conduisant à une réflexion sur la gouvernance se sont produits entre 1990 et 1991, avec les affaires *Polly Peck* et *Maxwell Communication Corporation.* Ces deux sociétés, qui intervenaient dans des domaines d'activité radicalement différentes – le textile pour la première et les *media* pour la seconde – se rejoignent toutefois quant aux faits à l'origine des litiges : la disparition d'une importante somme (entre quatre cents et cinq cents millions de Livres Sterling) de leurs caisses de pension. En outre, ces deux sociétés étaient dirigées par deux dirigeants qui disposaient « d'un pouvoir quasiment égal à celui d'un baron médiéval » : Andrew BAKER, « L'effervescence anglaise », *Les petites affiches* 27 septembre 1995, p. 9. Voir aussi, Frédéric PARRAT, *Le gouvernement d'entreprise : ce qui a déjà changé, ce qui va encore évoluer*, Paris, Maxima, 2000, p. 245. Dans le cas plus précis de la disparition du groupe Maxwell : Patrick DE JACQUELOT, « L'argent disparu du groupe Maxwell évalué à 8 milliards de francs », *Les Echos* 9 décembre 1991, p. 35.

[132] Il doit toutefois être noté qu'aux États-Unis, les travaux en matière de *corporate governance* sont issus de démarches purement volontaires de la part d'universitaires ou de professionnels. Voir en ce sens : Ronald J. GIBSON, Reiner KRAAKMAN, « Reinventing the Outside Director : An agenda for Institutional Investors », *Stanford Law Review* 1991, p. 863 ; AMERICAN LAW INSTITUTE, *Principles of Corporate Governance : Analysis and Recommendations*, 1994. Cités par : A. TUNC, *op. cit.* note 128, p. 62-67.

[133] THE COMMITTEE ON THE FINANCIAL ASPECTS OF CORPORATE GOVERNANCE, *The Financial Aspects of Corporate Governance* (*The Cadbury Report*), Financial Reporting Council, 1992. Voir aussi : André TUNC, « Le gouvernement des sociétés anonymes au Royaume-Uni », dans *Etudes à la mémoire d'Alain SAYAG*, Paris, Litec, 1997, p. 419-423 ; A. BAKER, *op. cit.* note 131.

appréhender globalement les phénomènes décisionnels au sein des sociétés cotées britanniques, il doit être noté que le Rapport CADBURY se concentre principalement sur le rôle du *board of directors*, c'est-à-dire le conseil d'administration. En 1995, un autre rapport commandité par les autorités de marché londoniennes se concentrait plus spécifiquement sur la rémunération que devaient percevoir les membres des conseils d'administration[134]. Un nouveau rapport, formulé en 1998, confirme que le *board of directors* joue un rôle essentiel au sein de la société, son contenu concernant les *directors* étant deux fois plus développé que celui relatif aux actionnaires[135]. Cette dernière réflexion est toutefois le fruit d'un travail moins développé que les deux rapports précités, son contenu s'apparentant plus à une consolidation qu'à une véritable œuvre créatrice[136].

Il ressort clairement des travaux britanniques que le conseil d'administration se retrouve au centre des considérations de la *corporate governance* et ce constat peut être étendu à d'autres pays anglo-saxons. Par exemple, le rapport commandé par la bourse de Toronto, au Canada, a été intitulé « *Where were the directors ?* »[137], ce qui a été traduit par « mais où étaient passés les administrateurs ? »[138]. Cette question, résolument provocatrice, sous-tend l'idée selon laquelle les différents scandales auraient pu être évités si le conseil d'administration s'était manifesté plus activement et avait assumé son rôle de contrôleur. On comprend donc parfaitement la définition de la *corporate governance* proposée par le rapport CADBURY, pour lequel cette notion décrit le « système par lequel les sociétés sont contrôlées et dirigées », cette tâche incombant au conseil d'administration[139]. Ce mouvement anglo-américain ne pouvait rester lettre morte en France.

18. De la *corporate governance* au gouvernement – ou gouvernance – d'entreprise. Cet intérêt, voire cet entrain, pour la *corporate governance* outre-Manche et outre-Atlantique a tout d'abord attiré la curiosité avant de

---

[134] STUDY GROUP ON DIRECTORS' REMUNERATION, *Director's Remuneration, Report of a Study Group chaired by Sir Richard Greenbury (The Greenbury Report)*, Londres, GEE, 1995.

[135] THE COMMITTEE ON CORPORATE GOVERNANCE, *Final report (The Hampel Report)*, Londres, GEE, 1998.

[136] André TUNC, « Le gouvernement des sociétés anonymes au Royaume-Uni : Le rapport du Comité Hampel », *Revue internationale de droit comparé* 1998, spéc. p. 922.

[137] COMMITTEE ON CORPORATE GOVERNANCE IN CANADA, *Where Were the Directors? Guidelines for Improved Corporate Governance in Canada (The Dey Report)*, Toronto Stock Exchange, 1994.

[138] Ph. BISSARA, *op. cit.* note 129, p. 5.

[139] Traduction de : « *Corporate governance is the system by which companies are directed and controlled. Boards of directors are responsible for the governance of their companies* (…) » : THE COMMITTEE ON THE FINANCIAL ASPECTS OF CORPORATE GOVERNANCE, *op. cit.* note 133, § 2.5.

susciter des interrogations de la plupart des juristes français[140]. Avant même de déterminer s'il était possible d'importer le contenu de ce que recouvrait la *corporate governance*, il était, avant toute chose, nécessaire de déterminer ce que ce vocable signifiait. Alors qu'une loi venait de privilégier l'emploi de la langue française dans de nombreuses situations[141], une situation d'inconfort est apparue lorsqu'il a été question de traduire la *corporate governance*. Après de nombreux atermoiements, la plupart des auteurs se sont accordés, parfois à contrecœur, pour adopter le vocable de « gouvernement d'entreprise »[142], tandis que d'autres privilégient le terme de « gouvernance d'entreprise »[143]. Bien que ne traduisant pas parfaitement l'idée contenue dans le terme de *corporate governance* – notamment parce que le mot « entreprise » n'est pas la traduction du terme « *corporate* »[144] –, les deux locutions ont pu être utilisées indifféremment, l'une se substituant à l'autre. À bien considérer toutefois, il ressort qu'il faille privilégier le terme de gouvernance à celui de gouvernement, bien qu'il constitue un néologisme de sens[145]. En effet, le terme de gouvernement fait appel à une certaine idée de l'exercice du pouvoir, incarné par un dirigeant, « dans un contexte traditionnellement centralisé, dirigiste, opaque, où le pouvoir vient d'en haut »[146] ; tandis que la gouvernance « se traduit concrètement par une participation accrue de la société civile organisée à l'élaboration des décisions et à leur mise en œuvre »[147]. Appliquée

[140] Voir, notamment : Michel ALBERT, Eric LE BOUCHER, « L'irruption du *Corporate Governance* », *Revue d'économie financière*, 1994, Vol. 31, p. 11 ; Daniel HURSTEL, Thomas BIEDER, « Est-il urgent et indispensable de réformer le droit des sociétés au nom de la "corporate governance" ? », *Revue des sociétés* 1995, p. 633 ; Georges BERLIOZ, « Le "gouvernement d'entreprise" : quelles conséquences pour les conseils d'administration des sociétés françaises ? », *Les petites affiches* 20 novembre 1996, p. 23 ; Yves GUYON, « Faut-il introduire en France la théorie de la "corporate governance" ? », *Les petites affiches* 7 mai 1997, p. 28 ; C. NEUVILLE, *op. cit.* note 130 ; Ph. BISSARA, *op. cit.* note 129 ; Edouard CHAMY, « Transposition du *corporate governance* anglo-saxon en droit français », *Les petites affiches* 9 juin 1997, p. 4.

[141] Loi n° 94-665 du 4 août 1994 relative à l'emploi de la langue française, *JORF* du 5 août 1994, p. 11392.

[142] Alain COURET, « Le gouvernement d'entreprise : la *corporate governance* », *D.* 1995, p. 163 ; A. TUNC, *op. cit.* note 128 ; Ph. BISSARA, *op. cit.* note 129 (considérant que la traduction est « approximative ») ; C. NEUVILLE, *op. cit.* note 130.

[143] Y. GUYON, *op. cit.* note 140 ; Jean-Marie THIVEAUD, « L'histoire au présent, de la gouvernance des grandes sociétés », *Revue d'économie financière* 1994, Vol. 31, p. 243.

[144] « *Corporate* » est issu de *corporation*, soit la société au sens juridique du terme. Le terme entreprise, quant à lui, est bien plus large car il appréhende la société et ses diverses composantes, notamment les salariés.

[145] G. CORNU (dir.), *op. cit.* note 72, p. 491. Une définition faisant état du scepticisme des auteurs est proposée : « Terme de prestige aujourd'hui en vogue (...) véhiculant un concept anglo-saxon, mais qui, interférant avec les notions de pouvoirs dans l'État et au sein de l'entreprise, nourrit une réflexion en vogue sur une certaine façon de prendre les décisions et d'harmoniser les intérêts, moyennant un renforcement de la concertation et de la négociation entre partenaires sociaux et, pour le bien commun, de la transparence et du contrôle ».

[146] C. NEUVILLE, *op. cit.* note 130, p. 24.

[147] Définition du terme « gouvernance » par l'office québécois de la langue française.

aux sociétés cotées, cette notion de gouvernance signifie donc que la vie sociale ne devrait plus uniquement dépendre du seul directeur général ou président du directoire, ce qui a effectivement été prôné par les différents rapports commandés par les différentes organisations professionnelles patronales[148]. La locution gouvernance d'entreprise sera donc retenue.

Il apparaît donc que la *corporate governance* a conduit, principalement dans les pays anglo-saxons, mais aussi en France et même en Allemagne[149], à la production de rapports issus de commissions spécialisées. Cette réglementation volontaire ne s'est toutefois pas avérée suffisante pour prévenir d'autres mauvais agissements de la part de certaines entreprises étasuniennes ou européennes, ayant conduit à une réponse cette fois législative.

19. Les réformes législatives du droit des sociétés dans les années 2000 : le cas des États-Unis et de l'Italie. Au début des années 2000, et en dépit des différents rapports applicables tant aux États-Unis qu'ailleurs dans le monde, de nombreuses sociétés ont fait l'objet d'une publicité négative lorsque sont apparues au grand jour des malversations ayant conduit à leur déconfiture. Il est possible de citer les sociétés Enron ou WorldCom aux États-Unis, ou encore Parmalat ou Swissair en Europe continentale. Ces différentes affaires ont pour point commun deux facteurs importants : la méconnaissance des obligations comptables en ne dévoilant pas toutes les données pertinentes ou en communiquant des chiffres erronés ; ainsi que la présence d'un ou plusieurs dirigeants qui ont pu œuvrer sans contrepoids au sein de la société afin de prendre des décisions néfastes à la société. Au regard des fraudes accomplies et de la taille des sociétés responsables de ces malversations, ayant parfois fait flancher certaines économies régionales voire nationales, une réponse législative s'est organisée, prouvant que les rapports d'application volontaire ne pouvaient être suffisants.

Plusieurs normes législatives sont alors intervenues depuis 2001, venant renforcer les mécanismes de gouvernance d'entreprise. L'une des premières normes et sans aucun doute celle qui a eu le plus de retentissements, est la loi

---

148 GROUPE DE TRAVAIL ASSOCIATION FRANCAISE DES ENTREPRISES FRANCAISES/CONSEIL NATIONAL DU PATRONAT FRANCAIS, *Le conseil d'administration des sociétés cotées (dit Rapport Viénot I)*, Paris, 1995 ; ASSOCIATION FRANCAISE DES ENTREPRISES PRIVEES-MOUVEMENT DES ENTREPRISES DE FRANCE, *Rapport du comité sur le gouvernement d'entreprise présidé par M. Marc Viénot (dit Rapport Viénot II)*, Paris, 1999.

149 Voir en ce sens : GRUNDSATZKOMMISSION CORPORATE GOVERNANCE, *Corporate Governance Grundsätze (« Code of Best Practice ») für börsennotierte Gesellschaften*, 2000 ; BERLINER INITIATIVKREIS GERMAN CODE OF CORPORATE GOVERNANCE, *German Code of Corporate Governance*, 2000. Cités par : Klaus HOPT, « Le gouvernement d'entreprise, expériences allemandes et européennes », *Revue des sociétés* 2001, p. 1.

Sarbanes-Oxley[150], surnommée « « loi Enron »[151]. Ses travaux législatifs ont commencé le 14 février 2002, soit un peu plus de deux mois suivant la mise en redressement judiciaire de la société Enron, intervenue le 2 décembre 2001[152]. L'aboutissement de ces travaux, consacré par la signature du président George W. BUSH le 30 juillet 2002, donne lieu à une loi contenant des « réformes les plus avant-gardistes dans les pratiques commerciales américaines depuis l'époque de Franklin Delano ROOSEVELT »[153]. Cette loi contient de nombreuses dispositions intéressant le contrôle indépendant des entreprises par les firmes d'audit mais aussi la confirmation du rôle du *board of directors*, du *chief financial officer* – équivalent du directeur financier de la société – et des actionnaires. La loi *Sarbanes-Oxley* permet donc de mieux encadrer le processus décisionnel et constitue un changement de philosophie au sein des sociétés étasuniennes en rééquilibrant partiellement la répartition du pouvoir. Le processus législatif étasunien s'est poursuivi par la loi *Dodd-Frank*[154], signée le 21 juin 2010, qui comporte un chapitre relatif à la protection des investisseurs renforçant les obligations comptables ou encadrant le pouvoir des *chief executive officers*, équivalent étasunien des directeurs généraux. Les textes étasuniens tendent à replacer les actionnaires au sein de la politique sociale, ce qui permet de renforcer le contrôle de la conduite de la société. Un autre pays ayant connu la déconfiture retentissante d'une société a modifié son droit des sociétés afin de renforcer la surveillance des organes sociaux.

Suite à l'affaire Parmalat, le législateur italien a lui aussi dû réagir afin d'encadrer certaines pratiques sociales, par un décret-loi du 28 décembre 2004[155]. Ce texte a alourdi les obligations pesant sur les dirigeants sociaux, notamment en imposant aux organes d'administration des sociétés cotées la

---

[150] *Sarbanes-Oxley Act of 2002*, Pub. L. No. 107-204, 116 Stat. 745 (2002).

[151] Ari WEINBERG, « Congress Considers The Enron Act », *Forbes*, 17 avril 2002.

[152] Richard OPPEL Jr. et Andrew Ross SORKIN, « Enron's Collapse : The Overview ; Enron Files Largest U.S Claim for Bankruptcy », *The New York Times*, 3 décembre 2001, p. A1 ; Eric LESER, « Enron provoque la plus grande faillite de l'histoire américaine », *Le Monde*, 4 décembre 2001, p. 21.

[153] Elisabeth BUMILLER, « Bush Signs Bill Aimed at Fraud in Corporations », *The New York Times*, 31 juillet 2002, p. A1.

[154] *Dodd-Frank Wall Street Reform and Consumer Protection Act*, Pub. L. 111-203, 124, Stat. 1376 (2010).

[155] Decreto Legislativo n° 310 du 28 décembre 2004, *Gazetta Ufficiale* 30 décembre 2004.

révélation des opérations réalisées avec des parties liées[156]. Le droit italien s'est alors, comme le droit étasunien pour Enron, attelé tout d'abord à déceler les facteurs à l'origine de l'effondrement de Parmalat, puis à imposer des règles permettant de réduire les failles qui ont été décelées.

20. Les réformes du droit des sociétés en Grande Bretagne et au Canada. Ce dernier raisonnement a été aussi adopté dans d'autres États qui n'ont pas connu de scandales financiers. Aussi est-ce le cas de la Grande-Bretagne et du Canada. Le premier État cité a modifié sa loi sur les sociétés par le biais de la *Companies Act 2006*[157]. Cette loi de réforme est importante et concerne les points les plus marquants de la *corporate governance*, à savoir l'accroissement des pouvoirs des dirigeants, de la participation des actionnaires dans la gestion ainsi que du rôle des commissaires aux comptes[158]. Le droit britannique agit donc de façon proactive, en renforçant ses mécanismes législatifs destinés à favoriser le contrôle de la gestion sociale. La même volonté peut être décelée dans la règlementation canadienne, tandis que les Autorités canadiennes en valeurs mobilières, qui regroupent les autorités de marché des différentes provinces, ont formulé des règlements généraux visant à renforcer la surveillance des activités sociales[159]. Toutefois, et à la différence de la réforme opérée en Grande-Bretagne, le droit canadien fonctionne par des règles formulées par les autorités de marché et donc applicables aux seules sociétés cotées dont les titres sont négociés sur les marchés canadiens, et se concentre uniquement sur le rôle joué par les « auditeurs », soit les commissaires aux comptes.

Il ressort donc de ce bref aperçu des dernières évolutions du droit applicable aux sociétés cotées dans différents pays que le droit français

---

[156] Article 2391 bis du Code civil italien : « Les organes d'administration de la société dont les titres sont admis aux négociations sur un marché réglementé adoptent, selon les principes généraux [de l'équivalent italien de l'Autorité des marchés financiers], des règles qui assurent la transparence et la régularité substantielle et procédurale des opérations avec les parties liées et en rendent compte dans le rapport de gestion ; à cette fin, elles peuvent se faire assister d'un expert indépendant en raison de la nature, de la valeur ou des caractéristiques de l'opération » (traduction de « *Gli organi di amministrazione della società ce fanno ricorso al mercato del capitale di rischio adottano, secondo principi generali indicati dalla Consob, regole che assicurano la trasparenza e la correttezza sostanziale e procedurale delle operazioni con parti correlate e li rendono noti nella relazione sulla gestione ; a tali fini possono farsi assistere da esperti indipendenti, in ragione della natura, del valore o delle caratteristiche dell'operazione* »).

[157] *The Companies Act 2006*, c 46.

[158] Voir en ce sens : Kelvin JESTIN, « La réforme du droit anglais des sociétés opérée par le Companies Act 2006 : analyse et perspective », *Bulletin Joly sociétés* 2008, p. 727.

[159] Voir : AUTORITES CANADIENNES DES VALEURS MOBILIERES, « Règlement 52-108 sur la surveillance des auditeurs », *RLRQ* c V-1.1, r 26 ; « Règlement 52-109 sur l'attestation de l'information présentée dans les documents annuels et intermédiaires des émetteurs », *RLRQ* c V-1.1, r 27 ; « Règlement 52-110 sur le comité d'audit », *RLRQ* c V 1.1, r 28.

s'inscrit dans une dynamique globale visant à conférer plus de pouvoirs aux entités susceptibles de contrôler la gestion de la société.

21. Les sociétés cotées, laboratoire de certaines règles pour d'autres sociétés ? Les règles de droit étranger tendent à le prouver, les diverses mesures de gouvernance d'entreprise sont principalement applicables aux sociétés dont les titres sont admis aux négociations sur un marché réglementé. Ces sociétés étant celles au sein desquelles le risque de distanciation entre les actionnaires et leur société est le plus élevé[160], il semble logique que ce soit en leur sein que les raisonnements liés à la gouvernance d'entreprise – dont la principale préoccupation est celle d'impliquer plus activement les actionnaires au sein des sociétés – connaissent un véritable essor.

Les mesures de gouvernance d'entreprise sont donc principalement applicables aux sociétés cotées, ce qui ne signifie pas pour autant qu'elles leur sont exclusives. Il ne s'agit donc pas d'affirmer que ces règles sont spécialement proposées pour les sociétés cotées, écartant de fait les sociétés qui ne le sont pas du bénéfice de mesures permettant d'améliorer leur fonctionnement interne. Le Code de gouvernement d'entreprise formulé par l'association française des entreprises françaises et le mouvement des entreprises de France[161] affirme en effet dans son introduction que les règles qu'il contient visent principalement les sociétés dont les titres sont admis aux négociations sur un marché réglementé, mais aussi que les sociétés qui ne sont pas cotées peuvent tout autant les appliquer. Ainsi, certaines règles propres aux sociétés cotées peuvent être suivies librement par les sociétés qui ne le sont pas, tendant à prouver la porosité de la ligne de démarcation entre ces deux types de sociétés.

Au-delà des normes établies par les organisations professionnelles qui peuvent être appliquées volontairement par les sociétés non cotées bien qu'elles soient formulées pour les sociétés cotées, il est aussi possible de constater un phénomène de contagion en matière de gouvernance des entreprises. En effet, il n'est pas rare qu'une règle soit dans un premier temps applicable aux sociétés cotées puis, dans un second temps, étendue aux sociétés dont les actions ne sont pas admises aux négociations sur un marché réglementé[162]. Les sociétés cotées peuvent alors être considérées comme une première étape dans le processus législatif, par laquelle une règle trouve une application ciblée au sein d'un faible nombre de sociétés. En fonction des résultats obtenus par cette règle, et si celle-ci apporte des avantages qui

---

[160] Voir supra, § 4.

[161] AFEP-MEDEF, *Code de gouvernement d'entreprise des sociétés cotées*, Paris, 2016, p. 5.

[162] C'est ainsi que les comités du conseil d'administration ou de surveillance et notamment les comités de rémunération ou de nomination qui sont en principe propres aux sociétés cotées selon le Code AFEP-MEDEF ont été rendus obligatoires au sein de certains établissements de crédit et sociétés de financement « d'importance significative » selon l'article L. 511-89 du Code monétaire et financier.

peuvent concerner d'autres sociétés – par actions ou non –, elle pourra trouver à s'appliquer au cours d'une seconde étape aux autres structures sociales.

Les règles de gouvernance des entreprises applicables aux sociétés cotées, et notamment celles relatives au contrôle de la gestion de ces sociétés, peuvent alors inspirer la pratique de certaines autres formes sociales non cotées, et ces dernières pourraient alors être soumises à des normes qui ne les concernaient pas de prime abord. L'étude, en visant les sociétés cotées, pourrait alors présenter certaines règles pouvant être étendues aux autres sociétés, et donc améliorer les relations entre contrôleurs et contrôlés au sein des sociétés par actions, que celles-ci soient cotées ou non.

22. Méthodologie employée. Le contrôle de la gestion, en tant qu'opération, ne peut être appréhendé que par le biais d'une première interrogation relative aux acteurs. L'étude d'une opération nécessite en effet de déterminer qui est la personne contrôlée, mais aussi quels peuvent être les contrôleurs. La première catégorie de personnes n'est pas difficile à déterminer, car le contrôle de la gestion des sociétés ne peut porter que sur les personnes en charge de la gestion de la société, soit les dirigeants gestionnaires. S'il a été mentionné que l'assemblée générale des actionnaires peut être un organe chargé exceptionnellement de la gestion sociale par le biais de décisions isolées[163], il doit être rappelé que sauf cas exceptionnel, l'ordre du jour est fixé par les dirigeants gestionnaires, faisant preuve de leurs pouvoirs de direction, d'administration et partant de gestion. En revanche, il est plus délicat de déterminer avec précision quelles sont les personnes chargées de contrôler la gestion sociale. Plutôt que de dresser un inventaire des contrôleurs qui serait fastidieux et d'un intérêt limité, il convient plutôt de constater que les contrôleurs de la gestion sociale peuvent être trouvés tant à l'intérieur de la structure sociale qu'à l'extérieur. Une première *summa divisio* est opérée afin de traiter du contrôle de la gestion des sociétés cotées, mais n'aboutirait qu'à une description du contrôle des décisions de gestion.

À considérer que la simple identification de la division entre contrôleurs internes et contrôleurs externes soit suffisante, une autre interrogation peut être formulée. Sauf cas exceptionnel, l'acteur opérant le contrôle le fait dans un but précis : la satisfaction d'un intérêt. Le contrôle opéré ne peut être une opération anodine, il n'est engagé que dans un but précis, à savoir le respect d'intérêts déterminés. Parce que le contrôle de la gestion des sociétés, et surtout des sociétés cotées, implique des raisonnements économiques tant de la part des contrôlés que des contrôleurs, il est logique que ces deux entités agissent rationnellement, selon le comportement communément admis de l'*homo œconomicus*[164]. Or, l'un des comportements les plus rationnels selon cette conception est que toute action est motivée par un intérêt personnel,

---

[163] Voir *supra* § 13.

[164] Voir, sur l'usage du terme : Vilfredo PARETO, *Manuel d'économie politique*, Paris, V. Giard et E. Brière, 1909, p. 17-19.

l'avantage que la personne agissante pourrait retirer de son action. Cela signifie, dans le cadre du contrôle de la gestion des sociétés cotées, que les personnes contrôlantes agissent principalement pour elles-mêmes, que le contrôle a pour but principal de veiller à la conservation des intérêts des contrôlants. Axer l'étude sur la recherche des intérêts satisfaits est toutefois aussi insuffisant que de considérer les contrôleurs, ces deux thèmes aboutissant à des descriptions peu éclairantes sur les mécanismes même du contrôle. Il apparaît alors que le sujet de l'étude ne peut réellement poindre qu'en s'appesantissant sur la notion de gestion, plus que sur celle de contrôle car le contrôle ne survient qu'une fois que la gestion a été accomplie.

Il est donc logique que la grille de lecture adéquate découle d'une étude du terme gestion. Le contrôle étant une opération intellectuelle abstraite, ses modalités et son intérêt ne peuvent se révéler qu'en considérant l'objet sur lequel il porte. Il convient alors de raisonner sur la gestion des sociétés cotées, soit sur l'exercice du pouvoir au sein de ces entités. Les gestionnaires, nommés afin d'administrer et gérer la société cotée peuvent-ils alors exercer leur pouvoir en totale liberté, sans qu'il n'existe de garde-fous ou des limites ? Cette question ne peut trouver qu'une réponse négative, ne serait-ce en raison de l'origine élective du pouvoir des dirigeants.

Lorsqu'on considère les garde-fous que l'on peut mettre en place au sein des sociétés, il apparaît rapidement que la gestion d'une société cotée peut s'entendre tant ponctuellement que globalement. Les décisions de gestion, prises individuellement, se différencieraient alors de la gestion en tant qu'ensemble globalisé constituant la politique ayant été menée par les dirigeants gestionnaires au nom de la société durant une période considérée. Cette opposition ne peut toutefois être utilisée pour structurer l'étude, les droits de regard opérés sur une opération de gestion individualisée ou sur la gestion dans sa globalité pouvant être identiques.

Toutefois, cette opposition entre l'individualisation et la généralisation des décisions de gestion fait apparaître en creux une autre dichotomie quant au contrôle de la gestion. Une telle décision fait en effet principalement l'objet d'un contrôle visant la préservation des intérêts des différents contrôleurs avant qu'elle ne devienne définitive. Selon le même raisonnement, la gestion globalisée ne peut faire l'objet que d'un contrôle rétrospectif, intervenant une fois que la politique sociale a été menée à son terme. Ainsi, de la dichotomie relative à l'objet du contrôle de la gestion naît une autre opposition, liée à sa dimension temporelle.

23. Annonce de plan. L'étude du contrôle de la gestion des sociétés cotées permet de constater que de nombreuses normes existent dans le corpus juridique afin d'exercer effectivement des vérifications de l'activité des dirigeants gestionnaires. Il faut toutefois différencier selon que ces normes permettent un pouvoir d'intervention avant la prise de décision ou sa mise en œuvre, ou ne consacrent qu'un droit de regard rétrospectif. Ces règles semblent cependant apparaître globalement insatisfaisantes au regard des objectifs poursuivis par les contrôleurs. Dans le cadre des sociétés cotées, le contrôle *a priori* de la gestion sociale, caractéristique de la gouvernance des sociétés cotées, demeure inefficient en ce qu'il ne permet pas de satisfaire totalement les attentes de toutes les parties prenantes (partie 1). Le contrôle de la gestion, considéré cette fois dans sa dimension classique, suivant l'exécution de la gestion sociale, peut par ailleurs être perfectible en ce que les normes sont prévues afin de surveiller la politique sociale, sans aboutir à des résultats totalement satisfaisants (partie 2).

PARTIE PREMIERE : LE CONTROLE A PRIORI DE LA GESTION DES SOCIETES COTEES

24. L'anticipation, élément essentiel au bon accomplissement d'une mission de direction. « Gouverner, c'est prévoir, et ne rien prévoir, ce n'est pas gouverner, c'est courir à sa perte »[165]. Cette citation, tirée de la vie politique, peut être étendue à tout groupement humain devant opérer des choix, et la prévision et l'anticipation sont deux qualités nécessaires aux succès de leurs actions. Autrement dit, sans anticipation, les actions menées par les individus ne sauraient être optimales. Dans le cadre d'une société cotée, il est certain que le dirigeant se doit d'adopter une vision à moyen, voire à long terme afin de pérenniser l'activité sociale. Plus que prévoir, il doit donc anticiper. Ce raisonnement d'anticipation n'est toutefois pas adaptable à toutes les entités sociales.
25. Le contrôle par anticipation, une incongruité ? Il semble difficile aux acteurs sociaux en charge du contrôle de la gestion sociale, ou d'un de ses pans, d'effectuer leur tâche par anticipation. En effet, il paraît délicat d'imaginer que les organes chargés du contrôle puissent anticiper sur l'exécution de leur tâche, sauf à faire preuve de dons de divination, car l'exercice de leur mission par anticipation supposerait de contrôler une décision qui n'est pas encore arrêtée. Il est alors impossible d'évoquer un contrôle de la gestion par anticipation, ce qui ne signifie pas pour autant que les contrôleurs sont voués à intervenir uniquement après l'élaboration et la mise en application des décisions relevant de la gestion sociale.
26. Le contrôle *a priori*, nécessitant un projet de décision. Parce que la gestion sociale ne doit pas être laissée entre les seules mains des dirigeants gestionnaires, les contrôleurs disposent d'un droit de regard avant que certaines décisions de gestion ne deviennent définitives. Pour ce faire, il convient que cette surveillance porte sur une décision identifiée, dont le projet comporte des indications suffisamment précises pour que le contrôle soit réellement efficace. Il est question d'un contrôle préventif de la gestion, effectué afin de vérifier si la décision envisagée est effectivement conforme aux différents intérêts, ou afin de prévenir ses effets potentiellement négatifs. Cette forme de contrôle est donc extrêmement importante en ce qu'elle participe de la prévention et de la gestion des risques, deux aspects essentiels à la vie des sociétés dont les actions sont admises aux négociations sur un marché réglementé. Aux côtés du contrôle de la décision de gestion par lequel certains intervenants disposent d'un droit de regard sur les projets envisagés par les dirigeants gestionnaires (titre 2) existe un autre contrôle préventif,

---

165 Emile DE GIRARDIN, *La politique universelle – Décrets de l'avenir*, 3ème éd., Paris, Librairie nouvelle, 1855, p. 19.

intervenant par la mise en place des dirigeants gestionnaires (titre 1). Cette forme de contrôle préalable est d'une particulière importance, car de celle-ci peut découler l'organisation de la gestion sociale. En effet, la gestion menée, et donc le droit de regard que l'on peut lui porter, dépend grandement de la personne des dirigeants qui en a la charge.

TITRE 1 : LE CONTROLE DE LA GESTION PAR LA MISE EN PLACE DES DIRIGEANTS

27. La question du contrôle de la gestion de la société dépend grandement des personnes à qui incombe la tâche de direction. Il semble relever d'une vérité de Lapalisse que d'affirmer qu'une gestion confiée entre les mains d'un dirigeant au mieux maladroit, ou au pire incompétent, fait l'objet de vérifications plus fréquentes de la part des différents acteurs du contrôle, car un doute existe sur la bonne conduite des affaires sociales. À l'inverse, s'assurer du recrutement du dirigeant le plus adapté et le plus compétent pour la société permettrait aux contrôleurs de s'acquitter de leur tâche avec plus de sérénité, ceux-ci considérant que le contrôle préalable à l'établissement de la gestion peut suffire. La nomination du dirigeant gestionnaire est donc une décision importante pour l'exercice du contrôle de la gestion sociale (chapitre 1).

Il convient toutefois de nuancer cet énoncé, en ce que la décision de nomination n'est pas la seule à influer sur la conduite de la gestion sociale. Les fonctions managériales étant rarement, sinon jamais, exercées gracieusement au sein des sociétés cotées, une autre variable d'ajustement de la conduite de la gestion sociale se trouve être la politique rémunératoire de la société. En effet, le recrutement d'un dirigeant compétent pour la société cotée pourrait voir ses effets positifs sur la gestion, et donc sur le contrôle de la gestion, annihilés du fait d'une rémunération minime. De ce fait, l'établissement d'une rémunération (chapitre 2) suffisante pour constituer une incitation à agir pour le dirigeant, tout en ne représentant pas une charge excessive pour la société, représente le second volet des décisions préalables à l'établissement de la gestion pouvant influer sur l'exercice de la surveillance de l'activité sociale.

Chapitre 1 : Le recrutement des dirigeants

28. Le dirigeant, à l'origine de la gestion sociale. Nommer un dirigeant gestionnaire relève d'une opération de gestion, car cet acte détermine les orientations futures de la société dans laquelle il sera nommé. En fonction de l'identité du gestionnaire, la société peut s'adapter aux évolutions sectorielles, les anticiper, ou au contraire les subir. La personne du dirigeant gestionnaire influe directement sur la future politique sociale à court et moyen terme, car le dirigeant accomplit une mission essentielle à l'évolution de cette dernière. On peut estimer que nommer le gestionnaire est une décision de gestion, au sens économique du terme et non plus juridique, donnant lieu à des mesures de contrôle.

En contrôlant le processus et la décision de nomination d'un dirigeant gestionnaire, il est alors question d'un contrôle de la gestion prévisionnelle de la société, c'est-à-dire une projection de ce que pourrait être, et surtout de ce que ne devrait pas être, la future activité de la société. Le contrôle de la nomination du dirigeant en charge de la gestion sociale revient donc déjà à surveiller ce que pourrait être la gestion.

De ce fait, cette question du contrôle de la décision de gestion pourrait sembler se poser dans toutes les sociétés, chaque entité sociale ayant vocation à être dirigée par les personnes les plus compétentes et adaptées. Toutefois, il n'est pas exact d'affirmer que cette problématique se pose dans les mêmes dimensions dans toutes les sociétés. En effet, au sein de la plupart des sociétés non-cotées, l'identité du dirigeant est un élément important, mais pas déterminent pour leur activité et leur valorisation. En revanche, au sein des sociétés cotées, l'identité du dirigeant peut avoir une influence sur le cours de bourse, représentant la valorisation des titres de la société, et les décisions pouvant être prises par le dirigeant, si elles s'avèrent inadaptées, peuvent avoir des conséquences sur les partenaires de la société. En d'autres termes, bien que la problématique du contrôle de la nomination du dirigeant ne soit pas théoriquement exclusive aux sociétés cotées, c'est en pratique au sein de celles-ci qu'elle se pose avec une particulière acuité.

29. L'administrateur, à l'origine du contrôle de la gestion. Les administrateurs, ainsi que les membres du conseil de surveillance, sont les personnes qui sont en principe chargées de contrôler l'action managériale, et donc la gestion de la société[166]. Ainsi, lors du recrutement d'administrateurs, va se poser la question de leur aptitude à assurer ce rôle nécessaire au bon fonctionnement de toute la structure sociale. La nomination au sein du conseil d'administration ou de surveillance influe donc non pas sur la conduite de la gestion sociale, mais sur l'exercice du contrôle de cette gestion. Des qualités des candidats peuvent dépendre leurs aptitudes à exercer une surveillance efficace de l'action managériale ou les points sur lesquels va se focaliser ce

---

[166] Article L. 225-35 du Code de commerce. Voir *infra* § 323.

droit de regard. Contrôler le processus et la décision de nomination d'un administrateur ou d'un membre du conseil de surveillance revient alors à effectuer un contrôle *a priori* de ce que pourrait être le futur contrôle de la gestion.

30. La décision de nomination du dirigeant – quel qu'il soit – peut alors soulever quelques problématiques, parce qu'elle est fortement liée à la personnalité des candidats présents. Alors qu'une décision objective serait souhaitable dans l'intérêt de la société cotée, en tenant compte le plus possible des caractéristiques propres aux parcours et compétences du postulant, le plus grand risque est que la désignation s'apparente plus à un plébiscite, favorisant des caractères purement personnels tels que le charisme ou la réputation. Pour éviter de tels écueils, il convient d'aborder les différents intervenants au cours la décision de nomination du dirigeant (section 1). Cette première phase au cours de laquelle est abordée la procédure de désignation permet d'étudier les critères sur lesquels la décision de l'organe compétent se fonde. En effet, le recrutement au sein d'une société, et spécialement une société cotée, s'opère sur des critères précis, qui représentent les qualités que doivent réunir les dirigeants gestionnaires (section 2).

Section 1 : Les intervenants à la nomination des dirigeants

31. Une opposition classique vérifiée pour la nomination des dirigeants. Lorsqu'une société recrute son dirigeant, la décision ne répond pas uniquement d'une simple logique d'organisation interne, mais peut aussi influer sur la perception que les personnes extérieures peuvent en avoir. Il est alors compréhensible que des facteurs exogènes puissent influer sur le processus de désignation du dirigeant social. Toutefois, ces éléments d'influence extérieurs à la société ne doivent – et à vrai dire ne peuvent – remplir qu'un rôle marginal, la décision de nomination revenant *in fine* aux organes légalement compétents. Apparaît alors l'opposition classique entre les membres d'un groupement et ceux qui en sont tiers.

32. Une opposition en partie dépassée. Cependant, dans le cadre du recrutement du dirigeant social, les intervenants externes à la société ne viennent pas s'opposer aux intervenants internes, bien au contraire. En effet, l'intervenant externe qu'est le marché joue un rôle informel dans un premier temps (§1), afin que l'organe collectif interne puisse effectivement accomplir sa mission de nomination (§2). Dans ce cas, le marché assure un rôle préparatoire à la mission de l'organe collectif, afin que ce dernier puisse prendre la meilleure décision possible.

§1 L'intervenant externe informel : le marché

33. Le contrôle externe de la nomination : une possibilité étonnante. L'hypothèse d'un contrôle externe de la nomination du dirigeant peut paraître assez peu réaliste. Or, il est possible de concevoir que tout contrôle dans une société cotée peut, comme une action en justice, nécessiter un intérêt certain et légitime[167]. Cet intérêt, tel qu'entendu en procédure civile, n'est pas partagé par tous les intervenants extérieurs à la société cotée, lorsque celle-ci nomme un de ses dirigeants. Cependant, l'identité du dirigeant peut notamment avoir une influence sur les pratiques sociales et sur la production. Dès lors, il semble possible que le marché, entendu comme lieu d'échange entre la société et ses consommateurs et concurrents[168], puisse être intéressé à la nomination du dirigeant et exerce donc un droit de regard. Entendu comme lieu fictif de rencontre sur lequel des « personnes ayant des services à offrir cherchent à se présenter devant les personnes intéressées à les obtenir »[169], le contrôle effectué par le marché ne peut être qu'informel, ce qui ne signifie pas qu'il doit être minimisé.

34. Cette vérification préliminaire répond à des considérations purement économiques. C'est en cela qu'il conviendra de parler de régulation plus que de contrôle *stricto sensu*[170]. Cette régulation, terme souvent utilisé en droit public des affaires, est le plus fréquemment le fait même des acteurs présents sur le marché, menant à une qualification d'autorégulation. Il conviendra d'envisager les limites propres à cette vérification, volontariste par nature (II). Bien qu'elle soit restreinte, l'influence du marché sur l'opération de gestion que représente la nomination du dirigeant ne doit pas être niée en ce qu'elle permet aux organes internes de choisir le dirigeant le plus approprié (I).

I) L'application des mécanismes marchands

35. La régulation issue du marché est double. Celui-ci agit dans un premier temps comme filtre primaire, réalisant une sélection parmi les candidats (A). Plus en aval, il complète les mécanismes pénaux de sanction du dirigeant et assure la continuation de la sanction prononcée par les juges (B). Le marché des dirigeants intervient en supplément du droit, démontrant certaines

---

167 Article 31 du Code de procédure civile. Voir Guillaume WICKER, « La légitimé de l'intérêt à agir », dans *Etudes sur le droit de la concurrence et quelques thèmes fondamentaux, Mélanges en l'honneur d'Yves Serra*, Paris, Dalloz, 2006, p. 455.

168 Définition dérivée de celle retenue par : Paris, 17 juin 1992, *JurisData* n° 1992-021900 : « Lieu théorique où se confrontent l'offre et la demande de produits ou de services qui sont considérés par les acheteurs ou utilisateurs comme substituables entre eux mais non substituables aux autres biens ou services offerts ». Cité par : Claude LUCAS DE LEYSSAC, Gilbert PARLÉANI, *Droit du marché*, Paris, PUF, 2002, p. 170.

169 S. ROUSSEAU, E. MACKAAY, *op. cit.* note 45, p. 85.

170 La régulation a été définie comme : « évacu[ant] les règles imposées par l'État ; c'est plus libéral, plus proche d'une certaine réalité de marché, et cela pousse vers une recherche de vérité » : Pierre BEZARD, « L'évolution du droit de la régulation », *Les petites affiches* 3 juin 2002, p. 8. Pour d'autres définitions, plus organiques, voir aussi : Marie-Anne FRISON-ROCHE, « Le droit de la régulation », *D.* 2002, p. 610 ; « La régulation, objet d'une branche du droit », *Les petites affiches* 3 juin 2002, p. 3.

implications de la régulation exercée par cet intervenant extérieur lors de la nomination du dirigeant.

A) Le jeu du marché per se

36. L'existence du principe de marché des dirigeants. Tout comme il existe un marché du travail, un marché des dirigeants peut être identifié. Il présente les mêmes caractéristiques que tout marché : compétitif et concurrentiel[171], il n'est cependant régulé par aucune autorité car il n'est formalisé en aucune manière. Dès lors, la régulation sur ce marché ne peut être que faible et propre à chaque acteur. Celle-ci peut être assimilée à une pression, consciente ou non, pesant sur tout dirigeant potentiel.

37. Identification des marchés des dirigeants. Le marché des dirigeants n'est pas unique. Cette expression regroupe toute sélection intuitive précédant la décision de nomination du dirigeant. Cette opération s'opère à deux occurrences différentes.

D'une part, elle se réalise hors de la société, le marché agissant en tant de filtre primaire des candidatures externes. D'autre part, les candidatures pouvant aussi émaner de personnes étant au sein de la société, le marché des dirigeants se manifeste tout autant dans la structure même de la société. Le pouvoir du marché, dans ce cas, porte sur la personne du candidat par rapport aux autres prétendants. L'aspirant interne est alors soumis à une concurrence purement interne, qui peut s'avérer plus vive que la concurrence externe, chacun désirant décrocher le poste le plus élevé au sein de l'organigramme social[172]. La promotion interne est en effet, selon certains économistes comportementalistes, une des préoccupations majeures au sein de la société[173]. Le candidat externe serait de ce fait soumis à un double contrôle marchand, en ce qu'il subirait un premier contrôle exogène par la mise en concurrence avec d'autres candidats externes ; puis un second contrôle, cette fois endogène, confronté aux candidats se trouvant déjà au sein de la structure sociale.

38. Un marché exerçant des pressions variables. La pression marchande est propre à chaque situation, car l'influence du marché est variable selon la personne du candidat et la société considérée. Le rôle du marché est donc double. En premier lieu, l'objet de l'activité de la société cotée et son influence économique – voire stratégique – semblent jouer un rôle important. Le marché sera sans doute plus attentif lors de la nomination d'un dirigeant gestionnaire

---

171 Michel GERMAIN, « Rémunération des dirigeants : évolution ou révolution ? », *JCP E* 2009, 1576, spéc. § 3.

172 E. FAMA, *op. cit.* note 47, p. 297.

173 Melvin A. EISENBERG, « The Structure of Corporation Law », *Columbia Law Review* 1989, p. 1495-1496.

d'une société prépondérante pour l'économie nationale[174]. Dans cet exemple, l'intérêt du marché pourrait donc rejoindre par moments l'intérêt de l'État[175]. En second lieu, l'influence du marché se fait aussi sentir en fonction de la personne du dirigeant. Il est parfaitement concevable que le prétendant ressente une pression plus ou moins importante à présenter sa candidature selon ses accomplissements. Pour une compagnie d'intérêt national, celui-ci devra rencontrer des critères implicites et propres à de telles sociétés, tels qu'une solide expérience dans les autres grandes sociétés ou une flatteuse réputation.

39.La réputation : un critère de marché. Ces deux signes forment, au vrai, un seul et même élément. Le marché, pour pouvoir remplir son rôle, a besoin d'éléments tangibles, ce que n'est pas la réputation, immatérielle par nature. Le marché ne peut valablement reposer que sur des signaux envoyés par différents opérateurs. Dans ce cas, ce signal – information ayant pour but de véhiculer une autre information[176] – serait la performance boursière du titre de la société au sein de laquelle le postulant exerçait son mandat avant de présenter sa candidature. La performance du titre, information en principe fiable[177], représente alors un indice selon lequel le dirigeant est efficace. Plus importante est la performance boursière et plus importante est la réputation du dirigeant. Ce signal est d'autant plus fort, et donc recevable par la société, que la performance du titre s'inscrit dans la durée. Ainsi, au-delà de la performance financière propre, un autre indice est pris en considération pour établir la réputation d'un dirigeant. Ce dernier devrait être capable de maintenir sa performance au sein de la même société, mais surtout de la renouveler une autre structure sociale. Le lien entre le marché externe des dirigeants et le marché financier est donc indéniable, le premier ne pouvant exister que par les indications chiffrées du second.

40. Le jeu de marché favorisant « l'entre soi » ? Hors des hypothèses de l'actionnaire majoritaire ou du fondateur, le candidat devrait donc avoir dirigé une société ayant connu une bonne performance financière[178]. Toutefois, pour que le candidat soit qualifié sur le marché comme un dirigeant réputé, il

---

[174] On pourrait citer par exemple le contrôle du marché, et dans une plus grande mesure de toutes les parties prenantes, même politiques, lors de la nomination d'un président-directeur général de la société Electricité de France. Voir : Thibaut MADELIN, « EDF : Henri Proglio élude les risques de conflits d'intérêts », *Les Echos*, 6 novembre 2009, p. 27 ; Grégoire BISEAU, « Patron d'EDF en plus de ses mandats, c'est indéfendable », *Libération*, 29 octobre 2009, p. 15 ; Marie VISOT, « Le parlement dira son mot », *Le Figaro*, 29 septembre 2009, p. 22.

[175] Ce qui semble étonnant, le marché étant déréglementé et donc étranger à toute considération de l'intérêt étatique.

[176] S. ROUSSEAU, E. MACKAAY, *op. cit.* note 45, p. 557.

[177] Voir cependant la limite de l'effet amplificateur du marché, *infra* § 666.

[178] Excluant *de facto* de ce marché les dirigeants peu ou sous performants. M. A. EISENBERG, *op. cit.* note 173, p. 1495.

convient que sa performance ne résulte pas de facteurs exogènes[179] mais de son seul talent de gestionnaire. La performance doit être répétée, soit dans le temps au sein de la même compagnie, soit au sein de différentes structures sociales ayant connu, sous son impulsion, des performances boursières intéressantes. Ces critères de sélection fondés sur la notoriété du candidat auraient donc pour conséquence de privilégier les candidatures de dirigeants ayant déjà exercé des fonctions de gestionnaire. Le marché externe des dirigeants de sociétés cotées serait alors cloisonné, retenant prioritairement les candidats faisant déjà partie du monde des gestionnaires. Certaines presses qualifient alors de phénomène de « consanguinité » au sein des directions et des conseils de sociétés cotées[180].

41. Le marché, principalement externe, exerce une forte pression sur les candidats à un poste de gestionnaire de la société cotée, qui peut consister en un désistement volontaire du candidat, mais aussi en une mise à l'écart inconsciente de sa candidature. Au-delà de ce contrôle purement économique et comportementaliste, le marché intervient plus sévèrement. Il peut être considéré comme étant un outil de continuation de certaines mesures légales prononcées à l'encontre de la personne se présentant comme possible dirigeant.

B) Le jeu du marché complétant les mécanismes pénaux

42. Le droit pénal comme sanction de la vie des affaires. Les sociétés, afin de mener à bien leur rôle, doivent inspirer la confiance de tous les acteurs. Cette dernière passe, outre la qualité des produits et services offerts par la société, par ses dirigeants. Il est alors nécessaire, afin de maintenir le lien de confiance entre la société et les opérateurs extérieurs, de sanctionner le dirigeant lorsque celui-ci vient à commettre des infractions pénales. En effet, par la commission d'une telle infraction, « la société [*lato sensu*] éprouve un irrépressible besoin de dissoudre grâce au dérivatif de la sanction pénale les conséquences émotionnelles du crime. La peine est un dissolvant symbolique de la rupture d'équilibre social imputable au crime. Elle rassure la collectivité en éliminant par substitution les germes de sa dissolution »[181]. Dès lors, le droit pénal par sa fonction répressive vient rassurer la société *lato sensu*, en

---

[179] Voir *infra* § 171 et s.

[180] Yves DE KERDEL, « La crème du CAC 40 en vase clos », *Les Echos*, 5 avril 2004, p. 14. Dans le monde anglo-saxon, il question de directorat croisé (*interlock directorate*) pour expliquer les externalités négatives de ce cloisonnement. Ce terme décrit la situation dans laquelle le directeur général d'une société A est administrateur d'une société B, alors que le directeur général de B est administrateur de A. Voir notamment : Lucian Arye BEBCHUK, Jesse M. FRIED, *Pay Without Performance, The Unfulfilled Promise of Executive Compensation*, Cambridge, Harvard University Press, 2004, p. 29-30.

[181] Roger MERLE et André VITU, *Traité de droit criminel, Problème général de la science criminelle, Droit pénal général*, Tome I, 7ème éd., Paris, Cujas, 1997, p. 825.

sanctionnant un dirigeant ayant mal agi. Cette sanction a toutefois pu ne pas être suffisante, le dirigeant s'acquittant d'une amende pénale et pouvant exercer à nouveau des fonctions de direction ou de gestion, soit au sein de la même société, soit au sein d'une autre. Il a donc été question de trouver un moyen de compléter l'arsenal répressif permettant d'identifier puis d'écarter le dirigeant fautif. Le droit pénal des affaires a donc créé l'interdiction de gérer afin de chasser tout dirigeant fautif de la vie des affaires. Cela se traduit toutefois plus efficacement par le jeu du marché, qui exclut quasi définitivement le dirigeant en raison des nouvelles formes d'infamie.

43. De la peine infâmante à l'interdiction de gérer. Afin de sanctionner les criminels ayant commis une faute particulièrement lourde, le Code pénal de 1810 prévoyait plusieurs sanctions infâmantes, parmi lesquelles figuraient l'exposition publique au carcan durant une heure[182] et la marque au fer brûlant[183]. Ces mesures, issues de la tradition moyenâgeuse, ont été supprimées par la loi du 28 août 1832 pour la flétrissure[184] et les décrets du 12-14 avril 1848 pour la mise au carcan. Ces règles abolissant les peines infamantes, laissant une trace indélébile sur la personne – et le corps – du criminel ainsi que sur la psyché de la population, ont été peu à peu remplacées par d'autres sanctions. Le but est toujours d'écarter le dirigeant fautif, mais moins brutalement.

À la suite de certaines affaires, le législateur a pris conscience de la nécessité de compléter l'arsenal répressif et que les seules amende pénale et mise sous écrou étaient insuffisantes. Un décret-loi du 8 août 1935 a alors instauré le principe d'interdiction de gérer des entreprises commerciales, industrielles et des sociétés commerciales[185] pour les dirigeants condamnés

---

[182] Article 22 du *Code pénal de l'Empire Français* : « Quiconque aura été condamné à l'une des peines des travaux forcés à perpétuité, des travaux forcés à temps, ou de la réclusion, avant de subir sa peine, sera attaché au carcan sur la place publique : il y demeurera exposé aux regard du peuple pendant une heure ; au dessus de sa tête sera placé un écriteau portant, en caractères gros et lisibles, ses noms, sa profession, son domicile, sa peine et la cause de sa condamnation ».

[183] Article 20 du *Code pénal de l'Empire Français* : « Quiconque aura été condamné à la peine des travaux forcés à perpétuité, sera flétri, sur la place publique, par l'application d'une empreinte avec un fer brûlant sur l'épaule droite. Les condamnés à d'autres peines ne subiront la flétrissure que dans les cas où la loi l'aurait attachée à la peine qui leur est infligée ».

[184] Voir en cela : Adolphe CHAUVEAU, *Code pénal progressif ; Commentaire sur la loi modificative du Code pénal*, Paris, 1832, p. 90 et 123.

[185] Et non pas toutes personnes morales. Voir en cela : Cass. crim., 21 septembre 2011, *Droit des sociétés* 2012, comm. 15, note Renaud SALOMON ; *Droit pénal* 2012, comm. 9, note Jacques-Henri ROBERT ; *D.* 2012, p. 1698, obs. Corinne MASCALA ; *RTD Com.* 2012, p. 204, note Bernard BOULOC.

après la commission de crimes et délits limitativement identifiés[186]. Le domaine de l'interdiction de gérer une société a été étendu par la loi du 30 août 1947[187] au regard des impératifs de relance de l'économie due à l'après-guerre. Il est intéressant de noter que cette peine complémentaire ne s'appliquait pas au délit d'abus des biens sociaux, délit étendard du droit pénal des affaires, car il ne figurait ni dans ces lois, ni dans les articles L. 128-1 et suivants du Code de commerce les ayant codifié[188]. La jurisprudence de la Chambre commerciale refusait donc d'appliquer cette peine aux dirigeants condamnés pour abus des biens sociaux[189].

La loi de modernisation de l'économie du 4 août 2008[190] a toutefois étendu la peine complémentaire d'interdiction de gérer pour toutes les infractions pénales contenues au sein du livre II du Code de commerce[191]. Cette généralisation représente une continuation de l'idée qui animait le flétrissement : une peine intervenant à la suite d'une autre peine. Le parallèle est d'autant plus visible que l'article L. 128-1 nouveau du Code de commerce[192] dispose la création d'un registre des interdits de gérer. À défaut de marque physique que représentait le marquage au fer brûlant, la marque affligeant le dirigeant interdit de gérer devient informatique. L'effet infâmant au regard du grand public est toutefois limité, car la communication de ce fichier national est limitée aux greffiers des tribunaux de commerce et civils,

---

[186] Article 6 du décret-loi du 8 août 1935 portant application aux gérants et administrateurs de sociétés de la législation de la faillite et de la banqueroute et instituant l'interdiction et la déchéance du droit de gérer et d'administrer une société : « Toute condamnation définitive pour crime de droit commun, pour vol, pour abus de confiance, pour escroquerie ou pour délit puni par les lois des peines de l'escroquerie ou de la banqueroute, pour soustraction commise par dépositaire public, pour extorsion de fonds ou valeurs, pour émission, de mauvaise foi, de chèques sans provision, pour atteinte au crédit de l'État, pour recel des choses obtenues à l'aide de ces infractions, comporte de plein droit interdiction du droit de diriger, administrer, gérer à un titre quelconque une société par actions ou à responsabilité limitée, ou une agence ou succursale de société par actions ou à responsabilité limitée, ou d'exercer les fonctions de membre du conseil de surveillance ou de commissaire [aux comptes] dans ces sociétés, ou d'engager la signature sociale de ces sociétés », *J.O.* du 9 août 1935 ; *Gazette du Palais* 1935 II, p. 1089.

[187] Loi n° 47-1635 du 30 août 1947, relative à l'assainissement des professions commerciales et industrielles, *J.O.* du 31 août 1947 ; *Gazette du Palais* 1947, II p. 447.

[188] Codification par l'ordonnance n° 2005-428 du 6 mai 2005 relative aux incapacités en matière commerciale et à la publicité du régime matrimonial des commerçants, *JORF* du 7 mai 2005, p. 7925.

[189] Voir notamment : Cass. crim., 13 décembre 1988, *Revue des sociétés* 1989, p. 257, obs. Bernard BOULOC ; Cass. crim., 12 septembre 2001, *Droit des sociétés* 2001, n° 63 note Jean-Pierre LEGROS ; Cass. crim., 9 mai 2007, *Droit des sociétés* 2007, n° 165, note Renaud SALOMON.

[190] Loi n° 2008-776 du 4 août 2008 de modernisation de l'économie, *JORF* du 5 août 2008, p. 12471.

[191] Article L. 249-1 du Code de commerce.

[192] Ce registre national des interdits de gérer est institué par la loi n° 2012-387 du 22 mars 2012, précitée note 89.

des magistrats et personnels des juridictions de l'ordre judiciaire, des personnels des services du ministère de la justice et des représentants de l'administration et de certains organismes[193]. Cette perpétuation juridique de la peine infâmante est complétée par la dimension économique de l'infamie liée à la sanction pénale[194].

44. Du marquage au fer rouge au marquage à l'encre noire. Le droit pénal ne suffit pas à lui seul à écarter les dirigeants ayant commis des infractions de la vie des affaires, et cela en raison de la limitation temporelle des interdictions de gérer des sociétés. Le marché vient compléter les mécanismes punitifs afin d'écarter le dirigeant de la vie des affaires. En effet, le dirigeant qui a été reconnu pénalement responsable peut être confronté à de nombreuses difficultés pour trouver un poste de direction au sein de toute autre structure. La condamnation pénale, et même la seule mise en examen[195] en dépit de la présomption d'innocence[196], équivaut alors à une mise à l'écart quasi définitive du dirigeant. En effet, la réputation du dirigeant fait partie des éléments marchands qui sont considérés pour le choix du dirigeant. Le signal envoyé par une société ayant à sa tête un dirigeant condamné ou mis en examen serait celui d'une société accordant sa confiance à une personne qui ne le mériterait pas[197]. Dès lors, la réputation du dirigeant condamné atteindrait par contagion la réputation de la société, voire ses autres dirigeants[198]. Cela explique qu'un dirigeant condamné ou mis en examen ne fasse plus l'objet de convoitises de la part des sociétés cotées[199]. Par conséquent, le marché agit en complément des mécanismes pénaux : les jugements de condamnation ou les ordonnances de mise en examen identifient les dirigeants potentiellement fautifs, et le marché des dirigeants de sociétés cotées les écarte définitivement afin d'éviter toute contagion de cette mauvaise réputation. Le marché intervient dès lors après le droit pénal afin de compléter son application, voire l'étendre en lui donnant une dimension quasi perpétuelle que le droit pénal ne peut avoir. Dès lors, toute ordonnance de mise en examen ou tout jugement de condamnation peut marquer le dirigeant

---

[193] Article L. 128-2 du Code de commerce.

[194] Marianne HASCHKE-DOURNAUX, *Réflexion critique sur la répression pénale en droit des sociétés*, préf. Paul LE CANNU, Paris, L.G.D.J., 2005, p. 123.

[195] Claude HEURTEUX, « Prise de risque par l'entrepreneur et droit pénal », dans Marie-Anne FRISON-ROCHE (dir.), *Les enjeux de la pénalisation de la vie économique*, Paris, Dalloz, 1997, p. 169. Cité par : M. HASCHKE-DOURNAUX, *op. cit.* note 194, p. 122.

[196] Voir Jean RIVERO, Hugues MONTOUH, *Liberté publiques*, Tome I, 9ème éd., Paris, PUF, 2003, p. 135 : « la personne mise en examen est, en fait, sinon en droit, présumée un peu moins innocente que les autres ».

[197] Bien que le droit pénal ait pour but la réhabilitation du condamné, ou du mis en examen, l'opprobre publique est bien plus redoutable en ce que ses effets sont bien plus durables que ceux d'une condamnation pénale.

[198] M. HASCHKE-DOURNAUX, *op. cit.* note 194, p. 123.

[199] *Id.*

de manière presque indélébile et l'écarter du marché des dirigeants des sociétés cotées.

45. Les mécanismes marchands s'appliquent ainsi à la nomination du dirigeant et opèrent de deux façons un premier filtre à la nomination des dirigeants sociaux. La première est autonome et ne nécessite aucun appui juridique. C'est le cas, par exemple, des sociétés d'importance nationale qui n'attireront que des candidatures de dirigeants ayant déjà une longue expérience et rencontré beaucoup de succès. Le second mode opératoire des mécanismes marchands vient en supplément des sanctions pénales, en écartant les dirigeants sanctionnés. Ces mécanismes marchands, séduisants théoriquement, se heurtent toutefois à des obstacles, réduisant grandement leur efficacité.

II) La faiblesse des mécanismes marchands

46. L'influence du mécanisme de contrôle marchand fait l'objet d'études théoriques, dont les résultats sont toutefois rarement vérifiés empiriquement. Il est question d'une inefficacité fonctionnelle, le rôle pratique du marché étant considéré comme inexistant[200]. Il ne peut s'agir que d'une influence théorique, car le marché ne représente qu'une faible contrainte sur les dirigeants de sociétés cotées en raison de l'âge de ces derniers, des différentes déférences entre les dirigeants de sociétés cotées (A) et de la structure du milieu managérial (B).

A) L'inefficacité par l'absence de sanction

47. La sanction, nécessitant une présence sur le marché. Le mécanisme marchand relatif au travail est faible en ce que les dirigeants de sociétés cotées ne ressentent pas la pression de retourner sur le marché des dirigeants. Or, la sanction économique encourue par le dirigeant est celle de ne pas trouver de fonction, c'est-à-dire de se trouver en situation de demandeur de poste de direction. Le marché ne représente un véritable rôle de sanction et de régulation que pour ceux qui peuvent effectivement retourner sur le marché des dirigeants.

48. La non-pertinence de la sanction de marché selon la personne du dirigeant. La population des dirigeants des sociétés cotées françaises[201] est assez peu sujette à subir une telle pression. Comme l'a démontré Michaël EISENBERG, le marché de l'emploi des dirigeants « n'est pas pertinent pour [les hauts dirigeants], car ces derniers [sont] quasiment toujours dans [leur]

---

[200] Claude CHAMPAUD, Didier DANET, Commentaire sous Paris, 28 mai 2004, *RTD Com.* 2004, p. 752.

[201] C'est-à-dire président-directeur général, directeur général, président du conseil d'administration, président du directoire ou gérant de la société en commandite par actions.

dernière période en tant que dirigeant »[202]. De ce fait, lorsqu'il arrive à un poste tel que directeur général, président du conseil d'administration ou président du directoire, l'individu est en fin de parcours professionnel. Il ne craint donc que très peu pour sa réputation déjà assise ou pour obtenir un autre mandat une fois celui-ci perdu. La sanction étant réelle bien que très faible pour les hauts dirigeants, il convient d'affirmer que le rôle sanctionnateur du marché des dirigeants est limité pour ceux occupant une fonction importante au sein des sociétés cotées.

49. L'imperfection des sanctions supplantée par l'intervention des médias. Le marché des dirigeants des sociétés cotées ne peut, en lui-même, accomplir un rôle sanctionnateur, sauf de manière informelle. Les mécanismes marchands ont besoin d'être amplifiés et cette résonnance est favorisée par la médiatisation. En effet, les mécanismes marchands ne peuvent avoir d'influence que sur les opérateurs du marché, c'est-à-dire les sociétés et les autres dirigeants. Or, afin d'être le plus efficace possible, ces mécanismes doivent être complétés par le facteur exogène que représente la médiatisation de ce qui est communément appelé « les affaires ». Ce terme, à l'origine désignant une condamnation, a été étendu et concerne la mise en examen et même la mise sous contrôle judiciaire[203]. L'effet de la médiatisation est d'autant plus important que les médias ont des impératifs d'espace d'impression réduit ou de faible temps de parole, réduisant de fait l'explication au public des détails de la procédure pénale ou de la nature de l'infraction pénale[204]. Cette imprécision crée des effets dévastateurs sur la société *lato sensu*, pour laquelle une mise en examen équivaut à une condamnation, même si elle aboutit à une ordonnance de non-lieu. « L'autorité de chose imprimée devient alors au moins aussi importante que l'autorité de chose jugée »[205].

---

[202] Traduction de M. A. EISENBERG, *op. cit.* note 173, p. 1495. Voir en cela, dans les sociétés françaises : Laurence N'KAOUA, « 60,6 ans », *Les Echos*, 10 janvier 2012, p. 10 ; « Le rajeunissement des conseils s'amorce timidement », *La tribune*, 11 juillet 2011, p. 3 ; Yann LE GALES, « De plus en plus de femmes aux conseils du CAC 40 », *Le Figaro*, 6 août 2011, p. 23.

[203] Pour l'exemple de la mise sous contrôle judiciaire du président d'Alcatel-Alsthom, ayant entraîné une chute de la capitalisation boursière, voir : Philippe ESCANDE, « Ascension et chute d'un industriel au pouvoir sans partage », *Les Echos*, 19 avril 1995, p. 9 ; Sylvie RAMADIER, « La capitalisation boursière a diminué de 70 milliards en treize mois », *Les Echos*, 13 mars 1995, p. 10.

[204] M. HASCHKE-DOURNAUX, *op. cit.* note 194, p. 123.

[205] *Id.*, p. 122. Il est d'ailleurs à noter que la commission des sanctions de l'Autorité des marchés financiers peut utiliser à son profit cette autorité de chose imprimée lorsqu'elle impose des mesures de publicité renforcée pour diffuser une information. Ainsi, en supplément de la communication commune, la commission des sanctions a pu ordonner la publication de la sanction dans les revues éditées par la personne condamnée dans des revues largement diffusées auprès des administrateurs ainsi que sur le serveur audiotel de la personne sanctionnée. Voir : AMF, décision n° 2011-01, 16 décembre 2010, *Revue des sociétés* 2011, p. 257, note Philippe DIDIER.

Les mécanismes marchands, intrinsèquement insuffisants, sont complétés par d'autres mesures médiatiques qui ne répondent pas de la logique marchande. Au-delà de cette imperfection liée au manque de sanction propre au marché, il existe une autre forme de pression, liée au marché de l'emploi des dirigeants. La concurrence entre membres de l'équipe managériale se met donc en place pour obtenir le poste de direction le plus élevé[206]. Cette dernière n'est toutefois pas optimale car la structure même du marché des dirigeants ne lui permet pas d'être efficace.

B) La faiblesse par la structure du marché

50. La sanction de marché, nécessitant un équilibre entre l'offre et la demande. Les mécanismes marchands de mise à l'écart des dirigeants ne peuvent réellement fonctionner qu'en cas d'équilibre sur le marché entre l'offre[207] et la demande[208]. Le marché ne peut en effet valablement fonctionner qu'à cette condition, qui n'est pas rencontrée *de facto*. Deux phénomènes liés à la structure du marché représentent en effet un frein à son efficacité : la structure même de l'offre, caractérisée par une certaine connivence entre les hauts dirigeants gestionnaires et le déséquilibre entre la demande et l'offre, nettement en faveur de cette dernière, empêchant toute idée de sanction.

51. L'absence de lutte pour le pouvoir. La première influence marchande pour les économistes est la lutte interne et externe pour le pouvoir. La lutte interne doit immédiatement être nuancée, car les dirigeants ont développé entre eux des liens forts qui entraînent un certain respect, voire une déférence entre eux. Ils peuvent se sentir liés les uns aux autres notamment en raison des accointances qu'ils ont pu développer au cours de leurs études ou de par leur mode de nomination[209]. Une autre raison à ce lien informel entre dirigeants est l'influence du succès de la société sur la réputation de tous les dirigeants. Ils n'ont alors aucun intérêt à chercher à obtenir un poste de direction plus élevé au détriment de la performance sociale, car leur propre réputation peut en pâtir et leur reclassement deviendrait plus difficile. De ce fait, un dirigeant qui n'assumerait pas les fonctions les plus élevées[210] pourrait bénéficier du succès rencontré par la société au sein de laquelle il exerce des fonctions et en profiter pour glaner un poste plus élevé au sein d'une autre société. Les dirigeants hiérarchiquement inférieurs à d'autres auraient *prima facie*, pour seul souci non pas de prendre la place de leur supérieur hiérarchique, mais de les satisfaire le plus possible afin de participer à moindre effort à la production de la société[211]. Cette préoccupation n'est pas propre aux sociétés cotées, mais

---

[206] E. FAMA, *op. cit.* note 47, p. 293.
[207] A savoir le nombre de hauts dirigeants gestionnaires disponibles.
[208] Soit le nombre de sociétés ayant besoin d'un haut dirigeant gestionnaire.
[209] L. A. BEBCHUK, J. M. FRIED, *op. cit.* note 180, p. 32-34.
[210] Tel qu'un membre du directoire ou un directeur général délégué.
[211] M. A. EISENBERG, *op. cit.* note 173, p. 1495.

est une constante de toute entité hiérarchiquement organisée. Aussi était-ce le cas des systèmes politiques tels que décrits dans la philosophie du XVIème siècle[212].

Il n'est cependant pas question d'assimiler la société cotée aux systèmes politiques dont il vient d'être fait mention, les dirigeants ayant une légitimité élective et ne disposant pas de leur pouvoir social *ad vitam æternam* grâce aux normes légales relatives à la révocation. Le marché interne des dirigeants représente ainsi une pression très faible, voire inexistante. En effet, le dirigeant qui n'occupe pas le plus haut poste ne cherche pas à gravir les échelons sociaux, mais plutôt à stabiliser sa position en satisfaisant le dirigeant supérieur, sans pour autant viser une promotion dans celle-ci. Il peut alors profiter du succès de la société pour sa propre carrière en le faisant valoir au sein d'autres sociétés.

52. Un marché déséquilibré. Le second facteur qui rend inefficaces les mécanismes marchands est la structure même du marché des dirigeants, car celle-ci leur semble très favorable. Il y a en effet plus de sociétés en demande de dirigeants que de dirigeants eux-mêmes. Ces derniers sont donc assez rarement en demande d'emploi, car les places disponibles peuvent être aisées à obtenir pour les dirigeants bénéficiant d'une grande notoriété[213]. Cette structure particulière de marché atténue grandement le risque pesant sur le dirigeant jouissant d'une grande réputation et qui n'est pas dans la dernière phase de sa carrière. Celui-ci pourrait se retrouver sans poste si jamais les mécanismes marchands théoriques se réalisaient[214], mais cette menace est faible compte tenu de la situation du marché. En effet, tout haut dirigeant révoqué ou démis de ses fonctions peut en principe retrouver un poste de direction. Cet énoncé n'est toutefois valable que si la révocation n'est pas due à une condamnation pénale qui pourrait être considérée comme infâmante, notamment si elle a eu un fort retentissement médiatique.

53. Le marché de l'emploi des dirigeants, qui pourrait représenter théoriquement une pression intéressante pour effectuer une sélection des dirigeants, a en réalité un rôle mineur. Celui-ci n'est toutefois pas négligeable en ce que certains candidats peuvent s'écarter d'eux-mêmes, en ayant conscience de ne pas correspondre aux exigences du marché et de la société. Le rôle du marché est nécessaire dans sa fonction primaire, par le biais d'une sélection intuitive de la part des postulants eux-mêmes, mais n'est pas

---

[212] Voir par exemple « cinq ou six ont eu l'oreille du Tyran et s'en sont approchés d'eux-mêmes (…). Ces six ont six cents, qui profitent sous eux (…). Ces six cents en tiennent sous eux six mille (…).Grande est la fuite qui vient après de cela. Et qui voudra en dévider ce filet, il verra, que non pas les six mille, mais les cent mille, les millions, par cette corde, se tiennent au Tyran (…) » : Etienne DE LA BOËTIE, *De la servitude volontaire*, Londres, Guillaume Darres et Jean Brindley, 1740, p. 82-83.

[213] Ce qui peut par ailleurs expliquer que certains dirigeants se retrouvent dans plusieurs sociétés. Voir *infra* § 99 et s.

[214] Voir *supra* § 13.

suffisant en ce qu'il ne permet pas de ne déterminer qu'un seul candidat pour le poste.

§2 Les intervenants internes : les conseils et leurs comités

54. La prédominance des conseils. Les membres du conseil d'administration sont nommés par l'assemblée générale ordinaire selon l'article L. 225-18 du Code de commerce. Les modalités de nomination sont libres[215] et les administrateurs sont également librement révocables par cette même assemblée générale[216]. Ce rapport quasi hiérarchique selon lequel les administrateurs sont redevables de leur poste, comme de leur maintien, laisserait penser que les administrateurs sont les représentants des actionnaires. Ces actionnaires, ayant besoin de surveiller les dirigeants qui exercent leur pouvoir sur la politique sociale[217], ont eu la possibilité de nommer un conseil d'administration afin de contrôler plus efficacement les dirigeants.

55. L'information du conseil comme condition préalable. Les administrateurs ont un accès facilité à l'information relative à la gestion sociale, notamment depuis les décisions Cointreau[218], contrairement aux actionnaires. L'asymétrie d'information entre ces derniers et les dirigeants constitue alors un coût d'agence qu'il paraît difficile de surmonter[219]. Les administrateurs sont nommés, entre autres, afin de les réduire au sein de la société cotée[220]. Ce n'est cependant que le rôle primaire des administrateurs, dont la mission a été grandement développée par les différentes lois issues du mouvement de réforme du droit des sociétés du début du siècle[221].

Ils ont ainsi acquis progressivement d'autres missions que celle de surveiller la gestion de la société cotée, et notamment des pouvoirs d'évocation et d'orientation, justifiés par la nécessité d'arbitrer entre les différents intérêts des parties prenantes[222]. Celles-ci sont très différentes et les administrateurs ont pour mission de ménager ces différents intérêts dans le but

---

[215] Georges RIPERT, René ROBLOT par Michel GERMAIN, *Les sociétés commerciales*, Tome I, Vol. 2, Paris, L.G.D.J., 19ème éd., 2009, p. 435-436.

[216] Article L. 225-18 alinéa 2 du Code de commerce.

[217] A. A. BERLE, G. MEANS, *op. cit.* note 44, p. 4.

[218] Cass. com., 2 juillet 1985, *JCP* 1985, II, 20518, note Alain VIANDIER ; *D.* 1986, jurisp. p. 351, note Yvon LOUSSOUARN ; *Revue des sociétés* 1986, p. 231, note Paul LE CANNU ; *Defrénois* 1986, p. 600, note Jean HONORAT ; Cass. com., 24 avril 1990, *D.* 1990, IR p. 130 ; *Revue des sociétés* 1991, p. 347, note Paul DIDIER ; *JCP E* 1991, II, 122, note Michel JEANTIN ; *Defrénois* 1991, p. 617, note Jean HONORAT. Voir aussi l'article L. 225-35 du Code de commerce.

[219] A. COURET, *op. cit.* note 47, p. 249 et s.

[220] S. ROUSSEAU, E. MACKAAY, *op. cit.* note 45, p. 513.

[221] Voir : Loi n° 2001-420 du 15 mai 2001 relative aux nouvelles régulations économiques, *JORF* du 16 mai 2001, p. 7776 et Loi n° 2003-706 du 1er août 2003, précitée note 86, p. 13220.

[222] Voir *infra* § 321-322.

de préserver au mieux l'intérêt social. Les administrateurs se retrouvent aussi dans une situation d'arbitrage pour les intérêts au sein de la société.

56. La variété des missions comme justification à la création de comités. Les tâches du conseil d'administration étant importantes et variées, il devient logique que celui-ci désigne un certain nombre de sous-organes pour traiter de questions précises. Aussi peut-on noter un mouvement de spécialisation des conseils. Tel est le cas de la décision relative à la nomination des dirigeants des sociétés cotées, qui est en principe l'affaire de spécialistes de relations humaines pouvant décoder les signaux envoyés par le marché sur la compétence des dirigeants.

57. Le Code de commerce, en son article R. 225-29 issu du décret du 23 mars 1967[223], offre la possibilité au conseil d'administration de créer des comités spécialisés « chargés d'étudier les questions » que le conseil juge opportun de leur confier. La norme relative au conseil de surveillance est légèrement différente[224]. Tel qu'il est disposé dans ces deux articles réglementaires, le comité ou la commission – selon la structure de la société anonyme – n'a qu'un rôle consultatif (I), l'organe compétent ne pouvant se départir de ses pouvoirs propres[225] (II).

I) La suggestion préalable du comité de nomination

58. Le comité de nomination ou de sélection selon les appellations[226], est un comité qui n'est pas légalement exigé[227], mais proposé par le Code de commerce. Il ressort des études empiriques que la présence des comités de nomination ou de sélection est importante[228]. Il est opportun de s'interroger sur les normes relatives aux comités de sélection, afin d'essayer d'appréhender les raisons pour lesquelles celui-ci n'est que peu constitué (A). Par ailleurs, une autre question apparaît quant à la composition de ce comité, dont peut dépendre son pouvoir de décision (B).

---

223 Article 90 du Décret n° 67-236 du 23 mars 1967 sur les sociétés commerciales, *JORF* du 24 mars 1967, p. 2843.

224 Article R. 225-56 du Code de commerce, issu de l'article 115 du Décret du 23 mars 1967, précité note 223.

225 Voir notamment Cass. com., 4 juillet 1995, *D.* 1996, p. 186 note Jean-Christophe HALLOUIN ; *Revue des sociétés* 1995, p. 504, note Paul LE CANNU ; *JCP G* 1995, II, 22560, obs. Yves GUYON.

226 Voir par exemple Jean-Paul VALUET, « Les comités d'administrateurs : aspects juridiques et pratiques », *Droit et Patrimoine*, novembre 1999, p. 39 ; Yves GUYON, *Droit des affaires*, Tome I, Paris, Economica, 12ème éd., 2003, p. 376.

227 Sauf pour certains établissements de crédit et certaines sociétés de financement : voir article L. 511-89 du Code monétaire et financier.

228 AUTORITE DES MARCHES FINANCIERS, *Rapport 2014 de l'AMF sur le gouvernement d'entreprise et la rémunération des dirigeants*, p. 48.

A) La possibilité de nommer un comité

59. Approche historique des comités. Considérée comme un avantage consenti au conseil d'administration à la fin des années 1960[229], la constitution des comités est une hypothèse prévue de longue date. La loi du 16 novembre 1940 offrait déjà la possibilité au président du conseil d'administration de nommer un « comité composé soit d'administrateurs, soit de directeurs, soit d'administrateurs et de directeurs de la société »[230], dont les membres étaient « chargés d'étudier les questions que le président renvoie à leur examen »[231]. Cette norme a permis de généraliser le recours aux comités dans la mesure où, sous l'empire de la loi du 24 juillet 1867, le conseil d'administration disposait de cette possibilité seulement si les statuts le permettaient[232]. La difficulté entraînée par la norme issue de la loi de 1940 était que le comité nommé par le président était considéré comme sa « chose »[233], en ce qu'il décidait seul de sa constitution, de sa mission et de la rémunération de ses membres.

Le décret du 23 mars 1967 change la donne en ce qu'il confère cette possibilité au seul conseil d'administration. Toutefois, la loi du 24 juillet 1966 interdisant de limiter « les pouvoirs du conseil d'administration », la délégation de pouvoir aux comités n'était que théorique[234]. Les comités n'ont donc aucun pouvoir de délégation et sont saisis des questions pour lesquelles ils ont été constitués. Ils devraient alors être dissous par l'accomplissement de leur mission[235].

60. Reconnaissance pratique des comités. Ces comités sont, pour un certain nombre, devenus incontournables au sein des relations des sociétés cotées, à tel point qu'ils font partie intégrante de leur communication[236]. Acteurs importants de la vie sociale, les comités revêtent de plus en plus un caractère indispensable pour les sociétés cotées[237]. Aussi est-ce le cas plus précisément du comité de sélection, qui remplit un rôle important de contrôle de la

---

229 Jean HÉMARD, François TERRÉ, Pierre MABILAT, *Sociétés commerciales*, Tome I, Paris, Dalloz, 1972, p. 817.

230 Article 2 alinéa 3 de la Loi du 16 novembre 1940, précitée note 38.

231 *Id.*

232 Charles HOUPIN, Henri BOSVIEUX, *Traité des sociétés civiles et commerciales*, 5ème éd., Tome II, Paris, Journal des notaires et des avocats, 1918, p. 232. Voir aussi : Loi du 16 novembre 1940, précitée note 38, comm. Paul CORDONNIER, *D. Rec. crit. lég.*, 1941, p. 10.

233 P. CORDONNIER, *op. cit.* note 232.

234 Roger HOUIN, François GORE, « La réforme des sociétés commerciales », *D.* 1967, Chron., p. 139.

235 *Id.* Spécialement : « L'essentiel est que le mandat soit spécial et ne soit pas permanent ».

236 Voir rapport AMF, précité note 228.

237 Les comités d'audit sont écartés dans ces paragraphes car l'ordonnance n° 2008-1278 du 8 décembre 2008 introduit l'article L. 823-19 du Code de commerce disposant : « Au sein des personnes et entités dont les titres sont admis aux négociations sur un marché réglementé (…) un comité spécialisé agissant sous la responsabilité exclusive et collective des membres, selon le cas, de l'organe chargé de l'administration ou de l'organe de surveillance assure le suivi des questions relatives à l'élaboration et au contrôle des informations comptables et financières ».

désignation du dirigeant. Au regard des développements précédents, trois interrogations apparaissent quant à ce comité. Il est nécessaire de s'enquérir de la nécessité de créer un comité de nomination, puis d'étudier sa composition. Enfin, sa mission doit être abordée, car il ressort de la pratique une grande hétérogénéité quant au rôle effectif du comité de sélection.

61. L'instauration d'un comité. Au regard des articles R. 225-29 et R. 225-56 du Code de commerce, la nomination d'un comité du conseil est une simple possibilité prévue pour l'accomplissement d'une tâche particulière par lui fixée. Dès lors, et en vertu des règles du droit du mandat, le contrat s'achève par l'accomplissement total de la mission, par l'extinction de l'objet du contrat[238]. Le comité devrait donc être dissous une fois sa mission accomplie. Or, il n'en va pas de même des comités dits de « gouvernance d'entreprise », à savoir de sélection, de rémunération ou de stratégie[239]. Ils ont en effet vocation à perdurer au sein de la structure sociale, le rôle de ces comités ne pouvant par définition être accompli totalement. Cela permettrait aux comités de gouvernance d'entreprise de devenir un troisième organe non exécutif au même titre que le conseil d'administration ou l'assemblée générale. La société cotée étant une structure complexe, l'intérêt d'accentuer cette complexité pour les membres du conseil de surveillance ou d'administration, par le biais de la création d'un comité de nomination, soulève des interrogations.

62. Recherche d'une normativité des comités. Il a déjà été souligné que la présence d'un comité de nomination n'était pas une exigence légale comme l'est la présence d'un comité d'audit[240]. En l'absence de norme impérative, la société peut vouloir se doter de comités de nomination, attestant qu'elle peut accepter, et même appliquer, des régulations de *soft law*. La norme, plutôt que d'imposer un comportement, l'encourage, sans qu'il n'y ait de réelle sanction[241]. Il est question de règle incitative, car l'entité à son origine tente d'influer sur les comportements de manière diffuse, sans contraindre les acteurs qui ne s'y conformeraient pas.

63. Origines des comités dans les rapports français. La présence d'un comité de sélection au sein de la société cotée est un souhait commun formulé par plusieurs organisations, qu'elles soient professionnelles – associations d'entreprises ou de sociétés cotées – ou sectorielles, comme les organismes de régulation des marchés. Il semble toutefois que l'Autorité des marchés financiers veuille abandonner ce rôle aux autorités professionnelles, ainsi qu'il

[238] Paris, 12 décembre 1967, *D.* 1968, p. 269. Voir aussi Philippe LE TOURNEAU, « Mandat », dans *Rép. civ. Dalloz*, § 377.

[239] Annick BIENVENU-PERROT, « Censeurs du XIXème siècle et gouvernement d'entreprise du XXIème siècle », *RTD Com.* 2003, p. 459-460.

[240] Voir *supra* note 237.

[241] On peut alors s'interroger sur le terme de norme, qui implique un caractère obligatoire. Voir en ce sens G. CORNU (dir.), *op. cit.* note 72, p. 685.

en ressort de son rapport sur la gouvernance pour 2009[242]. Dès 1995, le premier rapport professionnel portant sur la gouvernance des entreprises mentionnait l'existence des comités de sélection et recommandait même « de constituer [au sein de chaque conseil d'administration ou de surveillance] un comité de sélection », ou *a minima* de confier ses fonctions au comité des rémunérations[243]. Quelques années après, le rapport Bouton poursuivit le souhait de voir constituer un comité de sélection. Selon ce rapport, « le conseil d'administration devrait toujours comporter un comité des nominations (...) »[244]. Toutefois, la possibilité de l'inclure au sein du comité de rémunération demeurait ouverte. Le rapport Bouton semblait plus exigeant dans les termes employés, car on passait de la simple recommandation à une obligation formulée au conditionnel. La troisième phase de ce mouvement, s'opérant en 2008, avec le Code de gouvernance de l'AFEP-MEDEF, est une finalisation des précédents rapports. Chaque société cotée doit constituer « en son sein un comité des nominations des administrateurs et dirigeants mandataires sociaux, qui peut être ou non distinct du comité des rémunérations »[245]. Ce texte représente la dernière gradation à propos de la présence d'un comité de nomination au sein de sociétés cotées. La présence d'un tel comité deviendrait obligatoire[246].

Ce corpus de règles aurait pu être plus complet, si le cumul des fonctions des comités de nomination et de rémunération avait été supprimé. Ce n'est toutefois pas le cas, sans doute dans le but d'éviter de démultiplier les organes au sein de la société cotée et éviter le coûteux recrutement de spécialistes. Un second écueil évité par cette dernière possibilité est le cumul de fonction des administrateurs. Il est à noter que cette tendance à vouloir imposer un comité

---

242 L'AMF mentionne en effet en conclusion de ses pistes de réflexion : « L'AMF suggère que les associations professionnelles prennent en compte ces orientations dans leur réflexion en la matière ». AUTORITE DES MARCHES FINANCIERS, *Rapport 2009 sur la gouvernance d'entreprise et le contrôle interne*, Paris, 2009, p. 70.

243 GROUPE DE TRAVAIL ASSOCIATION FRANCAISE DES ENTREPRISES FRANCAISES/CONSEIL NATIONAL DU PATRONAT FRANCAIS, *op. cit.* note 148, p. 16 et 18.

244 GROUPE DE TRAVAIL ASSOCIATION FRANCAISE DES ENTREPRISES FRANCAISES/ MOUVEMENT DES ENTREPRISES DE FRANCE, *Pour un meilleur gouvernement des entreprises cotées (dit Rapport Bouton)*, Paris, 2002, p. 17.

245 AFEP-MEDEF, *op. cit.* note 161, p. 14.

246 Il doit être précisé que certains établissements de crédit et certaines sociétés de financement, dont le total de bilan social ou consolidé est supérieur à 5 milliards d'euros, doivent impérativement mettre en place un comité des nominations, selon l'article L. 511-89 du Code monétaire et financier, tel qu'issu de l'Ordonnance n° 2014-158 du 20 février 2014 portant diverses dispositions d'adaptation de la législation au droit de l'Union européenne en matière financière, *JORF* du 21 février 2014, p. 3022. Voir aussi, pour le seuil d'application de ce texte : article 104 de l'Arrêté du 3 novembre 2014 relatif au contrôle interne des entreprises du secteur de la banque, des services de paiement et des services d'investissement soumises au contrôle de l'Autorité de contrôle prudentiel et de résolution, *JORF* du 5 novembre 2014, p. 18598.

de sélection n'est pas propre à la France, mais partagée par beaucoup d'États et notamment les États anglo-saxons.

64. Origines anglo-américaines des comités. La présence des comités de nomination au sein des sociétés cotées est une tendance de fond qui apparaît dans de nombreux ordres juridiques. Ainsi, dès 1992, un rapport relatif à la gouvernance a été formulé en Grande-Bretagne, dans lequel figure un article recommandant la formation d'un comité de nomination, perçu comme un outil de clarification du mode de désignation[247]. En 2003, un autre rapport britannique, dont la portée plus importante peut se déduire de sa dénomination – le Code combiné de gouvernance[248] –, recommandait aussi la formation d'un comité de nomination, qui devrait diriger le processus de nomination des administrateurs et formuler des recommandations au conseil d'administration pour la nomination des dirigeants[249]. Autre pays de *common law*, les États-Unis ont aussi, par le biais de deux organisations sectorielles, recommandé la constitution de comités de sélection. Il est à noter que les termes employés sont légèrement plus contraignants, tant par la Bourse de New York[250] que par la NASDAQ[251]. La première impose à ses émetteurs de créer un comité de sélection[252] tandis que l'organisme de régulation du marché des valeurs technologiques réserve un choix très relatif. Le comité de nomination constitue alors une alternative avec un comité informel d'administrateurs indépendants, ce qui aboutit sensiblement au même résultat[253].

65. Approches européennes. L'Europe continentale, ainsi que le droit de l'Union Européenne, traitent aussi de la présence des comités de nomination au sein du conseil d'administration. De fait, la bourse italienne[254] comme la

---

247 THE COMMITTEE ON THE FINANCIAL ASPECTS OF CORPORATE GOVERNANCE, *op. cit.* note 133, article 4.30. Traduction de « *One approach to making board appointments, which makes clear how these appointments are made (...) is through the setting up of a nomination committee* (...) ».

248 FINANCIAL REPORTING COUNCIL, *Combined Code on Corporate Governance*, 2ème éd., Londres, FRC, 2006.

249 *Id.*, p. 67. Traduction de : « *There should be a nomination committee which should lead the process for board appointments and make recommendations to the board* ».

250 NEW YORK STOCK EXCHANGE, *Listed Companies Manual*, Article 303 A 4 (a).

251 NASDAQ, *Equity Rules*, article 5605(e) (1).

252 NEW YORK STOCK EXCHANGE, *loc. cit.* note 250. Traduction de : « Listed companies must have a nominating/corporate governance committee (...) ».

253 NASDAQ, *loc. cit.* note 251. « Les candidats doivent soit être sélectionnés, ou soumis à la sélection du conseil d'administration par : (A) les administrateurs indépendants représentant la majorité des membres indépendants du conseil, dans un vote au cours duquel seul les indépendants participent ou (B) un comité des nominations ». Traduction de "*Director nominees must either be selected, or recommended for the Board's selection, either by : (A) Independent Directors constituting a majority of the Board's Independent Directors in a vote in which only Independent Directors participate, or (B) a nominations committee (...)*".

254 COMITATO PER LA CORPORATE GOVERNANCE, *Codice di Autodisciplina*, 2006, article 6P2 : « Le conseil d'administration juge s'il y a lieu de constituer en son sein un comité des nominations ». Traduction de « *Il consiglio di amministrazione valuta se costituire al proprio interno un comitato per le nomine (...)* ».

Commission Européenne[255] considèrent que la constitution d'un comité de sélection relève de la compétence du conseil d'administration et que seul ce dernier décide de sa création. Le texte unioniste semble légèrement plus impératif car il considère, comme le rapport Bouton[256], que le comité de nomination « [devrait] être [constitué] au sein du conseil d'administration ou de surveillance »[257]. Seule la nature du texte, une recommandation, laisse une marge d'appréciation aux États membres, qui peuvent adopter, ou adapter, ces mesures sans toutefois y être obligés.

66. Confrontation des règles applicables aux comités. Après avoir recensé les textes applicables aux comités de nomination, il apparaît que les choix français s'opposent à ceux des autres États. Les textes français sont majoritairement issus d'organisations professionnelles, alors que les textes étrangers sont issus d'organisations sectorielles, conférant un pouvoir contraignant en principe plus important. Ce choix n'est pas forcément innocent, l'autorité sectorielle interne ayant délibérément choisi de laisser aux organisations professionnelles le soin d'agir en matière de gouvernance des entreprises[258]. Cela peut s'expliquer par le faible rôle normatif de l'Autorité des marchés financiers en la matière, mais aussi par une volonté de proaction de la part des professionnels, désirant éviter qu'une organisation tierce s'immisce dans les politiques à mener. Les organisations professionnelles voudraient conserver un pouvoir de réglementation des pratiques de ses membres.

Par ailleurs, une justification à cette particularité française peut aussi être trouvée dans les règles applicables aux syndicats, les rapports français ayant été formulés sous l'égide du Mouvement des Entreprises de France (MEDEF), syndicat patronal. Il ressort des normes du droit du travail que les syndicats peuvent représenter une force de proposition de normes de droit, mais peuvent aussi adopter des règles qui les concernent uniquement[259]. Pour autant, les normes contenues dans ces rapports ne sont pas impératives, elles ne font que proposer un comportement, sans faire planer sur les sociétés de sanction. Pourquoi les acteurs se conformeraient-ils alors à une règle qui ne comporte aucun caractère impératif ?

67. Pour obtenir un premier élément de réponse, il est nécessaire de se concentrer sur l'origine de la norme. Si elle est d'origine sectorielle, comme c'est le cas dans une majorité de systèmes juridiques, l'émetteur a tendance à

---

255 Article 5 de la Recommandation 2005/162/CE du 15 février 2005 concernant le rôle des administrateurs non exécutifs et des membres du conseil de surveillance des sociétés cotées et les comités du conseil d'administration ou de surveillance, *JOUE* L. 52/51 du 25 février 2005.

256 Précité note 244.

257 Article 5 de la Recommandation 2005/162/CE, précitée note 255. Voir aussi l'article 2 de l'Annexe 1 de ce texte.

258 Voir note 242.

259 Article L1 du Code du travail ; articles 153-155 du Traité sur le fonctionnement de l'Union européenne, *JOUE* C. 83/47 du 30 mars 2010.

se conformer à la recommandation pour deux raisons, confortant de fait le choix de la *soft law*. En premier lieu, la sanction est en germe car un émetteur qui ne respecte pas les critères posés par l'organisation de régulation peut être considéré comme « non conformiste »[260] et stigmatisé. La sanction potentielle serait donc économique, les investisseurs pouvant éviter d'entrer dans le capital d'émetteurs ne se conformant pas à ces normes. En second lieu, l'émetteur, en observant toutes les règles de conduite émises par l'organisation sectorielle, envoie économiquement un signal positif à la communauté des investisseurs. Ce signal[261] indique un émetteur qui cherche à être respectueux de toutes les normes, impératives ou incitatives. Les externalités deviennent positives, tant à l'égard des investisseurs qui se trouveraient attirés, qu'à l'égard des organisations sectorielles, qui pourraient se montrer bienveillantes. Ce dernier argument peut aussi tenir de justification au respect des normes issues d'organisations professionnelles. Ces dernières formulent des normes négociées, leurs membres sont donc censés avoir participé à leur élaboration. Ainsi, une société cotée qui ne se conformerait pas à une norme issue d'une organisation professionnelle se démarquerait par rapport aux autres en ne respectant pas la règle commune. Les effets à l'égard des autres membres de l'organisation professionnelle pourraient être graves en ce que la société serait mise au ban.

68. La présence d'un comité diluant la responsabilité. Au-delà de ces arguments liés à la provenance des textes, il doit être précisé que les comités participent d'une tendance moderne du droit des sociétés à rechercher la multiplicité de décideurs afin de diluer leur responsabilité[262]. Les membres du comité de sélection sont alors responsables avec les membres du conseil d'administration ou de surveillance, car ils participent tous à la décision[263]. Il serait donc opportun pour le conseil d'administration de mettre en place un comité de nomination. La nomination d'un mandataire étant une décision de gestion, l'article L. 225-251 du Code de commerce pourrait trouver à s'appliquer et la responsabilité des administrateurs engagée collectivement. Le nombre de responsables augmenterait par la présence des membres du

---

[260] Aussi est-ce le cas de la Bourse de New York établissant une liste publique des sociétés cotées ne se conformant pas à ses règles incitatives. L'Autorité des marchés financiers identifie aussi les sociétés ne se conformant pas aux mesures du code AFEP-MEDEF : AUTORITE DES MARCHES FINANCIERS, *Rapport 2016* sur le gouvernement d'entreprise et la rémunération des dirigeants, 2016.

[261] Voir : E. MACKAAY, S. ROUSSEAU, *op. cit.* note 45, p. 128 et s.

[262] Voir : Soraya MESSAÏ, *La responsabilité civile des dirigeants*, préf. Paul LE CANNU, Paris, IRJS Editions, 2009, § 925, p. 308. *Contra* : Philippe DELEBECQUE, Frédéric-Jérome PANSIER, « Conseil d'administration », dans *Rep. Sociétés Dalloz*, § 121.

[263] J.-P. VALUET, *op. cit.* note 226, p. 38. Ce raisonnement n'est pas éloigné de la notion de causalité adéquate ou de chaîne de responsabilité, dans lesquelles chaque intervenant ayant un lien avec le fait dommageable voit sa responsabilité engagée. Voir en cela : Geneviève VINEY, Patrice JOURDAIN, Suzanne CARVAL, *Traité de droit civil – Les conditions de la responsabilité*, 4ème éd., Paris, L.G.D.J., 2013, p. 243-246.

comité, diluant *de facto* la responsabilité des administrateurs. La présence d'un comité répondrait moins de l'objectif de gouvernance, que de celui de la réduction du quantum individuel dû par chaque administrateur, dans l'hypothèse d'une condamnation sur le fondement de l'article L. 225-251 du Code de commerce. Une éventuelle action récursoire à l'encontre des membres du comité qui n'auraient pas agi conformément à leurs obligations[264] serait aussi envisageable, s'ils n'étaient pas directement mis en cause par les poursuites.

69. Présentation du régime de responsabilité applicable aux membres du comité. Apparaît alors la problématique du régime de responsabilité des membres des comités du conseil d'administration et plus spécialement du comité de nomination. Deux possibilités sont envisageables : si les membres du comité sont des administrateurs, il semblerait logique que le régime de responsabilité soit celui du droit commun des administrateurs et non pas une responsabilité spéciale en raison de leur désignation au sein du comité[265]. Si, en revanche, le membre du comité de nomination n'est pas administrateur, son régime de responsabilité peut poser plus de difficultés, en raison de l'absence de texte en droit des sociétés[266]. Les mécanismes supplétifs de droit civil, notamment du mandat, doivent donc intervenir pour délier ces difficultés. Ce thème ne peut pas être étudié sans avoir abordé le thème de la composition du comité de nomination.

70. Composition du comité de nomination. Le débat sur la composition du comité de nomination ne prend sa réelle valeur, pour la majorité de la doctrine, que dans les sociétés anonymes monistes. L'article R. 225-56 du Code de commerce dispose en effet en son premier alinéa que « le conseil de surveillance peut conférer à un ou plusieurs de ses membres tous mandats spéciaux pour un ou plusieurs objets déterminés ». La possibilité de nommer des commissions – formulation équivalente aux comités – est disposée à l'alinéa suivant, ce qui a conduit certains auteurs à lire les deux alinéas ensemble[267]. Or, il semble possible, en isolant le dernier alinéa de cet article réglementaire, d'affirmer que les commissions nommées par le conseil de surveillance puissent être composées de membres extérieurs au conseil. Aussi les commissions pourraient-elles comporter des membres internes et externes, réputés comme étant les plus indépendants[268].

---

[264] *Id.*

[265] A moins qu'une faute propre à l'exercice de sa mission au sein du comité soit identifiable. Cette hypothèse semble grandement théorique, les missions du comité de nomination et du conseil d'administration étant purement collégiales.

[266] Voir *supra* § 62-63.

[267] Voir par exemple ANSA, Com. n° 3057, p. 6, *CJ* 1er mars 2000. Cité par : Ph. BISSARA, R. FOY, A. DE VAUPLANE, *op. cit.* note 121, p. 264.

[268] Voir *contra* : Paul LE CANNU, Bruno DONDERO, *Droit des sociétés*, Paris, L.G.D.J., 6ème éd., 2015, p. 594.

Il est cependant nécessaire de souligner le fait que le vocable « membre externe au conseil d'administration » ne signifie pas pour autant « membre indépendant ». L'indépendance peut être rencontrée chez un membre du conseil d'administration, c'est même l'une des demandes les plus courantes en matière de gouvernance des sociétés. Cependant, les comités du conseil d'administration et les commissions du conseil de surveillance peuvent être composées de toutes personnes.

71. La présence de non administrateurs au sein du comité. L'opportunité de la présence des membres externes au sein du comité de nomination est toutefois contestable. Celui-ci est amené à prendre des décisions quant à la gestion et la stratégie de la société cotée. Des informations importantes sont donc à sa disposition, signifiant que les membres du comité de sélection devraient respecter une obligation de confidentialité[269]. Or, seuls les membres du conseil d'administration sont réellement débiteurs d'une telle obligation[270]. Un membre externe ne pourrait donc être débiteur de l'obligation de confidentialité, rendant délicate la sanction d'une éventuelle divulgation d'une information importante dont il aurait eu connaissance dans le cadre des travaux du comité, sauf à intégrer une obligation de discrétion dans son règlement intérieur. La présence de membres externes pourrait entraîner une grande difficulté dans la conservation des informations au sein de la société cotée. Une autre difficulté apparaît, cette fois dans l'organisation des travaux du comité.

72. La présence de membres externes au sein du comité de nomination pourrait « altérer les débats et fausser les conclusions »[271] des travaux de celui-ci, principalement en raison de la présence de deux régimes différents au sein d'une même entité. De ce fait, les membres extérieurs au conseil d'administration siégeant au sein du comité de sélection – ou de tout autre comité – ne seront pas soumis au régime de l'article L. 225-251 du Code de commerce, bénéficiant d'une liberté plus grande que leurs collègues administrateurs au sein de ce comité. Cette dualité de régime peut engendrer une situation très problématique. Il ne paraît pas impensable que les membres du comité se rassemblent selon leur appartenance, ou non, au conseil. Se formeraient alors deux groupes dont la puissance dépendrait uniquement de la composition numérique du comité. Du rassemblement selon des caractéristiques communes à l'opposition frontale entre deux groupes, il n'y a qu'un pas, qui peut être franchi dans le cas d'une proposition de recrutement trop risquée ou au contraire trop complaisante. En considérant que le comité soit composé à parts égales d'administrateurs et de non administrateurs, ses

---

[269] Jean PRIEUR, Philippe D'ANCHALD, Valérie TANDEAU DE MARSAC, Xavier PERINNE, « La responsabilité des membres des comités dans les sociétés par actions », *Actes Pratiques* mars/avril 2001, p. 10.

[270] Article L. 225-37 alinéa 5 du Code de commerce. Voir aussi : P. LE CANNU, B. DONDERO, *op. cit.* note 268, p. 479.

[271] Ph. BISSARA, R. FOY, A. DE VAUPLANE, *op. cit.* note 121, p. 177.

travaux ne seraient pas uniquement faussés, mais aussi inefficaces. La constitution d'un comité de sélection serait alors totalement contreproductive, car la mission pour laquelle il est formé ne pourrait pas être menée à son terme. C'est en cela que Philippe BISSARA, Monsieur FOY et Madame DE VAUPLANE considèrent que les débats du comité sont altérés. Si, par hypothèse, le comité est composé majoritairement de non administrateurs, leur décision peut être prise selon des critères qui ne sont pas forcément les plus adaptés aux besoins de la société cotée. Dès lors, la proposition émanant du comité ne serait pas optimale pour la société, qui risquerait de ce fait de prendre une mauvaise décision de gestion. Il semble donc important de souligner que le comité de nomination ne devrait pas comporter de membres non administrateurs, principalement pour éviter la dualité de régime de responsabilité et ses conséquences[272].

73. Responsabilité des membres administrateurs du comité. En ayant conclu à ce que le comité de nomination doit être composé d'administrateurs, la question de la responsabilité civile des membres du comité de sélection devient abordable. L'interrogation principale tient à l'organisation même du comité.

Le comité de nomination est nommé par le conseil d'administration, tout en étant composé d'administrateurs. Sa mission est principalement d'être la première étape menant à une décision de gestion de la part du conseil d'administration. Dès lors, la responsabilité des membres du comité est-elle spéciale, ou rentre-t-elle dans le cadre d'un éventuel recours contre le conseil ? La réponse semble, à la lecture de l'article R. 225-29 du Code de commerce, claire. Les comités de sélection, comme tout autre comité, exercent leur mission « sous [la] responsabilité » du conseil d'administration. Si la décision de nomination donne lieu à une action en responsabilité, les membres du comité de nomination sont alors mis en cause en tant qu'administrateurs et non pas de membres de ce comité[273]. Il semblerait que la qualité d'administrateur prime sur la qualité de membre du comité pour une action en responsabilité, qui ne saurait qu'être collégiale, car le conseil d'administration – et *a fortiori* le comité de nomination – n'a aucune personnalité morale[274]. Seraient donc responsables tous les administrateurs, même ceux qui ne sont pas membres du comité de sélection[275], et les membres du comité n'auraient pas à subir un régime de responsabilité accru[276].

---

[272] J. PRIEUR, Ph. D'ANCHALD, V. TANDEAU DE MARSAC, X. PERINNE, *op. cit.* note 269, p. 6.

[273] *Contra* : J. PRIEUR, Ph. D'ANCHALD, V. TANDEAU DE MARSAC, X. PERINNE, *op. cit.* note 269.

[274] Ph. MERLE, *op. cit.* note 110, p. 477 ; P. LE CANNU, B. DONDERO, *op. cit.* note 268, p. 457.

[275] Dorothée GALLOIS-COCHET, « Administrateur de société cotée », *J.-Cl. Sociétés Traité*, Fasc. 130-70, § 142.

[276] Voir : Cass. com., 25 janvier 2005, *RJDA* 2005, n° 569.

74. Ceci est le cas pour une action intentée par la société ou par un tiers[277]. Toutefois, ne peut-on pas imaginer une action intentée par les administrateurs eux-mêmes ? Un administrateur non membre du comité de sélection condamné sur la base de la recommandation du comité de nomination ne pourrait-il pas se retourner contre ses membres ? Cette action récursoire contre les membres du comité de sélection serait théoriquement envisageable, à considérer qu'une faute propre ait été commise par les membres du comité[278]. Cette faute ne peut être grave, car l'administrateur qui l'invoquerait se verrait opposer son obligation de vérifier les informations fournies par le comité pour prendre sa décision. Ainsi, pour que les membres du comité de sélection soient exclusivement responsables[279], après une action récursoire des administrateurs, la faute commise dans leur mission devrait être le non-respect d'une obligation de résultat[280], ou la violation manifeste d'une obligation de moyens que le conseil d'administration ignorait. Il apparaît donc que la responsabilité des membres du comité de sélection ne dépend pas que de leur mission, mais aussi et surtout des modalités de décision des administrateurs[281]. Le régime de responsabilité n'est pas le seul argument permettant d'affirmer que le comité de sélection est influencé par le conseil. Cela se retrouve également dans sa prérogative principale, qui n'est que de suggérer une décision à cet organe.

β) Le pouvoir de suggestion

75. Le rôle du comité de nomination, comme tout autre comité, est défini par la loi et précisé par la jurisprudence. Il ne peut que suggérer une décision ou apporter des éléments d'informations complémentaires au conseil d'administration. Pour prendre une telle décision, le comité de sélection doit prendre en compte certaines données incontournables afin de rendre la meilleure proposition et de faciliter la tâche de l'organe légalement compétent. Il se doit donc de respecter les devoirs propres aux administrateurs que sont les devoirs de loyauté et de diligence[282].

76. Des comités subordonnés au conseil les ayant nommés. L'article 90 du décret du 23 mars 1967, repris et codifié à l'article R. 225-29 du Code de commerce, affirme clairement que les questions sont soumises au comité

---

[277] Encore faut-il que l'action respecte les autres conditions, et notamment celle de la faute détachable des fonctions lorsqu'un tiers l'intente. Voir *infra* § 698 et s.

[278] J. PRIEUR, Ph. D'ANCHALD, V. TANDEAU DE MARSAC, X. PERINNE, *op. cit.* note 269, p. 13. Voir aussi : Communication ANSA n° 06-036, p. 5.

[279] G. RIPERT, R.ROBLOT, M. GERMAIN, *op. cit.* note 215, § 2169, p. 874.

[280] Une telle obligation semble difficile à caractériser dans le cadre du processus de nomination d'un dirigeant, comme pour toute action des administrateurs. Voir : J. PRIEUR, Ph. D'ANCHALD, V. TANDEAU DE MARSAC, X. PERINNE, *op. cit.* note 269, p. 9.

[281] D. GALLOIS-COCHET, *loc. cit.* note 275.

[282] J. PRIEUR, Ph. D'ANCHALD, V. TANDEAU DE MARSAC, X. PERINNE, *op. cit.* note 269, p. 10.

« pour avis ». L'article 115 de ce même décret, devenu l'article R. 225-56 du Code de commerce, est plus explicite, en ce que les attributions conférées à la commission ne peuvent « avoir pour objet de déléguer (...) les pouvoirs qui sont attribués au conseil de surveillance lui-même ». Ce rôle a été encore plus explicitement circonscrit par la Cour d'appel d'Aix-en-Provence, pour qui le comité doit être « un organe secondaire qui doit demeurer dans l'orbite et sous le contrôle direct du conseil d'administration »[283]. Cette décision, ne concernant pas la compétence d'un comité « de direction » mais l'organe habilité à le constituer, a une formulation sur laquelle il est nécessaire de s'appesantir. Il semble résulter de cet arrêt un lien de subordination entre le comité et le conseil qui l'a constitué. Le conseil étant le seul à pouvoir décider de la formation d'un comité, c'est à lui seul que le comité doit rendre compte de ses travaux.

77. Une subordination impérative. Ce lien de subordination n'est en aucun cas un lien de préposition ou une délégation[284]. En effet, le comité ne peut prendre aucune décision impérative, et ses travaux sont préparatoires à ceux du conseil d'administration. La justification de ce rôle tient sans aucun doute son fondement dans les principes de hiérarchie et de cloisonnement des compétences énoncés par l'arrêt *Motte*[285], selon lequel aucun organe, légal ou statutaire, ne peut empiéter sur les pouvoirs d'un autre. C'est le cas pour les comités de gouvernance, qui ne peuvent bénéficier d'aucun pouvoir de nomination. Les articles L. 225-51-1 et L. 225-53, tout comme l'article L. 225-59 du Code de commerce, confèrent aux conseils l'exclusivité de la nomination des mandataires sociaux[286]. Dès lors, selon la règle posée par l'arrêt *Motte*, ce pouvoir étant entièrement dévolu aux conseils, il ne peut être concevable que le comité de sélection nomme les dirigeants.

78. Sanction de la méconnaissance de la subordination. Si le comité de sélection prenait la décision de nommer un dirigeant, sa délibération serait entachée d'un vice de nullité[287] se justifiant, au sens du droit civil, par le défaut

---

[283] Aix-en-Provence, 28 septembre 1982, *Revue des sociétés* 1983, p. 773, obs. Jacques MESTRE.

[284] À la différence, par exemple, du droit de l'État du Delaware aux États-Unis. Voir l'article 141 (c) (1) et l'article 141 (2) du *Delaware General Corporation Law* : « Tout comité de ce type, dans la mesure prévue dans la résolution du conseil d'administration (...) devrait avoir et exercer tous les pouvoirs et l'autorité du conseil d'administration dans la conduite de la gestion et des affaires sociales ». Traduction de "(...) *Any such committee, to the extent provided in the resolution of the board of directors, (...), shall have and may exercise all the powers and authority of the board of directors in the management of the business and affairs of the corporation* (...)".

[285] Cass. civ., 4 juin 1946, précité note 71.

[286] A savoir le directeur général, directeur général délégué et les membres du directoire.

[287] Ph. BISSARA, R. FOY et A. DE VAUPLANE, *op. cit.* note 121, p. 175.

de compétence de l'organe qui a pris cette décision[288]. Une seconde justification peut être trouvée dans la formulation de l'article L. 235-1 du Code de commerce, disposant que la nullité est encourue pour toute décision ne modifiant pas les statuts qui ne respecte pas une norme impérative légale, telle que le sont les articles relatifs à la nomination des mandataires sociaux. Cette nullité, résultant d'un défaut de capacité – entendue comme la capacité d'un organe social, soit sa compétence –, ne pourrait être invoquée par tout intéressé, confirmant que cette nullité est relative[289].

Il est alors apparent que le comité de nomination, comme tout autre comité de gouvernance, ne peut prendre seul une décision liant la société cotée, n'ayant aucun pouvoir décisionnel. Son rôle est toutefois essentiel, assistant le conseil d'administration ou de surveillance à prendre des décisions adaptées. En cela, il pourrait être qualifié de second filtre dans la sélection des dirigeants.

79. Des missions différentes selon la personne à désigner. Afin de choisir le meilleur candidat au poste de mandataire social, le comité de nomination prend en compte plusieurs critères dans la sélection des nouveaux administrateurs ou membres du conseil de surveillance et dans l'organisation de la succession des dirigeants mandataires sociaux[290]. Ces deux missions sont différentes l'une de l'autre, entraînant deux types de considérations pour ce comité.

80. Le choix de l'administrateur. Dans son rôle de sélection des administrateurs, le comité de nomination tâche de remplir un rôle éminemment politique et donc périlleux. Sa fonction est délicate, en ce qu'il doit gérer les exigences des différents acteurs liés à la nomination des membres du conseil d'administration. Peuvent être considérés comme intéressés à cette mission du comité de nomination, les administrateurs, les actionnaires, les salariés et bien évidemment, les candidats. Aussi, la première tâche est-elle celle d'analyser le conseil déjà en place. Cette évaluation comporte plusieurs aspects : étude de la composition du conseil, de son rôle ainsi que de celui de ses membres. Le comité de sélection doit, tout d'abord,

---

[288] Cette nullité pour défaut de pouvoir peut être assimilable au défaut de capacité, justifiant une nullité. Voir sur le régime : Jean CARBONNIER, *Droit civil*, Vol. 1, Paris, PUF Quadrige, 2004, p. 325.

[289] Les nullités pour défaut de capacité sont des nullités édictées dans un intérêt privé. Ne peuvent alors invoquer la nullité que l'incapable ou son représentant légal : dans le cadre de la société, cela signifie que la société peut invoquer la nullité, par le biais de son représentant ou de ses associés. Voir : Jacques FLOUR, Jean-Luc AUBERT et Eric SAVAUX, *Droit civil – Les obligations, L'acte juridique*, 16ème éd., Paris, Sirey, 2014, p. 238. Voir aussi : Philippe MALAURIE, Laurent AYNÈS et Philippe STOFFEL-MUNCK, *Les obligations*, 6ème éd., Paris, Defrénois, 2013, p. 339-340. La règle est désormais codifiée à l'article 1147 du Code civil.

[290] AFEP-MEDEF, *op. cit.* note 161, p. 14. Cette mission duale a déjà été plus implicitement énoncée dans le premier rapport Viénot, *op. cit.* note 243, p. 16.

considérer la composition du conseil en ce que le nombre de ses membres peut être équilibré entre les membres indépendants et les membres « exécutifs »[291].

Il revient donc au comité de proposer le recrutement des administrateurs indépendants, s'il s'avère que le conseil en est insuffisamment composé. En outre, le comité peut aussi considérer que le conseil d'administration devrait correspondre à la structure actionnariale et pourrait faire du conseil une assemblée générale miniature, en respectant les proportions quant à sa composition. Cette considération est toutefois porteuse de dangers lorsqu'un désaccord apparaît au sein de l'assemblée générale. Le conseil d'administration étant sa réduction, au moins proportionnelle, le conflit actionnarial risquerait de devenir un conflit d'administrateurs[292].

L'action des administrateurs est aussi observée par le comité de sélection. La question principale liée à cette tâche est de déterminer la capacité de l'administrateur en poste à poursuivre sa mission. Ce comité apprécie l'opportunité du renouvellement des mandats[293]. Les qualités personnelles des candidats sont aussi importantes, mais il semble que ce ne soient pas les seules considérations. Le comité de sélection, dans cette mission, doit notamment tenir compte des critères propres aux candidats, tout autant que d'autres caractères. Cela pourrait signifier que ce comité, dans son choix, serait amené à proposer la sélection d'un candidat dont les compétences ne sont pas *in abstracto* les plus importantes, mais qui représente la meilleure solution au cas particulier, satisfaisant les intérêts des différents acteurs.

81. La sélection du dirigeant exécutif, une confirmation du marché. Le second rôle du comité de nomination ne concerne plus la personne des administrateurs, mais les dirigeants exécutifs. Dans cette hypothèse, les membres du comité proposent le nom d'un candidat à la direction générale ou au directoire selon des considérations purement personnelles. Seront donc regardés comme étant de tels critères de sélection : l'âge, la santé, la disponibilité, la personnalité ou l'expérience réussie[294]. Aussi le comité de nomination accomplit-il sa tâche en complément du marché, premier filtre dans la nomination d'un dirigeant mandataire social. La cohérence dans l'établissement d'une décision apparaît en ce que les critères naturellement dégagés lors de la première sélection du marché sont repris par les comités.

---

[291] J.-P. VALUET, *op. cit.* note 226, p. 39. Voir aussi : AFEP-MEDEF, *op. cit.* note 161, p. 14. Pour la qualification d' « administrateur exécutif », voir : Bertrand RICHARD, « Enjeux et appréciations de l'indépendance des administrateurs », *Cahiers de droit de l'entreprise*, n°5, 2005, p. 47.

[292] Voir, en ce sens : AFEP-MEDEF, *op. cit.* note 161, p. 3 : « Le conseil agissant dans l'intérêt social de l'entreprise, il n'est pas souhaitable, en dehors des cas prévus par la loi, de multiplier en son sein la représentation d'intérêts spécifiques ».

[293] J.-P. VALUET, *op. cit.* note 226, p. 39. Voir aussi : Ph. BISSARA, R. FOY, A. DE VAUPLANE, *op. cit.* note 121, p. 86.

[294] J.-P. VALUET, *op. cit.* note 226, p. 40.

82. Le temps de l'intervention du comité de nomination. Le comité de nomination assure un rôle déterminant dans la nomination des dirigeants mandataires sociaux et administrateurs, mais il convient d'identifier le moment auquel il intervient dans sa mission de pré-sélection. Il ressort des différents rapports de gouvernance que le comité de sélection doit intervenir afin de récolter les informations sur les candidats avant « qu'aucune démarche n'ait été faite auprès [des candidats] »[295]. Le comité de nomination doit donc engager lui-même des procédures lui permettant de déterminer les qualités et défauts des prétendants avant de les convoquer. Cette exigence implique que certains moyens soient mis à la disposition des membres du comité et notamment la possibilité de consulter des experts afin de l'assister dans leur mission[296]. Pour ce faire, il est nécessaire que le conseil d'administration accepte ce principe lors de la décision de création du comité et que la direction générale accepte de débloquer les fonds nécessaires à la rémunération des experts[297]. Le comité de nomination n'ayant aucun budget, il ne peut en effet décider par lui-même de saisir un spécialiste extérieur. Aussi peut-il se retrouver à la merci du conseil d'administration, pouvant décider de la création d'un comité de nomination sans ressources financières, devenant de fait un comité fantoche. La société renverrait le signal d'une mise en conformité au regard des rapports professionnels, mais celle-ci serait superficielle, car le comité n'aurait aucun moyen d'action. Le comité de nomination ayant un rôle important mais uniquement consultatif, la décision de gestion qu'est la nomination revient à un autre organe.

II) La compétence de l'organe collégial

83. L'organe collégial, qu'il soit l'assemblée générale ou le conseil d'administration selon le dirigeant nommé, a une compétence exclusive. Dès lors, il revient à cet organe d'adopter définitivement la décision de nomination (A). Toutefois, lorsqu'il est question de l'élection d'un administrateur ou d'un membre du conseil de surveillance, l'assemblée générale peut pâtir de son organisation collégiale, qui peut représenter un frein pour retenir la meilleure candidature (B).

A) La prise de décision

84. En dépit de l'important rôle du comité de nomination joué lors du recrutement du dirigeant mandataire ou de l'administrateur, un seul organe est légalement compétent pour prendre une telle décision. Dans le cas du gérant

---

[295] GROUPE DE TRAVAIL ASSOCIATION FRANCAISE DES ENTREPRISES FRANCAISES/ MOUVEMENT DES ENTREPRISES DE FRANCE, *op. cit.* note 244, p. 17.
[296] Ph. BISSARA, R. FOY et A. DE VAUPLANE, *op. cit.* note 121, p. 179.
[297] J.-P. VALUET, *op. cit.* note 32, p. 42.

ou des membres du conseil, le rôle incombe à l'assemblée générale alors que le conseil sera seul compétent dans le cas du directeur général ou des membres du directoire. Ces différents organes doivent respecter certaines exigences qui présument d'une bonne décision de gestion, et qui tiennent aux modalités de vote devant respecter deux catégories de conditions. La décision doit être régulière sur la forme, mais aussi sur le fond. Tandis que la première catégorie d'exigence est légale, la seconde s'est imposée d'elle-même par un souci de transparence, puis a été légalisée. La seule condition de fond imposée lors de la nomination d'un dirigeant gestionnaire est alors celle d'un débat effectif au sein de l'organe légalement compétent.

85. La nécessité d'un débat au sein de l'organe compétent. La nomination de tout dirigeant gestionnaire doit faire l'objet d'une réelle discussion. L'assemblée générale ou le conseil doit réellement délibérer sur la décision de gestion que représente la nomination du mandataire. Dans une société cotée, le comité de nomination peut être présent pour aider l'organe compétent, mais ce rôle ne doit cependant demeurer qu'une assistance. L'assemblée générale ou le conseil se doit de discuter effectivement de l'opportunité de la décision. C'est la raison pour laquelle l'assemblée générale, dans le cadre de la nomination de membres du conseil de surveillance ou d'administrateurs, reçoit plusieurs informations telles que les références professionnelles des candidats et « notamment les fonctions qu'ils exercent ou ont exercées dans d'autres sociétés »[298]. Cette communication d'informations se retrouve aussi dans la procédure de nomination des directeurs généraux et membres du directoire. Le conseil d'administration doit, depuis la loi du 1er août 2003[299], bénéficier de « tous les documents et informations nécessaires à l'accomplissement de sa mission »[300]. Il en va de même pour le conseil de surveillance[301]. Or, il revient à ces deux organes de nommer les dirigeants mandataires[302]. Ces membres ont donc un droit et même un devoir de s'informer[303]. Il semble opportun que de ce droit à l'information découle une

[298] Article R. 225-83 du Code de commerce : « La société adresse aux actionnaires ou met à leur disposition, (…) 5°) Lorsque l'ordre du jour comporte la nomination d'administrateurs ou de membres du conseil de surveillance : a) les nom, prénom usuel et âge des candidats, leurs références professionnelles et leurs activités professionnelles au cours des cinq dernières années, notamment les fonctions qu'ils exercent ou ont exercées dans d'autres sociétés ; b) les emplois ou fonctions occupés dans la société par les candidats et le nombres d'actions de la société dont ils sont titulaires ou porteurs ».

[299] Loi n° 2003-706 du 1er août 2003, précitée note 86.

[300] Article L. 225-35 alinéa 3 du Code de commerce.

[301] Article L. 225-68 alinéa 3 du Code de commerce.

[302] Article L. 225-51-1 du Code de commerce pour le conseil d'administration et L. 225-69 du Code de commerce pour le conseil de surveillance.

[303] Voir par exemple : Aix-en-Provence, 3 février 1966, *JCP G* 1966, 14861, obs. Roger PERCEROU : « un administrateur a le devoir, à partir du moment où il accepte d'assumer cette charge, de réclamer toutes les libertés et moyens de contrôle nécessaires à son accomplissement éclairé ». Cité par : Dominique BUREAU, « Administration – Statut des administrateurs », *J.-Cl. Sociétés Traité,* Fasc. 130-30, § 99.

obligation de débat, afin que ce droit soit exploité au maximum. C'est d'ailleurs ce que semble affirmer un arrêt de la chambre commerciale en date du 4 juillet 1995[304], pour lequel un régime de retraite complémentaire doit impérativement être approuvé et discuté par les administrateurs. Ces derniers ne doivent, en effet, pas se contenter d'enregistrer la décision du comité de rémunération. Par extension, cela devrait également être le cas pour la décision de nomination du dirigeant. Le débat est exigé, mais toutefois délicat à organiser au sein de l'assemblée générale, une discussion constructive étant difficile à engager au sein d'un aussi grand collège. Le dialogue sur l'identité du dirigeant mandataire n'est donc réellement imposé que dans le cadre de la nomination des directeurs généraux et des membres du directoire, nécessitant un travail préparatif de premier ordre de la part du comité de nomination.

Cette exigence de fond n'est cependant pas la seule dans le cadre de la nomination des dirigeants sociaux. Deux autres conditions, communes aux organes compétents, doivent être respectées afin que la nomination du dirigeant gestionnaire soit régulière. Ces deux impératifs exigés par la loi ne sont pas uniquement des conditions formelles. Ils sont aussi requis afin d'aboutir à la meilleure décision de nomination possible. Ces conditions purement formelles et relativement contraignantes peuvent être alors justifiées par des impératifs économiques.

86. La nécessité d'une majorité légitimant le dirigeant nommé. Un trait commun particulièrement évident entre tous les organes légalement compétents pour nommer le gestionnaire est la collégialité qui les caractérise. L'assemblée générale, comme le conseil, doit impérativement respecter le principe délibératif. Cela signifie que la décision prise par cet organe doit l'être après une délibération devant réunir la majorité simple des présents ou représentés[305]. Sont ainsi prises en compte les voix détenues par les actionnaires pour l'assemblée générale, alors que sont uniquement considérés les membres présents pour les autres organes.

Au-delà de cette exigence de majorité, les organes légalement compétents doivent aussi respecter une condition de quorum. Il convient en effet qu'au moins la moitié des membres du conseil soit présente lors de la délibération[306]. Cette condition est impérative pour toute décision du conseil et est aussi exigée en assemblée générale ordinaire, bien que moins rigoureusement, notamment en raison du nombre d'actionnaires composant l'assemblée générale et de leur dispersion. L'article L. 225-98 du Code de commerce impose donc un quorum de 20 pour cent dans le cas d'une première convocation. Si jamais cette condition n'est pas respectée, une seconde

---

[304] Com., 4 juillet 1995, précité note 225.

[305] Article L. 225-98 alinéa 3 du Code de commerce pour l'assemblée générale ; article L. 225-37 alinéa 2 du Code de commerce pour le conseil d'administration ; article L. 225-82 alinéa 2 du Code de commerce pour le conseil de surveillance.

[306] Articles L. 225-37 alinéa 1 et L. 225-82 alinéa 1 du Code de commerce.

assemblée générale ordinaire peut être convoquée avec le même ordre du jour. Dans ce cas, aucun quorum n'est exigé, ce qui pourrait faciliter la nomination des administrateurs ou membres du conseil de surveillance proposés pour la seconde fois par le comité de sélection.

Les exigences de quorum et de majorité peuvent être justifiées par la volonté d'impliquer le plus de décideurs dans la nomination du gestionnaire social, légitimant cette décision. Grâce au principe majoritaire et au quorum, le dirigeant nommé par l'organe légalement compétent représenterait le meilleur choix, car se serait rejoint sur ses nom et qualité le plus grand nombre. Suite au travail préalable du comité de nomination qui a effectué un tri dans les candidatures et proposé un ou plusieurs postulants, l'organe compétent ayant collecté, discuté, analysé et finalement utilisé cette information afin de nommer un gestionnaire ne peut, en principe, pas désigner une personne inadaptée à ce poste.

87. Un impératif de majorité ne représentant pas un frein dirimant. Cette conclusion doit cependant être grandement nuancée, surtout à propos de la sélection des administrateurs et membres du conseil de surveillance. Désignés par l'assemblée générale ordinaire, ils pâtissent des faiblesses potentiellement liées à cet organe. En raison de la règle majoritaire appliquée celle du quorum, il est envisageable qu'un administrateur soit nommé par une partie minime du capital-vote. En effet, le gestionnaire pourrait être nommé par une majorité représentant 10 pour cent des droits de vote[307]. La légitimité de ce dirigeant est alors nettement affaiblie. Elle peut l'être encore plus dans le cas d'une nomination en seconde convocation, qui ne nécessite aucun quorum. Dans cette hypothèse, il est théoriquement possible qu'un seul actionnaire puisse élire le dirigeant gestionnaire. Cette faiblesse liée aux normes légales relatives à l'assemblée générale n'est qu'un premier exemple des limites émaillant la nomination d'un dirigeant gestionnaire.

B) La collégialité comme frein à la décision optimale

88. L'assemblée générale est compétente, comme mentionné précédemment, pour nommer les administrateurs au sein des sociétés anonymes. Elle l'est aussi pour nommer le gérant des sociétés en commandite par actions[308]. Cette assemblée générale ordinaire a un caractère collégial, louable en ce qu'il permet de légitimer toute décision grâce au principe démocratique[309], mais qui représente aussi une très grande limite à son action.

89. La collégialité nuisant à la nomination du dirigeant ? La collégialité peut représenter autant un inconvénient qu'un avantage dans le cas d'une

---

[307] Cela se déduit de la conjonction du quorum d'un cinquième auquel est appliquée la majorité simple. Voir : P. LE CANNU, B. DONDERO, *op. cit.* note 268, p. 582.

[308] Article L. 226-2 alinéa 2 du Code de commerce.

[309] Pierre-Yves GOMEZ, *La république des actionnaires*, Paris, Syros, 2001.

décision de nomination d'un gestionnaire. Il existe plusieurs hypothèses permettant d'appréhender les difficultés décisionnelles de l'assemblée générale ordinaire. Il est ainsi possible qu'aucun comité de sélection n'ait été institué, ne permettant pas de dégager des noms à soumettre au vote de l'assemblée générale, auquel peuvent s'ajouter des candidatures présentées lors de la séance. La nomination de ces candidats est alors fortement compromise, notamment en raison de l'impossibilité pour eux d'avoir fait une campagne vantant leurs mérites[310]. Il semble effectivement difficile de regrouper une majorité de votes sur l'identité d'une personne potentiellement inconnue. La collégialité semble alors empêcher la nomination d'un postulant qui se présenterait en séance.

90. Le risque de concert sur l'identité d'un dirigeant. Une autre difficulté apparaît si le comité de nomination institué par le conseil d'administration a rempli sa fonction. L'assemblée générale doit donc se prononcer sur l'identité des candidats retenus par le comité. Or, le principe collégial implique qu'une majorité soit requise. Sur première convocation, il est nécessaire que le ou les candidats recueillent au moins 10 pour cent de tous les votes de la société anonyme[311]. Il peut s'avérer difficile, dans une société cotée à actionnariat atomisé, de réunir un tel taux. Pour obtenir ce résultat, il semble nécessaire qu'un actionnaire, ou groupe d'actionnaires, majoritaire soit présent afin de respecter le seuil minimal de quorum et de majorité simple. Une autre possibilité serait pour un groupe d'actionnaires d'agir de concert[312]. Plusieurs actionnaires pourraient en effet s'entendre préalablement, de manière durable, pour nommer un administrateur ou un membre du conseil de surveillance, caractérisant une action de concert, car « sont considérées comme agissant de concert les personnes qui ont conclu un accord en vue (...) d'exercer les droits de vote, pour mettre en œuvre une politique vis-à-vis de la société »[313]. Or, la nomination d'un gestionnaire peut être considérée comme une « politique » vis-à-vis de la société en ce qu'elle est une décision de gestion préfigurant de la future stratégie de gestion conduite par la société. Une telle action de concert est risquée, car si elle est caractérisée, elle entraîne pour les concertistes une solidarité aux obligations légales et réglementaires[314], particulièrement variées. Elle peut engendrer une obligation d'information en cas de franchissement de seuil[315] ou la mise en œuvre d'une offre publique obligatoire[316]. Les actionnaires concertistes sur la nomination d'un

---

[310] Philippe BISSARA, « Interdépendance et coopération des organes sociaux de la société anonyme classique », dans *Aspects actuels du droit des affaires – Mélanges en l'honneur d'Yves GUYON*, Paris, Dalloz, 2003, p. 120.
[311] Voir *supra* § 87.
[312] Ph. BISSARA, *op. cit.* note 310.
[313] Article L. 233-10 du Code de commerce.
[314] Article L. 223-10 III du Code de commerce.
[315] Article L. 233-7 I du Code de commerce.
[316] Article 234-1 du Règlement Général de l'AMF.

administrateur peuvent subir les conséquences de la non-déclaration du franchissement d'un seuil[317].

91. La cooptation, contournement de l'assemblée générale. Ces difficultés liées au manque patent de pouvoir décisionnel, et donc d'initiative de l'assemblée générale, imposent une réaction du conseil. Celui-ci prend alors l'initiative en cooptant ses membres, conformément aux dispositions de l'article L. 225-24 du Code de commerce[318]. Ce mécanisme est fréquent[319], la sélection des administrateurs ou des membres du conseil de surveillance par l'assemblée générale laissant désormais la place à la cooptation suivie d'une ratification par « la plus prochaine » assemblée générale. La cooptation bouscule donc le processus de nomination et de fait la hiérarchie des pouvoirs au sein de la société anonyme cotée[320]. La nomination d'un organe par un autre permet, comme la révocation, de présumer d'un lien hiérarchique entre les deux. Or, la cooptation, court-circuitage de la procédure habituelle, permet aux membres du conseil de s'affranchir d'un tel sentiment, car c'est le conseil lui-même qui nomme provisoirement un de ses membres. L'intervention de l'assemblée générale devient plus formelle, se limitant à la ratification une décision préalable du conseil.

92. Une assemblée réduite à un rôle formel. Aussi l'assemblée générale peut-elle être conduite à jouer un rôle de « chambre d'enregistrement » de la décision du conseil. Elle voit alors son pouvoir réduire, mais en aucun cas disparaître. La procédure n'est, au vrai, pas inversée, mais facilitée par l'immixtion du conseil d'administration ou de surveillance dans le processus de nomination d'un de ses membres. C'est la raison pour laquelle il est possible de parler d'intervention successive des organes sociaux dans la nomination des administrateurs ou des membres du conseil de surveillance[321]. Cette immixtion d'un autre organe dans le processus de nomination des membres du conseil n'est pas un moyen d'écarter le pouvoir de nomination de l'assemblée générale. En effet, celle-ci demeure légalement compétente pour nommer les membres du conseil, la cooptation étant une mesure temporaire et donc provisoire[322]. Il est nécessaire que l'assemblée générale ratifie la décision du conseil d'administration, car si elle ne le fait pas, le membre qui a été nommé à titre provisoire ne peut plus exercer ses fonctions, bien que le Code de commerce ne le dispose pas expressément[323]. L'organe actionnarial détient

---

[317] C'est-à-dire la suspension des droits de vote au sens de l'article L. 233-14 du Code de commerce, mais aussi la condamnation au paiement d'une amende de 18 000 euros après avis de l'Autorité des marchés financiers selon l'article L. 247-2 I et V du Code de commerce.

[318] Voir aussi l'article L. 225-78 pour le conseil de surveillance.

[319] B. RICHARD, *op. cit.* note 291, p. 47. Cette fréquence paraît devoir être relativisée au regard du texte des articles L. 225-24 et L. 225-78 du Code de commerce, qui ne prévoient que deux cas d'ouverture à la cooptation : le décès et la démission des administrateurs.

[320] Ph. BISSARA, *op. cit.* note 310, p. 118 et 120.

[321] *Id.*, p. 123.

[322] P. LE CANNU, B. DONDERO, *op. cit.* note 268, p. 463.

[323] Selon une lecture *a contrario* de l'article L. 225-24 du Code de commerce.

toujours le pouvoir de nomination, malgré la possibilité que représente la cooptation. Dès lors, la hiérarchie des pouvoirs au sein de la société anonyme cotée n'est pas renversée, car l'assemblée générale demeure *in fine* compétente. La procédure n'est qu'aménagée afin d'assouplir le fonctionnement du conseil.

Même si les possibilités légales de cooptation demeurent rare, l'implication du conseil d'administration ou de surveillance – *per se* ou par le biais d'un comité de nomination – demeure prépondérante. Des faiblesses liées à ces organes doivent être mises en lumière, telles que l'absence de pouvoir décisionnel sur la nomination de ses membres et la possibilité de voir apparaître des candidatures spontanées. L'étude de la composition du conseil d'administration ou de surveillance permet de mettre en exergue une autre difficulté.

93. Conclusion de la section 1. Des mécanismes de sélection des dirigeants sociaux apparaissent donc, propres à la société ou non. Ainsi, après un premier filtre par le jeu du marché, qui opère une sélection naturelle entre les différentes candidats, les faiblesses intrinsèques de cette première opération de tri rendent nécessaires l'intervention des organes internes, notamment les organes légalement compétents pouvant bénéficier de l'assistance d'un organe créé grâce à une possibilité légale, le comité des sélections.

Section 2 : Les qualités orientant le choix du dirigeant

94. Le dirigeant choisi attentivement en raison de son rôle. Le dirigeant, quelle que soit sa fonction, a un rôle déterminant sur la conduite de la gestion sociale. En effet, de sa formation, de ses sensibilités ou de son courage peut dépendre le sort de la société cotée. De plus, certains dirigeants gestionnaires, comme le directeur général ou le président du directoire, représentent la société à l'égard des tiers. Il n'est donc pas question pour les différents organes compétents pour désigner le dirigeant de nommer une personne qui ne correspondrait pas aux attentes de la société. Ces critères de sélection des dirigeants gestionnaires, qui relèvent au final plus de la stratégie que de mécanismes légaux, ne sont toutefois pas les seuls sur lesquels l'identité du dirigeant peut être dégagée.

95. Les règles relatives à l'identification des potentiels dirigeants. Il existe des règles juridiques qui permettent, sinon de dégager l'identité du meilleur dirigeant possible, au moins d'écarter certaines candidatures. En raison de la liberté qui doit régner en la matière, les règles légales portant sur les qualités que doivent respecter les dirigeants sont faibles (§1). En revanche, les règles régissant la composition du conseil d'administration ou de surveillance, légales ou non, sont plus nombreuses (§2).

§1 Les exigences communes légales

96. La nomination des dirigeants gestionnaires répondant à des critères fixés par la loi. Les organes compétents pour nommer les dirigeants gestionnaires ne peuvent opter pour l'identité du dirigeant selon les critères qui leur conviennent le mieux. Bien que la désignation des dirigeants gestionnaires réponde grandement de la liberté d'appréciation de l'organe compétent, il existe des règles impératives, quoique peu contraignantes.

Un administrateur, directeur général, membre du directoire ou gérant de société en commandite par actions, se doit de répondre à quelques conditions physiques et économiques afin d'exercer ses fonctions. Aussi a-t-il été considéré que le dirigeant se devait d'être en possession de toutes ses facultés, à tout le moins intellectuelles, pour veiller au bon déroulement de la vie sociale ; ainsi que de quelques actions afin de lier ses intérêts financiers à ceux de la société.

97. Les règles légalement peu contraignantes : la détention d'actions. La condition de la détention d'actions est celle qui représente le moins de contraintes pour la nomination du dirigeant gestionnaire. Elle ne concerne initialement que les administrateurs, qui devaient détenir une fraction du capital social dont le montant était fixé par les statuts[324]. Cette condition a toutefois en partie disparu par la loi de modernisation de l'économie[325], disposant que la condition de détention des actions pour les administrateurs devient purement statutaire, tant dans son principe que dans sa dimension quantitative. Depuis 2008, il revient en effet aux statuts de déterminer si les administrateurs doivent être actionnaires et, dans ce cas, le nombre de titres qu'ils devraient détenir. Le régime applicable aux administrateurs, fixé à l'article L. 225-25 nouveau du Code de commerce, vient s'aligner sur celui des directeurs généraux[326] et membres du directoire[327]. Cette condition étant purement statutaire, elle ne représente qu'une faible condition permettant de restreindre le nombre de dirigeants gestionnaires pouvant être désignés. Par ailleurs, lorsque les statuts prévoient de telles exigences, le dirigeant non actionnaire peut disposer d'un délai lui permettant d'acquérir les titres[328]. Cette condition, paraissant contraignante, a toutefois été contournée par la pratique, qui a favorisé le développement de transferts de propriété temporaires des titres sociaux, permettant à la personne désignée aux fonctions dirigeantes de bénéficier durant son mandat de la qualité

---

[324] L'article L. 225-25 ancien du Code de commerce disposait : « Chaque administrateur doit être propriétaire d'un nombre d'actions de la société déterminé par les statuts (…) ».

[325] Loi n° 2008-776 du 4 août 2008 de modernisation de l'économie, précitée note 190.

[326] Ph. MERLE, *op. cit.* note 110, p. 544.

[327] Article L. 225-59 alinéa 3 *in fine* : « [Les membres du directoire] peuvent être choisis en dehors des actionnaires ».

[328] Dans le cas des administrateurs, le délai est impératif et est de six mois à compter du jour de sa nomination selon l'article L. 225-25 alinéa 2 du Code de commerce.

d'actionnaire, puis de la perdre à l'expiration de celui-ci[329]. Cette condition est complétée par une autre, aussi peu contraignante.

98. L'âge du dirigeant, faible contrainte à sa nomination. Il est peut-être craint que la société soit placée entre les mains de dirigeants hors d'état d'accomplir leur mission. C'est alors que la loi du 16 novembre 1940 a disposé qu'un septuagénaire ne pouvait pas être présent dans plus de deux conseils d'administration. Cette limitation, constituant pour certains une « odieuse discrimination »[330] a été abrogée par la loi du 7 juillet 1953[331]. Après cette loi venant rétablir l'ordre ancien, les dirigeants n'étaient soumis à aucune limite maximale d'âge, signifiant que la société cotée pouvait devenir une « gérontocratie »[332]. Au regard d'un constat de vieillissement des membres des conseils d'administration[333], une loi du 30 décembre 1970 a réinstauré une limite d'âge non seulement au sein du conseil d'administration, mais aussi pour les autres organes des sociétés par actions[334]. Les limites d'âge fixées par cette loi, qui n'ont pas été modifiées depuis, sont de soixante-cinq ou de soixante-dix ans, selon qu'il est question des administrateurs ou des autres dirigeants. Si la limite d'âge de soixante-cinq ans est absolue en ce qu'elle peut s'appliquer à tous les membres du directoire[335], au directeur général[336] ou au gérant[337], le plafond de soixante-dix ans ne s'applique qu'au-delà du tiers des administrateurs[338]. Affirmer que les administrateurs sont frappés par une

---

329 S'est développée la pratique du prêt à consommation d'actions, prêt qui transfère la propriété de la chose prêtée : Salomé LACHAT, « La mise à disposition d'actions de garantie », *Revue des sociétés* 1977, p. 423, spéc. §4-13. Il est à noter que la qualification de prêt à consommation a pu être contestée, les actions n'étant pas consomptibles : François-Xavier LUCAS, Philippe NEAU-LEDUC, « Mise à disposition d'actions à des administrateurs ou à des membres du conseil de surveillance », *Actes pratiques et ingénierie financière* novembre 1999, p. 7, spéc. § 17 et s. Les critiques formulées ne peuvent toutefois pas être applicables au prêt de consommation d'actions négociées sur un marché réglementé, la pratique étant admise par ordre de la loi n° 87-416 du 17 juin 1987 sur l'épargne, *JORF* du 18 juin 1987, p. 6519. Ces règles ont été codifiées à l'article L. 211-22 du Code monétaire et financier. D'autres modes de transfert temporaire de propriété sont par ailleurs envisageables, comme la vente sous condition résolutoire ou les pactes de rétrocession. Voir : P. LE CANNU, B. DONDERO, *op. cit.* note 268, p. 468.

330 J. HÉMARD, F. TERRÉ, P. MABILAT, *op. cit.* note 229, p. 754.

331 Loi n° 57-605 du 7 juillet 1953 modifiant l'acte dit loi du 16 novembre 1940 relatif aux sociétés anonymes, *JORF* du 8 juillet 1957, p. 6048.

332 Ph. MERLE, *op. cit.* note 110, p. 449.

333 « Les bases financières de notre développement seront elles-mêmes affermies et assainies : (…) par le renforcement de l'information due aux actionnaires par les conseils d'administration dont la moyenne d'âge fréquemment très élevée constitue trop souvent un frein au dynamisme de l'entreprise, ce qui pose un vrai problème » : Jacques CHABAN-DELMAS, « Discours de Politique générale », *J.O. Assemblée Nationale* 1ère séance du 16 septembre 1969, p. 2254.

334 Loi n° 70-1284 du 31 décembre 1970 portant modification de la loi n° 66-537 du 24 juillet 1966 sur les sociétés commerciales, *JORF* du 31 décembre 1970, p. 12281.

335 Article L. 225-60 alinéa 1 *in fine* du Code de commerce.

336 Article L. 225-54 alinéa 1 *in fine* du Code de commerce.

337 Article L. 226-3 alinéa 1 *in fine* du Code de commerce.

338 Article L. 225-19 alinéa 2 du Code de commerce.

limite d'âge serait hâtif, car elle ne s'applique que lorsque plus d'un tiers des administrateurs est âgé de plus de soixante-dix ans. Ces règles légales ne sont toutefois que supplétives, les statuts pouvant aménager les limites d'âge applicables aux dirigeants.

Chacune des règles relatives à l'âge des dirigeants prévues dans le Code de commerce laisse la possibilité aux rédacteurs des statuts de stipuler une limite d'âge différente, signifiant que les âges de soixante-cinq et soixante-dix ans ne représentent pas un plafond impératif. Il est possible à la société de passer outre ces introductions et ainsi être considérée comme une société « amie des seniors »[339]. Les sociétés cotées peuvent alors, à la condition de réunir les seuils de quorum et de majorité nécessaires à la modification des statuts, soit renforcer l'obligation en abaissant l'âge maximum autorisé au sein des organes sociaux, soit au contraire l'augmenter, afin de viser plus de candidats dans la procédure de nomination. Il est ainsi question de fixer une limite d'âge réaliste afin que la clause statutaire soit acceptée[340], ce qui peut être le cas lorsque les statuts fixent un âge maximal dans la limite de l'espérance de vie[341].

Ainsi, l'âge des candidats peut constituer un filtre supplémentaire pour la nomination des dirigeants sociaux lorsque celui-ci est mentionné dans une clause statutaire qui impose un plafond assez bas. Toutefois, cette hypothèse tient plus de la théorie que de la pratique. En outre, les textes de lois et les clauses statutaires ne constituent pas des facteurs de réduction du nombre de candidats à un poste de dirigeant gestionnaire. Un dernier facteur peut permettre d'identifier plus aisément les dirigeants à nommer, le cumul des mandats sociaux.

99. Le cumul des mandats sociaux, un impératif de gouvernance. Une autre obligation, qui représente une limite à la liberté de nommer les dirigeants gestionnaires, consiste en la régulation du cumul des mandats. La justification à cette limitation du cumul des mandats réside principalement dans le souhait de réduire les conflits d'intérêts[342]. En effet, une personne qui cumulerait les mandats au sein de diverses sociétés cumulerait aussi les rémunérations qui y sont attachées et tendrait à privilégier ses intérêts, plutôt que ceux des sociétés au sein desquelles il exerce des mandats. L'idée est alors apparue de limiter le cumul des mandats exercés au sein de plusieurs sociétés anonymes. Un tel principe existe, connaissant toutefois de nombreuses exceptions, qui en réduisent grandement son efficacité.

---

339 Paul LE CANNU, Bruno DONDERO, « Après le sexe des administrateurs, leur âge… », *Revue de jurisprudence commerciale*, mai 2012, p. 8, spéc. p. 11.

340 *Id.*, spéc p. 11 : « Une limite trop élevée est-elle encore une limite ? ».

341 P. LE CANNU, B. DONDERO, *op. cit.* note 268, p. 465.

342 Hervé LE NABASQUE, « Pitié pour le droit des sociétés ! L'exemple du cumul des mandats », dans *Mélanges offerts à Jean PAILLUSSEAU*, Paris, Dalloz, 2003, p. 363.

100. Le principe : un encadrement du cumul de mandats. Le Code de commerce, issu de la loi nouvelles régulations économiques[343], puis amendé à deux reprises peu après[344], vient poser un principe : celui de l'interdiction d'exercer plus de cinq mandats au sein de sociétés anonymes[345]. La loi pour la croissance, l'activité et l'égalité des chances économiques est venue réduire cette limite, au sein des sociétés dont les titres sont admis aux négociations sur un marché réglementé qui emploient plus de 5000 uniquement en France ou 10 000 salariés dans le monde. Dans ces sociétés cotées, le directeur général, membre du directoire ou directeur général unique ne peut exercer plus de trois mandats au sein d'autres sociétés cotées[346]. Bien que cette loi vienne fournir une nouvelle restriction au cumul des mandats sociaux, il doit être souligné que la règle fixée par la loi nouvelle ne concerne que certaines sociétés cotées. Cela signifie donc qu'au sein des sociétés cotées, les règles relatives au cumul des mandats sociaux répondent alors à deux règles alternatives. Celle posée par la loi nouvelle, inspirée d'une règle professionnelle[347], qui limite le nombre de mandats sociaux à trois, n'est applicable qu'aux sociétés employant plus de 5000 ou 10 000 salariés avec ses filiales. La règle issue de la loi nouvelles régulations économiques demeure donc encore le principe.

Ce principe valant pour tous les mandats doit être combiné avec d'autres, prévus spécialement pour chaque mandat. Par conséquent, les administrateurs peuvent siéger au sein de cinq conseils d'administration différents[348], alors qu'il est impossible aux directeurs généraux[349] et aux membres du directoire[350] d'exercer ces fonctions au sein de deux sociétés différentes. Il semblerait donc, à première lecture, qu'une même personne physique ne puisse exercer cinq mandats d'administrateur et un mandat de directeur général, le plafond global étant fixé à cinq mandats au total. Cette conclusion doit toutefois être nuancée, le Code de commerce disposant qu'un seul mandat est décompté lorsqu'un administrateur exerce par ailleurs la fonction de directeur général dans la même société[351]. Aussi, une même personne pourrait exercer six

---

343 Loi n° 2001-420 du 15 mai 2001, précitée note 221.

344 La réforme du régime du cumul de mandats est intervenue par la loi n° 2001-1303 du 29 octobre 2002 modifiant certaines dispositions du Code de commerce relatives aux mandats sociaux, *JORF* du 30 octobre 2002, p. 17992 ; puis par la loi n° 2003-706 du 1er août 2003, précitée note 86.

345 Article L. 225-94-1 du Code de commerce : « (…) Une personne physique ne peut exercer simultanément plus de cinq mandats de directeur général, de même du directoire, de directeur général unique, d'administrateur ou de membre du conseil de surveillance de sociétés anonymes ayant leur siège sur le territoire français (…) ».

346 Loi n° 2015-990 du 6 août 2015 pour la croissance, l'activité et l'égalité des chances économiques, *JORF* du 7 août 2015, p. 13537.

347 AFEP-MEDEF, *op. cit.* note 161, spéc. article 18.

348 Article L. 225-21 alinéa 1 du Code de commerce.

349 Article L. 225-54-1 alinéa 1 du Code de commerce.

350 Article L. 225-67 alinéa 1 du Code de commerce.

351 Article L. 225-94-1 alinéa 1 *in fine* du Code de commerce.

fonctions dirigeantes au sein de cinq sociétés différentes et être en conformité avec les cinq mandats légalement exigés… Cette première exception, qui peut se justifier en raison de la jonction possible des fonctions de président du conseil d'administration et de directeur général, fait apparaître que le principe de limitation des cumuls de mandat connaît des affaiblissements. Ceux-ci sont nombreux et réduisent singulièrement la portée de la volonté de limiter les mandats des dirigeants sociaux. Ces exceptions concernent autant les mandats de directeur général et des membres du directoire que les mandats d'administrateur.

101. Les larges exceptions à la limitation du cumul. L'exception à la limitation à un seul mandat de directeur général ou de membre du directoire concerne le cas du groupe de sociétés. En effet, au sens des articles L. 225-54-1 et L. 225-67 du Code de commerce, un autre mandat de directeur général ou de membre du directoire peut être exercé au sein d'une société contrôlée par la société au sein de laquelle il exerce son mandat. Contrairement à ce que laisserait sous-entendre la formulation employée, il n'existe aucune condition d'antériorité[352], ce qui signifie qu'un directeur général d'une filiale pourrait être nommé directeur général ou membre du directoire de la société mère. Deux mandats pourraient être exercés par la même personne physique au sein de la direction générale ou du directoire de deux sociétés cotées sans contrevenir au principe général disposé par le Code de commerce. Cette première exception valant pour les fonctions exécutives est sans commune mesure avec celle prévalant pour les administrateurs.

L'article L. 225-21 du Code de commerce dispose qu'une personne peut exercer autant de mandats d'administrateur qu'elle le souhaite, pour autant qu'ils sont exercés dans des sociétés contrôlées au sens de l'article L. 233-16 du Code de commerce par la société au sein de laquelle elle exerce ses fonctions. Cette hypothèse est nettement favorable aux administrateurs des sociétés cotées qui consolident les comptes, car ils peuvent figurer au sein des conseils de toutes les sociétés filiales sans contrevenir à la disposition générale selon laquelle une personne physique ne devrait pas détenir plus de cinq mandats. Ainsi, et à titre d'exemple, une personne figurant au sein du conseil d'administration d'une société mère pourrait figurer au sein de sept conseils, d'administration ou de surveillance, de sociétés filiales sans que ces derniers ne soient décomptés pour la limitation générale du cumul de mandats. Dès lors, dans ce cas, le dirigeant qui figurerait au sein de huit conseils différents serait légalement considéré comme n'exerçant qu'un seul mandat. Il convient d'arriver à la conclusion que les mandats d'administrateurs ne sont décomptés que dans le cadre du périmètre de consolidation, chaque périmètre n'étant comptabilisé que pour un mandat, peu important que le nombre de mandats effectivement exercés. La limitation du nombre de mandats est dans ce cas

[352] Voir en ce sens : H. LE NABASQUE, *op. cit.* note 342, spéc. p. 370.

toute relative, à tel point que certains auteurs aient pu considérer cette mesure comme favorable au cumul des mandats[353].

102. Les limites légales à la nomination des dirigeants, qu'elles consistent en la fixation d'une limite d'âge ou d'une limite au cumul des mandats, semblent indiquer une direction claire orientant la composition des organes sociaux de direction. Ceux-ci devraient être composés de personnes dans la force de l'âge et concentrés sur les fonctions pour lesquelles ils ont été nommés. Or, ces règles connaissent des aménagements, tant statutaires que légaux, permettant d'annihiler la portée de ces limites. Ces dispositions concernant le cumul des mandats peuvent avoir des conséquences sur le contrôle de la gestion sociale, celles-ci pouvant limiter le recrutement des dirigeants les plus adaptés à l'activité sociale. Dès lors, la conduite de la gestion sociale, tout comme son contrôle par les membres des conseils d'administration ou de surveillance, pourrait pâtir de ces règles de limitation de cumul de mandats sociaux. Il doit toutefois être noté que les règles légales visant à limiter le recrutement des dirigeants gestionnaires sont faiblement contraignantes car elles peuvent être en partie surmontées. La question du recrutement des administrateurs est quant à elle plus encadrée par d'autres règles tant légales que professionnelles.

§2 Les exigences propres aux conseils

103. Des organes à la composition équilibrée – le cas de la représentation par sexe. Le conseil d'administration ou de surveillance, en tant qu'organe élu, doit représenter dans la mesure du possible la diversité des membres de la société. Or, il se trouve que les conseils d'administration sont principalement masculins, un administrateur sur cinq étant une administratrice[354]. Une loi du 27 janvier 2011 est alors venue réguler la représentation des femmes au sein des conseils d'administration et de

---

[353] *Id*, p. 378. Voir aussi : Bernard SAINTOURENS, « Le cumul des mandats sociaux au sein de la société anonyme après la loi du 29 octobre 2002 », *Revue des sociétés* 2003, p. 1.

[354] « CAC 40 : 20 % de femmes en moyenne dans les conseils d'administration », *Les Echos*, 23 juin 2011, p. 5.

surveillance[355] et a soulevé de nombreux débats au sein de la doctrine[356]. En effet, elle est considérée comme introduisant une féminisation forcée[357], alors qu'elle dispose une nouvelle obligation relative à la mixité au sein des conseils d'administration et de surveillance. Le mécanisme de féminisation des organes collégiaux concerne principalement les sociétés cotées[358], et formule une exigence à compter de la première assemblée générale ordinaire suivant le 1er janvier 2017, soit la présence minimale de 40 % de femmes si le conseil est majoritairement masculin et *vice versa*[359]. Au vrai, et en dépit de cette obligation légale applicable en 2017, le processus de féminisation des conseils d'administration et de surveillance est déjà amorcé[360].

104. Une mesure réduisant le pouvoir de l'assemblée générale. Les assemblées générales ordinaires, compétentes en matière de nomination des membres des conseils, n'ont donc plus une totale latitude, car leur choix est en partie dicté par la loi. En effet, si le conseil d'administration ou de surveillance ne respecte pas l'impératif légal, le Code de commerce prévoit des sanctions. Outre la nullité de la nomination ne respectant pas la règle, une action en responsabilité serait envisageable à l'encontre de la société, pour ne

---

355 Loi n° 2011-103 du 27 janvier 2011 relative à la représentation équilibrée des femmes et des hommes au sein des conseils d'administration et de surveillance et à l'égalité professionnelle, *JORF* du 28 janvier 2011, p. 1680.

356 Voir, en ce sens : François-Xavier LUCAS, « La "modernitude" s'invite dans les conseils d'administration », *Bulletin Joly sociétés* 2009, p. 945 ; « Les femmes et le conseil d'administration (suite…) », *Bulletin Joly sociétés* 2010, p. 431 ; « Femmes… je vous aime… – Réponse à la réponse de Philippe Reigné au sujet de la proposition visant à assurer la parité dans les conseils d'administration », *JCP E* 2010, 1170 ; Philippe REIGNE, « Les femmes et les conseils d'administration – Réponse à un éditorial de M. François-Xavier Lucas », *JCP E* 2010, 1048 ; Véronique MARTINEAU-BOURGNINAUD, « L'obligation de mixité dans les conseils d'administration et de surveillance », *D.* 2010, p. 599 ; Jean-François BARBIERI, « Parité sexuelle obligatoire dans la composition des conseils : le problème des sanctions », *Bulletin Joly sociétés* 2010, p. 508 ; François BASDEVANT, « Représentation équilibrée des femmes au conseil d'administration : loi Copé-Zimmermann du 27 janvier 2011 et recommandation AFEP-MEDEF du 19 avril 2010 », *Revue trimestrielle de droit financier* 2011/1, p. 100.

357 Renaud MORTIER, « La féminisation forcée des conseils d'administration », *Droit des sociétés* 2011, comm. 75.

358 Les articles L. 225-18-1 et L. 225-69-1 du Code de commerce disposent que sont aussi soumises à cette obligation les sociétés anonymes et les sociétés en commandite par actions qui, durant trois exercices consécutifs, emploient en moyenne plus de cinq cents salariés et réalisent un montant net de chiffre d'affaires ou un total de bilan d'au moins cinquante millions d'euros.

359 Il doit être noté que ce seuil de 40 % de représentation des deux sexes au sein du conseil d'administration ou de surveillance répond à un objectif de « représentation équilibrée » selon l'intitulé même de la loi. Il est permis de s'étonner de cette qualification d'équilibre, alors que le nombre de représentants d'un sexe peut être une fois et demie supérieur au nombre des représentants de l'autre.

360 Voir en ce sens : Hervé LE NABASQUE, « Loi "Copé-Zimmermann" n° 2011-103 du 27 janvier 2011 relative à la représentation équilibrée des femmes et des hommes au sein des conseils d'administration et de surveillance (de certaines sociétés) et à l'égalité professionnelle », *Revue des sociétés* 2011, p. 454.

pas s'être conformée à une disposition de la loi[361]. Ainsi, les actionnaires n'ont plus nécessairement à choisir le candidat présentant le plus de qualités pour le poste dans l'absolu, mais plutôt la personne présentant le plus de qualités parmi celles respectant les critères légaux. Cette différence, qui paraît minime, peut représenter un grand frein à l'action de l'assemblée générale, lorsque le groupe des personnes respectant les conditions légales se trouve restreint et partiellement inadapté aux impératifs sociaux.

105. Cette féminisation des conseils représente une particularité car la loi oriente clairement la composition des conseils d'administration et de surveillance. Ces dispositions ne sont toutefois qu'une exception, l'assemblée générale demeurant par ailleurs compétente pour nommer les administrateurs et les membres du conseil de surveillance. Cette tâche est fondamentale, car ces personnes – et particulièrement les administrateurs – sont récipiendaires de prérogatives légales très importantes et accomplissent une fonction essentielle au bon fonctionnement de la société.

Le principe de la souveraineté de l'assemblée générale dans la nomination des administrateurs ou des membres du conseil de surveillance appelle toutefois quelques nuances. En effet, il ressort d'un mouvement amorcé par la pratique et poursuivi par la doctrine que le conseil d'administration devrait comprendre des membres indépendants. Cette indépendance représente une limite au choix de l'assemblée générale. L'indépendance des membres des conseils d'administration et de surveillance est recherchée, ce qui ressurgit sur la nomination de ses membres (I). En outre, s'il est exact de dire que l'assemblée générale ordinaire nomme les administrateurs, il doit être précisé qu'elle ne nomme pas tous les membres du conseil d'administration. Ce conseil, comme le conseil de surveillance, intègre aussi des membres qui représentent les salariés, notamment afin de faire entendre d'autres acteurs que les actionnaires et de faire valoir d'autres intérêts que ceux des porteurs de capital (II).

I) L'indépendance recherchée

106. La composition du conseil soulève quelques interrogations. La nomination du dirigeant ou du membre coopté peut être entachée de quelques doutes, car effectuée par un organe dont la composition peut être contestée. Ces débats relatifs à la composition du conseil sont relatifs aux conflits d'intérêts qui peuvent apparaître en son sein. De tels conflits, ainsi que les problèmes d'agence, ont fait apparaître d'autres critiques liées à un manque d'indépendance des administrateurs. Le conseil devrait donc être composé de membres indépendants. Cette exigence est toutefois nébuleuse car

---

361 Voir en ce sens, admettant une action contre « les personnes auxquelles le non-respect du dispositif égalitaire est imputable » : P. LE CANNU, B. DONDERO, *op. cit.* note 268, p. 466.

l'indépendance n'est pas définie, mais aussi car la proportion de membres indépendants n'est pas précisée.

107. L'apparition de conflits d'intérêts liés à la nomination du dirigeant. La notion de conflit d'intérêts peut être définie comme étant « toute situation dans laquelle un actionnaire ou un dirigeant choisit d'exercer ses droits et pouvoirs en violation de l'intérêt commun soit pour satisfaire un intérêt personnel extérieur à la société, soit pour s'octroyer dans la société un avantage au préjudice des autres actionnaires »[362]. Les membres du conseil peuvent être en situation de conflit d'intérêts lorsqu'ils font primer des intérêts différents de l'intérêt de la société, qui serait, à propos de la nomination du dirigeant gestionnaire, de sélectionner le meilleur candidat. Certains membres du conseil pourraient donc opter pour un postulant en fonction de caractères peu objectifs[363], favorisant de fait la création de conseils dont les membres sont étroitement liés[364]. Cette situation peut ainsi être caractérisée lorsque certaines personnes se retrouvent au sein de plusieurs organes sociaux de plusieurs sociétés. Il y a alors un risque non négligeable de conflits d'intérêts : les membres du conseil peuvent vouloir privilégier un membre qu'ils connaissent par ailleurs, première manifestation de conflit d'intérêts. L'intérêt des administrateurs ou membres du conseil de surveillance déjà présents rentre alors en contradiction avec l'intérêt social. La définition de conflit d'intérêts telle que posée par le Professeur SCHMIDT est dans ce cas respectée et vérifiée.

108. Les risques liés à la situation de conflit d'intérêts. Cette nomination de candidats intimement liés est potentiellement dangereuse pour la société cotée. Il n'est, tout d'abord, pas impossible que se constituent divers groupes au sein du conseil en fonction des nominations et des sphères d'influence qu'elles peuvent impliquer. Des camps, voire des clans, pourraient se créer, au risque de s'opposer au sein de la structure pourtant policée du conseil. Par ailleurs, un autre risque, tout aussi dangereux que la paralysie potentielle de l'organe, est encouru. Les nominations de complaisance peuvent entraîner un comportement grégaire, les membres sélectionnés sur des critères qui n'ont pas été dégagés par le marché ou le comité de nomination étant enclins à voter comme leurs parrains. Dès lors, toute décision prise par le conseil peut entrer en contradiction avec l'intérêt social. La nomination d'un candidat suggéré par le conseil d'administration sur d'autres critères que la réputation et les

---

362 Dominique SCHMIDT, *Les conflits d'intérêts dans la société anonyme*, 2ème éd., Paris, Joly Editions, 2004, p. 31.

363 Les administrateurs peuvent sélectionner des candidats issus des mêmes formations qu'eux, n'augurant en rien de leur qualité de gestionnaire. Voir *supra* § 51. Voir aussi : B. RICHARD, *op. cit.* note 291, p. 47.

364 Traduction de la locution anglo-américaine « interlocking directorate ». Ce phénomène, qui fait l'objet de développements contemporains, a déjà été décrit un siècle auparavant. Voir : Max PAM, « Interlocking Directorates, The Problem and Its Solutions », *Harvard Law Review*, Vol. 26, 1913, p. 467.

résultats représente donc un danger certain pour la société cotée et l'efficacité de son conseil.

109. L'administrateur indépendant, solution au conflit d'intérêts ? Dans le but de limiter les conflits d'intérêts au sein du conseil d'administration, les tenants d'une analyse proche de celle de la théorie de l'agence ont proposé l'introduction de membres indépendants au sein des conseils.

Dans un premier temps, il est à noter que la terminologie est source d'incertitudes, la dénomination d'« administrateur indépendant » n'étant pas universelle. Dans le monde anglo-saxon, le premier à avoir développé cette problématique, les termes ne sont pas les mêmes selon qu'on se situe sur les rivages est ou ouest de l'océan Atlantique. En effet, les britanniques, qui ont été les précurseurs des rapports de gouvernance concernant l'autonomie de jugement des administrateurs[365], préfèrent employer le vocable de « *non executive director* »[366], signifiant que l'administrateur ne doit pas être lié à la direction générale. Les étasuniens[367], tout comme les canadiens[368], préconisent quant à eux l'expression « *independant director* ». Le droit français a adopté la vision d'outre-Atlantique, mais le droit de l'Union Européenne, dans sa recommandation de 2005 – la seule concernant l'autonomie de jugement des administrateurs – emploie délibérément dans son intitulé l'expression « administrateurs non-exécutifs », issue d'outre-Manche. Cette dualité de qualification recoupe-t-elle la même réalité, ou implique-t-elle une dualité de régimes ?

Il apparaît que les indices permettant de déterminer la qualité de l'administrateur sont comparables. En effet, l'administrateur non-exécutif, comme l'administrateur indépendant, ne devrait pas être employé de la société dans laquelle il exerce un mandat[369]. Si les termes sont différents, les préconisations sont similaires. Cette assimilation entre les deux termes est

---

[365] THE COMMITTEE ON THE FINANCIAL ASPECTS OF CORPORATE GOVERNANCE, *op. cit.* note 133.

[366] Cette locution se retrouve le plus souvent sous la forme de son acronyme, NED.

[367] NEW YORK STOCK EXCHANGE, *op. cit.* note 250 ; NASDAQ, *op. cit.* note 251.

[368] Voir, dans le cas du Canada, AUTORITÉ DES MARCHES FINANCIERS, *Règlement 52-110 sur le comité de vérification* et AUTORITE DES MARCHES FINANCIERS, *Règlement 58-101 sur l'information concernant les pratiques en matière de gouvernance*. Au sens de l'article 1.4 3°) du *Règlement 52-110 sur le comité de vérification* auquel le *Règlement 58-101 sur l'information concernant les pratiques en matière de gouvernance,* ces critères sont notamment : qu'une personne ou un membre de sa famille immédiate n'ait pas été membre de la direction ou salarié de l'émetteur au cours des trois dernières années (a et b), qu'une personne, son conjoint, son enfant mineur ou l'enfant de son conjoint, n'ait pas été associé ou salarié lors des trois dernières années pour la firme vérificatrice de l'émetteur (c et d) ; qu'une personne ou un membre de sa famille n'ait pas agi en tant que haut dirigeant ayant reçu plus de 75 000 $ par an au titre de rémunération, sur une période de 12 mois au cours des trois dernières années (f).

[369] NASDAQ, *op. cit.* note 251, article 5605 (a) (2) (A) ; FINANCIAL REPORTING COUNCIL, *op. cit.* note 248, article A.3.1.

encore plus marquée à la lecture attentive de certains textes. Le Code combiné britannique, paru en 2003 et régulièrement actualisé depuis, tend à assimiler les deux termes : l'administrateur non-exécutif devrait rencontrer des critères prouvant son indépendance[370]. Il en va de même pour la recommandation de l'Union Européenne en date de 2005[371], qui mêle sans ambages les expressions d'administrateur indépendant et d'administrateur non-exécutif.

Aussi semble-t-il que les expressions d'administrateur indépendant et non-exécutif soient synonymes. Le vocable administrateur indépendant sera donc retenu.

110. La consécration textuelle de l'administrateur indépendant. Inspirée de la pratique anglo-américaine, l'indépendance des membres du conseil suscite depuis le début des années 1990 quelques controverses. Il semble désormais acquis que la notion d'administrateur indépendant fasse partie du paysage du droit des sociétés cotées en France, bien que certains auteurs[372] ne tolèrent pas une telle adaptation, sinon une telle acculturation[373]. En effet, les autorités de régulation sectorielles, tout comme les syndicats professionnels, ont consacré l'indépendance en tant qu'objectif à respecter au sein du conseil[374]. Cette consécration peut aussi être perçue à travers la loi de modernisation de l'économie ayant supprimé l'exigence, aux articles L. 225-25 et L. 225-72 du Code de commerce, de détenir des titres de la société pour en être administrateur, mais aussi plus indirectement par le biais de

---

[370] FINANCIAL REPORTING COUNCIL, *op. cit.* note 248, article A.3.1. « Le conseil d'administration devrait identifier, dans le rapport annuel, chaque administrateur non-exécutif considéré comme indépendant. Le conseil devrait déterminer si l'administrateur est indépendant ». Traduction de "*The board should identify in the annual report each non-executive director it considers to be independent. The board should determine whether the director is independent*".

[371] Précitée note 255.

[372] Jacques DELGA, « L'administrateur indépendant n'existe pas : "Dangers" », *D.* 2002, p. 2858 ; « L'administrateur indépendant, un mythe ? », *JCP E* 2004, 150 ; « De l'inexistence juridique de l'administrateur indépendant en France et aux risques encourus », *Cahiers de droit de l'entreprise* septembre-octobre 2005, p. 25.

[373] Alain BERNARD, « Law and Economics, une science idiote ? », *D.* 2008, p. 2806. Bien que cet article n'aborde pas expressément le thème de l'administrateur indépendant, il mentionne le danger que pourrait représenter « l'impérialisme culturel en matière juridique ».

[374] Il est intéressant de noter que tous les codes français mentionnent l'indépendance des administrateurs comme objectif à atteindre. À ce titre, il est possible de citer : GROUPE DE TRAVAIL ASSOCIATION FRANCAISE DES ENTREPRISES FRANCAISES/CONSEIL NATIONAL DU PATRONAT FRANÇAIS, *op. cit.* note 148, p. 13 ; AFEP-MEDEF, *Rapport du comité sur le gouvernement d'entreprise présidé par M. Marc Viénot (dit Rapport Viénot II)*, Paris, 1999, p. 17-18 ; GROUPE DE TRAVAIL ASSOCIATION FRANCAISE DES ENTREPRISES FRANCAISES/ MOUVEMENT DES ENTREPRISES DE FRANCE, *op. cit.* note 244, p. 8-10 ; AFEP-MEDEF, *op. cit.* note 161, p. 7 ; ASSOCIATION FRANCAISE DE LA GESTION FINANCIERE, *Recommandation sur le gouvernement d'entreprise*, Paris, 2015, p. 17-20.

l'instauration du comité d'audit[375]. Si la loi et les régulateurs tendent à accepter, voire consacrer, la présence d'administrateurs indépendants au sein des conseils d'administration et de surveillance, la difficulté principale demeure celle de son identification. Apparaît ensuite la question de la composition du conseil et de la proportion de membres indépendants au sein de celui-ci. En d'autres termes, si le conseil d'administration doit être composé d'administrateurs indépendants, est-ce à dire qu'un conseil d'administration composé majoritairement d'administrateurs indépendants[376] est lui-même indépendant ?

111. L'indépendance nécessitant un référentiel. L'administrateur indépendant est appelé des souhaits des régulateurs et même de certains législateurs, principalement anglo-saxons[377]. L'expression d'administrateur indépendant est connue et consacrée, mais la question du domaine de cette indépendance n'est toujours pas résolue. À considérer que la loi de modernisation de l'économie précitée consacre le principe de l'indépendance des administrateurs, il semblerait que cette dernière s'entende à l'égard de la société, car il serait indépendant en ne détenant pas d'actions. L'administrateur serait aussi indépendant à l'égard de toutes les composantes de la société, notamment les dirigeants et les associés. L'indépendance serait totale, ce qui peut paraître assez antinomique avec les fonctions d'administrateur, celui-ci étant réputé être un représentant des actionnaires. En encourageant la présence d'administrateurs n'ayant aucun lien avec la société, la légitimité de l'administrateur indépendant serait modifiée. Il ne serait pas légitime en raison de sa nomination par les actionnaires, mais en raison de sa spécificité par rapport aux autres administrateurs. La légitimité ne serait plus interne, mais externe, à l'égard du grand public et du marché.

Le fait de nommer les administrateurs indépendants au sein du conseil d'administration trouverait sa justification théorique dans le signal envoyé au marché d'une société qui applique des principes de bonne gouvernance. Il est dès lors à noter que les recommandations sectorielles françaises adoptent une très large définition de l'indépendance des membres du conseil : « un administrateur est indépendant lorsqu'il n'entretient aucune relation de quelque nature que ce soit avec la société, son groupe ou sa direction, qui puisse compromettre l'exercice de sa liberté de jugement »[378]. Malgré une

---

[375] Ce comité, composé exclusivement d'administrateurs ou de membres du conseil de surveillance, doit comporter en son sein au moins un membre indépendant. Cela signifie donc, par extension, que le conseil d'administration ou le conseil d'administration doit comporter au moins un membre indépendant. Voir *infra* § 416 et s.

[376] Sur le nombre d'administrateurs indépendants au sein des conseils, voir : P. DIDIER, Ph. DIDIER, *op. cit.* note 111, p. 913. Voir aussi : AFEP-MEDEF, *op. cit.* note 161, p. 7.

[377] Voir en cela la section 952 de la loi étasunienne *Dodd-Frank Wall Street Reform and Consumer Protection Act*, précitée note 154, qui amende la *Securities Exchange Act of 1934*, 15 U.S.C., §78 *et seq.*

[378] Voir en ce sens les rapports français cités notes 243 et s.

définition particulièrement vague, il est possible de tirer quelques conclusions. Tout d'abord, les administrateurs indépendants doivent être non-exécutifs, c'est-à-dire qu'ils ne doivent pas exercer une fonction de direction au sein de la société. Si un parallèle peut être dressé avec le droit britannique, ce n'est qu'un point de comparaison car les rapports français semblent aller plus loin en exigeant l'absence de lien d'intérêt avec la société[379], s'entendant très largement. Les recommandations peuvent donner lieu à un « inventaire à la Prévert », ne facilitant ni la compréhension, ni la mise en place de critères clairs permettant d'identifier un administrateur indépendant. À ce titre, l'Association française de gestion financière, dans sa recommandation concernant les administrateurs « libres d'intérêts » donne des situations dans lesquelles cette liberté ne serait pas rencontrée. Ce serait le cas lorsque l'administrateur a été « salarié, mandataire social dirigeant de la société ou d'une société de son groupe, [ou l'a] été dans les cinq dernières années ; (...) salarié ou mandataire social dirigeant d'un actionnaire significatif de la société ou d'une société de son groupe (...) ; auditeur de l'entreprise au cours des cinq années précédentes ; (...) membre du conseil d'administration ou du conseil de surveillance de l'entreprise depuis plus de douze ans »[380].

Cet inventaire, en aucun cas limitatif[381], ne permet pas une appréhension précise de la notion de l'indépendance des administrateurs. En formulant de tels indices, les textes laissent une très grande marge d'appréciation afin de déterminer les conditions d'indépendance. Le comité de nomination vérifie les critères de l'indépendance, pouvant de fait rendre inefficiente l'exigence textuelle de l'indépendance. Les critères sociaux peuvent être vagues, l'administrateur étant considéré indépendant au regard des normes statutaires, sans pour autant être indépendant *de facto* de la société. La liberté accordée à la société par les normes n'est pas utile à la légitimité des administrateurs, dont l'indépendance apparente peut être remise en cause par les associés, mais aussi par les autres parties prenantes.

112. Qui peut définir l'indépendance ? Il serait pertinent de s'interroger sur la source qui devrait fixer les indications relatives à l'indépendance. À considérer que les normes sectorielles non impératives ne permettent pas d'atteindre une indépendance effective des conseils, la société disposant d'une marge d'appréciation très importante dans la fixation de ces indices, ne faudrait-il pas préférer une détermination plus impérative de l'indépendance des membres des conseils des sociétés anonymes ? Le législateur pourrait-il

---

[379] AFEP-MEDEF, *op. cit.* note 161, spéc. article 8.2 : « Un administrateur est indépendant lorsqu'il n'entretient aucune relation de quelque nature que ce soit avec la société (...) » .

[380] ASSOCIATION FRANCAISE DE LA GESTION FINANCIERE, *op. cit.* note 374, p. 17. Il est à noter que ces mêmes situations se retrouvent dans le rapport de l'AMF en 2009, à la page 33.

[381] ASSOCIATION FRANCAISE DE LA GESTION FINANCIERE, *op. cit.* note 374, p. 17. La liste de situation dans lesquelles les administrateurs ne sont pas « libres d'intérêts » est précédée de cette phrase : « [L'administrateur] ne doit pas, en particulier : (...) ».

se saisir de la problématique de l'indépendance pour poser un régime unitaire et suffisamment précis correspondant à toutes les sociétés cotées ?

Une tentative a été effectuée par le législateur étasunien dans une proposition de loi déposée au cours de la législature 2009-2010[382]. Celui-ci a alors tenté de définir des critères très généraux afin d'appréhender le plus grand nombre de situations possibles. Toutefois, cette initiative est restée lettre morte, le Sénat n'ayant jamais voté sur la dernière version du texte. Avec une loi impérative, les sociétés auraient un étalon de mesure de l'indépendance auquel il ne serait pas possible de déroger. Les comités de nomination ou les conseils auraient la possibilité de fixer des critères d'indépendance plus sévères que les critères légaux, mais ne pourraient en aucun cas en fixer de plus souples. Cette solution suppose toutefois que les parlementaires se saisissent de la question, et ne peut être efficace que si les critères légaux laissent une marge aux sociétés.

113. Vers un « administrateur non-lié » ? Le législateur, en cas de fixation des critères d'indépendance par voie légale, pourrait bénéficier de cette occasion pour redéfinir les termes employés, issus d'une traduction maladroite des vocables étasuniens, principalement celui d'indépendance. Ce terme, défini comme étant un qualificatif d'une personne qui ne dépend pas d'une autre ou qui refuse la sujétion et la contrainte[383], est donc un caractère ressenti et non pas un fait objectif[384]. Une autorité, qu'elle soit publique ou sectorielle, ne peut donc habilement appréhender et systématiser un sentiment personnel. Dès lors, il conviendrait d'employer un terme qui recouvre mieux un fait objectif, comme les liens entre le membre du conseil et la société ou ses dirigeants. Il serait possible de mentionner le terme de membre non-lié, locution qui perdrait en élégance ce qu'elle gagnerait en clarté.

Pour que cette légère modification textuelle soit réellement bénéfique, la notion de lien doit elle-même être définie, car elle peut être appréhendée selon

---

382 Cette proposition *H.R. 3269* devait s'intituler « *Corporate and Financial Institution Compensation Fairness Act of 2009* ». Voir : Ivan TCHOTOURIAN, « H.R. 3269 : la réaction des parlementaires américains en matière de rémunération des dirigeants », *Bulletin Joly sociétés* 2009, p. 950.

383 *Dictionnaire de l'Académie Française*, précité note 72.

384 Cette qualité a été critiquée en ce qu'elle relève d'une qualité personnelle et non d'un statut juridique : Y. GUYON, *op. cit.* note 124.

deux modes différents[385]. Celle-ci peut être caractérisée directement lorsqu'elle intéresse immédiatement la personne de l'administrateur. C'est notamment le cas des rémunérations – autres que les jetons de présence – versées pour quelque motif que ce soit par la société à l'administrateur, mais aussi le cas du membre en poste nommé plusieurs fois consécutivement. Par ailleurs, le lien entre le membre et la société ou ses dirigeants peut être indirect.

114. L'absence de lien avec la société. Il en résulte, pour que la situation de l'administrateur soit la moins contestable possible, que le membre du conseil n'est pas lié à la société. Toutefois, le problème de la qualification de l'absence de liens sera aussi problématique que celle de l'indépendance et implique des difficultés politiques. Dans l'exemple des rémunérations perçues, tout versement à l'administrateur d'une rémunération autre que les jetons de présence le lie-t-il *de facto* à la société[386] ? En cas de réponse positive, cela signifie que la possibilité ouverte par l'article L. 225-46 du Code de commerce, disposant de l'allocation à un de ses membres une rémunération exceptionnelle pour une mission déterminée, lierait l'administrateur à la société. À l'inverse, à considérer que toute rémunération ne lie pas l'administrateur à la société, se poserait la question du

---

[385] La notion de « partie liée » existe par ailleurs en droit comptable. Les parties liées sont définies par cette norme IAS 24, dont la dernière version est annexée au Règlement UE 632/2010 du 19 juillet 2010, modifiant le Règlement CE 1606/2002 du Parlement européen et du Conseil, pour ce qui concerne la norme comptable internationale IAS 24 et la norme internationale d'information financière IFRS 8, *JOUE* L. 186/1 du 20 juillet 2010 : « Une partie liée est une personne ou une entité qui est liée à l'entité qui prépare ses états financiers (…).
(a) Une personne ou un membre de la famille proche de cette personne est lié(e) à une entité présentant les états financiers si ladite personne :
(i) exerce un contrôle ou un contrôle conjoint sur l'entité présentant les états financiers ; (ii) exerce une influence notable sur l'entité présentant les états financiers ; ou (iii) fait partie des principaux dirigeants de l'entité présentant les états financiers ou d'une société mère de l'entité présentant les états financiers.
(b) Une entité est liée à une entité présentant les états financiers si l'une des conditions suivantes s'applique :
(i) l'entité et l'entité présentant les états financiers font partie du même groupe (ce qui signifie que chaque société mère, filiale et filiale apparentée est liée aux autres) ; (ii) une entité est une entreprise associée ou coentreprise de l'autre entité (ou une entreprise associée ou coentreprise d'un membre du groupe dont l'autre entité fait partie) ; (iii) les deux entités sont des coentreprises du même tiers ; (iv) une entité est une coentreprise d'une entité tierce et l'autre entité est une entreprise associée de l'entité tierce ; (v) l'entité est un régime d'avantages postérieurs à l'emploi au bénéfice des salariés de l'entité présentant les états financiers ou d'une entité liée à l'entité présentant les états financiers. Si l'entité présentant les états financiers est elle-même un tel régime, les employeurs finançant le régime sont également liés à l'entité présentant les états financiers ; (vi) l'entité est contrôlée ou conjointement contrôlée par une personne identifiée au point (a) ; (vii) une personne identifiée au point (a), sous (i), exerce une influence notable sur l'entité ou fait partie des principaux dirigeants de l'entité (ou d'une société mère de l'entité) ».

[386] Cette conception est celle retenue en Europe. Voir : Article 1 c) de l'annexe 2 de la Recommandation 2005/162/CE du 15 février 2005, précitée note 255 ; FINANCIAL REPORTING COUNCIL, *op. cit.* note 248, article A.3.1.

montant de rémunération au-delà duquel l'administrateur serait considéré comme lié[387]. Le choix, forcément arbitraire, d'un tel montant est mal aisé et particulièrement dangereux. Si le seuil est trop haut, il est contreproductif car les administrateurs seront considérés comme non-liés alors qu'ils reçoivent une rémunération ; dans l'hypothèse inverse, l'administrateur serait plus souvent, et même trop souvent, considéré comme lié.

115. La consécration de l'administrateur non-lié porteuse de dangers. Si les membres non-liés devaient représenter une certaine proportion du conseil d'administration ou de surveillance, le remède pourrait être plus préjudiciable que le mal lui-même. En effet, les administrateurs étant plus souvent considérés comme liés à la société, l'administrateur non-lié serait difficile à trouver. De par cette rareté, le même administrateur pourrait être nommé dans plusieurs sociétés au titre de membre non-lié au sein du conseil d'administration ou de surveillance.

Cette énonciation doit appeler à deux remarques. La première, déjà abordée[388], est d'origine légale. Le membre non-lié ne peut donc siéger au sein de plus de cinq conseils d'administration ou de surveillance. La sanction est ici sévère, toute nomination dépassant ce plafond entraîne pour la personne physique l'obligation de se démettre d'un de ses mandats sociaux dans les trois mois suivant la nomination litigieuse. Au-delà de cette problématique légale, intervient une seconde difficulté liée aux conflits d'intérêts. Une personne siégeant au sein de plusieurs conseils d'administration ou de surveillance multiplie ses chances de retrouver des membres avec lesquelles elle peut développer des liens d'accointance, d'amitié, voire de déférence. Ces liens peuvent être d'autant plus forts si ce membre se retrouve avec une même personne dans différents conseils.

La volonté de ne pas lier le membre du conseil d'administration ou de surveillance avec la société entraîne alors une externalité préjudiciable : si les liens entre l'administrateur et la société sont réduits, il n'en va pas de même pour les liens entre administrateurs ou leurs liens avec l'exécutif de la société. La volonté de délier un administrateur ou un membre du conseil de surveillance de la société peut aboutir à ce que celui-ci participe à une décision de nomination pouvant être considérée de complaisance, car il aura pu développer des liens avec l'exécutif de la société. La mauvaise détermination du critère indiquant l'absence de liens entre l'administrateur et la société pourrait nuire à cette dernière.

116. Aussi faudrait-il conclure que le terme de membre indépendant du conseil n'est pas adapté et qu'il serait préférable d'employer le terme de membre non-lié. Il est par ailleurs nécessaire de circonscrire la notion d'absence de liens : le membre ne doit pas être lié aux dirigeants exécutifs et uniquement à ceux-ci. La présence d'administrateurs non-liés permet ainsi au conseil d'administration

---

[387] Cette problématique est traitée en Amérique du Nord, notamment par les autorités de régulation étasuniennes : NASDAQ, *op. cit.* note 251, article 5605 (a) (2) (B), qui retient un seuil de 120 000 $ par an ; NEW YORK STOCK EXCHANGE, *op. cit.* note 250, article 303 A (2) (b) (ii), qui retient un seuil de 100 000 $ par an.

[388] « Une personne physique ne peut exercer simultanément plus de cinq mandats d'administrateurs de sociétés anonymes (…) », voir *supra* § 100.

ou de surveillance de comporter en son sein des membres pouvant apporter une certaine dissidence, et peut s'avérer positive si elle n'est pas érigée en tant que principe. Au-delà des administrateurs indépendants, la présence des salariés au sein de ces organes collectifs pourrait aussi introduire d'autres considérations, permettant à ce conseil d'appréhender d'autres intérêts importants au sein de l'entreprise.

II) La représentation des salariés aux conseils

117. La représentation des salariés au sein des conseils d'administration ou de surveillance des sociétés cotées tend à se développer. L'inspiration du droit allemand – selon lequel la moitié de l'*Aufsichtsrat* est composée de salariés – se fait sentir, sans pour autant que les mécanismes de droit interne ne soient allés jusqu'à cette solution. Bien que les mécanismes prévus outre-Rhin ne soient pas transposés dans notre droit, la philosophie liée à la présence de salariés au sein du conseil d'administration ou de surveillance est la même, c'est-à-dire introduire un autre regard au sein de cet organe, notamment lorsqu'il est exercé sur la conduite des activités sociales. L'introduction des salariés au sein des conseils peut alors rejaillir sur le contrôle de la gestion des sociétés, car celui-ci pourra être exercé différemment ou porter sur des thèmes intéressant plus les administrateurs salariés que les administrateurs traditionnels. Si la plupart des mécanismes prévoyant une présence des salariés au sein des conseils des sociétés appartiennent au droit commun des sociétés anonymes, il existe des dispositions propres aux sociétés cotées, ce qui tendrait à justifier l'intérêt, pour ces sociétés, de la voix des salariés au sein des conseils. Leur présence peut prendre plusieurs formes, qu'elles soient impératives ou non, avec voix délibérative ou non. Afin d'appréhender toutes les possibilités, il doit être distingué entre les sociétés purement privées (A) et les sociétés à participation publique (B).

A) Les sociétés purement privées

118. La participation des salariés aux conseils : des modalités diverses. Associer les salariés, directement ou par le biais de leurs représentants, au conseil d'administration ou de surveillance paraît à première vue étonnant. Toutefois, au regard des fonctions de contrôle de ces organes sociaux, l'incorporation des salariés peut par la suite se comprendre, afin de faire entendre une voix différente, voire dissonante, au sein de ce conseil. Dès lors, de nombreux mécanismes ont été développés afin d'intégrer les salariés à la vie de la société. Aux modalités traditionnelles (1) se sont ajoutées de nouvelles issues de la loi du 14 juin 2013 (2).

1) Les modalités traditionnelles

119. L'implication des salariés au sein des conseils. Les salariés ne font pas, en principe, partie des conseils d'administration ou de surveillance. Toutefois, le droit du travail et le droit des sociétés aménagent trois possibilités leur permettant d'être présents au sein des conseils. Ces moyens se différencient par leur caractère impératif, mais aussi par la portée des prérogatives décisionnelles offertes.

Le premier mécanisme impératif, prévu par l'article L. 2312-72 du Code du travail, permet aux salariés d'être impliqués au sein du conseil, mais ne confère que peu d'influence aux représentants des salariés. Le comité social et économique doit, depuis la loi du 16 mai 1946[389], nommer deux ou quatre de ses membres – selon que le comité ait trois conseils électoraux ou moins – afin que ceux-ci soient admis aux réunions du conseil d'administration. Ces membres n'ont aucune voix délibérative, mais doivent être convoqués à toutes les réunions sauf à encourir la sanction pénale du délit d'entrave à la mission du comité social et économique [390]. Les représentants ne peuvent pas demander la nullité de la décision, même s'ils n'ont pas été convoqués lors de la réunion du conseil d'administration ou de surveillance[391]. Leur rôle est donc assez modéré, ce qui a conduit à créer d'autres modalités de participation des salariés aux conseils.

120. L'administrateur représentant les salariés. Une deuxième possibilité est offerte aux salariés, mais sans passer par un organe de représentation collective : l'élection d'administrateurs les représentant. À cette fin, il est nécessaire que les statuts prévoient cette possibilité[392]. Le nombre d'administrateurs élus par le personnel de la société ne peut être supérieurs à cinq, ni excéder le tiers du nombre des autres administrateurs[393]. En tant que membre du conseil, les membres élus par le personnel de la société jouissent de tous les droits et obligations des administrateurs tels que définis aux articles L. 225-35 et L. 225-68 du Code de commerce. Les membres élus par le personnel de la société participent ainsi à toutes les décisions relevant de la

---

[389] Article 3 de la loi n° 46-1065 du 16 mai 1946 tendant à la modification de l'ordonnance du 22 février 1945 instituant des comités d'entreprise, *J.O.* 17 mai 1946, p. 4251.

[390] Article L. 2317-1 du Code du travail.

[391] Voir en ce sens dans le cas d'une action en justice : Cass. soc., 26 mai 1998, *Bulletin Joly sociétés* 1999, note Paul LE CANNU. *Contra*, sous l'empire de la loi antérieure à celle du 24 juillet 1966 : Cass. com, 17 février 1975, *JCP* 1975, II, 18105, obs. René SAVATIER (nullité retenue lorsque le conseil d'administration lève la séance afin de faire partir les représentants du comité d'entreprise, puis reprend les débats une fois ceux-ci partis).

[392] Articles L. 225-27 et L. 225-79 du Code de commerce.

[393] Le nombre de cinq est une exception propre au conseil d'administration dans le cadre des sociétés cotées. Dans le cas des sociétés anonymes dualistes, l'article L. 225-79 du Code du commerce ne dispose pas une telle exception, et le nombre de membres du conseil de surveillance élus par le personnel de la société ne peut excéder quatre, « *ni excéder le tiers du nombre des autres membres* ».

compétence des conseils. Cette faculté pour les membres d'exercer tous les pouvoirs réguliers des administrateurs est un choix relativement récent[394], mais l'assimilation n'est pas totale : les administrateurs élus par le personnel de la société ne sont pas pris en compte pour déterminer le nombre minimal et maximal d'administrateurs. Un conseil d'administration pourrait ainsi comprendre vingt-trois membres au maximum[395].

Si *prima facie* la possibilité offerte aux salariés d'élire des administrateurs est séduisante, il est nécessaire d'affirmer qu'elle ne connaît pas un franc succès. La première raison permettant d'expliquer cet échec est claire et tient au caractère facultatif du mécanisme. Les sociétés prévoyant une clause statutaire permettant aux salariés d'élire des administrateurs sont peu nombreuses[396]. Les administrateurs élus par le personnel de la société n'ayant pas besoin de détenir des actions[397], les détenteurs du capital – soit les actionnaires – peuvent éprouver quelques difficultés à partager une partie de leur pouvoir politique avec les représentants des salariés. L'intérêt pour les actionnaires est quasi nul, sauf à apparaître comme détenteurs de droits d'une société se préoccupant de la participation des salariés au contrôle de la gestion. Toutefois, les associés qui ne confieraient pas, par le biais des statuts, la faculté aux salariés de nommer des administrateurs ne s'exposent à aucune sanction, le mécanisme étant optionnel[398].

Par ailleurs, si l'on devait théoriquement considérer que la pratique des administrateurs nommés par les salariés était appliquée par les sociétés, il faudrait tout de même conclure à l'inefficacité *per se* de la mesure. En effet, le nombre maximum d'administrateurs élus par les salariés ne peut dépasser le tiers du nombre des administrateurs. Lorsque tous les membres du conseil d'administration sont présents, les administrateurs nommés par les salariés ne peuvent représenter au maximum qu'un quart des effectifs. Cette répartition est nettement insuffisante, car les décisions du conseil d'administration sont au mieux adoptées à la majorité simple[399]. Les administrateurs nommés par les salariés ne représentent donc qu'une faible part au sein du conseil d'administration ou de surveillance et ne peuvent avoir qu'une influence minime sur la décision de

---

[394] Issu de l'Ordonnance n° 86-1135 du 21 octobre 1986. Voir en ce sens : Gilles AUZERO, « Représentation des salariés dans les organes de gestion de la société anonyme », *J.-Cl. Sociétés Traité*, Fasc. 130-60, § 45.

[395] 18 administrateurs élus auxquels s'ajoutent 5 administrateurs élus par le personnel de la société.

[396] P. LE CANNU, B. DONDERO, *op. cit.* note 268, p. 484-485.

[397] Comme tout administrateur depuis la loi du 4 août 2008 modifiant l'article L. 225-25 du Code de commerce. Pour une opinion dans le même sens, avant la réforme de l'article précité, voir : Alain LE FEVRE, « La participation des salariés aux conseils d'administration ou de surveillance des sociétés anonymes », *Revue des sociétés* 1987, p. 189.

[398] Jean Marc MOULIN, « La participation des salariés à la gestion de la société (le comité d'entreprise actionnaire) », *Bulletin Joly sociétés* 2002, p. 571.

[399] Article L. 225-37 alinéa 2 du Code de commerce : « A moins que les statuts ne prévoient une majorité plus forte, les décisions sont prises à la majorité des membres présents ou représentés ».

nomination du dirigeant gestionnaire. Si la présence des membres du conseil représentant les salariés est assez faible, il doit toutefois être souligné qu'elle est utile car ils peuvent rappeler un possible rapport de force au sein de l'entreprise. De ce fait, plus qu'une influence juridique, ces administrateurs auraient une influence factuelle.

121. L'administrateur élu par les actionnaires. Une autre modalité de participation est offerte aux salariés par les articles L. 225-23 et L. 225-71 du Code de commerce. Ces articles disposent l'obligation, pour les sociétés dont les titres sont admis aux négociations sur un marché réglementé dont au moins trois pour cent du capital est détenu par ses salariés, de faire élire « un ou plusieurs » administrateurs par l'assemblée générale des actionnaires choisis parmi les salariés actionnaires. Cette élection n'est impérative que dans les sociétés qui n'appliquent pas les dispositions de l'article L. 225-27 du Code de commerce précédemment étudiées[400]. Cet article a fait l'objet de plusieurs modifications, dont les deux dernières sont les plus notables[401], notamment en ce qu'elles ont rendu ce mécanisme impératif et non plus optionnel[402]. La seule condition à l'application de cet article est que les salariés de la société, comme ceux des sociétés « qui lui sont liées au sens de l'article L. 225-180 du Code de commerce » détiennent plus de trois pour cent du capital social.

Cette disposition, qui peut paraître favorable aux salariés en ce qu'elle leur permet d'obtenir des représentants au sein du conseil d'administration ou de surveillance, ne semble toutefois pas la plus efficace. En effet, la loi du 30 décembre 2006 a modifié un point essentiel à la désignation de ces administrateurs. Avant la modification textuelle, ceux-ci étaient nommés selon des modalités fixées par un décret pris en Conseil d'État. Un régime commun était donc appliqué à toutes les sociétés cotées dont l'actionnariat salarié détenait plus de trois pour cent du capital social. Cette règle représentait autant un inconvénient qu'un avantage. En effet, si les modalités de nomination des salariés administrateurs étaient impératives, cela présentait l'avantage indéniable de ne pas entraîner d'introduction de norme statutaire, qui aurait pu bloquer le processus de nomination des salariés administrateurs. Le législateur a modifié en 2006 cette disposition, en remaniant le mécanisme d'élection des salariés administrateurs, laissé désormais à la libre appréciation des statuts. Les sociétés cotées ont alors dû modifier leurs statuts afin de procéder à l'élection impérative des salariés administrateurs. Cette modification implique un formalisme particulier[403] pouvant paralyser l'élection tant qu'il n'a pas été accompli. Le caractère préalable et impératif de cette modification statutaire se retrouve dans le deuxième alinéa

---

[400] Voir en ce sens : Cass. com., 16 février 2010, *Bulletin Joly sociétés* 2007, p. 638, note Didier PORACCHIA.

[401] Loi n° 2002-73 du 17 janvier 2002 de modernisation sociale, *JORF* du 18 janvier 2002, p. 1008 ; Loi n° 2006-1770 du 30 décembre 2006 pour le développement de la participation et de l'actionnariat salarié, *JORF* du 31 janvier 2006, p. 20210.

[402] Article 217 de la loi du 17 janvier 2002, *supra* note 401.

[403] Article L. 225-96 du Code de commerce.

des articles L. 225-23 et L. 225-71 du Code de commerce, permettant à un salarié actionnaire de demander la tenue de l'assemblée générale extraordinaire par ordonnance de référé[404]. Aussi pourrait-on s'interroger sur la validité d'une élection de salariés administrateurs intervenue sans modification préalable des statuts : elle serait valable en ce qu'elle respecte une norme légale impérative, mais sans fondement statutaire. Cette situation peut être problématique et il est à craindre que la décision d'assemblée générale nommant le ou les salariés administrateurs soit annulée en ne respectant pas la lettre du texte[405], bien qu'elle en respecte l'esprit.

Par ailleurs, l'article L. 225-23 du Code de commerce dispose que seront élus par l'assemblée générale des actionnaires « un ou plusieurs administrateurs ». Une grande liberté est donc laissée aux actionnaires quant à l'appréciation du nombre de salariés administrateurs élus. Ces salariés administrateurs pourraient représenter plus de la majorité des membres du conseil, et de fait constituer un conseil d'administration parallèle, composé uniquement de salariés. Le modèle allemand de l'*Aufsichtsrat* caractérisé par le contrôle de la gestion commun effectué par les représentants du capital et du travail, pourrait alors être atteint par ce biais. Cependant, il ressort de la pratique que l'expression « un ou plusieurs administrateurs » est le plus souvent comprise *a minima*, ce qui résulte en l'élection d'un seul salarié administrateur, réduisant *de facto* l'influence qu'il aurait pu avoir sur le contrôle de la décision de nomination du dirigeant gestionnaire[406].

Ce régime de participation des salariés, ou de leurs représentants, au sein des conseils est donc complexe et la loi du 14 juin 2013[407] a rajouté une nouvelle modalité à cet ensemble, qui paraît vouloir faire entendre à tout prix la voix des salariés.

2) Les mesures de la loi du 14 juin 2013

122. Un mécanisme de représentation des salariés modifié par la loi du 14 juin 2013. Les diverses techniques ayant pu être mises en place afin de favoriser la participation des salariés au sein des conseils d'administration et de surveillance ne s'étant pas avérées optimales[408], le législateur a profité de la transposition

---

[404] « Si l'assemblée générale extraordinaire ne s'est pas réunie (…), tout salarié actionnaire peut demander au président du tribunal statuant en référé d'enjoindre sous astreinte au conseil d'administration de convoquer une assemblée générale extraordinaire et de soumettre à celle-ci les projets et résolutions tendant à modifier les statuts (…) ».

[405] Car méconnaissant une disposition impérative, selon l'article L. 235-1 du Code de commerce.

[406] Amélie BRUDER, « L'actionnariat salarié : vers une accession illusoire des salariés au pouvoir ? », *Les petites affiches* 19 juillet 2006, n° 143, p. 4.

[407] Loi n° 2013-504 du 14 juin 2013 relative à la sécurisation de l'emploi, *JORF* du 16 juin 2013, p. 9958.

[408] Gilles AUZERO, « La représentation obligatoire des salariés dans les conseils d'administration et de surveillance », *Droit social* 2013, p. 740.

légale de l'Accord National Interprofessionnel du 11 janvier 2013 pour fixer un nouveau régime de représentation des salariés au sein des conseils. Ce nouveau mécanisme, visant à faire respecter les droits constitutionnels des salariés[409], prévoit qu'au moins deux salariés sont nommés dans les conseils d'administration ou de surveillance qui comportent plus de douze membres et au moins un si le conseil est composé de moins de douze membres. Ils bénéficient des mêmes droits que les autres administrateurs, sans pour autant être pris en compte dans la détermination du nombre minimal ou maximal d'administrateurs ou dans la répartition par sexe[410]. Il doit être souligné que ce régime est strict, avec un champ d'application restreint.

123. Le champ d'application restreint de la nouvelle obligation de représentation des salariés. La mesure introduite aux articles L. 225-27-1 et L. 225-79-2 du Code de commerce, selon qu'il s'agit d'un conseil d'administration ou de surveillance, ne concerne que les sociétés anonymes et les sociétés en commandite par actions[411] respectant certains seuils. S'il n'est pas question d'appréhender spécifiquement les sociétés cotées, il s'applique aux sociétés et à leurs filiales détenues directement ou indirectement qui emploient, à la clôture de deux exercices consécutifs, un nombre de salariés fixé par la loi[412], peu important que le siège social se situe en France ou à l'étranger. Cette condition attachée au nombre de salariés, qui semble très exigeante en ce qu'elle n'appréhenderait que les plus grandes sociétés[413], est assortie d'une autre condition, qui rend encore plus incertaine l'application de ce mécanisme légal.

Les articles du Code de commerce précédemment mentionnés disposaient, jusqu'à la loi de relative au dialogue social du 17 août 2015, que les sociétés dans lesquelles la participation des salariés au conseil d'administration ou de surveillance est envisagée devaient, par ailleurs, constituer un comité d'entreprise. Si cette condition tenait de la vérité de Lapalisse lorsqu'il était question d'une

---

409 L'alinéa 8 du Préambule de la constitution de 1946 dispose que « tout travailleur participe, par l'intermédiaire de ses délégués (…) à la gestion des entreprises ». Voir : G. AUZERO, *op. cit.* note 408.

410 Sylvie DE VENDEUIL, Olivia RAULT-DUBOIS, « Représentation des salariés au conseil d'administration ou de surveillance de grandes entreprises – L. n° 2013-504 du 14 juin 2013, art. 9 », *JCP E* 2013, 1379, spéc. § 12.

411 Article L. 226-5-1 du Code de commerce.

412 Le Code de commerce fixait, jusqu'au 19 août 2015, des seuils de 5 000 salariés permanents ou de 10 000 salariés permanents, selon que le groupe dispose de filiales dont les sièges social se situent en France ou à l'étranger. Voir en ce sens : S. DE VENDEUIL, O. RAULT-DUBOIS, *op. cit.* note 410, spéc. § 6. Il doit être noté que ces seuils ont été réduits respectivement à 1 000 et 5 000 salariés par la loi n° 2015-994 du 17 août 2015 relative au dialogue social et à l'emploi, *JORF* du 18 août 2015, p. 14346.

413 Il est d'ailleurs à noter que cette loi visait approximativement 220 sociétés ou groupes de sociétés. Voir : *Projet de loi relatif à la sécurisation de l'emploi – Etude d'impact*, 5 mars 2013.

seule société[414], elle devenait plus problématique dans le cadre des groupes de sociétés, dont la société holding peut employer peu de salariés, voire aucun[415]. Dès lors, la société placée immédiatement sous la dépendance de la société holding devait elle-même appliquer l'obligation des articles L. 225-27-1 et L. 225-79-2 du Code de commerce, si elle respectait les conditions de forme sociale et d'effectifs[416]. Cette condition permettant à certaines grandes sociétés holding de ne pas appliquer la règle imposant la présence d'administrateurs représentant les salariés a été supprimée par la loi du 17 août 2015[417].

124. Les modalités de participation des salariés aux conseils d'administration ou de surveillance. Lorsque la société respecte les conditions d'effectifs disposées au Code de commerce, il lui est nécessaire de modifier ses statuts, sur ordre de la loi[418]. Pour ce faire, la loi de sécurisation de l'emploi dispose que la société est tenue de réunir une assemblée générale extraordinaire « dans les six mois suivant la clôture du second des deux exercices ». Cette modification statutaire ne peut se justifier que par la formulation législative relative aux modalités de désignation des salariés devant siéger au sein des formations collégiales. La loi de sécurisation de l'emploi offre en effet trois possibilités pour désigner les salariés, les statuts devant opter pour une solution. Cette modification statutaire concernant les modalités de désignation des salariés au sein des organes de surveillance, il est logique que le Code de commerce exige un avis préalable, selon les cas, « du comité de groupe, du comité central d'entreprise ou du comité d'entreprise », afin d'informer au mieux les salariés des possibilités qui leur sont offertes.

---

[414] Si une société emploie, à elle seule, 1 000 salariés, elle comportait nécessairement un comité d'entreprise en son sein, l'article L. 2322-1 du Code du travail imposant la création d'un tel comité lorsqu'une société comporte 50 salariés. Depuis l'ordonnance du 22 septembre 2017, le comité social et économique est imposé aux entreprises ayant au moins 11 salariés au titre de l'article L. 2311-2 du Code du travail. Voir : Ordonnance n° 2017-1386 du 22 septembre 2017 relative à la nouvelle organisation du dialogue social et économique dans l'entreprise et favorisant l'exercice et la valorisation des responsabilités syndicales, *JORF* du 23 septembre 2017, texte n° 31.

[415] Jean-Marc GERMAIN, *Rapport n° 847 fait au nom de la commission des affaires sociales sur le projet de loi relatif à la sécurisation de l'emploi – Tome I*, 27 mars 2013, p. 176.

[416] Le calcul pour le nombre global de salariés diffère alors, puisqu'il sera question d'un sous-groupe, comprenant les sociétés filiales directes ou indirectes de cette société. Voir : Emeric JEANSEN, Franck MARECHAL, « Participation des salariés à la gestion de l'entreprise, nouvelle formule », *Droit des sociétés* 2013, étude 16.

[417] La suppression de cette condition par la loi n° 2015-994 du 17 août 2015, précitée note 412, a été introduite par la commission des affaires sociales de l'Assemblée nationale. L'objectif poursuivi était, selon le ministre du travail, de « revenir à l'esprit de l'ANI et de la loi de 2013 » en évitant que certaines grandes sociétés cotées n'appliquent pas cette disposition. Voir : Christophe SIRUGUE, *Rapport n° 2792 fait au nom de la commission des affaires sociales sur le projet de loi, après engagement de la procédure accélérée, relatif au dialogue social et à l'emploi*, 21 mai 2015, spéc. p. 153 et s.

[418] Article L. 225-27-1 III et L. 225-79-2 III du Code de commerce.

La première modalité de désignation est sans aucun doute celle qui apparaît comme la plus légitime, soit « l'organisation d'une élection auprès des salariés de la société et de ses filiales (...) dont le siège social est fixé sur le territoire français (...) ». Ce mode de désignation paraît être celui qui favorise le mieux l'expression des salariés au sein de l'entreprise, mais cette impression doit rapidement être dissipée. En effet, plusieurs observations peuvent être formulées. Tout d'abord, il est à noter que seuls les salariés des sociétés françaises composent le collège d'électeurs, alors que les salariés faisant partie de filiales implantées à l'étranger sont pris en compte pour appliquer cette obligation légale. Le collège électoral pourrait donc ne représenter qu'une fraction des salariés ayant été considérés pour remplir les conditions légales[419]. Par ailleurs, les candidats ne sont pas librement désignés, car le renvoi effectué à l'article L. 225-28 du Code de commerce institue un monopole de présentation syndical[420]. En effet, seules les organisations syndicales ayant recueilli au moins 10 % des suffrages exprimés au premier tour des dernières élections des titulaires au comité social et économique peuvent présenter un candidat à la représentation des salariés au sein des conseils[421]. Cette représentativité devant être appréciée dans la société qui applique l'article[422], le processus démocratique appréhendant les filiales limiterait la notion de représentativité dans ces sociétés. Les salariés des filiales seraient conduits à voter pour des candidats présentés par des syndicats qui pourraient ne pas être représentatifs au sein de la filiale et inversement, ne pourraient pas bénéficier de candidatures soutenues par des syndicats représentatifs dans la filiale, mais pas au sein de la société mère[423].

La deuxième modalité de nomination de l'administrateur représentant les salariés selon la loi de sécurisation de l'emploi est la désignation par le comité représentatif des salariés. Celui-ci peut, selon le choix opéré par les statuts, être le comité de groupe, le comité central d'entreprise ou le comité social et économique. Il n'existe aucune priorité légale portant sur un comité, la présence d'un comité de groupe ne signifiant pas nécessairement que cet organe soit investi par les statuts[424]. La dernière possibilité offerte par la loi de sécurisation de l'emploi est la désignation du salarié devant siéger au conseil

---

[419] Bruno DONDERO, « Loi de sécurisation de l'emploi : aspects de droit des sociétés », *Bulletin Joly sociétés* 2013, p. 471, § 28.

[420] G. AUZERO, *op. cit.* note 408.

[421] Définition de la représentativité syndicale au sein de l'entreprise au sens de l'article L. 2122-1 du Code du travail. Cette définition est nécessaire, car l'article L. 225-28 alinéa 4 *in fine* du Code de commerce dispose : « Lorsqu'il est fait application de l'article L. 225-27-1 (...), les candidats ou listes de candidats sont présentés par une ou plusieurs organisation syndicales représentatives au sens de l'article L. 2122-1 du Code du travail ».

[422] G. AUZERO, *op. cit.* note 408 ; E. JEANSEN, F. MARECHAL, *op. cit.* note 416, § 17.

[423] Plus globalement, un auteur considère que la possibilité pour un salarié d'une filiale de désigner un administrateur siégeant au sein d'un conseil de la société mère est « un effet curieux » : B. DONDERO, *op. cit.* note 419, § 28.

[424] E. JEANSEN, F. MARECHAL, *op. cit.* note 416, § 20.

d'administration ou de surveillance par l'organisation syndicale « ayant obtenu le plus de suffrages au premier tour » des élections professionnelles au sein de l'entreprise ou de l'ensemble du groupe[425]. Cette modalité de désignation présente l'avantage de la simplicité, mais aussi un risque de partisannerie, car le salarié qui serait désigné pourrait être identifié au syndicat et représenter une force d'opposition au sein du conseil d'administration ou de surveillance.

125. Les limites de l'innovation issue de la loi de sécurisation de l'emploi. La dernière possibilité législative instituée afin de nommer des administrateurs représentant les salariés peut, en dépit des exigences légales, être paralysée tant par les sociétés que par l'application d'autres modes de représentation des salariés au sein du conseil d'administration ou de surveillance. Les modalités de représentation des salariés au sein du conseil deviennent inopérantes, amenuisant la portée d'une mesure applicable *ab initio* à peu de sociétés.

Dans un premier temps, il est possible d'écarter l'application de cette mesure nouvelle par la construction du groupe de sociétés. Il est loisible à un groupe de sociétés de s'organiser afin d'échapper à l'application de la loi de sécurisation de l'emploi. Pour ce faire, il serait envisageable d'organiser la société holding sous forme de société par actions simplifiée – écartées du champ d'application des articles L. 225-27-1 et L. 225-79-2 du Code de commerce –, ainsi que d'effectuer des transferts de salariés au sein des sociétés sœurs. En effet, le seuil de salariés exigés par le texte de la loi ne peut être considéré que dans les sociétés filiales directes ou indirectes et non dans les sociétés sœurs. Cette exception permettrait de ne pas appliquer cette norme, empêchant les salariés de prétendre à être représentés au conseil d'administration ou de surveillance par ce biais[426].

Dans un second temps, l'application de ce mode de participation des salariés aux organes de surveillance de la société peut être écartée par une volonté antérieure d'impliquer les salariés dans le contrôle de la gestion. Ce mécanisme prévu par la loi de simplification de l'emploi est la cinquième mesure visant à favoriser la présence d'administrateurs ou de membres du conseil de surveillance représentant les intérêts des salariés au sein des structures de surveillance de la société. Dès lors, l'articulation entre cette loi et les mesures précédentes est nécessaire. La loi de sécurisation de l'emploi a ainsi prévu que ses dispositions ne s'appliqueraient pas lorsque le conseil d'administration comporte déjà en son sein des membres nommés en

---

[425] Les articles L. 225-27-1 et L. 225-79-2 du Code de commerce disposent qu'en cas de nomination de deux administrateurs salariés, il revient aux deux premières organisations représentatives d'en désigner un chacune.

[426] Pour un auteur, il est loisible « à qui est vraiment allergique à la participation des salariés de les garder éloignés des organes d'administration et de surveillance » : B. DONDERO, *op. cit.* note 419, § 22.

application de l'article L. 225-27 du Code de commerce[427] ou en application des différentes lois de privatisation. Aussi, la loi de sécurisation de l'emploi crée-t-elle un nouveau régime qui vient en soutien de ceux préexistants, mais en aucun cas en supplément de ceux-ci[428].

126. Les règles de représentation des salariés au sein du conseil d'administration ou de surveillance des sociétés semblent favoriser l'apparition d'une voix potentiellement discordante au sein de cette structure, visant à faire respecter les intérêts des salariés. La prise en compte des salariés au sein d'organes supposer représenter les actionnaires a été, par ailleurs, l'une des mesures nécessaires aux opérations de privatisations d'anciennes ou d'actuelles entreprises nationales.

B) Les sociétés à participation publique

127. Les entreprises à participation publique, foyer d'interactions entre salariés et membres des conseils. Les entreprises à participation publique, parce qu'elles sont détenues en tout ou partie par l'État[429] et pour certaines d'entre elles, en charge de l'exécution d'un service public, connaissent des règles particulières et peuvent être soumises à des obligations d'exemplarité, notamment au regard de leurs salariés. En 1983, une loi visant la démocratisation du secteur public avait été promulguée à cette fin[430], en renforçant la participation des salariés, par le biais de leurs représentants, à la gestion de la société. Les dispositions de cette loi concernant la composition du conseil d'administration ou de surveillance ont été abrogées le 20 août 2014, mettant un terme à trente ans d'application d'une loi qui présentait l'avantage de conférer systématiquement le tiers des sièges au sein des conseils d'administration ou de surveillance aux représentants des salariés[431].

128. Une ordonnance applicable à certaines sociétés cotées. L'ordonnance du 20 août 2014 est applicable dans toutes les sociétés cotées au sein desquelles l'État détient une participation, contrairement à la 26 juillet 1983, qui visait principalement les sociétés publiques, c'est-à-dire « les entreprises nationales (...) ou sociétés anonymes dans lesquelles l'État détient

---

[427] Voir *supra* § 120.

[428] A l'exception, toutefois, de la situation dans laquelle le nombre d'administrateurs nommés en vertu des lois de privatisation ou de l'article L. 225-27 du Code de commerce est inférieur à deux, lorsque le conseil d'administration ou de surveillance est composé de plus de douze membres : articles L. 225-27-1 V dernier alinéa et L. 225-79-2 V dernier alinéa.

[429] Voir en ce sens l'article premier de l'ordonnance n° 2014-948 du 20 août 2014 relative à la gouvernance et aux opérations sur le capital des sociétés à participation publique, *JORF* du 23 août 2014, p. 14009. Est une entreprise à participation publique une société commerciale dans laquelle « l'État ou ses établissements publiques détiennent seuls ou conjointement, directement ou indirectement, une participation au capital ».

[430] Loi n° 83-675 du 26 juillet 1983 de démocratisation du secteur public, *JORF* du 27 juillet 1983, p. 2326.

[431] Article 6 de la loi la loi n° 83-675 du 26 juillet 1983, précitée note 430.

directement plus de la moitié du capital social »[432]. Cette loi s'appliquait ainsi à treize sociétés cotées[433]. Même si ces sociétés étaient peu nombreuses, la particularité de la présence des représentants des salariés de leur conseil d'administration mérite une évocation.

129. La participation des salariés dans les conseils des sociétés à participation publique cotées détenues pour moitié par l'État : le principe du tiers. L'article 7 de l'ordonnance du 20 août 2014 dispose deux régimes différents de représentation des salariés au sein des conseils d'administration des sociétés détenues pour moitié par l'autorité publique, complexifiant les modalités permettant aux salariés de représenter un tiers du conseil d'administration ou de surveillance issu de la loi du 26 juillet 1983.

Le premier dispositif prévu par l'article 7 de l'ordonnance du 20 août 2014 énonce, dans les sociétés dont plus de la moitié du capital est détenu par l'État et qui emploient au moins cinquante salariés en moyenne durant les vingt-quatre derniers mois, que le conseil d'administration ou de surveillance « comprend un tiers de représentants des salariés ». Le résultat obtenu en 2014 n'est pas différent de celui prévu par le droit antérieur, mais introduit une précision étonnante quant au nombre de salariés exigés pour l'application de cette représentation exorbitante du droit commun.

Le second dispositif prévoit, lui aussi, que le conseil d'administration ou de surveillance comporte un tiers de représentants des salariés. Toutefois, un autre cas est visé : « les autres sociétés anonymes » dans lesquelles l'État ou ses établissements publics industriels et commerciaux détiennent directement ou indirectement plus de la moitié du capital, et dont le nombre moyen de salariés au cours des vingt-quatre derniers mois est au moins égal à deux cents. L'ordonnance précise que lorsque l'effectif est compris entre deux cents et mille salariés, le nombre des représentants des salariés ne peut être supérieur à trois. En d'autres termes – et en couplant ces deux dispositifs –, il est possible d'affirmer que les conseils d'administration ou de surveillance sont composés de trois, six ou neuf membres, dont un tiers de représentants des salariés, dans les sociétés anonymes au sein desquelles plus de la moitié du capital est contrôlé par l'État ou ses établissements publics industriels et commerciaux et dont les effectifs sont compris entre deux cents et mille salariés[434]. Une nouvelle fois, l'ordonnance du 20 août 2014 maintient la solution de la loi de 1983, mais les cas d'ouverture prévus introduisent des conditions qui complexifient de façon injustifiée le droit applicable à la représentation des salariés au sein des organes collégiaux des entreprises publiques. Il est difficile, par exemple, de comprendre la limitation du nombre

---

[432] Article 1 de l'ordonnance n° 2014-948 du 20 août 2014, précitée note 429.

[433] Voir : AGENCE DES PARTICIPATIONS DE L'ÉTAT, *Portefeuille de participations cotées de l'État*, 23 novembre 2015.

[434] Le nombre d'administrateurs salariés ne peut être supérieur à trois, et ceux-ci doivent représenter le tiers des membres du conseil. Voir article 7 I alinéa 2 de l'ordonnance n° 2014-948 du 20 août 2014 précitée note 429.

d'administrateurs pour les entreprises de plus de 200 salariés, alors qu'elle n'est pas applicable aux entreprises de plus de 50 salariés. Ces membres du conseil représentant les salariés sont élus selon une procédure particulière, favorisant, là-encore, la démocratie au sein des sociétés publiques cotées.

130. Un régime d'élection des administrateurs strictement encadré dans les entreprises détenues pour moitié par l'État. Le régime de l'élection, qui n'a pas été modifié par l'ordonnance du 20 août 2014[435], est semblable à celle du comité social et économique, en ce que les salariés ayant la qualité d'électeur sont ceux qui sont âgés de seize ans révolus, ayant travaillé au moins trois mois dans l'entreprise et n'ayant pas fait l'objet d'une interdiction, déchéance ou incapacité relative à leurs droits civiques[436]. Cette élection est un scrutin de liste, qui doit comporter au moins une fois et demie plus de candidats que de sièges, « présenter des propositions pour l'administration ou le contrôle de la gestion »[437], et enfin avoir recueilli la signature d'au moins une organisation syndicale représentative au niveau national ou d'un dixième des élus du personnel titulaires ou suppléants[438]. Ces salariés administrateurs sont donc éminemment liés aux organisations syndicales ou aux personnels élus. Cette prédominance des organisations syndicales est compréhensible alors que la loi du 26 juillet 1983 s'était inscrite dans un courant très favorable à la représentation collective des salariés.

L'ordonnance du 20 août 2014 prévoit, par ailleurs, un autre régime de représentation des salariés au sein des conseils d'administration ou de surveillance, lorsque l'État n'est pas l'associé majoritaire.

131. Le régime applicable aux autres sociétés au sein desquelles l'État détient une participation. Le dernier régime prévu par l'ordonnance du 20 août 2014 est sans aucun doute le plus innovant. En effet, ce texte dispose que pour toutes les autres sociétés à participation publique ne répondant pas des deux cas d'ouverture précédemment mentionnés[439], les représentants des salariés au sein des conseils d'administration ou de surveillance sont soumis aux règles du Code de commerce[440]. Ainsi, dans les sociétés qui ne sont pas détenues majoritairement par l'État, ou encore dans celles dont plus de la moitié du capital est détenue par l'État mais ayant employé moins de cinquante salariés au cours des deux dernières années, les salariés ne peuvent bénéficier de règles spéciales leur ouvrant droit à siéger au sein des conseils.

---

[435] L'article 8 de l'ordonnance n° 2014-948 du 20 août 2014 précitée note 429 dispose que « Les représentants des salariés mentionnés au I de l'article 7 sont soumis, pour leur élection (…) aux dispositions (…) [des] chapitres II et III du titre II de [la loi du 26 juillet 1983] ».

[436] Article L. 2314-18 du Code de commerce, applicable par le renvoi de l'article 14 de la loi n° 83-675 du 26 juillet 1983, précitée note 430.

[437] Article 17 de la loi n° 83-675 du 26 juillet 1983, précitée note 430.

[438] *Id.*

[439] Voir *supra* § 129.

[440] Article 7 II de l'ordonnance n° 2014-948 du 20 août 2014 précitée note 429.

Il y a là une véritable rupture, spécialement pour les sociétés concernées par l'application de la loi de 1986 sur les privatisations[441], et dont le transfert avait été décidé en application de l'article 2 de la loi de privatisation du 19 juillet 1993[442]. Ces sociétés, par définition au sein desquelles l'État détient une participation minoritaire, bénéficiaient d'un régime de représentation des salariés au sein des conseils d'administration ou de surveillance aménagé. En effet, les conseils des sociétés privatisées comportaient « deux membres représentant les salariés et un membre représentant les salariés actionnaires si le conseil [était] composé de moins de quinze membres, [et] trois membres représentant les salariés et un membre représentant les salariés actionnaires si le conseil [comportait] quinze membres ou plus »[443].

L'ordonnance du 20 août 2014 abolit donc la spécificité qui était propre aux sociétés privatisées, qui deviennent désormais des sociétés de droit commun, c'est-à-dire répondant aux règles du Code de commerce quant à la désignation de salariés au sein du conseil d'administration. Il y a bien un affaiblissement de la représentation des salariés au sein des conseils des sociétés cotées à participation publique minoritaire, car le respect des règles du code de commerce peut potentiellement aboutir à la désignation d'un seul administrateur représentant les salariés, à la condition que les salariés détiennent trois pour cent du capital social[444]. Cette modification s'opère au détriment des salariés qui perdent une partie de leur pouvoir, mais aussi au détriment de la gouvernance de la société qui ne bénéficiera pas autant de la diversité des points de vue.

132. Conclusion de la section 2. Les qualités que doivent revêtir les dirigeants au sens de la loi tiennent donc moins de leurs compétences que de leurs traits personnels tel que l'âge ou encore leur sexe. Si des lignes directrices commencent à être dressées quant à la composition des conseils d'administration par l'introduction de l'administrateur indépendant, locution à laquelle on devrait substituer celle d'administrateur non-lié, beaucoup d'autres éléments devraient faire leur apparition dans les textes légaux ou professionnels. À titre d'exemple, il est possible de citer un éventuel devoir de compétence selon lequel il ne serait possible de nommer un dirigeant ayant effectivement la formation pour accomplir les fonctions auxquelles il est

---

441 Loi n° 86-912 du 6 août 1986, relative aux modalités d'application des privatisations décidées par la loi n° 86-793 du 2 juillet 1986 autorisant le gouvernement à prendre diverses mesures d'ordre économique et social, *JORF* du 7 août 1986, p. 9695.

442 Loi n° 93-923 du 19 juillet 1993 de privatisation, *JORF* du 21 juillet 1993, p. 10255. Les sociétés dont la privatisation a été engagée sur le fondement de cette loi sont, par exemple : Air France, Renault, Thomson, Engie…

443 Article 8-1 de la loi du 6 août 1986, précitée note 441, abrogé par l'ordonnance n° 2014-948 du 20 août 2014 précitée note 429.

444 Voir *supra* § 121.

appelé. Ce devoir, qui n'est pas, en l'état du droit positif, juridiquement sanctionné figure dans quelques textes professionnels à propos des administrateurs[445], mais devrait être étendu à toutes les fonctions managériales. Aussi conviendrait-il de renforcer les règles applicables aux qualités propres des dirigeants, afin de faire ressortir le meilleur candidat, plutôt que de conserver les règles actuelles, qui aboutissent uniquement à écarter les candidatures les moins pertinentes.

133. Conclusion du chapitre 1. La nomination du dirigeant gestionnaire d'une société cotée connaît un processus complexe, émaillé de diverses interventions, plus ou moins pressantes, d'acteurs tant internes qu'externes à la société. Il en ressort que le dirigeant nommé au sein d'une société dont les titres sont admis aux négociations sur un marché réglementé a fait l'objet d'un consensus sur son identité et ses qualités. Il doit cependant être mentionné que la décision de l'organe collectif peut souffrir de quelques imperfections, notamment en raison de la faiblesse du rôle accompli par le marché, ainsi que du manque d'impérativité des critères légaux relatifs aux qualités que devraient revêtir les candidats recrutés. Aussi est-il concevable que le dirigeant désigné ne soit pas le candidat qui était le plus adapté à la structure sociale, pouvant de ce fait engendrer des difficultés dans la conduite de la gestion. De cette première décision pouvant influer sur la gestion découle la problématique des rémunérations accordées aux dirigeants nouvellement nommés.

---

[445] Voir en ce sens : AFEP-MEDEF, *op. cit.*, note 161, spéc. p. 10. Voir aussi, INSTITUT FRANÇAIS DES ADMINISTRATEURS, *Vade-mecum de l'administrateur*, 3ème éd., Paris, 2013, p. 93-94.

Chapitre 2 : La rémunération du dirigeant recruté

134. La rémunération comme décision de gestion. Une fois le dirigeant gestionnaire nommé, une autre décision de gestion intervient, la fixation de sa rémunération. Cette décision de gestion peut survenir concomitamment ou postérieurement à la décision de nomination. Il faut considérer que la fixation de la rémunération est *per se* une décision qui correspond à des objectifs précis.

135. Attirer le dirigeant idoine. Tout d'abord, une rémunération importante peut servir à attirer le meilleur gestionnaire, celui qui mettra à la disposition de la société ses connaissances et ses services pour permettre à cette dernière d'accroître son rendement. Il existe en effet une corrélation entre les compétences recherchées par la société et le régime de rémunération à mettre en place, car la contribution du dirigeant gestionnaire à la société doit être récompensée[446]. En dehors de la question de la concurrence entre les sociétés qui sont à la recherche de dirigeant, il est possible que le candidat pressenti soit déjà en poste par ailleurs. Afin de l'attirer, la société doit, en plus de la rémunération de base, compenser le départ du dirigeant, en lui accordant des primes supplémentaires pour compenser les avantages abandonnés[447]. Lorsque le dirigeant est recruté, l'investissement consenti doit porter ses fruits : ceux-ci pourront se traduire par une augmentation de sa production, de ses bénéfices ou de sa renommée.

136. Conserver le dirigeant social. Le régime de rémunération, utilisé pour attirer le dirigeant gestionnaire au sein de la société, a ensuite pour objectif de le conserver. Celui-ci a besoin de temps pour mettre en place son action que la société souhaite bénéfique. Il semble logique qu'une société qui a déployé des efforts pour obtenir les services d'un bon gestionnaire veuille le conserver jusqu'à ce que son action lui soit favorable. Il est en effet assez rare que l'influence d'un dirigeant gestionnaire se répercute immédiatement sur l'activité de la société, ce qui signifie que le dirigeant devrait demeurer au sein de la société. Pour ce faire, il est nécessaire que le dirigeant ne soit pas débauché. Cette concurrence entre les sociétés pour attirer le meilleur dirigeant gestionnaire les incite alors à offrir un régime suffisamment intéressant pour que celui-ci ne quitte pas son poste. La conservation du dirigeant gestionnaire au sein de la société conférerait à cette dernière un

---

[446] Donald NICHOLS, Chandra SUBRAMANIAM, « Executive Compensation : Excessive or Equitable ? », *Journal of Business Ethics*, Vol. 29, 2001, p. 339.

[447] Cela a été le cas de Michaël Eisner, qui a été embauché par Walt Disney Co. alors qu'il était à la tête d'une agence artistique. La rémunération de ce gestionnaire a été contestée dans un des litiges les plus médiatiques de ces dernières années aux États-Unis : Brehm v. Eisner (In re Walt Disney Co. Derivative Litig.), 906 A.2d 27 (2006) (Delaware Supreme Court). Cité par : Jil EL-ADHAB, « Les parachutes dorés et autres indemnités conventionnelles de départ des dirigeants : approche pluridisciplinaire et comparée », *Revue des sociétés* 2004, p. 18.

avantage compétitif – aussi dénommé avantage concurrentiel – et lui permettrait de consolider sa position[448]. L'utilisation du régime de rémunération pour lutter contre les effets néfastes de la concurrence permet alors de comprendre la raison d'être d'une réévaluation des régimes de rémunération. Dès qu'une offre est soumise par un concurrent, la société a intérêt à proposer autant, voire plus que la proposition initiale, sous peine de subir le départ de son dirigeant. Par conséquent, plus le dirigeant est convoité par la concurrence, plus celui-ci pourra obtenir un régime de rémunération important.

L'un des premiers objectifs que poursuit le dirigeant à la tête de la société est de créer de la valeur[449]. Il semble logique qu'une fois nommé, le dirigeant ne laisse pas l'entité péricliter et qu'il souhaite au contraire justifier l'investissement effectué pour sa venue. Le dirigeant ressent la pression de produire de la richesse pour la société, afin de démontrer que son régime de rémunération est légitime. Cette justification n'est cependant valable que si le dirigeant a conscience de son rôle actif au sein de la société[450]. Toutefois, la société ne peut se permettre de compter en son sein un dirigeant qui ne cherche pas à se surpasser. Les régimes de rémunération sont dès lors employés afin d'inciter les dirigeants à rechercher une production plus importante.

137. Inciter les dirigeants rémunérés. Cette incitation a un double volet : récompenser le travail effectué par le dirigeant gestionnaire à la tête de la société et inciter par cette récompense les dirigeants à continuer plus efficacement l'effort produit.

Ces deux motifs permettent de comprendre la raison d'être des régimes de rémunération à base d'actions ou utilisant des seuils de performance. Ce sont de bons moyens permettant un encouragement à moindre coût. La valeur des actions étant, en principe, liée au rendement de la firme, le dirigeant rationnel peut chercher à atteindre de meilleurs résultats pour la société afin d'obtenir une meilleure rémunération[451]. Pour atteindre l'objectif d'incitation à la création de valeur, les organes compétents suggèrent au dirigeant gestionnaire la possibilité de participer à l'éventuel bénéfice de la société, si son action contribue à faire progresser ses résultats financiers. Cette forme de rémunération est intéressante pour le dirigeant, car dépendante avant tout de ses agissements. Mais si les diligences du dirigeant peuvent lui être profitables, des conditions extérieures favorables peuvent aussi influencer la

---

448 Joseph J. MARTOCCHIO, *Strategic Compensation : A Human Resource Management Approach*, Upper Saddle River, Prentice Hall, 2004, p. 429.

449 On peut voir l'article de M. FRIEDMAN, *op. cit.* note 48, p. SM17.

450 Ce qui est mis en doute notamment par Lucian A. BEBCHUK, Jesse M. FRIED, David I. WALKER, « Managerial Power and Rent Extraction in the Design of Executive Compensation », *The University of Chicago Law Review*, Vol. 69, 2002, p. 751.

451 Edward M. IACOBUCCI, « The Law and Economics of Executive Compensation », dans Edward M. IACOBUCCI, Michael J. TREBILCOCK (dir.), *Value for Money : Executive Compensation in the 1990's*, Toronto, The C.D. Howe Institute, 1996, p. 15.

performance sociale. Les régimes de rémunération représentent alors une forme d'incitation incomplète[452]. Le dirigeant peut bénéficier de circonstances extérieures qui ne le poussent pas à se surpasser, l'encouragement à fournir des efforts par les régimes de rémunération est imparfait.

138. Les rémunérations des dirigeants gestionnaires répondent donc à trois objectifs principaux intimement liés à la gestion sociale. Les décisions concernant la rémunération peuvent donc donner lieu à plusieurs interventions de la part d'acteurs intéressés à cette gestion. Dans un premier temps, il est question d'établir la rémunération, car certaines opérations peuvent influer sur la procédure aboutissant à la rétribution du gestionnaire. Il existe alors un véritable encadrement lors de l'établissement de la rémunération des dirigeants sociaux (section 1). Dans un second temps, l'évolution législative, suivant certaines affaires médiatiques, a entendu conférer un pouvoir plus important de contrôle *a posteriori* une fois les politiques rémunératoires déterminées par l'organe social compétent (section 2).

Section 1 : L'encadrement des politiques rémunératoires

139. Champ d'application *ratione personæ*. L'étude des pratiques rémunératoires des dirigeants donne lieu à une distinction préalable et nécessaire. Pour les besoins des développements suivants, les dirigeants ne désigneront que les directeurs généraux, directeurs généraux délégués, membres du directoire et gérants de sociétés en commandite par actions. Seuls ces derniers perçoivent une rémunération dont les modalités sont déterminées au cas par cas. Les membres des conseils d'administration[453] ou de surveillance – tant de sociétés anonymes[454] que de sociétés en commandite par actions[455] – sont rémunérés sous la forme d'une somme globalement attribuée par l'assemblée générale et qui fait l'objet d'une distribution postérieure. Cette distribution est libre depuis la loi du 31 décembre 1975[456] qui abandonne le principe des tantièmes, pouvant toutefois encore être en vigueur au sein des

---

452 Cette incitation est d'autant plus incomplète que certains dirigeants ont pu privilégier la valeur de l'action, à court terme, plutôt que la valeur de la société à moyen ou long terme. Voir : M. GERMAIN, *op. cit.* note 171, § 12.

453 Article L. 225-45 du Code de commerce.

454 Article L. 225-83 du Code de commerce.

455 Aucune disposition législative ne dispose cette règle. Toutefois, il ressort de la pratique un alignement des sociétés en commandite par actions sur le régime de rémunération en vigueur au sein des sociétés anonymes : Barthélémy MERCADAL, Anne CHARVERIAT, Alain COURET, Bruno ZABALA, *Memento Francis Lefebvre Sociétés commerciales 2016*, Levallois, Editions Francis Lefebvre, 2015, § 57230.

456 Loi n° 75-1347 du 31 décembre 1975 modifiant la loi n° 66-537 du 24 juillet 1966 sur les sociétés commerciales en vue de supprimer les rémunérations allouées sous forme de tantièmes, *JORF* du 4 janvier 1976, p. 187. Voir aussi : François TERRÉ, « La disparition des tantièmes – commentaire de la loi n° 75-1347 du 31 décembre 1975 », *Revue des sociétés* 1976, p. 237.

sociétés en commandite par actions en vertu de la liberté statutaire[457]. Cette pratique consistait en l'octroi d'une part de bénéfices aux administrateurs par les statuts, une fois les réserves légales et statutaires constituées[458]. Une telle sélection parmi les dirigeants a été opérée par deux lois en matière de rémunération : les lois du 26 juillet 2005[459] et du 21 août 2007[460].

140. Ces deux lois sont des réponses principalement politiques à des problèmes sociétaux posés par les régimes de rémunérations des dirigeants des sociétés cotées. Les hommes d'État n'hésitent pas, en effet, à stigmatiser un comportement rémunératoire identifié, quitte à formuler des vœux pieux ne pouvant pas être juridiquement traduits dans une norme[461]. Les pratiques rémunératoires ne peuvent toutefois pas être strictement limitées en raison de leur fort *intuitus personæ*. Les régimes de rémunération, dans leur établissement, ne pouvant être limités *in se*, les acteurs sociaux ne peuvent donc que les encadrer et non les contrôler. La différence entre les deux termes est majeure, en ce qu'un encadrement revient à guider ou donner un cadre de référence, alors que le contrôle induit une notion de censure[462]. L'encadrement signifie donc que les acteurs concernés par les politiques rémunératoires[463] bénéficient d'une liberté de détermination dans certaines limites. Celles-ci, bien que très loin de représenter un carcan, ne peuvent être négligées car elles constituent les deux bornes encadrant la liberté dans la fixation des

---

457 B. MERCADAL, A. CHARVERIAT, A. COURET, B. ZABALA, *op. cit.* note 455, § 57230.

458 Charles HOUPIN, Henri BOSVIEUX, *Traité général théorique et pratique des sociétés civiles et commerciales*, Paris, Dalloz, 1935, 7ème édition, Tome II, p. 217 et s ; Georges RIPERT, *Traité élémentaire de Droit commercial*, Paris, L.G.D.J., 4ème édition, 1959, § 1145 et s.

459 Loi n° 2005-842 du 26 juillet 2005 pour la confiance et la modernisation de l'économie (dite loi Breton), *JORF* du 27 juillet 2005 p. 12160.

460 Loi n° 2007-1223 du 21 août 2007 en faveur du travail, de l'emploi et du pouvoir d'achat (dite loi TEPA), *JORF* du 22 août 2007, p. 13945.

461 Après qu'un dirigeant de société a perçu un parachute doré important, le candidat qui allait devenir Président de la République affirmait, dans un discours prononcé à Agen le 22 juin 2006 : « Je veux dire au grand patron dont la gestion est un échec, et qui négocie une prime d'éviction en forme de parachute en or, qu'il est légitime que la réussite paye, mais qu'il est scandaleux que l'échec enrichisse (…) La moindre des choses, c'est que les dirigeants des grands groupes cotés assument leur rémunération devant leurs salariés, leurs actionnaires, et que, par conséquent, la rémunération de chaque dirigeant ne soit pas secrètement fixée dans le huis clos du conseil d'administration, mais publiquement approuvée pour chacun d'entre eux par l'assemblée générale des actionnaires, et bien sûr, publiée nominativement dans le rapport annuel. Je propose qu'il en soit de même pour toutes les primes exceptionnelles, les parachutes et les retraites chapeau ». Cité par : Yann PACLOT, Catherine MALECKI, « Le nouveau régime des rémunérations, indemnités et avantages des dirigeants des sociétés cotées », *D.* 2007, p. 2481. Voir aussi : Cécile CORNUDET, « Présidentielle : Sarkozy veut mener campagne contre "la désintégration sociale"», *Les Echos,* 23 juin 2006, p. 3.

462 Emile LITTRÉ *et alii.*, *Le Nouveau Littré*, Paris, Editions Garnier Frères, 2007.

463 Ces acteurs sont le conseil d'administration, en tant qu'organe compétent pour fixer les rémunérations des directeurs généraux et directeurs généraux délégués (selon l'article L. 225-53 du Code de commerce) ainsi que le conseil de surveillance compétent pour fixer la rémunération des membres du directoire (article L. 225-63 du Code de commerce).

rémunérations des dirigeants gestionnaires. Elles proviennent autant de l'extérieur de la société (§1) que de sa structure interne (§2).

§1 L'encadrement externe

141. Les politiques rémunératoires au sein des sociétés cotées sont encadrées par deux principaux acteurs externes, sur lesquels aucun acteur social ne peut influer. L'encadrement peut ici être qualifié de naturel dans une société alternant entre financiarisme[464] et interventionnisme étatique. Aussi, à la figure smithienne de la main invisible du marché régulant les rémunérations des dirigeants des sociétés cotées peut se substituer la main, sinon le poing, visible de l'État régulateur qui encadre certaines pratiques rémunératoires lorsque des excès ont été constatés.

142. Encadrement marchand : la pratique du *benchmarking*. La première possibilité d'encadrement des rémunérations résulte de la tendance qu'ont les dirigeants à prendre pour étalon de mesure les rémunérations d'autres acteurs sociétaux. Cette pratique dite de l'étalonnage, ou *benchmarking* en anglais, suppose l'établissement d'une base de référence. Cette dernière est double : la comparaison se fait à l'égard des personnes les mieux payées dans les sociétés équivalentes à titre de référentiel d'établissement, mais aussi à l'égard des personnes les mieux payées au sein de la société civile à titre de référentiel de justification. À travers ces mécanismes purement factuels et comparatifs, on constate l'émergence d'une logique marchande, théoriquement régie par la « main invisible » identifiée par Adam SMITH.

La première comparaison est en somme logique et répond à des pratiques communes en ressources humaines[465]. Le dirigeant d'une société cotée s'attend à percevoir une rémunération comparable à celles des dirigeants de sociétés d'ampleur et de secteur équivalents. Cette attente paraît doublement justifiée. Tout d'abord, le dirigeant nommé a une attente légitime, celle de ne pas percevoir une rémunération nettement inférieure à celle considérée comme étant le prix du marché. Par ailleurs, l'organe compétent peut légitimement opposer la rémunération des autres dirigeants à celle du dirigeant nouvellement nommé, comme étant un étalon autour duquel sa rémunération doit osciller faiblement. Aussi, cet étalonnage conduit-il logiquement à une homogénéisation des rémunérations des dirigeants de sociétés cotées exerçant leur activité dans le même secteur. L'exercice de cet étalonnage pourrait

---

464 Claude CHAMPAUD, Didier DANET, « Dirigeants sociaux. Rémunérations », *RTD Com.* 2009, p. 361.

465 Ella Mae MATSUMUTA et Jae Yong SHIN, « Corporate Governance Reform and CEO Compensation : Intended and Unintended Consequences », *Journal of Business Ethics*, 2005, p. 102.

même représenter une bonne pratique, en ce qu'il permettrait de ne pas octroyer une rémunération démesurée au dirigeant[466].

Un problème toutefois demeure. Il est très peu réaliste d'imaginer que, par le biais d'un tel étalonnage d'établissement, le régime de rémunération soit ajusté à la baisse. Tout au mieux, le montant des rémunérations sera égal aux rémunérations servant d'étalon, voire le plus souvent supérieur. La pratique de l'étalonnage d'établissement peut conduire à une hausse faible mais constante des rémunérations accordées aux dirigeants des sociétés cotées[467], ceux-ci trouvant dès lors une justification à toute contestation, leur régime de rémunération n'étant pas différent de celui des mandataires sociaux exerçant leurs fonctions au sein de sociétés comparables.

La pratique de l'étalonnage permet alors au dirigeant de justifier son régime rémunératoire. Le fait est que certaines personnes hors de la structure sociale perçoivent une rémunération très élevée, sans pour autant endosser autant de responsabilités que les dirigeants. On peut mentionner la rémunération de certains sportifs, mais aussi de certains acteurs[468]. Ces rémunérations étant élevées, certains dirigeants sociaux peuvent trouver une justification à leur régime de rémunération, en invoquant leur niveau globalement élevé. Ces mandataires peuvent aussi publiquement opposer l'utilité de leur mission, justifiant leur gratification par l'absurdité de payer « un crétin à crampons (…) des millions pour pousser une baballe dans des filets »[469]. Dès lors, tout comme l'étalonnage d'établissement, l'étalonnage de justification peut être profitable aux seuls intérêts du dirigeant, car il lui permettra de se disculper en arguant de l'existence d'autres régimes de rémunérations élevés, profitant tant aux autres dirigeants qu'à d'autres acteurs sociétaux.

143. Encadrement sociétal. La comparaison entre les rémunérations peut donc ne pas être suffisante pour encadrer les pratiques rémunératoires au sein des sociétés cotées. En dépit d'une apparente homogénéité des politiques

466 Voir, pour une illustration canadienne : UPM-Kymmene Corp. c. UPM-Kymmene Miramichi Inc., (2002) 214 D.L.R. (4th) 496 (Ontario Superior Court), confirmée par la Cour d'appel de l'Ontario en 2004. Dans cette décision, est retenue la responsabilité des administrateurs ayant simplement ratifié le régime de rémunération proposé par le dirigeant, alors que « le temps nécessaire pour établir des comparaisons avec des [sociétés] similaires » n'a pas été laissé aux consultants externes. Voir : Raymonde CRÊTE, « La rémunération excessive des dirigeants d'entreprise et le contrôle judiciaire comme instrument de gouvernance », *Les cahiers de droit*, 2004, p. 450-451.

467 Marilyn F. JOHNSON, Susan PORTER et Margaret B. SHACKELL, « Stakeholder pressure and the structure of executive compensation », p. 27-29. [En ligne] http://papers.ssrn.com/sol3/papers.cfm?abstract_id=41780.

468 Cette comparaison est faite des deux cotés de l'Atlantique. Voir : Francois-Xavier LUCAS, « R comme rémunération, risque et responsabilité », *Bulletin Joly sociétés* 2009, n° 4, p. 333 ; L.A. BEBCHUK et J.M. FRIED, *op. cit.* note 180, p. 20-21 ; Franklin G. SNYDER, « More Pieces of the CEO Compensation Puzzle », *Delaware Journal of Corporate Law*, 2003, p. 130 et 169.

469 F.-X. LUCAS, *op. cit.* note 468.

rémunératoires au sein de la catégorie managériale, celles-ci peuvent être considérées comme excessives, si le référentiel est différent. Aussi, une rémunération globale peu élevée au regard des standards des autres dirigeants de sociétés cotées peut-elle paraître excessive pour la société civile, et des capacités financières de la société cotée[470]. Afin d'éviter des écarts trop importants, les dirigeants et les membres des organes compétents pour fixer les rémunérations peuvent tenter d'anticiper les difficultés en limitant, de leur propre initiative, les possibilités de critiques portant sur les rémunérations octroyées. Ce comportement est une externalité liée aux différents scandales apparus ces dernières années à propos des régimes de rémunération des dirigeants des sociétés dont les titres sont admis aux négociations sur un marché réglementé. Les rémunérations ayant reçu écho au sein de la société civile créent des conséquences néfastes pour la société, qualifiées par certains auteurs étasuniens de « coûts du scandale »[471].

144. Description des coûts du scandale. Ces coûts du scandale pèsent sur les sociétés ayant octroyé des régimes de rémunération considérés comme excessifs par les actionnaires, les investisseurs ou par la société civile *lato sensu*. Ces coûts sont donc supportés par l'organe qui a octroyé les rémunérations litigieuses. Toutefois, le fait même qu'une société subisse une telle mésaventure incite les autres sociétés à ne pas reproduire les mêmes agissements. L'existence de ces coûts fait peser sur tous les opérateurs une pression, laquelle n'a pas pour effet de réduire la rémunération, mais d'encadrer préalablement sa fixation.

145. Encadrement étatique conjoncturel. L'ultime mode d'encadrement externe est plus rare et plus spectaculaire, l'encadrement étatique des rémunérations. Un exemple probant en avait été donné par le décret en date du 30 mars 2009, plafonnant par le biais d'un texte normatif la rémunération des dirigeants de certaines sociétés[472]. Rédigé au sortir d'une période de difficultés financières au cours de laquelle l'État avait aidé certaines sociétés du secteur bancaire et automobile, ce texte se voulait audacieux, tel que le prouvait son intitulé. L'audace était toutefois limitée, car ce texte souffrait de nombreuses imperfections réduisant quasiment à néant la tentative normative d'encadrement des pratiques rémunératoires.

Le premier chapitre du décret concernait précisément les entreprises qui avaient été financièrement aidées par l'État, par le biais de souscription d'actions, d'actions de préférence, de titres super-subordonnés ou d'un prêt.

---

[470] Frédéric GARRON, « Les rémunérations excessives des dirigeants de sociétés commerciales », *Revue des sociétés* 2004, p. 795.

[471] L. A. BEBCHUK, J. M. FRIED, D. I. WALKER, *op. cit.* note 450, p. 786 et s. Voir, pour la notion voisine de « risque de réputation » : Arnaud REYGROBELLET, Nathalie HUET (dir.), *Les sanctions des sociétés cotées*, Paris, LexisNexis, 2012, p. 386.

[472] Décret n° 2009-348 du 30 mars 2009 relatif aux conditions de rémunération des dirigeants des entreprises aidées par l'État ou bénéficiant du soutien de l'État du fait de la crise économique et des responsables des entreprises publiques, *JORF* du 31 mars 2009, p. 5622.

Ses articles imposaient aux sociétés aidées de conclure une convention avec l'État[473] dans laquelle figurait une stipulation interdisant à la société aidée de verser des options de souscription, d'achat d'actions ou d'octroyer gratuitement des actions[474]. Le même article disposait que les autres éléments de rémunération variable seraient soumis à une autorisation du conseil d'administration ou de surveillance selon des critères de performance « quantitatifs et qualitatifs, préétablis et qui [n'étaient] pas liés au cours de bourse »[475]. Il est intéressant de noter qu'en cas de « licenciements de forte ampleur » dus à la dégradation de la « situation de la société », les éléments de rémunération variable ne devaient être ni attribués, ni versés.

L'encadrement des rémunérations de dirigeants gestionnaires s'effectuait réellement en amont, car le décret imposait ces mesures pour l'année 2009 et 2010. Par ailleurs, l'encadrement des politiques rémunératoires était à proprement parler externe. Bien qu'une lecture attentive du texte conduise à constater que le décret n'interdisait en rien les versements d'actions gratuites ou d'options de souscription ou d'achat d'actions, la norme imposait la signature d'une convention dans laquelle la société s'engageait à ne pas effectuer de tels versements. La société se trouvait liée et ne pouvait faire autrement que de se plier à la volonté de son cocontractant, considérée comme partie forte en raison de son soutien financier. Le décret du 30 mars 2009, complété quelques jours plus tard[476], était donc un exemple, sinon le seul, d'un texte issu du pouvoir réglementaire encadrant *a priori* l'établissement de la rémunération des dirigeants de certaines sociétés cotées et mécaniquement de leur montant. Cet effort, louable en raison des circonstances exceptionnelles ayant conduit l'État à soutenir certaines sociétés, est toutefois demeuré lettre morte en raison de difficultés à la fois méthodologiques et matérielles.

146. Faiblesses méthodologiques de l'encadrement étatique. Dans un premier temps, la méthodologie employée était contestable. En effet, certains termes employés par le rédacteur du décret prêtaient à confusion en raison de leur originalité. Aussi était-ce le cas pour la notion de « licenciement de forte ampleur »[477]. Cette notion ne pouvait assurément pas être assimilée s*tricto sensu* à celle de licenciement collectif, car les rédacteurs du texte auraient sans doute retenu le dernier vocable, bien plus commun et connu du droit social[478]. Un licenciement de forte ampleur serait donc une sorte de licenciement collectif, dont les contours sont particulièrement mouvants, dépendant notamment de la localisation de l'entreprise aidée, de sa taille ou des

---

473 Ce qui semble méconnaître le principe de liberté contractuelle, qui implique aussi la liberté de ne pas conclure une convention.

474 Article 2 du décret du 30 mars 2009, *supra* note 472.

475 *Id.*

476 Décret n° 2009-445 du 20 avril 2009, *JORF* du 22 avril 2009, p. 6897.

477 Article 2 du décret du 30 mars 2009 *in fine*, *supra* note 472.

478 C. CHAMPAUD, D. DANET, *op. cit.* note 464.

répercussions de ce licenciement[479]. Par ailleurs, l'application de ce décret était rétroactive, ce qui apparaissait clairement lorsque le rédacteur imposait une renégociation des conventions conclues avant le 31 mars 2009 entre l'entreprise aidée et l'État[480]. Une telle rétroactivité était préjudiciable à la valeur normative de ce texte, qui venait régler des situations qui lui étaient antérieures et dont les parties considéraient légitimement qu'elles étaient conformes aux normes alors applicables[481]. Enfin, le décret prévoyait une interdiction qui était inapplicable en pratique. En effet, il encadrait le versement d'options de souscription ou d'achat d'actions, alors que celui-ci n'emporte aucune conséquence immédiate sur la trésorerie de la société. Or, la philosophie du décret était claire : il s'agissait pour l'État prêteur de veiller à ce que les fonds prêtés ne bénéficient pas aux dirigeants par le biais de rémunérations prélevées sur la trésorerie tout juste renflouée. L'octroi d'options de souscription ou d'achat d'actions ne concernait en aucun cas le prêteur, mais l'actionnaire ou le marché[482]. Dès lors, l'encadrement des options n'avait que peu de justification juridique, mais une justification éthique[483].

147. Faiblesses de fond de l'encadrement étatique. Le décret du 30 mars 2009 souffrait, au-delà de quelques lacunes méthodologiques, de défauts rédhibitoires à son application pratique. Deux défauts justifiant la faiblesse normative de ce décret, et tenant à son domaine d'application, peuvent être avancés. Le premier tient à son domaine *ratione materiæ*, le second à son domaine *ratione temporis*.

Le décret du 30 mars 2009, complété par celui du 20 avril 2009, ne concernait que les sociétés cotées ayant reçu le concours exceptionnel de l'État. Par ailleurs, le décret du 20 avril 2009 réduisait encore le champ d'application des normes édictées le 30 mars précédent, car les sociétés visées par l'encadrement textuel des rémunérations devaient être celles ayant reçu plus de 25 millions d'euros de prêt de la part de l'État[484]. De nombreuses sociétés n'étaient pas visées par ce texte : les sociétés non cotées, les sociétés cotées qui n'ont pas été aidées par l'État et celles qui l'avaient été pour un montant inférieur à la somme de 25 millions d'euros. Le champ d'application matériel de ces décrets était donc réduit, ce qui se confirmait avec leur champ d'application temporel.

---

[479] *Id.*

[480] Yann PACLOT, « A propos du décret du 30 mars 2009 sur les rémunérations de certains dirigeants », *Revue de droit bancaire et financier*, 2009, repère 2.

[481] Cette vision, issue de la conception individualiste, peut être complétée par une autre perspective, plus attachée à l'intérêt public. Selon cette conception, le principe de non-rétroactivité serait exprimé dans l'intérêt de la loi elle-même, qui ne serait plus respectée par personne, par crainte de voir des actes invalidés *a posteriori* par une loi rétroactive. Voir : François TERRÉ, *Introduction générale au droit*, 10ème éd., Paris, Dalloz, 2015, p. 429.

[482] C. CHAMPAUD, D. DANET, *op. cit.* note 464.

[483] *Id.*

[484] Article 4, I 1°) du décret du 20 avril 2009, *supra* note 476.

Ces deux décrets encadrant faiblement les rémunérations des dirigeants de sociétés ont eu une durée d'application assez courte, car ils sont devenus caducs le 31 décembre 2010[485]. Ces textes, issus de la crise financière, ne devaient donc pas lui survivre[486]. Toutefois, les difficultés économiques ont perduré bien après la date indiquée et pourtant, ces décrets n'ont pas vu leur application prorogée. Par leur durée d'application réduite, ces textes n'ont pas eu l'impact escompté. Par ailleurs, ils disposent qu'un rapport concernant leur application serait fait au premier ministre avant la date du 31 décembre 2010. Ces rapports n'ayant pas encore été publiés, le bilan de l'application de cette mesure est donc resté lettre morte.

148. Limitation étatique des politiques rémunératoires. Outre la limitation des politiques rémunératoires versées aux dirigeants en raison d'une conjoncture économique défavorable et d'un soutien exceptionnel de l'État, une autre tentative de limitation des rémunérations, et non plus d'un simple encadrement, a été formulée tant en France qu'à l'étranger.

Un mouvement de limitation des rémunérations versées aux dirigeants de sociétés françaises est apparu en 2012, lorsque certaines annonces de rémunérations de dirigeants de sociétés cotées ont déclenché des débats sociétaux. Un décret du 26 juillet 2012 est venu réguler la rémunération versée aux dirigeants des entreprises publiques, c'est-à-dire les sociétés dont la majorité du capital est détenue, directement ou indirectement, par l'État[487]. Sont concernés par ce décret « [le] président du conseil d'administration, [les] directeurs généraux, [les] directeurs généraux délégués, [les] présidents-directeurs généraux, [les] présidents et membres de directoire, [les] présidents de conseil de surveillance, [les] présidents et gérants (…)»[488] des sociétés publiques, ce qui concerne une douzaine de sociétés dont les titres sont admis aux négociations sur un marché réglementé[489]. Dans ces sociétés, la rémunération de ces mandataires est plafonnée à un montant de 450 000 euros

---

485 Article 7 du décret du 30 mars 2009, *supra* note 472 et article 3 du décret du 20 avril 2009, *supra* note 476.

486 Henri HOVASSE, « Politique de rémunération prévue par le décret n° 2009-348 du 30 mars 2009 », *Droit des sociétés* 2009, n° 6, comm. 115.

487 Décret n° 2012-915 du 26 juillet 2012 relatif au contrôle de l'État sur les rémunérations des dirigeants d'entreprises publiques, *JORF* du 27 juillet 2012, p. 12283. Il est à noter que ce décret a aussi vocation à s'appliquer dans les sociétés dont le capital n'est pas intégralement détenu par l'État, car les représentants de l'État dans ces sociétés doivent proposer, sinon imposer, les mêmes « règles de modération dans la fixation des rémunérations des dirigeants mandataires sociaux » : AGENCE DES PARTICIPATIONS DE L'ÉTAT, « La moralisation et l'encadrement des rémunérations des dirigeants d'entreprises à participation publique ».

488 Article 3 I du décret du 26 juillet 2012, précité note 487.

489 AGENCE DES PARTICIPATIONS DE L'ÉTAT, *L'État actionnaire, rapport 2013*, Paris, 2013, p. 158-159.

bruts par an, somme équivalente à vingt fois la moyenne des plus basses rémunérations dans les entreprises publiques[490].

Ce mécanisme impératif est assez inédit et représente une nouvelle forme d'étalonnage. En effet, plutôt que d'être employé par les organes sociaux afin d'établir puis de justifier le montant de la rémunération accordée aux dirigeants sociaux, l'étalonnage est ici employé afin de limiter les sommes versées. Cette forme de *benchmarking* joue, cette fois, à l'encontre des dirigeants sociaux alors que le référentiel ne leur est pas favorable. Une interrogation demeure cependant. Cette limitation ayant vocation à s'appliquer aux sociétés au sein desquelles l'État est associé majoritaire, l'intérêt d'un texte normatif n'apparaît pas clairement. En effet, l'État, en sa qualité d'actionnaire majoritaire, dispose de la possibilité d'aboutir au même résultat sans formuler de texte normatif[491]. Ce texte représente donc une mesure symbolique, qui n'a pas été étendue aux sociétés privées[492]. En dépit de son absence de généralisation, il semble que cette initiative française ait pu influer sur les règles appliquées au sein d'autres pays européens.

Ainsi, on a pu constater peu après une limitation de la rémunération des dirigeants des sociétés nationales belges. Toutefois, contrairement à la France, la pratique d'outre-Quiévrain n'est pas légale mais résulte d'une volonté ministérielle. Les dirigeants des sociétés publiques nommés à partir du 1er septembre 2013 ne peuvent percevoir une rémunération supérieure à 290 000 euros bruts. Cette somme a été le fruit d'une négociation entre le gouvernement belge et les représentants du patronat[493], ayant pour étalon de référence la rémunération du premier ministre[494]. Le dispositif est toutefois moins contraignant que celui du droit français, le plafond posé par le conseil des ministres admettant une possibilité de majoration de 10 pour cent[495]. Cette majoration traduit un certain inconfort à limiter impérativement les rémunérations des dirigeants sociaux, fussent-ils dirigeants de sociétés publiques. La difficulté à réguler les rémunérations managériales en imposant des plafonds est aussi patente en Suisse.

---

490 Nicolas CUZACQ, « De l'éthique de la rémunération à la rémunération éthique du dirigeant », *Bulletin Joly sociétés* 2013, p. 673.

491 François BARRIERE, « La rémunération des dirigeants sociaux : un encadrement évolutif », *Droit des sociétés* 2013, étude 18, spéc. § 5.

492 Il était question, à l'automne 2012, d'une réforme ayant pour but de contrôler légalement la rémunération des dirigeants sociaux dans les sociétés privées. Une consultation publique a en effet été amorcée en août 2012 à cette fin : Bénédicte FRANCOIS, « Consultation sur la rémunération des dirigeants d'entreprise », *Revue des sociétés* 2012, p. 598. Ce projet a toutefois depuis été abandonné : Bruno DONDERO, « Après tout, faites comme bon vous semble… », *Gazette du Palais* 29 juin 2013, p. 3.

493 Eric RENETTE, « À la recherche du "juste salaire" des patrons publics », *Le Soir*, 28 août 2013, p. 2.

494 Jean-Pierre STROOBANTS, « La Belgique plafonne le salaire des nouveaux patrons du secteur public », *Le Monde économie*, 3 septembre 2013, p. 7.

495 E. RENETTE, *op. cit.* note 493.

La Confédération helvétique a quant à elle connu, en 2013, deux différentes votations relatives à la rémunération des dirigeants sociaux. À la suite de l'initiative Minder couronnée de succès en mars 2013[496] visant à faire participer les actionnaires à l'établissement du régime rémunératoire des dirigeants ainsi que la pénalisation de certains versements comme les *golden parachutes*, une autre proposition a été formulée. Il était question, cette fois-ci, non plus de limiter la rémunération des dirigeants de sociétés en fixant une somme représentant une limite absolue, mais plutôt de fixer un rapport au-delà duquel la rémunération serait considérée excessive et donc illégale. La rémunération des dirigeants d'une société n'aurait pas pu être douze fois supérieure au salaire le plus faible versé au sein de cette structure[497]. Cette proposition a donné lieu à un référendum d'initiative populaire, qui a rejeté cette initiative[498]. De cette expérience suisse, on peut conclure que l'encadrement impératif, quelle que soit la méthode employée, peut se heurter à la volonté de la majorité, qui entend limiter les interventions étatiques. Si celles-ci peuvent être acceptables lorsqu'elles viennent fixer des procédures de fixation ou de contrôle des politiques rémunératoires des dirigeants, il en est autrement lorsque l'intervention de l'État a pour but de limiter les montants versés, sauf à faire preuve d'un très fort dirigisme.

L'encadrement externe n'est donc pas négligeable, mais ne représente pas une contrainte suffisante pour limiter les politiques rémunératoires. Les mécanismes internes à la société doivent donc intervenir pour encadrer celles-ci.

§2 L'encadrement interne

149. Les politiques rémunératoires au sein des sociétés cotées sont encadrées au sein même de l'entité sociale selon deux principaux moyens : le rôle prépondérant du comité de rémunération, qui participe à l'établissement des rémunérations, à condition d'être institué (I) ; ainsi que le rôle des actionnaires, qui ne peut être écarté (II).

---

[496] L'initiative Minder, qui a reçu un vote favorable le 3 mars 2013 : Xavier ALONSO, « Une victoire écrasante pour Thomas Minder », *La tribune de Genève*, 4 mars 2013, p. 2. Dès lors, et conformément à la Constitution de la Confédération Helvétique, cette proposition a abouti à la formulation d'un texte de loi par le Conseil Fédéral : Ordonnance contre les rémunérations abusives dans les sociétés anonymes cotées en bourse (ORAb), *RO* 2013, p. 4403.

[497] Voir : Initiative populaire "1 : 12 – Pour des salaires équitables".

[498] Voir : Christian BERNET, « Genève se démarque sur les salaires, sans faire la différence », *La tribune de Genève*, 25 novembre 2013, p. 3.

I) L'institution de comités de rémunérations

150. Rôle du comité des rémunérations. Le comité des rémunérations, comme le comité des nominations, n'est en aucun cas légalement exigé[499]. Il convient de rappeler que le comité des rémunérations, comme tout comité du conseil d'administration ou de surveillance, ne peut prendre aucune décision pouvant engager la société. Sa tâche principale est d'assister le conseil[500]. Toutefois, le comité des rémunérations fait l'objet de plus de normes et de règles que le comité de nomination, ce qui peut se justifier par le fait que les politiques rémunératoires d'une société sont beaucoup plus médiatiques que les politiques de sélection des dirigeants gestionnaires. Plusieurs échelons de normes ont concerné les comités des rémunérations, tant au niveau unioniste qu'au niveau interne.

151. Sources supranationales. Le droit de l'Union Européenne suggère la création d'un comité des rémunérations au sein des sociétés cotées par la recommandation du 15 février 2005 concernant le rôle des administrateurs non exécutifs et des membres du conseil de surveillance des sociétés cotées et des comités du conseil d'administration ou de surveillance[501]. Cette recommandation, complétée le 30 avril 2009[502], vise le comité de rémunération dans son annexe. Le premier article concernant ce comité incite les sociétés cotées à créer un tel comité « au sein du conseil d'administration ou de surveillance, lorsque, en vertu de la législation nationale, celui-ci joue un rôle dans la fixation de la rémunération des administrateurs [et par extension des dirigeants][503], qu'il prenne lui-même les décisions ou qu'il soumette des propositions en ce sens à un autre organe de la société »[504]. Ainsi, en vertu de l'article R. 225-29 du Code de commerce, les sociétés françaises pourraient constituer un comité de rémunération. Au regard des règles suggérées par le droit de l'Union Européenne, les comités de rémunération devraient se composer exclusivement d'administrateurs non exécutifs ou de membres du conseil de surveillance, dont la majorité devrait être des membres indépendants[505]. Par ailleurs, au moins un des membres du comité devrait être doté des connaissances et de l'expérience en matière de politique de rémunération[506]. Le comité des rémunérations est donc expressément mentionné par les normes issues de l'Union Européenne, lesquelles s'intéressent à des points aussi importants que sa constitution, sa composition ou son rôle. Cependant, ces

---

499 Voir *supra* § 61 et s.

500 Voir *supra* § 76 et s.

501 Recommandation 2005/162/CE du 15 février 2005, *op. cit.* note 255.

502 Recommandation 2009/385/CE du 30 avril 2009 complétant les recommandations 2004/913/CE et 2005/162/CE en ce qui concerne le régime de rémunération des administrateurs des sociétés cotées, *JOUE* L. 120/28 du 15 mai 2009.

503 Recommandation 2005/162/CE du 15 février 2005, article 2.2, *op. cit.* note 255.

504 *Id.*, annexe 1, article 3.1.1.

505 *Id.*, annexe 1, article 3.1.2.

506 Recommandation 2009/385/CE du 30 avril 2009, article 7.1, *op. cit.* note 502.

recommandations n'ont aucun pouvoir normatif, conformément au droit de l'Union Européenne[507]. Pour autant, la recommandation peut être le premier pas vers un texte ayant une force contraignante plus importante, afin de rendre impérative la présence des comités des rémunérations. Les institutions du droit de l'Union Européenne seront dès lors incitées à user de leur compétence ordonnatrice[508].

152. Absence de source interne. L'ordre interne a connu une tentative d'introduction législative des comités des rémunérations dans certaines sociétés. Le 22 octobre 2009, l'Assemblée nationale approuvait ainsi une proposition de loi issue de l'opposition, visant à introduire dans le Code de commerce un article L. 225-35-1, qui aurait imposé à certaines sociétés cotées dépassant des seuils de chiffre d'affaires et de nombre de salariés, la création d'un comité des rémunérations[509].

Le comité des rémunérations aurait été composé uniquement d'administrateurs ou de membres du conseil de surveillance exempts des fonctions de direction, et un seul de ses membres aurait dû être indépendant. Cette proposition de loi, qui paraissait intéressante, n'a pas connu de destin législatif, le Sénat ne l'ayant jamais voté. L'explication la plus plausible est le développement des comités de rémunérations au sein des sociétés dont les titres sont admis à la cote.

Selon les statistiques fournies par l'Autorité des marchés financiers, 97 pour cent des sociétés composant l'échantillon d'étude comporte des comités des rémunérations[510]. La proposition de loi qui s'appliquait uniquement aux sociétés cotées ne faisait qu'inscrire dans la loi une pratique souhaitée par les organisations professionnelles et largement reprise par la pratique sociale. Une loi qui ne comportait qu'un seul article sur les comités des rémunérations ne présentait pas une grande utilité[511]. Toutefois, la rédaction de cette proposition de loi, comme son vote en Assemblée Nationale, était significative et répondait à des objectifs précis.

---

[507] Traité sur le fonctionnement de l'Union Européenne, précité note 259, article 288.

[508] Robert KOVAR, « Recommandation », *in Rép. Droit Communautaire Dalloz*, § 29.

[509] Bruno DONDERO, « Le comité des rémunérations », *Revue trimestrielle de droit financier* 2010/1, p. 90.

[510] AUTORITE DES MARCHES FINANCIERS, *op. cit.* note 228, p. 48.

[511] Il est toutefois possible d'objecter que l'ordonnance n° 2008-1278 du 9 décembre 2008 instituant le comité d'audit obligatoire pour les sociétés dont les titres dont admis aux négociations sur un marché réglementé ne faisait que reprendre une pratique courante alors. Si ce point ne peut être réfuté, il est nécessaire de rappeler que cette ordonnance résulte de la nécessité de transposer la directive 2006/43/CE du 17 mai 2006 relative aux commissaires aux comptes.

Le rapport de la commission des lois accompagnant la proposition de loi[512] faisait état de trois raisons principales pour l'adoption de ce texte. Si les premier et troisième motifs étaient courants – légiférer sur un phénomène répandu et fixer législativement les missions du comité –, le deuxième objectif de cette proposition était plus original. Il avait pour but d'encadrer la composition des comités des rémunérations, afin d'éviter que les dirigeants de sociétés ne s'approprient ces comités[513]. Cette préoccupation législative traduisait l'inquiétude grandissante quant à la composition de ce comité, qui n'est pas un phénomène interne, les normes étrangères s'intéressant aussi à cette problématique.

153. La législation interne en droit des sociétés ne dispose actuellement d'aucune norme relative au comité des rémunérations et à leur composition[514]. Il est donc intéressant de faire une brève analyse comparée pour tenter de s'inspirer de ce qui est pratiqué dans d'autres législations. Dans les pays anglo-saxons, les recommandations des autorités régulatrices formulent le même souhait, mais leur expression est légèrement différente. Les autorités étasuniennes[515] souhaitent que les comités de rémunération soient composés uniquement d'administrateurs indépendants[516] tandis que les autorités britanniques[517] préconisent d'instaurer un comité des rémunérations composé uniquement d'administrateurs non-exécutifs indépendants. Le droit de l'Union Européenne rejoint donc pour partie les recommandations britanniques[518]. Si les textes étasunien, britannique et unioniste recommandent que le comité de rémunération soit *a minima* composé d'administrateurs indépendants, c'est dans le but d'éviter que des dirigeants investissent ce comité et s'accaparent une partie essentielle du processus conduisant à une décision de gestion les intéressant personnellement.

Aussi la politique de rémunération des dirigeants gestionnaires est-elle contrôlée *a priori* par l'établissement d'un comité des rémunérations, qui ne devrait pas être composé par des dirigeants de sociétés. Toutefois, ce comité est aujourd'hui une entité communément acceptée par les sociétés cotées. Dès lors, pour encadrer *a priori* la fixation des rémunérations des dirigeants de société, il est possible d'envisager un droit de communication au profit des actionnaires.

---

[512] Philippe VUILQUE, *Rapport n° 1955 fait au nom de la commission des lois constitutionnelles, de la législation et de l'administration générale de la République sur la proposition de loi n° 1896 de M. Jean-Marc Ayrault visant à rendre plus justes et plus transparentes les politiques de rémunérations des dirigeants d'entreprises et des opérateurs de marché*, 7 octobre 2009.

[513] Certains comités des rémunérations sont exclusivement composés de dirigeants de sociétés cotées : *Id.*, p. 41.

[514] *A contrario*, voir l'article L. 511-90 du Code monétaire et financier, tel qu'issu de l'Ordonnance n° 2014-158 du 20 février 2014, précitée note 246.

[515] NASDAQ, *op. cit.* note 251, article 5605 (d)(1)(B) ; NYSE, *op. cit.* note 251, article 303 A 5(a).

[516] Voir, pour la définition d'indépendance, *supra* § 111 et s.

[517] FINANCIAL REPORTING COUNCIL, *op. cit.* note 248, article B.2.1.

[518] Voir *supra* § 19.

II) L'intervention de l'actionnariat

154. Encadrement par le vote des actionnaires : proposition unioniste. La rémunération des dirigeants peut être encadrée *a priori* en étant communiquée aux actionnaires. Ces derniers peuvent alors influer sur l'établissement de la rémunération. Cette hypothèse a été primairement développée par un auteur étasunien, pour qui l'implication *a priori* des actionnaires dans le processus de fixation de la rémunération est un moyen de résoudre les conflits entre dirigeants gestionnaires et administrateurs qui déterminent légalement leur rémunération[519]. Cette solution n'est toutefois que peu retenue au sein des États membres de l'Union Européenne, la majorité ayant des corpus normatifs laissant peu de place aux associés pour établir la rémunération des dirigeants des sociétés cotées[520]. Il est à noter que l'Union Européenne avait considéré, par le biais d'une recommandation en date du 14 décembre 2004[521], que les actionnaires devaient « exprimer [leur] avis »[522] sur les rémunérations des dirigeants de sociétés cotées. Cette recommandation encourage les droits internes à accorder aux actionnaires un droit de vote sur la politique de rémunération lors de l'assemblée générale annuelle[523]. Le vote sur la politique de rémunération tel qu'envisagé par la Commission Européenne s'entend d'un vote *a priori*, car la déclaration de politique de rémunération concerne la rémunération à verser au cours de l'exercice suivant et éventuellement des exercices ultérieurs[524].

155. Le défaut d'introduction du comité des rémunérations en droit interne. Cette mesure n'a emporté que peu d'adhésion, bien que renforçant le pouvoir des actionnaires de sociétés cotées. La Commission relève que moins d'un tiers des États membres offre la possibilité aux actionnaires de se prononcer sur la rémunération des dirigeants, seuls quelques États permettant à l'assemblée générale d'avoir un réel pouvoir de contrôle *a priori*[525]. Les raisons expliquant le peu de succès de cette proposition sont assez claires : outre l'argument classique tenant à la compétence tant légale que naturelle de

---

[519] Jeffrey N. GORDON, « Executive Compensation : If There's a Problem, What's the Remedy ? The Case for "Compensation Discussion and Analysis" », *The Journal of Corporation Law*, 2005, p. 102.

[520] COMMISSION EUROPEENNE, *Rapport sur l'application, par les États membres, des recommandations sur la rémunération des dirigeants d'entreprise*, SEC(2007) 1022, p. 11-12. Voir aussi : Benoît LECOURT, « Rémunérations des dirigeants de sociétés cotées et politique de rémunération dans le secteur des services financiers : bilan mitigé un an après la publication des recommandations du printemps 2009 », *Revue des Sociétés* 2010, p. 603.

[521] Recommandation 2004/913/CE du 14 décembre 2004 encourageant la mise en œuvre d'un régime approprié de rémunération des administrateurs de sociétés cotées, *JOUE* L. 385/55 du 29 décembre 2004.

[522] *Id.*, Considérant 7.

[523] *Id.*, Article 4. Voir aussi la Recommandation 2009/385/CE, *op. cit.* note 502, article 6.

[524] *Id.*, Article 3.2.

[525] COMMISSION EUROPEENNE, *op. cit.* note 520, p. 6 et 11-12.

l'organe ayant nommé le dirigeant, les motifs retenus sont les risques de débat incontrôlable et de défaut de qualification[526]. Le premier danger est la conséquence logique du fait que les rémunérations entraînent une vive discussion sociétale. Le sujet étant épineux, un contrôle *a priori* des rémunérations sous la forme d'un vote des actionnaires peut conduire à un ralentissement du processus d'établissement de la rémunération, sinon à sa paralysie. De plus, l'assemblée générale est composée d'actionnaires divers, dont certains n'ont aucune qualification particulière dans le domaine financier ou comptable. Or, afin de déterminer, ou de contrôler, la détermination d'un régime de rémunération idoine, il est nécessaire d'être doté d'une compétence certaine en la matière. Ceci n'étant pas le cas pour tous les actionnaires appelés à se prononcer sur la politique de rémunération, ce motif peut être la justification au défaut d'adoption de la recommandation en droit interne.

156. Conclusion de la section 1. L'encadrement des politiques rémunératoires est ainsi double. D'une part, l'encadrement externe des politiques rémunératoires en faveur des dirigeants des sociétés cotées est appréhendé assez clairement. Tant le phénomène de l'étalonnage que celui de l'autolimitation du fait de la pression potentielle de la société civile sont ressentis, mais leurs effets sont diffus, car non quantifiables. Le problème de quantification caractérise aussi l'encadrement externe effectué par les normes étatiques, car les principales normes en ce sens ont eu un domaine d'application bien trop limité pour avoir un effet réel sur les pratiques rémunératoires. D'autre part, l'intervention *a priori* des actionnaires n'est que trop peu répandue. Ce phénomène s'explique principalement en raison des deux difficultés majeures pouvant être liées à l'intervention de l'assemblée générale[527], à savoir l'allongement de la procédure de fixation de la rémunération et le manque de compétence de cet organe. Les rémunérations des dirigeants gestionnaires, en plus d'être encadrées *a priori*, vont aussi être contrôlées *a posteriori*.

Section 2 : Le contrôle a posteriori *sur le versement de la rémunération*

157. Le contrôle *a posteriori* des rémunérations des dirigeants sociaux est la forme la plus courante, mais aussi la plus traditionnelle, du droit de regard exercé sur cette question. Et c'est en raison du caractère rétrospectif de cette surveillance que celle-ci peut parfois s'avérer conflictuelle. En effet, le contrôle exercé sur la décision de gestion qu'est la détermination de la rémunération peut aboutir à de nombreuses contestations, et notamment des contestations judiciaires (§2). Toutefois, ce droit de regard *ex post* n'est pas le seul, car les règles légales ont aménagé la possibilité d'exercer un contrôle *a posteriori* sur l'établissement des rémunérations (§1), avant que celles-ci ne soient versées.

---

[526] Benoît LECOURT, « Application des règles relatives au gouvernement d'entreprise au sein de l'Union européenne », *Revue des Sociétés* 2010, p. 127.

[527] Voir cependant *infra* § 188 et suiv.

§1 Le contrôle *a posteriori* de l'établissement de la rémunération managériale

158. Les mesures d'encadrement des pratiques rémunératoires sont considérées plus efficaces si elles sont effectuées après leur détermination, mais concomitamment ou précédant le versement des rémunérations. Il est important de distinguer, afin d'aborder le contrôle *a posteriori* de la rémunération, entre les éléments de rétribution versés immédiatement et ceux dont l'octroi est différé. Seuls ces derniers peuvent faire l'objet d'un véritable contrôle postérieur à leur établissement, mais antérieur à leur versement.

159. Éléments de rémunération différée. Les régimes de rémunération des dirigeants gestionnaires sont composés d'éléments de rémunération différée, que la société verse après l'écoulement d'un certain délai par rapport au moment où le dirigeant les a effectivement gagnés. Peuvent être considérés à ce titre comme des éléments de rémunération différée les options d'achat d'actions ou *stock options*, les octrois d'actions gratuites, les régimes de retraite et les avantages liés au départ du dirigeant. Ces types de rémunération peuvent représenter des charges importantes pour la société s'ils sont mis en œuvre dans un espace de temps restreint. De plus, les actionnaires, et dans une perspective plus large le grand public, s'expliquent difficilement qu'un dirigeant puisse être récompensé lors de son départ de la société, alors même que son apport à cette dernière est difficilement appréciable. Certains voient dans ce phénomène une sorte de « prime d'échec »[528]. La nécessité de contrôler les rémunérations différées peut alors être expliquée par deux facteurs : l'émergence des rémunérations différées créant un scandale aux yeux de la société civile et leur prépondérance au sein des régimes de rémunération des dirigeants de société[529]. Sont intervenues la loi pour la confiance et la modernisation de l'économie[530], puis la loi pour le travail, l'emploi et le pouvoir d'achat[531]. Ces dernières, dont les articles concernant les rémunérations différées sont codifiés aux articles L. 225-42-1 et L. 225-90-1 du Code de commerce, posent une définition restrictive.

160. Domaine d'application. L'article L. 225-42-1 du Code de commerce – tout comme l'article L. 225-90-1 du Code de commerce visant les sociétés dualistes – concerne les « éléments de rémunération, [l]es indemnités ou [l]es avantages dus ou susceptibles d'être dus à raison de la cessation ou du changement de ces fonctions, ou postérieurement à celles-ci ». La formule

---

[528] Frédéric DANNENBERGER, « Régime spécial de conventions réglementées pour les "parachutes dorés" », *Les petites affiches* 11 décembre 2007, n° 247, p. 7.

[529] Voir les données pour les dirigeants étasuniens : Jean LAMBRECHTS, « Utilisation de stocks-options et d'actions gratuites dans la conception de plans de rémunération incitatifs », *Option Finance Hors Série* n° 8, 2005, p. 19 ; Claire MURAT, *La rémunération des dirigeants de sociétés anonymes : comparaison France/Royaume-Uni/Etats-Unis*, Thèse dactylographiée, Université de Paris 1, dir. Cyrille DAVID, 2004, p. 223-224.

[530] Précitée note 459.

[531] Précitée note 460.

retenue montre le souci du législateur de viser principalement les parachutes dorés, sommes versées à raison de la cessation des fonctions du dirigeant, mais aussi de ne pas se limiter à ceux-ci. Toutefois, cette volonté de ne pas être enfermé par une rédaction trop restrictive l'a conduit dans la situation opposée et ce texte pourrait être considéré comme étant trop vague. La rédaction peut même être qualifiée d'incomplète, car les options d'achat d'actions ou les actions gratuites n'entrent pas dans le champ d'application de cet article, sauf à être accordées en raison de la cessation de fonctions. Les régimes de retraite de l'article L. 137-11 du Code de la sécurité sociale, bien que non visés à l'origine par l'article L. 225-42-1 du Code de commerce, sont, depuis la loi pour la croissance, l'activité et l'égalité des chances économiques[532], appréhendés car ces versements pouvant représenter une très lourde charge pour la société[533]. L'évolution de cet article, et les doutes introduits à chaque réforme, a conduit certains auteurs à avoir une appréciation toute relative de textes tels que les lois du 26 juillet 2005 et du 21 août 2007, allant jusqu'à qualifier le mouvement engagé depuis 2001 de « logorrhée législative »[534].

161. Qualification juridique novatrice. Les articles L. 225-42-1 et L. 225-90-1 du Code de commerce retiennent une qualification juridique spécifique de ces rémunérations, rompant avec la qualification traditionnelle. La conception classique des rémunérations tient au fait que l'article L. 225-47 du Code de commerce confère au conseil d'administration la compétence exclusive de décider des rémunérations accordées aux mandataires sociaux. Cet article justifie la position selon laquelle la rémunération a un caractère institutionnel et ne peut donc être accordée et retirée que par le seul conseil d'administration. Cette conception, bien que convaincante, semble toutefois détachée de la réalité sociale. En effet, il est assez naïf de penser que le dirigeant ne négocie pas tout ou partie de son régime de rémunération. On constate alors que cette approche classique des rémunérations favorise « la confidentialité des traitements des dirigeants de sociétés »[535]. Aussi, la loi Breton est-elle intervenue, en contractualisant partiellement le domaine des rémunérations différées.

162. Contractualisation des rémunérations différées. Les articles L. 225-42-1 et L. 225-90-1 du Code de commerce accordent un contrôle actionnarial *a posteriori*, car ils renvoient les rémunérations différées au régime des conventions réglementées. La loi pour le travail, l'emploi et le

---

532 Loi n° 2015-990 du 6 août 2015, précitée note 346.

533 Jacques DELGA, « Les indemnités de révocation des PDG de SA en France sont interdites. – Propos sur les golden parachutes », *JCP E* 2007, 1803 ; Lucian Arye BEBCHUK et Jesse M. FRIED, « Stealth Compensation via Retirement Benefits », *Berkeley Business Law Journal*, Vol. 1, 2004, p. 291.

534 Claude CHAMPAUD, Didier DANET, « Dirigeants sociaux. Sociétés cotées. Indemnisation dite de "parachutes dorés" », *RTD Com.* 2007, p. 738.

535 Paris, 31 mai 1996, *Bulletin Joly sociétés* 1996, p. 932, note Paul LE CANNU. Cité par : J. EL-ADHAB, *op. cit.* note 447, p. 30.

pouvoir d'achat complète même le régime, en introduisant des précisions, créant de fait une forme spéciale de convention réglementée.

L'alinéa premier de l'article L. 225-42-1 du Code de commerce effectue un renvoi explicite aux dispositions des « articles L. 225-38 et L. 225-40 à L. 225-42 » du Code de commerce. Le renvoi exclut l'article L. 225-39 du même code, affirmant *de facto* que les rémunérations différées ne peuvent être considérées comme « des conventions courantes et conclues à des conditions normales ». Cette absence de renvoi, bien que compréhensible, peut être contestée. En effet, on peut considérer que les conventions octroyant des rémunérations, indemnités et avantages sont des conventions normales[536] dans la mesure où l'on assiste à une professionnalisation de l'activité dirigeante, impliquant une rémunération attrayante en contrepartie. En dépit de cette objection, la mise à l'écart de l'article L. 225-39 du Code de commerce est bienvenue en ce qu'elle permet d'éviter que certains dirigeants fassent échapper leur rémunération différée à la procédure des conventions réglementées, provoquant une harmonisation en soumettant toutes les rémunérations à une même procédure.

Le dirigeant à qui va être octroyée la rémunération différée doit donc saisir le conseil d'administration[537] pour que celui-ci autorise la convention à venir[538]. Cette disposition paraît étrange, le conseil d'administration devant autoriser préalablement une décision qu'il prendra par la suite[539]. C'est ce qui a conduit un auteur à affirmer que la décision d'octroi du versement vaudra autorisation[540]. Ensuite, le commissaire aux comptes doit être avisé dans un délai d'un mois[541] et présenter un rapport spécial[542]. Ce rapport n'a qu'un objectif, celui d'informer l'assemblée générale ordinaire des actionnaires devant statuer sur la convention en dernier lieu. Cette décision n'a pas de valeur quant à la validité de la convention à l'égard des tiers, sauf fraude[543]. L'assemblée générale ordinaire des actionnaires doit donc voter sur la rémunération différée d'un dirigeant de manière individuelle[544], mais aussi à chaque renouvellement de mandat, ce qui implique un vote quadriennal sur

---

536 Paul LE CANNU, « L'encadrement de certains éléments de rémunération, indemnités et avantages accordés aux dirigeants », *RTD Com.* 2005, p. 768.

537 Article L. 225-40 du Code de commerce.

538 Article L. 225-38 du Code de commerce.

539 Car seul le conseil d'administration est compétent pour accorder la rémunération à un directeur général ou directeur général délégué. Voir l'article L. 225-53 du Code de commerce.

540 Alain VIANDIER, « La soumission des indemnités de départ des dirigeants sociaux à la procédure des conventions réglementées (L. n° 2005-842, 26 juillet 2005, art. 8) », *JCP E* 2005, 1585.

541 Article R. 225-30 du Code de commerce.

542 Article L. 225-40 troisième alinéa du Code de commerce.

543 Article L. 225-41 du Code de commerce.

544 Paul LE CANNU, « L'encadrement des rémunérations des dirigeants de sociétés cotées », *Revue des sociétés* 2007, p. 477.

les rémunérations différées accordées à chaque dirigeant[545]. Ce vote spécial sur la convention a pu faire dire à certains que les nouveaux articles L. 225-42-1 et L. 225-90-1 du Code de commerce introduisaient une forme nouvelle de convention réglementée, voire une « super convention réglementée »[546].

163. Faiblesse du contrôle mis en place. Bien que ces articles confèrent un pouvoir de contrôle aux actionnaires des sociétés cotées en ce qu'ils peuvent désormais se prononcer sur les rémunérations différées accordées au sein de leur société, celui-ci n'est toutefois pas optimal. En effet, le refus en assemblée générale d'une convention réglementée n'entraîne aucune conséquence quant à la validité de l'acte[547]. En guise de sanction, les administrateurs devront prendre en charge les conséquences préjudiciables des conventions subies par la société. En cas de refus des actionnaires, il reviendrait alors aux administrateurs de payer sur leurs propres deniers les rémunérations différées accordées au dirigeant gestionnaire.

Le pouvoir des actionnaires dans le contrôle *a posteriori* de l'octroi des régimes de rémunération apparaît faible à l'égard de la société, mais potentiellement lourd de conséquences à l'égard des administrateurs. Cette forme de contrôle postérieure à l'établissement de la rémunération, mais antérieure à son versement effectif, n'est toutefois pas la forme la plus répandue. Il est plus souvent question d'un contrôle postérieur motivé par le versement des rémunérations.

§2 Le contrôle portant sur le versement des rémunérations

164. L'opération de gestion qu'est la rémunération nécessite une seconde étape essentielle, postérieure à son établissement : le versement. Celle-ci est sans aucun doute la plus périlleuse, car le versement des rémunérations cristallise les conflits. En effet, tant qu'un régime de rémunération est accordé, mais non versé, les conséquences dommageables au regard de la société ne sont pas encore manifestes. Seul le versement des rémunérations au dirigeant gestionnaire a des conséquences comptables visibles. De par ce versement, deux formes de contrôle sont conduites, l'une par les personnes extérieures à la société (I), l'autre par les membres de cette structure sociale (II). Chacun de ces droits de regard peut conduire à la saisine des tribunaux, aboutissement ultime du contrôle *a posteriori* des rémunérations (III).

---

[545] Y. PACLOT, C. MALECKI, *op. cit.* note 461, p. 2485.

[546] Jean-Charles TAUGOURDEAU, *Avis n° 59 fait au nom de la commission des affaires économiques, de l'environnement et du territoire sur le projet de loi en faveur du travail, de l'emploi et du pouvoir d'achat.* Cité par : Paul LE CANNU, Bruno DONDERO, « Encadrement des parachutes dorés par la loi TEPA », *RTD Com.* 2007, p. 768.

[547] Article L. 225-41 du Code de commerce.

I) L'influence des *outsiders*

165. La rémunération des dirigeants des sociétés cotées, comme la question de la nomination, intéresse les tiers à la société. Simple curiosité pour certains ou information recherchée pour d'autres, les données relatives au versement de la rémunération du dirigeant gestionnaire ne laissent généralement pas indifférent. À cette fin, il est nécessaire que la rémunération soit publiée, volontairement ou à l'insu de la société *solvens* et du dirigeant *accipiens*. La divulgation de l'information relative au versement de la rétribution peut entraîner des réactions importantes à l'égard de la société comme à l'égard du dirigeant. Ce dernier peut être obligé d'envoyer un signal au marché, afin d'endiguer une éventuelle contestation.

166. Obligation d'information propre aux options. Le versement des rémunérations ne justifie en principe aucune information particulière. Toutefois, un élément de la rémunération doit être communiqué aux actionnaires comme au marché au moment de son versement. En effet, les options d'achat d'actions doivent faire, au titre de l'article L. 225-184 du Code de commerce, l'objet d'un rapport spécial devant informer l'assemblée générale ordinaire des « nombre, date d'échéance et (...) prix des options de souscription ou d'achat d'actions » conférées durant l'année aux dirigeants gestionnaires, ainsi que du « nombre et du prix des actions souscrites ou achetées durant l'exercice par les mandataires sociaux de la société ». Ce rapport annuel spécial doit toutefois être diffusé par le biais de l'information périodique[548]. Les intervenants sur le marché sont avertis du versement des options de souscription ou d'achat d'actions, qui représente un élément non négligeable de rémunération. L'information est ici double, traduisant la double nature rémunératoire des *stock options* : l'option constitue elle-même une rémunération bien qu'elle n'ouvre pas un droit cessible à acheter des actions de la société[549], et la levée de l'option représente en elle-même une rémunération lorsque le cours du titre est supérieur au prix d'exercice. Il est donc nécessaire de rapporter toute levée d'option.

Faisant partie de l'information périodique, le versement des options d'achat et de souscription d'actions fait l'objet des mêmes publications que le rapport de gestion du conseil d'administration ou du directoire[550]. Les plans d'options vont être communiqués par voie de presse, ce qui est source de dangers pour la société et ses dirigeants, ne maîtrisant dès lors plus intégralement la communication. En effet, les éléments communiqués peuvent

---

[548] Voir en ce sens : Jean-Paul VALUET, « Information financière des sociétés cotées : Réglementations européenne et française », dans *Juri-Dictionnaire Joly Bourse et produits financiers*, spéc. § 380 et 390.

[549] Article L. 225-183 du Code de commerce.

[550] Voir *supra* § 184. Il est toutefois à noter que l'information relative aux options de souscription ou d'achat d'actions n'a pas à être communiquée au greffe du tribunal de commerce.

se retrouver dans les colonnes des médias et créer un émoi important auprès de la société civile. La société, comme le dirigeant gestionnaire, peut alors souffrir d'un déficit réputationnel lié à une mauvaise image causée par la révélation des pratiques rémunératoires. Ce déficit est une autre forme des « coûts du scandale »[551]. Dans cette hypothèse, le comportement à l'origine de ce coût a déjà eu lieu, il n'est plus question de le faire disparaître, mais plutôt d'atténuer ses conséquences, tant à l'égard de la société *solvens* que du dirigeant *accipiens*.

167. Conséquence informelle de la divulgation. Celui-ci ne peut donc que renoncer à ses options. Comme leur nom l'indique, les options d'achat ou de souscription d'action ne sont que des options, ce qui signifie qu'elles correspondent à une promesse unilatérale consentie par la société[552]. Ce contrat unilatéral n'engage en aucun cas le dirigeant gestionnaire, qui ne se trouve débiteur d'une obligation qu'en cas de levée de l'option. Dès lors, le dirigeant gestionnaire peut, afin de désamorcer toute polémique, renoncer à exercer son option et refuser ainsi une partie de sa rémunération. Cette pratique, pouvant paraître exceptionnelle et hautement théorique, a été constatée, certains dirigeants de sociétés cotées trouvant dès lors un moyen d'acheter une forme de paix sociale[553].

Ce comportement n'est toutefois pas envisageable pour toutes les formes de rémunération. En pratique, il n'est guère envisageable qu'un dirigeant gestionnaire reverse une partie de sa rémunération déjà perçue. Les effets *a posteriori* des coûts du scandale sur la rémunération ne peuvent donc raisonnablement concerner que les options d'achat d'actions et les autres formes de rémunération différée, seules formes de rémunération caractérisées par l'écoulement d'un délai entre leur octroi et leur versement effectif. De plus, le dirigeant gestionnaire qui renonce à ces rémunérations sous la pression des *outsiders* sera d'autant plus enclin à le faire que cette renonciation prend la forme d'un abandon de créance et non d'un versement de sa part. La conséquence pour le dirigeant gestionnaire est assimilable à un manque à gagner plus facilement acceptable.

168. Vérification factuelle des conséquences de la publication. Les coûts du scandale peuvent donc constituer une forme de contrôle *a posteriori* des rémunérations, une fois celles-ci en partie versées. L'efficacité de ce contrôle sur les politiques rémunératoires doit toutefois être nuancée, aucune étude n'ayant réellement prouvé que l'émoi causé par sa rémunération ait systématiquement conduit le dirigeant gestionnaire à en abandonner une

---

551 L. A. BEBCHUK, J. M. FRIED, D. I. WALKER, *op. cit.* note 450, p. 786 et s.

552 Cette qualification a par ailleurs été confirmée par la jurisprudence. Voir en cela : Cass. civ. 2ème, 20 septembre 2005, *JCP E* 2006, 1045, note Raymonde VATINET.

553 Voir en ce sens : Mathieu ROSEMAIN, « Un sur deux a touché des stock-options », *Les Echos*, 26 avril 2010, p. 31 ; « Le patron de l'Oréal acclamé pour avoir renoncé à ses stock-options », *Les Echos*, 24 avril 2009, p. 27.

partie[554]. Bien que certaines imbrications entre les deux puissent être imaginées, il semble que les coûts du scandale ne soient qu'un des éléments aboutissant à la décision du dirigeant d'abandonner une partie de sa rémunération. Des tests empiriques menés aux États-Unis après 1993[555] auprès d'un échantillon représentatif de dirigeants ont ainsi prouvé que la pression médiatique et sociétale n'ont engendré aucune diminution des rémunérations accordées, mais plutôt un changement dans sa structure en privilégiant une approche court-termiste[556] et donc moins visible.

Dès lors, l'impact de ce contrôle informel peut être préjudiciable à la société en ce que le dirigeant peut privilégier ses propres intérêts plutôt que ceux de la société. Il est effectivement impossible de mêler une vision à court-terme, correspondant à une préoccupation de rentabilité importante et immédiate, à une approche plus prudente et échelonnée dans le temps. Le risque pour la société est donc de pâtir à moyen ou long terme d'un régime de rémunération accordé à un dirigeant ayant privilégié son propre intérêt pour minimiser, entre autres, les externalités négatives de la publication de sa rémunération.

169. Le rôle des *outsiders* dans le contrôle du versement de la rémunération des dirigeants est ainsi diffus. Liée à la publication de certaines formes de rémunérations, cette influence propre aux parties prenantes autres que les actionnaires se caractérise par une baisse de la réputation de la société *solvens* et du dirigeant *accipiens*. Cette influence, intéressante sur le plan théorique, n'est toutefois que faiblement matérialisable, notamment par un affaiblissement des investissements faits au sein de la société. Ce contrôle externe des rémunérations intervient en complément d'un autre contrôle, plus aisément concevable, celui opéré par des entités internes à la société.

II) Le contrôle opéré par les entités internes

170. Il semble logique que les rémunérations versées aux dirigeants par la société fassent l'objet d'un contrôle particulier de la part des membres internes à la structure sociale. D'une part, les membres du conseil d'administration doivent légalement porter une particulière attention, lors du versement des

---

554 Voir par exemple : Kevin J. MURPHY, « Explaining Executive Compensation : Managerial Power versus the Perceived Cost of Stock Options », *The University of Chicago Law Review*, 2002, Vol. 69, n° 3, p. 855-857.

555 Cette date a été choisie car c'est en 1992 que la *Securities and Exchange Commission*, autorité de régulation du marché étasunien, a modifié certaines règles de communication de l'information financière, incluant un nouveau formulaire consacré aux rémunérations des dirigeants.

556 Néologisme issu de la traduction de la locution anglaise « *short termism* », signifiant que les résultats à court-terme primeraient sur la rentabilité à long terme. Utilisé par P. LE CANNU, *op. cit.* note 536, p. 475. Voir aussi : Bengt HOLMSTROM, « Pay Without Performance and the Managerial Hypothesis : A Comment », *Journal of Corporation Law*, Vol. 30, p. 708 ; M.F. JOHNSON, S. PORTER et M. B. SHACKELL, *op. cit.* note 467, p. 37.

rémunérations différées, à certains éléments (A). D'autre part, il doit être mentionné que les actionnaires sont les premiers acteurs sociaux intéressés au versement des rémunérations, car ils attachent une grande importance à ce que l'actif social ne soit pas dilapidé. De ce fait, doit être distingué le droit de regard effectué grâce à l'information fournie (B) du *say on pay* par lequel les actionnaires peuvent se prononcer dans le cadre de l'assemblée générale (C).

A) Le contrôle légal du versement des rémunérations différées

171. Condition légale de performance. Les articles L. 225-42-1 et L. 225-90-1 du Code de commerce disposent, en leurs deuxième et cinquième alinéas, que les rémunérations différées doivent respecter un impératif de performance, qui doit être rempli par le dirigeant pour obtenir le versement des sommes. Cette exigence posée par la loi du 21 août 2007, a pu être inspirée par une disposition de l'article 162(m) de l'équivalent étasunien du Code général des impôts[557], créée en 1994. Les rémunérations différées ne peuvent donc plus être accordées sans aucun lien avec la performance de la société dirigée. Le choix est ici de rattacher la rémunération différée versée à la performance du dirigeant qui la reçoit, laquelle est appréciée au regard de la performance de la société. Cette formulation s'accompagne d'une procédure de contrôle qu'il convient de décrire, après avoir déterminé les contours de cette condition nouvelle.

172. Existence préalable de la performance en droit interne. Le critère de performance n'est en soi pas une innovation juridique, car il est présent dans les régimes de rémunération à base d'actions, qui sont des formes de rémunérations différées. Les actions gratuites, reprenant le mécanisme des *restricted share units* anglo-saxonnes, ont été introduites dans le Code de commerce par la loi de finances pour 2005[558]. Il est disposé au dernier alinéa de l'article L. 225-197-1 I du Code de commerce que le conseil d'administration ou le directoire « fixe les conditions et, le cas échéant, les critères d'attribution des actions »[559]. Parmi ces critères figureront le plus souvent des impératifs de performance afin que l'assemblée générale extraordinaire les autorisant n'ait pas l'impression que cette attribution soit à fonds perdus. Les options d'achat ou de souscription d'actions ne comportent, quant à elles, aucune condition explicite de performance lors de leur octroi.

---

[557] L'article 162(m) de l'*Internal Revenue Code*, 26 U.S.C. § 162, interdit aux sociétés cotées de déduire les rémunérations supérieures à un million de dollars versées aux dirigeants, sauf si ces rémunérations sont à base d'options d'achat ou de souscription d'actions, ou si elles sont versées en raison du respect de critères de performance déterminés par un comité des rémunérations composé uniquement d'administrateurs indépendants.

[558] Article 83-I de la Loi n° 2004-1484 du 30 décembre 2004 de finances pour 2005, *JORF* du 31 décembre 2004 p. 22459, introduisant les articles L. 225-197-1 et suivants du Code de commerce.

[559] Article L. 225-197-1 I alinéa 10 du Code de commerce.

Leur fonctionnement propre incite toutefois le dirigeant à fournir un effort important s'il désire bénéficier au mieux de cette forme de rémunération. S'il exerce son droit d'option, le dirigeant devra débourser le prix qui a été conféré à l'option par le conseil d'administration, ne pouvant être inférieur à 80 pour cent de la moyenne des cours des vingt séances de bourse précédant le jour d'émission des options[560]. Pour qu'il tire avantage de ce mécanisme rémunératoire, le dirigeant doit avoir une activité telle que le prix de l'action augmente, car sa rémunération est la différence entre le prix du marché et le prix d'exercice[561]. Ces deux éléments de rémunération différée impliquant des impératifs de performance, il apparaît logique que les autres rémunérations différées aient été elles aussi rattachées à ces mêmes impératifs.

173. Justification économique par la théorie de l'agence. La théorie de l'agence[562], pour laquelle il existe une différence fondamentale entre les intérêts des actionnaires et des dirigeants, permet de justifier le rattachement de la rémunération de ces derniers à la performance sociale. Un moyen de rapprocher les positions des deux groupes est de lier la rémunération des dirigeants à des indicateurs de performance organisationnelle[563]. Cela satisferait les actionnaires, car la rémunération employée aurait pour conséquence de rendre l'action managériale profitable à la société.

174. Imprécision rédactionnelle de l'article L. 225-42-1 du Code de commerce. L'article L. 225-42-1 du Code de commerce rattache la rémunération différée aux « performances du dirigeant appréciées au regard de celles de la société ». Cette décision correspond à la vision de certains économistes[564] mais s'avère en pratique délicate. En se concentrant sur la personne du dirigeant, le législateur paraît méconnaître le mécanisme social. Ne précisant pas quels indicateurs de performance doivent être retenus, il ouvre en outre la voie à d'éventuelles dérives, pouvant rendre *de facto* la mesure inefficace.

Il est, en effet, difficile d'évaluer la performance du seul dirigeant, la société étant une entité collective au sein de laquelle il est délicat d'individualiser les responsabilités et les mérites. La démonstration en est

---

[560] Article L. 225-177 du Code de commerce.

[561] Paul MILGROM, John ROBERTS, *Economics, Organisation and Management*, Englewood Cliffs, Prentice-Hall, 1992, p. 425.

[562] M. C. JENSEN, W. MECKLING, *op. cit.* note 47, p. 305 ; E. FAMA, *op. cit.* note 47, p. 288.

[563] Par exemple : la valeur des actions, les bénéfices, les indices de rentabilité, ou le concept EVA (Economic Value Added) lequel représente : l'« outil de gestion financière qui sert à mesurer les performances d'une entreprise, dont le profit économique dégagé sur les activités d'exploitation au cours d'un exercice et la valeur créée pour les actionnaires, et à évaluer la qualité de sa stratégie et de sa gestion telles que perçues par ses actionnaires ». Michel MAGNAN, *La rémunération des dirigeants d'entreprise : une affaire de performance ?*, Montréal, École des Hautes Études Commerciales de Montréal, 2000, p. 9.

[564] Voir notamment : Alfred RAPPAPORT, « New Thinking on How to Link Executive Pay With Performance », *Harvard Business Review* Vol. 77, 1999, 91, p. 101.

apportée par la théorie de la production en équipe, pour laquelle il est quasiment impossible de dissocier tous les intérêts présents au sein de la société, tout comme il est difficile d'évaluer l'apport précis de chacun au développement social[565]. Le projet de loi ne visait que la performance du dirigeant[566], ce qui le mettait face à un obstacle insurmontable. L'appréciation de la performance du dirigeant au regard de celle de la société peut quant à elle s'avérer impossible, un critère pouvant être détaché de l'autre. Un dirigeant oisif pourrait ainsi bénéficier d'une conjoncture particulièrement favorable pour la société, tout comme un dirigeant actif pourrait voir ses efforts annihilés par un environnement économique hostile. Dans ces deux hypothèses, caricaturales, la performance du dirigeant serait exactement opposée à celle de la société, il serait de fait difficile de remplir le critère retenu par la loi TEPA.

175. Description des critères de performance possibles. Comme l'a exprimé le rapporteur de cette loi devant l'Assemblée Nationale, la performance « se mesure et se constate »[567]. Toute la difficulté réside dans les critères retenus pour mesurer cette performance. La marge laissée à l'imagination est conséquente car la loi ne dispose rien quant aux facteurs à considérer. La solution paraissant la plus évidente réside dans la performance boursière, c'est-à-dire la valeur de cotation de l'action. Devant l'inquiétude de certains parlementaires[568], le ministre de l'économie de l'époque a pu proposer plusieurs autres possibilités telles que « l'emploi, le retour sur investissement, un certain nombre de ratios financiers, le cours de bourse, le recours à l'investissement extérieur », tandis que le sénateur MARINI mentionnait : « l'évolution de la cotation en bourse, divers ratios financiers (chiffre d'affaires, résultat et marge d'exploitation, taux d'autofinancement et d'endettement, coût moyen pondéré du capital...), certains retours sur investissements ou objectifs commerciaux, la situation de l'emploi dans la société, ou encore, telle réalisation particulière dans la mise en œuvre du projet d'entreprise »[569]. Tous ces critères, aussi pertinents soient-ils, représentent isolément une réalité comptable ou sociale imparfaite, car incomplète. Affirmer que la situation de l'emploi est un indicateur adéquat de la performance de la société ou du dirigeant est infondé, celle-ci dépendant de facteurs différents, comme le besoin de main d'œuvre et les capacités de l'entreprise de financer le travail. Il en va de même pour le chiffre d'affaires, beaucoup plus en rapport avec la diversification de l'activité de la société

[565] Margaret BLAIR, Lynn STOUT, « A Team Production Theory of Corporate Governance », *Virginia Law Review* Vol. 85, 1999, 247, p. 253.
[566] Gilles AUZERO, « Loi en faveur du travail, de l'emploi et du pouvoir d'achat : aspects de droit des sociétés et de droit du travail », *Bulletin Joly sociétés* 2007, n° 10, p. 1045.
[567] Y. PACLOT, C. MALECKI, *op. cit.* note 461, p. 2484.
[568] Rapporté par P. LE CANNU, B. DONDERO, *op. cit.* note 546, p. 767.
[569] Y. PACLOT, C. MALECKI, *op. cit.* note 461, p. 2484.

qu'avec la réelle performance[570]. Plus largement, tout indicateur de performance visant une seule société apparaît comme un instantané ne reflétant qu'une réalité isolée, l'activité économique d'une firme dépendant autant de facteurs endogènes qu'exogènes. Cette incertitude quant aux critères de performance auxquels rattacher la rémunération différée a pu favoriser, un peu moins d'un an après l'adoption de la loi, un « inventaire à la Prévert »[571], traduction de la perplexité du monde des affaires à propos de cette exigence législative.

176. Externalités négatives du panachage. La solution privilégiée revient donc à mêler plusieurs critères de performance au sein de ce qui a été qualifié d'un « panier de critères »[572]. Cette possibilité permet de lutter contre le caractère partiel de chaque indicateur. L'image de la performance serait, en effet, plus précise par un panachage. Celui-ci permet d'objectiver la performance et de rendre plus difficile la réalisation de cette condition du versement des rémunérations différées, ce qui paraît être un souhait du législateur[573]. Ce panachage peut toutefois soulever une difficulté, celle de la vérification par les actionnaires du respect de la loi. Ceux-ci sont en effet amenés à se prononcer sur la décision d'octroi de la rémunération différée par le conseil d'administration et sont récipiendaires d'une autre décision de ce conseil, constatant le respect des conditions. Les actionnaires disposent alors de peu de possibilités pour vérifier si cette dernière décision est valide, la combinaison des facteurs rendant ardue la lecture de la mission du dirigeant et de son influence sur la performance sociale.

Un autre risque est de voir se multiplier des facteurs ni objectifs, ni clairs. Le but à atteindre n'est parfois pas fixé clairement et des conditions de performance sur-mesure peuvent être posées par le conseil d'administration, rendant leur réalisation totalement invérifiable ou purement discrétionnaire[574]. Dans ce cas, si la lettre de la loi est respectée, son esprit est largement bafoué.

177. Rôle essentiel du conseil d'administration ou de surveillance. La détermination des critères de performance relève d'une décision des conseils d'administration ou de surveillance au moment de l'octroi de la rémunération au dirigeant. Cette décision est publiée, ce qui permet d'informer des critères choisis les actionnaires et le marché[575]. Par la suite, suivant le modèle des « super conventions réglementées »[576], l'assemblée générale devrait approuver

---

[570] C. CHAMPAUD, D. DANET, *op. cit.* note 534.

[571] Benjamin JULLIEN, « Critères de performance : un inventaire à la Prévert », *Les Echos*, 23 avril 2008, p. 30.

[572] Y. PACLOT, C. MALECKI, *op. cit.* note 461, p. 2484.

[573] Le respect de cette condition de performance ne doit en effet pas « être gagné d'avance » : Alain VIANDIER, « Les engagements d'indemnisation des dirigeants sociaux après la loi n° 2007-1223 du 21 août 2007 », *JCP E* 2007, 2129.

[574] B. JULLIEN, *op. cit.* note 571.

[575] Selon l'article R. 225-34 du Code de commerce, la publication s'effectue sur le site internet de la société *solvens*.

[576] Voir *supra* § 162.

la résolution du conseil d'administration et donc les critères de performance arrêtés. Bien que ce vote ne soit pas disposé explicitement à la lettre de l'article, il serait souhaitable, en suivant la volonté du législateur d'impliquer les actionnaires, que ceux-ci aient à se prononcer sur les critères de performance fixés par les administrateurs. Les actionnaires devant légalement se prononcer sur la rémunération différée à chaque renouvellement de mandat, sans qu'il n'y ait eu une autorisation du conseil d'administration, l'assemblée générale devrait être saisie de la vérification du respect des conditions de performance, donnant lieu à une délibération du conseil.

Enfin, lorsque la condition temporelle de versement est remplie[577], le conseil d'administration doit apprécier si les conditions de performance ont été satisfaites par le dirigeant. Cette résolution est publiée, et si le conseil juge que les critères n'ont pas été respectés, il doit, à peine de nullité de plein droit, décider que la somme prévue n'est pas versée. Toutefois, le respect partiel des conditions de performance déjà fixées peut-il n'entraîner qu'un versement réduit des sommes prévues ? Bien que certains considèrent que l'exigence de performance signifie qu'il faille respecter une notion de proportionnalité[578], il semble qu'un autre raisonnement puisse être adopté, celui du « tout ou rien ». Il serait logique que l'irrespect partiel des conditions de performance n'entraîne aucun versement. La rémunération différée serait alors définitivement perdue. Ce raisonnement peut être appuyé par la dernière phrase du cinquième alinéa des articles L. 225-42-1 et L. 225-90-1 du Code de commerce, qui dispose que « tout versement effectué en méconnaissance des dispositions du présent alinéa est nul de plein droit ». Par ailleurs, la rémunération différée est considérée comme un contrat, car soumise à la procédure des conventions réglementées. Les critères de performance peuvent donc être considérés comme des conditions suspensives répondant au régime des articles 1304-3 et suivants du Code civil[579]. Dès lors, tant que la condition n'est pas respectée, le contrat est suspendu, ce qui signifie que le non-respect des conditions de performance n'entraine aucun versement des rémunérations différées, le contrat ne pouvant connaître une exécution, même partielle.

178. La qualification de la performance comme condition contractuelle. Une question peut être soulevée dans l'hypothèse inverse, c'est-à-dire celle du respect des critères de performance. Si ces critères sont remplis, le conseil d'administration ou de surveillance peut-il refuser de verser

[577] Soit la cessation ou le changement des fonctions au sens des articles L. 225-42-1 et L. 225-90-1.

[578] P. LE CANNU, B. DONDERO, *op. cit.* note 546, p. 770.

[579] Le régime de la condition n'est toutefois pas totalement adaptable. C'est le cas de la renonciation à la condition suspensive, dont le principe est accepté lorsque cette dernière est consentie au seul profit du débiteur. Voir en ce sens : Cass. civ. 3ème, 26 juin 1996, *Defrénois* 1996, p. 1359, obs. Philippe DELEBECQUE. Dans le cas des rémunérations différées, une telle renonciation ne serait pas envisageable, la condition étant posée par la loi et non pas par la convention.

les rémunérations octroyées quelques temps auparavant ? Il semble qu'il faille répondre négativement à cette question, une nouvelle fois en raison de la logique du « tout ou rien ». La qualification de condition retenue pour les exigences de performance permet aussi de justifier cette position. En effet, dès que la condition est remplie, le débiteur – à savoir la société – doit accomplir l'obligation[580]. Le conseil d'administration n'a ainsi aucun pouvoir modérateur en cas de respect des critères de performance et ce même en cas de difficulté financière[581].

179. Le second passage devant le conseil d'administration ou de surveillance imposé par les articles relatifs aux rémunérations différées n'est donc pas un contrôle du quantum des versements, mais plutôt de la légalité de ce versement. Il n'est pas question pour le conseil de débattre du montant versé, mais du respect des conditions du versement. Le vote du conseil d'administration, tel que disposé aux articles L. 225-42-1 et L. 225-90-1 du Code de commerce, peut donc s'apparenter à un vote d'enregistrement, le conseil n'ayant aucune marge de manœuvre. L'organe compétent se contente du rôle minimal dans sa mission de contrôle, car sa vérification ne porte que sur le respect des conditions d'octroi des rémunérations différées. Aussi peut-on s'interroger sur le rôle du conseil d'administration ou de surveillance : est-il nécessaire de réunir à nouveau ce conseil dans le seul but de constater le respect de certaines conditions ? Ne serait-il pas plus opportun de confier cette tâche au comité des rémunérations, organe composé de moins de membres ?

B) Le contrôle actionnarial de la rémunération immédiate et régulière par l'information

180. Définitions. La rémunération immédiate et régulière n'admet qu'une définition négative, s'entendant de tous les éléments de rémunération qui ne sont pas des éléments de rémunération différée. Le salaire, dont le versement n'est, par nature, pas immédiat mais échelonné dans le temps, peut être considéré comme un élément de rémunération immédiate et évidemment régulière. Le dividende doit aussi être considéré comme une rémunération immédiate et régulière, bien que le critère de régularité puisse être contesté en raison de son caractère « conditionnel et aléatoire »[582]. Ces rémunérations font l'objet d'un contrôle lié à leur publication issue des diverses règles de transparence financière. Les conséquences de ce contrôle, bien qu'indirectes et diffuses, ne doivent pas être négligées.

181. Publicité des rémunérations – Source interne. Le contrôle *a posteriori* des rémunérations accordées aux dirigeants résulte des obligations

---

580 Article 1304 alinéa 2 du Code civil.

581 Voir ce sens : P. LE CANNU, B. DONDERO, *op. cit.* note 546, p. 770.

582 Cass. civ., 28 mai 1946, *D.* 1946, p. 344.

de transparence, principalement issues des normes de l'Union Européenne[583]. Le droit interne a toutefois anticipé le mouvement unioniste par la loi nouvelles régulations économiques[584], confirmée par la loi de sécurité financière[585], en créant l'article L. 225-102-1 du Code de commerce. Ce texte a été modifié à un rythme effréné, car en dix ans d'existence, l'article a été amendé à huit reprises[586], apportant autant de « rustines »[587], pour comprendre un total de douze alinéas, ce qui en fait un des articles les plus longs et complexes du livre II du Code de commerce. À l'origine consacré à la seule rémunération, l'article L. 225-102-1 du Code de commerce concernait aujourd'hui aussi la responsabilité sociale et environnementale[588]. Ne seront traités ici que les aspects rémunératoires de cet article. Devant la trop grande variété de mesures contenues dans ce texte, le rendant quasi illisible, une réforme a été opérée par l'ordonnance du 12 juillet 2017[589]. L'article L. 225-37-3 contient depuis ce texte les règles relatives au rapport sur les rémunérations.

182. Rapport du conseil d'administration à l'assemblée générale. Les articles L. 225-37 et L. 225-68 du Code de commerce posent l'obligation de rendre un rapport annuel de gouvernance par le conseil d'administration ou le conseil de surveillance. À ce rapport s'est greffée l'obligation pour les sociétés cotées, mentionnées à l'article L. 225-37-3 du Code de commerce, de rendre compte de la « rémunération totale et des avantages de toute nature versés, durant l'exercice, à chaque mandataire social », versés en numéraire, en actions, valeurs mobilières donnant accès au capital ou obligations. Ce rapport doit décrire précisément les éléments fixes, variables et exceptionnels, ainsi que les « critères en application desquels ils ont été calculés ou les circonstances en vertu desquelles ils ont été établis ». Aussi le conseil d'administration, ou conseil de surveillance, se trouve-t-il dans l'obligation de communiquer à l'assemblée générale, tous les ans, les modalités de rémunération des dirigeants gestionnaires.

---

583 Voir par exemple le Règlement CE n° 809/2004 du 29 avril 2004, mettant en œuvre la directive 2003/71/CE du Parlement Européen en ce qui concerne les informations contenues dans les prospectus, la structure des prospectus, l'inclusion d'informations par référence, la publication des prospectus et la diffusion des communications à caractère promotionnel, *JOUE* L. 149/1 du 30 avril 2004.

584 Loi n° 2001-420 du 15 mai 2001, précitée note 221.

585 Loi n° 2003-706 du 1er août 2003, précitée note 86.

586 Voir sur l'évolution : P. DIDIER, Ph. DIDIER, *op. cit.* note 111, p. 918-919.

587 Claude CHAMPAUD, Didier DANET, « Contrôle de la rémunération des dirigeants. Loi pour la confiance et la modernisation de l'économie. Information sur les rémunérations des administrateurs », *RTD Com.* 2005, p. 779.

588 Voir *infra* § 365 et s.

589 Ordonnance n° 2017-1162 du 12 juillet 2017 portant diverses mesures de simplification et de clarification des obligations d'information à la charge des sociétés, *JORF* du 13 juillet 2017, texte n° 17.

183. Domaine d'application de la norme interne. L'ensemble des rémunérations versées aux dirigeants gestionnaires durant l'année doit faire l'objet d'une publication dans le rapport annuel de gouvernance du conseil d'administration ou de surveillance. Toutes les rémunérations immédiates, quelles que soient leur cause, feront l'objet d'un rapport présenté en assemblée générale ordinaire. Les rémunérations mentionnées dans le rapport de gestion sont celles versées par la société dans laquelle le dirigeant gestionnaire exerce son mandat, mais aussi par les sociétés contrôlées au sens de l'article L. 233-16 du Code de commerce et la société qui contrôle au sens du même article[590]. L'information visée par ce rapport est individuelle, c'est-à-dire que la rémunération des dirigeants gestionnaires est identifiée précisément, rendant de fait la structure et la politique de rémunération de la société plus lisibles.

La communication des rémunérations visées à l'article L. 225-37-3 du Code de commerce tend donc à appréhender le plus de situations possibles. Ce constat doit toutefois être minimisé, une limite majeure existant dans le cadre du groupe de sociétés cotées, car le rapport de gestion ne considère qu'imparfaitement la figure du groupe de sociétés cotées. Les versements concernés par ce rapport sont les versements verticaux, c'est-à-dire ceux effectués par la société qui contrôle ou par la société contrôlée au sens de l'article L. 233-16 du Code de commerce. Dans un groupe de sociétés, des relations peuvent aussi exister entre plusieurs sociétés contrôlées par la même société. Il est donc possible de qualifier ces sociétés de sociétés sœurs, ayant un lien horizontal. Si une société verse un élément de rémunération, quel qu'il soit, à une personne n'ayant aucun mandat dans celle-ci, mais dans une société sœur, ce versement ne peut pas être concerné par le rapport du conseil d'administration ou de surveillance et est donc soustrait au regard des associés. Dès lors, le rapport, aussi complet soit-il quant aux éléments de rémunérations concernés, demeurera incomplet au regard de la figure du groupe de sociétés.

184. Communication du rapport de gouvernance. La communication du rapport de gouvernance est régie par différentes normes, dans le but d'informer le plus d'intervenants. Cette communication peut, si elle aboutit à la diffusion d'informations sensibles, mener à la sanction de la société par les actionnaires ou les investisseurs.

Le rapport de gouvernance est tout d'abord communiqué en assemblée générale. C'est un droit de communication, aussi l'assemblée n'a-t-elle en aucun cas une possibilité de voter sur ce rapport. Le contrôle de la décision de gestion qu'est la rémunération ne se manifeste donc pas par le vote. Cette

---

[590] Il est intéressant de noter que l'article auquel le texte renvoie concerne le contrôle entraînant certification des comptes. L'article L. 233-16 du Code de commerce dispose que le contrôle résulte de la détention directe ou indirecte de la majorité des droits de vote ; de la désignation pendant deux exercices successifs de la majorité des membres des organes d'administration, de direction ou de surveillance d'une autre société ; ou du droit d'exercer une influence dominante sur une entreprise en vertu d'un contrat ou de clauses statutaires.

information n'est toutefois pas uniquement conservée au sein de la structure sociale, car les sociétés cotées doivent communiquer doublement le rapport de gestion.

Dans un premier temps, ce rapport doit être déposé en deux exemplaires auprès du greffe du tribunal de commerce compétent[591], ce qui permet de le rendre opposable *erga omnes*. Cette opposabilité permet à tout intéressé d'en demander la communication. Dans un second temps, des règles spéciales de publicité existent pour les sociétés dont les titres sont admis aux négociations sur un marché réglementé. Le rapport de gouvernance du conseil d'administration ou de surveillance fait partie de l'information périodique devant être publiée par les sociétés cotées[592]. Cette information est due par les émetteurs dont les titres sont admis aux négociations sur un marché réglementé d'un État membre de l'Union européenne et dont l'Autorité des marchés financiers est l'autorité de régulation[593]. Elle crée des modalités bien plus exigeantes à l'encontre des émetteurs.

Tout d'abord, le rapport de gouvernance, comme toute information financière, doit être exact, précis et sincère[594]. Ensuite, les modalités de publicité du rapport de gestion sont bien plus contraignantes pour l'émetteur : au titre des articles 221-1 et suivants du Règlement général de l'Autorité des marchés financiers, l'information financière doit être publiée au moyen de divers médias. Cette diffusion doit être « effective et intégrale »[595], ce qui signifie au plus tôt et dans un média ayant l'audience la plus importante possible. L'information annuelle étant volumineuse, la simple diffusion d'un communiqué indiquant les modalités de sa mise à disposition suffit pour satisfaire cette l'exigence[596]. L'information financière doit aussi être publiée par voie de presse écrite, aux rythme et modalité déterminés par l'émetteur[597]. Par ailleurs, il est nécessaire qu'il publie sur son site internet le contenu de l'information annuelle et donc le contenu de son rapport de gestion[598]. Enfin, celui-ci doit être communiqué à l'Autorité des marchés financiers par voie électronique.

185. Application possible de la *Wall Street Rule*. Le rapport de gouvernance est donc communiqué directement aux associés, mais aussi indirectement à tout intéressé, tant par le biais du dépôt au greffe du tribunal

[591] Article L. 232-23 du Code de commerce.

[592] L'article 222-9 du Règlement général de l'AMF vise les informations des articles L. 225-37, L. 225-68 et L. 225-235 du Code de commerce.

[593] Article L. 451-1-2 du Code monétaire et financier et article 222-3 du Règlement général de l'AMF. Voir : T. BONNEAU, F. DRUMMOND, *op. cit.* note 90, p. 643 et s.

[594] Articles 223-1 et 632-1 du Règlement général de l'AMF.

[595] Article 221-3 I du Règlement général de l'AMF.

[596] Article 221-4 V du Règlement général de l'AMF.

[597] Article 221-4 VI du Règlement général de l'AMF.

[598] Lorsque l'émetteur voit ses titres négociés sur un système multilatéral de négociation, comme Alternext, cette dernière formalité suffit à elle-seule à assurer la diffusion effective et intégrale. Voir : article 221-3 II du Règlement général de l'AMF.

de commerce que par la publication de l'information financière. Ces diverses publications soulèvent la question de leur effet au regard de ces différents intéressés. Si le rapport fait apparaître des mécanismes rémunératoires qui ne sont pas cohérents avec la conception d'une bonne gestion qu'ont les actionnaires ou les investisseurs, sa communication peut avoir d'importants effets.

Le premier d'entre eux concerne les actionnaires déjà présents au sein de la structure sociale. Il est possible que ceux-ci fassent application de la règle de Wall Street[599], c'est-à-dire qu'ils préféreraient céder leurs actions plutôt que de vouloir modifier le fonctionnement social. Cette réaction, qui ne peut être efficace que si elle est appliquée par des investisseurs ayant investi d'importantes sommes, est considérable pour la société, amenée à perdre une frange importante de son actionnariat. Les effets du contrôle *a posteriori* de la politique rémunératoire de la société peuvent être non négligeables[600]. Il doit toutefois être noté que l'application de la règle de Wall Street peut ne pas être uniquement motivée par un désaccord avec la politique rémunératoire, mais plutôt par un désaccord avec la politique globale de la société. En somme, le contrôle *a posteriori* des pratiques rémunératoires et le désaccord qui pourra en découler sont des éléments conduisant au départ de certains actionnaires, mais ne suffisent pas en eux-mêmes.

Par ailleurs, le rapport de gouvernance concernant les rémunérations des dirigeants gestionnaires est à la disposition de toute personne, qui pourrait par exemple consulter le site internet de la société ou de l'Autorité des marchés financiers. L'obligation de publication issue de la directive Transparence[601] facilite l'accès à l'information financière du marché et donc de tous ses intervenants. Le but recherché de protéger les investisseurs et de rendre efficace le marché[602] peut entraîner une externalité négative pour la société, en ce qu'elle peut décourager les investisseurs de prendre position au sein de la société. La logique est la même que la *Wall Street Rule*, c'est-à-dire que

---

599 La formule originale anglo-américaine de *Wall Street Rule* (ou *Wall Street Walk*) tend à être remplacée en France par celle, bien connue dans l'Histoire contemporaine européenne, de « vote avec ses pieds ». Voir en cela : P.-Y. GOMEZ, *op. cit.* note 309 ; Michel GERMAIN, « Transparence et information », *Les petites affiches* 19 novembre 1997, p. 16.

600 France DRUMMOND, « L'information des actionnaires et des investisseurs », *Revue de Jurisprudence Commerciale,* H.S 2005, p. 18. Pour des analyses économiques de l'impact de la *Wall Street Rule* : Anat R. ADMATI, Paul PFEIDERER, « The "Wall Street Walk" and Shareholder Activism : Exit as a Form of Voice », *Review of Financial Studies* 2009, p. 2645 ; Brandon CHEN, « Board Monitoring and the Wall Street Rule », 2010. [En ligne] http://papers.ssrn.com/sol3/papers.cfm?abstract_id=1659436. *Contra* : Robert PARRINO, Richard W. SIAS, Laura T. STARKS, « Voting With Their Feet : Institutional Ownership Changes Forced CEO Turnover », *Journal of Financial Economics* 2003, p. 3.

601 Directive 2004/109/CE du 15 avril 2004, transposée par la loi n° 2007-1774 portant diverses dispositions d'adaptation au droit communautaire dans les domaines économique et financier, *JORF* du 18 décembre 2007, p. 20354.

602 Considérant 1 de la directive 2004/109/CE précitée note 601. Cité par F. DRUMMOND et T. BONNEAU, *op. cit.* note 90, p. 619.

l'information communiquée entraînera une réaction négative à l'égard de l'émetteur. Or, le destinataire n'étant, par définition, pas titulaire de titres de l'émetteur, il ne peut quitter la société. Sa réaction est donc difficilement quantifiable et peut donc demeurer théorique. La communication du rapport de gestion indiquant la politique rémunératoire peut décourager le marché et ses acteurs d'investir dans la société émettrice. Ces deux mécanismes marchands viennent donc sanctionner la communication d'un rapport de gouvernance faisant état d'une politique rémunératoire insatisfaisante. Cette sanction du contrôle *a posteriori* est complétée par le texte même du Code de commerce.

186. Sanction du non-respect de l'article L. 225-37-3 du Code de commerce. Le Code de commerce dispose, en son article L. 225-37-3, que tout versement et tout engagement effectués en méconnaissance des exigences de cet article « peuvent être annulés ». Cette annulation, qui ne s'applique pas dans le cadre de la bonne foi, est particulière, car elle vient sanctionner une exécution en méconnaissance d'une modalité liée à la publicité d'un acte et non pas à l'acte lui-même. Bien que textuelle, répondant de ce fait à l'exigence d'une disposition de l'article L. 235-1 du Code de commerce[603], cette nullité soulève quelques interrogations.

Il est en effet rare, en droit français, qu'une annulation vienne sanctionner la publicité d'un acte et ses conséquences. Le principe est que la nullité est la sanction d'un défaut apparaissant dans la formation de l'acte, un défaut dans la publicité de l'acte n'entraînant habituellement que son inopposabilité[604]. Si jamais une rémunération d'un dirigeant gestionnaire est accordée alors qu'elle ne figure pas dans le rapport annuel, la sanction logique serait donc l'inopposabilité. Or, le versement, bien qu'inopposable, est déjà effectué, la sanction apparaitrait donc inadaptée. La nullité de ce versement ne peut recevoir qu'une justification pratique.

Par ailleurs, l'article L. 225-37-3 du Code de commerce dispose que ces rémunérations « peuvent être annulées ». Le titulaire de l'action en nullité n'est cependant pas mentionné par l'article, mais il semble logique que la société dispose d'une telle action[605], tout comme des associés agissant en son nom[606]. Il semble toutefois que l'action ne soit pas ouverte aux créanciers, car cette nullité prévue a pour seul objectif de protéger la société et les associés auxquels le rapport est communiqué.

---

[603] Cet article dispose que la nullité d'une délibération ou d'un acte est possible en cas de violation d'une disposition impérative du livre II du Code de commerce.

[604] Voir en ce sens : Daniel BASTIAN, *Essai d'une théorie générale de l'inopposabilité*, Thèse, Paris, Sirey, 1929, p. 21, 27 et s.

[605] Dans la mesure où le représentant légal de la société n'est pas le dirigeant gestionnaire recevant la rémunération litigieuse.

[606] Selon un mécanisme assimilable à celui de l'action *ut singuli*, au sens de l'article L. 225-252 du Code de commerce.

De plus, et outre l'incertitude quant au titulaire de l'action en nullité, la formulation du Code de commerce laisse entendre que le juge a un office souverain. Ces conditions prouvent donc que la sanction issue du contrôle *a posteriori* des conditions d'octroi de la rémunération est assez faible. Cette sanction est d'autant plus faible que la nullité dont il est question est une nullité relative, qui peut être confirmée par la partie qui pourrait invoquer la nullité de l'acte. La société, protégée par cette nullité, pourrait par son assemblée générale – organe visé par le rapport devant faire état de la rémunération des dirigeants – la confirmer par un vote, atténuant définitivement la portée de la sanction.

187. Cette faiblesse de la sanction se rencontre dans les mécanismes marchands liés à la publicité des rémunérations au sein de la société. En effet, les conséquences de la *Wall Street Rule* ne sont réellement importantes qu'à la condition d'être exercées par un investisseur représentant une part importante du capital de la société émettrice. Par ailleurs, l'action en nullité de certaines rémunérations est subordonnée au respect de plusieurs conditions. La première d'entre elles est l'absence de communication au sein du rapport de gestion, ainsi que l'octroi ou le versement de mauvaise foi. Enfin, il est nécessaire que le juge accepte de prononcer l'annulation, car il dispose d'une marge d'appréciation quant à la possibilité de sanctionner le versement. Le contrôle *a posteriori* de l'octroi des rémunérations n'est donc que faiblement efficace. Une nouvelle procédure pour favoriser le contrôle actionnarial des rémunérations a alors été introduite par les entités professionnelles.

C) L'introduction du say on pay

188. Le contrôle de la rémunération par les actionnaires : une préoccupation d'inspiration étrangère. Au regard des écarts constatés dans certaines pratiques rémunératoires, l'idée de conférer un droit d'observation aux actionnaires est apparue dans certains pays au début du XXIème siècle. Le droit Britannique a été l'un des premiers à proposer un rôle actif aux actionnaires, qui disposent depuis 2003 de la possibilité de se prononcer annuellement sur les rémunérations accordées aux dirigeants de la société[607]. Cette innovation, participant du contrôle des dirigeants par les actionnaires, a inspiré de nombreux systèmes juridiques, qui ont adopté des mécanismes

---

[607] Article 439 de la *Companies Act* : « Une société dont les titres sont admis aux négociations sur un marché réglementé doit, avant la révision des comptes, fournir aux membres de la société ayant le droit de recevoir l'ordre du jour, l'avis selon lequel sera inscrit à l'ordre du jour, en tant que résolution ordinaire, une résolution visant à approuver un rapport sur la rémunération des administrateurs pour l'exercice échu ». Traduction de "*A quoted company must, prior to the accounts meeting, give to the members of the company entitled to be sent notice of the meeting notice of the intention to move at the meeting, as an ordinary resolution, a resolution approving the directors' remuneration report for the financial year*".

semblables[608]. En 2013, il était ainsi possible de retrouver ce mécanisme de *say on pay* dans dix-sept pays, dont onze au sein de l'espace économique européen[609]. Au-delà de ces différentes normes nationales, l'Union Européenne allait plus loin dès 2005, en incitant par le biais de deux recommandations les États membres à faire figurer « la politique de rémunération (...) à l'ordre du jour de l'assemblée générale annuelle »[610].

L'introduction de cette procédure de consultation des actionnaires à propos de la rémunération des dirigeants sociaux semblait donc constituer une évolution inéluctable pour le droit français. Celle-ci s'est déroulée en deux temps : d'abord l'introduction d'une procédure encadrée par la *soft law*, puis, devant la preuve de l'inefficacité de cette forme d'encadrement, par une procédure prévue par la loi.

189. Le *say on pay* à la française, une introduction sectorielle. Le contrôle par les actionnaires de la rémunération des dirigeants, souhaité par le gouvernement[611], a d'abord été proposé par le biais de la modification du Code de gouvernance de l'AFEP et du MEDEF[612]. Cette introduction sectorielle, à l'initiative des organisations représentatives des entrepreneurs et des sociétés, a entendu précéder une mesure législative qui aurait été trop contraignante[613]. Le Code AFEP-MEDEF disposait donc dès 2013 que le conseil devait présenter le régime de rémunération à l'assemblée générale ordinaire, afin qu'elle se prononce sur ce point. Ce dispositif avait un champ d'application précis, mais comportait aussi quelques limites.

190. Le champ d'application du *say on pay* à la française. Il est à noter, à titre liminaire, que les sociétés cotées étaient principalement concernées par cette mesure, le Code AFEP-MEDEF ayant essentiellement vocation à s'appliquer aux sociétés dont les titres sont admis aux négociations sur un marché réglementé[614]. Cette mesure de consultation des actionnaires portait sur des éléments de rémunération dont la liste était fournie par le code sectoriel.

---

608 Voir, en ce sens : Alain VIANDIER, « L'avis consultatif de l'assemblée des actionnaires sur la rémunération des dirigeants sociaux (Code de gouvernement d'entreprise des sociétés cotées : juin 2013) », *JCP E* 2013, 1416, spéc. § 6.

609 Les pays de l'espace économique européen sont, outre la Grande-Bretagne : l'Espagne, l'Allemagne, l'Italie, les Pays-Bas, le Danemark, la Suède, le Portugal, la Norvège et la Suisse. Voir aussi : ASSOCIATION NATIONALE DES SOCIETES PAR ACTIONS, *Journées d'études de l'ANSA 2013*, Paris, 2013, spéc. p. 140 et s.

610 Considérants 7 et 8 et article 4 de la Recommandation 2004/913 du 14 décembre 2004, précitée note 521. Voir aussi : article 6 de la Recommandation 2009/385, précitée note 502.

611 A. VIANDIER, *op. cit.* note 608, spéc. § 3.

612 AFEP-MEDEF, *op. cit.* note 161, p. 28.

613 Yann PACLOT, « Gouvernance d'entreprise : la révision du code AFEP-MEDEF préférée à la loi », *Bulletin Joly sociétés* 2013, p. 556.

614 « Les présentes recommandations s'adressent aux sociétés dont les titres sont admis aux négociations sur un marché réglementé. Il est également souhaitable et recommandé que les autres sociétés appliquent ces recommandations en tout ou partie en les adaptant à leurs spécificités » : AFEP-MEDEF, *op. cit.* note 161, p. 1.

Le conseil d'administration ou de surveillance devait fournir un rapport à l'assemblée générale faisant état de la part fixe, de la part variable, des rémunérations exceptionnelles, des options d'actions, des indemnités liées à la prise ou à la cessation des fonctions, des régimes de retraites supplémentaires ainsi que des avantages de toute nature accordé à chaque dirigeant[615]. Toutes les formes de rémunérations versées par la société étaient donc visées par cet article, ce qui pouvait entraîner un flux important de documents, d'autant plus que l'information fournie par le conseil était individualisée. Cette mesure de transparence, louable et nécessaire à la participation éclairée des actionnaires, soulevait toutefois des interrogations.

La première tenait aux rémunérations concernées par cette nouvelle procédure. Toutes les formes rémunératoires étaient visées, quelles qu'aient été leur mode d'approbation, par le conseil – telle la partie fixe – ou par l'assemblée générale, ou encore les options. Ces derniers éléments rémunératoires faisaient ainsi l'objet de deux décisions différentes de l'assemblée générale de la société, au risque de formuler deux décisions contraires[616]. L'assemblée générale ordinaire pouvait refuser une rémunération qu'elle avait elle-même acceptée quelque temps auparavant. Cette éventualité était toutefois inévitable dès lors que la procédure du *say on pay* s'applique à la rémunération dans son intégralité.

A ce titre, apparaissait une deuxième difficulté quant à la production du rapport du conseil d'administration à l'assemblée générale annuelle. Il devait faire état, selon le code AFEP-MEDEF, de l'ensemble des rémunérations versées à chaque dirigeant exécutif, soit la même information qu'à l'article L. 225-37-3 du Code de commerce. Dès lors, était-il pertinent d'exiger la publication d'un tel rapport par le conseil d'administration ou de surveillance, alors que le rapport annuel comprenait lui aussi une description individualisée et précise des rémunérations versées ? Il semblait que le conseil devait produire les deux rapports relatifs à la rémunération des dirigeants, le premier annexé aux comptes annuels, le second destiné à informer spécifiquement les actionnaires à propos de la rémunération des dirigeants exécutif. Cette double publication répondait à un objectif pédagogique particulier des actionnaires, qui étaient alors particulièrement informés[617].

Au-delà de cette incertitude quant aux modalités de publication, il existait un doute relatif aux rémunérations étant appréhendées par ce *say on pay*. Il apparaissait à la lecture du code AFEP-MEDEF que seules les rémunérations versées aux dirigeants exécutifs par la société au sein de laquelle ils exercent leur mandat devaient être soumises à l'approbation de l'assemblée générale, à

---

615 *Id.*, p. 26.

616 Stéphane TORCK, « Rémunération des dirigeants de sociétés cotées : la régulation plutôt que la moralisation », *Droit des sociétés* 2013, comm. 163.

617 Bruno DONDERO, « Le code AFEP-MEDEF révisé : un nouveau départ », *Revue des sociétés* 2014, p. 7, § 20.

l'exclusion des sommes versées par d'autres entités si la société fait partie d'un groupe. Cette absence de considération de la figure du groupe était dommageable. Cette faiblesse a été palliée en janvier 2014, alors que le Haut comité de gouvernement d'entreprise a précisé que le vote porte sur l'ensemble des rémunérations dues ou attribuées « par toutes les sociétés du groupe »[618].

Les actionnaires étaient ainsi conduits à se prononcer sur l'ensemble des rémunérations versées par la société au sein de laquelle les dirigeants exécutifs exercent leur mandat, sans autre précision. Cette participation des détenteurs de droits de vote pouvait aboutir à un vote négatif.

191. L'hypothèse du rejet par l'assemblée générale des rémunérations. Le *say on pay* conférant un pouvoir de consultation à l'assemblée générale, il était envisageable que celle-ci rejette les rémunérations soumises à son appréciation.

L'assemblée générale étant consultée *ex post*, c'est-à-dire après que les rémunérations aient été accordées aux dirigeants par le conseil d'administration[619], deux possibilités existaient : soit le vote des actionnaires avait une portée impérative et le refus, même *ex post*, aurait dû entraîner une nouvelle détermination des rémunérations managériales ; soit leur vote était consultatif et le refus sans réel portée. Seule la seconde possibilité était envisageable, car conférer un vote impératif à l'assemblée générale aurait empiété sur la compétence exclusive du conseil d'administration ou du conseil de surveillance[620]. En effet, à considérer que l'assemblée générale dispose d'un vote impératif, elle aurait pu revenir sur une décision du conseil d'administration. Le vote de l'assemblée générale tel que prévu par le code AFEP-MEDEF était donc purement consultatif, ce qui signifiait que son rejet des rémunérations accordées à certains dirigeants n'emportait juridiquement aucune conséquence sur leur validité.

Toutefois, il n'était pas question qu'un vote négatif de l'assemblée générale ordinaire demeurât lettre morte pour autant. En effet, dans une telle hypothèse, le conseil d'administration ou le conseil de surveillance devait délibérer sur ce sujet lors d'une prochaine séance – que l'on supposait être la plus prochaine, sans aucune garantie textuelle[621] – et publier immédiatement sur le site internet de la société un communiqué indiquant les suites à donner

---

618 HAUT COMITE DE GOUVERNEMENT D'ENTREPRISE, *Guide d'application du code AFEP-MEDEF de gouvernement d'entreprise des sociétés cotées de juin 2013*, Paris, 2014, p. 2..

619 *Id.*

620 Edouard DUBOIS, Jérôme CHACORNAC, « Les limites de l'autorégulation en droit des sociétés », *Bulletin Joly sociétés* 2013, p. 758 ; ASSOCIATION NATIONALE DES SOCIETES PAR ACTIONS, *op. cit.* note 609, p. 26-27.

621 Un auteur considère que, faute d'indication, la question pourrait être repoussée aux « calendes grecques » : B. DONDERO, *op. cit.* note 617, spéc. § 24.

à cette désapprobation[622]. Le vote négatif de l'assemblée générale ne donnait pas lieu à des suites retentissantes pour les dirigeants dont le régime de rémunération faisait l'objet de ce vote. Cette décision était insuffisante pour motiver une révocation du dirigeant concerné, car elle ne pouvait représenter un juste motif de révocation[623]. En outre, ce vote ne pouvait en aucun cas avoir une influence sur les rémunérations déjà versées, qui ne peuvent être restituées à la société. Dès lors, les seules conséquences envisageables du *say on pay* tel que prévu dans le Code AFEP-MEDEF, s'il aboutissait à un vote négatif de la part de l'assemblée générale, pouvaient être la réduction des futures rémunérations versées aux dirigeants, mais aussi la démission de la part du mandataire dont la rémunération avait été refusée[624]. Dans ces deux hypothèses, le vote négatif amorçait la réaction des organes sociaux se trouvant dans l'obligation de contenter l'opinion actionnariale, sauf à se retrouver face à un conflit en germe entre les dirigeants et les actionnaires.

192. Les actionnaires, par l'introduction du mécanisme de *say on pay* pouvaient donc être consultés à partir de 2013 sur les rémunérations versées aux dirigeants exécutifs. Cette intervention, simplement consultative, était toutefois assez peu contraignante, car elle ne pouvait produire que des effets indirects. En outre, l'introduction de ce mécanisme par le biais du Code de gouvernement d'entreprise de l'AFEP et du MEDEF laissait ouverte la possibilité que les sociétés n'appliquent pas ce mécanisme, car purement volontaire. Cette hypothèse ne doit toutefois pas être privilégiée par les sociétés au regard des derniers développements survenus en Espagne, qui a aussi prévu un mécanisme de *say on pay*. Dans un premier temps, celui-ci était purement incitatif, mais au regard de la faible application de cette mesure, une loi était intervenue afin de rendre impératif ce mécanisme[625].

193. Juridicité du Code AFEP-MEDEF. Cette intervention législative tend à prouver les rapports qui existent entre le Code de gouvernement d'entreprise de l'AFEP et du MEDEF – ou dans une perspective plus large toutes les normes sectorielles – et les règles juridiques émanant de l'État. S'il est exact que seule une règle étatique ou émanant d'une entité publique peut être sanctionnée judiciairement, cela ne signifie pas pour autant que les règles issues du Code de gouvernance d'entreprise de l'AFEP et du MEDEF ne sont pas dénuées de juridicité. En prenant l'exemple des rémunérations, on peut s'apercevoir que le Code AFEP-MEDEF énonce des règles précises et des

---

622 AFEP-MEDEF, *op. cit.* note 161, p. 29.

623 B. DONDERO, *op. cit.* note 617, spéc. § 24.

624 C'est une conséquence indirecte. En Grande-Bretagne, le vote négatif de l'assemblée générale a entraîné le départ du président-directeur général de la société d'assurances Aviva : Alistair GRAY, « Chief executives feel the heat over corporate pay », *The Financial Times* 12 mai 2012, p. 11 ; Florentin COLLOMP, « Un patron de la City tombe à cause de son salaire », *Le Figaro économie*, 9 mai 2012, p. 19 ; Jill TREANOR, « Open season on top executive pay in "shareholder spring" as Aviva boss quits », *The Guardian*, 9 mai 2012, p. 1.

625 E. DUBOIS, J. CHACORNAC, *op. cit.* note 620.

principes venant compléter le Code de commerce[626]. À titre d'exemple, ce code prévoit des règles précises à propos des *stock options* à la fois quant aux conditions d'attribution de ces titres, à leur prix, mais aussi à leur condition d'exercice[627]. Une étude attentive des termes employés dans ce Code montre que les agissements prescrits relèvent plus de l'ordre que de la suggestion, le verbe « devoir » se substituant à celui de « pouvoir ».

Cet ordre émanant d'un texte peut donc représenter une véritable norme, en dépit de son absence de sanction juridictionnelle[628]. La norme édictée par le Code AFEP-MEDEF est toutefois une norme comportementale plus qu'une norme légale, car elle fixe les bornes d'une action acceptable et les limites de ce qui ne serait plus accepté. Elle vient donc au soutien des règles édictées par le Code de commerce[629], et représente un guide-âne des pratiques qui devraient avoir cours au sein des sociétés cotées[630]. Des objections se font toutefois encore entendre pour considérer que les règles du Code AFEP-MEDEF ne sont pas sanctionnées et ne sont donc dotées d'aucune juridicité[631]. S'il est exact que ces règles ne sont pas invocables devant les tribunaux, il n'en demeure pas moins que certaines mesures peuvent s'apparenter à des sanctions. En effet, l'Autorité des marchés financiers peut, par le biais d'une communication sur son site internet[632] ou dans son rapport annuel, procéder à une désignation des sociétés qui s'écartent des règles du Code AFEP-MEDEF. Cette désignation nominative de la société dans le rapport annuel de l'autorité de marché, dans le but de mieux la blâmer publiquement[633], est une véritable sanction par l'atteinte à sa réputation. Il en est de même lorsque le Haut comité

---

[626] Les articles qui concernent la rémunération des dirigeants sociaux représentent près d'un tiers du volume de ce Code, attestant de l'importance des règles relatives aux rémunérations managériales. Voir Code AFEP-MEDEF, *op. cit.* note 161, p. 19 et s.

[627] Code AFEP-MEDEF, *op. cit.* note 161, p. 35.

[628] Yann PACLOT, « La juridicité du Code AFEP/MEDEF de gouvernement d'entreprise des sociétés cotées », *Revue des sociétés* 2011, p. 395, spéc. §9 et suiv.

[629] Voir, en ce sens, affirmant que les règles sectorielles et les règles légales « n'ont pas le même objet » : Caroline COUPET, « Les normes d'origine privée », *RTD Com.* 2015, p. 437, spéc. § 16 et 19.

[630] À ce titre, il est intéressant de noter qu'outre le Code AFEP-MEDEF, existe un guide d'application de ce Code, rédigé par le Haut Comité de gouvernement d'entreprise. Ce guide a pour objet d'expliciter les agissements attendus des organes sociaux lorsqu'ils mettent en œuvre les préconisations du Code AFEP-MEDEF. Voir : HAUT COMITE DE GOUVERNEMENT D'ENTREPRISE, *Guide d'application du Code AFEP-MEDEF de gouvernement d'entreprise des sociétés cotées de novembre 2015.*

[631] Voir, qualifiant cette considération de « passéiste » : Y. PACLOT, *op. cit.* note 628, spéc. § 10.

[632] Pierre-Henri CONAC, « L'efficacité de l'autorégulation en matière de rémunération semble avérée dès lors que l'implication de l'AMF et du Haut Comité de gouvernement d'entreprise est forte », *Revue des sociétés* 2015, p. 615.

[633] C'est l'application du principe anglo-saxon du « *name and shame* » : Catherine MALECKI, « Devoir de vigilance des sociétés mères et des entreprises donneuses d'ordre : la France peut-elle faire cavalier seul ? », *Bulletin Joly sociétés* 2015, p. 171.

de gouvernement d'entreprise fait l'annonce publique de l'envoi d'un avis à une société qui n'a pas respecté le Code AFEP-MEDEF dont ce Haut comité est garant[634]. Bien que l'avis transmis soit confidentiel et n'ait aucune vocation à être publié, la simple annonce de ce qui peut s'apparenter à un rappel au texte du Code AFEP-MEDEF envoie un signal : la société destinataire de l'avis ne respecte pas la lettre, ou l'esprit, de ce Code. Par cette forme de sanction, il est vrai plus économique que juridique, le Code AFEP-MEDEF est doté d'une véritable juridicité qu'il est difficile de contredire.

Pour autant, et comme l'expérience espagnole l'a démontré, la *soft law* peut céder sa place à une norme plus dure si le législateur estime que son inefficacité a été démontrée. En 2016, suite à certains événements s'étant produits au sein de sociétés déclarant appliquer le Code AFEP-MEDEF, mais n'ayant pas tenu compte du vote négatif de l'assemblée générale des actionnaires, le législateur a alors pris l'initiative de réglementer le vote des actionnaires sur les rémunérations des dirigeants de sociétés anonymes cotées, par la loi Sapin II du 9 décembre 2016[635].

194. Le *say on pay* à la française, une norme législative. La loi Sapin II, plutôt que de consacrer le mécanisme qui figurait dans le Code AFEP-MEDEF, va plus loin dans l'encadrement des rémunérations managériales par le vote des actionnaires et il s'agit là d'une de ses mesures phares[636]. Plutôt que de privilégier un vote *a posteriori*, la loi Sapin II prévoit une double intervention de l'assemblée générale des actionnaires.

D'une part, les actionnaires sont consultés « au moins chaque année » sur les « principes et les critères de détermination, de répartition et d'attribution des éléments (...) composant la rémunération totale (...) attribuables » aux dirigeants de sociétés anonymes cotées[637]. Par cette disposition, les actionnaires sont consultés *ex ante*, avant même que toute rémunération soit versée, sur la politique rémunératoire devant être mise en place dans les sociétés cotées. En somme, le conseil d'administration établit un projet de résolution présentant la politique rémunératoire, sans évoquer aucun montant précis, et le soumet au vote des actionnaires. Cette nouveauté permet alors aux actionnaires d'être consultés au stade du projet de rémunération

D'autre part, les actionnaires sont consultés afin de statuer chaque année « sur les éléments fixes, variables, exceptionnels composant la rémunération totale et les avantages de toute nature versés ou attribués au titre de l'exercice antérieur »[638]. Il s'agit alors d'une consultation des actionnaires *ex post*, une fois l'exercice comptable terminé, et donc les sommes versées ou octroyées connues. Ce vote est alors particulièrement périlleux, l'assemblée générale

---

[634] P.-H. CONAC, *op. cit.* note 632.

[635] Loi n° 2016-1691 du 9 décembre 2016 relative à la transparence, à la lutte contre la corruption et à la modernisation de la vie économique, *JORF* du 10 décembre 2016, texte n°2.

[636] Myriam ROUSSILLE, « Loi Sapin 2 et droit des sociétés », *JCP E* 2017, 1048.

[637] Articles L. 225-37-2 et L. 225-82-2 du Code de commerce.

[638] Article L. 225-100 II du Code de commerce.

ordinaire pouvant prendre conscience, près d'une année après le vote portant sur la politique de rémunération, de ses conséquences effectives, et revenir sur le vote *ex ante*. La portée des délibérations des assemblées générales prévues par la loi Sapin II est alors déterminante pour identifier la réelle valeur de la consultation des actionnaires.

195. Des consultations contraignantes. Les consultations *ex ante*, sur la politique de rémunération, et *ex post* sur les rémunérations versées ou octroyées au cours de l'exercice précédent revêtent toutes deux un caractère contraignant, contrairement à ce que prévoyait le Code AFEP-MEDEF.

Tout d'abord, le vote *ex ante* confère un caractère contraignant au vote de l'assemblée générale sur le projet de politique rémunératoire présenté par le conseil d'administration ou de surveillance. Le Code de commerce dispose en effet que « si l'assemblée générale n'approuve pas la résolution, les principes et critères précédemment approuvés (...) continuent de s'appliquer. En l'absence de principe et critères approuvés, la rémunération est déterminée conformément à la rémunération attribuée au titre de l'exercice précédent, ou, en l'absence de rémunération attribuée au titre de l'exercice précédent, conformément aux pratiques existant au sein de la société »[639]. Les actionnaires se voient donc accorder le droit de refuser le projet présenté par le conseil d'administration ou de surveillance, celui-ci ne disposant pas de la possibilité d'en proposer un autre. Plutôt que d'engager un long dialogue nécessitant la réunion de plusieurs séances du conseil et de plusieurs assemblées générales, le Code de commerce prévoit un régime simple, aux conséquences lourdes.

Le conseil d'administration ou de surveillance présente un projet, sur lequel l'assemblée générale délibère. Si celle-ci vote négativement, les dirigeants concernés par le projet rejeté continuent de bénéficier de la politique rémunératoire qui avait été approuvée précédemment par l'assemblée, ou à défaut, de la rémunération accordée précédemment au même dirigeant. *In fine*, si aucune politique de rémunération n'avait été approuvée par l'assemblée générale et si aucune rémunération n'avait auparavant été accordée à ce dirigeant, il s'agira de se livrer à un *benchmarking* interne en établissant une politique rémunératoire conforme aux pratiques existant au sein de la société. La décision des actionnaires est alors contraignante pour le conseil d'administration ou de surveillance, ne détenant plus le pouvoir de déterminer seul les politiques rémunératoires au sein des sociétés anonymes.

Ensuite, le vote *ex post* dispose lui aussi d'une portée contraignante, même si cela ne ressort pas expressément de la lettre de l'article L. 225-100 II du Code de commerce[640]. À défaut d'approbation de l'assemblée générale ordinaire des rémunérations versées ou attribuées au cours de l'exercice

---

[639] Articles L. 225-37-2 et L. 225-82-2 du Code de commerce.

[640] Caroline COUPET, « Loi Sapin II : consécration légale du say on pay », *Droit des sociétés* 2017, comm. 23.

antérieur, les éléments de rémunération variables ou exceptionnels ne peuvent être versés[641]. Seules les rémunérations fixes peuvent être versées, l'approbation postérieure de l'assemblée générale devenant une véritable condition de versement des éléments variables et exceptionnels des rémunérations managériales. Il y a lieu de s'interroger sur la portée de cette condition pouvant être considérée comme potestative[642], les actionnaires décidant à eux seuls si la société dont ils détiennent les actions doit verser certains éléments de rémunération. Cette potestativité, parce que prévue par la loi elle-même, ne peut faire l'objet d'une contestation sur le fondement du droit commun[643]. Le caractère contraignant du vote *ex post* des actionnaires apparaît alors clairement, le versement d'une grande partie des rémunérations prévues par le conseil d'administration ou de surveillance, et par hypothèse acceptées *ex ante* par l'assemblée générale, étant bloqué par le vote de cette même assemblée générale quelques mois plus tard.

Le Code de commerce, tel qu'issu de la loi Sapin II, offre deux périodes au cours desquelles les actionnaires peuvent rejeter des propositions relatives aux rémunérations managériales. Aucune articulation n'est prévue entre les deux votes – *ex ante* et *ex post* – ce qui signifie que les actionnaires peuvent accepter une politique rémunératoire sur ses principes, mais la rejeter une fois les chiffres produits au cours de l'assemblée générale ordinaire. Cette faculté, pour l'assemblée générale, de se dédire en annihilant le droit des dirigeants à percevoir leurs rémunérations variables et exceptionnelle, montre les potentielles difficultés liées au vote contraignant de l'assemblée générale.

196. Les risques du vote *ex post* contraignant. Le régime de *say on pay* tel qu'il résulte de la loi Sapin II, surtout dans son volet *ex post*, peut faire l'objet de critiques en prenant en considération certains éléments de droit comparé, en s'intéressant à la portée du pouvoir confié aux actionnaires puis en soulignant ses effets induits.

Tout d'abord, en confiant aux actionnaires le pouvoir de s'opposer au versement de certaines rémunérations, le législateur français a créé un régime parmi les plus contraignants au monde[644]. Seule la Suisse serait dotée d'un dispositif aussi sévère à l'égard des dirigeants, conférant un tel pouvoir aux actionnaires[645], la plupart des autres Etats ayant introduit un *say on pay* se cantonnant à leur octroyer un droit de vote consultatif. S'il ne faut pas regretter en soi le fait que le droit français soit isolé à l'égard des autres droits, on ne

---

641 M. ROUSSILLE, *op. cit.* note 636, § 6.

642 Hervé LE NABASQUE, « Le champ d'application du nouveau say on pay (loi Sapin 2 du 9 décembre 2016 et décret du 16 mars 2017 », *Bulletin Joly sociétés* 2017, p. 263, spéc. § 15.

643 *Id.*

644 Bénédicte FRANCOIS, « Loi Sapin 2 : adoption d'un *say on pay* contraignant », *Revue des sociétés* 2017, p. 59.

645 Philippe PORTIER, « L'encadrement des rémunérations des dirigeants de sociétés cotées dans la loi Sapin 2 », *Bulletin Joly sociétés* 2017, p. 81, spéc. § 10.

peut que douter de l'intérêt, lorsque la concurrence normative est constatée[646], de prévoir une norme isolant la France par la fermeté de son droit.

Ensuite, le présupposé sur lequel semble reposer la loi Sapin 2 n'est que peu représentatif des sociétés cotées françaises. En effet, en opposant conseil d'administration ou de surveillance et assemblée générale, la loi semble considérer qu'il existe un sentiment de défiance entre ces deux organes. Or, la plupart des sociétés cotées sont dotées d'un actionnariat de contrôle, au sein desquelles le conseil d'administration ou de surveillance représente principalement les actionnaires majoritaires[647]. En outre, en conférant plus de pouvoirs aux assemblées d'actionnaires, le Code de commerce s'expose à un risque existant déjà dans certains pays anglo-américains, celui de conférer plus de pouvoirs aux *proxy advisors*, agences de conseil en droit de vote, sur la thématique de la rémunération managériale[648]. Ces agences pouvant développer des recommandations *in abstracto*, sans considération des spécificités propres aux sociétés qui font l'objet de recommandations[649], aboutissant alors à une uniformisation des pratiques rémunératoires alors que la consultation des actionnaires poursuivait justement l'objectif d'individualiser ces pratiques.

Enfin, conférer aux actionnaires un droit de vote *ex post* contraignant peut emporter deux effets induits, quant à la structure de la rémunération et quant à l'attractivité des sociétés cotées françaises. D'une part, le vote négatif *ex post* entraînant l'impossibilité de verser des rémunérations variables ou exceptionnelles, il est à penser que les rémunérations exigées par les dirigeants de sociétés cotées seront à l'avenir principalement composées de rémunérations fixes[650], ne pouvant pas être remises en cause par un vote négatif de l'assemblée générale. D'autre part, il est possible d'avancer qu'une telle réglementation pourra avoir un effet repoussoir à l'égard des dirigeants étrangers[651]. En effet, et bien que la rémunération ne soit pas l'unique vecteur pour attirer des dirigeants au sein d'une société cotée, il semble délicat de

---

[646] Le rapport fait au Président de la République présentant la réforme du droit des contrats mentionne que la réforme du droit des contrats était notamment justifiée par le fait que la France se situe « dans une économie mondialisée où les droits eux-mêmes sont mis en concurrence » : Rapport au Président de la République relatif à l'ordonnance n° 2016-131 du 10 février 2016 portant réforme du droit des contrats, du régime général et de la preuve des obligations, *JORF* du 11 février 2016, texte n°25.

[647] Frank MARTIN-LAPRADE, Philippe PORTIER, Cyril DENIAUD, Yann PACLOT, Clémence GAGNEUX, « "Say on pay" : droit de regard des actionnaires sur la rémunération des dirigeants sociaux », *Actes pratiques et ingénierie sociétaire* septembre 2017, dossier 9, spéc. § 117 et s.

[648] Ph. PORTIER, *op. cit.* note 645, § 21.

[649] A titre d'exemple, Proxinvest considère qu'une rémunération managériale ne devrait pas dépasser 240 fois le SMIC, soit environ 4,8 millions d'euros : PROXINVEST, *Principes de gouvernement d'entreprises et politique de vote 2017*, p. 33.

[650] H. LE NABASQUE, *op. cit.* note 642, § 15.

[651] *Id.* ; B. FRANCOIS, *op. cit.* note 644.

conserver un dirigeant étranger dont la partie variable et exceptionnelle ne sera pas versée en raison d'un vote négatif de l'assemblée générale, ou encore d'attirer un dirigeant étranger en lui offrant la perspective d'une différence sensible entre la rémunération envisagée et la rémunération effectivement versée.

197. Un choix au-delà du droit de l'Union européenne. Le choix opéré par le législateur national, bien que s'inscrivant dans un mouvement international d'implication des actionnaires sur les problématiques liées à la rémunération des dirigeants, est au-delà de la norme issue de l'Union européenne. La directive du 17 mai 2017[652] propose deux méthodes permettant aux actionnaires de se prononcer sur les rémunérations des dirigeants de sociétés cotées. La directive prévoit d'une part un vote *ex ante* par lequel les actionnaires votent sur la politique de rémunération, en principe contraignant mais pouvant par exception être consultatif[653], selon le choix des États membres lors de la transposition. Mais, d'autre part, ce texte prévoit aussi un vote *ex post*, doté que d'une simple portée consultative[654]. En cas de vote négatif de la part des actionnaires, la directive n'impose à la société que de communiquer dans le rapport annuel suivant le vote négatif « la manière dont le vote de l'assemblée générale a été pris en compte »[655].

Le droit de l'Union européenne opte alors pour le vote *ex post* consultatif, comme l'avait fait le Code AFEP-MEDEF auparavant. Cette voie permet d'impliquer les actionnaires dans l'octroi des rémunérations managériales, sans pour autant méconnaître le pouvoir légal incombant au conseil d'administration ou de surveillance, ni représenter un obstacle à l'attractivité du droit français en permettant un alignement sur les règles existant dans la majorité des autres états connaissant un tel *say on pay*.

III) Le contrôle prétorien des rémunérations

198. Les rémunérations accordées aux dirigeants des sociétés cotées, lorsque la limitation et le contrôle interne n'ont pas été efficaces, peuvent faire l'objet d'un dernier encadrement. Celui-ci intervient lorsque les autres modalités n'ont entraîné aucune conséquence sur le régime de rémunération. Les tribunaux n'interviennent qu'en dernier recours en raison de l'importance des suites d'une sanction judiciairement prononcée. Les rémunérations des dirigeants des sociétés cotées peuvent être contestées selon trois voies potentiellement cumulatives. Si les deux types de sanctions communes sont

---

[652] Directive (UE) 2017/828 du Parlement européen et du Conseil du 17 mai 2017 modifiant la directive 2007/36/CE en vue de promouvoir l'engagement à long terme des actionnaires, *JOUE* L 132 du 20 mai 2017, p. 1.

[653] Article 9 bis de la directive 2017/828 du 17 mai 2017, précitée note 652.

[654] Article 9 ter de la directive 2017/828 du 17 mai 2017, précitée note 652.

[655] Edmond SCHLUMBERGER, « Chronique de droit européen des sociétés (novembre 2016 – mai 2017) », *Droit des sociétés* 2017, chron. 2.

celles prononcées par les juridictions commerciales et répressives, une dernière contestation peut être soulevée, à caractère fiscal.

199. Contrôle prétorien de la procédure d'adoption de la rémunération. Le premier contrôle du juge tient dans la vérification de l'application de la procédure ayant conduit à l'adoption de la rémunération. Cette appréciation consulaire intervient hors de toute considération du montant, les juridictions pouvant être amenées à vérifier si ces régimes ont été valablement accordés. Afin d'aborder les différents contrôles prétoriens, il est nécessaire de rappeler que deux conceptions de la rémunération cohabitent. Si elle est le plus souvent institutionnelle, elle peut parfois être contractuelle.

200. Contrôle de la rémunération institutionnelle. La conception institutionnelle de la rémunération signifie qu'elle est uniquement accordée par l'organe légalement compétent. Dès lors, la société, agissant par le biais de ses représentants légaux ou actionnaires, peut contester la validité de la procédure d'adoption de la rémunération. Le fondement de cette action est la méconnaissance d'une disposition impérative du livre II du Code de commerce, la sanction prononcée par le juge est alors la nullité[656]. Les effets de la nullité en droit des sociétés ne pouvant pas être rétroactifs à l'égard des tiers de bonne foi[657], le régime de rémunération voté en méconnaissance des règles de compétence ne peut être considéré que comme indu. Dès lors, la société est fondée à demander le remboursement au dirigeant d'une somme perçue indument. Des décisions de la chambre commerciale de la Cour de cassation vont en ce sens[658]. Une illustration topique peut être trouvée dans la décision du 15 décembre 1987[659]. Dans cet arrêt, les hauts-magistrats ont considéré qu'est irrégulière la décision par laquelle le président du conseil d'administration s'est octroyé lui-même sa rémunération, le conseil d'administration la ratifiant *a posteriori*. La rémunération est donc indument perçue *per se*, ce qui signifie que les juges n'ont en aucun cas besoin de rechercher les critères de la répétition de l'indu, tel que cela avait été soulevé par le moyen. Cette décision est sans doute théoriquement discutable en ce qu'elle crée une catégorie autonome d'indu, supprimant dans ce cas l'exigence d'une erreur du *solvens*, ici la société[660]. Toutefois, cette solution est pratiquement souhaitable en ce que l'indu permet à la société de bénéficier d'une répétition des sommes versées.

201. Contrôle prétorien des rémunérations contractuelles. Le régime de rémunération des dirigeants de sociétés répond pour la majeure partie de l'approche institutionnelle des rémunérations et ne pourra donc faire l'objet d'une contestation qu'en cas d'adoption par un organe autre que l'organe

---

[656] Article L. 235-1 alinéa 2 du Code de commerce.

[657] Article L. 235-12 du Code de commerce.

[658] Voir notamment : Cass. com., 30 novembre 2004, *Droit des sociétés* 2005, n° 50, note Henri HOVASSE.

[659] Cass. com., 15 décembre 1987, *D.* 1988, IR. 23.

[660] Ph. MALAURIE, L. AYNÈS et Ph. STOFFEL-MUNCK, *op. cit.* note 289, p. 563.

compétent. Toutefois, les rémunérations qualifiées de rémunérations différées, visées aux articles L. 225-42-1 et L. 225-90-1 du Code de commerce, ne correspondent pas à la conception institutionnelle. Dès lors, le fondement de la sanction devient différent.

Les rémunérations différées, tel que disposées à l'article L. 225-42-1 du Code de commerce, doivent être soumises à la procédure de l'approbation des conventions réglementées, ce qui signifie que le conseil d'administration doit autoriser préalablement la convention[661] à peine de nullité. En effet, l'article L. 225-42 du Code de commerce dispose que la convention conclue sans autorisation préalable du conseil d'administration pourra être annulée si celle-ci entraîne « des conséquences dommageables pour la société ». Celles-ci sont admises par la jurisprudence, notamment lorsque la société se trouve dans l'obligation de débourser des sommes par la convention litigieuse[662]. Les rémunérations différées des articles L. 225-42-1 et L. 225-90-1 du Code de commerce pourront dès lors être annulées en cas de non-respect de la procédure des conventions réglementées, ce qui a pour conséquence de les rendre indues.

Ce contrôle purement procédural de l'établissement de la rémunération entraîne une décision du juge, agissant comme organe de contrôle du respect de la procédure décisionnelle interne. Toutefois, la rémunération est une décision de gestion particulière, en ce qu'elle engendre des versements en numéraire de la part de la société à un de ses dirigeants. Des possibilités sont ouvertes pour contester la régularité au fond de cette décision.

202. Le cas de l'abus des biens sociaux. Le versement d'une rémunération, en ce qu'il représente l'usage des biens de la société par son dirigeant, est susceptible d'être un élément constitutif du délit d'abus des biens sociaux. En effet, la lettre de l'article L. 242-6 du Code de commerce incrimine le fait, « pour le président, les administrateurs ou les directeurs généraux, d'une société anonyme de faire, de mauvaise foi, des biens (...) de la société, un usage qu'ils savent contraire à l'intérêt de celle-ci, à des fins personnelles (...) ». Aussi est-il possible de constater que la condition d'usage des biens à des fins personnelles est *de facto* remplie en matière de rémunérations.

203. Sanction pénale de l'incompétence : l'abus des biens et du pouvoir. S'il a été mentionné auparavant qu'une rémunération accordée par un autre organe que celui légalement compétent est civilement sanctionnée, ce même fait est également incriminé pénalement au titre de l'abus des biens sociaux. Certaines décisions ont pu considérer que le dirigeant fixant lui-

---

[661] Article L. 225-38 du Code de commerce.

[662] Voir en ce sens : Cass. com., 15 juin 1993, *Revue des sociétés* 1993, p. 806, note Bernard SAINTOURENS ; *Bulletin Joly sociétés* 1993, p. 868 ; *Defrénois* 1993, p. 1207, note Paul LE CANNU ; *Droit des sociétés* 1993, n° 189, note Hervé LE NABASQUE ; Paris, 28 mai 2001, *JCP E* 2002, 477 ; *RJDA* 2002, n° 903.

même sa propre rémunération consommerait l'infraction[663]. Il semblerait, au regard de ces décisions, que les circonstances dans lesquelles les rémunérations ont été accordées soient aussi sévèrement sanctionnées que l'usage des biens[664]. Selon le Professeur BOULOC, en cas d'auto-rémunération, « il ne peut y avoir qu'abus des biens sociaux »[665]. Pourtant, dans cette hypothèse, le dirigeant pourrait aussi être passible d'un abus de pouvoirs, infraction elle-aussi incriminée à l'article L. 242-6 du Code de commerce, à la condition de détenir le pouvoir de fixer sa propre rémunération. Tel pourrait être le cas d'un gérant de société en commandite par actions par ailleurs associé majoritaire, mais aussi d'un directeur général qui est aussi administrateur. Dans ces hypothèses, l'abus des biens sociaux est privilégié en ce qu'il est la conséquence la plus évidente de l'abus de pouvoirs[666]. Cela ne signifie pas pour autant qu'un abus de pouvoirs ne pourrait pas être retenu.

Un tel raisonnement a d'ailleurs été retenu dans un arrêt de la Cour d'appel de Versailles du 19 mai 2011, à propos d'une société cotée[667]. En l'espèce, le président-directeur général d'une société avait profité du renouvellement des membres du comité des rémunérations et évincé les anciens membres pour proposer au conseil d'administration de nouveaux membres qui lui étaient favorables, dans l'optique de respecter « les exigences résultant du rapport Bouton »[668]. Ce nouveau comité des rémunérations avait accédé à la demande du dirigeant de déplafonner sa rémunération et de la rendre intégralement variable. Le conseil d'administration avait validé la proposition du comité des rémunérations, en n'ayant toutefois pas eu connaissance de l'avis défavorable du cabinet spécialisé pourtant consulté. Ce déplafonnement et la variabilité intégrale de la rémunération ont donc eu pour effet de la faire augmenter de 50 pour cent entre 2003 et 2005, ce qui a entraîné une hausse de la retraite du dirigeant, égale à la moitié de la dernière rémunération perçue. L'ensemble des décisions et des avantages à la faveur du dirigeant, ayant depuis fait valoir

[663] Voir notamment : Paris, 9 janvier 1952, *JCP* 1952, II, 6970, note Daniel BASTIAN (rémunération d'un administrateur votée par un conseil d'administration totalement dominé par celui-ci par son « autorité de fait ») ; Cass. crim., 7 mars 1968, *Bull. Crim.* 1968, n° 80 (auto-rémunération d'un administrateur d'une société coopérative alors que les statuts prévoyaient la gratuité des fonctions) ; Cass. crim., 9 mai 1973, *Revue des sociétés* 1973, p. 696, note Bernard BOULOC (auto-rémunération d'un président de conseil d'administration).

[664] A propos de la décision de la Cour d'appel de Paris précitée note 663, il est souligné que « ce n'était pas tant le mode de rémunération en cause qui devait être critiqué que la manière dont l'administrateur était parvenu à obtenir cette rémunération ». B. BOULOC, *op. cit.* note 663, p. 701.

[665] Bernard BOULOC, « Abus des biens sociaux », dans *Rép. sociétés Dalloz*, § 71.

[666] Wilfried JEANDIDIER, « Administration – Abus des biens, du crédit, du pouvoir ou des voix », dans *J.-Cl. Sociétés Traité*, Fasc. 132-20, § 21.

[667] Versailles, 9ème ch. corr., 19 mai 2011, *Revue des sociétés* 2012, p. 99 note Paul LE CANNU ; *D.* 2011, p. 1479 ; *RTD Com.*, 2011, p. 368, obs. Paul LE CANNU, Bruno DONDERO ; *Bulletin Joly sociétés* 2011, p. 597, note Bruno DONDERO.

[668] *Id.*, p. 12.

ses droits à la retraite, ont été qualifiés d'abus de pouvoir car celui-ci avait « usé de son statut et de son influence »[669] pour faire avaliser le nouveau comité des rémunérations et son nouveau régime de rémunérations par le conseil d'administration. Cet arrêt a été confirmé par la chambre criminelle de la Cour de cassation[670], qui a considéré que le dirigeant « a abusé des pouvoirs qu'il détenait en qualité de président du conseil d'administration, en s'assurant le contrôle du comité des rémunérations et en ne mettant pas les membres du conseil d'administration en mesure de remplir leur mission ». Il semble que la chambre criminelle porte une attention plus importante à la conséquence de l'abus de pouvoirs, c'est-à-dire au défaut d'information du conseil d'administration, qu'à la notion même de pouvoirs.

Ces décisions peuvent en cela paraître étranges, car l'article L. 242-6 4° du Code de commerce dispose que le dirigeant doit avoir abusé de ses pouvoirs. Il paraît logique, pour être condamné au titre de ce délit, de disposer légalement ou statutairement de ces pouvoirs. Or, en l'espèce, le directeur général ne dispose pas des pouvoirs de nommer le comité des rémunérations, ni même de statuer sur sa propre rémunération, décisions de la compétence exclusive du conseil d'administration. Le directeur général ne peut donc pas abuser de pouvoirs qu'il ne détient pas. La cour d'appel de Versailles, approuvée par la chambre criminelle, considère toutefois que l'abus de pouvoirs est caractérisé par l'abus de l'influence, pouvoir factuel. Bien que cette conception extensive de la notion d'abus de pouvoirs soit assez rarement retenue, la chambre criminelle avait déjà retenu auparavant cette position.

Après une première décision en date du 16 janvier 1989[671], dans laquelle la chambre criminelle a retenu un abus de pouvoir lorsque le dirigeant a abusé des procurations accordées par les actionnaires lors d'une assemblée générale, un arrêt du 10 juillet 1995[672] est venu étendre significativement la notion de pouvoir. Dans cet arrêt *Delattre-Levivier*, a été caractérisé le délit d'abus de pouvoir d'un dirigeant commun à deux sociétés parties à une opération de *leveraged buy-out*, alors que celui-ci était en détention préventive au jour du vote de l'assemblée générale. *Stricto sensu*, le dirigeant n'a pu commettre un

---

669 *Id.*, p. 31.

670 Cass. crim., 16 mai 2012, *D.* 2012, p. 1401 ; *ibid.*, p. 1698, obs. Corinne MASCALA ; *RTD Com.* 2012, obs. Bernard BOULOC ; *AJ Pénal* 2012, p. 540, note Bernard BOULOC ; *Revue des sociétés* 2012, p. 697, note Paul LE CANNU ; *Revue de Science Criminelle* 2012, p. 565, note Haritini MATSOPOULOU ; *Droit des sociétés* 2012, comm. 130, comm. Renaud SALOMON ; *Bulletin Joly sociétés* 2012, p. 579, concl. Xavier SALVAT et note Bruno DONDERO ; *Droit pénal* 2012, comm. 104, comm. Jacques-Henri ROBERT ; *JCP E* 2012, 1326, note Claude DUCOULOUX-FAVARD.

671 Cass. crim, 16 janvier 1989, *D.* 1989, juris. p. 495, note Jean COSSON ; *RTD Com.* 1990, p. 145, note Pierre BOUZAT ; *Gazette du Palais* 1989, Somm. p. 283, note Jean-Paul DOUCET ; *Bulletin Joly sociétés* 1989, p. 424, note Yann STREIFF.

672 Cass. crim., 10 juillet 1995, *JCP* 1996, II, 22572, note Jean PAILLUSSEAU ; *Revue des sociétés* 1996, p. 312, note Bernard BOULOC ; *Bulletin Joly sociétés* 1995, p. 1048, note Alain COURET et Paul LE CANNU.

abus de pouvoirs pour deux motifs : la décision de fusion-absorption exigée par l'opération de rachat avec effet de levier est de la compétence exclusive de l'assemblée générale extraordinaire[673] et le dirigeant n'a pas pu voter cette décision car il n'était effectivement pas présent lors de la séance. Toutefois, la chambre criminelle de la Cour de cassation a considéré que le dirigeant avait abusé *lato sensu* de ses pouvoirs, car le dirigeant avait « lui-même organisé la fusion-absorption des deux sociétés ». Est consacrée l'idée selon laquelle les pouvoirs mentionnés à l'article L. 242-6 4° ne seraient pas uniquement les pouvoirs légaux ou statutaires, mais aussi l'influence du dirigeant[674], soit son pouvoir de fait.

Cette dernière décision, tout comme celle rendue par la Cour d'appel de Versailles, bien que compréhensible factuellement, est juridiquement regrettable. Le principe d'interprétation stricte de la règle pénale issu de l'article 111-4 du Code pénal se trouve bafoué par ces décisions. La notion de pouvoirs est largement étendue, allant jusqu'à concerner un pouvoir informel et impossible à qualifier en droit pénal des affaires, l'influence[675]. Dès lors, ces décisions permettraient au juge de contrôler par le biais de l'abus de pouvoir des décisions émanant d'organes collectifs dans lesquelles le dirigeant n'est intervenu qu'indirectement[676].

204. Les juridictions pénales sanctionnent, par le truchement de l'abus des biens sociaux, les rémunérations considérées comme étant excessives. Comme le présente le Professeur BOULOC, « il est difficile de prétendre qu'une rémunération excessive est conforme à l'intérêt social »[677]. La chambre criminelle de la Cour de cassation n'hésite donc pas à employer la formule de rémunération excessive. La question est donc de savoir quelle est la mesure de l'excès : au regard de quel critère les juges pénaux considèrent-ils que la rémunération est excessive ? L'étude de la jurisprudence démontre que la rémunération est considérée excessive tant au regard des possibilités de la société[678] que de la mission accomplie par le dirigeant[679]. Le juge pénal considère l'excès de la rémunération uniquement en fonction de considérations internes à la société, ses capacités financières et la mission effectivement remplie par son dirigeant. Le contrôle du juge répressif sur la commission de l'infraction, objectif par nature, glisse donc vers une subjectivisation peu souhaitable en matière d'abus des biens sociaux. Ces

---

[673] Article L. 236-9 du Code de commerce.

[674] W. JEANDIDIER, *op. cit.* note 666, § 21 ; Didier REBUT, « Abus de biens sociaux », dans *Rép. pen. Dalloz*, § 125.

[675] *Id.*, § 21.

[676] D. REBUT, *op. cit.* note 674, § 125.

[677] B. BOULOC, note sous Cass. crim., 9 mai 1973, *op. cit.* note 663, p. 702.

[678] Voir par exemple : Cass. crim., 9 mai 1973, *op. cit.* note 663 ; Cass. crim., 6 octobre 1980, *Revue des sociétés* 1981, p. 133, note Bernard BOULOC ; Cass. crim., 22 septembre 2004, *Revue des sociétés* 2005, p. 200, note Bernard BOULOC.

[679] Cass. crim. 6 octobre 1980, précité note 678 ; Cass. crim., 28 novembre 1994, *Droit Pénal* 1995, n°70, obs. Jacques-Henri ROBERT.

deux critères doivent être rapprochés d'un autre contrôle ayant été opéré par les juridictions commerciales.

205. Contrôle des régimes de retraite excessifs. Les compléments de retraite accordés aux dirigeants gestionnaires ont aussi fait l'objet de contrôles prétoriens spéciaux, mais ceux-ci dépendent de la qualification juridique retenue, rémunération ou indemnité contractuelle.

Avant la loi du 24 juillet 1966, la chambre commerciale de la Cour de cassation avait pu décider que les retraites étaient des conventions passées entre une société et ses dirigeants[680], répondant dès lors au régime des articles 40 et suivants de la loi du 24 juillet 1867, à l'origine de la procédure des conventions réglementées. Toutefois, la loi de réforme des sociétés commerciales de 1966 a introduit une vision institutionnelle de la rémunération, modifiant la conception du régime de retraite. La chambre commerciale a alors eu à connaître du cas d'une société qui, par le biais de sa nouvelle direction, invoquait la violation des articles 101 et suivants de la loi du 24 juillet 1966, alors que le régime de retraite avait uniquement été accordé par le conseil d'administration. La chambre commerciale, dans un arrêt *UBP contre Lebon*[681], affirme un principe selon lequel le conseil d'administration d'une société anonyme est seul compétent pour fixer la rémunération du président, et « [qu']entre dans les prévisions de [l'article 110 de la loi du 24 juillet 1966] et non dans celles de l'article 101 l'octroi d'un complément de retraite ayant pour contrepartie des services particuliers rendus à la société pendant l'exercice de ses fonctions par le président dès lors que l'avantage accordé est proportionné à ces services et ne constitue pas une charge excessive pour la société ». Trois conditions apparaissent : le régime de retraite doit correspondre à des services effectivement rendus pendant l'exercice des fonctions, il doit être proportionné à ceux-ci et ne doit pas être excessif pour la société[682]. Si ces trois conditions ne sont pas respectées, le régime de retraite n'est plus institutionnel, mais devient contractuel. Il est ainsi soumis à la procédure des conventions réglementées, pouvant être annulé ou rendu inopposable à la société[683].

Au regard de cette décision, le régime de retraite doit donc être une récompense, en ce qu'il doit être accordé en l'échange d'une mission du dirigeant, répondant de ce fait à la définition de la rémunération[684]. Par

---

[680] Cass. com., 22 mai 1970, *Revue des sociétés* 1971, p. 51, note M.G.

[681] Cass. com., 3 mars 1987, *Revue des Sociétés* 1987, p. 266, note Yves GUYON. Confirmant : Paris, 21 mars 1984, *Revue des sociétés* 1985, p. 415, note Yves CHARTIER. Voir aussi : Paris, 14 mai 1993, *Droit des sociétés* 1993, n° 168, obs. Hervé LE NABASQUE.

[682] Cette position jurisprudentielle peut être rapprochée de la position étasunienne, qui permet de contester une rémunération (et pas uniquement un régime de retraite supplémentaire) sur la base de la « *corporate waste* », soit la dilapidation des fonds sociaux. Voir : *Brehm v. Eisner*, précité note 447.

[683] Yves REINHARD, note sous Paris, 14 mai 1993, *RTD Com.* 1993, p. 535.

[684] « Toute prestation, en argent ou même en nature, fournie en contrepartie d'un travail ou d'une activité ». G. CORNU (dir.), *op. cit.* note 72, p. 883.

ailleurs, le régime de retraite doit être doublement proportionné : la proportion se fait en considération des prestations fournies par le dirigeant, mais aussi des finances de la société[685]. Ces critères subjectifs permettent aux juridictions commerciales d'avoir un rôle plus important sur le contrôle des rémunérations[686]. L'importance de ce contrôle doit toutefois être nuancée en ce que celui-ci est circonscrit aux seuls régimes de retraite. Par ailleurs, cette position de la Cour de cassation n'a plus vocation à s'appliquer aux sociétés cotées, car ces régimes de retraite sont désormais intégrés aux articles L. 225-42-1 et L. 225-90-1 du Code de commerce. Cet examen des juges consulaires pesant sur des critères purement internes est complété par une dernière forme de vérification, celle du droit fiscal.

206. Contrôle fiscal des rémunérations excessives. Le dernier contrôle du montant des rémunérations accordées aux dirigeants sociaux est celui exercé par l'administration fiscale, concernant l'assujettissement des sociétés à l'impôt sur les sociétés. L'article 39 du Code général des impôts, disposant des modalités de calcul du bénéfice net imposable, permet à la société de déduire en tant que charges « les frais généraux de toute nature, les dépenses de personnel et de main-d'œuvre, le loyer des immeubles dont l'entreprise est locataire »[687]. Cet article permet ainsi de déduire les dépenses de personnel, c'est-à-dire les rémunérations versées aux salariés, mais aussi aux dirigeants des sociétés assujetties à l'impôt sur les sociétés[688]. Une limite majeure est toutefois fixée à cet article : la déduction n'est possible que « dans la mesure où [ces rémunérations] correspondent à un travail effectif et ne constituent pas une charge excessive eu égard à l'importance du service rendu ». La première exigence, à savoir l'existence d'un travail accompli, est courante, car elle est aussi rencontrée dans le contrôle pénal et commercial des rémunérations. En revanche, la seconde condition, et surtout l'appréciation qui en est faite par l'administration, est bien plus singulière.

L'administration, afin de vérifier si la rémunération versée aux dirigeants est effectivement déductible, se fonde sur une comparaison originale. En effet, au-delà de considérer les finances de la société et les rémunérations versées aux autres salariés[689] – relevant de l'étalonnage interne –, l'administration fiscale prend en compte les rémunérations versées aux dirigeants d'autres

---

685 Cette dernière exigence de proportion ne vaut pas uniquement dans l'octroi des rémunérations, mais aussi tout au long de l'activité sociale. Dès lors, la disproportion peut être un motif de cessation des versements : Paris, 19 mai 1998, *Bulletin Joly sociétés* 1998, p. 1184, note Michel STORCK.

686 Yves GUYON, note sous Cass. com. 3 mars 1987, *op. cit.* note 681.

687 Article 39 1 1° du Code général des impôts.

688 Le vocable ne recouvre ici pas les administrateurs et membres du conseil de surveillance, à l'exception de ceux étant effectivement salariés. Voir l'article 117 bis du Code général des impôts.

689 Voir en ce sens : CE, 29 décembre 1999, Société agence de protection et de sécurité, *RJF* 2/00, n° 161.

sociétés comparables[690]. Elle opère le même contrôle que le comité des rémunérations, en appliquant l'étalonnage externe d'établissement[691]. La détermination de cette condition de « société comparable » est nécessaire, le conseil d'État a donc pu considérer qu'un critère de comparaison pouvait être le chiffre d'affaires[692]. Cette règle de détermination du bénéfice net s'applique à « toutes les rémunérations directes ou indirectes, y compris les indemnités, allocations, avantages en nature et remboursements de frais »[693]. Le champ d'application de cet article est ainsi très large, toutes les rémunérations peuvent être déduites afin de déterminer le bénéfice net. Une limite intervient toutefois dans le cadre des rémunérations différées des articles L. 225-42-1 et L. 225-90-1 du Code de commerce. La déduction n'étant autorisée que dans la limite de trois fois le plafond annuel fixé par la sécurité sociale[694]. Cette mesure est intéressante en ce qu'elle permet de limiter le montant des indemnités de départ des dirigeants des sociétés cotées.

207. Contestation et sanction fiscale des rémunérations excessives. Une fois que l'administration contrôle fiscalement le contribuable, celui-ci a la possibilité de saisir la commission des impôts directs et des taxes sur le chiffre d'affaires. Cette forme de recours est purement consultative, il ne peut y avoir aucune forme de recours contre son avis[695]. Deux commissions peuvent être saisies par le contribuable, selon des critères fixés par le Code général des impôts : si le chiffre d'affaires de l'entreprise est supérieur à 25 000 000 € ou 50 000 000 € selon son activité, la commission nationale des impôts directs et taxes sur le chiffre d'affaires sera saisie[696], sinon la commission départementale le sera[697]. Saisir cette commission peut s'avérer contreproductif pour le contribuable : si elle considère que le rehaussement est justifié, cela aboutit à un renversement de la preuve car il reviendra au contribuable de contester devant les tribunaux et donc de prouver que la rémunération n'est pas excessive[698].

Si la rémunération est considérée excessive, la sanction est double. Dans un premier temps, la sanction pèse sur la société. En effet, la somme non déductible représente un supplément dans le bénéfice net imposable. La société qui verse des rémunérations excessives se trouve donc pénalisée car elle sera soumise à une imposition plus importante. Dans un second temps, le

---

690 Maurice COZIAN, Florence DEBOISSY, *Précis de fiscalité des entreprises 2014/2015*, 38ème édition, Paris, LexisNexis, 2014, p. 458.
691 Voir *supra* § 142.
692 CE, 18 février 1976, *Droit fiscal* 1976, n° 17-18 comm. 628. Cité par : Maurice COZIAN, *Les grands principes de la fiscalité des entreprises*, 1984, 2ème édition, Paris, Litec, p. 502.
693 Article 39 1 1° *in fine* du Code général des impôts.
694 Article 39 5 bis du Code général des impôts. Cet article est issu de la loi n° 2008-1425 du 27 décembre 2008 de finances pour 2009, *JORF* p. 20224.
695 M. COZIAN, F. DEBOISSY, *op. cit.* note 690, p. 872.
696 Article 1651 H du Code général des impôts.
697 Article 1651 du Code général des impôts.
698 M. COZIAN, *op. cit.* note 692, p. 506.

dirigeant percevant les rémunérations excessives peut aussi subir les conséquences d'une telle qualification fiscale. Ces rémunérations sont en effet intégrées à son revenu en tant que revenu mobilier imposable relevant des revenus distribués[699], dont le montant ne peut plus bénéficier d'un abattement et est multiplié par 1,25[700]. Dès lors, les rémunérations excessives se trouvent soumises à l'impôt sur le revenu, pouvant donc représenter une somme importante à la charge du dirigeant, surtout si cela entraîne le passage à une tranche d'imposition supérieure.

208. Conclusion de la section 2. Le contrôle des rémunérations à la suite de leur versement gagne, *prima facie*, en efficacité ce qu'il perd en consensualisme. Plus conflictuel que la surveillance liée à l'octroi des rémunérations, ce droit de regard ouvert aux actionnaires, comme à tout tiers qui y trouverait un intérêt, aboutit le plus souvent à des litiges portés devant les tribunaux. Si certains demandeurs y trouvent une satisfaction personnelle en obtenant la condamnation de pratiques rémunératoires qu'ils jugent inadaptées, il doit être aussi constaté que ces stratégies conflictuelles sont tout autant nuisibles à la société lorsqu'elles connaissent une publicité. En outre, les éventuelles condamnations prononcées à l'encontre des dirigeants à qui les rémunérations seraient versées n'aboutissent pas au résultat qui serait recherché, à savoir la restitution des rémunérations octroyées. De ce constat assez négatif émerge toutefois la pratique liée à la vérification des conditions d'octroi des rémunérations différées, opérée lors du versement de ces sommes. Celles-ci étant effectivement accordées si les conditions de performance fixées par le conseil d'administration ou de surveillance sont rencontrées, le contrôle de ces conditions produit dans cette hypothèse des effets bien plus satisfaisants. Force est de constater que les rémunérations des dirigeants sociaux sont soumises, une fois versées, à un droit de regard d'un plus grand nombre d'intervenants. Les résultats ne sont toutefois guère satisfaisants, en ce que ces différents contrôles n'aboutissent que très peu à des baisses de rémunérations voire à la répétition des sommes versées.

209. Conclusion du chapitre 2. Les rémunérations des dirigeants, qui semblent être une problématique annexe à la gestion de la société sont, en réalité, partie intégrante des réflexions menées afin d'aboutir à la gestion sociale la plus efficace. Par les effets incitatifs de la rémunération, il est possible de concevoir que l'implication dans la gestion sociale des dirigeants sociaux est corrélée à leur niveau de rémunération. Toutefois, cette conception trouve une limite, celle de la rémunération excessive. Il est question de trouver la mesure la plus satisfaisante pour toutes les parties à l'opération : le dirigeant rémunéré, la société rémunératrice et les actionnaires qui doivent bénéficier

---

[699] Article 111 d) du Code général des impôts.
[700] Article 158 7 2°du Code général des impôts.

indirectement de la rémunération par le truchement de l'augmentation des actifs sociaux liés à la gestion du dirigeant. Au regard de ces différents intérêts, tantôt se recoupant, tantôt s'opposant, il apparaît logique qu'un droit de regard sur les différentes étapes de la procédure d'établissement de la rémunération soit accordé. Toutefois, ce contrôle opéré porte les germes de contestations mal venues, pouvant nuire tout autant au dirigeant qu'à la société.

210. Conclusion du Titre 1. Il ressort des précédents développements que les décisions de nomination des dirigeants et la fixation de leurs rémunérations sont soumises à diverses influences, chacune tentant d'obtenir le respect de leurs attentes. La décision de nomination du dirigeant gestionnaire semble être une position de compromis entre les intérêts du marché, ceux de la société et ceux de ses composantes comme les actionnaires ou entre les salariés. Si cet énoncé peut se concevoir théoriquement en ne considérant que les intervenants, la confrontation avec leur implication réelle ne laisse aucun doute quant au rôle essentiel accompli par le conseil d'administration ou de surveillance. En effet, le marché des dirigeants, qui pourrait influer sur le recrutement du candidat idoine, ne remplit que marginalement son rôle, notamment en raison de sa structure même. En outre, l'assemblée générale ou les salariés n'ont que peu de prérogatives pour désigner le dirigeant qui répondrait le mieux à leurs attentes. Dans ces deux cas, la collégialité représente un frein à une telle décision. D'une part, les salariés au sein du conseil d'administration ou de surveillance disposent de peu de pouvoirs en raison de leur voix consultative ou du fait du nombre d'administrateurs présents. D'autre part, les actionnaires réunis au sein d'une assemblée générale sont trop nombreux pour pouvoir aboutir à un consensus autour de l'identité d'une personne. Il revient alors au conseil d'administration de désigner les dirigeants gestionnaires, de par leur compétence légale ou le mécanisme de la cooptation, facilitant de fait la tâche de l'assemblée générale. La prégnance du conseil d'administration ou de surveillance se rencontre aussi dans le cadre de l'établissement des régimes rémunératoires des dirigeants, mission qui leur incombe par l'ordre de la loi. L'influence des actionnaires se fait toutefois plus pressante en la matière, en ce qu'ils disposent d'un droit de regard tant sur l'établissement que sur le versement des sommes. Par cette décision précise, qui influe sur la conduite de la gestion sociale, il apparaît que les actionnaires disposent d'un droit de regard sur les actes des administrateurs, pouvant aboutir jusqu'à l'invalidation de la rémunération accordée. Bien que le contrôle intervienne le plus souvent après la fixation des régimes rémunératoires et même parfois après le versement, le droit positif accorde aux actionnaires un droit de regard avant même que la rémunération managériale ne soit accordée, leur donnant un droit de contrôle *ex ante*. Il convient de généraliser cette surveillance aux autres décisions prises par les dirigeants ayant été nommés.

TITRE 2 : LE CONTROLE PREVENTIF DES ACTES DE GESTION

211. Le contrôle préventif : un oxymore apparent. Affirmer qu'il existe un contrôle préventif apparaît étonnant à première vue, le contrôle ne pouvant, selon l'acception traditionnellement retenue que s'exercer sur une chose ou une décision préexistante. Pour autant, la thématique du contrôle portant sur un projet de décision de gestion s'est développée avec le mouvement de la gouvernance d'entreprise, pour lequel une particulière attention doit être portée à la prévention des risques[701]. Dès lors, le contrôle préventif participerait de la bonne gouvernance, car les acteurs chargés de cette vérification anticiperaient les éventuels risques que le projet de décision comporterait. Toutefois, en dépit de cet objectif louable, il pourrait apparaître que le droit de regard porté sur le projet de décision méconnaisse certains pouvoirs des dirigeants gestionnaires. En effet, si le contrôle préventif aboutissait à un rejet du projet de décision, il est à penser que les dirigeants ne poursuivraient pas la voie sur laquelle ils s'étaient engagés, alors même qu'ils en auraient légalement la possibilité. Les pouvoirs des dirigeants gestionnaires sont de ce fait aménagés et il est nécessaire que cette limite réponde à des intérêts impérieux. Ces intérêts, qui motivent le contrôle *a priori* des décisions de gestion, sont des intérêts collectifs et non individuels : le contrôle préventif des opérations de gestion peut être motivé par la préservation des intérêts de la société et de ses constituantes (chapitre 2), mais aussi par la protection des intérêts différents des seuls intérêts sociaux (chapitre 1).

---

[701] Voir en ce sens : Jean-Philippe DOM, « Le gouvernement d'entreprise, technique d'anticipation des risques », *Droit des sociétés* 2012, étude 12, spéc. § 5.

Chapitre 1 : Le contrôle *a priori*, outil de préservation d'intérêts particuliers

212. La multitude des intervenants au contrat de société. L'opération de gestion, quelle qu'elle soit, devrait en principe être prise conformément à l'intérêt social. Cette affirmation est toutefois plus complexe qu'il n'y paraît, car la notion d'intérêt social est particulièrement malléable. Il semble que la théorie selon laquelle l'intérêt de la société, et partant l'intérêt social, ne correspond qu'à celui de ses actionnaires[702] soit restrictive, sinon surannée. En effet, la société, en tant qu'acteur sociétal, ne peut plus être considérée isolément lorsque peuvent dépendre de sa seule décision l'espoir de recouvrer une créance, l'avenir de plusieurs emplois, la structure concurrentielle d'un marché ou la volonté d'investir de la part de plusieurs opérateurs. La société, *a fortiori* lorsqu'elle est cotée, ne subit donc pas uniquement l'influence de ses actionnaires. D'autres opérateurs vont intervenir dans le processus décisionnel afin de le contrôler *a priori* et de ce fait vérifier sa conformité à leurs intérêts et d'essayer d'influer sur le fond même de cette décision. Parmi ceux-ci doivent être mentionnés les salariés – par le biais de leurs représentants – car la société cotée est l'employeur avec lequel les salariés ont conclu leur contrat de travail. D'autres créanciers sont eux aussi intéressés aux décisions de gestion, car leur attente légitime de désintéressement peut être affectée unilatéralement par la société débitrice. Enfin, les marchés, qu'ils soient concurrentiels ou financiers, peuvent aussi subir les conséquences des décisions de gestion. Il reviendra à leurs autorités de régulation d'approuver préalablement la décision de gestion potentiellement dommageable.

213. Classification des *stakeholders*. Ces opérateurs – dont la relation avec la société est plus ou moins identifiable – sont qualifiés par la doctrine anglo-saxonne de *stakeholders*, dont la traduction imparfaite est « partie prenante ». Le terme anglo-saxon sera privilégié[703] en ce qu'il retranscrit plus fidèlement la notion de risque encouru par ces opérateurs[704]. Parmi ces *stakeholders*, il apparaît très vite que certains d'entre eux sont plus proches

---

[702] On peut citer à ce titre l'article particulièrement représentatif de la conception de la société adoptée par l'École de Chicago : M. FRIEDMAN, *op. cit.* note 48. Pour une vision plus juridique, voir l'article de référence : Henry HANSMANN, Reiner KRAAKMAN, « The End of History for Corporate Law », *Georgetown Law Journal* 2001, p. 439. Voir aussi la bibliographie citée par : Lynn STOUT, « New Thinking on "Shareholder Primacy" », *UCLA School of Law, Law-Econ Research Paper N° 11-04*

[703] Voir en ce sens F.-G. TREBULLE, *op. cit.* note 51, p. 1337 ; Yves GUYON, « Corporate Governance », dans *Rep. Sociétés Dalloz*, § 6.

[704] Le terme partie prenante fait appel à une notion de partenariat, de participation, sans qu'une idée d'enjeu soit clairement identifiée. En revanche, le terme *stakeholder* est un néologisme composé de deux termes. Le premier, *stake*, évoque une certaine notion d'aléa, en ce qu'il représente une mise, un risque ; alors que le second terme, *holder*, désigne une personne ayant la possession d'un bien ou d'une chose. Le terme anglais évoque donc plus la prise de risque que la locution française.

que d'autres du fonctionnement social et ont donc plus d'opportunités de contrôler la décision de gestion. Aux côtés des actionnaires, qui représentent les premiers *stakeholders*, doivent être identifiés les participants[705], dont le pouvoir d'intervention a été constaté et consacré par le droit des sociétés. Les autres *stakeholders*, pouvant être regroupés sous le vocable « tiers intéressés », ont un pouvoir moindre, bien qu'il ne faille pas le négliger. Le contrôle *a priori* de la décision de gestion par ces tiers intéressés peut, dans certaines mesures, la paralyser et la rendre inefficace.

214. Ce type de contrôle est exercé par des autorités externes à la société cotée, qui veillent à la préservation des intérêts de différentes personnes. À cette fin, la surveillance exercée par les tiers intéressés aurait pour but de protéger plusieurs intérêts, alors que la vérification exercée par les participants ne répondrait qu'au respect de leurs propres intérêts. Il apparaît donc que l'implication dans le processus décisionnel de ces *stakeholders* est différente : elle dépend non seulement des dispositions spéciales du droit des sociétés, mais aussi du but poursuivi par l'intervention. Aussi est-il possible de distinguer selon la nature des intérêts catégoriels poursuivis : les intérêts d'une seule catégorie de personnes (section 1), ou les intérêts d'un agrégat de personnes formant un marché (section 2).

Section 1 : Le contrôle a priori protégeant certains intérêts collectifs

215. Les participants désignent principalement, comme il a été mentionné, les salariés et les créanciers investisseurs. Ces deux catégories sont légalement impliquées dans le processus décisionnel et interviennent fréquemment afin de contrôler que la décision de gestion envisagée n'est pas en contradiction avec leurs intérêts. Ces salariés et créanciers ne peuvent toutefois intervenir individuellement, pour d'évidentes raisons de commodité : il serait en effet irréaliste de consulter plusieurs centaines de salariés avant chaque décision de gestion. Il en est de même avec les créanciers, d'autant plus que ceux-ci peuvent se trouver en différents lieux et sur le territoire de plusieurs États, compliquant *de facto* la consultation. Ces catégories sont alors représentées par des entités dont la tâche est de faire valoir au mieux leurs intérêts. Celles-ci sont légales et peuvent être aisément opposées, principalement en raison des intérêts qu'elles défendent. Aussi peut-on opposer le comité social et économique, organe permanent doté de la personnalité juridique représentant les salariés (§1), au regroupement de certains créanciers : les obligataires (§2).

---

[705] Le terme, qui n'a que peu d'occurrence dans le droit des sociétés, est proposé par un auteur afin d'identifier les parties qui, dénuées de titres sociaux, demeurent toutefois titulaires de certaines prérogatives au sein de la société, accordées par la loi. Alain VIANDIER, *op. cit.* note 52, p. 258-272. Voir aussi : H. LE NABASQUE, *op. cit.* note 77, p. 325 et s.

§1 L'implication du comité social et économique

216. Les salariés sont nécessairement concernés par la gestion de la société car elle est le plus souvent leur employeur. Ils peuvent être impliqués dans la gestion sociale, en étant représentés. Cette idée est très présente en Allemagne, alors que les salariés sont présents au sein de l'*Aufsichtsrat*, duquel est inspiré le conseil de surveillance. Les salariés composent pour moitié ce conseil, ce qui aboutit à un système de co-surveillance et de cogestion[706]. Cette participation des salariés à la vie de l'entreprise se retrouve dans la littérature constitutionnelle germanique dès la première moitié du XIXème siècle[707]. Aujourd'hui, il est nécessaire de prendre en compte le nombre de salariés afin de connaître leurs organes de représentation[708], mais les sociétés cotées ayant pour la plupart un nombre de salariés supérieur à onze, ne sera considérée que l'implication du comité social et économique dans le contrôle de la décision de gestion.

Le comité social et économique, en tant qu'organe de représentation des salariés, intervient potentiellement dans toute décision de gestion ayant des implications pour les salariés. Toutefois, il n'est nullement question de société en droit du travail, mais plutôt d'entreprise, dont les contours peuvent épouser ceux de la société[709]. Le comité social et économique se voit accorder un droit de regard sur toutes les décisions sociales intéressant la gestion de l'entreprise (I). Par ailleurs, le comité social et économique étant un organe de représentation des salariés, son implication *ex ante* dans les décisions concernant la restructuration des sociétés doit être soulignée (II). Ce dernier point est particulièrement important dans le cadre des sociétés cotées, les impératifs du droit social pouvant se heurter à ceux du droit des marchés financiers. Il convient alors d'étudier comment ces deux corpus de règles protectrices, des intérêts des salariés d'une part, et de l'intérêt des investisseurs de l'autre, s'articulent.

---

[706] Raymonde VATINET, *Les attributions économiques du comité d'entreprise*, 1983, Paris, Sirey, p. 7-10 ; P. LE CANNU, B. DONDERO, *op. cit.* note 268, p. 548.

[707] Robert VAN MOHL appelait en 1835 à l'avènement d'une entreprise qui « devait accommoder les différences d'intérêts des capitalistes, de l'entrepreneur et des salariés, par le moyen d'une participation du salarié au capital et aux gains, de même qu'à l'entreprise et à ses profits ». Cité par : Klaus HOPT, « Problèmes fondamentaux de la participation en Europe », *RTD Com.* 1981, p. 405.

[708] Voir en ce sens : Pascal LOKIEC, *Droit du travail, Tome II Les relations collectives du travail*, 2011, Paris, Thémis Droit PUF, p. 88 et s. ; Gilles AUZERO, Emmanuel DOCKÈS, *Droit du travail*, 30ème éd., Paris, Dalloz, 2015, p. 1157.

[709] Aussi l'entreprise peut-elle être considérée comme un groupement ou une organisation, au même titre que la société. Voir en ce sens : Pierre-Yves VERKINDT, « L'entreprise », *in* Bernard TEYSSIÉ (dir.), *Les notions fondamentales du droit du travail*, Paris, Editions Panthéon-Assas, 2009, p. 45.

I) L'information-consultation

217. Rôle croissant du comité social et économique depuis sa création. Le comité social et économique a succédé au comité social et économique, qui s'est vu accorder dès sa création en 1945 une mission très large, celle « de coopérer avec la direction à l'amélioration des conditions collectives de travail et de vie du personnel »[710]. Ce projet de coopération entraînait en matière économique une information préalable sur l'organisation, la gestion et la marche générale de l'entreprise[711], ayant abouti un an plus tard à l'attribution d'un rôle consultatif sur ces mêmes questions[712]. Quelques mois plus tard, ce droit à la participation des salariés à la gestion de l'entreprise a été consacré constitutionnellement, par le biais du préambule de la constitution du 27 octobre 1946[713]. La participation des salariés, par le biais de leurs représentants, est donc actuellement constitutionnellement protégée et ne saurait en aucun cas être remise en cause[714]. En dépit de cette consécration, certains ont pu considérer cette « phraséologie creuse, dont l'imprécision risqu[ait] de conduire à des conséquences juridiques parfaitement regrettables, à des injustices et à la limite, à des absurdités »[715]. Ce rôle considéré comme imprécis a toutefois été conforté par le législateur en 1982[716]. Cette modification législative représente la consécration de la fonction de contrôle confiée au comité social et économique[717]. Celui-ci est devenu, depuis cette deuxième loi Auroux, un des interlocuteurs privilégiés des organes de gestion

[710] Article 2 de l'ordonnance n° 45-280 du 22 février 1945 instituant les comités d'entreprise, *JORF* du 23 février 1945, p. 954 ; *D.* 1945, p. 55.
[711] *Id.* article 3.
[712] Article 3 de la loi n° 46-1065 du 16 mai 1946 tendant à la modification de l'ordonnance du 22 février 1945 instituant les comités d'entreprise, *JORF* du 17 mai 1946, p. 4251 ; *D.* 1946, p. 227.
[713] Alinéa 8 de la Constitution du 27 octobre 1946, *JORF* du 28 octobre 1946, p. 9166.
[714] Depuis la décision du Conseil constitutionnel du 15 janvier 1975, le préambule de la constitution du 27 octobre 1946 fait partie du bloc de constitutionnalité : Conseil Constitutionnel, décision n° 74-54 DC du 15 janvier 1975, Loi relative à l'interruption volontaire de grossesse, *JORF* 16 janvier 1976, p. 671 ; *Revue du droit public* 1975, p. 185, note Louis FAVOREU ; *ibid.*, p. 1335, note Loïc PHILIP ; *D.* 1975, p. 529, obs. Léo HAMON ; *AJDA* 1975, p. 134, note Jean RIVERO ; *JCP* 1975, II, 18030, obs. E.M. BEY.
[715] Charles FREYRIA, « Bilan juridique et fonctions économiques du comité d'entreprise », dans *Tendances du droit du travail français contemporain – Etudes offertes à G.H. CAMERLYNCK*, 1978, Paris, Dalloz, p. 290.
[716] Article L. 432-1 du Code du travail, issu de l'article 29 de la loi n° 82-915 du 28 octobre 1982 relative au développement des institutions représentatives du personnel (loi dite loi Auroux), *JORF* du 29 octobre 1982, p. 3255 ; *D.* 1982, p. 456. Dans l'ordre économique, le comité social et économique est obligatoirement informé et consulté sur les questions intéressant l'organisation, la gestion et la marche générale de l'entreprise et, notamment, sur les mesures de nature à affecter le volume ou la structure des effectifs, la durée du travail ou les conditions d'emploi et de travail du personnel.
[717] Maurice COHEN, Laurent MILET, *Le droit des comités d'entreprise et des comités de groupe*, 10ème éd., Paris, L.G.D.J. Lextenso éditions, 2013, p. 495.

de la société cotée. Aussi est-il nécessaire d'aborder le champ d'intervention du comité social et économique tendant à devenir un organe de contrôle[718].

218. Domaines d'intervention du comité social et économique dans la gestion sociale. L'article L. 2312-8 du Code du travail reprend l'article L. 432-1 de l'ancien Code du travail. Dès lors qu'une décision de gestion peut avoir des conséquences sur la structure de l'entreprise et sur l'organisation de l'emploi en son sein, le comité social et économique doit être consulté. Cet article pose donc un principe général d'information et de consultation du comité social et économique en matière de décision de gestion. Il est complété par plusieurs autres dispositions conférant au comité social et économique des compétences spéciales. Ces dernières entraînent la consultation préalable du comité social et économique sur une question commune : les décisions entraînant des conséquences sur l'emploi et les conditions de travail au sein de l'entreprise.

Le gestionnaire peut décider d'améliorer les moyens technologiques au sein de la société. Si cette amélioration issue d'une décision de gestion a des conséquences sur l'emploi, notamment l'acquisition de nouveaux moyens de production, le comité social et économique doit être impérativement consulté[719]. Une décision de gestion peut en outre porter sur la réorganisation de la structure sociale elle-même, ou de son incorporation au sein d'un groupe de sociétés, signifiant que les restructurations – fusions ou scissions – comme la filialisation sont des opérations de gestion en soi. Aussi le Code du travail a-t-il prévu que le comité social et économique devait être saisi de la question, si celle-ci est de nature à emporter des conséquences pour les salariés[720]. Il en est de même des opérations de concentration visées à l'article L. 430-1 du Code de commerce qui ne résultent pas d'une fusion[721], ainsi que des offres publiques d'acquisition[722]. Or, le droit applicable suppose une discrétion extrême pour préserver la sécurité de l'opération, mais aussi afin d'éviter tout risque d'initié. Apparaît la nécessité de s'interroger sur le moment de la consultation.

219. Temps opportun de la consultation. Le Code du travail dispose que le comité social et économique doit être consulté préalablement à toute décision de l'employeur[723]. Ce principe général connaît toutefois quelques infléchissements, en raison de la décision envisagée, mais surtout en raison de la complexité du processus décisionnel.

---

[718] H. LE NABASQUE, *op. cit.* note 77, p. 340 et s.

[719] Article L. 2312-8 4° du Code du travail.

[720] Article L. 2312-39 du Code du travail. Il doit être noté que cette consultation est impérative, même si le Code du travail dispose par ailleurs que les contrats de travail demeurent après les opérations de restructuration : article L. 1224-1 du Code du travail.

[721] Article L. 2312-41 du Code du travail.

[722] Article L. 2312-42 du Code du travail.

[723] Article L. 2312-14 du Code du travail.

Les décisions de gestion pouvant aboutir à une offre publique d'acquisition doivent être entourées du plus grand secret. C'est pourquoi la loi du 18 janvier 2005[724] a prévu que le comité social et économique de la société émettrice de l'offre ne doit pas être saisi préalablement de cette question, mais dans les deux jours ouvrables après la publication de cette offre[725]. La méfiance à l'égard du comité social et économique, en dépit de l'obligation de discrétion dont sont redevables ses membres[726], ne doit toutefois pas avoir pour effet de ne pas le consulter, il est donc logique que le comité soit convoqué dans un délai court pour que lui soit soumis le projet[727]. Dans toutes les autres hypothèses, le comité social et économique doit être préalablement consulté, ce qui ne signifie pas pour autant que les consultations sont plus aisées.

La première difficulté est celle du moment opportun de la consultation. En effet, il semble logique que le comité social et économique ne doive pas être consulté trop tôt, sauf à le consulter sur un projet beaucoup trop vague ; ni trop tard afin que sa consultation soit utile à la qualité de la décision. Le comité social et économique doit être consulté lorsque le projet de décision n'est plus à « l'état d'esquisse »[728], mais surtout lorsque la décision n'est pas encore arrêtée[729].

Il est des décisions de gestion impliquant un processus long, au cours duquel le projet de décision sera amendé, précisé, voire modifié. Lorsque le processus est complexe et qu'apparaissent plusieurs temps au cours desquels la décision est envisagée, le comité social et économique devrait être consulté à chaque étape. Pour une seule décision, le comité social et économique peut donc être consulté plusieurs fois[730]. Cette obligation de consulter les membres du comité social et économique semble consacrer l'idée selon laquelle cette entité tend à devenir un organe de contrôle *a priori* de la décision sociale, car il accompagne étroitement le processus décisionnel.

---

[724] Article 77 de la Loi n° 2005-32 du 18 janvier 2005 de programmation pour la cohésion sociale, *JORF* du 19 janvier 2005, p. 864.

[725] Article L. 2312-47 du Code du travail. Voir aussi, pour l'invocation du « secret des affaires » comme justification : G. AUZERO, E. DOCKÈS, *op. cit.* note 708, p. 1331.

[726] Article L. 2315-3 alinéa 2 du Code du travail.

[727] Cette consultation du comité social et économique figure parmi les considérants de la directive dite OPA. Voir : Considérant 23, Directive 2004/25/CE du 21 avril 2004 concernant les offres publiques d'acquisition, *JOUE* L. 141/12 du 30 avril 2004.

[728] Bernard TEYSSIÉ, *Droit du travail – Relations collectives*, 9ème éd., Paris, LexisNexis, 2014, p. 346.

[729] Le comité social et économique doit avoir la possibilité de modifier la décision qui lui est présentée. Tel n'est pas le cas lorsque la consultation est quasi concomitante à la prise effective de décision et lorsque le dirigeant n'a pas communiqué toutes les informations utiles. Voir : Cass. crim., 4 juin 2002, n° 01-83062.

[730] La chambre sociale de la Cour de cassation mentionne expressément que : « lorsque la mesure s'inscrit dans une procédure complexe comportant des décisions échelonnées, le comité doit être consulté à l'occasion de chacune d'elles ». Formule tirée de l'arrêt Cass. soc., 7 février 1996, *Droit social* 1996, p. 539, obs. Maurice COHEN ; repris par Cass. crim., 30 novembre 1999, *RJS* 5/2000, n° 550.

220. Le comité social et économique créancier d'une obligation d'information. Pour accompagner ce processus décisionnel et assurer efficacement l'accomplissement de sa fonction de consultation, le comité social et économique est créancier d'une obligation d'information pesant sur l'employeur décisionnaire. Par analogie, on peut assimiler cette obligation à celle retenue par les arrêts Cointreau[731], qui conféraient une créance d'information aux administrateurs. En effet, afin d'assurer leur rôle de surveillance, les administrateurs doivent être informés. Les membres du comité social et économique, afin d'assurer leur rôle consultatif, doivent de même recevoir toutes les informations pertinentes. En plus des informations qui doivent impérativement et régulièrement être communiquées au comité social et économique par l'employeur[732], les membres du comité social et économique sont ponctuellement en droit de bénéficier de la communication de certaines pièces. Celle-ci n'est toutefois pas suffisante : ce n'est pas parce que l'information est communiquée qu'elle est immédiatement exploitable. Point alors le second volet de la créance d'information au profit du comité social et économique, le comité doit bénéficier d'un délai suffisant entre la communication des pièces par l'employeur et la consultation effective du comité.

Le comité doit bénéficier d'un certain temps pour traiter les informations qu'il a reçues, voire pour consulter un tiers expert[733]. L'employeur qui consulte préalablement le comité social et économique sans lui laisser le temps nécessaire au traitement de l'information communiquée peut être pénalement sanctionné au titre du délit d'entrave. Le comité social et économique est donc non seulement créancier d'une obligation d'information, mais aussi d'un délai de traitement de celle-ci. Ces deux éléments traduisent le rôle de cet organe qui est de contrôler *a priori* les décisions de gestion en veillant à faire respecter les intérêts des employés représentés. Cette mission de contrôle est toutefois assez faible, car la sanction du non-respect, bien que pénale, peut représenter une contrainte faible pour l'employeur.

221. Absence de principe de sanction civile du défaut de consultation. Le défaut de consultation du comité social et économique n'est traditionnellement pas sanctionné par la remise en cause civile de la décision sociale. Le raisonnement est implacable : en droit des sociétés, seule la méconnaissance d'une norme impérative du livre II du Code de commerce ou du droit commun des contrats peut entraîner la nullité d'un acte social[734]. La consultation préalable du comité social et économique ne faisant pas partie de ces deux corpus de règles, il semble logique que le non-respect de la

---

[731] Voir *supra* note 218.

[732] Articles L. 2312-18 du Code du travail.

[733] Article L. 2312-15 du Code du travail. Voir aussi : B. TEYSSIÉ, *op. cit.* note 728, p. 351.

[734] Article L. 235-1 du Code de commerce. Voir aussi : M. COHEN, L. MILET, *op. cit.* note 717, p. 616.

consultation préalable ne soit pas sanctionnée par la nullité de la décision prise[735], sauf fraude[736]. Une question demeure : la consultation préalable du comité social et économique peut-elle être rendue obligatoire par une clause statutaire, afin de pouvoir la sanctionner par la nullité ?

Cette possibilité semblait être admise par un arrêt du Conseil d'État en date du 26 avril 1978[737]. Cette décision, concernant la société nationale Antenne 2, a permis au Conseil d'État d'affirmer que la disposition de « [l'ancien article L. 432-4 du Code du travail], bien qu'[il] se trouve dans le Code du travail et s'applique à toutes les sociétés, doit être [regardé] comme faisant partie de la législation des sociétés anonymes ». Dès lors que les statuts imposaient la consultation du comité social et économique, ils intégraient, à suivre la décision précitée, une disposition faisant partie de la législation des sociétés anonymes. Maurice COHEN considère, dans ce cas, que la nullité pourrait être encourue, car la norme violée devenait relative aux sociétés commerciales[738]. Il serait donc possible d'envisager la nullité d'une décision prise sans consultation préalable du comité social et économique, consécration suprême du rôle de contrôleur de cet organe. Ce raisonnement pourrait même être appuyé par une décision du 18 mai 2010, acceptant la nullité d'un acte social qui contredirait une stipulation statutaire « aménageant la règle posée par une disposition impérative »[739]. Au sens de ces deux décisions, il serait possible d'envisager la nullité d'une décision prise sans consultation préalable du comité social et économique, confirmation probante du rôle de contrôleur de cet organe.

Cette affirmation doit toutefois rapidement être nuancée, sinon infirmée, sur le fondement de la portée de ces deux décisions. En premier lieu, si le Conseil d'État affirme que les articles sur le comité social et économique doivent être regardés comme faisant partie de la législation des sociétés anonymes, les circonstances de la décision sont particulières. En effet, était posée à la juridiction suprême de l'ordre administratif la question de la légalité du décret du 24 août 1976 au regard de la loi du 7 août 1974. Ce décret prévoyait une organisation du comité social et économique différente de celle du droit commun, alors que la loi du 7 août 1974 disposait que « les sociétés nationales de programme sont soumises à la législation sur les sociétés anonymes, sous réserve des dispositions de cette législation incompatibles avec la structure particulière des sociétés et les exigences de leur mission de

[735] Voir en ce sens : Réponse ministérielle du 16 mai 1972, *J.O. Assemblée nationale*, p. 1561, n° 23160. Il doit toutefois être précisé que cette réponse concerne la consultation des membres du comité social et économique présents au conseil de surveillance. Voir aussi : Jean-Pierre GARCON, « La nullité des décisions de sociétés », *Revue des sociétés* 1991, p. 304.
[736] J. HÉMARD, F. TERRÉ, P. MABILAT, *op. cit.* note 229, Tome III, p. 566.
[737] CE, 26 avril 1978, Antenne 2, *D.* 1979, p. 309, note François CHEVALLIER.
[738] M. COHEN, L. MILET, *op. cit.* note 717, p. 617.
[739] Cass. com., 18 mai 2010, *Bulletin Joly sociétés* 2010, p. 651, note Hervé LE NABASQUE.

service public »[740]. Aussi, la question n'était pas celle de savoir si les dispositions relatives au comité social et économique faisaient partie de la législation des sociétés anonymes, mais plutôt si ces dispositions faisaient partie de la législation des sociétés anonymes au sens de la loi du 7 août 1974[741]. Cette distinction est majeure. Cela permet d'affirmer que l'arrêt du Conseil d'État ne vaut que pour la loi de 1974 sur l'audiovisuel public, et ne peut pas, de ce fait, recevoir une application générale. Il est donc impossible de conclure, sur le fondement de cet arrêt couplé à l'article L. 235-1 du Code de commerce, à la possibilité de sanctionner par la nullité le défaut de consultation du comité social et économique.

En second lieu, la portée de l'arrêt du 18 mai 2010 doit elle aussi être nuancée. Si cet arrêt énonce le principe selon lequel peut être prononcée la nullité d'un acte contraire à une stipulation statutaire « aménageant la règle posée par une disposition impérative », ce même arrêt impose que cette disposition impérative fasse partie du livre II du Code de commerce. Cette décision ne peut donc pas justifier la nullité d'une décision qui a été prise sans consultation préalable du comité social et économique, même si cette consultation était inscrite dans les statuts.

Le défaut de consultation du comité social et économique n'emporte donc en principe aucune sanction civile, ce qui pourrait tendre à prouver que le rôle de contrôle *a priori* du comité social et économique est assez faible. En revanche, la sanction classique du défaut de consultation du comité social et économique se trouve être l'entrave à son bon fonctionnement, délit pénalement sanctionné.

222. La classique constitution de l'entrave au fonctionnement du comité. Le Code du travail prévoit une sanction à l'égard de l'employeur qui ne consulterait pas préalablement le comité social et économique. Cette sanction est pénale, telle que prévue à l'article L. 2317-1 du Code du travail. Dès lors que l'infraction est prévue par la loi, répondant à l'exigence de l'élément légal, il y a deux autres éléments à caractériser : l'un matériel et l'autre moral. L'élément matériel est aisément caractérisé, dès lors qu'il y a une réelle atteinte à l'action du comité social et économique, tant par un acte positif que par une omission[742]. Toutefois, la jurisprudence de la Cour de cassation a une interprétation extensive du second élément, qui se déduit du

[740] Article 12 de la loi n° 74-696 du 7 août 1974 relative à la radiodiffusion et à la télévision, *JORF* du 8 août 1974, p. 8355.

[741] Voir en ce sens le commentaire de F. CHEVALLIER, note sous CE, 26 avril 1978, *op. cit.* note 737.

[742] B. TEYSSIÉ, *op. cit.* note 728, p. 643-645. L'article L. 2317-1 alinéa 2 du Code du travail caractérise le délit par « le fait d'apporter une entrave à leur fonctionnement régulier », ce qui est un acte positif. Est aussi visée « la méconnaissance des dispositions des articles L. 2314-1 à L. 2314-9 », qui peut être un acte d'omission.

caractère volontaire de l'action ou de l'omission[743]. Or, il apparaît que les termes « intentionnel » et « volontaire » ne sont pas substituables l'un à l'autre. En effet, l'employeur peut refuser de consulter le comité social et économique, ce qui fait appel au caractère volontaire, mais ne pas désirer les conséquences liées à ce défaut de consultation, qui ressortent du caractère intentionnel de la commission du délit. Il est possible de considérer que ce courant jurisprudentiel amorcé par l'Assemblée Plénière, bien que contraire à l'interprétation stricte du droit pénal[744], répond à l'exigence d'une caractérisation plus aisée du délit d'entrave. L'objectif de cette jurisprudence serait d'obtenir une pénalisation plus grande de l'entrave au fonctionnement du comité social et économique.

Cette pénalisation accrue trouve toutefois une limite importante dans le montant de l'amende pénale. En effet, la peine encourue par l'employeur qui commet un délit d'entrave au fonctionnement du comité social et économique est peu contraignante, car elle représente un maximum de 7 500 euros d'amende, comme qui peut être portée à 15 000 euros en cas de récidive, et 37 500 euros si l'employeur est une personne morale[745]. En raison de la faiblesse de cette peine pour une société cotée, il pourrait être envisageable qu'un employeur décide sciemment de se passer de la consultation du comité social et économique, afin d'éviter un contrôle préalable d'une décision qui pourrait avoir des externalités importantes à l'égard du climat social au sein de la société cotée.

223. Les innovations issues de la loi du 14 juin 2013 : le rôle stratégique du comité social et économique. Le comité social et économique, organe de représentation des salariés, bénéficie de nouveaux droits issus de l'accord national interprofessionnel du 11 janvier 2013, introduit dans la loi de sécurisation de l'emploi du 14 juin suivant. Il est question de confier aux comités d'entreprise « de nouveaux droits collectifs en faveur de la participation des travailleurs »[746], ce qui s'est traduit par la création d'une nouvelle mesure de consultation.

Le comité social et économique doit désormais être consulté sur les orientations stratégiques de l'entreprise fixées par l'organe chargé de l'administration ou de surveillance de l'entreprise[747]. Il est aussi consulté sur les orientations de l'entreprise et plus particulièrement sur leurs conséquences

---

743 Ass. plen., 28 janvier 1983, *D.* 1983, Jur. 269, concl. Jean CABANNES ; Cass. crim., 20 octobre 1987, *Action juridique* 1988, n° 69, p. 18. Cités par : Bernard TEYSSIÉ, « Note relative au droit pénal du travail », dans *Livre du bicentenaire du Code pénal et du Code d'instruction criminelle*, Paris, Dalloz, 2010, p. 699.

744 Article 111-4 du Code pénal : « La loi pénale est d'interprétation stricte ».

745 Article L. 2317-1 du Code du travail. Il doit être noté que la peine maximale d'emprisonnement d'un an liée à l'entrave au fonctionnement régulier a été supprimée par la Loi n° 2015-990 du 6 août 2015 pour la croissance, l'activité et l'égalité des chances économiques, précitée note 346.

746 Intitulé de la section 2 du Chapitre 1er de la loi du 14 juin 2013, précitée note 407.

747 Articles L. 2312-17 et L. 2312-24 du Code du travail.

sur l'activité, l'emploi, l'évolution des métiers et des compétences, l'organisation du travail ou le recours à la sous-traitance (...)[748]. Il est alors question, pour les organes sociaux, de communiquer les orientations stratégiques pouvant parfois être sensibles. Les employeurs pourraient être tentés de ne communiquer que les orientations stratégiques arrêtées en cours d'année, tel que la formulation retenue par l'article L. 2312-24 du Code du travail semble le permettre[749].

Une telle position laisse toutefois dubitatif. En effet, les orientations stratégiques ne peuvent s'entendre qu'en amont de ces décisions, et non en aval, excluant une consultation *a posteriori* du comité social et économique[750]. L'objectif poursuivi par la loi de sécurisation de l'emploi étant de renforcer les prérogatives de l'organe de représentation du personnel, il semble essentiel de mêler le comité social et économique aux orientations stratégiques de l'entreprise au plus tôt, pour qu'il exerce *a minima* un contrôle, voire une influence sur celle-ci[751]. Il existe un véritable contrôle sur les projets d'orientation stratégique en ce que le comité social et économique doit, au sens du Code du travail, émettre un avis qui, sans le lier, doit appeler une réponse de la part de l'organe social chargé de l'administration ou de la surveillance. Un véritable dialogue sur la politique sociale à venir s'instaure au sein de la société entre les organes sociaux et le comité social et économique. Cette consultation *a priori* du comité social et économique s'opère sur le fondement de nouvelles informations dont il est créancier.

224. La création d'une base de données économiques et sociales. La loi de sécurisation de l'emploi introduit, outre la consultation annuelle relative aux orientations stratégiques, la création d'une base de données économiques et sociales[752], légalisation d'une préconisation issue d'un rapport présenté au ministre des affaires sociales en 2004[753]. Cette base, uniquement ouverte aux membres du comité social et économique et régulièrement mise à jour, voit son contenu fixé par le menu à l'article R. 2312-7 et suivants du Code du

---

748 *Id.*

749 « Chaque année, le comité social et économique est consulté sur les orientations stratégiques de l'entreprise, définies par l'organe chargé de l'administration ou de la surveillance de l'entreprise, et sur leurs conséquences sur l'activité, l'emploi, l'évolution des métiers et des compétences, l'organisation du travail, le recours à la sous-traitance, à l'intérim, à des contrats temporaires et à des stages. Cette consultation porte, en outre, sur la gestion prévisionnelle des emplois et des compétences et sur les orientations de la formation professionnelle ».

750 Frédéric GEA, « La réforme de l'information et de la consultation du comité d'entreprise. Bâtir une "culture de la confiance" ? », *Droit social* 2013, p. 717.

751 *Id.*

752 Article L. 2312-18 du Code du travail.

753 Michel DE VIRVILLE (dir.), *Pour un code du travail plus efficace*, Paris, La documentation Française, 2004, p. 52 : « La commission estime, sans préjudice des documents qui sont présentés au comité dans le cadre de consultations spécifiques non périodiques, que la possibilité de recourir à un rapport unique annuel devrait désormais être ouverte à toutes les entreprises, sans considération de taille ».

travail, l'article L. 2312-18 du même code se contentant de disposer en termes généraux les thèmes devant y figurer[754]. Cette base très développée peut laisser craindre un excès d'information[755] que le comité social et économique ne pourrait plus traiter, à plus forte raison si ce mécanisme tend à remplacer la communication d'informations ponctuelles[756].

Cette crainte doit toutefois être dissipée car l'article L. 2312-36 du Code du travail, qui est supplétif, semble ajouter ces informations au bénéfice du comité social et économique, sans remplacer l'information ponctuelle préexistante, à tout le moins dans les premiers temps d'application de la loi. En effet, le rapporteur du projet de loi souligne que la base de données et les informations versées au comité social et économique sous l'empire des lois précédentes[757] représentent un double système d'information[758]. Le contrôle de la gestion sociale par le comité social et économique se trouve renforcé, car il dispose de plus d'informations à valeur économique et sociale pour juger de l'action des dirigeants sociaux.

225. Le comité social et économique est donc un organe de contrôle de la gestion non négligeable en ce qu'il doit intervenir préalablement à toute décision de gestion afin d'en contrôler la substance, préservant de ce fait l'intérêt des salariés. Ce contrôle *a priori* est toutefois assez faible car l'employeur peut se passer de l'intervention du comité social et économique sans encourir une sanction réellement dissuasive, le défaut de consultation n'étant pas sanctionné civilement et faiblement sanctionné pénalement. Avant de conclure à l'inefficacité du contrôle préalable du comité social et économique, il est nécessaire d'aborder le cas des décisions répondant d'une logique de restructuration.

II) Le contrôle de certaines décisions de restructuration

226. Les restructurations, décisions nécessairement contrôlées. Certaines décisions, parce qu'elles affectent la structure de l'entreprise, sont particulièrement délicates. Ces actes peuvent avoir pour conséquence de modifier les conditions d'emploi, ce qui justifie l'intervention du comité social

---

[754] Ces thèmes sont : les investissements (investissement social, matériel, immatériel et environnemental), les fonds propres, l'ensemble des éléments de rémunération des salariés et dirigeants, les activités sociales et culturelles, les rémunérations des financeurs, les flux financiers à destination de l'entreprise, la sous-traitance et les transferts commerciaux et financiers entre les entités du groupe.

[755] Cet excès d'informations peut être craint alors que les articles R. 2312-7 et suivants du Code du travail disposent que la base doit comporter pas moins d'une trentaine d'éléments, aussi hétéroclites que le montant des capitaux propres de l'entreprise, les activités de mécénat ou encore les informations environnementales.

[756] Arnaud MARTINON, « L'information et la consultation des représentants du personnel : nouveaux droits ou nouveau partage de responsabilités ? », *JCP S* 2013, 1263, § 8.

[757] Voir en ce sens : ancien article L. 2323-9 du Code du travail.

[758] J.-M. GERMAIN, *op. cit.* note 415, p. 3906. Cité par : F. GEA, *op. cit.* note 750.

et économique. Toutefois, au-delà des décisions de restructuration[759] qui affectent simplement les conditions d'emploi et qui donnent lieu à la procédure d'information-consultation de droit commun, d'autres opérations, en raison de leur dangerosité sur l'existence même de l'emploi au sein de l'entreprise, devraient être soumises à l'appréciation du comité social et économique. Aussi le comité social et économique dispose-t-il de pouvoirs légaux aménagés afin de contrôler ces décisions particulièrement sensibles. Ainsi, les offres publiques d'acquisition donnent lieu à un droit de regard aménagé pour le comité social et économique (A). Les décisions de licenciement économique, quant à elles, donnent lieu à une intervention particulière de la part du comité social et économique, qui a subi quelques aménagements par la loi du 14 juin 2013 (B).

A) Les offres publiques

227. L'offre publique d'acquisition : cas de consultation particulier des comités d'entreprise. Les offres publiques d'acquisition, regroupant les offres publiques d'achat et d'échange, sont des décisions impliquant des conséquences sur l'emploi tant au sein de la société initiatrice de l'offre qu'au sein de la société cible. En raison de l'impératif de discrétion propre à la préparation de ces offres publiques, le comité social et économique de la société initiatrice ne peut en être informé qu'à la suite du dépôt de l'offre et non au stade de l'élaboration du projet[760]. Cependant, cette exception à la consultation des représentants des salariés est palliée par des modalités étendues de consultation du comité social et économique de la société cible.

228. La consultation du comité social et économique de la société cible : des prérogatives étendues. Dès que le projet d'offre publique est déposé, les chefs d'entreprise de la société initiatrice et de la société cible se trouvent dans l'obligation de réunir « immédiatement » leur comité social et économique respectif[761]. Cette obligation d'information est étonnante, non pas en son principe, mais dans sa temporalité. En effet, l'information doit intervenir, à la lecture du Code du travail, dès le dépôt de l'offre obligatoire. Or, lors de ce

---

[759] La restructuration, considérée comme une opération autant que son résultat, a pu être définie comme « la modification du cadre et du mode d'organisation de la structure concernée, ce qui suppose une transformation durable et sensible de ses éléments essentiels ». Voir : Christine MASQUEFA, *La restructuration*, préf. Bernard TEYSSIÉ, Paris, L.G.D.J., 2000, p. 146.

[760] Article L. 2312-49 du Code du travail.

[761] Article L. 2312-42 du Code du travail. L'immédiateté est toutefois relative, un auteur préconisant que cette réunion ait lieu quelques jours après le dépôt de l'offre, afin de permettre aux membres du comité social et économique de s'y rendre : Alain VIANDIER, *OPA, OPE et autres offres publiques*, 2010, 4ème éd., Levallois, Editions Francis Lefebvre, p. 214. Un indice à cela est apporté dans le cadre de l'annonce d'une offre publique, c'est-à-dire lorsqu'elle est le fruit d'un dialogue entre initiateur et cible. L'article L. 2312-47 du Code du travail dispose alors que le comité de la société cible peut être réuni dans les deux jours ouvrables à compter de l'annonce.

dépôt, l'offre publique n'est pas encore définitive, car elle n'a pas encore été considérée comme conforme à la législation sur les offres publiques. Il serait donc envisageable que le comité social et économique d'une société cible soit informé d'un projet d'offre publique qui serait par la suite caduc en raison d'une décision de non-conformité de l'Autorité des marchés financiers[762]. L'intérêt d'une information, dans ce cas, est peu apparent, instillant une crainte de rachat de l'entreprise alors que l'offre publique n'a pas été menée à son terme. Le comité social et économique, une fois réuni après le dépôt du projet d'offre, dispose de la possibilité d'auditionner le chef d'entreprise de la société initiatrice. Cette audition, intervenant dans la semaine suivant le dépôt du projet d'offre, est facultative. Elle permet au comité social et économique de la société cible d'obtenir du chef d'entreprise de l'entité émettrice des informations sur « sa politique industrielle et financière, ses plans stratégiques pour la société concernée et les répercussions de la mise en œuvre de l'offre sur l'ensemble des intérêts, l'emploi, les sites d'activité et la localisation des centres de décision de cette société »[763].

Par ailleurs, l'employeur de l'entreprise initiatrice est débiteur d'une autre information à l'égard du comité social et économique de la société cible, celle de la communication de la note d'information liée à l'offre publique dans les trois jours suivant sa publication[764]. Si certains auteurs se sont étonnés de cette obligation, la note d'information étant publiée et partant disponible pour tout intéressé[765], il est possible d'en trouver une justification. En effet, la philosophie des articles L. 2312-42 et suivants du Code du travail est de favoriser les comités d'entreprise des sociétés parties à l'opération, les rendant créanciers de toute obligation relative à l'opération. Dès lors, et afin de placer les comités d'entreprises dans la situation la plus favorable possible, la créance d'information devient portable et non quérable. Cette qualification justifie que l'employeur doive communiquer la note d'information au comité social et économique, même si celle-ci a fait l'objet d'une publication dans un quotidien d'information économique et financière ainsi que sur le site de l'Autorité des marchés financiers[766].

Ces informations ne sont pas les seules prérogatives à la disposition du comité social et économique de la société cible, alors qu'elle dispose de la possibilité de se prononcer sur le caractère de l'offre.

---

[762] Sur cette sanction, au final très rare, voir § 276. Voir par ailleurs : Alain COURET, Hervé LE NABASQUE, Marie-Laure COQUELET, Thierry GRANIER, Didier PORACCHIA, Arnaud RAYNOUARD, Arnaud REYGROBELLET, David ROBINE, *Droit financier*, 2ème éd., Paris, Dalloz, 2012, p. 996.

[763] Article L. 2312-43 du Code du travail.

[764] Article L. 2312-44 du Code du travail, renvoyant à l'article L. 621-8 IX du Code monétaire et financier.

[765] A. COURET, H. LE NABASQUE *et alii*, *op. cit.* note 762, p. 996.

[766] Article 231-7 du Règlement général de l'Autorité des marchés financiers.

229. L'appréciation de l'offre par le comité social et économique de la société cible. Le comité social et économique, lorsqu'il reçoit les informations, a la faculté de se prononcer sur l'offre publique d'acquisition dont la société fait l'objet, afin de déterminer si celle-ci revêt un caractère hostile ou amical. Cette possibilité, communément réservée au conseil d'administration ou au directoire, peut entraîner deux qualifications différentes pour la même opération, le comité social et économique pouvant par exemple considérer hostile une opération déclarée amicale par le conseil d'administration. Il est alors nécessaire de s'interroger sur la raison d'être de cette décision du comité social et économique.

La qualification de l'offre publique, qu'elle soit amicale ou hostile, est une information destinée aux actionnaires pour qu'ils déterminent l'opportunité d'apporter leurs titres à l'offre. Le fait que le comité social et économique se prononce sur l'offre publique ne peut être justifié que par la présence d'un actionnariat salarié au sein de la société. En effet, le comité social et économique devant veiller à la préservation des intérêts des salariés, sa décision au regard de l'offre publique ne peut être que destinée aux actionnaires salariés. Cet objectif peut par ailleurs être justifié par la formule de l'article L. 2312-42 du Code du travail, qui considère que cette appréciation du comité social et économique n'est qu'une faculté.

230. Un contrôle de la gestion ? Ces pouvoirs reconnus aux comités d'entreprise tant de la société initiatrice que de la société cible peuvent être considérés comme des prérogatives favorisant le contrôle de l'offre publique d'acquisition, décision de gestion par nature. Si cela ne paraît pas contestable pour le comité social et économique de la société initiatrice, encore que ce contrôle soit limité en raison de sa seule information, le contrôle opéré par le comité social et économique de la société cible est particulier. En effet, le comité social et économique de la société faisant l'objet de l'offre est, depuis la loi du 29 mars 2014[767], consulté[768]. Il peut s'exprimer dans un délai maximal d'un mois en recevant des informations de la part du chef d'entreprise de la société initiatrice, mais aussi en s'exprimant sur le caractère amical ou hostile de l'offre publique[769]. En revanche, cette forme de contrôle est particulière, car le comité social et économique de la société objet de l'offre ne se prononce pas sur ce qu'est la gestion de la société cible ou de l'initiatrice. En revanche, cette instance représentative des salariés juge ce que pourrait être, dans le futur, la gestion de la société cible si l'offre publique venait à être couronnée de succès. Le contrôle de l'offre publique est effectué en considération de ce qui pourrait se produire dans le futur et doit donc être exercé avec de grandes précautions.

---

[767] Loi n° 2014-384 du 29 mars 2014 visant à reconquérir l'économie réelle, *JORF* du 1er avril 2014, p. 6227.

[768] Article L. 2312-46 du Code du travail.

[769] *Id.*

Les sanctions de la méconnaissance de la procédure d'information-consultation du comité social et économique à propos de l'offre publique d'acquisition sont identiques à celles du droit commun, c'est-à-dire la constitution du délit d'entrave. Toutefois, lorsque l'employeur de la société initiatrice ne se rend pas à la convocation du comité social et économique de la société cible, une sanction supplémentaire est prévue.

231. L'exceptionnelle suspension du droit de vote pour les offres publiques d'acquisition. Le Code du travail prévoit que si l'employeur offrant ne répond pas à la convocation du comité de la société cible, il ne pourra pas exercer ses droits de vote présents ou futurs au sein de l'assemblée générale de cette dernière. Cette interdiction s'applique aussi tout autant aux sociétés mères qu'aux filiales au sens de l'article L. 233-16 du Code de commerce[770]. Cette paralysie du droit de vote est assez fréquente en droit financier[771] et paraît intéressante, car le champ d'application *ratione personæ* est large. Nombre d'intervenants sociaux pourraient ainsi perdre leur droit de vote, ayant pour conséquence le blocage du pouvoir politique de l'offrant. Le défaut de réponse à la convocation du comité social et économique de la société cible conférerait donc une prérogative assimilable à un droit d'opposition aux représentants des salariés, en ce qu'il prive l'initiateur du bénéfice de son offre[772]. En conférant une sanction civile à la violation d'une norme relative au comité social et économique, il serait possible de qualifier la fonction de contrôle du comité social et économique. Cette affirmation doit toutefois être nuancée, la sanction demeurant assez faible.

La suspension du droit de vote pourrait être illimitée, à la condition que le comité social et économique de la société cible convoque inlassablement le représentant mandataire de la société initiatrice et que celui-ci ne se présente jamais. Toutefois, si le comité social et économique ne le convoque plus et laisse écouler un délai de quinze jours à compter de la dernière convocation, la suspension du droit de vote s'achève[773]. Il n'y a donc suspension effective du droit de vote qu'à la condition que le comité social et économique soit

---

[770] Article L. 2312-48 du Code du travail.

[771] Alain COURET, « Le régime des offres publiques issu de la loi sur les nouvelles régulations économiques », *D.* 2001, p. 1786.

[772] Le sénateur MARINI, rapporteur de la loi devant le Sénat, soulevait ce risque d'opposition en soulignant la possibilité pour le comité d'entreprise d'alors d'obtenir le report du calendrier de l'offre. Voir : Philippe MARINI, *Rapport n° 5 du Sénat présenté au nom de la Commission des finances, du contrôle budgétaire et des comptes de la nation sur le projet de loi, adopté par l'assemblée nationale après déclaration d'urgence, sur les nouvelles régulations économiques*, p. 57. Cité par : François TAQUET, « La loi sur les nouvelles régulations économiques. L'amélioration des conditions d'information des comités d'entreprise », *JCP G* 2001, Act. p. 1357.

[773] Article L. 2312-48 alinéa 4 du Code du travail. Voir aussi : Bernard SAINTOURENS, « Les prérogatives du comité d'entreprise après la loi relative aux nouvelles régulations économiques », *Bulletin Joly Sociétés* 2002, p. 18 ; A. VIANDIER, *op. cit.* note 761, p. 215 ; A. COURET, H. LE NABASQUE *et alii*, *op. cit.* note 762, p. 997.

particulièrement attentif. Cette sanction peut donc être relativement réduite, dans la mesure où elle peut arriver à son terme sans que la personne sanctionnée n'ait accompli aucune diligence. Une autre preuve de la faiblesse de cette sanction est liée à la violation de la suspension du vote.

La sanction d'une délibération au cours de laquelle une personne vote sans en avoir le droit devrait être la nullité. Toutefois, comme mentionné précédemment, la nullité d'une délibération en droit des sociétés ne peut résulter que de la violation d'une norme impérative du livre II du Code de commerce[774]. Or, un mandataire qui vote au cours d'une assemblée générale alors qu'il n'a pas répondu à la convocation du comité social et économique de la société cible viole la suspension du droit de vote figurant à l'article L. 2312-48 du Code du travail. En raison de ce critère purement textuel et lié à la codification, la délibération ne serait pas nulle[775].

Le Code du travail prévoit donc une sanction civile en cas de méconnaissance du rôle du comité social et économique, mais sa réelle portée sanctionnatrice demeure inappropriée, tant par sa durée que par l'impossibilité d'annuler la délibération ne respectant pas cette interdiction de voter. Au-delà de ce contrôle spécifique des offres publiques, le comité social et économique est saisi tout particulièrement des décisions de licenciement économique.

B) Le licenciement économique

232. Le licenciement économique comme décision de gestion. Le licenciement pour motif économique est défini à l'article L. 1233-3 du Code du travail par trois critères issus de la directive européenne du 17 février 1975[776]. Un licenciement pour motif économique n'est pas inhérent à la personne du salarié, il résulte d'une suppression d'un emploi, de sa transformation ou d'une modification du contrat de travail consécutive notamment à des difficultés économiques ou à des mutations technologiques. Le licenciement pour motif économique est donc une mesure en principe liée aux circonstances économiques entourant l'entreprise, tant conjoncturelles que structurelles[777]. Ces circonstances conduisant l'employeur à réduire l'emploi, se pose la question de la portée de cette réduction.

Le rôle principal de l'employeur est d'intervenir avant que les circonstances économiques n'aient raison de l'intégralité de l'emploi au sein

---

[774] Article L. 235-1 du Code de commerce. Voir *supra* § 221.

[775] A. COURET, *op. cit.* note 771, p. 1786 ; B. SAINTOURENS, *op. cit.* note 773, p. 18-19.

[776] Directive 75/129/CEE du 17 février 1975, concernant le rapprochement des législations des États membres relatives aux licenciements collectifs, *JOCE* L. 48/29 du 22 février 1975.

[777] G. AUZERO, E. DOCKÈS, *op. cit.* note 708, p. 529 et s.

de l'entreprise[778]. Dès lors, le licenciement pour motif économique, à condition qu'il ne concerne pas l'intégralité des salariés et qu'il vise le maintien de l'emploi au sein de l'entreprise, est une décision de gestion. Cette décision de gestion est toutefois particulière, car elle entraîne une implication active des représentants du personnel.

233. Le rôle du comité social et économique dans les licenciements économiques. Le licenciement économique répond aux règles générales de la consultation préalable du comité social et économique. Cette consultation n'est toutefois pas suffisante au sens du Code du travail, car ce comité doit être impliqué dans le processus de licenciement. Il est à préciser que le licenciement économique peut être faible – inférieur à dix salariés dans un délai de trente jours[779] – ou plus important s'il est supérieur à dix salariés dans un délai de trente jours[780]. Seuls ces derniers donnent lieu à une participation active du comité social et économique.

Dans une entreprise ayant plus de cinquante salariés et dont le projet de licenciement économique est supérieur à dix salariés, il est nécessaire d'établir un plan de sauvegarde de l'emploi au sens de l'article L. 1233-61 du Code du travail. Ce plan est établi afin d'éviter les licenciements ou d'en limiter le nombre et est soumis au comité social et économique. Apparaissent alors plusieurs difficultés liées à la consultation du comité social et économique: il doit être consulté préalablement sur tout projet de restructuration ou de compression des effectifs[781], au moins deux fois tant sur le projet de licenciement économique[782] que sur le plan de sauvegarde de l'emploi[783].

Les diverses consultations du comité social et économique ne sont pas incompatibles, bien qu'elles aient des objets différents[784]. Aussi, la jurisprudence de la chambre sociale a-t-elle pu affirmer que « la consultation du comité [social et économique] sur les mesures de nature à affecter le volume ou la structure des effectifs prévue par l'article [L. 2312-39 du Code du travail] et la consultation du même comité sur un projet de licenciement économique prévue par l'article [L. 1233-30 du même code] constituent deux procédures distinctes, qui doivent être respectées l'une et l'autre », mais

---

[778] Le licenciement économique peut être une mesure étroitement liée au devoir d'anticipation incombant à l'employeur, dans le souci d'une gestion prévoyante de l'entreprise. Voir : Bernard TEYSSIÉ, « Propos iconoclastes sur le droit des licenciements économiques », *JCP G* 1996, 3902.

[779] Articles L. 1233-8 et suivants du Code du travail. Dans cette hypothèse, selon l'article L. 1233-10 du Code du travail, le comité social et économique est uniquement consulté.

[780] Le régime de ces « grands » licenciements économiques est aussi applicable pour tout licenciement effectué après avoir procédé au licenciement économique de dix salariés au total dans un délai de trois mois consécutifs, ou de dix-huit salariés au cours d'une année civile. Voir les articles L. 1233-26 et L. 1233-27 du Code du travail.

[781] Article L. 2312-39 du Code du travail.

[782] Article L. 1233-30 I du Code du travail.

[783] Article L. 1233-32 alinéa 2 du Code du travail.

[784] G. AUZERO, E. DOCKÈS, *op. cit.* note 708, p. 564-565.

pouvant être menées concomitamment[785]. Cette solution jurisprudentielle est, depuis la loi du 18 janvier 2005, légalisée à l'article L. 1233-30 I du Code du travail. Dès lors, le comité social et économique est consulté en même temps en application des articles L. 1233-30 I et L. 2312-39 du Code du travail, ces deux consultations devant par ailleurs être distinctes[786]. L'employeur envoie donc au comité social et économique, en même temps que la convocation à la première réunion, tous les renseignements utiles sur le projet de licenciement économique collectif, mais aussi le plan de sauvegarde de l'emploi[787].

Dès lors, le comité social et économique dispose, durant la première réunion, de la possibilité de décider de se faire assister par un expert-comptable, lui conférant ainsi des délais plus importants pour rendre un avis sur le projet[788]. Le rôle du comité social et économique a toutefois été grandement modifié par la loi de sécurisation de l'emploi du 14 juin 2013.

234. La réforme opérée par la loi du 14 juin 2013 : une modification du régime applicable aux « grands licenciements collectifs ». La loi du 14 juin 2013 est intervenue à la suite de l'accord national interprofessionnel du 11 janvier 2013, qui a modifié les règles applicables aux licenciements économiques concernant plus de dix salariés, soit les « grands licenciements collectifs »[789]. Si la définition des licenciements collectifs et les cas d'ouverture n'ont pas été modifiés, il n'en va pas de même de la procédure qui leur est applicable. Si les éléments constitutifs du licenciement *per se* ont été faiblement amendés par la loi de sécurisation de l'emploi, l'établissement du plan de sauvegarde de l'emploi a quant à lui été largement affecté par la loi nouvelle.

235. L'établissement du plan de sauvegarde de l'emploi. Le plan de sauvegarde de l'emploi, élément essentiel et nécessaire à certains grands licenciements économiques[790], peut désormais être fixé selon deux méthodes différentes. Il est loisible à l'employeur de l'établir par lui-même ou en obtenant un accord dit majoritaire.

L'accord majoritaire est une introduction de la loi du 14 juin 2013. Obtenu par le biais d'une négociation spéciale entre l'employeur et les organisations syndicales[791], cet accord collectif ne représente pas une voie préalable obligatoire, mais doit être privilégiée car elle constitue « l'alternative

---

[785] Cass. soc., 17 juin 1997, *Grands arrêts du droit du travail*, 4ème éd., Paris, Dalloz, 2008, n° 111.

[786] Françoise FAVENNEC-HERY, Pierre-Yves VERKINDT, *Droit du travail*, 3ème éd., Paris, L.G.D.J., 2011, p. 546.

[787] Articles L. 1233-31 et L. 1233-32 du Code du travail.

[788] Articles L. 1233-34 et L. 1233-35 du Code du travail. Dans ce cas, la procédure est impérativement allongée d'un délai compris entre vingt et vingt-deux jours.

[789] Alexandre FABRE, « Le licenciement économique et l'objectif de sécurisation », *Revue de droit du travail* 2013, p. 184.

[790] Article L. 1233-61 du Code du travail.

[791] G. AUZERO, E. DOCKÈS, *op. cit.* note 708, p. 578.

positive »[792]. Il doit mentionner *a minima* le contenu intégral du plan de sauvegarde de l'emploi[793], mais peut aussi indiquer la mise en application des licenciements suivant la mise en œuvre de ce plan[794]. Adopté par le biais d'une négociation entre le chef d'entreprise et une ou plusieurs organisations syndicales représentatives « ayant recueilli au moins 50 % des suffrages exprimés (…) au premier tour des dernières »[795] élections du personnel, ce plan de sauvegarde de l'emploi est issu d'un accord de volonté, il permet donc de limiter les risques de conflit entre les deux parties.

Si un accord n'est visiblement pas envisageable ou si l'employeur ne souhaite pas recourir à la voie de la concertation, il lui est toujours loisible d'établir le plan de sauvegarde de l'emploi par ses propres moyens, de manière unilatérale. Le document établi peut être plus étoffé que celui issu de la négociation, le chef d'entreprise devant impérativement faire figurer certaines informations qui ne sont que facultatives dans l'autre hypothèse d'établissement du plan[796]. Certains pans de ce document unilatéralement établi semblent à première lecture étonnants, notamment lorsque le chef d'entreprise doit préciser les modalités d'information et de consultation de l'institution représentative des salariés alors qu'il doit l'établir « après la dernière réunion du comité social et économique». Or, comme le souligne un commentateur, préciser après la dernière réunion du comité social et économique les modalités de la consultation qui vient de se tenir ne revêt qu'un intérêt minime[797]. Il semblerait que le document établi par le chef d'entreprise soit plutôt un récapitulatif de toute la phase d'information-consultation du comité social et économique.

236. L'influence de l'établissement des plans sur le contrôle exercé par le comité social et économique. Le plan de sauvegarde de l'emploi, selon qu'il est établi par le biais d'une convention collective ou par une décision unilatérale de l'employeur, emporte des modalités différentes d'application de

---

792 MINISTERE DU TRAVAIL, « Instruction DGEFP n° 2013-10 du 26 juin 2013 relative aux orientations pour l'exercice des nouvelles responsabilités des DIRECCTE/DIECCTE dans les procédures de licenciement économique collectif (loi de sécurisation de l'emploi) », NOR ETSD1316861J, *Bulletin officiel du Ministère du travail, de l'emploi, de la formation professionnelle et du dialogue social*, texte n° 4.

793 Article L. 1233-24-1 du Code du travail.

794 Peuvent être abordés dans cet accord collectif les modalités d'information et de consultation du comité social et économique, la pondération et le périmètre d'application des critères d'ordre des licenciements, leur calendrier, le nombre de suppressions d'emploi et les catégories professionnelles concernées et les modalités de mise en œuvre des mesures de formation, d'adaptation et de reclassement. Voir en ce sens : article L. 1233-24-2 du Code du travail ; Gérard COUTURIER, « Un nouveau droit des (grands) licenciements collectifs », *Droit social* 2013, p. 814.

795 Article L. 1233-24-1 du Code du travail.

796 L'article L. 1233-24-4 du Code du travail dispose que les informations mentionnées à l'article L. 1233-24-2 du Code du travail, mentionnées note 794, sont obligatoires lorsque le plan de sauvegarde de l'emploi est unilatéral.

797 G. COUTURIER, *op. cit.* note 794.

la procédure d'information-consultation du comité social et économique, et donc des conditions de contrôle différentes.

Quel que soit le mode d'adoption du plan de sauvegarde de l'emploi, le comité social et économique doit être réuni à deux reprises dans un délai minimal de quinze jours afin d'être informé et consulté. Une innovation importante est intervenue par la loi de sécurisation de l'emploi, alors que ce texte prévoit des délais maximum entre les deux réunions de cet organe représentatif des salariés. Les deux réunions du comité social et économique ne peuvent être espacées de plus de deux, trois ou quatre mois selon le nombre de salariés visés par le licenciement[798]. En instituant un délai maximum au cours duquel le comité social et économique doit être informé et consulté, le législateur vient réduire, ne serait-ce que chronologiquement, la possibilité d'influer sur le plan de sauvegarde de l'emploi et partant de contrôler cette opération envisagée. Cette modification du temps de la consultation n'a, en réalité, que peu de conséquences, le comité social et économique étant actif lorsqu'un plan de sauvegarde de l'emploi est en préparation. La différence principale entre les divers plans de sauvegarde de l'emploi tient alors dans l'objet de l'information-consultation du comité social et économique.

En principe, le comité social et économique doit être saisi, dans les délais impartis, de l'opération projetée, de ses modalités d'application et du contenu projet de licenciement collectif[799]. Cela signifie que l'organe représentatif des salariés se saisit tout à la fois du principe même du plan, de l'élément causal de l'article L. 1233-3 du Code du travail et du détail individuel de la mise en œuvre du plan de sauvegarde de l'emploi. Toutefois, l'objet de cette consultation peut être réduit lorsque le plan a été adopté par le biais d'une consultation des syndicats, le Code du travail disposant que le comité social et économique n'est plus consulté que sur l'opportunité de l'opération de licenciement envisagée[800]. Il a été considéré, par les rédacteurs de la loi du 14 juin 2013, que les modalités précises ne devaient pas être présentées au comité social et économique, car celles-ci ont déjà été fixées avec les syndicats ayant voté le plan[801]. La consultation du comité social et économique serait, dans ce cas, totalement redondante, voire inutile. En revanche, la consultation de cet organe sur l'opportunité de l'opération économique, qui demeure impérative sauf à encourir une poursuite pour entrave, semble étonnante. En effet, peut-on réellement parler de consultation du comité social et économique, impliquant en principe la faculté pour lui de tenter d'influer sur la décision de licenciement envisagée par le chef d'entreprise, alors que les modalités de ce licenciement ont par ailleurs déjà été fixées avec les syndicats majoritaires ?

---

798 Article L. 1233-30 II du Code du travail.
799 Article L. 1233-30 I du Code du travail.
800 *Id.*
801 G. AUZERO, E. DOCKÈS, *op. cit.* note 708, p. 566.

Il est possible de mentionner un simulacre de consultation, voire une « mascarade »[802].

Dès lors, le comité social et économique aurait un rôle de contrôle moins important lorsque le plan de sauvegarde de l'emploi est négocié entre l'employeur et les syndicats représentatifs majoritaires. Etant uniquement sollicité sur le principe même du licenciement économique et non sur son organisation factuelle, le rôle de cette institution représentative des salariés est réduit à sa plus faible expression, n'ayant *de facto* aucune possibilité d'infléchir la position arrêtée par le chef d'entreprise. Le contrôle allégé du comité social et économique est compensé par l'introduction d'une nouvelle procédure de vérification, incombant à l'administration.

237. Le principe du contrôle administratif du licenciement collectif. Une autre innovation majeure de la loi de sécurisation de l'emploi a été la réintroduction, sous une forme différente, d'un contrôle administratif du plan de sauvegarde de l'emploi.

Antérieurement, une autorisation administrative du licenciement économique était rendue nécessaire par l'ancien article L. 321-7 du Code du travail, qui disposait : « Quelle que soit l'entreprise ou la profession (...), tout licenciement individuel ou collectif, fondé sur un motif économique, d'ordre conjoncturel ou structurel, est subordonné à une autorisation de l'autorité administrative compétente ». Introduite par la loi du 3 janvier 1975[803], cette règle avait été supprimée en 1986[804] et depuis lors, les licenciements économiques n'étaient plus soumis au regard, parfois réprobateur, de l'administration. L'accord interprofessionnel du 11 janvier 2013, repris par la loi du 14 juin 2013, replace l'administration au sein des procédures de licenciement collectif dans des entreprises employant plus de cinquante salariés. En mêlant l'administration à la procédure de licenciement collectif, ces normes viennent lui conférer un pouvoir de contrôle lors de deux périodes différentes.

238. Le contrôle administratif en cours de procédure. La première intervention de l'administration est diffuse et en aucun cas impérative. Elle opère son contrôle, par le biais des directions régionales des entreprises, de la concurrence, de la consommation, du travail et de l'emploi (ci-après DIRECCTE)[805], avant que le plan de sauvegarde de l'emploi ne soit

---

[802] *Id.*

[803] Article 1 de la loi n° 75-5 du 3 janvier 1975 relative aux licenciements pour cause économique, *JORF* du 4 janvier 1975, p. 202.

[804] Article 1 de la loi n° 86-797 du 3 juillet 1986 relative à la suppression de l'autorisation administrative de licenciement, *JORF* du 4 juillet 1986, p. 8302 : « A compter du 1er janvier 1987, l'autorisation administrative de licenciement pour motif économique est supprimée. À cet effet, à compter de cette date, le premier alinéa de l'article L. 321-7 du Code du travail est abrogé ».

[805] Voir : Décret n° 2009-1377 du 10 novembre 2009 relatif à l'organisation et aux missions des directions régionales des entreprises, de la concurrence, de la consommation, du travail et de l'emploi, *JORF* du 13 novembre 2009, texte n° 11.

définitivement arrêté par l'employeur, quelle que soit la procédure retenue pour l'établir. Pour ce faire, et à titre préalable, l'employeur doit notifier à l'autorité administrative tout projet de licenciement pour motif économique au plus tôt le jour suivant la date de la première réunion d'information-consultation du comité social et économique[806]. Il se trouve à partir de cette première communication dans l'obligation d'adresser tout document aux représentants du personnel[807] et donc le projet de plan de sauvegarde de l'emploi. Le contrôle de l'administration apparaît particulièrement lorsqu'elle peut présenter toute proposition pour compléter ou modifier ce document, en tenant compte de la situation économique de l'entreprise[808]. Cette capacité de suggestion révèle un contrôle opéré par l'administration sur les documents qui lui ont été transmis, car cette faculté nécessite de prêter une particulière attention au contenu du projet de plan pour pouvoir déceler ses éventuelles lacunes. Cette vérification du contenu du projet de plan de sauvegarde de l'emploi, intervenant avant la seconde réunion du comité social et économique, n'emporte aucune conséquence quant à la teneur finale de ce document, l'employeur ne devant adresser qu'une réponse motivée aux remarques de la DIRECCTE et non une obligation de modifier son projet. L'administration ne dispose alors, à ce stade, que d'un pouvoir de suggestion, renforcé par la communication au comité social et économique et aux syndicats – le cas échéant – des observations et de la réponse formulée par l'employeur[809].

Outre ce contrôle du plan de sauvegarde de l'emploi, l'administration dispose d'un droit de regard permanent à propos de la procédure de licenciement économique en cours. Il ressort en effet des nouvelles dispositions du Code du travail que la DIRECCTE peut, à tout moment, formuler des observations à propos du déroulement de la procédure[810]. Le contrôle exercé par la DIRECCTE peut alors être qualifié de surveillance en temps réel, l'administration formulant des observations dès qu'elle relève des anomalies dans la procédure ou lorsqu'elle a besoin de précisions sur l'action de l'employeur. Ce contrôle, qui est un dialogue entre la DIRECCTE et l'employeur qui doit lui répondre, s'opère en présence de témoins, soit le comité social et économique et les organisations syndicales, tous deux destinataires des observations de l'administration et des réponses du dirigeant.

Le contrôle en cours de procédure démontre que l'administration, par le biais de la DIRECCTE, a un droit de regard tant sur la forme que sur le fond du licenciement collectif. La procédure adoptée est scrutée autant que le contenu du projet de plan, permettant à l'administration de se faire une idée

[806] Article L. 1233-46 du Code du travail.
[807] Article L. 1233-48 du Code du travail.
[808] Article L. 1233-57 du Code du travail.
[809] G. COUTURIER, *op. cit.* note 794.
[810] Article L. 1233-57-6 du Code du travail.

de la dimension et des conséquences de la restructuration envisagée. Il est à noter toutefois que ce contrôle peut n'être que d'une faible portée, l'employeur n'ayant aucune obligation de se plier aux remarques de la DIRECCTE, mais l'obligation d'y répondre. En revanche, en mêlant à ces échanges le comité social et économique et les organisations syndicales – si le plan de sauvegarde de l'emploi fait l'objet d'une négociation – l'administration peut faire peser sur le dirigeant une potentielle opposition des partenaires sociaux. Au-delà de cette intervention en cours de procédure, il apparaît, et c'est là la mesure la plus importante du contrôle administratif, que la DIRECCTE apprécie souverainement le plan de sauvegarde de l'emploi tel qu'il est arrêté à l'issue de la procédure d'information et de consultation du comité social et économique.

239. Le contrôle administratif postérieur à l'adoption du plan de sauvegarde de l'emploi. Une fois le plan arrêté, soit par décision unilatérale du chef d'entreprise soit par accord collectif avec les syndicats majoritaires, le chef d'entreprise se trouve dans l'obligation de le communiquer à l'autorité administrative afin qu'il soit validé ou homologué[811]. Il est important d'aborder les formalités de contrôle avant de faire état du délai au sein duquel la décision doit intervenir.

240. L'homologation et la validation : deux procédures au contenu différent ? Avant de décrire l'étendue des vérifications administratives du plan de sauvegarde de l'emploi, il est nécessaire de préciser que la validation est l'aboutissement administratif du plan issu de la négociation collective[812], tandis que l'homologation est la sanction d'un plan établi par acte unilatéral de l'employeur[813]. Selon une étude sémantique, il apparaîtrait que l'administration n'opère pas les mêmes diligences, car la notion de validation semble être moins contraignante pour l'autorité que l'action d'homologation, qui nécessite un contrôle plus accompli. En effet, la validation peut être définie comme l'« opération déclarative de vérification consistant pour une autorité (…) à reconnaître la régularité d'un acte »[814], et l'homologation suppose une « approbation (…) à laquelle la loi subordonne certains actes et qui, supposant (…) un contrôle de légalité et souvent un contrôle d'opportunité, confère à l'acte homologué la force exécutoire (…) »[815]. L'homologation, propre au contrôle du plan de sauvegarde de l'emploi unilatéral, représenterait donc une surveillance plus approfondie.

Lors d'une comparaison des articles L. 1233-57-2 et L. 1233-57-3 du Code du travail, qui traitent de l'étendue du contrôle de la DIRECCTE sur le plan de sauvegarde de l'emploi, il est possible de constater que les points sur

---

[811] Article L. 1233-57-1 du Code du travail.
[812] Article L. 1233-57-2 du Code du travail.
[813] Article L. 1233-57-3 du Code du travail.
[814] G. CORNU, *op. cit.* note 72, p. 1053.
[815] *Id.*, p. 507.

lesquels la DIRECCTE exerce un droit de regard sont plus nombreux dans le cadre de l'homologation que dans celui de la validation. Si les deux modes de contrôle portent sur la conformité aux articles L. 1233-24-1 et suivants ainsi que sur la régularité de la procédure suivie, il apparaît que le contrôle du contenu du plan de sauvegarde de l'emploi est plus important pour l'homologation. En effet, si le contrôle du plan négocié avec les syndicats majoritaires est superficiel en ce sens qu'il est une simple vérification de la conformité aux articles L. 1233-61 et suivants du Code du travail, la DIRECCTE scrute le plan de sauvegarde de l'emploi unilatéral avec plus d'attention. Il n'est plus question de s'assurer que les textes ont été formellement respectés, mais surtout de vérifier si le document est correct au regard des « moyens dont dispose l'entreprise, l'unité économique et sociale et le groupe », des « mesures d'accompagnement prévues au regard de l'importance du projet de licenciement » et des « efforts de formation et d'adaptation »[816]. La DIRECCTE, dans le cadre de l'homologation du plan de sauvegarde de l'emploi établi par acte unilatéral, ne contrôle donc pas uniquement l'existence du plan, mais aussi sa qualité[817]. Cela est d'ailleurs confirmé dans une circulaire du ministère du travail, précisant qu'« à défaut d'accord collectif majoritaire, c'est l'État qui sera garant de [la] qualité [du plan de sauvegarde de l'emploi] au travers du d'une procédure d'homologation du PSE »[818]. Une fois admise l'idée que l'homologation constitue un contrôle plus étendu de la part de l'administration, le délai laissé à l'administration est essentiel pour déterminer si cette prérogative peut effectivement être accomplie.

241. Les délais d'action accordés à la DIRECCTE. La loi du 14 juin 2013 accorde à l'administration deux délais selon qu'il est question de la validation d'un plan négocié ou de l'homologation d'un plan unilatéral. L'administration dispose d'un délai de quinze ou de vingt-et-un jours à compter de la réception de l'envoi du chef d'entreprise afin d'opérer ses contrôles[819]. *Prima facie*, il semble difficile d'affirmer que ces délais lui permettent d'accomplir toutes les diligences nécessaires à l'exercice de sa mission, surtout pour l'homologation du plan unilatéral. La brièveté de ce délai est d'autant plus dommageable qu'à défaut de réponse de la part de l'administration, le plan de sauvegarde de l'emploi est réputé avoir reçu une réponse positive[820]. Cette observation doit toutefois être nuancée, le point de départ de ce délai étant différent.

---

816 Article L. 1233-57-3 du Code du travail.

817 G. AUZERO, E. DOCKÈS, *op. cit.* note 708, p. 572 et s. Les auteurs admettent toutefois que l'administration puisse se montrer plus « sourcilleuse (...) lorsqu'elle est conduite à apprécier le contenu d'un plan unilatéral ».

818 MINISTERE DU TRAVAIL, *op. cit.* note 792, p. 1. Cité par : G. COUTURIER, *op. cit.* note 794.

819 Article L. 1233-57-4 du Code du travail.

820 *Id.*

Si le point de départ du délai de quinze jours ne pose aucune difficulté, car résultant de la date de réception de l'accord collectif et donc de la réception d'un seul document, le point de départ du délai de vingt-et-un jours est en revanche moins précis. La formulation de l'article L. 1233-57-4 du Code du travail mentionne la réception du « document complet », c'est-à-dire lorsqu'il comprend les informations permettant de vérifier le contenu du plan de sauvegarde de l'emploi, les modalités d'information et de consultation du comité social et économique, la pondération et le périmètre d'application des critères d'ordre des licenciements, leur calendrier, le nombre d'emplois supprimés et les catégories professionnelles concernées ainsi que les modalités de mise en œuvre des mesures de formation, d'adaptation et de reclassement[821]. Dès lors, le délai de vingt-et-un jours, qui paraît court, peut être plus long dans les faits, notamment lorsque l'employeur ne communique pas un dossier complet lors de la première expédition.

En tout état de cause, et en raison de l'application du principe selon lequel le silence de l'administration vaut acceptation du licenciement économique, la DIRECCTE doit faire preuve d'une grande efficacité dans l'accomplissement de son contrôle de l'opération qui lui est soumise. Il est donc nécessaire, si la DIRECCTE entend refuser d'homologuer ou de valider le plan proposé, de répondre négativement dans les délais, ce qui peut emporter des conséquences sur la validité des licenciements intervenus ou à intervenir.

242. Le domaine réduit de la nullité des licenciements économiques. La loi du 14 juin 2013, en modifiant la procédure applicable aux licenciements économiques collectifs, change aussi le domaine de la nullité applicable aux licenciements qui pourraient être prononcés. En effet, le nouvel article L. 1235-10 du Code du travail dispose qu'est nul le licenciement « intervenu en l'absence de toute décision relative à la validation ou à l'homologation ou alors qu'une décision négative a été rendue ». En d'autres termes, une décision de l'administration est essentielle à la mise en œuvre des licenciements, sauf à ce que chacun d'entre eux soit déclaré nul. Cette sanction démontre que le contrôle de l'administration sur le licenciement économique est une vérification préalable, constituant une condition de validité des licenciements.

243. Le contrôle des décisions de licenciement économique a donc grandement évolué par la loi du 14 juin 2013. Il est passé d'un contrôle exclusivement exercé par le comité social et économique à une surveillance partagée entre cet organe de représentation des salariés et l'administration. Cette intervention publique tend à matérialiser l'idée selon laquelle le licenciement économique est une décision intéressant bien au-delà de l'entreprise et des intérêts particuliers que sont ceux des salariés. En intervenant, l'administration n'a le pouvoir que de veiller à l'intérêt des salariés. En recevant tous les plans de sauvegarde de l'emploi, quelles qu'aient

---

[821] Article D. 1233-14-1 du Code du travail.

été leurs modalités d'établissement, ne pourrait-on pas imaginer que la DIRECCTE puisse apprécier un plan de sauvegarde de l'emploi à l'aune de ceux qui lui ont déjà été transmis auparavant ? L'administration, dans ce cas, pourrait décider de ne pas homologuer ou valider le plan non pas sur des motifs propres à l'entreprise, mais selon l'intérêt général, par exemple la préservation de l'emploi au sein d'une zone géographique. D'un contrôle à l'origine veillant à la préservation des intérêts propres des salariés, il peut être désormais question d'un contrôle plus large de la décision de gestion. Il pourrait en être ainsi lorsque les intérêts particuliers ne sont plus défendus par des entités représentatives de ces intérêts.

244. Le comité social et économique dispose donc d'une grande possibilité d'intervention préalable dans les décisions de gestion concernant directement ou indirectement l'emploi. Son rôle n'est pas à négliger car il doit être l'un des premiers interlocuteurs du dirigeant gestionnaire. Son pouvoir d'intervention est large, le comité social et économique disposant de diverses possibilités afin de participer au processus décisionnel, et donc de le contrôler avant que la décision effective ne soit arrêtée. Le contrôle *a priori* du comité social et économique est toutefois assez faible en ce qu'il est très peu sanctionné, sinon par une condamnation pour délit d'entrave. En matière de licenciement collectif, l'implication du comité social et économique est plus importante et surtout plus sévèrement sanctionnée civilement et pénalement. Ce comité n'est toutefois pas toutefois le seul organe à être impliqué dans le processus de décision qui défend des intérêts catégoriels. Certains créanciers disposent eux aussi d'un pouvoir de contrôle *a priori* de la décision de gestion.

§2 L'appel aux créanciers pour certaines opérations de gestion

245. Le contrôle des créanciers. Les créanciers sociaux, en tant que *stakeholders*, peuvent être concernés par la gestion de la société. En effet, celle-ci peut engendrer des variations dans l'actif social, amenuisant les possibilités pour les créanciers d'être désintéressés. Il est donc dans leur intérêt de se mêler de la gestion sociale, dans la mesure où elle pourrait leur nuire. Il n'est toutefois pas question de conférer un droit de regard à chaque créancier, sauf à paralyser la gestion sociale qui pourrait être contestée quasi quotidiennement. On peut alors identifier d'une part les porteurs de valeurs mobilières composées, qui bénéficient d'un droit de contrôle sur certaines décisions sociales notamment en raison de leur qualité d'actionnaire en germe (I), et d'autre part les obligataires, qui peuvent être réunis en une masse pour être consultés préalablement (II).

I) Les porteurs de titres composés

246. Les valeurs mobilières donnant accès au capital : des titres particuliers offrant à leurs titulaires des droits contre la société. Les valeurs mobilières donnant accès au capital, ou valeurs mobilières composées, sont des titres qui sont tout autant des titres de créance que des titres de capital[822]. En effet, le mécanisme même de ces titres consiste en l'octroi d'un titre de créance qui peut, à l'expiration d'un délai mentionné dans le contrat d'émission, donner droit au créancier à des titres de capital. Pour les sociétés cotées, l'intérêt de ces valeurs mobilières est important en ce qu'elles représentent un moyen relativement aisé d'obtenir des financements, alors que pour leurs porteurs, ces titres présentent l'avantage de ne pas les impliquer dans la vie sociale dans un premier temps. Ces valeurs leur permettraient d'être primairement des créanciers, assurés d'être rétribués de leur prêt, mais aussi d'avoir la possibilité de devenir actionnaires.

Les détenteurs des valeurs mobilières composées sont donc primairement des créanciers obligataires, qui doivent bénéficier des mêmes droits que les créanciers contre la société. En revanche, parce que ce ne sont pas encore des actionnaires, ces porteurs ne peuvent, en principe, prétendre à exercer des prérogatives sociales. Ces considérations, classiques au regard de la dichotomie opérée entre créanciers et actionnaires, se brouillent lorsque ces deux qualités sont réunies en une seule et même personne. Peut-on en effet valablement admettre qu'une personne ayant vocation à devenir actionnaire ne puisse pas surveiller la gestion de la société qu'il va intégrer ? C'est pourquoi le Code de commerce a prévu des mécanismes permettant la prise en considération des intérêts des porteurs de valeurs mobilières composées. Ceux-ci semblent protecteurs des intérêts des créanciers devant devenir actionnaires, mais quelques doutes existent sur leur efficacité en raison de leur manque d'exhaustivité.

247. Les décisions de gestion pouvant affecter les porteurs de valeurs mobilières composées : des cas précisés par le Code de commerce. Les décisions de gestion qui peuvent intéresser les titulaires de valeurs mobilières donnant accès au capital d'une société cotée sont les décisions ayant de conséquences telles sur l'actif social que le désintéressement de la créance, qu'il s'effectue en numéraire ou en titres, se retrouve incertain. Ces porteurs n'ont pas de droit de regard sur les actes de gestion courante, mais ne devraient obtenir un pouvoir de surveillance que sur les opérations mettant réellement en péril leurs droits pécuniaires présents ou à venir.

Le Code de commerce règle, en partie, les cas dans lesquels les porteurs de valeurs mobilières composées doivent être consultés, et partant disposent d'un droit de regard sur une décision particulière. Il ressort des articles L. 228-98 et L. 228-99 du Code de commerce que les porteurs de valeurs mobilières

---

[822] Il doit être précisé que des valeurs mobilières donnant accès au capital peuvent être des titres de capital donnant accès à un autre titre de capital. C'est notamment le cas des actions à bons de souscription d'actions. Ces formes de valeurs mobilières composées, qui ne sont en aucun cas composées de titres de créance sont écartées des prochains développements. Sur ces actions particulières, voir : A. COURET, H. LE NABASQUE *et alii*, *op. cit.* note 762, p. 355-356.

composées doivent approuver, par le biais du contrat d'émission ou par la réunion d'une assemblée spéciale, la modification de la forme ou de l'objet social. Il en est de même de la modification des règles de répartition des bénéfices de la société, de l'amortissement de son capital ou de la création d'actions de préférence entraînant l'une de ces deux décisions[823]. Ces décisions et principalement les deux premières, sont de nature à modifier potentiellement les droits de chaque porteur, voire à les annihiler. C'est, par exemple, le cas d'une transformation d'une société. Dans cette hypothèse, la forme sociale serait modifiée et les droits du titulaire des valeurs mobilières composées seraient affectés par cette transformation. On considère alors, en leur conférant un droit d'approbation de l'opération, que les porteurs de ces titres financiers sont des actionnaires en devenir[824].

Ces cas précis posés à l'article L. 228-98 du Code de commerce doivent se combiner avec une autre disposition du Code de commerce, selon laquelle « les assemblées générales des titulaires [de ces titres] sont appelées à autoriser toutes modifications au contrat d'émission et à statuer sur toute décision touchant aux conditions de souscription ou d'attribution de titres de capital déterminées au moment de l'émission »[825]. De cette combinaison résulte une interrogation sur la portée de ces deux articles. Il ne fait aucun doute que les décisions mentionnées expressément à l'article L. 228-98 modifient le contrat d'émission ou concernent les conditions d'attribution des titres de capital, mais ces opérations constituent-elles des illustrations, ou l'établissement d'une liste limitative ? Si la première solution est privilégiée, il reviendrait aux parties – ou à défaut au juge – de déterminer les opérations soumises au contrôle préalable des porteurs de droits de valeurs mobilières donnant accès au capital. Cela signifierait aussi une extension notable du pouvoir de surveillance *a priori* des détenteurs de ces titres de créance particuliers. Le doute sur cette interprétation a été partiellement levé par une décision de la chambre commerciale du 10 juillet 2012.

248. L'extension de l'intervention des porteurs de valeurs mobilières composées : l'arrêt *Uniross*[826]. Cette décision concerne une société ayant émis des obligations remboursables en actions, à l'encontre de laquelle a été ouverte une procédure de sauvegarde. Au cours de celle-ci, le plan adopté prévoyait une augmentation de capital, à la condition d'être précédée d'une réduction à néant. Cette opération, qui était une opération accordéon,

---

[823] Article L. 228-98 alinéas 1 et 2 du Code de commerce.

[824] A. COURET, H. LE NABASQUE *et alii*, *op. cit.* note 762, p. 359.

[825] Article L. 228-103 du Code de commerce.

[826] Cass. com., 10 juillet 2012, *D.* 2012, p. 1953 ; *Revue des sociétés* 2012, p. 536, obs. Laurence-Caroline HENRY ; *ibid.* 2013, p. 99, note Hervé LE NABASQUE ; *JCP E* 2012, 1517, note Jean-Marc MOULIN ; *Droit des sociétés* 2012, n° 182, note Dorothée GALLOIS-COCHET ; *ibid.*, n° 215, note Jean-Pierre LEGROS ; *Bulletin Joly sociétés* 2012, p. 810, note François-Xavier LUCAS ; *RJDA* 2012, n° 975 ; *Banque et Droit* janvier 2013, 44, obs. Quentin URBAN ; *Gazette du Palais* 6 septembre 2012, p. 26, note Catherine BERLAUD.

aboutissait à la caducité des valeurs mobilières composées[827]. En effet, l'augmentation de capital suivant sa réduction à néant étant réservée à un tiers qui s'est engagé à exécuter le plan de sauvegarde, les porteurs des obligations remboursables en actions ne pouvaient en aucun cas bénéficier des titres sous-jacents. Ils se retrouvent écartés de la société à laquelle ils ont consenti des prêts. Le représentant de la masse forme alors tierce opposition à l'égard du jugement arrêtant le plan de sauvegarde.

Ce litige est l'occasion pour les tribunaux de trancher une question qui est apparue par l'acceptation de la réduction du capital à néant, sous la condition suspensive d'une augmentation subséquente de capital au-dessus du minimum légal[828]. À considérer une stricte lecture du dernier alinéa de l'article L. 228-98 du Code de commerce[829], les titulaires de valeurs mobilières donnant accès au capital ne pourraient qu'être victimes du coup d'accordéon, le Code de commerce considérant que la réduction de capital motivée par les pertes est une décision pouvant leur être imposée. Ce texte ayant été formulé par la loi du 24 juillet 1966, l'hypothèse de la disparition totale du capital n'était pas envisagée par le législateur. Dès lors, à considérer que l'article L. 228-98 du Code de commerce ne concerne que la réduction du capital laissant demeurer des sommes, il peut être considéré que cet article ne s'applique pas à la réduction du capital à néant. Ce raisonnement peut, par ailleurs, permettre d'éviter que le coup d'accordéon ne devienne un « coup de Trafalgar »[830] pour les porteurs de valeurs mobilières composées.

C'est la seconde voie qu'ont adopté la Cour d'appel[831] et la chambre commerciale de la Cour de cassation. En effet, chacune des deux juridictions considère que le coup d'accordéon aurait dû être approuvé par les porteurs de valeurs mobilières leur évitant une spoliation[832]. Les porteurs d'obligations remboursables en actions, parce qu'ils sont des actionnaires en devenir, doivent approuver la disparition du capital, parce que celle-ci « touche aux

827 Un auteur mentionne même « l'annulation des titres ». Voir : Nicolas BORGA, « Coup d'arrêt sur les effets d'un coup d'accordéon à l'égard des porteurs d'ORA », *L'essentiel de droit des entreprises en difficulté*, 10 septembre 2012, p. 5.

828 Cass. com., 17 mai 1994, *Revue des sociétés* 1994, p. 485, note Sabine DANA-DEMARET ; *Gazette du Palais* 1994, 1, 747, note Yves CHARTIER ; *Bulletin Joly sociétés* 1994. 816, note Jean-Jacques DAIGRE ; *Defrénois* 1996, p. 1033, n° 15-16, note Adrienne HONORAT et Henri HOVASSE.

829 « En cas de réduction de son capital motivée par des pertes et réalisée par la diminution du montant nominal ou du nombre des titres composant le capital, les droits des titulaires des valeurs mobilières donnant accès au capital sont réduits en conséquence, comme s'ils les avaient exercés avant la date à laquelle la réduction de capital est devenue définitive ».

830 Hervé LE NABASQUE : « Le sort des porteurs de valeurs mobilières donnant accès au capital face à une réduction de capital à zéro ou Du coup d'accordéon au coup de Trafalgar », dans Alain COURET, Catherine MALECKI (dir.), *Les défis actuels du droit financier*, Paris, Joly Editions, 2010, p. 129 et s.

831 Paris, 28 juin 2011, *Revue des sociétés* 2012, p. 165, note Antoine GAUDEMET ; *Bulletin Joly sociétés* 2012, p. 133, note Anastasia SOTIROPOULOU.

832 A. GAUDEMET, *op. cit.* note 831, § 8.

conditions d'attribution des titres de capital »[833]. S'il a pu être soutenu le contraire[834], la réduction du capital à néant emporte l'impossibilité pour les porteurs des valeurs mobilières composées de se voir attribuer des actions[835] et nécessite leur consultation. Les titulaires de valeurs mobilières donnant accès au capital participent donc activement au contrôle de certaines décisions pouvant relever de la gestion sociale.

249. Les modalités du contrôle des porteurs de valeurs mobilières donnant accès au capital : un droit de veto offert à certains. Les porteurs de valeurs mobilières composées doivent être constitués en une masse disposant de la personnalité juridique et réunie sous la forme d'une assemblée au sein de laquelle chaque valeur mobilière donne droit à une voix[836]. Afin d'aboutir à une décision, cette assemblée doit respecter les conditions relevant de la compétence de l'assemblée générale extraordinaire des actionnaires[837].

Les porteurs de valeurs mobilières composées doivent alors se présenter en nombre suffisant afin d'approuver la décision, ainsi que réunir les deux tiers des votes exprimés. En d'autres termes, il est nécessaire *a minima* de réunir une proportion de 16,67% des valeurs mobilières composées émises sur première convocation[838], ou 13,33% de ces titres sur second convocation[839]. S'il doit être convenu que cette fraction des valeurs mobilières composées est peu élevée et donc aisément atteignable, il doit aussi être mentionné que cette fraction est impérative. En effet, la sanction d'une décision prise en violation des exigences de l'article L. 228-103 du Code de commerce est la nullité de l'opération envisagée, ce qui revient à conférer aux titulaires de valeurs mobilières donnant accès au capital un droit de veto[840]. Le contrôle des opérations de gestion de la part des porteurs de valeurs mobilières composées se retrouve renforcé par cette décision.

Il est alors possible de s'interroger sur la systématisation de cette décision, dont la portée n'est pas limitée à la seule opération accordéon avec réduction du capital à néant[841]. Toutefois, l'arrêt de la chambre commerciale ne comportant aucune indication sur les décisions auxquelles la solution pourrait être étendue, il s'avèrerait nécessaire d'attendre d'autres litiges pour prendre connaissance d'autres cas dans lesquels les porteurs de valeurs mobilières

[833] Article L. 228-103 du Code de commerce.

[834] A. SOTIROPOULOU, *op. cit.* note 831.

[835] H. LE NABASQUE, *op. cit.* note 830, p. 137.

[836] Article L. 228-103 du Code de commerce.

[837] Soit la réunion d'un quorum des actions votantes d'un quart sur première convocation et d'un cinquième sur seconde convocation, et une majorité des deux-tiers des actions présentes ou représentées.

[838] Deux tiers des votes exprimés d'un quart des valeurs mobilières composées présentes ou représentées.

[839] Deux tiers des votes exprimés d'un cinquième des valeurs mobilières composées présentes ou représentées.

[840] A. SOTIROPOULOU, *op. cit.* note 831 ; H. LE NABASQUE, *op. cit.* note 826.

[841] H. LE NABASQUE, *op. cit.* note 826.

composées devraient être consultés[842]. Il semble toutefois qu'une décision comme la dissolution amiable de la société[843], non visée par le Code de commerce aux articles L. 228-98 et suivants du Code de commerce, puisse donner lieu à autorisation préalable des porteurs de valeurs mobilières composées. En effet, cette décision ayant pour but de faire disparaître la société devant émettre les titres sous-jacents, elle modifierait drastiquement les conditions d'attribution des titres de capital. Au-delà de cet exemple, qui peut être considéré comme radical, l'appréciation judiciaire est nécessaire pour déterminer les cas dans lesquels le contrôle des porteurs de valeurs mobilières composées peut mettre en échec l'opération envisagée par les organes sociaux.

Cette possibilité de mettre en échec les décisions sociales par l'accomplissement d'un contrôle *a priori* devient contraignante pour la société lorsque plusieurs valeurs mobilières composées sont émises par la société. Dans ce cas, plusieurs assemblées générales devraient être réunies, multipliant de fait les risques de veto. En effet, chaque assemblée de porteurs de titres composés devant approuver préalablement le projet de décision, les risques de blocage de cette décision sont décuplés. Dès lors, étendre le domaine de l'autorisation préalable des porteurs de valeurs mobilières donnant accès au capital peut certes renforcer les droits de surveillance des actionnaires en devenir, mais peut aussi aboutir au blocage de certaines décisions de gestion, si elles ont pour objet de modifier les conditions d'attribution des titres de capital sous-jacents. Au final, des créanciers non actionnaires, par leur contrôle préventif, pourraient paralyser certaines décisions. Le même constat peut être dressé pour les obligataires.

II) Les créanciers obligataires

250. Certaines opérations de gestion ont pour conséquence de nuire aux droits des créanciers sociaux, qu'ils soient ou non actionnaires par ailleurs. Il semble logique que ces créanciers, partenaires liés très étroitement à la société, aient un droit de contrôle *a priori* sur l'opération envisagée. La difficulté principale est celle de leur implication au cours du processus décisionnel. Certains créanciers spéciaux, couramment rencontrés au sein des sociétés cotées, se voient ainsi conférer un droit de contrôle *a priori* sur tout type de décision affectant potentiellement leur droit de créance, alors que d'autres créanciers pourront exercer un droit de contrôle uniquement sur les opérations de restructuration.

251. Les créanciers obligataires organisés en masse. Il est nécessaire, à titre liminaire, de préciser que le créancier obligataire est celui qui a souscrit à une obligation, c'est-à-dire « un titre négociable qui, dans une même

---

[842] *Id.*

[843] Article 1844-7 4° du Code civil.

émission, confère les mêmes droits de créance pour une même valeur nominale »[844]. Une obligation est une valeur mobilière, mais ne confère en aucun cas la qualité d'actionnaire. Ces créanciers obligataires, propriétaires d'un droit de créance contre la société, peuvent donc être à la merci des actionnaires qui peuvent l'amenuiser, voire l'annihiler, par une décision collective. Ces créanciers obligataires étant historiquement considérés comme des petits-épargnants[845], ils ont été regroupés par le décret-loi du 30 octobre 1935 en un organe collectif non permanent : la masse des créanciers obligataires. C'est, au sens du rapporteur de ce texte, « la réforme essentielle – celle qui (...) était unanimement demandée »[846]. Ce souci de protection du petit porteur qui répondait au principe selon lequel l'union fait la force est actuellement moins pertinent, car les obligations sont désormais principalement souscrites par les investisseurs institutionnels[847]. Il n'en demeure pas moins que les obligataires d'une même émission sont toujours réunis, selon le Code de commerce, en une masse jouissant de la personnalité civile pour la défense de leurs droits[848]. Cette particularité doit être soulignée, en ce que la masse ne dispose d'aucun patrimoine[849], tandis que l'acception traditionnelle de la personnalité juridique suppose une telle existence[850]. Il est toutefois opportun que cette entité dispose de la personnalité morale, afin d'agir en justice et d'être représentée[851].

252. Compétence de l'assemblée générale des obligataires. Cette masse des obligataires est légalement compétente afin de délibérer sous forme d'assemblée générale sur toutes les mesures affectant potentiellement les droits de ses membres, tel que le dispose l'article L. 228-65 du Code de

---

844 Article L. 213-5 du Code monétaire et financier.

845 A. COURET, H. LE NABASQUE *et alii*, *op. cit.* note 762, p. 451.

846 Rapport du président du conseil sur le Décret du 30 octobre 1935 relatif à la protection des obligataires, *D.* 1935, IV, p. 415. Voir contre tout pouvoir social conféré aux obligataires : Aimé DUBUIS, *Des moyens donnés aux obligataires pour assurer leur protection contre les actes des sociétés anonymes*, Thèse, Paris, Sirey, 1934, p. 126-130. A propos de la proposition déposée devant la chambre des députés le 28 avril 1894 par le député Calvinhac conférant un droit de veto aux obligataires à propos d'actes graves, l'auteur affirmait « Les obligataires, qui ne sont pas des associés, ne l'oublions pas, ne semblent guère préparés à ce rôle de conseils. D'ailleurs l'utilité d'un veto suspensif est assez problématique ».

847 A. COURET, H. LE NABASQUE *et alii*, *op. cit.* note 762, p. 451.

848 Article L. 228-46 du Code de commerce.

849 François BARRIERE, « La masse, cette personne morale sans patrimoine. Brèves observations à l'aune de l'avant-projet de réforme du droit des biens », *Bulletin Joly sociétés* 2009, p. 646-647 ; A. COURET, H. LE NABASQUE *et alii*, *op. cit.* note 762, p. 452 ; Ph. MERLE, *op. cit.* note 110, p. 425. Voir aussi : Bruno DONDERO, *Les groupements dépourvus de personnalité juridique en droit privé – Contribution à la théorie de la personnalité morale*, préf. Hervé LE NABASQUE, Aix-en-Provence, PUAM, 2006, p. 489 et s.

850 B. DONDERO, *op. cit.* note 849, p. 489 et s. ; Nicolas MATHEY, *Recherche sur la personnalité morale en droit privé*, Thèse dactylographiée Paris II Panthéon-Assas, dir. Laurent LEVENEUR, 2001, p. 368.

851 Ph. MERLE, *op. cit.* note 110, p. 425.

commerce[852]. Cette assemblée générale statue *a priori* sur les décisions de gestion affectant les obligataires. Un doute existait toutefois sur le moment de la consultation de l'assemblée des obligataires. L'article L. 228-65 du Code de commerce dispose que « l'assemblée générale délibère sur toutes mesures ayant pour objet d'assurer la défense des obligataires et l'exécution du contrat d'emprunt ainsi que sur toute proposition tendant à la modification du contrat (...) ». La première partie de l'article semble indiquer que les assemblées d'obligataires ne statuent qu'*a posteriori*, car le terme « mesure » paraît signifier que la décision a déjà été arrêtée. Toutefois, sa seconde partie admet la compétence de l'assemblée des obligataires pour statuer sur une proposition tendant à la modification du contrat, ce qui pourrait prouver que les obligataires sont consultés préalablement à la prise effective de la décision. Cette analyse est par ailleurs plus en adéquation avec la raison d'être de la masse des obligataires réunie en assemblée générale, à savoir la protection des intérêts de ses membres. Dès lors, certains membres de la doctrine considèrent que le temps opportun de consultation de l'assemblée des obligataires, en dépit de la rédaction qui pourrait paraître maladroite, est avant la prise de décision effective[853]. L'assemblée des obligataires devient donc un organe de contrôle *a priori* de certaines décisions sociales, avec pour objectif de faire respecter les intérêts des obligataires.

Cette analyse paraît toutefois contredire un autre article du Code de commerce. En effet, ce code dispose un principe de non-immixtion dans la gestion des affaires sociales[854]. Il doit toutefois être précisé que ce principe ne s'applique qu'aux représentants de la masse au sens de l'article L. 228-55 du Code de commerce, ce qui signifie, *a contrario*, que la masse a potentiellement une capacité d'immixtion au sein de la gestion sociale[855]. Il convient d'aborder les projets de décisions sociales qui doivent être soumises à l'assemblée générale des obligataires.

253. Consultation de l'assemblée générale des obligataires. L'article L. 228-65 du Code de commerce ouvre le droit aux obligataires d'être consultés sur six exemples de propositions affectant soit la société émettrice, soit le contrat d'obligation lui-même. Toutefois, ce même article, par l'adverbe « notamment », insiste sur la valeur indicative de cette liste, d'autres propositions pouvant être soumises à l'organe représentatif des obligataires. En ce sens, la cour d'appel de Versailles a pu décider que le projet de « dissolution, de liquidation totale ou partielle ou de restructuration, volontaire ou involontaire, de faillite, de redressement ou de liquidation judiciaire » devait donner lieu à consultation préalable de l'assemblée générale des

---

[852] Voir en ce sens : Pierre MOUSSERON, « Turbulences autour des prêteurs obligataires (à propos de Com., 27 janvier 2009) », *Bulletin Joly sociétés* 2010, p. 200.

[853] A. COURET, H. LE NABASQUE *et alii*, *op. cit.* note 762, p. 455. *Contra* : P. MOUSSERON, *op. cit.* note 852, p. 201.

[854] Article L. 228-55 du Code de commerce.

[855] A. COURET, H. LE NABASQUE *et alii*, *op. cit.* note 762, p. 454.

obligataires[856]. Toute décision pouvant affecter le droit à remboursement des obligataires devrait ainsi être soumis à l'approbation préalable de leur assemblée générale. On pourrait donc conclure à la prépondérance des obligataires, car ils devraient être consultés préalablement à propos de nombreux projets. On doit cependant insister sur la faiblesse des sanctions envisagées par la loi si les obligataires réunis en conseil d'administration ne sont pas consultés préalablement.

254. Variété des sanctions en cas de défaut de consultation. Les sanctions sont variées car deux sources existent : celle du droit commun, mais aussi celle issue de la section du Code de commerce relative aux obligations prévoit un mécanisme sanctionnateur bien moins contraignant à l'égard des actionnaires.

La sanction du droit commun des sociétés pourrait être la nullité. En effet, l'article L. 235-1 du Code de commerce sanctionne de nullité tout acte qui méconnaîtrait une disposition impérative du livre II du Code de commerce. L'article L. 228-65 du Code de commerce faisant partie de ce livre II, il serait donc possible d'annuler une délibération affectant les droits des créanciers obligataires qui n'aurait pas été soumise préalablement à l'accord de l'assemblée générale des obligataires[857]. Un doute demeure cependant. On pourrait objecter que le deuxième critère de l'article L. 235-1 du Code de commerce, l'expressivité de la norme, soit difficilement rencontré à propos de l'article L. 228-65 du Code de commerce. La nullité doit donc être écartée.

En outre, un arrêt de la Cour d'appel de Versailles du 27 septembre 2007[858] a pu affirmer que la résolution du contrat obligataire ne pouvait être obtenue en raison du non-respect du vote de l'assemblée générale des obligataires. Ce défaut d'exécution du contrat obligataire n'est en effet pas une faute suffisamment « grave de nature à entraîner la résiliation du contrat d'emprunt »[859]. Dès lors, la consultation préalable de l'assemblée générale des obligataires étant une obligation contractuelle, la violation de cette formalité est sanctionnée par l'allocation de dommages-intérêts à la charge de la société au sens de l'article 1231-1 du Code civil. Le quantum de ces dommages-intérêts risque d'être faible, car le préjudice réparable ne peut être qu'une perte de chance d'exprimer son vote. Le droit commun protège donc assez peu les membres de l'assemblée générale des obligataires, il est nécessaire de vérifier si le droit des sociétés assure une meilleure protection.

Le Code de commerce, en ses articles L. 228-72 et L. 228-73, prévoit les sanctions applicables au défaut d'approbation de l'assemblée générale des

---

[856] Versailles, 16ème chambre, 27 septembre 2007, n° 06/7848.
[857] P. MOUSSERON, *op. cit.* note 852, p. 202.
[858] Précité note 856.
[859] *Id.*

obligataires. Le premier article[860] dispose qu'en cas de défaut d'approbation – c'est-à-dire en cas de refus ou défaut de consultation –, l'organe de gestion peut passer outre, à la condition d'offrir le remboursement de leur créance aux obligataires. Le second article, concernant les projets de fusion, scission et apport partiel d'actif[861] ainsi que le projet de transfert du siège social d'une société européenne dans un autre État membre, dispose que l'organe de gestion peut passer outre le défaut d'approbation de l'opération envisagée par l'assemblée générale des obligataires. Ceux-ci pourront toutefois donner mandat au représentant de la masse des obligataires pour former opposition à l'opération envisagée et obtenir, après jugement, remboursement de leurs créances ou constitution de garanties[862]. Cette opposition ne peut, en revanche, en aucun cas suspendre l'opération de gestion.

Les obligataires ont donc, au regard de ces articles, peu de possibilités de faire valoir leurs droits. Même s'ils refusent l'opération envisagée, celle-ci peut continuer son cours et être mise en œuvre par l'organe de gestion de la société. En cas de refus, les créanciers obligataires ne peuvent avoir droit qu'à un remboursement de leur créance, ce qui peut représenter pour eux une perte de la rémunération de leur titre. L'assemblée générale des obligataires ne représente donc pas un organe essentiel de contrôle, car, *prima facie*, elle ne peut infléchir la décision finale, son expression n'étant qu'un avis dont la société peut se dispenser. Une seconde lecture, plus économique est possible. Le droit à remboursement immédiat bénéficiant individuellement aux créanciers obligataires peut se révéler une sanction financière pour les sociétés, qui se trouvent dans l'obligation de débourser d'importantes sommes[863] afin de désintéresser des créanciers dont la créance est échue.

255. Il doit être constaté que l'assemblée générale des créanciers obligataires représente un organe de contrôle *a priori* de certaines décisions impliquant un risque pour leur droit de créance. Cet organe exerce toutefois un contrôle superficiel, car il ne peut en aucun cas bloquer la décision envisagée, mais aussi parce que la sanction en cas de non consultation de l'assemblée générale des obligataires est très faible. Cette faiblesse est en soi logique, car les obligataires ne sont pas des associés et ne devraient donc pas paralyser des opérations sociales qui peuvent être importantes pour les associés, bien que préjudiciables aux créanciers.

---

860 Cet article concerne les projets de modification de l'objet ou de la forme sociale ou l'émission d'obligation ayant un droit de préférence par rapport à la créance des obligataires composant la masse.

861 Bien que l'article L. 228-65 I 3° du Code de commerce ne mentionne que la fusion et la scission, l'ancienne commission des opérations de bourse considère que l'apport partiel d'actif doit être soumis aux mêmes conditions que les autres opérations de restructuration. Voir : *Bulletin Mensuel de la Commission des opérations de bourse*, n° 125, Avril 1980, p. 9.

862 Article L. 236-14 alinéa 2 du Code de commerce.

863 G. RIPERT, R. ROBLOT par M. GERMAIN, V. MAGNIER, *op. cit.* note 36, p. 626.

256. Conclusion de la section 1. Les organes que sont le comité social et économique et la masse des créanciers obligataires bénéficient d'un réel pouvoir de contrôle *a priori* de certaines décisions de gestion sociale, à la condition qu'elles nuisent potentiellement aux intérêts qu'ils défendent. Il doit être noté que ces organes, qui ne sont pas des organes sociaux mais des organes de l'entreprise, disposent d'un domaine de contrôle étendu, sans toutefois un réel pouvoir de contrainte à l'égard des contrôlés. En effet, à l'exception notable des porteurs de titres composés, aucun de ces organes de l'entreprise ne dispose de prérogatives permettant de paralyser une opération ou une décision qui pourrait nuire à leurs intérêts. Le droit de regard du comité social et économique ou de certains créanciers sociaux peut représenter une étape incontournable dans le processus décisionnel, mais dont les effets ne représentent qu'une faible contrainte à l'égard des dirigeants sociaux. Il en est de même dans le cadre de la méconnaissance du droit de surveillance de ces entités, à l'exception du risque de délit d'entrave à l'action du comité social et économique, représentant un risque plus important de par son caractère pénal.

L'effet réduit de ce contrôle peut, *in fine*, se comprendre en ce qu'il vise à faire respecter une somme d'intérêts individuels de personnes qui sont extérieures à la société. Il en est autrement lorsque le contrôle *a priori* est effectué en faveur de la préservation de l'intérêt des marchés.

Section 2 : Le contrôle a priori protégeant les marchés

257. Les autorités de régulation peuvent remplir un rôle non négligeable afin d'approuver *ex ante* l'opération de gestion. Cette phase préliminaire peut avoir valeur de contrôle, car en cas de refus, la décision ne pourra pas produire effet. Une autorisation ne peut toutefois pas être conférée sans référentiel. Les autorités de régulation apprécient dès lors les projets de décisions de gestion qui leur sont communiqués au regard de deux intérêts différents. La préservation de la structure du marché concurrentiel représente un objectif important (§1), au même titre que le maintien de l'ordre des marchés financiers (§2). Si le second contrôle est bien évidemment propre aux sociétés dont les titres sont admis aux négociations sur un marché réglementé, le droit de regard visant à préserver la structure du marché concurrentiel s'applique à toutes les sociétés. Cette surveillance est toutefois essentielle dans le cadre des sociétés cotées, en ce qu'elle peut différer, voire annihiler l'application de certaines décisions de gestion pouvant s'avérer nécessaires à ces sociétés.

§1 La protection préalable de la structure du marché

258. Certaines décisions des sociétés cotées peuvent, par leur objet ou leur effet, avoir des conséquences sur le marché au sein elles opèrent. Les opérations susceptibles d'emporter le plus de répercussions sur le marché sont les concentrations, qui peuvent prendre la forme de fusions, d'offres publiques d'acquisition ou acquisition d'actifs[864]. Cette définition par les techniques juridiques n'est toutefois pas totalement satisfaisante et il convient de se référer à la définition du professeur CHAMPAUD, qui affirme que la concentration s'entend, au sens strict, comme la « croissance de la taille des entreprises et par une diminution corrélative de leur nombre »[865]. Aussi la concentration, par ce double effet sur les entreprises pourrait-elle avoir des conséquences néfastes à l'égard du marché concurrentiel pour lequel la multiplicité d'opérateurs est un avantage, sinon une nécessité. Cette concentration n'est toutefois pas sanctionnable en elle-même.

259. Opportunité économique de la concentration. La concentration peut entraîner des conséquences favorables, tant pour les consommateurs, que pour l'État et les entreprises. À cet effet, un économiste est parvenu à théoriser un modèle économique selon lequel la concentration horizontale – c'est-à-dire entre concurrents sur un même marché – entraîne des réductions de coûts favorables aux consommateurs[866]. En effet, elle permet de passer d'un marché atomisé à un marché plus compact ayant pour trois principales conséquences : la constitution d'économies d'échelle, l'augmentation de la recherche et du développement et l'obtention de la taille critique de l'entreprise issue de la concentration sur le marché international[867].

Il paraît dans un premier temps logique que la concentration entraîne des économies d'échelle[868], cette opération ayant pour effet le rassemblement de plusieurs entreprises et donc de moyens de production. L'économie entraînée peut être réinjectée dans d'autres secteurs, notamment dans les secteurs liés à la recherche et au développement, afin de conférer à l'entreprise y participant un avantage concurrentiel.

Le phénomène de concentration engendre une augmentation de la taille des entreprises qui peut leur permettre d'atteindre la taille critique, c'est-à-dire la taille nécessaire à la survie sur un marché donné. Cette conséquence est particulièrement souhaitable en raison de la régionalisation et de la globalisation

---

864 Voir pour un raisonnement inspiré par le droit allemand et étasunien : Louis VOGEL, *Droit de la concurrence et concentration économique – Etude comparative*, préf. Berthold GOLDMAN, Paris, Economica, 1988, p. 350. Voir aussi : article L. 430-1 du Code de commerce.

865 Claude CHAMPAUD, *Le pouvoir de concentration de la société par actions*, préf. Yvon LOUSSOUARN, Paris, Sirey, 1962, p. 3.

866 Oliver WILLIAMSON, « Economies as an Antitrust Defense : The Welfare Tradeoffs », *The American Economic Review*, Vol. 58, p. 20-23. Voir aussi : Saïd SOUAM, « L'efficacité préventive des décisions en matière de concentration », *Les petites affiches* 28 décembre 2000, n° 259, p. 16.

867 C. LUCAS DE LEYSSAC, G. PARLÉANI, *op. cit.* note 168, p. 129.

868 Celles-ci sont réalisées par « l'accroissement de dimension des opérations productives lorsque, à la suite de cette variation de l'échelle de la production, les coûts de production unitaires enregistrent une augmentation proportionnellement moins importante que celle du niveau de production ». Frédéric TEULON (dir.), *Dictionnaire d'histoire, économie, finance, géographie*, Paris, PUF, 2004, 4ème éd., p. 241.

des marchés, car le passage de plusieurs marchés concentrés en un marché déconcentré nécessite une adaptation des entreprises appelées à intervenir sur ce dernier. En effet, une entreprise de taille suffisante sur un marché national peut avoir une taille insuffisante sur un marché régionalisé ; la concentration apparaît alors comme une solution possible et même nécessaire pour la survie de certaines entreprises[869]. Si l'obtention de la taille critique sur le marché pertinent est un objectif louable et nécessaire, la concentration peut aboutir à une situation tout autre : l'entreprise atteint non seulement un seuil nécessaire à sa survie, mais elle atteint aussi un seuil de puissance économique possiblement néfaste[870]. Le contrôle des concentrations devient nécessaire, *a fortiori* dans le cadre de la concentration de deux sociétés cotées. En effet, le contrôle des concentrations n'est pas propre à ces sociétés, mais revêt une dimension particulière dans le cadre du rapprochement deux sociétés dont les actions sont admises aux négociations sur un marché réglementé, car leurs activités sont susceptibles d'engendrer des effets importants sur les marchés concurrentiels. Ce contrôle marqué par un agrément de l'autorité de marché, nécessairement *ex ante*, se situe tant à l'échelon interne (I) qu'à l'échelon communautaire (II).

I) Le contrôle interne du projet de concentration

260. Evolution législative du droit interne du contrôle des concentrations. Le droit français des concentrations a connu quelques évolutions depuis son introduction par la loi du 19 juillet 1977[871]. Cette loi a été reprise avec quelques réaménagements par l'ordonnance du 1er décembre 1986[872], fondatrice du droit moderne de la concurrence interne. Il est nécessaire de noter que ces deux textes ont été assez peu appliqués, leur objectif étant principalement d'éviter les débordements des concentrations qui bénéficiaient d'une bienveillance de la part du monde politique[873].

Un changement de mentalité sur le contrôle des concentrations est apparu avec la loi nouvelles régulations économiques du 15 mai 2001[874] établissant le régime

---

869 L. VOGEL, *op. cit.* note 864, p. 236.

870 C. MASQUEFA, *op. cit.* note 759, p. 172.

871 Loi n° 77-806 du 19 juillet 1977 relative au contrôle de la concentration économique et à la répression des ententes illicites et des abus de position dominante, *JORF* du 20 juillet 1977, p. 3833.

872 Ordonnance n° 86-1243 du 1er décembre 1986 relative à la liberté des prix et de la concurrence, *JORF* du 9 décembre 1986, p. 14773.

873 La loi n° 77-806 du 19 juillet 1977 n'a été appliquée que huit fois en dix ans, pour une seule concentration interdite. Voir en ce sens : Florence DEKEUWER-DEFOSSEZ, Edith BLARY-CLEMENT, *Droit commercial – Actes de commerce, fonds de commerce, commerçants, concurrence*, 2010, 10ème éd., Paris, Montchrestien, p. 467.

874 Précitée note 584.

de contrôle des concentrations en droit français[875]. La bienveillance dont bénéficiaient les concentrations a disparu par cette loi, qui pose un encadrement bien plus strict. La dernière évolution législative est posée par la loi de modernisation de l'économie du 4 août 2008[876] et constitue l'état du droit positif en matière de contrôle des concentrations. Avant même de décrire le contrôle effectué par l'autorité de marché française, il est nécessaire d'aborder les opérations soumises à un tel contrôle.

261. Détermination des opérations soumises au contrôle interne des concentrations. Le Code de commerce, avant de décrire la procédure applicable, mentionne les actes appréhendés par le contrôle des concentrations. Sont concernées les « opérations de fusion, la création d'une entreprise nouvelle et la prise de participation conférant le contrôle de l'entreprise »[877]. Cependant, ces opérations ne sont pas toutes soumises à la procédure de contrôle des concentrations, afin d'éviter la paralysie des opérations de regroupement d'entreprises.

Au critère matériel lié au type d'opération, s'ajoute un critère quantitatif quant à son importance économique. Historiquement, le droit antérieur à la loi du 15 mai 2001 considérait que la concentration ne pouvait être contrôlée que si l'opération entraînait le franchissement du seuil de 25 pour cent « des ventes, achats ou autres transactions sur un marché national de biens, produits ou services substituables »[878]. Ce référentiel était assez peu compatible avec le régime du contrôle *ex ante* du droit des concentrations. En effet, avant même de signaler l'opération, les parties devaient déterminer si celle-ci pouvait être sujette au contrôle de l'autorité de marché. Une double difficulté se présentait, celle de déterminer le marché pertinent et celle de calculer les parts de marché des entreprises parties. Cette double exigence semblait représenter un frein au contrôle des concentrations, ce qui a engendré une modification du critère de

---

[875] Jean-Bernard BLAISE, Richard DESGORCES *Droit des affaires – Commerçant, concurrence, distribution*, 8ème éd., 2015, Paris, L.G.D.J., p. 468 ; Robert COLLIN, Michel PONSARD, « Le nouveau régime de contrôle des opérations de concentration », *Droit des sociétés* 2002, Chron. n° 13.

[876] Loi n° 2008-776 du 4 août 2008, précitée note 325.

[877] Article L. 430-1 du Code de commerce. La notion de contrôle telle que définie à cet article n'est toutefois pas la même que celle disposée aux articles L. 233-3 et L. 233-16 II et III du Code de commerce. Contrairement à ces articles, le contrôle issu de la concentration est plus largement compris.

[878] Article 38 de l'Ordonnance du 1er décembre 1986, précitée note 872.

l'importance économique de l'opération soumise au contrôle des concentrations[879], ayant pour principal effet de l'objectiver[880].

Les lois du 15 mai 2001 et du 4 août 2008 ont grandement modifié le régime applicable aux opérations de concentration, car ne peuvent y être soumises que les opérations réunissant trois conditions. Les deux premières sont économiques et comptables[881] alors que la dernière, plus juridique, permet d'éviter un conflit positif de compétence. L'opération ne doit pas rentrer dans le champ d'application du règlement communautaire 139/2004 du 20 janvier 2004. Cette dernière condition fait état du caractère supplétif de la procédure interne, car l'application du règlement communautaire emporte *de facto* la mise à l'écart du Code de commerce.

262. Procédure du contrôle des concentrations. Ces critères remplis, le Code de commerce dispose que l'opération doit être notifiée à l'Autorité de la concurrence avant sa réalisation[882]. Apparaît une difficulté qui s'était déjà posée pour le contrôle *ex ante* du comité social et économique. L'Autorité de la concurrence, afin qu'elle se prononce, a besoin d'informations suffisantes sur l'opération, mais doit se prononcer avant le déroulement de celle-ci. L'opération n'étant pas encore intervenue, un doute existait sur la période à laquelle les acteurs devaient notifier à l'autorité de marché. Le Code de commerce dispose que le projet à notifier à l'autorité doit être « suffisamment abouti pour permettre l'instruction du dossier, notamment lorsque [les parties] ont conclu un accord de principe, signé une lettre d'intention ou dès l'annonce d'une offre publique »[883]. Il s'ensuit que le contrôle de l'opération de la concentration se déroule avant la

---

879 Le rapporteur du projet de loi des nouvelles régulations économiques précisait : « La disparition du critère "parts de marché" s'explique par son inadéquation avec un régime de notification obligatoire des opérations de concentration. À l'inverse du chiffre d'affaires aisé à déterminer, la notion de parts de marché apparaît, en effet, beaucoup plus floue et difficile à appréhender, ne serait-ce que lorsqu'il s'agit de déterminer le marché pertinent de référence. Dans ses rapports, le Conseil de la concurrence souligne d'ailleurs pudiquement que cette détermination "a parfois été l'occasion d'un débat"». Voir Eric BESSON, *Rapport n° 2327 présenté à l'Assemblée Nationale fait au nom de la commission des finances, de l'économie générale et du plan sur le projet de loi relatif aux nouvelles régulations économiques*, 6 avril 2000.

880 Pierre ARHEL, « Concentration », in *Rép. Com. Dalloz*, § 31.

881 Les entreprises parties à l'opération de concentration doivent dégager un chiffre d'affaires total mondial hors taxes supérieur à 150 millions d'euros ; et par ailleurs, au moins deux entreprises concernées par l'opération doivent réaliser un chiffre d'affaires hors taxes en France supérieur à 50 millions d'euros. Voir : Article L. 430-2 du Code de commerce ; J.-B. BLAISE, R. DESGORCES, *op. cit.* note 875, p. 470. Le second seuil, à savoir le seuil de chiffres d'affaires interne, était *ab initio* fixé à 15 millions d'euros par la loi n° 2001-420 du 15 mai 2001, précitée note 221. Devant l'afflux de notifications, il a été question de le rehausser. Voir en ce sens : P. ARHEL, *op. cit.* note 880, § 32. Un nouveau seuil de 50 millions d'euros a alors été introduit par l'article 25 de l'Ordonnance du 25 mars 2004 portant simplification du droit et des formalités pour les entreprises, *JORF* du 27 mars 2004, p. 5871.

882 Article L. 430-3 du Code de commerce.

883 *Id.* Voir aussi : Jean Mathieu COT, « Le temps dans le contrôle *ex ante* des concentrations », *Revue concurrence consommation* 2003, n° 11, p. 28.

conclusion du traité de fusion, de la cession des actions conférant un contrôle ou la publication de l'offre publique d'acquisition[884]. L'opération de concentration ne peut légalement se dérouler sans l'accord de l'Autorité de la concurrence ou du ministre de l'économie[885]. La conclusion devient aisée : la notification, élément déclencheur de la procédure interne du contrôle des concentrations, suspend donc l'opération. Contrairement au contrôle opéré par le comité social et économique ou par la masse des obligataires, l'opération est suspendue durant la période de l'instruction et ne pourra se dérouler si l'autorité de marché donne un avis négatif à l'opération. Cet avis négatif ne peut intervenir qu'à l'issue d'une procédure précisément régie par le Code de commerce.

Les concentrations, lorsqu'elles sont soumises à l'examen de l'Autorité de la concurrence, font l'objet d'une instruction se déroulant en deux temps. Dans un premier temps, elle dispose d'un délai de vingt-cinq jours ouvrés à compter de la réception de la notification, afin de se prononcer sur cette décision[886]. Cette phase, communément qualifiée d' « examen sommaire », aboutit à trois décisions différentes[887]. L'Autorité peut constater, après examen, que l'opération ne doit pas être soumise au contrôle des concentrations, soit parce que les seuils de chiffre d'affaires ne sont pas atteints, soit parce que l'opération doit faire l'objet d'un contrôle communautaire. Par ailleurs, l'Autorité peut accepter l'opération, parce qu'elle ne comporte pas de danger pour la concurrence[888]. Cette acceptation n'est toutefois pas seulement conditionnée à l'absence d'effets à l'égard du marché, l'opération de concentration pouvant être acceptée à condition d'engagements pris par les parties. Cette procédure particulière permet de rendre acceptable un acte ayant pour effet de réduire la concurrence à la condition que les parties prennent des décisions structurelles[889] ou comportementales[890]. Enfin, l'Autorité de la concurrence peut constater qu'il y a un risque d'atteinte au jeu de la

[884] J.-B. BLAISE, R. DESGORCES, *op. cit.* note 875, p. 469.

[885] Article L. 430-4 du Code de commerce.

[886] Article L. 430-5 I du Code de commerce.

[887] Article L. 430-5 III du Code de commerce.

[888] J.-B. BLAISE, R. DESGORCES, *op. cit.* note 875, p. 463.

[889] Les décisions structurelles consistent le plus souvent en une cession d'une partie des actifs des entreprises participant à la concentration. Voir en ce sens : Aut. Conc. déc. n° 10-DCC-98 du 20 août 2010, Groupe Tarmac, *Revue Lamy de la concurrence* 2011/26, n° 1723, obs. Ianis GIGENSON ; Aut. Conc. déc. n° 09-DCC-67, 23 novembre 2009, Secteur de la viande de volaille.

[890] Les mesures comportementales d'engagement sont supplétives : elles sont prises en raison de l'impossibilité de prendre une mesure structurelle adéquate, notamment parce qu'il n'y a aucun acquéreur intéressé à la reprise des actifs. Voir : Louis VOGEL, *Droit français de la concurrence*, Paris, LawLex, 2009, p. 531. Peuvent donc être prises dans le cadre de la procédure d'engagements : le maintien d'une autonomie de gestion et de l'indépendance juridique des activités de réseaux, Aut. Conc. déc., n° 09-DCC-16 du 22 juin 2009, Banque Populaire et Caisse d'épargne ; le maintien de l'indépendance des offres sur le marché de la publicité, Aut. Conc. déc. n° 10-DCC-11 du 26 janvier 2010, Groupe TF1, NT1 et TMC, *Revue Lamy de la concurrence* 2010/23 n° 1570 obs. Frédéric DE BURE ; approuvé par CE, sect. 30 décembre 2010, *RJDA* 2011, n° 352.

concurrence et décider d'engager un examen approfondi sur l'opération de concentration.

Dans un second temps, un examen approfondi et contradictoire est mené par l'Autorité. Celle-ci dispose à cette fin de soixante-cinq jours[891] pour évaluer si l'opération menant à la concentration est de nature à porter une atteinte à la concurrence, « notamment par création ou renforcement d'une position dominante ou par création ou renforcement d'une puissance d'achat qui place les fournisseurs en situation de dépendance économique » en respectant la procédure applicable aux pratiques anticoncurrentielles[892]. Ce double emprunt aux pratiques anticoncurrentielles, tant pour la procédure applicable que pour ses conséquences, est compréhensible car les pratiques anticoncurrentielles ont pour « objet ou effet d'empêcher, de restreindre ou de fausser le jeu de la concurrence sur un marché »[893].

Ces emprunts représentent toutefois la limite au rapprochement entre le droit des concentrations et le droit des pratiques anticoncurrentielles, un arrêt de la chambre commerciale de la Cour de cassation précisant que les procédures visant à sanctionner la concentration et les pratiques anticoncurrentielles sont inconciliables[894]. Il doit être enfin précisé que même si l'examen approfondi aboutit à la caractérisation d'une atteinte à la concurrence, celle-ci peut être compensée par une contribution au progrès économique. À cette fin, l'Autorité de la concurrence se livrera à un bilan concurrentiel sous les traits d'une analyse « coûts-bénéfices », en principe traditionnellement propre au droit administratif[895].

Au terme des examens menés, l'Autorité de la concurrence dispose de trois possibilités : refuser l'opération en enjoignant les parties de prendre les mesures nécessaires au rétablissement de la concurrence ; accepter la concentration « avec injonction de prendre les mesures propres à assurer une concurrence suffisante »[896] ; ou accepter l'opération en subordonnant l'acceptation à la prise d'engagements[897]. À la suite de ce contrôle approfondi, le ministre de l'économie dispose d'un pouvoir d'évocation et peut donc revenir sur la décision de l'Autorité de la concurrence. Sa décision doit toutefois être fondée sur des motifs d'intérêt général, autres que le maintien

---

[891] Article L. 430-7 du Code de commerce.

[892] Article L. 430-6 du Code de commerce, renvoyant aux articles L. 463-2, L. 463-4, L. 463-6 et L. 463-7 du Code de commerce.

[893] Article L. 420-1 du Code de commerce.

[894] Cass. com., 26 novembre 1996, *D.* 1997, IR 16 ; *Dalloz affaires* 1997, p. 145.

[895] CE, Ass., 28 mai 1971, « Ville nouvelle-Est », *Recueil Lebon* 1971, p. 409, conclusion Guy BRAIBANT ; *AJDA* 1971, p. 404, chron. Daniel LABETOULLE et Pierre CABANES ; *D.* 1972, p. 194, note Jeanne LEMASURIER ; *JCP* 1971, II, 16873, note André HOMONT ; *Revue de droit public* 1972, p. 454, note Marcel WALINE.

[896] Article L. 430-7 III du Code de commerce.

[897] Article L. 430-7 IV du Code de commerce.

de la concurrence, tels la compétitivité des entreprises ou le maintien de l'emploi[898].

Cette procédure, suspensive, rallonge nécessairement le processus décisionnel des sociétés cotées. Le contrôle des concentrations impose de respecter un délai minimal de vingt-cinq jours ouvrés – dans le cas d'un examen sommaire – qui peut être *a maxima* porté à cent cinquante jours ouvrés[899]. En cas de décision complexe, qui donne lieu à la formulation d'engagements et aboutit à une utilisation maximale des délais légaux, plus de six mois peuvent s'écouler entre la notification et la décision définitive du ministre de l'économie. Ce long délai représente à coup sûr un frein à la concrétisation du projet par la société qui a notifié, notamment parce qu'entre la notification et la décision des autorités, les circonstances économiques ont pu être modifiées, rendant bien moins pertinente la réalisation du projet. Ce contrôle interne par les autorités de marché peut se révéler long et fastidieux, mais n'est pas l'unique forme de surveillance d'un projet d'opération de gestion aboutissant à une concentration. Les autorités unionistes peuvent intervenir dans le cadre d'un autre contrôle.

II) Le contrôle unioniste du projet de concentration

263. Genèse du droit applicable de l'Union Européenne. L'Union Européenne, en tant qu'entité visant au regroupement économique de plusieurs États, a pour but de renforcer l'unité et l'union entre les économies des États membres[900]. Elle semble favoriser le regroupement entre les entreprises des États membres, et partant la concentration. Il est à noter, contrairement au traité qui avait créé à la Communauté Européenne du Charbon et de l'Acier[901], que le traité instituant la Communauté Economique Européenne ne contenait aucune disposition relative à la concentration et renvoyait théoriquement aux seules dispositions nationales[902]. Certaines opérations de concentration faisaient cependant l'objet d'un contrôle par la

---

[898] Article L. 430-7-1 II du Code de commerce. Voir aussi : J.-B. BLAISE, R. DESGORCES, *op. cit.* note 875, p. 474.

[899] L'examen sommaire se déroule sur un délai maximal de quarante jours selon l'article L. 430-5 I et II du Code de commerce, auxquels s'ajoutent soixante-cinq jours de droit d'examen approfondi qui peuvent être complétés par vingt jours ouvrés en cas d'engagements transmis avec du retard (article L. 430-7 I et II du Code de commerce). Si le ministre de l'économie use de son pouvoir d'évocation, il dispose d'un délai de vingt-cinq jours ouvrés à compter de la date à laquelle il reçoit la décision de l'Autorité de la concurrence (article L. 430-7-1 II du Code de commerce).

[900] Préambule du *Traité instituant la communauté économique européenne*, dit Traité de Rome, 25 mars 1957. Voir aussi : Louis CARTOU, *Organisations Européennes*, 2ème éd., 1967, Paris, Dalloz, p. 99-100.

[901] Articles 65 et 66 du *Traité instituant la communauté européenne du charbon et de l'acier*, dit Traité de Paris, 18 avril 1951.

[902] J.-B. BLAISE, R. DESGORCES, *op. cit.* note 875, p. 477.

Commission européenne. La Commission contrôlait alors les opérations de concentrations dès lors qu'elles résultaient de situations d'entente[903] ou qu'elles aboutissaient à des abus de position dominante[904]. Ces décisions présentaient toutefois un inconvénient majeur : les sanctions des ententes, comme celles des abus de position dominante, intervenaient à l'issue d'un raisonnement *a posteriori*, frappant les conséquences d'un comportement déjà établi. Les entreprises parties à une telle opération concentrationnaire se trouvaient dans une double incertitude : l'opération est-elle sanctionnable et dans l'affirmative, comment pourrait-on revenir à la situation antérieure [905] ? Devant tant de doutes, il a été proposé d'intégrer au sein du corpus communautaire une norme relative au contrôle des concentrations, ce qui a abouti au règlement 4064/89 du 21 décembre 1989[906]. Celui-ci a été abrogé et remplacé par un autre règlement, qui représente l'état actuel du contrôle des concentrations de l'Union Européenne[907].

264. Les critères d'application matériels. Le contrôle communautaire des opérations de concentration répond à une volonté d'établir un guichet unique, ou *one stop shop*[908]. Cela signifie que l'opération ne doit être notifiée qu'une seule fois, en lieu et place d'une multitude de notifications effectuées dans chaque pays membre dans lequel l'opération aurait une répercussion. L'idée n'est cependant pas de notifier chaque opération de concentration comportant un élément d'extranéité, c'est pourquoi le Règlement communautaire 139/2004 du 20 janvier 2004 pose certains critères restreignant la compétence de la Commission européenne, tant matériels que quantitatifs.

Matériellement, le Règlement 139/2004 pose une définition de ce qui doit être entendu par concentration. Sont des opérations de concentration des « opérations aboutissant au changement durable du contrôle d'une entreprise résultant d'une fusion ou de l'acquisition du contrôle de l'entreprise cible, par une ou plusieurs personnes physiques ou morales, ou la création d'une entreprise commune »[909]. Ces critères matériels étant similaires à ceux du droit français[910], les sociétés françaises peuvent plus aisément identifier les

---

[903] CJCE, 17 novembre 1989, British American Tobacco et Reynolds, n° 142 et 156/84, *Recueil des arrêts de la Cour de justice*, p. 4487.

[904] CJCE, 21 février 1973, Europemballage et Continental Can, n° 6/72, *Recueil des arrêts de la Cour de justice* p. 215.

[905] Louis DUBOUIS, Claude BLUMANN, *Droit matériel de l'Union européenne*, 6ème éd., Paris, Montchrestien, 2012, p. 582.

[906] Règlement 4064/89 du 21 décembre 1989 relatif au contrôle de concentration entre entreprises, *JOCE* L. 395 du 30 décembre 1989, p. 1.

[907] Règlement 139/2004 du Conseil du 20 janvier 2004 relatif au contrôle des concentrations entre entreprises, *JOUE* L. 24/1 du 29 janvier 2004.

[908] Dominique BERLIN, *Contrôle des concentrations*, Bruxelles, Editions de l'Université de Bruxelles, 2009, p. 127.

[909] Article 3 du Règlement 139/2004, précité note 907.

[910] J.-B. BLAISE, R. DESGORCES, *op. cit.* note 875, p. 478.

opérations soumises à l'obligation de notifier à la Commission européenne. Ces actes ne sont pas tous, en soi, soumis au contrôle communautaire, car le règlement du 20 janvier 2004 pose des critères clairs pour soumettre l'action au contrôle de la Commission européenne.

L'article premier du Règlement 139/2004 pose la définition quantitative de la concentration de dimension communautaire. Cette définition est alternative afin d'appréhender de nombreuses situations. Seront ainsi soumises à une telle procédure, les opérations dépassant certains seuils de chiffre d'affaires[911], afin de vérifier l'importance économique de l'opération, mais aussi pour identifier le caractère intracommunautaire de l'opération[912]. Ces critères, afin de déclencher la procédure de contrôle des concentrations, doivent être réunis cumulativement. À défaut, une autre série de critères intervient de manière supplétive[913]. Dans ce cas, le contrôle devient plus fastidieux car il a principalement pour finalité d'appréhender les opérations de concentration dans lesquelles les entreprises concernées interviennent dans au moins trois États membres[914]. Le respect de l'une de ces deux séries de critères emporte automatiquement application de la procédure communautaire du contrôle des concentrations.

265. La procédure communautaire du contrôle des concentrations. Le contrôle communautaire des concentrations, comme le contrôle interne, se déroule en deux phases impératives. Il est nécessaire, avant d'aborder la procédure devant la Commission européenne, d'affirmer que le contrôle des concentrations suppose une notification à la Commission européenne, qui doit être effectuée avant la réalisation effective de l'opération. Cette exigence, identique à celle du droit interne, impose aux entreprises qui acquièrent des participations dans d'autres sociétés ou aux entreprises participant à la fusion

---

[911] Est visée l'opération (1) concernant des entreprises faisant un chiffre d'affaires mondial supérieur à cinq milliards d'euros, (2) si deux entreprises, ou plus, accomplissent un chiffre d'affaires supérieur à deux cent cinquante millions d'euros dans l'Union européenne et (3) si ces mêmes entreprises ne réalisent pas les deux-tiers de leur chiffre d'affaires communautaire dans un seul État. Voir : Article 1 (2) du Règlement 139/2004, précité note 907.

[912] D. BERLIN, *op. cit.* note 908, p. 146-147.

[913] Peut être soumise à la procédure de contrôle des concentrations, une opération dans laquelle : (1) les entreprises parties réalisent un montant global de chiffre d'affaires de deux milliards et demi d'euros ; (2) toutes les entreprises concernées réalisent dans au moins trois États membres un chiffre d'affaires de cent millions d'euros ; (3) au moins deux entreprises concernées par l'opération réalisent chacune dans les mêmes trois États membres un chiffre d'affaires minimum de vingt-cinq millions d'euros ; (4) deux entreprises concernées (pas nécessairement les mêmes que les deux sociétés mentionnées au critère précédent) réalisent chacune un chiffre d'affaires de cent millions d'euros ; (5) aucune des entreprises ne réalise deux-tiers de son chiffre d'affaires au sein d'un seul et même État membre. Voir : Article 1(3) du Règlement 139/2004, précité note 907.

[914] L'abaissement des seuils dans le cas où l'opération de concentration implique des entreprises intervenant dans trois États membres répond à la même volonté sous-tendant la rédaction de ce règlement, à savoir favoriser le guichet unique. Voir en cela : L. DUBOUIS, C. BLUMANN, *op. cit.* note 905, p. 586 ; J.-B. BLAISE, R. DESGORCES, *op. cit.* note 875, p. 478.

de communiquer une liste précise de documents[915] visant à déterminer les conditions de la concurrence sur les marchés concernés par le projet de concentration[916].

Cette notification représente le début de la première phase du contrôle communautaire des concentrations. À compter de la réception du dossier des entreprises concernées par la concentration, la Commission européenne dispose d'un délai maximal de vingt-cinq jours ouvrables afin de déterminer si l'opération est conforme ou non aux exigences du règlement 139/2004 ou si un doute sérieux apparaît. Ce délai peut être porté à trente-cinq jours si les parties concernées par l'opération ont pris des engagements[917].

Si la Commission décide d'examiner plus précisément l'opération de concentration, la seconde phase est mise en œuvre et la procédure est véritablement engagée. Contrairement à la première phase au cours de laquelle la Commission européenne se trouve liée par les informations qui lui sont transmises, la seconde lui confère plus de pouvoirs en ce qu'elle bénéficie de la possibilité d'enquêter et de demander des renseignements aux parties concernées par l'opération. En contrepartie de ce plus grand pouvoir, la procédure est contradictoire. Pour ce faire, la Commission bénéficie d'un délai de quatre-vingt-dix jours à compter de l'ouverture de la procédure, potentiellement allongé de quinze jours[918].

La réponse de la Commission européenne donnée à l'issue de la seconde phase, tout comme celle de la première, peut être de trois ordres : autorisation inconditionnelle, autorisation sous condition de prise d'engagements ou refus de l'opération envisagée. Afin de déterminer si l'opération est, ou n'est pas, conforme au marché commun, le règlement affirme que l'opération ne doit pas affecter de manière significative le jeu de la concurrence, notamment en

---

[915] Cette liste de documents, contenue dans le Formulaire CO, est éclectique (nom des parties, répartition capitalistique des parties, identification et structure du marché pertinent…). Voir pour la liste exhaustive : Annexe I du Règlement 802/2004 du 7 avril 2004 concernant la mise en œuvre du règlement 139/2004 du Conseil relatif au contrôle des concentrations entre entreprises, *JOUE* L. 133/1 du 30 avril 2004.

[916] Louis VOGEL, *Droit de la concurrence Européen et Français – Droit économique Tome I*, Paris, LawLex, 2012, p. 500.

[917] Cette extension du délai vaut aussi dans le cas de la « clause allemande », c'est-à-dire si un État demande à la commission de lui renvoyer le dossier de concentration, s'il est prouvé que celle-ci n'a d'impact concurrentiel qu'à l'intérieur d'un État membre. Voir : article 10 (1) du Règlement 139/2004, précité note 907 ; L. DUBOUIS, C. BLUMANN, *op. cit.* note 905, p. 607-608.

[918] Notamment si les entreprises participantes en font la demande ou si elles présentent des engagements après le cinquante-cinquième jour suivant l'ouverture de la procédure. Voir : Article 10 (3) du Règlement 139/2004, précité note 907.

créant ou renforçant une position dominante[919] ou en étant constitutif d'une entente[920].

266. Finalités du contrôle des concentrations. Il ressort de ces développements que les autorités concurrentielles, internes et unionistes, effectuent un contrôle *a priori* des opérations de concentration[921]. L'intervention des autorités de concurrence prend la forme d'une autorisation, c'est-à-dire que l'opération envisagée ne peut avoir lieu si elle n'a pas été approuvée par l'une ou l'autre autorité.

Ce régime d'autorisation préalable et impératif est compréhensible car l'autorité de concurrence, qu'elle soit interne ou unioniste, a pour mission principale de veiller à la structure du marché et au bien-être des consommateurs[922]. Si les salariés et les créanciers effectuent un contrôle visant à la protection de leur catégorie, les autorités de marché prennent en compte des intérêts plus larges, ceux des *stakeholders* extérieurs à la société. Une autre raison à l'existence de ce mécanisme d'autorisation préalable peut se trouver dans l'absence de défense des intérêts catégoriels par leurs représentants directs.

Un autre contrôle *a priori* peut être identifié, celui de l'Autorité des marchés financiers, dans le but de préserver l'intérêt des investisseurs.

§2 La protection préalable des investisseurs par le contrôle de l'AMF

267. L'Autorité des marchés financiers en tant qu'acteur économique. L'Autorité des marchés financiers (AMF), anciennement commission des opérations de bourse (COB) est une autorité administrative[923], bénéficiant du statut d'autorité publique indépendante[924]. Sa mission, conformément au Code

---

[919] Article 2 (2) du Règlement 139/2004, précité note 907.

[920] L'opération peut toutefois être tolérée si les restrictions à la concurrence sont justifiées par l'amélioration de la production, de la distribution des produits, ou la promotion du progrès technique dont une partie équitable du profit est réservée aux consommateurs. Voir : Article 101 (3) du *Traité fondateur de l'Union Européenne*.

[921] Une précision à ce principe de contrôle *a priori* existe à propos d'une offre publique d'acquisition. En raison du principe d'irrévocabilité de l'offre publique, le ramassage des titres doit avoir lieu dès que l'offre d'acquisition a été déposée, alors même que l'Autorité de la concurrence ou la Commission européenne n'a pas encore donné son avis sur les conséquences de l'opération. Dès lors, le Règlement général de l'Autorité des Marchés Financiers, en son article
231-11, prévoit que l'émetteur de l'offre publique peut intégrer à l'offre une condition suspensive d'obtention de l'autorisation par l'autorité compétente. L'offre est irrévocable, mais différée jusqu'à l'approbation de l'opération. Voir en cela : A. COURET, H. LE NABASQUE *et alii*, *op. cit.* note 762, p. 993.

[922] D'autres intérêts peuvent être considérés dans ce contrôle, comme le maintien d'un bassin d'emploi au sein d'une région.

[923] Yves GAUDEMET, *Traité de droit administratif*, 16ème éd., Paris, L.G.D.J., 2001, p. 82.

[924] Loi n° 2017-55 du 20 janvier 2017 portant statut général des autorités administratives indépendantes et des autorités publiques indépendantes, *JORF* du 21 janvier 2017, texte n° 2.

monétaire et financier, est notamment de veiller à la protection de « l'épargne investie dans les instruments financiers (...) donnant lieu à une offre au public ou à une admission aux négociations sur un marché réglementé et dans tous autres placements offerts au public, à l'information des investisseurs et au bon fonctionnement des marchés financiers »[925]. Cette autorité est un acteur essentiel de la vie des sociétés cotées, car afin de remplir sa mission légale, elle bénéficie d'un pouvoir d'intervention très important, dont l'exemple-type se trouve être l'octroi du visa (I). Un autre contrôle de la gestion sociale peut être opéré par l'Autorité des marchés financiers, alors qu'elle vient approuver la conformité des opérations d'offres publiques d'acquisition proposées (II)

I) L'octroi du visa

268. Domaine et finalité de l'octroi du visa. À la lettre de l'article L. 621-8 du Code monétaire et financier, le visa préalable de l'Autorité des marchés financiers est nécessaire à tout projet de prospectus concernant les offres au public de titres financiers, l'admission de titres financiers aux négociations sur un marché réglementé ou toute offre publique d'acquisition[926]. Il ne sera fait mention que du visa apposé au prospectus, qui est un visa à part entière, les opérations d'offres publiques d'acquisition faisant l'objet d'une déclaration de conformité de la part de l'AMF, qui vaut visa de la note d'information[927]. Le domaine d'application *ratione materiæ* de l'apposition du visa par l'AMF paraît large, car sont en principe concernées toutes les opérations d'offre au public sur un marché réglementé français. Doivent toutefois être identifiées quelques situations échappant à la vigilance de l'autorité. Il semble logique que l'Autorité des marchés financiers ne doive pas apposer son visa à des opérations qui ne relèvent pas de l'article L. 621-8 I du Code monétaire et

---

[925] Article L. 621-1 du Code monétaire et financier. Voir aussi : Daniel OHL, *op. cit.* note 121, p. 92.

[926] Articles L. 412-1 et L. 621-6 I et IX du Code monétaire et financier. Voir aussi : Nicole DECOOPMAN, Régis VABRES et Alexandra THIL, « Autorité des marchés financiers – Attributions. Moyens d'actions. Contrôle juridictionnel », dans *J.-Cl. Traité Banque Crédit Bourse*, Fasc. 1512, § 20.

[927] Article 231-23 du Règlement général de l'Autorité des marchés financiers. Voir aussi : T. BONNEAU, F. DRUMMOND, *op. cit.* note 90, p. 914.

financier[928], mais aussi aux opérations d'offre au public qui ne se déroulent pas sur un marché règlementé[929].

Le visa, au sens du Règlement général de l'Autorité des marchés financiers, est apposé dès que le document est « complet et compréhensible », que les informations qu'il contient sont cohérentes[930] et « satisfait aux exigences du [chapitre concernant l'information à diffuser en cas d'offre au public ou d'admission aux négociations sur un marché réglementé de titres financiers] »[931]. Cette première lecture semble laisser transparaître l'idée selon laquelle le visa ne serait qu'une condition de pure forme : il n'interviendrait que pour certifier que l'opérateur envisageant l'opération a respecté ces conditions formelles[932]. Point alors le rôle primaire de l'Autorité des marchés financiers, celui de veiller à l'information des investisseurs.

Avant d'aborder plus précisément les modalités du contrôle, il est essentiel de s'attarder sur les termes employés. Le visa ne peut être accordé que si le document satisfait à des critères objectifs – la complétude et la conformité aux exigences légales – comme subjectifs. Dans ce dernier cas, seule l'Autorité des marchés financiers peut considérer que le document est compréhensible et que les informations qu'il contient sont cohérentes. Bien que les émetteurs peuvent considérer que leur document satisfait à ces deux critères subjectifs, la dernière appréciation appartient à l'Autorité des marchés financiers, rendant incertain le contrôle lié à l'octroi du visa.

269. D'un contrôle formel à un contrôle préalable impératif. Afin d'accomplir le rôle qui lui est échu, l'Autorité des marchés financiers adopte une pratique développée par la Commission des opérations de bourse, consistant en une interprétation extensive des règles encadrant l'octroi du visa.

---

928 Comme par exemple des opérations portant sur des titres dont la valeur nominale est supérieure à 1 000 € ou qui a une durée supérieure à douze mois. Lecture *a contrario* de l'article L. 621-8 du Code monétaire et financier. Voir aussi : A. COURET, H. LE NABASQUE *et alii*, *op. cit.* note 762, p. 206.

929 Cela a été le cas de la société Poweo, qui est cotée sur le marché libre OTC géré par Alternext. Cette société n'a pas eu besoin d'obtenir le visa de l'AMF afin d'offrir ses titres aux négociations. Voir : Jean-Jacques DAIGRE, « L'impossibilité pour une société qui désire s'introduire sur un marché d'obtenir le visa de l'AMF ne l'empêche pas d'y parvenir indirectement par une cession limitée de titres réalisée par un actionnaire », *Bulletin Joly bourse* 2004, p. 229 ; Frank MARTIN-LAPRADE, « L'admission aux négociations », *Bulletin Joly bourse* 2007, p. 620. Ce contournement de la procédure applicable n'a pas empêché l'AMF d'émettre un communiqué avisant les investisseurs des dangers de l'opération : *Communiqué de l'AMF*, 23 février 2004.

930 Article L. 621-8-1 du Code monétaire et financier.

931 Article 212-20 du Règlement général de l'Autorité des marchés financiers.

932 Aussi est-ce le point de vue de certains auteurs : Jean-Paul VALUET, « L'information financière des sociétés cotées », dans *Juri-Dictionnaire Joly Bourse et produits financiers*, 2010, p. 67 ; cité par : D. OHL, *op. cit.* note 121, p. 53-54.

Dès la formulation des articles 6 et 7 de l'ordonnance du 28 septembre 1967[933], les commentateurs considéraient que le rôle de la COB dans l'attribution du visa était de vérifier la véracité de l'information financière transmise par la société émettrice, jouant quasiment le rôle de chambre d'enregistrement[934]. Ce rôle formel a rapidement été dépassé par la pratique, l'autorité accomplissant un véritable contrôle de la validité et de la régularité de l'opération au regard des règles du droit des sociétés et du droit financier[935].

Ce constat, qui a été dressé postérieurement à la loi du 2 août 1989 conférant des pouvoirs répressifs à la COB[936], a été réaffirmé clairement par la jurisprudence de la cour d'appel de Paris dans plusieurs décisions, notamment dans un arrêt du 7 juillet 1995. Dans cette affaire, la juridiction avait affirmé que « par l'octroi de son visa, la COB, dépassant un simple contrôle formel de l'information, certifie qu'ont été vérifiées la pertinence et la cohérence de l'information à publier »[937]. Cette décision a été rendue dans le cadre d'une offre publique d'acquisition, mais la formule est devenue sacramentelle dans le cadre de l'offre au public de titres financiers[938] et a même été consacrée par la Commission des opérations de bourse dans la formulation de son visa issue de la séance du 17 octobre 2000. L'autorité de marché mentionne expressément que « le visa n'implique ni approbation de l'opportunité de l'opération, ni authentification des éléments comptables et financiers présentés. Il a été attribué après examen de la pertinence et de la cohérence de l'information donnée dans la perspective de l'opération proposée aux investisseurs »[939]. Cette formalité accomplie par l'autorité publique est un contrôle préalable nécessaire à la société désirant mener à bien une opération de gestion impliquant une offre au public, car le visa en est le préalable. En effet, à la lecture de l'article L. 621-8-1 du Code monétaire et financier, il apparaît que l'opération de gestion envisagée peut être suspendue

[933] Ordonnance n° 67-833 du 28 septembre 1967 instituant une Commission des opérations de bourse et relative à l'information des porteurs de valeurs mobilières et à la publicité de certaines opérations de bourse, *JORF* du 29 septembre 1967, p. 9589.

[934] Pierre BEZARD, « Le nouveau visage de la Commission des opérations de bourse (la loi "sécurité et transparence du marché financier") », *Revue internationale de droit comparé* 1989, p. 930. Cité par : Charles ARSOUZE, *Procédures boursières – Sanctions et contentieux des sanctions*, préf. Paul LE CANNU, 2008, Paris, Joly Editions, p. 108.

[935] *Id.*, p. 932.

[936] Loi n° 89-531 du 2 août 1989 relative à la sécurité et à la transparence du marché financier, *JORF* du 4 août 1989, p. 9822.

[937] Paris, 7 juillet 1995, *Bulletin Joly bourse* 1995, p. 517, note Hubert DE VAUPLANE.

[938] Paris, 21 octobre 2003, n° 2003/06342 ; 14 mai 2002, n° 2001/21399.

[939] *Bulletin mensuel de la COB*, octobre 2000, p. 2.

ou interdite si le visa n'est pas accordé par l'Autorité des marchés financiers. C'est en cela que certains auteurs qualifient ce visa de « visa-autorisation »[940].

Dès lors que l'Autorité des marchés financiers intervient afin d'autoriser une opération envisagée par la société, cette autorité exerce un contrôle *a priori* dont il est nécessaire de déterminer la portée.

270. Procédure et portée du contrôle opéré pour l'octroi du visa. Il est nécessaire de rappeler que l'Autorité des marchés financiers n'opère pas un contrôle de l'opportunité de l'opération envisagée, ce qui peut être justifié par le principe de non-immixtion dans la gestion sociale applicable tant au juge qu'à toute autorité publique[941]. Toutefois, entre un contrôle portant sur l'opportunité économique de l'opération et un contrôle formel, il existe un large spectre de possibilités offertes à l'Autorité des marchés financiers afin d'effectuer un droit de regard sur l'opération. Sa portée peut être déterminée par la procédure d'octroi du visa par l'Autorité des marchés financiers.

Afin de déterminer si le document fourni par l'émetteur est complet et conforme aux règles applicables sur les marchés financiers, l'autorité publique doit vérifier les qualités de l'information[942]. Pour ce faire, l'AMF reçoit un projet de prospectus dont le contenu est précisé par une de ses instructions[943], puis doit attester à l'émetteur la réception de l'intégralité du dossier. L'autorité de marché dispose alors d'un délai de dix jours de négociation pour accorder ou refuser son visa[944]. Ce délai n'est toutefois pas impératif, cet organe administratif pouvant demander des investigations complémentaires aux contrôleurs légaux des comptes ou désigner un cabinet spécialisé pour réaliser une révision des documents[945]. Il peut aussi solliciter des explications ou des justifications « notamment au sujet de la situation, de l'activité et des résultats de l'émetteur ainsi que des garants éventuels des instruments financiers objets de l'opération »[946]. Cette dernière possibilité tend à prouver que l'Autorité des marchés financiers ne se limite pas à un simple contrôle formel. Les possibilités offertes à l'autorité exerçant un pur contrôle formel ne sauraient en effet être qu'au nombre de deux : l'octroi du visa ou le refus de l'opération. Tel n'est toutefois pas le cas, car l'AMF peut poser des questions et demander

---

[940] Claude DUCOULOUX-FAVARD, « Régime juridique des visas, agréments et numéros d'enregistrement de la COB », *Bulletin Joly bourse* 1994, p. 435 ; François-Guy TREBULLE, *L'émission des valeurs mobilières*, préf. Yves GUYON, Paris, Economica, 2002, p. 125 ; Nicole DECOOPMAN, *La commission des opérations de bourse et le droit des sociétés*, préf. Bruno OPPETIT, Paris, Economica, 1979, p. 29 ; Frédéric PELTIER, « Réflexions sur les limites du contentieux en matière de visa COB dans les OPA », *Bulletin Joly bourse* 2002, p. 293.

[941] Claude DUCOULOUX-FAVARD, note sous Paris, 28 mars 1988, *Gazette du Palais* 3 mai 1988, p. 8.

[942] Celle-ci doit être complète, compréhensible et cohérente. Voir *supra* § 268.

[943] Articles 1 à 5 de l'Instruction AMF n° 2005-11 relative à l'information à diffuser en cas d'offre au public ou d'admission aux négociations de titres financiers sur un marché réglementé.

[944] Article 212-21 du Règlement général de l'Autorité des marchés financiers.

[945] Article 212-20 du Règlement général de l'Autorité des marchés financiers.

[946] Article L. 621-8-1 du Code monétaire et financier.

des précisions, étant observé qu'elle ne peut plus adopter une voie intermédiaire, à savoir accorder le visa en faisant mention d'un avertissement à l'égard des investisseurs[947].

L'abandon de cette possibilité incompatible avec le droit de l'Union Européenne ne modifie cependant pas la portée du contrôle de l'Autorité des marchés financiers, à savoir un véritable contrôle préalable de la décision envisagée, qui n'est ni un contrôle de l'opportunité de la décision, ni un contrôle formel. Le contrôle *a priori* de la décision offre textuellement la possibilité à l'Autorité des marchés financiers de vérifier la cohérence et la pertinence de l'information. Or, ces deux qualités ne sont pas abstraites, car une information n'est cohérente ou pertinente qu'en considération de son objet. Dès lors, en veillant au respect de ces deux critères, le régulateur de marché exerce indirectement un droit de regard sur l'opération envisagée. Par ailleurs, les questions posées par l'autorité publique aux opérateurs afin d'obtenir des informations complémentaires pour accorder le visa, peuvent avoir une influence indirecte sur la prise de décision. Ces informations complémentaires peuvent dissuader certains émetteurs de poursuivre la procédure[948]. Grâce à cette forme d'autocensure liée à une intervention de l'Autorité des marchés financiers, cette dernière joue indirectement un rôle de contrôleur *a priori* de la régularité de la décision de gestion.

L'implication préalable de l'Autorité des marchés financiers dans l'adoption de la décision de gestion se manifeste encore plus précisément lorsque le visa est refusé à l'émetteur[949]. Lors d'un tel refus, l'Autorité doit, selon son instruction 2005-11, motiver[950] sa décision, ce qui peut être justifié par l'application spéciale de la loi du 11 juillet 1979 sur la motivation des décisions administratives[951], le refus de visa étant un acte administratif unilatéral en raison de la nature de l'autorité de marché[952]. Dès lors, et au

---

[947] Article 26-III de la loi n° 2005-842 du 26 juillet 2005, précitée note 459. Cette loi est la transposition de la Directive 2003/71/CE du 4 novembre 2003 concernant le prospectus à publier en cas d'offre au public de valeurs mobilières ou en vue de l'admission de valeurs mobilières aux négociations, et modifiant la directive 2001/34/CE, *JOUE* L. 345/64 du 31 décembre 2003 (dite directive *Prospectus*). Voir : Déborah GEWINNER, Carole UZAN, « La transposition de la directive "Prospectus" en droit français », *Bulletin Joly bourse* 2005, p. 375. Cette possibilité offrait un effet dissuasif intéressant pour les émetteurs peu scrupuleux. Voir en ce sens : F.-G. TREBULLE, *op. cit.* note 940, p. 125.

[948] N. DECOOPMAN, *op. cit.* note 940, p. 29.

[949] Ce phénomène est toutefois rare, notamment en raison de l'abandon de l'opération dès que l'autorité de marché demande des précisions ou ordonne la nomination d'un cabinet indépendant. Voir : N. DECOOPMAN, *op. cit.* note 940, p. 29.

[950] Article 10 de l'Instruction 2005-11, précitée note 943.

[951] Article 1er de la loi n° 79-587 du 11 juillet 1979 relative à la motivation des actes administratifs et à l'amélioration des relations entre l'administration et le public, *JORF* du 12 juillet 1979, p. 1711.

[952] F. PELTIER, *op. cit.* note 940, p. 294 ; C. DUCOULOUX-FAVARD, *op. cit.* note 940, p. 435.

regard de la loi du 11 juillet 1979, la décision rendue par l'Autorité des marchés financiers ne peut être qu'une autorisation[953].

II) La déclaration de conformité des offres publiques

271. L'offre publique d'acquisition, décision de gestion pour la société initiatrice. Une offre publique d'acquisition, qu'elle prenne la forme d'une offre publique d'achat ou d'échange, est une opération mettant en relation au moins une société cotée, la société cible, dont une autre société – l'initiatrice – cherche à obtenir le contrôle[954]. En raison de l'admission des titres de la société cible aux négociations sur un marché réglementé, la prise de contrôle nécessite une procédure spéciale, en ce qu'elle n'intéresse plus uniquement les actionnaires, mais aussi les autres parties prenantes, au nombre desquelles figurent les investisseurs et le marché.

Dans le cadre d'une société initiatrice, qui cherche à consolider sa position au sein de la société cible ou d'acquérir directement son contrôle, il fait peu de doutes que l'on est en présence d'une d'opération de gestion. En effet, la décision de lancer une offre d'acquisition porte sur les titres de capital d'une société, soit en offrant à ses actionnaires des actions représentant le capital de la société initiatrice, soit en offrant du numéraire, et cette décision emporte de lourdes conséquences sur l'actif social. La première hypothèse, caractéristique de l'offre publique d'échange, suppose – immédiatement ou à terme – une augmentation de capital permettant de rémunérer les actionnaires de la société cible qui auraient apporté leurs actions à l'offre de l'initiatrice. Dans le second cas, l'offre publique d'achat implique la mobilisation importante de liquidités afin d'offrir aux actionnaires de la société cible un prix par actions plus élevé

---

[953] L'article 1er de la loi du 11 juillet 1979, précitée note 951, dispose que les décisions devant être motivées sont, entre autres, celles qui : « (...) refusent un avantage dont l'attribution constitue un droit pour les personnes qui remplissent les conditions légales pour l'obtenir ; refusent une autorisation (...) ». La décision d'octroi du visa de l'AMF ne pouvant pas être un droit reconnu aux émetteurs, la seule qualification adaptée est l'autorisation.

[954] Cette définition est retenue par le droit de l'Union Européenne. Est une offre publique d'acquisition « une offre publique (à l'exclusion d'une offre faite par la société visée elle-même) faite aux détenteurs des titres d'une société pour acquérir tout ou partie desdits titres, que l'offre soit obligatoire ou volontaire, à condition qu'elle suive ou ait pour objectif l'acquisition du contrôle de la société visée selon le droit national » ; Article 2 de la Directive 2004/25/CE du 21 avril 2004 concernant les offres publiques d'acquisitions, *JOUE* L. 142/12 du 30 avril 2004. Le droit interne, quant à lui, retient une définition plus large, car une offre publique d'acquisition peut porter sur les instruments financiers émis par une société et négociés sur un marché réglementé ou multilatéral, selon l'article 231-1 du Règlement général de l'Autorité des marchés financiers. Cela signifie qu'une offre publique d'acquisition peut aussi porter sur des titres de créance et non de capital. Les offres publiques d'acquisition en droit français ne sont donc pas nécessairement des offres publiques de contrôle. Voir : Dominique CARREAU, Hervé LETRÉGUILLY, « Offres publiques (OPA, OPE, OPR) », dans *Rép. sociétés Dalloz*, spéc. § 49 et s.

que le prix du marché[955]. Au regard de ses conséquences sur l'actif social, une offre publique d'acquisition est assurément une décision de gestion pour la société initiatrice. Elle peut aussi le devenir pour la société cible.

272. L'offre publique d'acquisition, objet de décisions de gestion pour la société cible. La société cible d'une offre publique d'acquisition, quant à elle, dispose de la possibilité de répondre à l'initiateur. Il est question de ne pas paraître, aux yeux du marché, comme une proie facile. Elle peut donc publier un communiqué en réponse à celui faisant état du projet d'offre de l'initiateur[956], permettant de connaître l'avis de son conseil d'administration ou de surveillance sur « l'intérêt de l'offre ou [les] conséquences de celle-ci pour la société visée, ses actionnaires et ses salariés ». Cette faculté devient toutefois une obligation lorsque l'initiateur de l'offre a déposé une note d'information[957], la cible déposant impérativement une note en réponse, au sein de laquelle doit notamment figurer l'avis de ses dirigeants[958]. Cette décision du conseil d'administration ou du conseil de surveillance revient en somme à déclarer si l'offre est amicale ou hostile[959], ce qui revêt un intérêt : celui d'aviser les actionnaires sur l'attitude à adopter au regard de l'offre[960]. Lorsque l'offre est qualifiée d'hostile, les actionnaires reçoivent un signal : celui de ne pas apporter les actions qu'ils possèdent à l'initiateur de l'offre. En d'autres termes, l'appréciation de la teneur de l'offre par le conseil d'administration ou de surveillance correspond à une indication pouvant conduire à une décision de gestion du patrimoine des actionnaires. Cette première indication du conseil d'administration ou de surveillance peut appeler une seconde décision, concernant cette fois la gestion sociale.

Lorsque l'offre publique est déclarée hostile par le conseil d'administration ou de surveillance, des mesures au sein de la société peuvent être prises afin de la mettre en échec. Il est alors question de la mise en place de mesures dites défensives, soit des moyens à la disposition de la société afin d'empêcher une prise de contrôle de la société cible. Il doit être noté que ces mesures de défense – quelles que soient leurs formes[961] – étaient avant la loi du 29 mars 2014[962] de la compétence de l'assemblée générale des actionnaires[963]. En effet,

---

[955] Sans cette surévaluation, les actionnaires de la société cible n'auraient aucun intérêt à céder leurs titres.

[956] Articles 231-16 et 231-17 du Règlement général de l'Autorité des marchés financiers.

[957] Article 231-18 du Règlement général de l'Autorité des marchés financiers.

[958] Article 231-19 du Règlement général de l'Autorité des marchés financiers : « La note en réponse de la société visée (...) mentionne : (...) 4° L'avis motivé du conseil d'administration ou du conseil de surveillance (...) sur l'intérêt de l'offre ou sur les conséquences de celle-ci pour la société visée, ses actionnaires et ses salariés ».

[959] D. CARREAU, H. LETRÉGUILLY, *op. cit.* note 954, § 313 et s.

[960] *Id.*, § 314.

[961] Pour une description des différentes mesures défensives, voir : A. COURET, H. LE NABASQUE *et alii*, *op. cit.* note 762, p. 1024-1025.

[962] Loi n° 2014-384 du 29 mars 2014 visant à reconquérir l'économie réelle, précitée note 767.

[963] Article L. 233-32 du Code de commerce.

les dirigeants de la société cible étaient soumis à une obligation de neutralité par la loi du 31 mars 2006[964], qui leur imposait de ne pas empêcher l'offre publique. Cette obligation, à l'origine issue de la directive relative aux offres publiques[965], ne signifiait toutefois pas que les dirigeants ne pouvaient accomplir aucune diligence permettant de faire échouer l'offre publique d'acquisition, car il leur demeurait possible de se mettre en quête d'un cavalier blanc – ou *white knight*[966] –, c'est-à-dire se mettre à la recherche d'une personne qui accepte d'investir significativement, rendant quasi impossible la prise de contrôle par la société initiatrice. La loi visant à reconquérir l'économie réelle du 29 mars 2014 renverse le principe, conférant désormais au conseil d'administration, ou au directoire après autorisation du conseil de surveillance, le pouvoir de « prendre toute décision dont la mise en œuvre est susceptible de faire échouer l'offre »[967].

Les mesures défensives peuvent consister en toute modification du capital, tant à la hausse qu'à la baisse par le biais d'une offre publique de rachat d'actions ; mais aussi en la cession d'actifs essentiels à la société, afin que la société initiatrice n'ait plus aucun intérêt à acquérir une coquille vide. Ces décisions, affectant le capital et les actifs sociaux, représentent des décisions de gestion des actifs de la société. Une fois considéré que les offres publiques d'acquisition peuvent à la fois être une décision de gestion pour la société initiatrice et générer des décisions de gestion en réponse pour la société cible, l'autorité de marché opère un contrôle.

273. Le contrôle des offres publiques d'acquisition par l'Autorité des marchés financiers : un double mécanisme. Les offres publiques d'acquisition, qu'elles soient d'achat ou d'échange, doivent respecter certains principes fondamentaux, au nombre desquels on retrouve le libre jeu des offres et de leurs surenchère, l'égalité de traitement et d'information des actionnaires, la transparence et l'intégrité du marché, la loyauté dans les transactions et la compétition[968]. Afin de faire appliquer ces principes, l'Autorité des marchés financiers dispose d'un rôle régulateur par lequel elle

---

964 Voir en ce sens : Hervé LE NABASQUE, « Les mesures de défense anti-OPA depuis la loi n° 2006-387 du 31 mars 2006 », *Revue des sociétés* 2006, p. 237, spéc. § 16.

965 Considérant 16 de la directive 2004/25/CE précitée note 954 : « Afin d'éviter des opérations susceptibles de faire échouer l'offre, il convient de limiter les pouvoirs de l'organe d'administration ou de direction de la société visée de se lancer dans des opérations de nature exceptionnelle, sans pour autant empêcher indûment ladite société de mener ses activités habituelles ».

966 Article L. 233-32 I *in fine* ancien du Code de commerce : « (…) le conseil d'administration, le conseil de surveillance, à l'exception de leur pouvoir de nomination, le directoire, le directeur général ou l'un des directeurs généraux délégués de la société visée doivent obtenir l'approbation préalable de l'assemblée générale pour prendre toute mesure dont la mise en œuvre est susceptible de faire échouer l'offre, *hormis la recherche d'autres offres* ».

967 Article L. 233-32 I du Code de commerce, tel qu'issu de la loi du 29 mars 2014 visant à reconquérir l'économie réelle, précitée note 767.

968 Article 231-3 du Règlement général de l'Autorité des marchés financiers.

veille au respect des dispositions législatives et réglementaires applicables aux offres publiques d'acquisition[969]. Cette procédure, prévue par le Règlement général de l'Autorité des marchés financiers et qui vise à s'assurer de la conformité de l'offre publique d'acquisition aux différentes réglementations, se déroule principalement en deux temps. Le premier est un échange informel, qui correspond à une interaction entre l'Autorité des marchés financiers et l'initiateur de l'offre, alors que le second correspond plus à un véritable contrôle, car il n'existe plus de dialogue, mais une décision unilatérale du régulateur des marchés.

274. Le contrôle par le dialogue : la phase préalable au dépôt du projet d'offre. Lors de la réalisation du projet d'offre publique par l'initiateur, ses conseils et l'établissement présentateur, l'Autorité des marchés financiers peut intervenir dans ce processus. Son rôle est informel[970] et consiste en l'orientation de l'initiateur afin que celui-ci formule une offre publique d'acquisition respectant au mieux les impératifs législatifs et réglementaires. Ce contrôle, qui ne peut être que léger en ce qu'il ne peut porter que sur des documents de travail préalables à l'établissement du projet d'offre, suppose que l'initiateur – ou ses conseils – saisisse l'Autorité des marchés financiers afin qu'elle se prononce[971]. En effet, les documents étant informels et partant non voués à une communication au public, le régulateur ne peut en aucun cas orienter l'initiateur si celui-ci ne la sollicite pas. Le contrôle de cette future décision de gestion est particulier, en ce qu'il n'est accompagné d'aucune sanction, mais a vocation à orienter l'initiateur vers une démarche qui limiterait les risques de contrariété aux normes applicables. Cette forme de contrôle n'est toutefois pas la plus répandue, parce qu'elle est supplétive. Une seconde forme de contrôle, cette fois encadrée par le Règlement général de l'Autorité des marchés financiers est quant à elle impérative, parce qu'elle porte sur le projet d'offre, document obligatoirement communiqué au marché et à son autorité.

275. Délai et objet du contrôle de la conformité du projet d'offre. Une fois le projet d'offre publié et la procédure d'offre publique amorcée, l'Autorité des marchés financiers se trouve investie d'une fonction plus importante que la précédente, car elle porte cette fois sur un document publié, dont le contenu est strictement déterminé par le Règlement général de l'Autorité des marchés financiers.

La société initiatrice doit, dans son projet d'offre, préciser ses objectifs et intentions, le nombre et la nature des titres de la société visée qu'elle détient déjà seule ou de concert, le prix ou la parité d'échange, ainsi que les éléments

---

[969] Article 231-21 du Règlement général de l'Autorité des marchés financiers.

[970] Voir en ce sens : Bertrand DURUPT, « Le contrôle des offres publiques », *Régulation et sociétés cotées*, 2008, n° 2, p. 2.

[971] Bertrand DURUPT, « La procédure d'offre publique devant l'AMF », dans Guy CANIVET, Didier MARTIN, Nicolas MOLFESSIS (dir.), *Les offres publiques d'achat*, Paris, LexisNexis Litec, 2009, p. 15 et s.

retenus pour les fixer, tout comme les éventuelles conditions suspensives assortissant l'offre publique[972]. Il est nécessaire que tous ces éléments figurent précisément au sein du projet d'offre, car ils en constituent le contenu devant répondre aux prescriptions du Code civil[973]. Il est intéressant de noter que parmi ces informations se trouvent les intentions de l'initiateur, notamment à l'égard de la politique industrielle et financière de la société cible pour une durée couvrant au moins les douze mois à venir[974]. L'offre publique ne correspond donc pas uniquement à une prise de contrôle se traduisant par la suite par un dépeçage de la société cible, mais plutôt par une opération ayant pour objectif de pérenniser la société dont le contrôle peut passer à d'autres mains.

A partir du dépôt du projet d'offre par l'initiateur, l'Autorité des marchés financiers dispose d'un délai de dix jours de négociation pour instruire le dossier et décider de la conformité, ou non de l'offre aux dispositions applicables[975]. Ce délai semble court, mais n'est à la vérité qu'indicatif, car il n'est pas rare que l'autorité le dépasse pour mener à bien ses investigations[976]. Ce délai de dix jours n'est donc pas impératif, ce qui signifie que l'offre n'est pas nécessairement déclarée conforme à son expiration. La seule option offerte à l'initiateur qui se lasse d'attendre la décision de l'Autorité des marchés financiers serait de l'attraire en responsabilité délictuelle, fondée sur l'article 1240 du Code civil, à la condition de prouver que le non-respect du délai lui a causé un préjudice[977]. En tout état de cause, l'Autorité des marchés financiers vérifie le contenu du projet d'offre déposé par l'initiatrice, mais en aucun cas l'opportunité économique de l'opération[978]. Le contrôle du régulateur de marché est donc un contrôle de la légalité de l'opération et non

---

972 Article 231-13 du Règlement général de l'Autorité des marchés financiers.

973 Article 1163 du Code civil. Voir dans une application propre au projet d'offre publique d'acquisition : Paris, 17 juin 1999, *D.* 1999, AJ p. 12, obs. Martine BOIZARD ; *Droit des sociétés* 1999, comm. 153, commentaire Henri HOVASSE ; *Revue des sociétés* 1999, p. 633, note Frédéric BUCHER ; *RTD Com.* 1999, p. 710, note Charles GOYET ; *Bulletin Joly bourse* 1999, p. 484, note Nicolas RONTCHEVSKY ; *JCP E* 2000, 316, note Jean-Jacques DAIGRE ; *RTD Civ.* 2000, p. 106, note Jacques MESTRE et Bertrand FAGES.

974 Article 231-18 du Règlement général de l'Autorité des marchés financiers. Il doit être précisé que ces éléments doivent figurer au sein de la note d'information, mais ce document complétant le projet d'offre en ce qu'il est communiqué au public, ce contenu est adapté au projet d'offre.

975 Article 231-20 I du Règlement général de l'Autorité des marchés financiers.

976 Voir faisant état d'offres publiques pour lesquelles le délai de dix jours a été dépassé : A VIANDIER, *op. cit.* note 761, p. 194-195.

977 *Id.*, p. 195.

978 Un amendement avait été formulé par l'opposition afin d'étendre le contrôle de l'Autorité des marchés financiers à l'opportunité économique de l'offre publique. Il a été rejeté par le Sénat. Voir : *J.O. Sénat* 21 février 2006, spéc. p. 714.

un contrôle intégral de l'opération au fond[979]. Ce contrôle de conformité aux principes directeurs des offres publiques, mais aussi aux différentes règles applicables à ces offres, peut aussi porter sur le prix proposé par l'initiateur.

Le prix proposé, ou la parité d'échange, est pour la plupart des actionnaires de la cible l'élément critique de l'offre publique[980]. Il semblerait logique que l'Autorité des marchés financiers puisse vérifier le prix contenu dans le projet d'offre, afin que celui-ci ne nuise pas aux membres de la société cible. Cette considération, aussi équitable soit-elle, n'est toutefois pas justifiée au regard du principe selon lequel l'autorité régulatrice ne vérifie pas l'opportunité de l'offre. Dès lors, le prix contenu dans l'offre n'est pas un élément contrôlé par l'autorité de marché[981], sauf dans des hypothèses précises[982]. En dépit de cette interdiction de vérifier le prix contenu dans l'offre publique, il ressort des décisions[983] et des rapports[984] de l'Autorité des marchés financiers que cet élément demeure l'objet d'un contrôle, plus diffus et moins formel.

Une fois son contrôle effectué, l'Autorité des marchés financiers peut, selon le contenu du projet d'offre, formuler trois décisions différentes.

276. Un contrôle aboutissant à différentes positions de l'Autorité des marchés financiers. La première réaction de l'autorité de marché est celle de demander des compléments au projet d'offre, voire son réexamen par l'initiateur. Ces demandes de l'autorité sont formulées en raison de l'incomplétude du projet d'offre, ne permettant pas à l'Autorité des marchés financiers de se prononcer en connaissance de cause sur le projet d'offre. Dès lors, elle est habilitée à demander toutes les justifications appropriées, ainsi

---

979 « S'il appartient [à l'autorité de marché] de vérifier la régularité d'une offre publique au regard de la loyauté et de la transparence du marché boursier, son contrôle ne porte pas sur celui de la finalité industrielle, commerciale et sociale de l'opération » : Paris, 27 octobre 1993, *RJDA* 1994, p. 327. Voir aussi : Paris, 17 juin 1999, précité note 973.

980 D. CARREAU, H. LETRÉGUILLY, *op. cit.* note 954, § 215.

981 Il doit être noté que l'exclusion du prix du domaine du contrôle de l'autorité de marché date de la transposition de la directive 2004/25/CE du 21 avril 2004, précitée note 954. Antérieurement, le droit de regard de l'Autorité des marchés financiers sur le prix de l'offre publique portait sur les modalités de fixation, qui devaient répondre d'une méthode multicritères. Voir en ce sens : Paris, 16 juin 1993, *JCP E* 1993, panorama 349 ; *Banque et Droit*, juillet 1993, n° 30, p. 18, note Frédéric PELTIER ; 7 juillet 1995, *RJDA* 1995, n° 998 ; *Bulletin Joly bourse* 1995, p. 517, note Hubert DE VAUPLANE.

982 Selon les articles 231-21 5° et 231-22 du Règlement général de l'Autorité des marchés financiers, les conditions financières sont observées par l'Autorité des marchés financiers lorsque l'offre fait apparaître un risque de conflit d'intérêts selon les dispositions de l'article 261-1, en cas d'offre publique concurrente, de procédure simplifiée et d'offre publique obligatoire.

983 AUTORITE DES MARCHES FINANCIERS, *Rapport annuel pour l'année 2006*, p. 116-117.

984 Voir : AMF, décision n° 213C0944, 16 juillet 2013, spéc. p. 4. L'Autorité des marchés financiers, dans cette décision de conformité, contrôle formellement le prix contenu dans l'offre et vérifie par ce biais que tous les actionnaires sont traités équitablement par l'absence d'un complément de prix déguisé.

que toute information nécessaire[985]. Cette demande suspend le délai d'instruction, expliquant que le délai de dix jours puisse être dépassé par l'autorité régulatrice. L'initiateur de l'offre dispose donc de la possibilité de s'expliquer et de fournir des éléments complémentaires afin de faire apparaître la conformité de son offre aux principes directeurs des offres publiques. En cas de défaut grave du projet d'offre, l'Autorité des marchés financiers dispose de la faculté de demander à l'émetteur de réexaminer son projet d'offre[986]. Ce réexamen, qui représente au vrai une demande de modification du projet d'offre[987], peut être considéré comme une première forme de sanction, car il nécessite de l'initiateur une reformulation complète de son projet d'offre, jugé insuffisant ou non-conforme à certains principes des offres publiques tels que l'égalité entre actionnaires ou encore la transparence du marché. L'initiateur dispose d'un délai très court afin de reformuler son offre, qui n'est pas considérée comme une nouvelle offre, même si ses éléments ont été largement modifiés. Cette réaction demandée par l'Autorité des marchés financiers peut *in fine* aboutir à dissuader l'initiateur de poursuivre son offre publique, celui-ci pouvant décider d'éviter un rejet de son offre.

La seconde réaction de l'Autorité des marchés financiers, suite à son contrôle, est plus radicale car elle peut déclarer le projet d'offre publique non conforme aux principes généraux gouvernant les offres publiques. Cette hypothèse rarissime[988], concerne principalement les cas dans lesquels l'initiateur refuse de se plier aux demandes de l'autorité sectorielle, rendant de fait insuffisant le projet d'offre. Dès lors, parce que l'autorité ne dispose pas d'informations suffisantes pour contrôler le projet d'offre, celui-ci est déclaré non-conforme[989]. Ce contrôle de l'offre publique par le régulateur des marchés emporte de lourdes conséquences pour la société initiatrice, dont l'offre publique est rejetée avant même d'avoir pu être mise en œuvre. La déclaration de non-conformité ne peut être que le fruit de la volonté répétée de l'initiateur de ne pas répondre positivement aux demandes de l'Autorité des marchés financiers. Elle marque donc la rupture définitive du dialogue instauré. C'est la raison pour laquelle elle est peu fréquente, la plupart des initiateurs se pliant aux demandes de précisions formulées par l'autorité régulatrice.

Une fois ces précisions formulées et produites à l'Autorité des marchés financiers, celle-ci peut – et c'est de loin l'hypothèse la plus courante –

---

[985] Article 231-20 III du Règlement général de l'Autorité des marchés financiers.

[986] Article 231-21 *in fine* du Règlement général de l'Autorité des marchés financiers.

[987] A. VIANDIER, *op. cit.* note 761, p. 194.

[988] *Id.*, p. 197.

[989] Voir, par exemple : AMF, décision n° 207C2792, 13 décembre 2007, *Banque et Droit* janvier 2008, p. 32 ; *Revue de droit bancaire et financier* 2008, n° 61, obs. Jean-François BIARD. Dans cette décision, l'Autorité des marchés financiers n'a pas déclaré conforme une offre de rachat d'actions faute d'information suffisante et cohérente sur les conséquences de l'offre au regard des principaux actionnaires.

déclarer le projet d'offre conforme au corpus juridique et réglementaire. Cette décision, qui marque le début de la période d'offre publique[990], ne signifie pas pour autant que l'opération est validée dans tous ses aspects. En effet, le « visa de [l'Autorité des marchés financiers] n'implique aucune appréciation sur l'opportunité d'un offre publique d'achat ou sur le bien-fondé de ses modalités. [L'autorité] n'apprécie pas le montant du prix offert, son rôle étant de s'assurer que l'opération ne comporte pas d'irrégularités, ne s'accompagne pas d'actes contraires aux intérêts des actionnaires et qu'elle est assortie d'une information convenable »[991]. À la suite du contrôle du projet d'offre publique, l'Autorité des marchés financiers ne donne pas un blanc-seing à l'initiateur, tout au plus l'autorise-t-elle à solliciter les titres des actionnaires de la société cible. Il est possible à tout actionnaire de la société cible de contester la décision de conformité, publiée sur le site internet de l'autorité de marché, devant la Cour d'appel de Paris, seule compétente pour connaître des litiges relatifs à des décisions de l'Autorité des marchés financiers. Le contrôle juridictionnel porte sur les motivations contenues dans la décision de conformité[992], ce qui signifie qu'il est léger et formel. Ce contrôle juridictionnel, si l'autorité administrative n'a pas suffisamment motivé sa décision, peut aboutir à l'annulation de la déclaration de conformité, relançant le processus administratif de contrôle.

277. Le contrôle de l'Autorité des marchés financiers sur les offres publiques en tant que décision de gestion, qu'elles soient volontaires ou obligatoires, est important, car sans ce contrôle, elles ne peuvent en aucun cas être menées à leur terme. Bien qu'essentielles à l'offre publique, les vérifications opérées par l'Autorité des marchés financiers sont relativement faibles en raison de leur formalisme. Le marché est préservé d'une opération qui ne serait pas conforme à ses principes, mais les investisseurs ne sont pas protégés contre une opération pouvant être risquée.

278. Conclusion de la section 2. L'Autorité des marchés financiers, tout comme l'Autorité de la concurrence, effectue alors un contrôle préalable de l'opération de gestion sans toutefois juger de son opportunité. Cette vérification préalable, pouvant empêcher la réalisation de l'opération considérée, répond à un impératif nécessaire veillant à la préservation tant du marché que de l'intérêt des consommateurs et des investisseurs. En dépit de la différence notable du but animant le contrôle de ces deux entités – l'atomisation du marché concurrentiel pour l'une, la transparence de

[990] A. COURET, H. LE NABASQUE *et alii*, *op. cit.* note 762, p. 1001.

[991] Paris, 18 novembre 1977, *Bulletin Joly sociétés* 1978, p. 181.

[992] Paris, 3 mai 2001, *D.* 2001, AJ, p. 1875, note Martine BOIZARD ; *RTD Com.* 2001, p. 727, obs. Charles GOYET et Nicolas RONTCHEVSKY ; *JCP G* 2001, II, 10546, note Jean-Jacques DAIGRE ; *JCP E* 2001, 1046, note Alain VIANDIER ; *Bulletin Joly sociétés* 2001, p. 796, note Dominique SCHMIDT ; *Bulletin Joly bourse* 2001, p. 609, note Frédéric BUCHER ; *Droit des sociétés* 2001, comm. 119, commentaire Henri HOVASSE.

l'information sur les marchés financiers pour l'autre –, les modalités du contrôle ainsi que le moment auquel il se déclenche sont assimilables. L'intervention de l'Autorité des marchés financiers est par ailleurs soumise à un délai plus court que celle de l'Autorité de la concurrence, notamment en raison de la nécessité de célérité des opérations sur les marchés financiers, dans le but de limiter au mieux les abus de marché.

279. Conclusion du chapitre 1. Le contrôle préventif de certaines opérations de gestion, quelles qu'elles soient, peut être effectué par des entités, dotées ou non de la personnalité juridique, qui représentent des intérêts collectifs particuliers. Ces intérêts collectifs particuliers, qu'ils soient ceux des salariés, des créanciers ou des investisseurs, peuvent anéantir des décisions de gestion envisagées car leur préservation peut aboutir à un refus de l'opération, équivalent parfois à un droit de veto. La gestion sociale est alors modifiée en raison de la préservation d'intérêts de personnes qui n'appartiennent pas à proprement parler à la société et les conséquences peuvent être importantes pour l'émetteur, notamment lorsque des opérations de restructuration sont annihilées. Il doit par ailleurs être noté que ces contrôles préventifs de la gestion sociale sont effectués, à l'exception notable de ceux visant à préserver l'intérêt des créanciers, par des entités administratives agissant au nom de l'État. Les intérêts collectifs qui motivent un contrôle préventif de certaines opérations de gestion bénéficient donc d'une légitimité suffisante pour produire de tels effets. Toutefois, ce droit de regard particulier demeure assez rare et il est bien plus fréquent que le contrôle préventif de la gestion sociale soit effectué afin de préserver l'intérêt social.

Chapitre 2: Le contrôle *a priori*, outil de préservation de l'intérêt social

280. Le contrôle *a priori* interne incombant à un organe particulier. La logique même d'un contrôle *a priori* effectué par un organe interne à la société exige un lien de proximité entre l'organe décisionnaire et l'organe qui effectue le contrôle préventif de la décision de gestion envisagée. Dès lors, une telle prérogative de vérification ne peut raisonnablement incomber à l'assemblée générale des actionnaires, trop peu réunie pour effectuer un véritable contrôle *a priori*. Si cet organe devait être contrôleur, deux conséquences alternatives pourraient apparaître : soit les assemblées générales seraient plus souvent convoquées, au risque de ne pas rencontrer les conditions de quorum légalement requises ; soit la conduite de la gestion sociale serait en partie paralysée, en attente de la convocation et de la réunion de l'assemblée générale. Dès lors, il est nécessaire de convenir que le contrôle *a priori* des décisions de gestion ne peut incomber qu'à un autre organe chargé du contrôle de la société, le conseil d'administration ou de surveillance.

La problématique du contrôle *a priori* est commune à toutes les sociétés, que leurs titres soient admis aux négociations sur un marché réglementé ou non. Cette question est au final en lien avec celle de la gouvernance d'entreprise et de la répartition des pouvoirs entre les organes. De ce fait, elle vient se poser avec plus de pertinence au sein des sociétés cotées au sein desquelles la question de la gouvernance des entreprises est prépondérante, tel que le prouve le code AFEP-MEDEF, qui vise particulièrement les sociétés cotées[993].

281. Le contrôle *a priori* interne pouvant prendre la forme d'une autorisation. Pour accomplir son office, le conseil d'administration ou de surveillance dispose de pouvoirs d'intervention préalable, dont l'application peut être générale (section 2). Ce pouvoir d'intervention vient compléter une prérogative plus limitée accordée par la loi, l'autorisation de certains actes (section 1).

Section 1 : L'autorisation ponctuelle légale

282. L'autorisation, intervention limitée du conseil. Le conseil, qu'il soit d'administration ou de surveillance, ne peut, en principe, bénéficier d'un pouvoir d'autorisation préalable dont le domaine serait trop étendu. En effet, en exigeant une autorisation préalable du conseil, les pouvoirs des dirigeants exécutifs sont grandement limités car ils ne pourront pas accomplir par eux-mêmes certains actes. Cette autorisation légale doit avoir un domaine

[993] Les recommandations du code AFEP-MEDEF s'adressent ainsi spécialement « aux sociétés dont les titres sont admis aux négociations sur un marché réglementé ». Voir : AFEP-MEDEF, *op. cit.* note 161, p. 1.

circonscrit à certains actes dans le but de limiter les conflits d'intérêts (§1). Cette approbation préalable n'est toutefois pas optimale et certaines pistes d'amélioration peuvent être formulées (§2).

§1 L'autorisation préalable afin de limiter les conflits d'intérêts

283. Apparition de conflits d'intérêts. Depuis la théorisation de la structure des sociétés cotées au sortir de la crise économique de 1929, il est communément accepté que les actionnaires sont les propriétaires de la société et qu'ils remettent le pouvoir de gestion entre les mains des dirigeants. Ceux-ci, s'ils ne sont pas contrôlés, peuvent être tentés de s'approprier le pouvoir afin de servir leurs propres intérêts au détriment de l'intérêt social, alors qu'ils ont été nommés pour le poursuivre. Les dirigeants sont alors dans une situation de conflit d'intérêts, telle qu'elle a été définie par le professeur SCHMIDT[994]. Afin d'éviter que les dirigeants ne s'accaparent le pouvoir et la richesse sociale, ont été prévus plusieurs mécanismes permettant aux organes intermédiaires que sont les conseils d'administration ou de surveillance de limiter les conflits d'intérêts. Ces mécanismes de prévention, qui doivent rester exceptionnels afin de ne pas gêner la gestion quotidienne de la société, sont donc strictement limités par la loi. Deux procédures principales ont été prévues pour anticiper le risque pesant sur la société : d'une part sont visées les conventions intervenant entre la société et les dirigeants gestionnaires (I) et d'autre part, les garanties conférées par les dirigeants gestionnaires au nom de la société (II). Ces mécanismes, qui ne sont pas exclusifs aux sociétés cotées et répondent de l'application du droit commun, connaissent de nombreux développements au sein des sociétés cotées dans lesquelles la limitation *ex ante* des conflits d'intérêts est une problématique essentielle.

I) Les conventions conclues entre les dirigeants et la société

284. Approche historique de la prévention des conflits d'intérêts. Très tôt, le législateur a pris conscience du risque qui pesait sur les sociétés en raison de l'intervention à l'acte des dirigeants gestionnaires. L'une des premières lois sur les sociétés commerciales interdisait purement et simplement aux administrateurs de prendre ou de conserver un intérêt dans toute opération faite avec la société, sauf à ce que l'assemblée générale

---

[994] Voir *supra* § 107. Une autre définition a été proposée, le conflit d'intérêts serait : « la situation dans laquelle une personne voit ses intérêts personnels rentrer en conflit avec les intérêts dont elle a la charge ». Voir : Pierre-François CUIF, « Le conflit d'intérêts, essai sur la détermination d'un principe juridique en droit privé », *RTD Com.* 2005, p. 1 ; Joël MORET-BAILLY, « Définir les conflits d'intérêts », *D.* 2011, p. 1100.

approuve l'opération[995]. Devant cette norme bien trop rigoureuse, le législateur du 24 juillet 1867 a considéré que la limitation ne devait concerner que les actes les plus graves, dont la qualification est précise, les actes d'entreprise et de marché[996]. Les raisons de cette modification textuelle étaient nombreuses, notamment en ce que la législation ancienne avait l'effet pervers de dissuader les membres importants de la société, tels les banquiers, d'accepter le mandat d'administrateur[997].

Par ailleurs, les opérations visées par la loi de 1867 étaient réputées les plus dangereuses pour la société, car les contrats d'entreprise et de marché sont des contrats à exécution successive ou à prestations répétées. Ce n'était pas l'acte en lui-même qui est dangereux dans l'esprit du législateur de 1867, mais le fait que l'obligation qu'il comportait puisse être répétée. L'assemblée générale n'aurait pas à être saisie d'une opération à dénouement immédiat, quelle que soit son importance. On voit poindre la première imperfection de la loi de 1867, qui ne vise, au final que peu de situations, les administrateurs étant libres de conclure toutes les opérations de gestion avec la société qui ne sont ni des actes d'entreprise, ni des marchés de gré à gré. Une autre faiblesse de la loi de 1867 est apparue empiriquement, ainsi que l'a démontré un commentateur de la loi nouvelles régulations économiques. Les autorisations étaient, sous l'empire de la loi ancienne, fréquemment demandées et quasi systématiquement accordées[998]. À l'occasion d'une réforme de la loi sur les sociétés commerciales, le législateur a donc modifié les actes appréhendés par la procédure.

La loi du 4 mars 1943[999] a abrogé l'article 40 de la loi ancienne, pour en créer un autre, disposant que « Toute convention entre une société et l'un de ses administrateurs, soit directement ou indirectement, soit par personne interposée, doit être soumise à l'autorisation préalable du conseil d'administration (…) ». La double objection formulée à l'encontre de la loi ancienne est écartée et cette réforme entraîne un bouleversement. La

---

[995] Article 23 de la loi du 23-29 mai 1863 : « Il est interdit aux administrateurs de prendre ou de conserver un intérêt direct ou indirect dans une opération quelconque, faite avec la société ou pour son compte, à moins qu'ils n'y soient autorisés par l'assemblée générale pour certaines opérations spécialement déterminées ». Voir L. TRIPIER, *op. cit.* note 35, p. 8. C. HOUPIN, H. BOSVIEUX, *op. cit.* note 458, p. 229 ; Edmond Eugène THALLER, Paul PIC, *Traité général théorique et pratique de droit commercial – Des sociétés commerciales*, Tome II, 1911, Paris, Rousseau, p. 617.

[996] L'article 40 de la loi du 24 juillet 1867 disposait : « Il est interdit aux administrateurs de prendre ou de conserver un intérêt direct ou indirect dans une entreprise ou dans un marché fait avec la société ou pour son compte, à moins qu'ils ne soient autorisés par l'assemblée générale (…). ». Voir : Raymonde VATINET, « Les conventions réglementées », *Revue des sociétés* 2001, p. 561.

[997] En effet, l'interdiction ne valait que pour les administrateurs. Voir : E. E. THALLER, P. PIC, *op. cit.* note 995, p. 617.

[998] R. VATINET, *op. cit.* note 996.

[999] Loi du 4 mars 1943 relative aux sociétés par actions, précitée note 38.

procédure devient véritablement celle des conventions réglementées, car le texte vise expressément toutes les conventions, quels que soient leur nature et leur objet[1000]. Le domaine d'application est ainsi grandement élargi afin d'appréhender le plus de situations possibles. Le second bouleversement opéré par la réforme de 1943 est le basculement du pouvoir d'approbation de l'assemblée générale au conseil d'administration. Il a effectivement été soulevé que l'assemblée générale n'était pas la plus compétente afin de connaître des risques d'atteinte à l'intérêt social, contrairement au conseil d'administration[1001]. Cette loi de 1943 représente le fondement en droit positif de la procédure interne de prévention des conflits d'intérêts.

285. Approche positiviste de la prévention des conflits d'intérêts. Après quelques changements mineurs opérés par la loi du 24 juillet 1966[1002], la réforme importante sur cette procédure dite des conventions réglementées, date du 15 mai 2001. À faire une analyse légistique, il est intéressant de noter que les règles relatives aux conventions réglementées sont contenues dans un chapitre dénommé « prévention des conflits d'intérêts »[1003]. Cette procédure concerne toutes les sociétés cotées, car son champ d'application vise toutes les sociétés anonymes et les sociétés en commandite par actions[1004]. Afin d'étudier l'étendue du contrôle *a priori* des conflits d'intérêts dans le but de préserver l'intérêt social, il est nécessaire de décrire les opérations et les acteurs concernés par les opérations de gestion surveillées.

Les articles L. 225-38 et L. 225-86, comme l'article L. 226-10 du Code de commerce, concernent, comme depuis la loi de 1943, toutes les opérations de gestion conclues sous la forme d'une convention. Deux types de conventions échappent toutefois à ce contrôle. D'une part, les conventions par lesquelles les dirigeants gestionnaires se font consentir un avantage financier[1005] par la société sont strictement interdites ; alors que d'autre part, les conventions courantes conclues à des conditions normales sont libres[1006]. Hors de ces deux hypothèses prévues par le Code de commerce, toute convention est soumise à la procédure des conventions réglementées. De par cette formulation extrêmement générale – « toute convention » –, il est possible d'affirmer que toute décision de gestion est soumise à cette procédure, dès lors que cette

---

[1000] Jean MICHEL, « La loi du 4 mars 1943 relative aux sociétés par actions », *Gazette du Palais* 1943, Doctrine, p. 50. Voir aussi : Jean PERCEROU, « Commentaire de la loi du 4 mars 1943 relative aux sociétés par actions », *D.* 1943, Législation, p. 66 ; Henri BOSVIEUX, « La nouvelle loi du 4 mars 1943 sur les sociétés par actions », *Journal des sociétés* 1943, p. 26 et s. ; Léon JULLIOT DE LA MORANDIERE, René RODIERE, Roger HOUIN, *Droit commercial*, Tome I, 1962, 2ème éd., Paris, Dalloz, p. 417.

[1001] J. MICHEL, *op. cit.* note 1000, p. 52.

[1002] C. PRIETO, *op. cit.* note 11, p. 119.

[1003] Chapitre III de la troisième partie de la loi n° 2001-420 du 15 mai 2001, précitée note 221.

[1004] Article 111 de la loi n° 2001-420 du 15 mai 2001, précitée note 221.

[1005] Tel un emprunt, un découvert, un cautionnement ou un aval. Voir les articles L. 225-43 et L. 225-91 du Code de commerce.

[1006] Articles L. 225-39 et L. 225-87 du Code de commerce.

décision prend la forme d'un accord de volontés produisant des effets de droit[1007]. Seront donc soumises à la procédure décrite par le Code de commerce les conventions – qu'elles soient écrites ou orales[1008] – de bail, de vente, d'approvisionnement, de travail, *etc.* Le champ d'application *ratione materiæ* des décisions de gestion soumises au contrôle du conseil d'administration est donc très large et accentué par la variété des personnes appréhendées par ce contrôle.

Afin de soumettre la décision de gestion au contrôle préventif des conflits d'intérêts dans le but de préserver l'intérêt social, il est nécessaire que celle-ci soit une convention conclue avec un directeur général, un directeur général délégué, un administrateur, un membre du directoire, du conseil de surveillance ou un gérant[1009]. Le nombre de conventions pouvant intervenir entre la société et ces dirigeants est déjà important, mais celui-ci l'est d'autant plus que les dispositions du Code de commerce visent aussi les conventions conclues indirectement avec ces dirigeants tout comme les conventions conclues par personnes interposées. Ces deux dernières mentions représentent, aux yeux des commentateurs de la loi du 15 mai 2001, une extension considérable du domaine d'application de l'article L. 225-38 du Code de commerce[1010].

Les situations d'intérêt indirect et d'interposition de personnes ont la même origine : la société conclut une convention avec une personne qui n'est pas le dirigeant visé par le texte des articles L. 225-38 et L. 225-86 du Code de commerce. Il ressort toutefois des faits que cette dernière personne tire un intérêt à la conclusion de cette convention. Selon un auteur, l'interposition de personnes est une tromperie sur la réelle identité du signataire, tierce personne qui se présente comme agissant pour son propre compte exclusivement, alors qu'il agit au vrai pour le compte d'autrui[1011]. À partir de cette analyse, la différence entre interposition de personnes et intérêt indirect résiderait dans la personne du signataire de l'acte. Si celui-ci n'a aucun intérêt à la conclusion de la convention et qu'il n'agit qu'en tant que prête-nom[1012], il y a interposition

---

[1007] Ivan BALENSI, *Les conventions entre les sociétés commerciales et leurs dirigeants*, préf. Jean HEMARD, Paris, Economica, 1975, p. 21.

[1008] Maryam GOLESTANIAN, « Les contours de l'autorisation préalable du conseil d'administration dans le cadre de l'article 101 de la loi du 24 juillet 1966 (C. com, art. L. 225-38) », *Bulletin Joly sociétés* 2000, p. 1017.

[1009] Articles L. 225-38, L. 225-86 et L. 226-10 du Code de commerce. Ces articles mentionnent aussi les conventions conclues avec les actionnaires détenant plus de 10 pour cent des droits de vote, mais ceux-ci ne peuvent être considérés comme étant des dirigeants gestionnaires.

[1010] Paul LE CANNU, « Les conventions réglementées après la loi n° 2001-420 du 15 mai 2001 », *Bulletin Joly sociétés* 2001, p. 720 ; Benoit RAYNAUD, « La prévention des conflits d'intérêts dans les sociétés par actions », *JCP E* 2003, 354 ; Alain COURET, « La prévention des conflits d'intérêts. Nouveau régime des conventions », *RJDA* 2002, p. 296.

[1011] Béatrice VIAL-PEDROLETTI, *L'interposition de personnes*, Thèse Université Aix-Marseille III, 1986.

[1012] M. GOLESTANIAN, *op. cit.* note 1008, p. 1020.

de personnes. En revanche, l'intérêt du dirigeant ne sera qu'indirect si le signataire a conclu la convention en y ayant intérêt. En effet, le dirigeant n'a un intérêt à la signature de l'acte que par ricochet. Cette grille de lecture proposée ne permet toutefois pas d'avoir une lecture globale de toutes les situations[1013]. Un commentateur de la loi NRE fait état d'un cas de présomption irréfragable d'interposition de personnes[1014] lorsque les articles L. 225-38 et L. 225-86 du Code de commerce disposent : « Sont également soumises (...) les conventions intervenant entre la société et une entreprise, si le directeur général, l'un des directeurs généraux délégués ou l'un des administrateurs de la société est propriétaire, associé indéfiniment responsable, gérant, administrateur, membre du conseil de surveillance ou, de façon générale, dirigeant de cette entreprise ». Au-delà de cette formulation assez imprécise, il est possible de comprendre que sont visées les conventions entre deux sociétés ayant des dirigeants communs. Cette hypothèse, selon la théorie de Mme VIAL-PEDROLETTI, n'est pas limitée à l'interposition de personnes : les deux sociétés contractantes peuvent avoir un intérêt à adopter la décision de gestion sous la forme d'une convention, ce qui peut entraîner la qualification d'intérêt indirect. Dès lors, cette situation n'est pas une présomption irréfragable d'interposition de personnes, mais une présomption irréfragable de risque de conflits d'intérêts, soumettant *de jure* la situation à la procédure des conventions réglementées.

286. Le contrôle *a priori* des conseils d'administration ou de surveillance. Une fois les conventions légalement identifiées, le Code de commerce indique, en ses articles L. 225-38, L. 225-40, L. 225-86 et L. 225-88, la procédure à suivre afin de les valider et les rendre opposables à la société. Il ressort des normes législatives que le dirigeant gestionnaire qui se trouve dans une situation précédemment décrite, doit en informer le conseil, qui doit ensuite voter afin d'approuver la convention, préalablement à sa signature. Aussi, par ce mécanisme, le conseil, qu'il soit d'administration ou de surveillance, contrôle la décision *a priori*. Cette intervention préalable soulève toutefois quelques interrogations quant à la chronologie de la procédure, mais aussi quant aux modalités de la décision du conseil.

L'organe collégial intervient avant que la convention ne soit conclue, mais après que le dirigeant gestionnaire intéressé l'ait averti du risque de conflit d'intérêts. La procédure des conventions réglementées comporte une incertitude, celle du moment auquel le conseil d'administration rend sa décision d'approbation ou de rejet. L'objectif de la procédure des conventions réglementées est de lutter contre les conflits d'intérêts par la transparence, en encourageant le dirigeant intéressé à révéler au plus tôt le conflit potentiel. Dès lors, un dirigeant zélé pourrait révéler sa situation au conseil alors même

---

[1013] Voir en ce sens : Cass. com., 23 octobre 1990, *D.* 1990, IR, p. 270 ; *Revue des sociétés* 1991, p. 92, note Yves GUYON.

[1014] M. GOLESTANIAN, *op. cit.* note 1008, p. 1019.

que les termes de la convention n'ont pas encore été arrêtés et que la phase de négociation n'est pas achevée. Si la lettre du Code de commerce est en tout point respectée par le dirigeant potentiellement soumis à un conflit d'intérêts, son esprit ne l'est plus car le conseil d'administration n'a pas d'éléments tangibles pour se prononcer. Il faut en conclure que la communication de la convention doit se produire au plus tôt, mais pas avant que la phase précontractuelle ait été achevée, sans quoi le conseil ne saurait se prononcer en toute connaissance de cause.

Le conseil d'administration ou de surveillance est consulté préalablement par le biais d'un vote et son avis est nécessaire à la conclusion de l'acte[1015]. L'organe collégial décide au nom de la société – sans que la personne intéressée à la convention ne participe au vote du conseil d'administration ou de surveillance et ni ne soit comptée dans la détermination du quorum[1016] – ce qui signifie que cette décision doit être rendue en considération de l'intérêt social. Le conseil d'administration ou de surveillance effectue donc un contrôle *a priori* dans le but de préserver l'intérêt social, en dehors de toute appréciation sur l'opportunité économique de la convention. Le contrôle opéré consiste le plus souvent en une réponse à la question « la société a-t-elle un intérêt quelconque à la conclusion de la convention présentée ? » plutôt que « la convention présentée est-elle économiquement profitable à la société ? ».

La réforme opérée par l'ordonnance du 31 juillet 2014[1017] tend à formaliser l'approbation des conventions réglementées en considération de l'intérêt social[1018]. En effet, et reprenant une proposition qui avait été formulée par un groupe de travail constitué sous l'égide de l'Autorité des marchés financiers[1019], cette ordonnance complète les articles L. 225-38 et L. 225-86 du Code de commerce par l'ajout d'un nouveau paragraphe, affirmant que l'autorisation préalable est motivée en justifiant de « l'intérêt de la convention pour la société, notamment en précisant les conditions financières qui y sont attachées ». Il y a donc, par cette réforme, une obligation de justification qui pèse sur les administrateurs et les membres des conseils de surveillance dont pourront bénéficier, au moyen du rapport du commissaire aux comptes sur cette convention[1020], les actionnaires. Une interrogation apparait toutefois,

---

1015 Philippe CONTE, Daniel GUTMANN, Michel GERMAIN *et alii*, *Les dirigeants de sociétés : risques et responsabilités*, Paris, Editions du Juris-Classeur, 2002, p. 246.

1016 Articles L. 225-40 et L. 225-88 du Code de commerce.

1017 Ordonnance n° 2014-863 du 31 juillet 2014 relative au droit des sociétés, prise en application de l'article 3 de la loi n° 2014-1 du 2 janvier 2014 habilitant le Gouvernement à simplifier et sécuriser la vie des entreprises, *JORF* du 2 août 2014, p. 12820.

1018 Voir, considérant qu'il y a là une modification de la philosophie du dispositif : Myriam ROUSSILLE, « Ordonnance du 31 juillet 2014 : dispositions relatives aux conventions réglementées », *Droit des sociétés* 2014, comm. 144.

1019 AUTORITE DES MARCHES FINANCIERS, *Rapport final sur les assemblées générales d'actionnaires de sociétés cotées*, 2 juillet 2012.

1020 Bruno DONDERO, « Le nouveau droit des conventions réglementées dans les sociétés anonymes », *JCP E* 2014, 1466, spéc. § 16.

celle relative à la qualité de la motivation. S'il apparaît certain qu'une approbation préalable non motivée pourra entraîner la responsabilité des administrateurs[1021], qu'en est-il de l'approbation insuffisamment motivée ? Un auteur retient la responsabilité des administrateurs qui se seraient insuffisamment justifiés[1022] et auraient ainsi manqué à leur devoir de diligence[1023], mais il faut déjà déterminer ce que pourrait être une motivation insuffisante. Il ne fait aucun doute que ce serait le cas de l'approbation accompagnée d'une phrase se contentant d'affirmer que la convention est conforme à l'intérêt de la société. Mais ce serait aussi le cas d'une motivation purement financière, les articles L. 225-38 et L. 225-86 du Code de commerce précisant que la motivation au regard de l'intérêt de la société est formulée « notamment » au regard des considérations financières, signifiant que d'autres considérations doivent être prises en compte. Ainsi, et pour que les administrateurs ne voient pas leur responsabilité civile engagée du fait de l'approbation des conventions réglementées, il leur faudra motiver précisément leur décision lorsqu'elle aboutit à l'autorisation des conventions réglementées, en fonction de critères qui ne sont pas uniquement financiers.

Le droit de regard opéré par le conseil d'administration ou de surveillance dans les conventions conclues entre la société et les dirigeants gestionnaires est donc obligatoire à la lecture du Code de commerce, mais il existe toutefois quelques moyens de contourner cette obligation.

287. L'impérativité relative du contrôle *a priori*. L'impérativité relative est un oxymore qui fait état de la portée de la mission de vérification *a priori* du conseil d'administration ou de surveillance. Afin de décrire ce mécanisme du conseil d'administration ou de surveillance, il est nécessaire d'aborder les deux termes de la figure de style.

Tout d'abord, le contrôle *a priori* du conseil d'administration ou de surveillance est impératif, le Code de commerce disposant que « les conventions [réglementées] conclues sans autorisation préalable du conseil (…) peuvent être annulées (…) »[1024]. La sanction du défaut d'approbation, causée par un vote négatif du conseil d'administration ou par l'absence de saisine du conseil, est donc très importante. La convention, si elle est conclue, peut être annulée et n'engage dès lors en aucun cas la société. Le contrôle du conseil d'administration ou de surveillance est donc, à certains égards, comparable à d'autres contrôles *a priori* déjà étudiés car la décision de gestion ne pourrait être menée à son terme sans cette intervention préalable. Toutefois,

---

[1021] Car il y aurait là une violation d'une règle légale, un des cas prévus pour l'engagement de la responsabilité des administrateurs selon l'article L. 225-251 du Code de commerce. Voir : Irina PARACHKEVOVA, « Les dispositions relatives aux conventions réglementées dans l'ordonnance du 31 juillet 2014 : en attendant la prochaine réforme », *Bulletin Joly sociétés* 2014, p. 481.

[1022] *Id.*

[1023] Voir *infra*, § 696 et s.

[1024] Articles L. 225-42 et L. 225-90 du Code de commerce.

cette immixtion de l'organe collégial peut représenter une voie médiane parmi les contrôles *a priori* déjà abordés. Le droit de regard du conseil a plus d'importance que celui du comité social et économique ou des comités de créanciers[1025], mais représente moins un couperet que le contrôle de l'Autorité de la concurrence[1026].

La relativité, second terme de l'oxymore, s'explique doublement. Tout d'abord, la nullité encourue par la convention qui n'a pas été approuvée préalablement par l'organe collégial est conditionnelle. Tel que le dispose le Code de commerce, la nullité ne peut être prononcée qu'à la condition que la convention engendre des conséquences dommageables pour la société. Elle n'est demandée qu'à la suite d'une analyse des coûts de la convention et ne peut être prononcée qu'à la condition d'avoir causé un grief à la société[1027]. Si la convention impose à la société une obligation de payer, les conséquences dommageables semblent aisées à caractériser. Il en va autrement, par exemple, lorsque la convention conclue entre la société et le dirigeant porte sur un bail, la société étant bailleresse et ayant principalement vocation à percevoir les loyers. Dans cette hypothèse, faute de conséquence dommageable, le défaut d'approbation préalable par le conseil d'administration ou de surveillance ne pourrait pas entraîner la nullité de la décision de gestion matérialisée par la convention.

Ensuite, il est des cas dans lesquels, la nullité n'est pas prononcée, et ce même lorsque la convention n'a pas été préalablement approuvée par le conseil et qu'elle emporte des conséquences néfastes pour la société. La nullité protégeant l'intérêt social, seule la société bénéficie de la sanction. Dès lors, en application de la théorie moderne des nullités[1028] qui a été consacrée par les articles 1179 et 1181 du Code civil, la nullité ne peut être que relative, ce qui signifie qu'elle peut être confirmée. Le Code de commerce prévoit une telle possibilité par le biais de l'assemblée générale. Cet organe peut, sur un rapport spécial du commissaire aux comptes présentant les motifs pour lesquels la convention n'a pas été présentée au conseil d'administration ou de surveillance, décider de ne pas soulever la nullité et de confirmer l'acte, ce qui signifie que la société ne pourrait plus invoquer la nullité[1029]. La contrôle

---

[1025] Voir *supra* § 215 et s.

[1026] Voir *supra* § 260-262.

[1027] Dans ce cas, il serait possible de rapprocher la nullité des conventions réglementées de la nullité pour vice de forme en procédure civile. En effet, selon l'article 114 alinéa 2 du Code de procédure civile : « La nullité [pour vice de forme] ne peut être prononcée qu'à charge pour l'adversaire qui l'invoque de prouver le grief que lui cause l'irrégularité, même lorsqu'il s'agit d'une formalité substantielle ou d'ordre public ». Voir Loïc CADIET, Emmanuel JEULAND, *Droit judiciaire privé*, 7ème éd., Paris, LexisNexis, 2011, p. 395-398.

[1028] René JAPIOT, *Des nullités en matière d'actes juridiques*, Thèse, Université de Bourgogne, 1909. Voir aussi : J. FLOUR, J.-L. AUBERT, E. SAVAUX, *op. cit.* note 289, p. 332 et s. ; Ph. MALAURIE, L. AYNÈS, Ph. STOFFEL-MUNCK, *op. cit.* note 289, p. 339.

[1029] Articles L. 225-42 et L. 225-90 du Code de commerce.

préalable du conseil d'administration ou de surveillance devient, dans ce cas, totalement dispensable et sans aucune influence sur la convention.

Les conventions conclues entre la société et l'un de ses dirigeants gestionnaires connaissent donc une procédure spéciale au cours de laquelle le conseil d'administration ou de surveillance intervient préalablement afin de contrôler la conformité de l'opération à l'intérêt social. Cette marche à suivre, qui semble impérative à la lecture du Code de commerce, peut parfois être contournée par les dirigeants et l'assemblée générale *a posteriori*, mais aboutit à la suspension légale du droit de vote de l'administrateur en situation de conflit d'intérêts. À partir de cette règle de droit, les recommandations de gouvernance d'entreprise ont développé une autre pratique, généralisant au sein de la *soft law* une suppression strictement encadrée par la *hard law*.

288. Un principe d'abstention de vote généralisé en cas de conflit d'intérêts par le Code AFEP-MEDEF. Le Code AFEP-MEDEF, dans son article relatif à la déontologie des administrateurs, mentionne que « l'administrateur a l'obligation de faire part au conseil de toute situation de conflit d'intérêts même potentiel et doit d'abstenir de participer au vote de la délibération correspondante »[1030]. Cet article, dont la méconnaissance n'est sanctionnée par aucune mesure de responsabilité civile, tend à viser toutes les situations dans lesquelles les conflits d'intérêts pourraient apparaître et ne répondant pas du régime des conventions réglementées. Il n'est donc pas question que le Code AFEP-MEDEF appréhende des conflits d'intérêts lors de la conclusion d'une convention, mais les situations dans lesquelles un administrateur serait tenté de poursuivre son propre intérêt plutôt que celui de la société au sein de laquelle il exerce son mandat[1031].

Apparaît alors une question préalable, celle de la qualification du conflit d'intérêts, élément nécessaire à l'exécution de l'obligation d'abstention, et pourtant non définie par le Code AFEP-MEDEF. Cette obligation étant mentionnée à l'article relatif à la déontologie de l'administrateur, il semble donc que le conflit d'intérêts soit la situation dans laquelle l'objectivité nécessaire à l'exercice de sa mission[1032]. En d'autres termes, le conflit d'intérêts, notion nécessairement subjective et contingente, apparaîtrait à chaque fois qu'un administrateur serait tenté, à l'occasion de la prise d'une décision, de ne pas voter en toute objectivité, faisant alors primer son intérêt ou un intérêt tiers sur l'intérêt social. Toutefois, et afin de limiter le nombre de situations qui pourraient s'apparenter à des conflits d'intérêts, il serait nécessaire de limiter cette qualification aux seules hypothèses dans lesquelles l'intérêt servi à titre privé influence l'administrateur au point de modifier son

---

[1030] AFEP-MEDEF, *op. cit.* note 161, p. 16.

[1031] Voir *supra* § 108.

[1032] Voir, en ce sens : INSTITUT FRANÇAIS DES ADMINISTRATEURS, *Administrateurs et conflits d'intérêts*, Paris, 2010, spéc. p. 2 : « Un conflit d'intérêts nait d'une situation dans laquelle un administrateur détient ou sert, à titre privé, des intérêts qui pourraient avoir une influence sur son objectivité dans l'exercice de sa fonction ».

vote. Il n'y aurait de conflit d'intérêts qu'à la condition de prouver le risque d'influence sur la décision de l'administrateur. On pourrait ainsi penser à la conclusion d'un acte entre la société cotée et une autre société, dont quelques actions sont détenues par un des administrateurs d'une société. Non soumis à la procédure des conventions réglementées, cet acte pourrait faire l'objet de la procédure recommandée par le Code AFEP-MEDEF, c'est-à-dire l'abstention de participer au vote pour l'administrateur en situation de conflit d'intérêts. Si cette hypothèse est simple lorsqu'elle ne vise qu'un administrateur, elle tend à se complexifier lorsque plusieurs membres du conseil se trouvent eux-aussi en situation de conflit d'intérêts pour la même décision.

289. L'application malaisée de l'abstention en cas de multiples conflits d'intérêts. Si plusieurs administrateurs sont considérés – ou se considèrent – comme étant en situation de conflit d'intérêts, la situation peut devenir plus délicate. En effet, si plusieurs administrateurs s'abstiennent de participer à la décision litigieuse, le code AFEP-MEDEF peut venir en contradiction avec les règles impératives du Code de commerce, l'article L. 225-37 du Code de commerce disposant que le conseil d'administration ne délibère valablement que si la moitié de ses membres sont présents. Or, en interprétant le devoir d'abstention des administrateurs posé par le code AFEP-MEDEF comme étant celui de ne pas se présenter afin de ne pas influencer les membres présents, la décision pour laquelle plus de la moitié du conseil d'administration serait en situation de conflit d'intérêts aboutirait sur une impasse. En appliquant le code AFEP-MEDEF, c'est-à-dire en ne participant pas à la réunion du conseil, la condition de quorum ne serait pas respectée. Cette situation est alors étonnante, car le respect de la *soft law* pourrait aboutir à la violation de la *hard law*.

L'obligation de s'abstenir de participer à la décision peut-elle alors s'entendre comme la possibilité d'assister à la délibération sans émettre de vote positif ou négatif, c'est-à-dire en s'abstenant, tel qu'entendu communément lorsqu'il est question d'un droit politique ? L'administrateur en situation de conflit d'intérêts pourrait alors participer à la décision, mais en aucun cas la voter. Dans cette configuration, la conformité avec l'exigence de quorum est remplie, car les administrateurs en situation de conflit d'intérêts sont bel et bien présents au sein du conseil, mais cette fois, le code AFEP-MEDEF n'est sans doute pas respecté. En effet, la majorité des voix nécessaire à la prise de la décision est comptabilisée en fonction des membres présents[1033], une délibération doit donc réunir la majorité des voix des administrateurs présents ou représentés. Or, en s'abstenant, les administrateurs émettraient la décision de rejeter la décision, tout autre vote qu'un vote favorable par les administrateurs présents étant considéré comme un vote défavorable. En respectant la *hard law*, c'est cette fois la *soft law* qui ne serait plus appliquée, car les administrateurs en situation de conflit d'intérêts se prononceraient – négativement – sur la délibération litigieuse. Il convient alors de

---

[1033] Article L. 225-37 alinéa 2 du Code de commerce.

clarifier cette situation, qui aboutit à la méconnaissance soit du Code de commerce, soit des règles de gouvernance.

290. Le dépassement de l'incompatibilité entre *hard law* et *soft law*. Une solution, qui s'inspirerait d'une pratique de certaines assemblées générales, serait de demander aux administrateurs concernés par le conflit d'intérêts de suivre la pratique du vote neutre, un vote n'ayant aucune influence sur le résultat final. En pratique, le vote neutre consisterait à scinder les administrateurs en situation de conflit d'intérêts en deux groupes d'égale importance, l'un votant en faveur de la délibération, l'autre en sa défaveur. De ce fait, en n'influant pas sur le résultat du vote, leur participation permettrait de respecter la condition légale de quorum, tout en ayant une participation non décisive sur l'issue du vote. Toutefois, il n'est pas certain que cette possibilité soit, *in fine*, acceptable et ce pour deux raisons. D'une part, les administrateurs en situation de conflit d'intérêts seraient toujours amenés à participer à la décision du conseil, en méconnaissance du code AFEP-MEDEF, et d'autre part parce que cette pratique suppose un nombre pair d'administrateurs en situation de conflit d'intérêts, ce qui peut ne pas être toujours le cas. Il s'avère alors nécessaire d'envisager une autre piste.

Une voie suppose l'évolution du droit français des sociétés, qui permettrait alors à la fois de respecter la règle légale du quorum et la règle de gouvernance d'abstention de participation au vote : la reconnaissance de l'abstention en tant que mode d'expression du vote. En effet, en identifiant l'abstention comme une décision à part entière – et non en la comptabilisant comme un vote négatif – l'expression du vote d'un administrateur serait de trois types : favorable à la délibération, défavorable à la délibération ou abstention. Afin de prendre une décision, il suffit alors de ne comptabiliser que les votes exprimés au sein du conseil d'administration ou de surveillance. En prenant en considération et en reconnaissant l'abstention des administrateurs en conflit d'intérêts, cela leur permettrait tout à la fois de siéger au sein du conseil d'administration et donc de respecter la règle de quorum posée par le Code de commerce, et de s'abstenir de participer à la délibération et donc de respecter le code AFEP-MEDEF.

Les règles de gouvernance d'entreprise peuvent donc parfois entraîner des frictions avec les règles de droit, telles qu'il est impossible de respecter un corpus de règles sans violer l'autre. Bien que ces hypothèses soient rares, elles peuvent survenir car les règles de gouvernance d'entreprise édictées par le Code AFEP-MEDEF constituent des comportements optimaux, s'accommodant parfois avec le socle que représentent les règles de droit fixées par le Code de commerce, dont l'application est plus aisée, car plus strictement encadrée.

Outre la procédure d'approbation des conventions réglementées, une autre procédure spéciale est prévue pour un autre type d'opérations de gestion impliquant des conséquences financières pour la société, l'approbation des cautionnements, avals et garanties d'engagements souscrits par un débiteur tiers.

II) Les cautionnements, avals et garanties consentis par la société

291. Innovation du législateur de 1966. L'article L. 225-35 du Code de commerce, comme l'article L. 225-68 du même code, sont des règles introduites par la loi du 24 juillet 1966. Il apparaissait nécessaire de créer un contrepoids au pouvoir légal de représentation du directeur général ou du président du directoire, qui engage la société envers les tiers. Ce pouvoir de représentation ne présente que peu de dangers, sauf lorsqu'il est question de sûretés ou de garanties accordées pour sécuriser l'engagement de tiers. Ces actes étant indolores au moment auquel ils sont consentis, sauf cas de dépossession, le dirigeant représentant la société peut se montrer prodigue et engager la société sur une voie dangereuse. La commission des lois de l'Assemblée Nationale a alors justifié l'introduction de l'alinéa second de l'article 98 de la loi du 24 juillet 1966 conférant des pouvoirs au conseil « quant à certains actes accomplis par la direction et qui peuvent gravement engager la responsabilité pécuniaire de la société : les cautions, avals et garanties »[1034]. S'il est apparu nécessaire de protéger la société de ces engagements, il doit être souligné que la procédure d'intervention du conseil dans l'exercice de son pouvoir de contrôle *ex ante* vise un grand nombre d'actes, mais est limitée.

292. Une pluralité d'actes visés. La procédure dite des « cautions, avals et garanties », concerne un très grand nombre d'actes conférés par le dirigeant au nom de la société. De l'étude de la lettre des actes visés par la procédure ressortent une maladresse et une incertitude.

Tout d'abord, il devrait être question de cautionnement et non pas de caution[1035], mais au-delà de cette imprécision terminologique point une question. Le cautionnement et son équivalent cambiaire, l'aval, sont des sûretés conférées pour garantir la dette d'autrui, alors que le terme de garantie vise autant la dette d'autrui que la propre dette de la société. Dès lors, la procédure visée aux articles L. 225-35 et L. 225-68 du Code de commerce doit-elle aussi s'appliquer aux garanties accordées par la société pour ses propres dettes ? L'incertitude apparue au sortir de la loi n'a pas perduré longtemps. Dès 1970, le ministre de la justice René PLEVEN affirmait que « l'autorisation visée par le texte concerne les engagements pris par un tiers et non ceux de la société elle-même »[1036]. Le Garde des Sceaux réservait toutefois l'hypothèse d'une appréciation souveraine des juges, qui ont

---

[1034] Cité par : Marcel HAMIAUT, *La réforme des sociétés commerciales, loi n° 66-537 du 24 juillet 1966 – Tome II Les sociétés par actions*, Paris, Dalloz, 1966, p. 71.

[1035] Pour autant, la locution légale sera retenue dans les développements suivants.

[1036] Réponse ministérielle n° 14051, *J.O. Assemblée Nationale*, 3 décembre 1970, p. 6095-6096. Voir aussi : Deen GIBIRILA, « La société caution », *Revue des sociétés* 2011, p. 663, § 28.

finalement confirmé l'avis du ministre[1037]. La procédure des cautions, avals et garanties s'applique donc aux sûretés personnelles, toutes émises pour garantir la dette d'un débiteur tiers, mais aussi à un certain type de sûreté réelle, la sûreté réelle pour autrui[1038].

Depuis la réforme du droit des sûretés issue de l'ordonnance du 23 mars 2006[1039], l'incertitude au sujet des lettres d'intention s'est en partie dissipée. Avant cette réforme, la chambre commerciale de la Cour de cassation opérait une analyse exégétique des termes de la lettre afin de déterminer si la

---

[1037] Dans le cadre d'une hypothèque consentie par le représentant la société en garantie des engagements de cette dernière : Cass. com., 11 février 1986, *Revue des sociétés* 1986, p. 243, note Jean-Jacques DAIGRE. Voir aussi, dans le cadre d'une garantie de passif : Cass. com., 12 juillet 2011, *D.* 2011, p. 1967 ; *RTD Com.* 2011, p. 584, obs. Paul LE CANNU, Bruno DONDERO ; *Revue des sociétés* 2012, p. 102, note Jean-Jacques DAIGRE ; *JCP E* 2011, 1870, note Pauline PAILLER ; *Droit des sociétés* 2011, n° 173, note Dorothée GALLOIS-COCHET ; *RJDA* 2011, n° 821 ; *Bulletin Joly sociétés* 2011, p. 865, note Jean-François BARBIERI ; *Les petites affiches* 26 octobre 2011, note Guillaume GRUNDELER ; *Gazette du Palais* 16 novembre 2011, obs. Anne-Françoise ZATTARA-GROS.

[1038] Depuis un arrêt de chambre mixte, la sûreté réelle consentie pour garantir la dette d'autrui ne peut être qualifiée de « cautionnement réel », en ce qu'il n'emporte aucun engagement personnel de la part du constituant à satisfaire à l'engagement d'autrui. La sûreté réelle devient alors purement réelle, mettant fin aux débats doctrinaux sur la nature réelle ou personnelle de cette sûreté. Cass. mixte, 2 décembre 2005, *Rapport annuel de la Cour de cassation* 2006, p. 214 ; *BICC* 15 janvier 2006, rapport Alain FOULQUIE, concl. Jerry SAINTE-ROSE ; *D.* 2006., p. 729, concl. Jerry SAINTE-ROSE, note Laurent AYNÈS ; *ibid.*, AJ p. 61, obs. Sabrina AVENA-ROBARDET ; *ibid.*, p. 1420, obs. Jean-Jacques LEMOULAND et Vincent VIGNEAU ; *ibid.*, p. 2856, obs. Pierre CROCQ ; *JCP G* 2005, II, 10183, note Philippe SIMLER ; *JCP E* 2006, 1056, note Stéphane PIEDELIEVRE ; *Defrénois* 2006, p. 586, obs. Rémi LIBCHABER ; *ibid.*, p. 1601, obs. Gérard CHAMPENOIS ; *AJ famille* 2006, p. 113, obs. Patrice HILT ; *Droit de la famille* 2006, Étude 13, par Bernard BEIGNIER ; *Contrats concurrence consommation* 2006, n° 62, obs. Laurent LEVENEUR ; *Droit et patrimoine*, février 2006, p. 128, obs. Philippe DUPICHOT ; *Les petites affiches* 23 janvier 2006, note Dimitri HOUTCIEFF ; *ibid.*, 1er mai 2006, note Nadège MOULIGNER ; *Droit et procédure* 2006, p. 113, obs. Yves PICOD ; *Banque et Droit* janvier-février 2006, p. 55, obs. François JACOB ; *RTD Civ.* 2006, p. 357, obs. Bernard VAREILLE ; *ibid.*, p. 594, obs. Pierre CROCQ ; *RTD Com.* 2006, p. 465, obs. Dominique LEGEAIS.

[1039] Ordonnance n° 2006-346 du 23 mars 2006 relative aux sûretés, *JORF* du 24 mars 2006, p. 7745.

procédure des cautions, avals et garantie trouvait à s'appliquer[1040]. De cette jurisprudence, on a pu déduire une catégorisation des diverses lettres d'intention : les lettres constitutives d'un engagement moral sans valeur juridique, celles créant une obligation de faire qualifiée d'obligation de moyens, celles créant une obligation de résultat et celles contenant un engagement de payer en lieu et place du débiteur, pouvant être requalifiées en cautionnement[1041]. Cette incertitude jurisprudentielle liée à la formulation des clauses dans la lettre d'intention est dissipée par l'apparition de deux articles dans le Code civil. La lettre d'intention est une sûreté personnelle[1042], à condition qu'elle soit « un engagement de faire ou de ne pas faire ayant pour objet le soutien apporté à un débiteur dans l'exécution de son obligation envers son créancier »[1043]. Les deux articles ont donc définitivement réglé la question de l'applicabilité de la procédure spéciale aux lettres d'intention dans le cas de la société dualiste. L'article L. 225-68 du Code de commerce n'est en effet pas identique en tous points à l'article L. 225-35 du Code de commerce, car le conseil de surveillance doit préalablement autoriser la constitution de sûretés. Les lettres d'intention étant des sûretés au sens de l'article 2287-1 du Code civil, le conseil de surveillance doit préalablement les approuver, quelle que soit leur rédaction. En revanche, l'article L. 225-35 du Code de commerce ne vise que les garanties et non les sûretés. Aussi, toute lettre d'intention est-elle une garantie ?

A première vue la question paraît rhétorique, car s'il paraît communément acquis que toute sûreté représente une garantie[1044], les lettres d'intention doivent être préalablement soumises au conseil d'administration. Toutefois,

---

[1040] Voir en ce sens : Cass. com., 23 octobre 1990, *D.* 1992, Somm. p. 34, obs. Michel VASSEUR ; *Bulletin Joly sociétés* 1991, p. 403, note Michel JEANTIN ; *Revue des sociétés* 1991, p. 86, obs. Philippe DELEBECQUE ; *JCP* 1991, II, 21684, note Christian LARROUMET ; *Droit des sociétés* janvier 1991, p. 4, note Mireille MARTEAU-PETIT ; *Gazette du Palais* 1992, 1, p. 350, note Corinne VAN DEN BUSSCHE ; *Revue Banque* 1991, p. 207, obs. Jean-Louis RIVES-LANGE ; Cass. com., 26 janvier 1999, *D.* 1999, p. 577, note Laurent AYNÈS ; *Dalloz affaires* 1999, p. 344, obs. M.B. ; *JCP G* 1999, II, 10087, note Dominique LEGEAIS ; *Defrénois* 1999, p. 740, note Denis MAZEAUD ; *RTD Com.* 1999, p. 424, obs. Claude CHAMPAUD, Didier DANET ; *ibid.* p. 443, obs. Bruno PETIT et Yves REINHARD ; *Bulletin Joly sociétés* 1999, p. 540, note Jean-François BARBIERI ; *Les petites affiches* 25 février 1999, p. 9, note P.M. ; *JCP E* 1999, p. 1584, obs. Philippe SIMLER ; Cass. com., 26 février 2002, *D.* 2002, p. 1273, obs. Alain LIENHARD ; *ibid.* p. 3331, obs. Laurent AYNÈS ; *Bulletin Joly sociétés* 2002, p. 607, note Jean-François BARBIERI ; *JCP E* 2002, p. 1003, note Dominique LEGEAIS ; *Droit des sociétés* 2002, n° 105, note Thierry BONNEAU ; *Banque et Droit* mai 2002, p. 42, obs. Nicolas RONTCHEVSKY ; *Droit et patrimoine* septembre 2002, p. 110, note Didier PORACCHIA.

[1041] Laurent AYNÈS, Pierre CROCQ, *Les sûretés, la publicité foncière*, 8ème éd., Paris, Defrénois, 2014, p. 178-179 ; C. PRIETO, *op. cit.* note 11, p. 70 ; D. GIBIRILA, *op. cit.* note 1036, § 30.

[1042] Article 2287-1 du Code civil : « Les sûretés personnelles (…) sont le cautionnement, la garantie autonome et la lettre d'intention ».

[1043] Article 2322 du Code civil.

[1044] L. AYNÈS, P. CROCQ, *op. cit.* note 1041, spéc. p. 2.

un auteur propose une autre lecture, selon laquelle si la lettre d'intention comporte l'engagement de payer à la place du débiteur, la lettre d'intention est assurément une garantie[1045]. En réalité, dans un tel cas, ce n'est plus une lettre d'intention, mais un véritable cautionnement. En revanche, le mécanisme de la lettre d'intention en lui-même peut poser une difficulté majeure au regard de la qualification ordonnantielle retenue. Le propre d'une sûreté personnelle était, avant la réforme, qu'une personne payait la dette d'un débiteur en ayant par la suite un recours contre celui-ci. Pour la lettre d'intention, aucun de ces deux présupposés ne peut s'appliquer, en ce que l'émetteur s'engage uniquement à faire ou ne pas faire, il ne paie pas la dette du débiteur, mais sera amené à régler des dommages-intérêts purement contractuels sur le fondement de l'article 1231-1 du Code civil. Dès lors, s'étant acquitté de sa propre dette, il ne dispose juridiquement d'aucun recours contre le débiteur[1046].

Toujours est-il que les lettres d'intention sont des sûretés personnelles en dépit des objections évoquées, ne serait-ce que par ordre de la loi. Cette qualification emporte donc application de la procédure des cautions, avals et garanties des articles L. 225-35 et L. 225-68 du Code de commerce.

293. Procédure applicable aux garanties consenties par la société pour soutenir un tiers. Une fois identifiés les actes concernés par ces articles du Code de commerce, une procédure spéciale doit être appliquée, que certains qualifient de « complexe »[1047]. Celle-ci résulte en une intervention préalable constituant une limite au pouvoir de représentation du dirigeant gestionnaire. Le conseil d'administration ou de surveillance, au regard des textes du Code de commerce, intervient préalablement à la conclusion de l'acte, « dans les conditions déterminées par décret en Conseil d'État ». Ces conditions ont été fixées par le décret du 23 mars 1967, et codifiées aux articles R. 225-28 et R. 225-53 du Code de commerce. Ces textes précisent qu'existent plusieurs modalités d'autorisation des cautions, avals et garantie.

La première est un contrôle *in concreto*, au cours duquel le conseil d'administration ou de surveillance intervient nécessairement afin d'approuver préalablement toute caution, aval ou garantie, quels que soient ses modalité et montant. Cette autorisation préalable, de principe, présente l'inconvénient de faire intervenir l'organe collégial de contrôle à chaque garantie consentie par le directeur général. Sont donc prévus d'autres mécanismes permettant au conseil d'administration ou de surveillance de

---

[1045] Paul LE CANNU, « Les lettres d'intention conquises par le Code civil », *RTD Com.* 2006, p. 423.

[1046] Sauf à ce que le débiteur soit la filiale de l'émetteur. Dans une telle hypothèse, le recours est purement informel et « dépend en réalité de la politique de gestion du groupe ». P. LE CANNU, *op. cit.* note 1045, p. 425.

[1047] Jean-François BULLE et Michel GERMAIN, *Pratique de la société anonyme,* Paris, Dalloz, 1991, p. 178.

contrôler différemment les cautions, avals et garanties conférées au nom de la société pour garantir l'engagement d'un tiers.

Le conseil d'administration ou de surveillance peut ainsi contrôler *in abstracto* les cautions, avals et garanties lorsqu'il fixe, pour l'année entière, un plafond global des engagements pouvant être combiné[1048] avec un plafond spécial par engagement. Une autre intervention, *in concreto* et conditionnelle, est prévue car « l'autorisation du conseil est requise » lorsque l'acte est susceptible de dépasser l'un ou l'autre de ces plafonds.

Le conseil d'administration ou de surveillance intervient ainsi à titre de contrôle *a priori*. C'est cet organe qui va limiter l'action du dirigeant gestionnaire dans sa possibilité d'engager la société auprès de tiers. L'organe collégial peut intervenir deux fois *a priori*, la première avant même que tout acte soit envisagé, la seconde alors qu'une garantie est envisagée mais ne respecte pas les termes fixés au cours de la première intervention du conseil. La seconde intervention du conseil est intéressante en ce qu'elle peut aboutir à un contrôle *a priori* au cas par cas, qui se divise en deux possibilités. Si l'engagement dépasse le plafond spécial mais pas le plafond général, le conseil d'administration ou de surveillance approuve préalablement le seul acte envisagé, la délibération est donc spéciale et autonome[1049]. Dans l'hypothèse inverse, celle dans laquelle l'acte dépasse le plafond global mais pas le plafond spécial, la délibération du conseil d'administration ou de surveillance devant approuver préalablement l'acte équivaut à une délibération relevant le plafond global. La délibération n'est plus autonome, elle s'ajoute à la première délibération du conseil d'administration ou de surveillance qui avait fixé le plafond global[1050].

Si la procédure, en ce qu'elle fait intervenir le conseil d'administration ou de surveillance, paraît protéger l'intérêt social, elle comporte quelques faiblesses, notamment quant aux possibilités de paralyser le contrôle *a priori* du conseil d'administration ou de surveillance, mais aussi quant à la portée de la sanction de la méconnaissance de cette procédure.

294. Contournement du contrôle *a priori* des garanties accordées par la société. Le contrôle *a priori* de l'organe collégial est paralysé par deux mécanismes. Tout d'abord, le conseil d'administration ou de surveillance n'exerce pas son contrôle *ex ante* pour toutes les sûretés personnelles ou

---

[1048] Il semble ressortir du texte du Code de commerce qu'une délibération du conseil de surveillance ou d'administration fixant uniquement un plafond par acte est impossible. En effet, les articles R. 225-28 et R. 225-53 disposent : « le conseil (...) peut, dans la limite d'un montant global qu'il fixe, autoriser le directoire à donner des cautions, avals et garanties. Cette autorisation peut *également* fixer, par engagement, un montant au-delà duquel la caution, l'aval ou la garantie ne peut être donné ». Voir en ce sens : Jean-Pierre LANGLADE, « Le pouvoir de fournir des sûretés dans les sociétés anonymes », *RTD Com.* 1979, p. 372.

[1049] J.-F. BULLE et M. GERMAIN, *op. cit.* note 1047, p. 178 ; J.-P. LANGLADE, *op. cit.* note 1048, p. 373 ; J. HÉMARD, F. TERRÉ, P. MABILAT, *op. cit.* note 229, Tome I, p. 821.

[1050] J.-P. LANGLADE, *op. cit.* note 1048, p. 373.

réelles pour autrui. Ainsi est-ce le cas des cautions, avals ou garanties conférées par les sociétés exploitant des établissements bancaires et financiers, car il est de leur objet social d'être parties à de telles opérations[1051]. Par ailleurs, l'intervention *a priori* du conseil d'administration ou de surveillance ne concerne pas les garanties accordées aux administrations fiscales et douanières. Les raisons de ces exceptions, tenant, pour l'administration douanière, de l'histoire du droit, peuvent se trouver dans l'imprévisibilité des dettes garanties, mais aussi dans la nécessité qu'une société peut avoir à garantir le paiement de certaines dettes[1052]. L'intervention *ex ante* de l'organe collégial peut alors être contournée par le dirigeant gestionnaire. Ce dévoiement n'est toutefois pas total, le conseil d'administration devant annuellement autoriser le dirigeant à consentir une garantie au bénéfice de ces administrations, mais aucune limite chiffrée ne pouvant lui être opposée[1053]. Cette première limite en appelle une autre, qui ne peut pas, cette fois, être justifiée par la qualité de la personne du créancier.

Le Code de commerce prévoit en effet que, lorsque le dirigeant a consenti au nom de la société une sûreté dont le montant est supérieur à la limite globale, ce dépassement n'est pas opposable au créancier, ce qui signifie que la société est engagée par cette garantie. Tout se déroule économiquement comme si le conseil d'administration n'était jamais intervenu afin de contrôler préventivement l'action du dirigeant. Il est toutefois nécessaire que le créancier, afin de bénéficier de cette garantie, soit de bonne foi. Cette exception ne joue pas toujours, car la mauvaise foi est présumée irréfragablement par le texte du Code de commerce lorsque le montant de la garantie excède le plafond spécial et le plafond global, ou lorsque la garantie excède en elle-même le plafond global des garanties[1054]. Cette limite, contrairement à celle précédemment mentionnée, est commune à tous les créanciers, ce qui signifie que le dirigeant gestionnaire peut passer outre l'avis du conseil d'administration ou de surveillance, restreignant grandement son contrôle *a priori*. Cette limitation n'est toutefois que la première difficulté dans la procédure des cautions, avals et garanties et sans aucune mesure au regard de l'apparente inadaptation de la sanction légalement proposée.

295. L'inopposabilité économiquement insatisfaisante. Le Code de commerce, en sa partie réglementaire, dispose que les garanties conférées par le dirigeant gestionnaire sans autorisation préalable ou en méconnaissant les termes – sous réserve de l'exception susmentionnée[1055] – sont inopposables à

1051 Voir en ce sens : *J.O. Sénat*, 21 avril 1966, p. 212.

1052 Cela peut être le cas, par exemple, de marchandises retenues à la frontière appartenant à une filiale et dont il est dans l'intérêt de la société mère de garantir les paiements des droits de douane y afférents. Voir : J.-P. LANGLADE, *op. cit.* note 1048, p. 372.

1053 Dans le cadre de ce type de garanties, un auteur mentionne un régime mixte. Voir : J.-P. LANGLADE, *op. cit.* note 1048, p. 367.

1054 C. PRIETO, *op. cit.* note 11, p. 75 et s.

1055 Voir *supra* § 294.

la société. L'inopposabilité est une sanction particulière en droit des obligations, impliquant, contrairement à la nullité, le maintien de l'obligation mais la disparition de tous ses effets à l'égard de la personne qui l'invoque[1056]. Aussi cette solution paraît-elle favorable au créancier car l'acte signé est toujours valable, seuls ses effets étant paralysés à l'égard de la société. En ce sens, l'inopposabilité à l'égard de la société paraît une sanction plus fine que la nullité, aux effets dévastateurs[1057]. Cependant, la sanction textuelle présente, au-delà de l'apparente protection du créancier, beaucoup d'inconvénients qui rendent l'inopposabilité presque incohérente, car d'un mécanisme de protection, on aboutit à un mécanisme qui ne donne pas satisfaction à la personne protégée.

En suivant la logique poursuivie par l'inopposabilité à la société de la garantie, le créancier ne peut plus invoquer l'acte à l'égard de la société, mais pourrait le faire à l'égard du dirigeant gestionnaire, qui demeure le seul signataire de l'acte[1058]. Cette solution présente, *a minima*, un inconvénient pour le créancier car la surface financière du dirigeant qui prétendait engager la société est, en principe, bien moindre que celle de la société. La garantie consentie perd dans ce cas beaucoup de sa force. Mais cet inconvénient économique n'est que le premier constat, une impasse juridique apparaît lorsque la garantie consentie par le dirigeant au nom de la société est un cautionnement.

296. L'inopposabilité juridiquement insatisfaisante. Lorsque la garantie est un cautionnement, le créancier se trouve dans une situation d'impasse. En effet, ce contrat conclu avec le créancier est inopposable avec la société. Or, le Code civil dispose en son article 2292 que « le cautionnement ne se présume point », ce qui signifie que la caution n'est engagée que si elle en a effectivement émis la volonté. Le dirigeant ayant conclu le cautionnement au nom de la société n'a sans doute pas prétendu agir autrement qu'au nom de cette dernière, et n'a donc pas prétendu signer le contrat de cautionnement en son nom propre. Il ne peut donc pas être perçu comme étant une caution du créancier. Ce dernier se retrouve dans une situation fâcheuse, le contrat de cautionnement n'est pas opposable à la société et ne peut engager le dirigeant. Il est partie à un contrat qui ne peut pas être exécuté[1059]. Le cautionnement existe donc juridiquement mais ne peut remplir son rôle de garantie, perdant alors tout intérêt. L'inopposabilité est dans ce cas inadaptée, aboutissant à une

---

[1056] Ph. MALAURIE, L. AYNÈS, Ph. STOFFEL-MUNCK, *op. cit.* note 289, p. 326-327 ; D. BASTIAN, *op. cit.* note 604, p. 334 et s.

[1057] Paul LE CANNU, note sous Cass. com., 11 juillet 1988, *Bulletin Joly sociétés* 1988, p. 666.

[1058] C. PRIETO, *op. cit.* note 11, p. 78.

[1059] *Id.* p. 79. Voir aussi : Philippe SIMLER, « Histoire d'une impasse : la sanction des cautions, avals ou garanties consentis pour le compte des sociétés par actions », dans *Mélanges Dominique SCHMIDT,* précité note 1137, p. 458.

situation d'impasse préjudiciable au seul créancier, pourtant en principe protégé par cette inopposabilité[1060].

Ce constat n'est pas identique pour l'aval, en la présence d'un texte du Code de commerce[1061]. La raison d'être de cette exception propre à la version cambiaire du cautionnement peut être trouvée dans l'un des caractères propres au droit cambiaire : la rigueur de l'exécution de l'effet de commerce et des garanties conférées au porteur[1062]. On sécurise donc le paiement du porteur de la lettre de change avalisée par le dirigeant en dehors du contrôle préalable du conseil d'administration. Dès lors, il est nécessaire de différencier selon que le dirigeant a avalisé au nom de la société sans aucune autorisation du conseil, ou que l'aval dépasse l'autorisation conférée. Dans la première hypothèse, la société ne saurait être engagée, le créancier n'a pour seul garant que le dirigeant, considéré comme avaliste. Dans la seconde hypothèse, la solution à privilégier est celle conférant au créancier deux garants avalistes, la société à hauteur de l'autorisation conférée par le conseil d'administration ou de surveillance et le dirigeant pour la totalité du montant de la lettre de change avalisée[1063].

Si, pour le cautionnement et l'aval, les solutions quant à un éventuel recours du créancier à l'encontre du dirigeant sont clairement fixées par les textes du Code civil ou du Code de commerce, l'incertitude demeure quant à la garantie autonome ou à la lettre d'intention. Il semblerait logique que la solution admise dans le cadre de ces deux sûretés soit la même que celle applicable au cautionnement, en étendant le principe selon lequel « nul ne peut être caution sans le vouloir » à toute garantie personnelle[1064]. Toutefois, en vertu du principe *ubi lex non distinguit*, il serait difficile de ne pas considérer comme étant engagée la personne qui a effectivement apposé sa signature au bas de l'acte en l'absence de tout texte exigeant un *animus prœstandi*[1065].

En dehors de l'aval et des deux sûretés personnelles autonomes s'il est fait application du principe *ubi lex non distinguit*, le créancier se trouve dans une

---

[1060] Raphaëlle MICHA-GOUDET, « Inopposabilité des cautions, avals et garanties irrégulièrement donnés par le président du conseil d'administration : une sanction critiquable », *JCP E* 1998, p. 842.

[1061] Article L. 511-5 du Code de commerce : « Quiconque appose sa signature sur une lettre de change comme représentant d'une personne pour le compte de laquelle elle n'avait pas le pouvoir d'agir, est obligé lui-même en vertu de la lettre (...). Il en est de même du représentant qui a dépassé ses pouvoirs ». Voir aussi : Ph. SIMLER, *op. cit.* note 1059, p. 458.

[1062] Christian GAVALDA, Jean STOUFFLET, *Instrument de paiement et de crédit*, 7ème éd., 2009, Paris, LexisNexis, p. 19.

[1063] Pierre LESCOT, René ROBLOT, *Les effets de commerce*, 1953, Paris, Rousseau éditeurs, p. 170 ; C. GAVALDA, J. STOUFFLET, *op. cit.* note 1062, p. 47.

[1064] En ce sens : Ph. SIMLER, *op. cit.* note 1059, p. 458 ; Anne-Sophie BARTHEZ, Dimitri HOUTCIEFF, *Les sûretés personnelles*, 2010, Paris, L.G.D.J., p. 929 et 1053.

[1065] *Prœsto, stiti, statum, are,* est le terme latin le plus proche de l'acception actuelle de la garantie : Félix GAFFIOT, *Dictionnaire Latin-Français*,Paris, Hachette, 1934, p. 1227.

situation dans laquelle ni la société, ni le dirigeant signataire ne sont engagés. Une dernière solution existe, l'action en responsabilité contre le dirigeant[1066].

297. Le devoir de se renseigner sur les modalités du contrôle *a priori*. Le créancier se trouve donc dans une situation délicate et il s'avère nécessaire qu'il fasse des démarches avant même la signature de l'acte de garantie afin de connaître les modalités de l'autorisation du conseil d'administration ou de surveillance[1067]. De ces démarches dépend l'opposabilité de la garantie qui lui sera consentie. La garantie étant un contrat conclu avec la société, il est possible d'affirmer que le créancier a le devoir de se renseigner sur les modalités du contrôle *a priori* ayant déjà été effectué par le conseil d'administration ou de surveillance, sauf à encourir le risque de voir sa garantie inefficace.

Cette acception peut paraître contradictoire avec la vision contemporaine du droit des obligations, laquelle refuse l'application du principe de droit anglo-américain *emptor debet esse curiosus*[1068]. Cette conclusion doit immédiatement être nuancée, l'ignorance ne produisant pas d'effets qu'à la condition d'être, selon le professeur FABRE-MAGNAN, « légitime »[1069], c'est à dire que le cocontractant ne disposait d'aucun moyen d'accéder à l'information pertinente à la conclusion de son contrat[1070]. Dans le cas d'une garantie consentie par le dirigeant au nom de la société à un créancier, ce dernier peut-il être considéré comme une partie dont l'ignorance des termes de l'autorisation du conseil d'administration ou de surveillance est légitime ? Autrement dit, le créancier dispose-t-il des moyens de connaître ces modalités ?

Le contrôle du conseil d'administration ou de surveillance sous la forme de l'autorisation préalable est, comme toute délibération de ces organes, soumise à l'obligation d'être constatée par procès-verbaux établis sur un registre spécial tenu au siège social[1071]. Toutefois, exiger du créancier une telle démarche informationnelle est excessif, à défaut d'une quelconque mesure de publicité. L'inopposabilité est alors la sanction du manquement du créancier à son devoir de se renseigner.

[1066] Voir sur les difficultés de cette action intentée par un tiers, *infra* § 698 et s.

[1067] J. HÉMARD, F. TERRÉ, P. MABILAT, *op. cit.* note 229, Tome I, p. 822.

[1068] Bien que l'adage semble impliquer une application au seul droit de la vente (l'acheteur se doit d'être curieux), il est généralement accepté que ce principe s'applique plus largement, engendrant un devoir de s'informer de la part des parties. Voir : Ph. MALAURIE, L. AYNÈS, Ph. STOFFEL-MUNCK, *op. cit.* note 289, p. 390. Pour l'acceptation généralisée de ce devoir, voir : Philippe LE TOURNEAU, « De l'allègement de l'obligation de renseignements ou de conseil », *D.* 1987, Chron. p. 101.

[1069] Muriel FABRE-MAGNAN, *De l'obligation d'information dans les contrats – Essai d'une théorie*, préf. Jacques GHESTIN, 1992, Paris, L.G.D.J., p. 201.

[1070] *Id.* Voir aussi : François TERRÉ, Philippe SIMLER, Yves LEQUETTE, *Les obligations*, 11ème éd., Paris, Dalloz, 2013, p. 286.

[1071] Articles R. 225-22 et suivants et R. 225-49 et suivants du Code de commerce.

298. Ces conventions passées par la société, qu'elles le soient avec le dirigeant ou lorsqu'elles ont pour objet de garantir la dette d'un tiers, sont ainsi contrôlées préalablement par le conseil d'administration ou de surveillance dans le but de protéger l'intérêt social. Cet objectif louable ne permet toutefois pas d'occulter les faiblesses que peuvent comporter ces procédures.

§2 Les aménagements aux mécanismes légaux d'autorisation préalable

299. Les procédures prévues par le Code de commerce conférant un rôle de contrôle *a priori* aux conseils, aussi précises soient-elles, ne sont pas totalement satisfaisantes pour remplir leur rôle de préservation de l'intérêt social. Des améliorations peuvent être envisagées et seraient liées aux insuffisances des procédures légales. Elles sont principalement de deux ordres. La première tient à ce que la procédure des conventions réglementées n'appréhende que très imparfaitement la figure du groupe de sociétés, problématique importante pour les sociétés cotées (I). La seconde tient à la procédure *per se*, qui peut appeler à formuler quelques objections (II).

I) L'imperfection des conventions réglementées dans le cadre d'un groupe de sociétés

300. Les conventions réglementées, problématique topique dans la figure des groupes. Lorsque plusieurs sociétés ont des liens capitalistiques, des conventions peuvent être conclues entre elles, afin de faciliter la circulation des ressources et des richesses. Par la consolidation de liens capitalistiques, mais aussi le renforcement de la position de domination d'une société par rapport à toutes les autres, un groupe de sociétés peut se constituer entre ces différentes entités. La problématique de la procédure des conventions réglementées se pose dans ce cas avec d'autant plus d'acuité que les conventions intervenant entre sociétés présentent des risques de conflits d'intérêts importants. En effet, une société mère pourrait profiter de sa situation de domination capitalistique afin d'imposer ses vues aux sociétés filiales cocontractantes. Pour une même convention conclue entre une société mère et sa filiale, trois intérêts peuvent être en situation de conflit, soit l'intérêt de la société filiale, l'intérêt de la société mère et l'intérêt du groupe[1072]. De l'applicabilité de la procédure des conventions réglementées va dépendre une partie du contrôle préventif de la gestion des sociétés dans le cadre d'un

---

[1072] Cette notion d'intérêt de groupe est, à l'origine, apparue dans le cadre d'un arrêt rendu par la chambre criminelle de la Cour de cassation, l'arrêt « Rozenblum » : Cass. crim., 4 février 1985, *D.* 1985, p. 478, note Daniel OHL ; *Revue des sociétés* 1985, p. 6448, note Bernard BOULOC ; *JCP G* 1986, II, 20585, note Wilfried JEANDIDIER. Cette notion existe aussi dans le cadre de l'expertise de gestion, car l'article L. 225-231 du Code de commerce mentionne que lorsque l'expertise vise la société contrôlée, « la demande doit être appréciée au regard de l'intérêt du groupe ».

groupe. Il convient alors de déterminer en quoi cela participe du contrôle de la gestion des sociétés cotées.

301. Les conventions réglementées dans le groupe de sociétés, thème fréquent des sociétés cotées. Si certaines sociétés cotées ne font pas partie de groupes de sociétés, il doit être précisé que cette situation est exceptionnelle, et qu'il est bien plus fréquent de caractériser un lien entre les notions de groupe de sociétés et de sociétés cotées. Les deux notions sont effectivement liées en ce que la plupart des groupes importants de sociétés comportent au moins une société cotée, que celle-ci soit la holding ou une des sociétés contrôlées[1073]. Si les conventions réglementées dans la figure du groupe ne sont pas des questions propres aux sociétés cotées, elles s'intègrent – en raison du nombre et de l'importance des groupes comprenant des sociétés dont les actions sont admises aux négociations sur un marché réglementé – parfaitement dans la problématique du contrôle de la gestion de ce type de sociétés.

302. Une incompatibilité originelle avec la figure du groupe. La procédure des conventions réglementées, telle qu'elle a été imaginée par le législateur à l'origine, ne concernait que les conventions conclues dans une société, hors de toute hypothèse de groupe de sociétés. Il aura fallu attendre la loi nouvelles régulations économiques du 15 mai 2001 afin que cette figure soit visée. Le texte, introduit aux articles L. 225-38 et L. 225-86 du Code de commerce, dispose ainsi que la procédure des conventions réglementées s'applique pour une convention conclue entre une entreprise et une société contrôlant au sens de l'article L. 233-3 du Code de commerce l'actionnaire personne morale de l'entreprise détenant 10 % de ses droits de vote[1074]. La portée de cette appréhension de la figure du groupe doit être précisée, afin de considérer le champ d'application des conventions réglementées au sein du groupe de sociétés.

303. La portée réduite de l'article L. 225-38 alinéa 1 *in fine* du Code de commerce. Dès la formulation de cette disposition, une question est

---

[1073] Voir en ce sens, pour une étude de la situation belge, mais pouvant être transposée en France : Eddy WYMERRSCH, « Comment le droit pourrait aborder certains groupes de sociétés », dans *Mélanges offerts à Pierre VAN OMMESLAGHE*, Bruxelles, Bruylant, 2000, p. 703, spéc. § 5 et 8.

[1074] Les articles disposent : « Toute convention intervenant directement ou par personne interposée entre la société et (…) un actionnaire disposant d'une fraction des droits de vote supérieur à 10% ou (…) la société [contrôlant cet actionnaire personne morale] au sens de l'article L. 233-3 doit être soumise à l'autorisation préalable du conseil de surveillance ». Ils ont pu donner lieu à une autre interprétation, selon laquelle était visée la situation dans laquelle la convention visée serait conclue entre la société et un actionnaire qui détiendrait la condition légale des droits de vote par l'entremise de la société le contrôlant. Cette interprétation est rejetée par les auteurs, qui considèrent qu'elle « confine la règle au cas où [le cocontractant et la société qui le contrôle] sont toutes deux actionnaires de la société de référence ». Voir : Paul LE CANNU, « Les conventions réglementées après la loi n° 2001-420 du 15 mai 2001 », *Bulletin Joly sociétés* 2001, p. 720, spéc. § 10 ; P. LE CANNU, B. DONDERO, *op. cit.* note 268, p. 503.

apparue, celle de l'extensivité de l'application du contrôle dans le groupe. La rédaction de la fin du paragraphe premier de l'article L. 225-38 du Code de commerce semble faire apparaître, selon une structure verticale, trois sociétés[1075], mais ce cas est-il le seul appréhendé, ou laisse-t-il une marge d'appréciation, pouvant permettre de viser, par exemple, une convention entre une société mère et son arrière-petite fille[1076] ? Cette question a reçu deux réponses différentes.

Les tenants d'une analyse extensive de l'article L. 225-38 du Code de commerce, et partant de l'élargissement de la procédure des conventions réglementées à toutes les conventions pouvant être qualifiées de verticales[1077], puisent leurs arguments dans la genèse de la norme comme dans le renvoi qu'elle opère. Tout d'abord, la loi nouvelles régulations économiques a explicitement pour objectif de lutter contre les situations de conflit d'intérêts et d'éviter que les règles y remédiant soient trop aisément contournées[1078]. En effet, à considérer une lecture étroite, ne seraient soumises au respect de la procédure des conventions réglementées que les conventions conclues entre une société mère et sa sous filiale. Au-delà, la procédure ne s'appliquerait pas. Aussi serait-il aisé pour une société mère de créer une nouvelle filiale par apport partiel d'actif, dans laquelle elle serait actionnaire unique, afin d'éviter l'application de la procédure décrite à l'article L. 225-38 du Code de commerce. La création d'une société unipersonnelle par la société mère, rajoutant un échelon à la structure du groupe, ne devrait pas – au regard de l'objectif de la loi nouvelles régulations économiques – être un motif permettant à lui seul d'écarter la procédure des conventions réglementées.

Ensuite, l'article L. 225-38 du Code de commerce renvoie, à la fin de son premier alinéa, à l'article L. 233-3 du Code de commerce, ce qui peut aussi être considéré comme un motif à la conception extensive des conventions réglementées. En effet, le contrôle mentionné à l'article L. 233-3 du Code de commerce est une notion extensive alors que cet article donne des

---

1075 La société de référence, celle qui en détient au moins un dixième des droits de vote, et celle qui contrôle au sens de l'article L. 233-3 du Code de commerce la précédente et qui conclut avec la société de référence.

1076 Cette question est qualifiée, par certains membres de la doctrine, comme « une des questions les plus redoutables » : P. LE CANNU, B. DONDERO, *op. cit.* note 268, p. 503.

1077 Car mettant en relation une société mère et une société directement ou indirectement détenue.

1078 P. LE CANNU, *op. cit.* note 1074.

hypothèses[1079] et une présomption de contrôle[1080]. Or, parmi ces hypothèses de contrôle, figure la détention indirecte d'une fraction du capital lui conférant la majorité des droits de vote dans les assemblées générales, situation qui peut désigner le contrôle par le biais d'une autre société. Il serait donc possible d'affirmer qu'au sens de l'article L. 233-3 du Code de commerce, une société mère contrôle indirectement une sous-filiale, par l'intermédiaire de sa filiale. Appliquée aux conventions réglementées, cette définition du contrôle pourrait signifier que la procédure de l'article L. 225-38 du Code de commerce serait applicable à une convention conclue entre une société de référence et une autre qui détient indirectement, par le biais de sa filiale, une société actionnaire à hauteur de 10% des droits de vote de la société de référence. La procédure s'appliquerait alors, par le renvoi à l'article L. 233-3 du Code de commerce, aux conventions conclues entre une société mère et son arrière-petite fille. Ce renvoi semble grandement étendre le domaine du champ d'application des conventions réglementées dans le cadre des groupes de sociétés[1081].

Cette analyse extensive de l'article L. 225-38 du Code de commerce souffre toutefois d'une faiblesse qui doit mener à son rejet. En effet, adopter une telle position reviendrait, potentiellement, à soumettre à la procédure des conventions réglementées toute convention à dimension verticale, entre une société mère et une filiale, sous filiale, *etc.* Cette extension serait quasi illimitée, dès lors que les deux sociétés contractantes ont des liens capitalistiques et de droit de vote entre elles. C'est alors qu'il convient de rappeler que la procédure des conventions réglementées consiste en l'exigence d'une autorisation préalable des conventions, représentant clairement une limite à la liberté contractuelle des parties[1082]. En tant qu'exception à un

---

[1079] Article L. 233-3 I du Code de commerce : « Une société est considérée, pour l'application des sections 2 et 4 du présent chapitre, comme en contrôlant une autre : 1° Lorsqu'elle détient directement ou indirectement une fraction du capital lui conférant la majorité des droits de vote dans les assemblées générales de cette société ; 2° Lorsqu'elle dispose seule de la majorité des droits de vote dans cette société en vertu d'un accord conclu avec d'autres associés ou actionnaires et qui n'est pas contraire à l'intérêt de la société ; 3° Lorsqu'elle détermine en fait, par les droits de vote dont elle dispose, les décisions dans les assemblées générales de cette société ; 4° Lorsqu'elle est associée ou actionnaire de cette société et dispose du pouvoir de nommer ou de révoquer la majorité des membres des organes d'administration, de direction ou de surveillance de cette société ».

[1080] Article L. 233-3 II du Code de commerce : « Elle est présumée exercer ce contrôle lorsqu'elle dispose directement ou indirectement, d'une fraction des droits de vote supérieure à 40 % et qu'aucun autre associé ou actionnaire ne détient directement ou indirectement une fraction supérieure à la sienne ».

[1081] Jean-Jacques UETTWILLER, Didier KLING, Pierre BEZARD, Jean-Jacques CAUSSAIN, Philippe MARINI, Yves CHAPUT, « Les conventions réglementées après la loi N.R.E. du 15 mai 2001 : vers un accroissement des responsabilités ? », *Les petites affiches* 8 août 2002, p. 3. Les auteurs soulignent les risques liés par ailleurs à la notion de contrôle de concert, qui permettrait d'accepter plusieurs sociétés contrôlantes, et partant d'accroître le domaine des conventions réglementées.

[1082] *Id.*

principe général, son interprétation devrait être restrictive[1083], ce qui signifie que la procédure des conventions réglementées ne peut appréhender, *a maxima*, que les opérations contractuelles intervenues entre une société mère et sa sous filiale[1084]. Il apparait donc que l'article L. 225-38 du Code de commerce ne peut appréhender toutes les situations dans le cadre d'un groupe de sociétés.

304. L'hypothèse des conventions entre sociétés sœurs. La procédure des conventions réglementées, parce qu'elle ne considère la figure du groupe que dans une dimension hiérarchique et partant verticale[1085], ne s'applique en aucun cas aux conventions conclues entre deux sociétés sœurs, c'est-à-dire contrôlées par la même société. Une telle hypothèse, que l'on peut qualifier d'horizontale, n'est pas mentionnée par l'article L. 225-38 du Code de commerce[1086], ce qui pourrait justifier une totale liberté dans la conclusion de telles conventions. Toutefois, une telle affirmation semble trop rapidement faire fi de la situation du groupe, alors que les deux sociétés contractantes n'ont pas de dirigeants communs, mais le même actionnaire de référence. Une incertitude sur ce cas de figure apparaît alors[1087], qu'il convient de tenter de dissiper.

Il serait possible de considérer que les conventions conclues entre sociétés sœurs doivent être soumises à la procédure des conventions réglementées. Pour ce faire, la notion d'intérêt indirect devrait être employée. En effet, peut-on réellement considérer que la société contrôlant les deux sociétés contractantes est étrangère à la conclusion de l'acte ? Par ailleurs, celle-ci ne retirerait-elle pas un avantage de la conclusion de la convention à laquelle elle n'est pas partie ? Il semble que dans certains cas, la conclusion de conventions entre deux sociétés contrôlées par la même société peut profiter à cette

---

1083 P. LE CANNU, *op. cit.* note 1074. Voir aussi : Bernard CAILLAUD, « Loi NRE et société par actions : Les conventions conclues entre une société anonyme et une société contrôlant une société actionnaire détenant plus de 5% des droits de vote de la société anonyme », *JCP E* 2002, 272.

1084 J.-J. UETTWILLER, D. KLING, P. BEZARD, J.-J. CAUSSAIN, Ph. MARINI, Y. CHAPUT, *op. cit.* note 1081.

1085 Cette dimension hiérarchique peut être retrouvée dans une définition proposée du groupe : « on définit généralement le groupe de sociétés comme un ensemble d'entreprises, juridiquement distinctes, et qui obéissent à un centre de décision unique » : Charley HANNOUN, *Le droit et les groupes de sociétés*, préf. Antoine LYON-CAEN, Paris, L.G.D.J. 1991, p. 112. Un autre auteur considère par ailleurs que la hiérarchie entre les sociétés groupées représente l'un des trois critères de l'existence d'un groupe de sociétés : Claude CHAMPAUD, « Les méthodes de groupement des sociétés », *RTD Com.* 1967, p. 1003, spéc. § 8.

1086 Une nuance doit être apportée, car la situation considérée est celle dans laquelle les deux sociétés sœurs n'ont aucun dirigeant commun. Dans le cas contraire, la procédure des conventions réglementées a vocation à s'appliquer, par le jeu de l'article L. 225-38 dernier alinéa du Code de commerce : Catherine MALECKI, « Les retouches apportées au régime des conventions par le projet de loi de sécurité financière », *D.* 2003, p. 1350, spéc. § 21.

1087 Voir, pour la description de cette incertitude : J.-J. UETTWILLER, D. KLING, P. BEZARD, J.-J. CAUSSAIN, Ph. MARINI, Y. CHAPUT, *op. cit.* note 1081.

dernière. Ce pourrait être le cas lorsque la société contrôlant les deux sociétés ne détient pas la même proportion d'actions ou de droits de votes des deux sociétés contractantes et que la convention profite à la société dans laquelle la société mère détient le plus de titres ou de droits de vote. L'intérêt indirect s'appréciant au regard de la convention conclue[1088], cette position nécessiterait de considérer l'objet de chaque convention conclue entre deux sociétés sœurs mais aussi la structure du groupe afin de déterminer si la convention doit être soumise à la procédure des conventions réglementées. Il conviendrait donc, en cas de constatation d'un intérêt indirect de la société mère dans la conclusion de la convention, de faire respecter la procédure des conventions réglementées dans les deux sociétés contractantes, mais en aucun cas dans la société mère, qui ne serait qu'un tiers à la convention.

Dans ce cas de figure, les conventions conclues entre sociétés sœurs dans un groupe de société devraient donner lieu, avant même qu'elles soient conclues, à une appréciation *in concreto*, afin de déterminer si le conseil d'administration ou de surveillance des deux sociétés contractantes doit être saisi. Un travail d'appréciation *ex ante* devrait être mené au sein des deux conseils d'administration afin d'évaluer la conformité de la convention aux articles L. 225-38 et suivants du Code de commerce, ce qui représente un mécanisme risqué. En effet, en cas de mauvaise appréciation de la part des conseils, la convention non présentée au conseil d'administration ou de surveillance peut encourir la nullité, si celle-ci emporte des conséquences négatives pour une société[1089]. De ce fait, admettre que les conventions entre sociétés sœurs puissent être soumises au contrôle des conventions réglementées par le biais de l'intérêt indirect de leur société mère commune peut être source de nombreuses contestations jurisprudentielles, sauf à fixer un standard clair d'intérêt indirect dans le cadre des groupes. En effet, en l'absence d'une telle décision, les juges en seraient réduits à analyser l'objet de la convention et ses enjeux, afin de déterminer si la société mère commune en retire un intérêt quelconque pour appliquer la procédure des conventions réglementées. De ce fait, le juge opérerait un contrôle de la décision au regard du groupe et non plus au regard des sociétés concernées.

Pour contrecarrer cette intrusion jurisprudentielle, les deux sociétés sœurs pourraient systématiquement soumettre les conventions conclues à la procédure des conventions réglementées, avec l'objectif préventif d'éviter toute contestation judiciaire. Cette solution aurait toutefois l'inconvénient d'appliquer par souci de sécurité le régime des conventions réglementées à des conventions qui n'auraient peut-être pas dû l'être[1090]. Cette situation tend à prouver l'inadaptation de la procédure des conventions réglementées avec la

---

[1088] P. LE CANNU, B. DONDERO, *op. cit.* note 268, p. 504.
[1089] Article L. 225-42 du Code de commerce.
[1090] Ce peut être le cas d'une convention entre deux sociétés sœurs qui ne bénéficie en aucune façon à leur actionnaire commun.

figure du groupe de sociétés. Un autre exemple peut conforter cette conclusion.

305. Les conventions intragroupes non appréhendées : les conventions de trésorerie. Les procédures des conventions réglementées ne peuvent appréhender toutes les conventions intervenant entre la société et un de ses dirigeants, ou entre sociétés ayant des dirigeants communs. Aussi trouve-t-on une exception légale à l'application de la procédure des conventions réglementées lorsque la convention est qualifiée de courante et qu'elle est conclue à des conditions normales[1091]. Cette exception prend une mesure toute particulière dans le cadre des groupes de sociétés, paralysant *de facto* la possibilité de contrôle *a priori* du conseil d'administration ou de surveillance.

Il est en effet des conventions qui sont appréhendées par la procédure des conventions réglementées si la société contracte avec un *penitus extranei*[1092], mais qui ne le sont plus si les parties appartiennent au même groupe de sociétés ou ont des liens capitalistiques. Tel est le cas des conventions de trésorerie, par lesquelles une société – généralement la société mère – se voit conférer la tâche de collecter les fonds de ses filiales, afin de les mutualiser et de les mettre à la disposition d'une ou plusieurs sociétés du groupe. Cette pratique, qui s'assimile à une activité de banque[1093], relevant en principe du monopole bancaire[1094], est légalement autorisée lorsque les sociétés ont directement ou indirectement des liens capitalistiques entre elles, de telle façon qu'un des participants à ce pool de trésorerie a un pouvoir de contrôle effectif sur les autres[1095]. Ce type de convention était considéré par l'une des doctrines les plus autorisées comme une convention courante et conclue à des conditions normales, à la condition que les taux pratiqués par le pivot de la convention ne soient pas supérieurs à ceux des établissements bancaires[1096]. Cela a d'ailleurs été rapidement confirmé par la Cour d'appel de Versailles à propos d'un litige relatif à la liquidation judiciaire d'une société spécialisée dans la distribution de produits alimentaires[1097].

1091 Article L. 225-39 du Code de commerce.

1092 Pour autant que les conditions soient respectées.

1093 Selon l'article L. 311-1 du Code monétaire et financier : « Les opérations de banque comprennent la réception de fonds du public, les opérations de crédit, ainsi que les services bancaires de paiement ». La convention de crédit couple la réception des fonds des sociétés parties à l'opération, mais aussi les opérations de crédit par le biais de la redistribution de ces fonds.

1094 Article L. 511-1 et L. 511-5 du Code monétaire et financier.

1095 Article L. 511-7 3° du Code monétaire et financier.

1096 ASSOCIATION NATIONALE DES SOCIETES PAR ACTIONS, « Prêts intra-groupes – centrales de trésorerie et conventions réglementées », *Dossiers* n° 3014, septembre-novembre 1999.

1097 Versailles, 2 avril 2002, *D.* 2002, Somm. 3266 obs. Jean-Claude HALLOUIN ; *JCP E* 2002, p. 1627 note Alain COURET et p. 1815 obs. Jean-Jacques CAUSSAIN ; *Bulletin Joly sociétés* 2002, p. 923, note Hervé LE NABASQUE ; *Droit des sociétés* 2002 n° 221, note François-Xavier LUCAS ; *RTD Com.* 2003, p. 111, obs. Claude CHAMPAUD, Didier DANET.

Dans cet arrêt, les juges de renvoi ont considéré que la convention de trésorerie n'avait pas été conclue à des conditions anormales et qu'un tel type de conventions ne revêtait aucun caractère inhabituel dans le cadre d'un groupe de sociétés, alors même que la convention n'avait pas favorisé le redressement de la société filiale, finalement placée en liquidation judiciaire. Cette décision illustre tout particulièrement l'une des faiblesses de la procédure des conventions réglementées dans l'hypothèse du groupe de sociétés. Prévue pour préserver l'intérêt d'une société, cette procédure n'est plus autant efficace dans le cadre d'un groupe, car va primer l'intérêt de ce dernier. D'ailleurs, dans l'hypothèse des pools de trésorerie, la procédure des conventions réglementées ne trouvera pas à s'appliquer, ce qui signifie que le conseil d'une société prêteuse n'aura pas à se prononcer sur la conformité à l'intérêt social d'une telle opération.

Dès lors, ne peut-on pas souhaiter l'apparition d'une procédure spéciale pour le cadre du groupe ? Il semblerait à la lecture de cet arrêt que la figure du groupe représente une exception non souhaitable à la procédure des conventions réglementées, devant entraîner une refonte de cette procédure dans l'hypothèse de participations capitalistiques entre les cocontractants. S'il est clair que le droit des groupes de sociétés doit être introduit plus clairement dans le corpus législatif[1098], il semble toutefois excessif d'introduire intégralement une procédure propre aux groupes. Quelques retouches seraient donc souhaitables.

II) Les aménagements à la procédure des conventions réglementées

306. La composition de l'organe approbateur comme frein du contrôle effectif. L'illustration des difficultés liées aux conventions réglementées dans le cadre du groupe de sociétés permet d'identifier une autre limite, qui a par ailleurs déjà été rencontrée dans le cadre de la rémunération des dirigeants. Il s'agit de celle de l'influence de la composition du conseil d'administration ou de surveillance sur l'exercice effectif de son pouvoir de contrôle *ex ante*. Les administrateurs ou les membres du conseil de surveillance peuvent avoir avec les bénéficiaires des conventions réglementées des liens tels qu'il est possible de douter de leur capacité à faire primer l'intérêt social. Au regard du nombre de cocontractants appréhendés par la procédure des conventions réglementées, il semble hautement improbable de supprimer le droit de vote des administrateurs liés aux bénéficiaires des conventions, sauf à créer une importante insécurité et un risque accru de remise en cause des délibérations du conseil d'administration ou de surveillance. La notion de lien étant particulièrement large, il semble envisageable qu'un actionnaire conteste et

[1098] H. LE NABASQUE, *op. cit.* note 1097, p. 924.

demande l'annulation de la délibération du conseil alors qu'un membre présente des liens indirects avec le bénéficiaire.

Il est ainsi impossible de supprimer le droit de vote, mais il n'est pas concevable de ne pas informer la société des liens entre administrateurs ou membres du conseil de surveillance et le bénéficiaire de la convention. Dès lors, ne pourrait-on pas imaginer que les membres des conseils remplissent une déclaration d'intérêts ? Par cette déclaration, ils identifieraient avant chaque délibération les éventuels liens entre eux et les bénéficiaires des conventions devant être approuvées. Cette déclaration permettrait ainsi de ne pas supprimer le droit de vote d'une partie du conseil.

La difficulté résulte toutefois de la normativité et des sanctions attachées à cette déclaration d'intérêts. Il semblerait raisonnable que celle-ci soit purement déclarative, afin d'assurer la transparence de l'information, mais aussi logique d'annexer ces déclarations à la délibération du conseil approuvant préalablement la convention. Le défaut de déclaration d'intérêts n'entraînerait pas la nullité de la délibération subséquente, mais serait de nature à entraîner la mise en jeu de la responsabilité civile de l'administrateur ou du membre du conseil de surveillance. Cette proposition est intéressante en ce qu'elle améliore la transparence des rapports entre les membres des sociétés cotées, mais un autre point mérite d'être aussi clarifié, celui de la sanction de la méconnaissance des procédures des conventions réglementées et des cautions, avals et garanties.

307. Un régime de sanction pouvant être optimisé. Les conventions réglementées conclues sans saisine ou autorisation du conseil d'administration ou de surveillance sont annulables à la condition d'emporter des conséquences néfastes pour la société, tandis que les cautions, avals et garanties méconnaissant les termes de l'autorisation peuvent être inopposables à la société. Un courant assez important de la doctrine, après avoir dressé une liste exhaustive des faiblesses des sanctions, principalement de celle des cautions, avals et garanties consentis par la société[1099], appelle de ses vœux l'avènement d'une nouvelle sanction, la nullité relative.

La nullité relative semble une solution adaptée à la violation des procédures légalement prévues. Il est communément considéré que le dirigeant gestionnaire qui engage la société sans l'approbation préalable du conseil agit en ne respectant pas les pouvoirs tels qu'ils sont légalement répartis. Son attitude peut être qualifiée de défaut de pouvoirs ou de dépassement de pouvoirs. Or, la sanction communément retenue pour un acte conclu en vertu d'un défaut de pouvoir est la nullité relative[1100]. Outre cette justification de droit civil, un argument technique figurant dans le Code de commerce peut être avancé. En effet, l'article L. 235-1 alinéa 2 du Code de

---

[1099] Voir § 296.

[1100] Ph. MALAURIE, L. AYNÈS, Ph. STOFFEL-MUNCK, *op. cit.* note 289, p. 333-335 ; Ph. SIMLER, *op. cit.* note 1059, p. 452 ; C. PRIETO, *op. cit.* note 11, p. 80.

commerce dispose que la nullité des actes ou délibérations qui ne modifient pas les statuts ne peut résulter que de la violation d'une disposition impérative du livre II du Code de commerce. Or, les règles de répartition des pouvoirs au sein de la société, même si elles posent une exception, peuvent être considérées comme étant impératives. La violation de cette répartition, équivalant à un acte pris par le dirigeant sans respecter l'autorisation du conseil d'administration ou de surveillance, serait ainsi sanctionnée par la nullité[1101].

Il semblerait logique, pour sécuriser la mise en jeu de la nullité relative, de ne la soumettre à aucune condition spéciale. Cette nullité serait une sanction favorable à l'intérêt de la société, qui se trouverait libérée des liens contractuels qui lui ont été imposés sans respecter les pouvoirs. Cette solution pourrait toutefois être préjudiciable au cocontractant de la société, qui serait démuni de tout lien d'obligation. Cette conséquence fâcheuse peut toutefois être évitée par une des options ouvertes par la nullité relative, la confirmation.

La confirmation de la nullité relative signifie que la convention potentiellement annulable ne sera pas annulée, car le débiteur écarte volontairement la possibilité d'invoquer la sanction de l'acte[1102]. Cette possibilité de confirmer soulève toutefois une question importante : s'il est logique d'affirmer que la société dispose de la possibilité de confirmer une convention nulle, quel organe disposerait d'un tel pouvoir ? La confirmation étant un acte d'une particulière gravité en ce qu'il fait peser sur la société des conséquences importantes[1103], il n'est pas concevable que le directeur général puisse seul décider d'un tel acte. Cette affirmation vaut, *a fortiori*, dans le cas des cautions, avals et garanties, en ce que le directeur général ne saurait confirmer seul la convention, alors que c'est par son fait que la convention n'est pas valable. La confirmation ne peut donc être effectuée que collégialement, soit par le biais du conseil ou de l'assemblée générale. Par ailleurs, la seconde possibilité de confirmation offerte par le Code civil, à savoir l'exécution volontaire de l'acte susceptible d'être annulé[1104], est hautement inenvisageable. En effet, comment exécuter volontairement un acte qui n'a, potentiellement, pas vocation à être exécuté ? Le cautionnement étant un contrat dont l'exécution est doublement conditionnée à la défaillance du débiteur principal et à la demande de la part du créancier, la caution ne peut exécuter le cautionnement de son propre fait[1105]. La seconde possibilité de confirmation doit, dès lors, être écartée.

[1101] J.-P. LANGLADE, *op. cit.* note 1048, p. 380.

[1102] Article 1338 du Code civil.

[1103] Car elle entraîne l'application d'une convention qui ne devrait pas l'être.

[1104] Article 1182 alinéa 3 du Code civil.

[1105] Le raisonnement est analogue pour les deux autres sûretés personnelles, bien que non accessoires. L'engagement du garant dans le cadre de la garantie autonome et de la lettre d'intention est subordonnée à la demande du créancier, et le garant n'a pas à exécuter son obligation avant.

308. Les organes de confirmation. Il serait logique de faire confirmer la nullité de la convention par le conseil d'administration ou de surveillance, organe dont la compétence a justement été écartée par le dirigeant gestionnaire qui a conclu la convention sans autorisation. Plusieurs difficultés apparaissent toutefois. La première est le fait que le dirigeant gestionnaire pourrait, s'il siège au conseil, participer au vote relatif à la confirmation. Cette objection ne soulève toutefois pas beaucoup de difficultés si, avec l'introduction de cette nullité relative et de la confirmation dans le Code de commerce, il est prévu une suppression du vote de la personne intéressée, selon un mécanisme proche de celui existant déjà dans les conventions réglementées. La seconde difficulté est plus difficilement surmontable et tient à des facteurs plus psychologiques que légaux. Faire voter le conseil d'administration ou de surveillance sur la confirmation de l'acte potentiellement nul, c'est demander à cet organe de voter à propos d'un acte qui a été conclu en le court-circuitant. Alors que cette décision devrait être prise en considération du seul intérêt social, il n'est pas impossible que les membres du conseil d'administration ou de surveillance fassent primer une éventuelle rancœur due au fait de ne pas avoir été consultés. Conférer un tel pouvoir au conseil conduit alors à mettre en péril la possibilité d'une confirmation dans le seul intérêt social.

L'assemblée générale deviendrait le seul organe dont la compétence ne soulèverait aucune objection, sauf celles relatives aux modalités de l'exercice de cette confirmation. En effet, il serait nécessaire de convoquer l'assemblée générale ordinaire[1106] afin qu'elle se saisisse au plus tôt de la question, avant que la convention soit exécutée. Cette dernière condition est essentielle, car l'exécution de la convention purge la possibilité pour le débiteur de se décider effectivement sur l'opportunité de confirmer la convention[1107]. Cette possibilité, qui ne peut être introduite que par le biais d'une réforme législative, conférerait ainsi à l'assemblée générale ordinaire un nouveau pouvoir, celui de contrôleur *a priori* des opérations de gestion. Toutefois, la première étape de la réforme de la procédure des conventions réglementées est à l'initiative de l'Autorité des marchés financiers, qui a entendu pallier quelques imperfections qui apparaissaient au fil de la pratique.

309. Les propositions de l'Autorité des marchés financiers reprises par le Parlement. Le 2 juillet 2012, l'Autorité des marchés financiers a publié un rapport sur les assemblées générales d'actionnaires de sociétés cotées[1108], appréhendant le régime des conventions réglementées. Parmi plusieurs

---

1106 L'article L. 225-96 du Code de commerce confère à l'assemblée générale extraordinaire une compétence limite à la modification des statuts. Hors de ces délibérations, l'assemblée générale ordinaire est compétente, selon l'article L. 225-97 du même Code.

1107 Article 1182 du Code civil, alinéas 3 et 4 : « L'exécution volontaire du contrat, en connaissance de la cause de nullité, vaut confirmation. (…) La confirmation emporte renonciation aux moyens et exceptions qui pouvaient être opposés, sans préjudice néanmoins des droits des tiers ».

1108 Précité note 1019.

propositions, deux intéressaient principalement la figure du groupe de sociétés, qui ont été par ailleurs reprises *in extenso* dans un projet de loi d'habilitation adopté à l'Assemblée Nationale le 1er octobre 2013 et transmis au Sénat le lendemain[1109] qui a abouti, à la suite des débats parlementaires à une loi d'habilitation du 2 janvier 2014[1110], ayant servi de fondement à l'ordonnance du 31 juillet 2014[1111].

310. L'exclusion des conventions conclues entre une société cotée et sa filiale à 100 %. La première mesure vise à exclure les conventions conclues « entre deux sociétés dont l'une détient, directement ou indirectement, la totalité du capital de l'autre (...) » [1112] du champ d'application des conventions réglementées.

La justification formulée par l'Autorité des marchés financiers à l'appui de sa proposition de 2012, c'est-à-dire l'absence de conflit d'intérêts pour la société contrôlée intégralement[1113], étonne en partie. En effet, l'autorité administrative considère que ces conventions ne sont pas, en l'état du droit positif, soumises à l'autorisation préalable du conseil d'administration ou de surveillance[1114]. Or, une société qui détient intégralement une autre semble aussi avoir en sa possession plus d'un dixième des droits de vote de la société avec laquelle elle conclut une convention, ce qui la soumet *de jure* à la procédure du contrôle des conventions réglementées[1115].

Cette proposition de l'autorité de marché quelque peu amendée par les rédacteurs de l'ordonnance doit toutefois être saluée, car elle écarte du champ des conventions réglementées certaines conventions conclues verticalement au sein du groupe et fait preuve du respect de l'objectif de simplification figurant dans l'intitulé même de la loi d'habilitation. Une observation sur une innovation introduite par l'ordonnance du 31 juillet 2014 doit toutefois être

---

1109 Article 3 1° du *Projet de loi d'habilitation n° 28 à prendre par ordonnance diverses mesures de simplification et de sécurisation de la vie des entreprises*, 2 octobre 2013.

1110 Loi n° 2014-1 du 2 janvier 2014 habilitant le Gouvernement à simplifier et sécuriser la vie des entreprises, *JORF* du 3 janvier 2014, p. 50.

1111 Précitée note 1017.

1112 Articles L. 225-39 et L. 225-87 du Code de commerce ; AUTORITE DES MARCHES FINANCIERS, *op. cit.* note 1019, proposition n° 21, p. 35.

1113 Des auteurs mettent en doute cette conception : « Il (...) semble toutefois que l'absence d'actionnaires minoritaires dans cette configuration ne saurait suffire à exclure par construction la mise en œuvre de la procédure des conventions réglementées sauf à omettre ce point important que la société filiale est dotée d'une personnalité et d'un intérêt propres qui ne se confondent pas, fort heureusement, avec ceux de la société mère et à ignorer que ladite procédure n'a pas seulement pour vocation à protéger les intérêts des actionnaires minoritaires ». Voir : Stéphane TORCK, « Commentaire du rapport *Poupart-Lafarge* sur les assemblées générales d'actionnaires de sociétés cotées », *Bulletin Joly bourse* 2012, p. 222. Voir aussi : B. DONDERO, *op. cit.* note 1020, spéc. § 9.

1114 AUTORITE DES MARCHES FINANCIERS, *op. cit.* note 1019, p. 35.

1115 Voir aussi en ce sens : Dominique SCHMIDT, « Conventions réglementées : commentaire du rapport du groupe de travail de l'AMF sur les assemblées générales d'actionnaires de sociétés cotées », *Revue des sociétés* 2012, p. 139, spéc. § 17.

formulée. Après avoir affirmé que les conventions entre une société mère et sa filiale contrôlée intégralement échappent à la procédure des conventions réglementées, les articles L. 225-39 et L. 225-87 du Code de commerce disposent que cette exception peut être étendue aux conventions conclues entre deux sociétés dont l'une détient intégralement le capital de l'autre « le cas échéant déduction faite du nombre minimum d'actions requis pour satisfaire aux exigences de l'article 1832 du Code civil ou des articles L. 225-1 et L. 226-1 du [Code de commerce] »[1116]. Il existe donc un aménagement à cette réduction du domaine des conventions réglementées, afin de se mettre en conformité avec les règles exigeant que certaines sociétés soient pluripersonnelles. On comprend alors que la « déduction » mentionnée aux articles L. 225-39 et L. 225-87 du Code de commerce ne peut viser qu'un faible nombre de titres, mettant la société mère en situation de contrôle quasi-intégral de sa filiale. Une question apparaît alors à propos de l'interprétation de cette exception à la procédure des conventions réglementées quant à la tolérance du nombre d'actions à retrancher, pour le moment inconnue[1117]... Quelques dixièmes de points de pourcentage, c'est-à-dire une faible proportion du capital, est évidemment une tolérance acceptable, mais pourrait-ce être le cas de plusieurs points de pourcentage ? En d'autres termes, une convention entre deux sociétés dont l'une détient 97 ou 98 % du capital pourrait-elle échapper à la procédure des conventions réglementées ? À la lettre des articles L. 225-39 et L. 225-87 du Code de commerce, cela serait envisageable, à la condition de prouver que les quelques points de pourcentage non détenus par la société mère répondent à l'impératif de mise en conformité aux exigences « de l'article 1832 du Code civil ou des articles L. 225-1 et L. 226-1 » du Code de commerce. Cette première mesure, qui vise à simplifier le régime des conventions réglementées dans la figure de groupe, laisse malheureusement place à une interprétation casuistique et est complétée par une seconde.

311. L'appréhension partielle des conventions conclues entre le dirigeant de la société mère et une filiale. Le rapport de l'Autorité des marchés financiers, la loi d'habilitation, puis l'ordonnance du 31 juillet 2014 visent en outre les conventions conclues entre un dirigeant d'une société avec une société filiale[1118]. Cette pratique, qui n'est pas appréhendée par l'article

---

[1116] Articles L. 225-39 et L. 225-87 *in fine* du Code de commerce.

[1117] M. ROUSSILLE, *op. cit.* note 1018.

[1118] Article L. 225-37-3 *in fine* du Code de commerce ; AUTORITE DES MARCHES FINANCIERS, *op. cit.* note 1019, proposition n° 23 ; *Projet de loi d'habilitation à prendre par voie d'ordonnance diverses mesures de simplification et de sécurisation de la vie des entreprises*, précité note 1109.

L. 225-38 du Code de commerce[1119], peut être source de conflit d'intérêts car un dirigeant peut bénéficier de son statut au sein de la société mère pour bénéficier d'avantages qu'il n'aurait sans doute pas obtenus autrement dans la filiale. À titre d'exemple, cette convention a été utilisée par certains administrateurs ou directeurs généraux afin d'obtenir des éléments de rémunération sans que les actionnaires de la société mère en soient avertis[1120]. Il convient alors de préserver la gestion tant du groupe que de la filiale, qui pourrait souffrir de la conclusion de cette convention juridiquement valable, mais éthiquement contestable.

La solution proposée par l'autorité de marché diffère légèrement de celle retenue par les rédacteurs de l'ordonnance, mais répond de la même logique, celle de la publication de la convention « dans le rapport à l'assemblée »[1121], c'est-à-dire le rapport de gouvernance[1122]. Cette solution est en tout point conforme à la proposition formulée précédemment, car la publication a l'avantage de ne pas soumettre la convention à une autorisation préalable, et partant de ne pas engager la procédure des conventions réglementées. En effet, soumettre ces actes à la procédure des conventions réglementées et donc étendre le domaine d'application de l'article L. 225-38 du Code de commerce, ne serait pas une solution adaptée, car cela augmenterait significativement les types d'actes appréhendés par les conventions réglementées, complexifiant de fait le fonctionnement social. La publication, au contraire, est la voie idoine en ce qu'elle n'est qu'informative.

L'information, afin d'être exploitable, doit être précise. Le principe même de cette proposition formulée par l'Autorité des marchés financiers et reprise par l'ordonnance est celui du « *name and shame* »[1123], c'est-à-dire la mise en lumière d'une pratique dans le but de la faire disparaître. Pour ce faire, il est nécessaire que la publication du conseil d'administration ou du directoire soit suffisamment élaborée, c'est-à-dire qu'elle contienne *a minima* la dénomination du dirigeant concerné, la société avec laquelle il a contracté, l'objet de ce contrat, les modalités de son exécution et l'avantage qu'il en

---

1119 Il doit être noté que la procédure des conventions réglementées trouve à s'appliquer si la convention est conclue entre le dirigeant et la société dans laquelle il exerce son mandat, par l'intermédiaire de la société filiale. C'est notamment le cas lorsque la convention conclue entre le dirigeant d'une société mère et la société filiale bénéficie à la vérité à la société mère. Il convient alors de vérifier si la prestation promise par le dirigeant ne profite pas en réalité à la société mère ou si ce n'est pas la société mère qui rémunère le dirigeant. Voir : AUTORITE DES MARCHES FINANCIERS, *op. cit.* note 1019, p. 36. Voir, s'interrogeant sur la situation d'interposition caractérisée dans la personne du dirigeant : D. SCHMIDT, *op. cit.* note 1115, § 19.

1120 AUTORITE DES MARCHES FINANCIERS, *Rapport 2012 de l'AMF sur le gouvernement d'entreprise et les rémunérations des dirigeants de sociétés cotées*, Paris, 2012, p. 70.

1121 AUTORITE DES MARCHES FINANCIERS, *op. cit.* note 1019, p. 36.

1122 Article L. 225-37 *in fine* du Code de commerce.

1123 Que l'on pourrait traduire par « désigner et soumettre à l'opprobre ».

retire au détriment de la société cocontractante. Une dernière question apparaît, celle de la société qui devrait publier ces informations.

En appliquant *a pari* les règles de publication dans le cas des conventions conclues entre une société et un de ses dirigeants, il y aurait lieu de conclure que seule la société contractante devrait publier cette information. Ainsi, seule la filiale serait concernée par cette nouvelle obligation. Toutefois, conserver cette lecture reviendrait à méconnaître la motivation principale de la rédaction de cette proposition, la condamnation – à tout le moins symbolique – de pratiques commises par les dirigeants sociaux. Dès lors, le meilleur moyen de parvenir à cet objectif est de soumettre aussi à cette obligation de publication la société dans laquelle le dirigeant cocontractant exerce son mandat. Dans ce cas, les actionnaires pourraient connaître des relations de leurs dirigeants avec les sociétés faisant partie du groupe et potentiellement demander la cessation de ces pratiques, ou même révoquer le dirigeant qui ferait primer son intérêt personnel sur celui de la société au sein de laquelle il est nommé[1124]. Aussi conviendrait-il d'interpréter cette proposition comme consacrant une obligation de publication tant pour la société contractante que pour la société au sein de laquelle le dirigeant exerce son mandat, afin d'améliorer la gouvernance au sein du groupe et de dissuader les dirigeants de conclure de telles conventions. Cette proposition peut en appeler une autre, qui viendrait compléter le mécanisme des conventions réglementées sans pour autant l'alourdir.

312. La communication des informations : vers une réforme générale des conventions réglementées ? Au regard de la complexité et du formalisme de la procédure des conventions réglementées, notamment au sein du groupe de sociétés, il est nécessaire de s'interroger sur l'opportunité d'étendre la dernière solution à d'autres cas. Autrement formulé, serait-il possible de publier uniquement certaines conventions, plutôt que de les soumettre à une approbation préalable qui peut s'avérer fastidieuse ?

Certains auteurs se sont déjà prononcés en faveur d'une totale abrogation de la procédure des conventions réglementées, afin de lui substituer une procédure propre au droit comptable, la publication des transactions avec les parties liées[1125]. Plutôt que de soumettre à l'appréciation du conseil certaines conventions, il est question d'en publier un plus grand nombre. Selon les normes IAS 24, devraient être publiées dans les états financiers d'une entreprise les transactions conclues entre la société et l'une de ses parties

[1124] Le motif de révocation pourrait être, dans le cadre d'un administrateur ou d'un membre du conseil de surveillance, de consacrer la majeure partie de son temps à exercer les obligations nées des conventions conclues, plutôt qu'à son mandat.

[1125] Dominique SCHMIDT, « Des "conventions réglementées" à la publication des transactions entre parties liées », dans *Mélanges en l'honneur de Philippe MERLE*, Paris, Dalloz, 2012, p. 646 et s. La position est approuvée par : Alain COURET, « Much ado about nothing (or not much) », *Bulletin Joly sociétés* 2013, p. 609.

liées[1126], ce principe étant repris une directive d'harmonisation comptable[1127]. La notion de transaction avec les parties liées permettrait d'appréhender la totalité des opérations intra-groupes et partant de les communiquer aux actionnaires, à la condition de répondre à la définition de la transaction[1128]. Plutôt que de considérer que la procédure des conventions réglementées et la publication des transactions avec les parties liées sont alternatives, on pourrait imaginer un système hybride, permettant de combiner les avantages des deux procédures.

Il est, dans un premier temps, nécessaire de conserver la procédure des conventions réglementées pour les conventions présentant le plus de risques de conflit d'intérêts. Cette procédure pourrait être conservée lorsqu'une convention est conclue directement, ou par personne interposée, entre une société et ses dirigeants ou son actionnaire détenant plus d'un dixième des droits de vote. Ces conventions seraient soumises à la procédure fixée à l'article L. 225-40 du Code de commerce, dont les différentes étapes semblent être des éléments essentiels pour veiller à la préservation de l'intérêt social. Cette procédure exigeante, voire fastidieuse, doit toutefois être limitée aux seules conventions mentionnées précédemment. Le cas d'intérêt indirect, disposé à l'article L. 225-38 du Code de commerce et qui ne connaît pas de définition[1129] devrait être écarté de l'article. Dès lors, il convient de prévoir une seconde procédure permettant de communiquer les autres conventions qui ne seraient pas appréhendées par la procédure des conventions réglementées.

C'est alors, dans un second temps, que la procédure de communication des transactions conclues avec les parties liées pourrait être appliquée. Cette obligation, disposée à la norme comptable internationale IAS 24, propose un champ d'application plus large[1130], mais une procédure moins lourde. La publication des transactions avec les parties liées permettrait d'informer à moindre frais les actionnaires des conventions pouvant mettre en péril la société, tout en préservant la validité de l'acte. La question de l'articulation de

---

1126 Pour une définition des parties liées, voir *supra* note 385.

1127 Cette publication devrait être réalisée aux annexes des comptes. Voir article 17 1° r de la Directive 2013/34/UE du 26 juin 2013, relative aux états financiers, aux états financiers consolidés et aux rapports y afférents de certaines formes d'entreprises, modifiant la directive 2006/43/CE du Parlement européen et du Conseil et abrogeant les directives 78/660/CEE et 83/349/CEE du Conseil, *JOUE* L. 182/19 du 29 juin 2013.

1128 Une transaction est définie par la norme IAS 24, précitée note 385, spéc. § 9. C'est « un transfert de ressources, de services ou d'obligations entre une entité présentant les états financiers et une partie liée, sans tenir compte du fait qu'un prix soit facturé ou non ». La norme internationale offre plusieurs exemples de la transaction à son paragraphe 29 : « achats ou ventes de biens (finis ou non) ; achats ou ventes de biens immobiliers et d'autres actifs ; prestations de services données ou reçues ; contrats de location ; transferts de recherche et développement (…) ». Voir aussi : D. SCHMIDT, *op. cit.* note 1125, p. 659.

1129 Jean-Michel DELISLE, *Renforcer l'efficacité de la procédure des conventions réglementées – Contribution de la CCIP aux travaux de place*, septembre 2011.

1130 D. SCHMIDT, op. cit. note 37, p. 659.

ces deux mécanismes doit être précisée, alors que deux règles différentes de publication trouveraient à s'appliquer.

Les conventions soumises à la procédure des conventions réglementées doivent être publiées dans un rapport spécial du conseil d'administration, alors que les transactions conclues avec les parties liées sont publiées en annexe des comptes sociaux. Dans le cadre d'une société cotée, cette différence de publication emporte peu de conséquences, le document de référence annuel regroupant à la fois le rapport du conseil d'administration et les annexes des comptes annuels. Il conviendrait peut être d'attirer l'attention des actionnaires et des investisseurs sur la conclusion de transactions avec les parties liées en reprenant, dans le rapport du conseil d'administration ou du directoire, le contenu des annexes des comptes.

Cette solution aurait l'avantage de circonscrire avec plus de certitude le domaine des conventions réglementées, tout en assurant la communication des conventions intervenues avec les parties liées. L'inconvénient toutefois de cette proposition est qu'elle rendrait plus opaques certaines informations, la communication selon les normes IAS 24 n'étant pas, en principe, nominative. Il conviendrait donc de proposer aux sociétés cotées de désigner les personnes bénéficiant des conventions qui pourraient être publiées selon les règles de l'IAS 24 afin d'en améliorer la transparence.

313. Conclusion de la section 1. Certaines conventions doivent ainsi, parce qu'elles mettent en péril l'actif social et qu'elles font apparaître un très fort risque de conflit d'intérêts, être autorisées préalablement par le conseil d'administration ou de surveillance. Les contrats conclus par la société avec des personnes qui lui sont liées, tout comme les garanties octroyées par la société au profit d'un tiers, sont des actes dangereux qui nécessitent un contrôle particulier de la part de ces organes. Ce contrôle n'est toutefois pas celui de l'opportunité économique de l'acte, mais un contrôle de la conformité de la convention à l'intérêt social.

Cette approbation préalable, qui présente quelques particularités lorsqu'elle est appliquée au sein des sociétés cotées, nécessite des aménagements légaux, notamment afin de prendre en compte l'hypothèse du groupe de sociétés et d'adapter les procédures à la situation des relations intragroupes. Au-delà de ce droit d'intervention limité à certaines hypothèses légalement définies, les conseils d'administration ou de surveillance disposent d'un droit général d'intervention *a priori*, dont le régime doit être abordé.

Section 2 : Le droit général d'intervention a priori des conseils d'administration ou de surveillance

314. Les conseils d'administration ou de surveillance, organes de contrôle. Le conseil, qu'il soit d'administration ou de surveillance, est investi d'un pouvoir général de surveillance de l'activité, ce qui signifie qu'il est doté de tout pouvoir d'investigation sur la conduite des affaires sociales. Affirmer que le conseil d'administration ou de surveillance dispose d'un droit de regard sur la gestion sociale est conforme à la loi, mais revient aussi à omettre les différences de fonctions entre ces deux organes. Contrairement au conseil de surveillance qui n'est institué que pour contrôler l'action du directoire, le conseil d'administration dispose de pouvoirs qui ne se limitent pas à cette seule mission. Cette absence d'exclusivité dans la mission du conseil d'administration peut expliquer pourquoi il ne peut pas, au sens du Code de commerce et contrairement au conseil de surveillance, disposer d'extension statutaires de ses prérogatives de contrôle sur les dirigeants exécutifs (§2). Avant d'aborder les droits propres du conseil de surveillance, il est toutefois nécessaire de traiter des justifications apportées à ce contrôle *a priori*, qui permettrait de légitimer l'action du conseil quel qu'il soit (§1).

§1 Les justifications à l'intervention *a priori* du conseil

315. Les modalités du contrôle préalable exercé par les conseils, d'administration ou de surveillance, laissent supposer que cette autorisation ou intervention peut être rendue essentielle pour que la décision soit la plus adaptée à la société. Dès lors, ce contrôle *a priori* serait un moyen de faire respecter l'intérêt social (I). En outre, cette participation anticipée au processus décisionnel lui permet de rééquilibrer les pouvoirs, même imparfaitement (II).

I) Le contrôle interne, moyen de faire respecter l'intérêt social

316. Historique de la notion. La notion même d'intérêt social figure assez peu dans les textes régissant le droit des sociétés : apparu dans le décret-loi du 8 août 1935 créant le délit d'abus des biens sociaux, l'intérêt social n'est mentionné qu'à de rares reprises dans la loi du 24 juillet 1966[1131], après que le garde des sceaux a refusé d'en imposer une définition légale[1132]. En outre, l'intérêt social ne figure en aucun cas dans le Règlement général de l'Autorité des marchés financiers, ce qui peut être justifié au regard de la raison d'être de ce Règlement, c'est-à-dire la préservation de la structure et du fonctionnement du marché.

[1131] Alain COURET, « L'intérêt social », *Cahiers de droit de l'entreprise* 1996-4, p. 1-2

[1132] Cette définition n'était qu'indirectement proposée, au cours des débats relatifs à l'adoption de la loi du 24 juillet 1966, alors qu'un amendement proposé visait l'introduction dans cette loi d'un article codifiant l'abus du droit de vote. Le garde des sceaux Foyer ainsi que le député De Grailly se sont opposés à cette proposition, qui aurait conduit à un gouvernement judiciaire des sociétés. Voir : *J.O. Assemblée Nationale*, 12 juin 1965, p. 2031-2032.

La notion a connu, à travers l'avènement de l'école de Rennes, de nombreux débats doctrinaux, nourris par le célèbre arrêt Fruehauf France[1133]. Dans cette décision, rendue dans un contexte politique particulier[1134], les magistrats parisiens ont accepté la demande de nomination d'un administrateur provisoire ayant pour mission de faire respecter l'intérêt social. Selon une lecture extensive de l'arrêt, l'intérêt social consacré indirectement serait un intérêt qui diffère de l'intérêt des actionnaires majoritaires, car « le juge des référés doit s'inspirer des intérêts sociaux par préférence aux intérêts personnels de certains associés, fussent-ils majoritaires »[1135]. Après une accalmie d'une vingtaine d'années au cours de laquelle les débats autour de cette notion se sont apaisés, l'intérêt social est réapparu, sous l'impulsion du mouvement de la gouvernance d'entreprise[1136]. Un des paradigmes de cette tendance est que les organes sociaux, tout comme le juge, doivent veiller au respect de l'intérêt social. Toutefois, afin de remplir cet objectif, il est nécessaire de définir ce qu'est cet intérêt social, pour lequel deux, voire trois, acceptions se distinguent.

317. Variété des acceptions de l'intérêt social. L'intérêt social est une notion polymorphe, que l'on peut considérer à contenu variable[1137], dont l'acception dépend grandement du contexte culturel[1138]. L'analyse de l'intérêt social est fonction de la théorie que l'on retient de la société, selon que celle-ci soit un contrat ou une institution.

A première vue, il est possible d'affirmer que la société est un contrat, au regard de l'article 1832 du Code civil. Les intérêts à préserver sont ceux des associés, c'est-à-dire les parties au contrat. Dès lors, le but premier de la société est de créer de la valeur et de la partager « entre les mains des associés »[1139]. Cette conception de l'intérêt social comme intérêt des associés

---

1133 Paris, 22 mai 1965, *D.* 1968, p. 147, note Raphaël CONTIN ; *JCP* 1965 II, 14274 ; *Gazette du Palais* 1965, p. 86 ; *RTD Com.* 1965, p. 619, obs. René RODIERE ; *Revue des sociétés* 1965, p. 288.

1134 Cet arrêt s'inscrit dans un contexte lié aux tensions internationales de l'époque. La société Fruehauf France, filiale d'une société étasunienne, devait livrer des marchandises à la Chine populaire. Les administrateurs représentant la société mère se sont opposés à l'opération, en demandant la résiliation du contrat, paralysant de fait la société et faisant courir un risque de fermeture des usines Fruehauf. Sur la particularité du contexte politique comme justification de la décision de la Cour d'appel de Paris : Jean SCHAPIRA, « L'intérêt social et le fonctionnement de la société anonyme », *RTD Com.* 1971, p. 970 ; Maurice COZIAN, Alain VIANDIER, *Droit des sociétés*, 10ème éd., Paris, Litec, 1997, p. 187.

1135 Paris, 22 mai 1965, précité note 1133.

1136 Alexis CONSTANTIN, « L'intérêt social : quel intérêt ? », *Mélanges Berthélémy MERCADAL*, Levallois, Editions Francis Lefebvre, 2002, p. 319.

1137 Didier MARTIN, « L'intérêt des actionnaires se confond-il avec l'intérêt social ? », dans *Mélanges Dominique SCHMIDT*, Paris, Joly éditions, 2005, p. 319.

1138 A. COURET, *op. cit.* note 1131, p. 2.

1139 Ph. MARINI, *op. cit.* note 126, p. 12.

est retenue par certains auteurs comme le professeur SCHMIDT[1140]. Il est possible de justifier cette vision par la notion de propriété : les associés, en étant titulaires des droits sociaux, sont les titulaires des droits représentatifs de la société, et partant considérés comme les propriétaires de la société. Il serait ainsi logique que les dirigeants gestionnaires s'acquittent de leur mission dans l'intérêt des propriétaires sociaux[1141]. Cette théorie des droits de propriété est par ailleurs plus convaincante que la conception contractualiste. En effet, affirmer que l'intérêt social est l'intérêt des associés est compréhensible lorsque les associés ont en commun les mêmes considérations, mais elle est bien moins séduisante lorsque les actionnaires ne présentent aucun trait commun. Aussi semble-t-il difficile d'affirmer que les investisseurs institutionnels et les petits porteurs partagent les mêmes attentes de leur investissement. De cette conception classique s'est donc démarquée une autre théorie de l'intérêt social.

La notion d'intérêt social a connu une deuxième conception grâce à l'avènement de l'École de Rennes. Ce courant de pensée, ayant pour fondement principal que la société est l'incarnation juridique de l'entité de production qu'est l'entreprise, trouve, comme le premier courant de pensée, une justification dans l'article 1832 du Code civil. Toutefois, plutôt que de retenir que la société est un contrat, cette école insiste sur le fait que la société est une institution disposant de la personnalité juridique. Dès lors, d'autres intervenants que les associés sont liés à la société, et l'intérêt social doit aussi respecter les intérêts de ces tiers. L'intérêt social comme intérêt de l'entreprise prend en compte des intérêts des associés, mais aussi ceux des salariés, des créanciers, de l'administration fiscale, des fournisseurs, des clients[1142] *etc.*

Cette optique extensive peut être nuancée par un troisième courant de pensée, celui considérant que l'intérêt social est l'intérêt de la société en tant que personne morale, signifiant que l'intérêt social transcende celui des associés[1143], sans nécessairement tenir compte des intérêts des autres *stakeholders*. Cette dernière perception peut rappeler la notion d'intérêt des créanciers en matière de procédure collective : de même que l'intérêt collectif des créanciers peut justifier le refus du paiement de la créance d'un de ses

---

1140 Dominique SCHMIDT, « De l'intérêt social », *JCP E* 1995, 488 ; *La droits de la minorité dans la société anonyme*, Paris, Sirey, 1970, préf. Jean-Marie BISCHOFF.

1141 Voir en ce sens : A. A. BERLE, G. MEANS, *op. cit.* note 44.

1142 D. MARTIN, *op. cit.* note 1137, p. 361.

1143 Maurice COZIAN, Alain VIANDIER, Florence DEBOISSY, *Droit des sociétés*, 28ème éd., Paris, LexisNexis, 2015, p. 236. Voir aussi, affirmant que « l'intérêt social correspond à l'intérêt commun des parties au contrat de société pris abstraitement *mais peut ne pas toujours correspondre à l'intérêt commun des actionnaires présents à un instant donné dans la société* puisque ces derniers (…) ne peuvent poursuivre une cause distincte de celle que la loi leur impose » : Didier PORACCHIA, Didier MARTIN, « Regard sur l'intérêt social », *Revue des sociétés* 2012, p. 475, spéc. § 9.

membres[1144], l'intérêt social peut rentrer en contradiction avec l'intérêt d'un des actionnaires. Cette dernière acception semble avoir été celle retenue par le rapport Viénot, qui affirmait que « l'intérêt social peut ainsi se définir comme l'intérêt supérieur de la personne morale elle-même, c'est-à-dire de l'entreprise considérée comme un agent économique autonome, poursuivant ses fins propres, distinctes notamment de celles de ses actionnaires, de ses salariés, de ses créanciers dont le fisc, de ses fournisseurs et de ses clients, mais qui correspondent à leur intérêt général commun, qui est d'assurer la prospérité et la continuité de l'entreprise »[1145].

Ces visions théoriques de l'intérêt social semblent incompatibles et inconciliables. Cette notion est ainsi impossible à déterminer précisément, car il n'en existe pas une seule définition, mais plusieurs. Si aucune des deux – voire des trois – conceptions ne peut être définitivement retenue, aucune ne doit être totalement écartée. L'intérêt social, ainsi qu'en conclut le professeur COURET, n'est à la vérité qu'une « notion floue que chacun remplira à sa guise »[1146]. Une fois admise l'idée que les définitions de l'intérêt social peuvent être acceptées en fonction du contexte culturel, on s'aperçoit que la seule véritable question relative à l'intérêt social est celle de sa finalité.

318. Finalité de la notion d'intérêt social. Les débats autour du vocable d'intérêt social s'apaisent de nouveau lorsqu'il est question de traiter de sa fonction. En dépit d'un certain courant de pensée qui tend à considérer l'intérêt social au mieux comme un symptôme et au pire comme un mythe ayant vocation à disparaître[1147], une majeure partie de la doctrine en droit des sociétés considère l'intérêt social comme une boussole[1148], c'est-à-dire un objectif vers lequel la gestion doit être orientée. Les dirigeants gestionnaires devraient considérer l'impact sur l'intérêt social des décisions de gestion qu'ils envisageraient. La formulation employée par Antoine PIROVANO,

---

[1144] Voir en ce sens : Cass. com., 9 novembre 2004, *D.* 2004, p. 3069, obs. alain LIENHARD ; *D.* 2005, p. 296, obs. Pierre-Michel LE CORRE ; *Les petites Affiches* 13 février 2005, obs. François-Xavier LUCAS ; *Droit et patrimoine* avril 2005, p. 115, note Marie-Hélène MONSERIE-BON ; *RTD Civ.* 2005, p. 183, obs. Roger PERROT. Voir aussi : Françoise PÉROCHON, *Entreprises en difficulté*, 10ème éd., Paris, L.G.D.J., 2014, p. 243.

[1145] GROUPE DE TRAVAIL ASSOCIATION FRANCAISE DES ENTREPRISES FRANCAISES/CONSEIL NATIONAL DU PATRONAT FRANÇAIS, *op. cit.* note 148 ; Philippe BISSARA, « L'intérêt social », *Revue des sociétés* 1999, p. 5.

[1146] A. COURET, *op. cit.* note 1131, p. 12.

[1147] Gérard SOUSI, *L'intérêt social dans le droit français des sociétés commerciales*, Thèse dactylographiée, Lyon III, dir. Jean STOUFFLET, 1974, p. 354-360.

[1148] Antoine PIROVANO, « La "boussole" de la société. Intérêt commun, intérêt social, intérêt de l'entreprise ? », *D.* 1997, p. 199. La formule est depuis devenue quasi sacramentelle : M. COZIAN, A. VIANDIER, F. DEBOISSY, *op. cit.* note 1143, p. 235 ; Michel STORCK, « Le risque, 10 ans après l'affaire Enron – Rapport de synthèse », *JCP E* 2012, 1393, § 11 ; Deen GIBIRILA, « L'atteinte à l'intérêt social, critère de recevabilité d'une demande d'expertise de gestion », *JCP E* 1999, p. 771.

ainsi que toutes celles des autres auteurs ayant filé la métaphore[1149], est intéressante en ce qu'elle induit une faiblesse de la notion. De même qu'une boussole indique le Pôle Nord magnétique sans pour autant donner le chemin le plus court ou le plus facile pour y parvenir, la référence à l'intérêt social est utile afin d'évaluer si la décision de gestion envisagée est appropriée, mais pas si celle-ci est la meilleure. Ainsi, le dirigeant gestionnaire visant l'intérêt social peut parvenir à le satisfaire par le biais de différents moyens alternatifs. La conséquence à cela est que si les dirigeants gestionnaires doivent s'efforcer de le respecter dans leur mission, les organes chargés de contrôler *a priori* leur gestion doivent aussi avoir pour objectif d'observer les décisions de gestion envisagées au regard de l'intérêt social. De boussole pour les dirigeants gestionnaires, la notion d'intérêt social devient une grille de lecture pour les membres des organes de contrôle interne.

319. La notion d'intérêt social, en dépit des nombreuses contestations sur sa définition se trouve être au cœur d'une des problématiques des développements contemporains en droit des sociétés. En tant que grille de lecture offerte au conseil d'administration ou au conseil de surveillance et donc de finalité du contrôle interne *a priori*, la notion d'intérêt social permet indirectement de corriger les disparités entre organes lors du processus décisionnel au sein des sociétés cotées.

II) Le contrôle interne, rééquilibrage imparfait du processus décisionnel

320. A titre liminaire, il relève du truisme d'affirmer que si le processus décisionnel est rééquilibré par le biais du contrôle interne, c'est que ce processus était par nature déséquilibré. Ce déséquilibre au sein de la société anonyme pouvait principalement être remarqué avant la réforme de la loi sur les sociétés commerciales du 24 juillet 1966, car les sociétés anonymes cotées se trouvaient principalement sous la coupe réglée du président-directeur général, les autres organes étant principalement limités à leurs seules compétences légales[1150]. Cela ressort notamment des rédactions des lois sur les sociétés commerciales de 1940 et de 1943, au regard desquelles un auteur a pu affirmer que la plupart des règles qu'elles énoncent sont « incompatibles avec l'idée d'infériorité du président[-directeur général] par rapport au conseil »[1151]. Celui-ci poursuit en soulignant la subordination de fait du conseil d'administration, organe non permanent, au regard du président-directeur

[1149] Par exemple l'intérêt social est qualifié de « point cardinal ». Voir : Claude BAILLY-MASSON, « L'intérêt social, une notion fondamentale », *Les petites affiches* 9 novembre 2000, p. 6.
[1150] P. LE CANNU, B. DONDERO, *op. cit.* note 268, p. 521-522.
[1151] Claude BERR, *L'exercice du pouvoir dans les sociétés commerciales*, préf. François GIVORD, 1961, Paris, Sirey, p. 89.

général, organe permanent[1152]. La loi du 24 juillet 1966 opère une première évolution dans le rétablissement d'un partage du pouvoir au sein de la société anonyme. La loi nouvelles régulations économiques de 2001 a par la suite poursuivi cette volonté de rééquilibrage des compétences des organes, en offrant au conseil d'administration la possibilité de participer à toutes les décisions de gestion par le biais de son contrôle.

321. Rappel historique des pouvoirs du conseil. Le conseil d'administration, organe collégial et intermittent, a vu son rôle évoluer au fil des différentes modifications du droit français des sociétés. Créé par la loi du 16 novembre 1940[1153], il s'est vu consacrer par la loi du 24 juillet 1966, qui lui a conféré des prérogatives voisines de celles de la direction générale. En effet, les deux organes étaient « investis des pouvoirs les plus larges pour agir en toute circonstance au nom de la société ». En raison des possibles conflits de compétence entre direction générale et conseil d'administration, il a été question de faire un choix à propos des pouvoirs conférés au conseil d'administration. Doit-il orienter et surveiller la gestion, créant une séparation étanche des pouvoirs au sein de la société, ou peut-il aussi demeurer un organe d'administration, maintenant l'incertitude de la loi ancienne[1154] ? Face à cette alternative, le législateur n'a pu trancher, faisant du conseil un organe ayant un pouvoir de gestion, mais aussi un pouvoir de surveillance et d'orientation[1155]. Il ne sera question, dans ces développements, que des deux dernières compétences, propices au rôle de contrôleur *a priori* du conseil d'administration.

322. Ces pouvoirs généraux sont légaux et il est impossible de les retirer au conseil d'administration par le biais d'une clause statutaire. Ces compétences sont donc les pouvoirs *a minima* du conseil d'administration. Bien que doté de larges pouvoirs, il existe des circonstances – excusables ou non – le conduisant à ne pas les exercer, principalement afin de maintenir un climat de bonne entente au sein de la société. Avant d'aborder les faiblesses dans l'exercice des pouvoirs du conseil d'administration, il est nécessaire de décrire les possibilités légales offertes à cet organe collégial.

323. Le pouvoir de surveillance, créateur de droits pour les administrateurs. Consécration de la loi du 15 mai 2001, le pouvoir de

---

[1152] *Id.*, p. 92 : « Dès lors que coexistent deux organes, dont l'un a un caractère continu, l'autre un caractère périodique, le premier se trouve nécessairement amené à prendre des décisions importantes sans pouvoir consulter le second. Ce dernier doit alors souvent se contenter de ratifier les actes de l'organe à fonction continue ». Cité par : P. LE CANNU, B. DONDERO, *op. cit.* 268, p. 522.

[1153] Cette phraséologie législative n'est nouvelle que pour la loi sur les sociétés commerciales, les décrets-lois du 8 août 1935 ayant déjà utilisé le vocable de « conseil d'administration ». Voir : P. CORDONNIER, *op. cit.* note 232, p. 1.

[1154] Philippe MERLE, « Faut-il vraiment créer un troisième type de direction des sociétés anonymes en France ? », *Bulletin Joly sociétés* 2000, p. 473.

[1155] *Id.* ; Alain COURET, « La loi sur les nouvelles régulations économiques – La régulation du pouvoir dans l'entreprise », *JCP E* 2001, p. 1660.

surveillance confère au conseil d'administration la possibilité de procéder « aux contrôles et vérifications qu'il juge opportuns »[1156]. La loi nouvelle a créé ce pouvoir, mais n'a en aucun cas défini les modalités de son exercice. Aussi est-il possible d'imaginer que les membres du conseil d'administration mettent à profit cette possibilité légale pour exercer un contrôle *a priori* de toute décision de gestion. Encore est-il nécessaire, pour ce faire, que les administrateurs puissent connaître de toute décision de gestion à venir, car « savoir, c'est pouvoir »[1157]. Le pouvoir de surveillance nécessite la connaissance des décisions de gestion, par la consécration d'un droit à l'information.

Le droit à l'information est désormais un véritable droit acquis aux administrateurs, en ce qu'il a été consacré par la loi nouvelles régulations économiques et par la loi de sécurité financière du 1er août 2003. Si le résultat final est globalement salué, la reconnaissance de ce droit aux administrateurs par la jurisprudence a soulevé quelques objections.

324. Un droit d'information d'origine jurisprudentielle. Il a fallu attendre une vingtaine d'années après la promulgation de la loi de réforme sur les sociétés commerciales pour que la question de l'information aux administrateurs soit abordée. À partir de 1985 ont été rendus deux arrêts importants pour l'information des administrateurs. Le premier consacre le droit à l'information avant toute prise de décision par le conseil d'administration[1158] alors que le second consacre le droit qu'a tout administrateur de se voir communiquer tous documents et informations qui lui seraient nécessaires pour accomplir sa tâche[1159].

Certains arguments ont pu être opposés afin de contester cette création jurisprudentielle, au nombre desquels on retrouve les prérogatives informationnelles des actionnaires. En effet, un administrateur, à l'époque à laquelle sont rendus ces arrêts, détenait nécessairement la qualité d'actionnaire[1160] et était donc créancier de l'information diffusée par le président-directeur général. Toutefois, il faut préciser que l'objet de l'information n'est pas le même : il est question, dans ces décisions, de l'information afin de préparer les travaux du conseil d'administration et non pas de voter en assemblée générale, ordinaire ou extraordinaire[1161]. Le législateur, en 2001, n'a donc fait que transposer dans le Code de commerce une création prétorienne, c'est-à-dire une créance d'information dont le

---

[1156] Article L. 225-35 alinéa 3.

[1157] Raymonde BAILLOD, Jean DERRUPPÉ, « L'information des administrateurs de société anonyme », *RTD Com.* 1990, p. 1.

[1158] Cass. com., 2 juillet 1985, précité note 218 ; Cass. com., 24 avril 1990, précité note 218.

[1159] Cass. com., 1er décembre 1987, *Bulletin Joly sociétés* 1988, p. 78 ; *Revue des sociétés* 1988, p. 237.

[1160] Article L. 225-25 ancien du Code de commerce.

[1161] Rose-Marie BORGES, « Le droit d'information individuel des administrateurs de société anonyme », *Bulletin Joly sociétés* 1997, p. 846.

président du conseil d'administration ou le directeur général[1162] est débiteur, sans indication des modalités d'exercice[1163]. En mêlant le droit à l'information et le pouvoir légal de surveillance, il serait possible de conclure que les administrateurs peuvent, à tout moment, demander au président du conseil d'administration ou au directeur général communication de toute information nécessaire à l'exercice de son pouvoir de surveillance et de contrôle[1164], en vertu du principe *ubi lex non distinguit nec nos distinguere debemus.*

325. Restrictions au pouvoir de contrôle. Quelques objections peuvent toutefois être opposées à cette première lecture des pouvoirs accordés par l'article L. 225-35 du Code de commerce. Si « chaque administrateur » est créancier d'information au sein de la société anonyme, il ne l'est que dans le cadre de « sa mission ». Or, l'administrateur n'est individuellement en charge d'aucune mission, seul le conseil d'administration l'est. En effet, cet organe, et celui-ci uniquement, est investi du pouvoir de surveillance et de contrôle[1165]. Dès lors, en tant qu'organe intermittent, l'exercice de ce pouvoir de surveillance, et partant la satisfaction de la créance d'informations, est grandement subordonnée à l'organe de convocation du conseil d'administration – le président du conseil d'administration[1166] – qui est le débiteur de l'obligation d'information. Si l'organe légalement compétent pour convoquer le conseil d'administration est par ailleurs l'organe gestionnaire dans le cadre d'un regroupement des fonctions de président du conseil et de directeur général, il est possible que la mission de contrôle et de vérification *a priori* de cet organe collégial soit réduite à la portion congrue. De plus, si le rôle de contrôle *a priori* est rempli par le conseil d'administration, il sera plus question d'un rôle de conseil[1167] que de véritable vérification, le pouvoir de décision finale n'appartenant pas au conseil d'administration, ne pouvant que tenter d'infléchir la position du dirigeant gestionnaire. Ce devoir général de

---

1162 Il est possible de retenir que cette alternative n'est que de façade : lorsque le directeur général est présent au sein de la société – c'est-à-dire lorsque les fonctions de président du conseil et de directeur général sont dissociées – la dette d'information ne pèsera que sur celui-ci. Voir : Hervé LE NABASQUE, « Commentaire des principales dispositions de la loi n° 2003-706 », *Bulletin Joly sociétés* 2003, p. 859 ; Thierry LEOBON, « L'information du conseil d'administration : gestion et responsabilités », *Bulletin Joly sociétés* 2006, p. 175.

1163 Il revient alors aux codes de bonne conduite de fixer les modalités d'exercice de ce droit : P. DIDIER, Ph. DIDIER, *op. cit.* note 111, p. 910.

1164 Il est même parfois fait état d'un droit « pratiquement illimité » : R. BAILLOD, J. DERUPPÉ, *op. cit.* note 1157, § 17.

1165 La formule de l'article L. 225-35 alinéa 3 du Code de commerce ne soulève, en ce sens, aucune contestation : « Le conseil d'administration procède aux contrôles et vérifications qu'il juge opportuns ».

1166 Selon l'article L. 225-36-1 du Code de commerce, les règles relatives à la convocation du conseil d'administration sont statutaires. Les statuts choisissent le plus souvent le président du conseil d'administration en ce qu'il organise les travaux du conseil selon l'article L. 225-51 du même code. Voir : Paul LE CANNU, « Les brumes de l'article L. 225-35 du Code de commerce », *Revue des sociétés* 2010, p. 17.

1167 *Id.*

contrôle ne trouve qu'une application très limitée lorsque le conseil d'administration tente d'intervenir *a priori* dans les décisions de gestion. Il est possible d'imaginer que cette intervention connaît plus de succès lorsqu'il est fait application d'un autre pouvoir général du conseil d'administration.

326. Le pouvoir d'orientation, forme extensive du contrôle *a priori* de la direction. Autre introduction de la loi du 15 mai 2001, le conseil d'administration a désormais liberté pour orienter la politique de la société. Il devient l'organe qui guide l'activité de la société et conséquemment l'action du dirigeant gestionnaire. Il est d'ailleurs possible de déceler dans ce pouvoir général une justification du pouvoir général de contrôle et de la créance d'information des administrateurs : si le conseil d'administration oriente l'action des gestionnaires, il ne peut le faire efficacement qu'à condition de la vérifier et de la contrôler et pour ce faire, les membres de ce conseil ont besoin d'informations. Le pouvoir de contrôle ne serait que l'accessoire de ce pouvoir général d'orientation[1168].

Cette prérogative, permettant au conseil d'administration de circonscrire préventivement l'action du gestionnaire, représente une forme de contrôle *a priori* dans le seul but de préserver l'intérêt social. Pour justifier cela, il est nécessaire d'insister sur la signification même de l'orientation[1169]. Lorsque le conseil d'administration a la mission d'orienter l'activité de la société, cela revient à ce que cette activité, et celle-là exclusivement, soit le but ultime de la gestion par les dirigeants gestionnaires. Le conseil d'administration effectue ainsi un premier contrôle : en usant de son pouvoir général d'orientation, cet organe s'assure que les dirigeants gestionnaires se concentrent sur certains domaines, ce qui est particulièrement utile lorsque la société cotée a plusieurs secteurs d'activité.

327. Faiblesse du pouvoir global d'orientation. Le pouvoir de contrôle *a priori* du conseil d'administration par le biais de son pouvoir général d'orientation est toutefois assez doctrinal. En effet, la division selon laquelle le conseil d'administration oriente l'activité et la direction générale ne fait que l'exécuter est grandement théorique[1170]. Il est effectivement des hypothèses dans lesquelles il semble difficile de déterminer si une décision est un choix d'orientation ou de simple gestion quotidienne[1171]. Par ailleurs, une autre limite à l'exercice de ce pouvoir global d'orientation est la même que celle du pouvoir de surveillance : le conseil d'administration est un organe intermittent

---

[1168] Voir en ce sens un article antérieur à la réforme issue de la loi NRE, mais dont la portée reste inchangée après : R-M. BORGES, *op. cit.* note 1161, p. 844 (« [Le pouvoir de contrôle] ne se justifie que par la nécessité de vérifier que le président a bien mis en œuvre la politique générale déterminée par le conseil »).

[1169] « Action de diriger vers, de donner une direction ». Définition du *Dictionnaire de l'Académie Française*, précité note 72.

[1170] P. LE CANNU, *op. cit.* note 1166, § 14.

[1171] Sylvie DE VENDEUIL, « Nouvelles régulations économiques et nouveaux pouvoirs du conseil d'administration des sociétés anonymes », *JCP E* 2001, p. 1266.

dont l'action est soumise à sa convocation. Si l'organe statutairement compétent ne remplit pas son obligation de convocation, la mission de contrôle préventif ne pourra pas s'opérer, le conseil d'administration ne pouvant orienter la politique de la société anonyme.

328. Il est donc nécessaire de conclure que le conseil d'administration peut, par ses pouvoirs généraux issus des réformes de 2001 et 2003, exercer un contrôle *a priori* de toute décision de gestion, s'il agit à temps. Cette faculté est toutefois réduite par les règles mêmes de fonctionnement de cet organe, qui ne peut exercer ses pouvoirs qu'à la condition d'être convoqué. Une autre faiblesse peut être trouvée dans la composition de ce conseil d'administration : les administrateurs pouvant être proches de la direction générale, il serait imaginable qu'ils ne veuillent pas s'acquitter de leur mission, afin de maintenir la paix sociale au sein de la société anonyme. En effet, l'exercice du pouvoir général de contrôle et de vérification peut être perçu comme une motion de défiance à l'égard de la direction générale, en ce que les administrateurs encadreraient son action. La direction générale pourrait voir dans cette action un doute, voire le préambule à une procédure de révocation.

Le rôle du conseil de surveillance est bien moins développé dans le Code de commerce et c'est la raison pour laquelle il est prévu une extension de son droit d'intervention, subordonnée à la rédaction de clauses statutaires.

§2 La conditionnelle autorisation du conseil de surveillance

329. Genèse de la société anonyme dualiste. La société anonyme de type dualiste, ou société anonyme à directoire[1172], est l'introduction phare de la réforme issue de la loi du 24 juillet 1966. Cet apport qui est passé à la postérité n'était, *ab initio*, pas prévu dans la proposition de loi, mais est entré par la petite porte dans le corpus législatif français[1173]. Cette forme sociale fut en effet le fruit d'un amendement[1174] présenté par deux parlementaires, MM. CAPITANT et LE DOUAREC, s'inspirant du modèle allemand que représente l'*Aufsichtsrat* de l'*Aktiengesellschaft*. Le but était de substituer à la forme alors connue de la société anonyme, mêlant gestion et contrôle dans les mêmes organes, une autre forme dans laquelle ces deux fonctions sont clairement distinguées. La gestion incombe d'une part au directoire et le contrôle appartient, d'autre part, au conseil de surveillance. Seul ce dernier organe fera l'objet de ces développements, détenant des pouvoirs de contrôle *a priori* de certaines décisions de gestion. Ceux-ci sont doubles. Si le conseil de surveillance dispose des mêmes pouvoirs que le conseil d'administration

---

[1172] Expression utilisée par : Paul LE CANNU, *La société anonyme à directoire*, préf. Jean DERUPPE, Paris, L.G.D.J., 1979.

[1173] Yves GUYON, « Eloge funèbre de la société à directoire en droit français », dans *Mélanges Lucien SIMONT*, Bruxelles, Bruylant, 2002, p. 733.

[1174] Il s'agit plutôt d'une « liasse de vingt-huit » amendements. Voir : *J.O. Assemblée Nationale*, 9 juin 1965, 1ère séance, p. 1866.

en ce qu'il a été son modèle sur un point précis, il bénéficie aussi de prérogatives particulières d'autorisation de certaines décisions, ainsi qu'il est disposé à l'article L. 225-68 du Code de commerce. Cette disposition n'est toutefois pas la plus marquante à propos du pouvoir de vérification *a priori* du conseil de surveillance, car l'adaptation de la forme sociale de droit allemand a entraîné la transposition d'une des mesures phares des pouvoirs de l'*Aufsichtsrat*, la possibilité d'autoriser préalablement tout acte du directoire, à condition que cela ait été prévu par les statuts. C'est le *katalog* à la française (I). L'intérêt de cette mesure, qui semble octroyer de grandes prérogatives à cet organe social est souhaitée par la plupart des conseils de surveillance de sociétés dont les titres sont admis aux négociations sur un marché réglementé. La portée du *katalog* pâtit toutefois du faible nombre de sociétés dualistes dans le tissu des sociétés par actions (II).

I) Le *katalog* à la française

330. L'adaptation du *katalog* allemand. Dès l'adoption de la loi du 24 juillet 1966, le conseil de surveillance s'est vu confier un pouvoir de contrôle *a priori* qui existait déjà dans l'*Aktiengesellschaft* allemande. Dans cette société, la ligne claire entre les deux organes peut s'atténuer sous l'effet de la clause dite de *katalog*, possibilité pour l'*Aufsichtsrat* de donner son approbation au *Vorstand* avant que celui-ci ne prenne la décision de gestion[1175]. Cette disposition n'a jamais disparu du corpus législatif et est donc codifiée à l'article L. 225-68 du Code de commerce pris en son deuxième alinéa, qui dispose que « les statuts peuvent subordonner à l'autorisation préalable du conseil de surveillance la conclusion des opérations qu'ils énumèrent ».

La première constatation est que le catalogue n'est qu'une possibilité, le législateur prévoyant ainsi que l'immixtion du conseil de surveillance dans le processus décisionnel du directoire puisse n'être qu'exceptionnelle et conditionnée. Par ailleurs, le texte de l'article L. 225-68 du Code de commerce dispose que ce sont les statuts qui prévoient la possibilité d'autoriser préalablement les décisions de gestion du directoire : cela signifie donc que cette faculté doit être prévue *ab initio* dès la création de la société ou acceptée par l'assemblée générale extraordinaire. La difficulté majeure va donc être rencontrée lors de la rédaction des statuts.

331. Une efficacité soumise à la rédaction des statuts. Il ressort de la formulation de l'article L. 225-68 du Code de commerce que les statuts ont un rôle prépondérant dans l'exécution de la mission du conseil de surveillance. La loi ne donne aucune description de ce qui devrait figurer dans les statuts des sociétés anonymes, laissant toute latitude aux rédacteurs des statuts pour

---

[1175] § 111 de l'*Aktiengesetz*, cité par Jean-Jacques CAUSSAIN, « Conseil de surveillance », *J.-Cl. Sociétés Traité*, Fasc. 133-60, § 157.

gérer le rôle du conseil de surveillance[1176]. Aussi voit-on se développer toutes sortes de propositions. Le conseil de surveillance ne devrait, pour certains auteurs, pouvoir autoriser que les décisions d'application[1177]. Dans ce cas, les décisions seraient divisées en décisions d'opération « arrêtant le principe des opérations qui vont faire évoluer l'entreprise » et décisions de réalisation, permettant la concrétisation des décisions d'opérations[1178]. Pour d'autres, il ne faudrait en aucun cas limiter les statuts, qui pourraient donc concerner tout type de décision, même les décisions purement stratégiques[1179]. Si aucune solution précise du contenu du catalogue n'a pu être dégagée, il est possible de convenir de ce que le catalogue ne doit pas contenir.

Tout d'abord, il ne doit pas intégrer des stipulations qui empiètent sur les pouvoirs propres du directoire[1180]. Au-delà de cet énoncé logique au regard du principe de séparation des pouvoirs entre les différents organes, deux autres limites sont dressées : les stipulations trop larges qui pourraient être considérées comme non écrites[1181] ; et celles qui seraient à l'inverse trop précises. Cette seconde alternative est justifiée par un autre principe général du droit, celui de la stricte interprétation des exceptions. Le pouvoir d'autorisation préalable étant une exception aux pouvoirs du conseil de surveillance, les clauses statutaires doivent être strictement interprétées et un catalogue trop précis conduirait ainsi à une interprétation restrictive, pouvant être contreproductive[1182].

En raison de cette incertitude liée au contenu du catalogue et de l'absence de toute limite, les statuts des sociétés anonymes à directoire et conseil de surveillance peuvent être considérés comme une très longue énumération d'actes pouvant être autorisés[1183], qui ne peut toutefois qu'être limitative[1184].

1176 Paul LE CANNU, « Les sociétés anonymes à directoire vingt ans après », *Revue des sociétés* 1986, p. 575-576 ; Yves CHARTIER, « Société à directoire ou société à conseil de surveillance ? », *Mélanges René ROBLOT*, L.G.D.J., Paris, 1984, p. 350.

1177 Henri HOVASSE, Michel DESLANDES, Rémy GENTILHOMME, « Directoire et conseil de surveillance – Enjeux de pouvoirs », *Actes pratiques et ingénierie sociétaire* 1998, n° 42, p. 12

1178 *Id.*, p. 8.

1179 Paul LE CANNU, « Pour une évolution du droit des sociétés anonymes avec directoire et conseil de surveillance », *Bulletin Joly sociétés* 2000, p. 483, § 20 ; Y. GUYON, *op. cit.* note 226, p. 384-385.

1180 Y. CHARTIER, *op. cit.* note 1176, p. 350. Voir aussi : Paul LE CANNU, « La nature des fonctions des membres du conseil de surveillance d'une société anonyme », *Bulletin Joly sociétés* 1989, p. 479, § 15.

1181 P. LE CANNU, *op. cit.* note 1180, § 16.

1182 P. LE CANNU, *op. cit.* note 1176, p. 576.

1183 Y. CHARTIER, *op. cit.* note 1176, p. 350 ; P. LE CANNU, *op. cit.* note 1176, p. 576 ; Jean BURGARD, « Heurs et malheurs de la société à directoire », *Revue de jurisprudence commerciale*, 1975, p. 289.

1184 H. HOVASSE, M. DESLANDES, R. GENTILHOMME, *op. cit.* note 1177, p. 12 ; Marie-Danielle CRUEGE, « La dualité des organes de contrôle dans les sociétés anonymes à directoire », *Revue des sociétés* 1975, p. 435.

Cet inventaire est, pour un auteur, regrettable, car « empreint de juridisme alors qu'il devrait être influencé par l'activité de l'entreprise »[1185]. La longueur du catalogue représente, pour le conseil de surveillance, un accroissement de ses pouvoirs à l'origine légaux. Il est nécessaire de dresser ce constat : plus long est le catalogue, plus grands sont les pouvoirs statutairement confiés au conseil de surveillance. Certains s'interrogent alors. La pratique du catalogue n'a-t-elle pas pour effet de rééquilibrer les pouvoirs au sein de la société anonyme, qui deviendrait tout autant une société à conseil de surveillance qu'une société à directoire[1186] ? Cette phrase traduit la modification des pouvoirs au sein de cette forme sociale, qui n'est toutefois pas complète, car le rôle du conseil de surveillance est de contrôler l'action du directoire. Le catalogue ne déroge en rien aux pouvoirs de cet organe.

332. Le catalogue, outil de contrôle *a priori*. Afin de comprendre en quoi la pratique du catalogue est un outil de contrôle *a priori*, il est nécessaire de décrire la procédure applicable à ce phénomène. Selon l'article L. 225-68 du Code de commerce, le conseil de surveillance autorise le directoire à conclure certaines opérations, ce qui signifie que l'initiative n'appartient jamais à ce conseil. Afin d'autoriser le directoire à conclure une opération, il est nécessaire que celui-ci élabore un projet et le soumette au conseil de surveillance. Cet organe n'étant pas permanent, l'organe statutairement compétent[1187] doit donc le convoquer, comme condition préalable[1188]. Le conseil de surveillance doit alors se prononcer sur un projet d'opération préparé et qui ne peut être mené à son terme sans son approbation. Ce droit de regard lui permet de déterminer si le projet de décision respecte l'intérêt social, ce qui représente sans aucun doute un pouvoir de contrôle *a priori* de la décision de gestion[1189]. À ce titre, le conseil de surveillance exerce un contrôle assimilable à celui des autorités administratives telles que l'Autorité de la concurrence, car la décision de gestion ne peut pas être menée à bien sans la vérification puis l'aval du conseil de surveillance. Ce pouvoir de contrôle *a priori*, bien qu'effectif, est toutefois grandement limité.

333. Un outil limité de contrôle *a priori*. Le pouvoir de contrôle *a priori* conféré par la possibilité d'autoriser certaines opérations connaît plusieurs limitations. La première tombe sous le sens, car elle résulte des termes mêmes des statuts de la société anonyme. Le contrôle préventif du conseil de surveillance ne peut évidemment pas concerner des actes qui ne sont pas

---

[1185] J. BURGARD, *op. cit.* note 1183, p. 288.

[1186] H. HOVASSE, M. DESLANDES, R. GENTILHOMME, *op. cit.* note 1177, p. 12. La question se trouve même en intitulé d'une contribution à un ouvrage collectif : Y. CHARTIER, *op. cit.* note 1176, p. 335.

[1187] Article R. 225-45 du Code de commerce.

[1188] Paul LE CANNU, « Directoire et conseil de surveillance », dans *Rép. sociétés Dalloz*, § 159.

[1189] Hervé CHASSERY, « Les attributions du conseil de surveillance », *RTD Com.* 1976, p. 476 ; J. BURGARD, *op. cit.* note 1183, p. 284.

statutairement prévus. Si jamais les membres du conseil de surveillance autorisaient des actes qui ne sont pas contenus dans le catalogue, ils outrepasseraient leur rôle et ne seraient plus dans leur simple fonction de contrôleurs, une requalification en dirigeants de fait n'étant pas à exclure[1190]. Le rôle de vérificateur des membres du conseil de surveillance est alors à double tranchant : trop peu exercé, il est source de responsabilité civile pour défaut de diligence dans l'exercice de leurs fonctions ; exercé avec excès de zèle, il est aussi source de responsabilité par le risque de requalification en dirigeant de fait. Au-delà de ce risque de responsabilité, d'autres limites existent à l'efficience de ce contrôle.

La portée juridique de la décision prise par le conseil de surveillance est incertaine car elle n'est pas impérative, mais a plus de force qu'un simple avis. L'autorisation du conseil de surveillance est nécessaire pour conclure l'opération considérée. Ce n'est donc pas un simple avis, car l'approbation est nécessaire et tout acte conclu sans cette formalité est inopposable à la société. La décision du conseil de surveillance, qu'elle soit positive ou négative, est nécessaire, mais n'est ni définitive, ni impérative, en ce qu'il existe plusieurs moyens de passer outre. Si le conseil de surveillance approuve le projet de décision présenté par le directoire, cela ne signifie pas pour autant que la décision est entérinée, car le directoire dispose toujours de la faculté de ne pas mettre en œuvre la décision approuvée.

La preuve de ce défaut de caractère impératif de la décision du conseil de surveillance est aussi, et surtout, apportée en cas de décision défavorable de cet organe. Le Code de commerce, dans sa partie réglementaire, dispose qu' « en cas de refus du conseil d'administration, le directoire peut soumettre le différend [entre le directoire et le conseil] à l'assemblée générale des actionnaires qui décide de la suite à donner au projet »[1191]. La saisine de l'assemblée générale est donc une limite au contrôle du conseil de surveillance, qui ne dispose d'aucun droit de veto[1192]. Cette règle est bienvenue car elle limite les pouvoirs du conseil de surveillance, soulignant que le directoire dispose de l'initiative finale en faisant appel à la démocratie au sein de la société. Ce mécanisme démocratique peut être considéré comme une médiation entre directoire et conseil de surveillance, afin de limiter les *casus belli*, larvés ou ouverts[1193]. Le rôle de médiation de l'assemblée générale connaît toutefois une grande exception, lorsque les membres du directoire disposent de la majorité des voix à l'assemblée générale. Dans ce cas, ils peuvent passer outre un refus du conseil de surveillance, car l'assemblée

---

1190 P. LE CANNU, *op. cit.* note 1180, § 17.

1191 Article R. 225-40 du Code de commerce.

1192 M.-D. CRUEGE, *op. cit.* note 1184, p. 435-436.

1193 Henri LECOMPTE, « Etude de divers problèmes concernant le fonctionnement des sociétés avec directoire », dans *Mélanges Daniel BASTIAN*, Tome I, Librairies Techniques, Paris, 1974, p. 154-155 ; P. LE CANNU, *op. cit.* note 1176, p. 577.

générale sera sans doute favorable au directoire en raison de la répartition des votes[1194], réduisant le rôle du conseil de surveillance à néant.

334. Un pouvoir de contrôle soumis à une implication effective. Ces développements à propos du rôle de surveillance *a priori* du conseil suppose toutefois que cet organe remplisse effectivement son rôle. Tel peut ne pas être le cas lorsque les membres du conseil de surveillance sont liés, d'une façon ou d'une autre, aux membres du directoire. En effet, le débat qui avait été soulevé à propos des membres indépendants du conseil d'administration[1195] est tout autant applicable au conseil de surveillance. Si ses membres sont liés à ceux du directoire, il existe un risque, celui que le conseil de surveillance ne remplisse pas effectivement son rôle, mais soit plutôt considéré comme une chambre d'enregistrement des propositions du directoire, en donnant son blanc-seing à toutes les propositions présentées. Ainsi, la composition du conseil de surveillance aura une influence sur le processus de nomination du gestionnaire, mais aussi sur l'exercice des pouvoirs légaux et statutaires de cet organe.

335. Il apparaît que la pratique du catalogue selon laquelle les statuts dressent une liste de décisions du directoire devant recevoir l'assentiment préalable du conseil de surveillance peut être un outil intéressant pour consolider le dialogue entre directoire et conseil de surveillance au sein des sociétés françaises. Toutefois, cette considération doit être nuancée en raison du faible nombre de sociétés concernées.

II) Le catalogue pâtissant du faible nombre de sociétés anonymes dualistes

336. La société à directoire, une forme sociale en recul progressif. En dépit de la nouveauté que pourrait constituer cette forme sociale, force est de constater que peu de sociétés anonymes se sont constituées sous la forme de sociétés anonymes à directoire, ou dites à l'allemande. En effet, il apparaît d'une étude statistique qu'il existe onze fois plus de sociétés anonymes à conseil d'administration que de sociétés anonymes dualistes et que ces sociétés représentent, au niveau global, un peu plus de huit sociétés anonymes sur cent[1196]. Ce taux se retrouve aussi au sein des sociétés cotées, alors que 10 pour cent des sociétés formant le CAC 40 sont des sociétés avec un directoire et un conseil de surveillance. Cette faiblesse est d'autant plus vérifiable que s'est amorcé un mouvement de reflux des sociétés dualistes, certaines sociétés

---

[1194] P. LE CANNU, *op. cit.* note 1176, p. 577.

[1195] Voir *supra* § 108 et s.

[1196] Jean-Jacques CAUSSAIN, « Directoire et conseil de surveillance – Introduction générale », dans *J.-Cl. Sociétés Traité*, Fasc. 133-40, spéc. § 21.

ayant préféré revenir vers une organisation plus traditionnelle[1197]. Ce constat, qui peut laisser augurer un sort peu favorable aux sociétés anonymes dualistes[1198], peut être justifié à la fois par l'organisation de cette société et par des ressorts plus psychologiques.

337. Les facteurs juridiques de la régression du nombre de sociétés anonymes à directoire. Les sociétés anonymes dualistes ne rencontrent plus le succès qu'elles ont pu avoir en raison de plusieurs facteurs purement juridiques, tenant au final aux propriétés de cette forme sociale. Les faiblesses de cette forme de société anonyme tiennent autant dans la composition de ses organes que dans les relations qu'ils entretiennent les uns avec les autres.

Dans un premier temps, une justification à l'échec – relatif – des sociétés anonymes dualistes peut se retrouver dans la structure même des organes de cette société. En effet, contrairement à la société moniste au sein de laquelle il existe le directeur général – personne isolée – et le conseil d'administration organe collégial, la société anonyme à directoire est composée de deux organes collégiaux, le directoire[1199] et le conseil de surveillance. Cette structure sociale peut poser une première difficulté, celle du recrutement des membres des différents organes sociaux, qui suppose de nommer plus de personnes que dans les sociétés monistes. En outre, une autre difficulté, liée à la composition même du directoire et du conseil de surveillance, peut être identifiée, celle de la collégialité. En effet, en exigeant une réunion collective et un accord de la part du conseil de surveillance comme du directoire, le processus décisionnel peut s'en retrouver ralenti[1200], ces deux organes collégiaux ayant par ailleurs l'obligation de communiquer entre eux, notamment afin de permettre au conseil de surveillance de s'acquitter de sa mission à l'égard du directoire. La variété des rapports devant être produits par le directoire[1201] peut représenter un frein au choix de la structure dualiste, les membres du directoire pouvant être rebutés par cette nouvelle contrainte informationnelle, qui est par ailleurs couplée à celle dont l'assemblée générale est créancière[1202].

Dans un second temps, un autre point faible de la société à directoire est la nécessité de faire appel à un tiers arbitre lors d'un conflit entre le directoire et

---

[1197] Aussi, et pour citer uniquement des sociétés cotées, PPR est redevenue une société anonyme à conseil d'administration en 2005, CNP Assurances en 2007, ainsi que les sociétés Accord et Carrefour en 2008. Voir : Christophe PERCHET, « Pertinence et pérennité de la SA avec conseil d'administration », *Bulletin Joly sociétés* 2009, p. 440.

[1198] Voir, pointant que ces sociétés ne connaissent ni un franc succès, ni un cuisant échec : P. LE CANNU, *op. cit.* note 1172, p. 361.

[1199] Il doit toutefois être précisé que dans les sociétés ayant un capital social inférieur à 150 000 euros, le directoire peut être remplacé par une seule personne : article L. 225-58 du Code de commerce.

[1200] C. PERCHET, *op. cit.* note 1197.

[1201] Notamment les rapports trimestriels, ou le rapport spécial sur demande du conseil de surveillance.

[1202] J.-J. CAUSSAIN, *op. cit.* note 1196, § 34.

le conseil de surveillance. L'intervention d'un départiteur n'est pas intolérable, c'est d'ailleurs la solution traditionnellement retenue lorsque des oppositions apparaissent entre deux blocs au sein d'une société[1203]. Toutefois, la difficulté dans la société anonyme à directoire tient dans l'identité du médiateur, l'assemblée générale, à qui il revient donc de régler les litiges[1204]. Le fait qu'un autre organe collégial, qui doit par ailleurs être convoqué à cette fin, doive se réunir pour arbitrer une prise de décision ne participe pas de la célérité nécessaire à une gestion sociale efficace. Outre ces critères liés à l'organisation juridique de cette forme de société anonyme, d'autres justifications, plus culturelles, peuvent expliquer leur relatif rejet.

338. Des facteurs culturels expliquant le faible nombre de sociétés anonymes à directoire. Les deux principaux facteurs culturels permettant de comprendre le faible nombre de sociétés anonymes dualistes tirent leur origine de l'inspiration allemande de cette forme sociale.

Tout d'abord, la tradition française de l'organisation sociale consiste à confier le pouvoir de gestion entre les mains d'une personne seule et non d'un organe collégial. Dès lors, les dirigeants de sociétés cotées françaises peuvent attacher plus d'importance à occuper une fonction qui est reconnue sociétalement, et partant préférer porter le titre de directeur général voire de président-directeur général que de président du directoire ou du conseil de surveillance[1205]. Le faible nombre de sociétés anonymes à directoire pourrait ainsi s'expliquer par le peu de visibilité de cette forme sociale et le manque de prestige, prétendu ou avéré, attaché aux fonctions dirigeantes exercées en son sein. Cette raison, liée à un certain conservatisme issu des règles créées par les lois du 16 novembre 1940 et du 3 mars 1943 doit être combinée avec un autre phénomène.

La préférence attachée à un mécanisme connu et dont l'éclat est communément admis peut se cumuler avec la crainte attachée à la nouveauté, *a fortiori* lorsque celle-ci provient de l'étranger. En l'espèce, les sociétés anonymes dualistes sont d'inspiration allemande et il a pu être craint, lors des premières années suivant leur création, que l'introduction de cette structure allemande entraînerait aussi importation de la cogestion propre aux sociétés anonymes d'outre-Rhin[1206]. Les sociétés anonymes à directoire ont pu être écartées par la pratique en raison de la crainte de la participation des salariés à la gestion sociale, qui n'était désirée ni par les dirigeants, ni par les associés.

339. Les sociétés anonymes à directoire et conseil de surveillance sont ainsi nettement moins favorisées tant pour des raisons juridiques que pour des raisons culturelles. Il est cependant à noter que cette forme sociale est

---

1203 Voir, sur les développements relatifs à l'administrateur provisoire, *infra* § 623 et s.
1204 C. PERCHET, *op. cit.* note 1197.
1205 Jeanne BOUCOURECHLIEV, Henri SERBAT, Aristide LEVI, Michèle BOUYSSI, Dominique BASCHET, *La pratique de la société à directoire*, Paris, Litec, 1980, p. 201.
1206 J.-J. CAUSSAIN, *op. cit.* note 1196, § 39.

légèrement plus présente dans les sociétés dont les titres sont admis aux négociations sur un marché réglementé, ce qui peut se justifier par le signal que cette société renvoie au marché. En effet, ces sociétés sont dotées d'un organe spécialement dédié à la surveillance de la conduite des affaires sociales, ce qui peut paraître comme favorisant la bonne gouvernance de ces sociétés. Toutefois, et particulièrement depuis la réforme opérée par la loi du 15 mai 2001 permettant la dissociation des fonctions de directeur général et de président du conseil d'administration, les sociétés anonymes dualistes subissent plus encore la concurrence des sociétés monistes, qui peuvent désormais comporter un organe de direction et un organe de surveillance. Cette dernière modification du droit applicable aux sociétés anonymes traditionnelles ne facilite donc pas le développement des sociétés anonymes à l'allemande, confirmant certaines craintes formulées dès 1980[1207].

340. Conclusion de la section 2. Le conseil d'administration ou de surveillance dispose donc de pouvoirs d'intervention *a priori* dans la gestion sociale afin de faire respecter l'intérêt social. Cette intervention avant même la prise d'une décision, qui peut s'entendre comme un contrôle préventif de la gestion, fait partie des pouvoirs généraux de ces organes et leur permet donc de rééquilibrer en partie le processus décisionnel au sein de la société cotée, afin d'éviter que la majeure partie des décisions de gestion ne soit du seul fait des dirigeants exécutifs. Outre ce droit d'intervention général, il existe un droit de regard particulier, offert aux seuls conseils de surveillance, à qui les statuts peuvent conférer un pouvoir d'autorisation préalable, étendant grandement leur pouvoir de contrôle *a priori*. En dépit de cette possibilité, il ressort de l'application empirique que cette pratique n'est que peu répandue et ce, pour deux motifs : la difficulté de rédaction des statuts et le faible nombre de sociétés à directoire en France.

341. Conclusion du chapitre 2. Le contrôle *ex ante* des décisions de gestion ambitionne essentiellement de préserver des intérêts collectifs. Ceux-ci peuvent être d'une part extérieurs à la société, pourvu qu'ils soient liés à l'entreprise. Dès lors, le contrôle exercé, s'il est bien caractérisé, ne concerne que certaines questions spécifiques, afin de ne pas conférer aux conseils un pouvoir d'immixtion trop important dans la vie sociale.

D'autre part, le contrôle effectué afin de préserver l'intérêt collectif interne à la société, autrement dit l'intérêt social, est beaucoup plus poussé et emporte de plus grandes contraintes pour les dirigeants gestionnaires. Il demeure toutefois une constante dans ces deux formes de contrôle. La sanction du non-respect des procédures légalement prévues n'est pas contraignante, engendrant de la part des dirigeants gestionnaires la réalisation d'un calcul

[1207] J. BOUCOURECHLIEV, H. SERBAT, A. LEVI, M. BOUYSSI, D. BASCHET, *op. cit.* note 1205, p. 200-201.

coûts-bénéfices, tant à leur égard qu'à celui de la société. La question est alors de savoir si la violation des règles prévues emporte plus de risques que son respect. Si la réponse est positive, la notion de faute profitable apparaît. Il pourrait alors être plus intéressant pour les dirigeants gestionnaires de ne pas respecter le contrôle *a priori* que de s'y soumettre. Aussi est-il nécessaire de trouver des mécanismes de surveillance *a priori* plus contraignants, mais aussi d'insister sur le second volet du contrôle interne, le contrôle *a posteriori* des décisions de gestion.

342. Conclusion du Titre 2. Le contrôle préventif des décisions de gestion ne peut s'entendre qu'à la condition de protéger des intérêts particuliers, qu'ils répondent de l'intérêt social ou d'intérêts liés à ceux de l'entreprise dans une acception plus large. La différence entre le contrôle de la gestion protégeant l'intérêt social ou d'autres intérêts collectifs réside tant dans leur étendue que dans la sanction qui y est attachée.

Le domaine du contrôle visant à préserver certains intérêts collectifs différents de l'intérêt social – tels ceux des salariés, des créanciers ou des marchés – est relativement restreint. En effet, il est nécessaire, avant d'invoquer un quelconque droit de regard sur le projet de décision, de prouver que celui-ci est de nature à, ou a pour effet de, nuire à ces intérêts particuliers. Au regard de cette condition exigeante, il est compréhensible que la sanction attachée à la violation de ce contrôle soit sévère : la nullité ou la condamnation pénale. À l'inverse, le droit de regard *a priori* visant à préserver l'intérêt social est plus étendu. Tel est notamment le cas lorsque le conseil de surveillance bénéficie statutairement d'un tel droit. Ce contrôle interne appréhendant de nombreux d'actes, ne faisant pas tous planer une menace importante sur l'intérêt social, il semble logique que la sanction attachée à la violation de cette prérogative ne soit pas systématiquement la nullité. En définitive, le contrôle *a priori* de la gestion semble perdre en efficacité ce qu'il gagne en champ d'application.

343. Conclusion de la partie première. À l'issue de cette première partie, il apparaît que le contrôle *a priori* de la gestion sociale laisse une très grande place aux administrateurs et aux membres des conseils de surveillance. Ils sont les acteurs principaux des décisions aboutissant à la désignation du dirigeant comme celles par lesquelles les dirigeants sont rémunérés. En outre, le conseil d'administration ou de surveillance dispose de prérogatives légales lui permettant d'approuver certains actes et les statuts ont pu étendre, particulièrement dans les sociétés dualistes, ce droit d'autorisation préalable. Outre cette intervention des administrateurs et des membres du conseil d'administration, on peut noter qu'un droit particulier de contrôle des décisions de gestion est accordé à certains représentants d'intérêts collectifs, comme le comité social et économique ou encore les diverses autorités sectorielles veillant à la préservation des marchés. Ces contrôles *a priori* des décisions de gestion pouvant préjudicier aux intérêts qu'ils défendent revêtent différentes formes : un simple droit d'émettre une opinion ou l'autorisation pure et simple. Cette différence n'est pas sans incidence, la seconde modalité mutant *de facto* le droit de regard en un droit de veto.

La décision de gestion peut donc être soumise au regard de tous les acteurs sociaux, qu'ils fassent partie de l'entreprise ou de la société. Il est toutefois à noter, et même à souligner, que les actionnaires ne sont que très peu impliqués dans le contrôle *a priori* des décisions de gestion, c'est-à-dire le contrôle de la gestion avant sa mise en œuvre. Apparaît alors un paradoxe : le contrôle *a priori* de la gestion sociale, qui a pour but de favoriser le développement de la bonne gouvernance au sein de la société, ne concerne pas les actionnaires, alors que la gouvernance des entreprises vise justement à leur accorder plus de prérogatives. Il convient alors de tenter de trouver une justification à ce manque d'implication des actionnaires, qui ne peut pas résider dans le caractère non-permanent de l'assemblée générale. En effet, il aurait pu être argué que l'assemblée générale n'est pas un organe permanent et qu'il est délicat, en considération des règles contraignantes, de convoquer l'assemblée générale afin d'approuver préalablement une décision de gestion sociale. Cet argument n'est pas totalement recevable, le conseil d'administration ou de surveillance, en charge du contrôle *a priori*, étant lui aussi un organe non-permanent.

Il convient donc de revenir aux fondements du contrôle *a priori*, qui est un droit de regard pour vérifier la conformité d'un projet de décision à certains intérêts collectifs, et éventuellement prévenir une atteinte substantielle à ces intérêts. Conférer une prérogative de surveillance préventive supposerait un projet de décision de la part des dirigeants qui nuirait aux intérêts des actionnaires. Or, une telle décision, dont des exemples pourraient être l'augmentation du capital avec suppression du droit préférentiel de souscription ou encore l'absorption par voie de fusion d'une société, est de la compétence exclusive de l'assemblée générale des actionnaires. Les actionnaires n'ont alors pas besoin de se préoccuper du contrôle *a priori*, car ils sont légalement compétents pour voter ces décisions. Ces derniers bénéficient en revanche de prérogatives de contrôle plus importantes une fois que la décision de gestion a été votée et mise en application. Il est alors question de la voie traditionnelle du contrôle, le contrôle *a posteriori*.

PARTIE SECONDE : LE CONTROLE *A POSTERIORI* DE LA GESTION DES SOCIETES COTEES

344. Le contrôle de la gestion exercé en principe par des acteurs internes. Le contrôle de la gestion dans son expression globale, c'est-à-dire de la somme de toutes les opérations de gestion accomplies au cours d'un exercice comptable, semble être le mode de contrôle commun, car le plus courant dans la pratique des sociétés, notamment grâce au rôle des auditeurs légaux des comptes. L'une des caractéristiques générales et singularisant ce contrôle de la gestion au regard des différentes surveillances des décisions de gestion est que cette surveillance est opérée par des acteurs parties à la structure sociale, les membres extérieurs à la société ne pouvant en principe bénéficier et exploiter à temps les documents sociaux nécessaires à l'accomplissement de ce contrôle.

345. Le contrôle de la gestion, contrôle nécessairement *a posteriori* ? Il s'agit de s'intéresser au contrôle de la gestion globale, c'est-à-dire celle qui regroupe l'ensemble des décisions de gestion. Certains mécanismes existent déjà dans l'ordre juridique, mais ne semblent pas d'une grande efficacité, ces outils permettant plus de noter qu'une gestion a été déficiente que d'en anticiper les causes. Ainsi, seul le contrôle réactif est proposé, alors que les auteurs du contrôle souhaiteraient effectuer un contrôle proactif, que l'on a précédemment caractérisé de contrôle *a priori*. Les acteurs de cette surveillance interne pourraient pâtir de cette réactivité, car seule s'ouvrirait la voie conflictuelle afin de faire valoir leurs intérêts.

346. Au regard de ces considérations, il apparaît clairement que le contrôle de la gestion doit principalement être diligenté par des intervenants internes à la société. Ces intervenants, dont le lien avec la société peut être direct ou indirect, bénéficient de prérogatives légales de contrôle. Ainsi, la mise en œuvre de ce contrôle nécessite une information (titre 1). Il existe, une fois ce contrôle de la gestion effectué, de nombreuses conséquences à l'égard des dirigeants gestionnaires, et principalement des sanctions. Celles-ci sont toutefois généralement juridictionnelles et peu adaptées aux comportements ayant motivé la saisine des tribunaux (titre 2).

TITRE 1 : LE CONTROLE DE LA GESTION PAR LE TRAITEMENT DE L'INFORMATION

347. Un contrôle interne nécessitant deux temps. La surveillance de la gestion de la société cotée est une tâche délicate en raison de la technicité de ce travail de vérification et d'évaluation. Elle doit ainsi être décomposée en deux temps afin d'être optimale. Il doit être gardé à l'esprit que le contrôle interne de la gestion demeure en principe du ressort de l'assemblée générale des actionnaires qui, en raison de son organisation et de sa composition, ne peut effectuer sa mission qu'à la condition de bénéficier d'une préparation idoine. Ce travail préparatoire est, à la vérité, un travail informatif incombant à divers intervenants. Il est alors possible de soulever des questions quant à la nature des informations fournies et aux qualités des organes qui les produisent (chapitre 1). Ces organes, qualifiés d'informateurs, agissent afin d'apporter aux actionnaires des éléments qu'ils pourront utiliser afin d'optimiser leur surveillance. Toutefois, en dépit des sources d'informations, l'organe interne que représente l'assemblée générale des actionnaires accomplit difficilement sa tâche de contrôle (chapitre 2).

Chapitre 1 : L'information, support du contrôle *a posteriori*

348. L'information, préalable essentiel à tout contrôle global. Afin d'effectuer un contrôle efficace, tout acteur a besoin d'information. Un acteur du contrôle de la gestion sociale peut ainsi avoir besoin des documents relatifs à la teneur de la gestion sociale. À partir de ces documents, les acteurs sociaux concernés par le contrôle de la gestion peuvent exercer leur mission et donc remplir leur rôle. La fonction de contrôle ne peut être accomplie sans information, car elle sert de support à l'activité de surveillance exercée par les actionnaires et les autres *stakeholders*. Pour ce faire, l'information fournie doit être fiable et donc émaner d'organes ou d'intervenants dont la probité ne doit pas être remise en question. Pour lever ce doute, il est nécessaire d'identifier la source des informations à la disposition des *stakeholders*.

349. Des informations tant internes qu'externes à la société. Le premier réflexe, lorsqu'on s'interroge sur la provenance des informations sur la gestion de la société, est de considérer que celle-ci ne peut qu'être interne. Il faut alors se demander quel pourrait être l'organe compétent pour formuler un tel rapport sur la gestion sociale. Afin de respecter la logique informationnelle, ce rôle devrait incomber à un organe intermédiaire entre les dirigeants gestionnaires et l'assemblée générale des actionnaires, car l'établissement d'une information pertinente nécessite d'avoir des liens avec les gestionnaires pour pouvoir décrire le plus fidèlement possible l'activité de gestion. L'information ne peut par ailleurs être pertinente qu'à la condition de répondre aux attentes des actionnaires. Seul un organe répond alors à ces deux conditions : le conseil d'administration. Au sein des sociétés dualistes, le directoire comme le conseil de surveillance remplissent cette fonction informative. Il conviendra d'étudier le rôle informationnel de ces organes au travers des différents rapports produits (section 1). Pour pallier d'éventuelles lacunes, d'autres intervenants peuvent aussi fournir des informations sur la société, sans pour autant être liés par un mandat social ni par un lien capitalistique. C'est la raison pour laquelle ces intervenants peuvent être qualifiés d'externes, ce qui ne les empêche pas de livrer des renseignements complémentaires aux différents acteurs du contrôle de la gestion. Ces informations, contrairement à celles fournies par l'organe interne, sont plus spécifiques et orientées (section 2).

Section 1 : Les rapports produits par les organes sociaux

350. La prépondérance du conseil d'administration et de surveillance. Le conseil d'administration et le conseil de surveillance sont des intermédiaires entre le dirigeant gestionnaire et l'assemblée générale. Or, il est de la compétence de l'assemblée générale ordinaire d'approuver les comptes sociaux[1208] et pour ce faire, il est nécessaire que les actionnaires disposent d'informations de diverses natures, notamment comptables, relatives aux engagements de la société, environnementales, sociales *etc*. Le conseil d'administration ou de surveillance a alors la tâche délicate de rédiger un rapport permettant aux actionnaires de voter en toute connaissance de cause. Dans un premier temps, en vertu du foisonnement législatif dans le domaine informationnel, il semblerait à tout observateur profane du fonctionnement des sociétés cotées que le rapport des organes sociaux est particulièrement dense. Il est toutefois nécessaire de constater que le domaine des rapports présentés annuellement est assez limité, d'autant plus que les sociétés peuvent être tentées de restreindre le plus possible les informations fournies, afin de minimiser les externalités négatives de l'information (§1). Dans cet effort de limitation produit par les sociétés, il est nécessaire dans un second temps de s'intéresser à la normativité de ce rapport. S'il est louable que des textes nationaux et unionistes s'intéressent à la communication d'informations aux actionnaires et au marché, il y a lieu de se demander si les règles sont suffisamment explicites pour être mises en œuvre, et rendre l'information effectivement accessible. Au-delà de cette question relative à l'intelligibilité de l'information légalement exigée, la principale considération relative à la normativité est celle des sanctions attachées à un défaut de fourniture de rapport ou à la fourniture d'un rapport incomplet ou erroné (§2).

§1 Le domaine des rapports produits au nom de la société

351. Les matières appréhendées par les rapports. Afin de faciliter la tâche des actionnaires dans leur mission de surveillance de la gestion globale de la société, il faut leur conférer une information intelligible. Toutefois, l'information ne peut respecter cette exigence qu'à la condition de répondre aux attentes des actionnaires. Apparaît donc une première difficulté, car les actionnaires ne représentent pas un ensemble homogène, leurs attentes se différenciant selon leur qualité. Un fonds de pension peut avoir des attentes financières et s'attacher à obtenir des informations comptables et actuarielles, alors qu'un « petit porteur » ou un fonds éthique peut se préoccuper de considérations sociétales telles que le bien être des salariés ou la préservation de l'environnement. Dans ce dernier cas, l'information comptable n'a que peu d'utilité et les informations à caractère sociétal ou environnemental seront plus recherchées. Deux séries d'informations répertoriées dans les rapports annuels ressortent : les informations à caractère exclusivement interne (I) et les informations relatives à l'activité de la société au regard de son environnement extérieur (II).

[1208] Article L. 225-98 du Code de commerce.

I) Les informations à caractère purement interne

352. Le rapport du conseil d'administration et du directoire, préoccupation du début du siècle. L'information des actionnaires est un des sujets principaux de la *corporate governance* et représente la préoccupation principale permettant de rééquilibrer le pouvoir au sein des sociétés. À cette fin, le rapport de gestion du conseil d'administration ou du directoire est considéré comme un des « éléments importants d'information financière »[1209], c'est pourquoi le droit de l'Union Européenne s'en est préoccupé, organisant le contenu du rapport de gestion, en laissant toutefois une marge de manœuvre aux États membres[1210]. Ces normes unionistes traduisent une considération pour le rapport du conseil d'administration ou du directoire, qui n'était pas sujet à autant d'attention dans les textes plus anciens.

Le rapport de gestion du conseil d'administration ou du directoire a été pour la première fois régulé par l'article 4 du décret-loi du 8 août 1935[1211], qui disposait que « [le conseil d'administration] établit en outre un rapport aux actionnaires sur la marche de la société pendant l'exercice écoulé »[1212], sans aucune norme pour en préciser le contenu. L'article 157 de la loi du 24 juillet 1966[1213] reprenait pour partie la règle posée précédemment[1214], mais cette évocation était limitée à la portion congrue, la loi de réforme des sociétés commerciales n'étant pas plus diserte quant au contenu de ce rapport. Il a fallu attendre le décret d'application de la loi du 24 juillet 1966[1215] afin d'obtenir des précisions sur ce point.

1209 Considérant 9 de la directive 2003/51/CE du Parlement Européen et du Conseil du 18 juin 2003, modifiant les directives 78/660/CEE, 83/349/CEE et 91/674/CEE du Conseil sur les comptes annuels et les comptes consolidés de certaines catégories de sociétés, des banques et autres établissements financiers et des entreprises d'assurance, *JOUE* L. 178/16 du 17 juillet 2003. Voir aussi : Considérant 26 de la directive 2013/34 du 26 juin 2013 relative aux états financiers annuels, aux états financiers consolidés et aux rapports y afférents de certaines formes d'entreprises, modifiant la directive 2006/43/CE du Parlement européen et du Conseil, abrogeant les directives 78/660/CEE et 83/349/CEE du Conseil, *JOUE* L. 182/19 du 29 juin 2013.

1210 Article 1, 14) de la directive 2003/51/CE du 18 juin 2003, précitée note 1209, qui modifie l'article 46 de la directive 78/660/CEE du Conseil, du 25 juillet 1978, fondée sur l'article 54 paragraphe 3 sous g) du traité et concernant les comptes annuels de certaines formes de sociétés, *JOCE* L. 222/1 du 14 août 1978.

1211 Décret-loi du 8 août 1935, modifiant la loi du 24 juillet 1867 sur les sociétés en ce qui concerne la responsabilité pénale des administrateurs et le choix et les attributions des commissaires, *JORF* 9 août 1935, p. 8683 et s.

1212 Article 4 du décret-loi du 8 août 1935, précité note 1211.

1213 Loi n° 66-537 du 24 juillet 1966 sur les sociétés commerciales, *JORF* du 26 juillet 1966, p. 6402, « L'assemblée générale ordinaire est réunie au moins une fois par an, dans les six mois de la clôture de l'exercice, sous réserve de prolongation de ce délai par décision de justice. *Après lecture de son rapport*, le conseil d'administration ou le directoire, selon le cas, présente à l'assemblée le compte d'exploitation générale, le compte des pertes et profits et le bilan (…). »

1214 Voir M. HAMIAUT, *op. cit.* note 1034, p. 129.

1215 Décret n° 67-236 du 23 mars 1967, précité note 223.

L'article 148 du décret du 23 mars 1967 disposait que « le conseil d'administration ou le directoire, selon le cas, notamment dans le rapport prévu à l'article 157 [de la loi du 24 juillet 1966 devait] exposer de manière claire et précise, l'activité de la société et, le cas échéant, de ses filiales au cours du dernier exercice écoulé, les résultats de cette activité, les progrès réalisés ou les difficultés rencontrées et les perspectives d'avenir ». Cette précision n'était pas inutile car les rapports répondant de la loi alors applicable étaient particulièrement succincts. Dans certaines sociétés, le rapport légalement exigé était limité à quelques lignes ou phrases qui renvoyaient au rapport du commissaire aux comptes[1216]. Cette version, introduite en 1967, est demeurée à l'article R. 225-102 du Code de commerce jusqu'en 2017[1217]. Les dispositions relatives au rapport de gestion concernent principalement les données financières et comptables, ayant une importance pour les indicateurs traditionnels de l'activité sociale (A). Un autre rapport doit faire état des pratiques de gouvernance (B).

A) Le rapport du conseil d'administration ou du directoire

353. Le rapport du conseil d'administration ou du directoire, issu d'un organe collégial, doit faire état de l'activité écoulée de la société. À ce titre, il produit principalement des informations financières (1), mais contient aussi des informations plus gouvernementales (2).

1) L'information principalement financière

354. La multitude de sources applicables au contenu du rapport. Il est à noter, d'un point de vue légistique, que l'évolution des textes est peu commune. Il est en effet rare de voir que les textes législatifs varient sans que le texte réglementaire leur étant relatif ne soit modifié. C'est pourtant ce qu'il s'est produit pour le rapport de gestion que les sociétés par actions doivent fournir. Le décret d'application n'a que marginalement évolué entre 1967 et 2017, alors que les dispositions législatives auxquelles ce décret se rattache ont été modifiées plusieurs fois par les lois du 15 mai 2001[1218] et du 1er août 2003[1219], mais surtout par les ordonnances du 24 juin 2004[1220], du 20

1216 Jean HÉMARD, François TERRÉ, Pierre MABILAT, *La réforme des sociétés commerciales, décret n° 67-236 du 23 mars 1967*, Paris, Dalloz, 1967, p. 128.

1217 Décret n° 2017-1174 du 18 juillet 2017 portant diverses mesures de simplification et de clarification des obligations d'information à la charge des sociétés, *JORF* du 19 juillet 2017, texte n° 14.

1218 Loi n° 2001-420 du 15 mai 2001, précitée note 221.

1219 Loi n° 2003-706 du 1er août 2003, précitée note 86.

1220 Ordonnance n° 2004-604 du 24 juin 2004 portant réforme du régime des valeurs mobilières émises par les sociétés commerciales et extension à l'outre-mer de dispositions ayant modifié la législation commerciale, *JORF* du 26 juin 2004, texte n° 11.

décembre 2004[1221] ou encore du 12 juillet 2017[1222]. Cette particularité s'explique toutefois parfaitement par l'influence unioniste en la matière, car les deux ordonnances de 2004 emportent transposition des règles posées par des directives[1223]. Le rapport de gestion ne se limite pas à l'article L. 225-100 du Code de commerce, l'article traditionnel relatif au rapport du conseil d'administration ou du directoire. D'autres articles viennent compléter le contenu du rapport du conseil d'administration ou du directoire.

Le rapport de gestion voit en effet son périmètre précisé par les articles L. 225-100-1, L. 225-102, L. 225-211 et L. 232-1 II du Code de commerce. Ces nombreux textes applicables ne participent pas de la lisibilité du contenu de ce rapport principalement financier, dont le Règlement général de l'Autorité des marchés financiers mentionne par ailleurs qu'il s'agit d'un contenu *a minima*[1224]. Il est ainsi nécessaire de déterminer les informations qui doivent figurer dans ce rapport, en étudiant celles contenues dans les deux articles principaux que sont les articles L. 225-100 et L. 225-100-3 du Code de commerce.

355. L'article L. 225-100-1 du Code de commerce fixant un contenu variable. Le rapport du conseil d'administration ou du directoire doit comporter *a minima* des informations de nature financière et comptable. L'article de référence, outre l'article 222-3 I du Règlement général de l'Autorité des marchés financiers, est l'article L. 225-100-1 du Code de commerce, le premier de ce code à mentionner le contenu de ce rapport. La présence de ce texte dans le Code de commerce laisse supposer que son contenu est impératif, surtout à des fins d'homogénéisation de l'information financière. Apparaissent toutefois des doutes quant aux informations devant effectivement être publiées.

[1221] Ordonnance n° 2004-1382 du 20 décembre 2004 portant adaptation de dispositions législatives relatives à la comptabilité des entreprises aux dispositions communautaires dans le domaine de la réglementation comptable, *JORF* du 22 décembre 2004, texte n° 12.

[1222] Ordonnance n° 2017-1162 du 12 juillet 2017 portant diverses mesures de simplification et de clarification des obligations d'information à la charge des sociétés, *JORF* du 13 juillet 2017, texte n° 17.

[1223] Directive 2001/65/CE du Parlement européen et du Conseil du 27 septembre 2001 modifiant les directives n° 78/349/CE et n° 86/635/CEE en ce qui concerne les règles d'évaluation applicables aux comptes annuels et aux comptes consolidés de certaines formes de sociétés ainsi qu'à ceux des banques et autres établissements financiers, *JOCE* L. 283/28 du 27 octobre 2001 ; Directive 2003/51/CE du 18 juin 2003, précitée note 1209. Voir aussi : Thierry GRANIER, « Le rapport de gestion après l'ordonnance n° 2004-1382 du 20 décembre 2004 », *Revue des sociétés* 2005, p. 315, § 4.

[1224] Article 222-3 I du Règlement général de l'Autorité des marchés financiers : « Le rapport financier annuel mentionné au I de l'article L. 451-1-2 du Code monétaire et financier comporte : (…) 3° Un rapport de gestion comportant *au minimum* les informations mentionnées aux articles L. 225-100 et au deuxième alinéa de l'article L. 225-211 du Code de commerce et, si l'émetteur est tenu d'établir des comptes consolidés, au II de l'article L. 225-100-1 dudit code ».

L'article L. 225-100-1 I 3° du Code de commerce dispose que le rapport du conseil d'administration ou du directoire doit faire état d'une « analyse objective et exhaustive de l'évolution des affaires, des résultats et de la situation financière de la société », laquelle doit être décrite « notamment » par l'état de la « situation d'endettement, au regard du volume et de la complexité des affaires »[1225]. Le rapport doit aussi comporter la « description des principaux risques et incertitudes auxquels la société est confrontée »[1226], ainsi que le montant des dividendes distribués au titre des trois derniers exercices[1227]. La formulation des deux alinéas de cet article L. 225-100-1 du Code de commerce, inspirée de la formulation du texte de la directive communautaire du 18 juin 2003[1228], soulève quelques interrogations quant à la méthode que les organes publicateurs doivent suivre.

Dans un premier temps, il est nécessaire que le rapport présente une analyse objective et exhaustive de l'évolution des affaires sociales. Cette formulation, démontrant la préoccupation principale du rapport – l'information des actionnaires – est toutefois maladroite en ce qu'elle laisse une latitude pouvant s'avérer contreproductive. En effet, s'il est plutôt aisé de comprendre ce qu'est une analyse objective, c'est-à-dire une analyse sans aucune prise de position personnelle du rédacteur – ce qui peut toutefois nuire à sa qualité rédactionnelle –, il est plus délicat de déterminer ce que pourrait être l'analyse exhaustive. Si l'analyse est exhaustive, cela signifie qu'elle « épuise à fond le sujet »[1229], au risque d'être difficilement exploitable. Dès lors, l'analyse exhaustive peut être précise, mais aussi ne pas être claire. L'exhaustivité, préoccupation compréhensible afin d'être en conformité avec les impératifs légaux, entre en conflit avec les impératifs réglementaires imposant la clarté de la communication. On perçoit, à travers ce conflit normatif, que les traits que doit revêtir le rapport du conseil d'administration ou du directoire ne sont que des souhaits et non pas des impératifs. L'organe communiquant doit donc faire de son mieux afin de produire un rapport le plus objectif, exhaustif, clair et précis possible.

En deuxième lieu, l'article L. 225-100-1 du Code de commerce indique les informations devant figurer dans le rapport afin de présenter la situation financière de la société, parmi lesquelles figurent « notamment » la situation d'endettement. Cet adverbe sème le doute quant aux documents devant figurer dans le rapport du conseil d'administration ou du directoire. Au regard de cette formule utilisée, il semblerait que produire uniquement la situation d'endettement puisse être reproché à l'organe compétent, car les actionnaires ont légalement droit à la communication d'autres documents. En revanche, le

---

1225 Article L. 225-100-1 I 1° du Code de commerce.

1226 Article L. 225-100-1 I 3 du Code de commerce.

1227 Article 243 bis du Code général des impôts.

1228 Voir en ce sens : T. GRANIER, *op. cit.* note 1223, § 14.

1229 Définition du terme « exhaustif » selon le dictionnaire Larousse.

Code de commerce demeure muet sur ces autres documents à produire, ce qui peut soulever des difficultés au conseil d'administration ou au directoire. En effet, celui-ci devrait produire un document précis, clair, exhaustif et objectif, faisant état de la situation financière de la société. La tâche peut alors s'avérer ardue.

En troisième lieu, l'article L. 225-100-1 I 6° du Code de commerce donne la possibilité à l'organe rédacteur du rapport de gestion de communiquer sur l'utilisation des instruments financiers par la société, lorsqu'une telle information est pertinente pour déterminer « l'actif, le passif, la situation financière [de la société] et de ses pertes ou profits ». La formulation de cet alinéa laisse penser que, lorsque cela a un impact sur l'évaluation de l'actif ou du passif social, le conseil d'administration ou le directoire se trouve dans l'obligation de communiquer à propos des instruments financiers émis par la société. Or, l'émission d'instruments financiers – telles les obligations ou les valeurs mobilières donnant accès au capital[1230] – doit nécessairement être prise en compte afin de déterminer le passif de la société. Cela signifie que la liberté de ne pas publier cette information dans le rapport de gestion est illusoire pour la société ayant émis des titres financiers. Dès lors, le conseil d'administration ou le directoire doit publier des informations denses, à savoir : « ses objectifs et sa politique concernant la couverture de chaque catégorie principale de transactions prévues pour lesquelles il est fait usage de la comptabilité de couverture, ainsi que sur son exposition aux risques de prix, de crédit, de liquidité et de trésorerie ».

En dernier lieu, le rapport doit faire état des principaux risques et incertitudes auxquels la société est confrontée[1231]. La formulation de l'article semble particulièrement nébuleuse. On perçoit aisément les exigences sous-jacentes à cette norme, le rapport de gestion devant informer les actionnaires sur les éventuels facteurs endogènes et exogènes mettant en péril l'activité sociale. Doivent toutefois être pointées les maladresses rédactionnelles. Si la notion de risque auquel la société est confrontée est identifiable, il en est autrement des incertitudes. Dans quelle mesure une incertitude peut-elle faire l'objet d'une publication ? Par essence, une incertitude recouvre le caractère de ce qui est « incertain, douteux ou imprévisible »[1232]. Or, il apparaît difficile de publier et établir pour certain, ce qui est par nature imprévisible. Deux possibilités s'offrent alors aux rédacteurs du rapport. Soit ils s'attachent au but premier de la publication, c'est-à-dire la transmission d'une information établie, ce qui signifie que les incertitudes ne devraient pas faire l'objet d'une telle mesure de publicité. Soit ils s'attachent à l'exigence législative et publient toutes les sources d'incertitude, noyant les récipiendaires de

---

[1230] Selon l'article L. 211-1 du Code monétaire et financier, sont des instruments financiers des titres financiers et les contrats financiers.

[1231] Article L. 225-100-1 I 3° du Code de commerce.

[1232] *Dictionnaire de l'Académie Française*, précité note 72.

l'information sous un flot quasi inépuisable. Les rédacteurs se retrouvent dans une situation ubuesque car ils doivent opérer un choix : respecter la lettre de l'article en publiant toutes les incertitudes, ou en respecter l'esprit en limitant la publication afin de la rendre plus intelligible.

356. Le volet financier du rapport du conseil d'administration ou du directoire se trouve être une préoccupation législative importante au regard de la multiplication des normes figurant au sein du Code de commerce, mais aussi d'autres codes comme le Code général des impôts. Bien qu'important, cet aspect n'est pas prépondérant, car le rapport de gestion doit en comprendre un autre relatif à la gouvernance interne de la société.

2) L'information secondairement gouvernementale

357. La gouvernance de la société, préoccupation nouvelle des actionnaires. Suite aux différents scandales financiers du début du siècle[1233], un besoin s'est fait sentir de faire connaître au plus grand nombre les procédures permettant de ne plus reproduire les failles constatées. Suite à une norme étasunienne figurant au sein de la loi *Sarbanes-Oxley*[1234], est apparue dans la loi nationale l'exigence d'un *reporting* interne, c'est-à-dire un rapport sur les modes de gestion des risques internes. Il s'agit donc de connaître la structure de l'actionnariat de la société, mais aussi concernant l'organisation du contrôle interne.

358. La composition de l'assemblée. La composition de l'assemblée ne fait que très peu l'objet du rapport du conseil d'administration ou du directoire. Cependant, certaines informations sont essentielles pour la société et font donc l'objet d'une publicité dans le rapport annuel. En ce sens, l'une des informations devant y figurer est la participation des salariés dans le capital de la société[1235]. Cet élément est important, car les salariés actionnaires peuvent représenter un poids politique non négligeable[1236] et ainsi faire valoir leurs intérêts à propos de certaines décisions de gestion soumises à l'approbation de l'assemblée générale. Par ailleurs, il est intéressant pour les autres actionnaires de prendre connaissance de la fraction de capital détenue directement ou indirectement par les salariés, certaines actions détenues par les salariés pouvant être inaliénables durant un certain délai[1237]. Dès lors, cet

---

1233 Ces scandales sont principalement apparus outre-Atlantique avec les scandales Enron, WorldCom, Adelphia, ou Tyco, mais aussi en Europe continentale avec les scandales Swissair ou Parmalat.

1234 *Sarbanes-Oxley Act of 2002*, précitée note 150.

1235 Article L. 225-102 du Code de commerce.

1236 Michel GERMAIN, « Les droits politiques des actionnaires », *Bulletin Joly sociétés* 2005, p. 39. Voir aussi : Catherine MALECKI, « La loi n° 2006-387 du 31 mars 2006 relative aux offres publiques d'acquisition et l'information des actionnaires et des salariés », *D.* 2006, p. 2314, § 6.

1237 Articles L. 225-194 et L. 225-197 du Code de commerce.

élément peut être utile à certains actionnaires de sociétés cotées s'ils envisagent, dans le cadre d'une déclaration d'intention, le rachat des actions des autres détenteurs de capital.

359. Les mesures de contrôle interne. L'inspiration du droit étasunien est particulièrement remarquable à propos du volet relatif ou au contrôle interne. En effet, la loi *Sarbanes-Oxley* impose, dès 2002, que les principaux dirigeants établissent, sous leur responsabilité, un rapport attestant que les procédures de contrôle interne ont été mises en œuvre, ainsi que la communication du fruit de ce contrôle[1238]. L'article L. 225-100-1 I 5° du Code de commerce contient une norme s'en approchant, le conseil d'administration ou le directoire se trouvant dans l'obligation de publier les « procédures de contrôle interne et de gestion des risques mises en place par la société ».

A l'étude de la formule de l'article L. 225-100-1 du Code de commerce, une interrogation apparaît, celle de la signification de la locution de « contrôle interne ». Cette notion n'apparaît que peu dans le livre II du Code de commerce et appartient plus, à vrai dire, au domaine bancaire[1239]. Dès lors qu'elle ressort de ce domaine précis, la notion de contrôle interne semblerait prédestinée à être uniquement employée à des fins financières et comptables, excluant le contrôle politique visant le processus décisionnel pouvant être exercé au sein de la société[1240]. Cette vision réductrice de la notion de contrôle interne a pu avoir des partisans[1241], dont l'objectif était de simplifier l'objet de la déclaration faite par le conseil. Cette conception du contrôle interne, bien que compréhensible à des fins d'harmonisation des branches du droit, ne cadre toutefois ni avec les objectifs de bonne gouvernance des sociétés – et particulièrement des sociétés cotées – ni avec la lettre même de l'article L.

[1238] *Sarbanes-Oxley Act of 2002*, précitée note 150, section 302 (a) (4) (A) : « La commission exigera, par une norme spéciale, (…) que les principaux dirigeants (…) certifient dans chaque rapport annuel ou trimestriel (…) que les signataires sont responsables de l'établissement et du maintien des procédures de contrôle interne ». Traduction de "*The commission shall, by rule, require (...) that the principal officers (...) certify in each annual or quarterly report (...) that the signing officers are responsible for establishing and maintaining internal controls*".

[1239] A ce titre, la notion de contrôle interne apparaît dans le Code monétaire et financier, spécifiquement son l'article L. 511-41, relatif aux obligations devant être mises en place par les établissements de crédit. Le contrôle interne, au sens de cet article, aurait notamment pour but de « mesurer les risques et la rentabilité de leurs activités, y compris lorsqu'ils confient à des tiers des fonctions ou autres tâches opérationnelle essentielles ou importantes ». Voir : I. URBAIN-PARLÉANI, *op. cit.* note 1254.

[1240] Il n'en est toutefois rien. Voir : COMITE DE LA REGLEMENTATION BANCAIRE ET FINANCIERE, *Règlement n° 97-02 du 21 février 1997 relatif au contrôle interne des établissements de crédit et des entreprises d'investissements*, article 5 : « Le système de contrôle des opérations et des procédures internes a notamment pour objet, dans des conditions optimales de sécurité, de fiabilité et d'exhaustivité, de (…) b) Vérifier que les procédures de décisions, de prises de risques, quelle que soit leur nature, et les normes de gestion fixées par l'organe exécutif, notamment sous forme de limite, sont strictement respectées ». Voir aussi : Thierry BONNEAU, *Droit bancaire*, 11ème éd., Paris, L.G.D.J., 2015, p. 251.

[1241] Vincent MEDAIL, « Le rapport du président du conseil sur les procédures de contrôle interne », *JCP E* 2004, 734, § 17.

225-100-1 du Code de commerce. En effet, afin d'expliciter ce que pourrait être une procédure de contrôle interne, le législateur mentionne les procédures qui sont « relatives à l'élaboration et au traitement de l'information comptable et financière ». La question de la gestion financière n'étant qu'un exemple, le rapport sur le contrôle interne ne doit pas concerner uniquement le contrôle financier, contrairement aux États-Unis, mais aussi d'autres domaines. Telles ont été les lectures proposées par l'Autorité des marchés financiers[1242] et l'ANSA[1243]. Ainsi, doivent être publiées au sein du rapport sur le contrôle interne toutes les mesures permettant d'assurer que les opérations sont réalisées, sécurisées et optimisées, permettant à l'organisation d'atteindre ses objectifs de base, de performance, de rentabilité et de protection du patrimoine ; une attestation selon laquelle les informations financières sont fiables et que les lois, les règlements et les directives de l'organisation sont respectées[1244]. Dans le but de donner une information accessible, le rapport de gestion doit présenter synthétiquement les mécanismes de contrôle interne mis en place[1245] tels que l'audit interne, les codes propres à la société, le *reporting* interne, le rôle spécial joué par certains administrateurs[1246] *etc.* Ces informations sont importantes pour les actionnaires, en ce qu'ils peuvent vérifier le cheminement des décisions de gestion, et ainsi établir les chaînes de responsabilité lorsqu'une décision de gestion apparaît fautive. Dans une telle hypothèse, les actionnaires déterminent ainsi quels mécanismes de contrôle interne ont été efficaces ou déficients.

B) Le rapport de gouvernance

360. Une des préoccupations principales en matière de gouvernance est mettre la lumière sur l'équivalent du *chief executive officer* ou du *chief financial officer* étasunien. Ceux-ci doivent, selon la loi *Sarbanes-Oxley*,

---

1242 AUTORITE DES MARCHES FINANCIERS, *Rapport 2007 de l'AMF sur le gouvernement d'entreprise et le contrôle interne*, p. 24.

1243 ASSOCIATION NATIONALE DES SOCIETES PAR ACTIONS, *Dossier n° 04-031*, p. 4-5.

1244 INSTITUT FRANÇAIS POUR L'AUDIT ET LE CONTRÔLE INTERNES, *L'urbanisme du contrôle interne, Comment en améliorer l'efficacité ? Quelle place pour l'audit interne ?*, 2008, p. 4. Pour une définition similaire, voir : AUTORITE DES MARCHES FINANCIERS, *Cadre de référence sur les dispositifs de gestion des risques et de contrôle interne pour les valeurs moyennes et petites*, 22 juillet 2010, p. 5.

1245 V. MEDAIL, *op. cit.* note 1241, § 18.

1246 Pour une liste non exhaustive des procédures, voir : I. URBAIN-PARLÉANI, *op. cit.* note 1254. Voir aussi : AUTORITE DES MARCHES FINANCIERS, *op. cit.* note 1242, p. 6.

publier et certifier un rapport sur l'activité de la société[1247]. Cette mesure, qui avait été adoptée en droit interne aux articles L. 225-37 et L. 225-68 du Code de commerce, obligeait le président du conseil d'administration ou du conseil de surveillance à certifier certains éléments, pouvant être divisés en deux grandes catégories : les informations relatives au conseil d'administration ou de surveillance et celles relatives au gouvernement de la société. Ce rapport a toutefois été supprimé et remplacé par un rapport du conseil d'administration ou de surveillance par l'ordonnance du 12 juillet 2017, afin de simplifier la communication des sociétés[1248]. À un rapport rédigé individuellement succède donc un rapport de gouvernance collégial.

361. Le rapport sur l'organisation de l'organe présidé. Dans un premier temps, le conseil d'administration ou de surveillance doit informer les actionnaires des conditions de l'organisation des travaux du conseil. Selon l'article L. 225-37-4 5° du Code de commerce, il doit rendre compte de la composition du conseil, les conditions de préparation et d'organisation des travaux. Ces normes sont vagues, semblant laisser une grande marge d'appréciation aux conseils d'administration ou de surveillance dans leur tâche de rédaction du rapport annuel, ce qui paraît contraire à l'objectif poursuivi par le législateur : fournir le *maximum* d'informations aux actionnaires. De fait, la liberté offerte aux conseils semble illusoire.

Le conseil d'administration ou de surveillance doit donc fournir une liste importante d'informations relatives au conseil en lui-même. Depuis que la loi du 3 juillet 2008[1249] a ajouté l'obligation de faire état de la composition du conseil, le rapport de gouvernance devrait mentionner toutes les questions

---

[1247] *Sarbanes-Oxley Act of 2002*, précitée note 150, section 302 (a) : « La commission exigera, par une norme (…) que le directeur général et le directeur financier, ou toute autre personne exerçant une fonction similaire, certifient dans chaque rapport annuel ou trimestriel publié selon les règles posées à cet article que (1) le signataire a vérifié le rapport ; (2) à la connaissance du signataire, le rapport ne contient aucune déclaration fausse concernant un fait, ni aucune omission d'un fait, à la lumière des circonstances dans lesquelles les déclarations ont été faites, qui pourrait rendre le rapport trompeur ; (3) à la connaissance du dirigeant, les déclarations financières, et les autres informations financières contenues dans le rapport, présentent sincèrement les conditions financières et les résultats de ces opérations de l'émetteur pour les périodes présentées dans le rapport ». Traduction de " *The commission shall, by rule, require, (...) that the principal executive officer or officers and the principal financial officer or officers, or persons performing similar functions, certify in each annual or quarterly report filed or submitted under either such section of such Act that (1) the signing officer has reviewed the report ; (2) based on the officer's knowledge, the report does not contain any untrue statement of a material fact or omit to state a material fact necessary in order to make the statements made, in light of the circumstances under which such statements were made, not misleading ; (3) based on such officer's knowledge, the financial statements, and other financial informations included in the report, fairly present in all material respects the financial condition and results of operations of the issuer as of, and for, the periods presented in the report (...)*".

[1248] Ordonnance n° 2017-1162 du 12 juillet 2017, précitée note 1222.

[1249] Loi n° 2008-648 du 3 juillet 2008 portant diverses dispositions d'adaptation du droit des sociétés au droit communautaire, *JORF* du 4 juillet 2008, p. 10705.

relatives à cet aspect, notamment la procédure de nomination des administrateurs, leur nombre, leur répartition par sexe[1250], leur indépendance[1251] *etc.* Ces normes sont, à l'évidence, recherchées par les actionnaires dans leur mission de contrôle de la gestion sociale. Elles leur permettraient de vérifier en quoi la composition du conseil d'administration ou de surveillance a pu influer sur la prise d'une décision de gestion. Ces informations relatives à la composition du conseil sont ainsi scrutées avec attention par les actionnaires, qui attendent de la part du rapport de gouvernance une transparence totale.

Par ailleurs, le rapport de gouvernance doit indiquer les « conditions de préparation et d'organisation des travaux du conseil ». Cette règle semble redondante au regard de l'article L. 225-51 du Code de commerce[1252], aux termes duquel le président du conseil d'administration « rend compte [des travaux du conseil] à l'assemblée générale ». Les deux textes ont toutefois un champ d'application différent. Il ressort en effet de la formulation de l'article L. 225-37-4 du Code de commerce que le conseil doit faire état de toutes les informations pertinentes relatives à la phase préalable à la prise de décision effective. Si le rapport de gouvernance doit présenter les conditions de préparation et d'organisation des travaux du conseil, il fait nécessairement état de la phase préalable à la tenue des réunions du conseil d'administration ou de surveillance car le terme condition signifie « ce qui exerce une influence déterminante sur une chose, une action, un évènement »[1253]. Le conseil doit donc présenter tout évènement préalable et déterminant dans ses travaux. Il semble ainsi que l'article L. 225-37-4 du Code de commerce est différent de son article L. 225-51, car ce dernier impose au président du conseil d'administration de présenter des travaux du conseil d'administration et donc de présenter les décisions prises par cet organe.

Devraient alors être publiées dans le rapport de gouvernance les modalités d'information et leur mise à disposition aux administrateurs. Il en est de même

---

1250 Innovation issue de la loi n° 2011-103 du 27 janvier 2011, relative à la représentation équilibrée des femmes et des hommes au sein des conseils d'administration et de surveillance et à l'égalité professionnelle, *JORF* du 28 janvier 2011, p. 1680.

1251 Voir en cela : Dominique SCHMIDT, « Le rapport sur les conditions de préparation et d'organisation des travaux du conseil d'administration », dans *Mélanges offerts à Philippe SIMLER*, Paris, LexisNexis-Dalloz, 2006, p. 509-510. Cet auteur avait fait preuve d'une particulière clairvoyance, proposant la diffusion de telles informations alors même que la loi applicable à l'époque n'imposait pas de diffuser des informations sur la composition du conseil.

1252 Voir en cela : Jean-Louis NAVARRO, « Le rapport sur les procédures de contrôle interne : de la loi du 1er août 2003 à la loi du 26 juillet 2005 », *Bulletin Joly sociétés* 2006, p. 135, spéc. note infrapaginale 25 ; « Droit comptable », *JCP E* 2004, 1441, § 6 ; Gabriel BARANGER, « Le rapport spécial du président du conseil d'administration sur le fonctionnement du conseil et les procédures de contrôle interne », *Bulletin Joly sociétés* 2004, p. 169.

1253 *Dictionnaire de l'Académie Française*, précité note 72.

des modalités de leur convocation[1254]. Le conseil doit donc fournir toutes les informations portant sur la préparation de ses séances. Par ailleurs, les informations relatives aux conditions d'organisation des travaux du conseil concernent le nombre de séances tenues, le nombre d'administrateurs présents[1255] *etc.* En outre, devraient aussi être communiquées toutes les informations relatives à l'organisation globale du conseil sur l'année, ainsi qu'à la participation des administrateurs, même si elle se matérialise par des votes négatifs ou des opinions dissidentes[1256]. Ces dernières informations pourraient particulièrement être utiles aux actionnaires, une opposition ou une dissidence leur permettant d'identifier une décision soulevant des interrogations, sinon des dissensions. Ce volet du rapport de gouvernance aussi important soit-il, n'est toutefois pas celui qui retient l'attention de la plupart des commentateurs.

362. Le rapport d'application d'un code de gouvernance. Les règles applicables aux sociétés cotées sont en perpétuelle croissance et n'ont pas toutes une origine légale. S'est ainsi développée dans les pays anglo-saxons la pratique dite des codes de gouvernance[1257], corpus de règles non contraignantes d'application purement volontaire. Il est apparu assez rapidement que les sociétés qui n'appliquaient pas ces codes, en tout ou partie, subissaient des sanctions économiques, car elles sont perçues comme peu enclines à appliquer les règles de bonne gouvernance[1258]. Les codes de gouvernement étant d'application volontaire, une règle s'est développée afin d'uniformiser le comportement à adopter en réponse à ceux-ci. À ce titre, le

---

[1254] Isabelle URBAIN-PARLÉANI, « Les nouvelles obligations d'information des dirigeants envers les actionnaires », *Revue des sociétés* 2004, p. 779 ; G. BARANGER, *op. cit.* note 1252, p. 170

[1255] *Id.*

[1256] D. SCHMIDT, *op. cit.* note 1251, p. 510.

[1257] Voir par exemple : FINANCIAL REPORTING COUNCIL, *The UK Corporate Governance Code*, 2012 ; COMMITTEE ON CORPORATE GOVERNANCE IN CANADA, *Where Were the Directors ? Guidelines for Improved Corporate Governance in Canada (aussi appelé le Rapport Dey)*, Toronto Stock Exchange, 1994 ; NEW YORK STOCK EXCHANGE, *Final NYSE Corporate Governance Rules*, 2003 ; NATIONAL ASSOCIATION OF CORPORATE DIRECTORS, *Key Agreed Principles to Strengthen Corporate Governance for U.S. Publicly Traded Companies*, Washington, 2008.

[1258] Annaleen STEENO, « Corporate Governance : Economic Analysis of a "Comply or Explain" Approach », *Stanford Journal of Law, Business and Finance* 2006, p. 398.

principe *comply or explain*[1259], que l'on peut traduire par se conformer ou s'expliquer, a été consacré dans le Code de commerce par la loi du 3 juillet 2008[1260].

Ce principe binaire, aux deux possibilités incompatibles l'une avec l'autre, n'est pas retenu par le droit français, qui opte pour une solution médiane. En effet, à la lecture du Code de commerce, le rapport de gouvernance doit dans un premier temps présenter le Code de gouvernance appliqué ou se justifier de la non-application d'un tel code. Deux solutions sont donc envisagées : l'application ou l'explication. La particularité du droit français se trouve dans le second temps du principe, car si la société applique le code de gouvernance, le conseil doit s'y conformer, ou expliquer pourquoi certaines normes ne sont pas appliquées. Le droit interne issu de la loi du 3 juillet 2008 pose donc un nouveau principe : « *apply or explain*[1261], *and if you apply, comply or explain* »[1262]. Le rapport de gouvernance doit donc faire état de la conformité de la société au regard des règles incitatives, information intéressant grandement les actionnaires attentifs aux considérations éthiques et liées au gouvernement de l'entreprise.

La France a connu une démultiplication des règles de gouvernance. À titre indicatif, il est possible de mentionner les codes de gouvernance issus de l'Institut Montaigne[1263], de l'AFEP et du MEDEF[1264], de l'association française de gestion[1265], de Middlenext[1266] *etc.* Apparaît une nouvelle fois une différence fondamentale entre la France et les pays anglo-saxons puisque

---

1259 Voir sur ce point : Björn FASTERLING, Jean-Claude DUHAMEL, « Le *comply or explain* : la transparence conformiste en droit des sociétés », *Revue international de droit économique* 2009/2, p. 129 et s. ; Jean-Baptiste POULLE, « L'apparition du principe se conformer ou expliquer en droit français », *Revue trimestrielle de droit financier* 2008/1, p. 49 et s. ; Alain PIETRANCOSTA, Jean-Baptiste POULLE, « Le principe appliquer ou expliquer », dans Erik LE DOLLEY (dir.), *Les concepts émergents en droit des affaires*, Paris, L.G.D.J. coll. Droit et économie, 2010, p. 377 et s. ; Alain COURET, « The "comply or explain" principle : From a simple financial markets regulation to a wide method of regulation », *Revue trimestrielle de droit financier* 2010/4, p. 4 et s. ; Véronique MAGNIER, « Le principe se conformer ou s'expliquer, une consécration en trompe l'œil ? », *JCP E* 2008, Act. 280.

1260 Précitée note 1249.

1261 Didier PORACCHIA, Thierry GRANIER, « Des relations entre éthique et droit financier », dans *Mélanges en l'honneur de Philippe MERLE*, précités note 1125, p. 343.

1262 Formule utilisée par B. FASTERLING, J.-C. DUHAMEL, *op. cit.* note 1259, p. 136 ; A. PIETRANCOSTA, J.-B. POULLE, *op. cit.* note 1259, p. 382 ; A. COURET, *op. cit.* note 1259, p. 6.

1263 INSTITUT MONTAIGNE, *Mieux gouverner l'entreprise*, Paris, 2003.

1264 AFEP-MEDEF, *op. cit.* note 161.

1265 ASSOCIATION FRANCAISE DE LA GESTION FINANCIERE, *op. cit.* note 374.

1266 MIDDLENEXT, *Code de gouvernement d'entreprise pour les valeurs moyennes et petites*, Paris, 2009.

ceux-ci sont parvenus à limiter le nombre de référents en ne multipliant pas les codes de gouvernance[1267].

Afin d'endiguer le nombre de Codes devant être mentionnés dans le rapport, le Code de commerce mentionne « un code de gouvernement d'entreprise élaboré par les organisations représentatives des entreprises ». Il semble, à première lecture, que cette expression est faite sur mesure pour viser le code AFEP-MEDEF[1268], le seul émanant d'une organisation représentative des entreprises.

Cette première analyse de la formulation est toutefois excessive. En effet, si le MEDEF est bien une organisation représentative, c'est une organisation représentative des employeurs et non pas des entreprises. À proprement parler, la notion d'organisation représentative ne connaît de définition que par le biais des organisations syndicales représentatives[1269], ce qui signifie qu'il n'y a aucune définition de ce qu'est une organisation représentative des entreprises. L'article L. 225-37-4 du Code de commerce qui vise à limiter le nombre de Code de gouvernance pouvant être pris en référence est donc en partie inefficace, car inexact dans sa formulation. Il existe donc un risque pour les actionnaires que la société adopte un code de bonne gouvernance peu répandu dont la consultation serait malaisée. Celui-ci est toutefois minimisé par une autre obligation annexe à la publication du rapport de gouvernance, celle de « faire état du lieu où ce code peut être consulté ». Selon cette dernière indication, il semblerait que la mention d'un simple site internet ne soit pas suffisante, n'étant pas à proprement parler un lieu.

363. Ces informations figurant dans le volet relatif à l'information interne des rapports de gestion et de gouvernance sont nombreuses et variées. Cette diversification est intéressante pour les actionnaires en ce qu'elle leur offre une image fidèle de la structure de la société. En revanche, il ressort de cette multiplication des règles publiables que les actionnaires peuvent être noyés sous la masse des informations, rendant le contrôle difficile en raison du volume de données à traiter en un faible temps. Ces informations internes ne sont pas les seules à être publiées dans le cadre de ces rapports, car les règles de responsabilité sociétale de l'entreprise imposent désormais la publication d'informations sociales et environnementales.

[1267] Par exemple la Grande-Bretagne ne dispose qu'un seul code de référence, le *Combined Code*. Voir en cela : Benoît LECOURT, « la loi DDAC du 3 juillet 2008 réformant le Code de commerce dans ses dispositions relatives au gouvernement d'entreprise, aux fusions internes, à la SARL et à la SE », *Revue des sociétés* 2008, p. 563, § 11.

[1268] V. MAGNIER, *op. cit.* note 1259 ; B. FASTERLING, J.-C. DUHAMEL, *op. cit.* note 1259, p. 138.

[1269] Articles L1 et L. 2122-11 et suivants du Code du travail.

II) Les informations à caractère sociétal

364. La consécration de la responsabilité sociétale de l'entreprise. De la même façon qu'un individu ne peut agir sans prendre en considération les autres membres de la société *lato sensu* dans laquelle il vit, une société cotée ne peut être perçue comme un acteur économique isolé. Elle doit prendre en considération les conséquences de son activité sur la société *lato sensu*, contrairement à ce qu'affirmaient certains économistes de l'École de Chicago[1270]. La gestion de la société n'est pas uniquement financière, mais peut avoir des implications sur l'emploi, l'environnement et la zone géographique au sein de laquelle elle exerce ses activités. Ces données ne peuvent être ignorées par les sociétés et dès lors, ces règles doivent faire l'objet d'une publication. Au regard de la croissance de l'investissement sociétalement responsable et des théories liées au développement durable[1271], le marché et certains investisseurs se sont intéressés à ces informations. La loi nouvelles régulations économiques a alors introduit dans le Code de commerce l'obligation pour le conseil d'administration ou le directoire de produire des rapports sociaux et environnementaux. Depuis, ces aspects du droit des sociétés sont en perpétuelle croissance, comme en témoigne le nombre de normes relatives à la publication de l'information sociale et environnementale[1272].

Il ressort de l'article L. 225-100-1 I 2° du Code de commerce que le conseil d'administration ou le directoire doit, dans le cadre de son analyse de l'évolution des affaires, publier des « indicateurs clés de performance de nature non financière ». Cet article mentionne les informations environnementales et d'emploi, ce qui permet d'identifier, dans les différents articles liés à l'information sociétale, les grandes divisions de la publication obligatoire. Ainsi, doivent être communiquées certaines informations relatives à l'emploi (A), à l'environnement (B) et à l'implantation et à l'engagement de la société au sein de la communauté (C).

A) La publication sociale obligatoire

365. Si la nécessité de produire des informations à caractère social est intervenue avec la loi nouvelles régulations économiques, le contenu de ce qui

---

1270 Voir notamment : M. FRIEDMAN, *op. cit.* note 48. Voir aussi : Claude CHAMPAUD (dir.), *Manifeste pour la doctrine de l'entreprise, sortir de la crise du financiarisme*, Bruxelles, Larcier, 2011, p. 289 et s.

1271 La notion de développement durable, à l'origine propre au droit international, est apparue par le biais d'un rapport commandé par l'Organisation des Nations Unies : Gro Harlem BRUNDTLAND (dir.), *Notre avenir à tous*, 1987.

1272 Voir en cela : AUTORITE DES MARCHES FINANCIERS, *Recommandation AMF n° 2010-13, Rapport sur l'information publiée par les sociétés cotées en matière de responsabilité sociale et environnementale*.

devait effectivement être publié n'est précisé qu'avec son décret d'application[1273]. Devaient faire l'objet d'une publication plusieurs informations, parmi lesquelles l'effectif global des salariés, l'embauche en distinguant les types de contrat selon leur durée, l'organisation du temps de travail, l'absentéisme et ses motifs, les rémunérations et leur évolution, les relations professionnelles[1274] *etc.* Toutes ces informations, permettant de déterminer si la société pouvait subir un risque de conflit social, étaient publiées dès 2002. Il s'est toutefois avéré après quelques années que la majorité des sociétés n'étaient pas en conformité avec les dispositions réglementaires[1275], le législateur est donc intervenu.

À la suite des deux lois communément connues sous le nom de « Grenelle »[1276], le décret d'application de la seconde loi[1277] a révisé les informations devant être publiées au titre du volet social du rapport du conseil d'administration ou du directoire. Il ressort d'une comparaison entre les deux textes que les thèmes de publication sociale sont globalement communs. Ces données sont plus précises, le décret d'application de la loi Grenelle II donnant des indications sur les thèmes communs. Il peut toutefois être regretté la disparition de certaines mesures, comme le recours à l'emploi intérimaire ou au temps partiel, les plans de réduction de l'effectif ou les éventuels licenciements[1278], faisant état de la stabilité de l'emploi au sein de la société. Il est dommage que le décret du 24 avril 2012 ne reprenne pas ces informations qui pourraient avoir une influence sur le cours du titre de la société. En effet, le recours à l'emploi précaire peut traduire une tendance à la baisse de l'activité productrice, voire une dégradation du climat social, au sein de la société et ainsi intéresser les actionnaires et autres investisseurs sur la pérennité de l'entreprise exploitée sous forme sociale. Il demeure toutefois

---

[1273] Article 148-2 du décret du 23 mars 1967, créé par le décret n° 2002-221 du 20 février 2002 pris pour l'application de l'article L. 225-102-1 du Code de commerce et modifiant le décret 67-236 du 23 mars 1967 sur les sociétés commerciales, *JORF* 21 février 2002, p. 3360. La codification est intervenue à l'article R. 225-104 ancien du Code de commerce.

[1274] Ivan TCHOTOURIAN, « Adoption du décret 2012-557 du 24 avril 2012 : le *reporting* extra-financier des sociétés revisité », *Bulletin Joly bourse* 2012, p. 300, § 3 ; Catherine MALECKI, « Informations sociales et environnementales : de nouvelles responsabilités pour les sociétés cotées ? », *D.* 2003, p. 818, § 6.

[1275] Bénédicte FRANCOIS, « *Reporting* RSE : commentaire du décret n° 2012-557 du 24 avril 2012 », *Revue des sociétés* 2012, p. 607, § 10.

[1276] Loi n° 2009-967 du 3 août 2009 de programmation relative à la mise en œuvre du Grenelle de l'environnement (dite loi Grenelle I), *JORF* du 5 août 2009, p. 13031 ; Loi n° 2010-788 du 12 juillet 2010 portant engagement national pour l'environnement (dite loi Grenelle II), *JORF* du 13 juillet 2010, p. 12905.

[1277] Décret n° 2012-557 du 24 avril 2012 relatif aux obligations de transparence des entreprises en matière sociale et environnementale, *JORF* du 26 avril 2012, texte n° 18.

[1278] Catherine MALECKI, « Le décret du 24 avril 2012 relatif "aux obligations de transparence des entreprises en matière sociale et environnementale" », *Bulletin Joly sociétés* 2012, p. 590 ; B. FRANCOIS, *op. cit.* note 1275, § 11.

que cette information, aussi précise soit-elle, apparaît redondante au regard d'une autre mesure de publication sociale.

366. Le bilan interne ou la double information sociale. Le Code du travail dispose l'obligation, pour l'employeur, de communiquer un bilan social lorsque l'effectif de l'entreprise dépasse le seuil de trois cents salariés[1279]. Ce bilan social reprend le contenu du rapport social du conseil d'administration ou du directoire[1280]. La société, structure juridique de l'entreprise, étant considérée comme employeur, il incombe à son représentant légal de produire le bilan social, ce qui signifie dans une société anonyme, qu'il reviendra au directeur général ou à un membre du directoire – sauf délégation de pouvoirs – de rédiger le bilan social. Cette personne doit rédiger un rapport sur la situation de l'emploi au sein de la société selon les dispositions du Code du travail, alors que le conseil d'administration ou le directoire doit présenter un rapport sur la situation de l'emploi selon les dispositions du Code de commerce. La redondance des deux rapports se retrouve aussi dans leur publication, le rapport du Code de commerce étant destiné aux actionnaires au titre de l'article L. 225-102-1, tout comme le rapport du Code du travail, accompagné d'un avis du comité social et économique[1281]. La seule différence relative à la communication de ces rapports est le caractère de cette information : le rapport du conseil d'administration ou du directoire est impérativement communiqué à l'assemblée générale, alors que le rapport de l'employeur est communiqué sur demande[1282].

367. Une uniformisation souhaitable ? La redondance des rapports relatifs à l'emploi au sein de la société apparaît le plus clairement dans une société anonyme de type dualiste. Dans une telle hypothèse, le directoire doit rédiger collégialement le rapport sur l'emploi de l'article L. 225-102-1 du Code de commerce, alors qu'il revient à un seul de ses membres de rédiger le bilan social, dont les exigences sont plus nombreuses. Ce membre serait ainsi responsable à double titre en cas de défaut de production des deux rapports, ce qui ne peut être acceptable. Il serait envisageable, voire louable dans un souci de simplification du droit, d'uniformiser les textes relatifs au rapport sur l'emploi. Aussi doit-on imaginer une harmonisation permettant de combiner les effets positifs des deux rapports pour n'en obtenir qu'un seul.

L'organe à l'origine du rapport devrait ainsi être un organe collectif, tel le conseil d'administration ou le directoire, car cette collégialité permet une meilleure division du travail dans l'élaboration de ce rapport, mais aussi une dilution de la responsabilité en cas de faute commise dans sa rédaction. Le

---

[1279] Article L. 2312-28 et suivants du Code du travail. Voir en ce sens : G. AUZERO, E. DOCKÈS, *op. cit.* note 708, p. 1325-1326 ; B. TEYSSIÉ, *op. cit.* note 728, p. 264-265.

[1280] B. FRANCOIS, *op. cit.* note 1275, § 11.

[1281] Article L. 2312-32 du Code du travail. Cette communication aux actionnaires est toutefois une particularité propre aux sociétés par actions.

[1282] Articles L. 225-108, L. 225-115 et R. 225-83 du Code de commerce.

contenu de ce rapport pourrait être calqué sur celui du bilan social, au contenu plus large[1283] et donc le plus cohérent au regard de l'objectif de transparence de l'information. Une fois rédigé par le conseil d'administration ou par le directoire, le rapport pourrait être accompagné d'un avis du comité social et économique, permettant aux actionnaires d'avoir une appréciation extérieure. De ce fait, l'information revêtirait non seulement une dimension quantitative, mais aussi qualitative. Enfin, ce rapport pourrait être diffusé impérativement par la société à l'assemblée générale et ferait aussi partie de l'information diffusée au marché.

Il conviendrait donc d'adapter au droit des sociétés le bilan social, propre au droit du travail. Le moyen le plus simple pour atteindre cet objectif est d'exiger, pour les seules sociétés cotées, que le conseil d'administration ou le directoire annexe à son rapport de gestion le bilan social, qui serait ainsi certifié par cet organe. Pour les sociétés cotées dont les effectifs sont inférieurs à trois cents salariés, il conviendrait de dépasser l'exigence posée par le Code du travail et donc de rédiger le bilan social, car il ne serait pas envisageable de disposer d'une obligation applicable à seulement certaines sociétés cotées.

B) La communication environnementale

368. L'une des dimensions majeures de la communication du XXIème siècle pour une société est l'impact de la production sur le maintien de l'environnement. Le mouvement, amorcé à la fin des années 1980 et pérennisé par les diverses conférences internationales sur l'environnement[1284], s'est accéléré avec les catastrophes environnementales qu'ont engendré certaines activités de production et de stockage exploitées par des sociétés commerciales[1285]. Les informations environnementales connaissent un essor au fur et à mesure que des catastrophes se produisent, créant ainsi un droit de

---

[1283] André SOBCZAK, « L'obligation de publier des informations sociales et environnementales dans le rapport annuel de gestion – Une lecture critique de la loi NRE et de son décret d'application », *JCP E* 2003, 542, § 25.

[1284] Il est possible de citer les sommets internationaux de Rio, de Paris, de Kyoto, de Johannesburg et de Doha.

[1285] On peut rappeler qu'un accident industriel s'étant déroulé en Italie a entraîné l'adoption de la directive 82/501/CE concernant les risques d'accidents majeurs de certaines activités industrielles, *JOCE* L. 230/1 du 5 août 1982. Au même titre, la marée noire causée par le naufrage de l'Exxon Valdez au large des côtes de l'Alaska a entraîné la modification de la loi étasunienne sur l'impact environnemental des activités commerciales, notamment avec la rédaction de la *Oil Pollution Act of 1990*, 33 *U.S.C.* § 2701 *et seq.*

réaction et non de prévention[1286]. Les sociétés n'ont pas pu échapper à la communication environnementale, liée à la notion de développement durable, qui est devenue – pour certains investisseurs – une préoccupation majeure. S'est développé un mouvement volontariste qui a abouti à l'instrumentalisation des préoccupations écologiques de certains actionnaires, investisseurs ou consommateurs, puisque certaines sociétés publiaient volontairement des données relatives à l'impact de leur activité sur l'environnement peu vérifiables. Cette dérive est qualifiée de *green washing* par certaines études anglo-américaines[1287] et traduite par l'expression d' « éco blanchiment »[1288]. La loi est alors venue fixer les modalités de la communication que devraient adopter les sociétés en matière environnementale.

369. Deux décrets fixant les données environnementales. La loi nouvelles régulations économiques a introduit l'idée d'un *reporting* environnemental, mais sans en préciser ni les contours, ni le contenu. Son décret d'application est alors venu mentionner certaines règles devant être publiées par les sociétés anonymes[1289]. Celles-ci concernaient, en des termes vagues, les réelles implications environnementales de l'activité sociale[1290] et les mesures prises par la société pour les quantifier et les limiter[1291]. Ces mesures constituaient un premier pas assez peu satisfaisant vers l'information

---

1286 Un exemple particulièrement marquant du critère réactif du droit de l'environnement est la réaction légale à l'explosion de l'usine AZF à Toulouse. Cette usine, classée Seveso au sens de l'article L. 515-8 du Code de l'environnement, stockait du nitrate d'ammonium, élément particulièrement instable. L'explosion du 21 septembre 2001 a engendré une réponse législative par la loi n° 2003-699 du 30 juillet 2003 relative à la prévention des risques technologiques et naturels et à la réparation des dommages, *JORF* du 31 juillet 2003, p. 13021. Voir, par exemple, pour le lien entre l'explosion de l'usine AZF et les débats parlementaires portant sur cette loi : *J.O. Assemblée Nationale* du 4 mars 2003, p. 1538.

1287 Miriam A. CHERRY, Judd F. SNEIRSON, « Beyond Profit : Rethinking Corporate Social Responsibility and Greenwashing After the BP Oil Disaster », *Tulane Law Review*, 2011, p. 983 ; Thomas P. LYON, Jonh W. MAXWELL, « Greenwash : Corporate Environmental Disclosure Under Threat of Audit », *Journal of Economics and Management Strategy*, 2011, p. 3 ; Béatrice PARGUEL, Florence BENOÎT-MOREAU, Fabrice LARCENEUX, « How Sustainability Ratings Might Deter "Greenwashing" : A Closer Look at Ethical Corporate Communication », *Journal of Business Ethics* 2011, p. 15.

1288 B. FRANCOIS, *op. cit.* note 1275, § 33.

1289 Article R. 225-105 ancien du Code de commerce.

1290 Par exemple, voir l'ancien article R. 225-105-1 1° du Code de commerce : le rapport doit mentionner « la consommation des ressources en eau, matières premières et énergie avec les mesures prises pour améliorer l'efficacité énergétique et le recours aux énergies renouvelables, les conditions d'utilisation des sols, les rejets dans l'air, l'eau et le sol affectant gravement l'environnement ».

1291 Voir par exemple les 3°, 4° et 6° de l'ancien article R. 225-105 du Code de commerce.

environnementale[1292], qui s'est prolongé avec une loi du 30 juillet 2003[1293]. L'avancée majeure s'est surtout matérialisée par l'adoption du décret d'application de la loi Grenelle II[1294]. Les informations à produire par le conseil d'administration ou par le directoire sont désormais bien plus nombreuses et plus détaillées[1295]. L'information environnementale se trouve donc mieux régulée, en ce que la société doit publier de nombreuses données, rendant son information plus transparente.

370. L'information n'est toutefois transparente qu'en apparence, car la multiplication des données n'assure pas une meilleure compréhension de leur contenu. En effet, il ne suffit pas de publier, encore faut-il rendre intelligible ce qui est communiqué. Or, ni les lois Grenelle, ni leurs décrets d'application, ne donnent des indications sur les modalités de publication des informations environnementales. Dès lors, il peut s'avérer difficile pour un actionnaire ou un investisseur de déterminer, par exemple, si la quantité de gaz à effet de serre rejetée dans l'air se situe dans la norme ou est excessive. De plus, rien n'empêche le conseil d'administration ou le directoire de publier les informations environnementales avec des unités de mesure peu courantes. Dans une telle hypothèse, la lettre de la loi est totalement respectée car l'information est communiquée, mais son esprit ne l'est pas en revanche, car la lecture d'un tel document peut s'avérer malaisée aux actionnaires, et partant contraire aux objectifs de transparence poursuivis par le législateur[1296]. Un mécanisme d'intelligibilité de l'information environnementale est prévu par la loi, tant pour faciliter la lecture des actionnaires que pour attester de la bonne volonté du conseil d'administration ou du directoire.

371. L'ancienne intervention volontaire d'un tiers certificateur. Afin de soutenir les actionnaires dans leur lecture du rapport environnemental du conseil d'administration ou du directoire, la seconde loi Grenelle avait prévu un système de double assistance. La première était purement volontaire à l'initiative des « institutions représentatives du personnel et les *stakeholders*

[1292] Virginie MERCIER, « Responsabilité sociétale des entreprises et droit des sociétés : entre contrainte et démarche volontaire », *Droit des sociétés* 2011, étude 6, § 8 ; « Responsabilité sociétale des entreprises : une remise en cause de la loi Grenelle II par la loi du 22 octobre 2010 de régulation bancaire et financière », *Bulletin Joly sociétés* 2011, p. 103.

[1293] Loi du 30 juillet 2003, précitée note 1286. Cette loi introduit dans le Code de commerce l'article L. 225-102-2, qui concerne les sociétés qui exploitent au moins une installation figurant sur la liste prévue à l'article L. 515-8 IV du Code de l'environnement, c'est-à-dire les installations classées Seveso-seuil haut, déterminées selon les modalités de l'annexe à l'article R. 511-9 du Code de l'environnement. Ces sociétés doivent alors principalement publier des informations relatives à la prévention du risque écologique et technologique.

[1294] Décret n° 2012-557 du 24 avril 2012, précité note 1277.

[1295] Pour une société cotée, le rapport environnemental doit, *a minima*, faire état des quatorze indicateurs mentionnés à l'article R. 225-105-1 du Code de commerce.

[1296] Voir en cela : Catherine MALECKI, « Les recommandations de l'AMF sur l'information publiée par les sociétés cotées en matière de responsabilité sociale et environnementale », *JCP E* 2010, 2140, § 4.

participant à des dialogues avec les entreprises »[1297]. Il semble évident *prima facie* que l'assistance des institutions représentatives du personnel n'avait pas pour préoccupation première l'information environnementale, et portait donc sur l'information sociale. En revanche, un avis pouvait volontairement être rédigé par les *stakeholders* participant à des dialogues avec les entreprises, c'est-à-dire toute personne extérieure à la structure sociale. L'intervention de ces « parties prenantes »[1298], pouvant être des associations de défense de l'environnement, représentait une source non négligeable d'indications qualitatives sur la gestion environnementale de la société commerciale et sur le rapport du conseil d'administration ou du directoire. En ce sens, les *stakeholders* représentaient véritablement des *amici socii*[1299], dont l'avis pouvait être particulièrement utile aux actionnaires. En dépit de l'utilité de cette mesure, l'assistance volontaire mise à la disposition des actionnaires a été abrogée trois mois après son introduction dans le Code de commerce par la loi de régulation bancaire et financière[1300]. Cette suppression, regrettée par certains[1301], était justifiée par les dangers qu'une intervention volontaire pouvait entraîner notamment le ralentissement de la procédure d'établissement du rapport et le risque que celui-ci devienne un « cahier de doléances »[1302] environnemental et public. Toute partie prenante aurait pu produire un avis sur le rapport du conseil d'administration. Bien que regrettable sur le plan de la gouvernance de la société, l'abrogation de cette norme ne devait être que l'unique solution juridique[1303] envisageable. Depuis le 24 octobre 2010, date d'application de la loi abrogeant l'avis des *stakeholders*, les actionnaires ne disposent plus que d'une seule possibilité afin de pouvoir bénéficier d'un avis sur le rapport environnemental du conseil d'administration ou du directoire.

1297 Ancien article L. 225-102-1 alinéa 6 du Code de commerce.

1298 Cette locution faisait pour la première fois son apparition dans le Code de commerce : Paul LE CANNU, Bruno DONDERO, « Le développement des informations sociales et environnementales du rapport de gestion », *RTD Com.* 2011, p. 740.

1299 Terme employé selon un parallèle effectué avec l'*amicus curiæ*, désignant un « consultant extraordinaire et un informateur bénévole » invité par une juridiction afin de fournir « toutes les observations propres à éclairer le juge » : G. CORNU (dir)., *op. cit.* note 72, p. 62.

1300 Loi n° 2010-1249 du 22 octobre 2010, précitée note 89.

1301 B. FRANCOIS, *op. cit.* note 1275, § 32-33 ; V. MERCIER, *op. cit.* note 1292, p. 105 ; OBSERVATOIRE SUR LA RESPONSABILITE SOCIETALE DE L'ENTREPRISE, *Responsabilité sociétale des entreprises : en catimini et sans véritable débat ni concertation préalable, le Parlement remet en cause, 3 mois après l'avoir adoptée, une disposition importante de la loi Grenelle 2*, 24 novembre 2010.

1302 Philippe MARINI, *Rapport n° 703 fait au nom de la commission des finances sur le projet de loi de régulation bancaire et financière*, 14 septembre 2010, sous l'article 7 octies A.

1303 P. LE CANNU, B. DONDERO, *op. cit.* note 1298 ; Gilles J. MARTIN, « Commentaire des articles 225, 226 et 227 de la loi n° 2010-788 du 12 juillet 2010 portant engagement national pour l'environnement (dite Grenelle II) », *Revue des sociétés* 2011, p. 75, § 22 ; François-Guy TREBULLE, « Environnement et droit des sociétés », *Droit des sociétés* 2010, étude 19, § 3.

372. L'intervention institutionnelle du tiers certificateur. Les actionnaires disposent désormais de l'assistance d'un « organisme tiers indépendant », qui vérifie les informations et rédige un avis attestant notamment de la présence de toutes les informations devant être diffusées au regard des obligations légales ou réglementaires[1304]. L'une des premières différences avec l'ancien dispositif apparaît clairement. Si l'*amicus socii* intervenait volontairement, l'organisme tiers indépendant intervient quant à lui impérativement dans les sociétés respectant certains seuils[1305]. L'assistance des actionnaires dans leur mission de contrôle de l'information environnementale s'est donc institutionnalisée et systématisée.

La mission de l'organisme tiers indépendant étant d'assister les actionnaires dans la lecture du rapport environnemental, il est nécessaire que celui-ci soit compétent en la matière. Ainsi le décret d'application de la loi Grenelle II prévoit que cet organisme doit recevoir l'accréditation du comité français d'accréditation (ci-après COFRAC) ou « d'un autre organisme d'accréditation signataire de l'accord de reconnaissance multilatéral établi par la coordination européenne des organismes d'accréditation »[1306]. Cette accréditation crée une présomption irréfragable de compétence pour l'organisme ayant été agréé, en respect de la norme ISO/CEI 17000[1307]. Dès lors, l'organisme agréé par le COFRAC est réputé compétent en matière environnementale et il sera impossible, aux actionnaires de prouver que l'organisme certificateur ne dispose pas des compétences requises.

373. L'indépendance du tiers certificateur. L'indépendance de l'organisme tiers soulève des interrogations. La formulation de l'article paraît au premier abord redondante, car un organisme tiers à la société paraît nécessairement indépendant. Cette réflexion ne semble toutefois pas toujours pertinente au regard du développement de la pratique de la notation environnementale. Cette notation, calquée sur la notation financière[1308], peut être sauvage, c'est-à-dire non sollicitée par la société et à la seule initiative de l'agence de notation environnementale. Dès lors, si une agence de notation a procédé à une notation sauvage de l'entreprise, elle ne pourrait plus être

---

[1304] Article L. 225-102-1 V du Code de commerce.

[1305] Ces seuils sont mentionnés à l'article R. 225-105-2 II du Code de commerce : 100 millions d'euros pour le total du bilan ou 100 millions d'euros pour le montant net du chiffre d'affaires et 500 pour le nombre moyen de salariés permanents employés au cours de l'exercice.

[1306] Article R. 225-105-2 I du Code de commerce.

[1307] Cette norme internationale applicable aux organismes d'accréditation et d'évaluation de la conformité « constitue une reconnaissance formelle de la compétence de ce dernier à réaliser des activités spécifiques d'évaluation de la conformité ». Voir : Daniel BARLOW, « Les nouvelles obligations de transparence des entreprises en matière sociale et environnementales », *D.* 2012, p. 1502.

[1308] Virginie MERCIER, « Contrainte environnementale et création de valeurs », dans A. COURET, C. MELECKI, *op. cit.* note 830, p. 260.

considérée comme indépendante si la société décidait par la suite de la choisir en tant qu'organisme tiers certifiant le rapport environnemental[1309].

374. L'indépendance est un terme particulièrement malaisé à saisir juridiquement[1310], c'est pourquoi le rédacteur du décret du 24 avril 2012 semble avoir fonctionné par analogie. En effet, il ressort de l'article R. 225-105-2 du Code de commerce que l'organisme tiers indépendant certifiant l'information environnementale est soumis à un régime similaire à celui du commissaire aux comptes, en ce que cet article vise expressément l'article L. 822-11 du Code de commerce relatif aux incompatibilités de ce dernier, mais aussi en interdisant la certification des informations environnementales pour une durée supérieure à six exercices[1311]. Ces règles sont non seulement prévues pour veiller à l'indépendance de l'organisme tiers, mais aussi pour limiter les risques de conflits d'intérêts entre cet organisme et la société. Par ces deux exigences, l'organisme tiers certificateur peut paraître indépendant, mais une dernière interrogation demeure sur le mode de nomination de cet organisme certificateur.

375. La nomination du tiers certificateur. De la lettre de l'article R 225-105-2 du Code de commerce, il ressort que cet organisme tiers indépendant est nommé par le « directeur général ou le président du directoire ». Cette procédure de nomination peut soulever des suspicions de la part de certains actionnaires[1312], qui peuvent considérer que le directeur général ou le président du directoire nomme l'organisme tiers qu'il a choisi pour des motifs qui ne sont pas nécessairement respectueux de l'objectif légal. En effet, le directeur général ou le président du directoire peut désigner un organisme connu pour sa bienveillance à l'égard des sociétés en opérant un contrôle léger de l'information environnementale. Une suspicion sur l'opportunité de cette nomination donnerait lieu à contestation par des actionnaires. Ce soupçon est encore plus important dans le cadre d'une société dualiste, car le *reporting* environnemental est formulé par le directoire et la nomination de l'organe de contrôle revient à son président. Dès lors, une difficulté apparaît particulièrement dans ces sociétés, en ce que le contrôlé choisit directement son contrôleur[1313]. Un auteur propose donc d'impliquer l'assemblée générale dans la procédure de nomination du contrôleur de l'information environnementale[1314]. Si l'hypothèse paraît séduisante en considérant la gouvernance de la société, qui se trouverait plus démocratique, elle serait beaucoup plus délicate à mettre en œuvre pour les actionnaires. Cela supposerait que les actionnaires connaissent des organismes de vérification

---

1309 B. FRANCOIS, *op. cit.* note 1275, § 41.

1310 Sur la notion d'administrateur indépendant, voir *supra* § 111 et s.

1311 Ce qui rappelle l'article L. 823-3 du Code de commerce pour les commissaires aux comptes.

1312 D. BARLOW, *op. cit.* note 1307, § 20 ; C. MALECKI, *op. cit.* note 1278, p. 597.

1313 *Id.*

1314 *Id.*

environnementale ayant reçu l'accréditation du COFRAC, ce qui est une hypothèse hautement improbable[1315].

376. Cette lacune pourrait être palliée par le directeur général ou le président du directoire qui soumettrait plusieurs noms de certificateurs environnementaux, la décision définitive revenant aux actionnaires. Cette solution ne semble pas plus viable, car prêtant le flanc à deux critiques.

La première est identique à celle valant pour le droit positif : en offrant la possibilité au directeur général ou au président du directoire de choisir des organismes certificateurs, cette solution laisse toujours la voie libre à ces deux mandataires pour désigner les organismes de certification les plus arrangeants. La seconde est liée au processus proposé en lui-même. Impliquer les actionnaires dans la nomination du certificateur environnemental après une proposition du directeur général ou du président du directoire est un processus long et nécessitant une résolution d'assemblée générale. Or, cette résolution ne peut être votée par l'assemblée générale au cours de laquelle sont validés les comptes et sont communiqués les rapports du conseil d'administration ou du directoire, car l'avis de l'organisme tiers certificateur doit être joint à ce rapport. Il est donc nécessaire de nommer cet organisme avant l'approbation des comptes et donc de convoquer une assemblée générale spéciale. Cette procédure apparaît difficilement envisageable dans le cadre de sociétés cotées. Le dispositif réglementaire relatif à la nomination de l'organisme tiers indépendant n'est ainsi pas sans soulever des contestations, mais représente la solution la moins inadaptée.

377. L'avis rédigé du tiers certificateur. L'organisme tiers indépendant doit jouer un rôle législatif en rédigeant un avis faisant état de la vérification des informations environnementales et sociales[1316]. Son contenu est précisé tant par la loi que par le règlement. Il doit comporter une attestation de la conformité du rapport du conseil d'administration ou du directoire au regard de l'article R. 225-105 du Code de commerce[1317], mais aussi un « avis motivé » sur la sincérité des informations figurant dans le rapport de gestion ainsi que l'explication relative à l'absence de certaines informations[1318]. L'organisme tiers indépendant doit donc prendre position sur la gestion

---

[1315] L'identité des organismes de vérification des informations environnementales étant une information assez peu connue, il est possible de nommer le commissaire aux comptes comme organisme tiers indépendant, à condition qu'il soit certifié par la COFRAC. Voir : Arrêté du 27 décembre 2013 portant homologation de la norme d'exercice professionnel relative aux prestations relatives aux informations sociales et environnementales entrant dans le cadre des diligences directement liées à la mission de commissaires aux comptes, *JORF* du 31 décembre 2013, p. 22271. Voir aussi : Catherine MALECKI, « Finance durable et RSE », *Revue de droit bancaire et financier* 2015, dossier 12, spéc. § 21 et s.

[1316] Article L. 225-102 V du Code de commerce.

[1317] Article R. 225-105-2 II du Code de commerce.

[1318] *Id.*

environnementale, par un avis communiqué aux « actionnaires (...) en même temps que le rapport [de gestion] »[1319].

Cet avis, qui permet de dresser un nouveau parallèle avec le commissariat aux comptes[1320], engage la responsabilité de l'organisme tiers indépendant en tant que certificateur si les informations publiées et certifiées s'avèrent inexactes, ou si cet organisme n'agit pas avec toute la diligence dont il aurait dû faire preuve[1321].

378. L'information environnementale apparaît, au regard des dispositions dont elle fait l'objet, comme l'un des volets les plus importants de la communication du conseil d'administration ou du directoire. Cela favorise l'apparition de nouvelles difficultés pour cet organe, car il semblerait, afin de publier des informations lisibles et cohérentes, que certains de ses membres doivent avoir des compétences particulières en matière environnementale. Le rapport du conseil d'administration ou du directoire concerne, dans un dernier temps, un autre point de la responsabilité sociale de l'entreprise.

C) Les engagements sociétaux

379. La société, une personne éthique ? Le terme « éthique » a connu une nouvelle vigueur dans le monde des affaires au cours des années 1990. À ce titre, l'expression « éthique des affaires »[1322] s'est développée sans recevoir une réelle définition. Cette locution était utilisée pour désigner des agissements de sociétés qui ne respecteraient pas cette fameuse éthique, mais jamais pour souligner un comportement respectueux de celle-ci. La définition de ce qui est éthique renvoie à ce qui a « rapport aux conduites humaines et aux valeurs qui les fondent »[1323]. En considérant que la société est une personne éthique, cela signifierait que sa gestion devrait[1324] prendre en compte les implications humaines, ainsi que certaines règles cardinales, notamment le respect des droits de l'Homme et des libertés fondamentales. Ces considérations ne sont toutefois pas en principe celles de la société. Mais, grâce au phénomène de globalisation, certaines sociétés ont pu implanter des filiales ou des établissements dans des États dans lesquels le respect des droits

---

[1319] Article L. 225-102 V du Code de commerce.

[1320] Ce parallèle pourrait même introduire une confusion, car il semblerait que les missions de ces deux contrôleurs tendent à se recouper : François-Guy TREBULLE, « Entreprise et développement durable », *JCP E* 2010, 1890, § 6.

[1321] Article R. 225-105-2 II b) du Code de commerce.

[1322] Voir en ce sens : Pierre FLEURIOT, « Droit et éthique des affaires », *Bulletin mensuel de la COB*, juin 1995, p. 1 ; Pascale DIENER, « Ethique et droit des affaires », *D.* 1993, p. 17 ; Pierre SPITERI, « L'éthique des affaires », dans *Mélanges en l'honneur de Roger PERCEROU*, Paris, Vuibert, 1990, p. 203 ; Bruno OPPETIT, « Ethique et vie des affaires », dans *Mélanges offerts à André COLOMER*, Paris, Litec, 1993, p. 319.

[1323] *Dictionnaire de l'Académie Française*, précité note 72.

[1324] L'éthique ressortirait de la catégorie kelsenienne du « devoir être » : D. PORACCHIA, Th. GRANIER, *op. cit.* note 1261, p. 335.

de l'Homme, par exemple, n'est pas aussi strict que dans les pays occidentaux. Ces agissements, justifiés par des motivations économiques et juridiquement acceptables[1325], ont choqué certains investisseurs et eu une conséquence néfaste sur l'image et la valeur de la société. Certains investisseurs institutionnels – les fonds éthiques – sont alors devenus plus attentifs au respect des normes éthiques[1326] et ont incité les sociétés à communiquer sur cette matière. La législation française s'est dans un premier temps timidement conformée à ce mouvement, puis dans un deuxième temps de façon bien plus affirmée par le décret d'application de la loi Grenelle II. La société n'est donc pas impérativement une personne éthique, mais doit communiquer sur certains points qui laissent penser qu'elle tendrait à le devenir, à tout le moins pour se conformer aux prescriptions légales et réglementaires.

380. La consécration des préoccupations sociétales. Les implications sociétales et éthiques n'étaient pas expressément présentes dans les prescriptions légales, mais la loi NRE et son décret d'application exigeaient déjà de la part de la société une communication sur ce thème[1327]. Les termes employés étaient, à l'instar des données environnementales, particulièrement vagues, la loi Grenelle II et son décret d'application sont venus réguler l'information éthique devant figurer au sein du rapport du conseil d'administration ou du directoire, qui a été une nouvelle fois modifiée par l'ordonnance du 19 juillet 2017[1328] et son décret d'application[1329].

Il ressort de ce nouvel article R. 225-105 du Code de commerce que certaines préoccupations sociétales et éthiques de la société doivent être publiées, notamment l'impact territorial et social de la société, les relations entretenues avec les parties prenantes, l'importance de la sous-traitance dans l'activité sociale et la loyauté des pratiques sociales. Enfin, le rapport annuel doit prendre en compte le respect des droits de l'Homme. Ces informations, qui paraissent très larges ont, pour la plupart, pour fonction de créer un « mimétisme vertueux »[1330], ayant pour effet d'instaurer un standard éthique pour les sociétés cotées. Ces informations, dont l'origine se trouve dans la plupart des préoccupations de certains investisseurs éthiques, doivent être communiquées avec précaution afin de minimiser certaines pratiques sociales.

1325 *Id.*, p. 339.

1326 Pour un lien entre responsabilité sociale de l'entreprise et mondialisation, voir : Isabelle DESBARATS et Gerard JAZOTTES, « La responsabilité sociale des entreprises : quel risque juridique ? », *Cahiers de droit de l'entreprise* mai-juin 2012, dossier 13, p. 25.

1327 Article R. 225-104 ancien du Code de commerce.

1328 Ordonnance n° 2017-1180 du 19 juillet 2017 relative à la publication d'informations non financières par certaines grandes entreprises et certains groupes d'entreprises, *JORF* du 21 juillet 2017, texte n° 13

1329 Décret n° 2017-1265 du 9 août 2017 pris pour l'application de l'ordonnance n° 2017-1180 du 19 juillet 2017 relative à la publication d'informations non financières par certaines grandes entreprises et certains groupes d'entreprises, *JORF* du 11 août 2017, texte n° 25.

1330 B. FRANCOIS, *op. cit.* note 1275, § 31.

381. La communication visant les sociétés juridiquement tierces à la société cotée. Certaines sociétés, afin de réduire les conséquences que pourraient avoir des pratiques éloignées de certains standards éthiques, peuvent profiter des possibilités offertes par les filiales et le recours aux sous-traitants pour dissimuler des activités dangereuses ou éthiquement condamnables. L'externalisation ou la filialisation permet ainsi aux sociétés de dissimuler quelques activités[1331] en ce qu'elles ne font pas directement partie de la gestion sociale. Dès lors, aux fins d'exhaustivité, la communication de la société cotée dans le domaine sociétal devait prendre compte les implications éthiques des sous-traitants et des filiales de la société cotée.

Le constat et l'introduction de cette exigence se sont opérés par le décret du 20 février 2002[1332], évoluant légèrement suite au décret d'application de la loi Grenelle II. Les sociétés doivent publier comment les sous-traitants prennent en compte l'impact social et environnemental de leur activité[1333]. Les actionnaires, vérifiant la gestion de la société cotée, pourraient aussi lui reprocher de faire appel à un sous-traitant sociétalement peu regardant, et ce faisant considérer que la gestion sociale est peu éthique. Cette exigence est contraignante en ce qu'elle demande à la société cotée de faire des démarches supplémentaires afin d'obtenir des informations sur les conséquences sociétales et environnementales des activités de tous ses sous-traitants. Cette information individualisée pour les sous-traitants et les fournisseurs, est ainsi aisément disponible pour les actionnaires, mais il en est autrement pour les sociétés filiales.

Lorsqu'une société cotée contrôle une ou plusieurs sociétés de façon exclusive[1334], conjointe ou par le biais de l'exercice d'une influence notable, elle est tenue, au sens de l'article L. 233-17 du Code de commerce, d'établir et de publier des comptes consolidés, c'est-à-dire intégrer la comptabilité des sociétés contrôlées à la sienne[1335]. Cette consolidation emporte pour la société cotée pilotant le groupe de sociétés l'obligation de publier un rapport de gestion de groupe[1336]. Apparaît alors une difficulté pour les informations éthiques devant être publiées par le groupe. Les sociétés cotées pourraient être tentées de moins filialiser certaines activités particulièrement polluantes ou

---

[1331] *Id.*, § 30.

[1332] Précité note 1273.

[1333] Article R. 225-105 I 1°du Code de commerce.

[1334] C'est le cas lorsqu'une société détient directement ou indirectement la majorité des droits de vote dans une autre société ; lorsqu'elle désigne, durant deux exercices successifs, la majorité des membres des organes d'administration, direction ou de surveillance ; lorsqu'elle dispose au cours de cette même période, d'une fraction supérieure à 40 pour cent des droits de vote sans qu'aucun actionnaire ne détienne une fraction supérieure ; ou lorsqu'une société dispose du droit d'exercer une influence dominante sur une entreprise en vertu d'un contrat ou de clauses statutaires. Voir l'article L. 233-16 II du Code de commerce.

[1335] Article L. 233-18 alinéa 1 du Code de commerce.

[1336] Article L. 225-102-1 II du Code de commerce.

sociétalement condamnables, comme celles faisant recours au travail des enfants. L'effet pour la société mère peut être assez nocif : l'information éthique fait apparaître de mauvaises pratiques sans qu'un actionnaire ne puisse déterminer dans quelle société précisément celles-ci se produisent. Les conséquences médiatiques et financières, seules réelles sanctions, doivent alors nécessairement être assumées par la société qui diffuse l'information, c'est-à-dire la société consolidante.

Au-delà de l'hypothèse de la consolidation des comptes, une question se pose à propos des engagements sociétaux des filiales étrangères d'une société cotée. Il ressortait de l'ancien article R. 225-104 du Code de commerce que le rapport du conseil d'administration ou du directoire devait indiquer « la manière dont les filiales étrangères de l'entreprise prennent en compte l'impact de leurs activités sur le développement régional et les populations locales ». Il semblait ainsi, et même dans l'hypothèse d'une consolidation des comptes, que l'implication sociétale des filiales étrangères d'une société devait être individualisée. Or, cette mesure a disparu avec le décret du 24 avril 2012[1337], posant certaines difficultés pour le contrôle de la gestion des sociétés du groupe. Si cette considération était envisageable selon l'ancien droit applicable, elle devient irréaliste à l'aune du droit actuel. Si une société française contrôle une société étrangère et que celle-ci fait partie de son périmètre de consolidation, l'implication de cette dernière au sein de sa communauté devient impossible à déterminer.

382. Les rapports de gestion et de gouvernance représentent une mine d'informations quasi inépuisable pour les actionnaires, qui doivent en étudier les termes afin de déceler une éventuelle faille dans la gestion annuelle de la société, leur permettant d'engager une procédure amiable ou contentieuse. Pour ce faire, la tâche de l'actionnaire peut s'avérer homérienne : plusieurs centaines de pages sont à sa disposition, contenant des aspects aussi différents que la comptabilité, la gestion des relations humaines, le respect de l'environnement ou des règles éthiques. La multiplication de ces informations est issue d'une volonté du législateur d'améliorer la transparence sociale, mais peut produire exactement l'effet inverse de celui recherché. En effet, la transparence a pour principal objectif de faciliter la tâche des actionnaires dans leur rôle de contrôleur de la gestion sociale, mais la multiplication des informations communiquées aux actionnaires peut avoir pour conséquence de les décourager. Dès lors, la transparence excessive peut leur compliquer la tâche[1338]. Cette faille dans le rapport du conseil d'administration ou du directoire n'est que la première et sans aucun doute la moins importante. D'autres faiblesses peuvent être identifiées dans ces différents rapports.

[1337] C. MALECKI, *op. cit.* note 1278, p. 595.

[1338] Cette méthode est connue sous la formule du *carpet bombing*, le « tapis de bombes », qui consiste à multiplier les informations pour être certain de toucher la cible, sans se préoccuper d'éventuels dommages collatéraux. Voir : C. MALECKI, *op. cit.* note 1296, § 14.

§2 La faible normativité attachée aux rapports

383. Un rapport à la publication obligatoire. Les rapports doivent être publiés, sans que cela ne souffre d'aucune contestation. Il revient à la société de publier ces informations, faute de quoi elle se trouverait en infraction avec les règles d'informations propres aux sociétés cotées. En dépit de cette impérativité dans la publication, il n'existe pas d'uniformité de communication, car les textes légaux offrent de nombreuses possibilités de contournement (I). Par ailleurs, si la société peut être responsable devant les autorités de marché, la question de la sanction civile d'éventuels manquements aux obligations de publication doit se poser (II).

I) Les possibilités légales de contournement

384. Le principe : la nécessité d'adapter la communication. Au regard du nombre de sociétés et de la variété d'informations devant être publiées, il s'est avéré nécessaire de ménager une marge de manœuvre aux émetteurs, car la communication de l'information doit être adaptée aux particularités de chaque société[1339]. Il est logique qu'une société pétrolière ait une section environnementale de son rapport de gestion bien plus importante qu'une société exerçant une activité bancaire. Le particularisme propre à l'activité des sociétés doit être pris en compte dans la communication des informations sociales, il semble donc logique que les textes de lois, permettent aux opérateurs de ne pas publier des informations selon les mêmes modalités.

385. La limite : le contournement des informations exigées. Entre l'adaptation de l'information à l'activité de chaque société et l'utilisation de cette marge de manœuvre afin de ne pas se conformer à l'obligation de diffuser ces informations, il n'y a qu'une mince frontière que certaines sociétés peuvent franchir. Trois grandes libertés laissées par les textes permettent aux sociétés de ne pas se conformer à toutes les obligations d'information et donc de contourner les objectifs de transparence et d'intelligibilité propres à la communication par le conseil d'administration, le conseil de surveillance ou le directoire. La première possibilité est l'absence de référentiel de comparaison (A). La deuxième possibilité de contournement est plus importante, car son opportunité est laissée à la libre appréciation du débiteur de l'obligation, créant de fait une absence d'impérativité de la publication (B). La dernière se trouve dans l'extension du principe *comply or explain* (C).

[1339] C'est l'application de la formule : « one size does not fit all », propre en principe aux droits anglo-américains. Voir : Jean-Baptiste POULLE, « La mise à l'épreuve du principe "se conformer ou expliquer" au Royaume-Uni », *JCP E* 2009, 1123.

A) Le contournement par l'absence de référentiel

386. L'absence de référentiel : contournement de l'impératif d'intelligibilité. Afin de rendre intelligibles les informations publiées par la société et permettre aux actionnaires d'effectuer un contrôle pertinent de la gestion, il est nécessaire que cette information soit exprimée en des termes explicites et intelligibles. Or, les normes légales ne disposent d'aucune règle relative aux modalités de formulation de l'information financière, environnementale et sociale. Cela peut nuire à la compréhension par les actionnaires des données conférées en ce que leur comparaison peut s'avérer impossible[1340]. Cette comparaison est pourtant importante à double titre, car elle permet d'étalonner la société aux autres, mais aussi parce qu'elle permet aux actionnaires de déterminer l'évolution année après année.

387. L'absence de référentiel commun. Les actionnaires peuvent contrôler les informations publiées par la société en comparant ces données avec celles publiées par des sociétés analogues par leur dimension ou par leur activité. Dès lors, afin de faciliter l'étalonnage, les données publiées devraient être semblables, ou à tout le moins employer les mêmes unités de valeur. Or, les organes d'une société ont la possibilité de choisir des unités de mesures peu usitées ou des normes de publication peu répandues[1341]. Cette diversité de standards de publication n'offre ainsi aux actionnaires qu'une trop faible lisibilité globale. L'autorité de marché a, par exemple, déploré que certaines sociétés publient les mesures prises pour favoriser la formation des salariés sous la forme d'heures de formation, alors que d'autres indiquent les jours de formations ou le pourcentage des effectifs ayant bénéficié d'une période de formation[1342]. Avec de telles disparités, il est impossible pour les actionnaires de déterminer si la société dont ils détiennent des actions est gérée conformément à leurs attentes[1343] ou si les données communiquées sont exceptionnellement hautes ou basses.

Il doit être envisagé, afin d'harmoniser les pratiques de publication dans les sociétés cotées, d'encadrer la liberté des sociétés en indiquant des référentiels ou des unités de mesures que l'organe publicateur pourrait retenir[1344]. Aussi pourrait-on s'inspirer du bilan social figurant dans le Code

---

[1340] A. REYGROBELLET, N. HUET (dir.), *op. cit.* note 471, p. 377.

[1341] Voir *supra* § 369.

[1342] AUTORITE DES MARCHES FINANCIERS, *op. cit.* note 1242, p. 23.

[1343] Voir en cela : V. MERCIER, *op. cit.* note 1292, § 23.

[1344] Certains auteurs considèrent que cette perspective est difficilement atteignable, tout du moins politiquement. Voir : Paul LE CANNU, Bruno DONDERO, « Information RSE : pratiques actuelles et recommandations pour l'avenir (recommandation AMF n° 2010-3 du 2 décembre 2010 – rapport AMF sur l'information publiée par les sociétés cotées en matière de responsabilité sociale et environnementale) », *Revue trimestrielle de droit financier* 2010/4, p. 118. Cette conception était toutefois antérieure à la rédaction de l'article R. 225-105-1 du Code de commerce, dressant une liste de ce qui doit être intégré au reporting interne.

du travail[1345], qui indique une méthode de calcul et de publication[1346]. Il serait plus aisé, par cette influence ou par celle de la comptabilité – qui n'admet qu'une seule méthode –, d'harmoniser les publications sociales, environnementales et sociétales des sociétés cotées, de faciliter leur contrôle par les actionnaires et partant de lutter contre le contournement des impératifs légaux[1347]. La création de nouveaux référentiels communs à toutes les sociétés n'est toutefois pas la seule possibilité d'amélioration de la publication de l'information. Celle-ci n'est utile que pour comparer les sociétés entre elles, mais ne s'avère d'aucune assistance pour considérer l'évolution propre de la société.

388. L'absence de référentiel interne. Afin d'éviter l'opacité des rapports publiés par la société, les actionnaires peuvent effectuer leur contrôle par une comparaison interne permettant le rapprochement des données d'un exercice au regard des mêmes données publiées lors des exercices précédents. Pour saisir l'intérêt d'une telle pratique, il est possible de rappeler que, par exemple, ce n'est pas tant le montant du chiffre d'affaires qui importe à certains actionnaires, mais plutôt sa progression entre deux exercices. Cependant, les données sociales, environnementales et sociétales ne sont pas publiées avec celles des exercices anciens, sauf si l'organe en charge de la publication le décide[1348]. Cette marge de manœuvre signifie donc que l'organe publicateur peut ne jamais publier les données des années précédentes. Les actionnaires désirant ainsi effectuer un contrôle par comparaison[1349] se trouvent dans l'obligation de conserver les volumineux rapports sociaux d'une année sur l'autre et de mettre en rapport des informations dont les unités de mesures ont pu être modifiées d'une année à l'autre.

389. Il conviendrait alors d'imposer à la société de publier de façon comparative et synthétique les données sociales et environnementales, en indiquant les données de l'exercice venant de s'achever et celles de l'exercice

---

[1345] Ancien article R. 2323-17 du Code du travail.

[1346] A titre d'exemple, l'absentéisme des salariés ne pouvait être exprimé qu'en journées, demi-journées ou heures. Voir précision (14) sous l'ancien article R. 2323-17 du Code du travail.

[1347] Il est à noter que la « Commission [européenne] devrait élaborer des lignes directrices non contraignantes, y compris *des indicateurs clés généraux et sectoriels de performance de nature non financière* ». Voir : considérant 17 de la Directive 2014/95/UE du 22 octobre 2014 modifiant la directive 2013/34/UE en ce qui concerne la publication d'informations non financières et d'informations relatives à la diversité par certaines grandes entreprises et certains groupes, *JOUE* L. 330/1 du 15 novembre 2014. Voir : Catherine MALECKI, « Publication de la directive RSE ou comment faire confiance à la gouvernance d'entreprise durable », *Bulletin Joly sociétés* 2014, p. 732.

[1348] Au titre de l'article R. 225-105-1 I du Code de commerce, « [le rapport du conseil d'administration ou du directoire] présente les données observées au cours de l'exercice clos, et *le cas échéant*, au cours de l'exercice précédent, de façon à permettre une comparaison entre ces données ».

[1349] Qui peut être envisageable, par exemple, à propos des effectifs présents au sein de la société ou des rejets de gaz à effet de serre, qui ne sont des données exploitables qu'à condition d'être comparées aux données des années antérieures. Voir : B. FRANCOIS, *op. cit.* note 1275, § 33.

précédent. Ce souhait permettrait de rendre plus intelligible l'information communiquée par le conseil d'administration et offrir la possibilité aux actionnaires de réaliser un contrôle plus précis de la gestion sociale. Ce contrôle est aussi rendu plus difficile par l'absence d'impérativité de la publication de certaines informations.

B) L'absence d'impérativité de publication

390. Plusieurs informations prévues par le Code de commerce peuvent ne pas figurer dans le rapport de gestion. En effet, de nombreuses informations doivent être publiées, si elles présentent un intérêt pour les associés. De plus, dans l'hypothèse des offres publiques, devant lesquelles les actionnaires peuvent se retrouver démunis, l'explication des données légalement prévues n'est pas obligatoire.

391. La publication optionnelle des indicateurs de performance non financière. L'article L. 225-100-1 I 2° du Code de commerce dispose que le conseil d'administration ou le directoire doit faire état « d'indicateurs clés de performance non financière ayant trait à l'activité spécifique de la société ». Cette information ne devant toutefois être diffusée que sous certaines conditions, les actionnaires ne disposeront pas nécessairement de ces données.

Les indicateurs clés de performance non financière ne doivent, dans un premier temps, être publiés que si que les données permettent « la compréhension de l'évolution des affaires, des résultats ou de la situation de la société ». Ainsi, pour que le conseil d'administration ou le directoire les publie, il doit exister un lien entre ces dernières et « la compréhension (…) de la situation de la société ». Si les organes jugent que les indicateurs financiers sont suffisants, ils peuvent se passer de publier les indicateurs de nature non financière. Il est donc nécessaire, en cas de contestation de cette omission, que les actionnaires prouvent que les indicateurs de performance non financière auraient facilité leur compréhension de l'évolution des affaires et de la situation sociales. Or, par hypothèse, les actionnaires contestataires n'ont pas eu à leur disposition ces indicateurs, et ne peuvent donc évaluer ce qu'auraient pu être leurs effets sur l'intelligibilité du rapport. La détermination du manquement reproché est particulièrement délicate, les actionnaires ne pouvant anticiper ce qu'auraient pu publier les organes, ni même comment ils l'auraient publié.

En outre, il apparaît difficile de déterminer un critère objectif de ce qu'est l'intelligibilité. Il semble donc quasi impossible qu'une telle contestation puisse aboutir. Le conseil d'administration ou le directoire n'encourt que peu de risques en cas de non-publication, confortant le caractère optionnel de cette publication. Si le principe de l'option est déterminé, il demeure toutefois impératif de caractériser ce que peut être un indicateur de performance de nature non financière, celui-ci pouvant être publié par une société respectant les règles de bonne gouvernance.

Le champ de ces indicateurs a reçu une précision législative, car ceux-ci doivent notamment concerner les questions environnementales et relatives au personnel. Toutefois, ces indicateurs étant optionnels, ils ne peuvent pas être ceux visés dans le décret du 24 avril 2012[1350] et intégrés à l'article R. 225-105 du Code de commerce. Il demeure alors peu d'informations, voire aucune, qui ressortiraient de l'article L. 225-100-1 du Code de commerce, c'est-à-dire des informations dont la publication est optionnelle.

392. La nécessaire pertinence de la publication des instruments financiers. L'emploi par la société d'instruments financiers ne figure pas, en principe, dans le rapport de gestion, sauf si ces instruments financiers « permettent d'évaluer l'actif et le passif social, la situation financière et les pertes ou profits »[1351]. La condition de conséquences sur les capacités financières de la société paraît étonnante, car les actionnaires sont intéressés aux instruments financiers circulant au sein de la société, qui peuvent influer sur le passif social et partant sur la valeur de leurs actions. Il convient toutefois de déterminer les raisons pour lesquelles les informations relatives aux instruments financiers ne devraient pas être publiées.

La publication du rapport de gestion concerne les opérations intervenues au cours de l'exercice échu, ce qui signifie en principe que les instruments financiers émis lors d'exercices précédents n'ont aucune raison de faire l'objet d'une publication. Toutefois, il semblerait que les instruments financiers ont une influence sur la compréhension de la situation financière de la société, à tout le moins sur les capacités potentielles de financement à court terme. Dès lors, le principe de l'article L. 225-100-1 I 6° du Code de commerce devrait être renversé afin de respecter l'idée de transparence de l'information. L'emploi d'instruments financiers devrait alors par principe être publié dans le rapport de gestion, sauf si l'organe compétent pour la rédaction prouve que cette information est sans conséquence pour la compréhension de la situation de la société.

Certaines informations ne sont donc pas impérativement publiées alors qu'elles peuvent s'avérer importantes pour certains actionnaires. Le défaut d'impérativité conduit à des situations regrettables, appelant à une reformulation des articles les concernant. Plutôt que de rendre cette publication optionnelle sauf si elle est nécessaire à la compréhension des documents, il conviendrait donc d'inverser le raisonnement et rendre impérative la publication, sauf si elle n'apporte aucune valeur ajoutée au rapport de gestion. La logique serait contraire à celle prévalant actuellement, la publication devenant la règle. L'organe publicateur disposerait toujours de la possibilité de ne pas communiquer les données s'il considère qu'elles ne sont pas utiles, mais une telle décision engagerait sa responsabilité s'il s'avérait *a posteriori* que cette considération était erronée. Afin d'éviter des

---

[1350] Précité note 1277.

[1351] Article L. 225-100-1 I 6° du Code de commerce.

actions en responsabilité, l'organe publicateur pourrait avoir pour réflexe de publier systématiquement des informations qui n'étaient à l'origine qu'optionnelles, ce qui aurait pour conséquence d'améliorer la transparence.

393. La double supplétivité en cas d'offre publique. L'article L. 225-37-5 du Code de commerce dresse une liste d'éléments pertinents pour les offres publiques d'acquisition. Cet article contient une formulation particulière dans son premier paragraphe, car celui-ci donne la possibilité au conseil d'administration ou au conseil de surveillance de publier dix informations[1352], « lorsqu'elles sont susceptibles d'avoir une incidence en cas d'offre publique », mais aussi la possibilité de les expliciter « le cas échéant ». Le conseil d'administration ou de surveillance dispose donc d'une double liberté.

La première liberté consiste en la possibilité de ne pas publier les dix éléments de l'article L. 225-37-5. Leur publication est en effet soumise à la nécessité d'une incidence en cas d'offre publique, ce qui signifie que l'organe rédacteur doit considérer l'éventualité d'une offre publique et publier les éléments qui pourraient en perturber le déroulement. Cette appréciation est toutefois contestée, le terme « incidence » pouvant recevoir une acception large ou réduite[1353]. Dès lors, tous les éléments de l'article L. 225-37-5 du Code de commerce peuvent ne pas figurer dans tous les rapports de gestion, créant une absence d'homogénéité entre sociétés cotées, car l'appréciation de « l'incidence» sur une offre publique dépend de chaque conseil d'administration ou de chaque conseil de surveillance. Cette hétérogénéité crée une difficulté majeure dans le contrôle de la gestion sociale car un actionnaire de plusieurs sociétés cotées doit faire une lecture attentive de ce point, qui n'est en rien comparable[1354]. Ce n'est toutefois pas le seul point d'hétérogénéité dans les rapports de gouvernance.

L'article L. 225-37-5 laisse une seconde marge d'appréciation au conseil d'administration ou au conseil de surveillancedevant rédiger le rapport de gestion. Cet organe apprécie l'opportunité d'expliquer les éléments publiés. Il est regrettable que l'explication, c'est-à-dire l'expression littérale des données chiffrées, ne soit qu'optionnelle, alors que les actionnaires pourraient avoir besoin d'explications à propos de certaines mesures défensives contre les offres publiques, telles que les délégations d'augmentation du capital au profit du conseil d'administration[1355]. Le fait que la justification du conseil

---

[1352] C. MALECKI, *op. cit.* note 1236, § 8.

[1353] A ce titre, on pourrait concevoir que le terme « influence » puisse être compris comme un élément permettant de faire échouer l'offre, mais aussi de la ralentir dans le temps. Selon ces deux conceptions, les éléments devant être publiés ne seront pas identiques. Voir : C. MALECKI, *op. cit.* note 1236, § 7 ; Jean-Marc MOULIN, « La loi n° 2006-387 du 31 mars 2006 transposant la directive OPA du 21 avril 2004 », *JCP E* 2006, 1651, § 10.

[1354] Une participation directe pourrait ne pas être considérée comme ayant une influence en cas d'offre publique pour un conseil d'administration, alors qu'un directoire d'une autre société pourrait considérer que la même information jouerait une influence en cas d'offre publique.

[1355] Article L. 225-37-5 8° du Code de commerce.

d'administration ou de surveillance ne soit pas obligatoire représente une limite à l'intelligibilité du rapport de gouvernance[1356], rendant de fait bien plus difficile le contrôle du contenu de ce rapport.

394. Il est ainsi nécessaire de constater que le rapport de gestion du conseil d'administration ou du directoire est très loin de constituer un ensemble homogène. De nombreuses possibilités de contournement de la communication des informations sont légalement prévues, écartant de fait la possibilité pour les actionnaires de bénéficier de l'information la plus complète. Le conseil d'administration ou le conseil de surveillance pourra en effet déterminer, dans la limite des possibilités légales, quelles informations il ne diffusera pas. Cet organe dispose de la possibilité de se justifier si les informations exigées par le règlement ne sont pas communiquées.

C) Le contournement justifié

395. La non-communication envisagée. L'article R. 225-105 du Code de commerce évoque la communication par le conseil d'administration ou le directoire de nombreuses informations relatives à l'impact de la société sur l'emploi, l'environnement et la société *lato sensu*. Cette longue série d'informations devant être publiée peut toutefois être réduite, car le Code de commerce prévoit lui-même la possibilité de ne pas publier toutes les informations[1357]. Il faut aborder les modalités de ce contournement et ses justifications, mais aussi les risques que cela représente pour le contrôle de la gestion.

396. Une non-communication encadrée. L'article R. 225-105 du Code de commerce considère que toutes les sociétés peuvent ne pas publier toutes les informations disposées au sein du Code de commerce à propos du *reporting* interne, celles-ci n'étant pas nécessairement toutes pertinentes au regard de l'activité sociale. Il semble difficile à une société dont l'activité n'entraîne aucun accident du travail de communiquer sur la fréquence de ceux-ci[1358]. La dérogation à la publication des informations souhaitées à l'article R. 225-105 du Code de commerce est donc possible, mais la société doit justifier de son comportement. Ce mécanisme peut alors faire penser à la règle *comply or explain* propre au respect d'un code de gouvernance, dont le respect incombe au rapport de gouvernance[1359]. Ce mécanisme n'est toutefois pas entièrement transposable car ne permettant pas de choisir librement les informations absentes du rapport de gestion.

[1356] C. MALECKI, *op. cit.* note 1236, § 7.

[1357] Article R. 225-105 II du Code de commerce.

[1358] Exigence de l'article R. 225-105-1 II A 1° c) du Code de commerce.

[1359] Article L. 225-37-4 8° du Code de commerce. Voir aussi *supra* § 350 et s. Voir par ailleurs : B. FRANCOIS, *op. cit.* note 1275, § 34 ; D. BARLOW, *op. cit.* note 1307, § 17 ; C. MALECKI, *op. cit.* note 1278, p. 596 ; I. TCHOTOURIAN, *op. cit.* note 1274, § 6.

Les données non publiées par le conseil d'administration ou le directoire doivent nécessairement répondre à une condition. Elles ne sont pas communiquées car elles ne peuvent pas être produites ou ne sont pas pertinentes au regard de l'activité ou l'organisation de la société. Une nouvelle fois, il revient à l'organe compétent pour la publication de juger de l'opportunité de ne pas publier l'information. Dès lors, plutôt que de divulguer une donnée chiffrée, le conseil d'administration ou le directoire peut fournir les raisons pour lesquelles elle n'est pas communiquée. Cette possibilité est compréhensible et totalement justifiée en ce que toutes les sociétés cotées ne peuvent communiquer toutes les informations exigées par l'article R. 225-105 du Code de commerce.

397. Ce phénomène permet d'adapter le contenu de l'obligation d'information à chaque émetteur. En cela, le contrôle de la gestion n'en est que plus complexe pour les actionnaires, qui doivent contrôler les motifs pour lesquels une information exigée par le Code de commerce n'est pas publiée. La logique est donc différente, car plutôt que de contrôler les informations communiquées, les actionnaires s'attardent sur les motifs pour lesquels elles ne le sont pas, ce qui n'a qu'un lien ténu avec la gestion sociale. Cela peut-il alors conduire à la publication d'aucune information ?

398. L'impossible contournement de l'obligation de publication. La loi permettant de ne pas publier certaines informations, il serait légalement envisageable que cette règle conduise à ne publier aucune des informations de l'article R. 225-105 du Code de commerce[1360]. Toutefois, pour ce faire, il faudrait que l'activité de la société ne rende pertinente aucune information exigée par l'article R. 225-105, ce qui est très peu plausible, certaines informations sociales relatives aux effectifs ou aux embauches ayant *de facto* une publication obligatoire. De plus, l'absence de communication de toutes les informations réglementaires aboutirait à une publication double de la part du conseil d'administration ou du directoire. Un rapport chiffré, consacré uniquement aux informations à caractère financier serait accompagné d'un autre rapport, rédigé cette fois en toutes lettres, donnant les motifs pour lesquels les données non-financières ne sont pas communiquées. Il ressort donc que la voie de la *compliance*, ouverte par l'article R. 225-105 du Code de commerce, ne peut pas aboutir à un défaut total de publication.

399. Les normes relatives à la publication de l'information de la société offrent ainsi plusieurs possibilités de contournement. L'objectif de transparence n'est pas toujours respecté car l'intelligibilité de l'information est laissée à la disposition de l'organe compétent pour rédiger le rapport de gestion, mais aussi parce que la publication de toutes les informations n'est pas obligatoire, en ce qu'elles doivent avoir un intérêt à la compréhension d'un certain phénomène social. Enfin, un dernier moyen d'amenuiser la transparence applique la logique inverse à la limite précédemment énoncée.

[1360] *Id.*, p. 596 ; B. FRANCOIS, *op. cit.* note 1275, § 34.

Si celle-ci subordonne la publication à une condition, la dernière limite permet de ne pas publier en s'en justifiant. Certains aspects des rapports de gestion et de gouvernance ont donc une faible normativité, ce qui se traduit aussi par les faiblesses des sanctions civiles en cas de manquement aux dispositions concernant le rapport de gestion.

II) La faiblesse des sanctions civiles

400. Le principe insatisfaisant d'une sanction pénale ou administrative. Tout manquement à une obligation légale devrait emporter, en principe, une sanction, qui se traduit par la condamnation des personnes responsables de la publication d'informations inexactes ou trompeuses. Ces sanctions, sévères tant pénalement[1361] qu'administrativement[1362], ne satisfont que partiellement les actionnaires, car les mesures prononcées par les juridictions répressives et la commission des sanctions visent uniquement à punir l'auteur des agissements. Les sommes versées n'échoient pas aux actionnaires, qui ne disposent d'aucun moyen pour avoir à leur disposition l'information véridique ou qui n'a pas été publiée. Tout au plus pourrait-on affirmer que le risque de sanction administrative pesant sur les dirigeants, comme sur les émetteurs, pourrait les conduire à diffuser la meilleure information possible. L'importance du montant des sanctions pécuniaire pourrait constituer une pression à fournir la meilleure information possible. Toutefois, ce risque de sanction ne constitue qu'une pression imparfaite, car seulement potentielle, qui n'empêche en rien la communication d'informations inexactes, préjudiciables aux associés. C'est pourquoi il faut envisager les sanctions liées à la responsabilité civile pour les imperfections de publication, seuls mécanismes visant à réparer effectivement un dommage subi par les actionnaires. Il convient d'étudier les procédures mises en place par le droit des sociétés pour remédier au défaut de publication d'un rapport ou à la publication d'un rapport incomplet (A) avant d'aborder la problématique liée à la responsabilité du rédacteur de ce rapport (B).

A) Les sanctions de l'acte

401. Les mesures civiles sanctionnant le défaut de publication du rapport de gestion : l'injonction de communiquer. Le droit des sociétés prévoit des mécanismes ayant pour but d'obliger l'émetteur à communiquer

---

[1361] Selon l'article L. 465-2 du Code monétaire et financier, la diffusion d'informations trompeuses est punie d'une peine maximale d'emprisonnement de deux ans assortie d'une amende maximale de 1 500 000 euros, voire le décuple du profit réalisé par la diffusion de l'information. Voir *infra* § 786.

[1362] Selon l'article L. 621-15 III du Code monétaire et financier, l'Autorité des marchés financiers peut prononcer une amende allant jusqu'à 100 000 000 euros ou au décuple du bénéfice réalisé. Voir *infra* § 786.

des éléments qui doivent l'être. En effet, l'article L. 238-1 du Code de commerce dispose que les actionnaires peuvent demander, sous la forme d'une injonction sous astreinte, la communication des informations contenues à l'article L. 225-115 du Code de commerce[1363]. Les juges peuvent donc enjoindre au conseil d'administration ou au directoire de communiquer le rapport de gestion, mais cette possibilité ne semble ouverte qu'en cas de défaut de publication de celui-ci[1364]. En effet, l'article L. 238-1 du Code de commerce ne vise que le terme « documents » et non celui d'informations[1365], ce qui signifie que c'est le défaut total de communication du document qui est appréhendé. Appliqué au rapport de gestion dans le cadre d'une société cotée, l'application de l'injonction devient peu probable, une telle infraction étant exceptionnelle. Qu'en est-il, en revanche, en cas de communication incomplète des informations devant figurer au sein du rapport de gestion ? Cette hypothèse est plus fréquente, et partant plus envisageable. En raison de la multitude d'informations devant être publiées dans le rapport de gestion, le conseil d'administration ou le directoire peut avoir omis un élément. Le Code de commerce permet alors aux actionnaires de demander au juge d'enjoindre sous astreinte la communication de certains documents, comme les informations relatives à l'actionnariat salarié[1366]. Un doute a pu exister pour les informations visées à l'article L. 225-102-1 du Code de commerce, mais il a été levé avec la modification du texte intervenue par l'ordonnance du 19 juillet 2017[1367].

La loi pour la confiance en l'économie du 26 juillet 2005[1368] avait introduit un dixième alinéa à l'article L. 225-102-1 du Code de commerce, qui renvoyait expressément aux deux derniers alinéas de l'article L. 225-102 du Code de commerce, évoquant la possibilité de demander au juge une injonction de communiquer les informations sous astreinte. Si le principe de l'injonction était acquis pour les informations visées à l'article L. 225-102-1

[1363] Font partie des informations mentionées à l'article L. 225-115 du Code de commerce : les comptes annuels, la liste des membres du directoire ou du conseil d'administration, les différents rapports du conseil d'administration ou du directoire, le texte et l'exposé des motifs des résolutions proposées aux assemblées générales, le montant global des rémunérations versées aux cinq ou dix personnes les mieux rémunérées selon que la société emploie plus ou moins de deux cents salariés, et le montant global des sommes versées aux œuvres répondant de l'article 238 bis du Code général des impôts.

[1364] Voir *contra*, retenant la possibilité d'invoquer l'article L. 238-1 du Code de commerce : Blandine ROLLAND, « Toutes les sociétés doivent rendre des comptes environnementaux », *Droit des sociétés* 2003, Chron. 10, § 21.

[1365] *Contra* : C. MALECKI, *op. cit.* note 1274, § 16.

[1366] Article L. 225-102 alinéa 3 du Code de commerce : « Lorsque le rapport annuel ne comprend pas les mentions prévues au premier alinéa, toute personne intéressée peut demander au président du tribunal statuant en référé d'enjoindre sous astreinte au conseil d'administration ou au directoire, selon le cas, de communiquer ces informations ».

[1367] Précitée note 1328.

[1368] Précitée note 459.

du Code de commerce, son domaine d'application était plus flou, en ce que la formulation admettait deux interprétations.

Dans un premier temps, à considérer que le renvoi à l'article L. 225-102 du Code de commerce était uniquement effectué pour étendre le principe de l'injonction, le domaine d'application de cette dernière aurait appréhendé toutes les informations exigées l'article L. 225-102-1[1369], mais aussi les de l'article R. 225-105-1, son article réglementaire rattaché. Dans un second temps, une autre interprétation était possible, beaucoup plus restrictive, fondée sur le renvoi, car le troisième alinéa de l'article L. 225-102 du Code de commerce n'ouvrait pas la voie de l'injonction à toutes les informations étant exigées par cet article, mais uniquement celles du « premier alinéa ». Dès lors, n'aurait-on pas pu retenir que ce renvoi fut intégral et concerna les informations exigées par le premier alinéa de l'ancien article L. 225-102-1, à savoir la communication de la rémunération totale versée à chaque mandataire ? Cette conception, bien que recevable, semblait trop restrictive. La première analyse devait alors être retenue, ouvrant considérablement le domaine de l'injonction dans le cas du rapport de gestion[1370].

L'ordonnance du 19 juillet 2017 lève le doute quant à l'interprétation du domaine de l'injonction. L'article L. 225-102-1 du Code de commerce qui en est issu concerne uniquement la déclaration extra-financière, réduisant les risques d'interprétation. Ces risques sont d'autant plus réduits que l'article L. 225-102-1 comporte un paragraphe consacré à l'injonction, qui ne fonctionne donc plus par renvoi. L'injonction portant sur la déclaration extra-financière est donc autonome, toute personne intéressée pouvant demander une injonction en cas d'absence d'une telle déclaration. Cette ouverture, bénéfique aux actionnaires dans la mesure où ils parviennent à identifier le défaut dans la publication sociale[1371], est d'autant plus importante que l'autre mesure civile visant à sanctionner l'acte pour non-publication des informations obligatoires est limitée.

402. Une nullité circonscrite au défaut total de publication. La nullité demeure une sanction envisageable pour une méconnaissance des obligations contenues dans une disposition légale[1372].

La non-communication ne peut évidemment pas donner lieu à une annulation : comment annuler ce qui n'existe pas ? Dès lors, seules les conséquences positives du défaut de publication pourraient être annulées. Le rapport du conseil d'administration ou du directoire devant être communiqué

1369 L'alinéa 10 de l'article L. 225-102-1 du Code de commerce disposant que l'injonction serait applicable « aux informations visées au présent article ».

1370 Voir, sur l'impossibilité avant 2005 de demander une injonction pour les informations sociales et environnementales : François-Guy TREBULLE, « L'environnement en droit des affaires », dans *Mélanges en l'honneur d'Yves GUYON*, précités note 310, p. 1051.

1371 Ce qui semble, en matière environnementale, tenir de la prémonition pour certains. Voir : B. ROLLAND, *op. cit.* note 1364, § 21.

1372 Article L. 235-1 du Code de commerce.

à l'assemblée générale ordinaire appelée à approuver les comptes, un défaut dans la communication du rapport ne pourrait entrainer la nullité que de l'assemblée générale. Les comptes ne seraient donc pas approuvés, car l'article L. 225-121 du Code de commerce dispose que les « délibérations prises par les assemblées en violation (...) du deuxième alinéa de l'article L. 225-100 du Code de commerce » sont nulles. Cette sanction doit toutefois être limitée.

Deux possibilités sont envisageables pour la nullité de l'assemblée générale, celle-ci pouvant être prononcée pour une omission d'une information obligatoire ou pour le défaut total de publication. La première hypothèse semblerait sévère au regard du nombre d'éléments devant figurer au sein du rapport du conseil d'administration. Par ailleurs, l'article L. 225-121 du Code de commerce dispose que la délibération prise par l'assemblée générale est nulle lorsque les dispositions du deuxième alinéa de l'article L. 225-100 du Code de commerce sont violées. Or, cet alinéa pose le principe de la publication du rapport dans son intégralité et de sa communication à l'assemblée générale. Il ressort ainsi d'une analyse littérale des articles L. 225-121 et L. 225-100 du Code de commerce que la nullité est la sanction de l'absence totale de communication du rapport du conseil d'administration ou du directoire[1373].

Les sanctions civiles liées à l'acte sont ainsi limitées, l'injonction et la nullité étant exceptionnellement prononcées en raison de la non-adaptation des cas d'ouverture au rapport de gestion. Il est nécessaire de vérifier s'il est possible pour les actionnaires de rechercher la responsabilité civile des personnes rédactrices de ce rapport, afin de pallier cette faiblesse.

B) Les sanctions des rédacteurs

403. Le rapport, facteur de responsabilité de son émetteur. Le rapport de gestion du conseil d'administration ou du directoire, comme le rapport de gouvernance du conseil d'administration ou de surveillance, sont des obligations légales dont la méconnaissance peut entraîner la responsabilité de la personne devant le rédiger[1374]. S'il est acquis que le défaut total de communication entraîne la responsabilité de l'organe qui aurait dû transmettre

---

1373 C. MALECKI, *op. cit.* note 1236, § 8 ; C. MALECKI, *op. cit.* note 1274, § 17 ; B. FRANCOIS, *op. cit.* note 1275, § 43 ; A. SOBCZAK, *op. cit.* note 1283, § 30 ; A. REYGROBELLET, N. HUET, *op. cit.* note 471, p. 385.

1374 En ce sens, l'article L. 225-251 du Code de commerce sanctionne par le biais de la responsabilité civile la violation d'une norme législative contenue dans le livre II du Code de commerce.

le rapport à l'assemblée générale[1375], la publication partielle du rapport peut-elle entraîner la responsabilité de l'organe ? Pour aborder la question, il convient de distinguer entre les informations devant impérativement être publiées dans le rapport de gestion ou le rapport de gouvernance, et celles dont la publication est livrée à la seule appréciation de l'organe émetteur.

404. La responsabilité civile pour défaut de publication d'une information obligatoire. Les rapports de gestion et de gouvernance contiennent un certain nombre d'informations devant impérativement être communiquées[1376]. Un tel manquement pourrait être qualifié de faute, car résultant de la violation d'une disposition législative. La caractérisation de cette faute serait d'autant plus aisée que les articles relatifs au *reporting* ou au contrôle interne dressent des listes d'informations devant figurer dans les différents rapports[1377]. La faute ainsi caractérisée, il est nécessaire de qualifier les deux autres éléments nécessaires à l'engagement de la responsabilité de l'organe chargé de la publication.

Le préjudice subi du fait de la non-communication d'une information obligatoire est aisément identifiable lorsqu'il est question d'une action sociale, c'est-à-dire lorsque la société est celle qui a subi les conséquences de la non-publication. Les justifications sont nombreuses, notamment le risque de condamnations administrative et pénale du fait de la communication d'informations incomplètes, mais aussi une éventuelle chute du cours des titres, et donc de l'actif social[1378], lié aux réactions du marché du fait d'une mauvaise communication. Dans ce cas, l'organe légalement en charge de la communication du rapport annuel, qu'il soit de gestion ou de gouvernance, se trouve responsable de cette faute commise à l'égard de la société, par le biais d'une action *ut universi* ou *ut singuli*, voire *ut plures*. Lorsqu'il est question d'une action individuelle pour défaut de publication d'une information obligatoire, la responsabilité de l'organe est plus difficile à retenir.

405. La responsabilité selon les règles de droit des sociétés. D'une part, lorsqu'il est question d'une action intentée par un tiers à la société, la non-publication d'une information obligatoire se heurte à la notion de faute

---

[1375] Cette absence totale de communication demeure une hypothèse hautement théorique, en raison du caractère formel de l'obligation de publication. Voir dans le cas de l'ancien rapport du président du conseil d'administration ou du directoire : I. DESBARATS, G. JAZOTTES, *op. cit.* note 1326, p. 28.

[1376] Voir *supra* § 360 et s.

[1377] I. DESBARATS, G. JAZOTTES, *op. cit.* note 1326, p. 29. Voir *contra*, considérant qu'une responsabilité civile ne pourrait que difficilement être retenue en cas d'omission de certaines informations obligatoires : B. ROLLAND, *op. cit.* note 1364, § 21.

[1378] Voir *infra* § 664 et s.

séparable des fonctions[1379]. Il semble impossible, pour certains, de qualifier cette faute de faute volontaire, d'une particulière gravité et incompatible avec l'exercice normal des fonctions sociales[1380]. Afin de nuancer ces propos, il serait envisageable de différencier entre les informations omises dans les rapports, certaines revêtant un caractère plus capital que d'autres.

Aussi peut-on difficilement concevoir que le rapport du conseil d'administration ou de surveillance, dont le but est de faire état de la gouvernance interne de la société, ne contienne pas les informations relatives aux travaux du conseil. Dans ce cas, la non-communication d'une telle information serait particulièrement grave, sans doute intentionnelle et incompatible avec l'exercice normal des fonctions sociales. Les tiers pourraient alors engager la responsabilité de l'organe fautif. Ce raisonnement, qui leur permettrait d'intervenir à l'instance à condition de prouver un préjudice qui leur serait propre, serait toutefois difficilement mis en œuvre en ce qu'il nécessiterait un raisonnement *in concreto* de la part du juge, devant vérifier si l'information omise dans le rapport est essentielle, pouvant de ce fait revêtir le caractère d'une faute séparable des fonctions. L'office du juge serait donc bien trop important pour permettre une systématisation et donc l'acceptation théorique de cette responsabilité.

D'autre part, les actions individuelles des actionnaires sont soumises à la preuve d'un préjudice distinct du préjudice social, c'est-à-dire un préjudice propre à l'actionnaire agissant. Cette exigence, nécessaire à la recevabilité de l'action[1381], semble difficile à caractériser. Il est toutefois possible de retrouver des décisions de la chambre commerciale ayant retenu un préjudice propre des actionnaires ayant conservé leurs titres en raison d'une information

---

[1379] Voir, sur la définition : Cass. com., 20 mai 2003, *D.* 2003, p. 2623, note Bruno DONDERO, *ibid.*, AJ, p. 1502, obs. Alain LIENHARD ; *D.* 2004, p. 266, obs. Jean-Claude HALLOUIN ; *JCP E* 2003, p. 1331, obs. Jean-Jacques CAUSSAIN, Florence DEBOISSY et Guillaume WICKER, *ibid.* p. 1580, note Serge HADJI-ARTINIAN ; *JCP E* 2003, II, 10178, note Stephan REIFEGERSTE ; *Bulletin Joly sociétés* 2003, p. 786, note Hervé LE NABASQUE ; *Droit des sociétés* 2003, n° 148, note Joël MONNET ; *Revue des sociétés* 2003, p. 479, note Jean-François BARBIERI ; *RTD Com.* 2003, p. 523, obs. Jean-Pascal CHAZAL et Yves REINHARD, *ibid.* p. 741, obs. Claude CHAMPAUD, Didier DANET ; *Defrénois* 2003, p. 1067, note Marie-Hélène MALEVILLE-COSTEDOAT ; *Defrénois* 2004, p. 898, obs. Jean HONORAT ; *Les petites affiches* 7 novembre 2003, note Soraya MESSAÏ ; *Droit et patrimoine* novembre 2003, p. 91, obs. Didier PORACCHIA ; *Gazette du palais* 2004, p. 482, note Jean François CLEMENT ; *Banque et droit* septembre-octobre 2003, p. 64, note Michel STORCK ; *RTD Civ.* 2003, p. 509, note Patrice JOURDAIN ; *JCP E* 2004, I, 101, obs. Geneviève VINEY. Voir aussi *infra* § 698 et s.

[1380] I. DESBARATS, G. JAZOTTES, *op. cit.* note 1326, p. 29-30.

[1381] Voir *infra* § 662 et s.

trompeuse[1382]. Dans le cadre d'un raisonnement *a pari*, il serait envisageable de considérer que les actionnaires subissent le même préjudice propre, celui de la perte de chance de ne pas avoir opéré le meilleur arbitrage patrimonial, issu de la non-publication d'une information obligatoire[1383]. Une telle action individuelle serait donc envisageable.

Les organes en charge de la publication des rapports de gestion et de gouvernance interne sont donc potentiellement responsables de ne pas avoir publié toutes les informations exigées par les textes législatifs et réglementaires. Ce constat peut être rendu plus complexe par l'apparition de nouvelles informations, dont la publication est laissée à l'appréciation du conseil d'administration, du conseil de surveillance ou du directoire.

406. La responsabilité en cas d'information volontairement émise. Outre les informations devant être publiées, dont la liste est arrêtée aux articles législatifs relatifs au rapport de gestion, ces derniers mentionnent des informations qui ne sont pas nécessairement comprises dans le rapport et dont l'inclusion est laissée à la seule appréciation du conseil d'administration, du conseil de surveillance ou du directoire. Ceux-ci peuvent-ils être responsables de ne pas avoir publié une information, alors même que cette faculté est légalement ouverte ?

Il est ici question des informations relatives aux indicateurs de performance de nature non financière, mais aussi des dix éléments de l'article L. 225-37-5 du Code de commerce dont la publication est soumise à l'influence sur une offre publique d'acquisition[1384]. Le conseil d'administration, de surveillance ou le directoire n'ayant qu'une obligation de publication sous condition, le défaut de communication ne pourrait être sanctionné en lui-même. Les actionnaires peuvent en revanche contester la non-communication de ces informations et conséquemment engager la responsabilité du conseil d'administration ou du directoire, mais cette contestation diffère selon l'information non diffusée.

1382 Cass. com., 9 mars 2010, *D.* 2010, p. 2803, obs. Jean-Claude HALLOUIN ; *ibid.* AJ, p. 761, obs. Alain LIENHARD ; *Revue des sociétés* 2010, p. 230, note Hervé LE NABASQUE ; *RTD Com.* 2010, p. 374, obs. Paul LE CANNU, Bruno DONDERO ; *ibid.*, p. 407, obs. Nicolas RONTCHEVSKY ; *RTD Civ.* 2010, p. 575, obs. Patrice JOURDAIN ; *RSC* 2011, p. 113, obs. Frédéric STASIAK ; *JCP E* 2010, 1483, note Sophie SCHILLER ; *ibid.*, 1890, obs. François-Guy TREBULLE ; *Droit des sociétés* 2010, n° 109, note Marie-Laure COQUELET ; *RJDA* 2010, n° 637 ; *Bulletin Joly sociétés* 2010, p. 537, note Dominique SCHMIDT ; *Bulletin Joly bourse* 2010, p. 316, note Nicolas RONTCHEVSKY ; *Revue trimestrielle de droit financier* 2010/2, p. 60, note Nicolas SPITZ ; *Droit et patrimoine* mai 2011, p. 80, obs. Didier PORACCHIA ; *Bulletin Joly bourse* 2010, p. 316, note Nicolas RONTCHEVSKY ; *Gazette du Palais* 25 mars 2010, p. 28, obs. Catherine BERLAUD ; *L'essentiel droit des contrats* mai 2010, p. 2, note Anne-Catherine MULLER ; *Les petites affiches* 19 novembre 2010, p. 9, note Anne-Marie ROMANI ; *L'essentiel droit des entreprises en difficulté*, mai 2010, p. 6, note Irina PARACHKEVOVA.

1383 I. DESBARATS, G. JAZOTTES, *op. cit.* note 1326, p. 29.

1384 Voir *supra* § 390-394.

407. La sanction de la non-publication des informations de l'article L. 225-37-5 du Code de commerce. L'article L. 225-37-5 du Code de commerce conditionne la diffusion de dix données différentes à leur incidence en cas d'offre publique. Théoriquement, il est possible qu'aucune de ces dix informations ne soit communiquée, ce qui signifie que le conseil d'administration ou de surveillance considère qu'aucune d'entre elles n'ait une influence sur une offre publique d'acquisition[1385]. Une telle considération peut être contestée par les actionnaires de la société, dont certains s'attendent à la communication de ces informations. Il leur suffirait de prouver judiciairement que l'information non publiée avait une incidence en cas d'offre publique, pour prouver que la loi a été méconnue. Cette preuve suffit-elle à engager la responsabilité de l'organe en charge de la publication ?

Au sens premier de l'article L. 225-251 du Code de commerce, les administrateurs ou les membres du conseil de surveillance ont violé une obligation légale en ne publiant pas une information qu'ils auraient dû communiquer, ce qui suffirait à engager leur responsabilité. Cette lecture n'est toutefois pas pleinement satisfaisante, car elle contrevient à l'option mise à la disposition des organes chargés de communiquer le rapport. Pour engager leur responsabilité, il serait ainsi préférable de prouver dans un premier temps que l'information non publiée avait une incidence en cas d'offre publique mais aussi, dans un second temps, que le conseil d'administration n'a pas fait tout ce qui était en son pouvoir pour évaluer les incidences qu'aurait eu la publication de l'information en cas d'offre publique. Le simple défaut de publication ne suffirait donc pas, encore faudrait-il prouver un manquement à une obligation de moyens[1386] propre au conseil d'administration, qui pourrait être rapprochée de l'obligation de diligence dans l'exercice de sa mission, soit l'établissement du rapport de gestion.

408. La sanction de la non-publication des informations de l'article L. 225-100-1 du Code de commerce. Le conseil d'administration ou le directoire n'est dans l'obligation de publier les indicateurs de performance de nature non financière que si ceux-ci permettent la « compréhension de l'évolution des affaires, des résultats ou de la situation de la société ». Ainsi, un actionnaire qui entend contester la non-édiction de ces informations doit prouver qu'elles auraient favorisé sa compréhension de l'évolution des affaires, impliquant un contrôle subjectif de la part du juge chargé de cette contestation. En effet, afin de déterminer si l'information devait être publiée, et donc si le conseil d'administration ou le directoire est fautif, le juge pourrait être tenté de faire dépendre le succès de l'action de l'identité du demandeur.

[1385] Cette hypothèse semble toutefois irréaliste, alors que certaines informations figurant à cet article sont aussi mentionnées dans d'autres dispositions du Code de commerce, avec la même obligation de publicité. C. MALECKI, *op. cit.* note 1236, § 8.

[1386] Sur la proposition d'introduire la dichotomie entre obligation de moyens et obligations de résultat dans la publication du rapport annuel : C. MALECKI, *op. cit.* note 1274, § 19.

Dans une première hypothèse, un actionnaire rompu aux affaires sociales n'aurait sans doute pas besoin des données non publiées pour analyser l'évolution sociale, ce qui signifierait que son action n'aurait que peu de chances de succès. En revanche, dans une seconde hypothèse, l'action d'un actionnaire profane aurait toutes les chances d'aboutir, car il aurait sans doute eu besoin des informations non communiquées par le conseil d'administration ou le directoire pour comprendre l'évolution de la société. Il apparaît alors que l'appréciation judiciaire est soumise à une considération *ratione personæ*, car le critère principal est celui de la « compréhension », qui dépend éminemment de la qualité du demandeur. Cette appréciation subjective n'est pas souhaitable pour la sécurité de l'action en justice, il convient donc de retenir un autre critère sur lequel mettre en jeu la responsabilité des administrateurs ou les membres du directoire.

Un actionnaire pourrait alors prouver que les membres du conseil d'administration ou du directoire n'ont pas respecté une obligation de moyens, en ce qu'ils n'ont pas suffisamment évalué en quoi l'information était nécessaire à la compréhension de l'évolution de la société pour un actionnaire aux capacités normales. À l'obligation de moyens viendrait s'ajouter une objectivation, nécessaire afin de créer un standard jurisprudentiel par lequel les membres des organes seraient tenus responsables. Cette standardisation emporte toutefois un inconvénient majeur, l'incertitude relative à la qualité du demandeur se déplaçant sur le conseil d'administration lors de son analyse *a priori*.

409. La responsabilité pour manquement à la règle *comply or explain*. La dernière possibilité concerne quelques informations sociales, environnementales et sociétales devant figurer dans le rapport de gestion, mais aussi le rapport de gouvernance. Il ne fait aucun doute que la méconnaissance totale de cette règle de publication, c'est-à-dire la non-conformité à un code de gouvernance ou la non-publication des informations environnementales sans aucune justification, entraîne la responsabilité de l'organe en charge de la publication. L'incertitude est cependant plus importante lorsque cet organe donne une justification à l'absence de mise en conformité, mais que celle-ci est superficielle, obscure ou elliptique.

Il semblerait que l'organe respecte son obligation légale, ce qui signifie qu'il ne devrait pas voir sa responsabilité engagée. Selon cette conception, pèse sur l'organe une obligation de justification, mais en aucun cas une obligation de communication intelligible, qui relèverait d'une obligation morale[1387]. Cette interprétation n'est toutefois pas satisfaisante dans le cadre des sociétés cotées car elle semble contraire à l'exigence de clarté et de précision propre au rapport du conseil d'administration. Le conseil d'administration, de surveillance ou le directoire, pourrait donc être responsable à l'égard des actionnaires si la justification n'est pas suffisante.

[1387] B. LECOURT, *op. cit.* note 1267, § 12 ; V. MAGNIER, *op. cit.* note 1259.

410. Régime de responsabilité. En cas de responsabilité pour défaut de publication, ou pour mauvaise publication du rapport de gestion, le régime de responsabilité du conseil d'administration ou du directoire est particulier. De par la collégialité de ces organes, dont les membres n'ont aucune compétence propre, doit être retenue une responsabilité solidaire, sauf à prouver que le comportement de certains a été tel que leur responsabilité ne devrait pas être engagée[1388].

411. Conclusion de la section 1. Les intervenants internes que sont le conseil d'administration, de surveillance ou le directoire doivent rédiger les informations devant être communiquées aux actionnaires et au marché. Il apparaît toutefois que ces informations ne sont pas toujours adéquates, car de nombreuses possibilités de contournement sont légalement offertes. L'intervention de personnes extérieures à la société, dont la probité ne souffre aucune contestation, est souhaitable pour que l'information communiquée soit intelligible aux actionnaires. L'extériorité des sources d'informations ne signifie pas pour autant une absence de dangers pour les actionnaires et le marché. Une limite doit toutefois être apportée à cette possibilité, l'Autorité des marchés financiers désignant spécifiquement, dans ses rapports annuels, les sociétés qui ne se conforment pas aux dispositions législatives ou réglementaires, ni même aux dispositions des codes de gouvernance qu'elles déclarent appliquer. Ce mécanisme, inspiré du *name and shame* anglo-saxon[1389], peut représenter un correctif efficace à l'imperfection de l'information financière ou non financière[1390], non pas par sa sanction juridique, mais par le risque de sanction économique qui y est attaché. En effet, une société nommément visée dans le rapport de l'Autorité des marchés

[1388] Cass. com., 30 mars 2010, *D.* 2010, p. 1118, obs. Renaud SALOMON ; *ibid.* p. 1678, note Bruno DONDERO ; *ibid.*, p. 2802, obs. Jean-Claude HALLOUIN ; *Revue des sociétés* 2010, p. 304, note Paul LE CANNU ; *RTD Com.* 2010, p. 377, note Paul LE CANNU, Bruno DONDERO ; *JCP E* 2010, 1416, note Alain COURET ; *Droit des sociétés* 2010, n° 117, note Myriam ROUSSILLE ; *RJDA* 2010, n° 640 ; *Banque et Droit* mai 2010, p. 45, obs. Michel STORCK ; *Bulletin Joly sociétés* 2010, p. 533, note Ronan RAFFRAY ; *Gazette du Palais* 6 octobre 2010, obs. Anne-Catherine ZATTARA-GROS ; *Revue de jurisprudence commerciale* 2010, p. 263, note Marie-Hélène MONSERIE-BON ; *Droit et patrimoine* mai 2010, p. 79, obs. Didier PORACCHIA.

[1389] Voir *supra*, § 311. Voir aussi : Michel GERMAIN, Véronique MAGNIER, Marie-Aude NOURY, « La gouvernance des sociétés cotées », *JCP E* 2013, 1638, spéc. § 20 ; Hervé LETRÉGUILLY, John MADDEN, « Le "soft law" en matière financière : le point de vue des praticiens », *Revue de droit bancaire et financier*, 2012, dossier 6, § 47.

[1390] Catherine MALECKI, « Des chiffres et des lettres… de noblesse du reporting non financier », *Bulletin Joly sociétés* 2013, p. 780.

financiers pourrait perdre des investisseurs, qui considéreraient que la société ne se conforme pas aux exigences légales ou réglementaires[1391].

Section 2 : Les dangers liés aux rapports émis par les spécialistes du chiffre

412. Les spécialistes du chiffre : une nécessité visant à limiter les coûts d'agence. S'il a déjà été mentionné que le conseil d'administration ou de surveillance a pour mission première d'informer les actionnaires, il doit être rappelé que cette mission n'est qu'imparfaitement remplie. Les actionnaires disposent bien d'informations, mais elles ne sont que trop peu exploitables car difficilement intelligibles et trop éparses. Il existe alors bel et bien des coûts d'agence au sein des sociétés cotées, difficilement surmontables. Les actionnaires ont alors besoin d'autres sources d'informations afin de réduire ces coûts et obtenir un rééquilibrage des pouvoirs au sein de la société. Ces autres sources d'informations proviennent d'intervenants qui sont pour la plupart extérieurs à la société[1392], garantissant en principe une intervention indépendante et par là, conférant une information pertinente.

413. Deux catégories de sources peuvent être identifiées dans l'établissement de ces informations, que l'on pourrait qualifier de complémentaires. D'une part, un organe social, typique des sociétés cotées, a la charge de produire des informations relatives à la gestion financière de la société. Le comité d'audit est ainsi un organe propre à la société, devant apporter des informations aux différents membres des conseils (§1). D'autre part, les intervenants externes à la société, tels que le commissaire aux comptes ou les analystes financiers, apportent des informations supplémentaires aux actionnaires, mais celles-ci doivent être appréhendées avec la plus grande prudence (§2)

§1 L'intervenant interne : le comité d'audit

414. Le comité d'audit, une création de la pratique des sociétés cotées. En raison de la multiplicité des normes comptables applicables aux sociétés cotées, mais aussi des règles de plus en plus contraignantes relatives aux informations de nature financière, ces sociétés se sont peu à peu dotées d'un comité juridique *ad hoc*, usant de la faculté conférée par le Code de

---

1391 Voir, *contra*, considérant que les investisseurs n'effectuent pas un contrôle aussi attentif, réduisant les effets du *name and shame* : Pascale DEUMIER, « Le principe "appliquer ou expliquer", appliquer la norme autrement ? », *RTD Civ.* 2013, p. 79 ; Chantal DONZEL-TABOUCOU, « Le principe "appliquer ou expliquer" en France », *Revue des sociétés* 2015, p. 347, spéc. § 36.

1392 Voir en ce sens : Alain SAYAG, « Introduction », dans Alain SAYAG (dir.), *Le commissariat aux comptes, Renforcement ou dérive ?*, Vol. 1, Paris, Librairies Techniques, 1989, p. 3.

commerce[1393]. L'un des premiers comités ayant été créé est le comité des comptes, visant à assister le conseil d'administration dans sa tâche annuelle de revue de la gestion au travers de l'étude des comptes sociaux[1394]. Cette pratique, courante depuis les années 1980, a été consacrée par le premier rapport interne relatif à la gouvernance des sociétés cotées, le rapport Viénot I[1395]. Ce rapport préconisait, afin de fixer une pratique déjà commune, que « chaque conseil se dote d'un comité ayant pour tâche essentielle de s'assurer de la pertinence et de la permanence des méthodes comptables adoptées pour l'établissement des comptes consolidés et sociaux de l'entreprise et de vérifier que les procédures internes de collecte et de contrôle des informations garantisse celles-ci »[1396]. Dès 1995, cette recommandation confirmait ainsi l'existence pratique du comité des comptes et son rôle prépondérant dans l'accomplissement des tâches du conseil d'administration, mais ne l'introduisait nullement dans le corpus législatif, se contentant de formuler ce qui s'apparentait à un vœu pieux. Par ailleurs, il est à noter que la recommandation ne visait que les conseils d'administration ou de surveillance, sans appréhender la société. De ce fait, le rapport Viénot I – tout comme le rapport Viénot II[1397] – a conféré la faculté de créer un comité des comptes à un organe dépourvu de toute personnalité juridique, excluant de fait la création d'une quelconque obligation.

La vision selon laquelle la constitution d'un comité des comptes était une simple possibilité a toutefois été remise en cause en raison des nombreux scandales comptables et financiers tant en Amérique du Nord qu'en Europe continentale[1398]. C'est alors que les législateurs, qu'ils soient étasunien, unioniste ou français, se sont intéressés aux comités des comptes, devenus comités d'audit, principalement en raison de la profusion de sources anglo-saxonnes dans ce domaine[1399].

415. L'encadrement progressif de ces comités. La chute d'Enron, très tôt suivie de celle du cabinet Arthur Andersen, a provoqué une prise de

---

[1393] Voir en ce sens l'article R. 225-29 et R. 225-56 du Code de commerce. Voir *supra* § 60 et s.

[1394] Christel DE GANAY D'INDY, Laure ENGEL, « Les comités d'audit », *Bulletin Joly sociétés* 2003, p. 723.

[1395] ASSOCIATION FRANCAISE DES ENTREPRISES PRIVEES/CONSEIL NATIONAL DU PATRONAT FRANÇAIS, *op. cit.* note 148.

[1396] *Id.*, spéc. p. 20. Voir aussi : Christophe LEFAILLET, « Les comités d'audit, une nouvelle impulsion en 2010 », *Revue Lamy droit des affaires* mai 2011, p. 99.

[1397] ASSOCIATION FRANCAISE DES ENTREPRISES PRIVEES/MOUVEMENT DES ENTREPRISES DE FRANCE, *op. cit.* note 148.

[1398] Voir, en ce sens, les affaires Swissair et Parmalat : Nicolas DANIELS, Armelle BOHINEUST, Richard HEUZE, « Après Enron, l'affaire Parmalat replonge l'audit dans la tourmente », *Le Figaro économie*, 6 janvier 2004, p. 2-3 ; Marie-Noëlle TERRISSE, « L'affaire Parmalat fait craindre un "Enron européen" », *Le Monde* 22 décembre 2003, p. 17 ; « Faillite de Swissair : KPMG au cœur de la polémique », *Le Figaro économie* 29 janvier 2003, p. 6 ; Patrick MARX, « Parfum de scandale financier autour de Swissair », *La Tribune*, 28 juin 2002.

[1399] C. DE GANAY D'INDY, L. ENGEL, *op. cit.* note 1394.

conscience des acteurs économiques et du gouvernement fédéral étasunien sur la nécessité d'encadrer les pratiques liées aux informations comptables et surtout leurs qualités principales dans le cadre des sociétés cotées, la publication et la sincérité. La loi *Sarbanes-Oxley* de 2002[1400] concerne ainsi les comités d'audit, et vient uniformiser la pratique des différents États en matière de comités du conseil d'administration. Plutôt que de favoriser une course au moins-disant[1401], induite par l'expression consacrée d' « effet Delaware »[1402], la loi *Sarbanes-Oxley* modifie la *Securities Exchange Act* de 1934[1403] afin de fixer un cadre fédéral relatif aux comités d'audit. À ce titre, l'une des dispositions majeures de cette loi se trouve être son article 301[1404], qui impose aux sociétés cotées sur le marché étasunien, quelle que soit leur nationalité, de constituer un comité d'audit, sauf à risquer une exclusion du marché sur lequel elles opèrent[1405]. Le même article décrit ensuite par le menu les règles relatives à la composition de ce comité[1406], ainsi que ses pouvoirs[1407]. Cette règle étasunienne a ensuite agi par contagion, la réflexion quant à la spécificité des comités d'audits gagnant l'Europe. Il doit de ce fait être noté qu'à l'occasion des débats relatifs à la loi de sécurité financière, le sénateur MARINI avait proposé un amendement qui avait pour objet de créer un article L. 225-35-1 dans le Code de commerce instaurant à titre facultatif la présence d'un comité d'audit[1408].

1400 Précitée note 150.

1401 Traduction des expressions anglo-américaines « *Race for the bottom* » ou « *race to the bottom* », utilisée par : William L. CARY, « Federalism and Corporate Law : Reflections Upon Delaware », *Yale Law Journal* 1974, spéc. p. 666 ; Bernard S. BLACK, « Is Corporate Law Trivial ? A Political and Economic Analysis », *Northwestern University Law Review*, 1990, spéc. p. 584.

1402 Voir : Michel MENJUCQ, *Droit international et européen des sociétés*, 3ème éd., Paris, Montchrestien, 2011, § 132.

1403 Securities Exchange Act of 1934, précitée note 377.

1404 Il doit être noté, à titre de nuance, que la loi *Sarbanes-Oxley* contient aussi des dispositions relatives aux comités d'audit à ses articles 201, 202, 204, 205, 302, 307, 404, 406 et 407 : C. DE GANAY D'INDY, L. ENGEL, *op. cit.* note 1394.

1405 Section 10 A (m) (1) (A) de la Securities Exchange Act of 1934, précitée note 1403, tel que modifiée par la Sarbanes-Oxley Act of 2002, précitée note 150.

1406 Notamment l'obligation de le composer exclusivement de membres indépendants du conseil d'administration. Voir : Section 10 A (m) (3) (A) de la Securities Exchange Act of 1934, précitée note 1403.

1407 Parmi lesquels figurent : les nomination, rémunération et surveillance de la société qui contrôle les comptes de l'émetteur (Section 10 A (m) (2) de la Securities Exchange Act of 1934) ; la réception des documents dressés par la société qui contrôle les comptes sociaux (*Id.*) ; la mise en place de procédures pour le contrôle interne (Section10 A (m) (4) (A) de la Securities Exchange Act of 1934) *etc.*

1408 Amendement n° 132 au Projet de loi de sécurité financière, présenté par M. MARINI au nom de la Commission des finances, 13 mars 2003. Il est à noter que cet amendement, lors de son étude en séance au Sénat, a été retiré par son auteur : *Journal officiel Sénat*, séance du 20 mars 2003, p. 11.

À la suite de cette première tentative avortée d'importation du comité d'audit dans le corpus législatif, la première réelle avancée sur ce thème provient de l'Union Européenne, avec la recommandation de la Commission en date du 15 février 2005. Les sociétés cotées devraient donc se doter d'un comité d'audit[1409], dont la composition, le rôle et le fonctionnement seraient régis par l'une de ses annexes[1410]. Cette recommandation n'est pas restée longtemps sans juridicité, ce thème faisant son entrée dans le droit dérivé de l'Union Européenne l'année suivante.

La directive du 17 mai 2006[1411], concernant le contrôle légal des comptes annuels et des comptes consolidés[1412], contient une disposition relative aux comités d'audit. L'article 41 de cette directive dispose ainsi que chaque « entité d'intérêt public[1413] doit être dotée d'un comité d'audit » a dû faire son entrée dans le corpus juridique français, en vertu de l'obligation qu'ont les États membres de transposer les règles figurant au sein des directives. C'est ce qui s'est opéré par l'ordonnance du 8 décembre 2008[1414], ratifiée par la loi du 12 mai 2009[1415], puis complétée par la loi du 22 octobre 2010[1416].

Les comités d'audit, considérés dès lors comme des rouages essentiels de la *corporate governance*[1417], sont incorporés aux articles L. 823-19 et L. 823-20 du Code de commerce, qui viennent en fixer les règles de constitution (I) et de fonctionnement (II). Il conviendra par la suite d'aborder le régime de responsabilité de ses membres (III).

I) La constitution du comité d'audit

416. La composition du comité d'audit. L'article L. 823-19 du Code de commerce dispose que le comité d'audit doit être composé de membres du

[1409] Considérant 9 de la Recommandation du 15 février 2005, précitée note 255.

[1410] Article 4.1 et suivants de l'annexe I à la Recommandation du 15 février 2005, précitée note 255. Voir aussi : AUTORITE DES MARCHES FINANCIERS, *Rapport final sur le comité d'audit*, 22 juillet 2010.

[1411] Directive 2006/43/CE du Parlement Européen et du Conseil du 17 mai 2006, concernant les contrôles légaux des comptes annuels et des comptes consolidés et modifiant les directives 78/660/CEE et 83/349/CEE du Conseil, et abrogeant la directive 84/253/CEE du Conseil, *JOUE* L. 157/87 du 9 juin 2006.

[1412] Article 1 de la directive du 17 mai 2006, précitée note 1411.

[1413] Cette notion comprend notamment les sociétés « dont les valeurs mobilières sont admises aux négociations sur un marché réglementé d'un État membre », selon l'article 2, point 13 de la directive du 17 mai 2006, précitée note 1411.

[1414] Ordonnance n° 2008-1278 du 8 décembre 2008 transposant la directive 2006/43/CE du 17 mai 2006 et relative aux commissaires aux comptes, *JORF* du 9 décembre 2008, p. 18720.

[1415] Loi n° 2009-526 du 12 mai 2009 de simplification et de clarification du droit et d'allègement des procédures, *JORF* du 13 mai 2009, p. 7920.

[1416] Loi n° 2010-1249 du 22 octobre 2010, précitée note 89.

[1417] Benoît LECOURT, « Adaptation des règles du commissariat aux comptes au droit communautaire », *Revue des sociétés* 2009, p. 191 ; Luc SAUCIER, Dominique BORDE, « Les membres du comité des comptes sont-ils responsables ? », *Bulletin Joly sociétés* 2006, p. 845.

conseil d'administration ou de surveillance, dont un au moins doit présenter des compétences particulières en matière financière ou comptable et être indépendant au regard de critères précisés et publiés par le conseil d'administration ou de surveillance.

Il est nécessaire de constater que l'article L. 823-19 du Code de commerce pose donc en creux la question de la composition du conseil d'administration ou de surveillance. En effet, en affirmant que le comité ne pouvait être composé que de membres de ces conseils, toute exigence relative aux qualités que devraient avoir ses membres rejaillit nécessairement sur la composition du conseil dont ils émanent. Exiger d'un membre du comité d'audit qu'il soit indépendant et financièrement érudit équivaut donc à exiger cette même condition pour le conseil d'administration ou de surveillance. Or, cette condition semble, dans le Code de commerce, représenter une innovation, car ce corpus ne dispose aucune règle spécifiant les qualités que devraient respecter les membres du conseil d'administration. Cette mesure visant le conseil par le biais du comité d'audit représente un argument supplémentaire quant à la nécessité d'introduire expressément des règles relatives à la composition du conseil d'administration ou de surveillance.

D'autre part, une question, en ligne directe avec la première, apparaît à la lecture de l'article L. 823-19 du Code de commerce. Cet article dispose que le comité d'audit doit être composé d'au moins un membre financièrement capable et indépendant. La formulation laisse entendre que les deux aptitudes devraient être réunies par la même personne[1418]. Devrait figurer au sein du comité d'audit une seule personne compétente financièrement et indépendante tout à la fois. Cela semble toutefois porter les germes d'une dangereuse concentration des qualités. Le péril ne réside pas dans le fait que ces qualités soient réunies en une seule et même personne, mais plutôt que les autres membres du comité d'audit n'aient ni à être indépendant, ni dotés d'une particulière compétence en matière financière. En effet, si tel devait être le cas, le membre indépendant et financièrement compétent serait, par la nature collégiale du comité d'audit, placé mécaniquement en minorité et ne pourrait remplir un rôle efficace, ce qui est contradictoire avec l'objectif même de la loi : l'instauration d'un comité de spécialistes. Dès lors, il serait plus respectueux de l'esprit du texte d'entendre la disposition comme préconisant la dissociation des qualités, signifiant que le comité d'audit serait composé *a minima* d'un membre indépendant et d'un autre membre financièrement compétent, ce qui rejaillirait sur la composition du conseil d'administration ou de surveillance. Afin de régler les incertitudes sur ce point, il serait envisageable de proposer une modification à cet article, mentionnant alors que

[1418] En ce sens : Paul LE CANNU, Bruno DONDERO, « Les comités d'audit », dans Alain COURET, Catherine MALECKI (dir.), *op. cit.* note 830, p. 191, spéc. § 24 ; Dominique MANGENET, Jean-Yves MARTIN et David ROBINE, « Les comités spécialités dits "comités d'audit" », *Actes pratiques et ingénierie financière*, mai 2011, p. 4, spéc. § 38.

le comité d'audit devrait être composé d'au moins deux membres indépendants, dont un est doté de compétences financières ou comptables.

417. La composition fonctionnelle du comité d'audit, les incertitudes textuelles. L'article L. 823-19 du Code de commerce dispose les deux conditions précitées quant aux qualités à réunir par au moins un membre du comité d'audit, mais ne comporte pas d'autres précisions[1419]. Si le texte exige que le comité d'audit ne comporte pas de membres relevant de la direction, il laisse toutefois de nombreuses questions en suspens.

L'article L. 823-19 du Code de commerce mentionne que les membres « exerçant des fonctions de direction » ne peuvent faire partie du comité d'audit. Cette exigence se justifie dès lors que l'on comprend que les membres du comité d'audit ne doivent en aucun cas être en situation de conflit d'intérêts. Or, le rôle de ce comité est de contrôler la conduite de la gestion sociale, et partant l'action des personnes détenant les activités de direction. De ce fait, il est logique, afin que le comité d'audit puisse accomplir sa tâche, qu'aucun contrôlé ne siège au sein de l'organe de contrôle. Si l'on comprend parfaitement la mesure et son inclusion dans le Code de commerce, il doit toutefois être constaté que le texte ne comporte aucune définition de ce que pourrait recouvrir la notion de « membres chargés des fonctions de direction »[1420]. Selon une première analyse, il paraît évident que le directeur général ou tout autre directeur général délégué exerce une fonction de direction. En revanche, un administrateur exécutif au sens de la recommandation du 15 février 2005[1421] ou encore un administrateur exerçant des fonctions salariées de direction peut-il être considéré comme exerçant des fonctions de direction[1422] ?

Un élément de réponse a été formulé par l'Autorité des marchés financiers dans le rapport rendu le 22 juillet 2010. En effet, la notion de direction doit s'entendre « dans une acception large, à savoir les mandataires sociaux exerçant des fonctions exécutives, mais aussi tous les membres de la direction générale »[1423]. Cette définition est satisfaisante en ce qu'elle permet d'appréhender le plus grand nombre de personnes exclues du comité d'audit, mais présente un risque majeur, alors que tous les administrateurs peuvent être amenés à exercer des fonctions exécutives lorsque le conseil d'administration remplit son rôle exécutif mentionné à l'article L. 225-35 du Code de commerce. Aussi devrait-on proposer une modification de la formule employée par l'article L. 823-19 du Code de commerce, en remplaçant la

---

1419 AUTORITE DES MARCHES FINANCIERS, *op. cit.* note 1410, p. 13.

1420 Dominique MANGENET, Jean-Yves MARTIN et David ROBINE, « Comités d'audit : une consécration entourée d'incertitudes », *Droit des sociétés* 2010, étude 2, spéc. § 6.

1421 Précitée note 255.

1422 Jean-François BARBIERI, « Les "comités spécialisés" : quelques interrogations pratiques », *Bulletin Joly sociétés* 2010, p. 116.

1423 AUTORITE DES MARCHES FINANCIERS, *op. cit.* note 1410, p. 13. Voir aussi : D. MANGENET, J.-Y. MARTIN, D. ROBINE, *op. cit.* note 1418, spéc. § 35.

formule « membres chargés des fonctions de direction » par une identification plus formelle des directeurs généraux, directeurs généraux délégués ainsi que les administrateurs qui leurs sont directement liés.

La notion de lien avec les dirigeants permet d'aborder la condition d'indépendance du comité d'audit. Il ressort en effet de l'article L. 823-19 du Code de commerce que le comité d'audit doit être composé d'au moins un membre indépendant, sans autre précision. Cette précision est une réelle avancée, tout autant qu'une occasion manquée de clarifier l'état du droit interne sur la question de l'indépendance.

418. L'indépendance du comité d'audit, une nécessité mal explicitée. L'introduction par l'ordonnance du 8 décembre 2008 de la présence d'un membre indépendant au sein du comité est une innovation en droit français, qui consacre par là même la notion d'administrateur indépendant dans le Code de commerce[1424]. En effet, le comité d'audit étant exclusivement composé d'administrateurs, si l'on exige qu'un de ses membres soit indépendant, cela signifie qu'au moins un administrateur doit l'être aussi. Cette norme est louable, car elle inscrit législativement une mesure existant par ailleurs dans d'autres droits[1425], mais aussi – et surtout – a le mérite de cristalliser une pratique déjà consacrée par les différents codes des autorités sectorielles ou des syndicats professionnels. Cette consécration, louable en ce qu'elle place la pratique française parmi les plus avancées en matière de gouvernance des entreprises, laisse toutefois une impression d'inachevé.

Si le fait de codifier l'indépendance est appréciable, encore eût-il fallu définir ce que représente cette notion, à propos de laquelle il n'existe aucun consensus entre les différents codes d'application volontaire[1426]. Cette réforme législative aurait été l'occasion de fixer définitivement ce que pouvait recouvrir ce critère d'indépendance. En posant l'exigence d'indépendance sans la définir, l'ordonnance du 8 décembre 2008 se contente d'effectuer implicitement un renvoi aux standards posés dans les différents codes de gouvernance des autorités professionnelles[1427], dont il est nécessaire de

---

1424 P. LE CANNU, B. DONDERO, *op. cit.* note 1418, § 24.

1425 Voir, par exemple, aux États-Unis : NEW YORK STOCK EXCHANGE, Article 303A.07 du *NYSE Listed Company Manual*, « Le comité d'audit doit être compose d'au moins trois membres. Tous les membres du comité d'audit doivent respecter les critères d'indépendance disposes à l'article 303A.02 ». Traduction de "*The audit committee must have a minimum of three members. All audit committee members must satisfy the requirements for independence set out in Section 303A.02 (...)*". Voir aussi, en Grande-Bretagne : FINANCIAL REPORTING COUNCIL, *op. cit.* note 1257, article C.3.1 « Le conseil d'administration doit constituer un comité d'audit d'au moins trois, ou dans le cas de plus petites sociétés de deux, administrateurs indépendants (...) ». Traduction de : "*The board should establish an audit committee of at least three, or in the case of smaller companies two, independent non-executive directors (...)*".

1426 Voir *supra* § 110 et s.

1427 Voir en ce sens : AUTORITE DES MARCHES FINANCIERS, *op. cit.* note 1410, p. 13, affirmant qu'il revient aux conseils de fixer les règles d'indépendance au regard des différents codes sectoriels.

rappeler qu'ils ne sont dotés d'aucune juridicité *per se*[1428]. Dès lors, il est possible de formuler les mêmes critiques déjà évoquées à propos de la notion d'administrateur indépendant, partant du postulat selon lequel la notion d'indépendance correspond plus à un sentiment qu'à un véritable standard objectif. Aussi est-il possible d'appliquer au comité d'audit la conclusion qui avait été formulée à l'égard des conseils d'administration, à savoir l'inadaptation de la notion même d'administrateur indépendant et la meilleure convenance du terme d'administrateur non-lié[1429]. Mais au-delà de la notion même de membre indépendant, ou de membre non-lié du comité d'audit, un autre trait essentiel à leur efficacité n'est pas précisé par le Code de commerce, représentant une seconde imperfection du texte.

L'indépendance des membres du comité d'audit, au même titre que le commissaire aux comptes, est nécessaire à la crédibilité de ces comités, mais aussi à l'exercice de leur fonction. Or le Code de commerce ne dispose aucune règle relative à la formation du comité, ni en termes de membres le composant, ni en termes de répartition entre les membres indépendants et ceux qui ne le sont pas. De ces deux éléments dépend l'efficacité du comité d'audit, qui ne saurait agir efficacement que s'il est indépendant, ou non-lié à la direction.

419. L'absence de mention à la composition du comité d'audit. Le Code de commerce n'offrant aucune solution quant à la composition formelle du comité d'audit ni à propos de la répartition de ses membres, il est nécessaire de remédier à ce qui peut s'apparenter à une omission.

Dans un premier temps, il doit être fait état du nombre de membres devant composer ce comité d'audit. En tant qu'organe collégial, ce comité ne saurait se composer d'un seul membre. Par ailleurs, un tel organe ne peut pas plus être composé de deux membres, ne laissant que deux alternatives, l'unanimité en cas d'accord des deux membres, ou le blocage en cas de désaccord entre les deux membres. Cette solution manichéenne ne saurait réellement correspondre à la collégialité qui ne s'accommode que très mal d'une logique du tout ou rien. Il faut donc en conclure que le comité d'audit doit être composé, *a minima*, de trois membres, ce que préconise par ailleurs l'Autorité des marchés financiers[1430]. En effet, ce seuil est le premier qui permet de dégager une majorité – nécessaire dans tous les organes collégiaux – qui ne soit pas l'unanimité. Toutefois, contrairement à ce que proposent l'autorité de marché et la Commission Européenne, il ne serait pas pertinent de limiter le nombre de membres du comité d'audit à deux lorsque le conseil d'administration est de petite taille. Dans ce cas, une autre solution doit être évoquée[1431]. Une fois convenu que le comité d'audit doit être composé d'au

---

[1428] Voir *supra* § 362.
[1429] Voir *supra* § 113.
[1430] AUTORITE DES MARCHES FINANCIERS, *op. cit.* note 1410, p. 12. Voir aussi : Article 1.1 de l'annexe 1 à la Recommandation du 15 février 2005, précitée note 255, p. 58.
[1431] Voir *infra* § 420.

moins trois membres, il est nécessaire de s'intéresser à leur identité et plus spécifiquement à la proportion de membres indépendants en son sein.

À la lecture de l'article L. 823-19 du Code de commerce, il apparaît qu'un membre doit être indépendant, ce qui signifie qu'il doit y avoir au moins une minorité de membres indépendants. Or, le comité d'audit a été créé afin de répondre à une nécessité au sein de la structure sociale d'internaliser certaines fonctions liées à l'accomplissement de la tâche du commissaire aux comptes. Dès lors, les obligations propres aux commissaires aux comptes s'appliquent aussi au comité d'audit, ce qui signifie qu'il doit être indépendant. En raison même de sa collégialité, deux moyens existent pour que le comité d'audit soit lui-même considéré comme indépendant. Le premier est le plus radical, mais aussi sans doute le plus efficace : est indépendant le comité d'audit composé exclusivement de membres indépendants. C'est d'ailleurs la solution retenue par le droit fédéral étasunien dans la loi *Sarbanes-Oxley*[1432]. Cette possibilité est toutefois la moins réaliste et la plus délicate à mettre en application, car elle supposerait que toutes les sociétés cotées aient, au sein de leur conseil d'administration, au moins trois membres indépendants à placer au sein du comité d'audit, difficilement concevable pour les sociétés cotées familiales à petite capitalisation. Dans ces dernières, le conseil d'administration est en effet fréquemment composé des membres de la famille du fondateur, qui est par ailleurs le plus souvent le principal dirigeant. Parce qu'elle peut exclure les petites sociétés cotées, cette solution ne saurait être adaptée. Dès lors, une autre conception de l'organe collégial indépendant doit être retenue.

En raison de sa collégialité, la décision d'un organe est celle de la majorité de ses membres. Ce principe valant pour les décisions collectives devrait, *mutatis mutandis*, valoir pour les caractères que doit revêtir l'organe collégial. Aussi le comité d'audit indépendant serait-il le comité d'audit majoritairement composé de membres indépendants, ce qu'a d'ailleurs retenu la Commission Européenne[1433], ainsi que certains auteurs[1434]. Une fois cette condition de majorité identifiée, encore faut-il déterminer sa mesure, c'est-à-dire s'il doit être exigé une majorité simple ou une majorité renforcée. Bien qu'un code édicté par une organisation professionnelle mentionne la nécessité d'une majorité des deux-tiers[1435], il n'existe aucune raison particulière à exiger une majorité renforcée, si ce n'est de conférer une apparence de légitimité plus importante au comité d'audit. Cette volonté de mieux disant n'est pas, par ailleurs, sans créer des difficultés lorsque le comité d'audit est composé de

---

[1432] Article 10 A (m) (3) (A) de la Securities Exchange Act of 1934, précitée note 1403. Voir en ce sens : B. LECOURT, *op. cit.* note 1417.

[1433] Article 4.1 *in fine* de l'Annexe 1 à la Recommandation du 15 février 2005, précitée note 255, p. 60.

[1434] P. LE CANNU, B. DONDERO, *op. cit.* note 1418, § 24 ; B. LECOURT, *op. cit.* note 1417.

[1435] Code AFEP-MEDEF, précité note 161, p. 12.

nombreux membres[1436]. Aussi devrait-on retenir que le comité d'audit soit constitué d'une majorité simple de membres indépendants pour que celui-ci puisse exercer sans contrainte sa fonction de contrôle.

Ces règles de composition, qui devraient être celles inscrites dans la loi et non dans les corpus de normes édictées par les entités professionnelles, peuvent représenter pour certaines sociétés cotées, principalement les VaMPs[1437], des coûts prohibitifs. Il s'est alors avéré nécessaire de prévoir des mécanismes permettant de passer outre l'obligation de créer un comité d'audit.

420. La faculté de ne pas instituer un comité d'audit. Les sociétés peuvent ne pas créer un comité d'audit si elles le désirent, le Code de commerce prévoyant des exceptions à l'obligation d'instituer un tel comité. Il convient de se concentrer sur la dernière exception prévue par l'ordonnance du 8 décembre 2008, à savoir la possibilité de ne pas instituer de comité d'audit pour « les personnes et entités disposant d'un organe remplissant les fonctions du comité [d'audit], sous réserve d'identifier cet organe, qui peut être l'organe chargé de l'administration ou l'organe de surveillance, et de rendre publique sa composition »[1438]. En d'autres termes, une société cotée peut ne pas instituer un comité d'audit, à la condition de prouver qu'il existe déjà un organe remplissant ce rôle dans la société, notamment le conseil d'administration ou le conseil de surveillance selon la forme sociale retenue. Dans ce cas, il n'est plus aucunement tenu compte des obligations relatives à la composition du comité, signifiant qu'il n'est plus impératif que le conseil comporte un membre indépendant, ni même de membre financièrement compétent[1439]. Cette faculté ouverte par la loi permet ainsi d'écarter une règle majeure de l'ordonnance de 2008[1440].

La possibilité offerte au conseil d'administration ou de surveillance d'accomplir la fonction du comité d'audit est incompatible avec la notion même de comité d'audit, puisqu'il n'y a plus aucune spécialisation. Si cette position est globalement compréhensible pour le conseil de surveillance, dont le rôle est grandement assimilable à celui du comité d'audit, elle l'est beaucoup moins pour le conseil d'administration, dont le rôle de surveillance

---

[1436] A titre d'exemple et dans une hypothèse théorique, si le comité d'audit est composé de onze membres, il serait nécessaire qu'il comporte six membres indépendants si l'on considère que l'indépendance du comité suppose une majorité simple de membres indépendants, alors qu'il devrait comporter huit membres indépendants si l'indépendance du comité nécessite l'indépendance des deux-tiers de ses membres.

[1437] Acronyme signifiant Valeurs Moyennes et Petites. Voir en ce sens : AUTORITE DES MARCHES FINANCIERS, *Rapport sur les Valeurs Moyennes et Petites (VaMP)*, Paris, 6 novembre 2007.

[1438] Article L. 823-20 4° du Code de commerce.

[1439] AUTORITE DES MARCHES FINANCIERS, *op. cit.* note 1410, p. 15 ; C. LEFAILLET, *op. cit.* note 1396, p. 100.

[1440] A un point tel que certains auteurs concluent à l'absence d'impérativité du comité d'audit : D. MANGENET, J.-Y. MARTIN, D. ROBINE, *op. cit.* note 1420, spéc. § 13.

n'est qu'une des trois prérogatives légales de cet organe, en plus de celle d'orientation et de décision. Permettre au conseil d'administration d'assumer les fonctions du comité d'audit sans même le constituer reviendrait à méconnaître l'esprit même de l'ordonnance, qui est de créer une entité spécialisée chargée d'accomplir une tâche complexe.

Cette faculté est toutefois compréhensible lorsque le conseil d'administration ou de surveillance est composé d'un faible nombre de membres. Dans ce cas, il semble inutile de créer une structure avec les mêmes membres, mais plutôt opportun de permettre à cet organe de faible dimension d'assurer le rôle du comité d'audit. C'est d'ailleurs ce qu'a retenu la Commission Européenne dans sa recommandation du 15 février 2005[1441].

Au-delà de cette considération de pure convenance, un second argument doit être invoqué, celui des coûts de la mise en conformité avec certaines normes de la gouvernance des entreprises. La mise en place d'un comité d'audit pourrait représenter des coûts inutiles pour les sociétés cotées dont le conseil d'administration ou de surveillance est faiblement composé, expliquant cette exception communautaire[1442]. Il est toutefois dommageable que le droit interne n'ait pas suivi cette position et ait étendu à toutes les sociétés cotées cette possibilité, quelle que soit leur capitalisation ou la dimension du conseil d'administration ou de surveillance. La position de l'Autorité des marchés financiers, qui appelle à limiter aux seules VaMPs la possibilité posée par l'article L. 823-20 du Code de commerce, devrait donc être privilégiée et suivie en droit interne.

421. Le comité d'audit institué par la loi dans les sociétés cotées représente ainsi une avancée dans le droit applicable aux sociétés cotées, mais souffre de faiblesses. Celles-ci se retrouvent principalement dans les incertitudes liées à la composition du comité, tant dans le nombre que les qualités de ses membres. Un autre facteur d'affaiblissement du rôle du comité d'audit se retrouve aussi dans la possibilité pour le conseil d'administration ou de surveillance d'accomplir la mission du comité d'audit, permettant de ne pas constituer le comité d'audit. Il conviendrait, afin de favoriser le développement efficace de ce comité d'audit, qu'il soit composé d'au moins trois membres, avec une majorité de membres non-liés à la direction exécutive de la société et au moins un membre non-lié qui soit compétent en matière financière et comptable. Une fois la composition du comité d'audit considérée, il s'avère nécessaire d'aborder son rôle.

1441 Recommandation du 15 février 2005, précitée note 255.

1442 Régis FOY, « Le mouvement du gouvernement d'entreprise contre le conseil d'administration », dans *Mélanges en l'honneur et à la mémoire de Philippe BISSARA*, Paris, ANSA, 2013, spéc. p. 192.

II) Le rôle du comité d'audit

422. Les prérogatives des comités d'audit fixées par le droit commun des comités. En tant qu'émanation des comités du conseil d'administration ou de surveillance, les comités d'audit voient leurs fonctions en principe fixées par les textes relatifs aux comités et l'analyse jurisprudentielle qui en est donnée. Toutefois, le comité d'audit n'est pas un comité du conseil comme les autres. En effet, si les prérogatives sont assimilables aux comités de rémunération ou de sélection – la décision finale ne lui appartenant pas –, la loi lui accorde des rôles précis auxquels les statuts ne peuvent déroger. Le lien avec les comités de rémunération ou de sélection doit toutefois être nuancé, car ces deux comités sont créés afin de parvenir à des décisions. Or le comité d'audit, par la nature même de sa mission, ne peut prendre aucune décision. Il semble logique qu'il ne dispose que d'un rôle consultatif.

423. La mission du comité d'audit. L'article L. 823-19 du Code de commerce dispose un certain nombre de points sur lesquels le comité d'audit doit « assurer le suivi ». Il pourrait donc être considéré comme un organe permanent, car assurer un suivi nécessite un maintien, une continuité de la tâche, qui semble dès lors exiger la permanence de l'organe chargé de cette mission[1443]. Or, en tant que comité du conseil d'administration ou de surveillance, organes intermittents, il est difficile de considérer que le comité d'audit puisse être permanent. En effet, une émanation d'un organe intermittent ne peut qu'être intermittente elle-aussi. Dès lors, loin de supposer la permanence du comité d'audit, sa mission laisse plutôt transparaître une certaine idée de surveillance de l'évolution des thèmes légalement mentionnés. Assurer le suivi signifierait donc veiller à l'évolution d'une donnée, en s'alarmant de son éventuelle détérioration. Le comité d'audit peut donc entrer en concurrence avec les conseils chargés de cette mission.

Le comité d'audit, en raison de sa mission de contrôle, peut interférer avec les missions incombant en principe aux organes plus traditionnels des sociétés cotées. En effet, la mission de contrôle de la société est de la compétence, en principe, des conseils d'administration ou de surveillance[1444]. Toutefois, la réflexion est différente si la société est dotée d'une direction générale ou d'un directoire.

Dans la première hypothèse, le conseil d'administration a des prérogatives autres que celle de contrôler la gestion sociale. Il jouit aussi de la possibilité de fixer les orientations sociales et de s'intéresser à toute question concernant la bonne marche de la société. Le comité d'audit n'intervient que rarement au

---

[1443] B. LECOURT, *op. cit.* note 1417.

[1444] L'article L. 225-35 du Code de commerce dispose que le conseil d'administration dispose du pouvoir procéder « aux contrôles et vérifications qu'il juge opportun ». L'article L. 225-68 du Code de commerce dispose quant à lui que le conseil de surveillance « exerce le contrôle permanent de la gestion de la société par le directoire ».

même moment que le conseil d'administration, soulevant au final peu de risques de concurrence entre ces deux organes.

Il en est autrement lorsque, dans une seconde hypothèse, la société est dotée d'un conseil de surveillance. Cet organe, dont la mission est exclusivement de surveiller l'activité de la société, peut souffrir de la concurrence du comité d'audit. Il est donc nécessaire de prévoir précisément dans le règlement intérieur du comité d'audit les modalités selon lesquelles il intervient avant le conseil de surveillance[1445]. Dès lors, la pratique retient que le comité d'audit prime le conseil de surveillance, mais l'Autorité des marchés financiers recommande une intervention qui ne retarde pas excessivement les travaux du conseil de surveillance.[1446]

L'interaction du comité d'audit avec les organes sociaux ne se limite toutefois pas à la seule relation avec les conseils. Ce comité a des relations avec les organes sociaux (A) mais aussi avec le commissaire aux comptes (B).

A) Le comité d'audit, interlocuteur des organes sociaux

424. Le comité d'audit, débiteur d'obligations nécessitant un contact avec d'autres organes sociaux. Le comité d'audit, au sens de l'article L. 823-19 du Code de commerce, doit assurer le suivi du processus d'élaboration de l'information financière, de l'efficacité du contrôle interne et de la gestion des risques. Ces deux missions impliquent d'interagir avec le directoire ou avec le conseil d'administration. En effet, l'information financière, contenue dans le rapport de gestion, est de la compétence du conseil d'administration ou du directoire[1447], comme le rapport de contrôle interne[1448]. En devant assurer le suivi de missions incombant à ces organes, le comité d'audit se retrouve donc créancier d'informations. Ces informations étant exploitées, le comité d'audit devient par là même aussi débiteur d'informations tant à l'égard de certains organes de direction que de l'assemblée générale.

425. Le comité d'audit, créancier d'informations des autres organes sociaux. Le comité d'audit, afin d'accomplir sa tâche, a besoin d'une communication d'informations. Les organes sociaux, seuls compétents pour décider des points objets de la surveillance du comité d'audit, deviennent débiteurs d'informations à son égard. Le pouvoir par lequel le comité d'audit a la possibilité, sinon l'obligation, de s'informer auprès des organes sociaux n'est toutefois pas légalement reconnu. Il est alors question de pratiques au sein des sociétés, consistant en la collecte de témoignages écrits et oraux.

[1445] Sur le rôle très – voire trop, pour l'auteur, – important du règlement intérieur au sein des comités d'audit : Jean-François BARBIERI, « Les "comités spécialisés" : quelques interrogations pratiques », *Bulletin Joly sociétés* 2010, p. 116, § 1.

[1446] AUTORITE DES MARCHES FINANCIERS, *op. cit.* note 1410, p. 18-19.

[1447] Article L. 225-100 du Code de commerce.

[1448] Article L. 225-100-1 du Code de commerce.

426. La transmission des données écrites. Le premier rôle du comité d'audit étant d'assurer le suivi du processus d'élaboration de l'information financière, il est logique que son interlocuteur soit le conseil d'administration ou le directoire, légalement chargé de l'établir[1449]. Il doit toutefois être rappelé que ce comité n'a pas pour mission d'évaluer la véracité, ni la sincérité des comptes, mais plutôt de vérifier si les méthodes comptables employées ont été pertinentes et cohérentes[1450]. De ce fait, le comité d'audit devrait recevoir, dans un délai raisonnable, certains documents accompagnant les comptes, tels que « des notes de synthèse relatives aux changements de méthodes comptables, aux grandes options de clôture, aux transactions significatives et inhabituelles, à la situation financière, au suivi des estimations et jugements de la direction, voire des litiges et autres engagements » hors du bilan[1451]. Dans le cadre de sa mission consistant à assurer le suivi de l'efficacité des systèmes de contrôle interne et de gestion des risques, le comité d'audit est en droit de se faire communiquer par la direction générale[1452] « les notes de synthèse des procédures de contrôle interne, (...) la synthèse des travaux réalisés par les commissaires aux comptes et (...) la synthèse réalisée par le comité d'audit interne, s'il existe »[1453].

Ces documents, pouvant représenter une source substantielle de données, devraient lui être communiqués avant sa réunion, dans un délai suffisant afin de lui permettre de les traiter. Au-delà de cette considération temporelle nécessaire à l'accomplissement de sa tâche, le comité d'audit doit par ailleurs bénéficier de documents comparables d'une année à l'autre. En effet, il lui incombe une mission d'évaluation plus que de description, car le comité est en charge de comparer les documents année après année, afin de déceler une éventuelle dégradation du processus d'élaboration de l'information financière ou de l'efficacité des systèmes de contrôle interne. Les organes sociaux qui doivent transmettre au comité d'audit des données ont alors le devoir de s'assurer que celles-ci sont comparables[1454]. Dans le cas contraire, ils devraient s'en justifier et tenter de conférer une grille d'interprétation permettant au comité d'audit de recouper les données communiquées. Si cela ne s'avère pas suffisant à l'accomplissement de sa tâche, ce comité dispose de la faculté de convoquer toute personne qu'il juge nécessaire.

427. L'audition devant le comité d'audit. Parce que les ressources écrites ne sont pas toujours exploitables, le comité d'audit dispose de la possibilité, dans le silence de la loi, de convoquer toute personne dont il juge la venue

[1449] Article L. 225-100 et suivants du Code de commerce.
[1450] Article 4.1 de l'Annexe I à la Recommandation du 15 février 2005, précitée note 255. Cité par : B. LECOURT, *op. cit.* note 1417, p. 194.
[1451] AUTORITE DES MARCHES FINANCIERS, *op. cit.* note 1410, spéc. § 6.1.6.
[1452] D. MANGENET, J.-Y. MARTIN, D. ROBINE, *op. cit.* note 1418, § 46 ; AUTORITE DES MARCHES FINANCIERS, *op. cit.* note 1410, spéc. § 6.1.6.
[1453] *Id.*
[1454] *Id.*

pertinente[1455]. Cette faculté, qui n'est pas juridiquement encadrée, est entièrement laissée à l'appréciation du comité, qui en fixe les conditions et les objectifs dans son règlement intérieur[1456]. Le comité d'audit est en droit de convoquer tout dirigeant lui ayant communiqué des informations, afin d'obtenir des informations complémentaires sur les documents transmis. Toutefois, en raison de l'absence de règle impérative en ce sens, la venue effective du dirigeant devant le comité d'audit serait purement volontaire. Ce cas de figure n'emporterait, semble-t-il, qu'une faible possibilité de sanctionner le dirigeant. Le dirigeant convoqué n'a aucune obligation de répondre positivement à la demande du comité, sauf à ce qu'une telle obligation figure dans le règlement intérieur du comité d'audit. Dès lors, on pourrait arguer de ce que le non-respect du règlement intérieur pourrait entraîner une action en responsabilité civile pour le dirigeant fautif[1457], en assimilant une méconnaissance du règlement intérieur du comité d'audit à la méconnaissance des statuts. Cette position est toutefois difficilement admissible en adoptant une lecture littérale de l'article L. 225-251, le règlement intérieur étant considéré comme un acte infra-statutaire[1458]. Les statuts semblant représenter, dans le Code de commerce, le dernier échelon normatif dont la violation d'une norme pourrait entraîner la responsabilité des dirigeants[1459], le non-respect d'une règle figurant au sein du règlement intérieur ne serait pas de nature à entraîner la responsabilité du dirigeant. Cette analyse pourrait toutefois être écartée au profit d'une analyse plus téléologique, selon laquelle la violation du règlement intérieur pourrait engager la responsabilité du dirigeant en raison même des règles qu'il édicterait. Au-delà, le comité d'audit peut constater la défection du dirigeant et transmettre l'information à d'autres organes, faisant peser sur le dirigeant un risque de révocation pour ce fait.

428. La transmission des informations aux conseils d'administration ou de surveillance. Une fois l'information collectée et traitée par le comité

1455 Dans les faits, le comité d'audit demande des entretiens à la direction financière, à la direction de l'audit interne, à la direction de la gestion des risques et à la direction juridique. Voir en ce sens : AUTORITE DES MARCHES FINANCIERS, *Etude relative aux rapports des présidents sur les procédures de contrôle interne et de gestion des risques pour l'exercice 2012*, Paris, 2013, p. 16.

1456 *Id.* L'institut français des administrateurs mentionne plus le terme de charte, qui recouvrirait aussi toutes les modalités de l'action du comité d'audit : INSTITUT FRANÇAIS DES ADMINISTRATEURS, Comités d'audit et auditeurs externes, 2009, recommandations 39 à 43. Cité par : P. LE CANNU, B. DONDERO, *op. cit.* note 1418, p. 200.

1457 Articles L. 225-251 et suivants du Code de commerce.

1458 Paul LE CANNU, « Le règlement intérieur des sociétés », *Bulletin Joly sociétés* 1986, p. 723, spéc. § 17.

1459 L'article L. 225-251 du Code de commerce semble effectuer une gradation décroissante et limitative des sources justifiant une action en responsabilité à l'encontre des dirigeants : « Les administrateurs et le directeur général sont responsables (…) soit des infractions aux dispositions législatives ou réglementaires applicables aux sociétés anonymes, soit des violations des statuts (…) ».

d'audit, les rôles s'inversent. Créancier d'information, le comité d'audit devient débiteur, car son interprétation doit être adressée à l'organe social qui l'a nommé.

Le comité d'audit est débiteur d'une obligation d'information à l'égard du conseil d'administration ou de surveillance qui l'a instauré[1460]. La justification à cela est aisée, en ce que le comité d'audit est une émanation – légale – du conseil d'administration ou de surveillance et bénéficie à ce titre d'une délégation de compétence. Dès lors, il est logique qu'il rende compte de ses actions au conseil[1461], ce qui se traduit en pratique par un délai très court – entre un et deux jours – entre la réunion du comité d'audit et celle du conseil[1462]. Le comité d'audit fait état de ses travaux et interpelle, le cas échéant, le conseil à propos des éléments jugés déficients. Une réciprocité existe entre le comité d'audit et le conseil qui l'a nommé, les deux entités étant à la fois débitrices et créancières d'informations l'une à l'égard de l'autre.

Cette réciprocité n'existe toutefois pas à l'égard de la direction générale ou du directoire, auxquels le comité d'audit n'est redevable d'aucune information. Cette absence de parallélisme dans l'information parait surprenante au premier abord, car les indications fournies par le dirigeant exécutif sur le contrôle interne pourraient être incomplètes ou faire apparaître des dysfonctionnements, appelant des remarques du comité d'audit. Raisonner ainsi reviendrait toutefois à oublier que le comité d'audit n'est qu'un comité, soit un sous-organe du conseil d'administration ou de surveillance dépourvu de toute prérogative décisionnelle. Les imperfections des documents devraient faire l'objet d'une information du conseil d'administration ou de surveillance, à charge pour ces organes de s'assurer par la suite de la correction de la situation[1463]. Selon le même raisonnement, le comité d'audit ne peut communiquer directement des informations à l'assemblée générale. Il ne peut le faire que par le biais du conseil d'administration ou de surveillance.

Les relations entre le comité d'audit et les organes sociaux représentent une partie importante de la tâche du comité d'audit, qui ne doit cependant pas occulter les relations que celui-ci peut entretenir avec le commissaire aux comptes.

1460 Cela se déduit de la formule du dernier alinéa de l'article L. 823-19 du Code de commerce : « [Le comité d'audit] rend compte régulièrement à l'organe collégial chargé de l'administration ou à l'organe de surveillance de l'exercice de ses missions et l'informe sans délai de toute difficulté rencontrée ».

1461 AUTORITE DES MARCHES FINANCIERS, *op. cit.* note 1455, p. 17.

1462 *Id.*, p. 14.

1463 D. MANGENET, J.-Y. MARTIN, D. ROBINE, *op. cit.* note 1418, § 46.

B) Les interactions entre le comité d'audit et les commissaires aux comptes

429. Le comité d'audit et le commissaire aux comptes, un rôle similaire? À se focaliser uniquement sur le vocable employé pour dénommer le comité du conseil, il semblerait que sa fonction soit redondante au regard de celle du commissaire aux comptes. En effet, le comité d'audit semble être le comité nommé afin d'assurer les fonctions d'audit au sein de la société, qui incombent déjà au commissaire aux comptes, aussi appelé auditeur légal[1464]. Les deux intervenants rempliraient donc la même fonction. Cette conclusion ne peut – et ne doit – pas être retenue, car ce serait oublier que le comité d'audit a été consacré postérieurement au commissaire aux comptes, à une époque à laquelle les fonctions de commissaire aux comptes étaient comprises et assimilées par les sociétés[1465]. Plus qu'une institution concurrente, le comité d'audit a été considéré comme l'interlocuteur privilégié du commissaire aux comptes au sein de la société, avec des pouvoirs qui lui permettent d'influer sur cet intervenant externe.

430. Le comité d'audit, interlocuteur privilégié du commissaire aux comptes. Le commissaire aux comptes a, dans le cadre de sa mission d'auditeur légal, l'obligation d'être indépendant au regard de la société au sein de laquelle il intervient et ne devrait développer aucun lien avec les organes sociaux. Le comité d'audit a été institué, entre autres, pour être l'interlocuteur du commissaire aux comptes au sein de la société. Ce n'est alors pas l'organe qui internalise les fonctions du commissaire aux comptes, mais plutôt celui qui reçoit certaines informations fournies par ce dernier tout au long de sa mission.

Le comité d'audit n'est pas l'organe qui internalise les missions du commissaire aux comptes, car il ne jouit pas des mêmes prérogatives. Il n'est pas, contrairement à l'auditeur légal, compétent pour certifier les comptes sociaux, mais uniquement pour vérifier que la mission des organes légaux a été accomplie avec les meilleures diligences et que les thèmes liés à la mission du comité d'audit sont traités avec constance par les organes sociaux. Le comité d'audit n'est donc pas un organe du conseil d'administration ou de surveillance qui assume les mêmes fonctions que le commissaire aux comptes. Sa mission consiste, plus prosaïquement, à recevoir des informations de la part du commissaire aux comptes.

Selon l'article L. 823-19 du Code de commerce, cet organe assure le suivi du contrôle légal des comptes par le commissaire aux comptes. Le comité d'audit est en charge du contrôle de l'efficacité de la fonction d'audit par le commissaire aux comptes[1466], il effectue donc le contrôle du contrôle de la

---

[1464] Voir *infra* § 445.

[1465] Voir *supra* § 414-415.

[1466] B. LECOURT, *op. cit.* note 1417, p. 195.

régularité de la gestion. Pour ce faire, les commissaires aux comptes sont tenus de communiquer aux membres du comité certains documents, tels le programme général de travail, les modifications éventuelles des comptes, les irrégularités et inexactitudes et leurs conclusions[1467]. Cette importante suite de documents que le commissaire aux comptes doit communiquer tend à prouver que le comité doit, en sus de ses diligences exercées à l'égard de l'activité des organes sociaux, superviser l'activité même de l'auditeur légal.

En tant que contrôleur de l'activité du contrôleur légal des comptes, le comité d'audit est amené à interagir avec lui, notamment en l'entendant avant la présentation de son rapport à l'assemblée générale des actionnaires. Cette intervention, qui pourrait être vécue par les commissaires aux comptes comme une nouvelle embûche à l'accomplissement de leur mission, est plutôt ressentie comme une mesure de liberté. En effet, le commissaire aux comptes, lorsqu'il intervient auprès du comité d'audit, n'est pas confronté à la présence du directeur général ou du directeur financier, qui pourrait limiter son action ou sa liberté de ton, la présence des organes exécutifs étant proscrite au sein du comité d'audit[1468].

Un autre indice relatif aux interactions entre commissaire aux comptes et comité d'audit figure à l'article L. 823-16 du Code de commerce, modifié par la réforme de 2008. Les destinataires de l'information relative à la mission du commissaire aux comptes étaient, avant la réforme, « l'organe collégial chargé de l'administration et, le cas échéant, (…) l'organe chargé de la direction », c'est-à-dire au conseil d'administration et à la direction générale ou au seul directoire, organe chargé tant de l'administration que de la direction[1469]. Depuis la réforme opérée par l'ordonnance du 8 décembre 2008, les destinataires de l'information du commissaire aux comptes sont « selon le cas, (…) l'organe collégial chargé de l'administration ou (…) l'organe chargé de la direction et de l'organe de surveillance, ainsi que, le cas échéant, [le] comité spécialisé agissant sous la responsabilité exclusive et collective de ces organes »[1470], soit le conseil d'administration ou le directoire et le conseil de surveillance, ou encore le comité d'audit. Le comité d'audit supplante donc sur ce point la direction générale[1471], qui n'est plus destinataire des informations relatives à l'accomplissement de la mission des commissaires aux comptes et perd tout moyen d'action ou de pression à son encontre. Le comité d'audit gagne ainsi son rang d'interlocuteur privilégié du commissaire aux comptes, au détriment de la direction générale.

Ce lien particulier entre les deux entités ne doit pas pour autant signifier que le commissaire aux comptes qui intervient devant le comité d'audit

---

[1467] Article L. 823-16 du Code de commerce.
[1468] B. LECOURT, *op. cit.* note 1417, p. 195.
[1469] Article L. 823-16 ancien du Code de commerce.
[1470] Article L. 823-16 alinéa 1 du Code de commerce.
[1471] Voir en ce sens : P. LE CANNU, B. DONDERO, *op. cit.* note 1418, § 33.

bénéficie de circonstances favorables, car ce comité dispose de pouvoirs légaux d'évaluation de sa mission.

431. Le comité d'audit, évaluateur du commissaire aux comptes. Afin d'évaluer le commissaire aux comptes, le comité d'audit exerce une double influence. La première, assez développée, ne concerne pas la mission du commissaire aux comptes, mais le commissaire aux comptes lui-même et les qualités qu'il doit réunir afin d'exercer ses missions efficacement. La seconde, plus informelle, peut relever d'un mécanisme assimilable à un choix, puisqu'il a la possibilité de formuler des observations sur l'identité du commissaire aux comptes devant être nommé par l'assemblée générale des actionnaires.

Le comité d'audit doit donc évaluer les qualités exigées du commissaire aux comptes. Il n'est évidemment pas question pour lui d'évaluer ses qualités professionnelles relatives à sa qualification et à sa formation, pour lesquelles il est incompétent, mais plutôt les qualités nécessaires à l'accomplissement de sa mission, c'est-à-dire son indépendance et l'absence de conflit d'intérêts. À cette fin, le Code de commerce dispose que le commissaire aux comptes étudie « avec [le] comité spécialisé mentionné à [l'article L. 823-19] les risques pesant sur [son] indépendance et les mesures de sauvegarde prises pour atténuer ces risques »[1472]. Pour ce faire, le commissaire aux comptes doit fournir une déclaration d'indépendance ainsi qu'une « actualisation des informations mentionnées à l'article L. 820-3 » du Code de commerce, c'est-à-dire les informations concernant le rôle joué par le réseau auquel il appartient au sein de la société dans laquelle il intervient[1473]. Ces informations et le rôle joué par le comité d'audit soulèvent un certain nombre de difficultés.

L'article L. 823-16 du Code de commerce dispose que ces informations sont dues « [lorsque les commissaires aux comptes] interviennent auprès de personnes ou d'entités soumises aux dispositions de l'article L. 823-19 », c'est-à-dire pour les sociétés qui se sont dotées d'un comité d'audit. Or, l'article L. 823-20 du Code de commerce offre la possibilité aux sociétés cotées de ne pas se doter d'un comité d'audit si le conseil d'administration ou de surveillance accomplit la même tâche. Il semblerait, si l'on considère strictement la formulation de l'article L. 823-16, que le commissaire aux comptes n'aurait pas à communiquer les informations au conseil d'administration ou de surveillance lorsque celui-ci remplit la tâche du comité d'audit[1474]. Cette maladresse textuelle pourrait être modifiée, afin de supprimer l'exception à la publication des informations du commissaire aux comptes. Il paraît en effet illogique d'exclure la publication de certaines informations, alors que le conseil remplit les mêmes fonctions que le comité.

Ces éléments communiqués par les commissaires aux comptes permettent au comité d'audit de vérifier avec lui le bon accomplissement de sa mission.

[1472] Article L. 823-16 alinéa 2 du Code de commerce.

[1473] *Id.*

[1474] P. LE CANNU, B. DONDERO, *op. cit.* note 1418, § 34.

Toutefois, s'il apparaît des éléments qui permettent de juger du défaut d'indépendance du commissaire aux comptes, ou de déterminer qu'il est en situation de conflit d'intérêts, le comité d'audit ne peut nullement agir directement, en raison de son défaut de pouvoir décisionnel. Dans l'hypothèse de l'apparition d'une difficulté relative à l'indépendance du commissaire aux comptes, le comité d'audit ne peut que le mentionner au conseil, qu'il soit d'administration ou de surveillance. Il incombera à ce dernier de s'assurer que les faiblesses sont mentionnées au sein du rapport sur le contrôle interne produit par le président[1475]. Le comité d'audit n'a, dans cette fonction, qu'une faible influence sur le commissaire aux comptes, car il ne dispose d'aucune possibilité de faire évoluer la situation litigieuse. En revanche, le comité d'audit peut adopter un rôle plus décisif lors de la nomination des commissaires aux comptes par l'assemblée générale.

432. Le comité d'audit a la possibilité offerte par l'article L. 823-19 du Code de commerce de formuler des observations sur la nomination des commissaires aux comptes[1476]. Le comité d'audit est investi d'un pouvoir important, qui peut influer sur la politique de contrôle interne : celui d'orienter le choix de l'assemblée générale. Cette suggestion, qui ne peut en rien être une décision, appelle deux observations.

La première tient aux critères retenus par le comité d'audit pour orienter le choix de l'assemblée générale. Il est évident, au regard des règles empêchant un commissaire aux comptes de certifier les comptes d'une société pendant deux mandats consécutifs, que le comité d'audit ne peut se décider en faveur – ou en défaveur – du renouvellement du mandat du commissaire aux comptes. Il doit se prononcer entre les candidatures, sur leur contenu et la rémunération proposée. Le comité d'audit joue donc le rôle d'un conseiller de l'assemblée générale. Sa fonction est assimilable à celle d'un *amicus curiæ*, c'est-à-dire l'avis d'un spécialiste afin d'orienter la décision d'une entité qui ne dispose pas de tous les éléments nécessaires pour prendre la meilleure décision. S'il doit être rappelé que le comité d'audit ne dispose d'aucune possibilité de choisir par lui-même le commissaire aux comptes, cette absence de pouvoir théorique ne doit pas occulter une certaine influence pratique. Parce qu'il est le mieux placé pour évaluer les forces et faiblesses des dossiers présentés par les différents commissaires aux comptes désirant obtenir mandat dans la société, le comité d'audit donne un avis ayant une portée quasi impérative pour l'assemblée générale, qui s'en départira difficilement. L'avis du comité d'audit a donc une portée plus importante que ce que la formulation de l'article L. 823-19 du Code de commerce laisse entendre.

La seconde tient à l'organe auprès duquel est formulée l'observation du comité d'audit. Le comité d'audit n'intervient pas directement auprès d'un

---

[1475] AUTORITE DES MARCHES FINANCIERS, *op. cit.* note 1410, spéc. 6.3.

[1476] « Il émet une recommandation sur les commissaires aux comptes proposés à la désignation par l'assemblée générale ou l'organe exerçant une fonction analogue ».

organe social autre que le conseil qui l'avait nommé. Cela est compréhensible au regard de ses modalités de création, à savoir une nomination par le conseil d'administration ou de surveillance et l'octroi d'une fraction de ses pouvoirs. Mais dans le cadre de sa faculté de suggestion du nom du commissaire aux comptes, le comité d'audit s'adresse à l'assemblée générale, seule légalement compétente pour nommer l'auditeur légal[1477]. Les modalités selon lesquelles le comité d'audit conseille l'assemblée générale diffèrent alors de tous les autres pouvoirs préalablement étudiés. En effet, si dans la majeure partie des cas, le comité d'audit peut interagir avec les autres organes sociaux par l'entremise du conseil, dans ce cas, il doit s'adresser directement à l'assemblée générale par le biais d'une recommandation. Ce droit d'intervention directe auprès de l'assemblée générale est surprenant, mais justifié en ce qu'il permet à l'assemblée générale de profiter directement de l'avis le plus éclairé au sein de la société.

433. Les comités d'audit bénéficient donc légalement de prérogatives importantes au sein des sociétés cotées. Ces pouvoirs sont d'autant plus étendus que l'article L. 823-19 du Code de commerce indique qu'ils ne sont pas limitativement énoncés[1478]. Cet organe, créé par le conseil d'administration ou de surveillance, est ainsi appelé à remplir un rôle prédominant au sein des sociétés cotées. À l'étendue de ces prérogatives répond toutefois une responsabilité tout autant accrue.

III) La responsabilité des membres du comité d'audit

434. Un régime de responsabilité aménagé pour un organe nouveau ? Le comité d'audit étant une création légale datant des années 2000, avec un statut et des fonctions spécialement fixées, la question se pose de la responsabilité de ses membres. Deux options sont envisageables pour le régime de responsabilité des membres du comité d'audit selon la conception de leur fonction que l'on adopte. Soit on considère que les membres du comité d'audit exercent une fonction spéciale, ce qui engendrerait un régime de responsabilité propre à ces membres ; soit on insiste sur le fait que les membres du comité d'audit sont et demeurent des administrateurs, entraînant de fait l'application du droit commun de la responsabilité civile des administrateurs.

435. La responsabilité des membres du comité d'audit selon le droit de l'Union Européenne. Lors de l'élaboration de l'ordonnance relative au comité d'audit, le gouvernement se trouvait face à deux possibilités : transposer le droit de l'Union Européenne en l'état, ou au contraire poursuivre

---

[1477] Article L. 823-1 du Code de commerce.

[1478] Cet article du Code de commerce dispose « ce comité est notamment chargé d'assurer le suivi : a) du processus d'élaboration de l'information financière (…) ».

son œuvre en le précisant. Le droit unioniste, compris dans la directive du 17 mai 2006[1479], doit alors être rappelé.

La lettre de la directive 2006/43/CE dispose que le comité d'audit est chargé des missions précédemment abordées « sans préjudice des responsabilités des membres de l'organe d'administration, de gestion ou de surveillance ou des autres membres nommés par l'assemblée générale des actionnaire de l'entité contrôlée »[1480]. À première vue, il semble que l'organe collectif soit responsable des agissements du comité d'audit, quelle que soit la faute commise dans sa mission. Le terme de « responsabilités » employé par la directive mérite toutefois que l'on s'y arrête. Celui-ci doit-il être entendu juridiquement, ou dans son sens générique ? Cette différence de conception pourrait modifier radicalement la charge pesant sur les membres des organes collégiaux d'administration ou de surveillance.

Si le terme de « responsabilités » est entendu juridiquement, les membres des conseils seraient responsables tant civilement que pénalement pour des fautes qu'ils n'ont pas commises, introduisant une responsabilité du fait d'autrui. Au contraire, à considérer le vocable dans un sens plus large, qui est synonyme de « missions », il s'agirait plutôt de conclure que le comité d'audit agit sans empiéter sur les missions de l'organe collégial d'administration ou de surveillance. Dès lors, celui-ci ne risquerait pas d'assumer les fautes commises par le comité d'audit, dont seuls les membres devraient réparer les préjudices nés de leurs agissements. Cette incertitude du texte unioniste, qu'il conviendrait de trancher en favorisant la seconde acception[1481], a malheureusement importé une incertitude en droit français, accentuée par une transposition extensive de la directive.

436. La responsabilité des membres du comité d'audit en droit français, à l'origine « exclusive et collective ». L'ordonnance du 8 décembre 2008 a transposé la directive en la réadaptant, car selon le droit français, le comité d'audit agissait « sous la responsabilité exclusive et collective des

---

[1479] Précitée note 1411.

[1480] Article 41, paragraphe 2 de la directive 2006/43/CE du 17 mai 2006, précitée note 1411.

[1481] En effet, à considérer la version anglaise du texte, il apparaît que l'article 41 paragraphe 2 dispose : « *Without prejudice to the responsibility of the members of the administrative, management or supervisory bodies* (…) ». Le terme employé n'est pas juridique, *responsibility* étant entendu en anglais comme « la charge de », alors que la responsabilité juridique se traduit par *liability*. À comparer les versions anglaise et française, il ressortirait que le comité d'audit exerce son activité « sans préjudice » des missions qui incombent aux organes de surveillance ou d'administration. Cette conception est par ailleurs corroborée par son statut de comité du conseil d'administration ou de surveillance, qui exerce ses pouvoirs sans empiéter sur ceux des autres organes sociaux. Voir en ce sens : AUTORITE DES MARCHES FINANCIERS, *op. cit.* note 1410, spéc. p. 14 ; B. LECOURT, *op. cit.* note 1417, p. 198. Il est à noter que les textes de transposition étrangers ne traitent en aucun cas de la question de la responsabilité civile, tendant à consacrer la conception selon laquelle la responsabilité s'entend dans son acception la plus large : Didier MARTIN, Oun-Tat TIEU, « La responsabilité civile des membres du comité spécialisé », *RJDA* 2010, p. 867, spéc. § 6 et la note 17 associée.

membres, selon le cas de l'organe chargé de l'administration ou de l'organe de surveillance (...) »[1482]. Il semble qu'en retenant l'expression de responsabilité exclusive et collective, le droit français tranche définitivement pour l'acception juridique du terme « responsabilité », ce que l'on peut regretter. Ce regret s'accentue alors que l'étude des deux termes ne fait que déplacer l'incertitude non pas sur la signification du terme de responsabilité, mais sur son régime, selon qu'on adopte une interprétation littérale ou une interprétation téléologique[1483].

L'interprétation littérale semble affirmer un régime de responsabilité sévère à l'égard des administrateurs et autres membres du conseil de surveillance. En effet, par la « responsabilité exclusive », seuls les administrateurs seraient responsables des agissements des membres des comités d'audit. S'il doit être rappelé que les membres des comités d'audit sont des administrateurs et donc responsables à ce titre, la formulation employée à l'article L. 823-19 du Code de commerce paraît étendre cette responsabilité à tous les administrateurs, membres ou non du comité d'audit. Une certaine forme de responsabilité pour autrui serait alors introduite[1484]. Ensuite, le second caractère de la responsabilité qui pèserait sur les administrateurs du fait des agissements du comité d'audit est que cette responsabilité est « collective ». En instituant une telle responsabilité, le Code de commerce créerait une nouvelle règle applicable au conseil d'administration ou au conseil de surveillance, alors que le principe applicable à la responsabilité de ces organes est celui d'une responsabilité individuelle ou solidaire[1485]. La différence entre ces deux notions peut apparaître ténue, mais s'avère au final fondamentale. En effet, retenir un principe de responsabilité collective ne nécessite, de la part de la victime, que la preuve d'un seul agissement fautif de la part d'un seul membre d'un groupe. Dans une telle hypothèse, chaque membre du groupe serait redevable des indemnités dues en raison du comportement fautif d'une seule personne[1486]. Le demandeur à l'action se trouve dans une situation probatoire plus confortable que pour la responsabilité solidaire, qui nécessite – en principe – l'établissement d'un comportement fautif de la part de deux ou plusieurs

---

[1482] Article L. 823-19 alinéa 1 ancien.

[1483] Opposition proposée par : D. MARTIN et O.-T. TIEU, *op. cit.* note 1481, § 11.

[1484] Le droit interne, à l'article 1242 du Code civil, connaît quelques cas de responsabilité du fait d'autrui, dans des hypothèses particulières. Il doit toutefois être souligné qu'un principe de responsabilité du fait d'autrui a été dégagé, à certaines conditions. Voir en ce sens : G. VINEY, P. JOURDAIN, S. CARVAL, *op. cit.* note 263, p. 925 et s.

[1485] Article L. 225-252 du Code de commerce.

[1486] Ce principe de responsabilité collective, dénommé par un auteur « obligation au total institutionnelle », a pu caractériser certaines systèmes de droit archaïque, ainsi que le droit ancien. Le principe d'une dette collective était applicable au droit pénal, en ce que le délit commis par un membre d'un groupe social ressortait sur tous les membres. Voir : Marc MIGNOT, *Les obligataires solidaires et les obligations in solidum en droit privé français*, préf. Eric LOQUIN, Paris, Dalloz, 2002, spéc. p. 287 et s.

personnes. De l'autre côté de l'action en responsabilité, les administrateurs ou membres du conseil de surveillance se retrouveraient, par cette responsabilité collective, dans une situation périlleuse alors que l'un d'entre eux pourrait être amené à supporter une dette d'indemnité sans avoir commis quelque agissement fautif[1487]. Tout au plus pourrait-il engager une action récursoire contre les autres membres du conseil, au risque de se heurter à leur insolvabilité[1488]. La lecture littérale de l'article L. 823-19 du Code de commerce issu de l'ordonnance du 8 décembre 2008 paraît donc d'une trop grande rigueur à l'égard des membres des conseils pour s'en contenter.

L'interprétation téléologique, que proposent certains auteurs, est particulièrement malaisée en ce que l'article L. 823-19 du Code de commerce, adopté par voie d'ordonnance, ne peut être analysé à la lumière de débats parlementaires qui ne se sont, par construction, jamais déroulés[1489]. Il convient dès lors de rechercher l'intention du gouvernement, sans aucune garantie de résultat.

Lorsque le comité d'audit agit sous la responsabilité exclusive du conseil d'administration ou de surveillance, cela peut signifier que les membres du comité d'audit n'encourent pas, du seul fait de leur présence au sein d'un comité spécialisé, une responsabilité spéciale. Leur responsabilité sera engagée selon le régime applicable à la responsabilité des administrateurs ou des membres du conseil d'administration, sans rechercher un régime de responsabilité supplémentaire[1490]. La notion de responsabilité collective, quant à elle, semble résulter d'une maladresse rédactionnelle. En effet, certains ont pu considérer que la responsabilité des membres du conseil d'administration ou de surveillance était collective plus qu'individuelle[1491]. Une telle conclusion, aussi commode soit-elle, recèle toutefois une faille insurmontable.

Afin de déterminer une responsabilité collective des membres d'un groupe, il est nécessaire d'isoler le comportement fautif d'un de ses membres. Or, comme le soulignent avec raison ces mêmes auteurs, il est impossible d'isoler les comportements individuels des membres d'un organe, en raison de son fonctionnement collégial. Les décisions étant prises par l'organe collégial

---

[1487] Il est alors question d'une certaine forme de responsabilité sans faute : AUTORITE DES MARCHES FINANCIERS, *op. cit.* note 1411, p. 14.

[1488] D. MARTIN et O.-T. TIEU, *op. cit.* note 1481, § 13.

[1489] *Id.*, § 16.

[1490] P. LE CANNU, B. DONDERO, *op. cit.* note 1418, § 36 ; D. MANGENET, J.-Y. MARTIN, D. ROBINE, *op. cit.* note 1420, spéc. § 21 ; D. MARTIN et O.-T. TIEU, *op. cit.* note 1481, § 14 ; AUTORITE DES MARCHES FINANCIERS, *op. cit.* note 1410, spéc. p. 14.

[1491] Jean ESCARRA, Edouard ESCARRA, Jean RAULT, *Traité théorique et pratique de droit commercial – Les sociétés commerciales – Tome IV : Sociétés par actions*, Paris, Sirey, 1959, p. 309 : « Mais s'agissant de fautes commises dans l'administration d'une société anonyme, il faut se souvenir que c'est à un collège d'administrateurs que la loi confie la mission de gérer l'entreprise. *Il en résulte que, dans ce domaine, la responsabilité collective des membres du conseil d'administration sera fréquemment recherchée* (…) ».

selon le principe majoritaire, les agissements individuels sont effacés au profit d'une action collective. Toutefois, ni le conseil d'administration, ni le conseil de surveillance[1492] ne bénéficient de la personnalité juridique. Afin que la victime de la faute ne se retrouve pas sans auteur à attraire en justice, il semble donc logique de retenir la responsabilité individuelle de chaque administrateur. C'est en cela que ces auteurs ont pu conclure à la responsabilité collective des membres de ces organes sociaux. Il doit toutefois être précisé qu'il est impossible aux membres d'un groupe d'échapper à une responsabilité collective, alors qu'un administrateur ou membre du directoire pourrait parfaitement ne pas être responsable du fait d'une délibération fautive, s'il démontre qu'il n'a pas agi fautivement. Cette position, à l'origine défendue par une organisation défendant les intérêts des administrateurs[1493], a été depuis reprise par la chambre commerciale de la Cour de cassation[1494].

Affirmer que le comité d'audit agit sous la responsabilité collective des membres du conseil d'administration ou de surveillance est au final un raccourci pour assurer que les membres de ce conseil sont tous responsables individuellement et solidairement des fautes commises par les membres du comité d'audit dans l'accomplissement de leur mission. Cette analyse téléologique est plus sécurisante pour les membres de ces organes collégiaux, qui bénéficient de la possibilité d'échapper à leur responsabilité en prouvant qu'ils n'ont pas agi fautivement et selon les principes applicables à leur fonction. Cette interprétation de l'article L. 823-19 a été privilégiée par les auteurs, car elle aboutit *in fine* à une responsabilité des seuls membres du comité d'audit[1495] en raison de la preuve d'une absence de faute de la part des autres administrateurs ou membres du conseil de surveillance, ou même d'une action récursoire postérieure intentée par le ou les *solvens*[1496]. Le doute quant à l'interprétation de cette disposition a toutefois conduit l'Autorité des marchés financiers dans son rapport de juillet 2010 à saisir la chancellerie sur ce point afin de clarifier la position[1497].

437. La modification opérée par la loi de régulation bancaire et financière. Exactement trois mois après avoir saisi la Chancellerie, l'Autorité des marchés financiers a semblé obtenir satisfaction. En effet, la loi de régulation bancaire et financière du 22 octobre 2010[1498] a supprimé les qualificatifs attachés au terme « responsabilité », ce qui permet d'aligner le

---

1492 Ni même le directoire.

1493 INSTITUT FRANÇAIS DES ADMINISTRATEURS, *Instauration des comités visés par l'article L. 823-19 du Code de commerce*, octobre 2009.

1494 Cass. com., 30 mars 2010, précité note 1388.

1495 Solution affirmée avec force par : Philippe MERLE, « Les nouvelles responsabilités des comités d'audit », *Bulletin Joly sociétés* 2009, p. 216. Pour une position assimilable, bien que plus nuancée : P. LE CANNU, B. DONDERO, *op. cit.* note 1418, § 36 ; D. MARTIN et O.-T. TIEU, *op. cit.* note 1481, § 19.

1496 D. MANGENET, J.-Y. MARTIN, D. ROBINE, *op. cit.* note 1420, spéc. § 26.

1497 AUTORITE DES MARCHES FINANCIERS, *op. cit.* note 1411, p. 14.

1498 Précitée note 1416.

droit français sur le droit de l'Union Européenne, tout du moins en apparence. En effet, l'œuvre simplificatrice du législateur ne s'est, malheureusement, pas limitée aux deux épithètes. En supprimant aussi le terme « membres », le législateur vient affirmer que le comité d'audit agit sous la responsabilité de l'organe d'administration ou de surveillance, qui n'ont ni l'un, ni l'autre, la personnalité juridique. Si l'utilisation d'ellipse ne nuit pas au sens général de l'article, il est fâcheux que cette figure de style ait été créée par la suppression d'un terme qui précisait pourtant le propos. En tout état de cause, les incertitudes précédentes ont été levées par la suppression des deux qualificatifs, tel que mentionné dans un des rapports législatifs de la loi de régulation bancaire et financière. En effet, il ressort que les débats précédents n'avaient pas lieu d'être, car la portée de ces deux termes était minime en ce que le rédacteur de l'ordonnance « avait seulement pour intention d'indiquer (...) que le comité d'audit n'a pas d'autonomie par rapport à l'organe délibérant »[1499]. Cette modification textuelle ne permet toutefois pas d'écarter des incertitudes liées au régime de l'action en responsabilité à l'encontre des membres du comité d'audit.

Un doute non encore dissipé par la loi de régulation bancaire et financière est relatif au régime de l'action en responsabilité contre les membres du comité d'audit. Deux possibilités demeurent. La première se focalise sur la qualité d'administrateur ou de membre du conseil de surveillance des membres du comité d'audit. De par cette qualité, le régime de responsabilité pourrait être identique à celui disposé aux articles L. 225-252 ou L. 225-256 du Code de commerce. Si une décision fautive a été formulée au sein du comité d'audit, tous ses membres pourraient être déclarés responsables[1500], selon le même régime que les membres du conseil d'administration. Cette possibilité, qui se focalise sur le mode de constitution du comité d'audit – soit la création par le conseil d'administration ou de surveillance – doit toutefois être précisée car elle ne prend pas en considération les missions particulières de ce comité.

Les fonctions mêmes du comité d'audit permettent de nuancer ce régime de responsabilité. Les comités d'audit n'ayant aucun pouvoir de décision[1501], la responsabilité de leurs membres devrait être différente de celle encourue par les administrateurs, responsables des fautes commises dans leur gestion[1502]. Dans une telle hypothèse, les membres du comité d'audit seraient, en l'absence de texte spécial, responsables sur le fondement de l'article 1240 du Code civil, lorsqu'ils commettent une faute. Cette différence de régime

---

1499 Jérôme CHARTIER, *Rapport n° 2948 fait au nom de la commission des finances, de l'économie générale et du contrôle budgétaire sur le projet de loi, modifié par le Sénat, de régulation bancaire et financière (n° 2833)*, 7 octobre 2010, p. 77.

1500 Ph. MERLE, *op. cit.* note 1495. Cité par : D. MANGENET, J.-Y. MARTIN, D. ROBINE, *op. cit.* note 1418, spéc. § 61.

1501 P. LE CANNU, B. DONDERO, *op. cit.* note 1418, § 37.

1502 Article L. 225-251 du Code de commerce.

semble assez faible en ce que les conditions de recevabilité de l'action sont identiques. En revanche, retenir la responsabilité sur le seul fondement de l'article 1240 du Code civil ne permet plus d'appliquer le raisonnement adopté par la chambre commerciale de la Cour de cassation, qui n'est valable qu'au fondement de la responsabilité civile spéciale des administrateurs ou des membres du directoire. Dès lors, les membres du comité d'audit ne seraient responsables que personnellement et une victime d'un agissement du comité d'audit ne pourrait engager la responsabilité de ses membres qu'à la condition de prouver que chacun a commis un agissement fautif[1503]. Cette solution, aussi opportune soit-elle au regard de la mission du comité d'audit, semble faire fi de la formulation de l'article L. 823-19 du Code de commerce. Reconnaître une responsabilité de droit commun aux membres du comité d'audit ne tient en effet plus compte de cet article, qui affirme que les membres du comité d'audit agissent sous « la responsabilité » du conseil qui les a mis en place.

La simplification opérée par le texte ne permet donc pas d'asseoir définitivement le droit applicable aux membres du comité d'audit, notamment quant au régime de leur responsabilité. En faisant disparaître le terme de « responsabilité exclusive » des membres du conseil d'administration ou de surveillance, le législateur n'a toutefois pas modifié le régime de responsabilité des membres du comité d'audit. Il semble donc que les membres du comité d'audit demeurent responsables de leurs agissements selon le régime de responsabilité propre aux membres des organes qui sont à l'origine de leur nomination. Encore est-il nécessaire, pour déterminer le régime de responsabilité, de détecter une faute commise par les membres du comité.

438. Les agissements fautifs des membres du comité d'audit. Si une personne entend engager la responsabilité des membres des comités d'audit, il lui est nécessaire de prouver une faute commise dans l'exercice de leurs fonctions. Ces agissements fautifs, qui sont pour certains aisément concevables[1504], méritent toutefois quelques précisions.

Les missions qui incombent aux membres du comité d'audit sont principalement des missions de vérification et de contrôle. Dès lors que la teneur du contrôle ne peut être certaine et qu'il est impossible d'aboutir à un résultat, l'obligation qui incombe aux membres du comité d'audit ne peut être considérée que comme une obligation de moyens. Il semble alors que la responsabilité civile des membres du comité d'audit ne pourrait que difficilement être engagée, sauf à caractériser un défaut de contrôle, ou une légèreté particulière dans la conduite de cette mission. On peut en déduire que les membres de ces comités ont à leur charge un devoir de diligence dans leur travail[1505], qui paraît toutefois moins contraignant que celui pesant sur les

---

[1503] D. MANGENET, J.-Y. MARTIN, D. ROBINE, *op. cit.* note 1418, spéc. § 63.
[1504] P. LE CANNU, B. DONDERO, *op. cit.* note 1418, § 36.
[1505] L. SAUCIER, D. BORDE, *op. cit.* note 1417.

administrateurs, notamment en raison de l'absence de pouvoir de décision du comité.

La responsabilité des membres des comités d'audit peut donc être engagée, à la condition de prouver un comportement fautif des membres de ces structures, qui est plus délicat à établir.

439. Le comité d'audit, sous-organe obligatoirement constitué au sein des sociétés cotées, nommé par le conseil d'administration ou de surveillance, est l'un des éléments essentiels à la société cotée afin qu'elle puisse mener et rapporter le plus efficacement sa politique financière. Dès lors, il bénéficie de droits particuliers, notamment celui d'être l'interlocuteur des différents organes sociaux pour accomplir sa tâche, le contrôle *a posteriori* de l'efficacité des mécanismes interne de contrôle et de gestion des risques. En d'autres termes, le comité d'audit effectue un contrôle du contrôle, intervenant donc nécessairement *a posteriori.* Cette modalité de surveillance liée à la gestion sociale, qui peut être destinée aux actionnaires, est complétée par d'autres formes de contrôle de la gestion sociale émanant de sources plus externes à la société et dont les actionnaires sont les destinataires exclusifs.

§2 Les intervenants externes : les commissaires aux comptes et professionnels financiers

440. Diversité des intervenants. La qualité d'intervenant extérieur à la société ne signifie pas que celui-ci est totalement détaché de la structure sociale. Si tel était le cas, les informations qu'il produit pourraient s'avérer inexactes voire dangereuses pour leurs destinataires. Ainsi, l'intervenant est en lien avec la société, parce qu'il a besoin d'une connaissance précise de la structure sur laquelle il va donner des informations sur la gestion. Il est extérieur à celle-ci car il doit conserver un droit de critique, particulièrement utile aux destinataires des informations. Celles-ci, de nature principalement financière, sont issues de deux sources principales. La première est celle du commissariat aux comptes, dont la présence au sein des sociétés cotées est impérative[1506] et renforcée au fil des réformes législatives[1507], qui tendent à consacrer le rôle de ces auditeurs légaux, notamment dans le contrôle de la gestion des sociétés cotées. Il n'en demeure pas moins que cette prépondérance doit être encadrée, sauf à ce qu'elle devienne périlleuse pour la société et ses membres (I). La seconde source extérieure d'informations se

---

[1506] Les sociétés anonymes doivent impérativement se doter d'un commissariat aux comptes au titre de l'article L. 225-228 du Code de commerce, tout comme les sociétés en commandite par actions, selon l'article L. 226-6 du même code.

[1507] Pour un rapide panorama des lois applicables au commissariat aux comptes, voir : Philippe MERLE, « Du commissaire de surveillance au contrôleur légal des comptes », dans *1807-2007, Livre du bicentenaire du Code de commerce*, Paris, Dalloz, 2007, p. 229. Voir aussi : Ordonnance n° 2008-1278 du 8 décembre 2008 transposant la directive 2006/43/CE du 17 mai 2006 et relative aux commissaires aux comptes, *JORF* du 9 décembre 2008, p. 18720.

retrouve dans l'analyse et la notation financière. Ces spécialités, en plein essor, sont des sources d'informations intarissables pour qui sait les utiliser. En raison de leur spécificité, mais aussi de certaines méthodes employées, l'influence prise par les analystes financiers et les agences de notation doit être contestée (II).

I) La prépondérance des commissaires aux comptes

441. Le commissaire aux comptes, un intervenant extérieur. Acteur devenu incontournable au sein des sociétés, au point d'être qualifié d'organe social par la doctrine[1508] et d'organe supra-social par la jurisprudence[1509], le commissaire aux comptes exerce une activité essentielle à la société, qui s'est progressivement accrue au fil des différentes lois. En dépit de cette qualification d'organe, il est douteux de penser que le commissaire aux comptes soit un intervenant interne à la société[1510]. C'est tout au plus un partenaire de la société, qui ne lui est pas lié par un contrat de prestation de service[1511]. Si la qualification d'organe interne pouvait se discuter à l'origine alors que le commissaire aux comptes était un mandataire des actionnaires[1512], la notion de mandat a depuis disparu. Le commissaire aux comptes est donc un intervenant extérieur étant amené à collaborer avec la société. Il est en somme aux côtés des divers organes de la société, mais pas des leurs[1513].

442. Le commissaire aux comptes, un acteur apparu progressivement. Commissariat aux comptes et droit des sociétés se sont progressivement liés, à tel point que le rapporteur de la commission des finances pour la loi du 24 juillet 1966 énonça : « On peut dire qu'il y aura une réforme du Code des

---

[1508] Voir en ce sens : R. CONTIN, *op. cit.* note 1, p. 187 ; Claude CHAMPAUD, Didier DANET, « Commissaire aux comptes. Statut. Profession. Mission (L. NRE du 15 mai 2001, art. 113) », *RTD Com.* 2002, p. 101 ; Alain VIANDIER, « L'évolution du commissariat aux comptes », dans *Mélanges offerts à René ROBLOT*, Paris, L.G.D.J., 1984, p. 323, spéc. § 11 ; Ph. MERLE, *op. cit.* note 110, p. 626 ; P. LE CANNU, B. DONDERO, *op. cit.* note 268, p. 338.

[1509] T. Com. Paris (Réf.), 9 mai 1969, *Gazette du Palais* I, p. 315 ; *RTD Com.* 1969, p. 520, note Roger HOUIN.

[1510] Voir en ce sens, considérant que le commissaire aux comptes est un « organe externe des entités [qu'il contrôle] » : Didier PORACCHIA, « Regard sur l'évolution de la profession de commissaire aux comptes », *Les petites affiches* 30 septembre 2004, p. 3.

[1511] Ph. MERLE, *op. cit.* note 110, p. 626. Voir *contra* : Jean-François BARBIERI, « Commissaire aux comptes », dans *Juri-Dictionnaire Joly Sociétés*, n° 24. Cité par : Didier PORACCHIA, Laure MERLAND et Marie LAMOUREUX, « Commissaire aux comptes », dans *Rép. sociétés Dalloz*, § 112.

[1512] Article 43 de la loi du 24 juillet 1867. Voir en ce sens : H. F. RIVIERE, *op. cit.* note 37, p. 306 ; Edmond Eugène THALLER par Jean PERCEROU, *Traité élémentaire de droit commercial à l'exclusion du droit maritime*, 8ème éd., Paris, Rousseau, 1931, p. 437-438.

[1513] « Nous sommes à vos cotés, mais pas des vôtres » (traduction de « *We are with you, but not of you* ») est une phrase attribuée à Winston CHURCHILL, relative à l'attitude de la Grande-Bretagne à l'égard de la construction européenne. Cité par : Bernard CASSEN, « Une Europe de moins en moins européenne », *Le Monde diplomatique*, janvier 2003, p. 8-9.

sociétés s'il y a une réforme du commissariat aux comptes. Si le commissariat aux comptes est bien organisé, le code des sociétés sera applicable pratiquement. S'il est mal organisé, nos travaux resteront pratiquement sans effet. (...) De la réforme du commissariat aux comptes dépend l'avenir du code que nous sommes en train d'élaborer »[1514]. Le commissariat aux comptes apparaît, aux yeux du législateur de 1966, comme une nécessité afin de mettre en application la réforme opérée, démontrant le lien entre le commissaire aux comptes et le droit des sociétés. Ce lien apparaît encore plus prégnant alors que l'organisation de la profession des commissaires aux comptes se retrouve dans le Code de commerce, avec quelques normes figurant dans le livre relatif aux sociétés commerciales, mais surtout par l'ajout au livre VIII, relatif à « quelques professions réglementées », de dispositions concernant les commissaires aux comptes[1515].

Les auditeurs légaux sont donc des acteurs de plus en plus importants au sein des structures sociales, à tel point qu'ils sont devenus incontournables (A). Cette présence impérative ne doit toutefois pas occulter la possibilité de remettre en question l'accomplissement des missions dont ils sont légalement investis. Il convient de s'interroger principalement sur la réelle indépendance de ces organes sociaux pourtant extérieurs à la société (B).

A) Le commissaire aux comptes, intervenant incontournable

443. Tel que mentionné à l'origine par la loi du 23 mai 1863[1516], mais aussi dans les lois subséquentes[1517], la tâche première des commissaires aux comptes est de certifier les comptes de la société dont ils ont la charge. La certification est leur mission traditionnelle et première, mais elle se voit en perpétuelle accroissement en raison des diverses lois de réaction (1). L'exercice de ces missions pourrait entraîner un risque d'immixtion dans la gestion de la société, ce qui lui est strictement prohibé (2)

[1514] François LE DOUAREC, *J.O. Assemblée Nationale* 9 juin 1965, p. 1897. Cité par : R. CONTIN, *op. cit.* note 1, p. 165.

[1515] Le livre VIII a été créé par la loi n° 2001-420 du 15 mai 2001, précitée note 221.

[1516] Loi des 23-28 mai 1863, spécifiquement articles 15 et 16. Voir : L. TRIPIER, *op. cit.* note 35, p. 6, 32, 33, 49. Voir aussi : Jean HILAIRE, « Le règne et la spéculation, les sociétés en commandite depuis le Code de commerce », dans Alain VIANDIER *et alii* (dir.), *La société en commandite entre son passé et son avenir*, Paris, Librairies Techniques, 1983, p. 54

[1517] Voir en ce sens : Ph. MERLE, *op. cit.* note 1507, p. 230-234 ; Yves CHAPUT, *Le commissaire aux comptes partenaire de l'entreprise*, Paris, Presses de Sciences Po, 1999, p. 15-28 ; Jean-François BARBIERI, *Commissariat aux comptes*, Paris, GLN-Joly éditions, 1999, p. 1-4 ; Jean HILAIRE, « La formation du commissariat aux comptes. De la surveillance par les actionnaires à la certification », dans A. SAYAG (dir.), *op. cit.* note 1392, p. 13 et s.

1) Des pouvoirs en plein accroissement

444. Une profession dont la mission varie au gré des affaires. La profession de commissaire aux comptes a été portée sur les fonts baptismaux par une loi du 23 mai 1863, dont l'inspiration anglaise ne faisait aucun doute[1518]. Son rôle n'a cessé de croître en réaction aux divers scandales financiers liés à l'absence de certification de comptes, ou à une certification de comptes incomplets ou inexacts[1519]. Il n'en demeure pas moins que le commissaire aux comptes, comme son nom l'indique, a pour principale tâche de vérifier les comptes sociaux (a). Cette vérification s'accompagne de fonctions annexes croissantes, mais concernant véritablement la conduite de la société ainsi que certaines décisions de gestion à propos desquelles le commissaire aux comptes est invité à donner son avis (b). Le commissaire aux comptes ne deviendrait-il pas alors le commissaire de la société ?

a) La fonction primaire : la certification des comptes

445. Une mission traditionnelle légalement reconnue. La mission de certification des commissaires aux comptes est reconnue tant par le livre II que par le livre VIII du Code de commerce. Dans les sociétés anonymes, le contrôle est exercé par un ou plusieurs commissaires aux comptes[1520], prenant la forme d'une certification des comptes annuels. Il doit certifier que ces comptes sont « réguliers et sincères, et donnent une image fidèle du résultat des opérations de l'exercice écoulé »[1521]. Cette mission est particulièrement importante dans les sociétés cotées, alors que la véracité de l'information fournie au marché est l'un des éléments majeurs de son fonctionnement. Or, il est à rappeler que les comptes annuels figurent parmi les documents fournis à l'assemblée générale ordinaire annuelle[1522], mais aussi au marché dans le cadre de l'information périodique[1523]. Cela signifie que le commissaire aux

---

[1518] Voir L. TRIPIER, *op. cit.* note 35, p. 49 ; R. CONTIN, *op. cit.* note 1, p. 160.

[1519] Voir en ce sens la loi de sécurité financière, qui concerne les commissaire aux comptes, leur octroyant de plus grands pouvoirs, qui est la conséquence des « affaires Enron, Wolrdcom (...) et du Crédit Lyonnais » : Ph. MERLE, *op. cit.* note 1507, p. 237. Certains considèrent que les évènements économiques n'influent que de façon médiate sur la législation relative aux commissaires aux comptes : A. VIANDIER, *op. cit.* note 1508, p. 327-328. Cette position vaut pour toutes les réformes antérieures à 2001, les scandales postérieurs à cette date étant intimement liés à la certification des comptes.

[1520] Article L. 225-218 du Code de commerce.

[1521] Article L. 823-9 alinéa 1 du Code de commerce.

[1522] Article L. 225-100 du Code de commerce, précité.

[1523] Article L. 451-1-2 du Code monétaire et financier, précité.

comptes a une mission plus importante encore lorsque la société a des titres admis aux négociations sur un marché réglementé[1524].

446. La certification nécessitant deux critères. Tel que mentionné à l'article L. 823-9 du Code de commerce, le commissaire aux comptes doit attester que les comptes sont réguliers et sincères et doit le justifier. Cette mission est permanente[1525], ce qui laisse à penser que la tâche première du commissaire aux comptes ne serait que de réviser la comptabilité de la société[1526], ne le différenciant aucunement de l'expert-comptable[1527].

Afin de certifier les comptes, le commissaire aux comptes doit, dans un premier temps, s'assurer que ceux-ci sont réguliers. La notion de régularité ne pose, en principe, aucune difficulté. Est régulière une chose qui correspond à des règles, tant légales que professionnelles. Le commissaire aux comptes peut certifier que les comptes sont réguliers s'ils correspondent aux dispositions législatives, mais aussi aux « normes d'exercice professionnelles homologuées par le garde des sceaux », ainsi qu'aux « bonnes pratiques professionnelles identifiées par le Haut conseil du commissariat aux comptes »[1528]. La mission du commissaire aux comptes est primaire, il vérifie que les comptes sociaux s'intègrent aux normes utilisées afin qu'ils correspondent à un standard. La régularité des comptes signifie alors la standardisation des comptes dans leur présentation.

Le commissaire aux comptes doit, dans un second temps, attester de la sincérité des comptes sociaux. La sincérité est généralement une qualité attachée une personne, qui « s'exprime sans déguiser ses sentiments, sa pensée »[1529]. Appliquée aux comptes sociaux, elle supposerait que ceux-ci soient véridiques et fidèles à la réalité, sans que les auteurs des comptes n'aient employé certaines règles comptables afin de masquer des éléments

---

1524 Voir en ce sens : Thierry GRANIER, « Le commissaire aux comptes dans les sociétés qui font appel public à l'épargne », dans *Mélanges en l'honneur d'Yves GUYON*, précités note 310 p. 457, spéc. p. 460 et s.

1525 Article L. 823-10 du Code de commerce.

1526 R. CONTIN, *op. cit.* note 1, p. 201. Voir aussi : *L'exercice du commissariat aux comptes dans le cadre de la nouvelle législation des sociétés commerciales*, supplément à *Revue Française de comptabilité*, août-septembre 1970, p. 66, « Bien que le rôle du commissaire soit de plus en plus étendu à d'autres domaines que la comptabilité, sa mission reste basée sur la révision comptable ».

1527 L'expert-comptable, aussi appelé réviseur comptable, a pour mission de réviser les comptes sociaux et vérifier si aucune anomalie apparaît dans la comptabilité sociale. Voir : article 2 de l'ordonnance n° 45-2138 du 19 septembre 1945 portant institution de l'ordre des experts comptables et réglementant le titre et la profession d'expert-comptable, *JORF* du 21 septembre 1945, p. 5938.

1528 Article 14 du Code de déontologie de la profession de commissaire aux comptes, Annexe 8-1 de la partie réglementaire du Code de commerce.

1529 Emile LITTRE et alii, *op. cit.* note 462.

factuels[1530]. La sincérité serait donc, contrairement à la régularité, un élément subjectif, une question liée à la perception des comptes et à la traduction de la situation économique de la société. Cette qualité est une question de fond, qui nécessite une étude approfondie des comptes annuels au regard des autres documents comptables fournis par la société. À ce titre, il n'est d'ailleurs pas fortuit que l'article L. 823-10 du Code de commerce – ne concernant pas la certification des comptes – ajoute à la sincérité le terme de concordance, traduisant la réalité du travail du commissaire aux comptes[1531]. Lorsqu'il atteste de la sincérité des comptes, il s'assure que ceux-ci sont conformes à la réalité et non plus seulement aux règles de présentation.

Le commissaire aux comptes assure donc, dans sa tâche de certification, la régularité formelle des comptes, mais aussi leur sincérité au fond. Ces deux conditions réunies, les comptes représenteront une « image fidèle de la société »[1532].

Ces contrôles comptables opérés par le commissaire aux comptes ont un objectif[1533], celui de donner « une image fidèle du résultat des opérations de l'exercice écoulé ainsi que de la situation financière et du patrimoine de la personne (...) à la fin de l'exercice »[1534]. La notion d'image fidèle, issue du droit de l'Union Européenne[1535], et sans doute liée à la notion de *true and fair view* du droit anglo-américain[1536], rappelle l'obligation qu'a le commissaire aux comptes de certifier une information qui doit représenter, sinon la vérité, au moins une image objective et non biaisée de la situation sociale[1537]. La fidélité des comptes, qui ne peut pas s'apprécier *in abstrato*, doit être raccrochée à un élément de fait ou à un objectif. Elle peut tendre vers la réalité

1530 Aussi a-t-il été proposé de définir la sincérité des comptes comme le fait de « s'assurer que [les normes comptables] n'ont pas été détournées de leur objet, qu'elles n'ont pas été appliquées de façon erronée, en vue de donner une idée fausse de la situation sociale ». Voir : *L'exercice du commissariat aux comptes dans le cadre de la nouvelle législation des sociétés commerciales*, précité note 1526, p. 80. Pour une définition plus large : « La sincérité résulterait surtout de la bonne perception extérieure des états financiers, par des personnes étrangères à l'entreprise ». Voir : Jean LACOMBE, « Régularité et sincérité des comptes et image fidèle de l'entreprise : la quadrature du cercle ? », dans *Mélanges offerts à René ROBLOT*, précité note 1508, p. 315.

1531 Selon l'article L. 823-10 du Code de commerce, « [Les commissaires aux comptes] vérifient également la sincérité et la concordance avec les comptes annuels des informations données dans le rapport de gestion du conseil d'administration (...) »

1532 Article L. 823-9 du Code de commerce.

1533 Voir : Emmanuel du PONTAVICE, « La notion d'image fidèle dans les comptes annuels des sociétés françaises, depuis la mise en harmonie de la loi sur les sociétés commerciales avec la quatrième directive », dans *Mélanges offerts à Guy FLATTET*, Lausanne, Payot, 1985, p. 85, spéc. p. 90 et les références citées.

1534 *Id.*

1535 Article 2.3. de la Quatrième directive 78/660/CEE du Conseil, du 25 juillet 1978, fondée sur l'article 54 paragraphe 3 sous g) du traité et concernant les comptes annuels de certaines formes de sociétés, *JOCE* L. 222/1 du 14 août 1978.

1536 J. LACOMBE, *op. cit.* note 1530, p. 314-315.

1537 E. DU PONTAVICE, *op. cit.* note 1533, p. 90.

des termes décrits par le dirigeant en charge de l'établissement des comptes. L'image fidèle est ainsi « une vue de la situation conforme à ce que [la société] en sait elle-même »[1538].

447. La certification, opération obligatoire au résultat incertain. La formulation de l'article L. 823-9 du Code de commerce est trompeuse si le lecteur ne s'y attarde pas. En effet, la première phrase de cet article débute de manière péremptoire : « Les commissaires aux comptes certifient, en justifiant de leurs appréciations (...) ». Or, la certification n'est pas un résultat, c'est une opération qui échoit au contrôleur des comptes. Contrairement à ce que pourrait laisser paraître la locution courante « certification des comptes », le commissaire aux comptes ne certifie pas les comptes en soi, mais que ceux-ci sont réguliers et sincères.

Dès lors, la certification peut ne pas survenir si, au cours de ses contrôles, le commissaire aux comptes s'aperçoit que les comptes ne sont ni réguliers, ni sincères. Dans une telle hypothèse, deux solutions s'offrent à lui, la certification sous conditions ou le refus pur et simple de certifier[1539]. Ce refus de certification, ou même l'adjonction de réserves à une certification peut attirer l'attention des actionnaires conduits à voter subséquemment sur les comptes sociaux[1540] ou des investisseurs, le rapport du commissaire aux comptes étant transmis au marché. Un refus de certification peut, dans certains cas, conduire à une suspicion à l'égard de la société conduisant à la ruine de son crédit[1541].

S'agissant des sociétés cotées, le refus de certification doit être transmis à l'Autorité des marchés financiers, ainsi que des faits ou décisions justifiant l'intention « de refuser la certification des comptes »[1542]. Cela signifie donc que le refus de certification des comptes fait l'objet d'une double information à l'autorité de marché. La première est en amont, factuelle, lorsque les vérifications du commissaire aux comptes font apparaître des incertitudes à propos de la sincérité et la régularité des comptes. La seconde se situe en aval, après le refus effectif, par le biais de la communication de l'information périodique. Le refus de certifier peut représenter la première étape vers une enquête diligentée par l'Autorité des marchés financiers, conduisant à la caractérisation d'un abus de marché par communication d'une information inexacte.

Il doit enfin être noté que, quelle que soit la décision du commissaire aux comptes – certification simple, sous conditions ou refus de certifier –, celle-ci doit s'accompagner d'une justification. La certification ne pourrait être brute,

---

1538 Dominique VIDAL, *Le commissaire aux comptes dans la société anonyme*, préf. Jean-Pierre SORTAIS, Paris, L.G.D.J., 1985 p. 91.

1539 Article R. 823-7 du Code de commerce. Voir aussi : Emmanuel DU PONTAVICE, « Le commissaire aux comptes et la certification », *Revue des sociétés* 1976, p. 257.

1540 Voir *infra* § 502 et s.

1541 P. LE CANNU, B. DONDERO, *op. cit.* note 268, p. 346.

1542 Article L. 621-22 du Code monétaire et financier.

car « la justification (...) doit permettre une compréhension des raisons pour lesquelles, face notamment à des événements ou à des décisions impactant de manière significative les comptes, le commissaire aux comptes a considéré que ceux-ci étaient correctement traduits dans les comptes »[1543]. La justification est au moins aussi importante que la décision suivant le processus de certification, car c'est celle-ci qui attirera l'attention des actionnaires et des tiers désirant obtenir l'avis du commissaire aux comptes sur les comptes sociaux et les informations qu'il laisse transparaître.

448. Le commissaire aux comptes dépasse donc progressivement, par le biais de cette obligation, ses simples fonctions d'auditeur comptable, se muant en auditeur légal de la gestion sociale. L'ordonnance du 17 mars 2016[1544] entend toutefois rappeler que le commissaire aux comptes, lorsqu'il certifie les comptes, « ne [garantit pas] la viabilité ou la qualité de la gestion de la personne ou entité contrôlée »[1545]. Si le commissaire aux comptes ne se porte pas garant de la qualité de la gestion sociale, il n'en demeure pas moins qu'il est intimement lié à la conduite des affaires sociales.

b) La multiplicité des fonctions annexes

449. La subordination de ces fonctions à celle de contrôle des comptes. Le commissaire aux comptes est en charge de vérifier la régularité et la sincérité des comptes annuels[1546] et de toutes les informations financières[1547]. Il est conduit à prendre connaissance de faits dont il doit informer des personnes intéressées. La mission d'information, voire de dénonciation dans certains cas, est la suite logique du devoir de contrôle des comptes. Par ailleurs, le contrôle des comptes sociaux doit aussi être accompagné d'un autre contrôle visant à garantir la pérennité de la structure sociale.

450. Les nombreuses obligations d'information du commissaire aux comptes. Les obligations d'information incombant aux commissaires aux comptes sont variées et concernent tant les intervenants sociaux que les autorités extérieures.

451. Les informations des organes sociaux. Les obligations d'information des membres des organes sociaux naissent lorsque la mission de contrôle du commissaire aux comptes a fait apparaître des irrégularités ou

---

[1543] COMPAGNIE NATIONALE DES COMMISSAIRES AUX COMPTES, « "Justifiant de leurs appréciations" Avis technique reconnu par le HCCC au titre des bonnes pratiques professionnelles identifiées portant sur la première mise en application des dispositions de l'article L. 225-235 1er et 2ème alinéas du Code de commerce », *Bulletin CNCC* 2004, § 3, spéc. p. 10.

[1544] Ordonnance n° 2016-315 du 17 mars 2016, *JORF* du 18 mars 2016, texte n° 25.

[1545] Article L. 823-10-1 du Code de commerce. Voir aussi : Myriam ROUSSILLE, « Réforme du contrôle légal des comptes », *Droit des sociétés* 2016, comm. 102 ; Jean-Louis NAVARRO, « Droit comptable », *JCP E* 2016, 1546, spéc. § 44.

[1546] Voir *supra* § 446.

[1547] Article L. 823-10 alinéa 1 du Code de commerce.

des inexactitudes. Ces obligations d'information ne sont pas uniquement destinées aux actionnaires, accréditant plus encore l'abandon du mandat entre le contrôleur comptable et ceux-ci. À la lecture du Code de commerce, il apparaît que les commissaires aux comptes sont redevables d'informations à « l'organe collégial chargé de l'administration ou de l'organe chargé de la direction et de l'organe de surveillance »[1548] concernant, entre autres, les irrégularités et inexactitudes que leur contrôle a révélées ou les modifications qui devraient être apportées aux comptes devant être arrêtés. L'information délivrée aux organes d'administration est principalement de nature comptable, afin de permettre à ces organes de mettre à jour les documents destinés à une publication, mais aussi d'aller plus avant dans les investigations conduisant à la révélation de la source des irrégularités découvertes. À l'égard de ces organes, la mission d'information du commissaire aux comptes s'apparente à une mission d'inspection, car il va pointer les défauts afin que les autres y remédient.

Pour les actionnaires, l'action informative des commissaires aux comptes est différente. Plutôt que de simplement pointer les irrégularités[1549], les commissaires aux comptes sont débiteurs d'une obligation d'information plus importante. Les actionnaires n'étant pas tous rodés à la pratique des affaires, ni aux tenants et aboutissants des décisions sur lesquelles ils doivent voter, le commissaire aux comptes est légalement tenu de présenter un rapport à quasiment chaque convocation de l'assemblée générale, qu'elle soit ordinaire ou extraordinaire. À l'étude des textes du Code de commerce, il ressort que toutes les décisions de l'assemblée générale qui ne concernent pas la nomination d'une personne doivent donner lieu à un rapport du commissaire aux comptes. Aussi est-ce le cas des décisions de l'assemblée générale ordinaire, qu'elles portent sur l'approbation des comptes[1550], la ratification des conventions réglementées ou des rémunérations différées *etc.*[1551]. Dans ce cas, le rôle du commissaire aux comptes concerne l'information des actionnaires sur les opérations comptables, mais aussi les conséquences financières de certaines opérations sur la société. Dans le cadre de cette mission, il est question d'aviser les actionnaires sur la future situation de la société. En revanche, lorsque le commissaire aux comptes intervient dans le cadre d'une assemblée générale extraordinaire – à propos des opérations sur le capital

[1548] Soit le conseil d'administration, ou le directoire et le conseil de surveillance. Voir : Article L. 823-16 alinéa 1 du Code de commerce.

[1549] Ce qui ne signifie pas par ailleurs que cette mission ne soit pas dans les obligations des commissaires à l'égard des actionnaires. L'article L. 823-12 du Code de commerce dispose ainsi que : « Les commissaires aux comptes signalement à la plus prochaine assemblée générale (...) les irrégularités et inexactitudes relevées par eux au cours de l'accomplissement de leur mission ».

[1550] Article L. 225-100 du Code de commerce.

[1551] Articles L. 225-40, L. 225-42-1, L. 225-88 et L. 225-90-1 du Code de commerce.

social[1552], des opérations de restructuration[1553], des apports en nature[1554] ou de la transformation de la société[1555] –, il est question de mesures informatives plus étendues[1556]. En raison de l'importance de ces décisions, dont les conséquences peuvent être défavorables aux actionnaires, les rapports du commissaire aux comptes sont plus détaillés. En effet, ils ont pour vocation d'informer les actionnaires non seulement de la situation de la société à la suite de l'opération envisagée, mais aussi de ses conséquences sur les actionnaires eux-mêmes. Dans le cadre de sa mission d'information des actionnaires, le commissaire aux comptes est un véritable conseiller, son avis comptant à tel point que d'un rapport négatif pourrait découler un vote négatif des actionnaires.

452. La procédure d'alerte. Le commissaire aux comptes, dans l'exercice de sa mission, peut prendre connaissance de faits pouvant affecter la santé et la pérennité de la société objet du contrôle. Du fait de ses compétences et de sa formation, il est « particulièrement qualifié pour tirer la sonnette d'alarme »[1557]. Toutefois, il est nécessaire de fixer des critères qui déclencheraient l'action du commissaire aux comptes, afin de ne pas paralyser la gestion de la société, ni de faire peser de trop importantes obligations sur ceux-ci.

La loi du 1er mars 1984[1558] a déterminé la mission du commissaire aux comptes et créé la procédure d'alerte[1559], qui ne peut être ouverte qu'à la condition d'une mise en lumière de faits de nature à compromettre la continuité de l'exploitation[1560].

453. La détection des faits de nature à compromettre la continuité de l'exploitation. L'article L. 234-1 du Code de commerce dispose que les faits

---

1552 Il est question d'un rapport du commissaire aux comptes pour les augmentations de capital avec suppression du droit préférentiel de souscription selon les articles L. 225-135 et L. 225-136 du Code de commerce, ainsi que pour les réductions de capital au sens de l'article L. 225-204 du Code de commerce.

1553 Le commissaire à la fusion doit intervenir afin de formuler un rapport sur la fusion ou la scission de deux sociétés anonymes au sens des articles L. 236-10 et L. 236-16 du Code de commerce. Ce commissaire à la fusion doit être nommé parmi les commissaires aux comptes inscrit sur la liste prévu à l'article L. 822-1 du Code de commerce. Voir l'article R. 236-6 du Code de commerce, renvoyant à l'article R. 225-7 du même code.

1554 Articles L. 225-8 et R. 225-7 du Code de commerce

1555 Article L. 225-244 du Code de commerce. Il est à noter que dans le cadre d'une société en commandite par actions, le rapport du commissaire aux compte n'est pas exigé par l'article L. 226-14 du Code de commerce.

1556 Voir : D. VIDAL, *op. cit.* note 1538, p. 113 et s.

1557 Marie-Hélène MONSERIE-BON, « Entreprises en difficulté (Détection des difficultés) », dans *Rép. com. Dalloz*, § 87.

1558 Loi n° 84-148 du 1er mars 1984 relative à la prévention et au règlement amiable des difficultés des entreprises, *JORF* du 2 mars 1984, p. 751.

1559 Voir, pour une description de la procédure issue de la loi du 1er mars 1984 : Bernard SOINNE, « La procédure d'alerte instituée par la loi du 1er mars 1984 et la mission du commissaire aux comptes », *JCP E* 1985, II, 14563.

1560 Article L. 234-1 du Code de commerce.

motivant le début de la procédure d'alerte doivent apparaître au commissaire aux comptes « (…) à l'occasion de l'exercice de sa mission ». Il n'est ainsi pas requis de diligences supplémentaires de la part de l'auditeur légal, qui ne doit relever ces faits que si ceux-ci lui apparaissent lors de l'exercice normal de ses fonctions[1561]. Il s'agit alors d'une règle d'appréciation *in abstracto*[1562], le commissaire aux comptes devant agir en bon professionnel et de détecter tous les signaux annonciateurs de difficultés à venir. Encore faut-il déterminer ce qui doit faire l'objet du contrôle dans le cadre de la procédure d'alerte.

La notion de « fait de nature à compromettre la continuité de l'exploitation » fait appel à une locution appartenant au droit comptable et dérivé du concept anglais du « *going concern* »[1563]. Cette précision ne permet toutefois pas d'obtenir une définition plus précise des agissements qui pourraient être appréhendés[1564], les contours de la notion anglaise n'étant pas clairement identifiés. Dès lors, et sans aucun standard d'appréciation[1565], le fait justifiant l'ouverture d'une procédure d'alerte ne peut être apprécié qu'*in concreto*, ce qui signifie qu'il revient au commissaire aux comptes de déterminer, au regard de la société au sein de laquelle il intervient, quel fait serait de nature à compromettre l'exploitation de la société. L'auditeur légal doit alors considérer tout fait, quelle que soit sa nature ; il ne doit donc pas se limiter à la seule réalité comptable, mais aussi prêter attention à la situation financière de la société[1566] ou encore à son environnement économique et social[1567].

L'office de l'auditeur légal, déjà large au regard du spectre des actes à observer, s'avère à la vérité bien plus étendu, car il ne doit pas uniquement considérer les faits qui ont effectivement nui à la pérennité de l'entreprise, mais aussi tous ceux qui pourraient emporter cette conséquence. En effet, la locution « fait de nature à » peut être entendue comme un fait susceptible d'engendrer des conséquences, même si celui-ci ne s'est pas encore réalisé.

Le commissaire aux comptes doit donc, avec la procédure d'alerte, accomplir de nombreuses diligences dans l'accomplissement de sa mission. Il doit contrôler la conduite de la gestion sociale par le menu et avoir pour objectif de vérifier si une décision, ou un ensemble de décisions[1568], pourrait

---

[1561] B. SOINNE, *op. cit.* note 1559, § 22.
[1562] M.-H. MONSERIE-BON, *op. cit.* note 1557, § 93.
[1563] B. SOINNE, *op. cit.* note 1559, § 13-15.
[1564] *Id.*, § 15.
[1565] Michel JEANTIN, « La loi du 1er mars 1984 relative à la prévention et au règlement amiable des difficultés des entreprises », *Droit des sociétés* 1984, p. 599.
[1566] Serait alors scruté par le commissaire aux comptes : le montant négatif des capitaux propres, la « dégradation des principaux équilibres financiers » ou encore la recherche de financements onéreux. Voir : M.-H. MONSERIE-BON, *op. cit.* note 1557, § 92.
[1567] Serait alors susceptible d'amorcer la procédure d'alerte : « l'existence de conflits sociaux graves et répétés » ou encore un désaccord durable entre actionnaires. Voir : M.-H. MONSERIE-BON, *op. cit.* note 1557, § 92 ; B. SOINNE, *op. cit.* note 1559, § 15.
[1568] D. PORACCHIA, L. MERLAND et M. LAMOUREUX, *op. cit.* note 1511, § 305.

avoir pour conséquence de mettre en péril la pérennité de l'exploitation. Cette surveillance de l'activité, qui s'opère continuellement et non uniquement au moment de la certification des comptes[1569], donne naissance à une procédure précise.

454. L'obligation de dénonciation aux organes sociaux. Dès que le commissaire aux comptes met en lumière un fait de nature à compromettre l'exploitation, il se trouve dans l'obligation d'amorcer la procédure d'alerte en envoyant une information sur les faits découverts au président du conseil d'administration ou du directoire. Celui-ci dispose alors d'un délai de quinze jours à compter de la réception de l'information pour répondre à l'auditeur légal.

A défaut de réponse à l'expiration de ce délai – ou à défaut de réponse satisfaisante – et dans un délai de huit jours, s'amorce la deuxième phase de la procédure d'alerte au cours de laquelle le commissaire aux comptes doit inviter le président du conseil d'administration ou du directoire à convoquer l'organe qu'il préside. Depuis la loi de sauvegarde, cette invitation est aussi communiquée au président du tribunal de commerce, signifiant que la deuxième phase de l'alerte perd de son caractère confidentiel. Le conseil d'administration ou le directoire doit alors, s'il est réuni dans un délai de huit jours à compter de la deuxième lettre du commissaire aux comptes, convoquer le commissaire aux comptes et tenter de mettre fin à la situation délicate pour la société par une délibération intervenant au plus tard quinze jours après la réception de la deuxième lettre de l'auditeur légal.

Si la deuxième phase n'aboutit pas, soit parce que les délais n'ont pas été respectés, soit parce que l'organe réuni n'est pas parvenu à enrayer la situation défavorable, la procédure d'alerte connaît un troisième temps. Le commissaire aux comptes doit inviter le président du conseil d'administration ou du directoire à convoquer une assemblée générale. Il dispose alors de la possibilité de rédiger un rapport spécial présenté aux actionnaires pour les avertir de la situation de l'entreprise. Si la procédure n'aboutit à aucun résultat satisfaisant, le commissaire aux comptes doit informer le président du tribunal de commerce qui auditionne les dirigeants sociaux. Cela pourrait, *in fine*, aboutir à l'ouverture d'une procédure collective, à condition de caractériser la cessation des paiements[1570].

Cette procédure, particulièrement lourde, tend à prouver que le commissaire aux comptes se retrouve grandement impliqué auprès des différents organes sociaux, auxquels il doit faire état de ses préoccupations sur l'avenir de la société. Après la première phase de dialogue avec le président

---

[1569] Il doit toutefois être précisé que c'est précisément lors de l'étude des comptes que le commissaire aux comptes disposera du plus grand nombre de documents lui permettant de mettre à jour le risque sur la pérennité de l'exploitation : Corinne SAINT-ALARY-HOUIN, *Droit des entreprises en difficulté*, 9ème éd., Paris, L.G.D.J., 2014, p. 99.

[1570] Voir *infra*, § 716.

du conseil ou du directoire, il est véritablement question d'une dénonciation de certaines mauvaises pratiques sociales aux organes sociaux, car l'auditeur légal entend avertir le conseil d'administration ou le directoire et l'assemblée générale afin qu'ils réagissent et mettent fin à la pratique identifiée. Cette procédure d'alerte n'est que la première modalité de dénonciation, à laquelle s'ajoutent procédures différentes devant d'autres autorités.

455. La dénonciation aux autorités. Le commissaire aux comptes doit, lorsque les contrôles comptables qu'il opère font apparaître des imprécisions, des inexactitudes, ou des fraudes, informer les organes sociaux, mais aussi les autorités compétentes afin qu'elles agissent en conséquence. Il est question de dénonciation, et non plus seulement d'information, car dans cette mission, le commissaire aux comptes transmet aux autorités, qu'elles soient judiciaire ou de marché, les informations sur des agissements répréhensibles ou considérés comme tels[1571]. À ce titre, les textes législatifs imposent au commissaire aux comptes l'obligation de dénoncer des faits délictueux au procureur de la République[1572], à l'Autorité des marchés financiers[1573] ou à la cellule TRACFIN[1574].

La question principale relative à l'obligation de dénonciation est celle de sa naissance. D'une part, le signalement à TRACFIN est obligatoire dès lors qu'un soupçon de pratique illicite existe pour le commissaire aux comptes. Dès que celui-ci met à jour, par le biais de ses différentes vérifications comptables, un risque de blanchiment d'argent, il se trouve dans l'obligation de formuler une déclaration à TRACFIN, sauf à risquer une condamnation au titre de complicité du délit de blanchiment. Cette dernière s'effectue en amont, avant même la dénonciation au procureur de la République.

Il appartient, d'autre part, au commissaire aux comptes de dénoncer « les faits délictueux » au procureur de la République. Cela signifie que les faits délictueux doivent être caractérisés par le commissaire aux comptes, une simple suspicion ne saurait être suffisante. Dans ce cadre, le professionnel du chiffre semble devoir préparer le travail du magistrat du parquet, lui conférant tous les éléments afin que celui-ci puisse engager l'action publique à l'égard de la société ou des dirigeants responsables des faits délictueux. Ce travail préparatoire emporte l'obligation pour le commissaire aux comptes de fournir un travail précis, permettant la révélation du fait délictueux. Il doit identifier l'infraction commise, déterminer la loi à laquelle il est contrevenu, voire déterminer si le délit a été commis volontairement[1575]. Sa tâche est ardue, d'autant plus que la non-dénonciation de faits délictueux est pénalement sanctionnée d'une peine d'emprisonnement de cinq ans et d'une amende de

---

[1571] Définition de « dénoncer » par le *Dictionnaire de l'Académie Française*, précité note 72.
[1572] Article L. 823-12 du Code de commerce.
[1573] Article L. 621-22 du Code monétaire et financier.
[1574] Voir *infra* §462-463.
[1575] Voir : Jean-Charles BOULAY, « L'obligation du commissaire aux comptes de révéler les faits délictueux », *Revue des sociétés* 1980, p. 443, spéc. § 12 et s.

75 000 euros[1576]. Le commissaire aux comptes a dès lors intérêt à dénoncer le plus souvent possible les infractions qui auraient pu être commises.

En pratique, les dénonciations sont assez rares, car ne devaient être révélés jusqu'en 2014 que « les faits significatifs et délibérés »[1577]. En d'autres termes, les commissaires aux comptes ne devaient signaler que les comportements les plus dangereux pour la société. Il convient toutefois de signaler qu'a été publiée le 18 avril 2014 une circulaire de la Chancellerie, recommandant aux commissaires aux comptes de révéler au parquet « tous les faits délictueux commis au sein d'une entité faisant partie du périmètre de consolidation »[1578], c'est-à-dire tout fait susceptible de revêtir une qualification pénale, quelle que soit sa gravité ou sa nature[1579]. Un élargissement s'est donc opéré afin d'encourager les commissaires aux comptes à dénoncer plus fréquemment des faits délictueux dont ils pourraient avoir connaissance, le Code de commerce prévoyant par ailleurs que leur responsabilité pénale ne pourrait pas être engagée par une révélation ne donnant pas lieu à poursuites[1580]. Un risque toutefois doit être pointé, celui d'une méfiance accrue de la direction à l'égard du commissaire aux comptes, rendant plus difficile son action de contrôle de la gestion et des comptes sociaux.

456. Le contrôle visant la pérennité de la structure sociale. Le commissaire aux comptes, dans le cadre de ses contrôles comptables, peut faire apparaître certains faits de nature à mettre en danger l'homogénéité de la structure sociale.

Tout d'abord, il doit vérifier si les membres du conseil d'administration ou de surveillance disposent du nombre d'actions exigé par les statuts[1581]. Cette mission, pouvant apparaître minime, est essentielle à la vie sociale en ce qu'elle permet au conseil d'administration ou de surveillance de fonctionner en conformité avec les statuts, et de faciliter le renouvellement de ses membres, réputés démissionnaires lorsqu'ils ne respectent pas les exigences statutaires[1582].

Ensuite, la plus importante des commissaires aux comptes au regard de la structure sociale est de veiller au maintien de l'égalité entre les actionnaires[1583]. Ce principe, qui n'est pas reconnu en tant que principe

---

[1576] Article L. 820-7 du Code de commerce.

[1577] Circulaire de la Chancellerie du 23 octobre 1985 transmettant la recommandation relative à la révélation des faits délictueux aux procureurs généraux et procureurs de la République, CRIM.85-22-E.2/23.10.85.

[1578] Circulaire du 18 avril 2014 relative à l'obligation de révélation des faits délictueux des commissaires aux comptes, *BO Ministère de la justice*, 30 avril 2014, JUSD1409228C.

[1579] Ph. MERLE, *op. cit.* note 110, p. 641.

[1580] Article L. 823-12 alinéa 2 *in fine*.

[1581] Si les statuts exigent la détention des actions par les membres de ces conseils : articles L. 225-26 et L. 225-73 du Code de commerce.

[1582] *Id.*

[1583] Article L. 823-11 du Code de commerce.

général en droit de l'Union Européenne[1584], doit être défini. Il n'est aucunement question pour le commissaire aux comptes de vérifier que les actionnaires sont traités de la même manière. L'égalité signifie que deux personnes dans une situation identique doivent recevoir un traitement identique, mais que des situations différentes peuvent entraîner une différence de traitements[1585]. Le commissaire aux comptes doit s'assurer que les actionnaires se trouvant dans une situation équivalente sont traités de la même façon, qu'il s'agisse des prérogatives politiques, informationnelles ou pécuniaires. Il veille donc à ce que les actionnaires soient traités sur un pied d'égalité, ce qui signifie que le commissaire aux comptes assure le respect de l'une des manifestations de l'*affectio societatis* au sein de la société. Ce contrôle permet ainsi à certains actionnaires de découvrir qu'ils ont été potentiellement défavorisés au détriment d'autres, ouvrant la voie à des actions en responsabilité ou en abus de majorité si la rupture d'égalité entre actionnaires a eu lieu à l'occasion d'une délibération de l'assemblée générale[1586].

Enfin, le commissaire aux comptes peut se substituer à certains organes sociaux si, au cours de ses inspections comptables, il lui apparaît que l'assemblée générale n'a pas été convoquée. Dans une telle hypothèse, il doit en aviser le conseil d'administration ou le directoire[1587] puis convoquer l'assemblée si ces organes ne réagissent pas à l'avis émis, à charge pour lui d'en déterminer l'ordre du jour.

457. Cette dernière possibilité illustre de façon topique l'évolution de la fonction de commissaire aux comptes. Originairement professionnel du chiffre et cantonné à la vérification de données comptables, son rôle s'est progressivement accru, pour aboutir à un rôle d'information de tous les organes sociaux, en ayant même la possibilité de se substituer à eux dans certains cas, lorsque la situation l'exige. Le commissaire aux comptes tend ainsi à devenir un commissaire à la société, tant son rôle ne se limite plus aux seules données comptables. L'accroissement de ses prérogatives est toutefois limité de façon impérative. Le commissaire aux comptes doit en effet respecter un principe essentiel dans l'accomplissement de sa mission, celui de ne pas s'immiscer dans la gestion sociale.

[1584] CJUE, 15 octobre 2009, *Revue des sociétés* 2010, p. 45, note Gilbert PARLÉANI ; *Bulletin Joly sociétés* 2010, p. 371, note Jean-Marc MOULIN.

[1585] Voir en ce sens : Conseil Constitutionnel, décision n° 81-132 DC du 16 janvier 1982, Loi de nationalisation. Voir : Frédéric CHARTIER, « Les nationalisations – contrôle minimal de constitutionnalité et erreur manifeste », *Gazette du Palais* 1981, p. 448 ; Paul LEONARD, « De la constitutionnalité des nationalisations », *ibid.* p. 440 ; Jean RIVERO, « Ni lu, ni compris ? », *Actualité juridique de droit administratif* 1982, p. 209 ; Louis FAVOREU et Loïc PHILIP, « Nationalisations », dans *Les grandes décisions du Conseil constitutionnel*, Paris, Dalloz, 2009, p. 356.

[1586] Voir en ce sens : Y. CHAPUT, *op. cit.* note 1517, p. 61.

[1587] Article L. 225-103 II du Code de commerce.

2) Le principe de non-immixtion dans la gestion sociale

458. Le principe de non-immixtion dans la gestion : origine et justification. Le principe de non-immixtion du commissaire aux comptes dans la gestion de la société fait partie des principes fondamentaux de la mission des commissaires aux comptes. C'est une des raisons pour lesquelles il ne peut pas être considéré comme un organe social de surveillance[1588].

Ce principe, d'origine jurisprudentielle[1589], est inscrit relativement tard dans la loi, car ce n'est que par l'article 228 de la loi du 24 juillet 1966 qu'il sera consacré[1590]. Il est depuis acquis que le commissaire aux comptes ne doit pas s'immiscer dans la gestion de la société, ce qui est logique en raison de son statut de membre extérieur. En tant qu'intervenant nommé primairement pour contrôler les comptes, le commissaire aux comptes n'intervient qu'*a posteriori*, ce qui signifie qu'il ne peut se mêler de la gestion sociale, qui nécessiterait une intervention *a priori*. En ce sens, le commissaire aux comptes ne peut pas participer à la gestion, à la prise de décision sociale. La position est compréhensible car le commissaire aux comptes n'est pas nommé par les actionnaires afin d'accomplir des actes de gestion, à la différence du directoire ou du conseil d'administration, mais pour intervenir *a posteriori*, afin principalement de vérifier les comptes et de les assister dans leur mission de contrôle. Cette obligation de non-immixtion, aussi compréhensible et justifiable soit-elle, impose un travail de définition.

459. La non-immixtion, une formulation maladroitement connotée. Le terme de non-immixtion est négativement connoté. En effet, la définition du verbe s'immiscer est « s'ingérer mal à propos dans quelque affaire, se mêler de quelque chose sans en avoir l'autorisation, le droit »[1591], ou « se mêler indument de quelque chose »[1592]. En imposant une obligation de non-immixtion au commissaire aux comptes, il est sous-entendu que celui-ci ne pourrait le faire en raison d'une absence de droit, ou de légitimité.

Il est certain que le commissaire aux comptes n'a aucune légitimité pour prendre une décision de gestion, car il n'est pas nommé à cette fin. En revanche, en quoi une ingérence du commissaire aux comptes pourrait-elle être « mal à propos » ? Ce commissaire n'a pas, primairement, une formation purement juridique, mais a acquis, au cours de ses études et de sa pratique, des

---

1588 Yves GUYON, Georges COQUEREAU, *Le commissariat aux comptes, aspects juridique et technique*, Paris, Librairies Techniques, 1971, p. 11-12.

1589 Voir Paris, 1er juin 1889, *D. P.* 1892, I, p. 177 ; *Revue des sociétés* 1889, p. 673 ; *Journal des sociétés* 1890, p. 503 ; *Journal des tribunaux de commerce* 1890, p. 380. Cité par : Roger GRANGER, *La nature juridique des rapports entre actionnaires et commissaires chargés du contrôle dans les sociétés par actions*, préf. Joseph HAMEL, Reims, Editions Matot-Braine, 1951, p. 224.

1590 Voir D. VIDAL, *op. cit.* note 1538, p. 151.

1591 Emile LITTRE et alii, *op. cit.* note 462.

1592 *Dictionnaire de l'Académie Française*, précité note 72.

connaissances théoriques et pratiques en droit, spécifiquement en droit des sociétés. À proprement parler, l'intervention du commissaire aux comptes n'est pas mal à propos, en ce qu'il dispose de connaissances juridiques. Aussi le terme de non-immixtion est-il partiellement inapproprié, en ce qu'il induit une remise en cause de la compétence des commissaires aux comptes.

460. Le commissaire aux comptes, acteur du contrôle de la décision de gestion ? Le commissaire aux comptes a vu son rôle légalement reconnu à partir de la loi du 15 mai 2001 relative aux nouvelles régulations économiques et n'a, depuis lors, cessé de faire l'objet de mesures législatives ou réglementaires. L'un des textes les plus importants qui réglemente l'activité des commissaires aux comptes est l'ordonnance du 8 septembre 2005[1593], codifiée aux articles L. 823-1 et suivants du Code de commerce. Si le commissaire aux comptes des sociétés cotées a communément pour mission de contrôler la véracité et l'authenticité des comptes et donc d'exercer un contrôle de la gestion globale, il lui arrive aussi d'intervenir à tout moment et donc potentiellement après une décision de gestion afin d'en faciliter le contrôle.

Le Code de commerce confère aux commissaires aux comptes la possibilité d'effectuer « à toute époque de l'année (...) toutes vérifications et tous contrôles qu'ils jugent opportuns »[1594]. Cette possibilité de contrôle concerne la société cotée, mais aussi toutes les sociétés contrôlées par la société cotée ainsi que tout le groupe de sociétés établissant des comptes consolidés. Le commissaire aux comptes détient donc, selon l'expression du Professeur LE CANNU, un « pouvoir d'investigation permanent »[1595]. Ce pouvoir n'est toutefois qu'une faculté et le commissaire aux comptes ne peut se faire sanctionner pour un défaut de contrôle *a posteriori* des décisions de gestion. En effet, il existe la possibilité pour lui de compenser l'absence de contrôle spécial par le biais de sa mission générale de contrôle. Une autre mission de surveillance *ex post* de la décision de gestion incombe au commissaire aux comptes, bien moins facultative.

461. Le contrôle exceptionnel du commissaire aux comptes par l'établissement des rapports spéciaux. Le commissaire aux comptes, dans le cadre de sa mission de certificateur, se voit confier par le Code de commerce la tâche d'établir des rapports spéciaux sur certaines opérations précises, afin

---

[1593] Ordonnance n° 2005-1126 du 8 septembre 2005 relative au commissariat aux comptes, *JORF* du 9 septembre 2005, p. 14638.

[1594] Article L. 823-13 du Code de commerce. Il a été conclu de cet article que le contrôle du commissaire aux comptes peut porter sur tous les documents. Voir : Réponse ministérielle n° 21886, *J.O. Assemblée Nationale*, 21 janvier 1980, p. 209.

[1595] P. LE CANNU, B. DONDERO, *op. cit.* note 268, p. 344 ; Jacques MESTRE, Dominique VELARDOCCHIO (dir.), *Lamy droit des sociétés commerciales*, Rueil-Malmaison, Wolters Kluwer France, 2015, § 1374. Voir, pour la reconnaissance d'un devoir, et non d'un pouvoir, d'investigation : Didier PORACCHIA, « La responsabilité des conseils et contrôleurs », *Droit et patrimoine* septembre 2003, p. 94 et s.

d'informer l'assemblée générale sur la régularité de telle ou telle décision. Ce rapport est, en principe, établi avant que l'assemblée générale extraordinaire n'intervienne[1596], mais il existe des circonstances dans lesquelles le commissaire aux comptes intervient une fois que la décision de gestion a connu un commencement d'exécution.

Le commissaire aux comptes intervient, selon le Code de commerce, dans la procédure des conventions réglementées. En effet, le président du conseil d'administration ou de surveillance doit, dans le mois suivant la conclusion de la convention entre la société et le dirigeant gestionnaire ou l'actionnaire détenant plus d'un dixième des droits de vote, avertir le commissaire aux comptes afin que celui-ci fasse un rapport. Ce dernier sera communiqué à l'assemblée générale[1597]. La difficulté de la tâche du commissaire aux comptes va se trouver dans le fait d'établir un rapport sur la décision de gestion déjà conclue sans s'immiscer dans la gestion, ce qui lui est résolument interdit[1598].

Le Code de commerce précise toutefois le contenu du rapport du commissaire aux comptes, qui doit notamment contenir « la nature et l'objet [des conventions, ainsi que] les modalités essentielles de ces conventions et engagements, notamment l'indication des prix ou tarifs pratiqués (...) et, le cas échéant, toutes autres indications permettant aux actionnaires d'apprécier l'intérêt qui s'attachait à la conclusion des conventions et engagements analysés »[1599]. Le commissaire aux comptes doit effectuer un véritable audit de la décision de gestion, afin de donner les éléments les plus pertinents à l'assemblée générale ordinaire pour qu'elle puisse décider du sort des conventions réglementées. Cet audit représente véritablement un contrôle, bien que le commissaire aux comptes n'ait que le rôle de compilateur d'informations. L'une des meilleures preuves de la portée de ce contrôle réside dans la sanction de l'absence de rapport du commissaire aux comptes. Cette exigence légale étant impérative afin de minimiser les risques de conflits d'intérêts, le défaut de rapport du commissaire aux comptes sur la convention réglementée entraîne une sanction importante : la nullité de la délibération de l'assemblée générale subséquente[1600].

462. Le contrôle du commissaire aux comptes par la communication aux autorités. Il est, au-delà de l'hypothèse la plus courante vue précédemment, des cas dans lesquels le commissaire aux comptes effectue

---

[1596] Aussi est-ce le cas des décisions intervenant sur le capital (articles L. 225-204 du Code de comercepour la réduction du capital ou L. 225-135 du même code pour l'augmentation du capital sans droit préférentiel de souscription), mais aussi des opérations de restructuration (article L. 236-11 du Code de commerce applicable à toutes les opérations, par renvoi des articles L. 236-16 et L. 236-22 du même code).

[1597] Articles L. 225-40, couplé avec l'article R. 225-30 du Code de commerce ; ainsi que les articles L. 225-88 et R. 225-58 du Code de commerce, dans le cas de la société dualiste.

[1598] Article L. 823-10 du Code de commerce.

[1599] Article R. 225-31 du Code de commerce.

[1600] Ph. MERLE, *op. cit.* note 110, p. 499.

l'audit de la décision de gestion et déclenche lui-même le contrôle *a posteriori* de la décision. Les vérifications effectuées par le commissaire aux comptes dans le cadre de sa mission d'investigation comme dans celle de l'établissement du rapport sur les conventions réglementées peuvent aboutir à la mise en lumière de mouvements de fonds qui peuvent s'avérer délictueux. Aussi pèse-t-il sur le commissaire aux comptes une obligation de dénonciation au procureur de la République de « tous les faits délictueux dont il aurait pu avoir connaissance »[1601]. Par ailleurs, dans le cadre des délits plus particuliers de blanchiment d'argent et de financement d'opérations terroristes, le commissaire aux comptes doit adresser une déclaration de soupçon à un service particulier placé sous l'égide du ministre de l'économie, le service de traitement du renseignement et actions contre les circuits financiers clandestins (TRACFIN)[1602]. Cet organisme est la manifestation française de la préoccupation internationale qu'est la lutte anti blanchiment[1603], créé par la loi du 12 juillet 1990[1604] et traite uniquement de soupçons. Il est donc logique que le commissaire aux comptes transmette de telles informations uniquement à TRACFIN et non pas au procureur de la République, car seuls des soupçons peuvent faire l'objet d'une telle déclaration.

463. Un contrôle encouragé, car pénalement sanctionné. Le commissaire aux comptes se trouve dans une situation dans laquelle il va de ses propres intérêts d'exercer lui-même un contrôle des décisions de gestion et de les dénoncer aux autorités compétentes. En effet, tant à l'égard du procureur de la République qu'à l'égard de TRACFIN, le commissaire aux comptes ne jouant pas sa mission de révélateur, sinon de délateur, peut encourir une condamnation pénale. Celle-ci est légalement prévue en cas de non révélation d'un fait délictueux au procureur de la République[1605], encourageant vivement le contrôleur légal à porter une attention particulière à sa mission. Dans l'hypothèse de soupçon de blanchiment de fonds ou de

---

[1601] Article L. 823-12 du Code de commerce.

[1602] Articles L. 561-2 12° et L. 561-15 du Code monétaire et financier.

[1603] *Convention des Nations unies contre le trafic illicite de stupéfiants et de substances psychotropes – adoptée à Vienne le 20 décembre 1988, Convention du Conseil de l'Europe relative au blanchiment, au dépistage, à la saisie et à la confiscation des produits du crime, adoptée à Strasbourg du 8 novembre 1990.* Voir aussi : Marie-Christine BALDY, « Lutte contre le blanchiment : aspects internationaux et européens », *Banque et droit* n° 1 2000, p. 37 ; Valérie MALABAT, « Les aspects internationaux du blanchiment », *Revue de droit bancaire et financier* juillet-août 2005, p. 41. Voir aussi : Stéphane PIEDELIEVRE, Emmanuel PUTMAN, *Droit bancaire*, Paris, Economica, 2011, p. 200 et s.

[1604] Loi n° 90-614 du 12 juillet 1990 relative à la participation des organismes financiers à la lutte contre le blanchiment des capitaux provenant du trafic des stupéfiants, *JORF* du 14 juillet 1990, p. 8329. Voir aussi : Jean-Pierre DESCHANEL, Dominique GAILLARDOT, « Où en est-on du blanchiment des capitaux, de sa prévention et de sa répression ? », dans *Mélanges AEDBF France II*, p. 178.

[1605] Selon l'article L. 820-7 du Code de commerce : « Est puni d'un emprisonnement de cinq ans et d'une amende de 75 000 € le fait, pour toute personne (…) de ne pas révéler au procureur de la République les faits délictueux dont elle a eu connaissance ».

financement d'activités terroristes, il est logique que le fait de ne pas produire un rapport à TRACFIN ne soit pas sanctionné en soi. En effet, nul ne peut, sur le simple fondement du soupçon, être contraint d'agir. En revanche, il est possible d'imaginer, si ces soupçons sont avérés et qu'une activité criminelle est exercée sans rapport du commissaire aux comptes, que celui-ci puisse être condamné au titre de complice, voire de coauteur, du délit de blanchiment de fonds[1606]. Le commissaire aux comptes a, dès lors, tout intérêt à exercer sa mission avec la plus grande attention, sauf à exposer sa responsabilité pénale.

464. La non-immixtion au regard des missions confiées aux commissaires aux comptes. La règle de non-immixtion dans la gestion sociale semble donc peu en rapport avec les prérogatives des commissaires aux comptes. En effet, la non-immixtion suppose que les commissaires aux comptes ne se mêlent pas de la gestion sociale.

Or, le commissaire aux comptes opère un contrôle tant des décisions de gestion que de la régularité – au moins – de la gestion sociale. Comme l'a souligné un auteur, par le biais des différents contrôles opérés par les commissaires aux comptes, le principe de non-immixtion connaît donc une certaine érosion[1607]. Aussi convient-il de rejoindre le Professeur VIDAL lorsqu'il distingue entre gestion appliquée et gestion déterminante[1608]. Il s'agit de différencier l'implication du commissaire aux comptes dans le contrôle de la gestion sociale. La gestion déterminante « comprend la définition des objectifs à poursuivre et la définition des moyens à mettre en œuvre »[1609], alors que la gestion appliquée « s'entend de la mise en œuvre des moyens préalablement définis »[1610]. Le commissaire aux comptes n'intervient, au regard de ses prérogatives légales, que dans le cadre de la gestion déterminante. En effet, certaines décisions extraordinaires influent sur la stratégie de la société, comme les restructurations et les opérations sur capital. Or, dans le cadre de ces opérations extraordinaires, le commissaire aux comptes est légalement investi d'une mission d'information des actionnaires et, à cette fin, il lui est nécessaire d'évaluer les tenants et aboutissants de cette mesure. L'immixtion du commissaire aux comptes dans cette décision, qui est une décision de gestion relative à la stratégie, est évidente. En revanche, lors de la prise effective de décision, le commissaire aux comptes n'intervient pas et ne dispose d'aucun moyen d'intervention.

1606 Philippe CONTE, *Droit pénal spécial*, Paris, LexisNexis, 2007, p. 377 ; « Aspect pénal des obligations de vigilance », *JCP G* 2005, I, 125, § 16 et s.

1607 Emmanuel DU PONTAVICE, « Le principe de non-immixtion des commissaires aux comptes dans la gestion à l'épreuve des faits », *Revue des sociétés* 1973, p. 599, spéc. p. 612.

1608 D. VIDAL, *op. cit.* note 1538, p. 161 et s. Voir aussi : Dominique VIDAL, « L'intervention du commissaire aux comptes dans la gestion de l'entreprise société qu'il contrôle », dans *Mélanges offerts à Adrienne HONORAT*, Paris, éd. Frison-Roche, 2000, p. 327.

1609 *Id.*

1610 *Id.*

Ainsi, le principe de non-immixtion est encore respecté pour la gestion appliquée, mais battu en brèche par la gestion déterminante. Il l'est encore plus par les prérogatives informationnelles.

465. La non-immixtion dans la gestion écartée par les convocations du commissaire aux comptes ? Le commissaire aux comptes dispose du droit de se faire convoquer aux « réunions du conseil d'administration ou du directoire et du conseil de surveillance (...) qui examinent ou arrêtent des comptes annuels ou intermédiaires, ainsi qu'à toutes les assemblées d'actionnaires (...) »[1611]. Il est évident que l'auditeur légal ne dispose d'aucune possibilité de voter, ni même de participer à la décision de ces organes. En revanche, parce qu'il s'agit d'organes de gestion, la présence du commissaire aux comptes lors de ces réunions peut lui permettre d'obtenir des informations sur la gestion sociale et de les utiliser dans l'accomplissement de ses prérogatives légales.

Ne pourrait-on pas penser que ce droit de convocation du commissaire aux comptes à certaines réunions des conseils et du directoire, ainsi qu'aux réunions des assemblées générales, leur confèrerait, *de facto*, un droit d'immixtion dans la gestion sociale ? En effet, sa seule présence peut faire peser le risque de se trouver mêlé à la gestion de la société, notamment par l'octroi de conseils[1612].

466. Vers un principe de non-participation à la gestion sociale ? Il semble désormais acquis que la non-immixtion dans la gestion sociale ne convient pas aux missions légales du commissaire aux comptes. Il devient nécessaire de s'interroger sur la reformulation de ce principe, correspondant mieux à l'application des textes du Code de commerce.

Le principe de non-participation à la conduite de la société paraît plus adapté aux commissaires aux comptes. Dans cette formulation, tant le substantif que l'article y accolé sont importants. La participation suppose un rôle actif dans l'accomplissement d'un évènement ou d'une action. Or, il est certain que le commissaire aux comptes ne participe pas directement à la prise de décision de gestion, ou à l'établissement de la gestion. Tout au plus peut-il intervenir à titre de conseil[1613]. En revanche, l'action du commissaire aux comptes participe de la gestion sociale en ce qu'elle permet à celle-ci de se développer dans sa meilleure mesure. Le principe de non-participation devrait être substitué au principe de non-immixtion, qui n'est plus totalement adapté à la mission du commissaire aux comptes.

467. Le commissaire aux comptes accomplit ainsi une mission indispensable au sein de la société cotée, en ce qu'il permet aux actionnaires

---

[1611] Article L. 823-17 du Code de commerce.

[1612] Un risque apparaît alors que le commissaire aux comptes, par sa présence, « soit amené à prendre parti sur la gestion de la société, et donne, à la demande des administrateurs, de véritables conseils » : D. PORACCHIA, *op. cit.* note 1595.

[1613] D. VIDAL, *op. cit.* note 1608, p. 332.

et à d'autres intervenants sociaux de bénéficier d'informations relatives à la gestion sociale. À ce titre, il doit être remarqué que la règle première de l'accomplissement de leur mission, soit la non-immixtion dans la gestion sociale, doit être nuancée. Plutôt que de ne pas s'immiscer, il est plus précis d'affirmer que le commissaire aux comptes ne doit pas participer à la gestion sociale. Pour ce faire, l'auditeur légal doit être totalement indépendant de la société qu'il contrôle, ce qui soulève parfois quelques doutes.

B) Les liens entre le commissaire aux comptes et la société

468. Le commissariat aux comptes, une fonction par essence sujette à conflit d'intérêts. Le commissaire aux comptes, parce qu'il se fait rémunérer pour certifier les comptes des sociétés et certaines informations diffusées aux marchés, peut faire l'objet de diverses pressions pouvant remettre en question la probité de sa mission, sinon de sa personne. À ce titre, au cours de « l'affaire Enron », ce ne sont pas les diverses malversations commises qui ont choqué l'opinion, mais plutôt que celles-ci ont été couvertes par l'auditeur de la société, Arthur Andersen, dont les bureaux de Houston se situaient au sein même du siège de la compagnie texane[1614]. Arthur Andersen était clairement en situation de conflit d'intérêts dans cette affaire, privilégiant son intérêt propre plutôt que celui de la communauté des investisseurs, flouée par la certification d'état financiers erronés et, partant, trompeurs. La sanction fut alors terrible pour la société d'auditeurs, qui a été démantelée, le marché de l'audit passant du *big five* au *fat four*[1615]. Afin d'exercer leur mission avec probité, les commissaires aux comptes se doivent alors d'être indépendants de la société auditée (1). Au-delà de cette exigence tant textuelle que professionnelle, certains éléments de faits peuvent toutefois permettre de douter du respect de cette exigence (2).

1) Un professionnel en principe indépendant

469. L'indépendance du commissaire aux comptes, clé de voûte de l'exercice de la profession. Le commissaire aux comptes, certificateur des informations sociales devant être communiquées au marché et donc au public, doit exercer sa mission hors de tout lien d'intérêt avec la société contrôlée. C'est notamment l'une des raisons pour lesquelles les missions des auditeurs légaux et des experts-comptables sont différenciées, le second pouvant être salarié de l'entité dont il établit les comptes. Dès lors, il est quasiment impossible à l'expert-comptable de formuler des critiques à l'encontre de la tenue de la comptabilité d'une société qui le salarie, sauf à risquer de perdre

---

[1614] Pierre-Yves DUGUA, « Enron, l'affaire qui stupéfie l'Amérique », *Le Figaro économie*, 19 janvier 2002, p. 1 et 3.
[1615] Ph. MERLE, *op. cit.* note 110, p. 625.

son emploi. Cette situation ne peut être vécue par le commissaire aux comptes, dont la mission informative et la possibilité de refuser de certifier les comptes nécessitent une totale indépendance à l'égard de la société et de ses dirigeants. Dès lors, l'autorité professionnelle des commissaires aux comptes, le Haut conseil du commissariat aux comptes[1616], s'attache à préserver leur indépendance, qu'elle définit comme « l'exercice en toute liberté, en réalité et en apparence, des pouvoirs et des compétences qui lui sont conférés par la loi »[1617]. À cette fin, « le commissaire aux comptes évite de se placer dans une situation qui compromettrait son indépendance à l'égard de la personne ou de l'entité dont il est appelé à certifier les comptes ou qui pourrait être perçue comme de nature à compromettre l'exercice impartial de cette mission »[1618]. L'indépendance est alors une réalité autant qu'une apparence.

470. L'interdiction des situations qui suppriment *de facto* l'indépendance. Le Code de commerce, comme le code de déontologie des commissaires aux comptes, définissent des situations dans lesquelles l'indépendance du commissaire aux comptes est supprimée. Il leur est interdit d'exercer certaines fonctions définies. Si le Code de commerce se limite à interdire « l'activité de conseil ou de prestation de services n'entrant pas dans les diligences directement liées à la mission de commissaire aux comptes »[1619], le code de déontologie vient prohiber quatorze situations dont la survenance est de nature à limiter l'indépendance des commissaires aux comptes.

Ce code désigne donc l'exercice de certaines missions qui sont, par nature, incompatibles avec l'exercice indépendant de la mission d'auditeur légal. La logique employée est la même que pour la série d'arrêts concernant l'indépendance du rapporteur public[1620] – anciennement commissaire du gouvernement – près le Conseil d'État. En effet, le rapporteur public, qui rédige un mémoire préparatoire préalable au prononcé de l'arrêt, ne peut siéger indépendamment en formation de jugement, son opinion étant par nature déjà formée. La présence de ce commissaire est donc contraire à l'article 6.1 de la Convention européenne de sauvegarde des droits de l'Homme et des libertés fondamentales, en ce que la formation de jugement

---

1616 Articles L. 821-1 et suivants du Code de commerce.

1617 Article 5 du Code de déontologie de la profession de commissaire aux comptes, annexe 8-1 à la partie réglementaire du Code de commerce.

1618 Article 6 du Code de déontologie de la profession de commissaire aux comptes, annexe 8-1 à la partie réglementaire du Code de commerce.

1619 Article L. 822-11 II du Code de commerce.

1620 La modification est intervenue avec le Décret n° 2009-14 du 7 janvier 2009 relatif au rapporteur public des juridictions administratives et au déroulement de l'audience devant ces juridictions, *JORF* du 8 janvier 2009, p. 479.

n'est plus indépendante par la présence du commissaire du gouvernement[1621]. De la même manière, le commissaire aux comptes ne peut accomplir certaines missions qu'il doit contrôler par la suite. Le code de déontologie interdit ainsi au commissaire aux comptes de fournir des « prestations de nature à le mettre dans un position d'avoir à se prononcer sur des documents qu'il aurait contribué à élaborer », « de réaliser tout acte de gestion », d'élaborer la comptabilité, de mettre en place le contrôle interne et de participer aux prises de décisions[1622]. En effet, le commissaire aux comptes devant rédiger des rapports sur ces points, il ne peut décemment participer activement à leur élaboration, sauf à compromettre son indépendance.

L'accomplissement d'autres missions sont interdites par le code de déontologie, comme recruter du personnel ou manier ou séquestrer des fonds sociaux. Ces opérations sont, en toute logique, incompatibles avec l'exercice indépendant de l'audit comptable et légal car elles compromettraient le commissaire aux comptes dans la gestion sociale.

Le code de déontologie interdit en outre au commissaire aux comptes d'intervenir en tant que commissaire aux apports ou en tant que commissaire à la fusion, alors même que ces possibilités sont prévues par le Code de commerce[1623]. Il convient de trouver une justification à cette interdiction professionnelle d'accomplir une possibilité légale. Pour comprendre la raison de cette interdiction, il est nécessaire de rappeler que le commissaire aux comptes doit, dans son rapport annuel, traiter des évènements importants survenus au cours de l'exercice échu, au titre desquels figurent les augmentations de capital découlant d'un apport en nature, ainsi que les opérations de restructuration. Or, le traitement de ces opérations impose au commissaire aux comptes de les présenter et évaluer non en raison de leur opportunité, mais plutôt au regard de leur conformité aux intérêts de la société. Si le commissaire aux comptes intervient au titre de commissaire aux apports ou à la fusion, il intervient tant *a priori* qu'*a posteriori* sur ces opérations. Il est alors douteux que le contrôle *a posteriori* soit établi dans les règles de l'art, le commissaire aux comptes ne désirant pas se désavouer à la fin de l'exercice à propos d'une opération qu'il a contrôlée quelques mois auparavant.

[1621] Voir en ce sens : CEDH, 7 juin 2001, Kress contre France, § 77 et suiv ; *D.* 2003, p. 153, Chronique Serge GUINCHARD ; *JCP G* 2001, II, 10578, note Frédéric SUDRE ; *D.* 2001, p. 2611 note Joël ANDRIANTSIMBAZOVINA ; *ibid.*, p. 2619, note Roland DRAGO ; *AJDA* 2001, p. 675, note Frédéric ROLIN ; *Revue de droit public* 2001, p. 895, comm. Christophe MAUBERNARD ; *ibid.*, p. 983, note Xavier PRETOT ; *Revue de droit public* 2002, obs. Gérard GONZALEZ ; *RFDA* 2001, p. 991, note Bruno GENEVOIS ; *ibid.*, p. 1000, note Jean-Louis AUTIN et Frédéric SUDRE ; *RTDE* 2001, p. 727, note Florence BENOIT-ROHMER ; *Gazette du Palais* 4-5 octobre 2002, note Gérard COHEN-JONATHAN ; Marceau LONG, Prosper WEIL, Guy BRAIBANT, Pierre DELVOLVE et Bruno GENEVOIS, *Grands arrêts de la jurisprudence administrative*, 19ème éd., Paris, Dalloz, 2013, p. 794.

[1622] Article 10 1°, 2°, 6°, 8° et 10° de l'annexe 8-1 à la partie réglementaire du Code de commerce.

[1623] Voir *supra* note 1553.

471. L'interdiction formelle de tout lien entre le commissaire aux comptes et la société contrôlée. Les actes affectant l'indépendance du commissaire aux comptes ne sont pas nécessairement ceux qui sont directement accomplis par lui. L'indépendance de l'auditeur peut aussi être affectée par des situations de fait intervenant entre lui et la société, directement ou indirectement. Aussi, le Code de commerce renvoie-t-il au code de déontologie dans le but de définir avec précision les liens personnels, financiers et professionnels incompatibles avec l'exercice de sa mission[1624]. La définition donnée par le code de ces situations est à tout le moins extensive.

Les liens personnels entre le commissaire aux comptes[1625] et une personne « sensible »[1626] sont entendus largement. En effet, le commissaire aux comptes est considéré comme ayant des liens familiaux avec une personne sensible lorsque celle-ci est son ascendant, descendant, collatéral jusqu'au quatrième degré, conjoint, partenaire ou concubin. Il en est de même lorsque la personne sensible est l'ascendant ou le descendant du conjoint, du partenaire ou du concubin du commissaire aux comptes. Le commissaire aux comptes ne doit donc pas avoir de liens familiaux avec l'un des dirigeants ou l'un des comptables de la société dont il va contrôler les comptes. En effet, cette situation pourrait faire planer un doute certain sur le sérieux du contrôle, rendant de fait impossible la mission du commissaire aux comptes.

Si les liens familiaux sont bien définis et aisément compréhensibles, les liens personnels visent aussi les « liens étroits affectant l'indépendance » du commissaire aux comptes avec une personne sensible. Cette formulation est bien moins claire que la précédente, la notion de lien étroit étant pour le moins nébuleuse, car étroitement liée à l'appréciation des faits et des sentiments humains. Ainsi, avoir fréquenté la même formation représente bel et bien un lien, une expérience commune. Peut-on toutefois parler de lien étroit affectant l'indépendance si les deux individus ne se sont pas personnellement connus lors de leur formation ? Cette incompatibilité semble bien difficile à mettre en application et laisse de ce fait une très grande marge d'appréciation au commissaire aux comptes pour ne pas se dessaisir, en considérant que les liens qu'il entretient avec la personne sensible ne sont pas assez étroits.

Les liens financiers ne devant pas être développés par les commissaires aux comptes avec la société auditée s'entendent par ailleurs de la souscription

---

[1624] Article L. 811-11 I alinéa 2 du Code de commerce et Articles 26 et suivants de l'annexe 8-1 à la partie réglementaire du Code de commerce.

[1625] La notion est entendue ici de façon extensive. Cela vaut aussi, lorsque le commissaire aux comptes exerce son activité en société, « pour l'un des membres de l'équipe de contrôle légal, l'un des membres de la direction de la société de commissaire aux comptes ou l'un des associés du bureau auquel appartient le signataire ». Voir article 27 de l'annexe 8-1 à la partie réglementaire du Code de commerce.

[1626] « Est une personne sensible : un mandataire social, tout préposé de la personne ou entité chargée de tenir les comptes (...), ou tout cadre dirigeant pouvant exercer une influence sur l'établissement des états financiers et documents de gestion ». Voir article 26 de l'annexe 8-1 à la partie réglementaire du Code de commerce.

directe ou indirecte d'actions ou d'instruments financiers, ainsi que de dépôt de fonds, l'octroi d'un prêt ou d'une avance et la souscription auprès de la société d'un contrat d'assurance[1627]. Le commissaire aux comptes – ou son conjoint, partenaire, concubin ou personne fiscalement à sa charge – ne peut développer des liens pécuniaires avec la société auditée ou son dirigeant. Cette interdiction est logique, les liens financiers pouvant influer sur l'exercice de la mission du commissaire aux comptes, celui-ci pouvant certifier des comptes en partie erroné s'il y trouve un intérêt pécuniaire à le faire, comme vendre des actions.

Il est enfin interdit au commissaire aux comptes de développer ou d'avoir développé des liens professionnels. Ces liens sont entendus comme une « situation qui établit entre le commissaire aux comptes et la personne ou l'entité dont il certifie les comptes un intérêt commercial ou financier commun en dehors des opérations courantes conclues aux conditions habituelles de marché »[1628]. Ces liens professionnels empêchent le commissaire aux comptes d'accomplir sa mission. Cette situation, qui vise outre les commissaires aux comptes, les membres de l'équipe chargés de la mission de contrôle légal, mais aussi la société à laquelle il appartient, empêche la survenance d'une situation analogue à celle ayant conduit à l'écroulement de la société Enron.

472. La limitation des situations compatibles avec l'indépendance des commissaires aux comptes. L'indépendance n'est pas simplement à respecter dans les faits, il convient aussi de donner une image d'indépendance. Les situations de dépendance ne sont pas uniquement avérées, mais peuvent aussi être potentielles et perçues par les tiers comme pouvant survenir. À cet effet, le Code de commerce, comme le code de déontologie des commissaires aux comptes, adopte une position qui est assez étonnante. Toute situation pouvant donner lieu à suspicion de conflit d'intérêts, et partant à suspicion de dépendance, doit faire l'objet d'une déclaration, comme si l'indépendance du commissaire aux comptes n'était pas présumée. La situation la plus suspecte, devant faire l'objet d'une déclaration, se trouve celle du commissaire aux comptes qui exerce son activité au sein d'un réseau, dont l'activité ne se limite pas au seul audit légal[1629]. Ce réseau peut être amené à donner des conseils de gestion et à certifier les comptes, mais par des intervenants différents. La situation respecte strictement la lettre de la loi, le commissaire aux comptes ne faisant que la tâche pour laquelle il a été nommé. Toutefois, parce qu'il fait partie d'un réseau, la situation est risquée et doit faire l'objet d'une réaction précise, en déclarant sa situation.

L'auditeur légal doit prendre en compte toutes les situations à risque, comme la fourniture d'une prestation de service à une société contrôlée ou

[1627] Article 28 de l'annexe 8-1 à la partie réglementaire du Code de commerce.

[1628] Article 29 de l'annexe 8-1 à la partie réglementaire du Code de commerce.

[1629] Voir en ce sens : article L. 822-11 du Code de commerce, et articles 22 et suivants de l'annexe 8-1 à la partie réglementaire du Code de commerce.

contrôlant la société auditée[1630], afin d'adopter les mesures de sauvegarde adéquates, pouvant aller jusqu'à la démission. Il faut remarquer qu'il revient à nouveau au commissaire aux comptes d'évaluer par lui-même le risque pesant sur l'accomplissement de sa mission. Aussi doit-il être doté des plus grandes qualités de rigueur morale afin de déterminer si les activités du réseau auquel il appartient soulèvent des interrogations, voire des suspicions, sur son indépendance. Cette mission devient délicate lorsque le réseau est international et que les activités annexes de celui-ci concernent des sociétés étrangères contrôlées ou contrôlant la société auditée. Dans ce cas de figure, il est possible que le commissaire aux comptes n'ait pas connaissance de la totalité des tâches accomplies par le réseau auquel il appartient, réduisant à néant la portée de cette mesure d'autorégulation. Aussi conviendrait-il de faire appel au Haut conseil du commissariat aux comptes à chaque fois qu'un réseau est impliqué. En effet, par sa qualité d'autorité publique indépendante[1631], il est l'entité adéquate pour déterminer si les fonctions du réseau sont de nature à compromettre l'indépendance du commissaire aux comptes.

473. L'indépendance du commissaire aux comptes est ainsi un principe cardinal dans l'accomplissement de leurs fonctions, garantissant un contrôle optimal de la gestion sociale. Prévu par plusieurs normes, le respect de ce principe est toutefois remis en cause par la réalité de l'accomplissement de la mission des commissaires aux comptes.

2) Des affaiblissements au principe d'indépendance

474. Le commissaire aux comptes, un acteur social parfois lié à la société. Le commissaire aux comptes, nommé pour intervenir au sein de la société, doit être indépendant de celle-ci et de ses dirigeants lors de l'accomplissement de ses fonctions. Cette exigence n'est toutefois pas totalement respectée dans les faits, puisque plusieurs risques de conflits d'intérêts et de liens de dépendance peuvent survenir à différentes périodes. La désignation du commissaire aux comptes, tout comme l'établissement de sa rémunération, peut donc soulever un certain nombre de questions quant à l'indépendance de cet acteur social.

475. La procédure de nomination du commissaire aux comptes. La procédure de nomination des commissaires aux comptes est particulière en ce que deux impératifs doivent être respectés. Le premier est lié à l'ancienne considération sur le rôle du commissaire aux comptes. En tant qu'ancien mandataire des actionnaires, le commissaire aux comptes doit nécessairement être nommé par l'assemblée générale[1632]. Toutefois, au regard de la

---

[1630] Articles 12 et 24 de l'annexe 8-1 à la partie réglementaire du Code de commerce.

[1631] HAUT CONSEIL DU COMMISSARIAT AUX COMPTES, *Rapport annuel 2014*, p. 5.

[1632] Articles L. 820-3 du Code de commerce, et L. 225-228 du même code dans le cas des sociétés anonymes.

composition de l'assemblée générale, tant par le nombre de membres que par leur absence de spécialisation, il est plus sûr de filtrer préalablement les candidatures des commissaires aux comptes. Il doit donc être constaté que le conseil d'administration reçoit les candidatures des commissaires aux comptes, effectue le tri entre celles-ci et présente une liste réduite afin que l'assemblée générale puisse prendre la décision définitive. Dans le cadre des sociétés dont les titres sont admis aux négociations sur un marché réglementé, lors du vote du conseil d'administration sur le choix des commissaires aux comptes devant être proposés à l'assemblée générale, le directeur général et les directeurs généraux délégués doivent être écartés[1633]. Cette mesure a pour but d'éviter tout conflit d'intérêts[1634], mais il semble étonnant de limiter aux seuls dirigeants exécutifs de la société cette interdiction. En effet, certains administrateurs, exécutifs ou non, pourraient avoir des liens personnels avec les commissaires aux comptes et ainsi tenter d'influer sur le vote de l'organe. Dès lors, il conviendrait non seulement de limiter cette interdiction aux seuls directeurs généraux et directeurs généraux délégués, mais aussi aux administrateurs liés à l'un des candidats au poste de commissaire aux comptes, par mesure de prévention des conflits d'intérêts.

Il est toutefois possible de s'interroger sur la première étape du processus de sélection du commissaire aux comptes. Le conseil d'administration pourrait être tenté de sélectionner les commissaires aux comptes connus pour leur bienveillance à l'égard des sociétés. Dans ce cas, la question principale demeure l'efficacité réelle du processus de nomination en amont. Le commissaire aux comptes se retrouverait lié à la société parce qu'il aurait été considéré comme étant moins regardant.

Cette critique, éventuellement admissible dans les petites sociétés cotées, ne peut toutefois pas être recevable dans le cadre des sociétés cotées à grande capitalisation. En effet, dans ces sociétés, le recrutement du commissaire aux comptes prend la forme d'un appel d'offres[1635] auquel ne soumissionnent *de facto* que les plus grands cabinets de commissariat aux comptes. Cette procédure pourrait être légalement pérennisée dans le cadre des sociétés dont les titres sont admis aux négociations sur un marché réglementé, car elle permet aux actionnaires de choisir en fonction de critères clairs, posés dans les mémoires de soumission fournis par les différents commissaires aux comptes.

Les soumissionnaires ne peuvent raisonnablement se distinguer en fonction de critères dits du mieux-disant, car les diligences opérées par les commissaires aux comptes dans les sociétés cotées sont assimilables les unes

---

1633 Article L. 225-228 du Code de commerce.

1634 Et ainsi favoriser l'indépendance du commissaire aux comptes : P. DIDIER, Ph. DIDIER, *op. cit.* note 111, p. 929.

1635 Didier PORACCHIA, « Responsabilités dans l'élaboration des informations financières relatives à la société et indépendance des commissaires aux comptes », *Les petites affiches* 17 octobre 2002, p. 4, spéc. § 41.

aux autres. Dès lors, les dossiers de candidatures pourraient se différencier selon le critère du « moins-disant », c'est-à-dire celui qui proposerait la moins grande rémunération[1636].

476. L'établissement de la rémunération des commissaires aux comptes. L'établissement d'une rémunération pour une profession fait surgir des risques de conflits d'intérêts chez la personne rémunérée. En effet, deux intérêts différents s'incarnent en cette personne, à savoir son intérêt propre qui l'incite à s'acquitter de sa tâche avec le plus grand sérieux possible, et l'intérêt de la société qui le rémunère qui attend une attitude reconnaissante de la part de la personne payée[1637]. Or, dans le cas du commissaire aux comptes, le conflit d'intérêts né de sa rémunération est sans doute plus problématique que pour d'autres professions, car il doit légalement être indépendant de la société qui le rémunère. Le système rémunératoire, et surtout ses effets incitatifs, semble soulever quelques doutes quant à la réelle indépendance de l'auditeur légal.

Contrairement à la rémunération des mandataires sociaux, acte unilatéral de l'organe compétent, la rémunération du commissaire aux comptes fait légalement l'objet d'une négociation entre « le commissaire aux comptes et la personne contrôlée »[1638], soit le représentant légal de la société[1639]. Un risque apparaît, le commissaire aux comptes pouvant percevoir de la société auditée une rémunération volontairement excessive, qui l'inciterait à ne pas développer ses contrôles. Les rédacteurs du code de déontologie des commissaires aux comptes en ont eu conscience, leur interdisant « d'accepter un niveau d'honoraires qui risque de compromettre la qualité de ses travaux »[1640]. Ce risque est d'autant plus grand que les honoraires sont fixés à la suite de la présentation d'un plan de mission, mais avant l'accomplissement de toute tâche par l'auditeur légal[1641]. Avant même d'entamer ses fonctions, le commissaire aux comptes sait donc quelle rémunération il percevra.

Le mode de calcul de la rémunération des commissaires aux comptes est libre et ce d'autant plus que les fourchettes indicatives de nombre d'heures travaillées prévues par le Code de commerce[1642] ne sont pas applicables aux sociétés cotées[1643]. Au regard des risques pesant sur une inflation des honoraires des commissaires aux comptes[1644], ne pourrait-on pas imaginer le

---

[1636] *Id.*
[1637] Voir *supra* § 137.
[1638] Article R. 823-15 du Code de commerce.
[1639] C'est-à-dire le directeur général, le président du directoire ou le gérant, selon la forme sociale adoptée.
[1640] Article 31 de l'annexe 8-1 à la partie réglementaire du Code de commerce.
[1641] Articles R. 823-11 et R. 823-15 du Code de commerce.
[1642] Article R. 823-12 du Code de commerce.
[1643] Article R. 823-16 du Code de commerce.
[1644] Voir en ce sens : Question posée au ministre de la justice n° 6417, *J.O. Assemblée Nationale Questions*, 13 octobre 1986, p. 1384.

retour au système antérieur[1645], soit la réglementation des honoraires des commissaires aux comptes pour les sociétés cotées ? Cet encadrement permettrait d'éviter les conflits d'intérêts liés à l'établissement de la rémunération des commissaires aux comptes, mais marquerait le retour à un interventionnisme étatique proscrit par la réforme opérée[1646].

Aussi, plutôt que de fixer directement les honoraires, est-il possible d'imaginer un système hybride. Il serait envisageable de considérer l'édiction d'une norme déterminant un système de fourchette en fonction de la capitalisation et du nombre d'heures travaillées. De ce fait, les commissaires aux comptes auraient une légère marge de manœuvre afin de négocier leur rémunération, qui ne serait pas excessive, car légalement plafonnée et garantirait l'exercice optimal de leur fonction. Cette solution aurait l'avantage de limiter au mieux les conflits d'intérêts.

Cette solution n'est toutefois pas exempte de tout inconvénient, car les commissaires aux comptes dont les honoraires se situeraient dans les sommes basses de la fourchette pourraient ne pas être incités à accomplir toutes les diligences nécessaires. Il conviendrait alors de privilégier, afin de limiter tout effet pervers des pratiques rémunératoires des commissaires aux comptes, l'intervention de l'ordre professionnel, le plus compétent pour fixer la rémunération.

477. Les commissaires aux comptes, tout comme le comité d'audit, représentent donc des intervenants dont la société cotée ne peut faire l'économie, tant juridiquement qu'économiquement. En tant que personnes financièrement compétentes, leur rôle est essentiel au sein de la société cotée. Toutefois, de nombreuses objections peuvent être formulées à leur encontre, notamment à propos de l'indépendance essentielle à l'accomplissement de leurs missions. Ces doutes sont en partie dissipés par l'incorporation de ces intervenants au sein de la structure même de la société. D'autres professionnels du chiffre, faisant eux-aussi l'objet de critiques, interviennent auprès de la société et non plus en son sein.

II) L'influence croissante de l'analyse et de la notation financières

478. L'analyse et la notation financière, deux activités en plein essor. La financiarisation de l'économie s'est développée vers la fin du XXème siècle et s'est accompagnée de nouveaux besoins. Il n'était pas question de seulement évaluer les performances passées de la société cotée, mais surtout ses capacités à maintenir l'évolution positive ou à enrayer une spirale

---

1645 Voir : Décret n° 69-810 du 12 août 1969 relatif à l'organisation de la profession et au statut professionnel des commissaires aux comptes, *JORF* du 29 août 1969 p. 8668.

1646 Voir : Décret n° 85-665 du 3 juillet 1985 modifiant le décret n° 69-810 du 12 août 1969 relatif à l'organisation de la profession et au statut professionnel des commissaires aux comptes, *JORF* du 4 juillet 1985, p. 7508.

négative, ou évaluer la probabilité qu'aurait un créancier de se faire désintéresser par la société. Se sont donc développées les activités d'analyse financière et de notation de crédit social, bien que ces deux activités soient apparues plus tôt[1647]. Les analystes financiers, comme les agences de notation, se sont développés, répondant à un besoin des investisseurs comme des émetteurs. En effet, les investisseurs perçoivent ces activités comme des conseils d'investissement ou de désinvestissement, alors que les émetteurs peuvent bénéficier d'un effet d'appel du crédit disponible sur les marchés à moindre coût.

La vision angélique de ces deux professions a toutefois rapidement disparu au cours des dernières années du XXème siècle et du début du siècle suivant, les analystes financiers et les agences de notation n'ayant pu freiner les effets de certaines crises de confiance affectant le marché. Pire encore, leurs actions peuvent être considérées comme la source d'une autre crise[1648]. Ces deux activités étant apparues comme particulièrement suspectes et potentiellement dangereuses pour les activités économiques, il s'est alors avéré nécessaire de les réglementer[1649]. Toutefois, ces deux acteurs opérant sur des marchés très peu liquides, et à dimension internationale, la réglementation interne ne suffit pas, des lignes de conduites supranationales ont dû être envisagées[1650].

479. Les agences de notation comme les analystes financiers emploient des données de la société afin d'informer les actionnaires comme le marché sur divers points qu'il conviendra de préciser. De par leur activité, il est envisageable de considérer que leur rôle consiste en une forme de contrôle de la gestion sociale (A), dont les objectifs ne sont en rien communs aux autres formes de contrôle de la gestion déjà mentionnés. Dès lors, au regard de la spécificité de leur mission, il est possible de minorer l'influence des analystes financiers et des agences de notation. Contrairement aux commissaires aux comptes, ces deux entités ne sont pas essentielles au fonctionnement social, il est nécessaire de considérer leur contrôle de la gestion sociale avec une très grande précaution (B).

1647 Les agences de notation de crédit sont apparues à la fin du XIXème siècle, avec l'avènement des compagnies de chemin de fer aux États-Unis. Voir : François VEVERKA, « Faut-il une réglementation stricte des agences de rating ? », *JCP E* 2009, 1578.

1648 Sur l'influence des agences de notation sur l'éclatement de la bulle des *subprimes* : François BARRIERE, « Une cause de la crise financière : un défaut de réglementation ? », *JCP E* 2009, 1571, spéc. § 20 et s. ; Jean PAILLUSSEAU, « Respect des équilibres, choix de société et gestion du risque financier systémique », *Revue de droit bancaire et financier* 2010, étude 36, § 24 et suiv ; Reinhard DAMMANN, Gilles PODEUR, « La crise du "subprime" et la responsabilité bancaire », *D.* 2008, p. 427.

1649 Voir notamment : André PRÜM, « Les agences de notation dans la ligne de mire des politiques », *Revue de droit bancaire et financier* 2009, repère 1.

1650 Yann PACLOT, « Vers une régulation financière mondiale », *Revue de droit bancaire et financier*, 2009, repère 6 ; André PRÜM, « La crise financière défie les autorités européennes et américaines de surveillance », *Revue de droit bancaire et financier* 2008, repère 7.

A) L'analyse financière considérée comme contrôle de la gestion

480. L'analyse financière et la notation, deux opérations de nature différente. Aborder l'analyse financière et la notation du crédit social est justifié en ce que les deux opérations appliquent les mêmes mécanismes analytiques. Toutes deux qualifiées de services connexes aux services d'investissements[1651], elles sont mentionnées sous le même chapitre du Code monétaire et financier, indiquant de fait le lien entre ces deux activités[1652]. Cet argument légistique ne doit toutefois pas conduire à une totale assimilation entre les deux opérations, celles-ci ayant deux fonctions fondamentalement différentes.

481. L'analyse financière aboutissant à une opinion sur l'évolution de la société. L'analyse financière est l'opération par laquelle une personne, qu'elle soit physique ou morale, poursuit « des travaux de recherche ou d'autres informations recommandant ou suggérant une stratégie d'investissement, explicitement ou implicitement, concernant un ou plusieurs (...) émetteurs d'instruments financiers, y compris les opinions émises sur le cours ou la valeur présente ou future de ces instruments (...) »[1653]. L'analyse financière s'entend donc d'une étude de la situation présente de la société afin que l'analyste puisse déterminer quelle pourrait être sa situation dans un avenir à court ou moyen terme. La particularité de l'analyse financière est donc qu'à partir de l'étude de certains documents représentant une situation passée, l'analyse produite concerne une évolution future. Pour ce faire, les analyses sont formulées « toutes choses égales par ailleurs », en considérant que la situation économique de la société, ainsi que son environnement, ne subira aucune modification drastique. Cette opération est soumise à des circonstances de fait, ce qui signifie que l'analyse formulée n'engage en aucun cas l'analyste[1654]. De ce fait, elle pourrait être protégée au titre de l'émission

---

[1651] Article L. 321-2 du Code monétaire et financier.

[1652] Articles L. 544-1 et suivants du Code monétaire et financier pour l'analyse financière et articles L. 544-4 et suivants du Code monétaire et financier pour la notation de crédit.

[1653] Article L. 544-1 du Code monétaire et financier. Voir aussi : A. COURET, H. LE NABASQUE *et alii*, *op. cit.* note 762, p. 125-126.

[1654] Sauf si l'analyse est considérée comme dénigrant systématiquement la société analysée. Voir, dans l'affaire mettant en cause LVMH et Morgan Stanley : T. Com. Paris, 12 janvier 2004, *RTD Com.* 2004, p. 337, obs. Nicolas RONTCHEVSKY ; *D.* 2004, Sommaire p. 1800, obs. Yves REINHARD ; *Bulletin Joly sociétés* 2004, p. 388, note Dominique SCHMIDT ; *Revue des sociétés* 2004, p. 297, obs. François-Luc SIMON ; *Banque et droit* janvier 2004, p. 31, obs. Hubert DE VAUPLANE et Jean-Jacques DAIGRE ; *Les petites affiches* 28 avril 2004, p. 8, obs. Benoît LE BARS ; *Droit des sociétés* 2004, n° 66, obs. Thierry BONNEAU. Voir aussi, l'arrêt d'appel : Paris, 30 juin 2006, *Banque et droit* juillet 2006, p. 34, obs. Hubert DE VAUPLANE ; *Bulletin Joly sociétés* 2006, p. 594, note Dominique SCHMIDT ; *RJDA* 2006, n° 1222 ; *RTD Com.* 2006, p. 875, obs. Nicolas RONTCHEVSKY.

d'une opinion et bénéficier de la protection offerte par les articles 10 et 11 de la Déclaration des droits de l'Homme et du citoyen[1655]

Les analyses financières sont formulées pour répondre à deux objectifs différents. Lorsqu'elles sont commandées par les investisseurs, il est question d'analyse financière *buy side*. Cela signifie que l'avis est destiné à satisfaire la demande formulée par de potentiels acquéreurs de titres d'une société afin d'entrer dans son capital ou de conforter leur position capitalistique. Une autre analyse financière existe, l'analyse *sell side*. Celle-ci, ayant vocation à être diffusée contrairement à la première[1656], est véritablement l'analyse financière en ce sens qu'elle est commandée pour faire état de l'évolution passée de la société et de ses évolutions futures. Dans ce cadre, elle est formulée en deux temps, le premier concernant une interprétation des données disponibles fournies, ou non, par l'émetteur ; le second comportant une recommandation sur l'attitude à adopter au regard des données. Le premier volet intéresse tout particulièrement les professionnels du marché, tandis que le second est prisé par les investisseurs[1657].

Afin de produire les interprétations et les recommandations, l'analyste financier se doit de se fonder sur les sources fiables et d'indiquer les sources importantes utilisées pour l'analyse. Or, les sources fiables concernant une société cotée se trouvent être toutes les informations publiées par l'émetteur en raison des diverses obligations d'information[1658] et notamment le rapport annuel comme les comptes sociaux. Dès lors, ces documents retraçant la gestion étant utilisés par les analystes financiers dans l'accomplissement de leur tâche, il est nécessaire de conclure au fait que l'analyse financière est une forme de contrôle de la gestion sociale. Pour être plus précis, le contrôle de la gestion sociale est dans ce cas orienté, car répondant à la satisfaction d'une demande formulée par les investisseurs. Cette mission de contrôle de la gestion n'est en rien comparable avec la mission des agences de notation.

482. La notation de crédit social aboutissant à une opinion sur la solvabilité d'un émetteur. La notation de crédit est « un avis, émis par application d'un système de classification bien défini et bien établi prévoyant différentes catégories de notation, concernant la qualité de crédit d'une entité (...) ou d'un émetteur (...) »[1659]. La qualité de crédit, ou le risque de crédit, « correspond au risque qu'un émetteur ne soit pas en mesure d'assurer le paiement de intérêts et/ou du principal d'une créance »[1660]. Contrairement à

1655 Voir : Philippe DIDIER, « QPC et marché financier », *Les petites affiches* 29 septembre 2011, p. 49, spéc. § 13.

1656 A. COURET, H. LE NABASQUE *et alii*, *op. cit.* note 762, p. 123.

1657 *Id.*

1658 Voir *supra* § 353 et s.

1659 Article 3. 1. du Règlement CE n° 1060/2009 du Parlement Européen et du Conseil du 16 septembre 2009 sur les agences de notation de crédit, *JOUE* L. 302/1 du 17 novembre 2009.

1660 AUTORITE DES MARCHES FINANCIERS, *Rapport de l'Autorité des marchés financiers 2004*, Paris, La documentation Française, p. 15.

l'analyse financière, la notation ne concerne pas l'évolution future d'une société, mais seulement sa capacité à rembourser ses dettes. Elle fait état d'une réalité présente pour ceux qui sont déjà créanciers et dont la dette viendrait à échoir peu après l'émission de la note, mais aussi une projection future en ce que la note est accompagnée d'une tendance, qui peut être une perspective favorable, stable ou défavorable. Dès lors, la notation est aussi utilisée par des personnes qui prévoiraient de prêter des sommes à la société et qui désireraient être informées des capacités de remboursement avant de le faire.

À la différence des analystes financiers dont les méthodes sont connues, les méthodes des agences de notation sont obscures et considérées comme des secrets de fabrique[1661]. Il semblerait toutefois très étonnant, voire irréaliste, que les agences de notation n'utilisent pas les documents sociaux faisant état de l'endettement, c'est-à-dire les comptes sociaux. Or, ces comptes sociaux sont communiqués tant au marché qu'au greffe du tribunal de commerce et joints au rapport annuel faisant état de la gestion. Afin de déterminer la qualité du crédit d'une société, la notation prend donc en considération, *a minima*, les données comptables ainsi que les décisions importantes mettant en cause le crédit social, c'est-à-dire certaines décisions extraordinaires – comme les restructurations et les opérations sur capital – et les opérations de gestion opérationnelle. Toutefois, la qualité du crédit d'une société ne pouvant pas s'apprécier à l'aune d'un seul exercice comptable et les agences de notation accompagnant leur note d'une perspective d'évolution, il semble nécessaire qu'elles prennent en considération les données comptables des années antérieures afin de déterminer si l'endettement social est en phase d'accroissement ou au contraire de réduction.

Les agences de notation réalisent donc, au même titre que les analystes financiers, un contrôle de la gestion sociale afin de déterminer si la société peut recevoir des crédits.

483. Un contrôle de la gestion aux conséquences particulières. Contrairement aux autres formes de revue de la gestion sociale qui n'aboutissent à aucune conséquence en cas d'approbation de la gestion, ou à une sanction hiérarchique, civile, administrative ou pénale en cas de désaccord, le contrôle de la gestion sociale opéré par les agences de notation et les analystes financiers entraîne des conséquences économiques, qu'il y ait approbation ou désaccord.

Lorsque l'analyse financière ou la note conférée est à l'avantage de la société, il en ressort que la gestion sociale est approuvée par les analystes ou les agences s'étant penchés sur le cas de la société. Dès lors, la société bénéficie d'une image positive sur les marchés et se trouve en capacité d'attirer du crédit et des nouveaux investisseurs. Cette forme de surveillance de la gestion est bénéfique à la société qui se trouve économiquement

---

[1661] Anne-Catherine MULLER, « Révision du règlement CE n° 1060/2009 », *Revue de droit bancaire et financier* 2013, comm. 116.

récompensée. Au contraire, lorsque l'analyse financière ou la note conférée par l'agence de notation est défavorable à la société, la gestion est désapprouvée par ces entités. Dans une telle hypothèse, les conséquences peuvent être néfastes pour la société, tant dans sa structure interne que dans ses rapports avec des intervenants externes. Une analyse financière défavorable ou une mauvaise note peut signifier, pour les dirigeants sociaux, la prochaine fin d'un mandat, car elle peut être perçue par les actionnaires comme la condamnation publique de leur gestion et donc la publicité de leur potentielle inaptitude. Par ailleurs, la conséquence externe d'une mauvaise note ou d'une analyse défavorable est encore plus importante pour la société, qui peut subir le départ de certains investisseurs. Le crédit social est alors plus difficile à obtenir, et partant plus coûteux. Une analyse ou une note défavorable à la société peut représenter la première étape menant à sa possible déconfiture.

484. Il s'avère indéniable que l'analyse financière comme la notation du crédit représentent deux formes élaborées de contrôle de la gestion sociale. Il doit toutefois être rappelé que ces deux contrôles sont effectués par des intervenants dont l'activité a été difficilement réglementée, souffrant encore de zones d'ombres, considérées comme des « angles morts de la réglementation »[1662]. L'activité des analystes financiers et des agences de notation en tant que contrôleurs de la gestion doit ainsi être nuancée.

B) L'imperfection de ce contrôle

485. Les analystes et les agences de notation ne pouvant en principe contrôler la gestion sociale. Les agences de notation et les analystes financiers exercent une activité précise s'assimilant au contrôle de la gestion sociale, mais plusieurs doutes existent sur l'accomplissement réel de cette mission. Dans un premier temps, le contrôle de la gestion sociale n'est pas le but premier de la mission de ces entités. Dans un second temps, d'importantes interrogations demeurent sur la probité avec laquelle est exercée la mission des analystes financiers et des agences de notation.

486. Le contrôle de la gestion : un moyen et non une fin. La mission des analystes financiers et des agences de notation est primairement celle de donner des renseignements au marché sur l'évolution à court et moyen terme de la société et sur la qualité de son crédit. Si des documents sociaux sont utilisés dans la tâche accomplie par ces entités, ce n'est qu'un moyen permettant d'atteindre leur objectif. Les agences de notation et les analystes financiers n'ont donc pas pour finalité de contrôler la gestion de la société, ce n'est que par un biais qu'ils opèrent cette mission. Le contrôle de la gestion

---

[1662] Alain COURET, « Observations sur un angle mort de la réglementation : les agences de notation », *Revue des sociétés* 2003, p. 765.

n'est pas, à proprement parler, l'objectif de ces entités, leur avis rendu ne peut être pris comme une pure analyse de la gestion sociale.

Les actionnaires ou investisseurs qui se fonderaient sur une analyse financière ou sur une note pour apprécier la gestion sociale se tromperaient en partie. En effet, l'opinion rendue ne concerne que les perspectives d'évolution des finances et du crédit mais pas nécessairement la qualité de la gestion passée, qui ne se limite pas, par ailleurs, à l'aspect financier de la société. Les agences de notation et les analystes financiers n'opèrent donc qu'un contrôle partiel de la gestion de la société, qui ne concerne que les aspects financiers. L'image renvoyée aux actionnaires et au marché est alors incomplète, car elle ne concerne pas expressément les ressorts sociétaux, environnementaux et de gouvernance de la société. Il s'avère nécessaire de conclure à l'imperfection du contrôle de la gestion sociale opéré par les agences de notation et les analystes financiers, en ce que celui-ci n'est opéré qu'à titre incident et de façon incomplète.

Au-delà de ces considérations qui permettent d'affirmer que les agences de notation et les analystes financiers n'effectuent pas à titre principal un contrôle de la gestion sociale, il est possible d'invoquer d'autres arguments permettant de remettre en question les conditions dans lesquelles le contrôle incident de la gestion sociale est accompli.

487. Les risques planant sur la probité du contrôle. Les analystes financiers, comme les agences de notation, ont certaines particularités dans l'accomplissement de leurs missions qui permettent de mettre en doute le résultat obtenu. Dans un premier temps, les raisons pour lesquelles ces acteurs interviennent auprès de la société peuvent avoir une influence sur la façon dont ils s'acquittent de leur tâche. Dans un second temps, lorsque ces acteurs sont nommés directement par la société, il est possible de s'interroger sur leur réelle indépendance, ce qui relativiserait la portée de leurs études.

488. Deux modes radicalement différents d'intervention auprès de la société. Les analystes financiers, comme les agences de notation, peuvent intervenir au sein de la société selon deux modalités. Selon le type d'intervention, le document produit par ces acteurs sera subi ou provoqué, ce qui peut drastiquement modifier la portée du document.

Lorsque le document est subi, il est question d'une notation sauvage ou d'une analyse *buy side*. L'émetteur ne contrôle absolument pas le déclenchement de la mission d'évaluation, ce qui signifie que cette méthode est celle dans laquelle le travail d'évaluation de la société est, en principe, le moins sujet à critique. Il est toutefois à noter qu'un effet pervers existe à cette intervention subie par la société. Les activités d'analyse financière et de notation ne représentant pour la plupart de ses acteurs qu'une partie de leur activité[1663], les analystes financiers et les agences de notation peuvent se servir des analyses *buy side* et des notations sauvages aux fins d'attirer la société et

---

1663 Jean-Pierre ZIMMERMANN, « Les analystes financiers », *Revue des sociétés* 2003, p. 741.

de lui proposer les mêmes services. Les interventions subies peuvent représenter la première étape d'un processus aboutissant à une intervention provoquée par la société elle-même. Dans une telle hypothèse, les agences de notation et les analystes financiers peuvent être soupçonnés d'agir en tant que prestataires de service et donc d'être moins indépendants. L'intervention à la demande de l'émetteur fait par ailleurs peser sur leur indépendance deux menaces lors de leur nomination et de l'établissement de leur rémunération.

489. La nomination d'un intervenant potentiellement bienveillant. L'indépendance des analystes financiers et des agences de notation peut être sérieusement mise en péril par le fait qu'ils puissent être recrutés par la société. Au-delà des normes relatives à l'absence de liens entre d'une part l'agence de notation ou l'analyste financier, et la société ou un de ses dirigeants d'autre part, le principe même d'interprétation commandée par la société signifie que cette dernière dispose de la possibilité de nommer un intervenant notoirement accommodant. Si cette remarque n'est pas entièrement valable pour les agences de notation en raison du caractère oligopolistique de leur marché[1664], limitant *de facto* les possibilités de choix, elle est plus pertinente à propos des analystes financiers dont le marché est atomisé. Il ne fait pas de difficultés d'imaginer que l'analyste financier puisse être nommé en raison de sa bienveillance à l'égard de la société, d'autant plus que la profession n'est que peu réglementée au niveau interne. En raison de la possibilité de nommer l'analyste qui sied le mieux aux besoins de la société, il est possible de douter de l'accomplissement indépendant de leur tâche et partant de la qualité du contrôle de la gestion opéré. La nomination par la société de l'intervenant représente ainsi une sévère limite au contrôle de la gestion opéré. Il n'en demeure pas moins que cette possibilité n'est pas la seule limite à l'indépendance des intervenants.

490. Le principe émetteur-payeur, frein logique à l'activité des intervenants. Le principe émetteur-payeur[1665] signifie que la société visée par l'analyse et/ou la note est celle qui rémunère l'analyste ou l'agence de notation. Cette possibilité de rémunérer l'intervenant renforce le lien contractuel de prestation de services entre la société et les agences de notation et les analystes financiers. La rémunération des analystes et des agences de notation, dès lors qu'elle fait l'objet d'une négociation entre l'acteur et la société émettrice, provoque des conflits d'intérêts pouvant nuire à la qualité de l'information produite. Il convient de trouver un mécanisme d'encadrement des rémunérations de ces intervenants afin de limiter ces conflits d'intérêts. Une fixation impérative par la loi est très peu envisageable[1666]. Il serait

---

[1664] Anne-Dominique MERVILLE, « La responsabilité civile, pénale et administrative des agences de notation », *Revue de droit bancaire et financier* 2013, étude n° 9, § 4.
[1665] A.-C. MULLER, *op. cit.* note 1661, p. 80.
[1666] Voir, dans le cadre des rémunérations des dirigeants de société, *supra* § 148.

souhaitable de suggérer un encadrement fixé par les autorités professionnelles, qui seraient plus aisément admises par ces intervenants.

491. Conclusion de la section 2. Il existe de nombreuses sources complémentaires pouvant être utilisées lorsqu'une personne entend effectuer un contrôle de la gestion de la société cotée. Les activités du comité d'audit, des commissaires aux comptes ou encore des analystes financiers offrent des possibilités d'information complémentaires, chacune d'entre elles ayant des domaines et des finalités différentes. En raison de cette disparité d'objectif – tantôt pour aviser du contrôle interne, tantôt pour donner une perspective de la solvabilité de la société – il paraît difficile pour un actionnaire de ne fonder un contrôle de la gestion que sur ces documents ou certains d'entre eux. Ainsi, les rapports des divers professionnels du chiffre ne peuvent raisonnablement se suffire à eux-mêmes en ce qu'ils doivent être couplés aux informations produites par les organes sociaux, ce qui ne signifie pas pour autant qu'ils doivent être négligés. Il convient donc, mais il suffit, que les destinataires de ces informations gardent à l'esprit qu'elles représentent le fruit d'un contrôle sur un point précis de la gestion et donc ne reflètent l'analyse que d'un fragment des activités sociales.

492. Conclusion du chapitre 1. Les intervenants ayant pour but d'informer les actionnaires, dont le contrôle constitue la première étape essentielle au contrôle de la gestion, peuvent ne pas bénéficier d'une totale indépendance, ce qui peut nuire à leur activité. En raison de cette potentielle partialité, l'information produite n'est pas optimale et la mission des actionnaires devient imparfaite. Les organes de gestion de la société, devant produire les informations sociales, doivent fournir une masse d'informations quasi infinie. Cette obligation peut toutefois être contournée par certaines mesures légales, devant être clarifiées, répondant pour la plupart du principe *comply or explain*. Par ailleurs, d'autres intervenants para sociaux, comme les commissaires aux comptes et les analystes financiers, sont mêlés à la gestion sociale afin de diffuser des informations relatives à celle-ci. Ces informations, qui concernent partiellement la gestion de la société et ne constituent qu'une opinion relative à la société, sont utiles aux actionnaires à la condition de savoir les manier.

Chapitre 2 : L'assemblée générale, acteur principal du contrôle *a posteriori*

493. Identification de l'organe interne traditionnellement compétent pour le contrôle *a posteriori*. Le contrôle de la gestion sociale prend toute son essence après la communication du rapport de gestion et du rapport de gouvernance. Ces rapports étant communiqués à l'assemblée générale ordinaire, il devient clair que cet organe assure la mission de contrôler la gestion sociale *a posteriori*. En effet, les différents rapports ont pour fonction principale de faire état des opérations qui se sont déroulées lors de l'exercice précédent. Ce rôle, qui apparaît dans une première lecture prépondérant, confirme l'assemblée générale dans sa fonction d'organe supérieur de la société[1667]. Cela s'explique économiquement en raison de sa composition : les actionnaires ayant investi dans la société, ils assument *in fine* les risques de la gestion sociale par la possibilité de perdre leur investissement. Cette conception de l'assemblée générale, bien qu'encore concevable dans les petites structures, est toutefois désormais détachée de la réalité de la vie des sociétés cotées, certains considérant que l'assemblée générale est l'organe « le plus inefficace, (…) presque fictif »[1668], tandis que d'autres s'interrogent sur leur utilité[1669]. Cette dernière analyse semble toutefois excessive, car il apparaît inopportun de mettre en cause la réunion les propriétaires d'actions afin de prendre certaines décisions. Ne pas réunir les actionnaires et laisser les dirigeants gestionnaires administrer seuls la société reviendrait à nier la possibilité qu'a un propriétaire de prendre des décisions d'administration[1670].

[1667] Y. GUYON, *op. cit.* note 226, p. 291. Il est même fait état d'une mention à l'assemblée générale souveraine dans la loi du 24 juillet 1867 : Claude DUCOULOUX-FAVARD, « Grandeur et décadence des assemblées générales d'actionnaires », *Mélanges en l'honneur d'Yves GUYON*, précités note 310, p. 359 ; Léon MAZEAUD, « Rapport sur la souveraineté de fait dans les sociétés anonymes en droit français », dans ASSOCIATION HENRI CAPITANT, *La responsabilité civile et pénale des administrateurs des sociétés, journées brésiliennes*, Tome XV, Paris, Dalloz, 1967, p. 330.

[1668] André TUNC, « L'effacement des organes légaux de la société anonyme », *D.* 1952, chron. XVII, p. 71.

[1669] Dominique BOMPOINT, « Les assemblées générales d'actionnaires servent-elles encore à quelque chose ? », *Revue trimestrielle de droit financier* 2011/3, p. 32.

[1670] A considérer qu'une action soit un bien qui peut faire l'objet de propriété, ce qui semble être la vision majoritaire. Pour une bibliographie indicative, voir : Caroline COUPET, *L'attribution du droit de vote dans les sociétés*, préf. Hervé SYNVET, L.G.D.J, Paris, 2015, § 70 et les références citées. Il serait toutefois possible de considérer que les actions, particulièrement depuis la loi de dématérialisation, ne représentent qu'un droit de créance à l'encontre de la société, insuceptible alors d'un droit de propriété. Voir présentant les positions contraires : Hervé CAUSSE, « La preuve de la propriété d'actions inscrites en comptes », *D.* 1999, p. 89, spéc. § 4 et s. ; Daniel OHL, « Valeurs mobilières », dans *Rép. sociétés Dalloz*, § 42 et s. Voir aussi : Antoine TADROS, *La jouissance des titres sociaux d'autrui*, préf. Thierry REVET, Paris, Dalloz, 2013, p. 34-37 et les références citées.

Afin de ne s'exposer à aucun des écueils de ces deux conceptions, il convient de retenir une position intermédiaire.

Les assemblées d'actionnaires, surtout dans les sociétés cotées au sein desquelles l'actionnariat est atomisé, ne peuvent jouer un rôle essentiel dans la gestion sociale, en raison principalement de la difficulté de réunir les actionnaires en un même lieu[1671], à une même heure. En revanche, bien qu'elle ne remplisse pas un rôle déterminant dans la gestion sociale, l'influence de l'assemblée générale ne peut être négligée, principalement en raison de ses pouvoirs propres issus des articles L. 225-96 et L. 225-97 du Code de commerce. Il n'est pas question d'aborder le rôle décisionnel de l'organe rassemblant les actionnaires, mais plutôt de vérifier comment, par le biais de l'approbation des comptes, le contrôle des actionnaires s'opère sur la gestion sociale.

494. Affirmer que l'assemblée générale effectue un contrôle de la gestion sociale n'est pas inexact, mais peut s'avérer imprécis. En effet, il n'y a pas qu'un seul contrôle de la gestion sociale qui est effectué en assemblée générale en raison de l'hétérogénéité propre à cet organe collectif. Il est possible de dégager une structure binaire de l'actionnariat, qui influe sur le contrôle effectué (section 1). Si l'assemblée générale semble opérer un contrôle par le biais de ses membres, celui-ci n'est pas toujours efficace, notamment parce qu'il n'aboutit que peu et souffre alors de quelques lacunes (section 2).

Section 1 : La structure binaire de l'actionnariat

495. Un actionnariat soumis à l'évolution historique. Evoquer la structure même de l'actionnariat ne peut être réalisée sans considérer l'évolution des sociétés au cours du siècle dernier. Alors qu'elles étaient caractérisées par un actionnariat resserré et national – ce qui signifie que les sociétés cotées avaient pour actionnaires principaux des personnes nationales ayant une fraction importante de leur capital – les sociétés cotées actuelles sont marquées par un phénomène d'atomisation, mais aussi d'internationalisation. Dès lors, un actionnaire important peut détenir une faible fraction du capital tout en détenant un pouvoir important au sein de la

[1671] Cette exigence est toutefois limitée par les apports de plusieurs lois facilitant l'usage des télécommunications permettant à des actionnaires non présents physiquement de participer à l'assemblée générale par des moyens de télécommunication. Voir, l'article L. 225-107 du Code de commerce, créé par la loi n° 2001-420 du 15 mai 2001, précitée note 221 : « Si les statuts le prévoient, sont réputés présents pour le calcul du quorum et de la majorité les actionnaires qui participent à l'assemblée par visioconférence ou par des moyens de télécommunication permettant leur identification (…) ». Ces moyens de télécommunication, au sens de l'article R. 225-97 du Code de commerce : « transmettent au moins la voix des participants et satisfont à des caractéristiques techniques permettant la retransmission continue et simultanée des délibérations ».

société[1672]. De plus, peuvent figurer au sein de la société anonyme des actionnaires de diverses nationalités et partant de différents systèmes juridiques, ayant des attentes différentes à l'égard de la conduite sociale. La notion d'actionnariat *per se* ne peut alors que viser le rassemblement des actionnaires et non plus une entité homogène.

496. D'un actionnariat à plusieurs catégories d'actionnaires. Le Professeur CHAMPAUD, dans sa thèse[1673], identifie deux types d'actionnaires, selon le but de leur investissement. Les actionnaires de contrôle investissent dans l'objectif de jouer un rôle actif au sein de la société, respectant pleinement la notion d'*affectio societatis*[1674]. Ils s'impliquent alors au sein de la société, peu important leur part de capital social détenue, mais il serait plus logique de réserver cette qualification aux actionnaires détenant une fraction significative du capital – ou à tout le moins des droits de vote – de la société. En effet, il semble difficile d'affirmer qu'un actionnaire détenant une action est un actionnaire de contrôle. Par ailleurs, à côté des actionnaires de contrôle figurent les bailleurs de fonds, à savoir des actionnaires qui prennent une participation financière au sein de la société sans se préoccuper de la gestion sociale, faisant preuve d'une *affectio societatis* bien plus réduite. Cette catégorisation d'actionnaires, qui a en partie inspiré la jurisprudence dans sa construction sur la validité des promesses unilatérales de vente d'actions à prix minimum garanti[1675], n'est pas forcément pertinente pour traiter du contrôle de la gestion des sociétés cotées. En effet, les actionnaires de contrôle, tout comme les bailleurs de fonds, peuvent s'impliquer de façon éparse dans la surveillance de l'activité sociale. Il convient, dès lors, de proposer une autre analyse afin d'aborder comment la gestion sociale est contrôlée par les actionnaires.

497. La catégorisation des actionnaires selon leurs intérêts. Les actionnaires d'une société cotée représentent un ensemble particulièrement

---

1672 Voir en ce sens : Alain VIANDIER, « Définition du contrôle en droit des sociétés », *JCP E* 1998, p. 705, spéc. § 17.

1673 Claude CHAMPAUD, *op. cit.* note 865 p. 27 et s.

1674 Bien qu'aucune définition unitaire ne soit retenue pour cette notion d'*affectio societatis*, il ressort de certaines décisions jurisprudentielles qu'elle est caractérisée par « la volonté de tous les associés de collaborer ensembe et sur un pied d'égalité à la poursuite de l'œuvre commune et l'intention des associés de se traiter comme égaux ». Voir en ce sens : Versailles, 7 décembre 1995, *Bulletin Joly sociétés* 1996, p. 308, note Paul LE CANNU. La cour de cassation retient une définition légèrement différente. La première chambre civile considère que cette notion désigne « la volonté de collaborer activement et de manière intéressée et égalitaire » et « la volonté d'union et la convergence d'intérêts » : Cass. civ. 1ère, 1er octobre 1996, *Droit des sociétés* 1996, comm. 225, obs. Thierry BONNEAU. La doctrine la plus autorisée, quant à elle, retient plusieurs critères, parmi lesquels « le caractère volontaire de la collaboration, la participation à la gestion, le parallélisme des intérêts et l'absence de subordination » : Yves GUYON, *op. cit.* note 226, p. 130 et s.

1675 Voir *infra* § 600.

hétérogène dans leur nature[1676]. De plus, il est difficile de catégoriser l'actionnariat salarié dans l'une ou l'autre des catégories proposées par le Professeur CHAMPAUD. Les actionnaires salariés ne peuvent être considérés comme des bailleurs de fonds en ce que leur participation au sein de la société ne représente pas un investissement ponctuel dans la société. Mais ils ne sauraient pas plus être qualifiés d'actionnaires de contrôle, car leur implication au sein de la société s'avère réduite, leur attention se portant sur l'entreprise ou l'établissement au sein de laquelle ils interviennent. Il convient dès lors, dans le cadre du contrôle de la gestion de la société, de différencier les actionnaires non pas selon leur rôle au sein de la société, mais en considération de leur préoccupation dans le contrôle effectué. Le contrôle de la gestion sociale est, en principe, effectué dans le but de préserver l'intérêt social, au sens de l'article 1833 du Code civil[1677]. Toutefois, cette considération difficilement appréhensible[1678] en soi, nécessite d'être abordée selon les différentes théories de l'intérêt social. Les actionnaires peuvent être classés selon qu'ils défendent leurs intérêts propres ou d'autres intérêts. En vertu de la théorie traditionnelle de l'intérêt social, le contrôle de la gestion peut alors être effectué par des actionnaires défendant un agrégat d'intérêts individuels (§1) ; mais aussi, selon une conception plus moderne de l'intérêt social, par des actionnaires qui visent la préservation d'intérêts collectifs (§2). Ce second contrôle, loin d'être exclusif du premier, peut venir se superposer à celui-ci.

§1 Un actionnariat défendant un agrégat d'intérêts individuels

498. La survivance des considérations traditionnelles. La société, selon la conception contractualiste, est avant toute chose composée d'associés, dont les intérêts doivent en principe être poursuivis en priorité. Selon cette théorie, l'intérêt social répond des intérêts des actionnaires[1679], signifiant ainsi que ces derniers, contrôlant la gestion sociale, agiraient en préservation de l'intérêt social. Dans la figure d'une société cotée, il est illusoire de considérer que l'actionnariat traditionnel, par essence diffus et atomisé, réponde de

---

[1676] Catherine DANGLEHANT, « Le nouveau statut des minoritaires dans les sociétés anonymes cotées : l'application du principe de l'équité », *Revue des sociétés* 1996, p. 217. Voir aussi : Yves GUYON, « Le droit des actionnaires minoritaires », *Revue de droit bancaire et bourse*, 1990, p. 35 ; Martine BOIZARD, « L'abus de minorité », *Revue des sociétés* 1989, p. 365.

[1677] Au sens de cet article, « Toute société doit (…) être constituée dans l'intérêt commun des associés ». Il ressort communément de cet article que cet objectif ne se limite pas à la constitution de la société, mais aussi à la conduite de sa gestion, car cet article est fréquemment retenu en cas d'abus de majorité : Hervé LECUYER, note sous Cass. civ. 1ère, 4 avril 2006, *Droit des sociétés* 2006, comm. 119. Voir aussi : Cass. com., 5 novembre 2002, n° 99-13372 ; Cass. com., 30 novembre 2004, *Bulletin Joly sociétés* 2005, p. 241, note Paul LE CANNU ; *JCP E* 2005, 17.

[1678] Voir les différentes conceptions de l'intérêt social, *supra* § 316 et s.

[1679] Vori *supra* § 317.

considérations collectives. Les actionnaires contrôlent donc la gestion sociale afin de vérifier si celle-ci respecte leurs attentes propres, puis marginalement l'intérêt social. Ce n'est d'ailleurs, selon la théorie contractuelle de la société, que par l'identification de l'intérêt propre des actionnaires que se dégage l'intérêt social, agrégat de ces intérêts particuliers. Cette conception est donc marquée par un fort individualisme méthodologique, selon lequel tout fait ou acte collectif s'explique d'abord par la motivation individuelle des personnes impliquées dans sa réalisation[1680]. Dès lors, plutôt que d'affirmer que le contrôle des décisions de gestion des actionnaires minoritaires est opéré dans le but de protéger l'intérêt social, il sera envisagé dans sa manifestation individuelle, c'est-à-dire le contrôle opéré dans le but de préserver les intérêts individuels des actionnaires, qui peuvent former un agrégat.

499. Ces considérations traditionnelles, marquées par l'individualisme méthodologique, entraînent un droit de regard spécifique sur les décisions sociales (I). Ce droit de regard spécifique est, par ailleurs, exercé par les actionnaires de la société, dont l'identité et les moyens d'action ont légèrement été modifiés durant les années 1990 (II).

I) La préservation des préoccupations traditionnelles

500. Les préoccupations traditionnelles : la préservation des droits d'actionnaires. La principale préoccupation des actionnaires, et donc le principal objectif de leur contrôle, se trouve être la préservation de leurs droits. C'est là encore la manifestation de la dimension personnelle du contrôle de la gestion sociale opéré par les actionnaires. Selon cette conception, les actionnaires contrôlent la gestion sociale à travers deux prismes : la préservation de leurs droits pécuniaires (A) et politiques (B).

A) Les droits pécuniaires

501. Identification des droits pécuniaires : la prévalence du droit au partage des bénéfices. Au titre de l'article 1832 du Code civil, les associés apportent un bien à la société dans l'espoir d'en partager le bénéfice par elle

[1680] Ainsi, « pour expliquer un phénomène social quelconque – que celui-ci relève de la démographie, de la science politique, de la sociologie ou de toute autre science sociale particulière –, il est indispensable de reconstruire les motivations des individus concernés par le phénomène en question, et d'appréhender ce phénomène comme le résultat de l'agrégation des comportements individuels dictés par ces motivations » : Raymond BOUDON, « Individualisme et holisme dans les sciences sociales », dans Pierre BIRNBAUM, *Sur l'individualisme*, Paris, Presses de Sciences Po, 1991, p. 46. Voir aussi : Pierre LAURENT, *L'individualisme méthodologique*, Paris, Presses Universitaires de France - Que sais-je ?, 1994, p. 23-24 et 110-111.

réalisé[1681]. Le partage des bénéfices est donc un droit pécuniaire propre à l'actionnaire et partant une de ses attentes les plus importantes[1682]. Ce droit n'est toutefois pas le seul droit pécuniaire des actionnaires, car ils peuvent prétendre à une part de l'actif social, en cours de vie sociale ou lors de la dissolution de la société[1683]. Ces derniers droits, soumis à des conditions particulières – comme une augmentation du capital ou la dissolution de la société – sont beaucoup plus rares dans la pratique sociale et moins exigés par les actionnaires. Le droit pécuniaire motivant principalement le contrôle de la gestion sociale est donc le droit au partage du bénéfice.

502. Le partage du bénéfice : un double contrôle opéré en assemblée générale. L'allocation de dividendes est de la compétence exclusive de l'assemblée générale ordinaire[1684] et est étroitement liée à l'approbation des comptes annuels[1685]. La procédure conduisant à la distribution de dividendes est complexe et se déroule majoritairement en deux étapes : l'approbation des comptes qui fait apparaître une somme légalement distribuable[1686] et la décision d'allouer effectivement cette somme ou de l'affecter aux réserves. Cette procédure de distribution des dividendes en deux temps se traduit, pour certains, par l'absence de compétence exclusive de l'assemblée générale ordinaire d'approbation des comptes pour distribuer le dividende[1687].

503. Le contrôle de l'existence d'un bénéfice distribuable satisfaisant. Le bénéfice distribuable se détermine grâce au bénéfice de l'exercice comptable, c'est-à-dire grâce aux comptes arrêtés par le conseil d'administration ou le directoire accompagnés du rapport de gestion[1688]. Les actionnaires peuvent vérifier les comptes et le rapport de gestion dans l'objectif de contrôler que la société a dégagé un bénéfice satisfaisant. Ce

---

1681 Article 1832 du Code civil : « La société est instituée par deux ou plusieurs personnes qui conviennent par un contrat d'affecter à une entreprise commune des biens (...) en vue de partager le bénéfice ou de profiter de l'économie qui pourra en résulter ».

1682 Alain COURET, « La contrainte du dividende dans les sociétés par actions », dans *Mélanges en l'honneur d'Yves GUYON*, précités note 310, p. 242.

1683 Ces droits peuvent prendre la forme d'une distribution de réserves, du droit préférentiel de souscription lors d'une augmentation de capital en numéraire, mais aussi du *boni* de liquidation. Voir : Ph. MERLE, *op. cit.* note 110, p. 379.

1684 Article L. 232-12 du Code de commerce, combiné avec l'article L. 225-98 du Code de commerce.

1685 L'article L. 232-12 du Code de commerce dispose, en son premier alinéa : « Après approbation des comptes annuels et constatation de l'existence des sommes distribuables, l'assemblée générale détermine la part attribuée aux associés sous forme de dividendes ».

1686 Cette somme est déterminée selon les termes de l'article L. 232-11 du Code de commerce : « Le bénéfice distribuable est constitué par le bénéfice de l'exercice diminué des pertes antérieures, ainsi que des sommes à porter en réserve en application de la loi ou des statuts, et augmenté du report bénéficiaire ».

1687 Voir en ce sens : ASSOCIATION NATIONALE DES SOCIETES PAR ACTIONS, *Dossier n° 3254*, Septembre-Novembre 2003. *Contra* : J. HÉMARD, F. TERRÉ, P. MABILAT, *op. cit.* note 229, Tome II, p. 320.

1688 Article L. 225-100 du Code de commerce.

rapport doit ainsi comporter les éléments expliquant la situation de la société et présente les raisons de l'absence de bénéfice, ou son montant. L'absence de bénéfice distribuable lors de l'approbation des comptes par l'assemblée générale peut donner un indice sur la conduite de la société et donc de sa gestion par les dirigeants gestionnaires. Si aucun bénéfice ne peut être distribué, cela implique que la société connaît des pertes et qu'un doute existe sur la gestion sociale, ce qui peut entraîner une défiance des actionnaires à l'égard de leurs dirigeants. Le risque de litige entre la direction et les actionnaires est le même lorsque le contrôle effectué par ces derniers fait apparaître un bénéfice qui leur semble faible au regard de leurs attentes. Une fois ce premier contrôle effectué par l'assemblée générale, pouvant aboutir à un refus d'approbation des comptes[1689], un second contrôle est effectué, concernant l'affectation du bénéfice distribuable.

504. Le contrôle de l'affectation du bénéfice distribuable. Une fois que le montant du bénéfice distribuable a été déterminé et vérifié, une seconde décision intervient avec son affectation, elle aussi de la compétence de l'assemblée générale au sens de l'article L. 232-12 du Code de commerce. Il ressort toutefois d'une pratique de plus en plus répandue que l'assemblée générale ordinaire statue après avis du conseil d'administration ou du directoire, de sorte que la décision d'affectation du résultat appartient effectivement aux dirigeants. Après la constitution des réserves légales[1690], cette affectation peut être de deux ordres, verser le dividende ou affecter cette somme aux réserves[1691], ces deux solutions n'étant pas exclusives l'une de l'autre.

Toutefois, en présence de bénéfices distribuables, les actionnaires attendent qu'un dividende leur soit versé, *a fortiori* lorsque l'assemblée décidant de cette affectation se déroule après l'assemblée générale approuvant les comptes et donc identifiant le bénéfice distribuable. Deux forces s'opposent, celle des actionnaires qui attendent une performance immédiate de leur investissement et espèrent de ce fait bénéficier du versement d'un dividende immédiat, et celle des dirigeants qui préfèrent constituer des réserves libres afin de favoriser l'autofinancement ou de parer à des difficultés à venir[1692]. En cas d'affectation totale ou partielle des bénéfices distribuables

---

1689 Ce refus d'approbation des comptes est, en soi, une décision n'impliquant aucune conséquence. Elle est toutefois suivie dans les faits d'une révocation des dirigeants ou d'une action en responsabilité à leur encontre. Voir : Ph. MERLE, *op. cit.* note 110, p. 703.

1690 Les réserves légales doivent, au sens de l'article L. 232-10 du Code de commerce, attendre le dixième du capital social.

1691 Ces réserves peuvent être de deux ordres. En premier lieu figurent les réserves conventionnelles, exigées par les statuts et donc impératives. Celles-ci sont progressivement abandonnées au profit des réserves libres, dont la constitution est seulement prévue par les statuts et laissée à la libre appréciation de l'assemblée générale. Voir : Ph. MERLE, *op. cit.* note 110, p. 704-708.

1692 *Id.*, p. 707.

aux réserves, les actionnaires peuvent considérer la contestation d'une telle décision par le biais d'un abus de majorité[1693].

Ce qui semble être un contrôle d'une décision de gestion est, lorsqu'il aboutit, un véritable contrôle de la politique de gestion sociale dans la distribution des dividendes. Il ressort de certaines décisions jurisprudentielles que n'est pas contestable la seule décision d'affectation du bénéfice distribuable aux réserves, mais plutôt sa systématisation, constituant dès lors par sa fréquence, une véritable politique de gestion[1694]. Apparaît alors, dans le cadre de ce contrôle de la gestion par l'assemblée générale, une nouvelle entité attentive à la gestion sociale, la minorité. Celle-ci est identifiée en tant qu'entité de contrôle social dans ces exemples, car le contrôle de la gestion est diligenté contre les organes de gestion, mais aussi contre les actionnaires majoritaires qui décident, par la collégialité, de l'affectation du résultat.

505. Le contrôle dans le but de préserver les droits pécuniaires des actionnaires répond alors à des préoccupations égoïstes, car si les associés se désintéressent de ce point, les décisions ne seront pas contestées. Or, de ce contrôle égoïste découle une analyse jurisprudentielle qui prend en considération l'intérêt social, notamment par le biais du contrôle de l'abus de majorité ou d'une action en responsabilité contre les dirigeants sociaux.

B) Les droits politiques

506. La seconde préoccupation des actionnaires des sociétés cotées se retrouve dans la préservation de leurs droits politiques. Les actionnaires, après avoir contrôlé la gestion dans le but de préserver leur droit dans le bénéfice social, peuvent aussi contrôler la gestion sociale en ayant pour objectif de vérifier si leurs droits politiques ont été respectés. À cette fin, les actionnaires vont contrôler le rapport de gestion dans sa dimension politique. Par ailleurs, le rapport de gouvernance peut être scruté par l'assemblée générale, car il peut exclure certaines mesures permettant la participation des actionnaires à la décision collective. L'assemblée générale contrôle alors cette exclusion.

507. La vérification du rapport de gestion et de gouvernance à des fins politiques. Le rapport de gestion et de gouvernance comportent des informations sur les décisions importantes pour la société ayant été prises au

---

[1693] Voir *infra* § 628.

[1694] Les décisions jurisprudentielles considèrent que l'affectation systématique des bénéfices aux réserves est condamnable lorsqu'aucune politique sociale n'est liée à cette thésaurisation. Voir : Cass. com., 22 avril 1976, *D.* 1977, p. 5, note Jean-Claude BOUSQUET ; *Revue des sociétés* 1976, p. 476, note Dominique SCHMIDT ; *Revue de jurisprudence commerciale* 1977, p. 93, note Philippe MERLE ; Michel GERMAIN, « L'abus du droit de majorité (à propos de l'arrêt du 22 avril 1976 de la Cour de cassation) », *Gazette du Palais* 1977, 1, Doctrine, p. 157 ; Cass. com., 1er juillet 2003, *JCP E* 2003, p. 1602 ; *Bulletin Joly sociétés* 2003, p. 1137, note Alexis CONSTANTIN ; *Droit des sociétés* 2003, n° 185, note François-Guy TREBULLE ; *Revue des sociétés* 2004, p. 337, note Benoît LECOURT.

cours de l'exercice précédent, permettant aux actionnaires de vérifier s'ils ont été consultés à bon escient. Les actionnaires s'attardent ainsi sur la gestion sociale dans l'objectif de vérifier si leurs différents droits politiques tels le droit de vote ou le droit à l'information ont été respectés. Cette volonté d'implication des actionnaires se manifeste notamment par la vérification de l'utilisation des instruments financiers[1695], ainsi que la vérification des pouvoirs du conseil d'administration en matière d'augmentation du capital[1696]. Ces deux exemples permettent de déterminer le rôle des actionnaires, qui peuvent scruter le rapport de gestion dans le but de vérifier s'ils ont été consultés sur toutes les questions qui nécessitaient la compétence de l'assemblée générale et si les délégations conférées par l'assemblée générale aux organes de gestion ont été respectées par ceux-ci. Par ailleurs, le rapport de gestion peut être exploité par l'assemblée générale afin de vérifier si elle a bénéficié de toutes les informations pertinentes lorsqu'elle a été consultée. Au-delà de ces préoccupations, le rapport de gouvernance peut être utilisé par l'assemblée générale pour vérifier les raisons pour lesquelles leurs droits politiques ne sont pas plus étendus en vertu des dispositions de certains codes de gouvernance.

508. La vérification de l'application des codes de gouvernance. Les sociétés cotées ont la possibilité, sinon l'obligation[1697], de se conformer aux dispositions d'un code de gouvernance. Toutefois, l'application de ce code est supplétive à la condition que le président du conseil d'administration ou de surveillance donne les raisons pour lesquelles certaines règles ont été écartées. Or, certains codes de bonne gouvernance contiennent des règles étendant la compétence des assemblées générales[1698], que la société peut décider de ne pas appliquer. Une difficulté pourrait apparaître lorsque l'assemblée générale découvre que toutes les règles d'un code de bonne gouvernance sont appliquées par la société à l'exception des règles conférant plus de pouvoirs à l'assemblée générale. Le contrôle porte sur la politique de gestion, les actionnaires pouvant s'émouvoir de telles pratiques, qui entraînent des questions aux dirigeants en cours d'assemblée générale, voire des cessions de

---

[1695] Article L. 225-100-1 6° du Code de commerce.

[1696] Article L. 225-37-4 3° du Code de commerce.

[1697] Voir *supra* § 362.

[1698] Voir : ASSOCIATION FRANCAISE DE LA GESTION, *op. cit.* note 374, p. 5-13 (sur l'organisation complète de l'assemblée générale) ; AFEP-MEDEF, *op. cit.* note 161, p. 5 : « Préalablement à la réalisation [de la cession de la moitié au moins des actifs sociaux] le conseil présente à l'assemblée générale un rapport sur le contexte et le déroulement des opérations. Cette présentation est suivit d'un vote consultatif des actionnaires aux conditions de quorum et de majorité de l'assemblée générale ordinaire (…) ».

titres de la société ne respectant pas le pouvoir de l'assemblée générale[1699]. Dès lors, les actionnaires exercent leur pouvoir de surveillance de la politique de gestion sociale non pas dans l'objectif de préserver leurs droits politiques, mais dans l'objectif de les accroitre.

Les actionnaires contrôlent donc individuellement la gestion sociale dans l'objectif de veiller à la préservation et l'accroissement de leurs prérogatives politiques, ce qui peut être perçu comme un contrôle dans le but de préserver l'intérêt social. En effet, cet intérêt étant traditionnellement conçu comme l'intérêt des actionnaires, favoriser leur implication dans la gestion sociale serait bénéfique à la société, car la gestion sociale serait alignée sur les attentes des actionnaires, réduisant dès lors les possibilités de décisions contraires à l'intérêt social.

509. Les actionnaires visent ainsi traditionnellement la préservation de leurs droits pécuniaires et politiques. Ces préoccupations ressortent principalement lors de l'étude en assemblée générale des rapports produits par le directoire, le conseil d'administration ou le conseil de surveillance. Principalement égoïstes, elles sont aussi perçues comme répondant de l'intérêt social, justifiant certains raisonnements jurisprudentiels se référant expressément à l'atteinte à l'intérêt social plutôt qu'à l'atteinte aux droits individuels. Ces vérifications sont opérées par une catégorie d'actionnariat particulière, que l'on peut considérer comme traditionnelle.

II) Le contrôle opéré par les actionnaires traditionnels

510. Identification des actionnaires traditionnels. La mention de l'actionnariat traditionnel semble faire appel à la figure des actionnaires personnes physiques investissant leurs économies au sein de la société, figure la plus ancienne de l'actionnariat des sociétés par actions. Toutefois, se limiter à cette catégorie n'est pas satisfaisant, car celle-ci a vocation à représenter une part de plus en plus faible de la structure de l'actionnariat moderne. Dès lors, un second type d'actionnaires doit être abordé, les investisseurs

1699 Ces sanctions sont évoquées dans le cadre d'une insuffisance de rapport explicatif, impliquant une absence de justification aux déviations des principes de gouvernance par : B. FASTERLING, J.-C. DUHAMEL, *op. cit.* note 1259, p. 148. Celles-ci pourraient être étendues à l'hypothèse d'une présence du rapport expliquant une absence d'extension des pouvoirs de l'assemblée générale, car ces deux possibilités sont aussi décevantes l'une que l'autre pour les actionnaires.

institutionnels[1700] et plus particulièrement les organismes de placement collectif en valeurs mobilières[1701] – pouvant pour certains d'entre eux bénéficier de la personnalité morale[1702] – qui investissent les sommes conférés par des tiers au sein de sociétés cotées. Cette catégorie d'actionnaires, qui tend à se substituer à la première[1703], a connu un développement rapide à partir des années 1970, représentant une fraction non négligeable de l'actionnariat français des sociétés cotées[1704]. Ces deux types d'actionnariat, dont les caractéristiques semblent radicalement différentes, se rejoignent toutefois sur leurs attentes à l'égard de la gestion sociale.

511. Des attentes similaires mais des moyens différents. Les actionnaires individuels, que l'on peut qualifier de petits porteurs, ont, tout comme les organismes de placement collectif en valeurs mobilières pour principale attention la préservation de leurs droits pécuniaires, et présentent un attrait modéré pour la préservation et l'accroissement de leurs prérogatives politiques. Il ressort toutefois des développements législatifs que de tels actionnaires bénéficient d'une protection plus développée, leur permettant de remplir un rôle accru dans le contrôle de la gestion sociale (A), alors que la loi est intervenue afin d'inciter les organismes de placement collectif en valeurs mobilières à participer à la gestion sociale et à son contrôle afin de les

[1700] Le terme peut être défini comme désignant « les investisseurs, autres que des individus, qui gèrent des fonds de manière professionnelle au sein d'une institution ou pour le compte de leurs clients ». Raymonde CRÊTE, Stéphane ROUSSEAU, « De la passivité à l'activisme des investisseurs institutionnels au sein des corporations : le reflet de la diversité des facteurs d'influence », *Revue de droit de McGill* 1997, p. 865. Une directive modifiant la directive 2007/36/CE en vue de promouvoir l'engagement à long terme des actionnaires, la directive 2013/34/UE en ce qui concerne certains éléments de la déclaration sur la gouvernance d'entreprise, pose une définition de l'investisseur institutionnel : « i) une entreprise qui exerce des activités d'assurance vie au sens de l'article 2, paragraphe 3, points a), b) et c), de la directive 2009/138/CE du Parlement européen et du Conseil et de réassurance au sens de l'article 13, point 7), de ladite directive pour autant que ces activités couvrent les obligations d'assurance vie, et qui n'est pas exclue en vertu de ladite directive ; ii) une institution de retraite professionnelle relevant du champ d'application de la directive (UE) 2016/2341 du Parlement européen et du Conseil conformément à son article 2, sauf si un État membre a choisi de ne pas appliquer ladite directive, en tout ou partie, à cette institution conformément à l'article 5 de ladite directive» : Directive 2017/828 du Parlement européen et du Conseil du 17 mai 2017 modifiant la directive 2007/36/CE en vue de promouvoir l'engagement à long terme des actionnaires, *JOUE* L 132 du 20 mai 2017, p. 1.

[1701] L'article L. 214-4 du Code monétaire et financier donne une définition de ces OPCVM : « Les organismes de placement collectif en valeurs mobilières prennent la forme doit de sociétés d'investissement à capital variable dites "SICAV", soit de fonds communs de placement ».

[1702] Les fonds communs de placement, forme d'OPCVM, ne bénéficient pas, selon la lettre de l'article L. 214-8 du Code monétaire et financier, de la personnalité juridique.

[1703] Véronique MAGNIER, « Gouvernance des sociétés cotées », dans *Rép. sociétés Dalloz*, §1.

[1704] Ces OPCVM détiendraient ainsi une fraction comprise entre « 50 et 70 % de la capitalisation boursière des actions cotées ». Philippe BISSARA, « L'influence de la professionnalisation de l'actionnariat des société cotées sur le fonctionnement de ces dernières », dans *Mélanges Michel VASSEUR*, Paris, Banque Editions, 2000, p. 12.

encourager à prendre en considération la préservation de leurs prérogatives politiques (B).

A) Les actionnaires personnes physiques : les « petits porteurs »

512. Les petits porteurs, objets de protection particulière en raison de leur statut. Il est impossible de traiter des petits porteurs actuels sans traiter de leur image d'Epinal, la « veuve de Carpentras ». Personne physique sans réelle connaissance juridique ni financière, elle investit ses économies dans une société afin d'en tirer une rente. De cette identification peuvent être tirées plusieurs conclusions.

Tout d'abord, l'actionnaire individuel n'a pas de connaissances des mécanismes légaux et ne peut être impliqué activement dans la gestion sociale[1705]. Il en découle une autre conséquence, bien plus importante, les actionnaires individuels attendent avant toute chose un rendement à leur investissement, ne recherchant que le profit sous la forme d'un dividende. Suite aux différentes crises des marchés boursiers, le portrait de l'investisseur individuel s'est légèrement modifié. Ces investisseurs ont pour motivation principale la perception du dividende le plus élevé possible, mais leur désintérêt à l'égard de la gestion sociale est désormais moins notable[1706]. En raison de leur manque de connaissances financières et juridiques, l'idée d'une protection des actionnaires individuels a germé, mais s'est confrontée à une opposition de principe. Dès lors, un contournement de cette opposition a été proposé par le biais de l'application de la loi du 1er juillet 1901, qui a inspiré plusieurs réformes visant à l'institution d'associations d'actionnaires.

513. Les oppositions théoriques à la protection des investisseurs individuels. La vision atomiste de la société anonyme suppose que l'actionnaire individuel est seul face à la société[1707], renforçant sa faiblesse. À considérer que la société représente une démocratie, un obstacle de taille se dresse à l'encontre d'une quelconque idée de représentation des actionnaires par le biais d'une association. En effet, la Révolution a conduit, notamment

---

1705 Cette distinction se retrouve par ailleurs dans la loi, lorsqu' il est fait distinction entre les investisseurs qualifiés et les autres investisseurs. Voir : article L. 411-2 et suivants du Code monétaire et financier. Voir aussi : A. COURET, H. LE NABASQUE *et alii*, *op. cit.* note 762, p. 169 et s.

1706 Voir : Véronique MAGNIER, « Nouvelles mesures en faveur de la démocratie actionnariale dans les sociétés cotées », *Revue des sociétés* 2011, p. 267, § 3 ; Jean-Aymon MASSIE, « La mise en pratique des réformes : le point de vue des actionnaires », *Les petites affiches* 2 août 2007, p. 21 ; Alexandre DALION, Antoine TADROS, « La catégorisation des actionnaires, un pas de plus ou un pas de trop ? Libre propos sur les perspectives d'évolution du droit des sociétés », *Bulletin Joly bourse* 2009, p. 406.

1707 Roger HOUIN, « Rapport général », dans ASSOCIATION HENRI CAPITANT, *Journées suisses de Fribourg, Berne et Neuchâtel et Journées Uruguayennes*, Paris, Dalloz, 1959, p. 205.

avec la loi Le Chapelier[1708], à supprimer tout corps intermédiaire, c'est-à-dire le rassemblement en une structure de personnes présentant des caractéristiques communes. Il ne devrait pas en être autrement en droit des sociétés[1709], les associations d'actionnaires représentant un corps intermédiaire entre les dirigeants et les actionnaires. Cette intermédiation serait contraire à l'idée même de démocratie qui est l'un des fondements initiaux du droit des sociétés.

Un autre argument est présenté pour réfuter l'idée selon laquelle les associations d'actionnaires pourraient être acceptées, celui de l'*affectio societatis*. En effet, la société est régie par le principe majoritaire et le *jus fraternitatis*, idées selon lesquelles la société est gouvernée par un intérêt commun[1710]. Cet intérêt commun s'exprimant par la loi de la majorité, il serait délicat, au regard de ces principes, d'admettre la constitution d'associations de minoritaires, qui constitueraient un intérêt potentiellement concurrent à l'intérêt commun des associés : l'intérêt commun des minoritaires.

Ces deux arguments ne sont toutefois pas imparables et ne représentent pas un empêchement dirimant à la constitution d'associations de petits porteurs. Dans un premier temps, le fonctionnement social, à l'origine démocratique, ne présente pas toutes les caractéristiques d'une démocratie parfaite. Les actionnaires se désintéressent de la politique générale de la société, abandonnant le pouvoir au couple majoritaires-dirigeants[1711]. Dès lors, la suppression des corps intermédiaires qui reposait sur une relation d'égal à égal entre gouvernants et gouvernés – ici entre le couple dirigeants-majoritaires et petits porteurs – ne trouve plus de raison d'être en présence du déséquilibre constaté. Cette suppression des corps intermédiaires ne s'oppose donc en rien à la constitution d'une entité qui aurait pour but de préserver une partie considérée comme plus faible[1712]. Dans un second temps, la loi de la majorité ne s'oppose pas directement à la constitution d'associations de petits porteurs, bien au contraire. Ces associations permettraient à leurs membres de réinvestir l'assemblée générale, renforçant la collégialité, car la décision de la

1708 Loi du 14 juin 1791, dite loi Le Chapelier. Voir notamment l'article 1er de la loi : « L'anéantissement de toutes espèces de corporations de citoyens du même État ou profession étant un des bases fondamentales de la constitution française, il est défendu de les rétablir de fait, sous quelque prétexte et quelque forme que ce soit ».

1709 Yves GUYON, « Faut-il des associations d'actionnaires et d'investisseurs ? », *Revue des sociétés* 1995, p. 207, § 3 ; Benoît LE BARS, *Les associations de défense d'actionnaires et d'investisseurs*, préf. Yves GUYON, Paris, L.G.D.J., 2004, p. 4 ; R. HOUIN, *op. cit.* note 1707, p. 205 ; Alain COURET et Jean-Louis MEDUS, « Les dispositions de la loi du 8 août 1994 portant DDOEF intéressant le droit des sociétés », *Bulletin Joly sociétés* 1994, p. 903.

1710 *Id.*

1711 B. LE BARS, *op. cit.* note 1709, p. 4.

1712 En ce sens, un parallèle pourrait être effectué avec la loi du 21 mars 1884 relative à la création des syndicats professionnels (dite Waldeck-Rousseau). L'article 3 de cette loi démontre l'objectif de protection du syndicat, car : « Les syndicats professionnels ont exclusivement pour objet l'étude et la défense des intérêts économiques, industriels, commerciaux et agricoles ». Voir : Paul PIC, *Traité élémentaire de législation industrielle – Les lois ouvrières*, 6ème éd., Paris, Arthur Rousseau, 1930, p. 257.

communauté des actionnaires serait prise par un plus grand nombre de ses membres. Dès lors, en cas d'implication optimale d'une association de petits porteurs, la décision pourrait être différente de celle qui aurait été prise en l'absence de ces actionnaires. Elle n'en demeurerait toutefois pas moins la décision de la majorité.

514. Le régime de la loi du 1er juillet 1901 : les associations de défense des actionnaires. La reconnaissance et l'utilisation du vocable « association de petits porteurs » laisse penser à une application de la loi du 1er juillet 1901[1713]. L'application de cette loi, comme du régime juridique peu contraignant qu'elle fixe, est la première solution à considérer pour la défense des intérêts des minoritaires. Il suffit alors de respecter les formes de la loi du 1er juillet 1901. Ainsi, afin d'être constituée, l'association d'actionnaires doit faire l'objet d'une déclaration en préfecture[1714], mais aussi d'une publication au journal officiel[1715]. Ce sont les deux seules conditions afin que l'association bénéficie de la personnalité juridique et partant de la possibilité de s'impliquer activement dans le contrôle de la gestion sociale. Cette simplicité de constitution explique grandement le succès rencontré par les associations d'actionnaires constituées sous l'empire de la loi de 1901[1716]. Leur but étant fixé par leur objet, lequel ne se limite quasiment jamais aux actionnaires d'une seule société[1717], elles peuvent intervenir dans le contrôle de la gestion sociale de plusieurs sociétés. La seule condition à cela est que ses sociétaires ne fassent pas partie de la même société.

L'une des limites principales à l'action des associations d'actionnaires de la loi de 1901 a disparu avec la reformulation de l'article L. 225-106 du Code de commerce[1718], qui n'exige plus, dans les sociétés cotées, que le bénéficiaire

---

[1713] Loi du 1er juillet 1901 relative au contrat d'association, *JORF* du 2 juillet 1901, p. 4025.

[1714] Article 6 de la loi du 1er juillet 1901, précitée note 1713 ; Benoît LE BARS, « Associations d'actionnaires et de défense des investisseurs », dans *Rép. sociétés Dalloz*, § 10

[1715] Cette condition est essentielle selon l'article 5 alinéa 3 de la loi du 1er juillet 1901, précitée note 1713. Voir aussi : Isabelle URBAIN-PARLÉANI et Martine BOIZARD, « Statuts des associations et bilan pratique », *Revue des sociétés* 1995, p. 217, § 10.

[1716] Il est possible de citer, à titre d'exemple : l'ADAM (association de défense des actionnaires minoritaires) ou encore l'ANAF (association nationale des actionnaires de France).

[1717] A titre d'exemple, les statuts de l'ADAM stipulent que l'objet de l'association est « la défense des intérêts (...) [de ses] membres ou non membres (...) par tous moyens y compris en intentant des actions en justice ». Cet objet associatif, particulièrement vaste, ne pourrait aboutir totalement, une association ne pouvant agir en justice au nom de personnes qu'elle ne représente pas, c'est-à-dire au nom de non-membres. Voir en ce sens : Cass. com., 19 janvier 1999, *Bull. civ.* IV, n° 16. Voir aussi : Jacques HÉRON, Thierry LE BARS, *Droit judiciaire privé*, 6ème éd., Paris, L.G.D.J., 2014, p. 95-98.

[1718] Issue de l'ordonnance n° 2010-1511 du 9 décembre 2010 portant transposition de la directive 2007/36/CE du 11 juillet 2007 concernant l'exercice de certains droits des actionnaires de sociétés cotées, *JORF* du 10 décembre 2010, p. 21612.

du mandat de vote détienne des actions de la société[1719]. Cette possibilité ouvre donc le champ des possibles pour les associations d'actionnaires, qui peuvent désormais intervenir dans toutes les sociétés dont les actions sont détenues par leurs membres. Dès lors, elles peuvent assumer leurs missions gracieuses, afin de faire progresser les prérogatives politiques de leurs membres, qui sont de trois ordres : mission de surveillance, d'information et d'assistance[1720].

Les deux premières missions sont pertinentes dans le cadre d'un contrôle de la gestion ayant pour but la préservation et l'accroissement des prérogatives politiques des actionnaires. En effet, l'association d'actionnaires intervient, tantôt à la demande de ses sociétaires[1721], tantôt de sa propre initiative[1722], afin de vérifier si l'assemblée générale bénéficie des informations les plus claires. Dans ce cas, les associations vérifient que la gestion sociale est conduite en conformité avec les prérogatives politiques des actionnaires, et incidemment permettent un accroissement de ces dernières lorsque le contrôle effectué fait l'objet d'un retentissement médiatique particulier, incitant le législateur à modifier certaines règles[1723].

La dernière mission se retrouve le plus souvent dans l'assistance au cours d'un contentieux, postérieurement au contrôle de la gestion. Toutefois, seule l'assistance par regroupement d'actionnaires en assemblée ou la sollicitation de mandats lors d'une délibération pourrait être considérée comme participant du contrôle de la gestion sociale dans le but de préserver les prérogatives politiques. Un exemple topique peut être donné dans le cadre des questions à la direction[1724], pour lesquelles il est nécessaire de détenir une certaine fraction des droits de vote. L'association d'actionnaires, dans son rôle d'assistance, peut venir en aide à l'actionnaire désirant poser une question pour regrouper les titres[1725]. Dans ce cas, l'association vise bien à préserver les droits politiques des actionnaires en facilitant leur exercice, mais peut aussi les accroitre indirectement lorsque la question vise le rapport de gouvernance, aboutissant à l'adoption d'un code de gouvernance encourageant la participation des actionnaires à la gestion sociale.

[1719] Le régime ancien, interdisant tout mandat de vote à des non actionnaires, représentait un frein à l'action des associations d'actionnaires. Voir : I. URBAIN-PARLÉANI, M. BOIZARD, *op. cit.* note 1715, § 14.

[1720] B. LE BARS, *op. cit.* note 1709, p. 31-32.

[1721] C'est le cas lorsque, dans le cadre de sa mission de surveillance, les actionnaires alertent l'association sur un potentiel manquement aux règles du droit des sociétés. *Id.*, p. 31.

[1722] *Id.*, p. 32 : la mission d'information peut être volontaire, lorsque l'association explique de son propre chef les comptes sociaux ou certaines propositions formulées par les sociétés. Les associations d'actionnaires se meuvent alors en conseil, voir formateur, de ses sociétaires.

[1723] *Id.*, p. 31.

[1724] Voir *infra* § 592 et s.

[1725] Cela fait partie du rôle des associations dans la rénovation d'un droit d'intervention actionnarial. Voir : B. LE BARS, *op. cit.* note 1709, p. 299.

Au regard de leur activité éparse et les difficultés procédurales auxquelles ces associations sont confrontées, le législateur s'est emparé de la question et a proposé deux modèles associatifs, concurrents à celui de la loi de 1901.

515. La consécration législative des associations d'actionnaires et d'investisseurs. Un constat est apparu à l'étude des associations de défense des petits porteurs. Bien qu'intéressantes dans leur fonctionnement, elles ne peuvent jouer un rôle effectif que par le biais de leurs sociétaires. En effet, ces associations ne pouvant être des ligues de défense, elles ne peuvent défendre que l'intérêt de leurs seuls membres, jouant un rôle de donneur d'alerte dans les sociétés dont les actions sont détenues par les sociétaires, sans aucune autre possibilité d'intervenir dans les autres. Par ailleurs, une seconde faiblesse des associations de défense des petits porteurs se retrouve dans la difficulté pour elles d'exercer des droits propres d'actionnaires. Le législateur a alors tenté de pallier ces faiblesses, mais l'a imparfaitement réalisé.

516. Les associations d'investisseurs : une ligue de défense agréée. Le législateur a tenté de donner une légitimité à ces associations afin que celles-ci puissent agir dans toutes les sociétés cotées, même à défaut de liens de participation par un des sociétaires. La loi du 5 janvier 1988[1726], complétée par la loi du 23 juin 1989[1727], instaure des associations d'investisseurs, dont le régime est aujourd'hui codifié à l'article L. 452-1 du Code monétaire et financier. Ces associations doivent, pour exercer leur mission au sein de toutes les sociétés et non pour exister, recevoir l'agrément préfectoral après avis du ministère public et de l'Autorité des marchés financiers[1728]. Cet agrément est subordonné à plusieurs conditions de fond, telles l'existence de l'association depuis au moins six mois, la cotisation individuelle de la part d'au moins deux cents membres et le respect par les dirigeants de l'association de conditions d'honorabilité et de compétence[1729]. Une fois ces conditions respectées, l'association peut demander la cessation d'une « pratique contraire aux dispositions législative ou réglementaire (...) de nature à porter atteinte aux

---

[1726] Loi n° 88-14 du 5 janvier 1988 relative aux actions en justice des associations agréées de consommateurs et à l'information des consommateurs, *JORF* du 6 janvier 1988, p. 219.

[1727] Loi n° 89-421 du 23 juin 1989 relative à l'information et à la protection des consommateurs ainsi qu'à diverses pratiques commerciales, *JORF* du 29 juin 1989, p. 8047.

[1728] Article L. 452-1 alinéa 2 du Code monétaire et financier.

[1729] L'article D. 452-2 du Code monétaire et financier dispose en ce sens que les dirigeants doivent : avoir la majorité légale, justifier d'une compétence minimale (obtention du baccalauréat, une formation professionnelle adaptée dans le domaine économique juridique et financier ou expérience professionnelle d'une durée de deux ans *a minima* dans le domaine économique juridique et financier acquise au cours des cinq années précédentes), ne pas avoir été condamné à titre définitif pour des infractions pénales mentionnées à l'article L. 500-1 II du Code monétaire et financier, ainsi que ne pas avoir fait l'objet d'une interdiction d'exercer ou d'une faillite personnelle.

droits des épargnants » dans toute société cotée[1730]. L'agrément reçu par l'association respectant les conditions de l'article L. 452-1 du Code monétaire et financier permet à ces entités de contourner la prohibition des ligues de défense en droit interne. En dépit de ces indéniables avantages, il n'existe que peu d'associations de défense d'investisseurs répondant de l'article L. 452-1 du Code monétaire et financier[1731], en raison de la difficulté à respecter les critères légaux et réglementaires, mais aussi en raison du pouvoir d'appréciation appartenant à l'autorité délivrant l'agrément[1732]. Ce relatif échec est encore amplifié lorsqu'il est question des associations d'actionnaires mentionnées au Code de commerce.

517. Les associations d'actionnaires de sociétés cotées. La loi du 8 août 1994[1733] permet en outre la création du pendant aux associations d'investisseurs, les associations d'actionnaires. Le législateur fait preuve ici de sa « volonté d'assurer aux petits actionnaires minoritaires les moyens de se défendre (...) [car] si l'on entend encourager l'actionnariat populaire et, par conséquent, pousser vers la bourse ceux qui n'ont que des moyens modestes et qui seront nécessairement des "petits actionnaires minoritaires" (...), il faut leur donner cette sécurité »[1734]. Ces associations de l'article L. 225-120 du Code de commerce favorisent, dans les sociétés cotées, l'exercice de certains droits d'actionnaires nécessitant la détention d'une certaine quotité de capital[1735]. Le but est ainsi de favoriser l'expression des actionnaires minoritaires et donc veiller à la préservation de leurs prérogatives politiques[1736]. Elles semblent replacer les actionnaires au sein de la société et les impliquer dans le contrôle de la gestion sociale[1737], mais leurs conditions de formation sont trop restrictives pour qu'elles soient réellement efficaces.

[1730] Cette action, portée devant le président du tribunal de grande instance du siège social de la société en cause statuant sous la forme des référés, peut résulter en la formulation d'injonctions négatives et positives accompagné le cas échéant par le versement d'une astreinte. T. BONNEAU, F. DRUMMOND, *op. cit.* note 90, p. 663-664.

[1731] Un peu plus de six ans après l'adoption de la loi du 23 juin 1989, il n'y avait que deux associations agréées de défense des investisseurs. Voir : I. URBAIN-PARLÉANI, M. BOIZARD, *op. cit.* note 1715, § 36.

[1732] La notion même d'agrément suppose un pouvoir d'appréciation souverain de l'autorité qui le détient. En effet, une personne agréée est « reconnue par l'État, par une administration publique ou quelque autorité » : *Dictionnaire de l'Académie Française*, précité note 72. En l'espèce, l'agrément est accordé par le préfet du département dans lequel l'association a son siège, après avis du ministère public et de l'Autorité des marchés financiers. Voir l'article D. 452-3 du Code monétaire et financier.

[1733] Loi n° 94-679 du 8 août 1994 portant diverses dispositions d'ordre économique et financier, *JORF* du 10 août 1994, p. 11668.

[1734] Propos du Sénateur Etienne DAILLY, *J.O. Sénat* 29 juin 1994, p. 3183.

[1735] C'est le cas, par exemple, de l'inscription à l'ordre du jour de sujets, mais aussi de la formulation de questions au président du conseil d'administration ou du directoire.

[1736] Virginie CANU, Bertrand DE SAINT MARS, « Les associations d'actionnaires, élément du gouvernement d'entreprise ? », *Revue de droit bancaire et financier* 2000, p. 46, spéc. p. 47.

[1737] Y. GUYON, *op. cit.* note 1709, § 8

Les conditions posées à l'article L. 225-120 du Code de commerce sont doubles : les actionnaires doivent justifier d'une inscription nominative d'actions depuis deux ans et de la détention d'au moins cinq pour cent des droits de vote dans la société[1738]. Ces exigences posent deux difficultés majeures, rendant quasi impossible la création de telles associations au sein d'une seule société.

Les titres doivent être détenus de façon nominative, ce qui est rare dans les sociétés cotées françaises[1739], car sauf manifestation expresse de volonté de la part de leur titulaire, celles-ci seront considérées comme étant « au porteur »[1740]. L'actionnaire doit donc faire preuve d'une certaine clairvoyance lorsqu'il demande l'inscription nominative de son action détenue, car il doit le faire deux ans avant d'en tirer un éventuel avantage, à savoir la constitution d'une association. Cette exigence était justifiée par la volonté de limiter la constitution d'associations d'actionnaires, afin de ne pas faire de ces associations l'instrument permettant à un ou plusieurs « actionnaires plus importants [de] renforcer leurs pouvoirs au sein de la société »[1741]. Cette constitution nécessite une manifestation expresse de volonté du titulaire d'actions, d'autant moins réaliste qu'une seconde exigence est disposée par l'article L. 225-120 du Code de commerce.

L'association ne peut être créée qu'à la condition d'une détention nominale sur une période minimale de deux ans. Or, la durée moyenne de détention d'une action était, en 2006, de 9 mois[1742]. Si l'on ne considère que les ménages, la durée moyenne de détention augmente, s'établissant à plus de quatre ans[1743]. Cette durée n'étant qu'une moyenne, cela signifie que nombre de ménages détiennent leurs actions pour une durée inférieure à deux ans, les

[1738] Voir *supra* § 517.

[1739] V. CANU, B. DE SAINT MARS, *op. cit.* note 1736, p. 48.

[1740] Cela est étonnant dans la mesure où la dématérialisation semble contraire à la notion de porteur, cette notion exigeant de détenir physiquement le titre, ce qui est obsolète depuis la loi n° 81-1160 du 30 décembre 1981 de finances pour 1982, introduisant le principe de dématérialisation des titres financiers. A. COURET, H. LE NABASQUE *et alii*, *op. cit.* note 762, p. 245. Cette notion est toutefois maintenue en dépit de son apparente incompatibilité à la dématérialisation : Marie-Anne FRISON-ROCHE, Michel JOCKEY, « Pourquoi existe-t-il encore des titres au porteur », *JCP E* 1994, I, 344.

[1741] Etienne DAILLY, cité par B. LE BARS, *op. cit.* note 1714, § 20.

[1742] Il convient toutefois de nuancer ce constat, la moyenne étant abaissée par les comportements d'actionnaires non résidents, plus actifs, mais aussi par les transactions à haute fréquence, opérées par le biais de l'informatique et portant sur un nombre très important de titres. Ce dernier phénomène a fait baisser, en 2011, la durée de détention moyenne d'une action cotée à 22 secondes sur les marchés étasuniens. Voir : Eric ALBERT et Jérôme MARIN, « Pour quelques microsecondes de moins… et quelques milliards de plus », *La Tribune*, 13 juillet 2011, p. 28.

[1743] Bruno SEJOURNE, « Comment les épargnants français intègrent-ils le paramètre temps dans la gestion de leur portefeuille ? – Deuxième Partie », *Les cahiers scientifiques de l'AMF*, mai 2007, p. 24.

empêchant de se prévaloir de la possibilité de former une association d'actionnaires d'une société cotée[1744].

Afin de repositionner ces associations et leur faire jouer un rôle actif dans la préservation des prérogatives politiques des actionnaires sociétaires, il a été proposé de réformer leur régime. Les deux critiques formulées à l'égard de ces associations ont été retenues dans le projet de réforme du droit des sociétés, car ce projet considérait qu'il « serait souhaitable de modifier les conditions de constitution des associations d'actionnaires, en les ouvrant à tous les porteurs, qu'ils soient inscrits ou non au nominatif, dès lors qu'ils sont en mesure de prouver qu'ils détiennent leurs titres depuis plus d'un an »[1745]. Ces propositions n'ont toutefois pas été retenues, limitant de fait l'impact de ces associations d'actionnaires[1746].

518. La constitution d'associations, quelles que soient leurs formes, représente une possibilité pour ses membres de contrôler la gestion afin de préserver leurs prérogatives politiques, voire de les augmenter. Cette faculté théorique ne rencontre toutefois que peu de succès pratique, seules les associations de défense des petits porteurs créées sous l'empire de la loi du 1er juillet 1901 étant effectivement constituées. Cette possibilité de défense des droits politiques se manifeste aussi pour les investisseurs institutionnels.

B) Un actionnaire personne morale : les organismes de placement collectif en valeurs mobilières (OPCVM)

519. Les OPCVM traditionnels, actionnaires particuliers. Les organismes de placement collectif en valeurs mobilières sont nés de la nécessité de trouver une structure permettant à l'actionnariat populaire d'investir plus aisément dans diverses sociétés. L'OPCVM souscrit, grâce aux fonds reçus de la part de ses membres, aux actions de plusieurs sociétés, dans l'objectif de faire fructifier les investissements amassés. Ce sont donc des actionnaires particuliers, car ils souscrivent à des actions de sociétés commerciales dans le but de faire prospérer les investissements d'autres personnes détentrices de parts de ces OPCVM[1747]. Ces OPCVM se préoccupent ainsi principalement de leurs droits pécuniaires d'associés[1748].

[1744] V. CANU, B. DE SAINT MARS, *op. cit.* note 1736, p. 48.

[1745] Ph. MARINI, *op. cit.* note 1139, p. 92.

[1746] V. CANU, B. DE SAINT MARS, *op. cit.* note 1736, p. 49.

[1747] B. LE BARS, *op. cit.* note 1709, p. 278. Le premier principe des OPCVM est que ceux-ci doivent « investir les capitaux qui [leur] sont confiés, dans l'intérêt exclusif du mandant. Le respect de ce mandat doit seul dicter sa conduite et son comportement en tant qu'actionnaire » : Maurice LERUTH, « Gestion collective et gouvernement d'entreprise : de l'exercice des droits de vote à la défense des minoritaire », *Les petites affiches* 7 mai 1997, p. 19.

[1748] Cette idée est toutefois nuancée par les considérations des gestionnaires des OPCVM, qui considèrent que la performance de ces organismes dépend plus du moment auquel l'ordre d'achat ou de vente est donné que de la sélection de la société dans laquelle les fonds sont investis. Voir : Ph. BISSARA, *op. cit.* note 1704, p. 18.

Cette préoccupation principalement, sinon exclusivement, financière est incompatible *prima facie* avec l'implication politique des organismes de placement collectif. Ces derniers sont traditionnellement absents des assemblées générales, créant de réelles difficultés dans les sociétés cotées, en raison de leur proportion au capital des sociétés[1749]. Est alors apparu un débat sur la nécessité de faire participer ces actionnaires au contrôle de la gestion de la société dans laquelle ils investissent.

520. La nécessité d'une participation active aux assemblées. À partir des années 1980 s'est développé un mouvement d'activisme des investisseurs institutionnels, incarné par le fonds CalPERS[1750], décidé à surveiller la gestion des entreprises dans lesquelles il investissait, en votant négativement à propos de certaines résolutions[1751]. Ce mouvement a inspiré le pouvoir réglementaire étasunien, qui a exigé le 29 juillet 1994[1752] que certains OPCVM[1753] participent aux décisions collectives, à condition que celles-ci influent sur la valeur de l'investissement. La participation politique des OPCVM étasuniens étant légalement liée à la préservation des droits pécuniaires, le contrôle opéré par ces actionnaires est limité à ce domaine, la préservation de leurs droits politiques n'étant pas une préoccupation essentielle selon le pouvoir réglementaire américain. Ce mouvement a rapidement influencé les pratiques françaises, puis a directement inspiré une réforme législative.

Deux ans après la norme d'interprétation émise par le ministère du travail étasunien, une recommandation professionnelle était formulée par l'association française des fonds français d'investissement, préconisant à ses membres de participer activement – et donc de voter – aux assemblées générales[1754]. Le but était clairement d'inciter les investisseurs institutionnels à participer à la vie sociale, mais l'expérience s'est avérée assez insatisfaisante. Les raisons résidaient d'une part dans l'origine de la

---

[1749] Ces problèmes sont notamment la nécessité de réunir un quorum pour certaines assemblées générales, qui s'avérera quasi impossible en l'absence de ces investisseurs institutionnels : Ph. BISSARA, *op. cit.* note 1704, p. 18 ; B. LE BARS, *op. cit.* note 1709, p. 279

[1750] *California Public Employees' Retirement System* est un OPCVM particulier, car il répond du gouvernement de l'État de Californie. CalPERS est l'un des plus importants investisseurs mondiaux, détenant un encours de plus de 301 milliards de dollars américains.

[1751] Nicolas CUZACQ, « Le vote des gestionnaires d'OPCVM », *Revue des sociétés* 2006, p. 491, § 1.

[1752] UNITED STATES DEPARTMENT OF LABOR, « The fiduciary obligations of prudence and loyalty to plan participants and beneficiaries require the responsible fiduciary to vote proxies on issues that may affect the value of the plan's investment », *Rules and Regulations,* Interpretative bulletin 94-2. Cette regulation a été mise à jour : UNITED STATES DEPARTMENT OF LABOR, « Interpretive bulletin relating to the exercise of shareholder rights and written statements of investment policy, including proxy voting policies or guidelines », 29 *CFR* 2509.08-2.

[1753] Seuls les organismes de placement collectif qui doivent gérer des fonds déposés en vue de gérer des pensions de retraite sont visés : « Employee retirement income security program », 29 *U.S.C.* § 1001 *et seq.*

[1754] B. LE BARS, *op. cit.* note 1709, p. 280.

recommandation, émanant d'une organisation professionnelle et dénuée de toute force contraignante, et d'autre part dans la volonté des gestionnaires des organismes de placement, qui ne voulaient pas participer à un éventuel conflit entre minoritaires et dirigeants[1755] en ce qu'ils ont besoin des deux parties. En effet, les OPCVM peuvent cibler les minoritaires afin de capter une partie de leur investissement, mais aussi les dirigeants, car de leur politique peut dépendre le bénéfice social. Devant cet échec de la réglementation professionnelle, une première loi est intervenue le 25 mars 1997[1756], adaptation de la loi étasunienne en ce qu'elle imposait une obligation de vote aux gestionnaires de fonds d'épargne retraite. Cette initiative séduisante est toutefois restée lettre morte en l'absence de décrets d'application[1757]. La dernière étape de la législation, représentant le droit positif, est intervenue avec la loi de sécurité financière du 1er août 2003[1758].

521. L'obligation de communiquer et non de voter. L'article L. 533-22 du Code monétaire et financier semble disposer une obligation aux gestionnaires d'OPCVM d' « [exercer] les droits attachés aux titres détenus par [les organismes de placement collectifs] (…) qu'[ils] gèrent, dans l'intérêt exclusif des actionnaires ou des porteurs de parts [de ces organismes] (…) ». Le droit français paraît avoir un domaine d'application bien plus large que le droit étasunien, car il ne se limite pas aux seuls fonds d'épargne retraite. Cette obligation pèse alors sur tout OPCVM, par le biais de leur société de gestion. Cette mesure, répondant d'une logique selon laquelle « bien gérer, c'est aussi bien voter »[1759], permet aux organismes de placement collectif de préserver leurs prérogatives politiques en les obligeant à participer activement à toute décision collective. Cette affirmation doit toutefois être immédiatement nuancée, deux éléments affaiblissant la portée de l'obligation et donc de l'implication dans le contrôle de la gestion afin de préserver les prérogatives politiques des OPCVM.

Dans un premier temps, l'obligation de vote incombant aux gérants des OPCVM doit être exercée dans l'intérêt exclusif de ses porteurs de parts[1760]. Le gérant devant voter ne doit pas avoir à l'esprit les intérêts de l'organisme de placement collectif, mais plutôt les intérêts des porteurs de parts. Les gérants doivent donc veiller, durant l'exercice des prérogatives politiques, à ce que les intérêts des porteurs de parts d'OPCVM ne soient pas lésés. Or, ces

---

[1755] *Id.*

[1756] Loi n° 97-277 du 25 mars 1997 créant les plans d'épargne retraite, *JORF* du 26 mars 1997, p. 4657. Son article 13 disposait : les fonds d'épargne retraite sont tenus d'exercer effectivement, dans le seul intérêt des adhérents, les droits de vote attachés aux titres [...] détenus par ces fonds ». Voir, sur la loi : Alain COURET, « Première introduction législative de la corporate governance : la loi sur les fonds de pension », *D.* 1997 p. 241.

[1757] Renée KADDOUCH, « L'obligation de vote du gérant l'OPCVM dans la loi de sécurité financière », *D.* 2004, p. 796, N. CUZACQ, *op. cit.* note 1751, § 3.

[1758] Précitée note 221.

[1759] R. KADDOUCH, *op. cit.* note 1757.

[1760] Article L. 533-22 du Code monétaire et financier.

intérêts sont principalement, sinon exclusivement, financiers. Il en résulte que le vote de ces organismes n'est que peu utilisé afin de veiller à la préservation, voire l'accroissement de leurs prérogatives politiques, car ces dernières ne profitent qu'aux OPCVM et non à leurs souscripteurs, mais aussi et surtout parce qu'aucune étude n'a réussi à prouver que l'accroissement des pouvoirs des actionnaires entraînait une augmentation de la valeur actionnariale[1761]. Le risque pour les sociétés de gestion des OPCVM qui utiliseraient leur obligation de vote disposée à l'article L. 533-22 du Code monétaire et financier serait d'engager leur responsabilité à l'égard des épargnants[1762].

Dans un second temps, l'obligation de vote semble être un abus de langage. En effet, les gérants d'OPCVM n'ont pas, à proprement parler, une obligation de voter, mais une obligation de communiquer. L'article L. 533-22 du Code monétaire et financier dispose que, lorsque la société de gestion de l'OPCVM n'exerce pas le vote, elle présente aux souscripteurs les raisons pour lesquelles cette prérogative n'a pas été exercée. Ce texte répond de la logique « appliquer ou expliquer », qui a été abordée précédemment[1763]. Celle-ci permet donc aux gestionnaires des organismes de placement collectif de ne pas voter, à condition de s'en justifier, ce qui signifie que ces gérants disposent de la possibilité de ne jamais exercer leur droit de vote. Cette opportunité laissée ouverte par la loi de sécurité financière a été légèrement réduite par une réforme opérée en 2010[1764], qui impose aux sociétés de gestion de communiquer aux investisseurs souscripteurs comment elles exercent les droits de vote dans un document intitulé « politique de vote »[1765].

Par la publication obligatoire de la politique de vote, les gérants d'OPCVM ne peuvent plus *de facto* s'abstenir de voter, car les souscripteurs de parts ne toléreraient pas que la société de gestion ne s'implique pas dans la gestion des sociétés au sein desquelles l'OPCVM a investi. Mais encore une fois, l'influence des souscripteurs d'OPCVM ne joue effectivement qu'à propos de leur seule réelle préoccupation : le droit au dividende. Un autre facteur d'incertitude quant à l'efficacité de l'article L. 533-22 du Code monétaire et financier sur l'implication des OPCVM dans le contrôle de la gestion sociale se trouve être l'absence de sanction proposée par l'article[1766].

1761 Voir en ce sens : Stephen M. BAINBRIDGE, « Director Primacy and Shareholder Disempowerment », *Harvard Law Review* 2006, p. 1 ; Bengt R. HOLMSTROM, Steven N. KAPLAN, « The state of U.S. Corporate Governance : What's Right and What's Wrong ? », *Journal of Applied Corporate Finance*, Printemps 2003, p. 8.

1762 N. CUZACQ, *op. cit.* note 1751, § 11 : l'exemple cité dans l'article est différent, mais applicable *mutatis mutandis*.

1763 Voir *supra* § 395 et s.

1764 Loi du 12 juillet 2010, précitée note 1276., codifié à l'article L. 533-22 du Code monétaire et financier.

1765 A. COURET, H. LE NABASQUE *et alii*, *op. cit.* note 762, p. 562.

1766 *Id.* Une telle loi sans sanction serait une loi imparfaite, qui, selon Jhering, « est un feu qui ne brûle pas, un flambeau qui n'éclaire pas » : cité par N. CUZACQ, *op. cit.* note 1751, § 23.

522. Sanctions de la violation de l'obligation de communiquer la politique de vote. Comment inciter les sociétés de gestion des OPCVM à participer à la gestion sociale si l'obligation n'est agrémentée d'aucune sanction ? Deux possibilités sont offertes pour punir pécuniairement la société de gestion d'OPCVM qui ne voterait pas ou qui ne justifierait pas son absence de vote.

La première hypothèse de sanction est boursière, de la compétence de l'Autorité des marchés financiers. En effet, l'article L. 621-15 II du Code monétaire et financier ouvre la possibilité à la commission des sanctions de l'AMF de punir le manquement à toute obligation professionnelle définie par la loi[1767]. Or, l'obligation de vote ou de justification remplit clairement les exigences de cet article, qui permettrait à la commission des sanctions de prononcer une sanction administrative – pouvant aller jusqu'à l'interdiction définitive d'exercer les fonctions de société de gestion d'OPCVM[1768] – comme une sanction financière dont le montant peut être porté à cent millions d'euros[1769].

Au-delà de cette sanction boursière pourrait intervenir une sanction civile, sous la forme de la responsabilité civile contractuelle. Or, pour qu'un souscripteur puisse engager la responsabilité de la société de gestion d'OPCVM pour non-respect de l'article L. 533-22 du Code monétaire et financier, il convient de déterminer si celle-ci est une obligation de résultat ou de moyens[1770]. Le manquement à l'obligation de vote, qui est en fait double dans le cadre de l'inexécution – absence de vote et absence de justification –, suffirait à établir le caractère fautif du comportement du gestionnaire de l'OPCVM. Ce n'est pas l'absence de vote qui serait réprimée, mais l'absence de justification. L'atteinte à cette obligation suffirait en elle-même à établir la responsabilité de l'auteur de ce manquement, il s'agit donc d'une véritable obligation de résultat. Cette qualification, qui présente de nombreux intérêts notamment probatoires, engendre un plus grand risque pour les gestionnaires d'OPCVM dont la responsabilité civile serait plus facilement engagée.

523. Les intérêts individuels sont donc, pour être défendus, agrégés et regroupés au sein d'une communauté. Cette agrégation d'intérêts n'est pas automatique mais s'opère par une démarche volontaire de la part des actionnaires, que ce soit par l'adhésion à une association d'actionnaires ou par la souscription de parts d'OPCVM. Les intérêts défendus par ces groupements d'intérêts individuels sont éminemment traditionnels et concernent avant tout

---

[1767] A. COURET, H. LE NABASQUE *et alii*, *op. cit.* note 762, p. 562.

[1768] Les sanctions administratives sont : l'avertissement, le blâme ou l'interdiction à titre temporaire ou définitif de l'exercice de tout ou partie des services fournis. Article L. 621-15 III a) du Code monétaire et financier.

[1769] Article L. 621-15 III a) du Code monétaire et financier.

[1770] Certains considèrent que le régime de responsabilité serait extracontractuel, car il conviendrait de prouver le triptyque de l'article 1240 du Code civil : N. CUZACQ, *op. cit.* note 1751.

la préservation du droit au dividende des actionnaires membres, ce qui aboutit, en vertu du principe d'égalité des actionnaires, à la préservation du droit au dividende. La différence majeure entre les deux structures agrégatives d'intérêts individuels se retrouve dans la considération des droits politiques. Les associations d'actionnaires, qu'elles répondent de la loi de 1901 ou d'articles spéciaux du Code de commerce ou du Code monétaire et financier, sont créées pour favoriser l'exercice des droits politiques de leurs membres. Au contraire, au sein des OPCVM, les considérations politiques ne sont que peu poursuivies par leurs gestionnaires, en dépit de dispositions législatives tendant à favoriser la participation de ces actionnaires particuliers. En effet, les gestionnaires ne participent que peu au contrôle de la gestion sociale dans un autre but que la préservation du droit au dividende, en raison de l'obligation qui leur est faite de voter dans l'intérêt exclusif de leurs souscripteurs.

Il en ressort que les actionnaires traditionnels se montrent peu actifs lorsqu'ils contrôlent la gestion sociale dans le but de préserver leurs propres intérêts. D'autres actionnaires opèrent un contrôle plus altruiste de la gestion sociale, par la défense d'intérêts plus collectifs.

§2 Un actionnariat défendant par le contrôle de la gestion des intérêts collectifs

524. Un contrôle à première vue paradoxal. L'idée qu'un contrôle de la gestion opéré par un actionnaire puisse répondre à des objectifs collectifs, voire altruistes, semble totalement inconcevable au regard de la démarche même du contrôle de la gestion sociale, égoïste par nature. Une telle démarche pourrait être engagée par un associé dans le but de protéger des intérêts qui le dépassent, mais qui le concernent directement ou indirectement. Le contrôle de la gestion dans l'objectif de préserver les intérêts collectifs répond de la même logique que la précédente, à savoir un contrôle individualiste, dont la dimension est par la suite étendue en cas de succès. Cela permet de contourner un reproche communément formulé à l'égard de toutes les considérations collectivistes qui ne sont pas formulées par l'État. Selon les théories colbertistes et jacobines, seul l'État pourrait protéger les intérêts collectifs en tant que seul garant de l'efficacité du contrat social[1771]. Cette objection n'est pas totalement recevable dans le cas du contrôle de la gestion sociale opéré par des actionnaires protégeant certains intérêts collectifs, car le contrôle est primairement réalisé dans un objectif de protection d'intérêts individuels.

525. Méthodologie employée. Afin de traiter du contrôle opéré par certains actionnaires pour préserver des intérêts collectifs, il est nécessaire dans un premier temps de traiter de ces intérêts qui pourraient être mis en péril si la gestion sociale n'était pas contrôlée (I). Une fois ces intérêts identifiés, apparaît une question. Quel actionnaire aurait intérêt à contrôler la gestion de la société au sein de laquelle il a investi afin de veiller à la conservation

---

[1771] Voir : Y. GUYON, *op. cit.* note 1709, § 16.

d'intérêts qui le dépassent pour partie ? Autrement dit, quel actionnaire est en partie entré en société ayant pour objectif la préservation d'intérêts qui ne sont pas uniquement les siens ? Il convient alors d'identifier les actionnaires qui pourraient contrôler la gestion dans ce but, afin de déterminer en quoi ces actionnaires se démarquent des actionnaires traditionnels réunis en associations ou par le biais d'OPCVM (II).

I) Des intérêts collectifs transcendant les intérêts individuels des actionnaires

526. Le contrôle de la gestion peut être opéré dans le but de préserver plusieurs intérêts collectifs qui transcendent les intérêts individuels internes, c'est-à-dire les intérêts des actionnaires. Afin de déterminer en quoi le contrôle de la gestion sociale peut être orienté dans une autre optique que la préservation d'intérêts individuels, il est nécessaire d'identifier les différents intérêts collectifs protégés (A) avant de prouver en quoi ces intérêts collectifs transcendent les intérêts individuels (B).

A) L'identification de ces intérêts collectifs

527. La préoccupation d'une structure sociétalement responsable. Comme il en a déjà été fait mention, le principe même du contrôle de la gestion dans une perspective collective semble antinomique. Toutefois, un mouvement théorique d'inspiration étasunienne affirme que la société doit prendre en compte, dans sa gestion, d'autres considérations que l'intérêt des seuls actionnaires. En effet, un auteur distingue, en 1953, deux principes auxquels les sociétés, comme toute personne disposant de ressources confortables, devaient se conformer : le *stewardship principle*, selon lequel la société doit avoir une gestion responsable de l'actif social, sans pour autant nuire aux tiers ; et le *charity principle*, qui signifie que les sociétés fortunées doivent venir en aide aux personnes moins aisées[1772]. De cette conception initiale, grandement teintée d'inspirations religieuses[1773], découle la théorie de

[1772] Howard Rothman BOWEN, *Social responsibilities of the businessman*, New York, Harper and Row, 1953. Cité par : Michel CAPRON, Françoise QUAIREL-LANOIZELEE, *La responsabilité sociale d'entreprise*, Paris, La découverte, 2010, p. 7.

[1773] L'ouvrage précité note 1772 fait partie d'une série d'ouvrage sur l'éthique et l'économie de la société – dans son acception la plus large – commandée par le *National Council of Churches*, regroupement de plusieurs communautés protestantes aux États-Unis : Gerald J. SCHNEPP, « Review of Social responsibilities of the businessman », *The American catholic sociological review*, 1953, p. 42. Voir aussi : Aurélien ACQUIER, Jean-Pascal GOND, « Aux sources de la responsabilité sociétale de l'entreprise : à la (re)découverte d'un ouvrage fondateur, Social Responsibilities of the Businessman d'Howard Bowen », *Finance Contrôle Stratégie*, 2007/06, p. 13 et 17-20. Il est à noter que le second principe mentionné, le *charity principle*, fait partie de la tradition judéo-chrétienne de la charité du fidèle. Le premier principe, le *stewardship principle*, tient sa source de l'Evangile selon Mathieu, chapitre 25, versets 14-30.

la responsabilité sociétale d'entreprise, qui prend ici la forme de la responsabilité sociétale de la société, véhicule juridique de l'entreprise. Il convient alors pour la société de prendre en considération les intérêts de divers intervenants, ce qui signifie par opposition que le contrôle de la gestion sociale peut être effectué pour préserver ces intérêts. Il est donc nécessaire de considérer quelques intérêts que la société doit prendre en compte dans la conduite de sa gestion avant de dresser les caractéristiques communes à ceux-ci.

528. Identification d'intérêts collectifs motivant le contrôle de la gestion. La gestion sociale doit donc, pour certains, prendre en compte d'autres intérêts, car la société ne peut perdurer sans que l'entreprise ne perdure elle-même. De la préservation des intérêts des membres de l'entreprise, et donc par exemple des salariés dépend l'activité de l'entreprise et donc celle de la société. Le premier intérêt collectif qui peut être protégé par le biais d'un contrôle de la gestion sociale est donc l'intérêt des salariés.

Ensuite, une société, lorsqu'elle exploite une entreprise de production, a besoin de certaines matières premières issues de ressources naturelles[1774]. Or, une activité effrénée sans considération pour la préservation des matières premières entraîne une raréfaction de celles-ci, les rendant plus chères pour l'entreprise. De fait, son processus de production étant plus onéreux, l'augmentation est imputée sur le prix de vente, pouvant décourager les consommateurs. Une conduite sociale négligente pour les matières premières pourrait conduire à une activité de l'entreprise plus coûteuse et donc à une plus faible rentabilité de la société. La société peut donc être conduite à prendre en compte la préservation des ressources naturelles[1775] et la gestion sociale contrôlée dans cet objectif.

Par ailleurs, la société, lorsqu'elle exploite une entreprise de production potentiellement dangereuse pour la santé des riverains, peut veiller à ce que l'activité crée le moins de dommages à la santé possible, directement[1776] ou indirectement[1777]. À ce titre, elle peut vouloir éviter d'être associée à une pollution entraînant des conséquences sur la santé publique. La société doit alors, dans cette optique, prendre en considération les conséquences néfastes de son activité dans sa gestion sociale et orienter sa gestion vers des activités moins polluantes. Il semble donc logique que le contrôle de la gestion sociale

---

[1774] Il semble difficile, par exemple, à la société Michelin, fabriquant de pneumatiques, de poursuivre son activité principale sans hévéas, arbres dont la sève sert à confectionner le caoutchouc.

[1775] La société Michelin communique sur son site internet à propos de son implication afin de garantir une « culture de l'hévéa durable ».

[1776] Par exemple, par l'émission de substances dérangeantes ou nocives pour la santé des riverains.

[1777] Par exemple, par l'enfouissement de substances nocives qui peuvent, par infiltration, polluer une nappe phréatique et rendre celle-ci impropre à sa consommation. La pollution est indirecte dans ce cas, car elle ne résulte pas directement de l'activité de la société.

soit aussi opéré dans l'objectif de veiller au contrôle des activités polluantes de la société. Ce dernier contrôle, tout comme celui veillant à la préservation des matières premières, présente une caractéristique commune, celle de concerner la préservation de l'environnement au sein duquel évolue la société. Il est alors possible d'affirmer que le deuxième intérêt collectif motivant le contrôle de la gestion sociale est l'environnement.

Enfin, la gestion sociale peut pâtir des moyens employés pour aboutir à la réalisation des activités profitables. En effet, il est des moyens qui permettent à une société d'obtenir de très grands profits qui ne sont pas communément acceptables, soit en raison des pays dans lesquels les moyens ont été employés[1778], soit en raison des moyens eux-mêmes[1779]. Dans ce cas, ce n'est pas la gestion économique qui est contestée, mais la gestion morale – voire éthique – de la société, dont l'image de marque pâtit des conséquences de cette gestion. La gestion sociale devant prendre en considération l'implication éthique de l'activité sociale, il semble logique qu'un autre intérêt collectif soit ces intérêts éthiques.

529. Des intérêts collectifs objets de publication. Il ressort des développements précédents que les intérêts collectifs qui motivent le contrôle de la gestion sociale sont les intérêts des salariés, de la société *lato sensu*, mais aussi des générations futures par le biais de la prise en compte des intérêts environnementaux. Ces trois considérations différentes font toutes l'objet d'une publication de la part du conseil d'administration ou du directoire[1780]. Si la publication relative aux considérations éthiques et environnementales faciliterait la tâche des contrôleurs poursuivant cet objectif, les informations fournies étant nombreuses et relativement complètes, il n'en est rien à propos de la préservation des intérêts collectifs des salariés, car la communication du conseil d'administration et du directoire ne vise, en principe, que la structure de l'actionnariat salarié[1781]. Cette faiblesse est toutefois complétée par les dispositions réglementaires visant à informer les actionnaires des conditions de travail au sein de la société[1782].

[1778] Ce peut être le cas pour une société qui fait des affaires dans un État qui n'est pas considéré comme étant démocratique, comme ce fut le cas pour Total et sa participation au Myanmar. Voir : Pierre COCHEZ, « Total est invité à ne plus investir dans ce pays », *La Croix*, 1er octobre 2007, p. 3 ; Georges DUPUY, Aline BASELA, « L'encombrant chantier de Total en Birmanie », *L'Express*, 28 novembre 1996, p. 79.

[1779] Tels le travail des enfants ou de salariés adultes pour des salaires et des conditions de travail mettant en péril leur intégrité physique.

[1780] Voir *supra* § 348 et s.

[1781] Article L. 225-102 du Code de commerce.

[1782] Article R. 225-105-1 I 1° du Code de commerce.

B) Les intérêts collectifs incluant et dépassant les intérêts individuels

530. Les intérêts collectifs qui motivent le contrôle de la gestion sociale peuvent être différenciés selon qu'ils défendent un bien collectif ou le bien commun. En ce sens, le contrôle de la gestion sociale répond en partie de la préservation du contrat social, confirmant ainsi que la société *stricto sensu* figure en bonne place au sein de la société *lato sensu*. Cependant, les intérêts collectifs ne peuvent être considérés seuls, ils ne peuvent motiver un contrôle de la gestion sociale que couplés avec les considérations traditionnelles.

531. Préservation d'un bien collectif et du bien commun. Les intérêts protégés par le contrôle de la gestion sociale dans une optique collective peuvent être qualifiés différemment, ce qui aura une influence sur les modalités du contrôle de la gestion. Il est possible de distinguer ces intérêts selon qu'ils participent de la préservation d'un bien collectif ou du bien commun.

La préservation de l'intérêt des salariés consiste en la protection d'un intérêt collectif, car l'intérêt des salariés ne regroupe que l'intérêt d'une catégorie de personnes déterminées.

À bien considérer, les notions d'intérêt des salariés et d'intérêt des actionnaires diffèrent radicalement en ce que les actionnaires bénéficient, en toute logique, du principe d'égalité[1783]. Dès lors, il ne saurait exister une différence entre l'intérêt d'un actionnaire et l'intérêt de tous les actionnaires. En revanche, lorsqu'il est question de l'intérêt des salariés, aucun principe d'égalité n'existe, seul un principe de non-discrimination étant applicable en droit du travail[1784]. Cela signifie qu'il est possible de porter atteinte à l'intérêt d'un salarié sans porter atteinte à l'intérêt de tous les salariés, ce qui peut être

---

[1783] Le principe d'égalité entre actionnaires doit toutefois être précisé : il n'est pas question d'une égalité entre tous les actionnaires, mais d'une égalité entre les actionnaires porteurs d'une même catégorie d'actions.

[1784] Ce principe de non-discrimination est applicable tant à l'embauche que lors du licenciement au regard des articles L. 1132-1 et suivants du Code du travail. Selon l'article L. 1132-1 du Code du travail : « Aucune personne ne peut être écartée d'une procédure de recrutement ou de l'accès à un stage ou à une période de formation en entreprise, aucun salarié ne peut être sanctionné, licencié ou faire l'objet d'une mesure discriminatoire, directe ou indirecte, telle que définie à l'article 1er de la loi n° 2008-496 du 27 mai 2008 portant diverses dispositions d'adaptation au droit communautaire dans le domaine de la lutte contre les discriminations, notamment en matière de rémunération, au sens de l'article L. 3221-3, de mesures d'intéressement ou de distribution d'actions, de formation, de reclassement, d'affectation, de qualification, de classification, de promotion professionnelle, de mutation ou de renouvellement de contrat en raison de son origine, de son sexe, de ses mœurs, de son orientation ou identité sexuelle, de son âge, de sa situation de famille ou de sa grossesse, de ses caractéristiques génétiques, de son appartenance ou de sa non-appartenance, vraie ou supposée, à une ethnie, une nation ou une race, de ses opinions politiques, de ses activités syndicales ou mutualistes, de ses convictions religieuses, de son apparence physique, de son nom de famille ou en raison de son état de santé ou de son handicap ».

le cas lorsqu'une entreprise licencie économiquement[1785]. L'intérêt des salariés est ainsi un intérêt collectif.

Par ailleurs, la préservation des intérêts environnementaux et éthiques participe de la défense d'un intérêt commun, c'est-à-dire un intérêt profitant à tous[1786]. En effet, le contrôle de la gestion dans le but de préserver l'environnement, par exemple, bénéficie à la société et à ses actionnaires comme il en a déjà été fait état, mais aussi aux générations présentes ou futures. La préservation des ressources naturelles et la réduction de l'utilisation de substances nocives par la société dans son activité productrice lui profitent car elle ne pâtit pas d'une image de marque négative et bénéficie plus durablement de ressources naturelles lui permettant de préserver son activité. Ce contrôle joue aussi en faveur de tous, en ce que la préservation des ressources naturelles participe d'une politique de développement durable, par essence profitable à la communauté[1787].

Les deux intérêts collectifs se distinguent alors, car l'un vise la préservation de l'intérêt de certains, tandis que les deux autres visent la préservation de l'intérêt de tous. Cette différence qui semble à première vue purement philosophique, entraîne plus précisément une conséquence juridique sur l'intérêt à contrôler la gestion sociale. Si le premier prérequis pour contrôler la gestion sociale semble être celui de détenir des actions[1788], une seconde condition semble apparaître avec l'identification du contrôle de la gestion sociale pour la défense de l'intérêt de certains. On doit admettre que la défense de l'intérêt d'un groupe incombe aux personnes concernées par cet intérêt, mais il serait plus difficile de concevoir qu'une personne défende ce même intérêt alors qu'elle n'est en rien concernée par celui-ci. Cette différence entre intérêt collectif visant la protection de certains et intérêt collectif visant la protection de tous entraine une distinction dans le domaine de l'action de contrôle de la gestion.

532. La transcendance des intérêts collectifs aux intérêts individuels. Ces intérêts collectifs – qu'ils représentent les intérêts de certains ou les intérêts de tous – peuvent motiver le contrôle de la gestion. Il est nécessaire de se demander si ces intérêts collectifs peuvent motiver à eux seuls le contrôle de la gestion, ou si, pour ce faire, ils doivent être cumulés aux intérêts traditionnels.

[1785] Le licenciement économique prend pour hypothèse le licenciement de certains salariés afin de préserver l'emploi au sein de l'entreprise. C'est ainsi que l'on peut expliquer la locution « plan de sauvegarde de l'emploi », par la nécessité de l'établir avant les licenciements effectifs. Voir : G. AUZERO, E. DOCKÈS, *op. cit.* note 708, p. 574 et s.

[1786] Cette conception est à rapprocher de la conception de l'intérêt commun. Voir : Jean-Jacques ROUSSEAU, *Du contrat social*, Amsterdam, Marc Michel Rey, 1762, p. 35 et 56.

[1787] G.H. BRUNDTLAND, *op. cit.* note 1271.

[1788] Cela peut être contesté par l'observation selon laquelle les associations d'investisseurs peuvent intervenir dans la gestion sociale de sociétés au sein desquelles l'association n'a pas directement investi.

Il semble que les intérêts collectifs ne peuvent raisonnablement motiver seul le contrôle de la gestion sociale. En effet, le but premier de la société est de générer des bénéfices en ajoutant à la valeur actionnariale financière, c'est-à-dire de respecter les intérêts individuels des actionnaires, avant de créer une valeur sociale informelle, en améliorant les conditions de travail, ou en préservant l'environnement ou l'éthique[1789]. Les intérêts collectifs interviennent alors en complément des intérêts individuels, qui doivent en principe motiver préalablement le contrôle de la gestion. Ils n'interviendraient que subsidiairement dans la surveillance de la gestion sociale, ce qui nécessiterait dans un premier temps une préoccupation liée aux intérêts traditionnels, puis, dans un second temps, un contrôle dans le but de préserver les intérêts collectifs. Une telle conception ne peut totalement être satisfaisante, car elle supposerait qu'à défaut de contrôle des actionnaires dans la préservation de leurs intérêts personnels, la gestion ne pourrait être vérifiée dans l'objectif de préserver les intérêts collectifs. Les deux types d'intérêts se superposent, l'un transcendant l'autre.

En cela, la vérification de la gestion sociale avec pour objectif de préserver les intérêts collectifs permettrait indirectement de préserver les droits pécuniaires individuels des actionnaires, les premiers supposant la préservation des seconds. Le contrôle de la gestion motivé par la seule préservation de l'intérêt environnemental pourrait conduire à préserver par là-même la valeur actionnariale, car le signal que représente le respect de l'environnement profite à l'image de marque de la société, pouvant faire évoluer positivement son chiffre d'affaires et partant augmenter son bénéfice distribuable. La vérification d'intérêts collectifs peut intégrer les intérêts individuels des actionnaires, qui leur sont immanents. Ce lien entre intérêts collectifs et intérêts individuels, les premiers pouvant intégrer les seconds, signifie alors que le contrôle de la gestion dans l'objectif de préserver les intérêts collectifs répond d'une logique qui peut être considérée comme approchant de l'intérêt de la société dans son ensemble.

533. La préservation des intérêts collectifs : la manifestation de la conception étendue de l'intérêt social. En caractérisant le lien entre les intérêts individuels et collectifs, il devient possible de considérer que le contrôle de la gestion dans le but de préserver les intérêts collectifs au sein de la société permet de satisfaire le plus d'entités sociales possibles. Aussi est-il envisageable de concevoir que le contrôle de la gestion dans le but de préserver les intérêts collectifs participe de la préservation de l'intérêt social, considéré dans son acception la plus large.

1789 Il serait alors question de substituer à la *bottom line* recherchée par les actionnaires et les dirigeants, à savoir la dernière ligne du bilan comptable de la société, la notion de *triple bottom line*, en ajoutant à la valeur purement financière des indicateurs sociaux et environnementaux : Nicolas CUZACQ, « Aspects juridiques de l'investissement sociétalement responsable », *Mélanges offerts à Jacques DUPICHOT*, Bruxelles, Bruylant, 2005, p. 129.

L'intérêt social, ainsi qu'il en a déjà été traité, peut avoir des définitions réduites[1790] ou étendues. Dans cette dernière hypothèse, l'intérêt social comprend aussi l'intérêt de tous les *stakeholders*[1791]. Lorsque la gestion fait l'objet d'une surveillance dans le but de protéger des intérêts collectifs tels qu'ils ont été précédemment définis, on peut affirmer que les acteurs de ce contrôle opèrent une vérification conforme à l'intérêt social. Apparaît alors la confirmation de l'influence croissante de la notion de responsabilité sociétale d'entreprise, par laquelle les dirigeants des sociétés doivent prendre en compte les intérêts périphériques à celui de la société.

534. Si toutes les diligences nécessaires au respect de ces intérêts ne sont pas accomplies par es organes sociaux, il est nécessaire d'aborder la question de la personnalité des contrôleurs, afin de les identifier et de déterminer en quoi ce contrôle dépend d'actionnaires particuliers.

II) Un contrôle exercé par des actionnaires particuliers

535. Un contrôle commun à la vérité égoïste. La surveillance de la gestion sociale dans le but de préserver les intérêts collectifs semble à première vue répondre d'une considération collective. En effet, la préoccupation pour l'environnement parait avoir pour objectif la préservation du bien commun. Or, il est, au final, très improbable qu'une telle vérification soit effectivement opérée dans de purs intérêts magnanimes, car l'acteur social qui vérifie la gestion en considération d'intérêts collectifs le fait dans un premier temps pour satisfaire ses propres intérêts, avant même de viser la satisfaction des intérêts de la communauté[1792]. Il en ressort que le contrôle, recoupant l'intérêt social, est en priorité opéré égoïstement, ce qui signifie que l'identité des contrôleurs influe nécessairement sur l'exercice de leur prérogative de surveillance et sur le thème de celle-ci.

536. Dès lors qu'est admise l'idée selon laquelle l'identité du contrôleur influe sur l'exercice du contrôle de la gestion sociale, il est intéressant de se demander si la réciproque est vérifiée. Selon une analyse précédemment effectuée, les intérêts collectifs peuvent être divisés en deux catégories : les intérêts de certains et l'intérêt de tous. Dans un premier temps, la préservation des intérêts de certains – principalement ceux des salariés – est opérée par des actionnaires partageant les mêmes préoccupations. Les intérêts de cette collectivité seront protégés par le biais du contrôle de la gestion sociale uniquement grâce à un ou plusieurs membres de cette collectivité, conférant un caractère corporatiste à ce contrôle (A). Au contraire, ce qui est considéré

[1790] L'intérêt social sera alors l'intérêt des seuls actionnaires. Voir *supra* § 316-317.

[1791] Voir *supra* § 213: le terme regroupe tous les acteurs autres que les actionnaires qui ont un intérêt dans la conduite de la gestion sociale.

[1792] La logique est donc la même que pour le contrôle de la gestion dirigé par la préservation des intérêts personnels. Voir *supra* § 499.

comme intérêt de tous peut être défendu par toute personne actionnaire y ayant un intérêt au sens large, bien que dans les faits, cette surveillance soit opérée par certaines catégories d'actionnaires (B). Un dernier acteur du contrôle de la gestion doit être identifié, puis isolé, en raison des nombreuses particularités de sa participation à la société et au contrôle de la gestion sociale. L'État, lorsqu'il est actionnaire, a un rôle à accomplir dans le contrôle de la gestion sociale. Toutefois, en raison de son rôle particulier visant à défendre l'intérêt commun et à préserver la cohésion sociétale, son intervention est particulière (C).

A) Le contrôle exercé par des groupements corporatistes dans leur intérêt

537. Notion d'intérêt de certains. Les intérêts de certains sont des intérêts collectifs regroupant une catégorie donnée de personnes présentant des caractéristiques communes. Ces intérêts ne sont toutefois pas un agrégat d'intérêts individuels dans la mesure où l'intérêt de certains peut aller à l'encontre de l'intérêt d'une personne membre de cette collectivité, qui se trouve en quelque sorte sacrifiée afin de préserver l'intérêt du plus grand nombre[1793]. Ces intérêts collectifs se trouvent être ceux des salariés, qui ne peuvent raisonnablement être protégés que par des salariés actionnaires. Afin d'étudier cette question, il convient de traiter du développement de l'actionnariat salarial individuel et collectif (1) avant de vérifier la manière dont s'exerce l'activisme actionnarial des salariés selon leur forme de participation au capital de la société (2).

1) Le développement de l'actionnariat salarié

538. Développement et avantages de l'actionnariat salarié. Il a été longtemps considéré comme un problème quasi insoluble que de concilier la qualité d'actionnaire et de salarié, les théories politiques d'opposition du capital et du travail semblant empêcher toute considération en ce sens[1794]. Le phénomène s'est toutefois développé, spécialement à partir de 1986, par la vague de privatisations ayant abouti à la diffusion auprès de nouveaux

---

[1793] Le raisonnement est ici inspiré de ce qui est applicable aux procédures collectives. Afin de défendre l'intérêt collectif des créanciers dont il est le garant, le mandataire judiciaire peut être conduit à écarter les droits d'un créancier. Voir : Cass., Ass. Plen., 9 juillet 1993, *D.* 1993, p. 469, concl. Michel JEOL ; *ibid.* note Fernand DERRIDA ; *RTD Com.* 1993, p. 699, note Michel CABRILLAC et Bernard TEYSSIÉ ; *Les petites affiches* 23 septembre 1993, n° 76, note J.-P. D. ; *JCP G* 1993, II, 22122, note Frédéric POLLAUD-DULLIAN.

[1794] Il a été considéré que : « rendre le prolétaire propriétaire et l'ouvrier boursicoteur [était] une vieille lune qui a la vie dure » : Frédéric ZENATI, « Législation française et communautaire en matière de droit privé 1er octobre 1986 – 30 décembre 1986 », *RTD Civ.* 1987, p. 161, spéc. § 54.

investisseurs de titres de sociétés anciennement publiques[1795]. Ces sociétés ont eu la possibilité de faire participer leurs salariés au capital, leur permettant ainsi de bénéficier d'un actionnariat plus stable que l'actionnariat traditionnel, les salariés étant plus enclins à conserver leurs actions au moins durant le temps de leur contrat de travail. Cet actionnariat stable présente un double avantage pour la société[1796] : la paix sociale semble assurée alors que les salariés peuvent percevoir une considération à leur égard de la part de leurs employeurs – par le biais d'un alignement des intérêts si les dirigeants sont aussi actionnaires – ; et cela représente par ailleurs un moyen d'augmenter le revenu des salariés à moindre coût, l'attribution d'actions pouvant être considérée comme un mode alternatif ou supplémentaire de rémunération[1797]. Afin de développer cet actionnariat, plusieurs voies ont été envisagées, tant directes qu'indirectes.

539. De multiples moyens légaux pour l'actionnariat salarié direct. Il a été assez tôt question de favoriser l'hypothèse de l'actionnariat individuel direct des salariés, c'est-à-dire la souscription d'actions à titre individuel par le salarié. C'était d'ailleurs l'esprit d'une loi de privatisation, qui prévoyait d'offrir la possibilité de souscrire aux actions de la société privatisée à tout salarié justifiant d'un contrat de travail exercé pour une durée au moins égale à cinq ans[1798]. Si le mode d'acquisition privilégié des actions est le recours aux marchés financiers, différentes possibilités ont par ailleurs été prévues par le législateur afin de faciliter l'actionnariat salarial direct : les options d'achat ou de souscription d'actions et les augmentations de capital réservées.

540. Les options d'achat et de souscription d'actions. Mécanisme faisant actuellement partie des régimes de rémunérations des dirigeants gestionnaires, les options d'actions étaient à l'origine prévues pour l'ensemble des salariés de la société[1799]. Rapidement dévoyé pour ne profiter qu'aux dirigeants[1800], cet octroi à tous les salariés a été rappelé par la loi du 3 décembre 2008, exigeant que les options d'achat ou de souscription d'actions soient proposées à tous les salariés si elles le sont aux dirigeants

---

[1795] Il est possible de citer, à titre d'exemple, les privatisations de Saint-Gobain, et de la Société Générale par la loi n° 86-912 du 6 août 1986 relative aux modalités d'application des privatisations décidées par la loi n° 86-793 du 2 juillet 1986 autorisant le Gouvernement à prendre diverses mesures d'ordre économique et social, *JORF* du 7 août 1986, p. 9695. Voir aussi, la privatisation de la société Rhône Poulenc par la loi n° 93-923 du 19 juillet 1993 précitée note 442.

[1796] Ph. MERLE, *op. cit.* note 110, p. 679.

[1797] Sur l'aspect rémunératoire des actions consenties aux salariés, voir : Christine LASSALAS, « L'actionnariat des salariés », *Mélanges en l'honneur de Jean STOUFFLET*, Paris, L.G.D.J., 2001, p. 169.

[1798] Article 11 de la loi du 6 août 1986, précitée note 1795.

[1799] Loi n° 70-1322 du 31 décembre 1970 portant adjonction des articles 208-1 à 208-8 relatifs aux options de souscription ou achat d'actions, *JORF* du 3 janvier 1971, p. 77.

[1800] P. DIDIER, Ph. DIDIER, *op. cit.* note 111, p. 921.

gestionnaires[1801]. Prévues aux articles L. 225-177 et suivants du Code de commerce, ces options confèrent la possibilité à leurs bénéficiaires d'exercer un droit d'acheter ou de souscrire à des actions. Ce n'est que lorsque l'option est levée que la qualité d'actionnaire est acquise, ce qui signifie que les options d'achat ou de souscription d'actions ne sont pas des moyens d'attribuer la qualité d'associé en soi, mais supposent, pour conférer une telle qualité, que le prix d'exercice soit inférieur à la valeur réelle du titre, définie par son cours journalier[1802]. Le Code de commerce, par le biais des options d'achat ou de souscription d'actions – si celles-ci sont conférées aux salariés – prévoit donc une possibilité indirecte d'accorder aux salariés la qualité d'actionnaires, subordonnée à l'opportunité de lever le droit conféré par ce titre financier au regard de la valeur réelle de l'action sous-jacente. Cela signifie ainsi que les plans d'options accordés aux salariés peuvent être considérés comme un signal envoyé au marché à propos de la volonté de la société de constituer un actionnariat salarié, sans pour autant que cela se concrétise effectivement[1803].

541. L'augmentation de capital réservée. Une seconde possibilité pour les salariés de devenir actionnaires de la société au sein de laquelle ils exercent leur activité professionnelle se trouve dans la favorisation des augmentations de capital au profit de salariés qui ont souscrit à un plan d'épargne d'entreprise.

Les plans d'épargne d'entreprise sont des mécanismes d'épargne collective visant à favoriser la « constitution d'un portefeuille de valeurs mobilières » par les salariés, avec l'assistance de la société[1804]. Ce plan d'épargne d'entreprise est donc un système ayant pour but de favoriser l'investissement en actions d'une partie de l'épargne salariale. Ce mécanisme n'entraîne donc pas, par lui-même, le développement de l'actionnariat salarié, car les salariés bénéficiaires du plan ne sont pas nécessairement actionnaires de la société dans laquelle ils sont employés. Toutefois, le plan d'épargne d'entreprise peut permettre aux salariés de souscrire aux actions de leur société à titre individuel[1805], ce qui signifie dans ce cas que le plan d'épargne d'entreprise permet aux salariés de devenir actionnaires de leur propre société. À cette fin, le Code de commerce a favorisé certaines augmentations de capital lorsqu'un plan d'épargne d'entreprise est constitué au sein de la société.

1801 Article L. 225-186-1 du Code de commerce.

1802 Cela fait partie du mécanisme intrinsèque de l'option, les salariés bénéficiaires d'options n'ayant aucun intérêt à exercer leurs droits en cas de valeur réelle inférieure à la valeur d'exercice : Ph. MERLE, *op. cit.* note 110, p. 680-681.

1803 Cela pourrait être le cas d'options non souscrites, qui deviendraient alors caduques à l'expiration du délai pour lequel elles étaient consenties, si l'assemblée générale extraordinaire ayant décidé de l'octroi de ce plan d'options a fixé un délai butoir pour lever l'option selon l'article L. 225-183 du Code de commerce.

1804 Article L. 3332-1 du Code du travail.

1805 J. MESTRE, D. VELARDOCCHIO, *op. cit.* note 1595, § 5010 ; C. LASSALAS, *op. cit.* note 1797, p. 169 ; Ph. MERLE, *op. cit.* note 110, p. 677 ; B. MERCADAL, A. CHARVERIAT, A. COURET, B. ZABALA, *op. cit.* note 455, § 70440.

Les dispositions relatives aux augmentations de capital prévoient ainsi que lorsqu'une société constitue un plan d'épargne d'entreprise, les actionnaires doivent être consultés lors de chaque augmentation de capital en numéraire, sauf lors de l'augmentation résultant de valeurs mobilières donnant accès au capital précédemment octroyées. En effet, le Code de commerce fait obligation à l'assemblée générale extraordinaire de se prononcer « sur un projet de résolution tendant à la réalisation d'une augmentation de capital dans les conditions prévues aux articles L. 3332-18 à L. 3332-24 du Code du travail »[1806]. Cette obligation est particulièrement stricte, car la sanction de sa méconnaissance est la nullité de plein droit[1807].

Une première lecture semble conférer aux souscripteurs de plans d'épargne d'entreprise un droit à participer à une augmentation de capital, renforçant l'idée d'une participation accrue des salariés dans le capital de la société. Il n'en est rien. En réalité, les salariés n'ont aucun droit acquis à bénéficier d'une augmentation de capital, le Code de commerce exigeant uniquement que l'assemblée générale se prononce sur la question. Dès lors, il est évident que les actionnaires n'ont aucune obligation de voter favorablement sur cette proposition. En dépit de ce texte, les actionnaires pourraient ne jamais bénéficier d'une augmentation de capital.

Il en est de même à propos du deuxième alinéa de l'article L. 225-129-6 du Code de commerce, disposant que lorsque la part de capital détenue par les salariés de la société et des sociétés liées au sens de l'article L. 225-180 du Code de commerce[1808] est inférieure à trois pour cent, l'assemblée générale doit être convoquée une fois tous les trois ans afin de se prononcer sur la proposition d'une augmentation de capital. Cette règle est sensiblement la même que celle mentionnée précédemment, la possibilité de renforcer l'actionnariat salarié étant laissée à l'entière disposition de l'assemblée générale. La différence majeure entre ces deux régimes d'encouragement de l'actionnariat salarié se trouve toutefois dans la sanction du non-respect de ces dispositions. En effet, la méconnaissance du deuxième alinéa de l'article L. 225-129-6 du Code de commerce est sanctionnée d'une injonction de faire[1809]. Cela est logique car en l'absence de respect de cette obligation, il n'y a aucune décision, la nullité ne pouvant donc pas être prononcée. De plus, l'obligation à respecter étant la convocation d'une assemblée générale, la sanction de la

---

[1806] Article L. 225-129-6 du Code de commerce.

[1807] Article L. 225-149-3 du Code de commerce, pris en ses deuxième et troisième alinéas.

[1808] Une société liée est celle qui contrôle « majoritairement, directement ou indirectement » selon l'article L. 225-180 II du Code de commerce, ainsi qu'« une entreprise contrôlée, directement ou indirectement, exclusivement ou conjointement, par un organe central, des organes centraux ou les établissements de crédit qui lui ou leur sont affiliés au sens des articles L. 511-30 à L. 511-32 du code monétaire et financier », selon l'article L. 225-180 III du Code de commerce.

[1809] L'article L. 225-129-6 du Code de commerce fait effectivement partie du domaine d'application mentionné à l'article L. 238-1 du Code de commerce.

méconnaissance de cette obligation devrait prendre la forme de l'exécution judiciaire de cette obligation, ce qui justifie l'injonction de faire, le juge n'ayant aucun moyen légal de convoquer lui-même une assemblée générale.

Il ressort ainsi que de nombreuses possibilités existent afin de faire participer les salariés au capital de la société cotée qui les emploie. Il demeure toutefois que des limites existent à leur totale efficacité. Il convient de vérifier si les modalités de participation indirectes au capital sont plus satisfaisantes.

542. Les OPCVM d'épargne salariale : l'actionnariat salarié indirect. L'épargne salariale investie en actions de la société a pour effet de laisser les salariés seuls face à leurs nouvelles prérogatives d'actionnaires, noyés dans une foule d'autres actionnaires et d'informations qui lui sont difficilement accessibles. Est alors apparue l'idée de conférer une dimension collective à l'épargne salariale[1810], par le biais d'une gestion collective de cette épargne, créant de fait un actionnariat collectif « moins volatile que l'actionnariat individuel »[1811]. Les OPCVM d'épargne salariale se sont développés et figurent aux articles L. 214-164 et suivants du Code monétaire et financier. Afin de pouvoir exister et d'exercer leur activité, certaines formalités doivent être respectées, telles la réception d'un agrément de l'AMF[1812]. Il convient alors de décrire brièvement les deux types d'OPCVM d'épargne salariale afin d'appréhender leurs spécificités.

543. La société d'investissement à capital variable d'actionnariat salarié. Tel que le mentionne l'article L. 214-4 du Code monétaire et financier, le premier type d'organisme de placement collectif en valeurs mobilières se trouve être la société d'investissement à capital variable (SICAV). Ces sociétés connaissent une variante relative à l'actionnariat salarié, à savoir la société d'investissement à capital variable d'actionnariat salarié (SICAVAS), ayant pour but « la gestion d'un portefeuille de titres financiers émis par l'entreprise ou par toute autre société qui lui est liée »[1813]. Ces SICAVAS ont ainsi pour seul portefeuille les actions émises par la société ou par le groupe, et ne peuvent souscrire à ses actions que les salariés de la société dont la SICAVAS détient les actions[1814]. Ces sociétés à capital variable ont un fonctionnement assez rigide[1815], expliquant pour partie le peu

---

[1810] Rapport fait au Président de la République sur l'Ordonnance n° 67-694 du 17 août 1967 relative aux plans d'épargne d'entreprise et modifiant la loi n° 65-997 du 29 novembre 1965, *JORF* du 18 août 1967, p. 8290 ; *D.* 1967, légis. p. 310.

[1811] Michel GERMAIN, « Les structures de l'entreprise et le droit du travail », *Droit social* 2005, p. 129, spéc. § 22.

[1812] Pour l'agrément obligatoire de tout OPCVM, voir l'article L. 214-3 du Code monétaire et financier. Pour l'agrément plus spécifique de ces organismes en matière d'épargne salariale, voir l'article 412-119 du Règlement général de l'Autorité des marchés financiers.

[1813] Article L. 214-166 du Code monétaire et financier.

[1814] Article 424-3 du Règlement général de l'Autorité des marchés financiers.

[1815] A titre d'exemple, il est possible pour une SICAVAS d'émettre plusieurs catégories d'actions, l'article L. 214-166 du Code monétaire et financier renvoyant à la formulation des statuts pour régler cette question.

d'engouement de la pratique à y recourir pour les SICAVAS, un seul étant en activité à la fin de l'année 2010[1816].

La SICAVAS est un moyen pour les salariés de devenir indirectement actionnaires de la société au sein de laquelle ils sont employés. En effet, la personnalité juridique de la SICAVAS signifie que cette structure détient, en son nom, les actions de la société cotée. Les salariés qui souscrivent aux actions de la SICAVAS ne sont qu'actionnaires de celle-ci, qui est elle-même actionnaire de la société cotée. Les salariés deviennent actionnaires de la société cotée par l'interposition de la SICAVAS et ne pourraient donc contrôler qu'indirectement la gestion de la société dont les titres sont détenus par cette société d'investissement.

544. Les fonds communs de placement d'entreprise. Le second OPCVM en épargne salariale connaît un plus grand succès, à savoir les fonds communs de placement d'entreprise[1817]. Ces FCPE peuvent être deux ordres, selon que le fonds commun a souscrit à des titres financiers de différents émetteurs ou exclusivement à des titres financiers émis par la société cotée. Seule cette dernière hypothèse, veillant à la concrétisation de l'actionnariat salarié sera abordée, car la première formule de FCPE ne permet pas aux salariés de devenir actionnaires de leur société[1818]. La figure du FCPE est moins contraignante que celle de la SICAVAS, car le fonds commun de placement ne bénéficie pas de la personnalité juridique selon l'article L. 214-8 du Code monétaire et financier. Dès lors, les parts émises par le fonds commun de placement représentent un titre de copropriété des actions détenues par le fonds, leurs souscripteurs acquérant mécaniquement la qualité de copropriétaires des actions de la société. Les salariés qui souscrivent des parts de FCPE ne deviennent toutefois pas directement actionnaires de leur société, car ils n'ont aucun droit propre sur les actions. Le mécanisme de copropriété des actions ne confère que des droits partagés entre tous les salariés souscripteurs du FCPE, engendrant un statut particulier pour ceux-ci, ne leur accordant aucun droit individuel à l'exercice de leurs droits d'actionnaires.

A cette fin, le Code monétaire et financier dispose que les droits d'actionnaires seront exercés par le conseil de surveillance du FCPE, qui est l'organe d'exercice des droits de vote des actions détenues. Sa composition répond à des règles posées par l'article L. 214-164 du même code, selon lequel ce conseil est au moins composé pour moitié des représentants des porteurs de parts « eux-mêmes porteurs de parts », c'est-à-dire des salariés souscripteurs

---

[1816] Cette seule SICAVAS a été constituée par la société Eiffage, sous le nom d'Eiffage 2000.

[1817] Articles L. 214-164 et L. 214-165 du Code monétaire et financier.

[1818] Pour être plus précis, il est possible, dans le cadre d'un fonds commun de placement d'entreprise d'acquérir des actions de la société, mais dans la limite maximale d'un tiers des ressources du FCPE. Voir : article L. 214-164 alinéa 9 du Code monétaire et financier.

au FCPE, mais aussi des représentants de l'entreprise[1819]. La composition laisse donc une grande part aux représentants des salariés porteurs de parts et cette influence est encore plus prégnante au regard des règles de nomination de ces représentants.

Il ressort en effet du même article que les modalités de désignation des représentants des porteurs de parts sont précisées par le règlement interne du fonds. Ils sont soit élus, soit désignés par le – ou les – comité social et économique ou les « organisations syndicales représentatives au sens de l'article L. 2231-1 du Code du travail »[1820]. Si cette dernière hypothèse est choisie et que les représentants de l'entreprise sont peu nombreux au sein du conseil de surveillance du fonds, le fonds commun de placement d'entreprise peut exercer ses prérogatives de vote dans un sens particulier, celui de la préservation des intérêts des salariés. Il méconnaitrait alors pour partie un des objectifs premiers, la préservation de l'épargne de ses souscripteurs[1821]. Apparaît donc une problématique liée au développement de l'actionnariat salarié, celle de l'activisme actionnarial de ces actionnaires particuliers.

2) L'activisme des salariés

545. L'activisme des salariés, dépendant de la forme d'actionnariat salarié. Les salariés, en acquérant la qualité d'actionnaire, bénéficient de leurs droits et notamment des droits politiques permettant de contrôler la gestion de la société cotée. Or, il existe deux formes d'actionnariat salarié, selon qu'il est organisé directement ou indirectement. L'exercice de ce pouvoir de contrôle de la gestion sociale par les salariés doit donc être abordé selon les modalités d'actionnariat salarié.

546. L'activisme des salariés actionnaires directs. La favorisation de l'actionnariat salarié individuel direct avait pour objectif initial de permettre aux salariés de défendre des préoccupations d'ordre social. Les salariés actionnaires devaient dans un premier temps contrôler la gestion dans l'objectif de préserver leurs intérêts collectifs[1822]. La théorie du contrôle de la gestion dans l'intérêt de certains par les membres de cette communauté était alors vérifiée. Dans cette considération originelle, la qualité de salarié prenait le pas sur la qualité d'actionnaire. Cette conception n'est toutefois plus intégralement appliquée, en raison des dispositions de droit des sociétés, mais aussi en raison de la notion d'actionnaire salarié, modifiée par la pratique.

[1819] La représentation peut ne pas être égalitaire, un conseil de surveillance de FCPE pouvant être composé majoritairement de représentants des porteurs de parts et d'un seul représentant de l'entreprise. En revanche, il semblerait qu'un conseil de surveillance ne comportant pas de représentant de l'entreprise ne soit pas envisageable.

[1820] Article L. 214-164 alinéa 3 du Code monétaire et financier.

[1821] Ph. MERLE, *op. cit.* note 110, p. 678.

[1822] C. LASSALAS, *op. cit.* note 1797, p. 170.

Les règles du droit des sociétés permettant un contrôle effectif de la gestion sociale s'opposent à ce qu'un actionnaire salarié exerce effectivement ses prérogatives de contrôle. En effet, le poids des actionnaires salariés dans les sociétés cotées représente une fraction assez faible du capital social, car au sein des sociétés composant l'indice SBF 120[1823], il n'atteint pas une moyenne de deux pour cent[1824]. Or, certaines mesures permettant d'assurer le contrôle de la gestion sociale, comme poser des questions en assemblée ou engager une action en responsabilité à l'égard des dirigeants gestionnaires, nécessitent la détention d'une certaine fraction de capital, le plus souvent égale à cinq pour cent, que les actionnaires salariés ne pourront que très difficilement atteindre. Les règles de droit des sociétés, en exigeant la détention d'une fraction du capital semble de fait exclure les actionnaires salariés de leur droit de contrôler la gestion.

Si auparavant l'actionnaire salarié était salarié avant tout, il ressort en outre de la pratique du droit des sociétés cotées que l'actionnaire salarié tend à devenir un actionnaire comme les autres. Dès lors, son comportement individuel est assimilable à celui des actionnaires minoritaires, sa préoccupation principale devenant plus une préoccupation financière que sociale. Par ailleurs, les actionnaires salariés ne votent pas aux assemblées générales, notamment en raison de la faiblesse de leur participation au capital[1825] et de la pratique des « pouvoirs en blanc ». Cette procédure permet à un actionnaire de conférer son droit de vote au président de l'assemblée générale, selon les modalités prévues à l'article L. 225-106 du Code de commerce[1826]. Dans cette hypothèse, les actionnaires salariés laissent en pratique tout pouvoir au président de séance, le sens du vote étant déjà connu selon un critère organique quelle que soit la teneur du projet de résolution

[1823] Cet acronyme signifie la « Société des bourses françaises 120 » et regroupe plusieurs compagnies cotées sur le marché parisien. Composent cet indice : les sociétés du CAC 40 (les quarante plus grandes cotations), agrémentées des quatre-vingts valeurs les plus liquides (communément appelées CAC Next 20 et CAC Mid 60). Voir : Ahmed SILEM, Jean-Marie ALBERTINI (dir.), *Lexique d'économie*, 12ème éd., Paris, Dalloz, 2012, p. 743.

[1824] Selon l'Autorité des marchés financiers, la fraction de capital détenue par les actionnaires au sein des sociétés composant le SBF 120 serait de 1,9 pour cent, seules 17,8 pour cent des sociétés auraient un actionnariat salarié détenant au moins 3 pour cent du capital social : AUTORITE DES MARCHES FINANCIERS, *Lettre économique et financière*, Automne 2011, p. 11. Voir aussi : Edith GINGLINGER, « Actionnariat des salariés : quel impact sur les performances des entreprises ? », *Option Finance* 20 février 2012, p. 58.

[1825] C. LASSALAS, *op. cit.* note 1797, p. 171 ; B. LE BARS, *op. cit.* note 1709, p. 296.

[1826] *Id.* p. 171. Pour la problématique posée par un président de séance n'étant pas actionnaire, ce qui est envisageable si celui-ci est le président du conseil d'administration non actionnaire : D. BOMPOINT, *op. cit.* note 1669, p. 33.

proposé[1827]. Le contrôle de la gestion dans l'objectif de préserver les intérêts des salariés semble difficile à accomplir par le biais des actionnaires individuels. Il est donc question de vérifier s'il en est de même pour les actionnaires salariés à titre indirect.

547. L'activisme des actionnaires salariés à titre indirect. L'activisme des actionnaires salariés à titre indirect revient à s'intéresser à l'activisme des conseils de surveillance des fonds communs de placement, car les sociétés d'investissement à capital variable d'actionnariat salarié ne sont pas répandues[1828]. Il convient donc de vérifier l'impact de la composition du conseil de surveillance du fonds commun de placement d'entreprise sur son activisme actionnarial.

Le conseil de surveillance du FCPE est composé de représentants des porteurs de parts et de représentants de l'entreprise, lesquels ne doivent pas représenter plus de la moitié des membres[1829]. Le facteur déterminant dans l'efficacité du contrôle de la gestion sociale par le fonds est l'identité des membres représentants des porteurs de parts. Or, cette identité varie selon le mode de sélection choisi par le règlement intérieur du fonds, à savoir l'élection, la nomination par désignation du comité social et économique ou par des organisations syndicales représentatives.

Si les représentants des porteurs de parts sont nommés par élection, le risque d'activisme actionnarial pour défendre les intérêts des salariés est réduit pour la société. En effet, le corps électif étant composé de tous les salariés porteurs de parts du fonds commun de placement d'entreprise, cela signifie que ce sont des actionnaires salariés qui vont élire d'autres actionnaires salariés, sans aucune autre considération que leur aptitude à défendre leurs intérêts communs. Or, comme il en a déjà été fait mention, l'intérêt des actionnaires salariés s'est aligné sur les intérêts des actionnaires traditionnels, c'est-à-dire la préservation de la valeur actionnariale. Un fonds commun de placement d'entreprise composé de salariés actionnaires élus serait alors peu influent sur le contrôle de la gestion sociale, accomplissant dans ce cas la même tâche que l'assemblée. Il en est autrement lorsque les représentants des porteurs de parts sont désignés par le comité social et économique, mais surtout par les syndicats représentatifs.

La nomination des représentants des porteurs de parts par les syndicats représentatifs peut aboutir à des résultats différents de ceux que l'élection pourrait produire. En effet, les organisations syndicales représentatives pourraient profiter de cette possibilité afin de nommer les membres les plus à

[1827] L'article L. 225-106 du Code de commerce dispose, en son dernier alinéa : « Pour toute procuration d'un actionnaire sans indication de mandataire, le président de l'assemblée générale émet un vote favorable à l'adoption des projets de résolution présentés ou agréés par le conseil d'administration ou le directoire, selon le cas, et un vote défavorable à l'adoption de tous les autres projets de résolution (…) ».

[1828] Voir *supra* § 543.

[1829] Article L. 214-164 alinéa 2 du Code monétaire et financier.

même à faire valoir les intérêts syndicaux au sein de la société[1830]. Dans une telle hypothèse, le comité de surveillance du fonds commun de placement d'entreprise serait pour partie l'émanation des syndicats représentatifs et ferait preuve d'une certaine forme d'activisme actionnarial. Cette situation est porteuse de risques.

Le conseil de surveillance du fonds commun de placement d'entreprise doit voter dans l'intérêt de ses porteurs[1831]. Or, si les syndicats représentatifs désignent les membres porteurs de parts qui contrôlent la gestion sociale dans le but de protéger les intérêts des salariés, cela semble en contradiction avec la règle énoncée ci-avant. Il est en effet difficile d'affirmer que le conseil de surveillance, qui contrôle la gestion pour préserver les intérêts salariaux, agit dans l'intérêt exclusif des porteurs de parts, qui sont par définition des actionnaires salariés. Les intérêts primaires des actionnaires salariés sont respectés en ce qu'ils demeurent des salariés, mais pas leurs intérêts secondaires, qui sont ceux de porteurs de parts de FCPE, visant la maximisation de la valeur actionnariale. Il serait possible d'envisager une action des porteurs de parts de fonds commun de placement d'entreprise contre son conseil de surveillance, parce qu'il privilégierait la préservation des intérêts des salariés.

Une situation de conflit d'intérêts apparaît au sein du conseil de surveillance du fonds commun de placement d'entreprise, trois intérêts se confrontant[1832]. Il a été mentionné plusieurs solutions afin de mettre fin à ce conflit d'intérêts, chacune concernant la composition du conseil de surveillance du fonds. Celle privilégiée par l'Autorité des marchés financiers consiste dans l'octroi du droit de vote aux seuls représentants élus des porteurs de parts, qui devraient représenter plus de la moitié des membres du conseil de surveillance. Par ailleurs, son président devrait être un représentant élu des porteurs de parts et avoir une voix prépondérante lorsque le conseil de surveillance ne parvient pas à se prononcer en raison du partage des voix de ses membres[1833]. Une telle proposition limite effectivement le risque de conflit

---

1830 C. LASSALAS, *op. cit.* note 1797, p. 172 ; Francine AIZICOVICI, Laëtitia VAN EECKHOUT, « Actionnariat salarié : la lutte pour le pouvoir commence », *Le Monde* 14 juin 2000, p. 3.

1831 Au même titre que la société de gestion doit le faire pour le fonds commun de placement de droit commun : article L. 214-9 du Code monétaire et financier.

1832 Ces trois intérêts sont : les intérêts des salariés, des porteurs de parts du fonds commun de placement d'entreprise et de la société. Cette situation a été identifiée par l'AMF. Voir : GROUPE DE TRAVAIL DE LA COMMISSION CONSULTATIVE « EPARGNANTS », *Rapport sur l'épargne salariale et l'actionnariat salarié*, février 2011, p. 11 ; Isabelle RIASSETTO, « OPCVM d'épargne salariale », *Revue de droit bancaire et financier* 2011, comm. 73.

1833 GROUPE DE TRAVAIL DE LA COMMISSION CONSULTATIVE « EPARGNANTS », *op. cit.* note 1832, p. 12. Le mécanisme proposé est alors analogue à celui du conseil d'administration des sociétés par actions monistes : en cas d'égalité des votes positifs et négatifs, la voix du président de séance est prépondérante selon l'article L. 225-37 alinéa 4.

d'intérêts au sein du conseil de surveillance des fonds communs de placement d'entreprise, mais emporte le risque de limiter son contrôle de la gestion sociale, les représentants élus des porteurs de parts effectuant un tel contrôle dans le but de préserver la valeur actionnariale.

548. Le contrôle de la gestion dans le but de préserver les intérêts des salariés est donc une tâche qui incombe à ces derniers, ce qui représente bel et bien un contrôle catégoriel – effectué par les membres d'une catégorie, pour cette catégorie –. À cette fin, pour faciliter la préservation des intérêts des salariés, de nombreuses possibilités ont été prévues par la loi à partir de 1967 pour faciliter l'accès des salariés au capital de la société au sein de laquelle ils exercent leur activité professionnelle. Force est cependant de constater qu'en dépit de cette volonté d'introduire les préoccupations des salariés au sein de la gestion sociale, les attentes n'ont pas été remplies. En effet, l'actionnariat salarié s'avère au final assez peu répandu dans les sociétés cotées, en dépit des facultés offertes de détention directe ou indirecte. Enfin, le contrôle effectué demeure attaché à la valeur de l'action et non aux préoccupations de tous les salariés, en raison de la prépondérance des considérations purement actionnariales. Le contrôle de la gestion sociale étant grandement incomplet, il convient désormais d'aborder le contrôle de la gestion dans l'optique de la protection de l'intérêt de tous.

B) La protection de l'intérêt de tous par le contrôle individuel

549. La notion d'entreprise socialement responsable. Certains intérêts autres que ceux des actionnaires peuvent être appréhendés par la société dans sa gestion, ce sont les intérêts environnementaux et éthiques. Ces intérêts, qui répondent à la notion de bien commun issue de la philosophie[1834], font l'objet de considérations de la part de la société par le biais du mouvement de la responsabilité sociétale de l'entreprise. Dès lors, la société se devrait de considérer ces intérêts, communs à toutes les personnes intéressées à son activité – et donc pas uniquement les actionnaires –, afin d'adopter une gestion qui serait considérée optimale pour tous. En cela, les intérêts de tous viennent ajouter aux intérêts propres des actionnaires. Une fois acceptée l'idée que la société cotée doit prendre en compte l'intérêt de tous dans le cadre de sa gestion, il devient possible de concevoir que certains actionnaires soient habités de ces considérations. Apparaît donc la notion d'investissement sociétalement responsable.

550. L'investissement sociétalement responsable. La notion d'investissement sociétalement responsable est intimement liée à celle de responsabilité sociétale de l'entreprise. En effet, les deux locutions recouvrent la même réalité, mais leurs points de vue diffèrent. La première se concentre sur la personne de l'actionnaire ou du potentiel investisseur, qui prend en

---

[1834] Voir *supra* § 531.

considération l'activité de la société afin d'investir ou de maintenir son investissement dans une structure qui lui convient ou est en accord avec ses souhaits. À l'inverse, l'investisseur sociétalement responsable peut ne pas investir ou retirer ses investissements au sein d'une société qui ne répondrait pas – ou plus – à ses attentes. La notion de responsabilité sociétale de l'entreprise est quant à elle, axée sur la société elle-même et recoupe au final les mêmes considérations que celles figurant dans l'investissement sociétalement responsable. Cette notion suppose un raisonnement proactif, la société anticipant – ou tentant de le faire – les attentes des investisseurs socialement responsables. De la même façon que la promesse et l'option sont des termes différents décrivant le même acte, l'investissement sociétalement responsable et la responsabilité sociétale de l'entreprise répondent alors du même mécanisme, selon la personne considérée.

L'investissement sociétalement responsable, à l'origine répondant à des considérations religieuses[1835] et donc incarné par des investisseurs liés à des congrégations religieuses, s'est progressivement développé pour être adopté par tout acteur et pour répondre à des considérations éthiques diverses. Il semble cependant que les attentes éthiques au regard de la gestion de la société ne soient plus le propre des fonds d'investissement religieux, bien que la notion d'éthique revête toujours une certaine conception religieuse[1836]. Tous les actionnaires peuvent contrôler la gestion de la société dans le but de préserver ces intérêts. Mais il semble toutefois qu'ils ne soient effectivement respectés qu'au moyen du contrôle de la gestion accompli par les organes de placement collectifs de valeurs mobilières.

Les actionnaires minoritaires isolés semblent en effet détenir une participation trop faible afin de faire valoir les intérêts éthiques et environnementaux. De ce fait, les prérogatives offertes aux actionnaires ne peuvent pas être exercées en raison de l'exigence de détention d'une quotité minimale de capital. De même, le risque que pourrait représenter une vente de titres en raison de la non-satisfaction des attentes éthiques ou environnementales est trop faible pour être pris en compte. Dès lors, seuls les actionnaires minoritaires non négligeables, à savoir les organismes de placement collectif en valeur mobilière, doivent être mentionnés comme

---

[1835] Les premières considérations de l'investissement sociétalement responsable, dans les années 1920, répondaient à l'exclusion de ce qui était considéré comme des *sin stocks*, c'est-à-dire des « actions du pêché », à savoir les actions de sociétés liées au tabac, à l'alcool ou au jeu. Voir : N. CUZACQ, *op. cit.* note 1789, p. 129 ; Isabelle RIASSETTO, « Fonds éthiques et sociétés commerciales », dans *Mélanges offerts à Dominique SCHMIDT*, Paris, Joly éditions, 2005, p. 401 ; Elisabeth FORGET, « L'investissement éthique – Implication en droit des sociétés », *Revue des sociétés* 2015, p. 559, spéc. §1.

[1836] Le Saint-Siège semblait lier éthique et religion en regrettant que le système socioculturel ignore la « dimension éthique et religieuse ». Voir Jean-Paul II, *Lettre Encyclique Centesimus Annus*, 1991, § 39. Cité par : Bruno OPPETIT, « Ethique et vie des affaires », dans *Mélanges offerts à Alain COLOMER*, Paris, Litec, 1993, p. 327.

acteurs du contrôle de la gestion à des fins éthiques et environnementales. Ceux-ci sont connus sous le vocable de « fonds éthiques ».

551. Le développement de l'investissement sociétalement responsable par les fonds éthiques. Si les premiers fonds éthiques sont apparus dès les années 1920 aux États-Unis, il a fallu attendre 1983 en France pour constater l'apparition de ces acteurs[1837]. Presque trente ans après cette innovation, la France compte 305 fonds éthiques actifs, présentant un encours de plus de 115 milliards d'euros[1838]. Ces fonds représentent un potentiel d'investissement très important, les rendant indispensables au fonctionnement financier des sociétés cotées. Il convient alors de vérifier en quoi les fonds éthiques peuvent exercer un contrôle de la gestion sociale dans le but de préserver les intérêts éthiques et environnementaux, avant de déterminer sous quelle forme ce contrôle est constitué.

Les fonds éthiques, et plus largement les investisseurs sociétalement responsables, doivent tout d'abord être distingués de l'investissement solidaire. Cette dernière notion signifie que l'investisseur n'attend pas un retour sur son investissement. Il est désintéressé, l'espoir de tirer profit des sommes investies n'étant pas le but premier de sa démarche[1839]. L'investissement sociétalement responsable, quant à lui, vise à maximiser la valeur actionnariale par le biais de la préservation de certains intérêts. La conception est alors celle selon laquelle la préservation des intérêts éthiques ou environnementaux est un moyen de préserver l'intérêt social et partant de maximiser la valeur actionnariale[1840]. Afin de respecter cet objectif, les fonds éthiques, dont le portefeuille d'actions est composé de plusieurs titres, peuvent adopter plusieurs méthodes de constitution de leurs portefeuilles[1841].

La première méthode est celle du filtrage, aussi appelé exclusion normative. Le fonds écarte de son portefeuille certains titres de sociétés dont l'activité n'est pas jugée compatible avec ses intérêts, tels que ceux des sociétés qui produisent des armements controversés – mines antipersonnel et bombes à sous-munitions – ou qui, par leur activité ou leur intervention dans un État, se rendent coupables de violation de conventions internationales

---

[1837] I. RIASSETTO, *op. cit.* note 1835, p. 401.

[1838] NOVETHIC, *Le marché français en 2011*.

[1839] Voir en ce sens : Isabelle RIASSETTO, « Les OPC de partage », *Bulletin Joly bourse* 2013, p. 89, § 23 et s. ; Isabelle RIASSETTO, « Finance alternative : quels fonds d'investissement pour quelles aspirations ? », *Revue de droit bancaire et financier* 2013, dossier 28, § 37 et s. Voir aussi l'article L. 3332-17-1 du Code du travail pour une définition d'entreprise solidaire dans laquelle ces OPCVM peuvent investir.

[1840] N. CUZACQ, *op. cit.* note 1789, p. 133-134.

[1841] Catherine MALECKI, « L'ISR : une définition à géométrie variable », *Bulletin Joly bourse* 2014, p. 420.

concernant les droits de l'Homme ou l'environnement[1842]. Cette exclusion normative, technique la plus ancienne de constitution des fonds éthiques[1843] et qui reprend la philosophie de l'exclusion des *sin stocks*, représente en 2011 une méthode fréquemment employée par les fonds[1844]. Elle se matérialise par une démarche en aval, car elle se concrétise par la vente d'actions, potentiellement dévastatrice pour la société objet dont les titres sont cédés[1845].

Une autre méthode employée par les fonds, compatible avec l'exclusion normative, est la sélection des titres, qualifiée de sélection ESG[1846]. La méthode des fonds pour constituer leur portefeuille se situe en amont, les fonds éthiques sélectionnant les sociétés au sein desquelles ils investissent en fonction de critères préétablis[1847]. Les sociétés devraient se montrer vertueuses à double titre. Dans un premier temps, elles doivent être respectueuses des normes sociales, environnementales et de gouvernance afin de recevoir l'investissement. Cette première exigence, nécessaire afin d'attirer des sommes conséquentes, ne suffit toutefois pas. En effet, dans un second temps, la société doit maintenir les standards qui lui ont permis de bénéficier des apports des fonds éthiques. Sans cette constance de l'action sociétale de la société, elle ne peut prétendre à conserver les investissements consentis par ces investisseurs éthiques. La sélection ESG paraît favoriser les entreprises adoptant et maintenant des standards élevés en matière sociale, environnementale et de gouvernance. Cette méthode d'investissement semble être une prime aux sociétés les plus vertueuses, à l'inverse du dernier système employé par les fonds éthiques.

Une dernière méthode de constitution de portefeuille se trouve être la plus intéressante. Certains fonds éthiques emploient la méthode dite de l'engagement, c'est-à-dire qu'ils sélectionnent volontairement des sociétés qui ne cadrent pas avec leurs attentes en matière éthique ou environnementale,

---

[1842] Sont, par exemple, écartées des portefeuilles de la plupart des fonds éthiques les sociétés Wal-Mart (en raison de violations du droit du travail), Chevron (violation de l'environnement et des droits de l'Homme), Total (intervention au Birmanie et violation du droit du travail) ou Lockheed Martin (fabrication et commercialisation de bombes à sous-munitions). Voir : NOVETHIC, *Exclusions normatives – Investisseurs responsables face aux entreprises controversées*, janvier 2012.

[1843] I. RIASSETTO, *op. cit.* note 1835, p. 406-407.

[1844] 68 pour cent des fonds éthiques emploient la méthode de l'exclusion normative. NOVETHIC, *op. cit.* note 1838, p. 2.

[1845] Voir *infra* § 599.

[1846] Cet acronyme signifie « Environnement, social et gouvernance ». Voir : I. RIASETTO, *op. cit.* note 1839, § 14 ; Catherine MALECKI, « La finance durable », *Revue de droit bancaire et financier* 2013, dossier 29, § 1 ; F.-G. TREBULLE, *op. cit.* note 51, § 7 ; Emmanuel DRAI, « Responsabilité sociétale des entreprises : un mouvement créateur de valeur (Analyse et gestion de ses conséquences pour les sociétés cotées) », *Les petites affiches* 14 mars 2008, p. 4.

[1847] L'appréciation s'opère dans un secteur d'activité (pratique dite du *best in class*), dans tous les secteurs d'activité (*best in universe*) ou au regard des progrès opérés par la société (*best effort*). Elle s'avère être la pratique la plus représentée dans la gestion des fonds éthiques. Voir : NOVETHIC, *op. cit.* note 1838, p. 2

dans le seul but de tenter de modifier leurs comportements. Cette méthode de constitution de portefeuille comporte en elle-même la notion d'activisme actionnarial, car le fonds éthique investit dans des sociétés en ayant pour objectif de modifier leurs pratiques par le biais de nombreuses interventions au sein de l'assemblée générale. Elle suppose une intervention au sein de la société, qui a pour but de modifier son comportement, marquant un contrôle de la gestion sociale.

552. Les manifestations du contrôle de la gestion par les fonds éthiques. La constitution des portefeuilles d'actions des fonds éthiques influe sur les modalités de leur contrôle qu'ils opèrent au sein de la société pour veiller à la préservation des intérêts environnementaux ou éthiques. Elle ne concerne que deux modèles de constitution de portefeuilles : l'exclusion normative et l'engagement.

L'exclusion normative suppose un contrôle attentif de la gestion des sociétés cotées par le fonds dans le but de vérifier si les considérations éthiques ou environnementales sont effectivement respectées par l'émetteur. En cas de réponse négative, la sanction du fonds éthique peut s'avérer redoutable pour l'émetteur dont les titres ont été souscrits par le fonds. Ce dernier a pour particularité de céder les titres des sociétés dans lesquelles il a investi et qui ne respectent plus ses standards. Or, les investissements réalisés par ce fonds représentant une fraction faible mais non négligeable du capital social, le retrait d'un fonds éthique pourrait engendrer de graves conséquences pour la société cotée. La mise sur le marché d'une quantité importante d'actions, potentiellement accompagnée d'une annonce du fonds concernant les raisons l'ayant conduit à céder les titres, pourrait conduire à une baisse significative du cours du titre[1848].

La constitution du portefeuille par le biais de la pratique de l'engagement entraîne une autre modalité de contrôle de la gestion, car celui-ci est effectué à la fois avant que le fonds n'investisse dans la société, et durant la période d'investissement. Le contrôle de la gestion, s'il fait apparaître des incompatibilités entre les pratiques sociales et les attentes éthiques ou environnementales, entraîne le maintien du fonds dans le capital de la société. Le principe même de l'engagement suppose un activisme du fonds, qui tente d'influer sur les pratiques sociales afin de modifier la gestion sociale. Ce n'est qu'une fois ses attentes satisfaites que le fonds quittera la société. Les conséquences de ce départ à l'égard de cette dernière sont peu importantes, car la société est devenue respectueuse des règles éthiques et

[1848] Cette diminution de la valeur de l'action a un double fait générateur. Dans un premier temps, la valeur est diminuée par le mécanisme même du jeu du marché, car lorsque l'offre augmente, la valeur du titre offert diminue. Dans un second temps, la valeur est réduite en raison de la particularité des marchés financiers, qui connaissent un effet amplificateur de tous les phénomènes haussiers et baissiers. Voir : Raymonde VATINET, « La réparation du préjudice causé par la faute des dirigeants sociaux, devant les juridictions civiles », *Revue des sociétés* 2003, p. 247, § 8.

environnementales et pourrait alors attirer un autre fonds éthique adoptant une approche de sélection ESG.

553. L'activisme des fonds éthiques. L'activisme des fonds éthiques semble dès lors, à première vue, limité aux fonds constituant leurs portefeuilles selon la méthode de l'engagement. Il peut prendre la forme d'un vote en assemblée générale, mais aussi en la formulation de questions orales lors de ces assemblées[1849], de questions écrites au président du conseil d'administration ou au directoire ou d'une résolution à l'ordre du jour[1850]. L'activisme actionnarial de ces fonds serait donc théoriquement important, mais cette conception n'est pas vérifiée dans les faits. En effet, peu de fonds éthiques adoptent la méthode de l'engagement pour employer leurs encours[1851]. Pour autant, la participation des fonds éthiques au contrôle de la gestion fait l'objet d'un foisonnement normatif qui semblerait encourager leur implication.

554. La normativité des règles liées à l'investissement sociétalement responsable. La préoccupation normative pour l'investissement sociétalement responsable s'est matérialisée par le développement de l'investissement éthique. Deux règles viennent s'appliquer aux fonds éthiques ainsi qu'à leurs gestionnaires : la première est internationale et relève de la *soft law*, alors que la seconde est purement interne et revêt un caractère impératif.

La première règle relative à l'investissement sociétalement responsable est formulée en 2006 sous l'égide de l'Organisation des Nations Unies[1852], à laquelle certains investisseurs institutionnels peuvent adhérer. Ces règles posent plusieurs comportements à adopter par les signataires. Ils s'engagent à être des « propriétaires actifs et d'incorporer des considérations ESG dans leurs pratiques et politiques actionnariales »[1853] et à « promouvoir l'acceptation et l'exécution des principes au sein de l'industrie de l'investissement »[1854]. Un fonds qui souscrit à ces principes s'engage à être actif et promouvoir la pratique de l'investissement sociétalement responsable. Cette norme des Nations Unies, appliquée par de nombreux fonds sociétalement responsables[1855], rencontre un succès important qu'il convient d'expliquer.

[1849] I. RIASSETTO, *op. cit.* note 1835, p. 421-422.

[1850] Ces deux dernières possibilités sont soumises à la détention d'une fraction de capital. Voir *infra* § 594.

[1851] Deux pour cent des fonds utilisaient cette méthode en 2011. Voir : NOVETHIC, *op. cit.* note 1838, p. 2.

[1852] ORGANISATION DES NATIONS UNIES, *Principles for responsible investment*, 2006.

[1853] *Id.*, principe n° 2.

[1854] *Id.*, principe n° 4.

[1855] Ces principes ont, en 2012, été signés par 1177 organismes. L'encours de ces signataires s'élève à près de 33 milliers de milliards de dollars américains.

Il paraît, *prima facie*, étonnant que nombre de fonds socialement responsables, notamment les plus importants, adhèrent à cette convention, alors que ces normes représentent une règle supplémentaire qui pourrait constituer un frein à l'action des fonds. L'application de ces principes internationaux peut être expliquée principalement par l'image positive renvoyée. En effet, un fonds qui applique les règles des Nations Unies se voit doter d'un label, qu'il peut mettre en avant. Il bénéficie d'une qualité particulière, qui peut lui permettre d'attirer plus d'épargne de particuliers souhaitant une gestion éthique et environnementale de leurs fonds disponibles.

Une seconde justification au développement de ces règles d'investissement responsable résulte de leur mécanisme même. En effet, ces principes répondent de la *soft law*[1856] et reposent donc sur des règles de droit mou et très générales, dont il est quasiment impossible de sanctionner la violation. Dès lors, un fonds qui souscrit à ces règles peut se contenter d'une application vague, leur non-application n'étant pas juridiquement sanctionnée. En définitive, les principes des Nations Unies d'investissement responsable représentent pour les fonds éthiques un avantage non négligeable justifiant leur application. La souscription à ces principes bénéficie aux fonds, sans pour autant leur nuire. Le développement de cette règle internationale est accompagné par l'inscription, dans l'ordre juridique interne, d'une norme relative à la communication que doivent respecter les fonds socialement responsables.

L'article L. 533-22-1 du Code monétaire et financier, issu de la loi Grenelle II[1857] et de l'ordonnance du 1er août 2011[1858], impose aux sociétés de gestion des OPCVM de communiquer les « modalités de prise en compte des critères relatifs au respect d'objectifs sociaux, environnementaux et de qualité de gouvernance », ainsi que de l'exercice « des droits de vote attachés aux instruments financiers résultant de ces choix »[1859]. Le contenu de l'information précisé par l'article D. 533-16-1 du Code monétaire et financier est particulièrement vaste pour la société de gestion comme pour l'organisme de placement collectif en valeurs mobilières, mais n'est qu'informatif. En aucun cas ces textes n'obligent les OPCVM à prendre en compte les critères

---

1856 Voir : Christine NEAU-LEDUC, « La responsabilité sociale des entreprises : un nouvel enjeu fiscal », *Revue de droit fiscal* 2012, 131, spéc. § 2.

1857 Précitée note 1276.

1858 Ordonnance n° 2011-915 du 1er août 2011 relative aux organismes de placement collectif en valeurs mobilières et à la modernisation du cadre juridique de la gestion d'actifs, *JORF* du 2 août 2011, p. 13106.

1859 L'article L. 533-22-1 du Code monétaire et financier impose que cette information soit tenue à la disposition de chaque souscripteur de chacun des organimes de placement gérés. Voir : D. PORACCHIA, T. GRANIER, *op. cit.* note 1324, p. 343.

environnementaux et aucune sanction n'est clairement prévue[1860]. À titre d'exemple, si les critères sociaux, environnementaux et de gouvernance ne sont pas pris en compte dans la réalisation d'un investissement, les actionnaires d'une SICAV ne pourraient pas révoquer la société de gestion, mais seulement engager la responsabilité de ses dirigeants[1861]. La même sanction pourrait être envisagée en cas de non édiction des informations exigées par les articles L. 533-22-1 et D. 533-16-1 du Code monétaire et financier. La violation de ces règles étant faiblement sanctionnée, il conviendrait de proposer une sanction plus contraignante, en créant une responsabilité spéciale – bien que la tendance actuelle n'aille pas en ce sens[1862] – qui rendrait plus impérative la publication de ces informations par les sociétés de gestion ou les OPCVM.

555. Le contrôle de la gestion par les OPCVM dans l'intérêt de tous. Il semble étrange que les intérêts communs, comme la préservation de l'environnement ou le respect des droits de l'Homme, soient préservés par des organismes de placement collectif, entités privées par essence. Or, selon une conception traditionnelle, les intérêts de tous ne devraient être protégés que par une entité dont l'un des rôles régaliens est de protéger tous les membres de sa communauté : l'État. La légitimité de certains OPCVM d'importance mondiale est de plus soulevée, notamment en raison du risque d'acculturation. À titre d'exemple, l'acception du respect des règles du droit du travail d'un investisseur privé peuvent être différentes de la conception du respect du droit du travail dans l'État au sein duquel l'investisseur a souscrit à des titres de société. La contestation de la légitimité ne semble toutefois pas résister à deux objections. La première est la surface financière de ces investisseurs institutionnels, dont l'encours est supérieur au produit intérieur brut de nombreux États[1863]. De par leurs capacités financières à certains égards égales à celles de certains États, il semble suranné de refuser le droit de protéger des intérêts collectifs à ces fonds. La seconde objection, moins économique, résulte d'une harmonisation des valeurs défendues par les fonds éthiques. En effet, de nombreuses conventions internationales sont prises comme référentiels par des OPCVM internationaux. Dès lors, une uniformisation des

---

[1860] Stephan ALAMOWITCH, « Sociétés de gestion : vers une responsabilité sociétale », *Bulletin Joly bourse* 2012, p. 274. L'auteur n'identifie qu'une seule sanction, celle qui résulte de la pratique du « *name and shame* », c'est-à-dire une stigmatisation de l'organisme ne tenant pas compte des critères sociaux, environnementaux et de gouvernance.

[1861] Ivan TCHOTOURIAN, « L'ISR imposé aux gérants de portefeuille : big bang ou coup d'épée d'ans l'eau de la loi Grenelle II ? », *Revue de droit bancaire et financier* 2011, étude 21, § 14.

[1862] Voir notamment, à propos de la matière pénale : Jean-Marie COULON (dir.), *La dépénalisation de la vie des affaires*, Paris, La documentation Française, 2008.

[1863] A titre d'exemple, CalPERS dispose d'encours supérieurs au produit intérieur brut (PIB) de Singapour, trente-septième économie mondiale en termes de PIB nominal. Il en est de même du fonds de pension néerlandais *Stichting Pensioenfonds ABP*, dont les encours sont supérieurs au PIB du Danemark, trente-cinquième économie mondiale.

considérations éthiques et environnementales s'opère, permettant d'harmoniser le contrôle de la gestion opéré par ces organismes. Ces derniers deviennent ainsi de plus en plus légitimes pour contrôler la gestion des sociétés cotées afin de préserver les intérêts de tous. Il n'en demeure pas moins que, dans la tradition française, ce rôle échoit en principe à l'État, lorsqu'il est actionnaire.

C) L'État actionnaire

556. De l'État propriétaire à l'État actionnaire. Au sortir de la seconde guerre mondiale, l'État a été amené à prendre des participations majoritaires dans des sociétés d'importance nationale pour redresser l'économie mais aussi pour sanctionner certaines attitudes au cours du conflit. Ces participations ont été progressivement cédées à partir des années 1980, par le biais de l'offre au public de titres des anciennes sociétés nationales. Cette cession de participation n'est toutefois pas synonyme d'abandon total de certaines sociétés, considérées comme appartenant à la catégorie de « champion national »[1864], considérées d'importance nationale par leur statut de délégataire de service public ou de l'intervention sur un secteur d'activité particulier[1865]. L'État se mue alors en actionnaire pour maintenir certains intérêts généraux dans des sociétés qui deviennent privées. Ne seront donc considérées que les sociétés privées et non pas les sociétés détenues intégralement ou quasi intégralement par l'État.

557. La particularité des formes d'actionnariat étatique. La particularité de l'actionnariat étatique se matérialise tant par la proportion de capital détenue que par la forme adoptée par celui-ci.

L'État est actionnaire de treize sociétés cotées sur le marché français[1866] au sein desquelles il détient des participations différentes. La participation capitalistique est ainsi comprise entre 1,10 pour cent[1867] et près de 85 pour cent[1868]. Plus généralement, l'État détient une quotité de capital non négligeable de ces sociétés cotées car dans onze cas, l'État détient plus d'un dixième du capital. Il en résulte que l'État est un actionnaire important, détenant une fraction de capital lui permettant de bénéficier de tous les droits

---

[1864] Dominique CARREAU, Robert TREUHOLD, « Privatisations, droit boursier et pratique des marchés », *Revue des sociétés* 1994, p. 1, § 8.

[1865] C'est l'exemple de la société Thalès, dont l'État est actionnaire. Cette société, parce qu'elle intervient dans des secteurs de haute technologie, tels que l'aérospatiale, les transports ou la défense. Voir : Jean-Pierre GASTAUD, « L'État actionnaire de l'entreprise d'intérêt général », *JCP E* 2010, 1884, § 8.

[1866] Il apparaît toutefois que l'État détient des participations dans plus de sociétés cotées, mais la quotité de capital est si infime qu'elle en devient négligeable et ne figure pas dans les données publiées par le ministère de l'économie et des finances.

[1867] Capital détenu par l'État dans le capital de la société CNP-Assurances au 23 novembre 2015.

[1868] Capital détenu par l'État dans le capital de la société EDF. *Id.*

d'actionnaires[1869]. Le statut d'actionnaire de référence de l'État entraîne des conséquences sur le contrôle de la gestion de la société cotée, qu'il convient d'aborder.

Au-delà de cette diversité relative dans la proportion de capital détenue, il est à noter que les formes de participations sont particulières. La première est liée à la privatisation rapide de certaines sociétés et à la nécessité pour l'État de conserver des participations particulières lui conférant des droits. Cette pratique, matérialisée par l'octroi de *golden shares* ou actions spécifiques, consiste en l'octroi d'actions conférant à leur titulaire certains droits, comme celui de nommer un représentant au sein du conseil d'administration ou de surveillance – avec voix consultative et non délibérative – ou de s'opposer à la cession de certains actifs sociaux[1870]. Ces actions spécifiques, qui accordent des prérogatives exorbitantes du droit commun à son bénéficiaire – l'État –, sont considérées comme des actions « totalement dénaturées »[1871], voire des « monstruosités »[1872]. Ces qualificatifs sont compréhensibles, car les *golden shares* sont contraires à certains principes du droit des sociétés, tels le principe de collégialité en conférant un droit de veto à un actionnaire, mais aussi le principe selon lequel l'assemblée générale nomme les membres du conseil d'administration ou de surveillance. Dans ce dernier cas, la loi de la majorité est méconnue car l'État, fut-il détenteur d'une seule action spécifique et donc ultra minoritaire, pourrait désigner un représentant. C'est la raison pour laquelle la pratique des *golden shares*, bien que peu répandue en France, a été encadrée par la Cour de justice de l'Union Européenne[1873].

La principale forme de participation de l'État dans les sociétés cotées, qui marque par ailleurs toute sa spécificité, est l'entrée au capital de sociétés cotées par le biais d'une agence spécialement créée à cette fin, l'Agence des participations de l'État. Elle a été créée à partir du constat selon lequel il était nécessaire de détacher de la tutelle de l'administration l'organisme devant gérer les participations de l'État[1874]. Le décret du 9 septembre 2004 a créé cette

---

1869 Notamment ceux subordonnés à la détention d'une fraction de capital minimum, comme le droit de poser des questions écrites. Voir *infra* § 594.

1870 Article 31-1 de l'ordonnance n° 2014-948 du 20 août 2014, précitée note 429.

1871 Anémone CARTIER-BRESSON, *L'État actionnaire*, préf. Didier TRUCHET, Paris, L.G.D.J., 2010, p. 76. Cité par O. DEXANT-DE BAILLANCOURT, *op. cit.* note 113, p. 61.

1872 D. CARREAU, R. TREUHOLD, *op. cit.* note 1864, § 20.

1873 Voir par exemple : CJCE, 4 juin 2002, *Revue des sociétés* 2002, p. 519, note Gilbert PARLÉANI ; CJUE, 8 juillet 2010, *D.* 2010, p. 1784, obs. Alain LIENHARD ; *Revue des sociétés* 2010, p. 514 note Gilbert PARLÉANI ; *Bulletin Joly sociétés* 2010, p. 907, note Michel MENJUCQ ; CJUE, 11 novembre 2010, *Bulletin Joly sociétés* 2011, p. 57, note Michel MENJUCQ. Voir aussi : Gérard JAZOTTES, « Les prérogatives des États-membres liées aux actions spécifiques (golden share) doivent respecter les règles fondamentales du traité », *RTD Com.* 2002, p. 598 ; Marie-Anne FRISON-ROCHE, « Les conditions communautaires de validité des golden shares dans les entreprises publiques privatisées », *D.* 2002, p. 2242.

1874 Catherine MALECKI, « L'État actionnaire et la gouvernance des entreprises publiques », *D.* 2005, p. 1028, § 5.

agence destinée à succéder au service des participations du trésor[1875], placée sous l'autorité du commissaire aux participations de l'État, nommé par le ministre de l'Economie[1876], dénotant un rattachement clair au gouvernement. L'État actionnaire voit donc ses intérêts préservés par l'Agence des participations de l'État, dont le régime juridique répond à celui d'une organisation publique. Apparaît alors une première difficulté.

L'Agence des participations de l'État a été instituée afin d'extraire la gestion patrimoniale du giron de l'État, pour différencier la gestion patrimoniale des titres dans l'intérêt de l'État et la possibilité de nommer le dirigeant en conseil des ministres[1877]. L'idée était d'éviter un conflit entre l'intérêt social et l'intérêt de l'État. Si ce conflit d'intérêts est évité, l'Agence des participations de l'État peut toutefois se trouver court-circuitée lors de la nomination des dirigeants de grandes sociétés, car le ministre de l'Economie peut proposer un nom pour la direction d'une société d'importance nationale sans que l'agence ne soit consultée. Un nom pourrait être proposé selon des considérations politiques sans pour autant que cela satisfasse les intérêts pécuniaires de l'État actionnaire[1878]. La participation de l'État prend ainsi différentes formes qui marquent sa particularité. La spécificité de l'actionnariat étatique se manifeste surtout dans les considérations motivant le contrôle de la gestion des sociétés cotées à participation étatique.

558. L'État actionnaire : un conflit d'intérêts inévitable. L'État actionnaire serait une situation doublement monstrueuse. En effet, le monstre froid[1879] qu'est l'État rencontre, et investit au sein du monstre contemporain qu'est la société[1880]. La situation de l'État actionnaire majoritaire, la plus courante dans la pratique[1881], se trouve délicate à trois égards. Parce qu'il est actionnaire, l'État doit veiller à ce que la direction gestionnaire maximise la valeur de son investissement. Toutefois, en raison de son statut d'actionnaire majoritaire, il doit aussi veiller à ce que la gestion ne lèse pas les intérêts des minoritaires[1882]. Enfin, en sa qualité de protecteur de l'intérêt général, l'État doit veiller à la préservation d'intérêts qui ne répondent pas à proprement

---

[1875] Décret n° 2004-963 du 9 septembre 2004, portant création du service à compétence nationale « Agence des participations de l'État », *JORF* du 10 septembre 2004, p. 15929.

[1876] Décret n° 2004-963 du 9 septembre 2004, précité note 1875, article 1 III. Cet article résulte d'une modification issue du décret n° 2011-130 du 31 janvier 2011, *JORF* du 2 février 2011, texte n° 9.

[1877] Antoine LOUVARIS, « Les raisons et l'objet de l'intervention de l'État », *JCP E* 2010, 1885, § 3.

[1878] C. MALECKI, *op. cit.* note 1874, § 6.

[1879] Inspiré de : Friedrich NIETZSCHE, *Ainsi parlait Zarathoustra*, Paris, Société du mercure de France, 1898, spéc. p. 61 : « L'État, c'est le plus froid de tous les monstres froids (…) ».

[1880] J.-P. GASTAUD, *op. cit.* note 1865, § 5.

[1881] A défaut de détenir une majorité absolue, ce qui est le cas dans les sociétés Aéroports de Paris et EDF, l'État détient le plus souvent une majorité relative en raison de la dispersion de l'actionnariat.

[1882] C. MALECKI, *op. cit.* note 1874, § 25.

parler de l'intérêt social. L'État actionnaire se retrouve tel Janus, dans l'obligation de veiller à la préservation d'intérêts potentiellement contradictoires entre une vision à court terme – par laquelle il fait fructifier son investissement en recherchant la rentabilité – et à plus long terme – demandée par les actionnaires minoritaires et d'autres intervenants tels que les salariés. Il est ainsi dans une situation de conflit d'intérêts dont la création de l'Agence des participations de l'État devait l'extirper.

559. Les intérêts protégés par l'intervention de l'Agence des participations de l'État. Le décret du 9 septembre 2004 confère à l'Agence des participations de l'État une double mission. Elle doit veiller aux « intérêts patrimoniaux » de l'État et animer la « politique actionnariale de l'État, sous ses aspects économiques, industriels et sociaux »[1883].

La préservation des intérêts patrimoniaux de l'État mentionnée au décret vise le contrôle de la gestion de la société dans l'intérêt propre de l'État actionnaire, comme tout actionnaire privé[1884]. Cette préoccupation est logique à double titre. Tout d'abord, l'État actionnaire est un actionnaire avant tout. Il paraît ainsi normal que sa préoccupation première soit la préservation de son intérêt patrimonial, soit la maximisation de sa valeur actionnariale[1885]. Cette inquiétude est d'autant plus importante que l'Agence des participations de l'État gère des sommes dont l'État n'est pas directement à l'origine, car issues la plupart du temps de la collecte de l'impôt. L'Agence des participations de l'État doit gérer des sommes appartenant à l'origine aux contribuables, qui ne comprendraient pas que les sommes versées au Trésor soient dilapidées dans des investissements non profitables[1886]. Ce n'est toutefois pas la seule fonction que doit remplir l'organisme public.

Cette agence doit effectivement, outre la préservation des préoccupations financières, « animer la politique actionnariale de l'État sous ses aspects économiques, industriels et sociaux »[1887], notamment en proposant des résolutions ou en questionnant les dirigeants gestionnaires. Le terme « animer » semble sous-tendre l'idée selon laquelle l'agence étatique doit jouer un rôle actif au sein de la société, l'État actionnaire serait donc un actionnaire activiste. Cet activisme doit avoir pour objectif de préserver les intérêts économiques, industriels et sociaux de l'État.

Cette formule semble accroitre les prérogatives de l'Agence des participations de l'État, qui devrait être active à propos d'intérêts qui ne sont pas strictement ceux de la société. En effet, les intérêts économiques, mais surtout industriels et sociaux de l'État peuvent recouvrir des notions particulières. Par exemple, il peut aller des intérêts industriels et économiques

---

[1883] Article 1 II et III du décret n° 2004-963 du 9 septembre 2004, précité note 1875.

[1884] Voir *supra* § 501 et s.

[1885] Bruno BEZARD, Eric PREISS, « L'Agence des participations de l'État », *Revue Française d'administration publique*, 2007/4, p. 606-607.

[1886] C. MALECKI, *op. cit.* note 1874, § 28.

[1887] Article 1 1°) b) du décret n° 2011-130 du 31 janvier 2011, précité note 1876.

de l'État de conserver une participation dans une société d'importance nationale, afin d'éviter que cette société ne passe sous la férule de capitaux étrangers. C'est ainsi, par exemple, que la présence de l'État au capital des sociétés Thalès et EADS a pour but d'éviter une prise de position étrangère[1888]. Il en est de même de la conservation des intérêts sociétaux qui peuvent être pris en considération, tels que le maintien d'emplois. L'État peut alors être amené à investir et à se maintenir au capital de certaines sociétés[1889].

Ces intérêts extrapatrimoniaux – tels que le maintien d'une société dans le giron national et la préservation d'emplois – peuvent toutefois rentrer en concurrence, sinon en conflit, avec l'intérêt social. Il est possible d'imaginer que l'Agence des participations de l'État refuse l'entrée d'un concurrent étranger au capital d'une société nationale. Or, une telle entrée pourrait être favorable à la société nationale, car s'accompagnant d'une augmentation de capital et d'un partage de technologies, lui permettant d'améliorer son activité. Le refus de l'Agence des participations de l'État semble contraire à l'intérêt social, mais motivé par la préservation de l'intérêt industriel de l'État. Dans une telle hypothèse, l'abus de minorité pourrait être difficilement retenu, sauf à caractériser que l'opération refusée soit essentielle, et que le refus du représentant de l'État soit motivé par l'intention de nuire aux autres actionnaires. Ces considérations extrapatrimoniales sont développées dans la politique menée par l'État au sein des sociétés dans lesquelles il investit, et peuvent potentiellement nuire à l'intérêt social[1890].

L'Agence des participations de l'État peut contrôler la gestion de la société cotée dans l'objectif de préserver les intérêts extrapatrimoniaux de l'État, qui ne sont pas nécessairement ceux poursuivis par la société[1891]. Le contrôle de la gestion opéré par l'État actionnaire est alors double, visant tant à la préservation de ses intérêts pécuniaires que la préservation d'intérêts que l'on peut qualifier d'intérêts généraux. Il demeure garant de l'intérêt général, mais son champ d'action est beaucoup plus restreint, car exercé au sein de la société cotée.

1888 A. LOUVARIS, *op. cit.* note 1877, § 7.

1889 *Id.* Il est possible de mentionner, à titre d'exemple, de mentionner le cas de la société Dexia, dont la situation financière en 2008 à la suite de la faillite de la banque Lehman Brothers a nécessité l'intervention des États belges et français sous la forme d'une entrée au capital, voir : COUR DES COMPTES, *Dexia, un sinistre coûteux, des risques persistants*, 18 juillet 2013, p. 11.

1890 COUR DES COMPTES, « L'État actionnaire : apports et limites de l'Agence des participations de l'État », *Rapport public annuel*, Paris, La documentation Française, 2008, p. 10.

1891 Ainsi, « Les principales difficultés vont naître de l'arbitrage à réaliser entre l'intérêt social (…), l'intérêt du service public [que la société] exploite (lorsqu'elle en exploite un) et son utilisation comme instrument de politique nationale ». Sophie NICINSKI, « L'État actionnaire, état des réflexions », dans *Mélanges en l'honneur d'Yves JEGOUZO*, Paris, Dalloz, 2011, p. 163-164.

560. Les intérêts collectifs diligentent ainsi un contrôle spécial de la gestion des sociétés cotées. Ces intérêts collectifs sont soumis à un contrôle particulier, notamment parce qu'il est diligenté par des actionnaires spécifiques comme les salariés, les organismes de placement collectif en valeurs mobilières ou l'État. Ces actionnaires peuvent être différenciés selon deux catégories. La première est constituée des salariés actionnaires portant attention à la préservation d'intérêts collectifs catégoriels, c'est-à-dire qu'ils veillent à la préservation des intérêts de tous les salariés. La seconde catégorie, à laquelle appartiennent l'État et les OPCVM éthiques, sont des actionnaires visant à la préservation de l'intérêt de tous. Il faut toutefois souligner à ce propos que les OPCVM et l'Agence des participations de l'État sont des entités de représentation, au sein desquelles peuvent survenir des conflits d'intérêts entre l'intérêt social et l'intérêt des représentés. Celui-ci peut clairement nuire à l'efficacité du contrôle de la gestion sociale.

561. Conclusion de la section 1. Le contrôle de la gestion interne *a posteriori*, par le biais de l'actionnariat, adopte de nombreuses formes selon l'acteur de ce contrôle et l'intérêt protégé. Ces deux facteurs de variation constituent ainsi un obstacle à toute tentative de systématisation. Il n'en demeure pas moins que, quel que soit l'acteur du contrôle, l'intérêt social demeure protégé. Selon une première conception, qualifiée de stricte, l'intérêt social est celui des actionnaires. Il semble logique que cette conception réponde à celle des actionnaires individuels défendant leur intérêt propre. La seconde conception, selon laquelle l'intérêt social répond aussi de l'intérêt des *stakeholders*, suppose que les actionnaires contrôlent la gestion dans un objectif plus large. C'est ce que font les salariés, les OPCVM éthiques et l'État. Ce contrôle interne, à considérer qu'il puisse répondre à une telle catégorisation et quel que soit son objectif, demeure toutefois assez faible. En effet, le pouvoir des actionnaires, quels qu'ils soient, demeure soumis aux dirigeants gestionnaires.

Section 2 : L'évolution du contrôle actionnarial

562. L'existence de mécanismes légaux de contrôle interne. Le contrôle de la gestion de la société par le biais de ses actionnaires peut s'opérer, comme abordé précédemment, par le biais de divers moyens. Les mécanismes juridiques existent afin de favoriser la participation des actionnaires, pour leur conférer une place en adéquation avec leur statut de propriétaires de la société. Le contrôle de la gestion opéré par les actionnaires s'avère, malgré les mécanismes légaux présents, parfois inapplicable en raison de la structure de l'actionnariat. Les actionnaires les plus nombreux au sein de la société – regroupant les actionnaires traditionnels et les petits porteurs – se trouvent dans une situation de faiblesse (§1). Toutefois, lorsque certains actionnaires acquièrent une partie du pouvoir afin de rééquilibrer les relations au sein de la société, des imperfections existent toujours, empêchant un contrôle effectif de la gestion de la société (§2).

§1 Un actionnariat traditionnel en situation de faiblesse

563. Le contrôle de la gestion négocié, nécessitant un équilibre entre les parties. Le contrôle de la gestion est négocié dans la mesure où il ne nécessite pas une intervention des juges. La négociation dans le contrôle de la gestion se matérialise par l'internalisation de ce contrôle. Or, pour que celui-ci s'opère totalement dans le seul cadre de la société, il est nécessaire que les dirigeants contrôlés et les actionnaires contrôlants soient placés sur un pied d'égalité[1892]. En effet, cette égalité semble essentielle à l'existence du contrôle, une partie faible ne pouvant contrôler les agissements d'une partie forte. Cette exigence ne demeure toutefois qu'illusoire, car purement théorique.

564. L'exigence de mise sur un pied d'égalité ne peut que souligner la faiblesse du contrôle opéré par les actionnaires. Parce qu'ils ne détiennent qu'une fraction du capital, les actionnaires se trouvent nécessairement soumis aux dirigeants gestionnaires. En effet, ils se trouvent mécaniquement dans la nécessité de se regrouper afin d'agir sur l'action managériale, le principe de la majorité s'opposant en principe à toute initiative de la part d'un actionnaire minoritaire. Le contrat de société présente une caractéristique étonnante, le propriétaire étant considéré comme la personne la moins bien lotie du contrat. Cette faiblesse, qui se manifeste par ailleurs dans l'exercice des prérogatives de contrôle de la gestion sociale par les actionnaires, s'explique en raison de la structure même de l'actionnariat (I), mais aussi par les informations à la disposition des actionnaires (II).

I) La faiblesse structurelle de l'actionnariat

565. La structure de l'actionnariat, frein à toute action concertée de contrôle. La structure de l'actionnariat dans les sociétés cotées offre deux explications à la faiblesse de son implication. Les actionnaires, qui passent par le biais de la participation collective afin de contrôler la gestion sociale, peuvent difficilement accomplir leur mission en raison de l'atomisation de l'actionnariat mais aussi en raison de son internationalisation.

566. L'atomisation et l'anonymisation de l'actionnariat. L'actionnariat des sociétés cotées est marqué par une certaine dispersion, les actionnaires pouvant détenir moins d'un dixième de leur capital. La majorité devant être réunie afin de détenir un pouvoir de contrôle sur l'action des dirigeants

---

[1892] Dans la théorie économique américaine, il est question d'*arm's length bargaining*. Voir en ce sens, pour une présentation de la théorie et ses limites au sein des sociétés étasuniennes : L. A. BEBCHUK, J. M. FRIED, D. I. WALKER, *op. cit.* note 450, p. 764 et s.

gestionnaires, la structure même de l'actionnariat représente assurément une limite à cette exigence. En effet, la diversité et la dispersion de l'actionnariat signifient qu'il est compliqué à un actionnaire désirant agir activement face à un dirigeant gestionnaire de rallier à sa cause d'autres actionnaires. Le seuil de la majorité simple serait difficile, voire impossible, à atteindre si l'actionnaire désirant rassembler autour de sa personne détient peu de parts[1893]. Cette difficulté à rassembler est rendue plus importante par l'anonymisation qui entoure la détention des actions.

Les actions, depuis la loi de dématérialisation[1894], sont rarement inscrites en compte de façon nominale. Bien que la formulation tende à disparaître[1895], il demeure encore des actions au porteur[1896], ce qui signifie que la société ne connaît pas l'identité de ses actionnaires. Il semble *a fortiori* encore plus difficile à un actionnaire minoritaire de connaître l'identité des autres actionnaires. En effet, si la société bénéficie de la possibilité de demander à Euroclear France l'identité des détenteurs des titres au porteur par le biais de la procédure « TPI »[1897], les actionnaires ne peuvent, quant à eux, bénéficier de cette procédure. Dès lors, la structure de l'actionnariat, atomisé et anonymisé, peut difficilement permettre aux actionnaires minoritaires d'engager des procédures afin de contrôler la gestion de la société. Un autre frein structurel apparaît suite à la dématérialisation et l'internationalisation des échanges, ainsi que l'apparition et la multiplication des actionnaires non-résidents.

567. L'absence de résidence comme frein à l'activisme actionnarial. Le phénomène d'internationalisation a radicalement modifié la structure de l'actionnariat des sociétés cotées. Cette forme d'actionnariat, qualifiée

---

[1893] Ainsi, « il est extrêmement difficile pour la myriade de petits actionnaires de former une coalition majoritaire, au sein de laquelle ils voteront tous unanimement » : Antoinette BAUJARD, Vincent MERLIN, « Vote, pouvoir et modes de scrutin dans les sociétés cotées – L'éclairage des théories mathématiques du vote », *Revue trimestrielle de droit financier* 2011/4, p. 24.

[1894] Loi n° 81-1160 du 30 décembre 1981 précitée note 1740.

[1895] Certains auteurs mentionnent qu'après la loi de dématérialisation, il aurait été préférable de parler de « titres anonymes » : A. COURET, H. LE NABASQUE *et alii*, *op. cit.* note 762, p. 246. Voir aussi : M.-A. FRISON-ROCHE, M. JOCKEY, *op. cit.* note 1740, spéc. § 6 et s.

[1896] Pour distinguer entre titres au porteur et titres nominatif, il revient alors de considérer la personne chez qui sont inscrits en compte les titres détenus. S'ils sont inscrits en compte chez l'émetteur, les titres sont réputés nominatifs. À défaut, ils sont considérés comme étant au porteur. Voir : Frédéric NIZARD, *Les titres négociables*, préf. Hervé SYNVET, Paris, Revue Banque Edition-Economica, 2003, p. 231 et s. Voir aussi : P. DIDIER, Ph. DIDIER, *op. cit.* note 111, p. 869 et s.

[1897] Procédure de « titres au porteur identifiable », par laquelle l'émetteur communique au dépositaire central sa volonté de connaître notamment « le nom ou la dénomination, la noationalité, l'année de naissance ou l'année de constitution et l'adresse postale et, le cas échéant, électronique des détenteurs de titres conférant immédiatement ou à terme le droit de vote ». Voir l'article L. 228-2 du Code de commerce. Voir aussi : Marie-Anne FRISON-ROCHE, Michel GERMAIN, Jean-Claude MARIN, Christine PENICHON, « Identification des actionnaires », *Revue de droit bancaire et financier* 2001, comm. 131.

d'actionnariat non-résident, suppose que les actionnaires sont d'une nationalité différente de la société émettrice, qui elle-même peut offrir ses titres aux négociations sur un marché réglementé d'un autre pays[1898]. Cette internationalisation de l'actionnariat est un phénomène non négligeable dans la pratique des sociétés cotées françaises et notamment les sociétés les plus importantes. À titre d'illustration, le capital des sociétés du CAC 40 est détenu à 43,3 pour cent par les actionnaires non-résidents[1899], qui ne détiennent pas, en général, plus d'un dixième du capital social[1900]. Cette proportion des actionnaires non-résidents n'est pas sans influence sur la pratique actionnariale au sein de la société.

La première conséquence sur l'activisme actionnarial des actionnaires non-résidents est le risque d'absentéisme et donc de non-participation au contrôle de la gestion sociale lors des assemblées générales. Le raisonnement est adapté des constats dressés au cours des années 1960 par certains auteurs[1901], qui affirmaient que l'éloignement géographique des actionnaires habitant en province défavorisait leur participation en assemblée générale. Ce constat peut, *a fortiori*, être adapté aux actionnaires non-résidents qui devraient se déplacer pour assister à l'assemblée générale. Cette limite purement géographique a toutefois fait l'objet de mesures permettant de limiter cette faiblesse[1902].

Bien que les actionnaires non-résidents soient le plus souvent des investisseurs institutionnels[1903], il n'en demeure pas moins que leur statut de non-résident signifie que ces actionnaires ne sont pas rompus aux pratiques du droit des sociétés de l'État dont est ressortissante la société au sein de laquelle ils ont investi. Dès lors, ces actionnaires non-résidents peuvent ne pas connaître leurs droits et de ce fait être faiblement impliqués dans le contrôle de la gestion sociale par manque de connaissances.

568. L'actionnariat des sociétés cotées souffre ainsi d'un certain manque de cohésion dans sa structure, tant en raison de l'atomisation de la proportion des parts détenues par les actionnaires que de la dispersion géographique qui en résulte. Ces deux facteurs ne représentent seulement qu'une partie des explications de la faiblesse du contrôle de la gestion des sociétés cotées. L'infériorité des actionnaires se manifeste également dans la quantité et la qualité de l'information à leur disposition.

1898 Cette situation, si elle aboutit à une contestation judiciaire, est délicate car elle comporte un double élément d'extranéité.

1899 Julien LE ROUX, « La détention par les non-résidents des actions des sociétés françaises du CAC 40 à fin 2011 », *Bulletin de la Banque de France*, 2012, n° 189, p. 2.

1900 Pascal POMMIER, « Droit de vote des non-résidents dans les sociétés cotées Françaises », *Revue trimestrielle de droit financier* 2011/4, p. 87.

1901 Claude HEURTEUX, *L'information des actionnaires et des épargnants*, Paris, Sirey, 1961, § 744 et s. ; C. BERR, *op. cit.* note 1151, p. 247 et s ; J. PAILLUSSEAU, *op. cit.* note 4, p. 48.

1902 Voir *supra* note 1671.

1903 *Id.*

II) La faiblesse informationnelle

569. L'information, nécessaire à la mise en œuvre du pouvoir de contrôle. Le contrôle de la gestion de la société cotée suppose, tel que cela a déjà été mentionné, de détenir des informations pertinentes[1904]. Cela signifie donc que l'organisation de l'information est un élément important qui permet de comprendre en quoi le contrôle opéré par les actionnaires est faible. Le contrôle de l'information par les dirigeants gestionnaires est ainsi nécessairement soumis à la communication de l'information. Cette faiblesse est en outre aggravée par la difficulté qu'ont les actionnaires à consulter des tiers leur permettant de rendre intelligible l'information communiquée. Enfin, une décision spéciale fait montre de la situation d'infériorité dans laquelle se trouvent certains actionnaires : le quitus de gestion.

570. Les dirigeants gestionnaires maîtres de l'information. Le contrôle de la gestion ne peut s'opérer dans le cadre de l'assemblée générale que par le biais du contrôle de l'information diffusée. Or, cette information est strictement encadrée par le Code de commerce[1905] comme par le Règlement général de l'Autorité des marchés financiers[1906]. Les dirigeants gestionnaires ont la charge de communiquer aux actionnaires, comme au marché, les informations exigées par la loi. C'est alors que les dirigeants peuvent être tentés de profiter de leur statut de rédacteur de l'information sociale pour conforter la situation de faiblesse des actionnaires.

L'information exigée par les différentes dispositions légales et réglementaires voit son contenu précisé[1907], mais ces textes ne concernent que très peu les modalités de diffusion de ces informations. En effet, les informations périodiques[1908] doivent être exprimées clairement et précisément[1909]. Il en est de même des informations privilégiées[1910], dont la publication doit être « exacte, précise et sincère »[1911]. Ces informations

---

1904 Voir *supra* § 348.

1905 Voir par exemple les articles L. 225-100 et suivants, L. 232-1 et suivants du Code de commerce.

1906 Articles 221-1 du Règlement général de l'Autorité des marchés financiers.

1907 Voir *supra* § 353.

1908 Parmi lesquelles figurent le rapport du conseil d'administration ou du directoire de l'article L. 225-100 du Code de commerce, sur renvoi de l'article 222-3 du Règlement général de l'Autorité des marchés financiers.

1909 Article R. 225-102 du Code de commerce dans le cadre des résultats de l'activité et des difficultés rencontrées.

1910 L'information privilégiée est, au sens de l'article 621-1 du Règlement général de l'Autorité des marchés financiers, « une information précise qui n'a pas été rendue publique [et] qui concerne, directement ou indirectement, un ou plusieurs émetteurs d'instruments financiers, ou un ou plusieurs instruments financiers, et qui si elle était rendue publique, serait susceptible d'avoir une influence sensible sur le cours des instruments financiers concernés ou le cours d'instruments financiers qui leur sont liés ».

1911 Article 223-1 du Règlement général de l'Autorité des marchés financiers.

doivent par ailleurs être exprimées en principe en français[1912]. Toutefois, ce sont les seules règles relatives aux modalités de communication sociale. Les dirigeants gestionnaires n'ont dès lors légalement aucune obligation de communiquer une information intelligible.

Les dirigeants pourraient alors se conformer aux exigences légales, tout en communiquant une information difficilement compréhensible pour les actionnaires. Ces derniers se trouvent entièrement soumis à la volonté des dirigeants pouvant communiquer ou non une information accessible. Cette difficulté, sinon impossibilité, de disposer d'une information intelligible représente un facteur supplémentaire d'absentéisme des actionnaires[1913] et donc une explication supplémentaire à la faiblesse du contrôle de la gestion. La situation des actionnaires devant des rapports et informations dont ils ne peuvent que difficilement comprendre la teneur est accentuée par la disposition selon laquelle les commissaires aux comptes rédigent des rapports sur les rapports du conseil d'administration ou du conseil de surveillance[1914]. Cette pratique, librement inspirée du droit étasunien[1915], est assez absconse en ce que le commissaire doit rédiger un rapport attestant que le rapport attestant de la bonne conduite du contrôle interne est correct. Dans ce cas, le rapport du commissaire aux comptes qui se cantonne à certifier de la véracité de la situation peut représenter une information inutile dont les actionnaires pourraient se passer[1916]. Afin de pouvoir utiliser au mieux la masse d'informations dont les actionnaires bénéficient, il leur est nécessaire de faire appel à des spécialistes extérieurs. Toutefois, le déroulement des assemblées générales ordinaires annuelles, au cours desquelles les comptes sont approuvés et le contrôle de la gestion opéré, interdit quasiment aux actionnaires de prendre contact avec de tels consultants.

571. Le déroulement des assemblées générales ordinaires annuelles. Les assemblées générales ordinaires annuelles représentent, dans leur organisation même, une limite à l'exercice du contrôle de la gestion par les actionnaires. Cette limite est, à la vérité, double.

D'une part, les assemblées générales ordinaires annuelles, dont le but premier est l'approbation des comptes, doivent être convoquées dans « les six mois de la clôture de l'exercice »[1917]. Or, la plupart des sociétés cotées ont des exercices comptables calqués sur le calendrier grégorien, les comptes étant

---

[1912] Selon l'article 221-2 du Règlement général de l'Autorité des marchés financiers, les informations sont rédigées en français « lorsque les titres financiers sont admis aux négociations sur un marché réglementé français ». Les informations peuvent être rédigées dans une autre langue usuelle en matière française lorsque l'émetteur a son siège hors de l'espace économique européen.

[1913] Cela ferait partie des facteurs psychologiques permettant d'expliquer l'absentéisme des actionnaires. Voir : C. BERR, *op. cit.* note 1151, p. 248-249.

[1914] Article L. 225-235 du Code de commerce.

[1915] Article 302 (4) (B) et (D) de la *Sarbanes-Oxley act of 2002*, précitée note 150.

[1916] D. BOMPOINT, *op. cit.* note 1669, p. 34.

[1917] Article L. 225-100 alinéa 1 du Code de commerce.

ouverts au 1er janvier et clos le 31 décembre suivant. Le délai légal de six mois disposé par l'article L. 225-100 du Code de commerce laisserait pourtant la possibilité aux sociétés de ne pas tenir leurs assemblées générales au cours de la même période. L'actionnaire désirant participer à toutes les assemblées générales pourrait se heurter à un obstacle de taille, la concomitance en des lieux différents de deux assemblées générales[1918]. Cette limite purement matérielle à l'activisme actionnarial n'est toutefois pas la plus importante.

D'autre part, la chronologie des évènements précédant la tenue de l'assemblée générale ordinaire annuelle ne laisse que peu de place à l'activisme actionnarial. En effet, une fois les comptes clôturés, la société doit réunir l'assemblée générale ordinaire annuelle. Le Code de commerce indique par ailleurs une procédure précise. En effet, dans les sociétés cotées doit être inséré au bulletin des annonces légales obligatoires un avis de convocation au moins trente-cinq jours avant la tenue effective de l'assemblée générale[1919]. Cette convocation, publiée aussi par avis dans un journal de diffusion nationale[1920], ne permet toutefois pas à tous les actionnaires titulaires de titres au porteur d'être informés de cette réunion à venir. Ceux-ci doivent donc faire preuve d'une attention particulière à compter de la clôture de l'exercice comptable et consulter le bulletin des annonces légales obligatoires régulièrement. L'attention des actionnaires doit aussi être portée sur le site internet de la société cotée[1921], sur lequel doivent être publiées, au plus tard vingt-et-un jours avant la réunion, les informations nécessaires à la préparation de l'assemblée générale[1922]. En complément de cette information, les documents mentionnés sur le site internet de la société peuvent, à compter de l'avis de convocation, être adressés ou être portés à la connaissance de tout actionnaire[1923]. La communication des documents, comme leur prise de connaissance au siège social, suppose une démarche volontaire de la part des porteurs d'actions, qui n'est pas l'apanage de tous les actionnaires des sociétés cotées. La société qui respecterait strictement les délais minimaux laisserait toutefois les actionnaires dans une situation difficile s'ils désiraient être actifs au sein de l'assemblée générale.

[1918] D. BOMPOINT, *op. cit.* note 1669, p. 34 ; C. BERR, *op. cit.* note 1151, p. 248 ; J. PAILLUSSEAU, *op. cit.* note 1901, p. 48.

[1919] Article R. 225-73 I du Code de commerce.

[1920] AUTORITE DES MARCHES FINANCIERS, *Recommandation relative à la participation des actionnaires aux assemblées générales*, 16 avril 2007. Cité par : Marie SUPIOT, Pierre BIROTHEAU, « AGOA 2013 – SA dont des titres financiers sont admis aux négociations sur un marché réglementé », *JCP E* 2013, 1103.

[1921] Le site internet de la société cotée est exigé par l'article R. 210-20 du Code de commerce.

[1922] L'article R. 225-73-1 du Code de commerce dispose une liste imposante d'informations devant notamment figurer sur le site internet : nombre total de droits de vote existant et nombre d'actions composant le capital social, les projets de résolution présentés, les formulaires de vote, les rapports du conseil d'administration et du commissaire aux comptes

[1923] Articles R. 225-88 et R. 225-89 du Code de commerce.

Les actionnaires voulant être actifs au sein des assemblées, et effectuer consciencieusement leur rôle de contrôleur de la gestion sociale, peuvent désirer se faire assister afin de comprendre les documents mis à leur disposition. Ces documents, dans l'hypothèse d'un strict respect de la loi, leur sont disponibles trente-quatre jours[1924] avant la réunion de l'assemblée générale. Dans ce délai, l'actionnaire doit trouver un conseiller – le plus souvent un expert-comptable –, lui confier les documents sociaux, attendre que celui-ci les analyse et lui en rende compte. Au-delà des indéniables coûts financiers que cette démarche implique pour l'actionnaire qui prend l'initiative, il semble quasi impossible que cette initiative aboutisse effectivement à un résultat satisfaisant. Les actionnaires peuvent difficilement consulter un tiers informateur afin d'agir activement au sein de l'assemblée générale ordinaire annuelle, ce qui signifie que le contrôle de la gestion sociale sera amenuisé.

572. Le quitus, frein psychologique au contrôle de la gestion. Il demeure une pratique ancienne, dans certaines sociétés, celle de faire voter le quitus de gestion. Cette décision, prise en assemblée générale ordinaire, est la décision « par laquelle les actionnaires, après approbation des comptes présentés par les dirigeants de la société, reconnaissent que ceux-ci se sont convenablement acquittés de leur mission »[1925]. Ce quitus, dont la portée s'est réduite ces dernières années, représente toutefois un facteur supplémentaire permettant d'expliquer en quoi certains actionnaires agissent peu à l'encontre des dirigeants gestionnaires.

Le quitus de gestion, dont le rôle primaire était de dégager les administrateurs et les directeurs généraux de leur responsabilité[1926], a vu, par la loi du 24 juillet 1966, son rôle particulièrement décroître. En effet, l'article 246 de cette loi dispose qu' « aucune décision de l'assemblée générale ne peut avoir pour effet d'éteindre une action en responsabilité contre les administrateurs pour faute commise dans l'accomplissement de leur mandat »[1927]. En dépit de son inefficacité confirmée par la jurisprudence[1928], le vote du quitus demeure toutefois fréquent au sein des sociétés cotées françaises[1929], sans doute en raison de l'habitude prise par les dirigeants des

---

[1924] Soit le lendemain de la publication au BALO de l'avis de convocation.

[1925] G. CORNU (dir.), *op. cit.* note 72, p. 833.

[1926] Voir en ce sens : Paris, 30 juillet 1867, *D.* 1897, II, p. 238 ; Cass. 27 décembre 1853, *D.* 1854, I, p. 145. Cité par : C. HOUPIN, H. BOSVIEUX, *op. cit.* note 232, p. 265-266.

[1927] Article 246 alinéa 2 de la loi du 24 juillet 1966. Recodifié à l'article L. 225-253 alinéa 2 du Code de commerce.

[1928] Rouen, 12 janvier 1973, *D.* 1973, somm. p. 28 ; Cass. com., 15 décembre 1987, précité note 659.

[1929] Une lecture des bulletins des annonces légales obligatoire permet de constater que les actionnaires sont encore assez nombreux à être convoqués afin de donner quitus de gestion aux administrateurs des sociétés anonymes cotées. Il demeure toutefois que cette pratique demeure d'actualité au sein des valeurs moyennes et petites et ne trouve plus application au sein des sociétés faisant partie du CAC 40.

sociétés[1930], au point de devenir une résolution de style. Dès lors, le vote du quitus n'a, juridiquement, aucune valeur sinon une valeur morale[1931].

Il n'en demeure pas moins que, pour un actionnaire peu au fait du droit positif en raison de son manque de compétence ou de sa non-acclimatation au droit français, le vote du quitus peut représenter une limite à tout contrôle de la gestion de la société. En effet, le quitus peut être considéré comme un geste de l'assemblée générale approuvant la gestion opérée lors de l'exercice comptable précédent par les dirigeants gestionnaires. Etant une décision votée à la majorité simple, un actionnaire minoritaire pourrait être dissuadé de poursuivre le contrôle de la gestion de la société, même s'il a refusé d'approuver celle-ci en refusant de donner quitus. Le vote du quitus de gestion peut avoir le même effet, pour certains actionnaires peu précautionneux, que certaines clauses restrictives de responsabilité, lorsqu'elles portent sur l'une des prestations essentielles de l'obligation : il est toujours possible à l'une des parties de faire figurer une telle clause, mais en cas de contestation du créancier de l'obligation, elle est réputée non écrite[1932]. Le raisonnement est en effet analogue en matière de quitus. Lorsqu'il est voté, il ne peut paralyser une action en responsabilité à l'encontre des dirigeants bénéficiaires de celui-ci, mais à la condition qu'un actionnaire agisse effectivement en justice et passe outre le frein psychologique que représente le vote majoritaire du quitus.

573. Il ressort ainsi que les actionnaires se retrouvent, dans leur grande majorité, dans une situation de faiblesse à l'égard des dirigeants gestionnaires, rendant délicate leur mission de contrôleur de la gestion sociale. Cette difficulté due principalement à des facteurs informationnels et dans une moindre mesure à des facteurs structurels, semble à première vue difficile à surmonter. Cette première conclusion doit cependant être nuancée, en raison du pouvoir acquis par certains actionnaires, leur permettant de rivaliser avec les dirigeants gestionnaires.

[1930] L'habitude comme facteur de justification du vote du quitus est mentionnée par l'ancien régulateur boursier. Voir : COMMISSION DES OPERATIONS DE BOURSE, *Bulletin mensuel de la COB*, juillet 1980, n° 128, p. 4-5.

[1931] *Id.*

[1932] Cass. com., 22 octobre 1996, *D.* 1997, p. 121, note Alain SERIAUX ; *ibid.*, p. 145, note Christian LARROUMET ; *ibid.*, p. 175, note Philippe DELEBECQUE ; *RTD Civ.* 1997, p. 418, note Jacques MESTRE ; *RTD Civ.* 1998, p. 213, note Nicolas MOLFESSIS ; *Dalloz affaires* 1997, p. 235, note Philippe DELEBECQUE ; *JCP G* 1997, II, 22881, note Daniel COHEN ; *JCP G* 1997, I, 4002, obs. Muriel FABRE-MAGNAN ; *Droit et patrimoine*, janvier 1997, n° 1552, p. 63, obs. Patrick CHAUVEL ; *Contrats, concurrence, consommation* 1997, n° 24, p. 9, obs. Laurent LEVENEUR ; *Gazette du Palais* 1997, 2, p. 519, note Raymond MARTIN ; *Les petites affiches* 1997, n° 73, p. 30, obs. Didier R. MARTIN ; *Defrénois* 1997, p. 333, obs. Denis MAZEAUD ; *RJDA* 1997, p. 291, obs. Christian LAVABRE ; *JCP G* 1997, I, 4025, § 17, obs. Geneviève VINEY ; *JCP E* 1997, 924, note Jules Kibalo ADOM ; Jean-Pascal CHAZAL, « Théorie de la cause et justice contractuelle, À propos de l'arrêt Chronopost (Cass. com., 22 oct. 1996) », *JCP G* 1998, I, 152.

§2 L'apparition d'actionnaires pouvant rivaliser avec les gestionnaires

574. Un rééquilibrage à la disposition de certains actionnaires. Il paraît évident que tous les actionnaires minoritaires ne peuvent avoir le même pouvoir que les dirigeants gestionnaires. Les actionnaires personnes physiques ne peuvent en principe pas rivaliser et prétendre à rééquilibrer le pouvoir au sein des sociétés anonymes cotées, sauf le cas d'une influence en raison d'une surface financière importante ou d'un activisme reconnu. Dès lors, cette possibilité ne peut être envisagée que pour les investisseurs institutionnels et l'État.

575. La réduction de la situation de faiblesse des actionnaires, et donc la reconquête d'une partie du pouvoir au sein de la société cotée, se manifeste selon trois modalités principales. La première est liée aux techniques du droit des sociétés permettant à des minoritaires de gagner plus de pouvoirs au sein de la société (I), alors que la deuxième consiste en l'exercice formalisé d'un droit de regard en assemblée (II). Peuvent alors en résulter diverses menaces pesant sur les dirigeants gestionnaires (III).

I) L'acquisition du pouvoir par les actionnaires

576. Une prétention visant à réduire l'inégalité entre actionnaires et dirigeants. La répartition des pouvoirs au sein de la société anonyme est l'objet de constantes luttes d'influences entre les actionnaires minoritaires et les actionnaires majoritaires. Ces derniers nommant les dirigeants sociaux, le conflit se situe entre les actionnaires minoritaires et les dirigeants sociaux, représentants des actionnaires majoritaires. Les minoritaires disposent toutefois de possibilités ouvertes par le Code de commerce et inspirées par la pratique du droit anglo-saxon. Celles-ci sont offertes par le biais des procurations (A), mais aussi par les agences de conseil en vote (B).

A) La collecte de procuration pour renforcer la structure actionnariale

577. La sollicitation de mandats. Bien que le droit de vote soit, en principe, proportionnel dans les sociétés cotées et principalement les sociétés anonymes[1933], les actionnaires bénéficient du pouvoir d'exercer des droits de vote dont ils ne sont pas titulaires. En effet, l'article L. 225-106 du Code de commerce dispose qu'un actionnaire peut se faire représenter par un autre actionnaire dans l'exercice de ses droits de vote. Cette faculté est toutefois strictement encadrée, afin de limiter la possibilité offerte aux actionnaires

---

[1933] Selon l'article L. 225-122 du Code de commerce, « sous réserve des dispositions des articles L. 225-10, L. 225-123, L. 225-124, L. 225-125 et L. 225-126, le droit de vote attaché aux actions de capital ou de jouissance est proportionnel à la quotité de capital qu'elles représentent (…) ».

minoritaires d'accumuler les votes et ainsi représenter un pouvoir important au sein de la société anonyme.

578. La procuration de droit de vote en droit des sociétés. Les minoritaires constituent, au sein de la société, un pouvoir latent qui ne peut s'exprimer que s'il est concentré[1934], notamment au moyen des procurations. Celles-ci peuvent résulter de deux méthodes : elles sont conférées par le titulaire du droit de vote qui n'entend pas l'exercer personnellement, ou sont demandées par un actionnaire ou un tiers qui entend récolter les droits de vote.

La première hypothèse ne soulève que peu de difficultés, le droit du mandat s'appliquant[1935], ce qui signifie que le mandant indique en principe le sens de son vote. En effet, l'article 1984 du Code civil, lorsqu'il dispose que le mandat est « l'acte par lequel une personne donne à une autre le pouvoir de faire quelque chose pour le mandant et en son nom », semble exiger un objet précis pour que le contrat de mandat soit valable. Appliqué à la procuration de vote, cela signifierait que l'actionnaire à l'origine de la procuration doive indiquer le sens de son vote, ce qui représenterait un équivalent à la délégation de signature. Ce n'est toutefois pas une condition de validité de la procuration, l'article L. 225-106 III du Code de commerce prévoyant expressément qu'en cas de procuration donnée en blanc[1936], le président de l'assemblée générale vote favorablement aux projets de résolution présentés ou agréés par le conseil d'administration ou le directoire et défavorablement aux autres projets. Cette délégation devient ainsi une délégation de pouvoir.

La seconde hypothèse est en revanche potentiellement plus problématique, car elle représente la première étape de la bataille de procurations, c'est-à-dire la sollicitation active de procurations. La situation correspond à celle d'un actionnaire – ou d'un tiers à la société – qui se présente comme porte-parole de plusieurs actionnaires en leur permettant de s'exprimer par leur entremise. Cette pratique, permettant aux actionnaires minoritaires de représenter un réel contrepouvoir aux dirigeants gestionnaires, porte en elle les germes d'un danger. L'actionnaire qui récolte des droits de votes appartenant à d'autres actionnaires pourrait être tenté d'utiliser ces droits à son seul profit, s'appropriant dès lors le pouvoir politique dont il serait récipiendaire. On se trouve donc en présence de deux considérations contradictoires. D'une part, il est nécessaire de favoriser la sollicitation de procuration car elle permet aux actionnaires de rééquilibrer le pouvoir au sein de la société anonyme et de replacer l'actionnaire au centre des considérations sociales ; alors que d'autre part, il est nécessaire d'encadrer cette sollicitation afin de ne pas favoriser

---

[1934] Les actionnaires minoritaires seraient « sociologiquement majoritaires » et de leur agrégation résulterait une majorité juridique : Thibault DE RAVEL D'ESCLAPON, « Les batailles de procurations : une nécessaire réglementation ? », *Les petites affiches* 5 octobre 2009, p. 5.

[1935] L'article R. 225-79 du Code de commerce mentionne expressément le terme de mandat lorsqu'il est question d'une procuration de vote.

[1936] C'est-à-dire sans indication de l'identité du mandataire et sans indication du sens du vote.

l'appropriation du pouvoir actionnarial par le sollicitant des procurations[1937]. À ce dernier titre, la sollicitation active de mandats peut être bénéfique à la gouvernance en ce qu'elle permet une plus grande participation à la délibération. En revanche, cet avantage est purement mathématique. S'il est vrai que les actionnaires votants sont plus nombreux par le biais de ces procurations, la réalité physique n'est pas modifiée. En effet, la réunion de l'assemblée générale ne comportera pas plus d'actionnaires y participant physiquement. Les procurations permettent aux actionnaires de voter par l'intermédiaire d'un tiers, mais posent une difficulté quant à la légitimité de l'assemblée, le nombre de participants n'étant pas modifié. La régulation de la sollicitation des mandats est alors intervenue par l'ordonnance du 9 décembre 2010[1938].

579. L'encadrement de la sollicitation active de mandats. La sollicitation active de mandats, première étape de la bataille des procurations, est considérée comme la proposition directe ou indirecte « à un ou plusieurs actionnaires, sous quelque forme et par quelque moyen que ce soit, de recevoir procuration pour les représenter à l'assemblée d'une société » cotée[1939]. Cette sollicitation, bien que considérée et consacrée par le Code de commerce reçoit toutefois un tempérament important. En effet, le même article impose à la personne sollicitant les procurations de rendre publique sa politique de vote et lui ouvre la possibilité de rendre publiques ses intentions de vote sur les projets de résolution présentés à l'assemblée.

L'article L. 225-106-2 du Code de commerce, qui est complété par l'article R. 225-82-3 du même Code[1940], mentionne que la politique de vote de la personne qui sollicite les mandats doit être publiée et « régulièrement mis[e] à jour » sur son site internet. Cette dernière indication semble ainsi restreindre la sollicitation des mandats aux personnes morales, les seules dont on peut raisonnablement attendre qu'elles aient un site internet dédié. Au-delà de cette imprécision législative qui ne fait qu'inscrire dans les textes une pratique des sociétés cotées, les règles de publicité semblent contradictoires. La personne a l'obligation de communiquer sa politique de vote, c'est-à-dire les principes auxquels son vote répond lors de certaines décisions. Il s'agit notamment de celles pouvant faire l'objet d'une attention particulière de l'assemblée

---

1937 Voir sur ces considérations contradictoires : GROUPE DE TRAVAIL PRESIDE PAR YVES MANSION, *Pour l'amélioration de l'exercice des droits de vote des actionnaires en France*, Paris, AMF, 2005, p. 24.

1938 Précitée note 1718.

1939 Article L. 225-106-2 du Code de commerce.

1940 Issu du décret n° 2010-1619 du 23 décembre 2010 relatif aux droits des actionnaires de sociétés cotées, *JORF* du 26 décembre 2010, p. 22701.

générale au vu du risque qu'elles font peser sur la société en raison de leurs implications financières ou des conflits d'intérêts sous-jacents[1941].

La politique de vote est donc une communication faite *in abstracto*, informant les actionnaires des habitudes de vote de la personne qui a sollicité leur mandat. Cela signifie qu'un actionnaire désirant conférer un mandat à la personne l'ayant sollicité prend en compte sa politique de vote publiée. Ce n'est qu'en cas d'adéquation entre la politique de vote publiée et le souhait de l'actionnaire mandant que le mandat de vote sera effectivement conféré. Toutefois, le mécanisme même de la publication de la politique de vote, information *in abstracto*, peut être inadapté à la réalité sociale et donc à ce qu'exige l'intérêt social.

L'intérêt social peut effectivement exiger que la personne sollicitant des procurations vote contrairement à sa politique de vote. Ce serait, par exemple, le cas d'une augmentation de capital, à laquelle la personne sollicitant les mandats s'oppose par principe, qui recevrait de sa part un vote favorable en raison de la nécessité de l'opération pour la conduite des affaires sociales. Le Code de commerce dispose que les personnes sollicitant les mandats peuvent par ailleurs communiquer leurs intentions de vote sur les projets présentés en assemblée générale sur leur site internet[1942]. Cette possibilité – et non pas obligation – est la plus conforme à la pratique des mandats de vote, qui ont la propriété d'être spéciaux, donnés pour une seule assemblée[1943]. Il faut s'interroger lorsque l'intention de vote n'est pas publiée et que la politique de vote n'est pas suivie en raison de l'intérêt social.

Dans une telle situation, le mandataire ayant sollicité les votes se retrouve dans une situation délicate. En effet, s'il poursuit sa politique de vote et s'oppose à la réalisation d'une opération commandée par l'intérêt social, le mandataire se trouve exposé à une action en justice de la part des autres

---

[1941] L'article R. 225-82-3 du Code de commerce mentionne notamment : les décisions entraînant une modification des statuts ; l'approbation des comptes et du résultat ; la nomination et la révocation des organes sociaux ; les conventions réglementées ; les programmes d'émission et de rachat des actions et la désignation des commissaires aux comptes.

[1942] Article R. 225-82-3 III du Code de commerce. Voir aussi : Stéphane TORCK, « Sollicitation active de mandats, action de concert et offre publique obligatoire », *Bulletin Joly bourse* 2011, p. 334, § 6.

[1943] Les mandats sont exceptionnellement conférés pour deux assemblées, « l'une ordinaire, l'autre extraordinaire, tenues le même jour ou dans un délai de quinze jours ». Voir l'article R. 225-79 alinéa 3 du Code de commerce.

actionnaires pour abus du droit de vote[1944]. Dans le cas contraire, c'est-à-dire s'il vote exceptionnellement dans un sens opposé à celui de sa politique de vote, le mandataire risque de se voir priver de la possibilité de participer à l'assemblée générale de la société pour une durée maximale de trois ans. Cette suspension du droit de vote peut être demandée par l'un des mandants, mais aussi par la société[1945]. Cette sanction n'intervient toutefois qu'à condition d'une action en justice, intervenant nécessairement après le vote litigieux. La sanction de la suspension du droit de vote est ainsi une solution partiellement insatisfaisante, car postérieure à la prise de décision litigieuse[1946]. Cette interdiction de l'accès à l'assemblée générale ne représente pas la seule solution, le droit général du mandat s'applique aussi. Le mandant peut toujours exercer une action en responsabilité contractuelle pour inexécution des termes du mandat[1947].

Devant une telle difficulté pour le mandataire, on ne peut que regretter le caractère facultatif de la publication des intentions de vote[1948]. Il serait possible de modifier l'article L. 225-106-2 du Code de commerce en incorporant l'obligation de communiquer l'intention de vote lorsque celle-ci risque d'être contraire à la politique de vote. Par ailleurs, la notion même de politique de vote étant assez peu explicite pour les actionnaires, ne faudrait-il pas qu'une personne sollicitant activement des mandats publie sur son site internet un historique de vote, c'est-à-dire un récapitulatif des positions déjà tenues si des mandats de vote ont déjà été sollicités ?

580. La bataille de procurations à l'aune de la qualification de concert. La notion de bataille de procurations – *proxy fight* – est la situation de fait dans laquelle un actionnaire ou un groupe d'actionnaires sollicite activement des procurations, afin de contrer la direction qui bénéficie des procurations données en blanc par d'autres actionnaires[1949]. La bataille peut alors s'opérer entre deux blocs d'importance potentiellement équivalente, le bloc des

---

1944 L'abus serait dans une telle hypothèse un abus de minorité. Voir par exemple : Cass. com., 15 juillet 1992, *Bulletin Joly sociétés* 1992, p. 1083, note Paul LE CANNU ; *Revue des sociétés* 1993, p. 400, note Philippe MERLE ; *D.* 1993, p. 279, note Hervé LE DIASCORN ; *JCP G* 1992, II, 21944, note Jean-François BARBIERI ; *JCP E* 1992, II, 375, note Yves GUYON ; *RTD Com.* 1993, p. 112, obs. Yves REINHARD ; Cass. com., 9 mars 1993, *Revue des sociétés* 1993, p. 403, note Philippe MERLE ; *D.* 1993, p. 363, note Yves GUYON ; *JCP G* 1993, II, 22107, note Yann PACLOT ; *JCP E* 1993, II, 448, note Alain VIANDIER ; *JCP N* 1993, II, 293, note Jean-François BARBIERI ; *Bulletin Joly sociétés* 1993, p. 537, note Paul LE CANNU ; *Les petites affiches* 1993, n° 36, p. 12, obs. P.M.

1945 Article L. 225-106-3 du Code de commerce.

1946 Alexandre OMAGGIO, « Transposition de la Directive relative aux droits des actionnaires de sociétés cotées », *JCP G* 2011, 190, § 30.

1947 Selon l'article 1991 du Code civil, « Le mandataire est tenu d'accomplir le mandat tant qu'il en demeure chargé, et répond des dommages-intérêts qui pourraient en résulter de son inexécution ».

1948 A. OMAGGIO, *op. cit.* note 1946, § 27. Voir aussi : Alain COURET, « La gestion des conflits d'intérêts », *Revue Lamy droit des affaires* mai 2011, p. 118.

1949 T. DE RAVEL D'ESCLAPON, *op. cit.* note 1934, p. 5.

actionnaires liés aux dirigeants et celui des actionnaires liés aux autres actionnaires sollicitant les procurations. Leur opposition peut soulever quelques interrogations, surtout si la procuration sollicitée aboutit à une prise de décision contraire à celle appuyée par les dirigeants gestionnaires. Ne pourrait-on pas caractériser une action de concert dans cette sollicitation de mandat couronnée de succès ?

Selon l'article L. 233-10 du Code de commerce, « sont considérés comme agissant de concert les personnes qui ont conclu un accord en vue (...) d'exercer des droits de vote, pour mettre en œuvre une politique commune vis-à-vis de la société ou pour obtenir le contrôle de cette société ». La notion d'accord, premier élément de l'action de concert, est indéniable entre les mandants et le mandataire sollicitant les procurations[1950]. En revanche, le second élément constitutif de l'action de concert, la mise en œuvre d'une politique commune ou l'obtention du contrôle de la société, ne peut que difficilement être caractérisé. Les procurations étant accordées pour une décision particulière[1951], cela semble être incompatible avec la notion même de « politique », qui suppose la prise de plusieurs décisions[1952]. On peut toutefois réserver l'hypothèse de la sollicitation de procurations pour révoquer puis élire un administrateur, qui entraîne, par les fonctions mêmes de la personne révoquée, l'établissement d'une politique[1953]. La notion même de *proxy fight* ne serait donc pas constitutive d'une action de concert, permettant ainsi de confirmer une pratique devenue commune.

La sollicitation active de mandat, permettant à certains actionnaires de rééquilibrer les pouvoirs au sein de la société, est régulée par le Code de commerce. Un autre mécanisme offert par le droit des sociétés permet par ailleurs à certains actionnaires de rivaliser avec les dirigeants.

B) La consultation d'agences en droit de vote pour renforcer l'information

581. La sollicitation des agences de conseil en vote, les *proxy advisors*. Selon une pratique étasunienne fréquente, les investisseurs institutionnels font appel à des *proxy advisors*, c'est-à-dire des personnes tierces à la société qui interviennent en amont de la prise de décision de l'assemblée générale afin de

---

1950 Frédéric PELTIER, « *Proxy fight* et action de concert », *Revue de droit bancaire et financier* 2005, meilleure pratique n° 4. Voir *contra* : Jean-Jacques DAIGRE, Dominique BOMPOINT, François BASDEVANT, « La prise de contrôle rampante », *Actes pratiques et ingénierie sociétaire* mai/juin 2000, p. 7-8 : l'accord ne serait pas constitué dans les sociétés cotées, car les mandants ne se connaissant pas, ils ne pourraient s'accorder entre eux.

1951 Article R. 225-79 alinéa 2 du Code de commerce.

1952 F. PELTIER, *op. cit.* note 1950.

1953 *Id.* ; J.-J. DAIGRE, D. BOMPOINT, F. BASDEVANT, *op. cit.* note 1950, p. 8. Voir *supra* § 28.

conseiller les investisseurs institutionnels[1954]. Leur rôle est précis, celui d'analyser « les résolutions proposées aux assemblées et [d'établir] des recommandations de vote à destination des investisseurs »[1955]. Les agences de conseil en vote sont donc des intermédiaires entre la société et les investisseurs institutionnels, et assurent un rôle important tant pour la société émettrice que pour l'investisseur. Ces agences sont particulièrement indispensables aux investisseurs institutionnels dont les participations sont, par définition, diversifiées. Ils ne peuvent raisonnablement voter en connaissance de cause sur les résolutions qui leur sont proposées au sein des différentes sociétés. Or, ces investisseurs ayant, le plus souvent, l'obligation de participer à la décision collective[1956], les *proxy advisors* leur sont d'une grande utilité. Ces agences de conseil en vote doivent respecter certaines conditions.

Les agences de conseil en vote sont des entités qui interviennent afin d'assister les actionnaires. Pour accomplir efficacement leur rôle, ces agences ne devraient pas avoir de liens avec la société émettrice. En effet, cela pourrait influer négativement sur les conseils qu'elles pourraient donner aux actionnaires les sollicitant. S'ils ne doivent pas être trop liés aux émetteurs, les *proxy advisors* ne devraient cependant pas en être totalement détachés, car des recommandations de vote trop abstraites, qui ne sont pas prises en considération de l'intérêt social, pourraient nuire à l'émetteur et, *in fine*, à l'investisseur les ayant sollicités. Les agences de conseil en vote jouent donc un rôle non négligeable dans le contrôle de la gestion sociale. Il convient alors de vérifier s'il existe un encadrement du rôle des agences de conseil en vote afin d'en limiter l'influence.

582. L'encadrement des *proxy advisors*. Ces agences de conseil en vote ne font pas, à proprement parler, l'objet d'un encadrement légal par le Code de commerce, le Code monétaire et financier et le Règlement général de l'Autorité des marchés financiers[1957]. Les *proxy advisors* ne font l'objet que

---

1954 Alexandre OMAGGIO, « Faut-il encadrer l'activité des agences de conseil en vote (proxy advisors) ? », *JCP E* 2009, 2065, § 9 ; M. GERMAIN, V. MAGNIER, M.-A. NOURY, *op. cit.* note 1389, spéc. § 34 ; Marc PELTIER, Thomas MELI, « Agences de conseil en vote et pouvoirs des assemblées générales de sociétés cotées », *JCP E* 2013, 1191, § 2.

1955 AUTORITE DES MARCHES FINANCIERS, *op. cit.* note 1019, p. 24.

1956 S'ils sont organisés sous la forme d'OPCVM. Voir *supra* § 520.

1957 Ce délaissement relatif du législateur n'est pas propre au droit français. Le droit étasunien ne connaît pas de régulation de ces activités, tout comme le droit canadien. Il est cependant à noter que ces deux pays, par le biais de leurs autorités de marché, ont lancé des consultations de place n'ayant, pour le moment, pas abouti à une régulation des activités des agence de conseil en vote. Pour la consultation de place aux États-Unis, voir : SECURITIES AND EXCHANGE COMMISSION, *Concept release on the U.S. proxy system*, 14 juillet 2010, n° 34-62495, IA-3052, IC-29340. Pour la consultation de place canadienne, voir : AUTORITES CANADIENNES EN VALEURS MOBILIERES, *Document de consultation 25-401, Perspectives de réglementation des agences de conseil en vote*, 21 juin 2012. Ces agences sont toutefois appréhendées par la directive 2017/828 du 17 mai 2017, précitée note 1700.

d'une recommandation de l'autorité sectorielle[1958], qui vise quatre points essentiels pouvant être classés en deux catégories.

Les agences de conseil en vote devraient alors, dans un premier temps, suivre deux préceptes liés à leur organisation même. L'agence devrait organiser un dialogue avec la société émettrice, permettant à cette dernière de présenter des observations sur le vote envisagé[1959]. Cette recommandation permet à la société émettrice de limiter le pouvoir de nuisance des agences de droit de vote. Une seconde recommandation organisationnelle apporte une réponse au risque de conflits d'intérêts au sein des agences de conseil en vote. La recommandation de l'Autorité des marchés financiers n'appelle toutefois qu'à la prévention des conflits d'intérêts, ce qui signifie que les moyens recommandés par l'autorité sectorielle ne sont que des mesures déclaratives[1960]. Les obligations de divulgation ne tendent toutefois qu'à limiter de façon minime les conflits d'intérêts, celles-ci ayant pour seule vertu l'information les investisseurs institutionnels. Si la recommandation de l'Autorité des marchés financiers représente une première étape vers la réduction des conflits d'intérêts pour les agences de conseil en vote, celle-ci ne peut être totalement satisfaisante.

Dans un second temps, les agences de conseil en vote voient leur activité concernée par la recommandation de l'AMF. Elles devraient établir une politique de vote lisible pour tout investisseur, par le biais de sa publication sur leurs sites internet[1961]. Cette transparence souhaitée par l'autorité de secteur permet de faire connaître aux tiers le vote traditionnellement recommandé par chaque agence de conseil en vote. Par cette publication, l'investisseur est averti de la position traditionnelle des agences de conseil de droit de vote et est donc en mesure d'identifier celle vers laquelle il doit s'orienter. L'obligation de transparence intervient dans l'objectif de mener l'investisseur vers l'agence la plus adaptée à ses attentes, cette obligation de transparence portant sur une information *in abstracto*, sans considération

---

[1958] AUTORITE DES MARCHES FINANCIERS, *Recommandation 2011-06 sur les agences de conseil en vote*. Cette recommandation a entraîné un regain d'intérêt de la doctrine pour cette question des agences de conseil en vote : A. OMAGGIO, *op. cit.* note 1954 ; Michel STORCK, « L'AMF rappelle son attachement au vote de tous les actionnaires et publie une recommandation relative aux agences de conseil en vote », *Revue de droit bancaire et financier* 2011, comm. 115 ; « Recommandation AMF n° 2011-06 du 18 mars 2011 sur les agences de conseil en vote », *RTD Com.* 2011, p. 380 ; Pierre-Henri CONAC, « Recommandation AMF n° 2011-06 sur les agences de conseil en vote, 18 mars 2011 », *Revue des sociétés* 2011, p. 459 ; Stéphane TORCK, « AMF : un pas vers la régulation des agences de conseil en vote », *Droit des sociétés* juillet 2011, comm. 134 ; Bruno DONDERO, « Droit des marchés financiers », *JCP E* 2012, 1111, § 20.

[1959] *Id.*, recommandation n° 3.

[1960] *Id.*, recommandation n° 4. Est ainsi envisagée la présentation des liens entre l'agence et la société émettrice « dont elle analyse les projets de résolution » et « un ou plusieurs actionnaire(s) qui ont soumis des points à l'ordre du jour ou des projets de résolution à l'occasion de l'assemblée générale pour laquelle elle va émettre ce rapport d'analyse (...) ».

[1961] *Id.*, recommandation n° 1.

d'une quelconque société[1962]. Une fois cette publication effectuée, intervient la dernière mesure recommandée par l'Autorité des marchés financiers. Les agences de conseil en vote devraient alors comporter, en leur sein, des spécialistes qui auraient des compétences identifiées, telles la possibilité de lire un bilan social. En effet, il ressort du texte que « l'agence de conseil dispose des compétences et des moyens adaptés à l'exercice de son activité et, en particulier, à l'analyse des projets de résolution. Les personnes en charge d'analyser les projets de résolution disposent des compétences et de l'expérience appropriée à la conduite de ce type d'analyse »[1963]. Cette obligation de compétence serait toutefois difficile à respecter lorsque certaines résolutions proposées à l'analyse de l'agence de conseil en vote sont liées à l'activité même de la société et nécessitent la présence en son sein d'analystes spécialisés pour chaque secteur d'activité. L'agence de conseil de droit de vote, afin de respecter cette recommandation devrait, une fois saisie par l'investisseur, consulter des spécialistes extérieurs afin de l'informer des éventuelles spécificités de la proposition de résolution. Cette exigence entraînerait alors une externalité négative, le coût de telles consultations, qui serait nécessairement répercutés sur les investisseurs institutionnels ayant sollicité l'agence.

583. L'éventuelle responsabilité des agences de conseil en vote. Les *proxy advisors* sont des acteurs importants du contrôle de la gestion sociale en ce qu'ils interviennent afin de conseiller certains actionnaires détenant une fraction non négligeable du capital. Ces agences ont donc un pouvoir de nuisance important à l'égard des sociétés émettrices. Les *proxy advisors* peuvent être tenus responsables des conseils de vote émis à l'égard de la société émettrice, mais encore faut-il déterminer les conditions dans lesquelles une telle responsabilité peut être engagée.

La responsabilité civile de l'agence de conseil en vote ne peut raisonnablement être engagée par la société sur le fondement contractuel. En effet, il n'existe aucun contrat entre la société émettrice et l'agence de conseil, ce qui signifie que seule la responsabilité délictuelle de cette dernière peut être envisagée[1964]. Le triptyque de l'article 1240 du Code civil doit alors trouver application, exigeant la qualification de la faute, l'établissement d'un préjudice, mais aussi la caractérisation d'un lien de causalité entre la faute et le préjudice. La question qui se pose dans une telle hypothèse est celle de savoir si la communication à un investisseur d'une consigne de vote négatif pourrait être source de responsabilité au sens de la responsabilité civile délictuelle.

[1962] A titre d'exemple, la société Proxinvest, une des agences majeures de conseil en vote, mentionne à propos du vote de quitus : « Proxinvest recommande (…) aux institutionnels de s'opposer à la demande de quitus, même lorsque celle-ci est associée à l'approbation des comptes ».

[1963] AUTORITE DES MARCHES FINANCIERS, *op. cit.* note 1958, recommandation n° 2.

[1964] A. OMAGGIO, *op. cit.* note 1954, § 30.

La question de la détermination du préjudice indemnisable peut soulever quelques interrogations, car seule une recommandation négative de vote serait de nature à créer un préjudice social. En effet, une recommandation positive ne serait source d'aucun préjudice pour la société, car la décision proposée est, en principe, conforme aux intérêts de la société. Toutefois, il est nécessaire de se demander dans quelle mesure le refus de voter une décision sur les recommandations d'une agence de conseil en vote peut engendrer un préjudice réparable. Deux préjudices sont envisageables. Soit le préjudice réparable est l'atteinte à la réputation de la société liée au refus de vote engendré par la recommandation du *proxy advisor* ; soit ce n'est pas le refus en soi qui représente une source de préjudice réparable, mais la conséquence de celui-ci, c'est-à-dire l'impossibilité de réaliser une opération en raison de la recommandation de l'agence de conseil en vote. Afin que ce dernier préjudice, c'est-à-dire la perte de chance de réaliser une opération, soit réparable, il est nécessaire que sa réalisation ait été certaine ou à tout le moins réalisable. Or, dans le cadre de l'approbation des comptes et du contrôle de la gestion opérés par les actionnaires, la société ne prend aucune décision, il est au contraire question de faire un récapitulatif de l'exercice achevé. Une perte de chance ne pourrait donc pas être invoquée par la société lorsque l'agence de conseil en vote est à l'origine d'un vote négatif sur le contrôle de la gestion[1965].

En revanche, il serait concevable de retenir un préjudice moral suite à un vote négatif, car un tel vote à propos de la gestion annuelle de la société pourrait être perçu comme une défiance à l'égard de celle-ci. En raison de l'effet amplificateur des marchés financiers, une défiance à l'égard de la société pourrait être nuisible à la société émettrice. Un vote négatif à l'égard de sa gestion peut en effet entraîner, par mimétisme, une défiance généralisée à l'égard de la société. Dès lors, la recommandation de l'agence de conseil en vote pourrait engendrer un préjudice moral à la société émettrice. À considérer que ce préjudice soit établi, dans quelle mesure l'agence de conseil en vote peut-elle commettre un agissement fautif, n'étant qu'à l'initiative du vote négatif de l'associé ?

Une agence de conseil en vote ne peut agir avec légèreté dans l'accomplissement de sa tâche. Bien que les *proxy advisors* ne soient concernés par aucune règle impérative, il est possible de considérer que les règles dressées à propos des analystes financiers s'appliquent à eux[1966]. En effet, les analystes financiers comme les agences de conseil en vote sont des organismes tiers à la société dont la mission est d'éclairer les investisseurs sur l'exercice de leurs droits propres. Les analystes financiers assistent les

[1965] Sur l'hypothèse du vote d'une décision de gestion et, dans ce cas, de la réception d'un préjudice réparable lié à la perte d'une chance : A. OMAGGIO, *op. cit.* note 1954, § 35-37. Toutefois, lorsque la décision est prise en assemblée générale extraordinaire, la réparation de la perte de chance serait soumise à la preuve que la décision de l'assemblée générale était le seul point de blocage et qu'aucun autre obstacle n'existait par ailleurs.
[1966] Voir *supra* § 481.

investisseurs dans l'exercice de leurs droits pécuniaires[1967], alors que les agences de conseil en vote permettent aux investisseurs d'optimiser leurs droits politiques. Les devoirs propres aux analystes financiers sont donc adaptables aux *proxy advisors*[1968], qui doivent donc faire preuve de rigueur, d'impartialité et d'objectivité[1969]. La consécration de ces devoirs se traduit ainsi par le contenu de la recommandation 2011-06 de l'Autorité des marchés financiers et la directive 2017/828 du 17 mai 2017[1970]. En exigeant la communication des liens entre l'agence de conseil de droit de vote et la société émettrice comme les investisseurs, le devoir d'impartialité semble être consacré par l'autorité de marché. La recommandation, en exigeant l'exercice diligent de l'activité de l'agence de conseil en vote[1971], semble adapter pour les agences de conseil en vote les devoirs de rigueur et d'objectivité.

Aussi une agence de conseil de droit de vote devrait-elle respecter la recommandation 2011-06 de l'Autorité des marchés financiers afin de ne pas engager sa responsabilité civile délictuelle à l'égard de la société émettrice. Le statut juridique de la recommandation est donc hybride. Ce texte n'est pas une norme impérative en raison de sa formulation, mais ne représente pas non plus un texte sans valeur normative, car le manquement à une règle contenue dans cette recommandation engage la responsabilité du *proxy advisor*. Si sa responsabilité est engagée, il est à noter que le fondement ne peut être le texte de la recommandation. L'article 1240 du Code civil peut être retenu, la recommandation de l'autorité de secteur représentant une indication des comportements à adopter si l'agence de conseil en vote ne veut pas engager sa responsabilité. Seule une transposition de la directive 2017/828 du 17 mai 2017 permettrait de créer un fondement spécial en droit interne.

Outre cette question de responsabilité de l'agence de droit de vote pour une exécution fautive de sa mission, il est possible de s'interroger sur les conséquences de l'émission d'une recommandation d'un vote négatif.

584. L'impossibilité d'agir en abus de minorité à l'égard des *proxy advisors*. Les agences de conseil en droit de vote, incitant certains actionnaires à refuser des opérations de gestion, peuvent causer un préjudice à la société, paralysant possiblement sa gestion. Or, afin de passer outre l'opposition d'actionnaires, les juridictions ont développé la théorie de l'abus de minorité[1972]. Il peut alors être question de l'application de l'abus de minorité à l'agence de conseil en droit de vote.

[1967] Notamment l'achat et la cession de titres.

[1968] Voir en cela : P.-H. CONAC, *op. cit.* note 1958, p. 459.

[1969] Voir : Paris, 30 juin 2006, précité note 1654. En ce sens, voir aussi : A. OMAGGIO, *op. cit.* note 1954, § 32-33.

[1970] Précitée note 1700.

[1971] Cela se mesure par l'élaboration et la communication de la politique de vote et des recommandations de vote, en faisant éventuellement appel à des spécialistes. Voir *supra* § 582.

[1972] Cass com., 15 juillet 1992, précité note 1944.

L'action en abus de minorité doit être intentée par la société à l'encontre d'actionnaires minoritaires et eux seuls. Dès lors, la société ne pourrait engager la responsabilité – et éventuellement obtenir la nomination d'un mandataire chargé de voter conformément à l'intérêt social à la place des minoritaires opposants[1973] – qu'en engageant une action à l'encontre des minoritaires. L'action en abus de minorité ne pourrait donc être exercée directement à l'encontre du *proxy advisor*, qui ne vote pas. La seule voie pouvant aboutir à une responsabilisation des agences de conseil en droit de vote se trouve alors être une action intentée par des minoritaires qui auraient été condamnés pour leur opposition abusive.

585. L'action du minoritaire à l'encontre de l'agence de conseil en droit de vote. L'action engagée par les actionnaires condamnés pour un tel abus à l'encontre de l'agence de conseil en droit de vote ne peut se concevoir que sur le fondement de la responsabilité contractuelle. En effet, l'associé ayant conclu une convention avec le *proxy advisor*, seul ce fondement est envisageable. Ce fondement entraîne des difficultés pour aboutir à une sanction de l'agence de conseil en droit de vote.

Afin d'identifier un cas de responsabilité contractuelle, il est nécessaire de caractériser une inexécution contractuelle, le retard dans l'exécution, ou une mauvaise exécution de cette obligation. Pour ce faire, il faut identifier si l'obligation litigieuse constitue une obligation de moyens ou une obligation de résultat. La différence entre ces deux obligations est fondamentale du point de vue de la preuve. Il faut donc qualifier la teneur de l'obligation dont est débitrice l'agence de conseil en droit de vote.

L'obligation principale du *proxy advisor* est d'aviser l'associé qui y fait appel. S'il est dans l'obligation d'indiquer un vote aux associés qui le sollicite, le *proxy advisor* ne se trouve toutefois pas dans l'obligation de fournir une décision incontestable. En effet, l'agence doit aviser les associés du vote qui lui paraît le plus opportun. En d'autres termes, la tâche de l'agence de conseil ne relève que d'une obligation de moyens, elle n'engage sa responsabilité que s'il est prouvé une légèreté particulière dans l'établissement de sa mission.

586. L'exercice de l'action en responsabilité contractuelle à l'encontre de l'agence de conseil en vote. Les associés minoritaires devraient donc prouver que l'agence de conseil en droit de vote n'a pas respecté son obligation de moyens. Or, si l'agence de conseil en droit de vote pouvait – et à vrai dire devait – avoir conscience que sa suggestion pourrait conduire à refuser une décision qui pourrait être essentielle à la survie de la société, il n'est pas certain que le second élément de l'abus de minorité soit caractérisé. En effet, la rupture d'égalité, par laquelle la minorité s'est opposée dans l'unique but de se favoriser au détriment des intérêts de la majorité, est un élément éminemment subjectif, propre à chaque associé opposant. Dès lors, en raison de la subjectivité de ce critère de l'abus de minorité, le *proxy advisor*

[1973] Cass. com., 9 mars 1993, précité note 1944.

dispose de peu d'éléments pour faire apparaître le risque de rupture d'égalité par la proposition d'un vote négatif. Cela signifie donc que l'agence de conseil en droit de vote peut accomplir toutes les diligences nécessaires à l'accomplissement de sa mission et recommander un vote négatif aux actionnaires la sollicitant, sans avoir à vérifier si le blocage proposé peut rompre l'égalité entre les actionnaires. De fait, une éventuelle condamnation des actionnaires minoritaires qui se sont opposés en vertu de la position de l'agence ne pourrait donner lieu à aucune action en responsabilité contractuelle de ces minoritaires à l'encontre du *proxy advisor*.

587. Les agences de conseil en droit de vote, lorsque leur suggestion a pu mener à la caractérisation d'un abus de minorité, ne pourraient ainsi être condamnées de ce seul fait. Tout au plus pourraient-elles être sanctionnées pour défaut d'accomplissement de leurs diligences. Il y a toutefois une incongruité à ne pas, ou peu, sanctionner des acteurs pouvant détenir un pouvoir considérable dans la vie sociale.

Les *proxy advisors*, tout comme la pratique de la collecte des procurations, permettent à certains actionnaires, notamment les investisseurs institutionnels, de regagner une fraction du pouvoir au sein de la société anonyme. Ces mécanismes permettent d'agréger dans une plus grande mesure l'actionnariat et partant de lui permettre d'avoir une activité de contrôle plus cohérente au sein de la société anonyme. Ces pratiques ne sont toutefois pas les plus satisfaisantes, car leur influence sur le contrôle de la gestion sociale ne peut être caractérisé qu'*a posteriori*, c'est-à-dire à l'issue du vote de l'assemblée générale annuelle ordinaire.

II) La faiblesse de l'exercice du contrôle actionnarial

588. Identification des organes internes protecteurs de l'intérêt social. S'il est acquis que la protection de l'intérêt social passe essentiellement par les organes de la société, il est nécessaire d'indiquer que la plupart des organes de la société anonyme sont impliqués dans cette forme de contrôle. Deux formes de vérification de la décision de gestion peuvent être différenciées selon leur modalité d'exercice : à un contrôle organisé et précisément prévu et encadrée par le Code de commerce répond une autre forme de contrôle plus désorganisée, laissant plus de marge de manœuvre aux dirigeants gestionnaires dont la décision de gestion est contrôlée. Il est donc possible d'opposer le contrôle institutionnalisé opéré par les conseils d'administration, au contrôle plus disparate de l'assemblée générale des actionnaires.

589. Le contrôle *a posteriori* du conseil d'administration ou de surveillance. Le contrôle *a priori* de la décision de gestion est une exception à la mission de surveillance du conseil d'administration ou de surveillance. En effet, le Code de commerce dispose que le conseil d'administration ou de surveillance « procède aux contrôles et vérifications qu'il juge opportuns »[1974]. Ce pouvoir général de contrôle se manifeste le plus souvent par le contrôle *a posteriori*, car le conseil d'administration ou de surveillance de la société ne peut raisonnablement diligenter des investigations sur les décisions de gestion qu'à la condition que celles-ci aient été effectivement passées et mises en œuvre. Il est donc logique que le pouvoir général de contrôle du conseil d'administration ou de surveillance connaisse sa plus grande application une fois que la décision de gestion est appliquée.

Le contrôle *a posteriori* de la part de ces organes collégiaux est une faculté légale et peut ainsi ne pas être réalisée. On peut en effet s'interroger sur l'opportunité d'un tel contrôle lorsque l'organe collégial est en intelligence avec les dirigeants gestionnaires. Le risque est de provoquer l'ire des dirigeants gestionnaires en diligentant un contrôle sur une de leurs décisions. Ce pouvoir général peut s'avérer contreproductif car il peut favoriser l'installation d'un climat de doute entre les organes de la société. Cette faiblesse ne doit toutefois pas être surestimée dans le cadre des sociétés cotées, ces dernières devant décrire dans un rapport annuel les procédures de contrôle interne[1975]. Un autre organe intervient toutefois afin de compléter le contrôle effectué par le conseil d'administration ou de surveillance, le commissaire aux comptes.

590. Le contrôle disparate de l'assemblée générale des actionnaires. Les actionnaires sont, avec le conseil d'administration ou de surveillance, en principe les plus concernés par le contrôle *a posteriori* de la décision de gestion. En effet, les actionnaires réunis en assemblée générale sont des acteurs impliqués dans la préservation de l'intérêt social. Il demeure toutefois une difficulté liée à la nature même de cet organe. En tant qu'organe collégial dans lequel tous les actionnaires ont vocation à figurer, l'assemblée générale peut pâtir du nombre de ses participants afin de remplir pleinement son rôle de contrôleur. La collégialité est alors un frein à l'action de contrôle concertée de l'assemblée générale dans la plupart des cas. Ce frein ne signifie pas pour autant qu'un contrôle *a posteriori* de la décision de gestion ne s'exerce pas collectivement, mais au-delà de ce contrôle collectif peuvent être décelées d'autres prérogatives individuelles, plus développées.

591. Un faible contrôle collectif par le biais de la délibération. L'exercice collectif du contrôle *a posteriori* de la décision de gestion n'est que très rarement prévu par le Code de commerce. En effet, l'assemblée générale, tant ordinaire qu'extraordinaire est exceptionnellement convoquée pour statuer sur le sort d'un acte de gestion une fois que celui-ci a été conclu.

[1974] Articles L. 225-35 et L. 225-68 du Code de commerce.

[1975] Article L. 225-100-1 I 5° du Code de commerce : « Le rapport de gestion mentionné au deuxième alinéa de l'article L. 225-100 comprend (…) les principales caractéristiques des procédures de contrôle interne et de gestion des risques (…) ». Voir aussi : AUTORITE DES MARCHES FINANCIERS, *Rapport 2009 de l'AMF sur le gouvernement d'entreprise et de contrôle interne*, p. 17 et s.

L'assemblée générale n'a vocation, en principe, à être saisie afin de délibérer sur la décision que lorsque celle-ci est de la compétence de l'assemblée générale extraordinaire, mais aussi afin d'approuver les comptes de l'exercice dont le terme est échu. Par exception à ce principe, l'assemblée générale ordinaire est appelée à contrôler une décision de gestion une fois qu'elle a été décidée et mise en œuvre, dans le cas des conventions conclues entre la société et ses dirigeants.

La procédure des conventions réglementées, après le contrôle *a priori* du conseil d'administration ou de surveillance et le contrôle *a posteriori* du commissaire aux comptes, est aussi soumise à l'assemblée générale ordinaire afin que celle-ci juge, par son vote, de l'opportunité d'une telle convention[1976]. Le contrôle *a posteriori* de l'assemblée générale est important, car en cas de désapprobation de la convention, les conséquences préjudiciables à la société peuvent être mises à la charge du cocontractant[1977]. Le vote de l'assemblée générale est donc important en ce que le contrôle peut aboutir à une remise en cause de l'opposabilité de la convention à la société. Les modalités sont toutefois à préciser.

L'assemblée générale, au même titre que les conseils de surveillance ou d'administration, n'est pas un organe permanent. De ce fait, elle aura à connaître de plusieurs conventions. Se pose alors une question : l'assemblée générale étant appelée à se prononcer sur plusieurs conventions, doit-elle les approuver globalement, facilitant de fait le déroulement de la séance, ou les approuver individuellement, respectant ainsi l'esprit du texte relatif à la procédure des conventions réglementées et donc le statut de contrôleur conféré à cet organe ? Cette question, qui n'a pas été clairement tranchée en jurisprudence, doit être traitée avec la plus grande attention, soit en privilégiant le fonctionnement rapide de la société cotée, soit en avantageant la gouvernance en conférant un rôle plus important aux actionnaires.

Il semble qu'il faille favoriser la seconde solution, en raison de la sanction du défaut d'approbation par l'assemblée générale. Il est nécessaire que l'assemblée générale ait débattu et voté sur la convention au sens de la loi car à défaut, la convention serait inopposable à la société. Dès lors, une trace de la discussion relative à la convention soumise au vote doit être conservée dans le procès-verbal retranscrivant l'assemblée. Si les conventions sont approuvées en un seul bloc et donc globalement, il ne pourra être fait état des discussions. Or, en vertu du principe *idem est non esse aut non probari*[1978], l'absence d'une transcription des discussions par convention équivaut à un défaut de preuve et donc à un défaut d'approbation. Si l'assemblée générale avait à connaître globalement de toutes les conventions réglementées, il pourrait être conclu que toutes les conventions n'ont pas été approuvées,

---

[1976] Articles L. 225-40 et L. 225-88 du Code de commerce.

[1977] Articles L. 225-41 et L. 225-89 du Code de commerce.

[1978] Il en est de même de ne pas agir que de ne pas prouver.

faisant dès lors peser les circonstances néfastes à la société sur son cocontractant[1979].

Les conventions réglementées doivent être soumises individuellement à l'assemblée générale, ce qui peut rapidement se montrer fastidieux[1980]. Le contrôle *a posteriori* des décisions de gestion par l'assemblée générale ordinaire n'est donc pas négligeable, même s'il est circonscrit à la seule procédure des conventions réglementées, des cautionnements, avals et garanties et à la problématique des rémunérations différées[1981]. Du fait de ce champ d'application restreint, l'assemblée générale ne peut qu'épisodiquement effectuer sa mission collective de contrôle, nécessairement réactive. En effet, l'organe des actionnaires ne maîtrise nullement le processus dans cette hypothèse. Le conseil d'administration convoque l'assemblée générale et fixe son ordre du jour[1982] et le commissaire aux comptes produit son rapport. Les actionnaires sont passifs, ce qui est par ailleurs accentué par la sanction d'un éventuel vote négatif, qui n'a aucune conséquence sur la validité de l'acte, mais seulement sur l'opposabilité de celui-ci à la société. Par ailleurs, si l'acte de gestion n'a aucune conséquence dommageable sur la société, le défaut de contrôle *a posteriori* ou le refus de l'assemblée générale n'aboutit à aucune sanction. La vérification *a posteriori* de l'assemblée générale n'est donc que rarement mise en œuvre collectivement. Il existe cependant, au-delà de cette prérogative collective, de nombreuses possibilités individuelles.

592. De nombreuses possibilités d'interpellation. Les actionnaires disposent individuellement de prérogatives afin de contrôler l'action des dirigeants gestionnaires, notamment quant aux décisions qu'ils ont prises au cours de leur mandat. Afin de les interroger, il est nécessaire que la décision de gestion ait été mise en œuvre et communiquée aux actionnaires. Une fois l'information délivrée, les actionnaires peuvent individuellement, mais à certaines conditions, interpeller le dirigeant gestionnaire, par le biais de questions. Le Code de commerce prévoit trois procédures différentes, pouvant à première lecture se recouper, mais ayant des caractéristiques très différentes.

593. Les questions communes posées lors des assemblées. La première possibilité concerne, pour les actionnaires, le fait de poser des questions sur l'ordre du jour de l'assemblée générale[1983]. Cette faculté est ouverte à tous les

---

[1979] Cass. com., 3 mai 2000, *RJDA* 2000, n° 1116 ; *Droit des sociétés* 2000, n° 110, note Dominique VIDAL.

[1980] Cette préoccupation de gouvernance peut se retrouver dans les conventions « super-réglementées » que représentent les rémunérations différées. Voir l'article L. 225-42-1 du Code de commerce.

[1981] Voir *supra* § 162.

[1982] Articles L. 225-103 et L. 225-105 du Code de commerce.

[1983] Selon l'article L. 225-108 alinéa 3 du Code de commerce : « A compter de la communication prévue (…), tout actionnaire a la faculté de poser par écrit des questions auxquelles le conseil d'administration ou le directoire, selon le cas, est tenu de répondre au cours de l'assemblée ».

actionnaires de la société anonyme, quel que soit le nombre d'actions détenues, à toute assemblée générale, qu'elle soit ordinaire, extraordinaire ou spéciale[1984]. Communément considérées comme mesure additionnelle permettant d'obtenir des informations, les questions posées sur le fondement de l'article L. 225-108 du Code de commerce permettent une grande liberté aux actionnaires, en ce qu'elles peuvent être posées lors de toute assemblée, autant de fois que l'actionnaire le souhaite[1985]. Il n'y aucune limitation de temps, si ce n'est de poser la ou les questions écrites avant la tenue effective de l'assemblée générale. En effet, la question posée sur le fondement de l'article L. 225-108 du Code de commerce doit recevoir une réponse en assemblée. À première lecture, les questions posées sur le fondement de l'article L. 225-108 du Code de commerce représentent une arme redoutable entre les mains des actionnaires. Cette impression doit toutefois rapidement être dissipée. Les questions de l'article L. 225-108 étant en lien étroit avec la communication des documents nécessaires à la tenue de l'assemblée générale et de l'information relative à son ordre du jour, ces questions ne peuvent porter que sur cet ordre du jour[1986]. Dès lors, les questions de l'article L. 225-108 du Code de commerce sont d'une faible utilité dans le cadre du contrôle *a posteriori* des décisions de gestion[1987]. Par exemple, l'article L. 225-108 du Code de commerce offre aux actionnaires la possibilité de poser des questions relatives à l'application des conventions réglementées. Une autre faiblesse inhérente à cette phase de questions, qui vise à compléter les informations données à l'assemblée, réside dans la faculté du conseil d'administration ou le directoire d'opposer le secret des affaires[1988]. L'ultime défaut réside dans le caractère temporaire de cette possibilité. Si les actionnaires peuvent poser des

---

[1984] Cass. crim., 4 juillet 1962, *D.* 1963, p. 96, note J.-M. R. Il est à noter que cet arrêt concerne la communication de pièces sous l'empire de la loi du 24 juillet 1867. Les questions de l'actuel article L. 225-108 du Code de commerce relevant aussi du droit à communication des actionnaires, la portée de cet arrêt peut être étendue à cette problématique.

[1985] Voir en ce sens : T. Com. Paris, 2e ch., 11 mai 2004, *RJDA* 2004, n° 1221 ; *Bulletin Joly sociétés* 2004, p. 1238, note Paul LE CANNU ; *JCP E* 2004, 1154, note Alain VIANDIER ; J. MESTRE, D. VELARDOCCHIO (dir.), *op. cit.* note 1595, § 3928.

[1986] J. MESTRE, D. VELARDOCCHIO (dir.), *op. cit.* note 1595, § 3928 ; Paul LE CANNU, Bruno DONDERO, « *Docere ignorantem* – retour sur les questions écrites », *Revue trimestrielle de droit financier* 2006/3, p. 110 ; Florence MANSUY, « Assemblée générale des actionnaires – Règles communes à toutes les assemblées – Préparation de l'assemblée. Information des actionnaires », dans *J.-Cl. Sociétés Traité*, fasc. 136-30, §73. Voir aussi : article 9.1 de la Directive 2007/36/CE du Parlement européen et du Conseil du 11 juillet 2007 concernant l'exercice de certains droits des actionnaires des sociétés cotées, *JOUE* L. 184/17 du 14 juillet 2007 : « Chaque actionnaire a le droit de poser des questions concernant des points inscrits à l'ordre du jour d'une assemblée générale (…) ». Voir *contra* : Paris, 19 décembre 2013, *RJDA* 2014, n° 352.

[1987] En effet, les assemblées générales n'ont que très rarement à connaître des décisions de gestion une fois celles-ci mises en œuvre, conventions réglementées et rémunérations différées mises à part. Voir *supra* § 591.

[1988] D. SCHMIDT, *op. cit.* note 1140, p. 98 ; Paul LE CANNU, « Des questions sans réponses », dans *Mélanges en l'honneur d'Yves GUYON*, précités note 310, p. 603.

questions au conseil d'administration ou au directoire, ce n'est qu'à compter de la communication des documents nécessaires à la préparation de l'assemblée générale, soit à partir de la convocation, jusqu'à quatre jours ouvrés précédant la tenue de l'assemblée générale[1989]. Il est donc imprécis d'affirmer que les questions de l'article L. 225-108 du Code de commerce peuvent être posées à tout moment. Elles peuvent en revanche être communiquées à tout moment, lors d'une période minimale de onze jours[1990], ce qui réduit grandement le pouvoir des actionnaires. Une autre possibilité d'interpeller la direction est alors prévue pour les actionnaires, selon un autre fondement.

594. Les faits de nature à compromettre la continuité de l'exploitation. Est prévue par le Code de commerce la possibilité, pour un ou plusieurs actionnaires représentant au moins un vingtième du capital social, de poser par écrit, deux fois par exercice, des questions au président du conseil d'administration ou au directoire sur tout fait de nature à compromettre la continuité de l'exploitation[1991]. Cette possibilité d'interpellation semble plus compatible avec l'exercice d'un contrôle *a posteriori* de la décision de gestion. En effet, la condition de déclenchement d'une telle question est la survenance de « tout fait de nature à compromettre la continuité de l'exploitation », ce qui signifie qu'elle peut porter sur une opération de gestion qui s'avère être dangereuse pour la pérennité de la société. Les questions de l'article L. 225-232 du Code de commerce représentent alors un type d'alerte, par lequel les actionnaires font état au président du conseil d'administration ou au directoire de leur préoccupation au regard des répercussions de certaines décisions, à charge pour l'un de ces deux organes d'adresser une réponse à l'actionnaire à l'origine de la demande.

Cette procédure semble permettre une plus grande liberté d'action aux membres de l'assemblée générale car elle est permanente et non soumise à la tenue d'une assemblée générale. Par ailleurs, ces questions peuvent porter sur tout sujet, pourvu qu'il soit de nature à compromettre la continuité de l'exploitation. Les questions de l'article L. 225-232 du Code de commerce

---

[1989] Le texte de l'article L. 225-108 du Code de commerce ne prévoyant pas de délai butoir pour envoyer les questions, il était possible d'imaginer un envoi *in extremis*. Il apparaissait toutefois nécessaire de ménager un délai raisonnable au cours duquel le destinataire de la question ait le temps de préparer une réponse. C'est pourquoi l'article R. 225-84 du Code de commerce a été introduit par le décret n° 2006-1566 du 11 décembre 2006 modifiant le décret n° 67-236 du 23 mars 1967, *JORF* du 12 décembre 2006, p. 18762. Au-delà des conditions temporelles, cet article réglementaire impose des conditions formelles : la question doit être envoyée au siège social par lettre recommandée avec accusé de réception, ou par voie de télécommunication électronique envoyée à l'adresse indiquée dans la convocation.

[1990] Le délai entre l'envoi des convocations et la tenue de l'assemblée générale étant d'au moins quinze jours selon l'article R. 225-69 du Code de commerce, la durée de la période pendant laquelle il est possible de poser les questions équivaut à ce délai auquel sont retranchés les quatre jours ouvrés précédant la tenue de l'assemblée de l'article R. 225-84 du même Code.

[1991] Article L. 225-232 du Code de commerce.

pourraient être appliquées à un investissement hasardeux ayant de graves conséquences pour l'avenir de la société, mais ne sauraient concerner les rémunérations des dirigeants gestionnaires, sauf – hypothèse d'école – à ce qu'elles soient d'un montant tel que la société se trouverait en danger du seul fait de leur versement. En dépit de ce large champ d'application matériel, la procédure de l'article L. 225-232 du Code de commerce est grandement réduite par deux éléments importants.

Le premier concerne les actionnaires disposant de ce droit d'interpellation. Le texte impose à un ou plusieurs actionnaires de détenir une fraction significative du capital social, un vingtième, afin de poser une question. Cette exigence devient difficile à remplir lorsque le capital social est diffus en raison de la cotation de ses titres représentatifs, bien que la loi nouvelles régulations économiques du 15 mai 2001 ait réduit l'exigence de détention du capital[1992]. Devant cette difficulté potentielle, le législateur a permis à une association des actionnaires dûment enregistrée de poser une question au président du conseil ou au directoire. Propre aux sociétés cotées, cette possibilité paraît favorable aux actionnaires, mais exige d'autres conditions, la détention au nominal des actions de la société depuis au moins deux ans d'une fraction des droits de vote au moins égale à un vingtième[1993] et une déclaration préalable à la société et à l'Autorité des marchés financiers[1994]. La possibilité de contrôle des décisions de gestion offerte par l'article L. 225-232 du Code de commerce ne peut raisonnablement s'exercer que dans les sociétés dont le capital est concentré entre les mains de plusieurs actionnaires dominants ou dans des sociétés au sein desquelles une association de défense des droits des actionnaires est déjà enregistrée. Ce frein à la possibilité de poser des questions sur des décisions de gestion de nature à compromettre la continuité de l'exploitation n'est toutefois pas le plus important.

Les actionnaires qui respectent la détention du capital ou qui se sont regroupés en association enregistrée ne peuvent, au sens de l'article L. 225-232 du Code de commerce, poser que deux questions par exercice, soit par année comptable. Ils se trouvent donc titulaires d'un droit dont l'exercice doit faire l'objet d'une longue réflexion, sauf à l'épuiser trop rapidement. La limitation à deux questions par exercice comptable laisse toutefois la possibilité d'une interprétation extensive. En effet, le texte du Code de commerce réserve la faculté de poser « des questions » deux fois par exercice, ce qui peut signifier qu'à chaque fois qu'un actionnaire fait usage de son droit de l'article L. 225-232, il peut poser une question portant sur plusieurs thématiques[1995], dans un esprit qui peut être rapproché de ce que la procédure

---

[1992] Qui était antérieurement d'un dixième du capital.

[1993] La fraction de détention des droits de vote est toutefois dégressive en fonction du montant du capital social, selon l'article L. 225-120 II du Code de commerce.

[1994] Article L. 225-120 I du Code de commerce.

[1995] P. LE CANNU, B. DONDERO, *op. cit.* note 1986, p. 110.

civile connaît depuis l'arrêt Césaréo[1996]. De même qu'un demandeur en justice peut formuler plusieurs moyens dans une même demande, un actionnaire, selon cette lecture, pourrait aborder plusieurs thèmes dans une même question globale. Une question peut, par exemple, aborder trois thèmes portant sur deux décisions de gestion différentes et ne compter que pour une seule question posée. De plus, si la réponse est jugée insatisfaisante, l'actionnaire qui pose à nouveau une autre question afférente au même thème n'épuiserait pas son quota de questions, car la seconde intervient à la même occasion que la première[1997].

Il n'en demeure pas moins que deux questions posées au cours du même exercice représentent une limite importante au pouvoir des actionnaires, et partant une limite importante au contrôle *a posteriori* des décisions de gestion. Cette possibilité d'interpellation permet toutefois une autre forme de contrôle que les questions posées par le biais de l'article L. 225-108 du Code de commerce. Leur objet est plus large, mais leur fréquence est moindre et leur exercice conditionné. Par le nombre d'opérations appréhendées par ce type de contrôle, les questions de l'article L. 225-232 du Code de commerce représentent un droit de regard plus important que les questions de l'article L. 225-108 du même code. Les questions de l'article L. 225-232 du Code de commerce peuvent représenter une phase de contrôle plus aboutie, mais aussi plus mal perçue par les dirigeants, en ce que certaines décisions de gestion peuvent être identifiées comme potentiellement dangereuses pour l'intérêt social. Aussi ces questions peuvent-elles représenter une menace pour les dirigeants, d'autant plus qu'elles peuvent aboutir à l'engagement d'une procédure de révocation ou de mise en œuvre de la responsabilité du dirigeant gestionnaire en cas d'absence de réponse ou de réponse insuffisante[1998]. Les actionnaires disposent, en outre, d'une dernière procédure afin d'interpeller les dirigeants gestionnaires, les questions posées sur le fondement de l'article L. 225-231 du Code de commerce.

595. Les opérations de gestion. Ces questions semblent réaliser la synthèse des deux autres possibilités d'interpellation de la direction. Ouvertes à tous les actionnaires disposant, seuls ou en groupe, de plus d'un vingtième du capital social ou d'une association de protection des actionnaires répondant de l'article L. 225-120 du Code de commerce, les questions de l'article L. 225-

---

[1996] Cass. Ass. Plén., 7 juillet 2006, (arrêt Césaréo), *RTD Civ.* 2006, p. 825, obs. Roger PERROT ; *Droit et procédure* 2006, p. 348, obs. Natalie FRICERO ; *D.* 2006, p. 2135, note Laura WEILLER ; *JCP G* 2007, II, 10070, note Georges WIEDERKEHR ; *JCP G* 2006, I, 183, obs. Soraya AMRANI-MEKKI ; *Revue de droit immobilier* 2006, p. 500, obs. Philippe MALINVAUD ; *Banque Magazine* octobre 2006, p. 79, obs. Jean-Louis GUILLOT et Sylvie FAYNER ; *Gazette du Palais* 5 janvier 2007, p. 22, note Marie-Odile GAIN.

[1997] Cela ne vaut qu'à la condition que la seconde question porte, sans aucune adjonction, sur les mêmes thèmes que la première. Voir : P. LE CANNU, B. DONDERO, *op. cit.* note 1986, p. 110.

[1998] *Id.*

231 du Code de commerce peuvent être posées au président du conseil d'administration ou au directoire sur toute opération de gestion. Cette nécessité de poser des questions est une introduction de la loi du 15 mai 2001, qui rend donc subsidiaire la procédure en elle-même d'expertise de gestion[1999]. Cette phase de question est désormais nécessaire à toute expertise de gestion, en tant que condition préalable[2000], elle représente la première étape du contrôle exercé par les actionnaires sur certaines opérations de gestion. Son champ d'application est plus large que celui prévu par l'article L. 225-232 du Code de commerce, mais encore faut-il savoir ce que représente la notion d'opération de gestion.

Bien que mentionnée légalement, l'opération de gestion n'est nullement définie, ce qui a soulevé quelques interrogations lors d'actions à l'initiative d'actionnaires, notamment afin de savoir si la décision litigieuse est réellement une opération de gestion. Deux thèses sont envisageables, l'opération étant qualifiée d'opération de gestion en fonction son objet ou de l'organe d'origine. C'est cette dernière acception, ayant en apparence les vertus de la simplicité et de la systématicité, qui a été retenue par les juridictions[2001]. Ainsi, est une opération de gestion une décision dont un organe de gestion est à l'origine, ce qui signifie, dans les sociétés cotées que la décision de gestion ne peut émaner que de la direction générale, du directoire et du conseil d'administration. Le bénéfice de la clarté ne doit toutefois pas dissiper certains doutes quant à l'artificialité de ce rattachement purement organique. En effet, affirmer qu'une décision de gestion émane d'un organe de gestion semble faire fi de la réalité économique de certaines

---

[1999] Laurent GODON, « La protection des actionnaires minoritaires dans la loi relative aux nouvelles régulations économiques », *Bulletin Joly sociétés* 2001, p. 728 ; Jean-Philippe DOM, « La protection des minoritaires », *Revue des sociétés* 2001, p. 533. *Contra*, sur le droit antérieur, refusant le caractère subsidiaire de l'expertise de gestion : Jean-Pierre SORTAIS, « Rapport sur l'expertise de l'article 226 », *Gazette du palais* 1975, I, p. 29 ; Michel ARMAND-PREVOST, « L'expertise de gestion », *Revue de jurisprudence commerciale* 1998, p. 127.

[2000] Paris, 26 février 2003, *RJDA* 2003, n° 843 ; Cass. com., 17 janvier 2006, *D.* 2006, AJ 445 obs. Alain LIENHARD ; *JCP E* 2006, p. 1122, note Deen GIBIRILA ; *Bulletin Joly sociétés* 2006, p. 624, note Laurent GODON ; *Droit et patrimoine* juin 2006, p. 107, obs. Didier PORACCHIA ; *Revue des sociétés* 2006, p. 570, note Adeline CERATI-GAUTHIER ; *RTD Com.* 2006, p. 605, obs. Claude CHAMPAUD, Didier DANET ; Cass. com., 14 février 2006, *JCP E* 2006, 1466, obs. Jean-Jacques CAUSSAIN, Florence DEBOISSY et Guillaume WICKER ; *Bulletin Joly sociétés* 2006, p. 619, note Laurent GODON.

[2001] Versailles, 19 décembre 1989, *Bulletin Joly sociétés* 1990, p. 182, note Paul LE CANNU et la cassation de l'arrêt par Cass. com., 19 novembre 1991, *Droit des sociétés* 1992, n° 16, note Hervé LE NABASQUE ; *Bulletin Joly sociétés* 1991, p. 66, note Paul LE CANNU ; Paris, 8 novembre 1991, *Droit des sociétés* 1992, n° 35, note Hervé LE NABASQUE. L'espèce la plus marquante concerne une affaire dans laquelle la Cour d'appel de Paris se fait censurer pour ne pas avoir caractérisé si l'apport partiel d'actif était soumis ou non au régime des scissions : Cass. com., 12 janvier 1993, *Bulletin Joly sociétés* 1993, p. 343, note Paul LE CANNU ; *Droit des sociétés* 1993, note Hervé LE NABASQUE ; *JCP G* 1993, II, 22029, note Yves GUYON ; *JCP E* 1993, II, 415, note Alain VIANDIER.

opérations. Il semble indéniable qu'une opération affectant le patrimoine social soit une opération de gestion[2002]. Si tel est le cas de l'apport partiel d'actif qui n'est pas soumis au régime des fusions-scissions, cela vaut aussi pour toute décision de restructuration ou toute opération portant sur le capital social, pourtant de la compétence exclusive de l'assemblée générale extraordinaire. Cet organe pourrait donc, bien qu'il ne soit pas un organe de gestion, être à l'origine de décisions de gestion, ce qui prouve la précarité du rattachement organique retenu par la jurisprudence[2003]. Une fois l'opération de gestion définie, il doit être précisé que les questions doivent porter sur « une ou plusieurs opérations », signifiant *a contrario* que cet article ne doit pas servir de fondement à des questions portant sur la gestion générale de la société. Les actionnaires sont donc dans l'obligation de formuler des questions précises sur des opérations de gestion identifiées.

596. La réponse attendue. Ce n'est qu'à ces conditions que le président du conseil d'administration ou le directoire se trouve dans l'obligation de formuler une réponse à la question écrite ou de communiquer des éléments d'information, dans un délai d'un mois à compter de la réception de la question[2004]. Cette réponse permet de désarmer une situation potentiellement conflictuelle en apportant des réponses aux actionnaires qui peuvent, en fonction de celles-ci, approuver implicitement la décision, révoquer les dirigeants gestionnaires ou engager une action en responsabilité à leur égard. Il doit être affirmé que la première alternative n'est que peu réaliste, les actionnaires formulant une question sur le fondement de l'article L. 225-231 du Code de commerce ayant un doute sérieux sur l'opération de gestion envisagée. Cela n'est cependant envisageable que si une réponse a été apportée et qu'elle a été jugée satisfaisante ; dans l'hypothèse inverse, l'article L. 225-231 du Code de commerce prévoit une possibilité qui s'avère redoutable, la saisine d'un juge afin que celui-ci nomme un mandataire dénommé l'expert de gestion. Par cette intervention judiciaire, les questions posées par les actionnaires au président du conseil d'administration ou au directoire peuvent être perçues comme une véritable rupture des relations diplomatiques entre les actionnaires et les dirigeants, annonciatrice d'un possible conflit judiciaire.

597. L'interpellation des dirigeants par les actionnaires est ainsi possible selon trois modalités, chacune ayant ses particularités et entrainant des conséquences graduées. Ces questions, quels que soient leurs fondements, s'avèrent assez inefficaces si elles ne reçoivent aucune réponse, notamment

---

2002 En ce sens, voir les notes de H. LE NABASQUE, précitées note 2001.

2003 Voir, considérant que la qualité de l'auteur d'un acte n'emporte aucune conséquence sur la qualification d'acte ressortant de la gestion : Didier PORACCHIA, Laure MERLAND, « Le lien direct à la gestion de la société commerciale comme critère de la compétence des tribunaux de commerce », *Revue Lamy droit des affaires* décembre 2009, p. 10, spéc. § 9.

2004 Article L. 225-231 du Code de commerce.

en raison du secret des affaires[2005]. L'initiative individuelle, comme collective, des actionnaires n'aboutit alors que trop peu à la préservation de l'intérêt social. Cette action peut être considérée comme une amorce, qui nécessite l'intervention d'une autre entité afin de tenter de préserver l'intérêt social.

III) Les pressions exercées à l'encontre des dirigeants gestionnaires

598. Des risques informels, compléments des risques légaux. Les actionnaires de sociétés cotées peuvent, en complément des mesures de rééquilibrage du contrôle, faire planer des menaces sur les dirigeants gestionnaires. Ces risques, dont l'effet radical peut orienter la gestion sociale, sont de deux ordres. Le premier, le retrait des associés, est une menace économique qui ne pèse pas sur les dirigeants, mais sur la société en raison de l'action de ces derniers (A), alors que le second aléa qu'est la révocation, plus juridique, influe uniquement sur les dirigeants (B).

A) Le retrait, risque économique pour la société

599. Le retrait de l'actionnaire, un risque social en fonction de l'actionnaire retrayant. Les actionnaires disposent de la faculté de quitter la société à tout instant, en raison de la libre négociabilité des actions. Un actionnaire ne devant pas être prisonnier de ses titres, il doit pouvoir les céder à tout moment, c'est-à-dire se retirer de la société[2006]. Cette possibilité[2007] appartient à tout actionnaire, mais ne représente un véritable danger pour la société que s'il est effectué par un actionnaire détenant une fraction non négligeable des actions. En effet, un actionnaire détenant une fraction minime du capital de la société ne fait peser sur celle-ci qu'un risque limité, son départ étant indolore pour la société. En revanche, lorsque l'actionnaire qui détient une fraction importante du capital de la société quitte la société, il risque de créer, par le jeu du marché, un effet d'entraînement potentiellement nocif à la société émettrice[2008]. Le retrait d'un actionnaire peut ainsi avoir différentes conséquences selon la fraction de capital détenue par l'actionnaire. L'identité

[2005] P. LE CANNU, *op. cit.* note 1988, p. 608 et s.

[2006] Voir, pour la relation entre négociabilité des actions d'une société anonyme et la possibilité d'un actionnaire de se retirer à tout moment : Emmanuel GEORGES, *Essai de généralisation d'un droit de retrait dans la société anonyme*, préf. Jean-Jacques DAIGRE, 2005, Paris, L.G.D.J. – Université de Poitiers, p. 89.

[2007] Le retrait de la société de la part d'un associé « évoque la perte de la qualité d'associé : elle peut être obtenue par de multiples voies, notamment des cessions ». Voir : Henri HOVASSE, « Le retrait d'associé et la gestion du patrimoine », *Droit et patrimoine* décembre 1998, p. 42. Cité par : Renaud MORTIER, *Le rachat par la société de ses droits sociaux*, préf. Jean-Jacques DAIGRE, Paris, Dalloz, 2003, p. 150.

[2008] « L'État cède 3,12% de Safran », *Le Figaro économie*, 28 mars 2013, p. 27 ; « L'État vend 3% du capital de Safran », *Challenges.fr*, 27 mars 2013. Les articles insistent sur la décote du titre liée à cette cession.

de l'actionnaire retrayant peut avoir, elle aussi, une influence sur l'attitude des autres actionnaires. En effet, le départ d'un actionnaire inconnu n'a pas la même conséquence que le retrait d'un fonds de pension renommé, même si ce dernier venait à détenir une fraction de capital peu importante. Le marché pourrait interpréter ce retrait comme un geste précurseur, engendrant donc le départ d'autres actionnaires par mimétisme. Une fois les conséquences du retrait abordées, il convient de vérifier par quels biais le contrôle de la gestion de la société peut conduire au retrait de l'actionnaire.

600. Du retrait volontaire au droit de retrait. L'actionnaire, quel qu'il soit, peut céder les titres à qui que ce soit. Cette cession représente pour l'actionnaire une faculté de retrait à tout instant, qui est encadrée par les mécanismes du droit de la vente. En effet, le retrait n'est effectif pour l'actionnaire qu'à la condition de trouver un acquéreur. Il en est autrement lorsque le retrait volontaire par le biais d'une cession des actions se transforme en un droit de retrait, c'est-à-dire « la prérogative reconnue à l'associé de mettre fin, s'il le désire, à sa participation sociale en reprenant ses apports, sans qu'il lui soit nécessaire de se trouver un successeur, ses droits sociaux étant acquis par la société en vue de leur annulation »[2009], ou encore « la faculté reconnue à un associé de quitter la société, en obtenant que celle-ci ou ses coassociés lui remboursent la valeur de ses droits sociaux »[2010].

Le droit de retrait de l'associé implique la possibilité pour lui de sortir de la société à tout moment, sans se préoccuper de la recherche d'un acquéreur. Il représente un moyen de rééquilibrer le pouvoir au sein des sociétés par le biais d'un risque, car celui-ci est souvent considéré comme « moyen de chantage » entre les mains de l'associé bénéficiaire du retrait[2011]. Plutôt que de mentionner le terme de chantage négativement connoté, il serait possible de considérer ce droit de retrait comme un moyen offert aux actionnaires de se rappeler au souvenir des dirigeants gestionnaires. Ce droit représente alors une épée de Damoclès dont les dirigeants peuvent se défaire en adoptant une gestion conforme aux attentes des actionnaires. Il convient de vérifier comment le droit de retrait pourrait se matérialiser au sein des sociétés. Deux facultés majeures peuvent être isolées, selon que le droit de retrait figure ou non dans les statuts.

Tout d'abord, le droit de retrait pourrait être statutaire, car le Code de commerce n'interdit à proprement parler les clauses statutaires de rachat. Dès lors, en vertu du principe *ubi lex non distinguit*, le droit de retrait n'étant pas

---

[2009] Isabelle SAUGET, *Le droit de retrait de l'associé,* Thèse Paris X, 1991, p. 624. Cité par : R. MORTIER, *op. cit.* note 2007, p. 150.

[2010] Yves GUYON, *Traité des contrats. Les sociétés. Aménagements statutaires et conventions entre associés*, 4ème éd., 1999, Paris, L.G.D.J., p. 186.

[2011] E. GEORGES, *op. cit.* note 2006, p. 91.

proscrit par la loi, il pourrait figurer dans les statuts[2012]. Toutefois, lorsque la clause statutaire vise un droit de retrait au profit d'un actionnaire et pesant sur une société, quelques obstacles légaux semblent s'opposer à sa validité, certains étant plus dirimants que d'autres.

Ce droit de retrait, nécessairement à l'initiative de l'associé, entraînerait un rachat d'actions par la société. Or, au sens de l'article L. 225-209 du Code de commerce, l'achat de ses propres actions par la société anonyme ne peut se faire qu'à condition d'une approbation préalable de l'assemblée générale[2013]. Cette exigence légale semble contradictoire avec le mécanisme de la clause statutaire instituant un droit de rachat, car elle réduit à néant ce qu'institue la clause, l'exercice du droit de rachat statutaire étant soumis à l'approbation de l'assemblée générale. L'article L. 225-209 du Code de commerce ne remet ainsi pas en cause la validité de la clause, mais la vide totalement de sa substance. Par ailleurs, le droit de retrait à l'encontre de la société pourrait entrer en contradiction avec les règles liées à la possession par la société de ses propres actions ou les règles relatives à la réduction du capital. En effet, l'article L. 225-209 du Code de commerce fixe une limite au rachat des titres par une société anonyme, celle de 10 pour cent du capital. Toutefois, cette contrainte est affaiblie, le Code de commerce ménageant un délai d'un an à compter de la souscription afin que la société puisse céder les actions acquises en méconnaissance du plafond de 10 pour cent[2014]. Ce délai permet à la société de ne pas subir une pression trop lourde lorsqu'un actionnaire fait usage de son droit de retrait.

Un autre argument peut être apporté afin de limiter l'acceptation de clauses créant les droits statutaires de retrait. Ce type de droit est, en principe,

---

[2012] Un auteur justifie cette possibilité sur le fondement de l'article R. 224-2 du Code de commerce, applicable aux sociétés par actions, et donc aux sociétés cotées. Cet article dispose que les statuts de la société contiennent certaines indications « Outre les mentions énumérées à l'article L. 210-2, et sans préjudice de toutes autres dispositions utiles ». Voir : E. GEORGES, *op. cit.* note 2006, p. 92. Il semble toutefois que le terme de « dispositions » concerne des dispositions légales et non des stipulations statutaires. En effet, « disposition » renvoie *stricto sensu* à la loi et non aux statuts, et ce terme intervient après la mention de l'article L. 210-2 du Code de commerce qu'il semble compléter.

[2013] Selon cet article : « L'assemblée générale d'une société dont les actions sont admises aux négociations sur un marché réglementé peut autoriser le conseil d'administration ou le directoire, selon le cas, à acheter un nombre d'actions représentant jusqu'à 10 pour cent du capital de la société. L'assemblée générale définit les finalités et les modalités de l'opération ainsi que son plafond (…) ».

[2014] L'article L. 225-214 du Code de commerce dispose : « Les actions possédées en violation des articles L. 225-206 à L. 225-210 doivent être cédées dans un délai d'un an à compter de leur souscription ou de leur acquisition. À l'expiration de ce délai, elles doivent être annulées ».

l'apanage des sociétés à capital variable[2015] qui ne peuvent, depuis une réforme du 30 décembre 1981[2016], plus prendre la forme d'une société anonyme. Or, retenir un droit de retrait statutaire dans une société anonyme pourrait revenir à admettre la variabilité du capital dans les sociétés anonymes, la société à capital variable étant caractérisée par la reprise totale ou partielle des apports. L'article L. 225-209 du Code de commerce n'étant pas expressément sanctionné de nullité, l'article L. 235-1 du même Code ne pourrait pas être retenu pour invoquer la nullité d'un tel droit statutaire. Dès lors, une telle clause pourrait être considérée comme étant non écrite[2017].

Le droit de retrait peut, ensuite, être prévu à l'encontre de la société par le biais d'une clause extrastatutaire. Celle-ci prend la forme d'une promesse d'achat consentie par la société à un actionnaire, agrémentée ou non d'une condition suspensive[2018] ou d'un terme. Le mécanisme d'une clause permettant un retrait volontaire par le biais de l'achat des actions par la société représente une réelle menace, dès lors que la condition est rencontrée ou que le terme est échu. En effet, la société se trouve, par le biais de la promesse, dans l'obligation de racheter les actions objet du contrat. Toutefois, afin d'engager la société, la promesse consentie doit viser, au sens du Code civil, précisément les actions qui en font l'objet, mais aussi un prix qui doit être déterminé, ou à tout le moins déterminable[2019]. Le prix apparaît alors un autre élément de validité d'une promesse d'achat consentie à un investisseur institutionnel ou à l'État, détenant une participation non négligeable dans la société.

La promesse unilatérale consentie doit ainsi comprendre un prix déterminable, qui est le plus souvent au moins égal au prix que l'investisseur institutionnel a initialement déboursé pour intégrer la société. Or, en obtenant l'assurance de récupérer, sous condition ou à l'échéance d'un terme suspensif, les sommes déboursées pour acheter ou souscrire aux actions, le bénéficiaire de cette promesse n'assume pas son obligation de contribuer aux pertes

---

[2015] Selon l'article L. 231-6 du Code de commerce, « Chaque associé peut se retirer de la société lorsqu'il le juge convenable, à moins de conventions contraire et sauf application du premier alinéa de l'article L. 231-5 du Code de commerce [c'est-à-dire le montant minimum du capital social statutairement fixé] ». Ce droit est de l'essence même de la société à capital variable : Cass. civ., 8 juin 1939, *S.* 1939, I, p. 249 ; *Journal des sociétés*, 1940, p. 34. Voir : Marie-Hélène MONSERIE-BON, « Capital variable (sociétés à) », dans *Rép. sociétés Dalloz*, § 48-62.

[2016] Loi n° 81-1162 du 30 décembre 1981 relative à la mise en harmonie du droit des sociétés commerciales avec la deuxième directive 77/91 adoptée par le conseil des communautés européennes, le 13 décembre 1976, relative à l'harmonisation des législations nationales sur la constitution des sociétés, le maintien et les modifications de leur capital social, *JORF* du 31 décembre 1981, p. 3593.

[2017] Voir : E. GEORGES, *op. cit.* note 2006, p. 98-99.

[2018] Ouvrant, par exemple, la possibilité de rachat lorsque le vote les comptes sociaux ne sont pas approuvés par l'assemblée générale, ou le sont par une faible majorité.

[2019] Article 1589 et suivants du Code civil.

sociales. Une telle promesse pourrait être considérée comme étant léonine[2020]. Pour valider ces nombreuses promesses, exigées par les investisseurs institutionnels qui s'assurent ainsi de ne pas subir de pertes, la chambre commerciale de la Cour de cassation vérifie que celles-ci assurent « l'équilibre des conventions » conclues entre le promettant et le bénéficiaire[2021]. Ce critère n'est toutefois valable que lorsque la promesse est consentie à un actionnaire qualifié de « bailleur de fonds », ou ayant consenti un « service financier »[2022] à la société, ce qui est le cas d'un investisseur institutionnel. En raison de l'imprécision de la formulation de ce critère, les promesses d'achat consenties à un investisseur institutionnel sont le plus souvent valides, renforçant le risque pesant sur la société.

L'investisseur institutionnel bénéficiant d'une telle promesse peut ne jamais lever l'option si la gestion sociale le satisfait et si la valeur de marché des actions est supérieure à la valeur retenue dans la promesse. Ce n'est pas la promesse en elle-même qui représente la concrétisation d'un contrôle de la gestion, mais plutôt l'option de vente qui est offerte à son bénéficiaire. Celui-ci ne peut marquer son désaccord avec la gestion sociale que par le biais de la levée de l'option. Le fait de se faire accorder une promesse d'achat par la société lui permet en effet de se voir garantir la possibilité de sortir de la société en ne perdant pas les fonds investis, mais ne présume en rien de sa volonté de le faire effectivement. Si cette dernière hypothèse se produit, la société se trouve exposée à de lourdes conséquences financières par le seul agissement de ses dirigeants sociaux, lorsque ceux-ci ont conduit les investisseurs à lever leur option de vente. Le contrôle de la gestion opéré par certains actionnaires expose ainsi la société à des risques financiers du simple fait de leurs dirigeants.

[2020] Selon l'alinéa 2 de l'article 1844-1 du Code civil, « (…) la stipulation attribuant à un associé la totalité du profit procuré par la société ou l'exonérant de la totalité des pertes, celle excluant un associé totalement du profit ou mettant à sa charge la totalité des pertes sont réputées non écrites ».

[2021] Voir, en ce sens : Cass. com., 16 novembre 2004, *D.* 2004, AJ p. 3144 ; *D.* 2005, Panorama p. 2950, obs. Jean-Charles HALLOUIN et Eddy LAMAZEROLLES ; *JCP E* 2005, p. 123, obs. Jean-Jacques CAUSAIN, Florence DEBOISSY et Guillaume WICKER ; *Bulletin Joly sociétés* 2005, p. 270, note Nicolas MATHEY ; *Droit et patrimoine* février 2005, p. 133, obs. Didier PORACCHIA ; *Revue de droit bancaire et financier* 2005, n° 29, obs. Alain COURET ; *RTD Com.* 2005, p. 111, obs. Claude CHAMPAUD, Didier DANET ; *Revue des sociétés* 2005, p. 593, note Hervé LE NABASQUE ; Cass. com., 27 septembre 2005, *D.* 2005, AJ p. 2681, obs. Alain LIENHARD ; *Droit des sociétés* 2005, n° 210, obs. Hervé LECUYER, *Droit et patrimoine* décembre 2005, p. 88, obs. Didier PORACCHIA ; *Bulletin Joly sociétés* 2006, p. 92, note Alain COURET ; *Banque et droit* mars-avril 2006, p. 58, obs. Isabelle RIASSETTO ; *Revue des contrats* 2006, p. 443, note François-Xavier LUCAS ; Cass. com., 3 mars 2009 (encore que la formulation de l'arrêt semble mentionner tant une promesse simple que des promesses croisées), *Droit des sociétés* 2009, n° 110, note Marie-Laure COQUELET ; *Bulletin Joly sociétés* 2009, p. 583, note François-Xavier LUCAS.

[2022] Cass. com., 3 mars 2009, *Droit des sociétés* 2009, n° 110, note Marie-Laure COQUELET ; *Bulletin Joly sociétés* 2009, p. 583, note François-Xavier LUCAS.

L'action des dirigeants sociaux peut aussi conduire à un risque purement juridique pesant cette fois sur les dirigeants et non sur les finances sociales.

B) La révocation, risque juridique pesant sur les dirigeants

601. La révocation, menace pesant sur les dirigeants gestionnaires. La forme juridique la plus évoluée de menace pesant sur les dirigeants gestionnaires se trouve être le risque de révocation. Les dirigeants gestionnaires étant nommés par l'assemblée générale ou le conseil d'administration ou de surveillance, il semble logique que ces mêmes organes puissent démettre les personnes nommées à certaines hypothèses. C'est une des différences entre la société et la démocratie, la personne élue par les citoyens ne pouvant pas, en principe, être démise de ses fonctions par la volonté de ces mêmes citoyens[2023]. La révocation représente un risque pour les dirigeants gestionnaires dont la gestion ne satisfait pas les exigences des actionnaires. Elle peut être différenciée selon les modalités prévues par le Code de commerce. Il convient par la suite d'aborder deux propositions formulées afin d'harmoniser les régimes de révocation au sein de toutes les sociétés cotées. Le régime de la révocation des dirigeants gestionnaires peut être distingué selon deux facteurs, l'organe révocateur et les modalités de cette révocation.

602. L'organe révocateur, facteur discriminant des révocations. L'organe révocateur du dirigeant gestionnaire est le même, en principe, que l'organe de nomination[2024]. Un principe de parallélisme des formes existe au sein des sociétés cotées, selon lequel l'organe ayant nommé est le seul disposant du pouvoir de révoquer. Celui-ci peut soulever une difficulté pour la révocation du directeur général, qui est compétent pour conduire la gestion quotidienne de la société[2025] ainsi que pour la révocation du président du conseil d'administration ou de surveillance, ayant pour tâche d'organiser des travaux de ce conseil[2026]. Par ce pouvoir d'organisation des travaux du conseil d'administration, le président du conseil peut, s'il s'abstient, faire obstruction à la mission du conseil d'administration ou de surveillance. Dans une telle hypothèse, ce dernier ne pourrait accomplir l'une de ses tâches qui est de

---

2023 Voir en ce sens : François-Xavier LUCAS, « L'avenir de la révocabilité ad nutum des dirigeants sociaux », *Droit des sociétés* novembre 2001, p. 3.

2024 A titre d'exemple, le conseil d'administration est compétent pour nommer le directeur général au titre de l'article L. 225-51-1 du Code de commerce, tout comme pour le révoquer selon l'article L. 225-55 du même code. Dans le cas d'une société duale, l'assemblée générale ordinaire est compétente pour nommer et révoquer les membres du conseil de surveillance au titre de l'article L. 225-75 du Code de commerce.

2025 Le directeur général de la société anonyme est le seul investi « des pouvoirs les plus étendus pour agir en toute circonstance au nom de la société » selon l'article L. 225-56 du Code de commerce.

2026 Selon l'article L. 225-51 du Code de commerce, « le président du conseil d'administration organise et dirige les travaux de celui-ci, dont il rend compte à l'assemblée générale ».

surveiller, au nom des actionnaires et de la société, l'activité de la direction générale ou du directoire. Or, seul le conseil d'administration est compétent pour nommer la direction générale et son président, tout comme pour les révoquer. Le directeur général, dans ce cas, serait protégé par le manque de diligence du président du conseil d'administration, ce qui est encore plus manifeste lorsque ces deux fonctions sont exercées par la même personne. En effet, le président-directeur général dont la gestion conduit la société dans une situation périlleuse pourrait être tenté de ne plus convoquer le conseil d'administration afin que celui-ci ne puisse pas le révoquer[2027]. Le parallélisme des formes devient ici une limite à la possibilité de révoquer les dirigeants sociaux, les actionnaires ne disposant pas de la compétence pour pallier l'inaction du conseil d'administration. Le directeur général deviendrait irrévocable de fait.

Apparaît une différence dans les sociétés anonymes, entre le directoire et la direction générale. En effet, cette dernière n'est révocable que par le conseil d'administration, alors que les membres du directoire sont, en principe, révocables par l'assemblée générale[2028]. Or, ces derniers ne sont pas nommés par l'assemblée générale mais par le conseil de surveillance[2029]. Les membres du directoire représentent ainsi une exception au parallélisme des formes, qui peut s'expliquer par la fonction d'arbitre que doit jouer l'assemblée générale[2030]. Cette exception, bien que justifiée par la volonté d'éviter une paralysie née d'une opposition permanente entre le conseil de surveillance et le directoire, ne peut être reçue exclusivement dans les sociétés dualistes. En effet, des conflits peuvent apparaître entre le conseil d'administration et le directeur général, étant entendu que le conseil d'administration dispose du même pouvoir de surveillance que le conseil de surveillance et que le directeur général est investi, tout comme le directoire, des « pouvoirs les plus étendus pour agir en toute circonstance au nom de la société »[2031].

2027 Le Code de commerce prévoit, dans ce cas, des modalités de convocation du conseil d'administration. En effet, au regard de l'article L. 225-36-1 du Code de commerce, « Lorsqu'il ne s'est pas réuni depuis plus de deux mois, le tiers au moins des membres du conseil d'administration peut demander au président de convoquer celui-ci sur un ordre du jour déterminé ».

2028 Selon l'article L. 225-61 du Code de commerce, « les membres du directoire ou le directeur général unique peuvent être révoqués par l'assemblée générale, ainsi que, si les statuts le prévoient, par le conseil de surveillance ». Il en ressort, ainsi, que la révocation par l'assemblée générale est le principe, et celle par le conseil de surveillance l'exception. Voir : Claude CHAMPAUD, Didier DANET, « Gouvernement sociétaire. "Corporate governance". Société anonyme à directoire. Révocation du directoire par le conseil de surveillance (L. NRE du 15 mai 2001, art. 105 à 108) », *RTD Com.* 2002, p. 85 ; Jean-Jacques CAUSSAIN, *Le directoire et le conseil de surveillance de la société anonyme*, Paris, Litec, 2002, p. 47-53.

2029 Article L. 225-59 alinéa 1er du Code de commerce. Voir aussi : J.-J. CAUSSAIN, *op. cit.* note 2028, p. 37-39.

2030 L'assemblée générale joue le rôle d'arbitre afin de prévenir tout conflit entre le conseil de surveillance et le directoire : Ph. MERLE, *op. cit.* note 110, p. 562.

2031 Articles L. 225-56 I et L. 225-64 du Code de commerce.

En raison de l'équivalence des pouvoirs entre ces organes, il serait envisageable de conférer à l'assemblée générale le pouvoir de révoquer la direction générale. Toutefois, plutôt que de modifier le régime de révocation de la direction générale en transposant le régime applicable à la société dualiste, il conviendrait d'adapter celui-ci. Un nouveau régime de révocation du directeur général serait possible, en conférant une compétence de principe au conseil d'administration et une compétence supplétive, si les statuts le prévoient, à l'assemblée générale. Cette modification de la loi applicable aux sociétés anonymes monistes permettrait de surmonter les difficultés éventuelles liées à une inaction organisée du conseil d'administration. Au-delà de cette différence liée aux organes compétents pour révoquer les organes de gestion dans les sociétés cotées, une autre dichotomie peut être proposée au regard des modalités de révocation.

603. Une révocation *ad nutum* ou pour justes motifs ? La possibilité de révoquer les dirigeants gestionnaires des sociétés cotées, quels qu'ils soient, est prévue à l'origine pour être *ad nutum*, « sur un signe de tête ». Les dirigeants sociaux étant originellement considérés comme des mandataires sociaux, il semblait logique de faire application du droit applicable au contrat de mandat[2032]. Dès lors, le mandataire social, comme tout mandataire, est révocable à tout moment par le mandant au regard de l'article 2004 du Code civil[2033]. Cette conception demeure toutefois insatisfaisante au regard du régime du mandat. En effet, considérer que les fonctions de dirigeant gestionnaire découlent d'un contrat de mandat revient à faire preuve d'imprécision juridique. L'article 1984 du Code civil dispose que le contrat de mandat est donné par une personne à une autre. Or, considérer que le conseil d'administration – et les membres le composant – est le mandataire de l'assemblée générale est juridiquement erroné car ces deux organes ne disposent, ni l'un, ni l'autre, de la personnalité juridique. De plus, un administrateur ne peut, en vertu du principe de collégialité, être juridiquement perçu comme le mandataire de l'assemblée générale, mais comme le mandataire de la majorité des actionnaires présents ou représentés lors du vote aboutissant à sa nomination. Enfin, en vertu du principe de séparation des pouvoirs au sein de la société anonyme[2034], considérer les administrateurs comme les mandataires des actionnaires paraît inexact. En effet, pour que

---

[2032] C. BERR, *op. cit.* note 1151, p. 55-57 ; Jean-Luc AUBERT, « La révocation des organes d'administration des sociétés commerciales », *RTD Com.* 1968, p. 977-982 ; F.-X. LUCAS, *op. cit.* note 2023 ; E. E. THALLER par J. PERCEROU, *op. cit.* note 1512, p. 415. Voir aussi : Alexis ALBERIAN, « La révocation des mandataires sociaux pour perte de confiance », *RTD Com.* 2012, p. 1, § 1.

[2033] Selon cet article, « Le mandant peut révoquer sa procuration quand bon lui semble et contraindre, s'il y a lieu, le mandataire à lui remettre soit l'écrit sous seing privé qui la contient, soit l'original de la procuration, si elle a été délivrée en brevet, soit l'expédition, s'il en été gardé minute ».

[2034] Cass. civ. 4 juin 1946, précité note 71.

l'assemblée générale soit considérée comme mandante, il est nécessaire qu'elle dispose des pouvoirs qu'elle délègue par ce mandat. Or, certains pouvoirs sont propres au conseil d'administration, sans que l'assemblée générale ne puisse les exercer de quelque façon que ce soit[2035]. L'organisation des pouvoirs au sein de la société ne répond donc qu'imparfaitement du régime du mandat, ce qui explique le fait que la révocabilité *ad nutum* ne soit pas la seule modalité de révocation des dirigeants gestionnaires au sein des sociétés cotées.

Dès la réforme de la loi sur les sociétés commerciales du 24 juillet 1966, le principe de révocation pour justes motifs a été admis dans les sociétés par actions à propos des membres du directoire. Cette spécificité de l'organe de direction au sein des sociétés anonymes dualistes peut trouver une justification dans la compétence de révocation à la disposition de l'assemblée générale. Les actionnaires étant compétents pour révoquer les dirigeants gestionnaires, il semblait logique de contrebalancer ce pouvoir de contrôle de la gestion sociale par l'introduction d'une modalité, l'exigence d'un motif légitime. Dès lors, le contrôle de la gestion dans les sociétés dualistes ne peut aboutir à une révocation qu'à la condition de prouver un juste motif, sauf à ce que cette révocation soit considérée fautive et accompagnée du versement de dommages-intérêts au membre du directoire révoqué[2036]. Cette disposition de la réforme de 1966 a amorcé un mouvement législatif qui s'est poursuivi par la loi nouvelles régulations économiques de 2001.

Cette loi adapte le régime de révocation du directeur général à celui du membre du directoire. En effet, le directeur général est révocable pour de justes motifs depuis la loi de 2001, ce qui représente une avancée notable dans le régime applicable aux directeurs généraux. Bien qu'ils se retrouvent à la merci des administrateurs des sociétés, ils peuvent bénéficier d'une indemnisation si le juste motif n'est pas caractérisé. Ce premier mouvement doit représenter une source d'influence pour la révocation des administrateurs. Il semble, en effet, que la révocation *ad nutum* tend à voir son domaine se réduire, en droit des sociétés par actions, aux administrateurs et aux membres du conseil de surveillance[2037]. La réduction de l'importance de cette forme de révocabilité se traduit par ailleurs par le biais des aménagements qu'elle a subis au cours du temps.

604. Les aménagements à la révocabilité *ad nutum*. La révocation des administrateurs et des membres du conseil de surveillance, bien que prévue *ad nutum*, n'est pas sans contrainte. La réforme de la loi sur les sociétés

---

[2035] Voir en ce sens : J.-L. AUBERT, *op. cit.* note 2032, p. 980.

[2036] Article L. 225-61 du Code de commerce alinéa 1er, *in fine*.

[2037] Pour les administrateurs, l'article L. 225-18 du Code de commerce, pris en son alinéa troisième, dispose qu'ils « sont rééligibles, sauf stipulation contraire des statuts. Ils peuvent être révoqués à tout moment par l'assemblée générale ordinaire ». L'article L. 225-75 du Code de commerce, dans son deuxième alinéa dispose la même règle pour les membres du conseil de surveillance.

commerciales avait étendu le domaine de cette révocation en permettant à l'assemblée générale ordinaire de révoquer à tout moment les administrateurs et les membres du conseil de surveillance hors de toute inscription à l'ordre du jour[2038]. Dès lors, la révocation *ad nutum* prend toute sa dimension en ce qu'elle peut intervenir à tout moment, pourvu que se produise un évènement en assemblée générale de nature à motiver la révocation d'un ou de plusieurs administrateurs[2039]. Dès l'introduction de cette réforme, il n'a fait aucun doute de la situation d'infériorité de tous les administrateurs et des membres du conseil de surveillance, révocables à tout moment et pour tout motif. La révocation devient alors une épée de Damoclès[2040], dont la nécessité de limiter les effets dévastateurs est rapidement apparue. Deux principaux aménagements, l'un jurisprudentiel et l'autre pratique, sont apparus afin d'adoucir le principe de révocabilité *ad nutum*.

Le premier principe est celui de la contradiction. Admis par la jurisprudence[2041], il soulève deux observations. D'une part, il est l'un des principes directeurs du procès, dès lors qu'il est contentieux[2042], en ce qu'il permet aux dirigeants révoqués de présenter une ligne de défense leur permettant d'influer sur la décision de révocation à venir[2043]. Or, il semble être mal adapté au principe de la révocation *ad nutum*. En effet, la révocation *ad nutum* est un principe de révocation souverain, car l'organe révocateur n'a, en principe, pas besoin de présenter les motifs pour lesquels la révocation est envisagée. Dès lors, il paraît difficile pour un dirigeant de contester sa

---

2038 J.-L. AUBERT, *op. cit.* note 2032, p. 984. Voir aussi l'article L. 225-105 du Code de commerce.

2039 Cette condition se rapproche de l'idée d' « incident de séance », c'est-à-dire une « révélation imprévue qui intervient à propos d'un des points inscrits à l'ordre du jour et qui fait apparaître à la fois la nécessité et l'urgence d'une révocation » : Roger HOUIN, note sous Cass. com. 9 janvier 1963, *RTD Com.* 1963, p. 852-853.

2040 Philippe REIGNE, « Révocabilité *ad nutum* des mandataires sociaux et faute de la société », *Revue des sociétés* 1991, p. 499.

2041 Voir : Cass. com., 3 janvier 1996, *Dalloz affaires* 1996, p. 244, *D.* 1996, IR p. 43 ; *Bulletin Joly sociétés* 1996, p. 388, note Bernard SAINTOURENS ; *JCP G* 1996, II, 22658, note Deen GIBIRILA.

2042 Paul LE CANNU, « Le principe de contradiction et la protection des dirigeants », *RTD Com.* 1996, p. 12 ; Jules Kibalo ADOM, « La révocation des dirigeants de sociétés commerciales », *Revue des sociétés* 1998, p. 488, § 7 ; François-Xavier LUCAS, « Le principe du contradictoire en droit des sociétés », dans Rémy CABRILLAC, Marie-Anne FRISON-ROCHE, Thierry REVET (dir.), *Libertés et droits fondamentaux*, 18ème éd., Paris, Dalloz, 2012, p. 807 et s.

2043 Cette influence est particulièrement visible dans une décision de la chambre commerciale de la Cour de cassation, qui retient la perte de chance d'éviter une révocation pour un dirigeant révoqué sans avoir pu présenter ses arguments. Voir : Paris, 28 janvier 1998, *Droit des sociétés* 1999, n° 81, note Dominique VIDAL ; *RTD Com.* 1999, p. 429, obs. Claude CHAMPAUD, Didier DANET ; *Bulletin Joly sociétés* 1999, p. 1001, note Caroline RUELLAN. Voir aussi : Sandrine FREMEAUX, « L'avenir du régime de révocation des dirigeants sociaux », *Les petites affiches* 20 décembre 2000, p. 6.

révocation dont il ignore les motifs[2044]. Le principe du contradictoire afin d'être totalement respecté, impose alors à l'organe révocateur de présenter les raisons pour lesquelles il envisage de se séparer du dirigeant gestionnaire concerné par la décision[2045], celui-ci devant bénéficier d'un délai raisonnable pour présenter des arguments afin de tenter de retourner la décision. La révocation *ad nutum* perd donc une partie de sa spécificité, en raison du dialogue s'instaurant entre révoqué et révoquant. De par l'admission jurisprudentielle du principe du contradictoire, la révocation n'est plus totalement *ad nutum*, mais devient une révocation pour tout motif, ne pouvant plus intervenir subitement. Le contrôle du juge s'opère alors sur les des circonstances dans lesquelles elle est intervenue. Le principe du contradictoire entraîne donc une hybridation de la procédure de révocation, plus réellement *ad nutum* car le juge contrôle les modalités de la révocation, mais pas encore pour juste motif, ceux-ci ne devant pas être contrôlés judiciairement. Au-delà du principe du contradictoire dénaturant en partie la révocation *ad nutum*, une autre pratique contractuelle vient assouplir ce principe, en raison de la possibilité de combiner le mandat social et un contrat de travail.

Le Code de commerce autorise le cumul du mandat d'administrateur à un contrat de travail, si toutefois celui-ci correspond à un emploi effectif[2046]. Apparaît alors une difficulté pour la révocabilité *ad nutum*. En effet, lorsqu'un salarié administrateur voit son mandat social révoqué, il perd le plus souvent son emploi lorsque les deux sont exercés au sein de la même société[2047], entraînant le versement d'indemnités de licenciement par l'employeur. En effet, le licenciement causé par la perte d'un mandat social ne peut être considéré comme étant un licenciement pour cause réelle et sérieuse[2048]. Ces sommes, possiblement conséquentes, peuvent dissuader la révocation *ad nutum*, justement car elles peuvent être dues en raison de celle-ci. Ces indemnités ayant pour effet d'aménager la libre révocabilité, ne peuvent tomber sous le coup de la position jurisprudentielle annulant les « conventions ayant pour objet ou pour effet » d'aménager le principe de la libre révocabilité. Elles ne sont pas prévues par le contrat, mais par la loi. Cet aménagement de la révocation *ad nutum* est d'autant plus important qu'un changement radical a été opéré dans le cadre du cumul de fonctions par la loi de simplification du droit en date du 22 mars 2012[2049], dite loi Warsmann IV.

[2044] Voir en ce sens : Marie-Hélène DE LAENDER, « La révocation des dirigeants sociaux », *Droit des sociétés* mai 2000, chron. 9, § 10 ; Ph. REIGNE, *op. cit.* note 2040, § 12.

[2045] Voir en ce sens : Cass. com., 14 mai 2013, *Revue des sociétés* 2013, p. 556, note Bernard SAINTOURENS ; *Bulletin Joly sociétés* 2013, p. 634, note Antoine GAUDEMET ; *D.* 2013, p. 2319, note Bruno DONDERO ; *ibid.* p. 2729, note Eddy LAMAZEROLLES ; *JCP E* 2013, 1491, note Myriam ROUSSILLE.

[2046] Article L. 225-22 du Code de commerce.

[2047] M.-H. DE LAENDER, *op. cit.* note 2044, § 14.

[2048] *Id.* Voir aussi : Jean-Jacques CAUSSAIN, « La précarité de la fonction de mandataire social », *Bulletin Joly sociétés* 1993, p. 523, § 41.

[2049] Loi n° 2012-387 du 22 mars 2012, précitée note 89.

Depuis cette loi, dans les sociétés correspondant aux caractéristiques de la petite ou moyenne entreprise unioniste[2050], un administrateur peut bénéficier d'un contrat de travail postérieur à sa nomination. Dans ces sociétés, il est possible d'imaginer une instrumentalisation de l'abandon de l'exigence d'antériorité du contrat de travail. En effet, un administrateur craignant de se faire révoquer peut avoir la tentation de se faire conférer un contrat de travail par la société, à condition que celui-ci corresponde à un emploi effectif, soit soumis à la procédure des conventions réglementées[2051] et ne permette pas de dépasser le seuil d'un tiers des membres du conseil d'administration[2052]. Dans une telle hypothèse, l'administrateur s'étant fait accorder un contrat de travail postérieur à son mandat se constituerait un filet de sécurité et aménagerait lui-même sa propre révocabilité *ad nutum*, sans que cela puisse être contestable. La réforme issue de la loi Warsmann IV, aussi favorable soit-elle pour les administrateurs, semble contraire au principe de révocabilité *ad nutum*. L'issue du contrôle de la gestion de la part des actionnaires se ferait alors plus difficilement. Au regard de ces objections, il convient d'admettre que le principe de libre révocation des administrateurs et des membres du conseil de surveillance doit définitivement être abandonné.

605. L'abandon de la révocabilité *ad nutum*. Il est envisageable de proposer la suppression de la révocabilité *ad nutum* des administrateurs et des membres du conseil de surveillance. Il semble en effet difficile d'admettre le maintien de cette révocation *ad nutum* alors que celle-ci est aménagée, voire détournée, par des facteurs qui réduisent sa dimension. Par ailleurs, l'admission de la révocation des membres du directoire, puis des directeurs généraux, pour justes motifs semble insuffler un mouvement vers la suppression de la révocation *ad nutum*.

Cette suppression pour les administrateurs et les membres du conseil de surveillance peut être souhaitée pour éviter la situation de faiblesse des administrateurs. Un administrateur qui n'est pas lié à une partie majoritaire – absolue ou relative – de l'assemblée générale se trouve en effet dans une situation critique, car il est révocable à tout moment par la majorité[2053]. Il pourrait avoir à l'esprit de satisfaire dans un premier temps les actionnaires

---

[2050] Selon l'article 2 de l'annexe de la Recommandation de la Commission 2003/361/CE du 6 mai 2003 concernant la définition des micro, petites et moyennes entreprises, *JOUE* L. 124/36 du 20 mai 2003 : « La catégorie des micro, petites et moyennes entreprises est constituée des entreprises qui occupent moins de 250 personnes et dont le chiffre d'affaires annuel n'excède par 50 millions d'euros ou dont le total du bilan annuel n'excède pas 43 millions d'euros »

[2051] La procédure des conventions réglementées s'appliquerait car le contrat serait conclu entre la société et un de ses administrateurs. L'article L. 225-38 du Code de commerce trouverait à s'appliquer, sauf à prouver que ce contrat de travail est une convention courante conclue à des conditions normales, au sens de l'article L. 225-39 du Code de commerce.

[2052] Au titre de l'article L. 225-22 du Code de commerce, le nombre d'administrateurs liés à la société par un contrat de travail ne doit pas être supérieur à un tiers.

[2053] Jean-François BARBIERI, « La révocation des dirigeants sociaux pour la liberté statutaire », *Cahiers de droit de l'entreprise* 2001, n° 3, p. 6.

afin d'éviter de se faire révoquer, plutôt que d'agir en respectant l'intérêt social et risquer de ne pas satisfaire immédiatement certains actionnaires, entraînant de ce fait sa révocation. La révocation *ad nutum*, comme l'affirme un auteur[2054], peut entraîner de « la complaisance, voire [de] la timidité » de la part des dirigeants gestionnaires potentiellement ciblés. En ce qu'elle peut, au final, biaiser l'activité de gestionnaire des administrateurs, la révocabilité *ad nutum* doit être écartée définitivement du corpus législatif, qui gagnerait par ailleurs à être simplifié en écartant une règle spécifique aux seuls administrateurs et membres du conseil de surveillance[2055]. À considérer que la révocation *ad nutum* soit supprimée, il est nécessaire de proposer une autre solution.

606. Les deux solutions alternatives à la révocabilité *ad nutum*. Deux autres modalités de révocation des dirigeants gestionnaires existent dans les sociétés cotées : la révocation pour justes motifs qui s'applique aux directeurs généraux et aux membres du directoire[2056] et la révocation fixée par les statuts pour les gérants de sociétés en commandite par actions[2057]. Un choix ne peut s'opérer qu'après avoir vérifié quelle solution serait la plus optimale.

Une solution statutaire pour révoquer les administrateurs est mentionnée par certains auteurs[2058]. Cette hypothèse demeure toutefois dangereuse, car la clause statutaire pourrait permettre de réintroduire la révocabilité *ad nutum*, comme c'est le cas dans certaines sociétés en commandite par actions. Toutefois, les statuts ne concernent pas, le plus souvent, les modalités de la révocation mais plutôt les conditions de majorité. Par exemple, les rédacteurs des statuts ne s'intéressent pas au mode de révocation mais aux actionnaires compétents pour révoquer[2059]. Dès lors, la révocation statutaire ne permet pas de dépasser les limites posées par la révocation *ad nutum*.

Il convient alors de retenir l'adaptation aux administrateurs du régime applicable aux membres du directoire et au directeur général[2060]. Cette solution, qui aurait le mérite d'uniformiser le régime applicable à la révocation

---

[2054] J.-L. AUBERT, *op. cit.* note 2032, p. 980.

[2055] F.-X. LUCAS, *op. cit.* note 2023, p. 3. Voir aussi : Philippe MERLE, « Note sous Paris, 22 avril 1980 », *Revue des sociétés* 1981, p. 339 ; Ph. MERLE, *op. cit.* note 110, p. 458.

[2056] Articles L. 225-55 et L. 225-61 du Code de commerce.

[2057] Article L. 226-2 alinéa 3 du Code de commerce.

[2058] J.-F. BARBIERI, *op. cit.* note 2053, p. 6 ; Yves GUYON, « Note sous Cass. com., 4 juin 1996 », *JCP E* 1996, II, 849. Pour l'introduction d'une dimension contractuelle dans la révocation *ad nutum*, voir : Marie-Christine SORDINO, « Aménagements conventionnels et révocation *ad nutum* des dirigeants de société anonyme », dans *Mélanges Christian MOULY*, Litec, Paris, 1998, p. 260-261

[2059] Les statuts, le plus souvent, prévoient que les gérants ne peuvent être révoqués qu'à l'unanimité des commandités. Voir : P. LE CANNU, B. DONDERO, *op. cit.* note 268, p. 693-694 ; Ph. MERLE, *op. cit.* note 110, p. 763 ; B. MERCADAL, A. CHARVERIAT, A. COURET, B. ZABALA, *op. cit.* note 455, § 56620.

[2060] Voir, en ce sens : Ph. MERLE, *op. cit.* note 110, p. 459 ; *op. cit.* note 2055, p. 339 ; G. RIPERT, R. ROBLOT, par M. GERMAIN, V. MAGNIER, *op. cit.* note 36, p. 478 ; F.-X. LUCAS, *op. cit.* note 2023, p. 3.

des dirigeants gestionnaires au sein de la société anonyme, représente la voie la plus adaptée aux pratiques actuelles. La révocation pour justes motifs ne signifie pas qu'un dirigeant ne peut pas se faire révoquer en l'absence de tels motifs, mais plutôt que la révocation fera l'objet d'un contrôle prétorien *ex post*. Admettre une révocation pour justes motifs pour les administrateurs et les membres du conseil de surveillance reviendrait donc à légaliser et poursuivre l'œuvre jurisprudentielle reconnaissant le contrôle de la révocation *ad nutum* par le respect du contradictoire. Dans une telle hypothèse, le contradictoire serait contrôlé au même titre que les motifs ayant provoqué la révocation des administrateurs, satisfaisant autant les actionnaires que les administrateurs. Les premiers verraient la confirmation de leur contrôle de la gestion sociale en ce que les administrateurs seraient toujours révocables à tout moment, alors que les seconds verraient leur position plus confortable, car ils pourraient bénéficier d'indemnités judiciaires liées à une absence de juste motif. Il conviendrait de modifier le régime de révocation des administrateurs, d'autant plus que les faits ne donnent que peu d'illustrations.

607. Le cas Eurotunnel : illustration des difficultés liées à la révocation des administrateurs. Le cas de la société Eurotunnel, société cotée sur les marchés français et anglais, est l'exemple le plus marquant de la révocation du conseil d'administration ces dernières années. Afin d'aboutir à la révocation du conseil d'administration dans son intégralité, certains actionnaires détenant plus de cinq pour cent des actions avaient demandé la nomination d'un mandataire *ad hoc* afin de procéder à la convocation d'une assemblée générale qui révoquerait le conseil d'administration[2061]. Cette procédure judiciaire a précédé une phase de collecte de procurations, que certains ont considéré comme la première *proxy fight* française[2062]. Ce n'est qu'à cette condition de collecte de nombreuses voix auprès des petits porteurs individuels que le projet de révocation a pu être approuvé à plus de 60 pour cent[2063]. Eurotunnel représente un cas de révocation très particulier, la société ayant connu de lourdes pertes financières, et la convocation d'une assemblée générale ayant été demandée par un actionnaire personne physique et son association connus pour leur activisme[2064]. Grâce à cet exemple, il peut être constaté que la procédure de révocation des administrateurs est très difficile, sinon impossible, à mettre en œuvre par les actionnaires. Elle nécessite, *a minima*, la réunion de la majorité des voix en assemblée générale en cas d'incident de séance et, le plus souvent, de faire inscrire la révocation à l'ordre

---

[2061] T. Com. Paris, réf, 3 décembre 2003, *JurisData* n° 2003-225535 ; *Droit des sociétés* mars 2004, comm. 46, obs. Joël MONNET ; *JCP E* 2004, 71, comm. Alain VIANDIER.

[2062] Yves DE KERDREL, « Le "21 avril" du capitalisme », *Les Echos* 8 avril 2004, p. 14.

[2063] Delphine DENUIT, Muriel MOTTE, « À la tête d'Eurotunnel, l'équipe Maillot défie l'État et les banques », *Le Figaro Economie* 8 avril 2004, p. 1.

[2064] Sur la particularité du cas Eurotunnel et le peu de risques de voir une telle révocation massive dans d'autres sociétés, voir : Frédéric LEMAÎTRE, « Eurotunnel va mettre les assemblées générales sous pression », *Le Monde* 14 avril 2004, p. 19.

du jour. Une demande en justice, formulée par référé, pourrait permettre la convocation d'une assemblée générale afin de révoquer un ou plusieurs membres du conseil d'administration ou de surveillance.

608. La nécessaire incorporation d'une révocation judiciaire. La société anonyme est une des rares sociétés dans laquelle il est impossible de demander au juge la révocation d'un dirigeant gestionnaire[2065]. Il convient donc de proposer d'ouvrir cette voie aux actionnaires pour la révocation des administrateurs, des membres du conseil de surveillance et du directoire.

L'action ne saurait être ouverte qu'aux actionnaires qui devraient, afin de limiter les actions en révocation des dirigeants gestionnaires, détenir une portion minimale de capital social. Il est alors possible de penser aux seuils de détention du capital social disposés dans le cadre des actions *ut singuli* ou de la demande de nomination d'un mandataire *ad hoc* afin d'obtenir la convocation d'une assemblée générale, soit la détention d'un vingtième du capital social. Tout comme pour la responsabilité civile des dirigeants et la convocation d'une assemblée générale, l'action en révocation serait aussi admise pour les associations de défense des petits porteurs selon l'article L. 225-110 du Code de commerce. L'action en révocation des dirigeants sociaux n'étant pas intentée directement au nom de la société mais au nom des actionnaires, la société ne pourrait pas agir en justice pour demander la révocation judiciaire des dirigeants gestionnaires. Reconnaître une action en révocation à des actionnaires détenant une fraction faible, mais non négligeable, du capital social permettrait de former un filtre processuel – car les demandes peu sérieuses seraient écartées –, mais aussi de permettre aux minoritaires de ne pas subir la dictature de la majorité[2066].

Une fois les acteurs de cette action identifiés, encore faut-il déterminer les modalités de la révocabilité judiciaire. Une adaptation pure et simple du régime applicable aux sociétés à responsabilité limitée ou aux sociétés en commandite par actions permettrait d'uniformiser le régime. Admettre que les administrateurs, membres du conseil de surveillance et du directoire soient révocables judiciairement pour des causes légitimes atténuerait les effets néfastes d'une nouvelle règle légale. En effet, ce critère étant utilisé dans d'autres sociétés, la jurisprudence formée sur la notion de cause légitime[2067] permettrait aux dirigeants gestionnaires d'avoir connaissance de

---

[2065] Contrairement au gérant de société à responsabilité limitée selon l'article L. 223-25 du Code de commerce ou au gérant de société en commandite par actions selon l'article L. 226-2 du Code de commerce.

[2066] J.-F. BARBIERI, *op. cit.* note 2053, p. 6-7. Voir aussi : D. SCHMIDT, *op. cit.* note 1988, p. 286.

[2067] Voir par exemple : Paris, 8 novembre 1996, *Bulletin Joly sociétés* 1997, p. 213, note Gérard LESGUILLER ; *JCP E* 1997, I, 639, § 4, obs. Alain VIANDIER et Jean-Jacques CAUSSAIN ; *RJDA* 1997, n° 219 ; Versailles, 2 mars 2005, *RJDA* 2005, n° 1240 ; Pau, 6 mars 2003, *Droit des sociétés* 2003, n° 149, note Joël MONNET.

comportements ou de situations qui pourraient mener à leur révocation judiciaire.

Le principe de révocabilité judiciaire répond, enfin, d'une logique différente des modalités de révocation précédemment abordées, car les révocations *ad nutum* et pour justes motifs sont contrôlées *a posteriori* par le juge. Le dirigeant visé est en tout état de cause révoqué, seules les circonstances de cette révocation seront étudiées pour déterminer s'il peut obtenir une réparation. La perte du mandat est actée lors du passage devant le juge, ce qui n'est pas le cas lors de la révocation judiciaire. Cette dernière ne vient pas constater si le dirigeant peut obtenir réparation, mais si celui-ci peut effectivement être révoqué. Le principe de la révocation n'est pas acquis lorsque la procédure de révocation judiciaire est engagée par la saisine du juge, car c'est ce dernier qui doit déterminer si le dirigeant doit être révoqué, par le biais d'un contrôle *a priori* des conditions de révocation. L'introduction d'une procédure de révocation judiciaire n'est donc pas entièrement défavorable au dirigeant. Si, dans un premier temps, elle peut sembler contraire à leurs intérêts en ce qu'elle introduit un nouveau risque de révocation, la révocation judiciaire semble, dans un second temps, une solution plus équilibrée en raison du rôle accompli par le juge.

609. Conclusion de la section 2. Il est acquis que les actionnaires sont considérés comme la partie faible des relations intervenant au sein de la société, ce qui nuit à la qualité du contrôle qu'ils pourraient opérer. En effet, les actionnaires individuels, qui sont traditionnellement peu au fait des pratiques sociales, sont trop atomisés au sein des sociétés cotées pour effectuer une revue efficace de la gestion sociale. Ce constat est toutefois en voie d'être dépassé par l'apparition d'une nouvelle forme d'actionnariat, plus activiste, qui parvient à agréger les intérêts de plusieurs actionnaires, notamment par le moyen de la collecte de procurations ou la consultation d'agences de conseil en droit de vote. De ce fait, le vote des actionnaires peut être rassemblé afin de constituer un bloc de vote permettant une expression actionnariale plus significative. Dès lors, les actionnaires activistes, se constituant en un groupe plus homogène, peuvent exercer plus efficacement des pressions à l'encontre des dirigeants gestionnaires, concrétisant le contrôle de la gestion sociale qu'ils ont exercé.

610. Conclusion du chapitre 2. L'assemblée générale des actionnaires, organe de contrôle *a posteriori* de la gestion sociale par excellence, connaît une structure binaire dès lors qu'il est question de l'exercice de la surveillance de l'activité sociale. En effet, à certains actionnaires privilégiant leur intérêt propre s'opposent des actionnaires qui ont pour préoccupation des intérêts plus collectifs. Il convient toutefois de ne pas se méprendre sur ces derniers, qui ne sont pas plus magnanimes que les autres : ils veillent à la préservation d'un intérêt collectif uniquement parce qu'ils y trouvent un intérêt personnel.

Cet intérêt, qu'il soit individuel ou collectif, est essentiel à la surveillance de la gestion sociale, car on ne pourrait concevoir que l'actionnaire se consacre à une telle tâche sans motif. Le contrôle de la gestion sociale réalisé par les actionnaires est en passe d'être favorisé par l'apparition de mécanismes facilitant le regroupement des actionnaires en groupes. De ce fait, l'atomisation des actionnaires au sein des sociétés cotées est en partie réduite, leur permettant de représenter un acteur social plus important, et concrétiser matériellement leur contrôle de la gestion sociale. Celui-ci se trouve plus efficacement accompli au sein des sociétés cotées.

611. Conclusion du Titre 1. Le contrôle de la gestion sociale, lorsqu'il est exercé *a posteriori* au sein de la société, échoit donc aux actionnaires, qui sont les destinataires de la revue de l'activité sociale annuelle opérée par le conseil d'administration ou le directoire. On voit parfaitement que la surveillance de l'activité sociale opérée par les membres de l'assemblée générale est intimement liée à l'information qui leur est apportée ou mise à disposition.

La fourniture d'informations relatives à la gestion sociale incombe en principe aux organes sociaux auxquels revient légalement le pouvoir de surveiller l'activité sociale. Dès lors, du pouvoir de surveillance *a priori* peut découler un devoir d'information *a posteriori*, destiné aux actionnaires qui effectuent à leur tour un contrôle *a posteriori* de la gestion sur les informations disponibles. Ainsi, la surveillance *a priori* exercée par les organes internes peut conditionner l'exercice du droit de contrôle *a posteriori*. Or, tel qu'abordé précédemment, le droit de regard *a priori* conféré aux organes internes peut ne pas être mis en œuvre, ou de façon minime, ce qui peut justifier l'intervention d'autres acteurs afin de faire circuler l'information sur la gestion de la société. Source différente d'informations, l'intervention d'acteurs externes à la société ne garantit pas pour autant une meilleure information des actionnaires, qui leur permettrait de mieux contrôler la gestion sociale. Deux éléments permettent en effet de nuancer la portée des informations fournies. D'une part, ces informateurs peuvent être rémunérés par la société cotée pour les informations diffusées, ce qui peut faire apparaître un conflit d'intérêts aboutissant à une information de moins bonne qualité fournie aux actionnaires. D'autre part, les sources externes d'informations sociales ne s'intéressent qu'à des points isolés, l'information est donc orientée : elle peut renseigner sur la capacité de remboursement de la société tout comme sur la qualité de ses procédures de gestion des risques ou encore la conformité aux règles de comptabilité. Un actionnaire ne peut donc se fier à ces renseignements exclusivement, sauf à exercer un contrôle partiel, et partant en partie lacunaire, de la gestion sociale.

Toujours est-il que les actionnaires, avec les informations mises à leur disposition, contrôlent autant qu'ils le peuvent la conduite de la gestion sociale. Si pour la plupart des détenteurs d'actions, il sera question d'un contrôle principalement égoïste, tendant à la préservation de droits individuels, il doit être noté que les considérations des actionnaires peuvent être plus magnanimes, comme la préservation d'intérêts catégoriels – comme ceux des salariés – ou d'un intérêt collectif, en atteste la surveillance de la gestion sociale selon des critères relatifs à l'environnement ou à d'autres aspects sociétaux.

Si la vérification des affaires sociales fait apparaître des agissements qui ne répondent pas aux attentes des actionnaires, ceux-ci disposent de peu de moyens à leur disposition pour agir au sein de la société afin de manifester leur désaccord, sauf à employer des méthodes permettant de rassembler d'autres actionnaires mécontents, telle la sollicitation de mandats. Cependant, lorsque le contrôle de la gestion sociale fait apparaître une anomalie, certains actionnaires, plutôt que d'agir au sein de la structure sociale, vont privilégier une action judiciaire, faisant appel aux juridictions pour sanctionner ce qu'ils considèrent comme une gestion défaillante.

TITRE 2 : L'ISSUE JURIDICTIONNELLE DU CONTRÔLE DE LA GESTION

612. L'intervention *a posteriori* des juridictions, constat d'échec de la gestion sociale. Les tribunaux consulaires et répressifs, lorsqu'ils interviennent pour contrôler la gestion sociale, le font afin de sanctionner tant la société que leurs dirigeants gestionnaires. L'intervention des tribunaux ne peut être que la dernière solution à la disposition de la société et de ses actionnaires, en raison du principe de non-immixtion du juge dans la gestion sociale. De plus, l'intervention judiciaire ne peut se faire qu'à des fins sanctionnatrices, les mesures visant à maîtriser la situation de la société n'ayant, par hypothèse, pas été mises en œuvre ou ayant échoué. L'intervention du juge représente donc l'ultime solution, celle par laquelle doit être constaté un échec dans la conduite de la société. La société cotée, comme ses dirigeants gestionnaires sont alors grandement exposés à cette intervention judiciaire. La valorisation des titres, et *in fine* la valorisation de ces sociétés, dépend des externalités attachées à certains actes, mais aussi des actions en justice pouvant être engagées à l'encontre de la société ou de ses dirigeants. Dès lors, le contrôle juridictionnel de la gestion, dont les ressorts peuvent être communs à certaines sociétés par actions, prend une dimension particulière dans les sociétés dont les titres sont admis aux négociations sur un marché réglementé. Elles sont en effet particulièrement affectées par toutes les actions en justice visant, directement ou non, sa gestion. L'intervention des juridictions, pour exercer un droit de regard sur la gestion, est donc d'une particulière importance pour les sociétés dont les titres sont admis aux négociations sur un marché réglementé.

613. L'intervention *a posteriori* des juridictions, un contrôle après un autre contrôle. Il doit être rappelé que le but principal des juridictions est de constater l'échec de la gestion sociale et d'en tirer toutes les conséquences, en sanctionnant la société comme ses dirigeants gestionnaires. Cette sanction peut être de deux ordres. D'une part, la sanction commerciale vise, en principe, à punir la gestion sociale et par extension, la société cotée, mais elle constitue aussi la dernière possibilité de préserver la structure sociale et de limiter les conséquences d'une gestion peu judicieuse.

La répression pénale, quant à elle, ne vise pas le redressement de la situation de la société, mais uniquement sa sanction. Tout au plus peut-elle dissuader les acteurs économiques de reproduire les comportements qui seraient considérés comme fautifs.

La particularité de l'intervention juridictionnelle, qu'elle soit consulaire ou répressive, consiste en la formalisation du contrôle opéré par les personnes ayant surveillé auparavant la gestion faisant apparaître des comportements sanctionnables. En effet, la saisine des juridictions ne peut s'opérer que sur le fondement d'une prétention, qui apparaît à l'issue d'un contrôle. Les juges commerciaux et pénaux se livrent donc à une vérification de la gestion sociale, amorcée par le contrôle opéré *a priori* effectué par ceux qui les ont saisis.

614. Au regard des différences inconciliables entre les deux modes d'interventions juridictionnelles, il est nécessaire de les aborder successivement, en rappelant que l'aspect sanctionnateur est présent dans chaque action, tant commerciale que répressive. La différence majeure entre les actions en justice concluant le contrôle de la gestion sociale est que certaines, portées devant les juridictions commerciales, ont pour objectif d'offrir une protection à des intérêts identifiés, notamment par le biais de la réparation (chapitre 1), alors que les autres pour but principal de sanctionner le grave dysfonctionnement social (chapitre 2).

Chapitre 1 : La protection juridictionnelle de certains intérêts

615. Le contrôle *a posteriori* : le contrôle commun. Il semble, lors d'une première réflexion sur le sujet du contrôle de la gestion, que le contrôle *a posteriori* représente sa forme la plus commune. En effet, ce n'est, en principe, que lorsqu'une décision a reçu un début d'exécution et produit ses premiers effets, que les acteurs du contrôle peuvent le plus aisément remplir leur office. Contrairement au contrôle *a priori*, dont le but est d'influencer la décision afin que celle-ci respecte au mieux les intérêts de la catégorie contrôlante, le contrôle *a posteriori* a pour objectif d'évaluer les conséquences de la décision de gestion. Intervient alors la question de l'information, notamment celle des actionnaires à propos de la procédure de formation des actes de gestion, ainsi que de leurs conséquences. Dès lors, le contrôle *a posteriori* des décisions de gestion implique nécessairement une information précise et une publicité importante. C'est à ces seules conditions que les actionnaires et les autres *stakeholders* peuvent prétendre à exercer efficacement leur mission de contrôle.

616. Caractéristiques du contrôle *a posteriori*. Le contrôle *a posteriori* ne peut entraîner que peu d'effets en soi. Il permet la mise en lumière d'une imperfection dans le processus décisionnel ou des répercussions fâcheuses pour l'entreprise. Lorsqu'il porte sur des décisions de gestion, ce contrôle peut alors nécessiter l'intervention d'un autre acteur, le juge. Ce contrôle se matérialise donc le plus souvent dans les prétoires, soit parce que l'information n'est pas disponible et qu'il est nécessaire d'impliquer la puissance publique pour l'obtenir, soit parce que l'information est disponible et fait apparaître des éléments judiciairement contestables. L'intervention judiciaire ne doit toutefois pas être excessive, surtout dans la seconde hypothèse, en raison de risques de biais cognitif[2068], notamment celui par lequel les juges peuvent considérer comme étant inappropriée une décision prise en fonction des informations qui étaient disponibles à l'époque[2069].

Le contrôle *a posteriori* judiciairement constaté n'est pas, contrairement à ce qui pourrait être imaginé, purement interne. La *summa divisio* pouvant être identifiée, et qui servira de trame à l'étude du contrôle *a posteriori* des

---

[2068] La notion de biais cognitif est propre à la psychologie, et peut se définir ainsi : « un biais est une distorsion (déviation systématique par rapport à une norme) que subit une information en entrant dans le système cognitif ou en sortant. Dans le premier cas, le sujet opère une sélection des informations, dans le second, il réalise une sélection des réponses ». Voir : Jean-François LE NY, « Biais », dans *Grand dictionnaire de la psychologie*, Larousse, Paris, 1999. Cité par : Michel BARABEL et Olivier MEIER, « Biais cognitifs du dirigeant, conséquences et facteurs de renforcement lors de fusions-acquisitions : synthèse et illustrations », *Finance contrôle stratégie*, 2002, p. 9-10.

[2069] Ce biais est connu par les économistes comportementalistes étasuniens sous le vocable « *hindsight bias* ». Voir : Terrence CHORVAT, Kévin McCABE et Vernon SMITH, « Law and Neuroeconomics », *Supreme Court Economic Review*, 2005, p. 61.

décisions de gestion, dépend des intérêts poursuivis par le contrôle. Dans un premier temps, il semble logique que le contrôle *a posteriori* veille à protéger des intérêts collectifs, qui ne se limitent pas nécessairement à l'intérêt social (section 1). Par ailleurs, une fois admise l'idée que les contrôles *a posteriori* sont difficilement exercés dans un but de protection d'intérêts collectifs, il est plus réaliste de constater que cette forme de contrôle des décisions de gestion poursuit le plus souvent un intérêt individuel, sous la forme d'une action en responsabilité (section 2). Bien que ces aspects du contrôle de la gestion ne soient pas propres aux sociétés cotées, ces mesures doivent être abordées dans cette étude, car leur effet est décuplé dans ces sociétés du fait de la publicité qui y est attachée.

Section 1 : La fastidieuse protection a posteriori des intérêts collectifs

617. Caractérisation des intérêts collectifs. Le contrôle *a posteriori* des décisions de gestion vise à protéger les intérêts collectifs présents au sein de la structure sociale, au premier rang desquels figure évidemment l'intérêt social. Celui-ci n'est toutefois pas le seul intérêt collectif qui doive être préservé. Il semble acquis que la société est le mode de l'organisation préférentiel de l'entreprise, qui regroupe plus d'acteurs que la structure sociale *stricto sensu*. Selon une construction déjà effectuée précédemment[2070], il est possible de différencier les autres intérêts collectifs selon les implications des différents acteurs et le type de décision de gestion prise. Seront alors considérés les salariés et les créanciers, principaux interlocuteurs de l'entreprise, dans leur contrôle *ex post* des décisions de gestion. Ces intérêts collectifs ne peuvent pas être opposés selon l'opposition classique entre membres internes et externes à la société, car l'intérêt social peut recouvrir, selon une lecture extensive, l'intérêt des créanciers et des salariés[2071]. Il est plus aisé de mentionner dans un premier temps les mécanismes de droit des sociétés (§1) ayant pour objectif de préserver l'intérêt social. Dans un second temps, seront abordés les autres fondements de droit général ou spécial offerts aux autres acteurs, ayant pour seul but de les protéger en tant que collectivité (§2).

§1 La multiplicité des moyens de sauvegarde de l'intérêt social

618. L'intérêt social : une préoccupation interne à la société. Les modalités de protection de l'intérêt social sont prévues par le Code de commerce, en dépit du fait que celui-ci ne mentionne quasiment pas cette notion. Ces opérations visées par le Code de commerce sont ouvertes aux actionnaires, mais aussi à d'autres entités notamment les représentants des

---

[2070] Voir *supra* § 212 et s.
[2071] Voir *supra* § 317.

salariés, les créanciers, l'Autorité des marchés financiers, le parquet[2072] *etc.* Bien que l'action visant à préserver l'intérêt social soit ouverte à tout intéressé, il sera principalement traité de celle des actionnaires. En effet, la préservation de l'intérêt social n'est pas la préoccupation première de l'intervenant extérieur à la structure sociale. S'il exerce l'action en question, son but, principalement égoïste, est notamment celui d'obtenir plus d'informations afin d'exercer un recours personnel contre le dirigeant. Seuls les actionnaires et leurs représentants ont pour préoccupation la sauvegarde de l'intérêt social et peuvent demander en justice sa préservation.

619. Un pouvoir judiciaire encadré. L'intervention du juge dans la vie sociale peut s'avérer nécessaire pour permettre la préservation de l'intérêt social, alors que les solutions internes s'avèrent insuffisantes. Le juge ne doit cependant pas être considéré comme un organe social, sa mission est d'apaiser une possible situation de crise entre les différents organes sociaux. Dès lors, la tâche du juge s'avère délicate, car il doit faire preuve d'un savant dosage. Si son intervention s'avère nécessaire, un principe demeure impératif, celui de non-immixtion dans la gestion de la société[2073]. Ce principe, à l'origine limité aux juridictions commerciales, a pu recevoir consécration constitutionnelle lors d'une décision relative à la loi de modernisation sociale[2074]. Le conseil constitutionnel a ainsi jugé contraire à la constitution la reformulation du motif de licenciement économique qui était proposée[2075], ce qui méconnaissait la liberté d'entreprendre. En effet, les cas d'ouverture du licenciement tels que prévus par la loi laissaient une marge d'appréciation « inadmissible » au juge dans l'appréciation des difficultés économiques sérieuses ne pouvant être surmontées par un autre moyen, car la loi contrôlée conduisait « à substituer son appréciation à celle de l'employeur quant au choix des différentes solutions possibles »[2076]. L'intervention du juge dans la gestion de l'entreprise devenant alors disproportionnée, le Conseil constitutionnel a considéré que cette disposition de la loi de modernisation sociale était une atteinte excessive

[2072] L'expertise de gestion de l'article L. 225-231 du Code de commerce est ainsi ouverte aux actionnaires, au comité social et économique, à l'AMF et au parquet.

[2073] Pour une sélection de décisions jurisprudentielles faisant état de ce principe : Philippe MERLE et Edith CHEVALLIER-MERLE, *L'application jurisprudentielle de la loi du 24 juillet 1966 sur les sociétés commerciales*, Paris, Dalloz, 1976, p. 315-335.

[2074] Conseil constitutionnel, Décision n° 2001-455 du 12 janvier 2002, *D.* 2002, p. 1129, obs. Laurence GAY ; *AJDA* 2002, p. 1163, note Fabrice RENEAUD ; *JCP G* 2002, p. 1096, obs. Claude FRANCK ; *Les petites affiches* 24 septembre 2002, p. 15, note Bertrand MATHIEU.

[2075] Et qui était limitée à trois cas : la suppression ou la transformation d'emploi ou la modification du contrat de travail consécutive soit à des difficultés économiques sérieuses n'ayant pu être surmontées par tout autre moyen, soit à des mutations technologiques mettant en cause la pérennité de l'entreprise, soit à des nécessités de réorganisation indispensables à la sauvegarde de l'activité de l'entreprise ». Décision n° 2001-455 du 12 janvier 2002, précitée note 2074, § 43.

[2076] *Id.*, § 49.

à la liberté d'entreprise[2077], constitutionnellement protégée[2078]. Cette décision concernant le droit social peut être adaptée au droit des sociétés, car elle reprend le principe selon lequel le juge ne doit pas s'immiscer dans la gestion de l'entreprise. Or, la société est une technique d'organisation de l'entreprise[2079]. Dès lors, on peut conclure, par syllogisme, que le juge a interdiction, selon cette décision du Conseil constitutionnel, de porter une atteinte excessive à la liberté d'entreprendre, par le biais d'une immixtion dans la gestion de la société. La règle de non-immixtion ainsi rappelée, il est possible d'aborder deux types de contrôle judiciaire *a posteriori* portant sur certaines opérations de gestion et dans le but de protéger l'intérêt social : l'intervention afin de nommer un tiers (I) et l'intervention afin d'éviter l'opposition frontale entre deux blocs de pouvoir (II).

I) La nomination judiciaire d'un tiers arbitre

620. Présentation des différents intervenants. La situation au sein de la société peut conduire à une impasse telle que l'intervention judiciaire s'avère nécessaire pour nommer un tiers. Deux tiers arbitres peuvent être identifiés selon la mission qui leur est conférée par le juge. Le premier peut avoir pour objectif d'obtenir des informations demandées préalablement par certains actionnaires à propos de la gestion, alors que le second a pour mission d'intervenir au sein même de la société, pour être plus impliqué dans la gestion.

621. L'expert de gestion, intermédiaire judiciaire des actionnaires. Les actionnaires détenant au moins un vingtième du capital de la société peuvent poser des questions au président du conseil d'administration ou au directoire sur toute opération de gestion[2080]. Si la réponse est insatisfaisante ou inexistante, l'article L. 225-231 du Code de commerce dispose que ces actionnaires peuvent « demander en référé la désignation d'un ou plusieurs experts chargés de présenter un rapport sur une ou plusieurs opérations de gestion ». Toutes les opérations de gestion ne peuvent toutefois pas faire l'objet d'une demande d'expertise de gestion.

Aussi une question est-elle apparue en pratique : la demande d'une expertise de gestion à propos d'une décision doit-elle être accompagnée d'une preuve sa contrariété à l'intérêt social ? Cette interrogation peut sembler légitime, car la procédure d'expertise de gestion est caractérisée par l'intervention d'un mandataire judiciairement nommé. Il serait donc logique d'exiger des actionnaires demandeurs la preuve d'une atteinte à l'intérêt

---

[2077] *Id.*, § 50.
[2078] Article 4 de la déclaration des droits de l'Homme et du citoyen, à laquelle la Constitution du 4 octobre 1958 renvoie.
[2079] J. PAILLUSSEAU, *op. cit.* note 4.
[2080] Voir *supra* § 595.

social, qui rend de fait nécessaire l'entremise des autorités judiciaires. Cette question, sous ses abords logiques, relève toutefois du sophisme.

L'expertise de gestion a pour but d'accorder à tous les actionnaires[2081] des informations complémentaires sur certaines opérations, ce qui leur permet de déterminer si l'intérêt social a été effectivement mis en danger par l'opération litigieuse. Il semble logique que le juge saisi d'une demande d'expertise de gestion n'exige pas la preuve d'une atteinte à l'intérêt social, car cela constitue précisément l'objectif de cette action[2082]. La demande d'expertise de gestion doit être suffisamment sérieuse et soulever quelques interrogations quant à la régularité de l'acte, sans pour autant que les actionnaires aient d'autres moyens de se procurer des informations pertinentes[2083]. L'expertise de gestion trouve alors dans le sérieux de la demande une des dernières limites à son exercice, exigée dans le seul but d'endiguer le nombre d'actions[2084]. Ces limites sont tantôt objectives[2085], tantôt subjectives[2086], ce qui laisse une marge d'appréciation minime au juge. En effet, celui-ci peut considérer que les conditions nécessaires à la recevabilité d'une expertise de gestion ne sont pas réunies et que la réponse apportée est satisfaisante au regard des informations fournies[2087], réduisant à néant tout espoir actionnarial d'intervention d'un tiers enquêteur. Ce n'est toutefois qu'une des rares manifestations d'un filtrage judiciaire dans la demande d'expertise de gestion.

Cette voie ne laisse que très peu de place à l'office du juge lorsqu'elle rencontre toutes les conditions, ce dernier étant tenu d'accorder la nomination de l'expert de gestion[2088]. C'est alors qu'intervient la réelle mission du juge. L'expert de gestion étant un mandataire nommé judiciairement, il est nécessaire que le juge fixe sa mission dans sa décision arrêtant la nomination de l'expert. Celui-ci doit donc obtenir des renseignements sur une ou plusieurs opérations de gestion particulières, et il n'est pas question d'obtenir un rapport

---

2081 S'il est primairement adressé au demandeur, le rapport de l'expert de gestion doit ensuite « être annexé à celui établi par les commissaires aux comptes en vue de la prochaine assemblée générale et recevoir la même publicité » selon l'article L. 225-231 *in fine* du Code de commerce.

2082 Cass. com., 15 juillet 1987, *D.* 1987, IR p. 182 ; *Bulletin Joly sociétés* 1987, p. 703, note Paul LE CANNU ; *RTD Com.* 1988, p. 75, obs. Yves REINHARD.

2083 Dans ce cas, l'article 146 du Code de procédure civile trouverait à s'appliquer : « Une mesure d'instruction ne peut être ordonnée sur un fait que si la partie qui l'allègue ne dispose pas d'éléments suffisants pour le prouver. En aucun cas, une mesure d'instruction ne peut être ordonnée en vue de suppléer la carence de la partie dans l'administration de la preuve ». L'expertise de gestion étant une mesure d'instruction spéciale, cet article du code de procédure civile devrait être pertinent. Voir en cela : Gérard COUCHEZ, Xavier LAGARDE, *Procédure civile*, 17ème éd., Paris, Sirey, 2014, p. 360-362.

2084 P. LE CANNU, B. DONDERO, *op. cit.* note 268, p. 630-631.

2085 La notion d'opération de gestion, la détention d'un vingtième du capital social, la présence d'une question préalable et l'absence éventuelle de réponse au bout d'un délai d'un mois.

2086 Le sérieux de la demande et le caractère insatisfaisant de la réponse du président du conseil d'administration ou du directoire.

2087 Cass. com., 17 janvier 2006, précité note 2000.

2088 Cass. com., 27 janvier 2009, *Bulletin Joly sociétés* 2009, p. 664, note Paul LE CANNU.

général, le juge ne devant pas commander un audit. Les questions posées par les actionnaires au directoire ou au président du conseil d'administration servent alors de base pour déterminer la mission de l'expert. Aussi est-il nécessaire, pour les actionnaires, de délimiter avec précision les questions qu'ils posent aux dirigeants, sauf à se retrouver avec une désignation de l'expert de gestion qui ordonnerait une mission insatisfaisante, ou une ordonnance conférant à l'expert une mission trop large, risquant d'être remise en cause. À la suite de cette ordonnance débute la réelle mission de l'expert de gestion.

622. La mission d'intermédiation de l'expert de gestion. La mission de l'expert de gestion est délimitée par son ordonnance de désignation et encadrée par l'article L. 225-231 du Code de commerce[2089]. L'expert de gestion doit effectuer des enquêtes auprès de la société afin de déterminer les conditions dans lesquelles la décision de gestion a été conclue, mais aussi quelles en sont les conséquences possibles. Toutes les étapes de son instruction sont, comme toute expertise judiciaire, soumises au principe du contradictoire[2090], les dirigeants impliqués par l'opération de gestion pouvant faire valoir leurs objections, incluses dans le rapport de l'expert de gestion. Cette possibilité offerte aux dirigeants signifie que ceux-ci accompagnent la procédure. Or, il est possible que les dirigeants ne collaborent pas autant, en refusant de communiquer les pièces demandées ou en les communiquant à l'expiration d'un certain délai. Dans ce cas, le Code de commerce n'a prévu aucune sanction civile spéciale, seule une sanction pénale est spécialement envisagée à l'article L. 820-4 2° : le délit d'entrave à l'exercice de la mission de l'expert de gestion pouvant être sanctionné d'une peine maximale de cinq ans d'emprisonnement et de 75 000 € d'amende. Le caractère pénal de cette sanction ne favorise pas pour autant l'information de l'actionnaire, sauf à ce que cette sanction soit couplée d'une injonction de communiquer les pièces sous astreinte.

Ce rapport doit, une fois rédigé, faire l'objet de la plus large diffusion possible. Le Code de commerce dispose ainsi que celui-ci sera communiqué aux demandeurs, mais aussi au ministère public, au comité social et économique, au commissaire aux comptes, au directoire et au conseil de surveillance ou au conseil d'administration selon la forme sociale, ainsi qu'à l'Autorité des marchés financiers. L'expertise de gestion étant une mesure visant à renforcer le droit d'information des actionnaires, le rapport n'est pas communiqué uniquement aux actionnaires demandeurs, mais est aussi « annexé [au rapport] des commissaires aux comptes en vue de la prochaine

---

[2089] Philippe DIDIER, « Les conditions de la désignation d'un expert de gestion : l'absence de caractère subsidiaire », *Revue des sociétés* 1998, p. 82, spéc. § 4 et les références citées.

[2090] Nathalie DEDESSUS-LE-MOUSTIER, « Expertise de gestion et principe du contradictoire », *Revue des sociétés* 1998, p. 45.

assemblée générale et recevoir la même publicité »[2091]. Le but de la procédure est donc de fournir une information sur une opération et n'est pas, en soi, de préserver l'intérêt social. L'expertise de gestion est donc une procédure intermédiaire, précédant une éventuelle action en justice, et constitue donc un moyen de contrôle d'une opération de gestion assez limité conféré aux actionnaires. Il peut n'aboutir à aucune action postérieure si le rapport de l'expert ne fait apparaître aucune irrégularité, ni aucun risque pour la société.

623. L'administrateur provisoire, un acteur judiciairement nommé. L'administrateur provisoire est une autre possibilité à la disposition du juge à propos de la gestion de la société cotée. Cette mesure n'a pas été prévue textuellement[2092], mais est issue d'une politique jurisprudentielle[2093]. La nomination d'un administrateur provisoire est une mesure prise dans l'intérêt de la société, mais comme elle implique que le juge s'intéresse à la gestion sociale, elle demeure exceptionnelle[2094] et, par conséquent, répond à de strictes conditions posées par la jurisprudence.

L'administrateur provisoire doit être judiciairement nommé lorsque deux conditions sont réunies : l'atteinte au fonctionnement normal de la société[2095] et la menace d'un péril imminent pesant sur l'intérêt social[2096]. Le fonctionnement normal, nécessaire à l'établissement du premier critère, est considéré par Yves GUYON comme un fonctionnement « fréquent ou le plus habituel »[2097]. *A contrario*, le fonctionnement anormal pourrait être caractérisé alors même que le dirigeant agit communément et dans ses fonctions, notamment parce que celui-ci a pris une décision qui pourrait s'avérer exceptionnelle par ses conséquences ou son objet, faisant courir un risque au fonctionnement social. Le fonctionnement anormal de la société n'est toutefois pas le seul critère, car doit aussi être identifiée la menace d'un péril

---

2091 Article L. 225-231 du Code de commerce.

2092 Il n'y a aucun texte sur ce point dans le Code de commerce et les désignations d'administrateurs provisoires sont prononcées sur le fondement de l'article 873 alinéa 1 du Code de procédure civile : Bastien BRIGNON, Didier PORACCHIA, « La désignation d'un administrateur provisoire à l'épreuve de la notion de péril imminent », *Revue des sociétés* 2012, p. 289, spéc. § 1.

2093 Issue de l'arrêt Cass. Req., 12 janvier 1927, *D.* 1927, p. 83.

2094 Cass. com., 6 février 2007, *D.* 2007, AJ p. 587 ; *D.* 2008, p. 383, obs. Jean-Claude HALLOUIN et Eddy LAMAZEROLLES ; *Droit des sociétés* 2007, n° 73, comm. Henri HOVASSE ; *RTD Com.* 2007, p. 3737, obs. Claude CHAMPAUD, Didier DANET ; Cass. com., 29 septembre 2009, *D.* 2009, p. 2425 ; *RJDA* 2010, n° 35 ; *Bulletin Joly sociétés* 2010, p. 23, note Guilhem GIL ; *Revue de jurisprudence commerciale* 2010, p. 180, note Soraya MESSAÏ-BAHRI.

2095 Cass. com., 17 janvier 1989, *Revue des sociétés* 1989, p. 209, note Yves GUYON ; *Bulletin Joly sociétés* 1989, p. 321, note Jean-Jacques DAIGRE.

2096 Guillaume LECLAIR, « Impasses et crises au sein d'une société : quelques mesures pour s'en sortir », *JCP E* 2009, 2174 ; Raymonde VATINET, « Administration provisoire », dans *J.-Cl. Sociétés Traité*, fasc. 43-10, § 14 ; Caroline RUELLAN, « Les conditions de désignation d'un administrateur provisoire », *Droit des sociétés* 2000, n° 10, chron. 20, § 3-6.

2097 Y. GUYON, note sous Cass. com., 17 janvier 1989, précité note 2095.

imminent à l'intérêt social. L'imminence de ce péril peut être caractérisée par une dissension grave au sein du conseil d'administration[2098] ou d'une opposition caractérisée entre l'assemblée générale et les dirigeants sociaux[2099].

624. L'administrateur provisoire, un tiers intervenant dans la gestion. La mission de l'administrateur provisoire tient sa source des pouvoirs qui lui sont conférés par le juge lorsque celui-ci le nomme. De ce fait, ses pouvoirs sont nombreux, mais toujours liés aux pouvoirs des mandataires sociaux, qu'il a vocation à remplacer[2100]. Il est par ailleurs à noter que l'administrateur provisoire n'est nommé qu'à titre précaire, sa mission étant limitée dans le temps[2101], une situation de blocage par nature temporaire ayant motivé sa désignation. Dès lors, la tâche qui incombe au mandataire provisoire est aisément compréhensible. Il est désigné pour accomplir des actes de gestion au nom de la société, mais ne doit pas accomplir des actes de gestion compromettant l'avenir de la société[2102]. L'administrateur judiciaire, intervenu sur demande d'un des actionnaires, peut être amené à remplacer le directeur général de la société cotée – bien que cela relève d'une hypothèse peu fréquente[2103] – mais ne pourra pas prendre de décision stratégique, ayant pour seul but de trouver un dénouement à la situation de crise à l'origine de sa nomination. Le remplacement opéré par le juge doit être entendu *stricto sensu*, c'est-à-dire une substitution d'une personne à une autre. Le signal envoyé au marché est donc redoutable, le dirigeant habituel se trouvant judiciairement mis de côté, ce qui peut être perçu comme une sanction. En effet, il est possible que cette désignation soit perçue comme une révocation temporaire du dirigeant concerné, avec substitution d'une personne judiciairement nommée. La publicisation de la situation conflictuelle au sein de la structure sociale peut alors avoir des externalités négatives au moins aussi importantes que la crise en elle-même[2104].

L'administrateur judiciaire, instrument du contrôle de la décision de gestion, se trouve donc être un tiers intervenant directement dans la gestion de la société. La procédure aboutissant à une telle nomination est lourde et très difficile à mettre en œuvre dans les sociétés cotées en raison des coûts qu'elle implique.

[2098] Cass. com., 26 avril 1982, *D.* 1982, IR p. 355 ; *Revue des sociétés* 1984, p. 93, note Jean-Louis SIBON.

[2099] Aix-en-Provence, 14 novembre 1957, *JCP* 1957, II, 10304.

[2100] R. VATINET, *op. cit.* note 2096, § 61.

[2101] Georges BOLARD, « Administration provisoire et mandat ad hoc : du fait au droit », *JCP G* 1995, I, 3882, § 20 et 22.

[2102] *Id.* § 23 ; R. VATINET, *op. cit.* note 2096, § 63.

[2103] Il est économiquement plus plausible qu'un conflit entre directeur général et actionnaire débouche sur le départ de celui-ci, la négociabilité des actions rendant plus facile un départ causé par un désaccord.

[2104] Cela est d'autant plus vrai si la personne écartée est le visage de la société, tel un dirigeant emblématique ou un de ses fondateurs.

625. Ces procédures entraînant la nomination d'un tiers dans le but de préserver l'intérêt social sont assez contraignantes et ont vocation à être temporaires. Une différence est toutefois notable entre ces deux procédures : l'une purement intermédiaire a pour but de servir de préalable à une action des actionnaires, alors que l'autre est une intervention pure et simple du juge dans la gestion de la société. Une autre possibilité d'intervention judiciaire dans le but de préserver l'intérêt social peut être trouvée dans la détermination de l'abus du droit de vote.

II) L'intervention du juge afin d'éviter des conflits actionnariaux

626. Un contrôle actionnarial de certaines décisions. Contrairement au contrôle actionnarial des décisions de gestion au cours duquel les actionnaires s'alarment du processus d'élaboration de la décision, il est ici question d'un contrôle diligenté au regard du fond de la décision. Les conflits actionnariaux prennent le plus souvent la forme d'une opposition entre majorité et minorité. La logique sociale répondant de la loi de la majorité, celle-ci engage la société et ne devrait en principe engendrer aucune protection particulière des minoritaires[2105]. Toutefois, la minorité ne saurait être jetée en pâture à la majorité, la phrase du député André LAIGNEL ne devant pas trouver une application littérale en droit des sociétés[2106]. Dès lors, des mécanismes de protection des minoritaires ont été prévus par le législateur comme par le juge. Si des protections légales existent pour préserver les intérêts des actionnaires des sociétés cotées face à une éventuelle dilution de leurs droits politiques ou pécuniaires[2107], rien n'est légalement prévu pour protéger les minoritaires face à l'adoption d'une règle qui pourrait être favorable aux seuls majoritaires et clairement défavorable à la société. Ainsi, la loi n'empêche pas l'appropriation du pouvoir par les majoritaires afin de poursuivre leur seule volonté. Ceux-ci détourneraient toutefois la règle de la majorité pour se favoriser au détriment de la personne pour laquelle ils doivent l'utiliser[2108]. Ils abuseraient alors

---

[2105] D. SCHMIDT, *op. cit.* note 1140, p. 1 ; Daniel TRICOT, « Abus de droit dans les sociétés : abus de majorité et abus de minorité », *RTD Com.* 1994, p. 617.

[2106] Lors des débats relatifs au projet de loi de nationalisation de certaines entreprises, ce député appartenant à la majorité nouvellement élue interpella un membre de l'opposition, affirmant que celui-ci avait « juridiquement tort, car il [était] politiquement minoritaire ». *J.O. Assemblée nationale* du 13 octobre 1981, p. 1730.

[2107] Notamment par le biais des garanties de cours ou par le jeu des offres publiques d'acquisition, qui doivent être proposées à tous les actionnaires. Voir en cela : Jean-Pierre SORTAIS, « Abus de droit (majorité, minorité, égalité) », dans *Rép. sociétés Dalloz*, § 5 ; Jean-Pierre SORTAIS, « Protection des minoritaires (droit boursier), dans *Rép. sociétés Dalloz*, § 47-107.

[2108] D. SCHMIDT, *op. cit.* note 1140, p. 176 ; Caroline RUELLAN, *La loi de la majorité dans les sociétés commerciales*, Tome II, Thèse dactylographiée Paris II, dir. François TERRÉ, 1997, § 537 et s.

sciemment de leur pouvoir résultant de leur droit de vote[2109], détournement à l'origine de la théorie prétorienne de l'abus du droit de vote.

627. Un contrôle de certaines décisions de gestion. Aussi novatrice soit-elle, la théorie de l'abus du droit de vote ne semble, *prima facie*, pas devoir être mentionnée en tant qu'instrument du contrôle des décisions de gestion. En effet, cette théorie ne saurait être invoquée qu'à l'encontre d'une décision émanant de l'assemblée générale, qu'elle soit ordinaire ou extraordinaire. Or, selon la théorie organique de la décision de gestion communément reconnue par la jurisprudence[2110], une décision de l'assemblée générale ne pourrait en aucun cas être une décision de gestion.

Ce critère purement organique ne peut toutefois être totalement satisfaisant, une interprétation juridique stricte de ce qu'est un organe de gestion ne reflétant que partiellement la réalité économique attachée à la notion de gestion. Aussi doit-on se ranger à la position du Professeur MARTEAU-PETIT, lorsqu'elle affirme que « l'acte de gestion serait non seulement celui ressortissant normalement à la compétence des dirigeants sociaux, mais encore, lorsque la gestion est entendue plus largement, comme celui entrant aussi dans les attributions de l'assemblée »[2111]. En effet, comment ne pas considérer qu'une augmentation du capital d'une société cotée, relevant de la compétence exclusive de l'assemblée générale[2112], ne soit pas une décision de gestion ? Il en va de même pour les décisions de restructuration[2113], elles aussi de la compétence exclusive de l'assemblée générale extraordinaire. Toute décision engageant le patrimoine de la société peut ainsi être considérée comme opération de gestion, ce qui signifie dans ce cas que les décisions issues de l'assemblée générale engageant le patrimoine de la société sont des décisions de gestion. La majorité peut alors imposer sa volonté à la minorité, celle-ci trouvant un moyen de défense dans l'exercice d'une action en abus de majorité. Or, il ressort d'une étude des cas de jurisprudence que le domaine de prédilection de l'abus de majorité est l'affectation des bénéfices aux réserves, soit la décision revenant à pratiquer un autofinancement, relative au patrimoine de la société et donc décision de gestion par son objet.

628. La caractérisation de l'abus de majorité. Depuis une décision intervenue en 1961, l'abus de majorité est caractérisé lorsque deux éléments sont réunis : la décision litigieuse est « prise contrairement à l'intérêt général

---

2109 Jean CALAIS-AULOY, « L'abus de pouvoirs ou de fonctions en droit commercial français », dans *L'abus de pouvoirs ou de fonctions – Travaux de l'Association Capitant*, Tome XXVIII, Paris, Economica, 1980, p. 223.

2110 Voir *supra* § 595.

2111 M. MARTEAU-PETIT, *op. cit.* note 100, p. 318.

2112 Sauf délégation expresse de celle-ci selon les articles L. 225-129 et suivants du Code de commerce. L'assemblée générale étant à l'origine de la délégation, il est possible de considérer qu'elle est aussi à l'origine de l'augmentation du capital décidée par le conseil d'administration ou le directoire, celui-ci agissant conformément à la possibilité ouverte par les actionnaires.

2113 A l'exception de l'apport partiel d'actif non soumis au régime des fusions-scissions. Article L. 236-22 du Code de commerce.

de la société et dans l'unique dessein de favoriser les intérêts des membres de la majorité au détriment de la minorité »[2114]. S'il est commun de présenter cet arrêt comme fondateur de l'abus de majorité en droit positif, les prémices de cette conception avaient pu être données par un arrêt de la Chambre des requêtes de la Cour de cassation, jugeant que le report à nouveau des bénéfices était une décision conforme à l'intérêt général de la société[2115]. En tout état de cause, la formulation de l'arrêt *Schumann-Piquard* est depuis lors devenue quasi sacramentelle, en dépit de quelques variations au gré des espèces jugées[2116].

Deux éléments semblent clairement se détacher de la définition jurisprudentielle de l'abus de majorité et il convient de les aborder brièvement. Tout d'abord, il doit être prouvé que la décision litigieuse favorise les intérêts de la majorité au détriment de ceux de la minorité. Cette rupture d'égalité entre actionnaires[2117] ne conduit pas à une inégalité de traitement – qui peut être justifiée[2118] – mais bien à une discrimination[2119]. C'est en cela que cette rupture est intolérable et permet au juge d'intervenir afin de sanctionner une décision ayant des effets discriminatoires[2120]. La rupture d'égalité est déterminée le plus souvent au regard des conséquences matérielles[2121] de l'espèce, en étant souverainement appréciée par les juges du fond. S'il semble assez aisé de caractériser une rupture d'égalité entre actionnaires pour le juge, car cette notion est assez simple à identifier, il est autrement plus délicat de déterminer ce que représente « l'intérêt général de la société ».

La jurisprudence ne mentionne pas « l'intérêt de la société », mais plutôt « l'intérêt général » de celle-ci. Si ces termes semblent à première vue similaires[2122], une différence apparaît lors d'une lecture plus attentive.

[2114] Cass. com., 18 avril 1961, Société des anciens Etablissements Piquard et consorts Piquard contre Schumann (dit *Schumann-Piquard*), *JCP* 1961, II, 12164, note Daniel BASTIAN ; *D.* 1961, p. 661 ; *S.* 1961, 1, p. 257, note André DALSACE ; *RTD Com.* 1961, p. 634, obs. Roger HOUIN.

[2115] Cass. Req., 16 novembre 1943, *JCP* 1944, II, 2551, note Pierre LESCOT ; *S.* 1947, 1, p. 1, note Roger HOUIN.

[2116] Voir notamment : Cass. com., 22 avril 1976, précité note 1694.

[2117] D. SCHMIDT, *op. cit.* note 1140, p. 151 et s.

[2118] *Id.* p. 152 ; Paul CORDONNIER, *De l'égalité entre associés – Droit français et législation comparée*, Thèse, Université de Paris, 1924, p. 236-293.

[2119] Soit le traitement différencié et objectivement injustifié de situations (…) identiques ou équivalentes. Voir : G. CORNU (dir.), *op. cit.* note 72, p. 350.

[2120] Selon certains auteurs, ce critère serait véritablement le seul critère de l'abus de majorité, une rupture d'égalité entre associés emportant nécessairement atteinte à l'intérêt général de la société. Voir en cela : D. SCHMIDT, *op. cit.* note 1140, p. 152 ; Pierre FEUILLET, « Rapport sur l'atteinte à l'intérêt collectif appréciée à partir de la rupture d'égalité entre les actionnaires », *Revue des sociétés* 1979, p. 701, spéc. p. 712 et s.

[2121] Et le plus souvent pécuniaires.

[2122] J.-P. SORTAIS, *op. cit.* note 2107, § 8 ; Philippe STOFFEL-MUNCK, *L'abus dans le contrat – Essai d'une théorie*, préf. Roger BOUT, Paris, L.G.D.J., 2000, p. 272 ; Hervé LE DIASCORN, note sous Cass. com., 15 juillet 1992, *D.* 1993, p. 279 ; J. CALAIS-AULOY, *op. cit.* note 2109, p. 224.

L'intérêt général de la société ne peut se limiter aux seuls intérêts des actionnaires, réputés être représentés par l'assemblée générale[2123]. Cette notion d'intérêt général de la société semble donc être un intérêt qui transcenderait les intérêts individuels de chaque actionnaire[2124], avec toute la difficulté d'interprétation que l'idée de transcendance entraîne[2125]. En dépit de cette largesse sémantique, il ressort d'une étude de la jurisprudence que l'abus de majorité est assez rarement retenu[2126]. Toutefois, lorsque l'atteinte à l'intérêt général de la société et la rupture d'égalité entre actionnaires sont caractérisées, la résolution de l'assemblée générale peut faire l'objet d'une sanction.

629. Les sanctions de la décision abusive. Les juges ont considéré que l'abus de majorité devait entraîner la sanction des majoritaires ayant privilégié leurs propres intérêts au détriment de ceux de la minorité et de la société, l'abus de droit ou de pouvoirs étant traditionnellement sanctionné par l'allocation de dommages-intérêts en droit civil[2127]. La condamnation purement pécuniaire appliquée à un conflit actionnarial ne règle cependant pas la situation conflictuelle : l'intérêt de la minorité et de la société est toujours méconnu, la compensation pécuniaire ne mettant pas de terme au trouble subi. Les dommages-intérêts alloués s'avèrent donc aussi efficaces qu'un cautère sur une jambe de bois. S'est alors développée une autre sanction à l'allocation de dommages-intérêts pouvant lui être alternative ou cumulative, celle de la nullité de la décision prise suite à un abus de majorité.

La nullité d'une décision prise par une société, dès lors qu'elle ne modifie pas les statuts, résulte, selon l'article L. 235-1 du Code de commerce, de la violation d'une règle impérative du livre II du Code de commerce ou de la violation d'une « loi régissant le contrat »[2128]. Or, une délibération de l'assemblée générale peut être considérée comme étant un acte unilatéral exprimé collectivement[2129]. Dès lors, les critères de la validité du contrat ne peuvent s'appliquer, seule peut être mentionnée la cause de nullité résultant d'une disposition impérative du livre II du Code de commerce. Aucune disposition de ce livre du Code de commerce ne sanctionne par la nullité la délibération adoptée par le biais d'un abus de majorité. La sanction de la nullité ne semble alors pas légalement justifiée au regard des règles spéciales

---

2123 D. TRICOT, *op. cit.* note 2105.

2124 Voir *supra* § 317.

2125 Paul LE CANNU, note sous Cass. com., 18 mai 1982, *Revue des sociétés* 1982, p. 804, spéc. p. 807.

2126 D. TRICOT, *op. cit.* note 2105.

2127 Daniel VEAUX, « L'abus de pouvoirs ou de fonctions en droit civil français », dans *L'abus de pouvoirs ou de fonctions – Travaux de l'Association Capitant*, Tome XXVIII, précité note 2109, p. 84-85 ; Ph. MALAURIE, L. AYNÈS, Ph. STOFFEL-MUNCK, *op. cit.* note 289, p. 54-55.

2128 Article L. 235-1 alinéa 2 du Code de commerce.

2129 Gabriel ROUJOU DE BOUBEE, *Essai sur l'acte juridique collectif*, thèse Toulouse, 1961. Cité par : F. TERRÉ, Ph. SIMLER, Y. LEQUETTE, *op. cit.* note 1070, p. 75.

du droit des sociétés. Aussi faudrait-il trouver une justification, sinon un fondement, à la nullité sanctionnant l'abus de majorité.

Il ressort des décisions jurisprudentielles que la nullité est prononcée au regard de l'article 1240 du Code civil, d'ordinaire consacré à la responsabilité civile délictuelle[2130]. Ce texte prévoit une mesure de réparation à l'initiative de celui qui a causé le dommage, c'est pourquoi son application entraîne le plus souvent l'allocation de dommages-intérêts, mesure la plus aisée de réparation en nature devant être assumée par la personne fautive. Cette possibilité n'est toutefois pas la seule, c'est la raison pour laquelle la nullité issue de l'abus de majorité est perçue comme une mesure réparatrice légalement justifiée[2131]. Un élément de l'article 1240 du Code civil fait toutefois défaut, la réparation doit émaner de la personne qui est à l'origine du trouble. Or, dans ce cas, l'annulation de la délibération ne peut émaner que du pouvoir judiciaire, ce qui signifie que la majorité, à l'origine du trouble, ne répare pas *stricto sensu* celui-ci. L'article 1240 du Code civil n'est alors un fondement qu'imparfaitement justifié.

630. La recherche d'un fondement à la nullité : les prérogatives contractuelles. Un fondement plus adapté de cette nullité peut être trouvée grâce aux développements du droit des obligations. Consacrant une théorie que certains auteurs avaient identifiée[2132], la chambre commerciale a considéré dans un arrêt *Fromont* de 2007 qu'il était nécessaire de distinguer entre les prérogatives contractuelles et substances de l'obligation du contrat[2133]. La différence entre les deux notions n'est pas évidente de prime abord, le service de documentation et d'études de la Cour de cassation s'étant contenté d'affirmer qu'il est impossible pour le juge de « porter atteinte à l'existence même de [la créance] »[2134]. En revanche, il lui est loisible de porter atteinte à des droits moins essentiels, livrés à la seule appréciation de leur titulaire,

---

[2130] « Tout fait quelconque de l'homme, qui cause à autrui un dommage, oblige celui par la faute duquel il est arrivé à le réparer ».

[2131] Voir en ce sens : P. LE CANNU, B. DONDERO, *op. cit.* note 268, p. 115 ; J. CALAIS-AULOY, *op. cit.* note 2109, p. 226 ; Geneviève VINEY, Patrice JOURDAIN, *Traité de droit-civil – Les effets de la responsabilité*, 3ème éd., Paris, Lextenso Editions, 2010, p. 96-98.

[2132] Philippe MALAURIE, Laurent AYNÈS et Philippe STOFFEL-MUNCK, *Les obligations*, 3ème éd., Paris, Defrénois, 2007, p. 384.

[2133] Cass. com., 10 juillet 2007, *D.* 2007, p. 2839, note Philippe STOFFEL-MUNCK ; *ibid.*, p. 2844, note Pierre-Yves GAUTIER ; *Defrénois* 2007, p. 1454, obs. Eric SAVAUX ; *JCP* 2007, II, 10154, note Dimitri HOUTCIEFF ; *RTD Civ.* 2007, p. 733, obs. Bertrand FAGES ; *RTD Com.* 2007, p. 786, obs. Paul LE CANNU, Bruno DONDERO ; *Revue des contrats* 2007, p. 1107, note Laurent AYNÈS ; *ibid.* p. 1110, obs. Denis MAZEAUD ; *Bulletin Joly sociétés* 2007, p. 1187, note Alain COURET. Voir aussi : Cass. civ. 3ème, 25 juin 2013, *L'essentiel de droit des contrats*, 4 septembre 2013, p. 4, note Gilles PILLET ; *Gazette du Palais* 10 octobre 2013, p. 17, note Dimitri HOUTCIEFF.

[2134] SERVICE DE DOCUMENTATION ET D'ETUDES DE LA COUR DE CASSATION, *Communiqué relatif à l'arrêt n° 966 du 10 juillet 2007.*

totalement potestatifs[2135]. Pour ce faire, il est nécessaire de prouver que cette prérogative contractuelle a été exécutée de mauvaise foi, en contradiction avec l'article 1104 du Code civil.

Il est donc nécessaire de déterminer si le droit de vote est, pour l'associé, une prérogative contractuelle. Deux méthodes de définition peuvent être retenues pour qualifier la prérogative contractuelle[2136] : l'approche négative selon laquelle est une prérogative contractuelle tout ce qui n'est pas une obligation essentielle du contrat[2137] ou l'approche positive qui pose la prérogative contractuelle comme un droit potestatif par lequel une partie se voit conférer par le contrat un droit dont l'exercice unilatéral a une influence sur le contrat *per se*[2138]. Selon la dernière conception, il apparaît que le droit de vote de l'actionnaire est un droit exercé individuellement, qu'il tire du contrat de société, dont l'exercice peut engendrer de lourdes conséquences à l'égard du contrat de société lui-même[2139]. Le droit de vote de l'associé serait donc une prérogative contractuelle et il revient de s'interroger sur la sanction de son exécution de mauvaise foi.

La question est apparue après l'arrêt de la chambre commerciale en date du 10 juillet 2007. Il était question de neutraliser la prérogative contractuelle exécutée de mauvaise foi. Pour ce faire, deux principaux fondements ont été proposés pour l'acte qui doit être réputé non accompli, car issu de la mauvaise foi[2140]. Le premier est l'exécution forcée en nature, inspirée du droit belge. Le juge pourrait substituer à la décision de la partie fautive ce qu'il estime être juste[2141]. Cette possibilité connaît toutefois une application très limitée, sinon impossible en droit des sociétés. En effet, cela impliquerait de substituer à la décision entachée d'abus de majorité une décision qui semblerait juste au

---

2135 L. AYNÈS, note sous Cass. com., 10 juillet 2007, précité note 2133. Voir aussi : Olivier DESHAYES, « Les sanctions de l'usage déloyal des prérogatives contractuelles », *Revue des contrats* 2011, p. 726.

2136 Dominique FENOUILLET, « La notion de prérogative : instrument de défense contre le solidarisme, ou technique d'appréhension de l'unilatéralisme ? », *Revue des contrats* 2011, p. 644.

2137 Intervient alors une autre difficulté majeure, celle de définir l'obligation essentielle du contrat, considérée successivement comme étant le cœur du contrat, l'objet principal de celui-ci, et par analogie à l'article L. 132-1 du Code de la consommation, les prestations promises, réduisant alors le domaine des prérogatives contractuelles à « peau de chagrin ». Voir : L. AYNÈS, *op. cit.* note 2133 ; D. FENOUILLET, *op. cit.* note 2136. Voir aussi Ph. STOFFEL-MUNCK, *op. cit.* note 2132, p. 323-324.

2138 Judith ROCHFELD, « Les droits potestatifs accordés par le contrat », dans *Etudes offertes à Jacques GHESTIN*, Paris, L.G.D.J., 2001, p. 747 et s. Cité par : D. FENOUILLET, *op. cit.* note 2136.

2139 A titre d'exemple, l'article 1844-7 du Code civil dispose que la société peut être dissoute par un vote collectif, ce qui signifie qu'un droit individuel exercé collectivement peut mettre en péril la substance même du contrat qui en est à l'origine.

2140 O. DESHAYES, *op. cit.* note 2135, § 19 et s.

2141 *Id.*, § 20.

pouvoir judiciaire. Autrement dit, le juge s'immiscerait dans la gestion de la société, ce qui lui est totalement interdit.

La seconde solution pour neutraliser la prérogative contractuelle exécutée de mauvaise foi se trouve être la nullité. Il n'est toutefois pas question d'annuler le contrat en lui-même, ni même la prérogative contractuelle, seule fera l'objet d'une éventuelle annulation la manifestation de la prérogative contractuelle, c'est-à-dire l'acte unilatéral qui en est issu[2142]. Un auteur affirme à cet effet que la déloyauté dans l'acte unilatéral – fut-il collectif – est une cause de nullité de cet acte[2143]. Pour démontrer cela, il est nécessaire de rappeler que la cause dans un acte unilatéral peut incorporer la notion de motif déterminant[2144], ce qui signifie que la notion de cause dépasse l'opposition traditionnelle entre cause objective et subjective pour incorporer les motivations personnelles de l'auteur de l'acte unilatéral. Dans l'hypothèse de l'abus de majorité, les motivations personnelles des actionnaires étant purement égoïstes en ce qu'ils désirent se favoriser au détriment des minoritaires, les mobiles de leur acte unilatéral sont au moins illicites car contraires à l'article 1833 du Code civil.

631. La nullité de l'abus de majorité se justifierait alors mieux. Le droit de vote des actionnaires, prérogative contractuelle exercée de mauvaise foi, doit être considéré comme un acte unilatéral lié au contrat et la délibération issue de cette conjonction d'actes individuels motivés par des causes illicites serait elle-même considérée comme nulle, car affectée d'une cause illicite. Le fondement juridique se trouverait être l'article 1162 du Code civil, bien plus adapté que l'article 1240 du même Code.

632. Le contrôle de la gestion dans les sociétés cotées peut donc aboutir à de nombreuses procédures, car il existe une grande variété de moyens pour protéger l'intérêt social dans les divers corpus législatifs applicables à ces sociétés. La difficulté principale demeure toutefois dans le fait que ces mesures de protection sont entourées d'une particulière incertitude, soit sur leur applicabilité – telles l'expertise de gestion – soit au regard de leur régime applicable. Ces faiblesses intrinsèques expliquent pour partie le succès relatif de ces mécanismes. Les procédures judiciaires de protection de l'intérêt social pâtissent par ailleurs d'autres inconvénients liés à leur nature. En effet, la judiciarisation du conflit implique des procédures coûteuses, qui ne sont pas immédiates, et ce même si la procédure de référé ou de requête est engagée. En outre, la publicité des débats peut s'avérer dévastatrice pour la société, les actionnaires subissant par ricochet le préjudice d'une action qu'ils ont eux-mêmes introduite. L'action suivant le contrôle de la gestion peut dans ce cas entraîner des coûts bien plus importants que ces envisagés initialement par les

---

2142 *Id.*, § 22.
2143 *Id.*, § 22.
2144 Rafael ENCINAS DE MUNAGORRI, *L'acte unilatéral dans les rapports contractuels*, préf. Antoine LYON-CAEN, Paris, L.G.D.J., 1996, p. 192-193.

actionnaires de telle sorte que la surveillance de la gestion sociale pourrait aboutir à un résultat néfaste aux auteurs du contrôle.

§2 La faiblesse des moyens de sauvegarde des autres intérêts collectifs

633. Les intérêts collectifs autres que l'intérêt social regroupent principalement les intérêts des créanciers et des salariés[2145], particulièrement intéressés aux conséquences des décisions de gestion adoptées par la société. En effet, certaines décisions emportent des effets redoutables pour ces tiers au contrat social, notamment les licenciements décidés par les dirigeants gestionnaires intéressant en première ligne les salariés, tandis que la décision d'émettre des obligations ou la cession de biens particuliers concerne au plus haut point les créanciers, obligataires ou non. Les moyens de sauvegarde de ces intérêts collectifs entrent alors véritablement en conflit avec l'intérêt social, car une décision favorable à l'intérêt social peut très facilement léser certains intérêts collectifs[2146]. Cette contradiction entre ces deux intérêts collectifs justifie que la protection des intérêts collectifs autres que l'intérêt social soit réduite, amenuisant la concrétisation procédurale du contrôle de la gestion qu'ils ont effectué. Cette justification n'est pas la seule et peut être complétée en étudiant les faiblesses du contrôle de la décision de gestion ayant pour but de préserver les intérêts collectifs autres que l'intérêt social. Ces déficiences apparaissent clairement au regard du nombre restreint d'actions ouvertes pour les préserver (I), mais aussi au regard des faibles sanctions prononcées (II).

I) Les rares possibilités de contestation pour préserver certains intérêts collectifs

634. La préservation des intérêts collectifs autres que l'intérêt social revient à préserver l'intérêt des salariés et des créanciers. La défense de ces intérêts dépend principalement de l'acception retenue de l'intérêt social. S'il est entendu dans son sens le plus large, les créanciers et les salariés sont protégés par l'intérêt social et bénéficieront des mesures de protection engagées par les actionnaires. En revanche, lorsque l'intérêt social est considéré dans son sens le plus strict, les intérêts particuliers peuvent s'en départir et donc être concernés par certaines décisions. Se pose alors la question des moyens offerts aux salariés et aux créanciers, ou à leurs représentants, pour faire valoir leurs intérêts, voire remettre en cause la

---

[2145] Voir *supra* § 213.

[2146] Il faudrait faire preuve d'un fort cynisme pour affirmer qu'une mesure de licenciement collectif, favorable à l'intérêt social dans son acception la plus réduite, est favorable aux intérêts des salariés.

décision de gestion ou en contrôler les effets. L'inefficience de la protection des créanciers sociaux peut être expliquée.

D'une part, les techniques spéciales de protection peuvent s'avérer déficientes. D'autre part, on peut arguer qu'il n'existe aucune mesure spéciale, les intérêts des créanciers étant suffisamment protégés par les dispositions du droit des sociétés[2147]. Deux alternatives processuelles peuvent alors être appréhendées : les véhicules spéciaux offerts par le droit des sociétés permettant aux représentants des intérêts collectifs d'agir (A), mais aussi certaines règles, relevant d'autres corpus juridiques, qui offrent des possibilités propres, notamment aux salariés (B).

A) La possibilité d'invoquer des mesures de droit des sociétés

635. Le droit des sociétés prévoit que certaines mesures de contrôle des décisions de gestion peuvent être invoquées par des acteurs préservant certains intérêts collectifs, et ces mesures de contrôle ont précédemment été abordées[2148]. Apparaît donc une logique étrange puisque les représentants de certains intérêts particuliers se voient doter par le droit des sociétés de la capacité d'agir afin de préserver l'intérêt social. Ce dernier épouserait alors en partie l'intérêt des créanciers et des salariés. Cette affirmation paraît étonnante, les salariés et les créanciers n'ayant aucune vocation *prima facie* à le préserver. Il est nécessaire de différencier entre la possibilité pour les créanciers ou les salariés de demander une expertise de gestion et la faculté pour ces entités de réclamer la nomination d'un administrateur provisoire.

636. L'expertise de gestion demandée par les non associés. La possibilité de demander une expertise de gestion est strictement encadrée, parce qu'elle engendre des effets dévastateurs au sein de la structure sociale. L'identité des demandeurs à l'expertise de gestion est limitée par le Code de commerce, lequel prévoit que sont demandeurs, au-delà des actionnaires détenant un vingtième du capital social, les comités d'entreprise, mais aussi le ministère public et l'Autorité des marchés financiers[2149].

Cette liste étant limitative, toute autre personne qui désirerait agir en désignation d'un expert de gestion trouverait son action irrecevable. Les salariés ne peuvent donc pas agir individuellement, mais uniquement par le biais de leur comité social et économique. Une première question doit être posée bien qu'elle soit peu fréquente dans le cadre des sociétés cotées, hors sociétés holding : *quid* de l'expertise de gestion dans les sociétés exploitant une entreprise dans laquelle il y a moins de cinquante salariés ? L'article L. 225-231 du Code de commerce représentant une liste limitative, il semble

---

[2147] Benoit LECOURT, « De l'utilité de l'action paulienne en droit des sociétés », dans *Mélanges en l'honneur d'Yves GUYON*, précités note 310, p. 616.

[2148] Voir *supra* § 215.

[2149] Article L. 225-231 du Code de commerce.

pertinent d'affirmer que les demandeurs présents dans cette liste doivent être considérés strictement. Les organes de représentation salariale dans les entreprises de moins de cinquante salariés, soit les délégués du personnel, ne pourraient donc introduire une demande en désignation d'un expert de gestion. Au-delà de la justification légistique, une autre explication peut être trouvée dans la règle selon laquelle les délégués du personnel ne peuvent exercer les compétences économiques attraites au comité social et économique qu'à la condition qu'un texte le prévoie[2150].

Une autre interrogation peut apparaître au regard de la notion de comité social et économique, certaines sociétés cotées comprenant plusieurs établissements. Il est possible, par exemple de citer le cas d'une société dont les sites de production sont dispersés sur le territoire national, chacun employant plusieurs milliers de salariés. Dans cette hypothèse, le Code du travail prévoit une représentation par établissement – le comité d'établissement[2151] –, doublée d'une représentation centrale – le comité central d'entreprise – dont les pouvoirs sont ceux du comité social et économique sur des opérations dépassant les compétences des chefs d'établissement[2152]. Dans ce cas, quel est le comité ayant la compétence pour demander la désignation d'un expert de gestion ? La jurisprudence a conféré la qualité de demandeur au comité d'établissement[2153], de même qu'au comité central[2154]. Si la compétence est évidente pour le comité central, interlocuteur des organes de gestion de la société, la position jurisprudentielle relative au comité d'établissement semble plus discutable. En effet, pour qu'une expertise de gestion soit recevable, il est nécessaire qu'elle porte sur un acte de gestion, c'est-à-dire sur un acte pris par un organe de gestion. Or, il n'existe aucun organe de gestion au sein de l'établissement, seulement un chef d'établissement. Sauf à percevoir dans l'arrêt de la Cour d'appel d'Aix-en-Provence un affaiblissement de la conception de l'acte de gestion, qui ne serait plus organique mais économique, conférer le droit de demander l'expertise de gestion au comité d'établissement semblerait contredire la position traditionnelle de l'admission de l'expertise de gestion. Si la position jurisprudentielle se maintient sur la notion d'acte de gestion, seul le comité central d'entreprise devrait être à même de demander une expertise de gestion et non le comité d'établissement.

[2150] Raymonde VATINET, « Expertise de gestion », dans *J.-Cl. Sociétés Traité*, fasc. 135-10, § 28.

[2151] Qui dispose des mêmes prérogatives que le comité social et économique, au sein de l'établissement, selon l'article L. 2316-20 du Code du travail.

[2152] Article L. 2316-1 du Code du travail.

[2153] Aix-en-Provence, 8 juin 2001, *Droit des sociétés* 2001, comm. 147, note Dominique VIDAL.

[2154] Cass. com., 12 février 2008, *D.* 2008, p. 612 ; *Bulletin Joly sociétés* 2008, p. 384, note Gilles AUZERO ; *RTD Com.* 2008, p. 361, obs. Paul LE CANNU, Bruno DONDERO ; *Revue des sociétés* 2008, p. 600, note Adeline CERATI-GAUTHIER.

Au-delà de l'intérêt à agir, une autre condition à la réception de l'expertise de gestion est le risque de contrariété à l'intérêt social. Or, exiger cette condition pour l'action du comité social et économique n'a pas de véritable pertinence, puisqu'il agit lorsqu'il y a un risque pour l'intérêt des salariés et non pas pour l'intérêt social. Dès lors, seul un risque d'atteinte à l'intérêt des salariés devrait être exigé lorsque l'action émane du comité social et économique[2155].

L'expertise de gestion ne peut donc être demandée que par le comité social et économique et ses entités dérivées telles que les comités centraux ou les comités d'établissement, malgré les réserves apportées à propos de ce dernier. Cette limitation au pouvoir de nomination de l'expert de gestion entraîne des conséquences lorsque le demandeur est un créancier. En effet, les créanciers n'étant pas mentionnés à l'article L. 225-231 du Code de commerce, leur demande de nomination d'un expert de gestion n'est pas recevable. Ils ne pourront donc pas veiller à faire respecter leurs intérêts propres par le biais de cette procédure et devront alors employer un autre véhicule procédural pour tenter de contrôler la décision en veillant au respect de leurs intérêts.

637. La demande de nomination d'un administrateur provisoire par un non associé. Les créanciers et les salariés ont une autre action à leur disposition, la demande de désignation d'un administrateur provisoire. Il est nécessaire que cette demande respecte les conditions spéciales telles que fixées par la jurisprudence[2156]. Toutefois, l'action en nomination ayant été créée par la jurisprudence, celle-ci n'a jamais posé de critères concernant l'action. Dès lors, l'action en nomination d'un administrateur provisoire répond des critères posés à l'article 31 du Code de procédure civile, concernant l'intérêt à agir du demandeur[2157]. La seule condition posée par la jurisprudence est que le demandeur en nomination d'un administrateur provisoire ait un lien de droit avec la société dans laquelle cet administrateur doit être nommé[2158], ce qui est vérifié par les créanciers – par leur créance contre la société – mais aussi par les salariés.

Le créancier qui demande la nomination d'un administrateur provisoire rencontre quelques difficultés dans sa démarche, pouvant toutefois être surmontées. Les créanciers ont aussi un intérêt à agir[2159] et leur action ne devrait donc pas être irrecevable par principe. La difficulté majeure sera pour le créancier de prouver les conditions nécessaires à la nomination de

---

2155 R. VATINET, *op. cit.* note 2150, § 61.

2156 Voir *supra* § 624.

2157 Voir, considérant que l'action n'est pas attitrée : H. LE NABASQUE, *op. cit.* note 77, p. 332.

2158 Cass. com., 16 février 1988, *Bulletin Joly sociétés* 1988, p. 270, note Paul LE CANNU.

2159 Certains membres de la doctrine considèrent toutefois qu'il serait impossible aux créanciers d'agir. En effet, l'action en désignation d'un administrateur provisoire serait limitée aux actionnaires car elle demeure exceptionnelle : Ph. MERLE, *op. cit.* note 110, p. 744. Voir aussi : C. BERR, *op. cit.* note 1151, p. 290-291.

l'administrateur provisoire, l'atteinte au fonctionnement normal d'un organe de gestion et la survenance de difficultés, pouvant être financières. L'atteinte au fonctionnement normal d'un organe de gestion peut être caractérisée par l'absence d'un tel organe ou sa paralysie totale[2160]. Les créanciers ne pouvant être juges des intérêts de la société ou de ceux des associés, ils doivent en outre prouver que leur demande n'est pas dirigée par le seul impératif de la préservation de l'intérêt social, mais aussi que cette paralysie leur nuit. C'est la raison pour laquelle il peut être exigé que des difficultés financières soient apparues, telles qu'un risque d'insolvabilité de la société[2161]. Les créanciers ont la possibilité de demander la nomination d'un administrateur provisoire, mais les conditions sont telles que l'acceptation effective de leur action est très rare.

Il n'en va pas autrement de l'action en désignation d'un administrateur provisoire formulée par un ou plusieurs salariés. S'il existe quelques décisions jurisprudentielles ayant accepté la désignation d'un administrateur provisoire sur demande des créanciers[2162], les décisions intervenues lorsque la demande émane des salariés sont plus rares. Pourtant, selon le même raisonnement que tenu précédemment à propos des créanciers, rien ne rend l'action des salariés irrecevable par principe. La difficulté résidera dans la détermination de l'intérêt à agir des salariés. S'il est aisé pour le créancier de prouver qu'une décision emporte un risque d'insolvabilité de la société, la tâche est plus ardue pour les salariés. Aussi le Professeur VATINET estime-t-elle que les salariés auraient intérêt à agir en désignation d'un administrateur provisoire à la double condition que leurs salaires ne soient plus payés et qu'un plan de licenciement économique ait été mis en œuvre[2163]. Ce cas illustre la difficulté à caractériser l'intérêt à agir du salarié lorsqu'il recherche la nomination de l'administrateur provisoire. Le comité social et économique, disposant de la possibilité d'agir au nom du salarié, peut-il franchir cet obstacle probatoire et processuel, notamment en raison des moyens mis à sa disposition, bien plus importants que ceux des salariés ?

Cette possibilité, séduisante au premier abord, se heurte toutefois à la jurisprudence des chambres criminelle et sociale, qui réfutent systématiquement le droit d'ester au comité social et économique au nom d'un

[2160] Isabelle BON-GARCIN, « Les créanciers face aux crises politiques des sociétés », *Revue des sociétés* 1995, p. 649.

[2161] Cass. com., 14 février 1989, *Revue des sociétés* 1989, p. 633, note Dominique RANDOUX ; *Bulletin Joly sociétés* 1989, p. 323, note Yann STREIFF. Voir aussi : Benoît LECOURT, « Administrateur provisoire », dans *Rép. sociétés Dalloz*, § 68-69 ; R. VATINET, *op. cit.* note 2096, § 45.

[2162] Paris, 28 mai 1993, *Bulletin Joly sociétés* 1993, p. 1119, obs. Paul LE CANNU.

[2163] R. VATINET, *op. cit.* note 2096, § 46.

ou de plusieurs salariés[2164]. Cette impossibilité ne prive pas pour autant le comité de la faculté de demander la désignation d'un administrateur provisoire, mais il est nécessaire que cette demande soit motivée par un intérêt propre du comité social et économique, tel que le non versement des sommes d'argent dont il est créancier[2165] en raison de la paralysie du fonctionnement social[2166].

638. Les possibilités de préservation des intérêts catégoriels autres que l'intérêt social par le biais des moyens offerts par le droit des sociétés sont difficilement mises en œuvre par les salariés ou le comité social et économique. En effet, ces véhicules ne leur sont que trop peu accessibles et, lorsqu'ils le sont, les sanctions auxquelles ils peuvent aboutir peuvent s'avérer inadaptées. En effet, l'expertise de gestion et la nomination de l'administrateur provisoire poursuivent le même but : améliorer le fonctionnement social afin de préserver l'intérêt social, objectif peu approprié au regard de l'intention individualiste des créanciers ou des salariés, agissant après avoir contrôlé la gestion sociale dans l'optique de préserver leurs intérêts particuliers. Devant ce constat d'inadaptation des modalités d'actions suivant le contrôle des décisions de gestion, il convient d'envisager les solutions proposées par d'autres branches du droit, et notamment par le droit social, offrant des possibilités de contrôle aux salariés.

B) Les mesures de contrôle propres aux non associés

639. Au regard de l'insatisfaction issue des modes de contrôle des décisions de gestion offertes par le droit des sociétés, les salariés peuvent préférer employer les moyens que leur offrent le droit du travail. Si les mesures employées sont en parfaite adéquation avec la qualité du demandeur, écartant les problèmes d'intérêt à agir, les obstacles ne disparaissent pas pour autant, en raison de leurs conditions de fond.

640. La concrétisation du contrôle *a posteriori* offert à plusieurs acteurs dans l'intérêt des salariés. Le droit du travail offre la possibilité de contester les décisions du dirigeant gestionnaire, lorsque ce dernier se trouve être employeur.

Cette possibilité est ouverte à plusieurs demandeurs. Les salariés eux-mêmes peuvent bien évidemment agir en contestation d'une telle décision qui

---

2164 Voir, par exemple : Cass. soc., 18 mars 1997, *Droit social* 1997, p. 544, note Gérard COUTURIER ; Cass. soc., 6 février 1980, *D.* 1981, IR, 1, note Fernand DERRIDA ; Cass. crim., 28 mai 1991, *Revue de jurisprudence sociale* 1991, n° 852 ; *Droit du travail* 1991, n° 10, p. 5. Voir aussi : Stéphanie BEAL, Marie-Noëlle ROUSPIDE-KATCHADOURIAN, « Action en justice du comité d'entreprise », note sous Cass. soc., 5 juillet 2006, *JCP E* 2006, p. 2636 ; G. AUZERO, E. DOCKÈS, *op. cit.* note 708, p. 1289.

2165 Le comité social et économique serait alors dans la catégorie des créanciers, signifiant qu'il n'aurait aucune action propre.

2166 R. VATINET, *op. cit.* note 2096, § 46.

nuirait à leurs intérêts. Le droit du travail étant classiquement perçu comme un droit visant à la protection des intérêts des salariés, les syndicats peuvent aussi agir au nom des salariés[2167]. En matière de décisions de gestion aménageant les conditions de travail, un organisme exclusivement compétent pour contrôler *a posteriori* certaines décisions relatives aux conditions de travail fait son apparition, le comité d'hygiène, de sécurité et des conditions de travail[2168].

Les modalités d'action suite au contrôle de ce dernier acteur sont différentes de celle exercée par les salariés et les syndicats. En effet, le contrôle des décisions de gestion par les salariés ou les syndicats s'opère immédiatement après l'exécution de la décision, alors que le contrôle par le comité d'hygiène, de sécurité et des conditions de travail peut être à la fois qualifié de soudain et de régulier. Ce contrôle est soudain en ce que le comité d'hygiène, de sécurité et des conditions de travail l'effectue hors de toute surveillance de l'employeur et décide du moment opportun pour apprécier les conséquences des décisions de gestion sur les conditions de travail des salariés. Ce contrôle est par ailleurs régulier car il doit intervenir plusieurs fois par an, au moins aussi souvent que se tiennent les réunions ordinaires du comité[2169]. Le droit de regard du comité d'hygiène peut de ce fait révéler de manière fortuite les conséquences néfastes d'une décision de gestion, qu'il conviendra de contester.

641. Les décisions appréhendées. Afin de déterminer les décisions qui peuvent être soumises à de telles vérifications prévues par le droit social, il est nécessaire de rappeler que les demandeurs – en principe les salariés – doivent avoir un intérêt à contrôler la décision de gestion, et que celle-ci doit rentrer dans la mission de l'organe de représentation, lorsqu'il engage un tel contrôle.

Il semble logique que tout salarié ait un intérêt à contrôler *a posteriori* toute décision ayant des conséquences sur la politique d'emploi au sein de la société une fois mise en application. Si la décision *per se* de licenciement économique peut difficilement être contestée une fois engagée[2170], le salarié peut demander le contrôle du caractère réel et sérieux de la cause du licenciement[2171].

Il en est de même avec l'action de substitution engagée par tout syndicat représentatif, au nom d'un ou de plusieurs salariés. Cette action étant une

[2167] G. AUZERO, E. DOCKÈS, *op. cit.* note 708, p. 1126-1127.

[2168] Articles L. 2381-1 et suivants et L. 4611-1 et suivants du Code de travail. Ce comité a toutefois été supprimé par l'ordonnance n° 2017-1386 du 22 septembre 2017, précitée note 414.

[2169] Article L. 4612-4 du Code du travail. Cela signifie qu'une vérification doit intervenir *a minima* tous les trois mois, car le comité d'hygiène, de sécurité et des conditions de travail se réunit au moins une fois tous les trimestres selon la lettre de l'article L. 4614-7 du Code du travail.

[2170] Le salarié doit prouver que la décision de gestion que représente le licenciement économique ne répond pas à toutes les conditions d'un tel licenciement, notamment les conditions économiques de l'entreprise qui rendent le licenciement indispensable.

[2171] G. AUZERO, E. DOCKÈS, *op. cit.* note 708, p. 591.

exception au principe selon lequel « nul ne plaide par procureur »[2172], il est nécessaire de concevoir restrictivement cette faculté offerte au syndicat de d'agir à la place du salarié. Aussi est-il impératif qu'un article du Code du travail prévoie une disposition autorisant le syndicat à exercer des droits au nom du salarié, peu important qu'il soit adhérent, syndiqué ou ne réponde d'aucune de ces deux qualités. C'est ainsi que l'article L. 1235-8 du Code du travail, autorise expressément le syndicat à contrôler et contester au nom du salarié un licenciement économique dont il fait l'objet[2173].

L'action du comité d'hygiène et de sécurité a un spectre plus large que celle du syndicat, car les règles relatives à ses missions dans le Code du travail sont plus nombreuses. Il est toutefois possible de synthétiser en affirmant que ce comité d'hygiène a la possibilité de contrôler l'application des décisions de gestion. Contrairement aux entités précédemment mentionnées, le comité d'hygiène ne contrôle pas une décision précise dans un but déterminé, sa vérification peut prendre la forme de sondages. Au cours de son inspection, le comité ou ses délégués[2174] vérifie les conditions de travail des salariés et les risques pesant sur leur santé et leur sécurité. S'il constate une variation faisant accroître les risques ou dégradant les conditions de travail, le comité d'hygiène peut formuler des observations à l'inspecteur ou au contrôleur du travail, lorsque celui-ci se trouve dans les murs de l'entreprise[2175].

Le contrôle peut être plus orienté lorsque s'est produit un accident du travail ou lorsqu'a été reconnue une maladie professionnelle[2176]. Dans ces deux hypothèses[2177], le comité d'hygiène, de sécurité et des conditions de travail se trouve dans l'obligation de constituer une commission d'enquête dont la composition est fixée par décret[2178]. Par ce biais, la commission du comité d'hygiène doit nécessairement contrôler *a posteriori* les opérations de gestion ayant conduit à la survenance de l'accident du travail, ou à la déclaration de la maladie professionnelle. À titre d'exemple, il est possible d'envisager une décision de gestion par laquelle le dirigeant gestionnaire

---

2172 Serge GUINCHARD, Cécile CHAINAIS et Frédérique FERRAND, *Procédure civile – Droit interne et droit de l'Union Européenne*, 33ème éd., Paris, Dalloz, 2016, p. 174.

2173 « Les organisations syndicales de salariés représentatives peuvent exercer en justice toutes les actions résultant des dispositions légales ou conventionnelles régissant le licenciement pour motif économique d'un salarié sans avoir à justifier d'un mandat de l'intéressé ». Voir aussi : S. GUINCHARD, C. CHAINAIS et F. FERRAND, *op. cit.* note 2172, p. 173.

2174 Article R. 4612-1 du Code du travail.

2175 Article L. 4612-7 du Code du travail.

2176 Article L. 4612-5 du Code du travail.

2177 Ces deux hypothèses sont limitatives, le comité d'hygiène, de sécurité et des conditions de travail ne peut diligenter une enquête sur un autre motif : Conseil d'État, 12 juin 1995, *Recueil des arrêts du Conseil d'État*, p. 140. Cité par : Bernard TEYSSIÉ, « Comité d'hygiène, de sécurité et des conditions de travail – Normes générales », dans *J.-Cl. Travail Traité*, Fasc. 20-20, § 112.

2178 L'article R. 4612-2 du Code du travail prévoit que l'enquête est diligentée par une délégation comprenant, *a minima*, le chef d'établissement ou son représentant et l'un des élus du personnel au comité de sécurité.

développe une activité dans laquelle l'amiante est utilisée. Si l'un des salariés se trouve affecté d'une asbestose, et que celle-ci est causée par l'exposition aux poussières d'amiante, la maladie professionnelle est caractérisée[2179], déclenchant une enquête d'une délégation du comité d'hygiène, de sécurité et des conditions de travail au cours de laquelle la décision de gestion à l'origine de l'utilisation de l'amiante sera contrôlée.

642. Le droit du travail prévoit ainsi plusieurs mécanismes pour agir afin de préserver les intérêts des salariés. Il est toutefois à préciser que ces solutions ne réalisent qu'imparfaitement l'objectif de protection des salariés. En effet, seule l'action des salariés et des syndicats veille à la préservation de leurs intérêts. En revanche, le contrôle du comité d'hygiène, de sécurité et des conditions de travail, bien que diligenté par une atteinte potentielle ou avérée aux droits des salariés et spécialement leur droit à la sécurité et à la santé, n'est recevable que s'il est exercé en son nom propre, dans le respect de ses prérogatives. Cette exigence procédurale, compréhensible au regard de la théorie générale de l'action selon laquelle l'intérêt à agir est entendu restrictivement au regard de l'identité du demandeur, représente un inconvénient non négligeable au regard de l'objectif de préservation des intérêts des salariés. Ces déficiences sont toutefois sans commune mesure avec la faiblesse des règles sanctionnant le contrôle diligenté afin de préserver les intérêts collectifs autres que l'intérêt social.

II) La faiblesse des sanctions prononcées à l'égard des intérêts protégés

643. Le contrôle *a posteriori* des décisions de gestion portant atteinte aux intérêts collectifs autres que l'intérêt social semble être un contrôle marginal. Cette qualification ressort de l'étude des mesures venant sanctionner les demandes en justice suivant le contrôle des décisions de gestion. En effet, il ressort des décisions judiciaires prononcées que les éventuelles sanctions sont insuffisantes au regard des intérêts défendus par le contrôle.

644. Une sanction insuffisante car individuellement satisfaisante. Les actions liées au contrôle *a posteriori* des opérations de gestion aboutissent dans un premier temps au prononcé d'une sanction peu cohérente avec l'objectif poursuivi, mais en totale adéquation avec les principes de la procédure civile. Le demandeur, qu'il soit salarié ou un de leurs représentants agissant en leur nom, ne peut obtenir qu'une sanction le satisfaisant seul.

C'est le cas des actions prévues dans le cadre d'une contestation suite à un contrôle *a posteriori* d'une décision de gestion se manifestant le plus souvent par la voie d'un licenciement économique. Deux modes de contestation liées à la vérification *a posteriori* du licenciement sont envisageables : le contrôle

---

[2179] L'asbestose, en ce qu'elle est liée aux poussières d'amiante, est considérée comme maladie professionnelle selon le Tableau n° 30 de l'Annexe II du Code de la sécurité sociale.

des motifs mêmes du licenciement et le contrôle de l'obligation pesant sur l'employeur après l'exécution du licenciement *per se*, la priorité de réembauche. Dans les deux cas, le salarié ou le syndicat agissant en son nom saisit le juge afin de faire constater que le licenciement a été décidé sans cause réelle et sérieuse – c'est-à-dire que les conditions propres liées aux difficultés économiques ne sont pas respectées – ou que la procédure n'a pas été totalement respectée, aboutissant à une requalification en licenciement sans cause réelle et sérieuse[2180]. Ces deux hypothèses conduisent au versement de dommages-intérêts alloués uniquement à la personne du demandeur, qui ne peuvent être inférieurs, dans l'hypothèse du non-respect de la priorité de réembauche, à un mois de salaire[2181].

645. Une sanction insuffisante car inadaptée à la personne du demandeur. Les sanctions prononcées peuvent aussi ne pas être cohérentes au regard de l'identité du demandeur. C'est le cas pour les actions engagées par le comité d'hygiène, de sécurité et des conditions de travail. Ce comité ayant la personnalité juridique[2182], il a toute latitude pour engager une action en justice en son nom propre et pour défendre ses propres intérêts. Or, la difficulté principale est que ce comité n'a pas de budget propre légalement prévu[2183]. Si des dommages-intérêts lui sont alloués en raison d'une action en responsabilité engagée par celui-ci, les sommes octroyées seront versées à un budget inexistant… La mesure venant sanctionner l'action suivant le contrôle *a posteriori* par le comité d'hygiène, de sécurité et des conditions de travail peut être considérée comme insuffisante, car les sanctions sont clairement inadaptées aux caractéristiques du demandeur. Par ailleurs, il est fort probable qu'il importe peu aux salariés que ce comité reçoive des dommages-intérêts, car ceux-ci ne seront pas redistribués, alors que l'action intentée a initialement pour but de préserver leurs intérêts.

646. La possibilité d'une action collective ? Afin de passer outre les nombreux inconvénients de ces actions protégeant les intérêts collectifs autres que l'intérêt social, il est nécessaire d'envisager une l'hypothèse d'une action de groupe. Inspirée par la *class action* étasunienne et limitée à des domaines identifiés[2184], elle pourrait être considérée comme le véhicule procédural idoine pour une action visant la préservation d'intérêts collectifs. L'action de groupe permettrait de faire valoir les droits des salariés contre la société. Cette action aurait pour conséquence de regrouper en un seul et même litige tous les

---

[2180] Il y a une exception à cette affirmation, le licenciement économique sans homologation ou validation du plan de sauvegarde de l'emploi, aboutissant à la nullité de la procédure, pouvant elle-même mener à la nullité des licenciements subséquemment prononcés. Voir *supra* § 242.

[2181] Article L. 1235-13 du Code du travail.

[2182] Cass. soc., 17 avril 1991, *Droit social* 1991, p. 516 ; *JCP E* 1991, II, 229, note Henry BLAISE ; *RJS* 1991, p. 314.

[2183] B. TEYSSIÉ, *op. cit.* note 2177, § 70.

[2184] S. GUINCHARD, C. CHAINAIS et F. FERRAND, *op. cit.* note 2173, p. 177 et s. Voir aussi les articles L. 623-1 et suivants du Code de la consommation.

membres d'une catégorie partageant le même intérêt collectif, entraînant le prononcé d'une sanction leur profitant également. Si cette solution est envisageable, deux interrogations demeurent.

En premier lieu, à considérer que l'action de groupe soit incluse dans le corpus juridique interne[2185], il convient de s'interroger sur la forme de cette action, sous forme d'*opt in* ou d'*opt out*. La différence tient à la démarche à accomplir de la part de la personne répondant aux critères de l'action. Tantôt elle doit manifester expressément la volonté d'être incorporée à l'action – *opt in* –, tantôt elle doit manifester la volonté de ne pas être mêlée à cette action alors qu'elle est incorporée de plein droit aux demandeurs – *opt out*–. Il est admis que l'action de groupe se manifeste par une action de groupe avec *opt in*[2186], bien qu'il paraîtrait plus pertinent, dans le cas des créanciers sociaux et des salariés de privilégier l'*opt out*. L'action a pour but de matérialiser un contrôle effectué dans l'intérêt collectif de tous les salariés, il semblerait logique qu'une telle action comprenne de plein droit toutes les personnes dont les intérêts sont à protéger. Un obstacle de taille demeure toutefois, celui de l'interdiction d'engager une procédure judiciaire au nom de quelqu'un qui n'en a pas manifesté la volonté[2187]. La solution de l'*opt out*, bien qu'intellectuellement intéressante, doit donc être écartée en raison des difficultés posées par son éventuelle adoption en droit interne, notamment en raison de sa potentielle inconstitutionnalité[2188].

647. Conclusion de la section 1. Il existe ainsi de nombreuses règles relatives au contrôle des décisions de gestion, une fois que celles-ci ont reçu un commencement d'exécution. Ce contrôle, qualifié de contrôle *a posteriori*, est principalement effectué dans le but de préserver des intérêts collectifs. C'est en cela que le Code de commerce, tout comme d'autres corpus législatifs, ont prévu des mesures de surveillance. Il est toutefois nécessaire de constater que ces mesures de contrôle sont grandement inefficientes, principalement en raison de la faiblesse des sanctions à dimension collective attachées aux actions suivant ce contrôle. Deux solutions doivent être

---

2185 Cela en dépit des incompatibilités actuelles telles l'adage « nul ne plaide par procureur » ou encore le principe de relativité de la chose jugée. Voir en cela : Marie-Anne FRISON-ROCHE, « Les résistances mécaniques du système juridique français à accueillir la *class action* : obstacles et compatibilités », *Les petites affiches* 10 juin 2005, n° 15, p. 122.

2186 S. GUINCHARD, C. CHAINAIS et F. FERRAND, *op. cit.* note 2173, p. 179.

2187 Serge GUINCHARD, « Une class action à la française ? », *D.* 2005, p. 2180.

2188 Le Conseil constitutionnel proclame en effet la liberté de la personne représentée dans une action introduite par un tiers de manifester sa volonté d'agir par elle-même. Cette exigence est radicalement contraire à la notion d'*opt out*, mais se rapprocherait alors de l'*opt in*. Voir : Décision du Conseil Constitutionnel n° 89-257 DC du 25 juillet 1989, § 22-26, *AJDA* 1989, p. 796, note Florence ROHMER-BENOIT ; Conseil Constitutionnel n° 2014-690 DC du 13 mars 2014, § 16, *La Gazette du Palais* 27 juillet 2014, p. 21-22, note Stéphane DETRAZ ; *Droit pénal*, p. 46, comm. Jacques-Henri ROBERT ; *Les Petites Affiches*, 25 avril 2014, p. 7, note Véronique LEGRAND ; *Constitutions*, avril 2014, p. 169, obs. Philippe BACHSCHMIDT.

envisagées. La première reviendrait à imaginer des sanctions satisfaisant l'intégralité des intérêts collectifs atteints, solution qui paraît séduisante, mais relevant de la chimère tant que les actions de groupes ne sont pas admises dans le droit français hors du droit de la consommation. Une seconde possibilité, plus réaliste, doit être envisagée : le contrôle effectué dans le but de préserver les intérêts collectifs, tels que l'intérêt social ou l'intérêt des créanciers ou des salariés, se concrétisant par une contestation judiciaire individuelle. Le contrôle *a posteriori* perd alors de sa dimension collective pour glisser vers une dimension individuelle.

Section 2 : L'incertaine préservation a posteriori des intérêts individuels par le biais de la responsabilité

648. Les intérêts personnels, qu'ils soient issus d'un contrôle purement individualiste ou d'un contrôle plus collectif, motivent une forme particulière de surveillance des opérations de gestion. Ce contrôle *a posteriori* des opérations de gestion aboutit systématiquement à une action en justice, en engageant la responsabilité de la société ou du dirigeant gestionnaire.
649. L'action en responsabilité contre la société recevable. La responsabilité de la société est celle du droit commun, car le dirigeant gestionnaire n'est que la personne chargée d'agir au nom de la société, de par le mandat social qui lui a été conféré ainsi que par la théorie de la représentation. Le contrôle *a posteriori* de certaines décisions de gestion peut ainsi aboutir à une action en responsabilité civile à l'encontre de la société, sur le fondement des articles 1231-1 ou 1240 du Code civil, selon que le contrôle est effectué par un cocontractant de la société ou un tiers. Cette action en responsabilité à l'encontre de la société relève du droit commun de la responsabilité et nécessite la preuve, selon le fondement juridique retenu, d'un manquement contractuel ou d'une faute ayant conduit à la réalisation d'un préjudice.
650. La rareté de l'action en responsabilité de l'actionnaire contre la société. La difficulté majeure relative à la mise en cause de la responsabilité de la société est celle d'une responsabilité engagée par son propre actionnaire. Bien qu'une telle hypothèse puisse légalement être admise, il semble délicat d'envisager qu'un actionnaire agisse contre sa propre société, tant juridiquement qu'économiquement. Au regard des règles du droit de la responsabilité, il est en effet nécessaire que l'actionnaire invoque un préjudice propre et ayant été causé par un agissement social. Le dommage propre ne serait pas subi, dans ce cas, en raison de la qualité d'actionnaire, mais en raison d'une autre qualité. L'actionnaire agissant contre la société subirait un préjudice différent de celui de la société, assimilable à celui d'un tiers, qualifié

de « tiers interne »[2189]. Economiquement, l'action est improbable, car l'actionnaire agissant contre la société agit indirectement et partiellement contre lui-même. En effet, si la société est condamnée à verser des dommages-intérêts, l'actionnaire doit subir la baisse de la valeur du titre engendrée par le versement des dommages-intérêts. En cas de succès de son action contre la société dont il est membre, l'actionnaire reçoit alors une somme d'argent dont il est en partie débiteur.

651. Fonctions de la responsabilité. Le contrôle des décisions de gestion aboutit plus certainement à une action engagée à l'encontre du dirigeant gestionnaire à l'origine de la décision de gestion, plutôt qu'à l'encontre de la société. Il sera question des actions en responsabilité à l'encontre du dirigeant gestionnaire, à l'initiative de la société, des associés ou des tiers internes ou externes, hypothèse fréquente dans le cadre des sociétés cotées. Les dispositions relatives à la responsabilité peuvent alors être adaptées, notamment les deux fonctions de la responsabilité civile, réparatrice et normative[2190]. La portée de ces deux fonctions joue cependant assez peu, car les cas de responsabilité des dirigeants gestionnaires sont assez rares, surtout lorsque celle-ci est recherchée hors de toute poursuite sociale[2191]. De plus, les actions individuelles, issues d'un contrôle des décisions de gestion motivé par la préservation des intérêts personnels, aboutissent difficilement, ce qui signifie que le contrôle individuel n'est que rarement satisfait, et que les intérêts individuels sont préservés de manière incertaine. Cette incertitude peut s'expliquer par deux éléments liés à toute action en responsabilité. Dans un premier temps, les intérêts individuels sont imparfaitement préservés, car les actions en responsabilité à l'encontre du dirigeant ne sont pas toujours recevables (§1). Dans un second temps, au-delà de ces limites processuelles, les actions en responsabilité, si elles sont jugées recevables, peuvent se heurter à une autre difficulté, lors de l'étude au fond de la question de la responsabilité du dirigeant gestionnaire (§2).

§1 Les limites processuelles de l'engagement de la responsabilité

652. Des limites processuelles en partie liées aux impératifs de la procédure civile. L'action en responsabilité à l'encontre du dirigeant gestionnaire répond, dans ses conditions processuelles, à celles du droit commun, qui imposent que le demandeur à l'action ait qualité et intérêt à agir

---

2189 Nicolas BICHERON, « La singularité de l'indemnisation du préjudice personnel des associés », *Revue Lamy droit des affaires* juillet 2010, p. 126.

2190 Philippe DIDIER, « Les fonctions de la responsabilité civile des dirigeants sociaux », *Revue des sociétés* 2003, p. 238 ; G. VINEY, P. JOURDAIN, *op. cit.* note 2131, p. 76-96.

2191 Un auteur liste ainsi une douzaine de condamnations judiciaires pour des infractions boursières : Didier MARTIN, « Réparation (intégrale) des préjudices boursiers : sortons du brouillard », dans Alain GOURIO, Jean-Jacques DAIGRE (dir.), *Mélanges AEDBF-France VI*, Paris, Revue Banque éditions, 2013, p. 399, spéc. p. 400.

au sens des articles 30 et 31 du Code de procédure civile[2192]. La qualité pour agir soulève peu de difficultés dans le cadre d'une action individuelle, qu'elle soit intentée par la société, un associé ou un tiers. Il en est autrement à propos de l'intérêt à agir, entendu restrictivement par la jurisprudence tant par les juridictions civiles que répressives (I). Après cette difficulté, survient un second obstacle auquel se heurtent les éventuels demandeurs à une action en responsabilité à l'encontre du dirigeant gestionnaire : le choix du véhicule procédural (II).

I) L'intérêt à agir faiblement considéré

653. L'intérêt à agir entendu comme préjudice indemnisable. Comme pour toutes les problématiques relatives à la responsabilité civile, la question de l'intérêt à agir est en partie calquée sur celle du préjudice subi. L'action en responsabilité civile n'est en effet ouverte qu'à la personne qui a effectivement subi un préjudice[2193]. Sous cette affirmation qui paraît simple, le constat lié à la responsabilité des dirigeants révèle une autre réalité. L'article L. 225-251 du Code de commerce[2194] protégeant expressément la société et les tiers, il est logique que seules ces personnes puissent manifester leur contrôle des décisions de gestion par le biais d'une action en responsabilité (A). Cette action, légalement prévue par le Code de commerce, ne doit pas pour autant éclipser celle des actionnaires, prévue à l'article L. 225-252 du Code de commerce, dont la recevabilité paraît parfois incertaine (B).

A) Un intérêt à agir certain prima facie : le cas des tiers et de la société

654. L'article L. 225-251 du Code de commerce, qui prévoit les conditions auxquelles les dirigeants[2195] sont responsables de leurs agissements dans leur mission de gestionnaire, ouvre la voie à une action de la part de la société et de la part des créanciers. Ces deux actions différentes permettent d'agir en réparation d'un préjudice personnellement subi. Il est alors nécessaire d'étudier la recevabilité et l'opportunité de ces actions formulées par la société et par les tiers.

655. L'action sociale recevable. La société peut évidemment subir des dommages par l'agissement fautif de son dirigeant gestionnaire. On peut

---

2192 N. BICHERON, *op. cit.* note 2189, p. 126-127.

2193 Yves REINHARD et Bruno PETIT, « La responsabilité civile des dirigeants », *RTD Com.* 1997, p. 282.

2194 Applicable aux sociétés anonymes dualistes selon la lettre de l'article L. 225-256 du Code de commerce.

2195 C'est-à-dire les administrateurs, les directeurs généraux, les membres du directoire selon l'article L. 225-256 du Code de commerce et les gérants de sociétés en commandite par action par renvoi de l'article L. 226-12 du même code.

penser à la décision de gestion hasardeuse ayant des conséquences préjudiciables pour le patrimoine social, tant par le biais d'une perte que par le biais d'un « manque à gagner privant la société des bénéfices ou des économies qu'elle pourrait réaliser »[2196]. La société est donc recevable à agir en responsabilité contre son propre dirigeant pour tout préjudice subi. S'il est certain que l'action est juridiquement recevable, un doute existe sur la formation d'une telle action. En effet, pour qu'une action soit admissible, encore faut-il qu'elle soit engagée, ce qui n'est pas nécessairement le cas lorsque la société est demanderesse.

L'action sociale *ut universi*, en cas de préjudice subi par la société, est envisageable, juridiquement et économiquement, dans deux hypothèses[2197]. La première concerne l'hypothèse de la pluralité de dirigeants, lorsque la faute est commise par un dirigeant gestionnaire qui n'est pas investi du pouvoir de représentation de la société. Dans une telle éventualité, le représentant de la société peut engager la responsabilité du dirigeant gestionnaire fautif[2198], quand bien même la personne agissant a participé à la commission de la faute. L'action *ut universi*, engagée au nom de la société par le représentant à l'encontre d'un autre dirigeant, se heurte alors à un obstacle, celui du climat de bonne intelligence entre les membres dirigeants de la société. L'action de la société, intentée par le représentant, à l'encontre d'un dirigeant peut être considérée comme une rupture des relations courtoises entre ses dirigeants, engendrant de fait un risque de conflit ouvert au sein de la direction, néfaste à la gestion de la société. Le second cas dans lequel l'action en responsabilité *ut universi* est envisageable est celui dans lequel la direction de la société a été modifiée, le dirigeant gestionnaire à l'origine de la faute n'étant plus en poste, mais remplacé en raison d'une révocation ou d'un départ volontaire[2199]. C'est raisonnablement la seule hypothèse dans laquelle l'action *ut universi* ne souffre d'aucun obstacle ni juridique, ni économique.

Le contrôle des décisions de gestion faisant apparaître des préjudices propres à la société peut ainsi entraîner une action en responsabilité de la part de la société à l'encontre de son dirigeant gestionnaire à l'origine du trouble social. Les actions sociales *ut universi*, défendant les intérêts de la société, se heurtent toutefois à des obstacles empêchant un grand nombre d'actions de

---

[2196] Benoît LE BARS, « Responsabilité civile des dirigeants sociaux », dans *Rép. sociétés Dalloz*, § 50 ; R. VATINET, *op. cit.* note 1848, § 8.

[2197] Soraya MESSAÏ-BAHRI, *op. cit.* note 262, p. 96.

[2198] Voir en cela : Cass. com., 7 décembre 1982, *JCP* 1982, IV, p. 69 ; *Revue des sociétés* 1984, p. 54 note Dominique RANDOUX ; *RTD Civ.* 1983, p. 536, note Georges DURRY ; Cass. com., 11 octobre 1988, *Bulletin Joly sociétés* 1988, p. 925, note Paul LE CANNU ; *Revue de jurisprudence commerciale* 1989, p. 203, note Françoise CHERCHOULY-SICARD.

[2199] Il est alors nécessaire, dans ce cas, de prouver que le préjudice de la société est causé par le comportement du dirigeant qui s'est retiré. Voir en cela : Guillaume CREFF, « La responsabilité des dirigeants sociaux retirés », *RTD Com.* 1978, p. 481 et spéc. p. 485 et s. Voir aussi : Cass. com., 11 octobre 1988, précité note 2198 ; Cass. com., 14 octobre 2008, *Droit des sociétés* 2008, comm. 249, note Jean-Pierre LEGROS.

fructifier, celles-ci étant abandonnées ou jamais engagées. Il convient alors de traiter de l'action du tiers, envisagée à l'article L. 225-251 du Code de commerce, afin de vérifier si elle est mieux adaptée et acceptée.

656. L'action des tiers souvent engagée mais rarement recevable. Le dirigeant gestionnaire, en ce qu'il représente la société à l'égard des tiers, peut leur causer un préjudice par le biais d'une décision de gestion. Il est toutefois une limite importante à l'action contre les tiers, le principe selon lequel c'est la société, et non son dirigeant, qui s'engage. Apparaît ici une application de la théorie de la représentation, car le dirigeant s'engage avec le tiers au nom de la société. Dans le cadre d'une société dont les titres sont admis aux négociations sur un marché réglementé, il est alors question d'une quantité innombrable de tiers, notamment les salariés. Admettre très largement une action en responsabilité engagée par des tiers à l'encontre du dirigeant ne participerait pas de l'attrait des fonctions managériales, qui entrainerait un risque de responsabilité accru à l'encontre de nombreux demandeurs. Il est donc logique que la Cour de cassation retienne, à de nombreuses reprises, la responsabilité de la société par priorité, la responsabilité du dirigeant engagée par le tiers étant – et devant demeurer – une exception[2200]. Le dirigeant bénéficie alors de la protection du voile social[2201] et cela d'autant plus que les responsabilités de la société et du dirigeant sont exclusives l'une de l'autre. Le tiers à la société peut toutefois passer outre cet écran social et engager la responsabilité du dirigeant à condition de respecter l'exigence d'avoir subi un préjudice propre et recevable.

Il est nécessaire de différencier selon que l'action est engagée devant les juridictions civiles ou les juridictions pénales. Devant les juridictions civiles, le tiers peut arguer d'un préjudice direct en raison du comportement du dirigeant. Il lui est toutefois difficile d'engager directement sa responsabilité, la société étant par principe responsable des agissements commis en son nom[2202]. La difficulté majeure, donnant de fait lieu à maints litiges, concerne l'action civile des tiers devant les juridictions répressives.

657. L'action civile des tiers devant les juridictions pénales : un rejet de principe. Lorsque le dirigeant social est pénalement poursuivi, la société ne peut plus faire obstacle à une action personnelle. Se pose alors la question de la recevabilité de l'action civile portée devant les juridictions répressives, autorisée par l'article 2 du Code de procédure pénale, disposant qu'une telle action « en réparation du dommage causé par un crime, un délit ou une contravention appartient à tous ceux qui ont personnellement souffert du dommage directement causé par l'infraction ». La difficulté est donc, dans le

---

[2200] Cass. soc., 10 mai 1973, *Bull. civ.* V, n° 299. Voir aussi : Yves GUYON, « Administration – Responsabilité civile des administrateurs », actualisé par Benoît LE BARS, dans *J.-Cl. Sociétés Traité*, Fasc. 132-10, § 59.

[2201] Aïda BENNINI, *Le voile de l'intérêt social*, préf. Charley HANNOUN, Paris, Lextenso éditions, 2013.

[2202] Voir *infra* § 699.

cas de l'action civile portée devant les juridictions répressives, de savoir qui subit un préjudice direct en raison de l'infraction.

Lorsque le dirigeant gestionnaire a commis un agissement pénalement répréhensible dans ses fonctions de représentant de la société, il est alors logique que le tiers ne subisse aucunement un préjudice direct et personnel lié à l'action du dirigeant[2203]. S'il subit un tel préjudice, c'est en raison du comportement répréhensible de la société excluant toute action contre le dirigeant. En revanche, dans cette hypothèse, la société subit un préjudice dont elle peut demander réparation devant les juridictions pénales.

L'action civile devant les juridictions pénales étant un droit dont jouit la société, une inaction de sa part pourrait donc être palliée par un créancier ayant un intérêt quelconque, sur le fondement de l'action oblique des articles 1341-1 et suivants du Code civil. La chambre criminelle avait accepté, notamment au visa des articles 2 du Code de l'instruction criminelle et 1166 ancien du Code civil, l'action civile du Trésor public, créancier d'une banque à l'encontre du liquidateur de cette dernière qui avait commis des détournements contre celle-ci[2204]. Le préjudice direct et personnel devrait être caractérisé dans la personne de la société, le créancier ne faisant que pallier son inaction par le biais de l'action oblique[2205]. Ce n'est toutefois plus la position de la chambre criminelle de la Cour de cassation, laquelle a reproché à la Cour d'appel, dans un arrêt du 16 janvier 1964, d'avoir méconnu les dispositions de l'article 2 du Code de procédure pénale en autorisant le créancier à puiser dans l'action oblique « le droit d'exercer, au lieu et place de son débiteur, l'action civile appartenant à ce dernier »[2206]. Cette position, maintes fois réaffirmée depuis lors[2207], est la plus conforme au principe de légalité de la loi pénale, limitant alors l'action civile à ceux qui sont victimes de l'infraction[2208] et fermant définitivement la voie de l'action civile du créancier contre le dirigeant agissant comme représentant de la société.

658. Une action civile recevable en fonction du délit ? Devant la multitude de délits relatifs aux sociétés commerciales, ne faudrait-il pas, tel que le suggère un auteur, distinguer la recevabilité de l'action civile intentée par un

---

2203 En cela, l'article 2 du Code de procédure pénale représente un filtre aux actions des tiers. Voir en ce sens : S. MESSAÏ-BAHRI, *op. cit.* note 262, p. 87.

2204 « [Le trésor public] créancier de la Banque populaire (…) pouvait exercer les droits de sa débitrice en l'absence d'une action régulièrement introduite par celle-ci » : Cass. crim., 18 mars 1941, *D.* 1941, I, p. 247.

2205 Bernard BOULOC, *Procédure pénale*, 25ème éd., Paris, Dalloz, 2015, p. 252-253.

2206 Cass. crim., 14 janvier 1964, *D.* 1964, p. 194, note J.M. ; *JCP G* 1964, II, 13612, note J.R.

2207 Voir notamment : Cass. crim., 24 avril 1971, *JCP G* 1971, II, 16890 ; *Revue des sociétés* 1971, p. 608 note Bernard BOULOC ; 6 mai 1976, *Bull. crim.* n° 144 ; 6 octobre 1976, *Bull. crim.* n° 281 ; 9 novembre 1992, *Revue des sociétés* 1993, p. 433, note Bernard BOULOC ; *RJDA* 1993, p. 41 ; 26 mai 1994, *Revue des sociétés* 1994, p. 771, note Bernard BOULOC ; 27 juin 1995, *Revue des sociétés* 1995, p. 747, note Bernard BOULOC.

2208 Bernard BOULOC, note sous Cass. crim., 24 avril 1971, précité note 2207, p. 611.

tiers à la société selon le délit commis[2209] ? Lorsque celle-ci porte sur le délit d'abus des biens sociaux, l'action civile n'est jamais reçue au motif que les tiers ne peuvent subir qu'un préjudice indirect, de fait contraire à l'article 2 du Code de procédure pénale. Cette solution, acquise en jurisprudence depuis plus d'un demi-siècle, est toutefois doublement contestable. En effet, l'abus des biens sociaux, en ce qu'il amenuise mécaniquement le patrimoine social, nuit nécessairement aux créanciers, car ils subissent un préjudice par ricochet, qui n'est pas pour autant un préjudice indirect[2210]. Par ailleurs, l'acception restrictive de l'intérêt à agir semble contradictoire avec la politique jurisprudentielle de la chambre criminelle. En effet, le délit d'abus des biens sociaux est marqué par une conception extensive de la notion d'intérêt lors de la qualification de la contrariété à l'intérêt social[2211]. Ce double mouvement opposé sur le même terme, bien que pris dans deux sens différents, semble difficilement satisfaisant.

Il semblerait, au regard d'un arrêt de la chambre criminelle de la Cour de cassation[2212], qu'en matière de présentation de comptes sociaux infidèles ou de communication d'informations financières trompeuses, pourrait se constituer partie civile le porteur de certificats d'investissement ou de tout titre financier. Cette décision accorde le droit de se constituer partie civile aux « associés ou (...) porteurs de titres d'une société » qui subissent un préjudice direct par la présentation des comptes infidèles. Dès lors, au regard de la formulation large de la chambre criminelle, peuvent être considérés comme recevables à agir civilement devant les juridictions répressives les porteurs de titres de créance négociables, créanciers car ils sont porteurs de « titres d'une société »[2213]. Cet arrêt semble étonnant en ce qu'il vient accepter une action civile d'un créancier, interdite en principe. Ce n'est toutefois pas le seul point délicat relatif à cette décision.

L'acceptation d'un préjudice personnel et direct doit toutefois appeler une observation propre aux sociétés cotées, si le plaignant est titulaire d'actions ou de titres avant la commission du délit. Tel que l'affirme le Professeur DEZEUZE, « la traduction fidèle par les comptes de la société de sa situation

---

[2209] Eric DEZEUZE, « La réparation du préjudice devant la juridiction pénale », *Revue des sociétés* 2003, p. 261.

[2210] S. MESSAÏ-BAHRI, *op. cit.* note 262, p. 92.

[2211] Bernard BOULOC, note sous Cass. crim, 26 mai 1994, *Revue des sociétés* 1994, p. 771. Cité par : E. DEZEUZE, *op. cit.* note 2209.

[2212] Cass. crim., 30 janvier 2002, *Bulletin Joly sociétés* 2002, p. 797, note Jean-François BARBIERI.

[2213] La solution avait déjà été admise à propos d'un banquier, qui avait octroyé un découvert à une société au regard de comptes fallacieux. Il doit toutefois être précisé que l'incrimination de présentation de comptes sociaux infidèles était, en l'espèce, sujette à discussion car les comptes présentés à l'établissement financier n'avaient pas été approuvés par l'assemblée générale. Dès lors, la qualification qui devait être retenue était le délit d'escroquerie, dont le seul banquier était victime, expliquant la recevabilité de son action civile : Cass. crim, 13 février 1997, *Revue des sociétés* 1997, note Bernard BOULOC.

financière aurait nécessairement provoqué une baisse des cours et une diminution de la valeur des titres détenus par l'investisseur. Le préjudice lié à la dissimulation de la situation réelle de la société ne peut dès lors consister dans la baisse de valeur des titres, qui ne serait au contraire que la traduction par le marché de la situation véritable de la société »[2214]. L'auteur poursuit en affirmant que le seul préjudice envisageable serait la perte de chance de ne pas avoir vendu à un cessionnaire ignorant, ce qui « ne mérite aucune protection juridique »[2215].

659. Au regard de ces derniers développements, il serait donc hâtif d'affirmer de façon définitive que les actions civiles intentées par les tiers à la société sont rejetées devant les juridictions pénales en raison d'une absence de préjudice personnel et direct. La majorité des cas se cristallisant autour de l'abus des biens sociaux, délit étendard du droit pénal des affaires, il est toutefois nécessaire de conclure que les actions civiles des tiers sont le plus souvent rejetées sur le fondement de l'article 2 du Code de procédure pénale. Ces derniers, qui recherchent la responsabilité du dirigeant à la suite d'un contrôle *a posteriori* d'une décision de gestion, se trouvent alors devant une impasse procédurale lorsqu'ils agissent devant les juridictions pénales.

Ainsi, l'action individuelle des tiers à l'encontre des dirigeants est marquée, peu important le véhicule procédural employé, par une défiance à l'égard des tiers. Cela se traduit par la faible réception de leur intérêt à agir. Ceux-ci voient leur contrôle de la décision de gestion paralysé, car il ne peut déboucher sur aucune action à l'encontre du dirigeant à l'origine de cette décision. L'action de la société, quant à elle, est reçue avec beaucoup plus de bienveillance, mais n'est pas engagée en raison du conflit d'intérêts patent lorsque le dirigeant gestionnaire fautif est le représentant de la société. L'article L. 225-251 du Code de commerce n'est toutefois pas le seul à lister les demandeurs à l'action en responsabilité à l'encontre du dirigeant. L'article suivant confère ainsi la possibilité d'agir à l'actionnaire.

B) L'actionnaire agissant en réparation d'un préjudice subi

660. Fondement juridique. L'article L. 225-252 du Code de commerce offre la possibilité aux actionnaires d'agir doublement[2216]. Il ressort, à la lecture de cet article, que l'associé poursuit par principe la réparation de son propre préjudice et accessoirement la réparation du préjudice social. La

---

2214 E. DEZEUZE, *op. cit.* note 2209.

2215 *Id.*

2216 « Outre l'action en réparation du préjudice subi personnellement, les actionnaires peuvent, soit individuellement, soit par une association répondant aux conditions fixées à l'article L. 225-120 [du Code de commerce] soit en se groupant dans les conditions fixées par décret en Conseil d'État, intenter l'action sociale en responsabilité contre les administrateurs ou le directeur-général. Les demandeurs sont habilités à poursuivre la réparation de l'entier préjudice subi par la société (…) ».

formulation de l'article doit, afin d'être étudiée, être inversée car les préjudices sociaux semblent plus nombreux que les préjudices individuels. Il convient donc d'aborder la recevabilité de l'action de l'associé agissant au nom de la société (1) avant de vérifier la recevabilité de l'action en réparation de son propre préjudice (2). Ce dernier point est problématique dans les sociétés cotées, alors que le préjudice sera difficilement identifiable.

1) La recevabilité de l'action sociale

661. L'actionnaire agissant au nom de la société. L'actionnaire peut, sous quelques conditions[2217], agir au nom de la société lorsque le préjudice est subi par la société. Pourquoi peut-il agir au nom de la société sans bénéficier d'un pouvoir de représentation ?

L'action sociale de l'actionnaire est aisément compréhensible en cas de carence des représentants légaux. En vertu de la théorie de l'agence, les actionnaires sont les mandants des dirigeants, à qui ils donnent mission de gérer la société et de la représenter à l'égard des tiers. Il est certain que les actionnaires sont, en fin de ligne, les personnes les plus intimement liées au patrimoine de la société, car ils sont titulaires de titres représentant son capital et dont la valeur est supposée varier au regard du patrimoine social. Bruno OPPETIT a de ce fait pu affirmer que les relations entre les actionnaires et la société sont parfois marquées d'une « interdépendance réciproque » par laquelle le principe de la personnalité morale est « battu en brèche »[2218]. C'est le cas pour le préjudice social, qui absorbe nécessairement le préjudice de tous les actionnaires, le préjudice subi par la société étant répercuté sur tous les actionnaires[2219]. Les actionnaires ont donc un intérêt indéniable à agir au nom de la société en ce qu'ils subissent aussi un préjudice par répercussion. La seule limite à cette action est que celle-ci a pour but de réparer le préjudice social, dont la réparation « exclut nécessairement » celle du préjudice qu'ils ont subi[2220].

2) La recevabilité de l'action individuelle

662. L'actionnaire agissant en réparation de son propre préjudice, un principe purement textuel ? L'article L. 225-252 du Code de commerce semble considérer, au regard de sa rédaction, que la poursuite de la réparation du préjudice subi personnellement par l'actionnaire est le principe. Il est

---

[2217] Voir *infra* § 681.

[2218] Bruno OPPETIT, *Les rapports des personnes morales et de leurs membres*, thèse, Paris, 1963, p. 262.

[2219] Frédéric DANOS, « La réparation du préjudice individuel de l'actionnaire », *RJDA* 2008, p. 474. Voir aussi : Guy CHESNE, « L'exercice *ut singuli* de l'action sociale dans la société anonyme », *RTD Com.* 1962, p. 347

[2220] R. VATINET, *op. cit.* note 1848, § 16.

toutefois impératif de tempérer cette considération, au regard des positions jurisprudentielles, qui semblent entendre *a minima* la notion de préjudice réparable de l'actionnaire, qu'il faut tenter de définir.

Il n'est possible, parlant des actionnaires, de définir leur préjudice réparable que négativement. Le préjudice personnel de l'actionnaire[2221] ne s'entend que du préjudice qui n'est pas directement subi par la société. Les actionnaires doivent donc être les seuls à subir le préjudice, sans que la société ne subisse aucune conséquence directe de la faute commise par le dirigeant[2222]. Cela tend à prouver que le préjudice subi personnellement par l'actionnaire n'est que l'exception, contrairement à ce qui pourrait transparaître de la rédaction de l'article L. 225-252 du Code de commerce. Les actionnaires doivent alors prouver deux éléments pour que leur préjudice soit recevable : un préjudice direct et exclusif de tout préjudice subi par toute autre personne et spécialement la personne morale. Tel qu'énoncé, le préjudice purement personnel de l'associé semble être un cas hypothétique, puisqu'il exige une faute n'ayant aucun lien avec les fonctions de dirigeant gestionnaire, conduisant à une quasi-irresponsabilité des dirigeants gestionnaires. Cette affirmation n'est que partiellement vérifiée au regard des décisions ayant exclu, puis admis progressivement la notion de préjudice subi par l'actionnaire.

663. Une admission progressive liée aux droits propres de l'actionnaire. Les préjudices invoqués par les actionnaires peuvent être classés en deux catégories : ceux dont la réparation n'est jamais acceptée par la jurisprudence et ceux dont la réparation est admise. Les différentes solutions sont justifiées selon l'atteinte à un droit propre de l'actionnaire. Une dernière solution, admettant la réparation d'un nouveau préjudice, semble toutefois partiellement remettre en cause cette grille de lecture.

664. Le refus des actions visant à réparer un préjudice pécuniaire. Il existe de nombreux exemples jurisprudentiels dans lesquels les actionnaires demandent la réparation d'un préjudice qu'ils auraient subi en raison de la baisse du cours de leurs actions. Les décisions ont traditionnellement écarté toute demande en réparation d'un tel préjudice, notamment en raison du fait que le préjudice subi par les actionnaires ne représente au final que le

---

[2221] La personnalité du préjudice n'est pas synonyme de préjudice individuel. Un préjudice personnel peut être un préjudice collectif en ce qu'il est subi par tous les actionnaires ou tous les actionnaires porteurs d'actions d'une même catégorie.

[2222] F. DANOS, *op. cit.* note 2219, p. 473. Il doit être toutefois précisé que l'auteur considère que le préjudice subi collectivement est assimilable au préjudice social, ce qui doit être nuancé, les actionnaires pouvant subir collectivement un préjudice du fait de la diffusion d'informations trompeuses, sans que la société ne soit directement affectée par cette faute.

« corollaire » du préjudice social[2223]. En effet, la valeur de chaque action représente, hors des mécanismes propres aux marchés financiers, la quote-part individuelle de la valeur de l'actif social qui se trouve être en perpétuelle évolution, tant à la hausse qu'à la baisse. Si les actionnaires subissent une perte de la valeur de leurs actions en raison d'un agissement dommageable du dirigeant gestionnaire, c'est que la société subit elle aussi une diminution de son actif social, en principe dans les mêmes proportions. Qu'il soit subi individuellement par tous les actionnaires ou par la société, le préjudice est le même et accepter sa réparation par le biais d'une action individuelle des actionnaires serait accepter une double réparation du même préjudice[2224], dès lors que la réparation du préjudice social est toujours possible. Ce refus jurisprudentiel peut aussi être expliqué par un fondement du droit général des sociétés, excluant la reconnaissance de tout droit acquis et par conséquent la réparation d'un préjudice issu de l'atteinte à ce droit.

Si les décisions prétoriennes reconnaissaient un préjudice réparable aux actionnaires, ce serait à la condition de la violation d'un de leurs droits. Quel pourrait-être le droit des actionnaires relatif à la valeur de leurs actions, si ce n'est le droit de détenir des actions dont la valeur serait toujours supérieure à leur prix d'achat ? Un tel droit garantirait à l'actionnaire un profit à chaque vente, et reviendrait à l'écarter de toute contribution aux pertes, ce qui est formellement prohibé par l'article 1844-1 du Code civil pris en son deuxième alinéa. Les décisions jurisprudentielles rejetant toute demande des actionnaires visant à réparer un préjudice né de la baisse du cours des actions sont justifiées par l'impératif de réparer l'entier préjudice – et non de le réparer doublement – mais aussi par le devoir qu'a chaque actionnaire de contribuer aux pertes. Cette justification apparaît par ailleurs renforcée par les formulations énoncées par la jurisprudence dans une autre hypothèse, celle du préjudice de l'actionnaire qui se retrouve exclu en raison de la réduction du capital ou du coup d'accordéon rendu nécessaire par la faute du dirigeant gestionnaire.

Le raisonnement est légèrement différent dans ce cas puisque le dirigeant a commis dans ses fonctions des fautes ayant entraîné des pertes pour la société, qui oblige cette dernière[2225], par le biais d'une assemblée générale, à modifier son capital social. Cette modification peut créer des effets

---

[2223] Cass. com. 26 janvier 1970, *JCP G* 1970, II, 16385, note Yves GUYON ; *RTD Com.* 1970, p. 431, note Roger HOUIN ; Cass. com. 18 juillet 1989, *Defrénois* 1990, 34788, p. 633, note Jean HONORAT ; Cass. com. 1er avril 1997, *RJDA* 1997, p. 391, chron. Alain COURET ; *Bulletin Joly sociétés* 1997 p. 650, note Jean-François BARBIERI ; *RTD Com.* 1997, p. 647 obs. Bruno PETIT et Yves REINHARD ; *D.* 1998, somm. p. 180, obs. Jean-Claude HALLOUIN ; Paris, 6 avril 2001, *RJDA* 2001, n° 982.

[2224] F. DANOS, *op. cit.* note 2219, p. 475.

[2225] *A fortiori* lorsque les capitaux propres deviennent, en raison des pertes subies, inférieurs à la moitié du capital social. Dans ce cas, une réduction capitalistique s'avère nécessaire au regard de l'article L. 225-248 du Code de commerce.

dévastateurs pour certains actionnaires, surtout s'ils sont exclus du fait de la réduction du capital à zéro sans qu'ils ne puissent souscrire à l'augmentation capitalistique subséquente. La question de la recevabilité de l'action des actionnaires contre le dirigeant à l'origine des pertes sociales s'est posée devant les juridictions commerciales. Cette action est rejetée du fait que « l'associé qui, en raison de ses droits et devoirs sociaux, a été appelé à supporter les pertes sociales, invoquait un préjudice qui, représenté par la perte de valeur du capital qu'il avait subi du fait d'une opération de réduction du capital à zéro, suivie d'une augmentation de capital, n'étant que le corollaire de celui causé à la société, n'avait aucun caractère personnel »[2226].

Les juridictions mentionnent ainsi expressément que les actionnaires ne subissent, à proprement parler, pas de réel préjudice car la dépréciation de la quote-part du capital détenue par l'actionnaire n'est que la manifestation de leur devoir de contribuer aux pertes de la société. Il n'y a aucune atteinte à un droit d'actionnaire, mais plutôt le respect d'une de ses obligations. Par ailleurs, à considérer que le préjudice soit caractérisé, il convient de se ranger à l'opinion du Professeur VATINET lorsqu'elle affirme que le lien entre la faute du dirigeant gestionnaire et l'exclusion de l'actionnaire ou la perte de valeur de ses actions du fait de la réduction de capital est plus que ténu. En effet, c'est l'assemblée générale visant à réduire le capital qui cause le dommage et aucun cas un acte du dirigeant[2227], et ne pourra donc donner lieu à une action contre ce dernier.

665. La recevabilité d'une action visant à réparer un préjudice lié aux droits d'actionnaire. Au-delà des litiges les plus nombreux qui concernent le préjudice né d'une dépréciation des cours, est apparu un litige plus rare concernant la violation des droits propres d'actionnaires par un comportement du dirigeant. Dans ce cas, il est question de la violation d'un droit personnel de l'actionnaire qui résulte par exemple de l'absence de versement de dividendes, auquel l'associé aurait eu normalement droit.

Ont alors été reconnus civilement responsables à l'égard des actionnaires les dirigeants qui retiennent des dividendes[2228] ou qui ne convoquent aucune assemblée générale provoquant une atteinte au droit de vote des actionnaires[2229]. Ces occurrences sont finalement rares et soulèvent peu de difficultés. Qu'en est-il toutefois lorsque le préjudice n'affecte pas un seul

---

[2226] Cass. com., 4 mars 1986, *Revue de jurisprudence commerciale* 1987, note Françoise CHERCHOULY-SICARD ; Cass. com., 15 janvier 2002, *Bulletin Joly sociétés* 2002, p. 689, note Stéphane SYLVESTRE ; Cass. com., 9 octobre 2007, *Bulletin Joly sociétés* 2008, p. 92, note Irina PARACHKEVOVA.

[2227] R. VATINET, *op. cit.* note 1848, p. 253-254. Voir aussi : F. DANOS, *op. cit.* note 2219, p. 477.

[2228] Paris, 2 mai 1935, *Gazette du Palais* 1937, 2, p. 113 ; Cass. Req., 22 juin 1936, *Gazette du Palais* 1936, 2, p. 411. Cités par : Y. REINHARD et B. PETIT, *op. cit.* note 2193.

[2229] Paris, 15 décembre 1995, *JurisData* n° 1995-024667 ; Paris, 19 janvier 1996, obs. Yves REINHARD, Bruno PETIT, *op. cit.* note 2193. Voir aussi : S. MESSAÏ-BAHRI, *op. cit.* note 262, p. 80.

droit d'actionnaire, mais tous les droits d'actionnaires lorsque, par sa faute, le dirigeant a participé à la surévaluation d'un apport ?

La surévaluation d'un apport cause sans aucun doute un préjudice à la société, en ce qu'elle voit son capital artificiellement gonflé. Il n'y a pas plus de difficulté à admettre que la surévaluation d'apport préjudicie à tous les autres actionnaires. La surévaluation de l'apport d'un actionnaire entraîne mécaniquement une dilution des droits de tous les autres actionnaires, car elle entraine une diminution de leur proportion capitalistique[2230]. La chambre commerciale a ainsi accepté que le préjudice subi par un actionnaire du fait de sa dilution pouvait être réparable, car il n'est pas le corollaire du préjudice social[2231] et ne peut être couvert par la réparation de celui-ci. Il est toutefois à noter qu'en l'espèce, la responsabilité civile du dirigeant n'était pas poursuivie, mais il n'est pas à exclure que sa responsabilité puisse être engagée si son rôle dans la surévaluation était caractérisé, d'autant plus que l'arrêt ne s'est prononcé que sur des motifs de procédure, comme en atteste le fondement de l'article 31 du Code de procédure civile.

666. L'apparition de doutes liés aux particularités des sociétés cotées. La grille de lecture offerte par une étude de la jurisprudence semble se brouiller progressivement lorsqu'il est question d'une société cotée, en raison de l'effet amplificateur des marchés financiers. Cet effet signifie que la valeur d'une action ne reflète pas uniquement la valeur du capital social, mais dépend aussi d'autres facteurs exogènes sur lesquels ni la société, ni son dirigeant gestionnaire, n'ont de réelle emprise. Dès lors, cette vision conforte celle selon laquelle la valeur du titre constitue une opinion collective[2232]. Un comportement fautif du dirigeant gestionnaire faisant diminuer la valeur de l'actif social peut de fait se répercuter plus largement en considérant la valeur du titre[2233]. L'actionnaire subit alors un préjudice propre, distinct du préjudice social, en raison du marché. Ce préjudice par ricochet, propre aux sociétés cotées, pourrait être réparé par le biais d'une action individuelle.

Deux obstacles s'y opposent toutefois. En premier lieu, le supplément de préjudice est subi immédiatement, puis s'estompe par le temps, car le marché, à condition qu'il soit optimal, est censé lisser le cours de l'action afin que celle-ci soit égale à sa valeur réelle, qui s'alignera alors sur le montant de l'actif social. Or, l'actionnaire étant réputé mué par l'*affectio societatis*, et partant devant être présent au sein de la structure à moyen voire long terme,

---

[2230] F. DANOS, *op. cit.* note 2219, p. 480-481.

[2231] Cass. com., 28 juin 2005, *RJDA* 2005, n° 1107 ; *Droit des sociétés* 2005 comm. n° 209, obs. Hervé LECUYER ; *Les petites affiches* 11 octobre 2005, n° 202, note Jean-François BARBIERI ; *JCP E* 2005, 1325, note Henri HOVASSE ; *Bulletin Joly sociétés* 2006, p. 80, note Soraya MESSAÏ-BAHRI. Voir aussi : Bruno PETIT, « Le préjudice personnel de l'associé », *RJDA* 2005, p. 924.

[2232] Philippe DIDIER, « Le point du vue du juriste : tentative de qualification des mathématiques financières », *Revue de droit bancaire et financier* 2012, dossier 45, spéc. § 27.

[2233] R. VATINET, *op. cit.* note 1848, § 18.

son préjudice spécial sera atténué par le jeu du marché, mais aussi par l'action sociale[2234]. En second lieu, il convient de suivre Monsieur DANOS lorsqu'il pointe une faille dans une telle action à l'encontre du dirigeant gestionnaire. Le préjudice spécial subi par l'actionnaire est le fait du marché, sur lequel le dirigeant n'a aucune réelle influence. La causalité entre la faute du dirigeant et le préjudice supplémentaire subi par l'actionnaire est trop indirecte pour permettre à une action en responsabilité d'avoir des chances de succès[2235].

667. L'admission de la réparation de la perte de chance de procéder aux arbitrages patrimoniaux. Un dernier arrêt rendu à propos d'une société cotée vient ébranler la construction jurisprudentielle établie par la chambre commerciale de la Cour de cassation, et créer un préjudice réparable.

Le litige concernait une société cotée dont les dirigeants n'avaient pas respecté les normes relatives à l'information financière en présentant des informations trompeuses et des comptes inexacts. Des actionnaires ont recherché la responsabilité du président du conseil d'administration de la société en arguant qu'ils avaient acheté ou conservé les actions de cette société sur le fondement de ces informations. La chambre commerciale de la Cour de cassation vient confirmer l'arrêt d'appel qui avait accepté la réparation du dommage produit aux actionnaires « incités à investir dans les titres émis par [la société] et à les conserver en raison de fausses informations diffusées par les dirigeants, d'une rétention d'information et d'une présentation aux actionnaires de comptes inexacts ». Le préjudice revêt ainsi « un caractère personnel »[2236].

Il est intéressant de voir en quoi ce préjudice pourrait être personnel, alors même que cette hypothèse avait été écartée en partie par le professeur VATINET, principalement en raison du fait que l'actionnaire a le droit de vendre ses titres, impliquant une prise de risques lorsqu'il décide de céder[2237]. Ce n'est pas un préjudice issu de la vente à un prix qui ne reflète pas la réelle valeur des actions qui est indemnisé, mais plutôt le fait que les actionnaires n'aient pas pu effectuer l'arbitrage relatif à l'achat et à la cession de titres en connaissance de cause[2238]. Ce n'est pas la vente à un prix qui n'est pas fidèle

---

2234 *Id.*

2235 Quelle que soit la théorie retenue à propos du lien de causalité : F. DANOS, *op. cit.* note 2219, p. 475-476. Une autre justification au refus de cette action se trouve dans l'interdiction des garanties de cours, auxquelles la réparation d'un tel préjudice pourrait être assimilée : Alain COURET, « Interrogations autour de la réparation du préjudice individuel de l'actionnaire », *RJDA* 1997, p. 394.

2236 Cass. com., 9 mars 2010, précité note 1382.

2237 R. VATINET, *op. cit.* note 1848. *Contra*, dans l'hypothèse de la réparation du préjudice par le biais d'une action civile intentée devant les juridictions répressives : COUR DE CASSATION, *Rapport pour l'année 2002,* p. 540 ; Cass. crim., 30 janvier 2002, précité note 2212.

2238 Dominique SCHMIDT, « De quelques règles procédurales régissant l'action en responsabilité civile contre les dirigeants de sociétés "cotées" *in bonis* », dans *Mélanges offerts à Paul DIDIER*, Paris, Economica, 2008, p. 388-390.

ou l'achat de titres qui est indemnisé, mais la perte de chance de ne pas avoir pu prendre de décision patrimoniale en toute connaissance de cause. Ce préjudice est éminemment personnel et partant réparable.

Le contrôle des décisions de gestion opéré par les actionnaires peut donc faire apparaître deux types de préjudices réparables, le préjudice subi par la société et celui subi par l'actionnaire opérant un contrôle de la décision de gestion. La difficulté majeure de ce contrôle *a posteriori* des décisions de gestion réside dans la recevabilité de l'action. Dès lors, le contrôle de la décision de gestion peut ne jamais aboutir à une action en justice, le préjudice révélé par cette vérification étant rarement réparé. Ont alors été formulées plusieurs propositions de loi visant à mieux réparer le préjudice individuel subi par les actionnaires, spécialement ceux des sociétés cotées.

668. La spécialisation du préjudice des actionnaires des sociétés cotées. Les actionnaires, parce qu'ils ne peuvent poursuivre la réparation de certains préjudices par le biais d'une action à l'encontre des dirigeants, ne bénéficient pas de toutes les voies de recours qui pourraient être mises à leur disposition. Or, dans les sociétés cotées, la particularité des fautes est telle que la position traditionnelle de la jurisprudence n'est pas totalement adaptée.

Il n'est pas question ici de fautes de gestion dans leur acception la plus traditionnelle, mais de fautes pouvant être pénalement ou administrativement sanctionnées, telles la diffusion d'informations trompeuses ou incomplètes, ou encore la méconnaissance des règles relatives au rachat de titres de la société qu'il dirige. Ces fautes, exerçant une influence notable sur le cours des titres d'une société, peuvent entraîner une diminution drastique du cours de bourse reflétant la valeur du titre. Deux phénomènes combinés peuvent expliquer la diminution du cours du titre. Dans un premier temps, la faute commise par le dirigeant fait subir à la société un préjudice, qui se traduit individuellement par la baisse du cours du titre. Toutefois l'ampleur de la baisse du cours ne peut s'expliquer, dans un second temps, que par l'effet amplificateur des marchés financiers. Si le premier phénomène est compris dans le quantum de dommages-intérêts accordés à la société, le second est en partie écarté, notamment en raison de la difficulté à le calculer. Il a alors été question de permettre à l'actionnaire d'agir en réparation du préjudice qu'il pourrait aussi subir de ce fait, en dépit de son identité avec le préjudice social.

669. Les propositions de cumul d'actions en réparation du même préjudice. Des propositions ont alors été formulées devant le Parlement, principalement lors des débats intervenus à propos des lois de sécurité financière[2239] et portant diverses dispositions d'adaptation au droit communautaire dans le domaine des marchés financiers[2240]. Les deux tentatives d'innovations doivent être étudiées successivement.

[2239] Précitée note 86.

[2240] Précitée note 601.

La première tentative d'admission plus large du préjudice réparable a été opérée par l'introduction de deux amendements formulés par l'opposition et par le rapporteur de la commission des lois, proposant de clarifier l'action à la disposition de l'actionnaire. Il était ainsi proposé de reformuler l'article L. 225-252 du Code de commerce, en ouvrant la voie à une demande des actionnaires visant à réparer leur entier préjudice. Si l'amendement proposé par l'opposition[2241] a été rejeté devant l'Assemblée Nationale[2242], celui proposé par le rapporteur de la commission des lois[2243] a été adopté[2244] en première lecture. La formulation, particulièrement vague, peut être doublement comprise.

En prévoyant la possibilité de « réparer le préjudice personnel distinct du préjudice social », cet amendement aurait pu permettre de cristalliser la jurisprudence[2245]. Mais une autre lecture possible, adoptée par le président de la commission des lois de l'Assemblée nationale, aurait permis de déceler dans cette faculté l'ouverture de la réparation de tous les préjudices subis par l'actionnaire, dès lors qu'ils n'étaient pas exclusivement sociaux. En d'autres termes, il était possible de considérer que la réparation d'un préjudice subi indirectement ou à titre collatéral[2246] par l'actionnaire pouvait être obtenue par le biais d'une action personnelle à l'encontre des dirigeants. Cet amendement,

---

2241 L'amendement présenté par l'opposition était formulé comme suit : « Les actionnaires peuvent, soit individuellement, soit par une association répondant aux conditions fixées à l'article L. 225-120, soit en se groupant dans les conditions fixées par décret, intenter en leur nom et pour leur propre compte une action en responsabilité contre les administrateurs ou le directeur général. Les demandeurs sont habilités à poursuivre la réparation de l'entier préjudice subi par eux. (...) Le cas échéant, le juge alloue des dommages intérêts à chacun des demandeurs en fonction de l'étendue du préjudice subi ». Voir en ce sens : François GOULARD, *Rapport n° 807 fait au nom de la commission des finances, de l'économie générale et du plan sur le projet de loi, adopté par le Sénat de sécurité financière*, 10 avril 2003, spéc. p. 474.

2242 *J.O. Assemblée Nationale Débats*, 7 mai 2003, spéc. p. 3491.

2243 L'amendement présenté par M. le Député HOUILLON disposait : « Outre l'action en réparation du préjudice propre subi personnellement, distinct du préjudice social, les actionnaires peuvent, soit individuellement, soit par une association répondant aux conditions fixées à l'article L. 225-120 soit en se groupant dans les conditions fixées par décret en Conseil d'État, intenter l'action sociale en responsabilité contre les administrateurs ou le directeur général. Les demandeurs sont habilités à poursuivre la réparation de l'entier préjudice subi par la société, à laquelle, le cas échéant, les dommages-intérêts sont alloués ». Voir : F. GOULARD, *op. cit.* note 2241. Voir aussi : A. REYGROBELLET, N. HUET (dir.), *op. cit.* note 471, p. 217.

2244 *J.O. Assemblée Nationale Débats*, 7 mai 2003, spéc. p. 3491.

2245 Voir en ce sens : *J.O. Assemblée Nationale Débats*, 7 mai 2003, spéc. p. 3490 ; Philippe MARINI, *Rapport n° 319 fait au nom de la commission des Finances, du contrôle budgétaire et des comptes économiques de la Nation sur le projet de loi, modifié par l'Assemblée nationale, de sécurité financière*, 28 mai 2003, p. 175.

2246 Philippe HOUILLON, *Avis n° 772 présenté au nom de la Commission des lois constitutionnelles, de la législation et de l'administration générale de la République sur le projet de loi, adopté par le Sénat, de sécurité financière*, 8 avril 2003, p. 115. Voir aussi : *J.O. Assemblée Nationale Débats*, 7 mai 2003, spéc. p. 3489.

qualifié en séance de « bombe atomique »[2247], aurait donc pu aboutir à une double indemnisation d'un même préjudice. La société et l'actionnaire auraient pu percevoir des dommages intérêts pour la baisse de l'actif social et la baisse de la valeur des titres causés par la même faute. Par ailleurs, cette norme aurait pu aboutir à un afflux d'actionnaires devant les prétoires, au risque de les encombrer. C'est pourquoi la commission des finances du Sénat a préconisé la suppression de cet amendement[2248]. Deux ans plus tard, alors que le Parlement traitait de l'adaptation du droit interne au droit européen, un autre amendement était déposé devant le Sénat par l'opposition.
Reformulant l'article L. 225-252 du Code de commerce, il offrait la possibilité aux actionnaires d'intenter une action en responsabilité contre les administrateurs ou le directeur général « en réparation du préjudice, direct ou indirect, qu'ils ont subi personnellement »[2249]. Plus clair que celui qui avait été déposé deux ans auparavant, cet amendement n'a toutefois pas connu de sort plus favorable, alors que le Sénat l'a rejeté en séance[2250]. Une nouvelle fois, ont été invoqués les risques de double indemnisation d'un même préjudice ainsi que ceux de l'attraction vers les prétoires, au risque de les encombrer alors que l'action collective n'est pas admise. Il semble que depuis ces deux amendements, plus aucune proposition n'ait visé à indemniser la perte de valeur des titres des actionnaires. Toutefois, cette situation peut ne s'avérer que temporaire et il peut être craint une résurgence de cette position.

670. Un débat pouvant réapparaître ? L'argument principal employé par le gouvernement pour écarter ces amendements était le risque d'encombrement des juridictions. En effet, admettre que la perte de valeur des titres à la suite d'une faute de gestion est un préjudice réparable pour les actionnaires pourrait aboutir, dans les sociétés cotées, à ce que des milliers de personnes intentent des actions à l'encontre d'un seul dirigeant. Dès lors, l'admission d'un tel préjudice réparable aurait conduit à l'apparition d'un contentieux de masse, au cours duquel les droits du défendeur auraient pu être méconnus par l'afflux de demandes. C'est pourquoi un des arguments avancés pour rejeter ces amendements était la proximité d'un débat visant à admettre une action de groupe[2251].

En poursuivant ce raisonnement, il est donc possible de considérer que l'admission de l'action de groupe, en droit des sociétés, pourrait entraîner la résurgence de ce débat. En effet, l'inexistence de l'action de groupe ayant été l'argument principalement utilisé au Parlement pour écarter la réparation du préjudice de l'associé né de la perte de la valeur de ses actions, son

---

[2247] *J.O. Assemblée Nationale Débats*, 7 mai 2003, spéc. p. 3490.
[2248] Voir en ce sens : Ph. MARINI, *op. cit.* note 2245, spéc. p. 176.
[2249] Amendement n° 10 au Projet de loi n° 267 portant diverses adaptations au droit communautaire dans le domaine des marchés financiers, 29 mars 2005.
[2250] *J.O. Sénat débats*, 7 mai 2005, p. 3334-3335.
[2251] *Id.*, spéc. p. 3335.

introduction pourrait signifier l'admission d'un nouveau cas de responsabilité pesant sur les dirigeants sociaux[2252].

Adopter un tel raisonnement serait toutefois inexact, l'admission de l'action de groupe ne modifiant rien quant aux limites au fond de l'indemnisation des actionnaires pour la chute du cours de leurs actions. En effet, l'action de groupe est un véhicule procédural, qui ne présage en rien de l'existence ou de la reconnaissance d'un droit. Il convient alors de rappeler qu'il est impossible d'indemniser les actionnaires en raison de la chute du cours des actions sur les marchés, ce préjudice étant déjà indemnisé par le biais de l'action sociale. Le principe de réparation intégrale du préjudice interdit l'admission d'une telle demande de la part des actionnaires.

671. L'intérêt à agir est alors peu retenu, surtout si le contrôle de la décision de gestion est diligenté dans le but de préserver un intérêt individuel d'un créancier ou d'un actionnaire. La préservation des intérêts collectifs est, dans la même mesure, difficilement assurée par l'absence en droit interne de la notion d'action collective, empêchant les créanciers et les salariés d'agir de concert contre le dirigeant gestionnaire. Il est possible d'affirmer que le contrôle des décisions de gestion ne pourra aboutir à aucune action en justice en raison de la conception restrictive de l'intérêt à agir, réduisant *de facto* les possibilités pour les acteurs d'agir en justice pour concrétiser leur contrôle[2253].

II) Les limites liées au véhicule procédural employé par l'individu

672. Le Code de commerce ouvre la possibilité, pour engager la responsabilité des dirigeants sociaux, d'invoquer deux types d'actions. La première concerne les associés comme les tiers, lorsqu'ils invoquent un préjudice propre. L'action individuelle leur est donc ouverte (A). La seconde possibilité procédurale est envisageable lorsque le préjudice est subi par la société. L'action sociale est plus complexe, car dédoublée et ouverte tant aux dirigeants qu'aux associés. Cette action est toutefois faiblement utilisée, en ce qu'elle est peu rationnelle économiquement et conditionnée à des impératifs de forme importants (B).

[2252] Il peut être noté que si l'action de groupe n'est pas encore admise en droit français des sociétés, ses effets économiques peuvent déjà peser sur les dirigeants reconnus coupables de la diffusion d'une information fausse ou trompeuse alors qu'ils seraient poursuivis par des centaines d'actionnaires agissant à titre individuel et dont les demandes seront jointes pour les besoins de la bonne conduite de la justice. Dès lors, plutôt qu'une action de classe, le droit français connaît une « action de masse » : Alain PIETRANCOSTA, « Délits boursiers : la réparation du préjudice subi par l'investisseur », *Revue trimestrielle de droit financier* 2007/3, p. 21, spéc. § 10.

[2253] Voir en cela : S. MESSAÏ-BAHRI, *op. cit.* note 262, p. 79-94.

B) L'action individuelle

673. L'action individuelle est celle intentée par les actionnaires ou les tiers, qui poursuivent la réparation de leur préjudice apparu à l'issue d'un contrôle de décisions de gestion. Ce préjudice est purement personnel et apparaît lors d'un contrôle diligenté hors de toute considération sociale. Afin d'aborder les actions intentées et présenter les obstacles auxquels elles peuvent être confrontées, il est nécessaire de différencier selon l'intérêt poursuivi. Les actions individuelles peuvent être intentées par des tiers n'ayant aucun autre lien que celui représenté par la créance détenue, mais aussi par des participants[2254]. La difficulté majeure relative à l'action individuelle apparaît lorsque celle-ci est intentée par un actionnaire qui agit afin de poursuivre la réparation d'un préjudice qu'il subit seul.

674. L'action des tiers intéressés sans aucun obstacle procédural. L'action des tiers à la société, tel qu'un créancier détenant une créance chirographaire ou privilégiée, est recevable dès lors que l'intérêt de celui-ci est prouvé et qu'il subit un préjudice indemnisable. Cette action, si elle est jugée recevable, ne se heurte à aucun obstacle, si ce n'est la volonté de ce tiers intéressé d'agir en responsabilité contre le dirigeant. Son action n'est subordonnée à aucune exigence processuelle : d'une part, il ne détient aucun droit à l'égard de la société ; et d'autre part cette action vise à réparer le préjudice qu'il subit seul et sans lien avec un éventuel préjudice social. L'action des tiers intéressés ne souffre donc d'aucune difficulté juridique et sera engagée si l'arbitrage économique du tiers l'encourage à le faire.

675. L'action des actionnaires, employant un véhicule objet de controverses. L'action des actionnaires est un point délicat à propos du véhicule procédural employé. L'actionnaire agissant en réparation de son propre dommage poursuit un préjudice différent de celui de la société[2255], et partant la réparation d'un dommage qui est assimilable à celui du tiers. À cet effet, la Cour d'appel de Versailles[2256], considère que les actionnaires poursuivant la réparation de leur propre préjudice doivent le faire par le biais de « l'action des tiers ». Cette analyse de la Cour d'appel de Versailles, reprise

---

[2254] Alain VIANDIER, *op. cit.* note 52, p. 258-272.

[2255] C'est même une condition de recevabilité de son action. Voir *supra* § 662 et s.

[2256] Versailles, 17 janvier 2002, *Bulletin Joly sociétés* 2002, p. 515, note Jean-François BARBIERI ; *Les petites affiches* 26 juin 2003, p. 8, note Virginie MERCIER ; *Droit et patrimoine* mai 2002, p. 96, note Didier PORACCHIA. Voir aussi : Nancy, 21 novembre 2002, *Droit des sociétés* 2003, comm. n° 74, note Joël MONNET. Cité par : S. MESSAÏ-BAHRI, *op. cit.* note 262, p. 165.

par la suite par d'autres juridictions du fond[2257], s'explique par une lecture restrictive du Code de commerce. L'article L. 225-251 de ce Code semble, au sens de la Cour d'appel de Versailles, n'envisager que deux actions : l'action sociale ayant pour but de réparer le préjudice subi par la société et l'action des tiers visant la réparation des autres préjudices. Selon cette conception, le préjudice individuel de l'actionnaire étant par définition distinct du préjudice social, l'action visant à réparer un tel préjudice serait nécessairement l'action des tiers.

Cette position apparaît logique au regard du présupposé adopté par la Cour d'appel de Versailles. Toutefois, la résultante de cette solution paraît étonnante. En effet, qui d'autre qu'un tiers à la société peut engager l'action échue aux tiers ? La conclusion qui s'impose est alors implacable. L'actionnaire devant employer le véhicule processuel du tiers, la Cour d'appel de Versailles affirme en creux que l'actionnaire est un tiers à la société lorsqu'il entend poursuivre la réparation de son préjudice personnel. Cela doit conduire à quelques observations sur la cohérence de la position de la Cour d'appel de Versailles au regard d'autres aspects du droit des sociétés.

Le terme « tiers », connaît peu d'occurrences dans le livre II du Code de commerce relatif aux sociétés commerciales, et est employé le plus souvent à propos des clauses d'agrément. L'ancien article L. 228-23 du Code de commerce, applicable aux sociétés par actions dont les titres ne sont pas admis aux négociations sur un marché réglementé, autorisait ainsi à soumettre à agrément la cession d'actions à « un tiers ». La jurisprudence a très tôt affirmé que cette expression ne désignait pas les actionnaires, ce qui avait pour effet de ne pas les soumettre à l'agrément[2258]. Les actionnaires seraient opposés aux tiers, ce qui apparaît assez clairement dans le Code de commerce[2259]. La position de la cour d'appel de Versailles, en ce qu'elle contrevient à la conception traditionnelle opposant actionnaires et tiers, peut donc valablement faire l'objet de critiques de la part de la doctrine[2260].

Après quelques années d'incertitude devant l'absence de décision de la Cour de cassation quant au véhicule à adopter pour satisfaire une telle action

---

2257 Paris, 26 septembre 2003, *JCP E* 2004, 695, note Geoffroy DE VRIES ; *Bulletin Joly sociétés* 2004, p. 84, note Jean-Jacques DAIGRE. Cité par : Didier MARTIN et Out TAT TIEU, « La responsabilité civile des administrateurs de sociétés – Evolutions jurisprudentielles », *JCP G* 2010, p. 740. Voir aussi : T. com. Paris, 2ème ch., 25 novembre 2003, *Bulletin Joly sociétés* 2004, p. 376, note Bernard SAINTOURENS ; Bordeaux, 4 février 2009, *Droit des sociétés* 2009, comm. 159, note Dorothée GALLOIS-COCHET.

2258 Cass. com., 10 mars 1976, *D.* 1977, p. 455, note Jean-Claude BOUSQUET ; *Revue des sociétés* 1976, p. 332, note J.H.

2259 L'article L. 228-24 du Code de commerce comporte l'expression « soit par un actionnaire soit par un tiers », alors que l'article L. 225-51-1 du même code mentionne que « les actionnaires et les tiers » sont informés du choix retenu de la personne désignée pour assurer la direction générale.

2260 Pour une liste des auteurs critiquant cette conception, et pas nécessairement l'arrêt de la cour d'appel de Versailles, voir : S. MESSAÏ-BAHRI, *op. cit.* note 262, p. 168.

des actionnaires, la chambre commerciale est intervenue, dans l'arrêt *Gaudriot*[2261]. Dans cet arrêt, les juges de la chambre commerciale de la Cour de cassation, après avoir caractérisé que le préjudice des actionnaires était réparable, car se manifestant sous la forme d'une perte de chance de ne pas pouvoir opérer les arbitrages optimaux, considèrent que les actionnaires ne doivent pas exercer l'action des tiers. Cette décision vient apporter un point final à l'isolement de la position de la question de la responsabilité civile relative à la conception de ce que serait un tiers.

676. Un contrôle de la décision de gestion mis en œuvre grâce à la décision *Gaudriot* ? Le doute relatif au véhicule procédural que les actionnaires devaient employer afin d'obtenir la réparation de leur préjudice pouvait engendrer une réticence des actionnaires à agir contre le dirigeant qui leur avait causé un dommage. En effet, plutôt que de choisir le mauvais véhicule procédural et voir l'action rejetée devant les tribunaux[2262], les actionnaires pouvaient préférer ne pas agir et ainsi ne pas concrétiser judiciairement le contrôle de la décision de gestion qu'ils avaient effectué. Les actionnaires peuvent alors trouver dans la décision *Gaudriot* un motif de sécurité leur permettant de trouver plus aisément le véhicule procédural idoine à la satisfaction de leur demande.

Bien que l'arrêt *Gaudriot* ait mis fin à l'uniformité du véhicule procédural employé afin de poursuivre la réparation d'un préjudice purement personnel et distinct du préjudice social, il semble nécessaire de se féliciter de cette distinction, conforme aux principes du droit des sociétés relatifs à la différence entre associés et tiers, recoupant la différence économique entre *insiders* et *outsiders*. Cette différenciation permet aux créanciers et aux actionnaires de déterminer le véhicule procédural qu'ils doivent employer et ainsi rendre une action en responsabilité à l'encontre des dirigeants plus sûre économiquement. Cela est d'autant plus appréciable que l'action sociale est assez peu employée en raison du manque d'opportunités.

C) L'action sociale faiblement employée

677. Une action sociale faiblement engagée pour des motifs juridiques et économiques. L'action sociale, qu'elle soit engagée *ut universi* ou *ut singuli*, se heurte à de nombreux obstacles tant juridiques qu'économiques, réduisant très faiblement les chances de voir aboutir le contrôle des décisions de gestion engagé au nom de la protection de la société. Il est alors nécessaire d'aborder les spécificités de chaque action afin de déterminer les raisons pour lesquelles

---

[2261] Cass. com., 9 mars 2010, précité note 1382.

[2262] Et encourir le risque de paiement des dépens et des frais exposés et non compris dans les dépens que le juge peut mettre à la charge de la partie qui succombe selon les articles 696 et 700 du Code de procédure civile. Voir : Loïc CADIET, Jacques NORMAND et Soraya AMRANI-MEKKI, *Théorie générale du procès*, Paris, PUF, 2010, p. 146.

elles ne sont pas mises en œuvre. Le principe de l'action *ut universi* sera abordé avant l'exception que représente l'action *ut singuli.*

678. L'action *ut universi* : une action soumise à de forts risques de conflit d'intérêts. La société ne peut raisonnablement agir que par le biais de ses représentants légaux, en raison de son statut de personne morale. L'action résulte, dans le cadre d'une société cotée, d'une volonté du directeur général[2263], du président du directoire lorsque la société anonyme est de type dualiste[2264] ou du gérant d'une société en commandite par actions[2265]. Ce dirigeant gestionnaire engage alors la société dans une action contre celui qui a réalisé des comportements fautifs, c'est-à-dire parfois lui-même. L'action *ut universi*, engagée par le dirigeant au nom de la société, vise la personne ayant commis le comportement fautif, ce qui permettrait de reconstituer le patrimoine social par le biais des dommages-intérêts versés. Pour autant que l'hypothèse soit séduisante, l'action *ut universi* n'est que très rarement mise en œuvre, pour la raison évidente mise en exergue précédemment : le dirigeant gestionnaire, s'il est par ailleurs représentant de la société, ne va raisonnablement pas engager sa responsabilité par le biais d'une action sociale qu'il piloterait lui-même au nom de la société. Le conflit d'intérêts constaté en la personne du dirigeant gestionnaire fait donc obstacle à toute action qui aurait une chance de succès[2266]. Il semble alors dommageable que la société pâtisse d'un tel conflit d'intérêts au sein de sa direction, empêchant toute réparation du préjudice social. Le droit des sociétés prévoit donc un autre mécanisme visant à réparer le préjudice social, l'action *ut singuli*[2267]. Celle-ci se heurte toutefois à deux difficultés, l'une juridique et l'autre économique.

679. L'action *ut singuli* pâtissant de sa subsidiarité et de son régime. L'action *ut singuli*, telle que décrite à l'article L. 225-252 du Code de commerce, nécessite plusieurs éléments pour pouvoir être reçue, en ce qu'elle demeure exceptionnelle, elle doit par conséquent être engagée après un constat de carence de l'action sociale *ut universi.* En outre, les actionnaires agissant doivent détenir une certaine fraction du capital.

680. L'action *ut singuli*, une action subsidiaire ? L'action *ut singuli*, intentée par des personnes qui n'ont aucun pouvoir de représentation de la société, impose dans un premier temps une carence de l'action *ut universi*[2268],

---

2263 Article L. 225-56 du Code de commerce.

2264 Article L. 225-66 du Code de commerce.

2265 Article L. 226-7 du Code de commerce.

2266 Dominique SCHMIDT, *op. cit.* note 362, p. 434-436. Voir aussi : Jean-Christophe PAGNUCCO, *L'action sociale ut singuli et ut universi en droit des groupements*, préf. Florence DEBOISSY, Clermont-Ferrand, Fondation Varenne-L.G.D.J, 2006, p. 242.

2267 G. CHESNE, *op. cit.* note 2222, p. 348.

2268 Cette exigence semble toutefois difficile à satisfaire. En effet, pour prouver une carence, il conviendra de prouver l'inaction du dirigeant gestionnaire dans une situation qui aurait commandé un agissement. La carence appelle alors une preuve négative, difficile à rapporter.

sans quoi il est impossible de concevoir la possibilité d'une telle action[2269]. L'action *ut singuli* peut être confrontée à deux difficultés majeures. En tant que mode de réparation subsidiaire[2270], l'action sociale engagée par un ou plusieurs actionnaires se heurte à la mise en application de l'action *ut universi*, ou à tous les évènements qui ont vocation à éteindre le droit d'ester. À ce titre, il serait possible d'affirmer que l'action *ut singuli* est une action accessoire à l'action *ut universi*. Dès lors que cette relation d'accessoire est retenue, certains points sont compréhensibles : la mise en œuvre de l'action *ut universi* met en échec toute action *ut singuli*, même engagée *in extremis*[2271]. Un risque d'instrumentalisation apparaît alors. Si une action *ut universi* est engagée en demandant une réparation minime, sans aucun lien avec le dommage effectivement subi, ce dernier ne pourra pas être intégralement réparé en raison de l'impossibilité de mettre en œuvre une action *ut singuli*, de par l'action intentée par les dirigeants[2272]. Il en serait de même dans l'hypothèse d'une transaction conclue entre la société et le dirigeant gestionnaire[2273] qui est à l'origine d'un comportement fautif, car la transaction a pour effet d'éteindre toute action[2274].

Le critère accessoire de l'action *ut singuli* permet aussi d'expliquer l'arrêt de la chambre criminelle du 12 décembre 2000[2275], par lequel la Haute juridiction accepte de recevoir un appel interjeté par le biais d'un actionnaire au nom de la société alors même que les dirigeants avaient agi en première instance. S'il a pu être considéré que l'action *ut singuli* devenait, par cet arrêt, concurrente de l'action *ut universi*[2276], il n'en est à la vérité rien. La carence avait été effectivement admise durant le délai imparti pour interjeter appel.

[2269] Paris, 4 février 1994, *Bulletin Joly sociétés* 1994, p. 402, note Maggy PARIENTE ; Cass. crim., 12 décembre 2000, *D.* 2001, AJ, p. 1031, obs. Martine BOIZARD ; *D.* 2002, somm., p. 472, obs. Jean-Claude HALLOUIN ; *Droit pénal* 2001, n° 48, obs. Jacques-Henri ROBERT ; *Bulletin Joly sociétés* 2001, p. 508, note Jean-François BARBIERI ; *Droit et patrimoine* 2001/06, p. 108, obs. Didier PORACCHIA ; *Revue des sociétés* 2001, p. 323, note Alexis CONSTANTIN ; *ibid.* p. 865, note Bernard BOULOC. Il doit être noté que cette dernière décision ouvre aux actionnaires la possibilité d'interjeter appel par la voie d'une action *ut singuli* alors que le jugement de première instance avait été obtenu par le biais d'une action *ut universi*.

[2270] S. MESSAÏ-BAHRI, *op. cit.* note 262, p. 111.

[2271] Douai, 29 avril 1997, *JCP E* 1997, II, 22919, note Jean-Jacques DAIGRE.

[2272] Cette action serait rendue impossible en raison de l'autorité de la chose jugée. Cass. civ., 26 novembre 1912, *S.* 1914, 1, p. 372 ; *D.* 1913, 1, p. 337 note Edmond Eugène THALLER. Voir : S. MESSAÏ-BAHRI, *op. cit.* note 262, p. 111 ; J. HÉMARD, F. TERRÉ, P. MABILAT, *op. cit.* note 229, t. II, p. 951.

[2273] Si la transaction respecte par ailleurs les autres critères de validité, notamment le respect de la procédure des conventions réglementées et notamment l'approbation préalable du conseil. Voir *supra* § 286.

[2274] Selon l'article 2052 du Code civil : « Les transactions ont, entre les parties, l'autorité de la chose jugée en dernier ressort ».

[2275] Précité note 2269.

[2276] J.-F. BARBIERI, note sous Cass. crim., 12 décembre 2000, précité note 2269 ; D. SCHMIDT, *op. cit.* note 1988, p. 209.

L'associé a donc selon la chambre criminelle « un droit propre » à faire valoir l'action sociale. Ce droit propre de l'actionnaire ne doit pas pour autant être un mirage. En effet, parce que leur droit propre est un droit accessoire, il peut être mis en échec par l'exercice du droit principal confié au dirigeant gestionnaire. Le premier obstacle à l'action *ut singuli* est alors constaté.

681. L'action *ut singuli* confrontée à l'exigence de détention d'actions. Le second frein à cette action, peut-être plus important encore, se trouve dans l'exigence de la détention d'une certaine fraction du capital social. Les demandeurs à l'action *ut singuli* sont dans l'obligation de détenir, au moment de l'introduction de la demande, au moins un vingtième du capital[2277]. Contrairement à l'expertise de gestion, pour laquelle la condition de détention du capital est applicable à tous les demandeurs, agissant seuls ou en groupe, la détention d'une certaine quotité de capital n'est applicable qu'à l'action intentée par plusieurs actionnaires. Il est dans ce cas plus pertinent de mentionner l'action *ut plures*[2278] que l'action *ut singuli*. L'action *ut singuli* intentée peut être abordée devant les tribunaux si l'actionnaire détient une seule action, alors que si deux actionnaires intentent une action *ut plures*, elle ne sera reçue qu'à la condition de détenir une certaine quote-part du capital. Cette différence de régime peut se comprendre car il y a mutualisation de l'action et donc mutualisation des moyens afin d'assumer toutes les sommes liées à une action en justice. Cette exigence peut représenter un frein important lorsque deux actionnaires intentent une action en responsabilité *ut plures* à l'encontre du dirigeant gestionnaire dans une société anonyme constituée avec un capital social de 750 000 euros. Ces deux actionnaires devront avoir réalisé un apport minimal de 37 500 euros[2279]. Les sommes devant être déboursées peuvent ainsi représenter un obstacle de poids à une action en responsabilité *ut plures*. La parade pourrait être, dans une telle hypothèse, d'intenter plusieurs actions *ut singuli* au nom de la société et à

[2277] Selon le texte de l'article R. 225-169 du Code de commerce, à la condition que le capital social soit inférieur ou égal à 750 000 €. Dès lors que le capital est supérieur à cette somme, la part du capital à détenir varie selon le montant du capital. Il est à noter par ailleurs que la proportion de capital à détenir est inversement proportionnelle à l'évolution du capital. Lorsque le capital social est compris entre 750 000,01 euros et 7 500 000 euros, la part de capital à détenir varie entre 3,999 pour cent et 2,9 pour cent. Lorsque le capital social est compris entre 7 500 000,01 euros et 15 000 000 euros, la proportion exigée se situe entre 2,899 pour cent et 2,25 pour cent. Enfin, si le capital est supérieur à 15 000 000,01 euros, la proportion à détenir ne peut être supérieure à 2,249 pour cent, et tend à réduire progressivement.

[2278] J.-C. PAGNUCCO, *op. cit.* note 2266, p. 264-280.

[2279] Cette somme représente le vingtième de 750 000 euros. Il est d'ailleurs à noter que, lorsque le capital est supérieur à 750 000 euros, l'apport nécessaire peut être inférieur. Pour un capital social de 1 000 000 euros, l'apport nécessaire serait, pour que plusieurs actionnaires puissent agir, *a minima*, de 36 250 euros (750 000 x 0,04 + 250 000 x 0,025). Tant que le capital social est inférieur 1 050 000 euros, l'apport exigé afin d'agir *ut plures* ne peut être supérieur à 37 500 euros, et donc inférieur à ce qui est exigé lorsque les sociétés anonymes sont de capitalisation plus modeste.

l'encontre du dirigeant, pour demander réparation du même préjudice causé par une même faute.

Cette solution, instrumentalisant la possibilité offerte à un actionnaire agissant seul, peut être corrigée par le juge. En effet, selon l'article 367 du Code de procédure civile, le juge peut « ordonner la jonction de plusieurs instances pendantes devant lui s'il existe entre les litiges un lien tel qu'il soit de l'intérêt d'une bonne justice de (...) les juger ensemble ». Il semble évident qu'il va de l'intérêt d'une bonne justice de juger ensemble les différentes instances, notamment pour un impératif de célérité[2280]. La jonction des instances, bien qu'elle ne produise *per se* aucun effet au fond[2281], peut représenter un indice permettant au juge de requalifier la procédure engagée s'il soulève un faisceau d'indices caractérisant une possible fraude à la loi[2282]. Dans ce cas, les conséquences pourraient être importantes pour les actionnaires désirant instrumentaliser les actions *ut singuli*, car les actions jointes pourraient être considérées comme des actions *ut plures* et dès lors nécessiter la détention d'une certaine quote-part du capital, sous peine de rejet de l'action. Ces nombreux obstacles juridiques ne sont toutefois qu'une source d'explication au faible nombre des actions *ut singuli* et *ut plures*.

682. L'action sociale pâtissant des freins économiques. L'action sociale, qu'elle soit *ut singuli* ou *ut plures*, répond aux mêmes caractéristiques. Les actionnaires demandeurs doivent avancer les frais liés à la procédure alors même que les sommes demandées en réparation sont versées à la société, profitant à la pluralité des actionnaires. Au cours de l'histoire du droit des sociétés, ce dernier élément n'est toutefois pas toujours apparu évident. En effet, les analyses de l'action *ut singuli* telle qu'issue de la loi du 24 juillet 1867 conduisaient à conclure que l'actionnaire devait intenter l'action sociale en son nom personnel, « dans la limite de son intérêt propre et du préjudice qu'il a subi ». L'actionnaire ne pouvait donc pas demander une réparation intégrale, car il n'avait pas d'intérêt pour le faire[2283]. La donne a changé avec le décret-loi du 31 août 1937, qui modifie la loi du 24 juillet 1867[2284], en ce

[2280] Il doit toutefois être mentionné que la jonction d'instance a pu être refusée lorsqu'il n'y avait pas identité des parties aux instances : Cass. com., 9 juin 1987, *Bull. civ.* IV, n° 144. Cité par : Loïc CADIET, « Connexité », dans *Rép. pr. civ. Dalloz*, § 31.

[2281] La jonction ne crée donc pas, par elle-seule, une seule instance. Voir en cela : Cass. civ., 26 février 1868, *DP* 1868, 1, p. 223 ; Cass. civ. 3ème, 26 février 2003, *JCP G* 2003, IV, 1736.

[2282] Cette fraude pourrait être caractérisée lorsque les actionnaires demandeurs ont déposé leurs demandes dans un délai très bref, pour des motifs similaires, invoquant les mêmes agissements.

[2283] Voir en cela : Ch. HOUPIN, H. BOSVIEUX, *op. cit.* note 232, p. 496 ; Cass. com., 4 août 1952, *JCP* 1952, II, 7180, note Pierre LESCOT. Voir aussi : Jean-Pierre BERDAH, *Fonctions et responsabilité des dirigeants de sociétés par actions*, préf. Pierre BONASSIES, Paris, Sirey, 1974, p. 185 et s.

[2284] Décret-loi du 31 août 1937, modifiant ou complétant diverses dispositions de la loi du 24 juillet 1867 sur les sociétés et de la loi du 14 novembre 1933 réglementant le droit de vote dans les assemblées d'actionnaires, *D.* 1937, IV, p. 299.

que l'action a pour but la « réparation d'un préjudice subi par la société »[2285]. L'interprétation jurisprudentielle qui en était donnée n'allait pas dans le sens de la modification textuelle, car il était considéré que les actionnaires agissant *ut singuli* – bien que poursuivant la réparation du préjudice social – ne pouvaient le faire qu'à proportion de leur quote-part au sein de la société. Ils ne représentaient en effet la société que dans la limite de leur intérêt[2286]. Ce n'est que la réforme de la loi sur les sociétés commerciales du 24 juillet 1966 qui a assis la position contemporaine, affirmant que l'action *ut singuli* intentée par un ou plusieurs actionnaires avait pour but de poursuivre la réparation du préjudice social dans son intégralité et pour effet d'intégrer les dommages-intérêts dans l'actif social[2287]. Un des éléments réglementaires le prouvant se trouve dans le texte de l'article R. 225-170 du Code de commerce, qui impose de mettre en cause la société[2288].

Ainsi, l'action d'un actionnaire peut profiter à tous, car elle aura pour conséquence d'augmenter l'actif social et partant d'augmenter la valeur de chaque action. L'actionnaire seul a-t-il rationnellement intérêt à agir ?

683. L'actionnaire aux attitudes de resquilleur. L'actif social est économiquement un bien commun[2289] et le maintien de sa valeur est en principe un objectif commun partagé par tous les actionnaires. Dès lors, toute action visant à maintenir ou à augmenter la valeur de ce bien commun représente une action collective, bien qu'elle soit exercée par une seule personne[2290]. Un constat s'impose : un actionnaire profite de l'action collective, qu'il l'ait engagée ou non. Dans le cas de l'action *ut singuli*, à condition qu'elle soit couronnée de succès, l'action profite à tous les actionnaires qu'ils aient ou non engagé l'action, c'est-à-dire qu'ils aient engagé les frais de procédure ou non. Il est logique de conclure qu'il est rationnel pour un actionnaire de ne pas agir en responsabilité *ut singuli*, afin

---

2285 Article 4 dernier alinéa du décret-loi du 31 août 1937, précité note 2284.

2286 Voir en cela : Cass com., 28 juin 1943, *JCP* 1944, II, 2516, note Daniel BASTIAN ; T. Com. Seine, 2 avril 1951, *S.* 1951, 2, p. 151 ; Cass. com., 4 août 1952, précité note 2286. Cités par : G. CHESNE, *op. cit.* note 2222, p. 345.

2287 En ce sens : S. MESSAÏ-BAHRI, *op. cit.* note 262, p. 113 ; J. HÉMARD, F. TERRÉ, P. MABILAT, *op. cit.* note 229, t. II, p. 959.

2288 Cette mise en cause est une condition de fond, qui rend irrecevable toute demande formée à l'encontre du dirigeant social au nom de la société. Voir : Cass. com., 5 novembre 1991, *Droit des sociétés* 1992, comm. 17, note Hervé LE NABASQUE ; Cass. crim., 6 octobre 1980, précité note 678. Voir aussi : J.-P. BERDAH, *op. cit.* note 2283, p. 190-191.

2289 Un bien commun, par opposition au bien privé, est un bien dont la particularité est qu'il peut être consommé également par plusieurs personnes, sans pour autant être nécessairement divisé. Un bien commun peut être d'utilité publique – comme la justice – ou bien d'utilité privée, comme l'actif social. En ce sens : Michael TAYLOR, *The possibility of co-operation*, Cambridge, Cambridge University Press, 1987, p. 6. Cité par : E. MACKAAY, S. ROUSSEAU, *op. cit.* note 45, p. 64. Voir aussi : Paul A. SAMUELSON, « The pure theory of Public Expenditure », *Review of Economics and Statistics,* 1954, p. 387.

2290 Frédéric DESCORPS-DECLERE, « Pour une réhabilitation de la responsabilité civile des dirigeants sociaux », *RTD Com.* 2003, p. 25.

de ne pas supporter les frais de procédure, mais d'attendre qu'un autre actionnaire agisse à sa place et que son action profite à tous. L'actionnaire agissant rationnellement sur le plan économique a donc une attitude de resquilleur[2291] car il entend profiter d'un avantage sans bourse délier.

684. Les conséquences du resquillage. Les actionnaires qui poursuivent une action économiquement bénéfique disposent de deux solutions.

La première, autant avantageuse que dangereuse, est d'attendre qu'une action *ut singuli* soit engagée par un autre actionnaire. Le bénéfice, en cas de succès de l'action est alors intégral, car la mise initiale est nulle[2292]. Le danger est toutefois que tous les actionnaires adoptent le même raisonnement. Cela n'aboutirait à aucune action, la perte étant alors globale pour tous les actionnaires. Conclure que ce raisonnement ne mène à aucune action est toutefois en partie inexact. En effet, en raison du mécanisme amplificateur propre aux marchés financiers dans lesquels évoluent les sociétés cotées[2293], il peut être préférable de subir une perte sèche immédiate et d'agir en responsabilité contre le dirigeant social. La condamnation, sans doute suivie par un départ du dirigeant fautif, peut être un message perçu favorablement par les investisseurs et donc, être source potentielle de profits à venir[2294].

La seconde possibilité est une solution médiane. Un actionnaire ne peut rationnellement assumer seul les frais de procédure, car la mutualisation des dommages-intérêts issus de la procédure ne suffira pas à couvrir les frais engagés. L'actionnaire agissant seul subit alors une perte sèche, même en cas de succès. Un des moyens de couvrir l'effet de la mutualisation des dommages-intérêts est de mettre en commun les frais de justice, et donc parvenir à former une action *ut plures*. Si cette solution est satisfaisante théoriquement, deux difficultés apparaissent. L'actionnariat étant atomisé

[2291] C'est la raison pour laquelle un auteur étasunien traite de la *free-rider theory*, que l'on peut traduire par « la théorie du resquilleur », ou « la théorie du passager clandestin ». Mancur OLSON, *La logique de l'action collective*, 2ème éd., Paris, PUF, 1987, p. 77-78 : « Le fait que la direction tend à contrôler la grande société et est en mesure à l'occasion de servir ses intérêts propres aux frais des actionnaires peut surprendre, puisque les actionnaires ont en général le droit de mener la gestion à leur gré et puisqu'ils ont (…), en tant que groupe, un motif pour le faire, lorsque, en partie ou entièrement, la gérance s'exerce conformément aux seuls intérêts des gestionnaires. Pourquoi, dans ces conditions, n'exercent-ils par leur droit ? Ils ne le font pas parce que, perdu dans la masse des milliers d'actionnaires, le petit porteur n'est pas en mesure de faire échec à la direction, et en admettant même qu'il réussisse, la plus grande partie des recettes, ditribution de dividendes ou réévaluation des actions reviendrait aux autres actionnaires puisque l'actionnaire moyen ne possède qu'un pourcentage insignifiant d'un total d'actions considérable. Le revenu de la société est le bien collectif, et le petit porteur n'a, à l'instar de tout membre d'un groupe "latent", aucun motif pour travailler dans l'intérêt du groupe ».

[2292] Pour une illustration en droit québécois, mais adaptable au droit français : R. CRÊTE, S. ROUSSEAU, *op. cit.* note 1700, p. 926-927.

[2293] Voir *supra* § 666.

[2294] Notamment par l'attraction de nouveaux dirigeants plus vertueux et d'investisseurs attirés par l'activisme actionnarial ayant réussi à faire condamner un gestionnaire.

dans les sociétés cotées, il peut être difficile pour un actionnaire de mobiliser plusieurs personnes autour de son action. Par ailleurs, l'autre difficulté est liée aux impératifs mêmes de l'action *ut plures*, nécessitant la détention d'un certain pourcentage du capital social qui peut être délicate à respecter.

685. L'action en réparation d'un préjudice mis en évidence par le contrôle *a posteriori* d'une décision de gestion se trouve confrontée à de nombres obstacles procéduraux, tant juridiques qu'économiques. Le contrôle *a posteriori* des décisions de gestion n'aboutissant que rarement à une action à l'encontre du dirigeant et il n'aboutit à aucune conséquence judiciaire, *a fortiori* lorsque l'action est engagée par un actionnaire au nom de la société[2295]. Lorsque l'action intentée par l'associé, le tiers ou la société franchit les obstacles processuels, d'autres difficultés font leur apparition. La demande issue du contrôle de la décision de gestion est en effet soumise à certains impératifs judiciaires tendant à restreindre la responsabilité des dirigeants.

§2 Les limites de fond quant à l'engagement de la responsabilité

686. Le contrôle des décisions de gestion peut, s'il parvient à franchir les différentes embûches procédurales, aboutir à une étude judiciaire de la demande. Le contrôle des décisions peut alors porter ses fruits, si le juge retient la faute du dirigeant gestionnaire à l'origine du préjudice subi par la société, par un associé ou un tiers à la société. Cette affirmation doit toutefois immédiatement être nuancée, car les juges ont pour impératif de ne jamais s'immiscer dans la gestion sociale. Or, afin de déterminer si un comportement est fautif, le juge doit, à défaut d'intervenir dans la gestion sociale, déterminer si le dirigeant gestionnaire n'aurait pas pu agir d'une façon plus conforme à l'intérêt social. Les tribunaux, se trouvant dans une situation particulièrement inconfortable, font application d'un principe de déférence, sanctionnant les dirigeants pour une faute dans le processus décisionnel ou dans le cas d'une erreur manifeste d'appréciation ayant conduit à la décision de gestion

---

2295 Michel GERMAIN, « La responsabilité des dirigeants sociaux – Rapport de synthèse », *Revue des sociétés* 2003, p. 284.

litigieuse[2296]. Il apparaît que la notion de faute sera difficilement considérée par le juge, rendant *de facto* moins efficace les sanctions du contrôle des décisions de gestion (I). Si jamais la faute est caractérisée et retenue, intervient une dernière limite à l'efficacité du contrôle des décisions de gestion des dirigeants gestionnaires. La responsabilité civile se réglant par principe par le biais de dommages-intérêts, ne pourrait-on pas objecter que ces sommes versées ne représentent qu'une maigre compensation, rendant la sanction judiciaire du contrôle *a posteriori* des décisions de gestion non pas inefficace, mais inadaptée (II) ?

I) Une faute difficilement identifiable

687. Une notion textuellement encadrée. En tant que représentant de la société, engageant celle-ci, toute faute commise par le dirigeant ne peut pas entraîner la mise en cause de sa responsabilité. Si tel était le cas, la théorie de la représentation et la personnalité morale de la société seraient méconnues, car c'est la société qui est engagée par son dirigeant gestionnaire. Il est logique que le texte de l'article L. 225-251 du Code de commerce ne permette d'engager la responsabilité de l'administrateur, du directeur général ou des membres du directoire[2297], que pour « les infractions aux dispositions législatives ou réglementaires applicables aux sociétés anonymes, soit des violations des statuts, soit des fautes commises dans la gestion ». Deux types de fautes apparaissent alors selon leur caractérisation. À une faute objective, aisément caractérisable (A), répond une faute dont l'identification est beaucoup plus subjective, laissant une très grande marge d'appréciation au juge (B).

A) Les fautes textuelles : la violation des règles légales et des statuts

688. Une faute opposable *erga omnes* pourtant faible source de litiges. L'article L. 225-251 du Code de commerce dispose que les administrateurs,

---

[2296] Il est à souligner que ce principe de déférence existe aussi en droit anglo-américain, sous le vocable *business judgement rule*. Cette règle d'appréciation commerciale est une présomption selon laquelle, « dans la prise d'une décision commerciale, les dirigeants sociaux ont agi en s'étant informés, de bonne foi, et dans la croyance honnête que l'action entreprise était la meilleure pour l'intérêt social ». Traduction de : « *in making a business decision the directors of a corporation acted on an informed basis, in good faith, and in the honest belief that the action taken was in the best interests of the company* ». Voir : Brehm v. Eisner, précité note 447 § 15 ; Aronson v. Lewis, 473, A.2d 805 (1984) (Delaware Supreme Court). Voir aussi : E. SCHOLASTIQUE, *op. cit.* note 130, p. 208-209 ; André TUNC, *Le droit américain des sociétés anonymes*, Paris, Economica, 1985, p. 134-137 ; Jose-Maria PEREZ, « Esquisse sur la responsabilité civile des dirigeants sociaux en droit américain », *Revue des sociétés* 2003, p. 195.

[2297] Leur responsabilité est la même que celle des administrateurs selon le texte de l'article L. 225-256 du Code de commerce.

les directeurs généraux et les membres du directoire sont responsables des violations textuelles tant à l'égard de la société qu'à l'égard des tiers. Tout intervenant dans la vie sociale peut alors se prévaloir d'une violation des règles légales, réglementaires ou statutaires par le dirigeant social. Une telle responsabilité, qui paraît être large, se trouve en fait être la source d'un faible contentieux[2298], ce qui peut s'expliquer par deux éléments principaux. D'une part, ces fautes textuelles sont difficiles à identifier tant pour le dirigeant que pour les victimes et d'autre part, elles peuvent être des fautes sans réel préjudice à la suite d'une analyse coûts-bénéfices d'une action intentée en responsabilité.

689. Une responsabilité pour violation des règles légales difficile à appréhender. La formulation du texte de l'article L. 225-251 du Code de commerce indique que le dirigeant qui commet une infraction aux dispositions légales ou réglementaires commet immédiatement une faute dont il est responsable à l'égard de la société et des tiers. Toutes les règles légales ou réglementaires n'entraînent pas la responsabilité du dirigeant gestionnaire, seule la violation des règles relatives à la société anonyme peut engendrer une telle sanction. Les dirigeants gestionnaires de la société sont responsables en raison de la simple atteinte à une disposition légale ou une stipulation statutaire, peu important l'intention de transgresser la norme en question. Il ressort de cette formulation une présomption de faute[2299] réfragable, qui ne fait que renverser la charge de la preuve[2300].

Cette présomption de faute est sévère en raison de la multitude des normes relatives au droit des sociétés, qui a subi comme toutes les autres branches du droit une inflation législative accélérée au cours de ces dernières années. Dès lors, le dirigeant peut être amené à ne pas respecter des textes législatifs alors même qu'il ignore leur existence[2301]. De la même façon que le dirigeant peut violer des normes dont il ignore l'existence même, la victime peut ignorer que le contrôle *a posteriori* de la décision de gestion qu'elle a effectué fait apparaître la violation d'une règle législative ou réglementaire. On ne peut en effet caractériser une telle violation qu'à la condition d'avoir connaissance de la règle bafouée, ce qui peut ne pas être le cas d'un intervenant peu au fait du droit des sociétés, comme un petit porteur ou un créancier non professionnel[2302]. En dépit d'un cas d'ouverture qui semble large[2303], la

---

[2298] S. MESSAÏ-BAHRI, *op. cit.* note 262, p. 34-35 et 38.

[2299] Ph. MERLE, *op. cit.* note 110, p. 505 ; Y. GUYON, *op. cit.* note 2200, § 31.

[2300] Cass. crim., 19 août 1997, *Bulletin Joly sociétés* 1998, p. 36, note Corinne MASCALA.

[2301] S. MESSAÏ-BAHRI, *op. cit.* note 262, p. 36.

[2302] *Id.*

[2303] Et qui recouvre un grand éventail de possibilités en jurisprudence : Cass. com., 12 mars 1974, *Gazette du Palais* 1974, p. 662, note A.P.S. (refus de convoquer une assemblée dans une SARL et auto rémunération) ; Cass. com., 17 mai 1965, *JCP G* 1966, II, 14647, note J. R. (défaut de communication d'informations obligatoires) ; Cass. com., 12 octobre 1993, *Bulletin Joly sociétés* 1993, p. 1257 (tenue irrégulière de comptabilité). Cités par : Y. GUYON, *op. cit.* note 2200, § 38.

responsabilité pour manquement aux règles légales ou réglementaires ne sera que rarement identifiée. Il en est de même, pour des motifs légèrement différents à propos de la violation des statuts.

690. La violation fautive des statuts sujette à objections selon le demandeur. La présomption de faute consacrée pour la violation des règles légales trouve son pendant dans la violation des stipulations statutaires, notamment parce que les statuts représentent la loi de la société acceptée par les associés et dès lors s'imposent aux dirigeants. Cette conception est recevable lorsque la société ou un actionnaire prévoit de rechercher la responsabilité du dirigeant pour violation des statuts. Il doit être toutefois précisé que ces actions ne sont envisageables que si la violation des statuts engage la société à l'égard des tiers. Dans l'hypothèse inverse, la société n'étant pas engagée par le comportement de son dirigeant, elle ne peut subir aucun préjudice et ne peut envisager d'agir contre ce dernier[2304]. En revanche, lorsque le demandeur à l'action en responsabilité se trouve être un tiers à la société, l'action en responsabilité pour la violation des statuts doit être discutée, car le tiers peut avoir beaucoup de difficultés à prendre connaissance des stipulations statutaires.

Les statuts sont déposés au greffe du tribunal de commerce lors de leur constitution et peuvent donc être consultés par tous les tiers qui en font la demande[2305]. Si les tiers ne demandent pas la communication de ces statuts, ils ne pourront pas caractériser une telle violation. C'est une des raisons pour lesquelles l'Autorité des marchés financiers recommande que les sociétés cotées mettent à disposition un exemplaire actualisé de leurs statuts[2306] sur leur site internet[2307]. Ces normes, à l'origine créées afin de favoriser la gouvernance interne de la société en donnant plus d'informations aux actionnaires, profitent aussi indirectement aux tiers, car les informations sont rendues publiques par le biais des technologies de l'information. Les tiers à la société peuvent donc, par cette connaissance des règles statutaires, effectuer un contrôle *a posteriori* des décisions de gestion. Cela ne signifie pas nécessairement que cette vérification puisse aboutir à une action en justice.

Certaines dispositions statutaires ne sont pas opposables aux tiers, notamment celles relatives à la limitation des pouvoirs des organes

[2304] S. MESSAÏ-BAHRI, *op. cit.* note 262, p. 38-39.

[2305] Il doit être précisé que le dépôt porte sur le projet de statuts. L'extension de l'obligation de dépôt doit être faite aux statuts en eux-mêmes. Voir : article R. 225-2 du Code de commerce.

[2306] Proposition n° 2 de l'annexe 1 à la *Recommandation de l'Autorité des marchés financiers n° 2012-05*, 2 juillet 2012. Ce texte n'étant qu'une proposition, les sociétés bénéficient d'une totale latitude dans son application, ce qui signifie que cette règle peut ne jamais être appliquée.

[2307] Selon l'article R. 210-20 du Code de commerce, « les sociétés dont les actions sont admises aux négociations sur un marché réglementé sont tenues de disposer d'un site internet afin de satisfaire à leurs obligations d'information de leurs actionnaires ».

sociaux[2308]. Dès lors, le dirigeant gestionnaire qui s'engage en méconnaissance d'une stipulation statutaire ne pourrait se voir opposer sa méconnaissance des statuts par un tiers, car ce dernier ne peut invoquer ce qui lui est inopposable. Curieuse situation que celle du dirigeant, car celui-ci se trouve protégé par l'inopposabilité d'une norme qu'il a transgressée. Afin de contrer cette situation qui paraît ubuesque, ne pourrait-on pas imaginer que les tiers puissent renoncer à l'inopposabilité des stipulations statutaires, répondant principalement à un impératif de protection de ces mêmes tiers[2309] ? L'idée, aussi séduisante soit-elle[2310], conduirait à une situation particulièrement dangereuse : les tiers pourraient renoncer par moments à l'inopposabilité, alors qu'ils pourraient s'en prévaloir à d'autres. D'une mesure de protection, l'inopposabilité deviendrait instrument de pression favorable aux tiers, quelles que soient les circonstances.

La violation des statuts par les dirigeants peut donc difficilement engendrer une action en responsabilité à son encontre, tant à l'initiative de la société, que des actionnaires et des tiers. Ce constat est encore plus évident lorsque les violations textuelles ont des effets économiques bénéfiques à la société.

691. Les violations textuelles aux conséquences favorables. La responsabilité du dirigeant gestionnaire qui a violé les lois, règlements ou statuts sera d'autant moins engagée que la violation peut engendrer des conséquences favorables pour le dirigeant, pour la société ou ses actionnaires. Il est question de faute profitable ou lucrative[2311], c'est-à-dire la faute dont la commission ne peut être dissuadée par l'allocation de dommages-intérêts. La

---

[2308] Article 10 2°) de la directive 2009/101/CE du 16 septembre 2009, tendant à coordonner, pour les rendre équivalentes, les garanties qui, dans les États membres, sont exigées des sociétés au sens de l'article 48, deuxième alinéa, du traité, pour protéger les intérêts tant des associés que des tiers, *JOUE* L. 258/11 du 1er octobre 2009. Voir aussi, en droit interne : articles L. 225-56 I alinéa 3 (pour les pouvoirs du directeur général) et L. 225-64 alinéa 3 du Code de commerce (pour les pouvoirs des membres du directoire). Voir aussi : B. MERCADAL, A. CHARVERIAT, A. COURET, B. ZABALA, *op. cit.* note 455, § 13471.

[2309] S. MESSAÏ-BAHRI, *op. cit.* note 262, p. 52-53.

[2310] Il est envisageable que la partie protégée par une norme renonce d'elle-même à cette protection : Ph. MALAURIE, L. AYNÈS, Ph. STOFFEL-MUNCK, *op. cit.* note 289, p. 319-320.

[2311] Une faute lucrative est une faute « qui, malgré les dommages-intérêts que le responsable est condamné à payer – et qui sont calculés sur le préjudice subi par la victime – laisse à son auteur un marge bénéficiaire suffisante pour qu'il n'ait aucune raison de ne pas la commettre à nouveau ». Laurent BETEILLE et Richard YUNG, *Rapport n° 296 d'information fait au nom de la commission des lois constitutionnelles, de législation, du suffrage universel, du Règlement de l'administration générale par le groupe de travail sur l'évaluation de la loi n° 2007-1544 du 29 octobre 2007 de lutte contre la contrefaçon*, 9 février 2011, p. 29. Voir aussi : Cyril SINTEZ, *La fonction préventive en droit de la responsabilité civile*, préf. Catherine THIBIERGE et Pierre NOREAU, Paris, Dalloz, 2011 p. 112.

notion de faute profitable est aussi connue en droit québécois[2312], mais n'a eu aucune consécration légale française, en dépit des propositions de réforme de droit des obligations qui auraient conduit à son adaptation[2313]. Il faut se demander si la violation d'une norme légale, réglementaire ou statutaire ne produit pas plus de conséquences positives que négatives. En effet, le non-respect du vote en assemblée générale d'une convention réglementée, qui viole une norme légale, pourrait entraîner des conséquences favorables à la société – si la convention lui est profitable – alors même que le non-respect de la loi cause un dommage aux actionnaires, dont le droit à l'information n'a pas été respecté. Dans une telle hypothèse, il est fort probable que le gain retiré de la violation de cette faute suffise à ne motiver aucune action, annihilant toute suite judiciaire au contrôle *a posteriori* des décisions de gestion.

692. La violation des règles légales, réglementaires ou statutaires est ainsi une faute objective, caractérisée par ce seul manquement. Toutefois, il existe un faible contentieux à ce propos, alors que les cas d'ouverture paraissent particulièrement nombreux. Les raisons tiennent principalement au fait que ces fautes sont rarement identifiées et, lorsqu'elles le sont, n'engendrent qu'un faible préjudice, voire des profits, dont la réparation serait inopportune. Ces fautes sont en revanche plus souvent considérées par les juges répressifs, mais leur champ d'application devient grandement réduit en raison du principe de légalité du droit pénal, nécessitant l'existence incriminant un tel comportement. Les fautes les plus invoquées sont alors celles qui sont commises dans la gestion.

B) La faute « commise dans la gestion »

693. Une notion légale à contenu variable selon le demandeur. La notion de faute commise dans la gestion fait partie intégrante de l'article L. 225-251 du Code de commerce, ce qui signifie que les dirigeants gestionnaires sont responsables d'une faute commise dans la gestion sociale tant à l'égard de la société qu'à l'égard des tiers. Il ressort toutefois de l'analyse jurisprudentielle que la notion de faute commise dans la gestion s'entend différemment selon que la société, un associé ou un tiers agisse. Cette inégalité de traitement entre victimes[2314] ne peut se justifier qu'après avoir appréhendé ce que recouvre la notion de faute de gestion.

[2312] C'est ce qui a principalement guidé l'acceptation des dommages-intérêts punitifs en droit provincial, selon l'article 1621 du Code civil du Québec. Jean-Louis BAUDOUIN, Patrice DESLAURIERS, *La responsabilité civile*, 6ème éd., Cowansville, Editions Yvon Blais, 2003, p. 267-299.

[2313] Geneviève VINEY, « Exposé des motifs relatifs à la responsabilité civile », dans Pierre CATALA *et alii.*, *Avant-Projet de réforme du droit des obligations et du droit de la prescription*, Paris, La documentation Française, 2005, p. 168.

[2314] S. MESSAÏ-BAHRI, *op. cit.* note 262, p. 154.

694. La faute commise dans la gestion, impossible à définir. Il ressort, selon une analyse littérale de la locution, que la faute commise dans la gestion ne peut être entendue que d'une faute commise à l'occasion de la prise d'une décision de gestion. Il s'agit d'une décision fautive en soi ou du processus ayant conduit à cette décision. Ce critère organique, qui porte en lui les mêmes critiques que celles formulées à propos de l'expertise de gestion[2315], peut représenter tout au plus une description des circonstances dans lesquelles apparaît une faute de gestion[2316]. Proposer une définition semble être une tâche quasi impossible, car la faute de gestion « est comme un kaléidoscope » [2317] : le nombre de propositions est proportionnel au nombre de manipulations. Pour reprendre cette comparaison, nombre d'auteurs ont tenté de définir cette notion en utilisant et modifiant d'autres notions de droit, tout comme le kaléidoscope donne une vision particulière d'un objet en réfléchissant la lumière. Dans les deux cas, l'utilisateur semble devoir raisonner à tâtons afin de déterminer ce qui se cache derrière l'outil de visionnage et faire preuve d'une certaine imagination. Deux analyses sont proposées afin d'identifier un standard de détermination de la faute de gestion, puisqu'il est impossible de la définir.

695. La faute commise dans la gestion, difficile à standardiser. La standardisation de la faute commise dans la gestion emporte deux conceptions différentes, mais compatibles, de la faute. La première serait alignée sur celle connue en droit de la responsabilité civile, en ce qu'une telle faute peut autant être un acte positif qu'un acte d'abstention. Il s'agit alors d'un comportement fautif mais aussi d'une omission ne pouvant être qualifiée de fautive qu'à la condition de caractériser une intention subjective. Ce critère subjectif est même nécessaire, en principe, à la caractérisation d'une faute[2318]. La difficulté principale d'une telle conception est le rôle du juge puisque la qualification du comportement fautif ne peut intervenir qu'*a posteriori*, le Code de commerce ne fixant aucune règle de comportement que le dirigeant doit adopter dans la conduite de la gestion sociale. Aucun standard de « bon dirigeant gestionnaire»[2319] ou « de dirigeant agissant raisonnablement »[2320] n'est déterminé, et c'est uniquement grâce aux fautes des différents dirigeants

---

[2315] Voir *supra* § 595.

[2316] S. MESSAÏ-BAHRI, *op. cit.* note 262, p. 59.

[2317] Françoise CHERCHOULY-SICARD, *La responsabilité civile des dirigeants sociaux pour faute de gestion*, Thèse Paris II, 1982, p. 15.

[2318] G. VINEY, P. JOURDAIN, S. CARVAL, *op. cit.* note 263, p. 458-467. *Contra* : Henri et Léon MAZEAUD, André TUNC, *Traité théorique et pratique de la responsabilité civile délictuelle et contractuelle*, Tome I, 6ème éd., Paris, Montchrestien, 1965, § 392.

[2319] L'expression est librement inspirée du standard courant du droit de la responsabilité civile du « bon père de famille ». G. VINEY, P. JOURDAIN, S. CARVAL, *op. cit.* note 263, p. 479 et s. Voir aussi : D. MARTIN et O. TAT TIEU, *op. cit.* note 2257, § 17-18.

[2320] Selon la loi n° 2014-873 du 4 août 2014 pour l'égalité réelle entre les femmes et les hommes, *JORF* du 5 août 2014, p. 12949, l'expression « bon père de famille » est remplacée au sein du code civil par « raisonnablement ».

que les contours des obligations des dirigeants seront dessinés par les juges[2321]. Le défaut de prévisibilité du comportement fautif ferait ainsi obstacle à une adaptation pure et simple de la conception de la faute telle qu'entendue par le droit de la responsabilité.

La seconde conception de la faute de gestion dépend plus d'une notion de droit des sociétés. Est une faute de gestion une décision contraire à l'intérêt social[2322]. Cette conception, qui repose sur une notion propre au droit des sociétés et semble plus pertinente que l'adaptation d'une autre branche du droit privé, n'est toutefois pas la solution idéale pour systématiser ce qu'est la faute de gestion. En effet, la notion de faute de gestion, protéiforme, reposerait sur une autre notion aux contours incertains[2323], l'intérêt social. Cette construction jurisprudentielle de la faute de gestion serait alors telle un immeuble bâti sur du sable : elle perdrait de sa solidité dès la première modification de son assise. Cette conception est limitée par l'incertitude propre à la notion d'intérêt social. Il serait possible, toutefois, de proposer une autre grille de lecture, d'influence anglo-saxonne, pour délimiter ce que serait la faute de gestion.

696. La faute de gestion, manquement aux devoirs fiduciaires du dirigeant. Le fondement de la faute commise dans la gestion pourrait appeler une comparaison avec les comportements attendus des dirigeants dans les droits étrangers, spécialement d'inspiration anglo-américaine.

Le droit anglais a traditionnellement tendance à considérer que les dirigeants gèrent une société dans l'intérêt des actionnaires. Il y a donc gestion et préservation d'une chose dans l'intérêt d'autres personnes, impliquant la figure du *trust*. Dès lors, les devoirs fiduciaires, parmi lesquels figurent les *duty of care*, *duty of loyalty* et *duty of disclosure*[2324], devraient s'appliquer aux

---

2321 Benoît LE BARS, « Faute séparable des fonctions du dirigeant de société : la porte demeure ouverte à une analyse extensive », note sous Cass. com., 25 janvier 2005, *Bulletin Joly sociétés* 2005, p. 599. Cette décision de la chambre commerciale concernait une société à responsabilité limitée, mais en raison de la quasi identité de formulation entre les articles L. 223-22 et L. 225-251 du Code de commerce, la solution, et partant son analyse, peut être transposée aux sociétés anonymes.

2322 M. COZIAN, A. VIANDIER, F. DEBOISSY, *op. cit.* note 1143, p. 192, mentionnant « le bon sens ». Voir, pour une analyse selon laquelle est une faute de gestion « un comportement des organes d'administration et de direction qui ne se conformerait pas à l'intérêt de la personne morale » : Serge HADJI-ARTINIAN, *La faute de gestion en droit des sociétés*, préf. Alain VIANDIER, Paris, Litec, 2001, p. 178.

2323 Voir *supra* § 317.

2324 John RIGGS, « Le devoir de loyauté des dirigeants sociaux en droit américain », *Gazette du Palais* 3 décembre 2000, p. 62.

dirigeants de sociétés[2325]. La figure des devoirs fiduciaires est confortable, mais inexacte au regard de la figure même du *trust*, en ce que le *trustee* ne doit pas mettre en péril la chose dont il a l'administration. Or, un dirigeant de société, comme cela a été souligné par un auteur, « peut, et même parfois doit, risquer le patrimoine de la société »[2326]. La conséquence de cette inadaptation est que les devoirs des dirigeants, plus précisément ceux des administrateurs, ont dû être intégrés aux corpus législatifs afin d'être fixés.

Les dirigeants ont donc légalement l'obligation d'agir avec soin, diligence et compétence[2327]. Ces devoirs, aux contours flous, sont appréciés *in abstracto*. En effet, les comportements que doivent adopter les dirigeants sont appréciés au regard de ce que ferait une personne prudente[2328] ou une personne exerçant des fonctions similaires[2329]. Dans les pays anglo-saxons, les dirigeants bénéficient d'une sécurité juridique plus importante, car l'appréciation *in concreto* couplée à la règle du précédent permet aux dirigeants de prévoir les comportements pouvant être sanctionnés judiciairement. La faute commise dans la gestion dans les pays anglo-saxons est ainsi, en vertu des différents devoirs légalement perçus, plus aisément définissable. Cette conception anglo-saxonne a pu représenter une source d'inspiration – lointaine sans aucun doute – pour la jurisprudence de la chambre commerciale.

697. L'apparition des devoirs fiduciaires en droit français. Les devoirs fiduciaires ont fait leur apparition en droit interne par la consécration

2325 Voir en ce sens : Jean-Jacques DAIGRE, « Le petit air anglais du devoir de loyauté », dans *Mélanges offerts à Pierre BEZARD*, Paris, Petites affiches-Montchrestien, 2002, p. 81 ; Jean-Jacques CAUSSAIN, « A propos du devoir de loyauté des dirigeants de sociétés », dans *Mélanges offerts à Barthélémy MERCADAL*, Levallois-Perret, Editions Francis Lefebvre, 2002, p. 304 ; Brigitte DAILLE-DUCLOS, « Le devoir de loyauté du dirigeant », *JCP E* 1998, p. 1486, § 10.

2326 E. SCHOLASTIQUE, *op. cit.* note 130, p. 156.

2327 En Grande-Bretagne, l'article 174 (1) de la Companies Act of 2006, précitée note 157 dispose « Un administrateur d'une société doit faire preuve d'une prudence, compétence et diligence raisonnable ». Traduction de : « *A director of a company must exercise reasonable care, skill and diligence* ». Voir aussi, au Canada, l'article 122 (1) de la Loi canadienne sur les sociétés par actions, *LRC 1985, c C-44* : « Les administrateurs et les dirigeants doivent, dans l'exercice de leurs fonctions, agir : a) avec intégrité et de bonne foi au mieux des intérêts de la société ; b) avec le soin, la diligence et la compétence dont ferait preuve, en pareilles circonstances, une personne prudente ».

2328 Article 122 (1) b) de la Loi canadienne sur les sociétés par actions, précitée note 2327.

2329 Article 174 (1) (a) de la Companies Act of 2006, précité note 157. Le standard légal reprend grandement un standard jurisprudentiel, celui de l'homme « ordinairement prudent placé dans les mêmes circonstances ». Voir : *In Re Brazilian Rubber Plantations and Estates Ltd* (1911), 1 Ch. 425. Cité par : E. SCHOLASTIQUE, *op. cit.* note 130, p. 160.

jurisprudentielle de l'obligation de loyauté à l'égard des associés[2330], puis à l'égard de la société[2331].

L'obligation de loyauté à l'égard des associés, premier cas à être apparu en jurisprudence, pèse sur les dirigeants en raison de leur statut[2332]. L'obligation de loyauté à l'égard des associés, équivaudrait à l'obligation pesant sur le dirigeant de ne pas se rendre coupable d'un dol lorsque celui-ci est acquéreur de titres sociaux. Il semblait lors du premier arrêt rendu en la matière que le dirigeant avait un devoir de loyauté notamment, mais pas exclusivement, lorsque celui-ci agissait en tant qu'intermédiaire pour le « reclassement des actions »[2333]. Il ressort toutefois d'une étude des différents cas jurisprudentiels que le devoir de loyauté du dirigeant social à l'égard des associés est intimement lié à l'hypothèse de cession des actions à laquelle il est partie. Le devoir de loyauté à l'égard des actionnaires, hypothèse à l'origine non prévue par le droit anglo-saxon, se trouve être limitée à un domaine précis.

La loyauté à l'égard de la société recouvre un cas bien plus caractéristique du conflit d'intérêts pris en la personne du dirigeant. Le dirigeant qui ferait passer ses intérêts propres au détriment de ceux de la société, en libérant les salariés de sa société de leur clause de non concurrence afin de les débaucher dans une structure concurrente par lui-même montée[2334], ou en s'appropriant une occasion d'affaire sociale[2335]. Cette forme de loyauté, ou de déloyauté, est toutefois moins appréhendée en jurisprudence car ces comportements peuvent être sanctionnés par le biais des actes de concurrence déloyale. Ce standard de déloyauté, qui indique le comportement que ne doit pas adopter le dirigeant, ne représente pas nécessairement une faute commise dans la gestion, parce qu'il peut sanctionner des agissements intervenus après le mandat du dirigeant

---

[2330] Cass. com., 27 février 1996, *D.* 1996. p. 518, note Philippe MALAURIE ; *ibid.*, p. 342, obs. Jean-Claude HALLOUIN ; *ibid.*, p. 591, note Jacques GHESTIN ; *RTD Civ.* 1997, p. 114, obs. Jacques MESTRE ; *JCP G* 1996, II, 22665, note Jacques GHESTIN ; *JCP E* 1996, II, 838, note Dominique SCHMIDT ; *Bulletin Joly sociétés* 1996, p. 485, note Alain COURET (arrêt dit *Vilgrain*).

[2331] Cass. com., 24 février 1998, *D.* 1999, p. 100, obs. Yves PICOD ; *Revue des sociétés* 1998, p. 546, note Marie-Laure COQUELET ; *RTD Com.* 1998, p. 612, obs. Claude CHAMPAUD, Didier DANET ; *JCP E* 1998, Pan. 637 ; *Dalloz affaires* 1998, p. 850, obs. M.B. ; *JCP G* 1999, II, 10003, note Mamadou KEITA ; *Bulletin Joly sociétés* 1998, p. 813, note Bruno PETIT.

[2332] Hervé LE NABASQUE, « Rôle et place des mécanismes fondamentaux du droit civil en droit des affaires », *RTD Com.* 1999, p. 273. Voit aussi : J.-J. DAIGRE, *op. cit.* note 2325, p. 84.

[2333] *Id.* Voir aussi la formulation de l'arrêt : Cass. com., 27 février 1996, précité note 2330.

[2334] Cass. com., 24 février 1998, précité note 2331.

[2335] Geneviève HELLERINGER, « Le dirigeant à l'épreuve de l'opportunité d'affaires », *D.* 2012, p. 1560. Voir aussi : Cass. com., 15 novembre 2011, *D.* 2012, p. 134, note Thierry FAVARIO ; *D.* 2011, p. 2865, obs. Alain LIENHARD ; *Revue des sociétés* 2012, p. 292, note Laurent GODON ; *RTD Com.* 2012, p. 134, obs. Alexis CONSTANTIN ; *JCP E* 2011, 1893, note Alain COURET et Bruno DONDERO ; *Droit des sociétés* 2012, n° 24, note Myriam ROUSSILLE ; *Bulletin Joly sociétés* 2012, p. 112, note Hervé LE NABASQUE ; *Gazette du Palais* 10 février 2012, obs. Bernard SAINTOURENS ; *Banque et droit* janvier 2012, p. 62, obs. Quentin URBAN.

gestionnaire. En effet, dans l'arrêt du 24 février 1998, les agissements commis au cours du mandat social, à savoir la libération de certains salariés de leurs clauses de non concurrence, ne sont aucunement fautifs. En revanche, un tel comportement peut le devenir s'il a été effectué dans le but de les embaucher par la suite au sein d'une structure concurrente. Dès lors, le fait générateur de l'atteinte au devoir de loyauté se situe après le départ du dirigeant gestionnaire. Le manquement au devoir de loyauté à l'égard de la société ne peut pas être une modalité précise pour fixer un standard de la faute de gestion en ce qu'il peut être commis une fois le mandat social expiré et les pouvoirs de gestion disparus.

Quelle que soit la conception retenue de la faute de gestion, celle-ci est difficilement définie lorsqu'elle est invoquée par la société ou les associés. En revanche, lorsqu'elle est invoquée par un tiers à la société, la faute de gestion ne suffit pas.

698. La faute de gestion devenue faute séparable des fonctions lorsqu'invoquée par un tiers. En dépit du texte de l'article L. 225-251 du Code de commerce qui ne différencie pas entre les demandeurs lorsque ceux-ci invoquent la faute commise dans la gestion sociale, la jurisprudence a admis, dès le début des années 1980[2336], que les tiers devaient invoquer une faute séparable des fonctions du dirigeant social[2337], adoptant un parallèle avec le droit administratif et la notion de la faute de service[2338]. Cette exigence ne figure pas dans la loi et rend plus difficile l'établissement d'une responsabilité du dirigeant social. C'est pourquoi certains considèrent que le courant

---

[2336] Cass. com., 8 mars 1982, *Revue des sociétés* 1983, p. 573, note Yves GUYON. Voir aussi : Cass. com., 4 octobre 1988 (dit arrêt *Lepoivre*), *Revue des sociétés* 1989, p. 213, note Alain VIANDIER ; *RTD Civ.* 1989, p. 86, obs. Patrice JOURDAIN ; *ibid.*, p. 306, obs. Jacques MESTRE ; *Defrénois* 1989, p. 577, obs. Jean HONORAT. Il est même question de l'apparition de cette notion dès un arrêt Cass. civ. 1ère, 31 mai 1978, *Bull. civ.* I, n° 213 (il doit être précisé que cet arrêt exigeait une faute extérieure à l'exécution de l'acte litigieux). Cité par : Antoine KIRRY et Marie-Christine MONSALLIER-SAINT MLEUX, « Dirigeant de société et prise de risque », *JCP E* 2009, 1223.

[2337] Voir notamment : Cass. com., 22 janvier 1991, *RJDA* 1992, n° 152 ; Cass. com., 20 octobre 1998, *D.* 1999, p. 639, note Marie-Hélène DE LAENDER ; *Dalloz affaires* 1999, p. 41, note Valérie AVENA-ROBARDET ; *JCP E* 1998, p. 2025, note Alain COURET ; *Droit des sociétés* 1999, n° 3, note Thierry BONNEAU ; *Bulletin Joly sociétés* 1999, p. 88, note Jean-François BARBIERI ; *RJDA* 1999, n° 58 ; *Defrénois* 1999, p. 240, obs. Paul LE CANNU ; *Banque et Droit* mars-avril 1999, p. 45, note Michel STORCK ; *RTD Com.* 1999, p. 142, obs. Bruno PETIT ; *RTD Com.* 2001, p. 454, obs. Claude CHAMPAUD, Didier DANET ; *Revue des sociétés* 1999, p. 111, note Bernard SAINTOURENS ; *Les petites affiches* 17 septembre 1999, p. 4, note Bruno DEPRET.

[2338] Voir, admettant la faute de service : Tribunal des Conflits, 30 juillet 1873 (dit arrêt Pelletier), M. LONG, P. WEIL, G. BRAIBANT, P. DELVOLVE, B. GENEVOIS, *op. cit.* note 1621, p. 8.

jurisprudentiel établissant la faute séparable des fonctions est *contra legem*[2339].

La faute séparable des fonctions sociales a été employée par les juridictions pendant une vingtaine d'années, sans être définie. La situation était alors la même que pour la faute de gestion demandée par les associés ou la société, la faute séparable des fonctions se trouvait être une faute impossible à standardiser, dont les contours étaient déterminés au fil des décisions jurisprudentielles. Un changement radical est intervenu en 2003, avec l'arrêt *Seusse* (ou *Sati*)[2340], qui propose ce qui était alors perçu comme une définition de la faute séparable des fonctions parmi d'autres[2341]. La faute séparable des fonctions est « la faute commise intentionnellement d'une particulière gravité incompatible avec l'exercice normal des fonctions sociales ». Cette position jurisprudentielle s'est pérennisée afin de devenir la définition retenue par la chambre commerciale de la Cour de cassation[2342].

Il ressort une définition claire de la faute commise dans la gestion invoquée par les tiers. Si cela paraît être une avancée au regard de la faute de gestion telle que retenue à l'égard de la société ou des associés, il doit toutefois être précisé que l'analyse des décisions jurisprudentielles aboutit à une incertitude quant à l'application de ces critères. Les décisions, qui paraissent poser des critères objectifs – encore que cela puisse être contesté, surtout à propos du critère intentionnel – viennent mettre à mal un courant jurisprudentiel qui semblait aboutir à une impunité de fait des dirigeants lorsque les tiers agissaient en responsabilité[2343]. Il semble que la tendance s'est inversée, la faute séparable des fonctions étant plus aisément invoquée et retenue à l'encontre des dirigeants[2344]. Il demeure toutefois quelques matières pour

---

2339 Maxence LAUGIER, « L'introuvable responsabilité du dirigeant social envers les tiers pour fautes de gestion ? », *Bulletin Joly sociétés* 2003, p. 1231. Voir aussi : Véronique WESTER-OUISSE, « Critique d'une notion imprécise : la faute du dirigeant de société séparable de ses fonctions », *Dalloz affaires* 1999, p. 783 ; J.-F. BARBIERI, *op. cit.* note 2337. *Contra* : Claude DUCOULOUX-FAVARD, « La règle de la faute séparable des fonctions de gestion des sociétés de capitaux est dans la loi », *Droit des sociétés* 2007, étude 11.

2340 Cass. com., 20 mai 2003, *op. cit.* note 1379

2341 Cette considération était favorisée par la formulation de l'arrêt, qui mentionne : « la responsabilité personnelle du dirigeant à l'égard des tiers ne peut être retenue que s'il a commis une faute séparable de ses fonctions ; *qu'il en est ainsi* lorsque le dirigeant commet intentionnellement une faute d'une particulière gravité incompatible avec l'exercice normal de ses fonctions sociales ». Voir en cela : H. LE NABASQUE, *op. cit.* note 1379, p. 793.

2342 Cela peut être notamment remarqué dans l'arrêt rendu par la chambre commerciale en date du 9 mars 2010, précité note 1382, dans lequel le pourvoi invoque la faute séparable des fonctions, alors que la chambre commerciale ne reprend pas ce vocable, mais la définition qui en est donnée, à savoir la faute intentionnelle, d'une particulière gravité et incompatible avec l'exercice normal des fonctions sociales.

2343 V. WESTER-OUISSE, *op. cit.* note 2339.

2344 *Contra* : Bruno DONDERO, « L'immunité des dirigeants d'entreprise », dans Olivier DESHAYES (dir.), *Les immunités de responsabilité civile*, PUF, 2009, p. 49-50.

lesquelles la responsabilité du dirigeant n'est pas admise et à propos desquelles le contrôle *a posteriori* des décisions de gestion peut ne pas aboutir.

699. La faute séparable des fonctions, abandonnée pour les cautionnement, aval et garantie. Lorsque la décision de gestion contrôlée par un tiers, dans son propre intérêt, est une décision par laquelle une garantie lui est accordée par la société, l'article L. 225-35 du Code de commerce pris en son quatrième alinéa trouve à s'appliquer[2345]. La décision fait déjà l'objet d'un contrôle interne *a priori*, par lequel la décision est rendue opposable à la société. Si ce contrôle *a priori* n'est pas exercé et que le tiers bénéficiaire de la garantie s'aperçoit que la procédure n'a pas été respectée, il peut souhaiter rechercher la responsabilité du dirigeant gestionnaire qui a donné l'illusion d'engager la société. L'octroi d'une garantie sans autorisation préalable des conseils d'administration ou de surveillance, ou en dépassement des plafonds accordés par ces derniers, représente-t-elle une faute séparable des fonctions ?

La jurisprudence de la chambre commerciale de la Cour de cassation s'est montrée, jusqu'à présent, réticente à retenir la responsabilité des dirigeants sur ce fondement. Ceci est valable tant pour des décisions rendues avant l'arrêt du 20 mai 2003[2346] que pour les décisions postérieures[2347]. Si le raisonnement pouvait être compréhensible sans standard de faute séparable des fonctions, la position jurisprudentielle postérieure à la décision *SATI* paraît étrange. Ne pas retenir la responsabilité du dirigeant dans une telle hypothèse signifierait qu'engager la société en dépassant ses pouvoirs est une faute involontaire, qui n'est pas d'une particulière gravité, ou qui n'est pas incompatible avec l'exercice normal des fonctions sociales. Il semble nécessaire d'écarter la dernière acception, car agir sans pouvoir ou en dépassement de pouvoirs est nécessairement incompatible avec l'exercice normal des fonctions sociales, sauf à reconnaître la possibilité de contrevenir au principe de séparation des pouvoirs au sein de la société tel qu'énoncé par l'arrêt de principe *Motte*[2348].

En tout état de cause, le dirigeant n'est pas responsable pour la jurisprudence, ce qui signifie que la société le serait nécessairement en vertu du principe de responsabilité de la société, car le tiers lésé par une garantie

---

[2345] Voir *supra* § 292 et s.

[2346] Cass. com., 20 octobre 1998, précité note 2337 ; Cass. com., 9 mai 2001, *JCP E* 2001, p. 1071 ; *Droit des sociétés* 2001, n° 118, note François-Xavier LUCAS ; *ibid.* n° 146, note Dominique VIDAL ; *Banque et droit* septembre-octobre 2001, p. 36, obs. Michel STORCK ; *Bulletin Joly sociétés* 2001, p. 1020, note Jean-François BARBIERI ; *Droit et patrimoine* janvier 2002, p. 98, note Didier PORACCHIA ; *RTD Com.* 2001, p. 934, obs. Jean-Pascal CHAZAL et Yves REINHARD.

[2347] Cass. com., 9 juin 2004, *BRDA* 2004/12, n° 3 ; *Bulletin Joly sociétés* 2003, p. 1370, note Paul LE CANNU.

[2348] Précité, note 71. Certains auteurs considèrent qu'un dirigeant qui agit en dépassement de pouvoirs, voire sans pouvoir commet nécessairement une faute séparable des fonctions, car son agissement n'est pas compatible avec l'exercice normal des fonctions sociales. Voir en cela : M. COZIAN, A. VIANDIER, F. DEBOISSY, *op. cit.* note 1143, p. 352.

inopposable à la société ne peut être victime d'une faute sans responsable[2349]. La situation à laquelle cette conséquence aboutit est iconoclaste, en ce que la société serait civilement responsable d'un acte conclu en son nom, mais qui lui est inopposable[2350], bien qu'une action récursoire pourrait être envisagée afin de permettre à la société d'agir contre le dirigeant fautif[2351]. Il doit toutefois être mentionné que cette conception n'a pas été celle retenue par la jurisprudence de la chambre commerciale, pour laquelle l'inopposabilité de la sûreté empêche toute action en responsabilité contractuelle ou délictuelle. Le créancier subit alors un préjudice lié à la perte de chance de bénéficier d'une sûreté personnelle qui ne peut être raccroché à aucune faute.

700. La violation des règles légales ou réglementaires, contournement des blocages issus de la faute séparable ? L'absence de responsabilité du dirigeant social sur le fondement de la faute séparable des fonctions peut être palliée par la responsabilité sur le fondement de la violation d'une disposition légale ou réglementaire. Plusieurs commentateurs l'admettent à propos de la responsabilité du dirigeant lors de l'octroi d'une garantie sans autorisation préalable du conseil d'administration ou de surveillance. En effet, le dirigeant qui accorde une telle garantie violerait les termes de l'article L. 225-35 du Code de commerce, pour lequel la faute séparable n'est pas exigée[2352]. L'hypothèse n'a pas été traitée par les juridictions, mais selon les principes de concentration des moyens[2353], le tiers qui argue de l'octroi d'une garantie par le dirigeant sans respecter l'article L. 225-35 du Code de commerce devrait invoquer la faute séparable des fonctions et la méconnaissance des dispositions légales.

Cette solution illustre le critère subsidiaire de la violation des règles légales et réglementaires comme source de responsabilité pour le dirigeant social, ce cas d'ouverture serait invoqué lorsque la faute de gestion ne serait pas retenue. La subsidiarité peut expliquer la faiblesse des cas de responsabilité fondés sur la violation des normes légales ou réglementaires.

701. Aussi, devant une telle différence de la notion de faute selon que la qualité du demandeur à l'instance, ne faudrait-il pas distinguer textuellement les deux actions, intégrant dès lors la notion de faute séparable des fonctions dans le corpus législatif ? Il n'en demeure pas moins que les difficultés liées à l'établissement de la faute rendent bien plus complexe le contrôle des décisions de gestion. Sans certitude que le comportement éventuellement identifié à la suite du contrôle de la décision de gestion puisse être sanctionné, l'opportunité même du contrôle des décisions de gestion peut être soulevée.

[2349] Dans l'acceptation d'une faute sans responsable : V. WESTER-OUISSE, *op. cit.* note 2339, p. 783. Voir aussi : Dominique MIELLET, « Défaut d'autorisation des cautions, avals et garanties : inopposabilité + absence de faute séparable = impunité ? », *JCP E* 2003, 1394.

[2350] D. MIELLET, *op. cit.* note 2349.

[2351] S. MESSAÏ-BAHRI, *op. cit.* note 262, p. 182.

[2352] J.-F. BARBIERI, *op. cit.* note 2337.

[2353] Cass. Ass. Plén., 7 juillet 2006, précité note 1996.

Une autre question à propos de la raison même du contrôle des décisions de gestion apparaît avec l'étude de l'issue de l'action en responsabilité, si elle est couronnée de succès. Le contrôle *a posteriori* des décisions de gestion aboutissant à la mise en cause de la responsabilité du dirigeant gestionnaire est-il encouragé par l'allocation des dommages-intérêts ?

II) Les limites liées aux dommages-intérêts

702. Identification des freins à la judiciarisation du contrôle des décisions de gestion. Les dommages-intérêts, sanction courante en responsabilité civile[2354], ne représentent pas la sanction la plus efficace lorsqu'il est question du contrôle de certaines décisions de gestion. En effet, la condamnation au versement de dommages dommages-intérêts, mesure de réparation pécuniaire, est assez peu adaptée pour venir sanctionner l'exercice d'un droit principalement politique. Au-delà de cette considération théorique, deux autres raisons plus pratiques peuvent expliquer la faiblesse du contrôle des décisions de gestion. Dans un premier temps, le quantum des dommages-intérêts alloués peut ne pas représenter un frein à la commission de comportements fautifs (A). Dans un second temps, les dommages-intérêts ne sont pas nécessairement versés par le dirigeant fautif, mais par une compagnie d'assurance lorsque le dirigeant est couvert par une assurance de responsabilité civile (B). Un tel versement par une personne différente de celle du fauteur de trouble peut paraître une limite certaine à la fonction normative et prophylactique de la responsabilité civile.

A) Le quantum des dommages-intérêts, frein à la fonction réparatrice de la responsabilité civile

703. La faiblesse du contrôle *a posteriori* des décisions de gestion est principalement justifiée par les limites inhérentes au succès des actions en responsabilité. Celles-ci se matérialisent principalement par le quantum versé à l'actionnaire, lorsqu'il poursuit la réparation de son préjudice propre.

704. L'indemnisation comme frein à l'action en responsabilité civile contre le dirigeant gestionnaire. Il relève du truisme d'affirmer qu'une personne ayant subi un préjudice va poursuivre sa réparation si elle a la certitude légitime, ou à tout le moins l'espoir, de voir l'intégralité de son dommage réparé[2355]. Dans le cadre d'un préjudice subi personnellement par un actionnaire en raison de la violation des règles d'information dans les sociétés cotées, cet espoir a connu de nombreuses atténuations

---

[2354] G. VINEY, P. JOURDAIN, *op. cit.* note 2131, p. 145.

[2355] Notamment en raison du principe de réparation intégrale du dommage, connu sous la maxime : « rien que le dommage, mais tout le dommage ». Voir : G. VINEY, P. JOURDAIN, *op. cit.* note 2131, p. 156.

jurisprudentielles, au point de décourager toute suite judiciaire au contrôle *a posteriori*.

A cause de l'information trompeuse ou erronée, l'actionnaire peut avoir acheté des titres, les avoir conservés, les avoir vendus trop tôt ou ne pas les avoir vendus à temps. Dans toutes ces hypothèses, il aura subi un préjudice, celui de ne pas avoir réalisé le juste arbitrage, qu'il aurait sans doute réalisé s'il avait eu à sa disposition toutes les informations exactes[2356]. Le préjudice étant réparable, la question est de savoir quelle est la mesure de cette indemnisation et si elle peut apporter satisfaction aux demandeurs. Plusieurs méthodes d'évaluation du quantum sont envisageables.

705. La délicate détermination du préjudice individuellement subi. La première est sans aucun doute la plus scientifique, et partant la plus complexe. Il existe des possibilités de quantifier précisément le dommage subi par l'actionnaire en déterminant le cours du titre, si une information juste avait été diffusée à la place des informations inexactes ou trompeuses. Cette méthode, employée aux États-Unis grâce à un logiciel à la disposition des tribunaux, permet d'identifier la réelle valeur du titre[2357]. Le préjudice est alors calculé en faisant la différence entre cette valeur estimée et la valeur d'achat ou la valeur de vente[2358]. Cette méthode, *a priori* séduisante, parait toutefois souffrir d'inconvénients qui paraissent insurmontables.

Dans un premier temps, le dommage calculé à partir de cette méthode n'est pas effectivement subi, mais estimé en ce que le processus de calcul, aussi sophistiqué soit-il, ne représente qu'une projection de la situation de la victime si l'information avait été correcte. Or, le droit de la responsabilité civile ne vise à réparer que le préjudice effectivement éprouvé et non le dommage qui aurait pu être subi[2359]. Dans un second temps, une autre difficulté liée à cette méthode, précise mais maximaliste, est le temps lié à la détermination du préjudice. En effet, la complexité de cette théorie emporte des vérifications et donc l'intervention de spécialistes afin d'assister le juge dans sa tâche de calcul, ce qui peut rallonger le délai du jugement. Le calcul de la valeur théorique de l'action n'est toutefois pas la seule cause de l'allongement du délai de jugement. La seconde cause, sans doute plus importante, est que cette méthode de quantification implique de déterminer le préjudice subi par chaque demandeur. Si cela est aisé lorsqu'il n'y a qu'un seul demandeur, cela est

---

2356 Voir *supra* § 667. Voir aussi : Sophie SCHILLER, « L'indemnisation du préjudice de l'actionnaire en cas de diffusion d'une information erronée », *Droit des sociétés* 2009, étude 12 ; Christophe CLERC, « La réparation du préjudice subi par un actionnaire du fait de la diffusion de fausses informations », *Revue trimestrielle de droit financier* 2007/1, p. 31 ; Nicolas RONTCHEVSKY, note sous Cass. com., 9 mars 2010, précité note 1382, § 18.

2357 S. SCHILLER, note sous Cass. com., 9 mars 2010, précité note 1382. Voir aussi : Didier MARTIN, Eric DEZEUZE, Florian BOUAZIZ, Mathieu FRANCON, *Les abus de marché*, Paris, LexisNexis, 2013, p. 286-287. L'appel à des experts peut aussi être une solution envisagée aux États-Unis : D. MARTIN, *op. cit.* note 2191, p. 417.

2358 C. CLERC, *op. cit.* note 2356, p. 35-37.

2359 G. VINEY, P. JOURDAIN, S. CARVAL, *op. cit.* note 263, p. 120.

beaucoup plus difficile et long lorsque l'action est intentée par un nombre important d'actionnaires[2360].

706. L'imparfaite détermination du préjudice subi. Devant la difficulté de cette méthode, ses coûts tant monétaires que temporels et son inadéquation au regard de la notion de préjudice avéré, une autre méthode d'évaluation du préjudice est envisageable, sans proposer une estimation de l'impact de l'information inexacte ou trompeuse. Plutôt que de subjectiver le préjudice en cherchant à le chiffrer par demandeur à l'action, il est alors question de l'objectiver. Le préjudice subi est propre à chaque demandeur, mais regroupe la même réalité, puisqu'il est subi par chaque actionnaire en raison de l'achat de titres ou de leur conservation[2361]. L'objectivation de ce préjudice devrait entraîner une indemnisation plus aisée, mais pour laquelle la jurisprudence n'est pas parvenue à dégager une solution commune. Deux possibilités sont envisageables : une indemnisation forfaitaire donnant une valeur fixe à la faute et donc au préjudice qu'elle a pu causer[2362] ou une indemnisation proportionnelle, exprimée en pourcentage, reflétant l'idée selon laquelle la faute du dirigeant gestionnaire ne représente qu'une fraction du préjudice, pouvant être amplifiée par des facteurs exogènes sur lesquels il n'a aucune influence[2363]. Les deux méthodes envisagées par la jurisprudence sont toutes deux sources d'incertitude.

La méthode de l'indemnisation forfaitaire, bien que particulièrement aisée pour le juge, semble vouloir s'affranchir du principe de réparation intégrale du préjudice. En effet, la réparation forfaitaire s'oppose à réparer l'entier préjudice subi par une personne, car le forfait s'applique à tous les actionnaires d'une société. Par ailleurs, la perspective de recevoir une réparation forfaitaire peut être peu tentante pour les demandeurs, car ce forfait peut ne pas couvrir les sommes processuellement engagées. Or, lorsque le demandeur à l'action est un actionnaire n'ayant qu'un titre, l'action en justice devient économiquement improbable. La perspective d'une telle réparation forfaitaire

---

2360 C. CLERC, *op. cit.* note 2356, p. 38 ; Emmanuel BERRETTA, « Aux États-Unis, Jean-Marie Messier blanchi, Vivendi accablé ! », *Le point.fr*, 29 janvier 2010.

2361 Dans l'affaire SIDEL : T. Corr. Paris, 12 septembre 2006, *Bulletin Joly sociétés* 2007, p. 119, note Jean-François BARBIERI ; *Revue des sociétés* 2007, p. 102, note Jean-Jacques DAIGRE ; *D.* 2006, p. 2522, note Dominique SCHMIDT. Confirmé par : Paris, 31 octobre 2008, *Revue des sociétés* 2009, p. 121, note Jean-Jacques DAIGRE ; *Bulletin Joly bourse* 2009, p. 38, note Eric DEZEUZE ; *D.* 2008, p. 2867, obs. Alain LIENHARD. Voir aussi : Cass. com., 9 mars 2010, précité note 1382.

2362 Une somme d'argent est alors dégagée, identique à toutes les actions. C'est ce qui a été décidé dans l'affaire SIDEL, dans laquelle les deux décisions précitées note 2361, ont retenu une indemnisation de 10 euros par action détenue dans la société. Voir, s'opposant à l'indemnisation forfaitaire, car la théorie de la perte de chance « impose en principe un processus particulier et rigoureux » : D. MARTIN, *op. cit.* note 2191, p. 411.

2363 Voir en ce sens : Paris, 18 décembre 2008, *JurisData* n° 2008-375155. Cette décision ne concerne toutefois pas une société cotée, mais une société anonyme « fermée ». Voir S. SCHILLER, *op. cit.* note 2356, § 18. Voir aussi, dans l'affaire Regina Rubens : TGI Paris, 22 janvier 2007, *Revue trimestrielle de droit financier* 2007/2, p. 120, note Brigitte GARRIGUES.

ne motive alors qu'une action engagée pour préserver les intérêts d'une communauté et cela peut se concevoir soit par le biais d'une action engagée par plusieurs actionnaires[2364], soit par une action engagée par une association d'actionnaires[2365]. Dans ces hypothèses, la mutualisation des coûts, tout comme le paiement des cotisations permettant d'adhérer à l'association d'actionnaires, permet d'envisager plus facilement les poursuites aboutissant à une réparation forfaitaire. L'action *ut plures* est de même favorisée par le résultat final, puisqu'en cas d'indemnisation forfaitaire, les dommages-intérêts versés par le dirigeant seront proportionnels au nombre de demandeurs[2366], ce qui permet d'améliorer la fonction normative de la responsabilité civile.

La méthode de l'indemnisation proportionnelle paraît ne pas souffrir des mêmes faiblesses que l'indemnisation forfaitaire. Cette indemnisation, sous forme d'un pourcentage, permettrait d'individualiser au mieux le préjudice subi par les actionnaires. Il demeure toutefois une question majeure, celle du référentiel auquel il faut appliquer le pourcentage. Plusieurs possibilités ont été envisagées par les auteurs, notamment indemniser le préjudice subi en octroyant un pourcentage de la somme investie par l'actionnaire demandeur[2367], un pourcentage de la valeur des titres au jour du jugement[2368] ou encore un pourcentage de la somme obtenue en faisant la différence entre la valeur du titre telle qu'elle aurait pu être sans faute et la valeur au jour du jugement ou au jour de la vente du titre[2369]. Cette dernière possibilité, qui paraît la plus attrayante, est toutefois la plus difficile à appliquer, puisqu'elle impose de déterminer ce qu'aurait dû être la valeur de l'action sans information trompeuse[2370]. Indemniser en versant un pourcentage de l'investissement est alors une solution imparfaite, car conduisant à considérer que l'investissement réalisé est en soi un préjudice[2371]. La seule solution envisageable dans cette hypothèse serait une indemnisation calculée par le biais d'un pourcentage de la valeur des actions au jour du jugement. Dès lors, n'est-il pas à craindre que la longueur du temps judiciaire fausse l'évaluation

[2364] Sous la condition impérative de respecter les conditions de détention d'un certain pourcentage capitalistique, voir *supra* § 681 et notes infrapaginales afférentes.

[2365] Dans l'affaire SIDEL, cela était l'hypothèse, car l'action concernait l'ADAM (association de défense des actionnaires minoritaires) et l'APPAC (association des petits porteurs actifs).

[2366] Si les dommages-intérêts sont dispersés entre tous les porteurs de parts demandeurs, leur paiement ne pèse que sur une seule personne – sauf cas de responsabilité d'un organe collégial – ce qui peut être particulièrement délicat pour le défendeur (dans l'affaire SIDEL, les dommages-intérêts s'élevaient à plus de 48 000 euros).

[2367] N. RONTCHEVSKY, précité note 1382, § 21.

[2368] C. CLERC, *op. cit.* note 2356, p. 38 ; A. REYGROBELLET, N. HUET, *op. cit.* note 471, p. 222.

[2369] S. SCHILLER, *op. cit.* note 2356, § 18.

[2370] En cela, cette solution encourt les mêmes critiques formulées dans le paragraphe n° 705.

[2371] Cela serait éventuellement le cas lorsque l'investissement a été réalisé sur le fondement de l'information trompeuse.

du préjudice, alors que la valeur du titre a évolué à la hausse ou à la baisse, sans commune mesure avec le dommage effectivement subi par l'associé ?

707. Les dommages-intérêts, dans la détermination de leur quantum, représentent un frein certain à toute action en responsabilité de la part des actionnaires. Leur montant ne saurait couvrir les frais engagés par une action en justice et un actionnaire n'entend qu'exceptionnellement accepter d'assumer seul les frais d'une demande en justice. Il est compréhensible que le contrôle *a posteriori* de certaines opérations de gestion n'aboutisse à aucune mise en cause de la responsabilité du dirigeant gestionnaire. La faiblesse du quantum des dommages-intérêts comme facteur explicatif du peu de succès des actions en responsabilité se couple avec le mécanisme assurantiel en constant développement dans les sociétés cotées. Ainsi, le dirigeant a peu de chances d'être soumis à une action en responsabilité engagée par les actionnaires et, dans ces rares hypothèses, il n'assumera pas directement le paiement des dommages-intérêts.

B) L'assurance de responsabilité civile, frein à la fonction normative de la responsabilité civile

708. L'assurance de responsabilité du mandataire social, mécanisme rapidement adopté en droit interne Mécanisme de droit anglo-saxon[2372], l'assurance de responsabilité des mandataires sociaux a vocation à couvrir la *violation of legislation*, la *violation of company's articles* comme le *mismanagement*[2373]. Il est intéressant de noter que les fautes couvertes sont les mêmes que les fautes mentionnées à l'article L. 225-251 du Code de commerce, ce qui a clairement facilité leur adaptation en droit interne.

L'assurance de responsabilité du mandataire social est un phénomène qui connaît un franc succès dans les grandes sociétés au regard du courant jurisprudentiel visant à engager plus souvent la responsabilité des dirigeants sociaux[2374]. La responsabilité des dirigeants est un risque qu'il convient de

---

[2372] Bien qu'il soit possible de trouver trace d'une police d'assurance de responsabilité des mandataires sociaux émise par la Lloyd's (compagnie d'assurance de Grande-Bretagne) il y a un demi-siècle, il est communément admis que ce phénomène assurantiel est principalement étasunien. Pour une description de celui-ci : A. TUNC, *op. cit.* note 2296, p. 261. Voir aussi : Charles FREYRIA, « L'assurance de responsabilité civile du "management" », *D.* 1995, p. 120 ; Alexis CONSTANTIN, « De quelques aspects de l'assurance de responsabilité civile des dirigeants sociaux », *RJDA* 2003, p. 596-597 ; Mélanie PINTO, *L'assurance responsabilité civile des mandataires sociaux*, dir. Michel GERMAIN, Mémoire de Master II – Magistère de Juriste d'affaires, Université Paris II, 2007, p. 9-10.

[2373] C. FREYRIA, *op. cit.* note 2372, p. 120.

[2374] Il ressort que les mandataires sociaux de toutes les sociétés du CAC 40 et de 80 pour cent des sociétés cotées sont bénéficiaires d'une telle police d'assurance. AGENCE FRANCE PRESSE, « De plus en plus mis en cause devant la justice, les patrons sont choyés par les assureurs », 4 avril 2008. Voir aussi Joël MONNET, « Assurance de responsabilité – Dirigeants sociaux », dans *J.-Cl. Sociétés*, fasc. 132-15, § 2 et 13.

couvrir, *a fortiori* dans les sociétés cotées dans lesquelles le quantum de dommages-intérêts peut s'avérer important dans le cas d'une action collective. Il convient d'étudier le champ d'application de ce système d'assurance de responsabilité civile avant d'aborder la question de sa qualification de rémunération. Il s'agit alors de montrer, outre la nécessité d'une assurance couvrant à l'activité des dirigeants gestionnaires, qu'elle peut entraîner un effet pervers de déresponsabilisation complète du dirigeant.

709. Le domaine de l'assurance de responsabilité civile des mandataires sociaux : des limitations légalement faibles. Les polices d'assurance de responsabilité civile des mandataires sociaux admettent quasiment toutes la clause de style selon laquelle le dirigeant est assuré « tous risques sauf... »[2375]. Sans autre précision stipulée au contrat, toutes les fautes commises par les dirigeants sont couvertes par l'assurance. Devant l'insondable immensité des hypothèses envisageables, il convient de préciser les cas de responsabilité en fonction des principes généraux du droit des contrats et des assurances.

Dans un premier temps, ne sont pas couvertes par l'assurance de responsabilité civile les fautes qui engagent la responsabilité de la société. Le dirigeant qui commet une faute engageant la responsabilité de la société ne serait pas personnellement responsable et ne mettrait ainsi pas son assurance de responsabilité civile en jeu[2376]. Par ailleurs, ne sont pas assurées par l'assurance civile de responsabilité les fautes commises par le dirigeant sans lien avec son activité en tant que dirigeant social. En effet, il semble inconcevable que le dirigeant bénéficie d'un régime d'assurance de responsabilité civile professionnelle pour des agissements commis dans sa vie privée[2377]. Ces limitations au champ d'application de l'assurance, d'application évidente au regard du droit des contrats, ne sont toutefois pas les plus importantes.

Dans un second temps, la limite qui semble la plus importante tient à une disposition propre au droit des assurances. L'assurance étant un contrat par nature aléatoire, elle ne peut couvrir une faute volontaire, contraire à tout

---

[2375] J. MONNET, *op. cit.* note 2374, § 35 ; A. CONSTANTIN, *op. cit.* note 2372, p. 600.

[2376] Cette solution, bien que logique, est toutefois à nuancer, car les polices d'assurance prévoient le plus souvent que la société est aussi couverte lorsque la faute n'est pas jugée séparable lorsque la société est mise en cause conjointement au dirigeant ou postérieurement à celui-ci s'il a été jugé que la faute n'était pas séparable. Voir : Héloïse HUSSON et Marion LESTIENNE, « Le périmètre de la garantie : les personnes couvertes, les risques couverts », *Bulletin Joly sociétés* 2010, p. 775.

[2377] Pierre-Grégoire MARLY, « La faute dans l'assurance de responsabilité des dirigeants », *JCP E* 2006, 1490, § 9 ; A. CONSTANTIN, *op. cit.* note 2372, p. 599.

aléa[2378]. Le Code des assurances excluant les fautes volontaires et dolosives, une question surgit à propos des fautes séparables des fonctions. En effet, la faute séparable des fonctions, telle que définie par l'arrêt SATI[2379], impose de caractériser une faute intentionnelle d'une particulière gravité et incompatible avec l'exercice normal des fonctions sociales. Ainsi, la faute séparable des fonctions étant nécessairement intentionnelle, cela signifierait-il que les fautes séparables des fonctions ne seraient jamais couvertes par l'assurance responsabilité des mandataires sociaux[2380] ?

Cette conclusion, bien que logique, serait toutefois insuffisante, les dirigeants n'étant alors couverts que pour les fautes commises à l'égard de la société ou des associés, et non pour les fautes commises à l'égard des tiers. Dans cette dernière hypothèse, le tiers pourrait n'être indemnisé que par le dirigeant gestionnaire fautif, ce qui pourrait, dans le pire des cas, aboutir à un risque de défaut de paiement par le dirigeant gestionnaire, dont la surface financière est sans aucun doute moins importante que celle des compagnies d'assurance. Cette situation ne peut toutefois intervenir, en raison de la perception de la faute intentionnelle du droit des assurances[2381] devenue autonome[2382]. La notion d'intention est entendue, en droit des assurances, comme s'appliquant au dommage, puisque « l'auteur de l'acte ne se contente pas de commettre une faute volontaire et délibérée (…) ; l'intention vise la réalisation du dommage »[2383]. Il en ressort qu'une faute intentionnelle, selon la conception propre au droit des assurances, s'entend de celle commise

---

[2378] Selon l'article L. 113-1 du Code des assurances, « Les pertes et les dommages occasionnés par des cas fortuits ou causés par la faute de l'assuré sont à la charge de l'assureur, sauf exclusion formelle et limitée contenue dans la police. *Toutefois, l'assureur ne répond pas des pertes et dommages provenant d'une faute intentionnelle ou dolosive de l'assuré* ». Le fait que la faute intentionnelle supprime tout aléa au contrat d'assurance a été souligné par un arrêt : Cass. civ. 1ère, 15 janvier 1985, *RTD Civ.* 1985, p. 728, obs. Jacques MESTRE.

[2379] Précité note 1379.

[2380] Il aurait été possible d'invoquer le fait que la faute séparable est tellement grave qu'elle est nécessairement commise hors des fonctions du dirigeant. Une telle proposition est toutefois excessive, car le critère est celui de la faute séparable des fonctions, et non pas séparée des fonctions. La différence terminologique regroupe une réalité factuelle : la faute est matériellement rattachée aux fonctions de dirigeant social car elle est commise durant les fonctions sociales, elle est tellement grave qu'elle en devient « intellectuellement étrangère » aux fonctions. Voir : Dominique VIDAL, « La responsabilité civile des dirigeants sociaux, *Cahiers de droit de l'entreprise* 2001, n° 3, p. 19.

[2381] Le terme de « faute dolosive » sera écarté dans ces développements, car celle-ci, en droit des assurances, n'apporte aucune précision par rapport à la notion de faute intentionnelle. Pour certains, la formulation de l'alinéa 2 de l'article L. 113-1 du Code des assurances serait erronée, et il serait préférable de mentionner le « sinistre volontaire » ou « dommage volontaire » : Yvonne LAMBERT-FAIVRE et Laurent LEVENEUR, *Droit des assurances*, 13ème éd., Paris, Dalloz, 2011, p. 324-325.

[2382] Caroline RUELLAN, « Essai sur les conditions d'assurabilité des fautes commises par les mandataires et dirigeants sociaux », dans *Mélanges en l'honneur de Philippe MERLE*, précité note 1125, p. 627.

[2383] *Id.*, p. 324.

volontairement, mais aussi dont les conséquences dommageables sont recherchées par son auteur[2384]. En cela, la faute intentionnelle s'approche de la faute pénale volontaire. Dès lors, la faute séparable n'est pas nécessairement une faute intentionnelle au sens de l'article L. 113-1 du Code des assurances : si la faute est volontaire dans sa commission, le dommage causé ne l'est pas et cette faute pourra dès lors être indemnisée par une assurance de responsabilité civile. Quelques points demeurent incertains, en cas de faute pénale entraînant une faute séparable des fonctions, car certaines fautes pénales sont intentionnelles, tant dans la commission de la faute que dans la recherche du préjudice. Dans une telle hypothèse, la faute séparable des fonctions issue de la faute pénale intentionnelle pourrait être une exception au principe de réparation par la compagnie d'assurance.

La limite tenant au droit des assurances, selon laquelle l'assuré ne peut bénéficier de l'assurance de responsabilité civile lorsqu'il commet une faute intentionnelle, ne représente pas un frein majeur à l'engagement de la responsabilité des dirigeants. L'effet serait même plutôt opposé, car l'assurance de responsabilité civile serait mise en œuvre dans la majeure partie des cas. Dès lors, une conclusion s'impose, selon laquelle le développement de l'assurance responsabilité civile des mandataires sociaux est favorable aux dirigeants comme aux personnes éventuellement lésées par leurs fautes. Les dirigeants gestionnaires auront ainsi tendance à faire preuve d'une prise de risque plus grande en ayant l'assurance d'être couverts par une assurance responsabilité civile. Les fautes commises en prenant des risques n'engendreraient que très rarement des effets pécuniaires à leur égard[2385], les compagnies d'assurance assumant les conséquences dommageables de leurs

---

[2384] Alexis CONSTANTIN, « L'utilité de l'assurance des dirigeants sociaux au regard de la jurisprudence de la Cour de cassation », *Bulletin Joly sociétés* 2010, p. 762 ; A. CONSTANTIN, *op. cit.* note 2372, p. 605 ; Jérôme KULLMANN (dir.), *Lamy Droit des assurances*, Rueil-Malmaison, Wolters Kluwer France, 2014, § 1294 et s. Pour une position plus nuancée, faisant état de toutes les étapes jurisprudentielles : Jérôme KULLMANN, « Les périmètres de la garantie : les risques non couverts », *Bulletin Joly sociétés* 2010, p. 783 ; J. MONNET, *op. cit.* note 2374, § 30. Le dernier état de la jurisprudence des chambres civiles laisse toutefois penser que la faute intentionnelle doit bien revêtir le double critère de l'intentionnalité de la faute et du dommage recherché : Cass. civ. 1ère, 27 mai 2003, *Gazette du Palais* 2003, p. 495, note André FAVRE-ROCHEX ; *Responsabilité civile et assurances* 2003, comm. 282, obs. Hubert GROUTEL ; *Revue générale de droit des assurances* 2003, p. 464, note Jérôme KULLMANN ; Cass. civ. 1ère, 6 avril 2004, *Responsabilité civile et assurances* 2004, comm. 240, obs. Hubert GROUTEL ; Cass. civ. 2ème, 18 mars 2004, *D.* 2004, IR, p. 1065 ; *ibid.* p. 2324, note Bernard BEIGNIER ; *Gazette du Palais* 2004, p. 2469, note André FAVRE-ROCHEX ; *Responsabilité civile et assurances*, comm. 240, obs. Hubert GROUTEL ; *Revue générale de droit des assurances* 2004, p. 364, note James LANDEL ; Cass. civ. 2ème, 18 octobre 2012, *Revue générale du droit des assurances* 2013, p. 56, note Jean-Pierre KARILA ; *Responsabilité civile et assurances*, janvier 2013, comm. 36, commentaire Hubert GROUTEL ; *L'essentiel de droit des assurances* 2012, n° 11, p. 2, note Axelle ASTEGIANO-LA RIZZA.

[2385] Voir en ce sens : A. KIRRY et M.-H. MONSALLIER SAINT-MLEUX, *op. cit.* note 2336, § 39.

actes dès lors que le dommage n'était pas intentionnellement recherché. Par ailleurs, les victimes de ces agissements fautifs sont bénéficiaires de ce mécanisme assurantiel, les compagnies d'assurance ayant des capacités financières bien plus importantes que de simples particuliers. L'assurance de responsabilité civile est un avantage et non un frein pour les suites judiciaires du contrôle *a posteriori* des décisions de gestion.

710. La prise en charge des primes par la société. Le mécanisme de l'assurance de responsabilité civile des mandataires sociaux repose sur l'idée selon laquelle la société est la partie au contrat conclu avec la compagnie d'assurance, afin d'assurer un tiers. C'est donc un mécanisme d'assurance pour compte[2386], qui pose une question majeure en droit pénal des sociétés, celle de la conformité de l'usage des fonds sociaux afin de payer les primes à l'égard de l'intérêt social. À cet égard, une proposition de loi présentée à l'Assemblée Nationale, relevant la dangerosité de ce mécanisme pour la société, visait son interdiction[2387]. Il faut alors se demander si le paiement des primes d'assurance par la société elle-même peut représenter un abus des biens sociaux.

L'abus des biens sociaux tel qu'abordé par le Code de commerce emporte la réunion de plusieurs éléments[2388]. Il est nécessaire en effet que le dirigeant fasse usage des biens ou fonds sociaux à des fins personnelles et contraire à l'intérêt social. Il est nécessaire de s'interroger sur le risque pesant sur cette pratique. À première vue, il ne semble faire aucun doute que les sommes engagées par la société pour le versement les primes bénéficient uniquement aux dirigeants. La seconde condition est en revanche bien plus sujette à controverse. En effet, il semblerait, dans une optique purement patrimoniale, que l'intérêt social n'est pas respecté par de tels versements effectués par la société[2389], permettant de constater l'abus de biens sociaux[2390].

Cette conception restrictive ne peut raisonnablement être retenue pour plusieurs motifs. Tout d'abord, la majorité des polices d'assurance de

---

2386 A. CONSTANTIN, *op. cit.* note 2372, p. 596 ; S. MESSAÏ-BAHRI, *op. cit.* note 262, p. 347 et s. ; Pierre-Grégoire MARLY, « Le paiement des primes par la société : réflexion sur la légitimité d'une pratique », *Bulletin Joly sociétés* 2010, p. 772, § 3 ; J. MONNET, *op. cit.* note 2374, § 31.

2387 ASSEMBLEE NATIONALE, *Proposition de loi n° 1304 relative au renforcement de la responsabilité individuelle des dirigeants et mandataires sociaux dans les sociétés anonymes ainsi qu'à la transparence et au contrôle de leur rémunération dans les sociétés cotées*, 17 décembre 2003. Cette proposition de loi visait à intégrer au Code de commerce un article L. 225-254-1, lequel aurait disposé : « Toute assurance en responsabilité civile souscrite ou payée par la société afin de couvrir la responsabilité civile des administrateurs ou du directeur général est nulle et ne peut avoir aucun effet. Toute disposition contraire est réputée non écrite ».

2388 Voir *infra* § 803 et s.

2389 J. MONNET, *op. cit.* note 2374, § 24.

2390 P.-G. MARLY, *op. cit.* note 2386, § 5. L'auteur considère cependant que retenir une telle conception serait faire preuve d'un excès de pusillanimité.

responsabilité civile des mandataires sociaux ne couvrent pas un seul dirigeant, mais tous les dirigeants gestionnaires présents au sein de la société. Dès lors, en application de la règle selon laquelle la norme pénale est d'interprétation stricte, une police d'assurance bénéficiant à plusieurs mandataires sociaux ne peut être considérée comme constitutive d'un abus des biens sociaux, car elle bénéficie à plusieurs personnes[2391]. Par ailleurs, en complément de cet argument, il est possible d'affirmer que le paiement des primes d'assurance par la société n'est pas contraire à son intérêt. En effet, la société bénéficie de l'assurance, car elle pourra éventuellement profiter des indemnités versées lorsqu'elle subit un dommage couvert par la police d'assurance. Il n'est alors pas envisageable de qualifier comme étant contraire à l'intérêt social un mécanisme qui peut bénéficier à la société[2392]. Par ailleurs, le dirigeant couvert par une assurance de responsabilité civile aura, tel qu'il l'a déjà été mentionné, plus tendance à agir librement, sans avoir à prendre en considération les conséquences d'un éventuel acte qui s'avèrerait fautif. Le dirigeant libre serait plus productif, moins inhibé dans la conduite des affaires sociales, ce qui bénéficierait à la société car la prise de risque serait, sinon encouragée, moins sanctionnée[2393].

L'assurance de responsabilité civile des mandataires sociaux ne serait pas sous la menace du délit d'abus des biens sociaux. Cette absence de qualification d'infraction pénalement réprimée est favorable à cette pratique, de plus en plus adoptée au sein des sociétés cotées. Elle consiste en un versement d'une somme d'argent en raison du travail effectué par le dirigeant social. Il n'est en effet pas imaginable qu'une société souscrive une assurance de responsabilité civile des mandataires sociaux pour des personnes n'exerçant aucune activité, car l'un des buts poursuivis par cette assurance est justement d'inciter à une plus grande activité. Dès lors, les primes versées par la société correspondent en tous points à la qualification de rémunération[2394]. Ces sommes ne sont effectivement pas versées aux dirigeants à titre de rémunération directe, mais engagées par la société à son profit. Dès lors, ces régimes d'assurance de responsabilité civile sont des avantages en nature. Cette qualification de rémunération rejoint pour partie la doctrine fiscale, qui considère que le versement des primes d'assurance représente un complément de rémunération qui devait être soumis à l'impôt sur le revenu des personnes

---

[2391] A. CONSTANTIN, *op. cit.* note 2372, p. 607.

[2392] C. FREYRIA, *op. cit.* note 2372, p. 120 ; A. CONSTANTIN, *op. cit.* note 2372, p. 608 ; P.-G. MARLY, *op. cit.* note 2386, § 5 ; J. MONNET, *op. cit.* note 2374, § 24.

[2393] A. CONSTANTIN, *op. cit.* note 2372, p. 608. Cette conséquence de l'assurance de responsabilité civile rejoindrait alors la théorie Schumpéterienne de l'entrepreneur aventurier.

[2394] G. CORNU (dir.), *op. cit.* note 72, p. 883.

physiques au titre des avantages en nature[2395]. Ces qualifications fiscale et sociale entraînent des conséquences qu'il convient d'aborder.

711. Un statut de rémunération emportant des conditions de publicité. Conférer la qualification de rémunération au régime d'assurance de responsabilité civile des mandataires sociaux entraîne plusieurs conséquences. La première est organique, puisque si ces régimes d'assurance sont des rémunérations, le conseil d'administration est nécessairement compétent lorsque le bénéficiaire de cette assurance pour compte est le directeur général[2396]. Par ailleurs, en tant qu'élément de rémunération versé au dirigeant gestionnaire, le montant des primes d'assurance doit figurer dans le rapport annuel répondant de l'article L. 225-37-3 du Code de commerce, à peine de nullité[2397]. Cette publicité conférée aux versements effectués par la société au nom de son dirigeant est intéressante pour les actionnaires comme pour les tiers, car elle leur permet de connaître l'assurance bénéficiant aux dirigeants, et donc le mécanisme pouvant leur bénéficier indirectement en cas d'action judiciaire victorieuse à l'encontre du dirigeant social.

712. Un statut de rémunération exclusif des conventions réglementées ? Il serait possible de considérer que les assurances de responsabilité civile des mandataires sociaux, conclues entre la société et une compagnie d'assurance, intéressent les dirigeants sociaux, d'autant plus que ce sont ces derniers qui vont effectivement signer la convention d'assurance au nom de la société. Apparaît alors un conflit d'intérêts en la personne du dirigeant, qui engage la société dans une convention qui lui bénéficie personnellement au moins en partie. Il est possible de s'interroger sur l'application de la procédure des conventions réglementées, qui a justement pour but de prévenir la survenance de tels conflits d'intérêts[2398]. Il serait envisageable de recommander d'appliquer la procédure des conventions réglementées afin d'augmenter la gouvernance de la société et de rendre plus transparente la procédure d'octroi des régimes d'assurance de responsabilité civile des mandataires sociaux[2399].

[2395] Réponse ministérielle n° 23361, *J.O. Sénat* du 11 juillet 1985, p. 1311. Une qualification différente a été retenue deux ans plus tard, lorsqu'il a été considéré que la prime versée était une indemnité représentative de frais exonérée d'impôt : Réponse ministérielle n° 25786, *J.O. Assemblée Nationale* 26 octobre 1987, p. 5931. La dernière position de la doctrine fiscale est fixée par une réunion du comité fiscal d'organisation administrative du 15 mars 2001, *DO* n° 66, p. 10 ; *JCP E* 2001, p. 1801. Voir aussi : J. KULLMANN *et alii*, *op. cit.* note 2384, § 2568 ; S. MESSAÏ, *op. cit.* note 262, p. 353.

[2396] Voir *supra* § 150.

[2397] M. PINTO, *op. cit.* note 2372, p. 48.

[2398] Voir *supra* § 285.

[2399] A. CONSTANTIN, *op. cit.* note 2372, p. 610 ; P.-G. MARLY, *op. cit.* note 2386, § 4 ; M. PINTO, *op. cit.* note 2372, p. 18-19. Voir aussi : J. MONNET, *op. cit.* note 2374, § 22, pour qui l'économie générale du contrat d'assurance au profit du dirigeant « conduirait » à caractériser une convention réglementée, car la société est « créancière de la réparation consécutive à l'action en responsabilité engagée contre son dirigeant [et qu'elle] reste débitrice des primes du contrat d'assurance ».

Cette mesure de prudence serait sans doute favorablement accueillie par les actionnaires et les investisseurs qui seraient impliqués et informés par l'adoption de cette procédure, mais pourrait contrevenir à l'impératif de célérité propre aux sociétés cotées. En effet, la procédure des conventions réglementées étant lourde et longue, il conviendrait de l'appliquer avec parcimonie. Dès lors, plutôt que de se demander s'il est recommandé d'appliquer une telle procédure à l'assurance de responsabilité civile des mandataires sociaux, il convient de s'interroger sur le caractère impératif de cette procédure.

C'est alors qu'apparaissent deux arguments selon lesquels la procédure des conventions réglementées ne devrait pas être appliquée à ces contrats. Le premier argument est textuel. L'article L. 225-38 du Code de commerce dispose en son premier alinéa que « toute convention intervenant directement ou par personne interposée entre la société et son directeur général (...) doit être soumise à l'autorisation préalable du conseil d'administration ». Il en est de même, au sens du deuxième alinéa du même article, des conventions intéressant indirectement les personnes visées au premier alinéa, dont fait partie le directeur général. Le contrat d'assurance de responsabilité civile des mandataires sociaux, pris en sa forme la plus courante d'assurance pour compte, est conclu entre la société et une compagnie d'assurance. Ce ne peut être un cas de convention réglementée de l'alinéa premier de l'article L. 225-38 du Code de commerce, sauf à considérer que le dirigeant conclut le contrat d'assurance avec l'interposition de la compagnie d'assurance, ce qui est évidemment inenvisageable[2400]. Le second alinéa de l'article L. 225-38 du Code de commerce permettrait toutefois de passer outre cette incongruité et de soumettre l'assurance de responsabilité civile à la procédure des conventions réglementées. Il ne fait aucun doute que le dirigeant social est indirectement intéressé à la conclusion de la convention, car il en bénéficie en étant couvert et en ne déboursant aucune somme. L'argument textuel selon lequel l'assurance de responsabilité civile des mandataires sociaux n'est pas une convention réglementée ne satisfait que peu.

Un autre argument à l'inapplicabilité des conventions réglementées, qui paraît cette fois imparable, tient à la qualification de rémunération. À considérer que l'assurance de responsabilité civile des mandataires sociaux soit une rémunération, ce qui est communément accepté, cette dernière ne pourrait pas être considérée comme une convention, car les rémunérations n'ont aucun caractère conventionnel, mais sont considérées comme des actes unilatéraux[2401]. Dès lors, la qualification de rémunération interdit l'application

---

[2400] Voir : J. MONNET, *op. cit.* note 2374, § 22. Cette impossibilité est acceptée, partiellement, par un autre auteur qui affirme toutefois qu'il conviendrait d'appréhender une lecture téléologique de l'alinéa premier de l'article L. 225-38 du Code de commerce : A. CONSTANTIN, *op. cit.* note 2372, p. 610.

[2401] Voir *supra* § 161.

de la procédure des conventions réglementées aux régimes d'assurance de responsabilité civile, car ces derniers ne sont en aucun cas des conventions, mais considérés comme des actes unilatéraux décidés par le conseil d'administration.

713. Conclusion de la section 2. Les mécanismes de responsabilité civile propres au droit des sociétés semblent être l'aboutissement logique d'un contrôle de la gestion sociale faisant apparaître une faute commise par les dirigeants gestionnaires. Cependant, de nombreux freins sont placés au-devant des demandes formées à l'encontre des dirigeants sociaux, qu'elles émanent de la société ou de tiers. En couplant les exigences liées à l'intérêt à agir et à la faute devant être prouvée, il ressort que les dirigeants sociaux bénéficient des conditions posées. Les tiers ont un intérêt à agir, mais doivent prouver la faute séparable des fonctions, dont les conditions sont difficiles à réunir. Les actionnaires quant à eux, doivent prouver une faute simple du dirigeant, mais il leur est imposé d'arguer d'un préjudice propre distinct du préjudice social, difficilement caractérisable. Enfin, la société qui agirait contre le dirigeant n'est pas confrontée à l'exigence d'une faute séparable des fonctions et subit un préjudice aisément identifiable, mais les limites de son action contre le dirigeant tient aux modalités de la conduite de l'action sociale. Qu'elle soit *ut universi* ou *ut singuli* – ou *ut plures* – l'action sociale est rarement engagée, le contrôle de la gestion de la société cotée est donc peu concrétisé.

En dépit de ces différents obstacles, et lorsque l'action aboutit devant les juridictions, celles-ci peuvent sanctionner les dirigeants fautifs, mais une limite à cette sanction se trouve être le montant des dommages-intérêts, qui peuvent s'avérer, dans le cadre d'une société cotée, relativement réduits lorsque le préjudice réparé est celui d'un actionnaire. L'effet sanctionnateur des actions en responsabilité civile est d'autant plus réduit que se développent les polices d'assurance de responsabilité civile pour les mandataires sociaux, qui viennent atténuer la charge financière des actions en responsabilité. Ce constat d'atténuation de l'effet dissuasif de la responsabilité civile à l'encontre des dirigeants sociaux peut être expliqué. En effet, la conduite de la gestion sociale nécessitant une prise de risques en principe évaluée, il est nécessaire de ne pas sanctionner trop sévèrement le dirigeant qui se serait montré fautif dans l'évaluation des conséquences de sa gestion. La déférence judiciaire dont peuvent bénéficier les dirigeants sociaux lors du contrôle de la gestion par les juridictions civiles est donc parfaitement justifiée.

714. Conclusion du chapitre 1. Les tribunaux civils peuvent intervenir, à la demande de toute personne intéressée, afin de concrétiser le contrôle de la gestion sociale opéré par le demandeur. Il revient au juge de vérifier si la demande est fondée, et donc de vérifier par lui-même comment la société a été gérée au cours des périodes précédentes. Les juridictions commerciales, en dépit du principe de non-immixtion au sein de la gestion sociale, peuvent porter une évaluation sur l'action des dirigeants et proposer des solutions si une situation problématique apparaît. Deux voies s'offrent alors à elles. La première, qui consiste en la nomination d'une personne devant intervenir au sein de la société, permet en principe d'opérer un rééquilibrage des pouvoirs et un apaisement des relations au sein de la société. Toutefois, lorsque cette solution n'est pas efficace, ou pas envisageable, une seconde voie est ouverte aux juridictions, la condamnation du dirigeant sur le fondement de la responsabilité civile. Celle-ci, parce qu'elle représente une solution radicale, particulièrement dans le cadre des sociétés cotées, est strictement encadrée, ce qui bénéficie aux dirigeants gestionnaires devant conserver l'initiative d'une gestion pouvant être audacieuse. Cette gestion risquée ne devrait toutefois pas devenir gestion hardie ou inconsciente, sauf à faire l'objet d'une autre forme de contrôle judiciaire, bien moins conciliante.

Chapitre 2 : Le traitement juridictionnel d'un grave dysfonctionnement de la gestion sociale

715. L'intervention juridictionnelle, recours ultime. Une fois que le contrôle de la gestion a fait apparaître les errances des dirigeants gestionnaires, et après la réparation des éventuels troubles qui ont pu en résulter, se pose la question de la sanction de cette gestion hasardeuse. Cet aspect punitif ne peut être que la conclusion du processus de vérification de la gestion sociale. En effet, l'action en justice peut aboutir à la condamnation de la gestion sociale en sanctionnant le dirigeant qui l'a menée, ou à sa validation en cas d'échec[2402] de l'action.

La contestation de la gestion peut aboutir à l'ouverture d'une procédure collective, qui vient sanctionner la gestion globale des dirigeants gestionnaires, en la considérant comme non adaptée (section 1). La particularité de cette action est qu'elle vise la société, qui peut subir les effets sanctionnateurs qui devraient concerner *ab initio* ses dirigeants. À l'inverse, l'action engagée devant les juridictions répressives est intentée à l'encontre du dirigeant gestionnaire[2403], le seul à être potentiellement sanctionné pour ses agissements (section 2).

Section 1 : L'ouverture d'une procédure collective

716. La sanction liée à l'ouverture d'une procédure collective. Le caractère sanctionnateur de la procédure collective transparaît lorsqu'elle arrive en point d'orgue d'un contrôle de la gestion sociale ayant relevé une situation économique particulièrement critique, pour autant que cette situation ne soit pas du fait de facteurs exogènes. Cette situation économique aboutit à un état de cessation des paiements, soit la situation dans laquelle le débiteur – la société – ne peut faire face au passif exigible avec son actif disponible[2404]. « Clé de voûte » des procédures collectives[2405], il n'en demeure pas moins que cette notion, impliquant trois éléments – l'identification de deux masses et la qualification d'un déséquilibre entre elles – demeure parfois source

---

[2402] Afin de valider la gestion sociale, l'échec de l'action doit cependant être fondé sur des conditions de fond, et non de forme ou de preuve.

[2403] Une action pénale peut également être intentée contre la société personne morale, qui peut se voir reprocher tout délit ou crime commis en son nom par un de ses organes ou représentants en vertu de l'article 121-2 du Code pénal : « Les personnes morales, à l'exclusion de l'État, sont responsables pénalement, selon les distinctions des articles 121-4 à 121-7, des infractions commises, pour leur compte, par leurs organes ou représentants ».

[2404] Article L. 631-1 du Code de commerce : « Il est institué une procédure de redressement ouverte à tout débiteur (...) qui, dans l'impossibilité de faire face au passif exigible avec son actif disponible, est en cessation des paiements (...). »

[2405] Thierry MONTERAN, « L'état de cessation des paiements clef de voûte des procédures collectives », *Revue des procédures collectives* mars 2001, p. 1 ; André JACQUEMONT, Régis VABRES, *Droit des entreprises en difficulté*, 9ème éd., Paris, LexisNexis, 2015, p. 142.

d'incertitudes. Sa souplesse[2406] présente l'avantage d'appréhender de nombreuses situations, mais aussi l'inconvénient de ne pas offrir une réponse claire à d'autres[2407]. La cessation des paiements est un préalable nécessaire à l'ouverture des procédures de redressement judiciaire[2408] et de liquidation judiciaire[2409], qui représentent le recours ultime lorsque le contrôle interne de la gestion sociale s'est avéré insuffisant ou inefficace. Cette vérification opérée par le juge fait apparaître un déséquilibre issu d'une mauvaise gestion de la part des dirigeants gestionnaires. Le juge compétent pour ouvrir une de ces deux procédures exerce alors un contrôle de la gestion sociale ayant une dimension sanctionnatrice pour la société (§1), ainsi que pour ses dirigeants gestionnaires (§2).

§1 La sanction de la société débitrice

717. L'ouverture d'une procédure de redressement ou de liquidation judiciaires à l'égard de la société débitrice peut représenter un double caractère punitif. Le débiteur n'a pas pu éviter la situation de déliquescence économique, et il convient de le sanctionner pour ne pas avoir su la redresser ou ne pas avoir mis en œuvre tous les moyens pour éviter la situation compromise. L'ouverture d'une procédure collective à la suite de la constatation de la cessation des paiements vise à atteindre la structure même de l'entreprise dont la société représente le mode d'exploitation (I). Par ailleurs, le déclenchement de la procédure collective peut présenter une menace pour l'existence même de la société, en ce qu'elle est amenée à disparaître temporairement, voire totalement (II).

I) La sanction par l'atteinte à la structure de l'entreprise

718. L'entreprise, préoccupation des procédures collectives. La loi de sauvegarde du 26 juillet 2005[2410] a introduit l'article L. 631-1 du Code de commerce, tranchant avec l'ancien article L. 621-1 issu de la loi du 25 janvier 1985[2411]. Par cette réforme, le redressement judiciaire vise désormais les

---

[2406] Aussi, un auteur qualifie-t-il la cessation des paiements de « notion stable, souple et sûre ». Voir : Daniel TRICOT, « Propos conclusifs : la cessation des paiements, une notion stable, souple et sûre », *Les petites affiches* 14 juin 2007, p. 44.

[2407] Voir en ce sens : Matthieu BUCHBERGER, « Avances de trésorerie, avances en compte courant et cessation des paiements », *Bulletin Joly Entreprises en difficulté* 2011, p. 286.

[2408] Article L. 631-1 du Code de commerce précité note 2404.

[2409] Article L. 640-1 du Code de commerce : « Il est institué une procédure de liquidation judiciaire ouverte à tout débiteur (…) en cessation des paiements et donc le redressement est manifestement impossible ».

[2410] Loi n° 2005-845 du 26 juillet 2005 de sauvegarde des entreprises, *JORF* du 27 juillet 2005, p. 12187.

[2411] Loi n° 85-98 du 25 janvier 1985 relative au redressement et à la liquidation judiciaires des entreprises, *JORF* du 26 janvier 1985.

débiteurs – donc les sociétés – et non les entreprises, dont la poursuite de l'activité représente l'objectif de cette procédure. Outre l'avantage tenant à l'abandon de la personnification de l'entreprise[2412], la réforme du champ d'application tend à marquer la différence entre le débiteur et l'entreprise[2413]. Parce que l'activité de l'entreprise est la source des difficultés du débiteur, le juge doit identifier, à l'issue de son contrôle de la gestion, les origines précises de ces difficultés.

719. L'exploitation de l'entreprise sanctionnée par l'atteinte aux moyens de production. La société étant en état de cessation des paiements et donc objet d'une procédure de redressement ou de liquidation judiciaires, l'entreprise qu'elle exploite est considérée comme source de potentielles richesses qu'il convient de liquider afin de désintéresser les créanciers et partant réduire le passif social. Les biens et les activités sociaux peuvent alors faire l'objet d'une transmission par décision du juge, qui vient sanctionner une gestion malheureuse. Cette cession des biens et actifs sociaux est effectuée par une décision judiciaire après un contrôle de la gestion sociale minutieux, ayant mis en lumière ce dont la société doit se défaire afin de ne pas péricliter, et ce qu'elle doit impérativement conserver pour développer une gestion plus saine.

720. La cession des biens de l'entreprise ou d'une partie de l'entreprise. La société en difficulté peut voir son actif réduire. Il est alors question de dégraisser la société qui, en raison de son échec patent, se trouve en cessation des paiements. À cette fin, la loi prévoit la nécessité d'établir un plan de redressement, modalité par laquelle la société peut être amputée d'éléments importants de son actif. Cette procédure, nécessairement judiciaire, suppose un contrôle précis de la structure de la société, ainsi que de la gestion qui en a été faite. La particularité de ce contrôle est qu'il est opéré par les tiers qui envisageraient de reprendre tout ou partie de la société, ainsi que par les tribunaux qui statuent sur cette cession.

Le Code de commerce dispose en effet la possibilité pour les tiers de formuler à l'administrateur des offres tendant à acquérir l'entreprise ou une partie de celle-ci[2414]. Dès lors, ils contrôlent la conduite de la gestion de la société afin d'identifier ce qui n'a pas fonctionné en son sein et ce qui pourrait être plus profitable placé en d'autres mains, peut-être plus expertes. Un contrôle de la gestion est alors effectué non pas par des membres de la société, mais par des tiers qui vont envisager de s'approprier des éléments de l'entreprise. Le but de ce contrôle est, contrairement aux autres formes de contrôle effectuées, expressément de mettre à jour des erreurs de gestion, non

---

[2412] Sur l'absence de définition clairement arrêtée de la notion d'entreprise, voir : C. SAINT-ALARY-HOUIN, *op. cit.* note 1569, p. 12-13 et les notes infrapaginales relatives.

[2413] F. PÉROCHON, *op. cit.* note 1144, p. 497.

[2414] Selon l'article L. 631-13 du Code de commerce, « Dès l'ouverture de la procédure, les tiers sont admis à soumettre à l'administrateur des offres tendant au maintien de l'activité de l'entreprise, par une cession totale ou partielle de celle-ci ».

pas afin de sanctionner le dirigeant, mais pour acquérir les branches de l'entreprise ayant souffert de ces erreurs afin d'en tirer de meilleurs résultats.

721. La cession d'entreprise comme sanction d'une mauvaise gestion. Cette faculté permet à la société de se renflouer, mais aussi de se défaire d'activités qui l'ont conduit à la cessation des paiements. Le caractère sanctionnateur de cette mesure, ordonnée par le juge à l'issue d'un long processus ayant mené à l'établissement du plan de redressement, n'apparaît pas clairement mais peut être identifié en prêtant une attention à la mécanique des procédures collectives. En effet, la caractérisation de la cessation des paiements par le juge s'opère à la suite d'un constat, celui d'une situation financière obérée. La cession par le biais du plan de redressement intervient comme une sanction de la société et ses organes de gestion, qui n'ont pas su réagir plus tôt et donc adopter une gestion raisonnée.

A cette fin, une preuve du caractère sanctionnateur est fournie par le Code de commerce, qui impose, afin d'opérer une cession d'entreprise totale ou partielle, que la société débitrice se trouve dans l'impossibilité « d'en assurer [elle-même] le rétablissement »[2415]. Ce n'est pas l'entreprise qui est sanctionnée, mais la société incapable de l'exploiter et inapte à la faire fructifier pour permettre son propre rétablissement. Ainsi, tel que le mentionne le Professeur CHAPUT, la cession représente une « expropriation salvatrice »[2416], mais seulement pour l'entreprise économique et non pour la société être juridique qui n'a pas su la faire fructifier. Une seconde sanction peut être caractérisée lorsque, après la cession de l'entreprise, celle-ci se trouve être fructueuse entre les mains d'un autre propriétaire. La sanction dans ce cas n'est pas juridique mais économique, car la société en déconfiture peut prendre conscience de ce qui aurait pu être effectué et mesurer les éventuels manquements dans la conduite de la gestion sociale.

722. Un caractère sanctionnateur certain, mais à minimiser. S'il a été prouvé que la cession d'une ou plusieurs branches d'activités d'une entreprise faisant l'objet d'un redressement judiciaire peut être considérée comme une mesure de sanction de la gestion sociale, il convient de ne pas omettre que le redressement judiciaire a aussi pour objectif le rétablissement du débiteur. Dès lors, la cession d'une ou plusieurs activités peut aussi être perçue comme une mesure visant à permettre à la société de survivre en se débarrassant d'activités ayant conduit à sa déconfiture. La société, délestée de certains éléments, devrait retrouver une taille plus adaptée à sa situation économique et sociale.

[2415] Article L. 631-22 du Code de commerce : « À la demande de l'administrateur, le tribunal peut ordonner la cession totale ou partielle de l'entreprise si le débiteur est dans l'impossibilité d'en assurer lui-même le redressement. Les dispositions de la section 1 du chapitre II du titre IV, à l'exception du I de l'article L. 642-2, et l'article L. 642-22 sont applicables à cette cession. Le mandataire judiciaire exerce les missions dévolues au liquidateur »

[2416] Yves CHAPUT, « Les plans de sauvegarde et de redressement : renaissance légale de l'homme et de l'entreprise ? », dans *Mélanges offerts à Paul DIDIER*, Paris, Economica, 2008, p. 119.

Elle se trouve protégée contre elle-même. La cession totale ou partielle d'une entreprise peut donc constituer une mesure de protection des sociétés, tout autant qu'une sanction.

L'entreprise, lorsqu'elle fait l'objet d'une cession partielle ou totale lors d'une procédure collective déclenchée par la constatation de la cessation des paiements, peut ainsi être sanctionnée pour ne pas avoir été adaptée à l'échelle idoine. Cette sanction, mineure, ne représente pas en réalité l'aspect le plus déterminant. La sanction la plus importante, parce que la plus radicale, concerne la société exploitant l'entreprise.

II) La sanction par l'atteinte à l'existence de la société

723. La procédure collective, extinction économique et juridique de la société. Lorsqu'une procédure collective soumise à la constatation de la cessation des paiements est engagée, l'avenir de la société s'assombrit et les perspectives de survie se réduisent progressivement pour définitivement disparaître. Deux formes d'extinction sont envisageables. À l'extinction économique due à l'effet de la procédure collective sur la cotation du titre, répond une extinction juridique, la liquidation judiciaire ayant pu être qualifiée de « peine de mort infligée aux sociétés »[2417]. Lorsque le Professeur LUCAS affirme que la liquidation judiciaire est une peine de mort pour les sociétés, ne faut-il pas filer sa métaphore et considérer que l'ouverture d'une procédure collective vise à condamner ? La société serait coupable de ne pas avoir su réagir plus tôt, le juge de la procédure collective intervient alors afin de constater et sanctionner l'échec. Cette intervention est, dans un premier temps, indirecte quelle que soit la procédure collective ouverte. En effet, l'ouverture emporte des conséquences sur la négociation du titre, et partant sur l'existence économique de la société. La sanction de la gestion est indirecte et économique (A). Une intervention directe est envisageable alors que la société peut être dissoute par le biais de la liquidation judiciaire (B).

A) Des effets principalement économiques

724. La peine économique de la société. Lorsque la société cotée connaît des difficultés financières, deux impératifs doivent être identifiés, potentiellement contradictoires. D'une part, la société peut vouloir conserver l'information, ou à tout le moins ne pas la publier par des canaux offrant la plus grande diffusion. Bien que le jugement d'ouverture fasse l'objet de

[2417] François-Xavier LUCAS, « Pour en finir avec la peine de mort infligée aux sociétés », *Bulletin Joly sociétés* 2008, p. 371.

diverses mesures de publicité[2418], celles-ci ne relèvent pas des diligences de la société. En effet, ces modalités sont de la compétence exclusive du greffier du Tribunal de commerce territorialement compétent afin d'assurer l'efficacité de la procédure collective[2419]. D'autre part, les sociétés cotées ont vocation à être soumises à des obligations d'information contraignantes[2420], à plusieurs échéances[2421].

725. La condamnation à l'affichage. Ces obligations d'information ont pour objectif de protéger l'intégrité du marché, impératif classique en droit des marchés financiers[2422]. Dès lors, on doit se demander si l'information du marché doit s'effacer au regard de la procédure collective.

Cette question ne peut recevoir qu'une réponse négative, car l'impératif d'information du marché doit primer sur toutes les autres considérations. Cette information doit être périodique comme permanente. Si la première n'est que peu impactée par la survenance d'une procédure collective en ce qu'elle répond à des conditions particulières, il n'en va pas de même à propos de l'information permanente.

Cette dernière suppose que l'émetteur diffuse une information privilégiée qui le concerne directement, à la condition qu'une telle information soit « précise et susceptible d'avoir une influence sur le cours des instruments financiers »[2423]. Il ne semble soulever aucune contestation que l'ouverture d'une procédure collective représente une information de nature à influer sur le cours des instruments financiers. Les difficultés financières peuvent en effet, si elles sont connues, entraîner une désaffection de la part des investisseurs. L'ouverture d'une procédure collective représente donc une

---

[2418] Selon l'article R. 621-8 du Code de commerce, le jugement d'ouverture est mentionné au registre du commerce et des sociétés, avec un avis inséré au bulletin des annonces légales obligatoires. Voir : F. PÉROCHON, *op. cit.* note 1144, p. 248-249.

[2419] La publicité de la procédure collective n'est pas, en soi, nécessaire à l'opposabilité du jugement d'ouverture. Toutefois, la publicité au BODACC ou au BALO s'avère nécessaire pour déterminer le point de départ de la prescription relative à la déclaration des créances. Un jugement d'ouverture non publié au bulletin a pour conséquence de ne pas faire courir le délai de prescription, favorisant les créanciers au détriment du débiteur en difficultés. Voir : Pierre-Michel LE CORRE, *Droit et pratique des procédures collectives*, 8ème éd., Paris, Dalloz, 2014, p. 494.

[2420] Articles 221-1 et suivants du Règlement général de l'Autorité des marchés financiers.

[2421] Articles 222-2 et suivants du Règlement général de l'Autorité des marchés financiers.

[2422] Voir en ce sens : David ROBINE, *La sécurité des marchés face aux procédures collectives*, préf. Paul LE CANNU, Paris, L.G.D.J., 2003, p. 11.

[2423] Article 621-1 du Règlement général de l'Autorité des marchés financiers.

information privilégiée et doit faire l'objet d'une mesure d'information de la part de la société débitrice[2424].

Il est toutefois des hypothèses dans lesquelles la société peut, sous sa responsabilité, différer la publication de certaines informations privilégiées qui pourrait porter atteinte à certains de ses intérêts légitimes, à la condition que « cette omission ne risque pas d'induire le public en erreur et que l'émetteur soit en mesure d'assurer la confidentialité de ladite information en contrôlant l'accès à cette dernière (...) »[2425]. La mise sous embargo de certaines informations se comprend ainsi lorsqu'elle est temporaire et qu'elle a pour simple effet de différer dans le temps la publicité, sans que cela ne crée d'effets substantiels sur le marché. Il doit être noté que cette possibilité emporte un accroissement du risque d'opérations d'initié, ce que le Règlement général de l'Autorité des marchés financiers prend en compte lorsqu'il exige la mise en place de mécanismes de prévention[2426]. L'ouverture d'une procédure collective peut-elle alors faire l'objet d'une telle conservation de la part de l'émetteur ?

Bien que l'absence de communication soit compréhensible du point de vue de l'émetteur, qui peut préférer ne pas révéler immédiatement ses difficultés au marché, le Règlement général de l'Autorité des marchés financiers prévoit expressément qu'elle est impossible. En effet, il ressort de l'article 223-2 de ce Règlement général que l'embargo ne peut concerner une mesure du livre VI du Code de commerce[2427]. De cette disposition, qui concerne toutes les procédures amiables et les procédures collectives, l'Autorité des marchés financiers a dégagé une analyse différenciant selon la procédure ouverte, entre procédure amiable et procédure collective.

2424 Voir en ce sens : COMMISSION DES OPERATIONS DE BOURSE, *Rapport annuel pour 2001*, p. 62-63 ; AUTORITE DES MARCHES FINANCIERS, *Position n° 2009-14 Information financière diffusée par les sociétés en difficulté* ; Alan MASON, Guillemette BURGALA, « Aspects de droit boursier des restructurations », *Cahiers de droit de l'entreprise* juillet 2011, dossier 22 ; Georges TEBOUL, « L'information due au marché par une société cotée en difficulté », *Les petites affiches* 23 septembre 2009, p. 3.

2425 Article 223-2 II du Règlement général de l'Autorité des marchés financiers.

2426 L'article 223-2 II du Règlement général de l'Autorité des marchés financiers mentionne ainsi que l'émetteur conservant temporairement l'information doit mettre « en place des dispositions efficaces pour empêcher l'accès à cette information aux personnes autres que celles qui en ont besoin pour exercer leurs fonctions au sein de l'émetteur », mais aussi prendre les « mesures nécessaires pour veiller à ce que toute personne ayant accès à cette information connaisse les obligations légales et réglementaires liées à cet accès et soit avertie des sanctions prévues en cas d'utilisation ou de diffusion indue de cette information ».

2427 L'article 223-2 III du Règlement général de l'Autorité des marchés financiers dispose : « les intérêts légitimes (...) peuvent notamment concerner les situations suivantes : 1°) négociations en cours ou éléments connexes, lorsque le fait de les rendre risquerait d'affecter l'issue ou le cours normal de ces négociations. En particulier, en cas de danger grave et imminent menaçant la viabilité financière de l'émetteur, *mais n'entrant pas dans le champ des dispositions mentionnées au livre VI du code de commerce relatif aux difficultés des entreprises* (...) ».

Il va de l'intérêt du déroulement des procédures amiables que celles-ci soient menées dans la discrétion. Dans ce cas, l'autorité de régulation mentionne, dans une de ses positions publiées, que l'ouverture des procédures amiables doit lui être mentionné, à charge pour elle d'en conserver la confidentialité[2428]. Cette position est compréhensible car toute personne qui, par ses fonctions, a connaissance d'une procédure de conciliation « est tenue à la confidentialité »[2429]. Dans ce cas, le droit des marchés financiers se plie aux règles des procédures de traitement amiable des difficultés, imposant une discrétion accrue dans le seul objectif de sauver la société[2430].

Les procédures collectives, notamment lorsqu'elles sont soumises à la constatation de la cessation des paiements, n'ont pas le même impératif de discrétion. Dès lors, l'Autorité des marchés financiers affirme que l'émetteur en cessation des paiements doit, sans tarder, l'informer de cette ouverture, ainsi que le marché[2431]. Les investisseurs sont avisés dans les plus brefs délais des difficultés rencontrées par la société, ce qui peut les inciter à ne pas s'engager dans son capital ou à s'en désengager. L'émetteur soumis à une procédure de redressement ou de liquidation judiciaires devient alors tel un pestiféré au regard du marché, car ses investisseurs pouvant le quitter pendant que d'autres le fuient. Ce statut est accru au regard des effets de l'annonce de l'ouverture d'une procédure collective sur la cotation du titre émis.

726. L'isolement du débiteur en difficulté. Le marché suppose un fonctionnement paisible, favorisé par une information cohérente et immédiate. Or, l'information de l'ouverture d'une procédure collective peut stigmatiser l'émetteur et entraîner un mouvement de panique chez les investisseurs, la peur se transmettant particulièrement rapidement[2432]. Il existe des mécanismes

---

2428 AUTORITE DES MARCHES FINANCIERS, *op. cit.* note 2424, § 2.1.1.

2429 Article L. 611-15 du Code de commerce. Voir aussi : François KOPF, Mathieu DELLA VITTORIA, « L'information financière des sociétés en difficulté : entre transparence de l'émetteur et protection du débiteur », *Bulletin Joly bourse* 2013, p. 303.

2430 En ce sens, le droit des marchés financiers ne représenterait pas un droit autonome au regard des procédures collectives : « le droit des marchés financiers s'inscrit dans une évolution du droit commun à laquelle il participe pleinement ». Voir : Frédéric PELTIER, *Marchés financiers et droit commun*, Paris, Banque Editeur, 1997, § 352. Cité par : D. ROBINE, *op. cit.* note 2422, p. 238. Voir aussi, réfutant l'autonomie du droit des marchés financiers : Alain COURET, « De quelques apports conceptuels du droit financier », dans *Mélanges offerts à Claude CHAMPAUD*, Paris, Dalloz, 1997, p. 215-217 : « (…) pour qu'il y ait droit autonome, il faut que l'on trouve un corpus original de règles obéissant à une logique propre, et au moins partiellement, dérogatoire du droit commun. Il faut un vocabulaire spécifique (…). Si le droit financier a besoin d'un vocabulaire technique spécifique pour désigner certaines opérations particulières, ce vocabulaire apparaît somme toute assez limité ».

2431 AUTORITE DES MARCHES FINANCIERS, *op. cit.* note 2424, § 2.2.

2432 A considérer que la société émettrice soit pestiférée lorsqu'elle est en cessation des paiements, ce n'est pas le risque de contagion qui est dangereux pour le marché, mais la peur qu'il provoque. En effet, « La peur est un mal aussi contagieux au moins que la peste et qui se communique même plus vite », Nicolaï GOGOL, *Les âmes mortes*, Paris, Hachette, 1885, p. 289.

de marché permettant de limiter les risques systémiques que pourrait engendrer sur le marché une telle annonce. Ces risques doivent alors être limités afin de protéger l'émetteur comme les investisseurs et cette limitation se manifeste tant par la suspension de la négociation des titres que par leur mise en quarantaine.

727. La suspension de la négociation comme solution première. Les titres financiers émis par une société peuvent voir leur cotation suspendue en raison des difficultés que le maintien de la négociation pourrait engendrer. Cette hypothèse est prévue par le Code monétaire et financier, lequel renvoie à l'entreprise de marché[2433]. Il est donc de la compétence d'Euronext de décider de la suspension de la cotation d'un titre. Devant le laconisme et le manque d'impérativité des dispositions du Code monétaire et financier sur les modalités d'une telle suspension, la Commission des opérations de bourse avait recommandé aux émetteurs de demander eux-mêmes la suspension de la cotation[2434]. Cette hypothèse, qui nécessite une démarche purement volontariste de la part de l'émetteur, semble toutefois assez improbable lorsque la société entend redresser par elle-même la situation qui ne lui paraît pas compromise.

Il sera plus aisément de la compétence de l'entreprise de marché de prendre l'initiative de suspendre la cotation, telles que le mentionnent les règles de marché d'Euronext[2435]. Elle dispose de la possibilité de suspendre, de son propre chef, la négociation de certains titres si elle est avisée de difficultés rencontrées par un émetteur. La suspension, bien que décidée par l'entreprise de marché, est le plus souvent demandée par l'émetteur qui ne peut plus éviter la procédure collective. C'est ce qui explique ainsi qu'en pratique, la

---

[2433] Article L. 421-15 I du Code monétaire et financier : « Après en avoir informé l'émetteur, l'entreprise de marché peut suspendre, pour une durée déterminée et dans le cadre des règles du marché réglementé qu'elle gère, la négociation d'un instrument financier (...), lorsqu'un instrument financier ou les conditions de sa négociation n'obéissent plus aux règles du marché réglementé (...) ».

[2434] Ainsi, « dès que les premières difficultés sont avérées, et au plus tard lors de la déclaration de la cessation des paiements au tribunal de commerce, l'émetteur doit demander la suspension de la cotation (...) » : COMMISSION DES OPERATIONS DE BOURSE, *op. cit.* note 2424, p. 64.

[2435] L'article 4403/2 des Règles harmonisées de marché d'Euronext dispose : « L'Entreprise de Marché Euronext Compétente peut, de sa seule initiative ou sur demande motivée de l'Emetteur concerné, suspendre la négociation d'un Titre pour empêcher ou arrêter un fonctionnement erratique du marché ». Voir aussi : F. KOPF, M. DELLA VITTORIA, *op. cit.* note 2429, p. 308.

suspension de la cotation précède de peu le jugement d'ouverture ou est concomitante à celui-ci[2436].

La suspension de la négociation est une décision visant à la protection des investisseurs mais aussi de l'émetteur. En effet, les premiers sont protégés d'une mauvaise information ou d'une information insuffisante pouvant entraîner l'achat de titres d'une société qui pourrait être amenée à disparaître ou à subir une réduction drastique de ses actifs[2437], alors que le second est protégé par l'impossibilité d'intervention sur les titres objets de la suspension et donc contre une cession massive de titres. En revanche, la conséquence de la suspension de la négociation peut nuire au droit des actionnaires déjà présents au sein de la société, qui se trouvent temporairement prisonniers de leurs titres.

La suspension de la négociation est une situation qui, par nature[2438], est temporaire. Il semble, au regard de la position de la Commission des opérations de bourse, que la suspension de la cotation doit survenir pour des « périodes brèves et limitées aux seuls moments où l'émetteur n'est pas en mesure d'assurer la confidentialité d'une information significative et ne peut pas encore en faire la communication précise au marché »[2439]. Bien qu'il n'existe aucun délai maximum de suspension de négociation[2440], il ressort d'une étude de la pratique de marché que les délais de suspension des négociations sont, à une exception notoire[2441], assez brefs[2442]. Un émetteur qui demande la suspension de la négociation de ses titres a vocation à réapparaître sur le marché.

728. Le placement des titres sur un marché spécialisé. Une fois la société placée en procédure collective, la suspension de son titre n'est plus, en principe, nécessaire car le marché est informé de sa situation et ne risque plus de fonctionner de manière erratique. Toutefois, placer le titre d'un émetteur

---

2436 Certaines sociétés ont pu demander la suspension de la négociation une quinzaine de jours avant l'ouverture de la procédure collective (Néovia Electronique, Gantois, Eurotunnel), alors que pour d'autres sociétés, suspension de la négociation et ouverture de la procédure collective se déroulent le même jour ou à un jour d'intervalle (Belvédère, Automa-Tech, Poncin-Yacht, Prologue ou Technicolor). Voir : F. KOPF, M. DELLA VITTORIA, *op. cit.* note 2429, p. 309 ; A. MASON, G. BURGALA, *op. cit.* note 2424, p. 26, spéc. note infrapaginale 16.

2437 F. KOPF, M. DELLA VITTORIA, *op. cit.* note 2429, p. 308-309 ; A. MASON, G. BURGALA, *op. cit.* note 2424, p. 26 ; COMMISSION DES OPERATIONS DE BOURSE, *op. cit.* note 2424, p. 64.

2438 La suspension est définie comme : « la mesure temporaire qui fait provisoirement obstacle à l'exercice d'une fonction, ou d'un droit, à l'exécution d'une convention ou d'une décision, au déroulement d'une opération ou d'une instance (…), soit à titre de sanction, soit par mesure d'attente » : G. CORNU, *op. cit.* note 72, p. 998.

2439 COMMISSION DES OPERATIONS DE BOURSE, *op. cit.* note 2424, p. 64.

2440 AUTORITE DES MARCHES FINANCIERS, *Rapport annuel pour l'année 2007*, Paris, La documentation française, p. 235.

2441 Le titre de la société Eurotunnel a été suspendu pour une durée légèrement supérieure à dix mois, entre le 15 mai 2006 et le 27 mars 2007.

2442 Voir : A. MASON, G. BURGALA, *op. cit.* note 2424, p. 26.

en redressement ou liquidation judiciaires sur le même marché que d'autres émetteurs *in bonis* peut représenter un danger pour le fonctionnement de ce dernier.

Euronext assure alors un rôle de police du marché et dispose de la possibilité d'affecter les titres financiers à un compartiment spécial, dont l'objectif est de « regrouper des Titres des Emetteurs faisant l'objet d'une procédure collective »[2443]. L'inscription s'opère par la seule volonté de l'entreprise de marché et est notamment motivée lorsque « l'Emetteur se trouve (...) dans une procédure collective telle que prévue au Règlement n° 1346/2000 (...) »[2444]. La société dont la cessation des paiements est judiciairement caractérisée peut donc continuer de proposer ses titres financiers sur un compartiment spécial du marché.

La spécialité de ce compartiment est toute relative. En effet, les règles de négociation sont les mêmes et les obligations de l'émetteur – notamment les obligations d'information – inchangées[2445]. Ce compartiment existe à des fins informatives, l'objectif étant de protéger les investisseurs, afin que ceux-ci soient parfaitement avisés de la situation de l'émetteur dont ils acquièrent les titres financiers[2446]. Cette mesure, bien que parfaitement justifiée par des impératifs de transparence, peut être équivalente à une mise à mort économique de la société, qui se trouve marquée publiquement du sceau de la cessation des paiements. Du fait de l'inscription sur ce compartiment spécial, les actionnaires retrouvent la possibilité de céder leurs actions, entraînant une dévaluation du titre en cas de cession massive.

Le placement sur ce compartiment spécial de négociation, bien qu'il ait vocation à être temporaire[2447], est une forme de condamnation informelle de la gestion sociale et les conséquences économiques pour la société peuvent s'avérer désastreuses. La procédure collective peut aussi présenter une sanction plus sévère alors que la liquidation judiciaire peut emporter, outre les conséquences économiques, des conséquences sur l'existence même de la société.

2443 Article 6903/1 des Règles harmonisées de marché d'Euronext, précitées note 2435.

2444 Article 6903/2 (i) des Règles harmoniées de marché d'Euronext, précitées noté 2435. Cet article était complété par l'article P 1.3.1 des règles non harmonisées de marché d'Euronext : « Pour l'application de l'article 6903/2 (i) (...), Euronext Paris inscrit au Compartiment spécial les instruments financiers d'un Emetteur qui fait l'objet des procédures suivantes : Redressement judiciaire (...) et liquidation judiciaire (...) ». Il doit toutefois être précisé que cet article est réservé depuis le 9 avril 2014.

2445 A. MASON, G. BURGALA, *op. cit.* note 2424, p. 26.

2446 F. KOPF, M. DELLA VITTORIA, *op. cit.* note 2429, p. 309.

2447 En effet, l'émetteur peut solliciter lui-même la sortie du compartiment spécial dès l'approbation du plan de redressement : F. KOPF, M. DELLA VITTORIA, *op. cit.* note 2429, p. 309 ; A. MASON, G. BURGALA, *op. cit.* note 2424, p. 26.

B) *Des effets sur l'existence juridique de la société*

729. La liquidation judiciaire d'une société est ouverte lorsqu'elle est en état de cessation des paiements et que sa situation est « irrémédiablement compromise ». Cette situation, lorsqu'elle vise une personne physique, a pour conséquence l'arrêt de son activité économique l'ayant mené à la déconfiture. En revanche, lorsque le débiteur est une personne morale, elle entraîne des conséquences autrement plus graves. Une société cotée mise en liquidation judiciaire voit ses titres radiés de la cote, mais aussi sa personnalité juridique disparaître à terme car la liquidation judiciaire entraîne une dissolution de la société. À la peine de mort économique succède donc la peine de mort juridique, le contrôle de la gestion que représente la liquidation judiciaire est plus qu'un contrôle, une véritable sanction en soi.

730. La disparition de la personnalité juridique, peine de mort juridique : le régime applicable avant l'ordonnance du 12 mars 2014. La société dont les difficultés financières sont telles qu'elles ont entraîné l'ouverture d'une liquidation judiciaire se trouve dans une situation juridique appelant une réponse du juge. Cette réponse est conférée par le Code civil, mais l'ordonnance du 12 mars 2014[2448] qui a réformé le droit des procédures collectives a modifié le droit applicable sur ce point. Il convient d'aborder le droit antérieur à cette réforme.

Ainsi, l'article 1844-7 7° du Code civil disposait que « La société prend fin : (…) par l'effet d'un jugement ordonnant la liquidation judiciaire »[2449]. La sanction paraissait étonnante lorsqu'était mis en perspective le droit applicable aux personnes physiques et morales. À la transposer *mutatis mutandis*, la règle posée à l'article 1844-7 7° du Code civil équivalait à une exécution de toutes les personnes physiques dont l'activité les aurait conduites à la liquidation judiciaire. Cette comparaison permettait de mieux comprendre le Professeur LUCAS lorsqu'il qualifiait cet article de peine de mort infligée aux sociétés. Bien qu'étonnante, la disposition n'en était pas moins justifiable.

Issu de plusieurs réformes, notamment celles des lois du 4 janvier 1978[2450] et du 5 janvier 1988[2451], le texte de l'article 1844-7 7° du Code civil avait principalement pour objectif de purger de la vie économique les sociétés qui étaient devenues des « coquilles vides » en raison de l'échec de leur activité économique[2452]. Ces deux lois étaient intervenues afin de mettre un terme à

[2448] Ordonnance n° 2014-326 du 12 mars 2014 portant réforme de la prévention des difficultés des entreprises et des procédures collectives, *JORF* du 14 mars 2014, p. 5249.

[2449] Article 1844-7 7° du Code civil.

[2450] Loi n° 78-9 du 4 janvier 1978 modifiant le titre IX du livre III du Code civil, *JORF* du 5 janvier 1978, p. 179.

[2451] Loi n° 88-15 du 5 janvier 1988, relative au développement et à la transmission des entreprises, *JORF* du 6 janvier 1988, p. 220.

[2452] Jean-Pierre LEGROS, « Le domaine d'application de l'article 1844-7 7° du code civil », dans *Mélanges offerts à Daniel TRICOT*, Paris, 2011, Dalloz-LexisNexis, p. 507.

une position jurisprudentielle suivant laquelle il était mentionné qu'« aucune règle de la faillite [liquidation judiciaire] n'entraîn[ait] nécessairement la dissolution *ipso facto* des sociétés faillies »[2453]. Cette position jurisprudentielle laissait donc la possibilité à la société soumise à une liquidation judiciaire de redémarrer une autre activité économique, son existence juridique n'étant pas remise en cause par son échec économique[2454]. La loi de 1978, qui était venue mettre fin à cette conception jurisprudentielle, avait pu être considérée comme étant « importante et originale au regard de la jurisprudence antérieure de la Cour de cassation »[2455].

La disposition légale, aussi importante soit-elle, n'était donc pas incompréhensible. En effet, la liquidation judiciaire entraîne des opérations de réalisation de l'actif[2456] afin d'apurer le passif[2457]. Ces opérations ne sont pas différentes de celles réalisées par la liquidation « simple », telle qu'entraînée par la dissolution d'une société[2458]. Dès lors, une situation paradoxale apparaissait avant la loi de 1978, car les procédures liquidatives étaient mises en œuvre sans que leur condition préalable – à savoir la dissolution de la société – ne soit rencontrée. Il y avait donc deux situations analogues répondant à deux régimes différents. La liquidation judiciaire, par essence grave en ce qu'elle nécessitait l'intervention d'un juge et la constatation de la cessation des paiements, entraînait des opérations liquidatives sans dissolution ; alors que la dissolution, pouvant être volontaire et sans constatation de difficultés financières, entraînait liquidation. Pour brutale qu'elle pût être, la réforme de 1978 était souhaitable, car elle harmonisait des règles relatives aux opérations liquidatives. Seule une personne morale en voie de dissolution pouvait subir des opérations liquidatives, quelles que soient leurs causes. Cette réforme avait toutefois un effet malheureux, la liquidation devenant à la fois cause et conséquence de la dissolution d'une société.

La liquidation judiciaire entraînait donc la dissolution judiciaire de la société cotée, celle-ci se trouvant dénuée de sa personnalité juridique, qui survivait « pour les besoins de la liquidation »[2459]. Une société cotée française, faisant l'objet d'un jugement d'ouverture de liquidation judiciaire, vivait ses derniers jours d'existence juridique, pouvant être assimilés, en filant la métaphore du Professeur LUCAS, à sa présence dans le couloir de la mort, après la condamnation, mais avant l'exécution.

2453 Cass. com. 18 avril 1969, *Bull civ.* IV n° 126, *Revue des sociétés* 1970, p. 95, note Fernand DERRIDA. Voir aussi : Cass. com., 10 février 1969, *Bull. civ.* III n° 49.

2454 J.-P. LEGROS, *op. cit.* note 2452, p. 509.

2455 Yves CHARTIER, « La société dans le Code civil après la loi du 4 janvier 1978 », *JCP* 1978, I, 2917.

2456 Articles L. 642-1 et suivants du Code de commerce.

2457 Articles L. 643-1 et suivants du Code de commerce.

2458 Ph. MERLE, *op. cit.* note 110, p. 156.

2459 Articles 1844-8 du Code civil et L. 237-2 du Code de commerce.

731. La disparition de la personnalité juridique après la clôture pour insuffisance d'actif. L'ordonnance du 12 mars 2014, portant réforme des procédures collectives, opère un changement important dans la rédaction de l'article 1844-7 7° du Code civil. Il n'est en effet plus question de dissoudre la société du fait de la simple ouverture de la procédure de liquidation judiciaire, mais de la dissoudre si la liquidation judiciaire est clôturée pour insuffisance d'actif. Cette modification textuelle n'est toutefois pas aussi fondamentale pour deux motifs.

Dans un premier temps, le changement opéré dans la chronologie est, au final, mineur. En effet, en différant le prononcé de la dissolution au prononcé de la clôture de la liquidation judiciaire, les effets sont sensiblement les mêmes que ceux attachés à l'ancienne formulation de l'article 1844-7 7° du Code civil, car la dissolution ne se déroulera qu'au moment de la clôture de la liquidation judiciaire. Cette réforme présente toutefois l'avantage de simplifier le régime applicable, car la société ne connaît plus de période durant laquelle la dissolution est prononcée mais ses effets différés à la clôture de la liquidation judiciaire. Hors de cette modification, les effets de cette réforme ne diffèrent pas du droit anciennement applicable, car la société disparaîtra à la suite de la clôture de la liquidation judiciaire.

Dans un second temps, la réforme de l'article 1844-7 7° du Code civil paraît plus profonde car elle modifie le cas d'ouverture de la dissolution de la société. Alors que le droit antérieur disposait que la simple ouverture de la liquidation judiciaire emportait dissolution, l'ordonnance du 12 mars 2014 dispose que la dissolution ne survient qu'à la condition du prononcé de la liquidation judiciaire pour insuffisance d'actif. *A contrario*, la clôture pour extinction du passif pourrait entraîner rétablissement de la société après sa liquidation judiciaire, sans qu'elle ne subisse cette peine de mort dénoncée par le Professeur LUCAS. Le changement textuel est important, mais il est nécessaire de nuancer son apport en le confrontant aux principes mêmes de la liquidation judiciaire. En effet, cette procédure n'est ouverte qu'à la condition de caractériser la cessation des paiements, mais aussi une situation irrémédiablement compromise pour le débiteur. De par cette dernière condition, la clôture de la liquidation judiciaire pour extinction du passif paraît difficilement envisageable, ce qui ressort d'ailleurs des statistiques fournies par les tribunaux de commerce[2460]. En rapportant la modification de l'article 1844-7 7° du Code civil aux statistiques portant sur les causes de clôture de la liquidation judiciaire, il apparaît que le changement est assez mineur, car il ne concernera qu'un faible nombre de débiteurs. S'il est nécessaire de saluer le fait que certaines sociétés soumises à une liquidation judiciaire puissent

[2460] A titre d'exemple, pour l'année 2013, sur les 50 116 clôtures de liquidation judiciaire, seules 951 l'ont été pour extinction du passif, soit moins de 1,90 %. Voir : CONFERENCE GENERALE DES JUGES CONSULAIRES DE FRANCE, *Tribunaux de commerce – Statistiques 2014*, p. 5.

survivre à cette procédure, il doit aussi être noté que pour la grande majorité d'entre elles, le nouvel article 1844-7 7° conservera son caractère sanctionnateur et emportera la même conséquence que son ancienne version : la dissolution et donc la disparition de la personnalité juridique.

Ainsi, aujourd'hui comme hier, la liquidation judiciaire d'une société peut emporter des conséquences sur sa personnalité morale et entraîner la dissolution de la société qui fait l'objet de cette procédure. Au-delà de cette sanction mettant en péril l'existence juridique de la société, la liquidation judiciaire peut aussi engendrer des sanctions économiques.

732. La radiation de la négociation, sanction économique. La société cotée objet d'une liquidation judiciaire étant amenée à disparaître juridiquement, les marchés financiers doivent s'adapter à cette situation. Il n'est pas souhaitable en effet qu'un investisseur puisse acquérir sur le marché des titres d'une société amenée à disparaître.

L'entreprise de marché adopte alors une réponse mesurée à l'ouverture de la procédure collective. Euronext prévoit, dans ses règles harmonisées, la possibilité pour l'entreprise de marché de radier certains titres en cas de « dissolution de l'Emetteur » ou de « [toute] autre procédure d'insolvabilité »[2461]. La radiation est un évènement qui représente la dernière mesure de police des marchés. Elle est demandée par Euronext[2462], et peut constituer une mesure qui fait suite à la suspension de la cotation et au placement sur le compartiment spécial d'Euronext. C'est l'aboutissement d'un processus[2463] qui commence par l'isolement du titre[2464], et qui n'augure pas un sort positif pour l'émetteur qui en est l'objet.

Dans le cadre de la liquidation judiciaire, la radiation des titres de la cotation ne peut se concevoir qu'après le jugement d'ouverture mais avant la clôture de celle-ci[2465]. L'aspect sanctionnateur est présent tant pour la société que pour ses actionnaires.

La société est sanctionnée à l'issue de cette forme de contrôle de la gestion car elle ne peut plus faire appel à l'épargne publique en raison de la radiation de la cote. Avant même sa mort juridique, inéluctable en raison de sa dissolution, la société en subit les effets économiques. Les conséquences économiques de la radiation des titres de la société émettrice sont également ressenties par les actionnaires, qui se retrouvent propriétaires d'actions n'ayant plus de valeur ou une valeur dérisoire. Ils peuvent alors rencontrer de

---

[2461] Article 6905/1 des règles harmonisées d'Euronext, précitées note 2435.

[2462] Article P. 1.4.1. des règles non harmonisées d'Euronext, précitées note 2444.

[2463] Celui-ci aboutit à la constatation de la perte totale de la valeur des titres : A. MASON, G. BURGALA, *op. cit.* note 2424, p. 26.

[2464] Si la radiation est en principe l'aboutissement du processus commençant par la suspension de la cotation, il n'en est pas toujours ainsi, car la radiation peut directement intervenir. Voir : F. KOPF, M. DELLA VITTORIA, *op. cit.* note 2429, p. 309.Voir aussi l'article 6905/1 du Livre I des règles harmonisées d'Euronext.

[2465] En effet, elle doit intervenir avant la perte de la personnalité juridique de la société.

grandes difficultés à céder les titres qu'ils possèdent, quasiment contraints de perdre la totalité de leur investissement[2466].

733. Les procédures collectives représentent ainsi une forme de contrôle de la gestion dont les conséquences viennent sanctionner autant la société que ses actionnaires. La société étant marginalisée en raison de son placement en procédure collective. Même l'ouverture d'un redressement judiciaire peut être accompagnée d'une sanction parfois informelle, du seul fait de la déficience de la gestion. Toutefois, l'objectif premier des procédures collectives n'est pas de sanctionner la société ou les actionnaires, n'étant que des responsables secondaires. Le droit des procédures collectives conserve son aspect sanctionnateur principalement à l'encontre des dirigeants de la société, qui l'ont conduite à cette situation financière obérée.

§2 La sanction des dirigeants gestionnaires

734. Le dirigeant, cible primaire des sanctions dans la procédure collective. Le dirigeant gestionnaire est, en principe, le principal responsable de la gestion de la société. Il est donc possible d'affirmer que si la société cotée fait l'objet d'une procédure collective, c'est principalement en raison du comportement de son dirigeant et de ses décisions qui se sont avérées inappropriées. Les dirigeants gestionnaires sont concernés par le Code de commerce, lorsqu'ils n'ont pas su remédier aux problèmes sociaux et anticiper les difficultés financières, ou ont adopté des comportements qui peuvent s'avérer fautifs[2467].

Le juge opère, lors de l'ouverture de la procédure collective, un contrôle rétrospectif de la gestion. Celui-ci ne pouvant, en principe, pas s'immiscer dans cette gestion sociale ni juger *a posteriori* de son opportunité, les sanctions de la conduite de la gestion des dirigeants nécessitent des comportements objectivement fautifs. Dès lors, à considérer que ces comportements soient caractérisés, deux réponses judiciaires sont à envisager. D'une part, il est question de punir les dirigeants qui se sont révélés inaptes à exercer leur profession (I), puis d'autre part, de les écarter afin d'éviter que ceux-ci ne réitèrent leurs erreurs (II).

I) La sanction des dirigeants fautifs

735. Une sanction informelle par le dessaisissement des dirigeants. Les procédures collectives, engagées en raison de la défaillance du débiteur,

---

[2466] COMMISSION DES OPERATIONS DE BOURSE, *op. cit.* note 2424, p. 64. La perte n'est toutefois pas totale, car les actionnaires ayant perdu leur investissement en raison de la radiation des titres liée à la liquidation judiciaire disposent de la possibilité de bénéficier du régime d'imposition des moins-values, qui leur permet d'imputer ces moins-values sur les plus-values réalisées postérieurement. Voir articles 150 et suivants du Code général des impôts.

[2467] C. SAINT-ALARY-HOUIN, *op. cit.* note 1569, p. 886.

supposent que la gestion entreprise a été imparfaite. Dès lors, le premier réflexe serait d'écarter les dirigeants de la conduite des affaires sociales, mais ce n'est pas celui qui a été adopté par le droit positif. En effet, le Code de commerce considère pour la procédure de redressement judiciaire qu'un dessaisissement du dirigeant serait un signal négatif lancé aux partenaires qui pourrait remettre en cause l'objectif de redressement[2468]. Il est cependant à noter que dans le cadre de cette procédure, l'absence de dessaisissement n'est que partielle, car le tribunal ouvrant la procédure peut adjoindre aux dirigeants un administrateur, dont la mission peut aller jusqu'à une mission de cogestion[2469]. La sanction des dirigeants gestionnaires devient identifiable, même si elle est informelle, car ils ne disposent plus d'une totale marge de manœuvre, leurs actions étant encadrées par les pouvoirs des administrateurs.

Cette assistance, qui n'est pas *stricto sensu* un dessaisissement, représente la première forme de sanction du dirigeant. Une autre sanction informelle existe, celle par laquelle les dirigeants ne peuvent plus exercer tous leurs droits patrimoniaux s'ils sont actionnaires de la société débitrice. En effet, dans le cadre du redressement judiciaire, mais aussi durant l'adoption du plan de redressement, les dirigeants peuvent se voir interdire la possibilité de céder leurs actions. Ils se retrouvent donc, tout comme les actionnaires lorsque la négociation des titres est suspendue, prisonniers de leurs actions ou de leurs valeurs mobilières donnant accès au capital[2470]. Cette exception au principe de libre négociabilité des titres financiers se marie difficilement avec l'admission sur un marché réglementé, mais peut s'avérer nécessaire afin que les dirigeants conservent un lien – au moins patrimonial – avec la société qu'ils ont pu mener à une situation économique obérée.

736. Détermination des dirigeants sanctionnables. La question de la détermination des dirigeants sanctionnés par les procédures collectives s'est posée assez tôt. Deux conceptions étaient envisageables : les dirigeants *stricto sensu*, c'est-à-dire les personnes disposant légalement des pouvoirs de gestion et de direction, ou les dirigeants *lato sensu*, soit les personnes qui bénéficient de pouvoirs de gestion et de direction sans nécessairement les tirer d'une source légale ou statutaire. Le principe de réalité innervant le droit des procédures collectives devrait conduire à ne considérer que la seconde possibilité. Dès lors, de telles sanctions doivent viser autant les dirigeants de droit que les dirigeants de fait, et c'est d'ailleurs la solution qu'a retenu le

---

[2468] F. PÉROCHON, *op. cit.* note 1144, p. 483 et s.

[2469] Le régime posé à l'article L. 631-12 du Code de commerce mentionne que l'administrateur judiciaire peut avoir une mission d'assistance du débiteur, et par extension, des dirigeants de celui-ci. Selon certains, les tiers avisés de cette assistance auront tendance à demander aux dirigeants un accord de l'administrateur judiciaire, qui dispose dès lors d'une mission d'assistance « visant la cogestion ». Voir : Fernand DERRIDA, Pierre GODE, Jean-Pierre SORTAIS, *Redressement et liquidation judiciaires des entreprises*, 3ème éd., Paris, Dalloz, 1991, p. 243.

[2470] Article L. 631-10 et L. 631-19-1 du Code de commerce.

Code de commerce[2471] depuis la loi du 13 juillet 1967[2472]. La précision visant le dirigeant de fait était nécessaire, car « la notion de dirigeant ne recouvre en principe que les dirigeants de droit »[2473]. Il convient donc de vérifier ce que recouvre la notion de dirigeant de fait, celle de dirigeant de droit ayant déjà fait l'objet d'une étude précédente[2474].

La notion de dirigeant de fait permet au droit des procédures collectives de sanctionner les acteurs sociaux qui sont à l'origine de la conduite des affaires sociales sans en avoir légalement le pouvoir. Les juges appréhendent et révisent alors toutes les opérations de gestion, sans porter une attention particulière aux organes ni aux personnes qui en sont à l'origine. Ont donc été reconnus comme dirigeants de fait, et partant sanctionnés par les tribunaux compétents pour les procédures collectives, des associés non investis des pouvoirs de direction[2475], une banque[2476] ou même le conjoint du dirigeant[2477].

737. L'aspect sanctionnateur des procédures collectives se matérialise par la possibilité de viser le patrimoine même du dirigeant. D'une part, il doit être question des modalités par lesquelles le juge peut atteindre le patrimoine du dirigeant, en principe contraire à la nature même de la procédure collective visant la société (A). D'autre part, il convient d'aborder en quoi cette sanction patrimoniale a une vertu réparatrice lorsqu'elle est redistribuée (B).

A) Les mesures patrimoniales

738. La faible probabilité d'une extension des procédures à l'encontre d'un dirigeant gestionnaire. La société faisant l'objet d'une procédure collective – et particulièrement d'une procédure de liquidation judiciaire – peut, par la seule faute du dirigeant, manquer de fonds. Le droit des procédures collectives prévoit deux moyens permettant aux créanciers de se désintéresser

---

2471 Articles L. 651-2, L. 653-1 2° et L. 654-1 2° du Code de commerce.

2472 Jean-Pierre LEGROS, « La loi du 26 juillet 2005 de sauvegarde des entreprises. – Le sort des membres et dirigeants des personnes morales », *Droit des sociétés* janvier 2006, étude 2, § 24.

2473 Xavier DE ROUX, *Rapport n° 2095 fait au nom de la commission des lois constitutionnelles, de la législation et de l'administration générale de la République sur le projet de loi n° 1596 de sauvegarde des entreprises*, 24 février 2005, p. 424.

2474 Le dirigeant de droit, pour une société cotée, désigne toute personne légalement dotée d'une fonction de gestion ou de direction. Sont des dirigeants de droit les directeurs généraux, les directeurs généraux délégués, les membres du conseil d'administration, et les gérants des sociétés en commandite par actions. Il doit être noté que cela vaut aussi pour l'État ou les personnes morales de droit public. En revanche, les membres du conseil de surveillance sont jurisprudentiellement exclus de la catégorie de dirigeant de droit.

2475 Dans le cadre d'une qualification de dirigeant de fait d'une société mère représentée au conseil de surveillance : Cass. com., 6 juin 2000, *RJDA* 2000, n° 896 ; *Revue des procédures collectives* 2001, p. 265, obs. Arlette MARTIN-SERF.

2476 Bordeaux, 18 novembre 1981, *D.* 1982, IR. p. 195, obs. Michel VASSEUR ; *JCP CI* 1983, I, 11307, § 21, obs. Michel CABRILLAC, Michel VIVANT.

2477 Cass. com., 18 janvier 2005, *Gazette du palais* 2005, p. 1041, note Thierry MONTERAN.

sur des sommes qui ne sont pas dans le patrimoine de la société débitrice. La première possibilité est codifiée à l'article L. 621-2 du Code de commerce[2478] et reprend une construction jurisprudentielle[2479]. L'extension des procédures collectives permet au juge de passer outre la théorie de l'unicité des patrimoines, selon laquelle la procédure ne peut viser qu'un seul patrimoine, celui du débiteur. L'extension des procédures permet d'adjoindre au patrimoine social celui d'une autre personne, physique ou morale. Il est toutefois nécessaire de prouver que cette dernière a confondu son patrimoine avec celui de la personne débitrice de la procédure collective ou que la société débitrice était fictive. Dans le cadre d'une société cotée, ces deux exigences paraissent difficiles à caractériser. En effet, il s'avèrerait nécessaire de prouver l'imbrication des biens entre le dirigeant personne physique et la société[2480], ou l'établissement de relations financières anormales entre le dirigeant personne morale et la société débitrice[2481]. Si la première hypothèse semble relever de la fiction, la seconde est plus réaliste dans le cadre d'un groupe de sociétés avec une société mère siégeant au sein du conseil d'administration ou du directoire de sa filiale. Le dernier cas d'extension des procédures collectives, à savoir la fictivité de la société, paraît inconcevable car une société fictive est une société sans réelle activité, qui agit telle une « marionnette »[2482], comme le « simple exécutant des directives qui lui sont données par le maître de l'affaire »[2483]. Cette société fictive est majoritairement caractérisée par l'absence d'*affectio societatis*[2484], ce qui paraît incompatible avec l'admission aux négociations sur un marché réglementé, soumise à un contrôle de l'Autorité des marchés financiers.

Ces cas d'extension écartés, les sanctions visant à réparer les préjudices subis par les créanciers se réduisent et sont, au final, limitées à l'action en insuffisance d'actif intentée à l'encontre d'un ou de plusieurs dirigeants.

[2478] L'article L. 621-2 du Code de commerce, à l'origine prévu pour la sauvegarde, peut s'appliquer aussi pour le redressement judiciaire à la lettre de l'article L. 631-7 et à la liquidation judiciaire selon l'article L. 641-1 du Code de commerce.

[2479] Corinne SAINT-ALARY-HOUIN, « L'action en extension d'une procédure collective dans les groupes de sociétés, une action à parfaire ! », dans *Mélanges en l'honneur de Philippe MERLE*, précité note 1125, p. 638, § 2 ; David ROBINE, « L'extension de la procédure de redressement ou de liquidation judiciaires », dans *Mélanges AEDBF*, IV, Paris, Revue Banque Edition, p. 325, § 1.

[2480] C. SAINT-ALARY-HOUIN, *op. cit.* note 1569, p. 253. Voir par exemple : Cass. com., 4 juillet 2000, *JCP E* 2001, p. 173, obs. Michel CABRILLAC, Philippe PETEL.

[2481] Voir par exemple : Cass. com., 19 avril 2005, *Bulletin Joly sociétés* 2005, p. 690, note Corinne SAINT-ALARY-HOUIN ; *JCP G* 2005, 1241, note Olivier BOURU et Michel MENJUCQ.

[2482] François-Xavier LUCAS, « Les filiales en difficulté », *Les petites affiches* 4 mai 2001, p. 66.

[2483] Yves GUYON, commentaire sous Cass. com., 5 avril 1994, *Revue des sociétés* 1994, p. 318

[2484] Fernand DERRIDA, « A propos de l'extension des procédures de redressement et de liquidation judiciaires », dans *Mélanges offerts à Michel CABRILLAC*, Paris, Dalloz-Litec, 1999, p. 687.

739. L'insuffisance d'actifs, une sanction des dirigeants fautifs. Il est mentionné, dans le Code de commerce, que « lorsque la liquidation judiciaire d'une personne morale fait apparaître une insuffisance d'actif, le tribunal peut, en cas de faute de gestion ayant contribué à cette insuffisance d'actif, décider que le montant de cette insuffisance d'actif sera supporté, en tout ou en partie, par tous les dirigeants de droit ou de fait, ou par certains d'entre eux, ayant contribué à la faute de gestion (...) »[2485]. La formulation du Code de commerce, issue de la réforme opérée par l'ordonnance du 18 décembre 2008[2486], laisse entrevoir des exigences à une telle action. Une condition préalable doit être rencontrée avant que les conditions de fond soient effectivement exigées pour condamner le ou les dirigeants gestionnaires.

740. La condition préalable : l'ouverture d'une procédure de liquidation judiciaire. L'action en insuffisance d'actif n'est, aux termes de l'article L. 651-2 du Code de commerce, envisageable qu'en cas de liquidation judiciaire. Cette précision, apportée par la réforme de 2008, vient réduire son domaine, qui concernait auparavant le redressement et la liquidation judiciaires[2487], puis la résolution d'un plan de sauvegarde ou de redressement judiciaire et la liquidation judiciaire[2488]. Ces cas d'ouverture d'action en insuffisance d'actifs – ou en comblement de passif avant 2005[2489] – étaient, il est vrai, parfois peu compatibles avec le but de l'action : sanctionner le dirigeant en l'obligeant à combler par ses propres deniers l'insuffisance d'actif survenue par ses faits. Or, une procédure de redressement judiciaire ou la résolution du plan de sauvegarde peut n'aboutir à aucune liquidation judiciaire. Tel que l'avaient souligné des auteurs sous l'empire de la loi du 25 janvier 1985, « lorsque la procédure [de redressement] se termine par un plan de continuation de l'entreprise (...), [et] si le plan de continuation est exécuté, les créanciers auront été intégralement payés ; aucune insuffisance d'actif n'existera »[2490]. L'action était donc incompatible avec les cas d'ouverture anciens, la réforme de 2008 opère une simplification louable, mais qui ne représente qu'une faible

---

2485 Article L. 651-2 du Code de commerce.

2486 Ordonnance n° 2008-1345 du 18 décembre 2008 portant réforme du droit des entreprises en difficulté, *JORF* du 19 décembre 2008, p. 19462.

2487 Ancien article L. 624-3 du Code de commerce, issu de la loi du 25 janvier 1985.

2488 Ancien article L. 651-2 du Code de commerce, issu de la loi du 26 juillet 2005.

2489 Paul LE CANNU, « La responsabilité civile des dirigeants de personne morale après la loi de sauvegarde des entreprises du 26 juillet 2005 », *Revue des sociétés* 2006, p. 743, § 3 ; Corinne MASCALA, « Le régime des sanctions dans la loi de sauvegarde des entreprises (Loi du 26 juillet 2005 et décret du 28 décembre 2005) », *RTD Com.* 2006, p. 209 ; Irina PARACHKEVOVA, « La nouvelle responsabilité des dirigeants dans les procédures collectives : révolution ou évolution ? », *Les petites affiches* 19 décembre 2005, p. 4.

2490 F. DERRIDA, P. GODE, J.-P. SORTAIS, *op. cit.* note 2469, p. 440-441.

réduction des cas d'ouverture, car « tous les chemins mènent à la liquidation judiciaire »[2491].

Le cas d'ouverture de l'action en insuffisance d'actif est, au final, compréhensible. En effet, il ne doit être envisagé de rechercher la responsabilité du dirigeant gestionnaire pour des fautes commises qu'à la condition d'une situation financière définitivement obérée. Il est alors logique de limiter l'action en insuffisance d'actif à la liquidation judiciaire.

741. Les conditions de fond à l'action en insuffisance d'actif. L'article L. 651-2 du Code de commerce dispose que l'action en insuffisance d'actif nécessite la réunion de trois éléments, une faute de gestion, une insuffisance d'actif et un lien de causalité entre les deux éléments, qui rappellent la responsabilité pour faute extracontractuelle de l'article 1240 du Code civil. Toutefois, l'action en responsabilité pour insuffisance d'actif est une action spéciale prévue par le Code de commerce qui, de fait, écarte toute action fondée sur l'article 1240 du Code civil[2492]. Cette spécialité n'exclut cependant pas la vertu réparatrice propre aux actions en responsabilité.

742. Une faute de gestion laissant une grande place à l'appréciation juridictionnelle. La faute de gestion, dans un premier temps, existe aussi en droit des sociétés, car les dirigeants sont responsables à l'égard des actionnaires et de la société pour les « fautes commises dans la gestion »[2493]. Ces deux fautes ne recouvrent pas la même réalité, car la notion de faute de gestion en droit des procédures collectives est largement entendue. L'action étant engagée par un tiers à la société, il aurait été nécessaire d'exiger une faute séparable des fonctions, si les notions de faute de gestion étaient homogènes. Ce n'est pas le cas pour l'action en insuffisance d'actif, qui n'admet qu'une faute simple[2494]. Cette exigence a toutefois été, dans une décision isolée des juges du fond, abandonnée[2495].

Les fautes de gestion, dans le cadre d'une action en insuffisance d'actif, correspondent à des actions ou des abstentions. Contrairement à ce que

---

[2491] Arlette MARTIN-SERF, « Réforme des procédures collectives – Sanctions civiles », *Revue des procédures collectives*, Janvier 2009, étude 14, § 23. Voir aussi : Thierry MONTERAN, « La réforme des responsabilités et sanctions », *Gazette du Palais* 2009, p. 841.

[2492] Cass. com., 28 février 1995, *D.* 1995, p. 390, note Fernand DERRIDA ; *Bulletin Joly sociétés* 1995, p. 544 ; Cass. com., 20 juin 1995, *Les petites affiches* 21 septembre 1995, arrêt n° 1309, obs. P.M. ; *Bulletin Joly sociétés* 1995, p. 988. Voir aussi : Jean-Jacques DAIGRE, « Le non-cumul de l'action en comblement du passif et des actions en responsabilité de droit commun », *Bulletin Joly sociétés* 1995, p. 953 ; Marie-Charlotte PINIOT, « Responsabilité civile des dirigeants sociaux, non-cumul des actions du droit des sociétés et du droit des procédures collectives », *RJDA* 1995, p. 639.

[2493] Voir *supra* § 693 et s.

[2494] F. PÉROCHON, *op. cit.* note 1144, p. 783.

[2495] En effet, la Cour d'appel de Rennes a exigé, sous l'empire de la loi du 25 janvier 1985, que soit prouvée une faute « intentionnelle d'une particulière gravité incompatible avec l'exercice normal de sa fonction sociale ». Voir : Rennes, 4 mai 2010, n° 09-1575, *RJDA* 2010, n° 871, p. 834.

l'appellation laisse transparaître, la faute de gestion n'est pas nécessairement commise à l'occasion des activités managériales. En effet, des choix inadaptés avant même le début de l'exploitation peuvent être considérés comme des fautes de gestion au sens de l'article L. 651-2 du Code de commerce[2496]. Afin de caractériser la faute de gestion, les juges vont contrôler attentivement les décisions et les abstentions des dirigeants légaux tout comme celles des dirigeants de fait. Les opérations de contrôle judiciaire de la gestion sont extrêmement développées, les juges compétents ayant toute latitude pour qualifier de fautive toute action ou abstention. Cette liberté est généralement critiquée en doctrine, car elle laisse place à l'appréciation souveraine des juges du fond, voire à « l'arbitraire »[2497], sans qu'aucune standardisation ne soit possible[2498].

743. L'insuffisance d'actif : le préjudice subi par les créanciers sociaux. La deuxième condition permettant de caractériser une telle responsabilité du dirigeant est le préjudice subi par les créanciers. La détermination chiffrée du préjudice permet au juge d'obtenir un référentiel plus clair pour contrôler la gestion sociale. L'article L. 651-2 du Code de commerce dispose « lorsque la liquidation judiciaire (...) fait apparaître une insuffisance d'actif (...) ». La formulation employée laisse planer un doute sur la détermination du quantum du préjudice, car plusieurs interprétations sont envisageables. D'une part, on peut concevoir strictement la locution « lorsque la liquidation judiciaire », ce qui signifierait que le montant de l'insuffisance d'actif doit être considéré au jour du jugement d'ouverture de la liquidation judiciaire. Cette possibilité présente toutefois l'inconvénient majeur de ne pas prendre en compte les créances qui pourraient faire leur apparition par la suite. D'autre part, l'expression précitée peut être conçue dans un sens plus large, à savoir l'expiration des opérations de liquidation judiciaire, car de ces opérations va découler la réelle détermination de ce que représentent l'actif et le passif social. Retenir cette solution permettrait de prendre en compte l'intégralité du passif, c'est-à-dire le passif antérieur à l'ouverture de la procédure, mais aussi celui qui lui est postérieur ainsi que les frais de procédure.

Les deux solutions sont insatisfaisantes, la première étant trop réductrice et la seconde trop large. Il convient alors de mêler les deux propositions. Il doit être rappelé que le jugement sanctionnant le dirigeant pour insuffisance d'actif ne peut être immédiat à celui d'ouverture de la liquidation judiciaire. En effet, ce dernier jugement a tout juste caractérisé la cessation des paiements, notion qui est différente de celle d'insuffisance d'actif. Il est donc trop tôt pour que le juge puisse déterminer effectivement s'il existe une insuffisance d'actif imputable à un ou plusieurs dirigeants. Le jugement de

---

[2496] Voir en ce sens : Cass. com., 19 mars 1996, *Bulletin Joly sociétés* 1996, p. 614, note Alain COURET ; *RTD Com.* 1996, p. 542, note Jean-Philippe HAEHL.
[2497] F. PÉROCHON, *op. cit.* note 1144, p. 783.
[2498] *Id.*

condamnation est plus tardif que le jugement d'ouverture, mais ne concerne, dans la détermination du passif, que le passif antérieur à la procédure[2499]. Ce n'est que par l'exigence du dernier élément que cette antériorité s'explique.

744. Le lien de causalité : détermination des dettes devant être mises à la charge du dirigeant. L'article L. 651-2 du Code de commerce mentionne que l'insuffisance d'actif doit avoir été causée par les fautes de gestion commises par le dirigeant. Ce lien de causalité justifie ainsi la limitation au passif antérieur. En effet, les dirigeants ne disposent de pouvoirs de gestion qu'avant l'ouverture de la liquidation judiciaire. Après cela, leurs pouvoirs sont strictement encadrés et dévolus au liquidateur judiciaire[2500]. Or, l'insuffisance d'actif devant être la conséquence des fautes de gestion, le passif ne peut être qu'antérieur à l'ouverture de la procédure[2501].

La détermination du lien causal démontre une nouvelle fois l'importance du contrôle judiciaire de la gestion sociale. Les juges vont non seulement détailler la gestion sociale afin de déterminer quel dirigeant a eu une attitude fautive, mais aussi étudier ses conséquences, afin de vérifier si ses agissements sont à l'origine de tout ou partie de l'insuffisance d'actif. On voit poindre la conception du lien causal retenue par les juridictions commerciales. En effet, il ressort de l'article L. 651-2 du Code de commerce que la faute doit avoir « contribué » à l'insuffisance d'actif. Ce terme, signifiant « avoir sa part à un certain résultat »[2502], indique que la faute peut ne pas avoir été la seule cause de l'insuffisance d'actif[2503]. Ainsi, le lien de causalité est largement entendu par les juges, qui appliquent la théorie de l'équivalence des conditions[2504].

2499 Voir en ce sens : Cass. com., 2 juin 1987, *Les petites affiches* 23 novembre 1987, note Adrienne HONORAT ; Cass. com., 16 février 1993, *D.* 1993, somm. p. 319, obs. Adrienne HONORAT ; *Revue des sociétés* 1993, p. 655, note Adrienne HONORAT ; Cass. com. 8 janvier 2002, *Droit des sociétés* juillet 2002, p. 12.

2500 Selon l'article L. 641-9 I du Code de commerce : « Le jugement qui ouvre ou prononce la liquidation judiciaire emporte de plein droit, à partir de sa date, dessaisissement pour le débiteur de l'administration et de la disposition de ses biens même de ceux qu'il a acquis à quelque titre que ce soit tant que la liquidation judiciaire n'est pas clôturée. Les droits et actions du débiteur concernant son patrimoine sont exercés pendant toute la durée de la liquidation judiciaire par le liquidateur ».

2501 Voir *contra* : F. PÉROCHON, *op. cit.* note 1144, p. 785. S'il est certain que le passif peut se voir grossir par les créances postérieures privilégiées, et augmenter l'insuffisance d'actif, les créances postérieures privilégiées sont, par définition, utiles à la procédure et admises par le mandataire judiciaire. La gestion du, ou des, dirigeants ne peut avoir pour conséquence d'augmenter l'insuffisance d'actif, excluant de fait les créances postérieures de toute action en insuffisance d'actif.

2502 Définition de contribuer du *Dictionnaire de l'Académie Française*, précité note 72.

2503 Voir en ce sens : Cass. com., 30 novembre 1993, *Bulletin Joly sociétés* 1994, p. 410, obs. Philippe PETEL ; Cass. com., 17 février 1998, *RJDA* 1998, n° 776 ; *Revue des sociétés* 1998, p. 581, note Yves GUYON.

2504 F. PÉROCHON, *op. cit.* note 1144, p. 786.

B) L'objectif réparateur des sanctions

745. La dimension réparatrice de l'action en insuffisance d'actif. Une fois ces conditions caractérisées par le juge, les dirigeants de droit ou de fait peuvent être condamnés à supporter tout ou partie de l'insuffisance d'actif, selon leur implication dans les difficultés financières rencontrées par la société. Cette condamnation, qui pourrait avoir un caractère purement sanctionnateur, est véritablement une réparation du préjudice subi par les créanciers.

L'article L. 651-2 du Code de commerce, pris en son troisième alinéa, traduit la notion de réparation, en intégrant les sommes versées par les dirigeants au patrimoine social[2505]. Les créanciers ayant été lésés dans leur droit de gage par les fautes de gestion commises par les dirigeants, le juge peut condamner ces derniers à reconstituer le droit de gage des créanciers. Les sommes versées ont alors pour objectif de rétablir la situation des créanciers telle qu'elle aurait dû l'être sans faute de gestion. La réparation a, dans cette conception, des effets qui pourraient être assimilés à ceux de la rétroactivité, car les créanciers se retrouvent dans ce qui aurait pu être le *statu quo ante*. Cette rétroactivité n'est toutefois que très limitée, car les règles de la procédure de liquidation judiciaire continuent de s'appliquer. Par ailleurs, il semble logique que les sommes intègrent le patrimoine social, car si les créanciers ont subi un préjudice, celui-ci porte sur le droit de gage qu'ils avaient à l'encontre de la société dirigée par la personne condamnée. Le dirigeant ne peut donc désintéresser directement les créanciers et doit verser les sommes à la société afin que le liquidateur judiciaire, représentant les créanciers, puisse les répartir entre tous les créanciers.

746. La répartition de l'insuffisance d'actif : de la réparation à l'égalitarisme. Une fois le dirigeant condamné et les sommes versées à la société, celle-ci ne peut les conserver, ayant vocation à disparaître en raison de sa mise en liquidation judiciaire. Il convient alors de répartir les sommes entre les différents créanciers. Le Code de commerce offre un principe de répartition, car les sommes « sont réparties au marc le franc entre tous les créanciers »[2506]. Cette formulation fait apparaître deux doutes sur sa compatibilité avec la dimension indemnitaire attachée à cette action en responsabilité.

[2505] L'alinéa trois de l'article L. 651-2 du Code de commerce dispose : « Les sommes versées par les dirigeants entrent dans le patrimoine du débiteur (…) ». Un auteur mentionne toutefois l'incohérence du principe réparateur et de la règle légale, car « une action en responsabilité n'a pas pour finalité de reconstituer le gage commun des victimes d'une dommage, mais le patrimoine personnel de chacune de ces victimes pour la part qui lui revient dans le préjudice total ». Marc SENECHAL, *L'effet réel de la procédure collective : essai sur la saisie collective du gage commun des créanciers*, préf. Marie-Hélène MONSERIE-BON, Paris, Litec, 2002, p. 713.

[2506] Article L. 651-2 du Code de commerce.

Tout d'abord, il est mentionné que cette action bénéficie « à tous les créanciers », signifiant par là-même qu'elle profite aux créanciers antérieurs comme postérieurs. Cette conclusion est appuyée par le fait que les sommes intègrent le patrimoine de la société placée en liquidation judiciaire, restaurant ainsi le droit de gage général de tous les créanciers. Cette considération légale n'est toutefois que peu cohérente. En effet, l'insuffisance d'actif causée par les fautes des dirigeants est caractérisée comme étant celle antérieure au jugement d'ouverture[2507]. Il serait donc peu logique que l'insuffisance d'actif soit caractérisée par le préjudice subi par certains créanciers sociaux et que le fruit de cette action soit partagé entre tous. On ne peut qu'approuver le Professeur MARTIN-SERF, lorsqu'elle considère que « les créanciers véritablement concernés par l'insuffisance d'actif, ceux dont les droits permettent de prouver et de chiffrer cette insuffisance, sont uniquement les créanciers antérieurs, (...) [et] il faut réserver le produit du comblement de l'insuffisance d'actif à ceux qui sont les victimes directes des fautes de gestion des dirigeants condamnés »[2508]. Offrir la collocation des sommes à des personnes qui n'ont pas été considérées dans la détermination du quantum du préjudice semble très éloigné du fondement de l'action en insuffisance d'actif : la réparation d'un préjudice.

Ensuite, le principe fixé par le Code de commerce est la collocation au marc le franc, en excluant tous les privilèges, garanties et autres sûretés. Cette répartition implique une répartition à proportion des créances détenues par tous les créanciers, antérieurs ou non[2509]. Ce mode de désintéressement paraît étonnant en ce qu'il représente une solution peu fréquente en droit des procédures collectives. De plus, il paraît incompatible avec le principe de réparation. S'il est nécessaire de reconstruire le droit de gage des créanciers, il n'existe en revanche aucun impératif juridique justifiant la paralysie des privilèges accordés à certains créanciers. En effet, « si les sommes entrent dans le patrimoine du débiteur, elles devraient être partagées entre les créanciers en tenant compte des préférences légales ou conventionnelles »[2510]. Cette norme légale, contraire au principe indemnitaire, répond à une considération de pure politique législative[2511], à savoir mettre sur un pied d'égalité tous les

---

[2507] Voir *supra* § 743.

[2508] Arlette MARTIN-SERF, « L'intérêt collectif des créanciers ou l'impossible adieu à la masse », dans *Mélanges en l'honneur d'Adrienne HONORAT*, Paris, éd. Frison-Roche, 2000, p. 155.

[2509] Dans le cadre de l'exclusion du privilège général du trésor sur les sommes issues de l'action en insuffisance d'actif, voir : Cass. com., 20 mai 1997, *Droit des sociétés* 1997, comm. 122, note Yves CHAPUT ; *Revue des procédures collectives* 1997, p. 487, note Arlette MARTIN-SERF.

[2510] A. MARTIN-SERF, *op. cit.* note 2508, p. 155. Voir aussi : F. PÉROCHON, *op. cit.* note 1144, p. 790 ; M. SENECHAL, *op. cit.* note 2505, p. 726.

[2511] M. SENECHAL, *op. cit.* note 2505, p. 731.

créanciers, même chirographaires[2512]. Ceci aboutit à prendre potentiellement beaucoup aux privilégiés afin de donner le plus souvent peu aux chirographaires. Ces derniers auront donc droit à une fraction des sommes issues de l'insuffisance d'actif à laquelle ils n'auraient pas eu normalement droit ; tandis que les privilégiés auront une part égale à leur proportion dans le total des créances, alors qu'ils auraient pu s'approprier la majeure partie des sommes. À tout bien considérer, cette mesure d'égalitarisme nuit aux créanciers privilégiés et favorise peu les créanciers chirographaires. Ainsi que l'invoquait un auteur britannique, il est possible de conclure que la répartition au marc le franc rend tous les créanciers égaux, mais les créanciers chirographaires le sont plus que d'autres.

747. L'action en insuffisance d'actif conduit le juge des procédures collectives à évaluer la gestion des dirigeants de droit ou de fait. Ce contrôle de l'action du dirigeant peut aboutir à un versement d'indemnités à la société, dans le but d'être partagées égalitairement entre tous les créanciers. Cette action en insuffisance d'actif constitue, comme le mentionne un auteur, « une action en responsabilité de droit commun, mais spéciale, et dont le régime est particulier »[2513].

II) La mise à l'écart des dirigeants fautifs

748. La nécessité d'une mise à l'écart des dirigeants fautifs. Les sanctions prononcées à l'encontre des dirigeants peuvent ainsi représenter une faible contrainte. Dès lors, il peut s'avérer nécessaire de sanctionner les dirigeants en les écartant de la vie des affaires. Les différentes raisons conduisant à la mise en quarantaine du dirigeant ont déjà été apportées dans le cadre général[2514], mais le droit des procédures collectives dispose de règles propres. Ces dispositions visent à écarter de toute fonction de direction un dirigeant ayant conduit une société à la ruine ou ayant accompli des agissements pénalement répréhensibles. Dès lors, deux modalités d'isolement des dirigeants sont envisageables. La première est dans la droite ligne des sanctions précédemment abordées. La mise à l'écart du dirigeant peut être générale, c'est-à-dire que le dirigeant fautif serait interdit de gérer toute société. La mesure étant générale, elle présente un caractère sanctionnateur, ce qui signifie qu'elle ne peut être prononcée que par des juridictions (A). La seconde demeure caractérisée par la défiance à l'égard du dirigeant qui s'est avéré responsable, tout au moins de la déconfiture de la société. Cette mesure est proposée par les organes de la procédure collective (B).

[2512] Un auteur mentionne cet article comme le fruit d'un « zeste d'équité, dérisoire et arbitraire, en faveur des créanciers chirographaires ». F. PÉROCHON, *op. cit.* note 1144, p. 789.

[2513] Philippe LE TOURNEAU (dir.), *Droit de la responsabilité et des contrats*, 10ème éd., Paris, Dalloz, 2014, p. 1490.

[2514] Voir *supra* § 42 et s.

A) L'interdiction de gérer, sanction générale prononcée

749. L'interdiction de gérer, une mesure d'intérêt public. Les dirigeants de sociétés cotées soumises à une procédure collective peuvent être civilement sanctionnés, au-delà de l'insuffisance d'actif, par le prononcé de « mesures d'intérêt public »[2515], soit la faillite personnelle et l'interdiction de gérer de l'article L. 653-8 du Code de commerce. L'intérêt de ces mesures est de purger le secteur professionnel des dirigeants d'éléments dont les comportements passés ne justifient plus leur appartenance à celui-ci.

750. Les deux cas de sanctions professionnelles civiles. Les juridictions civiles devant traiter de la procédure collective de la société peuvent, lorsque cela s'avère nécessaire, sanctionner professionnellement le dirigeant fautif. La gravité de son comportement justifie l'exclusion de ce dirigeant, c'est d'ailleurs la raison pour laquelle le Code de commerce impose comme condition préalable l'ouverture d'une procédure de redressement ou de liquidation judiciaires[2516]. Ce code prévoit deux modalités permettant au juge d'écarter les dirigeants, à savoir le prononcé d'une faillite personnelle et l'interdiction de gérer de l'article L. 653-8 du Code de commerce.

751. La faillite personnelle, une formulation trompeuse. La faillite personnelle est une survivance du droit ancien, alors qu'il n'était pas encore question de droit des procédures collectives mais de droit des faillites. La formulation demeure alors que le droit des procédures collectives ne connaît plus le terme faillite[2517]. La dénomination de cette mesure visant, entre autres, les dirigeants sociaux est par ailleurs en partie trompeuse. La faillite personnelle laisse supposer au profane que le dirigeant serait soumis lui aussi à une procédure collective. Il n'en est toutefois rien en ce qu'elle emporte « l'interdiction de diriger, gérer, administrer ou contrôler, directement ou indirectement, tout entreprise commerciale ou (…) toute entreprise ayant toute (...) activité indépendante et toute personne morale »[2518], voire « l'incapacité d'exercer une fonction publique élective »[2519]. Le dirigeant soumis à une

---

[2515] Cass. com., 19 décembre 2006, *D.* 2007, AJ p. 87, obs. Alain LIENHARD ; *Droit des sociétés* 2007, n° 70, note Jean-Pierre LEGROS ; *Actualités des procédures collectives* 2007, n° 20, obs. Corinne REGNAUT-MOUTIER ; *JCP E* 2007, 1450, § 15, obs. Philippe PETEL ; *Revue des procédures collectives* 2007, p. 36, obs. Philippe ROUSSEL-GALLE.

[2516] L'article L. 653-1 du Code de commerce, visant les mesures d'interdiction professionnelle, dispose : « Lorsqu'une procédure de redressement ou de liquidation judiciaires est ouverte, les dispositions du présent chapitre sont applicables (…) ».

[2517] Une exception existe toutefois en Alsace et en Moselle, les articles L. 670-1 et suivants du Code de commerce concernant une procédure spéciale dénommée faillite civile, « applicable aux personnes physiques ayant leur domicile dans les départements de la Moselle, du Bas-Rhin et du Haut-Rhin ». Pour une description générale, voir : Jean-Luc VALLENS, « ALSACE-MOSELLE. – Faillite civile. – Sauvegarde, redressement et liquidation judiciaires », dans *J.-Cl. Procédures collectives*, Fasc. 3115.

[2518] Article L. 653-2 du Code de commerce.

[2519] Article L. 653-10 du Code de commerce.

faillite personnelle n'est donc soumis à aucune mesure patrimoniale, il conviendrait de débaptiser cette sanction professionnelle, réduisant les facteurs de confusion. Le Professeur MASCALA considère que la suppression du terme « faillite » devrait faire partie des « réformes *a minima* », afin d'éradiquer cette expression surannée[2520]. Peut-être serait-il préférable de faire apparaître clairement la réelle sanction dans son intitulé : l'interdiction civile de gérer.

752. La faillite personnelle d'un dirigeant d'une société cotée, nécessitant un contrôle judiciaire de leur gestion. Les cas d'ouverture de la faillite personnelle sont nombreux au sens du Code de commerce. Cette mesure d'interdiction peut être prononcée par le juge connaissant de la procédure collective de la société débitrice, sur demande du mandataire judiciaire, du liquidateur ou du ministère public[2521]. La faillite personnelle peut être prononcée à l'encontre d'un dirigeant de société cotée dans de nombreuses hypothèses posées aux articles L. 654-4, L. 654-5 et L. 654-6 du Code de commerce, que l'on peut regrouper en deux catégories distinctes, à savoir la dilapidation de l'actif social[2522] et la méconnaissance des règles de base des procédures collectives[2523]. Il est à noter, d'un point de vue légistique, que l'article L. 653-4 du Code de commerce, qui vise expressément les dirigeants de sociétés, reprend le contenu de l'ancien article L. 652-1 du Code de commerce relatif à l'ancienne condamnation de l'obligation aux dettes disparue avec la loi de sauvegarde du 26 juillet 2005[2524]. Cette reformulation de l'article est compréhensible car l'ancien article L. 653-4 du Code de commerce effectuait un renvoi à l'article décrivant les agissements sanctionnés par l'obligation aux dettes. Cette reformulation, que l'on peut croire de pure forme, traduit *de facto* la nécessité de contrôler la gestion des

---

2520 Corinne MASCALA, « Le dirigeant d'une société en liquidation : faut-il réformer les sanctions ? », *Revue des procédures collectives* avril 2008, dossier 11, § 26.

2521 Article L. 653-7 du Code de commerce.

2522 A titre d'exemple, il est possible de citer : « Avoir disposé des biens de la personne morale comme des siens propres » (article L. 653-4 1° du Code de commerce) ; « Avoir fait des biens ou du crédit de la personne morale un usage contraire à l'intérêt de celle-ci à des fins personnelles (…) » (Article L. 653-4 3° du Code de commerce) ; « Avoir détourné ou dissimulé tout ou partie de l'actif ou frauduleusement augmenté le passif de la personne morale » (Article L. 653-4 5° du Code de commerce) ; « Avoir souscrit, pour le compte d'autrui, sans contrepartie, des engagements jugés trop importants au moment de leur conclusion, eu égard à la situation de l'entreprise ou de la personne morale » (Article L. 654-5 3° du Code de commerce.

2523 A titre d'exemple, il est possible de citer : « Avoir, dans l'intention d'éviter ou de retarder l'ouverture de la procédure de redressement judiciaire ou de liquidation judiciaire, fait des achats en vue d'une revente au dessous du cours ou employé des moyens ruineux pour se procurer des fonds » (Article L. 653-5 2° du Code de commerce) ; « Avoir payé ou fait payer après cessation des paiements et en connaissance de cause de celle-ci, un créancier au préjudice des autres créanciers » (article L. 653-5 4° du Code de commerce) ; « Avoir, en s'abstenant volontairement de coopérer avec les organes de la procédure, fait obstacle à son bon déroulement » (article L. 653-5 5° du Code de commerce).

2524 Précitée note 2410.

dirigeants avant et après le jugement d'ouverture de la procédure collective. En effet, les juges, afin de prononcer la faillite personnelle, sont dans l'obligation de contrôler les décisions des dirigeants ainsi que leurs conséquences sur les finances sociales et leur conformité aux règles du droit des procédures collectives. Le juge, lorsqu'il doit statuer sur une faillite personnelle, effectue alors un véritable contrôle de la gestion sociale et peut sanctionner professionnellement un dirigeant pour une décision alors que la société ne faisait pas encore l'objet d'une procédure collective.

753. La portée des sanctions professionnelles prononcées. Une fois le comportement évoqué aux articles L. 653-4 à L. 653-6 identifié par le juge, celui-ci dispose de la possibilité de prononcer une interdiction de gérer à l'encontre des dirigeants fautifs. C'est sur ce point que la faillite personnelle se distingue de l'interdiction de gérer de l'article L. 653-8 du Code de commerce.

Les deux sanctions répondent globalement aux mêmes cas d'ouverture précédemment abordés[2525], sauf quelques spécificités propres à l'interdiction de gérer[2526]. Dès lors, il revient au juge de choisir la sanction qu'il entend prononcer. Si les cas d'ouverture sont les mêmes entre faillite personnelle et interdiction de gérer de l'article L. 653-8 du Code de commerce, le régime de ces sanctions diffère légèrement. La faillite personnelle entraîne une sanction à portée générale, car le dirigeant failli aurait interdiction de « diriger, gérer, administrer ou contrôler, directement ou indirectement, toute entreprise commerciale (...) et toute personne morale »[2527]. La faillite personnelle vise donc à écarter le dirigeant de toute activité économique[2528], mais aussi de toute société et de toute association. Cette sanction est une mesure générale qui ne peut être aménagée par le juge.

À la différence de la faillite personnelle dont elle représente une mesure alternative[2529], l'interdiction de gérer de l'article L. 653-8 du Code de commerce représente une sanction moins sévère, le juge disposant d'un

---

[2525] Voir *supra* § 752.

[2526] L'article L. 653-8 du Code de commerce prévoit deux cas d'ouverture supplémentaires, à savoir lorsque le dirigeant n'a, de mauvaise foi, « pas remis au mandataire judiciaire, à l'administrateur ou au liquidateur, les renseignements qu'il est tenu de lui communiquer en application de l'article L. 622-6 dans le mois suivant le jugement d'ouverture », mais aussi lorsque le dirigeant « a omis de demander l'ouverture d'une procédure de redressement ou de liquidation judiciaire dans le délai de quarante-cinq jours à compter de la cessation des paiements, sans avoir, par ailleurs, demandé l'ouverture d'une procédure de conciliation ». Ces règles propres à cet article répondent de la méconnaissance des règles de base des procédures collectives.

[2527] Article L. 653-2 du Code de commerce.

[2528] C. SAINT-ALARY-HOUIN, *op. cit.* note 1569, p. 910.

[2529] L'article L. 653-8 du Code de commerce dispose que, lorsque l'un des cas d'ouverture de la faillite personnelle est rempli, « le tribunal peut prononcer, à la place de la faillite personnelle, l'interdiction de gérer (...) ».

pouvoir de modulation[2530]. En effet, l'article affirme que le juge peut prononcer une interdiction « de diriger, gérer, administrer ou contrôler (...) soit toute entreprise commerciale ou artisanale, toute exploitation agricole et toute personne morale, *soit une ou plusieurs de celles-ci* ». Grâce à la dernière partie de cet alinéa, l'interdiction de gérer de l'article L. 653-8 du Code de commerce offre une latitude au juge afin d'adapter la mesure de l'interdiction à la faute commise, à la condition toutefois de ne pas prononcer une mesure identique à celle de la faillite personnelle, option ouverte par l'article L. 653-8 du Code de commerce.

Ces mesures peuvent représenter une sanction lourde en ce qu'elles sont prononcées pour une durée maximale de quinze ans[2531]. Cette durée n'est toutefois pas impérative, car le juge dispose d'une marge d'appréciation[2532]. Par ailleurs, une durée d'interdiction peut être prononcée par le juge, mais non appliquée jusqu'à son terme, car le Code de commerce prévoit des hypothèses dans lesquelles les dirigeants de la société débitrice sont rétablis dans leurs droits. C'est le cas du jugement de clôture pour extinction du passif et de l'apport d'une contribution suffisante au paiement du passif[2533]. Ces deux cas, dans lesquels la mesure prononcée n'est pas exécutée à son terme, laissent la possibilité au dirigeant de faire montre de sa bonne volonté au tribunal. Le relèvement anticipé de l'interdiction de gérer semble être un moyen pour le dirigeant de prouver qu'il ne méritait pas une telle sévérité.

754. Une possible reformulation des textes ? Au regard des nombreuses interactions entre les textes relatifs à la faillite personnelle et à l'interdiction de gérer, il peut être proposé une reformulation de ces textes. Cette reformulation des articles contenus dans le troisième chapitre du cinquième titre du Livre sixième du Code de commerce pourrait être l'occasion de faire disparaître le terme de faillite personnelle au profit de celui d'interdiction de gérer, plus explicite. Par ailleurs, le travail de réécriture permettrait de réorganiser les articles afin qu'ils gagnent en lisibilité. Ne pourrait-on pas imaginer qu'un article traite des cas d'ouverture et de leur sanction, qui serait une interdiction générale de gérer et qu'un autre article dispose les cas spécifiques d'ouverture figurant à l'article L. 653-8 actuel et de sa sanction, c'est-à-dire la seule interdiction de gérer aménagée ? Cette reformulation permettrait de gagner en simplicité, ainsi que de différencier plus aisément les différentes sanctions. Cette réforme est souhaitable quant aux mesures civiles d'interdiction de gérer, d'autant plus que les mesures pénales ayant le même effet ont été modifiées.

2530 P.-M. LE CORRE, *op. cit.* note 2419, p. 2567.

2531 Article L. 653-11 du Code de commerce.

2532 Contrairement au droit ancien, le juge dispose uniquement d'un plafond de peine, et non pas d'un seuil, qui était anciennement de cinq ans (ancien article L. 625-10 du Code de commerce). Cela signifie que l'interdiction de gérer peut potentiellement être de courte durée. Voir A. JACQUEMONT, R. VABRES, *op. cit.* note 2405, p. 678.

2533 Article L. 653-11 alinéas 2 et 3.

B) *L'interdiction de gérer, sanction particulière suggérée*

755. Les dirigeants sociaux, frein au redressement de la société ? Si la société se trouve dans une situation économique quasi désespérée, il est à penser que la gestion des dirigeants sociaux en est à l'origine. Maintenir le dirigeant en poste alors que le redressement de la société est envisagé correspondrait à lui donner une seconde chance, alors que celle-ci ne doit concerner que la société débitrice. Dès lors, il convient de trouver une solution juridique permettant le départ du dirigeant considéré comme fautif, tout en préservant la santé et les perspectives de redressement de la société[2534]. Cette possibilité d'exclure les dirigeants sociaux doit être strictement encadrée, sauf à représenter une solution périlleuse pour les dirigeants en place, pouvant les décourager d'accepter des mandats sociaux et de prendre des risques.

756. La mise à l'écart du dirigeant dans le cadre du redressement judiciaire. Écarter le dirigeant ne peut être une solution envisageable dans le cadre d'une procédure de liquidation judiciaire. En effet, la société débitrice faisant l'objet d'une telle procédure est destinée à disparaître, le sort des dirigeants en place est déjà scellé, leur mandat étant voué à connaître le même sort que la personnalité juridique. Dans les autres procédures, la question du maintien des dirigeants est très tôt apparue. Le raisonnement est analogue à celui d'un criminel ou d'un salarié ayant commis une faute lourde. Ces personnes ayant commis une faute à l'égard de la structure sociale à laquelle ils appartiennent, leur mise à l'écart peut devenir nécessaire à son bon fonctionnement. Peuvent être prononcés la réclusion – écartant le criminel de la société *lato sensu* – mais aussi le licenciement sans préavis, écartant immédiatement le salarié ayant commis une faute telle que le maintien dans son emploi est devenu impossible[2535]. Le maintien du dirigeant ayant mené la société à la ruine est, selon le même raisonnement, remis en cause. Une question s'est progressivement posée quant à sa mise à l'écart : celle-ci pouvait-elle concerner tant la procédure de sauvegarde que le redressement judiciaire, ou n'était-elle cantonnée qu'à une seule procédure ?

A l'origine, lorsque l'exclusion du dirigeant a été prévue par la loi de sauvegarde, elle concernait les deux procédures[2536]. Il a toutefois été mentionné que sanctionner le dirigeant dans le cadre d'une procédure de sauvegarde était excessif, car cette procédure était déclenchée à l'initiative du débiteur. Il était étonnant que le dirigeant d'un débiteur avisé, qui anticipait les difficultés pouvant survenir, subisse les conséquences négatives de sa

---

[2534] Voir, considérant que le maintien du dirigeant n'est pas une priorité du redressement judiciaire : Thierry FAVARIO, « De l'attractivité du droit des entreprises en difficulté », *Revue des procédures collectives* 2009, étude 18, § 23.

[2535] Le Code du travail dispose à cet effet, par une lecture *a contrario* de son article L. 1234-1, que le salarié ayant commis une faute grave n'a pas à effectuer son préavis.

[2536] Ancien article L. 626-4 du Code de commerce.

prévoyance en perdant son mandat[2537]. L'ordonnance du 18 décembre 2008 a alors réformé l'état du droit en limitant la faculté de démettre le dirigeant social au seul redressement judiciaire.

757. Une mise à l'écart du dirigeant social sous conditions. Il ressort de l'article L. 631-19-1 du Code de commerce que certains dirigeants peuvent être « remplacés ». Ce remplacement semble être un euphémisme afin d'évoquer la possibilité de démettre un ou plusieurs dirigeants de la société. Cette mise au ban suppose toutefois des conditions, que le Code de commerce évoque.

Le Code de commerce dispose que « lorsque le redressement de l'entreprise le requiert, le tribunal, sur la demande du ministère public, peut subordonner l'adoption du plan au remplacement d'un ou plusieurs dirigeants de l'entreprise »[2538]. Plusieurs exigences sont donc posées par la formulation de cet alinéa, chacune devant être précisée. Tout d'abord, le remplacement doit être nécessaire pour « le redressement de l'entreprise ». La formulation est intéressante en ce qu'elle induit que le maintien du dirigeant mette en péril la pérennité de la société. Il semble nécessaire d'identifier des manquements graves accomplis par le dirigeant, rendant sa présence indésirable au sein de la structure sociale, une méfiance s'étant instaurée à son égard. Aussi pourrait-on imaginer que les cas d'ouverture de l'action en insuffisance d'actif, réservée à la liquidation judiciaire, puissent être considérés comme des hypothèses requérant l'exclusion du dirigeant. Il apparaît toutefois que les tribunaux ne permettent pas de déterminer précisément ce que recouvre le champ d'application de cette norme.

Outre cette condition de fond, le remplacement du dirigeant est limité à une condition de forme, celle de la demande formulée par le ministère public sous la forme d'une requête « précisant les faits de nature à motiver le remplacement du dirigeant concerné »[2539]. Cette requête doit être formulée avant l'adoption du plan de redressement, car l'article mentionne que le tribunal peut « subordonner l'adoption du plan au remplacement d'un ou plusieurs dirigeants ». Elle doit être émise devant le juge qui doit statuer sur l'adoption du plan, mais ne peut être présentée par l'un des créanciers de la société qui aurait été lésé par la gestion du dirigeant social. Cette exclusivité

[2537] Il y a clairement une volonté de « dédramatiser la sauvegarde » et d'abolir un « frein psychologique à son déclenchement par le chef d'entreprise » : François-Xavier LUCAS, « Les innovations introduites par l'ordonnance n° 2008-1345 du 18 décembre 2008 : morceaux choisis », *Les petites affiches* 22 avril 2010, p. 47.

[2538] Article L. 631-19-1 alinéa 1 du Code de commerce.

[2539] Article R. 631-34-1 du Code de commerce. Voir aussi : Pierre-Michel LE CORRE (dir.), « Chronique de droit des entreprises en difficulté », *Gazette du Palais* 13 juillet 2013, p. 18, spéc. Christine LEBEL, note sous Cass. com., 22 mai 2013.

de la demande au profit du ministère public fait apparaître la rareté de cette procédure visant à exclure un ou plusieurs dirigeants de la société[2540].

La demande formulée par le ministère public visant à écarter les dirigeants peut ne pas être satisfaite. En effet, il ne fait que suggérer le remplacement du dirigeant, la décision finale appartenant au tribunal. Afin de prendre la décision, le tribunal doit offrir la possibilité au dirigeant de se défendre. La procédure de remplacement des dirigeants dans le cadre du plan de redressement de l'entreprise peut être comparée à un mécanisme existant en droit des sociétés.

758. L'article L. 631-19-1 du Code de commerce : une procédure de révocation judiciaire ? La mise à l'écart des dirigeants dans le cadre de l'adoption du plan de redressement de l'entreprise présente de nombreux traits communs avec la révocation judiciaire pour des causes légitimes, propres à certaines formes sociales[2541]. Les faits de nature à rendre inacceptable le maintien des dirigeants au sein de la société en redressement semblent similaires aux causes légitimes exigées dans le cadre de la société à responsabilité limitée ou souhaitables dans la société anonyme[2542] et paraissent de nature à impliquer les juridictions dans la gestion sociale[2543]. De même, comme dans toute mesure de révocation judiciaire, ce n'est pas devant les organes sociaux que le dirigeant est attrait pour se faire entendre, mais devant les tribunaux. Le principe du contradictoire, essentiel dans toutes les procédures de révocation des mandataires sociaux, est donc assuré devant les juridictions.

S'il existe des similitudes entre la révocation judiciaire et la procédure posée à l'article L. 631-19-1 du Code de commerce, il doit être précisé que le rapport entre ces deux institutions est limité à l'intervention du juge. En effet, contrairement à la révocation judiciaire dans laquelle le juge ordonne le départ du dirigeant, le remplacement des dirigeants de l'article L. 631-19-1 demeure du ressort des organes légalement compétents[2544]. La décision du juge n'est qu'une suggestion offerte aux organes sociaux devant être convoqués par l'un des organes de la procédure, l'administrateur ou le mandataire judiciaire[2545]. Les organes compétents disposent alors de deux options différentes : le

---

2540 F. PÉROCHON, *op. cit.* note 1144, p. 498. Voir aussi : MINISTERE DE LA JUSTICE, « Circulaire relative à l'action du ministère public dans les procédures du Livre VI du Code de commerce en conséquence de la loi de sauvegarde des entreprises », JUSC0620263C, *Bulletin officiel du Ministère de la justice*, n° 102.

2541 Voir *supra* § 603.

2542 *Id.*

2543 F. PÉROCHON, *op. cit.* note 1144, p. 497.

2544 Voir en ce sens : Jocelyne VALLANSAN (dir.), *Entreprises en difficulté, commentaire article par article du Livre VI du Code de commerce*, 6ème éd., Paris, 2012, Litec, p. 328 ; Philippe ROUSSEL-GALLE, « Le dirigeant de société et le "nouveau" droit des entreprises en difficulté issu de la réforme du 18 décembre 2008 », *Revue des sociétés* 2009, p. 249, § 22.

2545 Article R. 631-34-2 du Code de commerce. Voir aussi : P.-M. LE CORRE, *op. cit.* note 2419, p. 1268-1269.

maintien du dirigeant social ou l'adoption du plan proposé. Ces deux solutions sont nécessairement alternatives, le juge ayant subordonné l'adoption du plan au remplacement du dirigeant[2546].

759. Le remplacement du dirigeant constitutif d'un véritable contrôle de la gestion. La possibilité offerte par l'article L. 631-19-1 du Code de commerce implique le ministère public et le juge compétent pour adopter le plan de redressement dans le contrôle de la gestion sociale. Pour déterminer si le maintien du dirigeant est incompatible avec le redressement de la société, il convient d'en donner des justifications, qui ne peuvent être trouvées que dans les comportements passés du dirigeant. Ces organes judiciaires de la procédure collective opèrent ainsi un contrôle de la gestion sociale afin de trouver les motifs rendant le remplacement du mandataire social souhaitable. Toutefois, ce contrôle de la gestion sociale peut ne pas aboutir au résultat escompté par les organes judiciaires, car la décision de remplacement appartient en dernier ressort aux organes sociaux. Le contrôle judiciaire de la gestion sociale ne donne lieu qu'à une immixtion limitée de la part des juges, les organes sociaux disposant de la faculté de rejeter la proposition des juges et partant de rejeter le plan de redressement proposé. De tels agissements, s'ils sont envisageables, semblent toutefois périlleux pour la société, car le refus du plan de redressement fait montre d'une fidélité à un dirigeant ayant conduit la société dans une situation financière délicate. Refuser de remplacer le dirigeant et donc rejeter le plan de redressement est un calcul risqué pour la société, le redressement judiciaire sans plan aboutissant le plus souvent à une procédure de liquidation judiciaire.

Bien que les débats relatifs aux procédures collectives soient confidentiels[2547], il demeure une voie de publicisation[2548], qui pourrait orienter le vote de l'organe compétent et aboutir au remplacement du dirigeant. Au final, cela pourrait renforcer la suggestion judiciairement formulée, aboutissant dès lors à une révocation décidée par les organes sociaux amorcée par les juges.

760. Conclusion de la section 1. Les procédures collectives qui exigent la caractérisation de la cessation des paiements représentent une sanction tant à l'égard de la société qu'à l'égard des dirigeants. La société est sanctionnée en ce que son existence juridique et économique est remise en cause. Par ailleurs, l'aspect répressif des procédures collectives vise principalement le dirigeant social dont la gestion a pu s'avérer fautive. De nombreuses règles existent pour sanctionner civilement le dirigeant, ainsi que pour l'écarter de la société.

[2546] A. JACQUEMONT, R. VABRES, *op. cit.* note 2405, p. 456-458.

[2547] Article L. 662-3 du Code de commerce : « Les débats devant le tribunal de commerce et le tribunal de grande instance ont lieu en chambre du conseil (…)».

[2548] *Id.* : « Néanmoins, la publicité des débats est de droit après l'ouverture de la procédure si le débiteur, le mandataire judiciaire, l'administrateur, le liquidateur, le représentant des salariés ou le ministère public en font la demande (…) ».

Outre l'aspect sanctionnateur des procédures collectives, celles-ci sont caractérisées par la mise en œuvre de mécanismes protecteurs de la société et du dirigeant à l'égard des créanciers. Ceux-ci, à l'origine prévus pour préserver la société et les dirigeants lorsque la procédure est subie, sont devenus des échappatoires pour les personnes protégées lorsque la procédure collective est déclenchée à la seule initiative du débiteur.

Section 2 : Une sanction pénale du contrôle de la gestion

761. L'aboutissement du contrôle de la gestion : le contrôle juridictionnel de la gestion sociale. Le droit pénal des affaires porte, lors de son avènement, les germes d'une interrogation fondamentale : est-il une appréhension commercialiste du droit pénal, ou bien est-ce le droit pénal qui saisit le droit des affaires ? Loin d'être artificielle, cette interrogation permet d'appréhender le raisonnement applicable au droit pénal des affaires. Si la première perspective est adoptée, il revient au juriste de vérifier quel délit de droit pénal spécial pourrait être appliqué au comportement commercial litigieux. À l'inverse, la seconde considération permettrait de créer des délits propres au droit des affaires, au risque de spécialiser la matière et d'instaurer des délits pouvant être saisis tant par le droit pénal applicable aux affaires que par le droit pénal spécial, impliquant de passer par le mécanisme complexe du concours de qualifications. Incompatibles par nature, ces deux alternatives représentent l'évolution historique du droit pénal des sociétés et du contrôle répressif de la gestion des sociétés. À l'origine lue au regard des incriminations de droit commun, la gestion sociale a, depuis la preuve de la déficience de cette méthode, fait l'objet de lois spéciales[2549]. La gestion de la société est alors contrôlée par les juges répressifs à l'aune de normes spécialement prévues à cette fin, impliquant en toute logique une adéquation parfaite aux besoins qu'ont certains actionnaires ou créanciers d'être protégés de dirigeants employant des « coups interdits »[2550]. Il n'en est, au regard de la

2549 Adolphe TOUFFAIT, Jean ROBIN, André AUDUREAU, Jacques LACOSTE, *Délits et sanctions dans les sociétés*, 2ème éd., Paris, Sirey, 1973, p. XXV.

2550 Joseph HAMEL, « Préface », dans Joseph HAMEL (dir.), *Le droit pénal spécial des sociétés anonymes*, Paris, Dalloz, 1955, p. 12 : « (...) le droit des affaires est un droit où les citoyens se battent avec les armes du monde des affaires et le ministère public doit rester en dehors de ces bagarres. Oui ; mais à la condition que les armes soient égales et que l'une des parties n'ait pas en fait la possibilité de donner des coups interdits. Or, sur le terrain des sociétés anonymes, il en va autrement ; l'actionnaire est un capitaliste ou un épargnant qui n'est pas en mesure d'entrer dans la lutte avec des armes égales à celles dont dispose le fondateur ou l'administrateur. De là l'utilité des sanctions pénales ».

faiblesse du nombre de condamnations prononcées sur le fondement du droit pénal des affaires, visiblement rien[2551].

762. Des causes variées de l'inefficacité de la répression de la gestion sociale. L'apparente incohérence entre le droit pénal des affaires, qui ajoute des infractions aux comportements des dirigeants, et le faible nombre de condamnations peut se justifier au regard de quelques éléments propres au droit pénal des affaires. Après avoir abordé l'hypothèse particulière du cumul de la sanction pénale et de la sanction administrative (§1), certaines dispositions du Code de commerce peuvent expliquer le faible nombre de condamnations prononcées par les juges répressifs ainsi que la faible effectivité du droit pénal des affaires (§2). Enfin, une étude de la jurisprudence formulée par les juridictions répressive laisse transparaître un certain malaise de la part des juges avec le droit pénal des affaires (§3).

§1 Le cumul des sanctions pénale et administrative

763. La diffusion d'informations fausses ou trompeuses : l'abus de marché lié à la gestion sociale. Forme particulière du contrôle de la gestion des sociétés cotées, le contrôle opéré par les juridictions répressives ou administratives peut faire apparaître des comportements réprimés autant par le droit pénal que par des mécanismes administratifs. Il est alors question des abus de marché. Définis comme étant « les opérations d'initiés, la divulgation illicite d'informations privilégiées et les manipulations de marché », ils résultent autant d'une manipulation de cours que de la diffusion d'une information fausse ou trompeuse[2552]. Parmi ces abus de marché, un seul peut réellement être une infraction liée à la conduite de la gestion sociale. En effet, les opérations d'initiés et les manipulations de cours supposent, afin d'être constituées, des opérations ou des cessions de parts de nature à influer sur le cours du titre. Il n'est donc pas ici question d'infractions ayant un rapport direct avec la gestion de la société, mais plutôt d'opérations qui se constituent par des actes relatifs aux actions de la société. En revanche, la diffusion d'informations fausses ou trompeuses, prévue initialement dans la directive abus de marché de 2003[2553] et intégrée dans le droit français tant dans le Code

---

[2551] Il ressort d'une brève analyse statistique que le droit pénal des sociétés ne représente qu'une fraction minime de l'activité des juridictions répressives. En 2011, sur les 603 994 condamnations prononcées par les juges pénaux, seules 1 206 concernaient des violations aux règles de droit pénal des sociétés. Ces condamnations prononcées sur le fondement d'un texte de droit pénal des sociétés ne représentent que 0,19 pour cent de toutes les condamnations pénales prononcées en France cette année-là. Voir : MINISTERE DE LA JUSTICE, *Les condamnations 2011*, Février 2013, spéc. p. 21. Voir aussi, pour des statistiques analogues en 1999 : Wilfried JEANDIDIER, « L'art de dépénaliser : l'exemple du droit des sociétés », dans *Mélanges offerts à Jean-Luc AUBERT*, Paris, Dalloz, 2005, p. 449

[2552] Considérant 7 du Règlement n° 596/2014 du 16 avril 2014 précitée note 84. Voir aussi : D. MARTIN, E. DEZEUZE, F. BOUAZIZ, M. FRANCON, *op. cit.* note 2357, p. 1-2.

[2553] Directive 2003/6/CE du 28 janvier 2003, précitée note 84.

monétaire et financier[2554] que dans le Règlement général de l'Autorité des marchés financiers[2555], suppose la mise en circulation d'informations de nature à tromper les destinataires sur la réelle situation de la société – et donc sur la valeur des titres – par quelque *media* que ce soit. Bien que la diffusion d'informations fausses ou trompeuses ne soit pas du seul fait des dirigeants sociaux[2556], il s'avère que cela représente l'hypothèse la plus courante, notamment parce que l'information inexacte peut être diffusée par le biais de l'information réglementée. Cette dernière, regroupant toutes les informations pertinentes relatives à la gestion sociale, doit être scrupuleusement étudiée afin de déceler d'éventuelles incohérences ou erreurs, et faire apparaître soit le délit, soit le manquement administratif de diffusion d'informations fausses ou trompeuses. Ces deux sanctions étant prévues par deux corpus législatifs différents, il est nécessaire d'aborder d'une part les éléments constitutifs de ces infractions, avant de vérifier d'autre part s'il est possible de cumuler les deux sanctions.

764. Les éléments constitutifs du délit et du manquement de diffusion d'informations fausses ou trompeuses. Le délit de diffusion d'informations fausses ou trompeuses sanctionne le même agissement que le manquement administratif. Il est nécessaire que l'information soit incorrecte, ce qui peut s'entendre d'une information inexacte ne reflétant pas la réalité, comme d'une information incomplète, c'est-à-dire une information exacte mais parcellaire[2557]. Au-delà, cette information insatisfaisante doit être communiquée afin de pouvoir être exploitée par le public. De cette formule ressortent deux autres conditions nécessaires à la caractérisation de l'infraction pénale comme du manquement administratif.

La première condition est que la communication de l'information incorrecte doit être volontaire. Il est impossible de prononcer une sanction tant pénale qu'administrative à l'égard d'une société qui se serait abstenue de

---

[2554] Article L. 465-2 du Code monétaire et financier.

[2555] Article 632-1 du Règlement général de l'Autorité des marchés financiers.

[2556] Il doit être précisé que l'article 632-1 du Règlement général de l'Autorité des marchés financiers prévoit un régime spécifique pour les journalistes, lesquels bénéficient d'un régime aménagé de responsabilité administrative. Il est nécessaire, pour les sanctionner, de caractériser le bénéfice qu'ils auraient pu retirer de cette diffusion. Voir : A. COURET, H. LE NABASQUE, *op. cit.* note 762, p. 1157.

[2557] Ce dernier élément est toutefois plus caractéristique du manquement de diffusion d'information fausse ou trompeuse, sanctionné sur le fondement de l'article 632-1 du Règlement général de l'Autorité des marchés financiers. Voir, dans le cadre de l'affaire Rhodia : AMF, décision SAN-2007-18, 24 mai 2007, Société Rhodia et autres, *Banque et droit* juillet 2007, p. 29. Confirmé par : Paris, 20 mai 2008, *Bulletin Joly sociétés* 2008, p. 492, note Hugues BOUTHINON-DUMAS ; Cass. com., 7 juillet 2009, *RJDA* 2009, n° 1096 ; *Bulletin Joly bourse* 2009, p. 472, note Hugues BOUTHINON-DUMAS ; *Revue trimestrielle de droit financier* 2009/3, p. 127, note Brigitte GARRIGUES ; *JCP E* 2009, 1807 ; *Banque et droit* septembre 2009, p. 30.

répondre à une rumeur[2558], car le Code monétaire et financer et le Règlement général de l'Autorité des marchés financiers sanctionnent la « diffusion »[2559]. Cet élément matériel repose ainsi sur une action et non une abstention. Cette condition permet de limiter les actions formées à l'encontre de la société cotée et de ses dirigeants, qui ne sont pas tenus de démentir toute rumeur formulée à leur encontre. L'autre condition matérielle à la caractérisation de ces agissements est la diffusion au public. En effet, il est nécessaire de rappeler que la diffusion d'informations fausses ou trompeuses est un agissement mettant en péril le fonctionnement des marchés financiers. Ainsi, la diffusion d'une information fausse ou trompeuse ne peut donner lieu à une sanction que si elle est diffusée auprès de personnes capables de les utiliser et donc de désorganiser le fonctionnement du marché. La notion de diffusion au public n'est donc pas une notion quantitative[2560] et ne réclame donc pas une pluralité de tiers informés[2561]. Outre ces conditions matérielles, la sanction pénale, comme le manquement administratif, nécessite l'identification d'un élément moral. En effet, la société ou le dirigeant qui diffuse au public une information fausse ou trompeuse doit le faire sciemment. Ce critère intentionnel, qui ressort du Code monétaire et financier et du Règlement général de l'Autorité des marchés financiers, ne concerne pas l'acte de communication de l'information en lui-même, mais plutôt son contenu. Il est alors nécessaire, afin de sanctionner les dirigeants responsables de la diffusion des informations, que ceux-ci aient eu conscience – ou auraient dû avoir conscience[2562] – du caractère faux ou trompeur des données communiquées au public.

765. L'obligation d'abstention en cas d'information trompeuse émise par un tiers : le contrôle de la gestion patrimoniale. Si la gestion de la société peut être contrôlée par le biais de la vérification de la qualité des informations transmises, il doit être rappelé que l'article 632-1 du règlement général de l'Autorité des marchés financiers, qui établit les qualités liées à l'information financière et qui proscrit la diffusion d'une fausse information,

---

2558 Voir en ce sens : Paris, 11 janvier 2000, *Bulletin Joly bourse* 2000, p. 148, note Thierry BONNEAU ; *Banque et droit* janvier 2000, p. 51, obs. Hubert DE VAUPLANE.

2559 Articles L. 465-2 du Code monétaire et financier et 632-1 du Règlement général de l'Autorité des marchés financiers. L'exigence d'un acte positif pour caractériser la condition matérielle de l'infraction ressort plus clairement du texte pénal, le Code monétaire et financier punissant « le fait de diffuser » une information fausse ou trompeuse.

2560 T. BONNEAU, F. DRUMMOND, *op. cit.* note 90, p. 740 ; A. COURET, H. LE NABASQUE, *op. cit.* note 762, p. 1154.

2561 Voir, dans le cas du commissaire aux comptes : Cass. crim., 15 mai 1997, *Dalloz Affaires* 1997, p. 924 ; *Revue des sociétés* 1998, p. 135, note Bernard BOULOC ; *Banque et droit* septembre 1997, p. 34, obs. Hubert DE VAUPLANE.

2562 Voir : A. COURET, H. LE NABASQUE, *op. cit.* note 762, p. 1161. Dans le cadre du délit de diffusion d'informations fausses ou trompeuses : T. corr. Paris, 17 décembre 1997, *RTD Com.* 1998, p. 640, note Nicolas RONTCHEVSKY ; *Bulletin Joly bourse* 1998, p. 121, note Gérard LESGUILLER.

est applicable à toute personne, et donc pas nécessairement à la seule société[2563]. Dès lors, une personne pourrait émettre une information trompeuse, que la société sait erronée. Elle pourrait alors tenter d'utiliser cette information afin d'agir sur ses propres titres.

Cette information trompeuse pourrait en effet aboutir à inciter la société à prendre position sur ses titres ou au contraire à se défaire de ses positions, selon respectivement que l'information trompeuse ait un effet négatif ou positif sur le cours du titre. Cependant, les dirigeants de l'émetteur ont à leur disposition les moyens de savoir que l'information diffusée par un tiers – quel qu'il soit – est trompeuse ce qui signifie qu'ils sont en possession, tout comme la société, d'une information privilégiée[2564]. Dès lors, et tant que l'information privilégiée n'est pas publiée, le règlement général de l'autorité des marchés financiers fait interdiction à la société « d'intervenir sur ses propres titres »[2565]. Cette interdiction, et surtout la surveillance dont elle fait l'objet, introduit un contrôle juridictionnel de la gestion sociale, mais portant uniquement sur la gestion de son patrimoine. Les juridictions, ou l'Autorité des marchés financiers, auront alors pour mission de vérifier que les arbitrages concernant le patrimoine de la société n'ont pas été justifiés par la détention d'une information privilégiée ou n'ont pas été réalisés alors que l'émetteur se devait de respecter. Si la société achète ou vend une partie des actions représentant son propre capital sans avoir corrigé l'information qu'elle sait trompeuse, elle peut se trouver en situation d'initié et de ce fait, faire l'objet d'une sanction au titre d'un manquement administratif[2566] ou d'une infraction pénale. S'il est certain que les actions peuvent être alternatives, la question du cumul de ces responsabilités doit être abordée.

766. La question du cumul des sanctions. Afin de déterminer s'il est envisageable de cumuler des sanctions pénales et administratives pour le seul fait d'avoir diffusé au public des informations fausses ou trompeuses et plus largement pour s'être rendu responsable d'un abus de marché, il est nécessaire de revenir sur l'adage *non bis in idem*. Ce principe, répondant des grands

---

[2563] Article 632-1 du Règlement général de l'Autorité des marchés financiers : « Toute personne doit s'abstenir de communiquer, ou de diffuser sciemment, des informations, quel que soit le support utilisé, qui donnent ou sont susceptibles de donner des indications inexactes, imprécises ou trompeuses sur des instruments financiers ou sur des produits de base, y compris en répandant des rumeurs ou en diffusant des informations inexactes ou trompeuses, alors que cette personne savait ou aurait dû savoir que les informations étaient inexactes ou trompeuses ».

[2564] Voir *supra* note 1910.

[2565] Article 631-6 du Règlement général de l'Autorité des marchés financiers.

[2566] Voir en ce sens, à propos du rachat d'actions par une société, alors qu'elle savait que les données publiées sur les projections de son chiffre d'affaires étaient minorées : Paris, 23 février 2010, *JCP E* 2010, 1218 ; *Droit des sociétés* 2010, comm. 95, note Renaud MORTIER ; *Bulletin Joly Bourse* 2010, p. 214, note Dominique SCHMIDT ; *RJDA* 2010, n° 963 ; Cass. com., 29 mars 2011, *Revue des sociétés* 2011, p. 501, note Eric DEZEUZE ; *Droit des sociétés* 2011, comm. 136, note Stéphane TORCK ; *RJDA* 2011, n° 545 ; *Revue Lamy droit des affaires* juillet 2011, p. 29, obs. Benoit MARPEAU, Julie PASTERNAK.

principes du droit de la sanction[2567], interdit de sanctionner deux fois le même comportement[2568]. Il conviendrait alors de conclure, par l'application de ce principe, que le cumul des actions venant sanctionner la diffusion d'informations fausses ou trompeuses serait contraire à ce principe et partant impossible[2569].

Toutefois, le Conseil constitutionnel a pu considérer que le principe de non cumul des procédures ne s'applique pas lorsque les actions sont de deux natures différentes, ce qui est le cas ici, l'une étant pénale et l'autre administrative[2570]. En outre, le cumul des sanctions pécuniaires prononcées tant par la commission des sanctions de l'Autorité des marchés financiers que par le tribunal correctionnel de Paris, s'opèrerait dans la limite du montant maximal de « l'une des sanctions encourues »[2571]. Cette limite est ainsi conforme au principe de légalité : le cumul ne se heurterait à aucun principe

---

[2567] Un auteur considère ainsi que cette règle fait partie des « lois que la justice et l'humanité ont prescrites de tout temps en faveur des accusés ». Voir : Philippe Antoine MERLIN (dir.), *Répertoire universel et raisonné de jurisprudence, Tome Onzième*, 5ème éd., Paris, J.-P. Roret, 1827, p. 528.

[2568] Selon la définition de ce principe, « Un accusé jugé (...) par une décision non susceptible de recours ne peut être poursuivi pour le même fait ». G. CORNU (dir.), *op. cit.* note 72, p. 680.

[2569] Voir, apportant des arguments contre la double incrimination, mais aussi contre le cumul des sanctions : David VATEL, « Aspects judiciaires et juridictionnels du pouvoir de sanction de la COB », *Revue des sociétés* 1994, p. 25 ; Raphaël RAMETTE, « La réforme de la COB et le cumul de pouvoirs normatif, de sanction, et d'investigation », *Bulletin Joly bourse* 1995, p. 483 ; Frédéric STASIAK, « Les cumuls de sanctions en droit boursier », *Bulletin Joly bourse* 1997, p. 181. Voir aussi : T. BONNEAU, F. DRUMMOND, *op. cit.* note 90, p. 447 et s.

[2570] « Considérant que, sans qu'il soit besoin de rechercher si [le principe selon lequel une même personne ne peut pas être punie deux fois pour le même fait] dont la violation est invoquée a valeur constitutionnelle, il convient de relever qu'il ne reçoit pas application au cas de cumul entre sanctions pénales et sanctions administratives » : Conseil constitutionnel, n° 89-260 DC, Loi relative à la sécurité et à la transparence du marché financier, *Pouvoirs* 1990, p. 189, note Pierre AVRIL, Jean GICQUEL ; *Revue française de droit administratif* 1989, p. 671, note Bruno GENEVOIS.

[2571] *Id.*, spéc. § 22.

de droit interne, même apprécié à l'aune de normes internationales[2572]. Le cumul des sanctions pénales et administratives est donc possible et même souhaitable selon la directive européenne relative aux abus de marché[2573].

Il n'est cependant plus certain que ce raisonnement soit en adéquation avec le droit du Conseil de l'Europe. En effet, le principe *non bis in idem* est consacré par le septième protocole additionnel à la Convention européenne de sauvegarde des Droits de l'Homme et des libertés fondamentales[2574], auquel la France a opposé des réserves, limitant ce principe aux seules infractions relevant en droit français de la compétence des tribunaux statuant en matière pénale. Dès lors, le manquement étant sanctionné par une autorité administrative, l'Autorité des marchés financiers, la règle *non bis in idem* ne trouverait pas à s'appliquer. Cette affirmation, purement organique, doit toutefois être nuancée.

En effet, dès l'instant qu'il s'agit d'appliquer le principe de personnalité des peines, ou l'article 6.1 de la Convention européenne de sauvegarde des

---

[2572] Voir en ce sens : Cass. crim., 1er mars 2000, *Bulletin Joly bourse* 2000 p. 443, note Nicolas RONTCHEVSKY ; *Droit pénal* 2010, comm. 75, commentaire Jacques-Henri ROBERT. Voir aussi : Cass. QPC, 8 juillet 2010, *D.* 2010, p. 1782 ; *Revue des sociétés* 2011, p. 371, note Yann PACLOT ; *Revue de sciences criminelles* 2011, p. 123, note Frédéric STASIAK ; *Revue trimestrielle de droit financier* 2010/3, p. 152, obs. Eric DEZEUZE ; *Droit des sociétés* 2012, n° 232, note Renaud MORTIER. Voir aussi : Cass. crim., 22 janvier 2014, *Bull. crim.* n° 22 ; *D.* 2014, p. 1572, obs. Corinne MASCALA ; *Revue des sociétés* 2014, p. 321, note Bernard BOULOC ; *RTD Com.* 2014, p. 159, obs. Nicolas RONTCHEVSKY ; *AJ pénal* 2014, p. 180, obs. Jérôme LASSERRE CAPDEVILLE ; *Revue de sciences criminelles* 2014, p. 106, obs. Frédéric STASIAK ; *JCP G* 2014, 345, note Cristina MAURO ; *Droit des sociétés* 2014, comm. 56, note Renaud SALOMON ; *Bulletin Joly Bourse* 2014, p. 203, note Jérôme CHACORNAC ; *Revue Lamy droit des affaires* avril 2014, p. 26, obs. Anne-Dominique MERVILLE ; *Revue de droit bancaire et financier* 2014, comm. 83, obs. Pauline PAILLER ; *Banque et Droit* mai-juin 2014, p. 25, obs. Boubou KEITA ; *ibid.*, p. 39, obs. Anne-Claire ROUAUD ; *RJDA* 2014, n° 639 ; *Droit pénal* 2014, comm. 67, note Evelyne BONIS-GARÇON : « l'article 50 de la Charte des droits fondamentaux de l'Union européenne ne s'oppose pas à ce qu'une personne sanctionnée pour un manquement relevant de la compétence de l'AMF puisse, en raison des mêmes faits, être poursuivie et condamnée pour un délit dès lors que, d'une part, ce cumul garantit la sanction effective, proportionnée et dissuasive, au sens de l'article 14-1 de la directive 2003/6/CE du 28 janvier 2003, (…) d'autre part, le montant global des amendes susceptibles d'être prononcées ne peut dépasser le plafond de la sanction encourue la plus élevée ».

[2573] Article 14-1 de la directive 2003/6/CE précitée note 84. Voir l'article 30 paragraphe 1 du Règlement 596/2014 du 16 avril 2014, précité note 84.

[2574] L'article 4 du Septième protocole additionnel à la Convention européenne des Droits de l'Homme dispose : « Nul ne peut être poursuivi ou puni pénalement par les juridictions du même État en raison d'une infraction pour laquelle il a déjà été acquitté ou condamné par un jugement définitif conformément à la loi et à la procédure pénale de cet État ».

Droits de l'Homme et des libertés fondamentales[2575], l'Autorité des marchés financiers, comme la Commission des opérations de Bourse avant elle, est considérée comme une juridiction relevant de la matière pénale lorsqu'elle prononce des peines qui visent, par leur montant et leur publicité, à sanctionner les auteurs de faits contraires à des normes spéciales et à dissuader les opérateurs de se livrer à de telles pratiques[2576]. Or, si la commission des sanctions de l'Autorité des marchés financiers est considérée comme prononçant des sanctions relevant de la matière pénale dans ces domaines, il n'existe aucune raison de ne pas retenir cette qualification dans les autres[2577].

Cette conclusion est confortée par plusieurs décisions rendues par la Cour européenne des droits de l'Homme, à propos de la double sanction prononcée en Autriche par des autorités administratives et des tribunaux pénaux[2578]. L'Autriche, qui a formulé une réserve d'interprétation de l'article 4 du septième protocole additionnel similaire à la France, a été condamnée pour non-respect du principe *non bis in idem*, en ce qu'il n'existe pas une « différence radicale » entre le délit pénal et le manquement administratif[2579]. Or, il n'existe pas une différence radicale entre le délit de diffusion d'information trompeuse et le manquement administratif sanctionnant les mêmes faits. Tout au plus la différence réside-t-elle dans le montant des

---

[2575] CE 4 février 2005, *D.* 2005, p. 717, obs. Alain LIENHARD ; *ibid.*, p. 2608, obs. Yves REINHARD et Sylvie THOMASSET-PIERRE ; *Les petites affiches* 26 avril 2005, p. 5, concl. Matthias GUYOMAR ; *RJDA* 2005, n° 570 ; *Banque et droit* mai-juin 2005, p. 44, obs. Hubert DE VAUPLANE et Jean-Jacques DAIGRE ; *Bulletin Joly bourse* 2005, p. 227, note Nicole DECOOPMAN ; *RTD Com.* 2005, p. 384, obs. Nicolas RONTCHEVSKY ; *Droit des sociétés* 2005, n° 197, note Thierry BONNEAU ; *JCP E* 2006, 718, obs. Anne DEPREZ-GRAFF. Voir aussi : Cass., Ass. plén., 5 février 1999 ; *D.* 1999 somm. p. 249, obs. Isabelle BON-GARCIN ; *Dalloz Affaires* 1999, p. 410, obs. Martine BOIZARD ; *Les petites affiches* 10 février 1999, p. 3, note P.M. ; *ibid.*, p. 14, note Claude DUCOULOUX-FAVARD ; *Gazette du Palais* 1999, 1, p. 60, concl. Maurice-Antoine LAFORTUNE, note DEGUELINE, GRAMBLAT et HERBIERE ; *JCP G* 1999, II, 10060, note Haritini MATSOPOULOU ; *Banque et droit* mars 1999, p. 3, obs. Hubert DE VAUPLANE ; *JCP E* 1999, p. 957, note Eric GARAUD ; *RTD Com.* 1999, p. 467, obs. Nicolas RONTCHEVSKY ; *Revue des sociétés* 1999, p. 624, note Hervé LE NABASQUE ; *Revue de droit bancaire et de la bourse* 1999, p. 33, obs. Michel GERMAIN, Marie-Anne FRISON-ROCHE.

[2576] Voir : Cass. com., 15 juin 1999, *RTD Com.* 1999, p. 914, obs. Nicolas RONTCHEVSKY ; *Revue des sociétés* 1999, p. 844, note David VATEL ; *Dalloz Affaires* 1999, p. 1437, obs. Véronique AVEVA-ROBARDET ; *D.* 1999, IR 197 ; *Revue de droit bancaire et de la bourse* 1999, p. 33, obs. Michel GERMAIN, Marie-Anne FRISON-ROCHE.

[2577] Voir en ce sens : Hervé LE NABASQUE, « La règle "*non bis in idem*" et les abus de marché (à propos des arrêts de l'assemblée plénière du 8 juillet 2010) », *Revue de droit bancaire et financier* 2010, repère 6.

[2578] Voir en ce sens : CEDH, 29 mai 2001, Franz Ficher contre Autriche, n° 37950/97 ; 6 juin 2002, Sailer contre Autriche, n° 38137/97 ; 30 mai 2002, WF contre Autriche, n° 38275/97. Cités par : T. BONNEAU, F. DRUMMOND, *op. cit.* note 90, p. 449.

[2579] Termes utilisés par : CEDH, 14 septembre 1999, Ponsetti et Chesnel contre France, n° 36855/97. Pour l'expression « essentiellement différentes », voir : T. BONNEAU, F. DRUMMOND, *op. cit.* note 90, p. 449 ; H. LE NABASQUE, *op. cit.* note 2577.

sanctions prononcées et dans l'exigence d'un risque d'influence sur le cours du titre. Il est donc possible de considérer que la Cour européenne des Droits de l'Homme, si elle avait à connaître de cumul d'une condamnation pénale et administrative à l'encontre du même dirigeant sur le fondement de la diffusion d'informations fausses ou trompeuses, puisse condamner la France pour violation de l'article 4 du septième protocole additionnel à la Convention européenne de sauvegarde des Droits de l'Homme et des libertés fondamentales[2580].

Dans un contexte lié au risque non négligeable de condamnation de la France[2581], le conseil constitutionnel a, dans une décision du 18 mars 2015[2582], considéré que le cumul de sanctions pénales et administratives relatives aux opérations d'initiés était inconstitutionnel, car « les dispositions contestées [devant le juge constitutionnel] tendent à réprimer les mêmes faits » et « définissent et qualifient de la même manière le manquement d'initié et le délit d'initié ». De ce fait, les règles relatives à l'incrimination pénale du délit d'initié sont déclarées inconstitutionnelles comme méconnaissant l'interdiction du cumul des poursuites administratives et pénales. La modification des règles pénales du Code monétaire et financier est ainsi rendue nécessaire par cette décision. Celle-ci ne peut toutefois pas résulter

---

2580 Il doit être noté à ce propos que la Cour européenne des Droits de l'Homme a rendu, à l'égard de l'Italie, une décision semblable à celles concernant l'Autriche, resserrant l'étau sur la position française. Voir : CEDH, 4 mars 2014, Grande Stevens contre Italie, *Les petites affiches* 30 avril 2014, p. 4, note Olivia DUFOUR ; *AJ Pénal* 2014, p. 180, note Jérôme LASSERRE CAPDEVILLE ; *Revue de droit bancaire et financier* 2014, comm. 83, commentaire Pauline PAILLER ; *Droit des sociétés* 2014, comm. 87, commentaire Stéphane TORCK ; *Bulletin Joly bourse* 2014, p. 209, note Jérôme CHACORNAC ; *Revue des sociétés* 2014, p. 675, note Haritini MATSOPOULOU ; *Revue de sciences criminelles* 2014, p. 110, obs. Frédéric STASIAK ; *BRDA* 2014, n° 8, p. 21 ; *Banque et Droit* mai-juin 2014, p. 43, obs. Anne-Claire ROUAUD ; *RJDA* 2014, n° 638 ; *Revue trimestrielle de droit financier* 2014/2, p. 149, obs. Nicolas RONTCHEVSKY.

2581 Voir en ce sens : France DRUMMOND, « Le fabuleux destin de la règle *non bis in idem* », *Bulletin Joly bourse* 2014, p. 605.

2582 Conseil constitutionnel 18 mars 2015, n° 2014-453/454 QPC et 2015-462 QPC, *D.* 2015, p. 894, note Anne-Valérie LE FUR, Dominique SCHMIDT ; *ibid.*, p. 1511, obs. Corinne MASCALA ; *Revue des sociétés* 2015, p. 380, note Haritini MATSOPOULOU ; *RTD Com.* 2015, p. 317, obs. Nicolas RONTCHEVSKY ; *Revue de sciences criminelles* 2015, p. 374, obs. Frédéric STASIAK ; *JCP E* 2015, Actu. 267, obs. Edouard STERU; *JCP G* 2015, 368, note Frédéric SUDRE ; *ibid.*, 369, note Jacques-Henri ROBERT ; *Revue de droit bancaire et financier* 2015, 63, obs. Pauline PAILLER ; *Banque et Droit* mars-avril 2015, p. 35, obs. Anne-Claire ROUAUD ; *Bulletin Joly Bourse* 2015, p. 204, note Thierry BONNEAU ; *RJDA* 2015, n° 355 ; *Droit des sociétés* 2015, comm. 94, commentaire Stéphane TORCK ; *ibid.*, comm. 99, commentaire Renaud SALOMON ; *Gazette du Palais* 8 mai 2015, p. 7, obs. Jean-Marc MOULIN ; *Bulletin Joly Sociétés* 2015, p. 273, note Antoine GAUDEMET ; *RLDA* juin 2015, p. 20, obs. Frédéric STASIAK ; *RTDF* 2015/1, p. 115, obs. Eric DEZEUZE.

d'une suppression des condamnations pénales des abus de marchés, exigée par une directive du 16 avril 2014[2583].

767. La réaction législative à la déclaration d'inconstitutionnalité. Les conséquences de la décision d'inconstitutionnalité de la double poursuite des abus de marché ont été tirées par le législateur, dans une loi du 21 juin 2016, visant à réformer les sanctions des abus de marché[2584]. Le choix opéré par le législateur est clair, les poursuites, et partant les sanctions pouvant viser les auteurs de faits qualifiés d'abus de marché.

La logique mise en place par le Code monétaire et financier répond à celle de l'alternance des poursuites. En effet, l'Autorité des marchés financiers, comme le procureur de la République financier ne peut engager les poursuites qu'à la condition d'avoir préalablement saisi l'autre autorité compétente[2585]. Cette dernière dispose alors d'un délai de deux mois « pour faire connaître »[2586] à la première autorité sa volonté d'engager les poursuites pour les mêmes faits. Ce dialogue préalable pourrait alors aboutir, si les deux autorités entendent engager une procédure à l'encontre d'une société émettrice, à une double poursuite, situation que la loi du 21 juin 2016 cherchait justement à éviter. Dès lors, un arbitrage, qualifié aussi d'aiguillage[2587], est mis en œuvre par la loi du 21 juin 2016, conférant au procureur général près la Cour d'appel de Paris le pouvoir de trancher un éventuel litige né d'une volonté de poursuite de l'Autorité des marchés financiers et du parquet national financier[2588]. Aussi le Code monétaire et financier tel qu'issu de la loi du 21 juin 2016 permet-il d'éviter le risque de contrariété au principe *non bis in idem*, évitant de ce fait le risque d'incompatibilité du système français de répression des abus de marché avec le droit du conseil de l'Europe. Pour autant, deux incertitudes quant à l'architecture de ce système de répression existent.

[2583] Directive 2014/57/UE du 16 avril 2014 relative aux sanctions pénales applicables aux abus de marché, *JOUE* L. 173/179 du 12 juin 2014.

[2584] Loi n° 2016-819 du 21 juin 2016 réformant le système de répression des abus de marché, *JORF* du 22 juin 2016, texte n° 1.

[2585] Article L. 465-3-6 du Code monétaire et financier.

[2586] *Id.*

[2587] Voir, notamment : Anne-Valérie LE FUR, Dominique SCHMIDT, « Le traitement du cumul des sanctions administratives et pénales en droit interne : entre incohérences et insécurité juridique », *D.* 2016, p. 2126 ; Jérôme LASSERRE CAPDEVILLE, « Présentation succincte de la réforme du droit pénale financier », *AJ Pénal* 2016, p. 424 ; Pierre-Henri CONAC, « Loi n° 2016-819 réformant le système de répression des abus de marché », *Revue des sociétés* 2016, p. 469 ; Eric DEZEUZE, « L'aiguillage des poursuites en matière d'abus de marché après la loi du 21 juin 2016, un mécanisme intelligent », *Droit pénal* 2016, entretien 5 ; Pauline PAILLER, « Réforme de la répression des abus de marché », *Revue de droit bancaire et financier* 2016, comm. 217 ; Régis VABRES, « Fin du cumul des sanctions administratives et pénales », *Droit des sociétés* 2016, comm. 147 ; Thierry BONNEAU, « La réforme du système de répression des abus de marché », *ibid.* 2016, étude 14.

[2588] Article L. 465-3-6 IV et IV du Code monétaire et financier.

D'une part, un doute quant à la conventionalité du mécanisme existe. S'il est exact qu'une répartition des poursuites entre l'Autorité des marchés financiers et le parquet national financier est fixée, la loi du 21 juin 2016 ne prévoit aucun critère permettant l'aiguillage des dossiers. Le justiciable ne dispose alors raisonnablement d'aucun moyen lui permettant de savoir si le traitement de dossier aboutira, en cas de condamnation, à une peine d'emprisonnement ou une amende administrative, la décision devant aboutir à la saisine de l'Autorité des marchés financiers ou des juridictions judiciaires étant insusceptible de recours et potentiellement sujette à l'arbitraire[2589]. Un doute sérieux existe alors quant à la compatibilité de l'architecture issue de la réforme législative avec les exigences du droit issu du Conseil de l'Europe. En effet, un État partie s'est déjà fait condamner pour violation des articles 6 et 7 de la Convention européenne des droits de l'Homme, en offrant au parquet le pouvoir discrétionnaire de qualification pénale d'une infraction, ce qui avait une influence sur les peines applicables[2590]. En rendant imprévisible la sanction encourue par la personne poursuivie, la loi du 21 juin 2016 peut être conventionnellement irrégulière[2591]

D'autre part, l'aiguillage peut porter en lui les germes d'une possible inconstitutionnalité. À défaut de critère de répartition entre l'Autorité des marchés financiers et les juridictions judiciaires, rien n'indique en effet qu'à une situation identique, le traitement serait identique. Ainsi, des agissements semblables pourraient être tantôt traités et sanctionnés par les juridictions judiciaires, tantôt par l'Autorité des marchés financiers, ces deux branches de l'alternative emportant des sanctions différentes. Peut-on alors réellement considérer que les justiciables ayant commis des agissements pouvant être qualifiés d'abus de marché se trouvent dans une situation similaire si certains, pour les mêmes faits, sont soumis au droit administratif et d'autres au droit pénal ? Il existe alors un doute sur la conformité de cette loi, en ce qu'elle créerait une inégalité devant la loi, avec le bloc de constitutionnalité, et singulièrement la Déclaration des droits de l'Homme et du citoyen[2592].

La loi du 21 juin 2016 apporte ainsi une réponse à l'inconstitutionnelle de l'ancien système de répression des abus de marché, permettant d'éviter l'incompatibilité avec le principe *non bis in idem*. Toutefois le résultat auquel le législateur a atteint n'est pas exempt de critiques, le remède adopté pouvant comporter, au final, autant de défauts que le mal qu'il entendait combattre.

§2 La faible effectivité des mesures répressives

[2589] Jérôme CHACORNAC, « La répression des abus de marché à l'épreuve de la prévisibilité des peines : vers un autre *Grande Stevens* ? », *D.* 2016, p. 1264.

[2590] CEDH, 22 janvier 2013, *Camilleri contre Malte*, n° 42931/10.

[2591] J. CHACORNAC, *op. cit.* note 2589.

[2592] Article 6 de la Déclaration des droits de l'Homme et du citoyen : « La Loi est l'expression de la volonté générale. (…) Elle doit être la même pour tous, soit qu'elle protège, soit qu'elle punisse »

768. La structure des textes pénaux. La règle de droit s'appuie sur une structure binaire dégagée en partie par MOTULSKY. À une « présupposition » décrivant un comportement répréhensible répond un « effet juridique »[2593] ou une « prescription »[2594], faisant état de l'effet de droit attaché à la situation que détermine l'hypothèse[2595]. Cela signifie que la règle de droit pénal répond à cette logique. En effet, le Code pénal, comme le Code de commerce dans ses normes répressives, comporte des articles articulés selon cette structure, qui permettent d'expliquer la faiblesse des sanctions prononcées par les juridictions, et partant la faiblesse attachée à la sanction du contrôle de la gestion sociale. Dès lors, la présupposition est le premier facteur permettant d'expliquer la faiblesse de la conséquence du contrôle de la gestion sociale opéré par les juridictions répressives lorsque les dossiers leur sont présentés (I). Par ailleurs, la prescription, soit la peine fixée par l'article, peut expliquer non pas la faiblesse quantitative du contrôle de la gestion, mais la faiblesse de sa dimension qualitative, en ce que la gestion hasardeuse ou frauduleuse est faiblement sanctionnée (II).

I) De strictes conditions de fond

769. Un double mouvement aboutissant à la raréfaction de la sanction pénale. Les mesures de droit pénal des affaires relatives aux éléments constitutifs des infractions sont caractérisées par un double mouvement de fond, qui justifie la rareté des condamnations prononcées à l'égard des dirigeants gestionnaires. Le premier tend à spécialiser les délits en fixant des éléments matériels qui complexifient la caractérisation du délit commis de telle façon qu'un doute existe dans la qualification que doit retenir la juridiction (A). Au-delà de cette première tendance, une seconde fait son apparition depuis une vingtaine d'années, alors qu'un mouvement de dépénalisation de la vie des affaires s'est amorcé, faisant disparaître nombre de délits du droit positif (B). Ainsi, la sanction des dirigeants gestionnaires à l'issue d'un contrôle de la gestion est rarement prononcée, car les délits sont plus rares et plus complexes à caractériser.

A) La spécialisation des délits semant le doute

770. Le droit pénal des affaires impliquant une nécessaire spécialisation. Parce qu'entendu comme une branche autonome du droit pénal spécial, le droit pénal des affaires est en lui-même un droit spécial. Affirmer la spécialité

[2593] Henri MOTULSKY, *Principes d'une réalisation méthodique du droit privé – La théorie des éléments générateurs des droits subjectifs*, préf. Paul ROUBIER, Avant-propos Marie-Anne FRISON-ROCHE, 2002 (réédition), Dalloz, p. 18-19.
[2594] Cyril GRIMALDI, « L'analyse structurale de la règle de droit au service du juge », *D.* 2007, p. 1448, § 4.
[2595] Gérard CORNU, *Linguistique juridique*, 3ème éd., Paris, Montchrestien, 2005, p. 284.

de ce droit est toutefois insuffisante, car le terme « affaires » ne recouvre aucune réalité concrète, est un terme générique et fait appel à des notions propres aux mécanismes de droit des sociétés, des procédures collectives, de droit financier *etc.* Aussi le droit pénal des affaires est l'une des nombreuses subdivisions du droit pénal, qui comporte lui-même des ramifications selon les matières concernées par les agissements considérés comme fautifs par les contrôleurs de la gestion sociale. Cette spécialisation peut aboutir à deux difficultés rendant malaisé le prononcé d'une condamnation d'un dirigeant fautif. D'une part, les textes sanctionnant certains comportements nécessitent une maîtrise totale de la matière et sont d'une interprétation délicate, les éléments constitutifs de l'infraction n'étant pas totalement identifiables. D'autre part, la spécialisation de la matière, et partant des infractions, fait peser un risque non négligeable de conflits de qualifications, complexifiant la tâche des contrôleurs de la gestion en ce qu'ils peuvent ne pas connaître la règle applicable aux faits commis.

771. Une spécialisation rendant difficile l'interprétation des éléments constitutifs : l'exemple de la banqueroute. Le facteur temporel, incontournable dans le droit des sociétés –la société naissant, vivant et disparaissant comme toute personne – innerve le droit pénal des affaires dans la même mesure. Or, dans le cas du droit pénal, la dimension temporelle peut ne pas être purement indicative, mais représenter une véritable règle de fond de la commission du délit, à tel point qu'elle en devient un des éléments matériels. Une illustration de cette difficulté d'interprétation, rendant de fait délicat la concrétisation du contrôle de la gestion opéré tant par les personnes potentiellement lésées que par les juridictions répressives, est offerte par le délit de banqueroute, dont la dimension temporelle a soulevé quelques incertitudes.

La condamnation d'un dirigeant pour banqueroute nécessite, selon la lettre de l'article L. 654-2 du Code de commerce, l'ouverture d'une procédure de redressement ou de liquidation judiciaire[2596]. Au regard de la formulation textuelle, la nature de la condition est incertaine, car deux conceptions sont envisageables. Soit la constatation de l'ouverture de la procédure collective est un élément de fond, et représente alors une exigence préalable à la condamnation. Il ne saurait alors être de jugement de banqueroute sans ouverture d'un redressement ou d'une liquidation judiciaire, laissant toutefois au juge une marge d'appréciation en ce qu'il peut vérifier non pas l'ouverture de la procédure, mais la date de cessation des paiements. Soit cette constatation est une condition préalable de forme, et l'ouverture d'une procédure de redressement ou de liquidation judiciaires n'est pas indispensable au stade des poursuites, mais lierait le juge répressif quant à son

---

[2596] L'article L. 654-2 du Code de commerce dispose : « En cas d'ouverture d'une procédure de redressement judiciaire ou de liquidation judiciaire, sont coupables de banqueroute les personnes mentionnées à l'article L. 654-1 du Code de commerce (…) ».

jugement. Les deux conceptions sont nécessairement incompatibles l'une avec l'autre. Cette incertitude législative ne peut être tranchée que par l'analyse de la jurisprudence.

La chambre criminelle de la Cour de cassation a, très peu de temps après la loi du 25 janvier 1985, affirmé que l'ouverture d'une telle procédure est « une condition préalable à l'exercice de l'action publique, constitutive d'une règle de procédure qui ne saurait avoir d'effet sur les poursuites régulièrement engagées avant son entrée en vigueur »[2597]. Cette décision semble prendre une position nette. Ce n'est toutefois qu'une apparence, car le litige concernait l'application de la loi de 1985 à des faits antérieurs à son application[2598]. Il convient plutôt de conclure à la solution inverse, c'est-à-dire au fait que l'ouverture d'une procédure de redressement ou de liquidation judiciaire est un élément de fond. En effet, une décision de la chambre criminelle a pu considérer que seule l'ouverture de la procédure était à prendre en compte pour la condamnation d'un dirigeant social[2599]. Cette décision vient confirmer que la banqueroute peut être prononcée à l'encontre d'un dirigeant alors que le jugement d'ouverture de la procédure collective a été annulé, sans que la cessation des paiements soit remise en cause. Seule compte l'ouverture de la procédure collective, sans qu'elle soit nécessairement menée à son terme, ce qui signifie que cette exigence est une règle de fond et non de seule procédure[2600].

Au regard de ces contradictions, il est nécessaire de se ranger à l'avis de Madame Corinne ROBACZEWSKI, qui affirme que « la réponse à ces interrogations ne peut donc être que législative. En effet, de deux choses l'une : ou bien l'exigence est de fond et le texte d'incrimination doit exprimer

---

2597 Cass. crim., 10 mars 1986, *D.* 1986, p. 182, note Fernand DERRIDA ; *ibid.*, IR, p. 407, obs. Gabriel ROUJOU DE BOUBEE ; *Gazette du Palais* 1986, II, p. 536, note Jean-Pierre MARCHI ; *JCP E* 1986, I, 15774, obs. Michel CABRILLAC et Michel VIVANT ; *Grands arrêts du droit des affaires*, Paris, Dalloz, 1995, n° 58, obs. Jean-François RENUCCI.

2598 Voir : Jacques-Henri ROBERT, Haritini MATSOPOULOU, *Traité de droit pénal des affaires*, Paris, PUF, 2004, p. 544-545 ; Mireille DELMAS-MARTY, Geneviève GIUDICELLI-DELAGE, *Droit pénal des affaires*, 4ème éd., Paris, PUF, 2000, p. 398-399.

2599 Cass. crim., 24 mars 2010, *D.* 2010, p. 1204, obs. Alain LIENHARD ; *D.* 2011, p. 1865, obs. Corinne MASCALA ; *Revue des sociétés* 2010, p. 407, obs. Philippe ROUSSEL-GALLE ; *ibid.*, p. 464, note Haritini MATSOPOULOU ; *JCP E* 2010, 1742, § 13, obs. Philippe PETEL ; *L'essentiel de droit des entreprises en difficulté* juin 2010, p. 7, obs. Pascal RUBELLIN ; *Droit des sociétés* 2010, n° 151, note Renaud SALOMON ; *Actualité des procédures collectives* 2010, n° 166, obs. Agnès CERF-HOLLENDER ; *Gazette du Palais* 2-3 juillet 2010, p. 43, obs. Corinne ROBACZEWSKI ; *Bulletin Joly sociétés* 2010, p. 669, note Eva MOUIAL-BASSILANA ; *RJDA* 2010, n° 872 ; *Droit pénal* 2010 comm. 70, comm. Jacques-Henri ROBERT ; *Revue des procédures collectives* 2010, étude 10, § 19, obs. Florent PETIT.

2600 Voir : Haritini MATSOPOULOU, « La banqueroute (Quelques aspects d'actualisation) », *Les petites affiches* 18 juin 2008, p. 30 ; *Contra*, voir : Marie-Christine SORDINO, *Le délit de banqueroute – contribution à un droit pénal des procédures collectives*, préf. Michel CABRILLAC, Paris, Litec, 1996, p. 90 ; Agathe LEPAGE, Patrick MAISTRE DU CHAMBON, Renaud SALOMON, *Droit pénal des affaires*, 3ème éd., Paris, LexisNexis, 2013, p. 521.

clairement que l'ouverture de la procédure constitue, avec la faute du délinquant, l'une des deux composantes de la banqueroute, indépendamment de tout état de cessation des paiements ; ou bien l'exigence est de forme et le texte d'incrimination doit exprimer clairement que la cessation des paiements est un élément constitutif du délit, mais que seules les juridictions non répressives ont compétence pour la constater »[2601]. Cette difficulté d'interprétation mérite clarification. En effet, la concrétisation du contrôle de la gestion sociale est plus difficile car les éléments constitutifs de l'infraction sont incertains. Or, sans savoir quel est le regard à porter afin de déterminer si elle est répréhensible, aucune suite au contrôle de la gestion sociale ne peut intervenir. Cette conséquence de la spécialisation du droit pénal des affaires n'est toutefois que la première manifestation de difficultés plus importantes.

772. Le conflit de qualifications, frein au contrôle de la gestion. Parce qu'un droit spécial est une mise en œuvre particulière d'un principe plus général, il est envisageable que la même situation puisse être appréhendée par plusieurs règles différentes. Plusieurs hypothèses sont alors possibles : soit le concours est entre plusieurs branches du droit pénal des affaires, soit il est entre le droit pénal des affaires et une infraction plus générale. Quelle que soit l'hypothèse rencontrée, la qualité du contrôle de la gestion pâtit de cette situation de potentiel concours d'infractions et il s'avère nécessaire de régler cette situation.

773. Le concours de qualifications entre un délit de droit pénal des affaires et un délit de droit pénal spécial. La première situation de concours de qualifications est la plus logique et soulève en principe le moins de difficultés : un délit de droit pénal des affaires incrimine les mêmes faits qu'une infraction appartenant au droit pénal spécial. Aussi est-ce le cas de l'abus des biens sociaux, qui appréhende les mêmes faits que l'abus de confiance car, dans ces deux cas, une personne fait usage d'un bien appartenant à une autre personne[2602]. C'est la raison pour laquelle avant la création du délit spécial d'abus de biens sociaux par le décret-loi du 8 août 1935, la jurisprudence raisonnait sur le fondement de l'ancien article 408 du Code pénal, relatif à l'abus de confiance, afin de réprimer « tout exercice abusif par les dirigeants de leur mandat social »[2603]. Depuis 1935, les éléments constitutifs d'abus des biens sociaux « englobent et dépassent de beaucoup

---

[2601] Corinne ROBACZEWSKI, « La non-réforme des sanctions pénales dans la loi de sauvegarde des entreprises », *Gazette du Palais* 10 septembre 2005, p. 50.

[2602] L'abus de confiance est codifié à l'article 314-1 du Code pénal : « L'abus de confiance est le fait par une personne de détourner, au préjudice d'autrui, des fonds, des valeurs ou un bien quelconque qui lui ont été remis et qu'elle a acceptés à charge de les rendre, de les représenter ou d'en faire un usage déterminé ».

[2603] Voir en ce sens : Henry LAUNAIS, Louis ACCARIAS, *Droit pénal spécial des sociétés par actions et à responsabilité limitée*, préf. Roger HOUIN, Paris, Dalloz, 1964, p. 232 ; Maurice PATIN, Paul CAUJOLLE, Maurice AYDALOT, Jean-Marie ROBERT, *Droit pénal général et législation pénale appliquée aux affaires*, 4ème éd., Paris, PUF, 1969, p. 265-272 ; A. TOUFFAIT, J. ROBIN, A. AUDUREAU, J. LACOSTE, *op. cit.* note 2549, p. 255.

l'abus de confiance »[2604]. En effet, les hypothèses de départ sont identiques, à savoir l'appropriation par le dirigeant – considéré comme mandataire par la jurisprudence de la chambre criminelle[2605] – de biens ne lui appartenant à l'origine pas. Une des différences majeures entre les deux infractions réside dans le dol spécial exigé pour l'abus des biens sociaux, soit la volonté de faire un usage que les dirigeants « savent contraire à [l'intérêt social], à des fins personnelles ou pour favoriser une autre société ou entreprise dans laquelle ils sont intéressés directement ou indirectement »[2606]. Une appropriation par le dirigeant d'un bien social sans volonté de se favoriser ou sans connaissance de la nuisance à l'intérêt social ne saurait être sanctionnable sur le fondement de l'article L. 242-6 3° du Code de commerce, dans l'hypothèse inverse, un tel agissement pourrait être sanctionné tant du chef d'abus de biens sociaux que d'abus de confiance. Cette situation de concours, juridiquement envisageable au regard des faits constitutifs exigés par les deux textes[2607], doit trouver une solution. Dès lors que deux incriminations sont envisageables pour le même agissement, la tâche des parties lésées désirant agir par le biais d'une citation directe semble bien ardue, alors qu'ils se trouvent face à deux fondements pouvant aboutir à des résultats différents. Historiquement, le législateur a semblé vouloir faire primer le délit d'abus des biens sociaux en le sanctionnant d'une peine d'emprisonnement de cinq ans, à la différence de l'abus de confiance puni d'un emprisonnement de trois ans. L'abus des biens sociaux étant plus sévèrement sanctionné que l'abus de confiance, il semblerait que le concours de ces deux infractions soit en partie résolu par la possibilité de choisir l'infraction la plus durement réprimée.

774. Le concours de qualifications entre deux délits de droit pénal des affaires. La seconde hypothèse de concours d'infractions est plus spécifique, lorsqu'elle concerne non plus un délit de droit pénal des affaires et un délit de droit pénal spécial, mais deux délits de droit pénal des affaires. La situation est alors plus délicate en ce que les valeurs sociales protégées par les deux délits en concours ne sont pas nécessairement différentes, ce qui rend plus difficile la tâche des contrôleurs de la gestion qui envisagent d'engager

---

[2604] J.-H. ROBERT, H. MATSOPOULOU, *op. cit.* note 2598, p. 471-472.

[2605] Voir par exemple : Cass. crim., 5 mars 1938, *Gazette du Palais* 1937, II, p. 69 : « Attendu que les administrateurs d'une société anonyme sont mandataires, à ce titre, de leurs co-associés ; que soumise dès lors à l'obligation de se renfermer dans les limites de leurs attributions, ils sont passibles en cas de fraude des peines de l'abus de confiance ». Cité par Jean-Maurice VERDIER, « L'abus de mandat social : abus des biens et du crédit de la société ; abus des pouvoirs », dans J. HAMEL, *op. cit.* note 2550, p. 184-185. Voir aussi : Cass. crim., 30 octobre 1925, *Gazette du Palais* 1925, II, p. 694.

[2606] Article L. 242-6 3° du Code de commerce, précité. Voir aussi, sur le dol spécial : Yves MAYAUD, *Droit pénal général*, 2ème éd., Paris, PUF, 2007, § 266.

[2607] Wilfried JEANDIDIER, « Administration. – Abus des biens, du crédit, des pouvoirs ou des voix », dans *J.-Cl. Sociétés Traité*, Fasc. 132-20, § 6.

l'action civile devant les juridictions répressives[2608] ou de mettre en mouvement l'action pénale. En effet, lorsqu'un agissement répréhensible a été caractérisé, les éventuelles parties lésées peuvent éprouver des difficultés à caractériser la norme pénale violée. Le contrôle de la gestion peut ne recevoir aucune sanction répressive si le fondement invoqué n'est pas jugé adéquat. Deux exemples font état de la difficulté que peuvent rencontrer les parties lésées à retenir le fondement idoine.

Tout d'abord, un risque de cumul existe entre le droit pénal des sociétés et les sanctions pénales des procédures collectives. À ce titre, l'article L. 654-2 2° du Code de commerce dispose qu'est sanctionné par la banqueroute le fait de « détourner ou de dissimuler tout ou partie de l'actif du débiteur ». Ce cas d'ouverture est semblable à celui de l'abus des biens sociaux, par lequel un dirigeant s'approprie de mauvaise foi une partie du patrimoine social afin d'en faire un usage contraire à l'intérêt social[2609]. Bien que l'élément matériel soit commun aux deux infractions, elles sont sanctionnées de deux peines d'amende différentes, la banqueroute étant affectée d'une peine pécuniaire cinq fois inférieure à celle de l'abus de biens sociaux. Dès lors, afin d'éviter une précipitation des parties lésées sur le délit d'abus de biens sociaux pour sanctionner d'avantage les dirigeants, la jurisprudence de la Cour de cassation a fixé une norme de répartition permettant de dénouer cette situation de conflit positif d'incriminations. Elle a considéré que la date de cessation des paiements était l'élément discriminant, permettant de qualifier soit l'abus des biens sociaux soit la banqueroute. Si un bien social est détourné après la cessation des paiements, l'agissement ne peut être sanctionné que par la banqueroute[2610]. À l'inverse, la sanction sera celle de l'abus des biens sociaux s'il est antérieur à cette date. Cette grille de lecture, qui présente l'avantage de la simplicité, se brouille cependant lorsque le fait constitutif a été accompli avant la cessation des paiements, mais « qu'il se trouve en relation de causalité matérielle et intentionnelle avec la cessation des paiements »[2611]. Dans ce cas, la banqueroute devrait être prononcée, car le fait constitutif de l'infraction est

---

[2608] Il doit être rappelé que l'article 2 du Code de procédure pénale ouvre le bénéfice de l'action civile à la personne qui a « personnellement souffert du dommage directement causé par l'infraction ». Voir *supra* § 657.

[2609] Article L. 242-6 3° du Code de commerce. Pour un auteur soulignant la similarité entre les infractions, voir : Marie-Christine SORDINO, « Banqueroute par détournement d'actif et abus de biens sociaux : un conflit de qualification… des solutions en clair obscur », dans *Mélanges Michel CABRILLAC*, précité note 2484, p. 697.

[2610] Voir en ce sens : Cass. crim., 30 juin 2004, *JCP E* 2004, 1817, note Jacques-Henri ROBERT ; *Revue de science criminelle* 2004, p. 895, obs. Didier REBUT ; *Droit des sociétés* 2005, n° 18, note Renaud SALOMON ; Cass. crim., 7 avril 1998, *Revue de science criminelle* 1998, p. 773, obs. Jean-François RENUCCI ; *RTD Com.* 1998, p. 947, obs. Corinne MASCALA.

[2611] Jean DEVEZE, « Sanctions pénales », *Revue des procédures collectives* 1996, p. 133, spéc. § 1. Cité par : F. PÉROCHON, *op. cit.* note 1144, p. 816. Voir aussi : Cass. crim., 14 février 2007, *Droit pénal* 2007, comm. 73, note Jacques-Henri ROBERT. Cité par H. MATSOPOULOU, *op. cit.* note 2600.

indivisible de la cessation des paiements. La tâche des parties lésées afin d'identifier le délit à invoquer, surtout dans le cadre d'une citation directe, est particulièrement délicate alors que la date de cessation des paiements peut être rétroactive. Le contrôle de la gestion opéré peut donc pâtir du fait que ses conséquences sont incertaines devant un délit difficilement qualifiable.

Par ailleurs, au-delà de ce risque de concours entre deux branches du droit pénal des affaires, il peut exister des hypothèses dans lesquelles un concours d'infractions se produit au sein même d'une branche du droit pénal des affaires. C'est, par exemple, le cas de la banqueroute et de ses délits connexes pouvant sanctionner les mêmes comportements. Il conviendrait de songer au cas du directeur général ayant contribué en compte courant à la société : si celle-ci est placée en redressement ou liquidation judiciaires, il se trouve en position de dirigeant et de créancier chirographaire. Dès lors, s'il parvient à se faire payer sa créance en méconnaissance des règles de discipline collective, ce paiement contrevient à la fois à l'article L. 654-2 et à l'article L. 654-8 du Code de commerce. La violation de l'article L. 654-8 du Code de commerce est évidente en ce que les règles de paiement des créanciers sont méconnues, un créancier chirographaire étant payé avant les privilégiés. L'article L. 654-2 du Code de commerce est lui-aussi méconnu, car le dirigeant dont la créance est remboursée peut commettre un détournement de l'actif social. Les deux infractions peuvent donc, dans certains cas particuliers, donner lieu à un concours idéal d'infractions[2612]. Le contrôle de la gestion de la part des parties lésées devient particulièrement délicat car aucune grille de lecture n'est conférée par la jurisprudence. Dès lors, la partie lésée agissant par la voie de la citation directe doit retenir l'infraction qui lui semble la plus adaptée, étant considéré que les peines affligeant les différents délits n'ont aucune commune mesure. En effet, la banqueroute est sanctionnée d'une peine maximale d'emprisonnement de cinq ans et d'une amende maximale de 75 000 euros, alors que ses délits connexes ne sont affligés que d'une peine d'emprisonnement de deux ans et de 30 000 euros.

775. Les suites incertaines du contrôle de la gestion en raison de la spécialisation des délits. Les textes prévoyant les délits de droit pénal des affaires semblent porteurs, pour certains, d'une incertitude tant dans leur rédaction que dans leur domaine d'application. Ces imperfections représentent des éléments de fond et non de procédure, justifiant la faiblesse des sanctions prononcées à l'issue d'un contrôle de la gestion sociale qui ferait apparaître des comportements répréhensibles. Lorsque certaines demandes sont formulées devant les juridictions civiles, elles pourraient donc se heurter à un refus de sanctionner en raison d'une erreur de fondement. Le rejet juridictionnel peut aussi s'expliquer par la progressive raréfaction des délits en droit pénal des affaires.

[2612] Voir les articles cités par : Bernard BOULOC, *Droit pénal général*, 24ème éd., Paris, Dalloz, 2015, p. 569, spéc. note infrapaginale n° 3.

B) La dépénalisation progressive de la vie des affaires

776. La dépénalisation, une nécessité née de la particularité de la vie des affaires. Le droit des affaires nécessite une dimension libérale en ce que la politique économique des pays occidentaux n'est, en principe, pas planifiée. Dès lors, l'emprise étatique sur le droit des affaires doit être la moins pressante possible afin de préserver ce libéralisme nécessaire au fonctionnement de l'économie. Or, les incriminations de certains comportements constituent des formes d'intervention étatique qui réduisent mécaniquement ces libertés d'action pourtant nécessaires. Ces interventions se sont multipliées dans un premier temps, alors qu'il était considéré que le droit des affaires devait être sévèrement sanctionné pour fonctionner de façon optimale[2613]. Or, il s'est avéré que cette pénalisation présentait des effets négatifs, comme une progressive paralysie des activités d'affaires[2614]. Un courant est alors apparu afin de favoriser la dépénalisation progressive du droit des affaires.

777. La dépénalisation, un mouvement en accélération. Le souhait, sinon la nécessité, de dépénaliser la vie des affaires est rapidement apparu tant aux praticiens qu'au législateur. C'est surtout à partir de la première cohabitation, au cours de laquelle la majorité a fait application de certains principes d'économie politique libérale, que la première mesure phare de dépénalisation de la vie des affaires est intervenue. En effet, dès 1986, le gouvernement a adopté par voie d'ordonnance une réforme de fond du droit de la concurrence, domaine auparavant dirigé par l'État[2615]. Cette ordonnance a amorcé un mouvement de dépénalisation du droit de la concurrence, première branche du droit pénal des affaires à connaître un mouvement de reflux d'incriminations. Ce mouvement s'est poursuivi jusqu'à concerner d'autres branches du droit des affaires, comme le droit bancaire[2616], mais c'est surtout le droit pénal des sociétés qui a fait l'objet des attentions de la doctrine puis du législateur. Un auteur a d'ailleurs assez tôt démontré la nécessité de dépénaliser le droit des affaires non pas en raison de l'inflation des normes relatives aux sociétés, mais surtout en raison de l'inadaptation générale des mécanismes de droit pénal et

---

[2613] « L'État est d'autant plus encouragé à protéger les intérêts privés contre les abus d'un régime de liberté économique qu'il se montre de plus en plus réservé sinon hostile à l'égard de cette liberté. L'application des sanctions pénales contre les dirigeants sociaux lui fournit en même temps un moyen de renforcer son contrôle sur la marche des sociétés » : H. LAUNAIS, L. ACCARIAS, *op. cit.* note 2603, p. 4.

[2614] « Proclamer sur le ton du pamphlétaire qu'il faut moraliser la vie des affaires est une chose ; paralyser l'économie en est une autre » : Jean-François BURGELIN, Paul LOMBARD, *Le procès de la justice*, Paris, Plon, 2003. Cité par : Jean-Marie COULON, « L'actualité de la dépénalisation du droit des affaires », dans *Mélanges offerts à Jean-François BURGELIN*, Paris, Dalloz, 2008, p. 109.

[2615] Ordonnance n° 86-1243 du 1er décembre 1986, précitée note 872.

[2616] Sur la dépénalisation de l'émission des chèques sans provision : loi n° 91-1382 du 30 décembre 1991 relative à la sécurité des chèques et des cartes de paiement, *JORF du* 1er janvier 1992, p. 12.

de procédure pénale au droit des affaires[2617]. La réelle amorce du mouvement de dépénalisation du droit des affaires est effectuée par le rapport présenté par un sénateur, visant à moderniser le droit des sociétés français et qui propose de « rendre [au droit pénal des sociétés] sa véritable vocation de sanction des comportements intentionnels et frauduleux les plus graves, définis dans des conditions de strict respect du principe de la légalité des délits et des peines »[2618]. Ce rapport a alors été suivi par une cohorte de textes dépénalisant progressivement le droit des sociétés en supprimant certains délits formels[2619]. Ces textes intervenant en très peu de temps, il pouvait être raisonnablement considéré que l'ordonnance du 24 juin 2004 représentait une des dernières étapes d'un processus rapide et de grande ampleur. Or, dès le 4 octobre 2007 un groupe de travail a été mis en place par le garde des sceaux, « chargé de mener une réflexion sur l'ensemble des sanctions pénales qui s'appliquent aux entreprises en matière de droit des sociétés, de droit financier et de droit de la consommation »[2620]. Une fois le rapport rendu par le groupe de travail en janvier 2008, la dernière phase de dépénalisation est intervenue, en droit des sociétés, avec la loi du 22 mars 2012[2621]. La réalité de la dépénalisation de la vie des affaires est ainsi un phénomène dont il est impossible de nier l'existence. Son ampleur est telle que les suites du contrôle de la gestion en sont affectées.

778. Le contrôle de la gestion affecté par la « dépénalisation sèche »[2622]. Les différentes mesures aboutissant à la dépénalisation de la matière du droit pénal des affaires répondent à plusieurs méthodes. Deux voies sont particulièrement suivies.

[2617] Marie-Thérèse CALAIS-AULOY, « La dépénalisation en droit des affaires », *D.* 1988, chron. p. 315, spéc. § 14 : « (...) le principe d'interprétation stricte du droit pénal est la plupart du temps mal venu, ainsi que la compétence des tribunaux répressifs. (...) Appliquer des principes de procédure pénale à la place des principes civilistes est toujours évidemment possible car qui peut le plus peut le moins, mais c'est réagir avec des armes trop puissantes. ».

[2618] Ph. MARINI, *op. cit.* note 1139, p. 102.

[2619] Voir : Loi n° 2001-420 du 15 mai 2001, précitée note 221 ; loi n° 2003-706 du 1er août 2003, précitée note 86 ; Ordonnance n° 2004-174 du 24 juin 2004 portant simplification du droit et des formalités pour les entreprises, *JORF* du 27 mars 2004, p. 5871 ; Ordonnance n° 2004-604 du 24 juin 2004 portant réforme des valeurs mobilières émises par les sociétés commerciales et extension à l'outre-mer de dispositions ayant modifié la législation commerciale, *JORF* du 26 juin 2004, texte n° 11. Pour un bref historique, voir : W. JEANDIDIER, *op. cit.* note 2551, p. 450 ; Etienne BLANC, *Rapport n° 3787 fait au nom de la commission des lois constitutionnelles, de la législation et de l'administration générale de la République sur la proposition de loi n° 3706 de M. Jean-Luc WARSMANN relative à la simplification du droit et à l'allègement des démarches administratives*, 5 octobre 2011, p. 113.

[2620] Rachida DATI, citée par : J.-M. COULON, *op. cit.* note 1862, p. 3. Voir aussi : Rachida DATI, « Si les règles sont trop nombreuses, trop contraignantes, elles découragent l'activité économique », *JCP G* 2007, I, 198.

[2621] Loi n° 2012-387 du 22 mars 2012, précitée note 89.

[2622] J.-M. COULON (dir.), *op. cit.* note 1862, p. 20.

La première est la moins spectaculaire, car elle aboutit à supprimer les incriminations pénales pour les remplacer par des sanctions civiles, telles que la nullité ou l'injonction, ou par des sanctions administratives prononcées par des autorités de régulation[2623]. Dans ce cas, le contrôle de la gestion n'est pas affecté, seules ses conséquences sont modifiées. Grâce à cette dépénalisation par équivalent, les juridictions répressives n'ont plus à connaître de comportements dont la sanction leur incombait au profit des juridictions civiles ou des autorités administratives. La suppression de la conséquence pénale peut donc affecter la stratégie liée à l'action pénale. En effet, par la pénalisation du comportement, les parties lésées peuvent rechercher tout autant la réparation d'un préjudice né de l'accomplissement de ce comportement que l'effet infamant attaché à la répression pénale. Or, la disparition de la saisine des juges répressifs au profit des juridictions civiles ou des autorités de régulation peut toujours aboutir à la réparation d'un préjudice, mais la sanction perd une partie de sa dimension infâmante. Tout au plus le passage du comportement dans le giron administratif peut-il conserver un caractère répressif en ce que les autorités administratives indépendantes disposent de la possibilité de prononcer des amendes d'un montant élevé, aboutissant à la formulation de sanction répondant de la matière pénale. Dans le cas d'une substitution de la nature de la sanction, il est effectivement question de dépénalisation, mais ses effets sur le contrôle de la gestion sont limités.

Plutôt que de modifier la nature de la sanction, le législateur – ou le gouvernement lorsqu'il agit par voie d'ordonnance – peut faire le choix de la dépénalisation sèche, soit la suppression pure et simple du délit sans remplacer la sanction. Il n'est plus question de faire disparaître la sanction pénale jugée trop sévère, mais de supprimer l'incrimination en elle-même, ce qui signifie que le comportement autrefois sanctionné devient admis. Dans cette hypothèse, le contrôle de la gestion est directement affecté par la mesure de dépénalisation, car disparaissent alors du champ du droit pénal tant la sanction que le comportement. Les contrôleurs de la gestion perdent ainsi des éléments qui pouvaient orienter une partie de leurs vérifications. La dépénalisation sèche, en ce qu'elle restreint le périmètre des infractions du droit pénal des sociétés et partant des comportements répréhensibles, peut justifier pour partie la faiblesse des suites répressives liées au contrôle de la gestion des sociétés.

Cet argument n'est toutefois qu'en partie avéré. En effet, les différentes vagues de désincrimination du droit pénal des sociétés ont principalement concerné des délits formels, obsolètes ou inusités devant les juridictions. Si le contrôle de la gestion est concerné par les vagues de dépénalisation, ce n'est

---

[2623] Voir en ce sens : J.-M. COULON, *op. cit.* note 2614, p. 111 ; Agathe LEPAGE, « Les sanctions en droit pénal des affaires – Réflexions sur la place et le rôle du droit pénal dans la vie des affaires », dans Cécile CHENAIS, Dominique FENOUILLET (dir.), *Les sanctions en droit contemporain*, Vol. 1, Paris, Dalloz, 2012, p. 95, spéc. § 21 et s.

que dans une dimension marginale. L'influence négative de la dépénalisation sur le contrôle de la gestion se fait sentir dans une autre mesure.

779. La désincrimination imparfaite du droit pénal des affaires. La dépénalisation du droit pénal des affaires, quelles que soient ses modalités, produit des effets néfastes sur les textes répressifs dans leur ensemble, ce qui nuit au contrôle de la gestion opéré par les différentes *stakeholders* beaucoup plus que la simple désincrimination. En effet, la tâche de la dépénalisation est délicate dans la mesure où elle concerne un ensemble dense de règles pénalisant nombre de comportements depuis 1935[2624]. Dès lors, l'objectif de déconstruire en quelques années l'œuvre de plus de soixante-dix ans est une tâche difficile, nécessairement génératrice d'imperfections.

Il n'est pas, au regard des différentes lois de dépénalisation, impossible de pointer quelques incohérences. À cet effet, le droit pénal maintient des délits venant sanctionner des comportements ayant pourtant disparus en droit des sociétés[2625]. Au-delà de la disparition de repères parfois connus par les opérateurs du contrôle, ceux-ci peuvent ne pas désirer mener à leur terme leurs investigations en raison du doute lié à l'existence du délit dans le corpus législatif, à ses éléments constitutifs ou à la sanction attachée à ce contrôle.

Une justification à la faiblesse du contrôle de la gestion aboutissant devant les juridictions répressives peut se trouver dans le droit pénal des affaires en lui-même. Celui-ci porte en lui les germes des difficultés d'application en raison de sa spécificité, qui justifie les difficultés qu'ont les contrôleurs à vérifier les conditions de ces délits, et partant à demander la saisine des juridictions répressives afin de faire constater le manquement. Les faibles conséquences du contrôle de la gestion peuvent aussi s'expliquer par les sanctions prononcées par les juridictions, qui n'incitent pas les contrôleurs de la gestion à exercer leur office.

II) La faiblesse des sanctions prononcées

780. Les sanctions prononcées par les juridictions pénales à l'égard des dirigeants gestionnaires. Les données publiées par le ministère de la justice

---

[2624] Le corpus législatif relatif au droit pénal des affaires est qualifié de « montagne textuelle », ou encore de « colosse législatif » : J.-H. ROBERT, H. MATSOPOULOU, *op. cit.* note 2598, p. 17 et 18.

[2625] Aussi est-ce le cas de l'article L. 242-17 du Code de commerce pris en son premier alinéa qui dispose : « Est puni de 150 000 € d'amende le fait, pour le président, les administrateurs ou les directeurs généraux d'une société anonyme, d'émettre des actions ou des coupures d'actions (...) sans que les actions de numéraire nouvelles aient été libérées, lors de la souscription, du quart au moins de leur valeur nominale et, le cas échéant, de la totalité de la prime d'émission ». Or, l'article L. 225-3 alinéa 2 du Code de commerce exige depuis 1994 que « Les actions de numéraire sont libérées, lors de la souscription, de la moitié au moins de leur valeur nominale ». La non-libération d'actions de numéraire est pénalement réprimée, mais le référentiel n'est pas le même entre la règle civile et la règle pénale. Voir : W. JEANDIDIER, *op. cit.* note 2550, p. 464.

permettent d'appréhender la mesure des sanctions prononcées par les juridictions répressives à l'égard des dirigeants gestionnaires[2626]. Les sanctions prononcées à l'égard des dirigeants gestionnaires sont de deux ordres : celles qui restreignent la liberté d'aller et venir et celles qui affectent leur patrimoine.

Tout d'abord, sur les 1206 condamnations prononcées en 2011, on constate que 63,59 pour cent des jugements ont abouti au prononcé d'une peine restrictive de liberté[2627]. Cette statistique, selon laquelle on pourrait affirmer que les juridictions répressives sont d'une particulière sévérité à l'égard de la criminalité « en col blanc », est toutefois pour partie trompeuse. En effet, la très grande majorité des sanctions prononcées l'ont été avec un sursis total, simple ou probatoire[2628]. Lorsque des peines privatives de liberté ferme, ou avec sursis partiel ont été prononcées, la peine moyenne d'emprisonnement est assez courte, soit dix mois et trois jours en moyenne[2629]. L'emprisonnement n'est ainsi pas une sanction privilégiée par les juridictions répressives, il convient alors d'aborder le second volet des sanctions prononcées à l'égard des dirigeants gestionnaires, c'est-à-dire les sanctions pécuniaires.

Les sanctions pécuniaires prononcées à l'égard des dirigeants gestionnaires sont moins nombreuses que les peines d'emprisonnement, mais peuvent y être associées, ce qui rend plus difficile leur analyse. Prononcées en tant que peines principales, les 249 condamnations ont abouti à une amende moyenne de 7 730 euros. Au regard de ce *quantum*, les infractions au droit des sociétés font partie, avec les infractions aux finances publiques, des infractions pour lesquelles les amendes prononcées sont les plus élevées[2630]. Il ne semble toutefois pas que cette moyenne reflète effectivement le préjudice subi tant par la société cotée que par les *stakeholders* et qu'il soit en corrélation avec le profit éventuellement retiré par le dirigeant condamné.

781. De ce constat chiffré, il ressort que les sanctions répressives prononcées à l'égard des dirigeants gestionnaires ne correspondent pas à la gravité des agissements des dirigeants gestionnaires lorsque ceux-ci commettent des infractions au droit pénal des affaires. Il s'agit alors de prouver en quoi les sanctions liées aux infractions pénales sont partiellement inadaptées aux agissements visés (A). Il est par la suite nécessaire d'aborder un autre aspect

---

[2626] MINISTERE DE LA JUSTICE, *op. cit.* note 2551.

[2627] 767 peines privatives de liberté ont été prononcées en 2011 : *Id.*, p. 89.

[2628] *Id.* Sur les 767 peines privatives de liberté prononcées, 582 ont été accompagnées d'un sursis total simple (soit 75,88 pour cent), et 44 l'ont été d'un sursis total probatoire (soit 5,74 pour cent). Cela signifie *in fine*, que plus des quatre-cinquièmes des peines d'emprisonnement prononcées n'ont pas abouti à l'encellulement du dirigeant visé par ces sanctions.

[2629] *Id.*, p. 135. Les peines d'emprisonnement ferme sont assez peu fréquentes (98 cas en 2011, soit 12,7 pour cent des sanctions prononcées), et la durée est globalement inférieure à une année (82 condamnations, soit 58,58 pour cent des peines d'emprisonnement prononcées ont une durée inférieure à un an).

[2630] *Id.*, p. 140 et s., spéc. p. 142.

de la sanction pénale, pouvant être au moins aussi important que l'emprisonnement ou le versement d'une amende aux yeux des dirigeants condamnés : l'interdiction de gérer. Cette sanction, pouvant être prononcée au titre de peine complémentaire, tend à devenir plus autonome, augmentant dès lors son efficacité (B).

A) Des sanctions classiques peu adaptées

782. L'aspect sanctionnateur incontournable du droit pénal des affaires. Comme toute branche du droit pénal, le droit pénal des affaires doit comporter un aspect relatif à la sanction du contrevenant, de celui qui bafoue ses règles fondamentales. La sanction formulée par les textes répressifs à l'égard de ces délits se divise alors en deux peines différentes pouvant être alternatives ou cumulatives. À une peine d'emprisonnement s'ajoute une peine d'amende élevée ne représentant pas nécessairement un frein aux agissements délictueux.

783. Des peines d'emprisonnement potentiellement lourdes. Les textes du Code de commerce disposant des peines d'emprisonnement pour des infractions aux règles du droit des sociétés et des procédures collectives sont peu nombreux, mais les peines d'emprisonnement qu'ils fulminent sont assez élevées. En effet, il est beaucoup plus fréquent qu'un texte du Code de commerce dispose une peine d'emprisonnement de deux[2631] ou cinq ans[2632] qu'une peine de six mois[2633]. Cela fait montre de la relative sévérité du législateur à l'égard de comportements affectant l'économie[2634]. Il doit toutefois être rappelé que les peines d'emprisonnement mentionnées aux différents articles du Code de commerce ainsi que dans d'autres *corpus* de règles sont des peines plafond[2635], que le juge peut uniquement minorer en application du principe de personnalité des peines[2636]. En dépit des possibilités offertes par la loi, les juridictions répressives prononcent en moyenne des peines d'emprisonnement assez faibles. Il n'en demeure pas moins que la lourdeur de la peine d'emprisonnement disposée par les différents codes peut représenter une épée de Damoclès pour les dirigeants sociaux qui pourraient se voir infliger une peine sévère si la juridiction saisie entend le sanctionner fortement et jouer de l'effet dissuasif de la sanction pénale à l'égard des autres dirigeants. Le mouvement actuel des réformes visant à réformer le droit pénal

---

[2631] Voir par exemple les articles L. 242-9, L. 242-20, L. 245-11 et L. 247-1 du Code de commerce.

[2632] Voir par exemple l'article L. 242-6, L. 247-8 et L. 654-3 du Code de commerce.

[2633] Seuls les articles L. 242-5, L. 242-10 et L. 244-2 sont concernés par cette peine.

[2634] A. LEPAGE, *op. cit.* note 2623, spéc. § 10 et s.

[2635] Selon l'article 132-19 du Code pénal : « Lorsqu'une infraction est punie d'une peine d'emprisonnement, la juridiction peut prononcer une peine d'emprisonnement pour une durée inférieure à celle qui est encourue ».

[2636] B. BOULOC, *op. cit.* note 2612, p. 141 et s.

des affaires, il convient de se demander s'il est opportun de modifier l'aspect sanctionnateur, plus particulièrement les sanctions privatives de liberté.

784. L'opportunité d'une refonte des peines d'emprisonnement ? Afin d'appréhender l'opportunité d'une réforme des sanctions privatives de liberté du droit pénal des sociétés, il est nécessaire de rappeler que ces infractions sont des délits et que le Code pénal prévoit des peines d'emprisonnement précises pour les peines correctionnelles. L'article 131-4 du Code pénal dispose en effet que les peines d'emprisonnement relatives à un délit ne peuvent être supérieures à une durée de dix ans. Une modification des peines privatives de liberté, si elle devait aboutir à une sanction plus sévère, se heurterait à cette limite impérative, sauf à changer la qualification juridique de certaines infractions.

Outre cet argument qui, en soi, n'emporte que peu de conséquences[2637], plusieurs raisons s'opposent à ce qu'une plus longue peine d'emprisonnement afflige les dirigeants gestionnaires. Dans un premier temps, il serait peu efficient de sanctionner le droit pénal des affaires par des peines de sept ans ou de dix ans d'emprisonnement, communément appliquées en matière d'homicide par imprudence[2638], de stupéfiants[2639] ou d'espionnage[2640]. En effet, bien que certaines infractions du droit pénal des affaires soient particulièrement infamantes aux yeux de la société *lato sensu*, aucune n'est comparable avec la gravité de ces infractions, ce qui ne justifierait pas un alignement sur leurs peines. Dans un second temps, une peine plus sévère semblerait contredire le mouvement général du droit pénal des affaires, visant plutôt la dépénalisation que la repénalisation.

Dès lors, plutôt que de songer à une plus importante sanction, peut-être conviendrait-il au contraire de supprimer les peines d'emprisonnement de six mois encourues lors de la violation de trois articles du Code de commerce[2641]. La suppression de cette peine d'emprisonnement, par ailleurs peu prononcée, permettrait de ne réserver l'emprisonnement aux seuls délits les plus graves du droit pénal des affaires, et partant réellement sanctionner le gestionnaire social lorsqu'il a eu une action défaillante. Cette suppression ne rimerait toutefois pas avec dépénalisation, en ce que l'emprisonnement serait supplanté par l'amende pénale.

785. L'amende pénale, axe de la réelle modification des sanctions pénales. Les amendes pénales assortissent tous les délits proposés par les différents textes relatifs au droit pénal des affaires. Contrairement aux peines

---

[2637] A l'exception notoire de la prescription, tant de l'action publique que de la peine, qui se verrait allongée : B. BOULOC, *op. cit.* note 2612, p. 187. Un allongement de la prescription de l'infraction ne serait toutefois pas illogique au regard de l'objectif de pénalisation accrue recherché par l'allongement de la peine d'emprisonnement.

[2638] Article 221-6-1 du Code pénal dernier alinéa.

[2639] Articles 222-36 et 222-37 du Code pénal.

[2640] Article 411-8 du Code pénal

[2641] Articles L. 242-5, L. 242-10 et L. 244-2 du Code de commerce.

d'emprisonnement précédemment évoquées, les amendes admettent un montant plancher de 3 000 euros, sans toutefois que cette somme ne soit restreinte par un plafond légal dans les dispositions générales du Code pénal[2642]. On constate une grande variété de sanctions pécuniaires prononcées à l'égard des dirigeants gestionnaires.

Si le droit pénal général ne prévoit pas de montant maximal d'amende, il revient aux délits spéciaux de le faire. Ainsi, les peines d'amende fulminées par le Code de commerce dans le cadre du droit pénal des sociétés composent un spectre allant de 4 500 à 375 000 euros, le montant maximal le plus fréquemment disposé étant celui de 9 000 euros. Cette fréquence peut alors expliquer que le montant moyen des amendes infligées aux dirigeants soit légèrement inférieur à 8 000 euros[2643]. Bien que le montant soit important au regard des autres amendes prononcées par les juridictions, ces peines pécuniaires peuvent être insuffisantes.

En effet, les infractions de droit pénal des sociétés sont principalement des infractions économiques, c'est-à-dire des infractions commises par les dirigeants gestionnaires par lesquelles ils retirent un profit ou causent un préjudice pécuniaire à une partie. Or, les sanctions économiques ne sont en rien proportionnelles au profit que pourrait retirer le dirigeant fautif[2644] ou au préjudice causé par l'infraction. Bien qu'en principe le droit pénal n'ait pas de vertu réparatrice, sauf à engager l'action civile en parallèle à l'action publique, une certaine idée de proportion entre la peine et le préjudice causé serait bienvenue, sauf à écarter définitivement le second caractère du droit pénal, à savoir sa vertu dissuasive, par laquelle le droit pénal intervient *a priori* en empêchant la commission d'actes délictueux. À titre d'exemple de déséquilibre entre l'amende pénale et le possible profit retiré, il est possible de citer les sanctions applicables à la banqueroute. Elle est sanctionnée d'une peine maximale de cinq ans d'emprisonnement et de 75 000 euros d'amende[2645], peines peu proportionnées au regard des intérêts que le dirigeant a pu retirer de son infraction[2646]. En effet, un des éléments constitutifs de la banqueroute est le fait d'avoir « détourné ou dissimulé tout ou partie de l'actif du débiteur », selon l'article L. 654-2 2° du Code de commerce. Si le profit réalisé par le dirigeant s'étant approprié l'actif social est supérieur à 75 000 euros, la dimension sanctionnatrice est insuffisante, car le délit commis entrainerait un profit, même après le versement de l'amende maximale. Ceci

---

[2642] B. BOULOC, *op. cit.* note 2612, p. 455.

[2643] Voir *supra* § 780.

[2644] Une exception à cela pourrait être invoquée pour l'abus des biens sociaux, pouvant être sanctionné d'une amende d'un montant de 375 000 euros selon l'article L. 242-6 du Code de commerce.

[2645] Article L. 654-3 du Code de commerce. Il est à noter que lorsqu'il s'agit d'un « dirigent d'une entreprise prestataire de services d'investissement, les peines sont portées à sept ans d'emprisonnement et 100 000 euros d'amende », selon l'article L. 654-4 du Code de commerce.

[2646] F. PÉROCHON, *op. cit.* note 1144, p. 817.

est d'autant plus vrai que le Code pénal dispose que « l'emprisonnement sans sursis ne doit être prononcé qu'en dernier recours si la gravité de l'infraction et la personnalité de son auteur rendent cette peine nécessaire et si toute autre sanction est manifestement inadéquate »[2647]. Il est alors nécessaire de proposer une piste afin d'améliorer les aspects sanctionnateur et dissuasif du droit pénal des sociétés.

786. La généralisation de l'amende du Code monétaire et financier. Contrairement à ce que peut affirmer un auteur, le droit pénal des affaires traditionnel ne prend aucune mesure du profit retiré par le dirigeant fautif[2648]. Une seule mesure du droit pénal des sociétés prenait en compte, avant son abrogation[2649], le profit réalisé afin de fixer l'amende pénale : la sanction du délit d'initié.

Disposé à l'article L. 465-1 du Code monétaire et financier, le délit d'initié était « puni de deux ans d'emprisonnement et d'une amende de 1 500 000 euros dont le montant peut être porté au-delà de ce chiffre, jusqu'au décuple du montant du profit éventuellement réalité, sans que l'amende puisse être inférieure à ce même profit (...) »[2650]. Cet article fixait trois bornes à l'amende que devrait prononcer le tribunal de grande instance de Paris[2651]. La première était indicative et répondait à la logique traditionnelle du droit pénal, la fixation d'un plafond de 1 500 000 euros. Toutefois, au regard des profits réalisés lors de l'acquisition, puis la vente, de titres potentiellement supérieurs à cette somme, le Code monétaire et financier fixait deux autres limites, un plancher déterminé à la valeur de ce profit réalisé et un plafond équivalent au décuple de cette somme. Dans ce cas, la sanction pénale applicable au délit d'initié avait bel et bien un caractère sanctionnateur, car l'initié était assuré de perdre le profit réalisé par le biais de l'amende, mais aussi un caractère dissuasif car il pouvait perdre beaucoup plus, l'amende pouvant être potentiellement supérieure au profit. Il était toutefois nécessaire, pour faire application de ce principe de sanction, que le juge se justifie et quantifie le

[2647] Article 132-24 alinéa 3 du Code pénal.

[2648] A. LEPAGE, *op. cit.* note 2623, spéc. § 13 : « Cette intégration du profit à la détermination du montant de l'amende est un trait caractéristique du droit pénal des affaires ».

[2649] Par la décision du Conseil constitutionnel, rendue le 18 mars 2015, précitée note 2582.

[2650] Cette peine concernait les initiés primaires, soit ceux disposant de l'information directement. Des peines d'amende « de 150 000 euros, dont le montant peut être porté au-delà de ce chiffre, jusqu'au décuple du montant du profit éventuellement réalisé, sans que l'amende puisse être inférieure à ce même profit » étaient prévues pour les autres initiés.

[2651] Ce tribunal est compétent quel que soit le lieu de commission du délit sur le territoire français. L'article 704-1 du Code de procédure pénale confère en effet une compétence exclusive territoriale à ce tribunal.

profit réalisé, ce qui peut s'avérer délicat[2652]. Cette sanction du délit d'initié, propre au droit des sociétés cotées, pourrait représenter une base de raisonnement afin d'améliorer les autres règles du droit pénal des sociétés, en dépit de son abrogation.

Une adaptation de ce mécanisme de proportionnalité serait alors envisageable pour tous les délits d'appropriation[2653], tels l'abus des biens sociaux, la banqueroute ou ses délits annexes mentionnés à l'article L. 654-8 du Code de commerce. Toutefois, il convient de limiter l'application de ce mécanisme aux seules sociétés dont les titres sont admis aux négociations sur un marché réglementé, représentant la version pénale de l'effet amplificateur des marchés financiers[2654]. Il ne serait d'aucune utilité d'étendre cette mesure de sanction dans le cas des sociétés non cotées, dans lesquelles les profits appropriés par les dirigeants sont le plus souvent inférieurs à la peine d'amende prévue au Code de commerce. Admettre l'extension du mécanisme prévu par le Code monétaire et financier n'aboutirait pas à la création d'un droit pénal des sociétés cotées en ce que les incriminations seraient les mêmes que le droit pénal des sociétés, mais marquerait la spécificité des sociétés cotées dans les mécanismes sanctionnateurs de ces délits. Une autre voie pourrait être explorée afin de rendre plus efficaces les mécanismes du droit pénal des sociétés.

787. Un cumul de sanctions envisagé lors du concours d'infractions ? Il a déjà été mentionné qu'un même comportement délictueux peut consommer en même temps plusieurs infractions[2655]. Il convient de s'interroger sur le principe même d'un cumul de sanctions répondant au concours idéal d'infractions.

[2652] La notion même de profit est délicate à déterminer pour les juridictions, car n'a pas été considéré comme un profit l'achat de titres au regard d'une information privilégiée sans revente : T. Corr. Paris, 3 décembre 1993, *Gazette du Palais* 1994, 1, p. 352, note J.-P. M. ; *Les petites affiches* 19 janvier 1994, p. 8, note Claude DUCOULOUX-FAVARD ; *RJDA* 1994, n° 1152. Par ailleurs, le juge, lorsqu'il fait application de ce principe de détermination du montant de l'amende, doit se justifier : Cass. crim., 14 juin 2006, *Droit des sociétés* 2006, n° 132, note Renaud SALOMON ; *Banque et droit*, septembre-octobre 2006, p. 60 ; *Revue trimestrielle de droit financier* 2006/2, p. 124, obs. Nicolas RONTCHEVSKY ; *JCP E* 2007, 1146, note Guillaume ROYER ; *RJDA* 2007, n° 58 ; *Revue des sociétés* 2007, p. 125, note Bernard BOULOC.

[2653] Le délit d'initié est lui-même une infraction d'appropriation, par laquelle l'initié s'approprie et utilise à son seul profit une information privilégiée qui était destinée à faire l'objet d'une large diffusion.

[2654] Voir *supra* § 666.

[2655] Voir *supra* § 772-773.

En dépit de la maxime *tot delicta quod leges læsæ*[2656] et de quelques décisions isolées[2657], le concours idéal demeure sans effet quant à la condamnation prononcée. En effet, le droit pénal français[2658] dispose depuis 1958 qu' « [En] cas de conviction de plusieurs crimes ou délits, la peine la plus forte est seule prononcée »[2659]. L'interdiction du cumul des peines demeure, mais uniquement lorsque les peines sont de même nature. En effet le Code pénal, tel que réformé en 1994, dispose que « Lorsque, à l'occasion d'une même procédure, la personne poursuivie est reconnue coupable de plusieurs infractions en concours, chacune des peines encourues peut être prononcée. Toutefois, lorsque plusieurs peines de même nature sont encourues, il ne peut être prononcé qu'une seule peine de cette nature dans la limite du maximum légal le plus élevé »[2660]. Appliquée à l'exemple du concours idéal entre les articles L. 654-2 et L. 654-8 du Code de commerce, la disposition du Code pénal interdit de cumuler les peines, car il s'agit dans les deux cas d'emprisonnement et d'amende. Dès lors, il serait impossible de cumuler les peines dans ce domaine, contrairement à ce qui peut se produire dans d'autres systèmes juridiques, notamment étasuniens[2661].

Ne pourrait-on pas suggérer une modification du régime des peines dans le cadre du droit pénal des procédures collectives et plus largement du droit pénal économique ? Au regard des intérêts lésés et des avantages que peuvent tirer les dirigeants, la question des peines cumulées ou consécutives apparaît. La notion de peine consécutive est employée dans le Code criminel du Canada[2662], applicable à la province de Québec dont le système juridique est comparable au système français. Selon ce Code, le tribunal peut prononcer des

---

[2656] Il y a autant de délits que de lois violées.

[2657] Voir notamment : Cass. crim., 3 mars 1960, *Revue de science criminelle* 1961, p. 105, obs. Alfred LEGAL ; Cass. crim., 5 mai 1966, *Revue de science criminelle* 1967, p. 176, obs. Alfred LEGAL. Pour des décisions datant du XIXème siècle admettant un cumul d'infractions entre la diffamation et la diffusion de fausses nouvelles, sur le fondement du décret-loi sur la presse du 17 février 1852 : Cass. crim., 30 janvier 1858, *Bull. crim.* 1858, n° 27, p. 47 ; Cass. crim., 11 février 1864, *Bull. crim.* 1864, n° 36, p. 62 (« Rien ne s'oppose à ce que le même acte soit réprimé par deux dispositions pénales différentes, l'une atteignant le fait considérer comme diffamation, l'autre cet acte en tant qu'il constitue le délit de fausse nouvelle »).

[2658] Notamment depuis l'article 2 de l'Ordonnance n° 58-1296 du 23 décembre 1958 modifiant et complétant le Code de procédure pénale, *JORF* du 24 décembre 1958, p. 11711 ; *D.* L. 1959, p. 63 ; *Gazette du Palais* 1959, II, p. 339 ; *JCP G* 1959, III, 24190.

[2659] Article 5 alinéa 1 de l'ancien Code pénal.

[2660] Article 132-3 du Code pénal.

[2661] Voir, par exemple, dans le cas de Bernard Madoff, dont les peines ont été cumulées afin d'aboutir à une condamnation de 150 années de réclusion : « Madoff condamné à 150 ans de prison », *Le Figaro* 30 juin 2009, p. 1 ; Adèle SMITH, « Madoff condamné, le mystère reste entier », *Le Figaro*, 30 juin 2009, p. 2 ; Sylvain CYPEL, « Malgré la sentence, le mystère "Madoff" persiste », *Le Monde* 1er juillet 2009, p. 14 ; Romain GUIBERT, « 65 milliards d'escroquerie, 150 ans de prison », *Le Point* 2 juillet 2009, p. 80.

[2662] Code criminel du Canada, *L.R.C.* (1985), ch. C-46.

peines consécutives[2663], mais a « l'obligation d'éviter l'excès de nature ou de durée » dans leur infliction[2664].

L'Autorité des marchés financiers du Québec, dans une affaire concernant une faillite frauduleuse d'un fonds d'investissement suite à l'appropriation d'une partie des dépôts par son dirigeant[2665], a alors sollicité un avis de la Cour Suprême du Canada sur la possibilité de prononcer des peines consécutives en matière de droit économique[2666]. Bien que la Cour Suprême ait rejeté cette demande[2667], l'Autorité des marchés financiers du Québec est, par cette initiative, à l'origine d'un débat sur la possibilité de cumuler les peines en droit économique. Il serait sans doute opportun de s'inspirer de ces développements transatlantiques afin d'aboutir à des sanctions réellement dissuasives.

Il convient donc de conclure que les mécanismes traditionnels de sanction des dirigeants gestionnaires dans le cadre du droit pénal des sociétés est globalement insatisfaisant, car sans réel lien avec l'infraction commise. Si les mesures d'emprisonnement ne doivent pas être modifiées, sauf à la marge en supprimant les dernières peines maximales inférieures à un an, il paraît opportun de proposer un changement radical des peines d'amendes prononcées à l'égard des dirigeants gestionnaires des sociétés cotées commettant des délits d'appropriation de l'actif social. Dans ce cas, l'amende prononcée devrait être au moins égale au profit réalisé, confortant dans ce cas les caractères punitif et dissuasif du droit pénal. Une autre mesure sanctionnatrice trouve son intérêt lorsque le prévenu est un dirigeant gestionnaire, l'interdiction de gérer.

B) L'interdiction de gérer des juridictions répressives

788. L'interdiction de gérer une entreprise commerciale, la peine après la peine. Le Code pénal prévoit la possibilité pour le juge d'éliminer des

---

2663 Cette possibilité existe dans des cas précis : fabrication ou possession d'une substance explosive au profit ou sous la direction d'une organisation criminelle (articles 82 (2) et 82(3) du Code criminel du Canada) ; la participation ou le financement d'une activité terroriste (article 83.26 du Code criminel du Canada) ; l'usage d'une arme à feu, vraie ou fausse, lors de la perpétration d'une infraction (article 85(4) du Code criminel du Canada) ; et la participation aux activités d'une organisation criminelle, la commission d'une infraction à son profit ou charger une personne de le faire (article 467.14 du Code criminel du Canada).

2664 Article 718.2 (c) du Code criminel du Canada.

2665 Pour un bref rappel des diverses décisions jurisprudentielles liées au fonds d'investissement Norbourg : Audrey LETOURNEAU, Mario NACCARATO, « La consécutivité des peines d'emprisonnement en droit pénal, les affaires *Autorité des marchés financiers c. Lacroix* et *La Reine c. Lacroix* », *Bulletin de droit économique* 2010, p. 20.

2666 AUTORITE DES MARCHES FINANCIERS DU QUEBEC, « Peines consécutives : l'Autorité demande à la Cour Suprême d'être entendue », 20 octobre 2009.

2667 Voir en ce sens : Marie VASTEL, « La Cour suprême ferme le dossier Vincent Lacroix », *La Presse* 29 janvier 2010, p. A7.

activités commerciales des acteurs qui se sont montrés particulièrement malveillants. Dans ce cas, le Code pénal expurge la communauté d'éléments qui lui sont nuisibles, ce qu'elle fait en principe par l'incarcération. Toutefois, en raison de la spécificité de l'infraction commise et des intérêts qu'elle lèse, le juge dispose de la faculté de priver le coupable de l'exercice de certains droits. C'est le cas de l'interdiction de gérer des sociétés commerciales, prononcées à l'égard des dirigeants ayant commis des actes répréhensibles. Cette interdiction intervenant après une éventuelle peine d'emprisonnement ou après la condamnation à verser une amende, il s'agit alors d'une peine qui commence à s'appliquer après la peine principale[2668]. Le dirigeant gestionnaire sanctionné pénalement en raison du contrôle de la gestion opéré par les parties lésées ne peut renouveler ses comportements fautifs. Il ne convient toutefois pas d'aborder uniformément ces interdictions. En effet, les interdictions de gérer pouvant être prononcées dans le cadre des infractions au droit pénal des sociétés doivent être distinguées des interdictions de gérer prononcées dans le contrôle répressif des procédures collectives.

789. Les interdictions de gérer de l'article 131-27 du Code pénal. Le Code de commerce, depuis 2008, prévoit la possibilité de prononcer des peines complémentaires[2669]. La modification opérée par cette réforme est de taille car elle modifie la nature de la peine ainsi que son domaine d'application.

La nature de l'interdiction de gérer prononcée a été modifiée par la loi du 4 août 2008 car avant cette loi, cette sanction était une peine accessoire et donc automatique au sens de l'ancien article L. 128-1 du Code de commerce[2670]. La

---

[2668] Comme le soulignent deux auteurs, « Le délinquant qui a purgé sa peine n'est pas, quoi qu'on en dise, tout à fait "quitte avec la société" ». Bien que cela vise les effets informels suivant la condamnation, cette affirmation est valable pour les interdictions de gérer : J.-H. ROBERT, H. MATSOPOULOU, *op. cit.* note 2598, p. 271.

[2669] Selon l'article L. 249-1 du Code de commerce : « Les personnes physiques coupables des infractions prévues aux chapitre Ier à VIII du présent titre encourent également à titre de peines complémentaires l'interdiction, suivant les modalités prévues par l'article 131-27 du Code pénal, (…) d'exercer l'activité professionnelle ou sociale dans l'exercice ou à l'occasion de l'exercice de laquelle l'infraction a été commise, soit d'exercer une profession commerciale ou industrielle, de diriger, d'administrer, de gérer (…) une entreprise commerciale ou industrielle ou une société commerciales ». Sur la réforme opérée par la loi du 4 août 2008 sur ce domaine : Bernard BOULOC, « Le droit nouveau des incapacités commerciales », *Revue des sociétés* 2008, p. 763 ; Haritini MATSOPOULOU, « Le nouveau régime des incapacités commerciales », *Droit pénal* 2008, étude 24 ; Etienne VERGES, « Loi n° 2008-776 du 4 août 2008 de modernisation de l'économie : peines complémentaires et alternatives d'incapacité d'exercice d'une activité commerciale ou industrielle », *Revue de science criminelle* 2008, p. 954.

[2670] « Nul ne peut (…) entreprendre l'exercice d'une profession commerciale ou industrielle, diriger, administrer, gérer ou contrôler, à un titre quelconque, une entreprise commerciale ou industrielle ou une société commerciale s'il a fait l'objet depuis moins de dix ans d'une condamnation définitive (…) à une peine d'au moins trois mois d'emprisonnement sans sursis pour (…) les délits prévus par des lois spéciales et punis des peines prévues pour l'escroquerie et l'abus de confiance (…) ».

réforme opérée en 2008 a modifié la nature de cette peine, qui devient complémentaire, nécessitant une décision expresse du juge afin d'être appliquée à la personne condamnée. La modification de la nature de cette infraction est bienvenue, les peines accessoires et automatiques pouvant être, depuis une décision du Conseil constitutionnel[2671], jugées inconstitutionnelles[2672]. Il convient de souligner la marge de manœuvre appartenant au juge, qui dispose de la possibilité de prononcer une interdiction permanente, ou temporaire dans la limite maximale de dix ans et même de prononcer cette mesure à titre de peine de substitution, signifiant que l'interdiction de gérer remplacerait les peines d'emprisonnement et d'amende, passant de peine complémentaire à peine principale.

Au-delà de cette modification de la nature de la peine par la loi du 4 août 2008, le domaine de ces interdictions de gérer a été étendu. Depuis lors, les juridictions répressives disposent de la faculté de prononcer cette interdiction de gérer pour toute condamnation, même celle assortie d'une peine d'amende avec sursis[2673]. Cette extension du domaine des peines complémentaires, tout comme le fait qu'elles puissent être prononcées à titre substitutif, tendent à prouver leur utilité pour sanctionner le dirigeant gestionnaire fautif.

Au regard de cet article du Code pénal, applicable aux délits de droit pénal des sociétés ainsi qu'aux délits commis lors des procédures collectives[2674], il est loisible au juge de prononcer à titre permanent ou temporaire une interdiction de gérer toute société, ou seulement la société au sein de laquelle a été commis le délit. Cette sanction de la gestion, empêchant le dirigeant condamné de gérer et de commettre à nouveau ses erreurs, n'est toutefois pas la seule prononcée par les juridictions répressives. En effet, dans le cadre des procédures collectives, les juges répressifs prononçant la banqueroute d'un dirigeant peuvent prononcer des mesures spéciales d'interdiction de gérer.

790. La possibilité de prononcer les mesures professionnelles civiles, peine complémentaire à la banqueroute. Aux termes de l'article L. 654-6 du Code de commerce[2675], les juridictions répressives disposent de la

---

[2671] Le Conseil constitutionnel a considéré que l'article L. 7 du Code électoral devait être abrogé en ce qu'il prévoyait l'interdiction aux agents publics condamnés pour certaines infractions d'être inscrits sur les listes électorales : Conseil constitutionnel, 11 juin 2010, 2010-6/7 QPC, *Droit pénal* 2010, commentaire 84, obs. Jacques-Henri ROBERT ; *Revue pénitentiaire et de droit pénal* 2010/2, p. 421, note Xavier PIN.

[2672] J.-H. ROBERT, *op. cit.* note 2671 : « toutes les interdictions professionnelles qui constituent des peines accessoires sont désormais sous la menace d'une censure provoquée par la question prioritaire de constitutionnalité (…) ». Cité par : A. LEPAGE, *op. cit.* note 2623, p. 104.

[2673] H. MATSOPOULOU, *op. cit.* note 2669, § 7.

[2674] Articles L. 654-5 et L. 654-9 du Code de commerce.

[2675] « La juridiction répressive qui reconnaît l'une des personnes mentionnées à l'article L. 654-1 coupable de banqueroute peut, en outre, dans les conditions prévues au premier alinéa de l'article L. 653-11, prononcer soit la faillite personnelle de celle-ci, soit l'interdiction prévue à l'article L. 653-8, à moins qu'une juridiction civile ou commerciale ait déjà prononcé une telle mesure par une décision définitive prise à l'occasion des mêmes faits ».

possibilité de prononcer la faillite personnelle ou l'interdiction de gérer de l'article L. 653-8 du Code de commerce à l'encontre du dirigeant banqueroutier. Cette possibilité répond de la faculté des juridictions répressives de prononcer des sanctions pénales ainsi que des sanctions civiles. Le lien entre ces deux sanctions ressort de la loi ancienne, car la loi du 13 juillet 1967 disposait que le prononcé de la banqueroute emportait faillite personnelle du dirigeant de société commerciale[2676]. Au-delà de cette mesure, abrogée par la loi du 25 janvier 1985, le lien entre banqueroute et faillite personnelle demeure, car certains cas d'ouverture sont communs aux deux sanctions. En effet, les cas prévus par l'article L. 654-2 du Code de commerce, concernant la banqueroute, se retrouvent aussi aux articles L. 653-4 et L. 653-5 du même code. Le cumul des sanctions est alors bel et bien envisageable.

En revanche, une question restait en suspens, celle d'un éventuel cumul des sanctions civiles. Un dirigeant de société pourrait-il subir une double faillite personnelle, de durées différentes, l'une prononcée civilement à titre principal d'une durée maximale de quinze ans, l'autre pénalement à titre complémentaire pouvant potentiellement être perpétuelle[2677] ? À la suite de plusieurs décisions affirmant que l'interdiction accompagnant le prononcé d'une faillite personnelle ne pouvait être supérieure à quinze ans[2678], l'ordonnance du 18 décembre 2008 a modifié l'article relatif aux peines complémentaires en cas de banqueroute afin qu'il renvoie « aux conditions de l'article L. 653-11 » du Code de commerce[2679]. Les juridictions pénales disposent d'une marge de manœuvre moins importante lorsqu'elles entendent prononcer la faillite personnelle à titre de sanction complémentaire à la banqueroute. En effet, dans ce cas, l'article 131-27 du Code pénal devrait être écarté et le Code de commerce appliqué.

791. Des conséquences du contrôle de la gestion alternatives ou cumulatives ? Les sanctions visant à écarter les dirigeants de la vie des affaires à la suite d'un contrôle juridictionnel de leur gestion peuvent être

---

[2676] Article 126 alinéa 2 de la loi du 13 juillet 1967 : « (…) Toute condamnation aux peines de la banqueroute simple ou frauduleuse prononcée à l'encontre des dirigeants de droit ou de fait d'une personne morale, entraîne de plein droit la faillite personnelle (…). Voir : Gilbert BORD, *Règlement judiciaire et liquidation des biens*, Paris, Dalloz, 1969, p. 303-304 ; Jacques ARGENSON, Georges TOUJAS, *Règlement judiciaire, Liquidation des biens, Faillite Traité et formulaire, Tome I*, 4ème éd., Paris, Litec, 1973, p. 418 et 462.

[2677] Cette possibilité heurte toutefois la position traditionnelle de la chambre commerciale, selon laquelle une peine de faillite personnelle ne peut être perpétuelle. Voir : Cass. com., 23 novembre 1999, *Revue des procédures collectives* 2000, p. 115, note Antoine BARRET. Cité par : A. LEPAGE, P. MAISTRE DU CHAMBON, R. SALOMON, *op. cit.* note 2600, p. 540.

[2678] Cass. crim., 8 novembre 2006, *Droit pénal* 2007, comm. 9, obs. Jacques-Henri ROBERT ; *Droit des sociétés* 2007, comm. 17, obs. Renaud SALOMON ; *D.* 2007, p. 10, obs. Alain LIENHARD ; *RTD Com.* 2007, p. 466, note Bernard BOULOC.

[2679] Voir en ce sens : Jérôme LASSERRE CAPDEVILLE, « Les apports en droit pénal de l'ordonnance du 18 décembre 2008 portant réforme du droit des entreprises en difficulté », *AJ Pénal* 2009, p. 351.

prononcées par les juridictions civiles comme par les juridictions répressives. Dès lors, se pourrait-il que ces juridictions puissent prononcer toutes deux des faillites personnelles à l'encontre d'une même personne ?

Au regard de la primauté du droit pénal, la solution traditionnelle consacrée par la loi du 25 janvier 1985 était de préférer la décision de faillite personnelle pénalement prononcée[2680]. Cette solution, qui était la continuation au fond du principe processuel selon lequel « le criminel tient le civil en l'état », a été anéantie par la loi de sauvegarde du 26 juillet 2005. Reformulant l'article L. 654-6 du Code de commerce, cette loi offre désormais la possibilité au juge répressif de sanctionner le dirigeant banqueroutier par une faillite personnelle, « à moins qu'une juridiction civile ou commerciale ait déjà prononcé une telle mesure par une décision définitive »[2681]. Le principe est alors inverse, primauté étant donnée aux juridictions civiles ou commerciales[2682]. Le cheminement normatif s'est accompli avec l'ordonnance du 18 décembre 2008, précisant que les sanctions doivent porter sur les mêmes faits pour qu'une telle primauté existe.

Les juridictions répressives n'ont donc plus priorité dans le prononcé de la faillite personnelle, ce qui peut se concevoir car cette sanction est une peine principale pour les juridictions civiles et une peine complémentaire nécessitant la caractérisation d'un délit de banqueroute par les juridictions répressives. Dès lors, primauté est donnée à la sanction directe. Toutefois, lorsque les faits retenus par les juridictions civiles ou commerciales et répressives sont différents, un cumul de décisions est alors envisageable, en l'absence de précisions légales[2683]. Deux solutions peuvent être admises. Dans un premier temps, il serait possible de considérer que chaque juridiction puisse prononcer deux sanctions maximales de quinze ans, qui viendraient s'additionner, écartant professionnellement le dirigeant pour une durée maximale de trente ans. Dans un second temps, le cumul de décisions n'aboutirait pas à un cumul de sanctions, c'est-à-dire que la limite maximale de quinze ans représenterait un plafond que les juges ne pourraient dépasser.

Il convient de privilégier cette dernière solution. En effet, si les juridictions civiles avaient retenu tous les faits sanctionnés à titre principal par la faillite

---

[2680] Article L. 626-6 du Code de commerce : « La juridiction répressive qui reconnaît l'une des personnes mentionnées à l'article L. 626-1 coupable de banqueroute peut, en outre, prononcer soit la faillite personnelle de celle-ci, soit l'interdiction prévue à l'article L. 625-8.
Lorsqu'une juridiction répressive et une juridiction civile ou commerciale ont, par des décisions définitives, prononcé à l'égard d'une personne la faillite personnelle ou l'interdiction prévue à l'article L. 625-8 à l'occasion des mêmes faits, *la mesure ordonnée par la juridiction répressive est seule exécutée* ».

[2681] Article L. 654-6 ancien du Code de commerce.

[2682] Haritini MATSOPOULOU, « Réflexions sur la faillite personnelle et l'interdiction de gérer après les ordonnances récentes de 2004 et 2005, et la loi de sauvegarde des entreprises du 26 juillet 2005 », *D.* 2007, p. 104.

[2683] C. SAINT-ALARY-HOUIN, *op. cit.* note 1569, p. 928 ; F. PÉROCHON, *op. cit.* note 1144, p. 818.

personnelle, les juridictions répressives n'auraient pu prononcer que la banqueroute, limitant l'interdiction de gérer à une durée maximale de quinze ans. Par ailleurs, cette solution serait cohérente au regard des solutions retenues en matière de non cumul des sanctions pénales[2684].

792. La simple possibilité de prononcer des interdictions de gérer, une peine peu appliquée ? Dès lors que l'interdiction de gérer est une peine complémentaire nécessitant une décision expresse des juges, il est possible que cette peine ne soit pas prononcée. C'est ce qu'il ressort d'une étude de la jurisprudence, peu d'interdictions de gérer ayant été prononcées par les juridictions du fond sur le fondement de l'article L. 249-1 du Code de commerce[2685], ce qui est confirmé par les statistiques du ministère de la justice[2686]. Aussi est-il nécessaire de conclure, en dépit des différentes possibilités offertes par le Code de commerce et le Code pénal que les incapacités professionnelles ne sont que peu usitées par les juridictions répressives. Il conviendrait de trouver un moyen de redynamiser cette sanction, en favorisant son prononcé. Il serait utile d'insister sur la faculté qu'ont les juges de prononcer ces peines d'interdiction de gérer à titre alternatif, et non pas complémentaire, des peines classiques d'emprisonnement et d'amende.

793. Les peines prononcées à l'égard des dirigeants gestionnaires sont assez faibles, tant dans leur nombre que dans leur mesure. Il existe plusieurs motifs à cela, notamment la difficulté à caractériser les éléments constitutifs des infractions ainsi que de l'inadaptation des sanctions fulminées par les textes législatifs. Cette faiblesse dans le prononcé de la sanction est d'autant plus dommageable que le droit pénal des sociétés ménage la possibilité au juge de pouvoir effectivement contrôler la gestion sociale.

§3 Une analyse jurisprudentielle restrictive

794. Le droit pénal et la gestion sociale, deux notions difficilement conciliables. Le droit pénal est le droit assurant le maintien de la cohésion sociale et vise ainsi la protection de la société dans son acception la plus large. La gestion sociale, telle qu'entendue traditionnellement, est accomplie par les dirigeants gestionnaires dans l'objectif de satisfaire les associés propriétaires des titres représentatifs. Dès lors, elle répond à la satisfaction de l'intérêt de certains, c'est-à-dire que s'il est question de protéger une entité, celle-ci ne représente que des intérêts particuliers, auxquels le droit pénal ne devrait, en principe, pas apporter son concours. Toutefois, si l'on considère que la conduite de la gestion sociale a des conséquences sur bien d'autres participants que les actionnaires, notamment les salariés, les concurrents ou les marchés, l'implication du droit pénal apparaît plus justifiée.

[2684] Voir *supra* § 787 et s.

[2685] Il est possible de citer : Amiens, 18 mars 2009, n° 08/01088 ; Pau, 28 mai 2009, n° 08/01009 ; Chambéry, 23 juin 2010, n° 09/01038 ; Amiens, 27 octobre 2010, n° 10/00605.

[2686] MINISTERE DE LA JUSTICE, *op. cit.* note 2551, p. 152.

L'incompatibilité classique s'est progressivement effacée au profit d'une protection des personnes placées dans une situation d'infériorité, sinon de faiblesse, au regard de la société et de ses dirigeants[2687].

Si certaines parties faibles doivent être protégées par le droit pénal des sociétés, il est indispensable au législateur lors de la rédaction des textes, ainsi qu'au juge lors de leur application, de prévoir des modalités de contrôle de la gestion sociale (I). Il est toutefois à noter, au regard du faible nombre de condamnations prononcées, que le juge s'interdit ce droit de regard, sans doute mal à propos (II).

I) Un droit de regard sur la gestion sociale légalement encouragé

795. Un contrôle de la gestion soumis à deux mouvements contradictoires. S'il est acquis que le droit pénal doit appréhender le fonctionnement des sociétés, et partant leur gestion afin de protéger des intérêts particuliers, le droit pénal des sociétés connait deux mouvements apparemment opposés. Dans un premier temps, sont prévues plusieurs infractions permettant un contrôle de la gestion par le biais de l'observation des règles de conduite au sein de la société, c'est-à-dire un contrôle de la gestion fonctionnelle (A). Or, ce contrôle de la gestion fonctionnelle tend à disparaître, au profit d'un autre contrôle de la gestion sociale, plus économique, liée à la prévalence des délits d'appropriation (B).

A) L'observation des règles de conduite

796. La nécessaire pénalisation d'une gestion déficiente. Même s'il appert que le fonctionnement des sociétés devrait faire le moins possible l'objet d'une répression pénale, il a semblé nécessaire au législateur d'intervenir afin de réguler la mise en œuvre de l'action sociale, principalement parce que celle-ci intéresse le public, « qu'il s'agisse d'actionnaires ou de simples étrangers à la société »[2688]. Le droit pénal des sociétés devait intervenir, car certaines méconnaissances des règles fondamentales du fonctionnement social ne causaient aucun préjudice aux personnes lésées. Dès lors, aucune action civile ne pouvait être envisagée, en raison du pouvoir de représentation du dirigeant. Aussi, en s'affranchissant des règles de gestion interne des sociétés, ces derniers pourraient ne pas être sanctionnés au versement de dommages-intérêts. De ce fait, le droit pénal des sociétés a offert la possibilité aux juges de contrôler la conduite de la gestion sociale[2689]. Ces mesures de contrôle de la gestion sociale demeurent aujourd'hui en dépit de l'abandon progressif de

---

[2687] Didier REBUT, « Les sanctions pénales et la gestion des sociétés », *Revue de jurisprudence commerciale*, novembre 2001, p. 119.
[2688] H. LAUNAIS, L. ACCARIAS, *op. cit.* note 2603, p. 207.
[2689] *Id.*

certaines infractions en raison des différentes vagues de dépénalisation de la vie des affaires.

797. Les infractions protégeant les différents droits des actionnaires. Le Code de commerce contient, dans le Titre IV de son Livre II, plusieurs dispositions pénales incriminant la méconnaissance de règles de fonctionnement des sociétés qui nuiraient aux droits des actionnaires. Il est nécessaire d'aborder les différents droits d'associés afin de voir en quoi ils sont protégés.

798. Les infractions protégeant les droits informationnels. Tout d'abord, les droits politiques des associés sont protégés par les incriminations pénales, dans une double dimension, quant à l'information et quant à leur exercice.

Aussi le Code de commerce prévoit-il qu'est incriminé le fait de ne pas dresser l'inventaire, établir les comptes et le rapport annuel[2690], ne pas soumettre les comptes à l'assemblée générale ordinaire[2691] et donner ou confirmer des indications inexactes dans les rapports présentés à cette assemblée devant décider la suppression du droit préférentiel de souscription[2692]. Ces infractions ne nécessitant nullement la caractérisation d'une intention frauduleuse[2693] offrent la possibilité au juge de contrôler la gestion dans une mesure assez réduite. Il vient en effet sanctionner la conduite de la gestion sociale dans un de ses aspects les plus formels, c'est-à-dire la communication d'informations aux actionnaires, afin que ceux-ci puissent participer en vérifiant la conduite des affaires sociales. La pénalisation des infractions, que l'on peut qualifier d'informationnelles, permet au juge de s'immiscer dans la gestion, mais ne saurait lui permettre de juger de son opportunité. Cette surveillance superficielle du juge répressif s'étend progressivement dès lors qu'il convient de protéger des prérogatives d'actionnaires plus importantes.

799. La protection de l'exercice en toute intégrité du droit de vote. Outre ces droits à l'information, les actionnaires ont la faculté de mettre au point une stratégie politique relative à la gestion de la société lors des assemblées générales. Comme cela a été auparavant mentionné, le vote au sein de l'assemblée générale peut être une des expressions du contrôle de la gestion opéré par les actionnaires. Leur retirer la possibilité de s'exprimer serait une atteinte à la conduite des organes internes, et partant à l'une des modalités de conduite de la gestion sociale. Est donc incriminé le fait pour toute personne « d'empêcher un actionnaire de participer à une assemblée

---

[2690] Article L. 242-8 du Code de commerce.

[2691] Article L. 242-10 du Code de commerce.

[2692] Article L. 242-20 du Code de commerce.

[2693] Cass. crim., 11 mai 1981, *D.* 1982, p. 653, note Bernard BOULOC ; *Revue des sociétés* 1982, p. 102, note Jean-Louis SIBON ; Cass. crim., 9 janvier 1995, *Bulletin Joly sociétés* 1995, note Jean-François BARBIERI ; *RJDA* 1995, n° 1098.

d'actionnaires (...) [ou] d'accorder (...) des avantages pour voter dans un certain sens ou pour ne pas participer au vote »[2694].

Le dirigeant, pour être sanctionné sur le fondement de cette incrimination, doit avoir adopté un comportement frauduleux empêchant l'actionnaire de participer physiquement à la réunion, ce qui signifie que le seul défaut d'envoi des convocations ne suffit pas[2695]. Il est nécessaire au juge, devant sanctionner le dirigeant qui empêche l'actionnaire de participer à l'assemblée générale ou qui « achète »[2696] le vote d'un actionnaire, de caractériser l'intention frauduleuse du dirigeant, qui peut notamment résulter de l'issue du vote. Dès lors, afin de caractériser l'intention frauduleuse, il semble que le juge doive considérer la gestion sociale. Bien que le mobile de cette entrave ou de cet achat de vote ne soit pas déterminant pour réunir les éléments constitutifs de cette infraction, il peut être utile au juge répressif de contrôler la gestion sociale afin notamment de vérifier si les avantages consentis dans l'objectif d'acquérir le vote ont été versés[2697]. Le contrôle de la gestion sociale est alors légèrement plus étendu que dans le précédent cas. Il demeure toutefois ténu : ces deux délits sont des délits de résultat. Peu importe leur manifestation effective dans la conduite de l'activité sociale[2698]. Une dernière forme de contrôle de la gestion est plus développée avec l'incrimination des infractions mettant en danger les prérogatives pécuniaires des actionnaires.

800. Les délits mettant en danger les droits financiers des actionnaires. Les derniers textes du droit pénal des sociétés visant à protéger les droits des actionnaires sont ceux mettant en péril leurs droits financiers, soit la répartition de dividende fictif[2699] et la réduction de capital ne respectant pas l'égalité entre actionnaires[2700]. Ces deux infractions nuisent aux prérogatives pécuniaires des actionnaires car la première réduit indument l'actif social et partant le droit de tous les actionnaires sur cet actif, alors que la seconde ne nuit qu'à certains actionnaires, qui contribueront plus aux pertes que d'autres. Afin d'identifier ces infractions, il est nécessaire aux juridictions répressives de contrôler la gestion sociale.

Pour identifier en quoi le dividende réparti a été fictif, il est nécessaire de caractériser la tenue d'un inventaire frauduleux par majoration de l'actif ou

---

2694 Article L. 242-9 du Code de commerce. Il est à noter que le même délit existe dans le Code de commerce à propos des obligataires, à l'article L. 245-11.

2695 Cass. crim., 26 mars 1998, *Revue des sociétés* 1998, p. 609, note Bernard BOULOC ; *JCP G* 1999, I, 112, § 9, obs. Jacques-Henri ROBERT.

2696 B. BOULOC, *op. cit.* note 2695, § 1.

2697 Si tel est le cas, cela signifie que les avantages consentis par le dirigeant ont été accordés par la société, ce qui pourrait doubler le délit d'achat de vote d'un délit d'abus des biens sociaux.

2698 En effet, un dirigeant qui soudoierait un nombre insuffisant d'actionnaires afin d'aboutir au résultat escompté serait doublement perdant. Au sens pénal, il encourrait une condamnation pour achat de votes, mais aussi serait sanctionné économiquement car la décision par lui soutenue ne serait pas adoptée.

2699 Article L. 242-6 1° du Code de commerce.

2700 Article L. 242-23 du Code de commerce.

minoration du passif[2701], ce qui aboutit à une majoration frauduleuse de l'actif distribuable. Cet élément n'est toutefois pas suffisant, car le juge doit caractériser en quoi le dividende distribué est fictif par la méconnaissance des règles imposées à l'article L. 232-11 du Code de commerce[2702]. Pour ce faire, il doit identifier en quoi l'inventaire est frauduleux, ce qui nécessite pour lui de vérifier en quoi l'inventaire produit ne correspond pas à la réalité sociale. Il lui est dès lors nécessaire de retracer toute la gestion afin de le prouver. Le juge contrôle donc bel et bien la gestion sociale afin de caractériser la fictivité de l'inventaire. Par ailleurs, après avoir vérifié la gestion pour déterminer si l'inventaire est fictif, il contrôle la décision de gestion qu'est la caractérisation du bénéfice distribuable, afin de vérifier si ce dernier correspond au bénéfice effectivement réparti. Le juge fait application de la règle de calcul fixée à l'article L. 232-11 du Code de commerce et si le bénéfice réparti entre les actionnaires ne correspond pas au résultat trouvé par les juges, il est jugé frauduleux[2703]. Au-delà de ces différents contrôles de la gestion sociale effectués dans le cadre de la condamnation de la répartition de dividende frauduleux, le juge doit caractériser une intention frauduleuse, consistant en la connaissance de l'invalidité de l'inventaire et de la fictivité du bénéfice[2704]. Cette forme de surveillance de la gestion doit être mise en parallèle avec la vérification judiciaire de la gestion dans le cadre de l'infraction liée à la réduction du capital.

La réduction du capital doit respecter l'égalité entre actionnaires, sauf à faire encourir au président, aux administrateurs[2705] ou aux membres du directoire[2706] une amende de 30 000 euros. La manifestation de cette rupture d'égalité peut se produire lorsque la société procède à une réduction du capital non motivée par les pertes par le biais du rachat d'un certain nombre de ses actions et qu'un actionnaire n'a pas eu la possibilité de se faire racheter ses actions[2707]. Dès lors, afin de faire apparaître la rupture d'égalité, le juge doit contrôler la portée de cette décision de gestion ainsi que ses modalités d'application. Si le contrôle de la gestion est moins étendu dans le cadre de

---

[2701] A. LEPAGE, P. MAISTRE DU CHAMBON, R. SALOMON, *op. cit.* note 2600, p. 386. Voir aussi : Cass. crim., 31 mars 1933, *Gazette du Palais* 1933, 1, p. 973.

[2702] Selon cet article, le bénéfice distribuable est : « constitué par le bénéfice de l'exercice, diminué des pertes antérieures ainsi que des sommes à porter en réserve, en application de la loi ou des statuts, et augmenté du report bénéficiaire ».

[2703] A. LEPAGE, P. MAISTRE DU CHAMBON, R. SALOMON, *op. cit.* note 2600, p. 387. Cela signifie que le dividende réparti utilise des fonds normalement destinés à être placés en réserve. Il y aura répartition de dividende fictif, sauf s'il est distribué sur les réserves libres, mentionnées à l'article L. 232-11 alinéa 2 du Code de commerce.

[2704] Cass. crim., 25 juin 1927, *Gazette du Palais* 1927, 2, p. 726.

[2705] Article L. 242-23 du Code de commerce.

[2706] Article L. 242-30 du Code de commerce.

[2707] Renaud SALOMON, « Dispositions pénales de la loi n° 2012-387 du 22 mars 2012 », *Droit des sociétés* 2012, comm. 110 ; A. LEPAGE, P. MAISTRE DU CHAMBON, R. SALOMON, *op. cit.* note 2600, p. 320-321.

cette opération, il n'en demeure pas moins que cette possibilité de vérifier la gestion doit être considérée, car elle est demeurée dans le droit positif, en dépit des différentes vagues de dépénalisation ayant frappé le droit pénal des sociétés.

801. La disparition de délits permettant aux juges répressifs de contrôler la gestion sociale. Malgré les nombreux délits sanctionnés par les juridictions répressives, il est notable que les différentes lois relatives au droit des sociétés depuis 2001 ont principalement eu pour objectif de dépénaliser le droit pénal des sociétés en faisant disparaître des délits. Depuis 2001, se sont succédées six lois et ordonnances ayant abouti à la disparition de nombreux délits en droit pénal des sociétés. Aussi est-il possible de citer la disparition des délits incriminant le fait de ne pas remettre avant l'assemblée générale les documents et les projets de résolution, de commencer les opérations avant l'entrée en fonction du conseil de surveillance, de ne pas convoquer les titulaires d'actions nominatives dans le délai légal, de ne pas établir une feuille de présence aux assemblées générales, de ne pas établir un procès-verbal constatant une délibération du conseil d'administration, ou encore de ne pas consulter l'assemblée spéciale des titulaires d'actions à dividende prioritaire sans droit de vote [2708] *etc.*

Les infractions dépénalisées sont pour la plupart des infractions liées à l'exercice de droits politiques des actionnaires ou des obligataires, venant sanctionner de graves dysfonctionnements dans la gestion interne de la société. Si la suppression de ces délits est globalement favorable aux dirigeants sociaux, moins exposés à une condamnation pénale pour ne pas avoir respecté des conditions de pure forme, il doit être aussi être considéré que ces différentes dépénalisations ne favorisent pas le contrôle répressif de la gestion à l'initiative des parties lésées, car leurs possibilités d'action sont réduites. La possibilité d'un contrôle répressif de la gestion devient alors nettement amenuisée par la dépénalisation des délits relatifs à la conduite de la société.

802. Le contrôle des juridictions répressives sur la gestion sociale existe lorsqu'il est question de l'atteinte aux différents droits des actionnaires. Le droit pénal offre la possibilité aux juges de surveiller la gestion sociale, surtout lorsqu'il est question de préserver les droits financiers des actionnaires. Toutefois, les différentes vagues de dépénalisation ont enlevé aux juges répressifs certaines prérogatives de contrôle qui n'étaient pas nécessairement employées par les juges. Cette inapplication est justifiée par la prévalence des

---

[2708] Pour une liste exhaustive des infractions dépénalisées, voir : J.-M. COULON (dir.), *op. cit.* note 1862, p. 31-32. Voir aussi : Jacques-Henri ROBERT, « Tableau récapitulatif des dépénalisations opérées depuis 2003 dans le droit des sociétés par actions », *Droit des sociétés* 2005, étude 3. Pour les mesures dépénalisées par la loi de simplification du droit des sociétés : Bernard SAINTOURENS, Philippe EMY, « Nouvelle étape de "simplification" du droit des sociétés par la loi n° 2012-387 du 22 mars 2012 », *Revue des sociétés* 2012, p. 335, spéc. § 28 et s.

délits d'appropriation, traditionnellement privilégiés par les juges répressifs pour contrôler la gestion sociale.

B) Les délits d'appropriation

803. Les délits d'appropriation, délits phares du droit pénal des sociétés. L'abus des biens sociaux, au même titre que la banqueroute et ses délits annexes, est le délit le plus fréquemment traité par les juridictions répressives. Ce sont les délits phares du droit pénal des sociétés, notamment grâce au rayonnement des cas mêlant le droit des sociétés à la politique pour l'abus des biens sociaux[2709] et à la symbolique chargée d'histoire pour le délit de banqueroute[2710]. Ces délits ont fait l'objet d'une interprétation extensive, par laquelle les juridictions se sont arrogées le droit de contrôler la conduite de la gestion sociale alors même que ces délits ne portent que sur un acte. Il convient donc d'aborder en quoi l'abus des biens sociaux a été progressivement dévoyé[2711], puis comment les juridictions répressives devant statuer sur la banqueroute d'un dirigeant social sont parvenues à opérer un contrôle de la gestion sociale à partir de ce délit.

804. L'abus de biens sociaux dévoyé : l'atténuation progressive de l'intérêt personnel. L'abus des biens sociaux, tel que défini par l'article L. 242-6 du Code de commerce, suppose la réunion de plusieurs éléments constitutifs. Il est nécessaire au juge de prouver que le dirigeant gestionnaire a, sur les biens ou le crédit de la société, fait de mauvaise foi un usage qu'il savait contraire à l'intérêt de la société et à des fins personnelles. Toutefois, il doit être souligné que cet intérêt personnel tend à disparaître progressivement dans la jurisprudence de la chambre criminelle.

L'exigence d'effectuer l'acte dans le but d'en retirer un avantage personnel est entendue assez largement par la jurisprudence, car un intérêt personnel est caractérisé lorsqu'il ne résultait que d'un avantage moral[2712] et même lorsqu'il

---

[2709] Voir Bernard BOULOC, « Le dévoiement de l'abus des biens sociaux », *Revue de jurisprudence commerciale* 1995, p. 301.

[2710] La figure de la banqueroute est synonyme de déchéance tant commerciale qu'humaine, notamment dans la littérature classique : Honoré DE BALZAC, *Histoire de la grandeur et de la décadence de César Birotteau* Tome II, Paris, Boulé, 1838. Voir aussi, pour une mention du « syndrome du bonnet vert », voir François-Xavier LUCAS, « Le sort du débiteur », *Les petites affiches* 14 juin 2007, p. 61. Le port du bonnet vert présentait une mesure de condamnation du faillis, dont il est possible de retrouver trace dans la littérature classique : « Les voilà sans crédit, sans argent, sans ressources, Prêts-à-porter le bonnet vert (…) : Jean DE LA FONTAINE, « La chauve-souris, le buisson et le canard », *Fables*, XII, 7. Voir aussi : Daniel DESURVIRE, *Histoire de la banqueroute et faillite contemporaine*, Paris, L'harmattan, 1992, p. 11, « Il n'était pas rare en effet, de sacrifier sur l'autel de la honte quelques faillis hideux, *flanqués d'un bonnet vert*, enchaînés par le cou et scarifiés d'une emprunte brûlante, ainsi exhibés au milieu de cortèges carnavalesques parmi les populations hilares ».

[2711] B. BOULOC, *op. cit.* note 2709.

[2712] Cass. crim., 16 février 1971, *D.* 1971, p. 294 ; *Revue des sociétés* 1971, p. 418, note Bernard BOULOC.

n'est pas exclusif[2713]. Bien que l'avantage personnel soit toujours exigé par quelques décisions de la chambre criminelle[2714], un mouvement tendant à l'atténuation de la caractérisation de l'intérêt personnel du dirigeant est clairement identifiable. En effet, le délit d'abus des biens sociaux est encouru lorsque le dirigeant prélève une somme appartenant à la société afin d'en faire un usage personnel, mais aussi lorsque l'acte effectué expose la société à un risque inconsidéré[2715]. À ce titre, il est possible de citer une décision asseyant la position jurisprudentielle, qui caractérise le délit d'abus de biens sociaux en tous ses éléments lorsque, « quel que soit l'avantage à court terme qu'elle peut procurer, l'utilisation des fonds sociaux [a] pour seul objet de commettre un délit tel que la corruption ». En effet, cette utilisation est « contraire à l'intérêt social en ce qu'elle expose la personne morale au risque anormal de sanctions pénales ou fiscales contre elle-même et ses dirigeants et porte atteinte à son crédit et à sa réputation »[2716]. Dans cette espèce, il était question de l'usage des fonds sociaux par un dirigeant afin de corrompre un agent public dans l'objectif de favoriser l'octroi de marchés publics à sa société. L'usage des fonds n'est donc pas, en soi, contraire à l'intérêt social car l'usage était, à l'origine, destiné à avantager la société. Cet argument n'est toutefois pas recevable, car l'agissement est en soi répréhensible et les profits sociaux pourraient être considérés comme indus. Au-delà, les éventuels avantages pour la société pourraient être annihilés par les possibles condamnations que

---

[2713] Cass. crim., 14 mai 2003, *D.* 2003, p. 1766, obs. Alain LIENHARD ; *D.* 2004, p. 319, obs. Marc SEGONDS ; *Bulletin Joly sociétés* 2003, p. 1043, note Jean-François BARBIERI ; *Revue des sociétés* 2003, p. 910, note Bernard BOULOC ; *Revue de sciences criminelles* 2003, p. 797, obs. Didier REBUT ; *Gazette du Palais* 2004, obs. Marie-Christine SORDINO.

[2714] Cass. crim., 1er mars 2000, *D.* 2000, p. 214, obs. Alain LIENHARD ; *Bulletin Joly sociétés* 2000, p. 710, note Annie MEDINA ; *Revue des sociétés* 2000, p. 576, note Bernard BOULOC ; *Revue de science criminelle* 2000, p. 839, obs. Jean-François RENUCCI ; Cass. crim., 4 novembre 2004, *Droit des sociétés* 2005, n° 57, note Renaud SALOMON ; *JCP E* 2005, p. 576, obs. Jacques-Henri ROBERT ; *RJDA* 2005, n° 577. Ces décisions sont qualifiées de « soubresauts » : Romain OLLARD, « L'abus des biens sociaux est-il un contrôle de gestion des entreprises? », *Droit pénal* 2009, étude 19, spéc. § 13. *Contra*, considérant un retour de ces notions : Haritini MATSOPOULOU, « Le retour en grâce de l'intérêt personnel dans l'abus des biens sociaux », *D.* 2005, p. 2075.

[2715] Voir en ce sens : Brieuc DE MASSIAC, « Réflexions à propos de l'abus de biens sociaux », *RJDA* 1996, p. 721 ; R. OLLARD, *op. cit.* note 2714, § 14 ; D. REBUT, *op. cit.* note 2687, spéc. p. 125. Dans une perspective plus générale, relevant un mouvement tendant vers l'évanescence du dol spécial dans certaines infractions d'affaires : Wilfried JEANDIDIER, « L'élément moral des infractions d'affaires ou l'art de la métamorphose », dans *Mélanges offerts à André DECOCQ*, Paris, LexisNexis, 2004, p. 370 et s.

[2716] Cass. crim., 27 octobre 1997, *D.* 1997, IR p. 251, *Dalloz affaires* 1997, p. 1429 note Martine BOIZARD ; *Les petites affiches* 7 novembre 1996, note Claude DUCOULOUX-FAVARD ; *JCP G* 1998, II, 10017, note Michel PRALUS ; *Bulletin Joly sociétés* 1998, note Jean-François BARBIERI ; *Revue des sociétés* 1997, p. 869, note Bernard BOULOC. Voir aussi, pour des décisions postérieures : Cass crim., 10 mars 2004, *D.* 2004, AJ p. 1240 ; *Bulletin Joly sociétés* 2004, p. 952, note Jean-François BARBIERI ; Cass. crim., 19 septembre 2007, *JCP E* 2008, 1122, note Jacques-Henri ROBERT.

l'acte pourrait entraîner. Cette disparition progressive du critère de l'intérêt personnel signifie que le contrôle de ce délit à l'origine d'appropriation glisse vers le contrôle de la gestion sociale.

805. Le contrôle de la gestion sociale par le prisme du contrôle de l'abus des biens sociaux. Si les juges ne considèrent plus le critère d'avantage personnel qui motiverait l'acte, il demeure ainsi que l'acte est réprimé lorsque contraire à l'intérêt social. Pour ce faire, les juges s'attachent à déterminer si l'acte incriminé n'expose pas la société à des risques inconsidérés ou s'il ne représente pas pour elle une charge excessive. En d'autres termes, par ce critère, le juge répressif s'aménage une possibilité de vérifier la conduite de la gestion sociale afin de vérifier si le dirigeant n'est pas trop audacieux, voire téméraire, dans l'accomplissement de sa mission[2717]. Le critère d'exposition à un risque inconsidéré des fonds sociaux, à l'origine créé uniquement pour appréhender des agissements qui ne pouvaient pas être sanctionnés sur le fondement de l'abus des biens sociaux et ne devant être qu'un « critère de réserve »[2718], tend à devenir le critère principal, ce qui explique le dévoiement de l'abus des biens sociaux[2719]. Le contrôle de la gestion effectué présente certaines caractéristiques qu'il convient d'encadrer strictement afin de ne pas voir l'abus des biens sociaux comme une arme redoutable à la disposition des actionnaires.

Lorsqu'un juge répressif doit connaître d'un fait répréhensible d'abus de biens sociaux, il doit juger de la conformité de l'acte à l'intérêt social, ce qui aboutit à l'évaluation de son opportunité au regard de la gestion sociale. Le contrôle judiciaire de la gestion dans cette hypothèse est double, car les juges vont vérifier la cohérence de la gestion sociale afin d'établir un référentiel en considération duquel la conformité de l'acte est établie, nécessitant le contrôle de la gestion globale dans un premier temps, puis de la conformité de l'acte dans un second temps. Ce glissement progressif vers l'évaluation de la conduite de la gestion sociale peut engendrer des difficultés dans la caractérisation du délit. En effet, si la seule gestion sociale est considérée, comment le juge peut-il distinguer entre un agissement ressortant de l'incompétence du dirigeant gestionnaire ou de l'abus caractérisé[2720], étant entendu que seule la seconde hypothèse devrait pénalement être sanctionnée ? Cette incertitude, pouvant parfois être résolue par l'expérience du dirigeant

---

[2717] Yvonne MULLER, « L'abus réprimé : la correction par le juge », *Gazette du Palais* 2009, p. 3659.

[2718] D. REBUT, *op. cit.* note 2687, p. 126.

[2719] *Id ;* B. BOULOC, *op. cit.* note 2711. *Contra* : B. DE MASSIAC, *op. cit.* note 2715, p. 722.

[2720] Frédéric STASIAK, « La réception et la cohérence des considérations économiques relatives à l'abus de biens sociaux », *Les petites affiches* 19 mai 2005, p. 35.

qui serait trop rompu à la pratique des affaires pour retenir l'incompétence[2721], est d'autant plus accrue que les juges sont saisis quelque temps après la commission de l'acte.

806. Le contrôle juridictionnel de la gestion sociale confronté au risque de biais rétrospectif. Les risques liés au contrôle de la gestion sociale par le biais de l'abus des biens sociaux sont d'autant plus grands que de longs délais peuvent s'être écoulés entre la commission de l'acte et son appréciation juridictionnelle. Or, bien que l'appréciation de la validité ou non de l'acte doive se produire au jour de la commission de celui-ci[2722] et que le juge ne doive en aucun cas prendre en considération les résultats engendrés par l'acte[2723], il semble difficile de ne pas porter attention à ses conséquences afin de déterminer si celui-ci était effectivement conforme aux intérêts de la société. Un acte entrainant des conséquences négatives à l'égard de la société peut être considéré comme relevant d'une mauvaise gestion alors même que les informations à la disposition du dirigeant gestionnaire au moment de la prise de décision ne laissaient pas augurer de telles conséquences. Ce mode de raisonnement est connu sous le vocable de « biais rétrospectif », par lequel des personnes surestiment leur capacité à avoir prévu les conséquences d'évènements passés et considèrent que d'autres auraient dû être capables de mieux considérer les conséquences d'évènements que ce qui était effectivement possible[2724]. S'il est répandu chez les juges devant connaître de faits relevant de l'abus des biens sociaux[2725], ce mode de raisonnement pourrait aboutir à un excès dans la condamnation des dirigeants sociaux. Dans cette hypothèse, une décision de gestion contestée sur le fondement de l'abus de biens sociaux pourrait être considérée comme étant mauvaise *ab initio* si elle ne produit des effets négatifs que postérieurement, sans autre abus.

Le contrôle de la gestion par le biais de l'abus des biens sociaux est donc particulièrement étendu et peut aboutir à des condamnations lourdes, dues à des raisonnements dont la conformité avec les règles fondamentales du droit pénal est douteuse, notamment le principe de légalité de l'article 111-4 du Code pénal. En parallèle de la réduction de l'exigence des juges dans la

---

[2721] Il est aussi possible de considérer le critère de la poursuite d'un intérêt égoïste, fut-il moral : B. BOULOC, *op. cit.* note 2709, p. 309 ; Jean-Pierre BROUILLAUD, « Faut-il supprimer la notion d'intérêt personnel dans la définition de l'abus de biens sociaux ? », *D.* 2008, p. 375, spéc. p. 378. Cités par : R. OLLARD, *op. cit.* note 2714, § 9.

[2722] Y. MULLER, *op. cit.* note 2717 ; D. REBUT, *op. cit.* note 2687, p. 127 ; Michel PRALUS, « Contribution au procès du délit d'abus de biens sociaux », *JCP* 1997, I, 4001, spéc. § 18.

[2723] Voir en ce sens, à propos d'un abus de pouvoir, mais pouvant être transposé à l'abus des biens sociaux : Cass. crim., 16 janvier 1989, précité note 671

[2724] Chris GUTHRIE, Jeffrey J. RACHLINSKI, Andrew J. WISTRICH, « Inside the Judicial Mind », *Cornell Law Review* mai 2001, spec. p. 42.

[2725] Une étude étasunienne tend à démontrer que ce biais cognitif est assez courant chez les juges, au regard d'une étude empirique exercée sur un panel de 167 juges fédéraux : *Id.*, p. 16 et 47-49.

caractérisation des critères d'ouverture du délit, une plus grande sévérité dans la recevabilité processuelle de l'action est constatée.

Cette forme de contrôle de la gestion est doublée d'une autre forme de vérification, propre à la situation de procédure collective prononcée suite à la caractérisation de la cessation des paiements.

807. La banqueroute et ses délits associés : une pénalisation de la gestion fautive. Une fois le jugement d'ouverture de la procédure de redressement ou de liquidation judiciaires prononcé, le Code de commerce prévoit plusieurs cas d'ouverture permettant de rechercher la responsabilité pénale du dirigeant de droit ou de fait[2726]. Parmi les cinq cas d'ouverture prévus par l'article L. 654-2 du Code de commerce[2727], certains visent explicitement les décisions reliées aux pouvoirs de gestion des dirigeants. Aussi est-ce le cas des trois premiers cas de l'article L. 654-2 du Code de commerce[2728], permettant de fait un contrôle étendu de la gestion.

808. Les faits constitutifs de la banqueroute : source de contrôle étendu de la gestion. La question principale est celle du moment auquel les faits constitutifs de l'infraction doivent être caractérisés. La banqueroute ne peut être constituée qu'à la condition du prononcé d'un jugement d'ouverture. Dès lors, peut-elle être prononcée à propos d'agissements s'étant déroulés avant la caractérisation de la cessation des paiements ?

Il ressort toutefois du texte même de l'article L. 654-2 1° du Code de commerce que les agissements antérieurs à la cessation des paiements sont appréhendés et sanctionnés par le juge répressif. En effet, un des cas d'ouverture est d'avoir employé des moyens ruineux pour se procurer des fonds, « dans l'intention d'éviter ou de retarder l'ouverture de la procédure » de redressement ou de liquidation judiciaires. Dès lors que ces comportements ont pour but d'éviter l'ouverture de la procédure, il est logique de conclure que ces agissements peuvent être sanctionnés même s'ils sont antérieurs à la cessation des paiements. Les juges répressifs peuvent alors, afin de sanctionner les dirigeants sur le fondement du délit de banqueroute, effectuer

---

[2726] Un auteur considère qu'il ne s'agit pas de plusieurs cas d'ouverture pour un même délit, mais plutôt de plusieurs délits traités ensemble en raison de « l'intérêt protégé (...) [résidant] dans la conservation des droits des tiers sur le patrimoine du débiteur » : Jacques-Henri ROBERT, « La banqueroute et ses infractions satellites de 1807 à 2005 », dans *Livre du bicentenaire du Code de commerce*, Paris, Dalloz, 2007, spéc. p. 262.

[2727] Ces cas n'ont pas été modifiés par les dernières réformes du droit des procédures collectives. Voir : Corinne MASCALA, « Droit pénal des affaires, Avril 2008 – mai 2009 », *D.* 2009, p. 1723.

[2728] Cet article dispose : « En cas d'ouverture d'une procédure de redressement judiciaire ou de liquidation judiciaire, sont coupables » de banqueroute les personnes mentionnées à l'article L. 654-1 contre lesquelles a été relevé l'un des faits suivants : 1°) Avoir, dans l'intention d'éviter ou de retarder l'ouverture de la procédure de redressement judiciaire ou de liquidation judiciaire, soit fait des achats en vue d'une revente au-dessous du cours, soit employé des moyens ruineux pour se procurer des fonds ; 2°) Avoir détourné ou dissimulé tout ou partie de l'actif du débiteur ; 3°) Avoir frauduleusement augmenté le passif du débiteur.

un contrôle minutieux de la gestion sociale pour faire apparaître des comportements incriminés à l'article L. 654-2 du Code de commerce et même avant la cessation des paiements.

Le contrôle effectué par les juridictions répressives est un contrôle précis de la gestion des dirigeants sociaux, portant sur la matérialité des opérations prises isolément, comme sur l'intention qui anime leur action. En effet, la banqueroute étant une infraction intentionnelle, il est nécessaire de caractériser une action positive du dirigeant. Mieux encore, le législateur s'est montré plus exigeant pour un cas d'ouverture spécifique, car il est nécessaire de prouver le mobile du dirigeant ayant employé des moyens ruineux[2729]. Dans ce cas précis, les juges n'auront pas à démontrer le seul fait d'avoir participé à la ruine de la société en se procurant coûteusement des fonds, mais surtout que cela a été fait dans le but d'éviter ou de retarder la cessation des paiements. Le prononcé de la sanction répressive est alors rendu plus délicat, car le contrôle de la gestion devant y mener est légalement difficile à accomplir.

809. Les autres infractions pénales, un contrôle des décisions de gestion moins étendu. Outre le délit de banqueroute, le Code de commerce prévoit d'autres sanctions pénales pour les personnes visées à l'article L. 654-1 du Code de commerce. Ces incriminations viennent sanctionner des actes de gestion effectués par les dirigeants en méconnaissance des règles de discipline collective des créanciers. Sont concernés par l'article L. 654-8 du Code de commerce les actes commis en violation des dispositions du plan, le paiement irrégulier des créances et la vente d'un bien inaliénable[2730], qualifiés d'infractions « connexes au délit de banqueroute »[2731]. Dès lors que la discipline collective des créanciers est méconnue ou que l'objectif de

---

[2729] Le mobile est, en principe, indifférent en droit pénal car seule est prise en compte l'intention du délinquant, c'est-à-dire la volonté consciente d'accomplir un acte illicite. Le mobile, soit la motivation personnelle de l'auteur de l'acte, est toutefois un élément constitutif de l'infraction dans certains cas, notamment la diffamation de certains groupes sociaux dans le but d'exciter la haine entre les citoyens (article 32 de la loi du 29 juillet 1881) ou la provocation à l'abandon d'un enfant né ou à naître dans un esprit de lucre (article 227-12 du Code pénal). Voir : B. BOULOC, *op. cit.* note 2612, p. 246-248.

[2730] Selon l'article L. 654-8 du Code de commerce : « Est passible d'un emprisonnement de deux ans et d'une amende de 30 000 euros le fait :
1° Pour toute personne mentionnée à l'article L. 654-1, de passer un acte ou d'effectuer un paiement en violation des dispositions de l'article L. 622-7 ;
2° Pour toute personne mentionnée à l'article L. 654-1, d'effectuer un paiement en violation des modalités de règlement du passif prévues au plan de sauvegarde ou au plan de redressement ou de faire un acte de disposition sans l'autorisation prévue par l'article L. 626-14 ;
3° Pour toute personne, pendant la période d'observation ou celle d'exécution du plan de sauvegarde ou du plan de redressement, en connaissance de la situation du débiteur, de passer avec lui l'un des actes mentionnés aux 1° et 2° ou d'en recevoir un paiement irrégulier ;
4° Pour toute personne de procéder à la cession d'un bien rendu inaliénable en application de l'article L. 642-10 ».

[2731] Marie-Christine SORDINO, « Les sanctions pénales du droit des entreprises en difficulté après l'ordonnance n° 2008-1345 du 18 décembre 2008 », *Gazette du palais* 14 mai 2009, p. 5.

redressement de l'activité économique est volontairement mis à mal, les juges répressifs disposent de la possibilité de sanctionner le ou les dirigeants dont émane la décision violant l'article L. 654-8 du Code de commerce.

Pour ce faire, ils doivent se livrer à une étude attentive des différentes décisions de gestion passées après l'ouverture de la procédure collective. Contrairement au délit de banqueroute qui peut concerner des faits antérieurs au jugement d'ouverture, les délits mentionnés à l'article L. 654-8 du Code de commerce supposent le prononcé d'un jugement d'ouverture et la caractérisation d'agissements déterminés par le texte du Code de commerce. Le contrôle des décisions de gestion dans cette hypothèse est moins étendu, car il ne sera question que d'identifier des actes précis. L'office des juges répressifs saisis sur le fondement de l'article L. 654-8 du Code de commerce est donc moins important que dans le cadre de la banqueroute.

810. Les délits de droit pénal des sociétés offrent donc au juge une grande faculté de contrôler la gestion sociale, tant dans son aspect de gouvernance politique interne que dans sa dimension financière. En dépit de comportements spéciaux à rechercher, les possibilités de vérifier la conduite de la gestion sociale sont nombreuses et potentiellement étendues, notamment dans le cadre de l'incrimination de l'abus des biens sociaux. Pourtant, le nombre de condamnations de dirigeants gestionnaires est assez faible. Les possibilités légales sont alors circonscrites par une volonté prétorienne de réduire les condamnations.

II) Un contrôle de la gestion jurisprudentiellement limité

811. La faible action jurisprudentielle, produit d'incertitudes et d'un impératif. Les textes du Code de commerce offrent la possibilité aux juridictions répressives de se saisir de la gestion sociale afin de vérifier sa conduite, mais le constat empirique démontre que les juridictions prononcent assez peu de condamnations à l'égard des dirigeants gestionnaires[2732]. Dès lors, il convient de trouver d'autres justifications que celles apportées par les mécanismes de la procédure pénale. Ces justifications peuvent se retrouver dans le raisonnement des juges, particulièrement peu enclins à contrôler la gestion sociale, surtout dans ses aspects internes, mais aussi dans une application extensive du principe de non-immixtion dans la gestion sociale.

812. La compétence à être juge de la gestion interne de la société. Les juridictions répressives, parce qu'elles sont composées de magistrats de formation[2733] et non de juges élus par les commerçants[2734], pouvant être peu familières avec des règles de fonctionnement des sociétés cotées. Un embarras

---

[2732] Voir note 2551.

[2733] Articles 398 du Code de procédure pénale et L. 121-1 du Code de l'organisation judiciaire.

[2734] Articles L. 721-1 et L. 723-4 du Code de commerce.

peut s'emparer des juges lorsqu'ils sont saisis de délits incriminant la conduite de la gestion sociale, trouvant sa justification dans plusieurs éléments.

Tout d'abord, les juges n'ont pas reçu de formation spécifique ni en économie, ni en gestion, et peuvent de ce fait se retrouver démunis lorsqu'il est question d'un délit de droit pénal des sociétés. En effet, certains délits nécessitent un contrôle précis de la gestion et partant des compétences en matière économique, ce que n'ont pas certains juges pouvant être nommés au sein des juridictions répressives. Cela peut engendrer des dysfonctionnements à la fois lors la phase d'information et lors du jugement[2735]. C'est alors que deux lois de 1975[2736] et de 2004[2737] ont entraîné une spécialisation des tribunaux correctionnels lorsqu'ils ont à connaître d'infractions en matière économique et financière[2738]. Ces juridictions spécialisées – et non pas spéciales ni d'exception[2739] – représentent à vrai dire des pôles au sein desquels sont jugées des affaires d'une grande[2740] ou d'une très grande complexité[2741]. La compétence d'attribution des pôles tenant à un simple adverbe, il est possible que des risques de difficulté de répartition apparaissent en pratique[2742].

La spécialisation de ces juridictions devrait entraîner en principe une plus grande spécialisation des magistrats y étant nommés, mais les textes relatifs à leur organisation sont muets sur ce point[2743], signifiant que ces pôles spécialisés pourraient être composés de non spécialistes. Il convient toutefois de se référer aux circulaires de la direction des affaires criminelles, indiquant que les nominations de magistrats doivent prendre en compte un impératif de pertinence pour « répondre aux sujétions imposées par la juridiction inter-

2735 Jean ROBERT, « Les lois du 11 juillet et du 6 août 1975 en matière pénale », *JCP* 1975, I, 2729, spéc. § 82-84.

2736 Loi n° 75-701 du 6 août 1975 modifiant et complétant certaines dispositions de procédure pénale, *JORF* du 7 août 1975, p. 8035.

2737 Loi n° 2004-204 du 9 mars 2004 portant adaptation de la justice aux évolutions de la criminalité, *JORF* du 10 mars 2004, p. 4567.

2738 Articles 704 et suivants du Code de procédure pénale.

2739 Pierre COUVRAT, « Les méandres de la procédure pénale (Commentaire de la loi n° 75-701 du 6 août 1975), *D.* 1976, spéc. p. 48.

2740 Selon l'article D. 47-2 du Code de procédure pénale, il existe 36 pôles spécialisés devant traiter des infractions d'une grande difficulté en matière économique et financière, soit un pôle par ressort de Cour d'appel. Les tribunaux supérieurs d'appel de Saint-Pierre-et-Miquelon et de Mamoudzou ne sont pas concernés par cette mesure.

2741 Afin de traiter de ces délits l'article D. 47-3 du Code de procédure pénale, la loi du 9 mars 2004, précitée note 2737, a créé huit pôles dénommés juridictions interrégionales spécialisées (Bordeaux, Lille, Lyon, Marseille, Nancy, Paris, Rennes et Fort-de-France).

2742 Voir en cela : Anne-Sophie CHAVENT-LECLERE, « Les juridictions interrégionales spécialisées : des compétences originales », *AJ Pénal* 2010, p. 106, spéc. p. 110.

2743 *Id*, p. 106.

régionale spécialisée »[2744]. Pour ce faire, il convient de nommer « les magistrats les plus aptes, de par leur cursus et leur formation »[2745]. Les infractions économiques et financières sont donc de plus en plus jugées par des magistrats spécialistes, ayant de plus grandes compétences en la matière, *a fortiori* grâce aux stages de formation continue organisés par l'École Nationale de la Magistrature[2746].

Cette formation peut toutefois ne pas s'avérer suffisante afin de mettre à jour les rouages d'infractions de droit pénal des sociétés pouvant être d'une très grande sophistication, dont la découverte est délicate à l'issue d'un contrôle de la gestion sociale. Il est alors prévu que les magistrats disposent de la possibilité de nommer un ou plusieurs assistants spécialisés, justifiant d'un diplôme national « sanctionnant une formation d'une durée au moins égale à quatre années d'études supérieures » ainsi que d'une « expérience professionnelle minimale de quatre années » dans des domaines tels que la comptabilité, la gestion des entreprises, le droit des affaires ou le droit boursier[2747]. Cette assistance est toutefois assez faible, notamment pour des motifs statutaires et budgétaires[2748]. En dépit des efforts accomplis par les différents législateurs ayant pour objectif de réduire les faiblesses des magistrats devant traiter des infractions liées au contrôle de la gestion, ceux-ci se heurtent parfois à des problèmes de compétence pouvant justifier leur volonté de ne pas contrôler la gestion sociale. Un autre facteur peut aussi expliquer cette volonté, lorsqu'elle est expressément énoncée par les juges.

813. La volonté exprimée de ne pas contrôler la gestion interne. Le droit pénal des sociétés a été marqué par un litige relatif à l'établissement de la rémunération d'un dirigeant social condamné pour abus de pouvoirs[2749]. Si le dirigeant a été condamné en appel et a vu sa condamnation confirmée par la chambre criminelle, il est à noter que le tribunal correctionnel de Nanterre avait prononcé la relaxe[2750]. En effet, le Président du Tribunal avait affirmé à l'issue du jugement que les juridictions répressives n'avaient pas vocation à

2744 DIRECTION DES AFFAIRES CRIMINELLES ET DES GRÂCES, « Circulaire relative aux dispositions économiques et financières de la loi n° 2004-204 du 9 mars 2004 portant adaptation de la justice aux évolutions de la criminalité », CRIM 2004-11 G3/02-09-2004, *Bulletin officiel du ministère de la justice* n° 95, spéc. § 1.2.6.

2745 DIRECTION DES AFFAIRES CRIMINELLES ET DES GRÂCES, « Présentation des dispositions relatives à la criminalité organisée de la loi n° 2004-204 portant adaptation de la justice aux évolutions de la criminalité », CRIM 2004-13 G1/02-09-2004, *Bulletin officiel du ministère de la justice* n° 95. Il est à noter que cette circulaire ne concerne que la composition des juridictions interrégionales spécialisées devant traiter de la criminalité organisée, mais doit être, sur ce point précis, étendue aux juridictions interrégionales spécialisées traitant des infractions en matière économique et financière.

2746 A.-S. CHAVENT-LECLERE, *op. cit.* note 2742, p. 107.

2747 Article D. 47-4 du Code de procédure pénale.

2748 A.-S. CHAVENT-LECLERE, *op. cit.* note 2742, p. 107.

2749 Voir *supra* § 203.

2750 T. Corr. Nanterre, 15ème chambre, 26 mars 2010.

être « juge de la gouvernance des entreprises »[2751]. La formulation, surprenante au premier abord, appelle quelques commentaires.

Affirmer que le juge répressif ne doit pas être le juge de la gouvernance des entreprises est excessif. En effet, de nombreux délits concernent la gouvernance des entreprises, notamment les délits incriminant l'entrave au droit de vote ou la communication d'informations trompeuses. Dès qu'il est saisi de ces délits, le juge répressif devient, par la force des choses, juge de la gouvernance des entreprises, et partant de la conduite de la gestion interne. Il convient donc de déterminer quel est l'office du juge, en se demandant dans quelle mesure il peut être juge de la gouvernance des sociétés.

Deux possibilités sont envisageables selon la conception retenue de la notion de « juge ». Soit cette notion appelle uniquement une dimension sanctionnatrice et les juridictions répressives ne disposent de la seule possibilité de sanctionner la mauvaise gouvernance ; soit le juge est celui qui évalue, positivement ou négativement, ce qui signifie qu'il dispose d'une plus grande marge d'appréciation, étant juge de la bonne comme de la mauvaise gouvernance.

Le choix à opérer entre ces deux options doit être tranché au regard des principes généraux du droit pénal. Un des principes fondamentaux du droit pénal est le respect de la présomption d'innocence, c'est-à-dire qu'il est nécessaire, pour condamner un prévenu, de caractériser avec conviction sa culpabilité. De la même façon que le juge des référés est le juge de l'évidence[2752], le juge répressif doit demeurer le juge de la conviction, sauf à ne plus respecter la présomption d'innocence. Appliqué au contrôle de la gestion des sociétés et à leur gouvernance, cela signifie que les juges répressifs doivent être convaincus que le comportement qui est soumis à leur analyse est fautif. La première acception de l'office du juge est alors la seule envisageable, il ne peut qu'être juge de la mauvaise gouvernance de la société, car seule cette dernière peut apparaître avec certitude aux juges en considération de référentiels législatifs.

Aussi serait-il possible d'insister sur le rôle que devraient jouer les juridictions répressives lorsqu'elles doivent statuer sur des délits relatifs à la conduite de la gestion sociale. Non seulement peuvent-elles contrôler la conduite de la gestion sociale alors qu'elles ont à connaître des infractions relatives à la gouvernance de la société, mais elles doivent le faire en se montrant attentives à la caractérisation des éléments matériels de ces délits

---

[2751] Emmanuel DAOUD, Camille FRANCESCHI, « Droit pénal et (bonne) gouvernance », *AJ Pénal* 2011, p. 512 ; Bernard BOULOC, « Un exemple d'abus de pouvoir du président quant à la fixation de sa rémunération », *AJ Pénal* 2012, p. 540 ; François-Guy TREBULLE, « Entreprise et développement durable », *Droit des sociétés* 2011, chron. 1, § 28 ; H. LETRÉGUILLY, J. MADDEN, *op. cit.* note 1389, § 54.

[2752] Voir l'expression dans : Alain LACABARATS, « Compétence des juges des référés », dans Serge GUINCHARD (dir.), *Droit et pratique de la procédure civile*, Paris, Dalloz, 2012, § 125.06

lorsque cela est possible. Dès lors, le contrôle répressif de la gestion sociale pourrait plus souvent aboutir à des condamnations. Il convient toutefois de se demander si ces justifications, toutes liées à l'office du juge, ne tiennent pas au principe de non-immixtion du juge dans la gestion sociale.

814. Le principe de non-immixtion dans la gestion sociale mal appréhendé ? Lorsque le Président du Tribunal correctionnel de Nanterre déclare ne pas vouloir être le juge de la gouvernance de l'entreprise, ne faudrait-il pas plutôt percevoir une volonté de sa part de ne pas s'immiscer dans la gestion de la société ? Il est possible de considérer, au travers de cette phrase, que le magistrat n'a pas désiré se mêler de la gestion afin de respecter le principe constitutionnel de la liberté d'entreprendre. Cette analyse doit toutefois appeler à une définition du principe de non-immixtion.

L'immixtion[2753] s'entend d'une « intervention sans titre dans les affaires d'autrui »[2754]. Lorsque le juge répressif est saisi d'un litige lié à la gestion sociale, il n'intervient pas dans la conduite de la gestion sociale, car il ne prend en aucun cas part à la gestion sociale[2755]. Loin d'être actif dans la conduite de la gestion sociale, le juge répressif intervient au contraire *a posteriori* et passivement, afin d'évaluer s'il existe un cas possible de condamnation ou non. Dès lors, le principe de non-immixtion ne devrait pas représenter un frein au contrôle répressif de la gestion sociale, car le rôle accompli par les juridictions répressives n'est en rien comparable avec celui des juridictions civiles lorsqu'elles ont pu émettre, par exemple, des décisions valant résolutions[2756].

Aussi les juridictions répressives ne doivent-elles pas craindre d'exercer leurs prérogatives de contrôle de la gestion sociale. En effet, contrôler la gestion sociale est incompatible avec toute idée d'immixtion[2757], tout au plus ce fait marque-t-il l'appréhension *ex post* de la gestion sociale par les juridictions répressives. Le principe de non-immixtion ne doit donc pas représenter un frein au contrôle répressif de la gestion sociale, en dépit de l'appréhension des juridictions.

[2753] Voir *supra* § 459.

[2754] *Dictionnaire de l'Académie Française*, définition d' « immixtion », précité note 72.

[2755] *Dictionnaire de l'Académie Française*, définition d'« intervenir », précité note 72.

[2756] Sur l'état de la jurisprudence relative à l'abus de minorité, voir *supra* § 579. Voir aussi, sur l'adoption de décisions valant vote : Cass. com. 14 janvier 1992, *Bulletin Joly sociétés* 1992, p. 273, note Paul LE CANNU ; *Revue des sociétés* 1992, p. 44, note Philippe MERLE ; *JCP E* 1992, II, 301, note Alain VIANDIER ; *Droit des sociétés* 1992, n° 55, obs. Hervé LE NABASQUE ; *D.* 1992, p. 337, note Jean-Claude BOUSQUET ; *JCP N* 1992, II, 193, note Thierry BONNEAU ; *RTD Com.* 1992, p. 636, obs. Yves REINHARD ; *Les petites affiches* 1992, n° 80, note Deen GIBIRILA.

[2757] Voir en ce sens l'article 28 alinéa 2 de la loi du 6 mai 1863, qui affirme expressément que les actes de contrôles sont exclusifs de la notion d'immixtion. Voir : E. E. THALLER par J. PERCEROU, *op. cit.* note 1512, p. 278 ; René DEMOGUE, « Du droit de contrôle du commanditaire », *Annales de droit commercial* 1901, p. 123.

815. Conclusion de la section 2. Les juridictions répressives sanctionnent assez peu les dirigeants gestionnaires qui leur sont présentés. Ce n'est pas en raison d'une particulière mansuétude à leur égard, mais plutôt en raison de diverses justifications, tenant à la fois à la progressive disparition des délits de droit pénal des sociétés et à la difficulté de constater les agissements pénalement répréhensibles. S'il existe un effort de réorganisation juridictionnelle notable quant à la spécialisation des juges afin de mieux les former aux délits à connotation financière, il doit être rappelé que les pôles interrégionaux spécialisés dans la délinquance commerciale et financière ont majoritairement à connaître de délits n'ayant pas de lien direct avec le droit pénal des sociétés[2758]. Lorsque les juridictions répressives ont par ailleurs à connaître d'agissements pouvant être répréhensibles sur le fondement du droit pénal des sociétés, il est à noter qu'elles adoptent la plus grande prudence réduisant de fait le contrôle de la gestion sociale en dépit des possibilités offertes par les textes du Code de commerce. Il est alors nécessaire de poursuivre l'œuvre de dépénalisation du droit pénal des sociétés afin de réduire les cas de condamnation des dirigeants, puis de mieux encadrer l'activité des juges pour qu'ils puissent mieux contrôler la gestion sociale.

816. Conclusion du chapitre 2. La sanction juridictionnelle intervenant en raison d'un grave dysfonctionnement de la gestion sociale peut alors survenir autant par le biais d'une procédure collective que d'une action en responsabilité pénale à l'encontre du dirigeant à l'origine de la mauvaise gestion.

Dans le cadre de l'ouverture d'une procédure collective, et plus précisément d'un redressement ou d'une liquidation judiciaires, il est question de sanctionner autant la société débitrice que le dirigeant gestionnaire. La société est sanctionnée pour ne pas avoir pu réagir face à la gestion du dirigeant, qui est, quant à lui, réprimé pour ne pas avoir su mener une politique de gestion plus efficace. L'ouverture d'une procédure collective peut s'accompagner, pour le dirigeant, de sanctions pécuniaires, qui sont à la vérité plus des mesures de réparations que de réelles sanctions. Celles-ci peuvent par ailleurs s'accompagner, tant pour les dirigeants que pour la société, d'une mise à l'écart, qui se manifeste par la radiation de la cote de la société placée en redressement ou en liquidation judiciaires ainsi que par le prononcé, sous conditions, d'une mesure d'interdiction de gérer à l'égard du dirigeant.

Les mesures pénales, ou relevant de la matière pénale lorsqu'il est question d'un abus de marché, viennent quant à elles sanctionner plus sévèrement les

---

[2758] Les juridictions interrégionales spécialisées ont à connaître, dans 67 pour cent des cas, d'infractions d'escroqueries, de trafic de cigarettes et de blanchiment. L'abus des biens sociaux ne représentait que huit pour cent des procédures au 31 décembre 2009 : Maryvonne CAILLIBOTTE, « Bilan des juridictions interrégionales spécialisées », *AJ Pénal* 2010, p. 110, spéc. graphique 2.2.

errances du dirigeant commis lors de sa conduite de la gestion sociale. Les conditions de caractérisation des délits pénaux sanctionnant notamment l'appropriation sont difficiles à remplir et strictement appliquées par les juridictions. Il ressort donc de ce constat que les suites pénales du contrôle de la gestion supposent, pour aboutir à des sanctions, des comportements grossiers du dirigeant en charge de la gestion sociale, ce qui permet de conclure à sa faible efficacité. Cette conclusion ne doit cependant pas être regrettée, les juridictions répressives ne devant pas sanctionner la faute simple commise dans la gestion, mais plutôt la faute lourde, voire inexcusable. Les sanctions pénales relatives à la mauvaise gestion devraient, en effet, demeurer aussi exceptionnelles que les comportements sanctionnés. On doit donc approuver l'œuvre du législateur qui suit un double mouvement de dépénalisation, mais aussi de spécialisation des juridictions, visant à mieux appréhender les fautes pénales commises dans la conduite de la gestion sociale.

817. Conclusion du Titre 2. L'aboutissement juridictionnel du contrôle de la gestion est donc faiblement développé. Si l'on peut constater que le contrôle de la gestion peut motiver de nombreuses demandes en justice, il apparaît que les suites juridictionnelles du contrôle de la gestion sont rarement efficientes, affaiblissant *de facto* la portée du contrôle juridictionnel de la gestion. Loin d'être regrettable, ce constat peut être justifié : le contrôle juridictionnel suppose l'implication du juge, intervenant externe par nature rétif à s'immiscer dans la conduite des affaires sociales. On comprend mieux alors les conditions procédurales que doivent respecter ces actions en justice, particulièrement restrictives et grâce auxquelles les juridictions peuvent ne pas effectuer un contrôle au fond de la gestion sociale.

Toutefois, lorsque ces obstacles procéduraux sont surmontés, le contrôle juridictionnel de la gestion est lié à l'objet de la demande. Il convient dans ce cas de différencier lorsque l'action est intentée en matière civile ou en matière répressive. L'action est plus aisément acceptée, et le contrôle plus courant, quand l'action vise la réparation d'une situation atteignant les intérêts propres de la société. Il est alors possible soit de mettre en place des intermédiaires ayant pour mission de désamorcer un litige né à l'occasion du contrôle de la gestion, soit d'octroyer des dommages-intérêts s'il apparaît que la gestion sociale est fautive. À l'inverse, si les intérêts lésés par la gestion de la société sont distincts de ceux de la société, le contrôle de la gestion sociale aboutira plus difficilement à une sanction civile, en ce qu'il sera nécessaire de prouver une faute séparable des fonctions, devant apparaître comme grossière au juge.

Lorsque l'action ne vise pas la réparation ou la cessation d'une situation causée par une mauvaise gestion, mais plutôt la sanction de celui qui en est responsable, il doit être remarqué que les condamnations sont elles aussi peu développées. Une nouvelle fois, ce constat ne doit pas être regretté et il convient de se féliciter des limitations apportées aux contrôles juridictionnels de la gestion sociale.

Ainsi, en considérant autant les conséquences juridictionnelles civiles que pénales, le contrôle juridictionnel de la gestion sociale suppose un comportement grave, voire aberrant de la part du dirigeant gestionnaire pour aboutir à une intervention favorable au demandeur. Cette exigence peut alors être considérée comme une mesure de déférence judiciaire, la gestion sociale bénéficiant de certaines tolérances, ce qui peut être rapproché de la règle de la *business judgement rule*[2759] propre au droit étasunien.

818. Conclusion de la partie seconde. Le contrôle *a posteriori* de la gestion est donc, comme cela était pressenti, le contrôle le plus développé dans la pratique des sociétés et le plus régulé par les normes légales et sectorielles. Afin qu'il soit exercé par les personnes qui en ont la charge, c'est-à-dire principalement les actionnaires, le contrôle *a posteriori* suppose la production d'informations concernant les affaires sociales. L'émetteur, par le biais de ses organes internes, est tenu à la production de diverses informations sur la gestion sociale, autant financières que sociales ou environnementales. Ces informations sont complétées par d'autres, fournies par des professionnels du chiffre qui interviennent auprès de la société cotée et qui concernent plus précisément certains aspects financiers, tels que la solvabilité de la société. Cette information est le préalable indispensable au bon déroulé du contrôle de la gestion sociale, car de celles-ci va dépendre la portée des opérations de surveillance des affaires sociales par les actionnaires.

Evoquer une visée unique du contrôle *a posteriori* de la gestion sociale par les actionnaires est toutefois un raccourci, l'actionnariat étant en profonde mutation. Il est donc impossible d'en généraliser ses attentes. Tout au plus est-il possible de distinguer entre deux grands ensembles d'actionnaires : ceux qui veillent à la défense de leur propre intérêt – et qui exercent le droit de regard le plus traditionnel sur la gestion sociale – et ceux qui peuvent défendre des intérêts qui dépassent le leur propre, vérifiant les affaires sociales pour veiller à la préservation d'un objectif dépassant en partie leurs attentes personnelles. Cette division sommaire de l'actionnariat, qui ne peut plus se recouper avec l'opposition entre actionnaires personnes physiques et actionnaires personnes morales, influe sur les modalités mêmes du contrôle que les actionnaires peuvent exercer, les seconds pouvant mettre en œuvre un contrôle plus efficace que les premiers. En effet, à titre d'exemple les actionnaires défendant des intérêts collectifs pourraient plus facilement collecter des procurations et donc augmenter leur poids décisionnel, pouvant faire planer des menaces, notamment de révocation, sur les dirigeants dont l'action serait considérée insatisfaisante.

[2759] Voir *supra* note 2296.

En raison de son caractère *a posteriori*, cette forme de contrôle de la gestion sociale se matérialise le plus souvent par une action en justice. Les décisions ayant été votées et mises en œuvre, il est alors trop tard pour rétablir une situation qui serait obérée. L'action en justice est alors employée pour venir conforter le contrôle opéré par le demandeur et potentiellement sanctionner les personnes à l'origine de la situation litigieuse. Toutefois, le pouvoir sanctionnateur ne devant concerner que la gestion la moins opportune, le contrôle de la gestion opéré par les juridictions est lourdement encadré et fait l'objet de conditions restrictives. Une fois celles-ci respectées, la faute de gestion apparue suite à une revue de la gestion peut justifier le prononcé de dommages-intérêts ou même de sanctions pénales à l'encontre de la société ou de ses dirigeants. Dans ce dernier cas, le demandeur et la société n'auront pour seule satisfaction que la répression du dirigeant, le dommage n'étant quant à lui pas réparé. Le contrôle de la gestion aboutit alors rarement devant les juridictions, et connaît encore plus rarement une issue satisfaisante pour les demandeurs.

En d'autres termes, le droit de regard porté *a posteriori* sur la gestion sociale, bien que fréquemment exercé au sein de la société, ne connaît que de très faibles issues favorables aux actionnaires. Plutôt que d'accueillir plus favorablement des actions judiciaires, il conviendrait de favoriser les actions internes à la société, notamment en réformant le régime des révocations, permettant de concrétiser plus facilement la surveillance de l'activité des organes sociaux.

CONCLUSION GENERALE

819. Les dirigeants gestionnaires ne disposent pas d'une entière latitude dans l'exercice de leur pouvoir sur la conduite des affaires sociales. De nombreux acteurs interviennent en effet auprès d'eux afin de contrôler la gestion, tant lors du processus décisionnel, qu'une fois que la gestion sociale a produit ses effets. Le contrôle de la gestion est alors autant exercé de manière préventive qu'*a posteriori*.

Le contrôle *a priori* connaît, particulièrement dans les sociétés cotées, deux phases profondément différentes. La première concerne la mise en place des organes de gestion et comprend le recrutement des dirigeants comme la fixation de leur rémunération. Les dirigeants et les administrateurs étant en charge de la gestion sociale et de son contrôle, leur nomination est une décision qui influe nécessairement sur l'avenir des activités de la société. De leur personnalité et de leurs compétences dépendront la direction, les choix de gestion opérés, ainsi que les diverses diligences liées au contrôle de la gestion. La décision de recrutement des dirigeants et des administrateurs revient uniquement à l'organe légalement compétent, mais fait l'objet d'interventions de divers acteurs tant internes qu'externes à la société, afin d'effectuer des vérifications et s'assurer que les candidats disposent effectivement des qualités nécessaires à la bonne conduire de leur mission. Une fois le dirigeant nommé, son régime de rémunération est déterminé, et cette décision est essentielle non plus à l'orientation de la gestion sociale, mais à la motivation du dirigeant à mener à bien les missions pour lesquelles il a été nommé. Dès lors, les opérations qui mènent à la détermination des rémunérations font l'objet d'un droit de regard particulier. Le contrôle de cette première étape n'est en rien comparable à la surveillance à laquelle est soumis le versement des sommes, pouvant faire l'objet de véritables contestations de la part des actionnaires comme des tiers à la société.

Une fois les dirigeants nommés et rémunérés, ceux-ci peuvent désormais accomplir leur tâche et accomplir des actes de gestion, qui font l'objet d'un contrôle préventif afin de préserver l'intérêt social ou d'autres intérêts, que l'on peut considérer comme étant particuliers. Ces derniers, regroupant les intérêts des salariés, des créanciers ou encore ceux des marchés financiers et concurrentiels, sont protégés en ce que les personnes chargées de leur préservation bénéficient d'un pouvoir d'autorisation préalable de certaines décisions. Ce contrôle préalable externe est donc contraignant pour la conduite des affaires sociales car il peut, en cas de refus d'approbation du contrôleur, aboutir à l'abandon de la décision envisagée. Le contrôle *a priori* des décisions de gestion dans le but de préserver l'intérêt social incombe, quant à lui, aux organes collectifs que sont le conseil d'administration ou le conseil de surveillance. Cette vérification de décisions, avant même qu'elles n'aient été mises en œuvre, est moins sujette à systématisation car les régimes applicables à ces autorisations sont différents. Tantôt légales, tantôt statutaires, les approbations préalables du conseil d'administration ou de surveillance ne sont comparables ni dans leurs sanctions, ni dans leurs procédures. Ces divers mécanismes d'autorisation pâtissent toutefois de quelques inadaptations, notamment dans le cadre du groupe de sociétés cotées. Le contrôle préventif de la gestion représente alors une limitation aux pouvoirs légaux des dirigeants gestionnaires, mais doit être strictement circonscrit à certaines décisions.

820. Au-delà de ce premier contrôle de la gestion sociale, qui porte sur des décisions de gestion individualisées, la forme classique de vérification de la conduite des affaires sociales consiste en un droit de regard rétrospectif sur la gestion sociale, c'est-à-dire sur la globalité des opérations réalisées au cours d'une période déterminée. Cette modalité de contrôle, principalement interne, suppose la diffusion d'informations de la part des dirigeants chargés de la gestion, mais aussi d'organes devant contrôler *a priori* la gestion sociale. D'autres acteurs sont aussi en charge de diffuser des informations relatives à la gestion, tels les commissaires aux comptes ou les analystes financiers. Leur travail ne reflète cependant qu'une partie de la gestion sociale, et constitue une source d'informations conduisant au contrôle d'un aspect spécifique de la gestion, et donc parcellaire. Le contrôle des actionnaires se fondant uniquement sur ces informations particulières ne saurait alors concerner la gestion sociale, mais seulement un de ses aspects.

821. Les actionnaires, qui peuvent être distingués selon les intérêts qu'ils poursuivent lorsqu'ils vérifient la gestion sociale, disposent de faibles pouvoirs de pression à l'encontre des dirigeants, en dépit de l'accroissement légal de leurs prérogatives de contrôle. C'est alors que la surveillance de la gestion, quel qu'en soit l'auteur, débouche sur une action en justice lorsqu'elle fait apparaître une anomalie ou une faute commise. Selon la faute ou l'acte de gestion litigieux, il sera question de préserver par le biais d'une action civile les intérêts potentiellement lésés, ou de sanctionner plus radicalement le dirigeant fautif, notamment par le biais d'actions propres aux procédures collectives ou au droit pénal des affaires. Un constat d'échec se dégage de cette dernière hypothèse, car elle vient uniquement sanctionner le dirigeant et non réparer les dommages éventuellement créés par ses actions. De ce fait, cet aboutissement du contrôle de la gestion n'est pas satisfaisant.

Il en est de même du contrôle des actionnaires de sociétés cotées – premiers acteurs devant être mentionnés lorsqu'il est question du contrôle de la gestion des sociétés – qui disposent de prérogatives leur permettant de contrôler la conduite des dirigeants. Celles-ci aboutissent rarement à des résultats tangibles, notamment parce que la situation d'atomisation capitalistique semble jouer en leur défaveur. Par ailleurs, le conseil d'administration ou de surveillance, à qui échoit aussi le contrôle de la gestion de la société, intervient quant à lui principalement *a priori*, tout comme les autres parties prenantes, pouvant contrôler certaines décisions alors qu'elles ne sont qu'au stade du projet. En multipliant toutefois ces droits de regard *ex ante*, la décision de gestion a l'avantage de représenter une position de consensus, mais l'inconvénient d'intervenir au terme d'un processus plus long.

La qualité du contrôle de la gestion de la société cotée pourrait-elle alors dépendre de la forme sociale, notamment lorsqu'il est question d'une société anonyme ? A première vue, les sociétés anonymes comprenant un conseil de surveillance devraient être privilégiées par les sociétés qui entendraient favoriser le contrôle de la gestion sociale. En effet, parce qu'elles sont composées d'un organe étant légalement créé pour surveiller la conduite de la gestion sociale, ce type de société devrait être le choix désigné pour favoriser le meilleur contrôle de la gestion sociale. Toutefois, parce que le contrôle de la gestion sociale qui est privilégié par les acteurs sociaux est le contrôle *ex ante*, en ce qu'il aboutit à une inflexion du projet de décision, il s'avère que les sociétés anonymes comportant un conseil de surveillance ne sont plus totalement adaptées. Hors du cas du *katalog*, qui implique de dresser précisément une liste d'actes devant être soumis à l'approbation préalable du conseil de surveillance, le conseil de surveillance n'a qu'un faible pouvoir d'intervention *a priori*, ce qui limite son contrôle de la gestion sociale *ex ante*.

Ce n'est pas le cas de la société anonyme à conseil d'administration, qui bénéficie d'un pouvoir d'intervention *a priori* bien plus important. En effet, par son pouvoir général d'orientation et surtout par la possibilité de se saisir de toute question « intéressant la bonne marche » de société, le conseil d'administration dispose de plus de latitudes pour se saisir *ex ante* de questions relatives à la gestion sociale. Ainsi, et contrairement à ce qui pouvait transparaître au premier regard, les sociétés monistes sembleraient les plus indiquées pour favoriser un contrôle de la gestion sociale plus efficient dans les sociétés cotées. Toutefois, cette affirmation ne peut être acceptable qu'à la condition que la direction générale de la société ne soit pas exercée par le président du conseil d'administration, c'est-à-dire que les fonctions soient dissociées au sein de la société anonyme, ce qui n'est pas le cas de la majorité des sociétés anonymes. Le contrôle de la gestion n'est toutefois pas l'œuvre des seuls acteurs internes de la société, car les sociétés cotées ne peuvent être considérées comme agissant hors de leur environnement économique.

822. La gestion sociale a donc une tendance croissante à ne plus prendre en considération les seuls actionnaires. En d'autres termes, la conduite de la société n'est plus uniquement tournée vers la seule satisfaction des intérêts des actionnaires, économiquement propriétaires de la société, mais considère aussi le respect de l'intérêt d'autres personnes, dont le lien avec la société est plus ténu. Il doit alors être fait mention notamment des salariés de l'entreprise ou des créanciers. Dès lors que la gestion de la société prend en compte ces intérêts et ne défend plus uniquement les préoccupations actionnariales, la conséquence logique en est que le contrôle de cette gestion n'incombe plus uniquement aux actionnaires. Les acteurs dont les intérêts sont considérés pour la conduite de la gestion sociale se voient progressivement dotés de prérogatives de surveillance. Coexistent alors deux contrôles différents de la gestion sociale : le contrôle interne opéré par les actionnaires et le conseil d'administration ou de surveillance, et le contrôle externe mené par les autres parties prenantes considérées – ou qui devraient l'être – dans la conduite de la gestion sociale.

Cette dernière forme de contrôle prend le plus souvent la forme d'un contrôle *a priori*, comme dans le cas du contrôle opéré par le comité social et économique à propos des décisions impliquant les conditions de l'emploi, ou par l'assemblée des créanciers obligataires lorsque la décision met en péril leur droit de créance. De par la croissance du contrôle externe *ex ante*, le contrôle externe *ex post* perd de son efficacité, alors que l'obstacle principal auquel se heurtent les parties prenantes est celui de leur intérêt à agir, pouvant être difficile à caractériser.

823. En définitive, chaque contrôle effectué par ces différents acteurs souffre de plusieurs faiblesses, ce qui signifie que les modalités du contrôle de la gestion peuvent être améliorées. Il convient, dans ce cas, de s'intéresser plus particulièrement aux modalités de contrôle *a priori*, qui permettent à la fois de rendre plus efficace le contrôle de la gestion opéré par les diverses parties prenantes, mais aussi d'éviter une judiciarisation du contrôle. Deux voies seraient alors envisageables pour renforcer ce droit de regard préalable.

La première consisterait en l'octroi de nouvelles prérogatives aux différents acteurs de ce contrôle. Il serait donc possible de développer les modes de contrôle *a priori*, en ajoutant de nouvelles décisions devant être approuvées préalablement, ce qui présenterait l'avantage de rendre plus efficace le contrôle de la gestion des sociétés, mais aussi l'inconvénient majeur de limiter plus encore les pouvoirs des dirigeants et donc de méconnaitre le principe de répartition des pouvoirs entre les organes sociaux. La seconde alternative reviendrait, quant à elle, à conforter l'intervention préalable des divers organes de contrôle de la gestion. Il serait alors possible de renforcer les sanctions attachées aux différentes vérifications effectuées *a priori*, notamment en généralisant la sanction de la nullité de l'acte pour la méconnaissance du contrôle *a priori* des intervenants internes.

Au travers de cette recommandation qui pourrait s'apparenter à un souhait, apparaît un toutefois un paradoxe : le contrôle *a priori* apparaît certes comme le plus efficace pour la préservation des droits des diverses parties prenantes, mais peut ralentir et précariser la conduite de la gestion sociale. Elle est ralentie car l'intervention *ex ante* de diverses parties intéressées nécessite l'aménagement d'un certain délai pour leur permettre d'évaluer la proposition de gestion et de se prononcer ; mais elle est aussi précarisée par la possibilité d'un refus d'un quelconque intervenant, qui pourrait réduire à néant la décision envisagée.

824. *In fine*, la question du contrôle de la gestion sociale, et de son possible renforcement, fait apparaître une corrélation inversée avec la marge de manœuvre dont pourraient bénéficier les gestionnaires. S'il peut être question de renforcer les pouvoirs de surveillance de la conduite de la gestion sociale, il convient aussi de limiter ce renforcement aux seuls pouvoirs de contrôle préalable, les seuls à même de favoriser la préservation des droits des contrôleurs. Cependant, cette faculté ne peut s'opérer qu'au détriment de la conduite des affaires sociales, qui serait ralentie par d'éventuelles interventions supplémentaires dans le processus décisionnel. Il y a donc incompatibilité par définition entre le contrôle de la gestion et la célérité de la conduite des affaires sociales, pourtant essentielle à la vie des sociétés cotées. Il s'agit donc d'opérer un choix de politique législative entre le renforcement du droit de regard ou la facilitation de la vie sociale, ce qui ne pourra, par définition, pas permettre de dégager aisément un consensus.

BIBLIOGRAPHIE

I) Traités, manuels, ouvrages généraux

ARGENSON (J.), TOUJAS (G.), *Règlement judiciaire, Liquidation des biens, Faillite Traité et formulaire,* Tome I, 4ème éd., Paris, Litec, 1973.
AUZERO (G.), DOCKÈS (E.), *Droit du travail*, 30ème éd., Paris, Dalloz, 2015.
AYNÈS (L.), CROCQ (P.), *Les sûretés, la publicité foncière*, 8ème éd., Paris, Defrénois, 2014.
BARTHEZ (A.-S.), HOUTCIEFF (D.), *Les sûretés personnelles*, Paris, L.G.D.J., 2010.
BERLIN (D.), *Contrôle des concentrations*, Bruxelles, Editions de l'Université de Bruxelles, 2009.
BLAISE (J.-B.), DESGORCES (R.), *Droit des affaires – Commerçant, concurrence, distribution*, 8ème éd., Paris, L.G.D.J., 2015.
BONNEAU (T.), *Droit bancaire*, 11ème éd., Paris, L.G.D.J., 2015.
BONNEAU (T.), DRUMMOND (F.), *Droit des marchés financiers*, 3ème éd., Paris, Economica, 2010.
BORD (G.), *Règlement judiciaire et liquidation des biens*, Paris, Dalloz, 1969.
BOULOC (B.), *Procédure pénale*, 25ème éd., Paris, Dalloz, 2015.
BOULOC (B.), *Droit pénal général*, 24ème éd., Paris, Dalloz, 2015.
CABRILLAC (M.), MOULY (Ch.), CABRILLAC (S.), PETEL (Ph.), *Droit des sûretés*, 9ème éd., Paris, LexisNexis, 2010.
CADIET (L.), JEULAND (E.), *Droit judiciaire privé*, 7ème éd., Paris, LexisNexis, 2011.
CADIET (L.), NORMAND (J.), AMRANI-MEKKI (S.), *Théorie générale du procès*, Paris, PUF, 2010.
CARBONNIER (J.), *Droit civil*, Vol. 1, PUF Quadrige, Paris, 2004.
CONTE (Ph.), *Droit pénal spécial*, Paris, LexisNexis, 2007.
CONTE (Ph.), MAISTRE DU CHAMBON (P.), *Procédure pénale*, 3ème éd., Paris, Armand Colin, 2001.
CORNU (G.), *Linguistique juridique*, 3ème éd., Paris, Montchrestien, 2005.
CORNU (G.) (dir.), *Vocabulaire Juridique*, 9e édition, Paris, PUF, 2011.
COUCHEZ (G.), LAGARDE (X.), *Procédure civile*, 17ème éd., Paris, Sirey, 2014.
COURET (A.), LE NABASQUE (H.), COQUELET (M.-L.), GRANIER (Th.), PORACCHIA (D.), RAYNOUARD (A.), REYGROBELLET (A.), ROBINE (D.), *Droit financier*, 2ème éd., Paris, Dalloz, 2012.
COZIAN (M.), *Les grands principes de la fiscalité des entreprises*, 2ème édition, Paris, Litec, 1984.
COZIAN (M.), VIANDIER (A.), *Droit des sociétés*, Paris, Litec, 10ème éd., 1997.

COZIAN (M.), VIANDIER (A.), DEBOISSY (F.), *Droit des sociétés*, 28ème éd., Paris, LexisNexis, 2015.
COZIAN (M.), DEBOISSY (F.), *Précis de fiscalité des entreprises 2014/2015*, 38ème édition, Paris, LexisNexis, 2014.
DEKEUWER-DEFOSSEZ (F.), BLARY-CLEMENT (E.), *Droit commercial – Actes de commerce, fonds de commerce, commerçants, concurrence*, 10ème éd., Paris, Montchrestien, 2010.
DELMAS-MARTY (M.), GIUDICELLI-DELAGE (G.), *Droit pénal des affaires*, 4ème éd., Paris, PUF, 2000.
DERRIDA (F.), GODÉ (P.), SORTAIS (J.-P.), *Redressement et liquidation judiciaires des entreprises*, 3ème éd., Paris, Dalloz, 1991.
DIDIER (P.), *Droit commercial*, Tome II, 3ème éd., Paris, PUF, 1999.
DIDIER (P.), DIDIER (Ph.), *Les sociétés commerciales*, Paris, Economica, 2011.
DRUMMOND (F.), BONNEAU (T.), *Droit des marchés financiers*, 3ème éd, Paris, Economica, 2010.
DUBOUIS (L.), BLUMANN (Cl.), *Droit matériel de l'Union européenne*, 6ème éd., Paris, Montchrestien, 2012.
ESCARRA (J.), *Manuel de droit commercial*, Paris, Sirey, 1947.
ESCARRA (J.), ESCARRA (E.), RAULT (J.), *Traité théorique et pratique de droit commercial – Les sociétés commerciales – Tome IV : Sociétés par actions*, Paris, Sirey, 1959.
FABRE-MAGNAN (M.), *Droit des obligations*, Tome I, 3ème éd., Paris, PUF, 2012.
FAVENNEC-HERY (F.), VERKINDT (P.-Y.), *Droit du travail*, 3ème éd., Paris, L.G.D.J., 2011.
FLOUR (J.), AUBERT (J.-L.), SAVAUX (E.), *Droit civil – Les obligations, Le rapport d'obligation*, 9ème éd., Paris, Sirey, 2015.
FLOUR (J.), AUBERT (J.-L.), SAVAUX (E.), *Droit civil – Les obligations, L'acte juridique*, 16ème éd., Paris, Sirey, 2014.
GAUDEMET (Y.), *Traité de droit administratif*, 16ème éd., Paris, L.G.D.J., 2001.
GAVALDA (Ch.), STOUFFLET (J.), *Instrument de paiement et de crédit*, 7ème éd., Paris, LexisNexis, 2009.
GAYET (J.) (dir.), *Histoire du Commerce*, Tome II, Paris, SPID, 1950
GHESTIN (J.), BILLEAU (M.), LOISEAU (G.), *Traité de droit civil – Le régime des créances et des dettes*, Paris, L.G.D.J., 2005.
GUINCHARD (S.), CHAINAIS (C.), FERRAND (F.), *Procédure civile – Droit interne et droit de l'Union Européenne*, 33ème éd., Paris, Dalloz, 2016.
GUYON (Y.), *Droit des affaires*, Tome I, Paris, Economica, 12ème éd., 2003.
HÉMARD (J.), TERRÉ (F.), MABILAT (P.), *Sociétés commerciales*, Tome I, Paris, Dalloz, 1972.
HÉRON (J.), LE BARS (T.), *Droit judiciaire privé*, 6ème éd., Paris, L.G.D.J., 2014.

HOUPIN (Ch.), BOSVIEUX (H.), *Traité des sociétés civiles et commerciales*, 5ème éd., Tome II, Paris, Journal des notaires et des avocats, 1918.
HOUPIN (Ch.), BOSVIEUX (H.), *Traité général théorique et pratique des sociétés civiles et commerciales*, 7ème éd., Tome II, Paris, Dalloz, 1935.
JACQUEMONT (A.), VABRES (R.), *Droit des entreprises en difficulté*, 9ème éd., Paris, LexisNexis, 2015.
JEANDIDIER (W.), *Droit pénal des affaires*, 6ème éd., Paris, Dalloz, 2005.
JULLIOT DE LA MORANDIERE (L.), RODIERE (R.), HOUIN (R.), *Droit commercial*, Tome I, 2ème éd., Paris, Dalloz, 1962.
KULLMANN (J.) (dir.), *Lamy Droit des assurances*, Rueil-Malmaison, Wolters Kluwer France, 2014.
LAMBERT-FAIVRE (Y.), LEVENEUR (L.), *Droit des assurances*, 13ème éd., Paris, Dalloz, 2011.
LARGUIER (J.), CONTE (Ph.), *Procédure pénale*, 24ème éd., Paris, Dalloz, 2016.
LE CANNU (P.), DONDERO (B.), *Droit des sociétés*, Paris, L.G.D.J., 6ème éd., 2015.
LE CORRE (P.-M.), *Droit et pratique des procédures collectives*, 8ème éd., Paris, Dalloz, 2014.
LE TOURNEAU (Ph.) (dir.), *Droit de la responsabilité et des contrats*, 10ème éd., Paris, Dalloz, 2014.
LEPAGE (A.), MAISTRE DU CHAMBON (P.), SALOMON (R.), *Droit pénal des affaires*, 3ème éd., Paris, LexisNexis, 2013.
LESCOT (P.), ROBLOT (R.), *Les effets de commerce*, Paris, Rousseau éditeurs, 1953.
LOKIEC (P.), *Droit du travail, Tome II Les relations collectives du travail*, Paris, Thémis Droit PUF, 2011.
LUCAS DE LEYSSAC (C.), PARLÉANI (G.), *Droit du marché*, Paris, PUF, 2002.
MALAURIE (Ph.), AYNÈS (L.), STOFFEL-MUNCK (Ph.), *Les obligations*, 6ème éd., Paris, Defrénois, 2013.
MAYAUD (Y.), *Droit pénal général*, 2ème éd., Paris, PUF, 2007.
MAZEAUD (A.), *Droit du travail*, 9ème éd., L.G.D.J., Paris, 2014.
MAZEAUD (H. et L.), TUNC (A.), *Traité théorique et pratique de la responsabilité civile délictuelle et contractuelle*, Tome I, 6ème éd., Paris, Montchrestien, 1965.
MENJUCQ (M.), *Droit international et européen des sociétés*, 3ème éd., Paris, Montchrestien, 2011.
MERCADAL (B.), CHARVERIAT (A.), COURET (A.), ZABALA (B.), *Memento Francis Lefebvre Sociétés commerciales 2016*, Levallois, Editions Francis Lefebvre, 2015.
MERLE (Ph.), *Droit commercial, Sociétés commerciales*, 20ème éd., Paris, Dalloz, 2016.

MERLE (Ph.), CHEVALLIER-MERLE (E.), *L'application jurisprudentielle de la loi du 24 juillet 1966 sur les sociétés commerciales*, Paris, Dalloz, 1976.
MERLE (R.), VITU (A.), *Traité de droit criminel, Problème général de la science criminelle, Droit pénal général*, Tome I, 7ème éd., Paris, Cujas, 1997.
MESTRE (J.), VELARDOCCHIO (D.) (dir.), *Lamy droit des sociétés commerciales*, Rueil-Malmaison, Wolters Kluwer France, 2015.
PÉROCHON (F.), *Entreprises en difficulté*, 10ème éd., Paris, L.G.D.J., 2014.
PIEDELIEVRE (S.), PUTMAN (E.), *Droit bancaire*, Paris, Economica, 2011.
RIPERT (G.), *Traité élémentaire de Droit commercial*, Paris, L.G.D.J., 4ème édition, 1959.
RIPERT (G.), ROBLOT (R.), par DELEBECQUE (Ph.), GERMAIN (M.), *Droit commercial*, Tome II, 17ème éd., Paris, L.G.D.J., 2004.
RIPERT (G.), ROBLOT (R.), par GERMAIN (M.), *Les sociétés commerciales*, Tome I, Vol. 2, Paris, L.G.D.J., 19ème éd., 2009.
RIPERT (G.), ROBLOT (R.) par GERMAIN (M.), MAGNIER (V.), *Traité de droit des affaires – Les sociétés commerciales*, Tome II, 21ème éd, Paris, L.G.D.J., 2014.
RIVERO (J.), MONTOUH (H.), *Liberté publiques*, Tome I, 9ème éd., Paris, PUF, 2003.
ROBERT (J.-H.), MATSOPOULOU (H.), *Traité de droit pénal des affaires*, Paris, PUF, 2004.
ROUSSEL-GALLE (Ph.), *Réforme du droit des entreprises en difficulté – De la théorie à la pratique*, 2ème éd., Paris, LexisNexis Litec, 2007.
SAINT-ALARY-HOUIN (C.), *Droit des entreprises en difficulté*, 9ème éd., Paris, Montchrestien, 2014.
STRICKLER (Y.), *Procédure civile*, 3ème éd., Orléans, Paradigmes, 2010.
TERRÉ (F.), *Introduction générale au droit*, 10ème éd., Paris, Dalloz, 2015.
TERRÉ (F.), SIMLER (Ph.), LEQUETTE (Y.), *Les obligations*, 11ème éd., Paris, Dalloz, 2013.
TEYSSIÉ (B.), *Droit du travail – Relations collectives*, 9ème éd., Paris, LexisNexis, 2014.
THALLER (E.-E.), *Traité élémentaire de droit commercial*, 3ème éd., Paris, Sirey, 1904.
THALLER (E.-E.), PIC (P.), *Traité général théorique et pratique de droit commercial – Des sociétés commerciales*, Tome II, Paris, Rousseau, 1911.
THALLER (E.-E.) par PERCEROU (J.), *Traité élémentaire de droit commercial à l'exclusion du droit maritime*, 8ème éd., Paris, Rousseau, 1931.
VALLANSAN (J.) (dir.), *Entreprises en difficulté, commentaire article par article du Livre VI du Code de commerce*, 6ème éd., Paris, Litec, 2012.
VINEY (G.), JOURDAIN (P.), CARVAL (S.), *Traité de droit civil – Les conditions de la responsabilité*, 4ème éd., Paris, L.G.D.J., 2013.
VINEY (G.), JOURDAIN (P.), *Traité de droit-civil – Les effets de la responsabilité*, 3ème éd., Paris, Lextenso Editions, 2010.

VOGEL (L.), *Droit de la concurrence Européen et Français – Droit économique* Tome I, Paris, LawLex, 2012.
VOGEL (L.), *Droit français de la concurrence*, Paris, LawLex, 2009.
WALINE (J.), *Droit administratif*, 26ème éd., Paris, Dalloz, 2016.

II) Thèses, monographies, ouvrages spéciaux

A) Droit français

ARSOUZE (Ch.), *Procédures boursières – Sanctions et contentieux des sanctions*, préf. LE CANNU (P.), Paris, Joly Editions, 2008.
BALENSI (I.), *Les conventions entre les sociétés commerciales et leurs dirigeants*, préf. HEMARD (J.), Paris, Economica, 1975.
BARBIERI (J.-F.), *Commissariat aux comptes*, Paris, GLN-Joly éditions, 1999.
BASTIAN (D.), *Essai d'une théorie générale de l'inopposabilité*, Thèse, Université de Paris, Sirey, 1929.
BENNINI (A.), *Le voile de l'intérêt social*, préf. HANNOUN (Ch.), Paris, Lextenso éditions, 2013.
BERDAH (J.-P.), *Fonctions et responsabilité des dirigeants de sociétés par actions*, préf. BONASSIES (P.), Paris, Sirey, 1974.
BERR (Cl.), *L'exercice du pouvoir dans les sociétés commerciales*, préf. GIVORD (F.), Paris, Sirey, 1961.
BISSARA (Ph.), FOY (R.), DE VAUPLANE (A.), *Droit et pratique de la gouvernance des sociétés cotées, Conseils et comités*, 2005, Paris, ANSA-Joly Editions.
BOUCOURECHLIEV (J.), SERBAT (H.), LEVI (A.), BOUYSSI (M.), BASCHET (D.), *La pratique de la société à directoire*, Paris, Litec, 1980.
BULLE (J.-F.), GERMAIN (M.), *Pratique de la société anonyme,* Paris, Dalloz, 1991.
CAPRON (M.), QUAIREL-LANOIZELEE (F.), *La responsabilité sociale d'entreprise*, Paris, La découverte, 2010.
CARTIER-BRESSON (A.), *L'État actionnaire*, préf. TRUCHET (D.), Paris, L.G.D.J., 2010.
CARTOU (L.), *Organisations Européennes*, 2ème éd., Paris, Dalloz, 1967.
CAUSSAIN (J.-J.), *Le directoire et le conseil de surveillance de la société anonyme*, Paris, Litec, 2002.
CHAMPAUD (Cl.), *Le pouvoir de concentration de la société par actions*, préf. LOUSSOUARN (Y.), Paris, Sirey, 1962.
CHAMPAUD (Cl.) (dir.), *Manifeste pour la doctrine de l'entreprise, sortir de la crise du financiarisme*, Bruxelles, Larcier, 2011.
CHAPUT (Y.), *Le commissaire aux comptes*, Paris, Sciences-Po Creda, 2000.
CHAUVEAU (A.), *Code pénal progressif ; Commentaire sur la loi modificative du Code pénal*, Paris, 1832.

CHERCHOULY-SICARD (F.), *La responsabilité civile des dirigeants sociaux pour faute de gestion*, Thèse dactylographiée Paris II, dir. DU PONTAVICE (E.), 1982.
COHEN (M.), MILOT (L.), *Le droit des comités d'entreprise et des comités de groupe*, 10ème éd., Paris, L.G.D.J. Lextenso Editions, 2013.
CONTE (P.), GUTMANN (D.), GERMAIN (M.) *et alii*, *Les dirigeants de sociétés : risques et responsabilités*, Paris, Editions du Juris-Classeur, 2002.
CONTIN (R.), *Le contrôle de la gestion des sociétés anonymes*, préf. PERCEROU (R.), Paris, Librairies Techniques, 1975.
CORDONNIER (P.), *De l'égalité entre associés – Droit français et législation comparée*, Thèse, Université de Paris, 1924.
COULON (J.-M.) (dir.), *La dépénalisation de la vie des affaires*, Paris, La documentation Française, 2008.
COUPET (C.), *L'attribution du droit de vote dans les sociétés*, Thèse Université Paris II, dir. SYNVET (H.), 2012.
COURET (A.), MALECKI (C.) (dir.), *Les défis actuels du droit financier*, Paris, Joly Editions, 2010.
CROCQ (P.), *Propriété et garantie*, préf. GOBERT (M.), Paris, L.G.D.J., 1995.
DE SAINT-JEAN-D'ANGELY (M.), *Code de commerce précédé des motifs présentés au Corps Législatif*, Paris, Demonville, 1807.
DE VIRVILLE (M.) (dir.), *Pour un code du travail plus efficace*, Paris, La documentation Française, 2004.
DECOOPMAN (N.), *La commission des opérations de bourse et le droit des sociétés*, préf. OPPETIT (B.), Paris, Economica, 1979.
DESURVIRE (D.), *Histoire de la banqueroute et faillite contemporaine*, Paris, L'Harmattan, 1992.
DEXANT-DE BAILLANCOURT (O.), *Les pactes d'actionnaires dans les sociétés cotées*, préf. SYNVET (H.), Paris, Dalloz, 2012.
DONDERO (B.), *Les groupements dépourvus de personnalité juridique en droit privé – Contribution à la théorie de la personnalité morale*, préf. LE NABASQUE (H.), Aix-en-Provence, PUAM, 2006.
DUBUIS (A.), *Des moyens donnés aux obligataires pour assurer leur protection contre les actes des sociétés anonymes*, Thèse, Paris, Sirey, 1934.
ENCINAS DE MUNAGORRI (R.), *L'acte unilatéral dans les rapports contractuels*, préf. LYON-CAEN (A.), Paris, L.G.D.J., 1996.
FABRE-MAGNAN (M.), *De l'obligation d'information dans les contrats – Essai d'une théorie*, préf. GHESTIN (J.), Paris, L.G.D.J., 1992.
FRANCOIS (B.), *L'appel public à l'épargne, critère de distinction entre sociétés par actions*, Thèse dactylographiée Université Paris II, 2003.
GEORGES (E.), *Essai de généralisation d'un droit de retrait dans la société anonyme*, préf. DAIGRE (J.-J.), Paris, L.G.D.J. – Université de Poitiers, 2005.
GOMEZ (P.-Y.), *La république des actionnaires*, Paris, Syros, 2001.

GRANGER (R.), *La nature juridique des rapports entre actionnaires et commissaires chargés du contrôle dans les sociétés par actions*, préf. HAMEL (J.), Reims, Editions Matot-Braine, 1951.
GUYON (Y.), COQUEREAU (G.), *Le commissariat aux comptes, aspects juridique et technique*, Paris, Librairies Techniques, 1971.
GUYON (Y.), *Traité des contrats. Les sociétés. Aménagements statutaires et conventions entre associés*, 4ème éd., Paris, L.G.D.J., 1999.
HADJI-ARTINIAN (S.), *La faute de gestion en droit des sociétés*, préf. VIANDIER (A.), Paris, Litec, 2001.
HAMIAUT (M.), *La réforme des sociétés commerciales, loi n° 66-537 du 24 juillet 1966 – Tome II Les sociétés par actions*, Paris, Dalloz, 1966.
HANNOUN (Ch.), *Le droit et les groupes de sociétés*, préf. LYON-CAEN (A.), Paris, L.G.D.J. 1991.
HASCHKE-DOURNAUX (M.), *Réflexion critique sur la répression pénale en droit des sociétés*, préf. LE CANNU (P.), Paris, L.G.D.J., 2005.
HÉMARD (J.), TERRÉ (F.), MABILAT (P.), *La réforme des sociétés commerciales, décret n° 67-236 du 23 mars 1967*, Paris, Dalloz, 1967.
HEURTEUX (Cl.), *L'information des actionnaires et des épargnants*, Paris, Sirey, 1961.
HILAIRE (J.), *Introduction historique au droit commercial*, Paris, PUF, 1986.
JAPIOT (R.), *Des nullités en matière d'actes juridiques*, Thèse, Université de Bourgogne, 1909.
LAFFITE (J.), *Réflexions sur la science des machines*, 2ème éd., Paris, Vrin, 1972.
LAUNAIS (H.), ACCARIAS (L.), *Droit pénal spécial des sociétés par actions et à responsabilité limitée*, préf. HOUIN (R.), Paris, Dalloz, 1964.
LAURENT (P.), *L'individualisme méthodologique*, Paris, PUF– Que sais-je ?, 1994.
LE BARS (B.), *Les associations de défense d'actionnaires et d'investisseurs*, préf. GUYON (Y.), Paris, L.G.D.J., 2004.
LE CANNU (P.), *La société anonyme à directoire*, préf. DERUPPE (J.), Paris, L.G.D.J., 1979.
LE NABASQUE (H.), *Le pouvoir dans l'entreprise*, Thèse Université Rennes I, dir. PAILLUSSEAU (J.), 1986.
LEVY-BRUHL (H.), *Histoire juridique des sociétés de commerce en France aux XVIIème et XVIIIème siècles*, Paris, Domat-Montchrestien, 1938.
LOCRE (J.-G.), *Esprit du Code de commerce*, Tome 1, Paris, Imprimerie Impériale, 1807.
MACKAAY (E.), ROUSSEAU (S.), *Analyse Economique du droit*, 2ème éd., Paris, Dalloz, 2008.
MAGNAN (M.), *La rémunération des dirigeants d'entreprise : une affaire de performance ?,* Montréal, École des Hautes Etudes Commerciales de Montréal, 2000.

MARINI (Ph.), *La modernisation du droit des sociétés*, Paris, La documentation Française, 1996.
MARTEAU-PETIT (M.), *La notion d'acte de gestion et le droit des sociétés*, Thèse Université Paris II, dir. OPPETIT (B.), 1992.
MARTIN (D.), DEZEUZE (E.), BOUAZIZ (F.), FRANCON (M.), *Les abus de marché*, Paris, LexisNexis, 2013.
MASQUEFA (Ch.), *La restructuration*, préf. TEYSSIÉ (B.), Paris, L.G.D.J., 2000.
MATHEY (N.), *Recherche sur la personnalité morale en droit privé*, Thèse Université Paris II, dir. LEVENEUR (L.), 2001.
MESSAÏ (S.), *La responsabilité civile des dirigeants*, préf. LE CANNU (P.), Paris, IRJS Editions, 2009.
MICHEL (R.), *Le contrôle économique des sociétés et ses rapports avec leur nationalité*, Thèse Université de Paris, 1923.
MIGNOT (M.), *Les obligataires solidaires et les obligations in solidum en droit privé français*, préf. LOQUIN (E.), Paris, Dalloz, 2002.
MORTIER (R.), *Le rachat par la société de ses droits sociaux*, préf. DAIGRE (J.-J.), Paris, Dalloz, 2003.
MOTULSKY (H.), *Principes d'une réalisation méthodique du droit privé – La théorie des éléments générateurs des droits subjectifs*, préf. ROUBIER (P.), Avant-propos FRISON-ROCHE (M.-A.), Paris, Dalloz, 2002 (réédition).
MURAT (Cl.), *La rémunération des dirigeants de sociétés anonymes : comparaison France / Royaume-Uni / États-Unis*, Thèse Université Paris I, dir. DAVID (C.), 2004.
NIZARD (F.), *Les titres négociables*, préf. SYNVET (H.), Paris, Revue Banque Edition-Economica, 2003.
OHL (D.), *Droit des sociétés cotées*, 3ème éd., Paris, LexisNexis, 2008.
OLSON (M.), *La logique de l'action collective*, 2ème éd., Paris, PUF, 1987.
OPPETIT (B.), *Les rapports des personnes morales et de leurs membres*, thèse, Paris, 1963.
PAGNUCCO (J.-C.), *L'action sociale ut singuli et ut universi en droit des groupements*, préf. DEBOISSY (F.), Clermont-Ferrand, Fondation Varenne-L.G.D.J, 2006.
PAILLUSSEAU (J.), *La société anonyme : technique d'organisation de l'entreprise*, préf. LOUSSOUARN (Y.), Paris, Sirey, 1967.
PARRAT (F.), *Le gouvernement d'entreprise : ce qui a déjà changé, ce qui va encore évoluer*, Paris, Maxima, 2000.
PATIN (M.), CAUJOLLE (P.), AYDALOT (M.), ROBERT (J.-M.), *Droit pénal général et législation pénale appliquée aux affaires*, 4ème éd., Paris, PUF, 1969.
PELTIER (F.), *Marchés financiers et droit commun*, Paris, Banque Editeur, 1997.
PIC (P.), *Traité élémentaire de législation industrielle – Les lois ouvrières*, 6ème éd., Paris, Arthur Rousseau, 1930.

PINTO (M.), *L'assurance responsabilité civile des mandataires sociaux*, dir. GERMAIN (M.), Mémoire de Master II – Magistère de Juriste d'affaires, Université Paris II, 2007.
PRIETO (C.), *La société contractante*, préf. MESTRE (J.), Aix-en-Provence, Presses universitaires d'Aix-Marseille, 1994.
REYGROBELLET (A.), HUET (N.), *Les sanctions des sociétés cotées*, Paris, LexisNexis, 2012.
RIPERT (G.), *Aspects juridiques du capitalisme moderne*, 2ème éd. (réédition), Paris, L.G.D.J., 1995
RIVIERE (H. F.), *Commentaire de la loi du 24 juillet 1867 sur les sociétés*, Paris, A. Marescq Ainé, 1868.
ROBINE (D.), *La sécurité des marchés face aux procédures collectives*, préf. LE CANNU (P.), Paris, L.G.D.J., 2003.
RUELLAN (C.), *La loi de la majorité dans les sociétés commerciales*, Tome II, Thèse Université Paris II, dir. TERRÉ (F.), 1997.
SAENKO (L.), *Le temps en droit pénal des affaires*, Thèse Université Paris I, dir. BOULOC (B.), 2008.
SAINT-PAU (J.-C.), *L'anonymat et le droit*, Thèse Université Bordeaux IV, dir. CONTE (Ph.), 1998.
SALLE (J.-A.), *L'esprit des ordonnances de Louis XIV*, Tome 2, Paris, Samson, 1763.
SAUGET (I.), *Le droit de retrait de l'associé,* Thèse Université Paris X, dir. LUCAS DE LEYSSAC (Cl.), 1991.
SCHMIDT (D.), *La droits de la minorité dans la société anonyme*, préf. BISCHOFF (J.-M.), Paris, Sirey, 1970.
SCHMIDT (D.), *Les conflits d'intérêts dans la société anonyme*, 2ème éd., Paris, Joly Editions, 2004.
SCHOLASTIQUE (E.), *Le devoir de diligence des administrateurs de société, droits français et anglais*, préf. TUNC (A.), Paris, L.G.D.J., 1998.
SENECHAL (M.), *L'effet réel de la procédure collective : essai sur la saisie collective du gage commun des créanciers*, préf. MONSERIE-BON (M.-H.), Paris, Litec, 2002.
SICARD (G.), *Les moulins de Toulouse au Moyen-Age : aux origines des sociétés anonymes*, préf. BOYER (G.), Paris, Armand Colin, 1953.
SILEM (A.), ALBERTINI (J.-M.) (dir.), *Lexique d'économie*, 12ème éd., Paris, Dalloz, 2012.
SINTEZ (C.), *La fonction préventive en droit de la responsabilité civile*, préf. THIBIERGE (C.), NOREAU (P.), Paris, Dalloz, 2011.
SORDINO (M.-C.), *Le délit de banqueroute – contribution à un droit pénal des procédures collectives*, préf. CABRILLAC (M.), Paris, Litec, 1996.
SORGAKIS (K.), *La transparence des sociétés cotées en droit européen*, préf. DAIGRE (J.-J.), Paris, I.R.J.S., 2013.

SOTIROPOULOU (A.), *Les obligations d'information des sociétés cotées en droit de l'Union Européenne*, préf. COURET (A.), PRÜM (A.), Bruxelles, Larcier, 2012.
SOUSI (G.), *L'intérêt social dans le droit français des sociétés commerciales*, Thèse Université Lyon III, dir. STOUFFLET (J.), 1974.
STOFFEL-MUNCK (Ph.), *L'abus dans le contrat – Essai d'une théorie*, préf. BOUT (R.), Paris, L.G.D.J., 2000.
TADROS (A.), *La jouissance des titres sociaux d'autrui*, préf. REVET (T.), Paris, Dalloz, 2013.
TANGER (M.), *La faillite en Droit fédéral des États-Unis*, préf. LARRIEU (J.), Paris, Economica, 2002.
TOUFFAIT (A.), ROBIN (J.), AUDUREAU (A.), LACOSTE (J.), *Délits et sanctions dans les sociétés*, 2ème éd., Paris, Sirey, 1973.
TREBULLE (F.-G.), *L'émission des valeurs mobilières*, préf. GUYON (Y.), Paris, Economica, 2002.
TRIPIER (L.), *Commentaire de la loi du 23 mai 1863 sur les sociétés à responsabilité limitée*, Paris, Mayer-Odin, 1863.
TROPLONG (R.-T.), *Du contrat de société civile et commerciale*, Vol. 1, Paris, Charles Hingray, 1843.
TUNC (A.), *Le droit américain des sociétés anonymes*, Paris, Economica, 1985.
VATINET (R.), *Les attributions économiques du comité d'entreprise*, Paris, Sirey, 1983.
VIAL-PEDROLETTI (B.), *L'interposition de personnes*, Thèse Université Aix-Marseille III, 1986.
VIANDIER (A.), *La notion d'associé*, préf. TERRÉ (F.), Paris, L.G.D.J., 1979.
VIANDIER (A.), *OPA, OPE et autres offres publiques*, 4ème éd., Levallois, Editions Francis Lefebvre, 2010.
VIDAL (D.), *Le commissaire aux comptes dans la société anonyme*, préf. SORTAIS (J.-P.), Paris, L.G.D.J., 1985.
VOGEL (L.), *Droit de la concurrence et concentration économique – Etude comparative*, préf. GOLDMAN (B.), Paris, Economica, 1988.
WEBER (H.), *La compagnie Française des Indes*, préf. LEVASSEUR (E.), Paris, Arthur Rousseau, 1904.

B) Droits étrangers

BEBCHUK (L. A.), FRIED (J. M.), *Pay Without Performance, The Unfulfilled Promise of Executive Compensation*, Cambridge, Harvard University Press, 2004.
BERLE (A. A.), MEANS (G. C.), *The modern corporation and private property*, New York, Macmillan, 1932.

IACOBUCCI (E. M.), TREBILCOCK (M. J.) (dir.), *Value for Money : Executive Compensation in the 1990's*, Toronto, The C.D. Howe Institute, 1996.
MILGROM (P.), ROBERTS (J.), *Economics, Organization and Management*, Englewood Cliffs, Prentice-Hall, 1992.

III) **Articles, chroniques, études**

A) Droit français

ACQUIER (A.), GOND (J.-P.), « Aux sources de la responsabilité sociétale de l'entreprise : à la (re)découverte d'un ouvrage fondateur, Social Responsibilities of the Businessman d'Howard Bowen », *Finance Contrôle Stratégie* 2007/06, p. 13.
ADOM (J. K.), « La révocation des dirigeants de sociétés commerciales », *Revue des sociétés* 1998, p. 487.
ALAMOWITCH (S.), « Sociétés de gestion : vers une responsabilité sociétale », *Bulletin Joly bourse* 2012, p. 273.
ALBERIAN (A.), « La révocation des mandataires sociaux pour perte de confiance », *RTD Com.* 2012, p. 1.
ALBERT (M.), LE BOUCHER (E.), « L'irruption du *Corporate Governance* », *Revue d'économie financière*, 1994, Vol. 31, p. 11.
AMADOU (S.), « Bourses d'hier et de demain », dans MATTOUT (J.-P.), DE VAUPLANE (H.) (dir.), *Mélanges AEDBF-France I*, Paris, Banque Editeur, 1997, p. 13.
AMIAUD (A.), « L'évolution du droit des sociétés par actions », dans *Etudes offertes à Georges RIPERT*, Tome II, Paris, L.G.D.J., 1950, p. 287.
ARHEL (P.), « Concentration », in *Rép. com. Dalloz.*
ARMAND-PREVOST (M.), « L'expertise de gestion », *Revue de jurisprudence commerciale* 1998, p. 125.
AUBERT (J.-L.), « La révocation des organes d'administration des sociétés commerciales », *RTD Com.* 1968, p. 977.
AUZERO (G.), « Représentation des salariés dans les organes de gestion de la société anonyme », *J.-Cl. Sociétés Traité*, Fasc. 130-60.
AUZERO (G.), « Loi en faveur du travail, de l'emploi et du pouvoir d'achat : aspects de droit des sociétés et de droit du travail », *Bulletin Joly sociétés* 2007, p. 1035.
AUZERO (G.), « La représentation obligatoire des salariés dans les conseils d'administration et de surveillance », *Droit social* 2013, p. 740.
BAILLOD (R.), DERRUPPE (J.), « L'information des administrateurs de société anonyme », *RTD Com.* 1990, p. 1.
BAILLY-MASSON (Cl.), « L'intérêt social, une notion fondamentale », *Les petites affiches* 9 novembre 2000, p. 6.

BAKER (A.), « L'effervescence anglaise », *Les petites affiches* 27 septembre 1995, p. 9.
BALDY (M.-C.), « Lutte contre le blanchiment : aspects internationaux et européens », *Banque et droit* janvier 2000, p. 27.
BARABEL (M.), MEIER (O.), « Biais cognitifs du dirigeant, conséquences et facteurs de renforcement lors de fusions-acquisitions : synthèse et illustrations », *Finance contrôle stratégie*, 2002, p. 9-10.
BARANGER (G.), « Le rapport spécial du président du conseil d'administration sur le fonctionnement du conseil et les procédures de contrôle interne », *Bulletin Joly sociétés* 2004, p. 169.
BARBEY (V.), CLAVERIE (M.-C.), JARRY (J.-J.), « Les nouveaux modes d'organisation du travail », *Cahiers de droit de l'entreprise* 2009, entretien 6.
BARBIERI (J.-F.), « La révocation des dirigeants sociaux pour la liberté statutaire », *Cahiers de droit de l'entreprise* 2001, n° 3, p. 5.
BARBIERI (J.-F.), « Les "comités spécialisés" : quelques interrogations pratiques », *Bulletin Joly sociétés* 2010, p. 116.
BARBIERI (J.-F.), « Parité sexuelle obligatoire dans la composition des conseils : le problème des sanctions », *Bulletin Joly sociétés* 2010, p. 508.
BARLOW (D.), « Les nouvelles obligations de transparence des entreprises en matière sociale et environnementales », *D.* 2012, p. 1502.
BARRIERE (F.), « La masse, cette personne morale sans patrimoine. Brèves observations à l'aune de l'avant-projet de réforme du droit des biens », *Bulletin Joly sociétés* 2009, p. 646.
BARRIERE (F.), « Une cause de la crise financière : un défaut de réglementation ? », *JCP E* 2009, 1571.
BARRIERE (F.), « La rémunération des dirigeants sociaux : un encadrement évolutif », *Droit des sociétés* 2013, étude 18.
BASDEVANT (F.), « Représentation équilibrée des femmes au conseil d'administration : loi Copé-Zimmermann du 27 janvier 2011 et recommandation AFEP-MEDEF du 19 avril 2010 », *Revue trimestrielle de droit financier* 2011/1, p. 100.
BAUJARD (A.), MERLIN (V.), « Vote, pouvoir et modes de scrutin dans les sociétés cotées – L'éclairage des théories mathématiques du vote », *Revue trimestrielle de droit financier* 2011/4, p. 20.
BECQUE-ICKOWICZ (S.), « Commentaire du Chapitre II : De l'entreprise au cours de la période d'observation (articles L. 622-1 à L. 622-33) », *Les petites affiches* 8 février 2006, p. 43.
BEGUIN (J.), « Un texte à abroger : la loi sur la reconnaissance internationale des sociétés anonymes étrangères », dans *Mélanges offerts à Claude CHAMPAUD*, Paris, Dalloz, 1997, p. 1.
BERLIOZ (G.), « Le "gouvernement d'entreprise" : quelles conséquences pour les conseils d'administration des sociétés françaises ? », *Les petites affiches* 20 novembre 1996, p. 23.

BERNARD (A.), « Law and Economics, une science idiote ? », *D.* 2008, p. 2806.
BERR (Cl.), « La place de la notion de contrôle en droit des sociétés », dans *Mélanges offerts à Daniel BASTIAN*, Tome I, Paris, Librairies Techniques, 1974, p. 3.
BEZARD (P.), « Le nouveau visage de la Commission des opérations de bourse (la loi "sécurité et transparence du marché financier") », *Revue internationale de droit comparé* 1989, p. 930.
BEZARD (P.), « L'évolution du droit de la régulation », *Les petites affiches* 3 juin 2002, p. 8.
BEZARD (B.), PREISS (E.), « L'Agence des participations de l'État », *Revue Française d'administration publique* 2007/04, p. 606-607.
BICHERON (N.), « La singularité de l'indemnisation du préjudice personnel des associés », *Revue Lamy droit des affaires* juillet 2010, p. 126.
BIENVENU-PERROT (A.), « Censeurs du XIXème siècle et gouvernement d'entreprise du XXIème siècle », *RTD Com.* 2003, p. 449.
BISSARA (Ph.), « Les véritables enjeux du débat sur "le gouvernement de l'entreprise" », *Revue des sociétés* 1998, p. 5.
BISSARA (Ph.), « L'intérêt social », *Revue des sociétés* 1999, p. 5.
BISSARA (Ph.), « L'influence de la professionnalisation de l'actionnariat des société cotées sur le fonctionnement de ces dernières », dans *Mélanges Michel VASSEUR*, Paris, Banque Editions, 2000, p. 12.
BISSARA (Ph.), « Interdépendance et coopération des organes sociaux de la société anonyme classique », dans *Aspects actuels du droit des affaires – Mélanges en l'honneur d'Yves GUYON*, Paris, Dalloz, 2003, p. 120.
BOIZARD (M.), « L'abus de minorité », *Revue des sociétés* 1989, p. 365.
BOLARD (G.), « Administration provisoire et mandat ad hoc : du fait au droit », *JCP G* 1995, I, 3882.
BOLARD (G.), « Qualité ou intérêt pour agir ? », dans *Mélanges offerts à Serge GUINCHARD*, Paris, Dalloz, 2010, p. 603.
BOMPOINT (D.), « Les assemblées générales d'actionnaires servent-elles encore à quelque chose ? », *Revue trimestrielle de droit financier* 2011/3, p. 32.
BON-GARCIN (I.), « Les créanciers face aux crises politiques des sociétés », *Revue des sociétés* 1995, p. 649.
BONFILS (Ph.), « Partie civile », dans *Rép. pén. Dalloz.*
BONFILS (Ph.), « Il faut sauver la jurisprudence *Laurent Atthalin* », *D.* 2010, p. 1153.
BONIS-GARCON (E.), « Plainte et dénonciation », dans *Rép. pén. Dalloz.*
BORGA (N.), « Coup d'arrêt sur les effets d'un coup d'accordéon à l'égard des porteurs d'ORA », *L'essentiel de droit des entreprises en difficulté*, 10 septembre 2012, p. 5.
BORGES (R.-M.), « Le droit d'information individuel des administrateurs de société anonyme », *Bulletin Joly sociétés* 1997, p. 843.

BOSVIEUX (H.), « La nouvelle loi du 4 mars 1943 sur les sociétés par actions », *Journal des sociétés* 1943, p. 26.
BOUDON (R.), « Individualisme et holisme dans les sciences sociales », dans BIRNBAUM (P.), *Sur l'individualisme*, Paris, Presses de Sciences Po, 1991, p. 46.
BOULAY (J.-C.), « L'obligation du commissaire aux comptes de révéler les faits délictueux », *Revue des sociétés* 1980, p. 443.
BOULOC (B.), « Abus des biens sociaux », dans *Rép. sociétés Dalloz.*
BOULOC (B.), « La liberté et le droit pénal », *RTD Com.* 1989, p. 384-385.
BOULOC (B.), « Le dévoiement de l'abus des biens sociaux », *Revue de jurisprudence commerciale* 1995, p. 301
BOULOC (B.), « Qualité d'actionnaire et droit pénal », *Revue des sociétés* 1999, p. 744.
BOULOC (B.), « Le droit nouveau des incapacités commerciales », *Revue des sociétés* 2008, p. 763.
BOULOC (B.), « Un exemple d'abus de pouvoir du président quant à la fixation de sa rémunération », *AJ Pénal* 2012, p. 540.
BROUCHOT (J.), « L'arrêt Laurent Atthalin, sa genèse et ses conséquences », dans *Mélanges offerts à Maurice PATIN*, Paris, Cujas, 1965, p. 411.
BROUILLAUD (J.-P.), « Faut-il supprimer la notion d'intérêt personnel dans la définition de l'abus de biens sociaux ? », *D.* 2008, p. 375.
BRUDER (A.), « L'actionnariat salarié : vers une accession illusoire des salariés au pouvoir ? », *Les petites affiches* 19 juillet 2006, p. 4.
BUCHBERGER (M.), « Avances de trésorerie, avances en compte courant et cessation des paiements », *Bulletin Joly Entreprises en difficulté* 2011, p. 286.
BUREAU (D.), « Administration – Statut des administrateurs », *J.-Cl. Sociétés Traité,* Fasc. 130-30.
BURGARD (J.), « Heurs et malheurs de la société à directoire », *Revue de jurisprudence commerciale* 1975, p. 289.
CADIET (L.), « Connexité », dans *Rép. pr. civ. Dalloz.*
CAILLAUD (B.), « Loi NRE et société par actions : Les conventions conclues entre une société anonyme et une société contrôlant une société actionnaire détenant plus de 5% des droits de vote de la société anonyme », *JCP E* 2002, 272.
CAILLIBOTTE (M.), « Bilan des juridictions inter régionales spécialisées », *AJ Pénal* 2010, p. 110.
CALAIS-AULOY (J.), « L'abus de pouvoirs ou de fonctions en droit commercial français », dans *L'abus de pouvoirs ou de fonctions – Travaux de l'association Capitant*, Tome XXVIII, Paris, Economica, 1980, p. 223.
CALAIS-AULOY (M.-T.), « La dépénalisation en droit des affaires », *D.* 1988, chron. p. 315.
CANU (V.), DE SAINT MARS (B.), « Les associations d'actionnaires, élément du gouvernement d'entreprise ? », *Revue de droit bancaire et financier* 2000, p. 46.

CARIO (R.), « Victimes d'infractions », dans *Rép. pén. Dalloz.*
CARREAU (D.), LETRÉGUILLY (H.), « Offres publiques (OPA, OPE, OPR) », dans *Rép. sociétés Dalloz.*
CARREAU (D.), TREUHOLD (R.), « Privatisations, droit boursier et pratique des marchés », *Revue des sociétés* 1994, p. 1.
CAUSSAIN (J.-J.), « Conseil de surveillance », *J.-Cl. Sociétés Traité*, Fasc. 133-60.
CAUSSAIN (J.-J.), « Directoire et conseil de surveillance – Introduction générale », dans *J.-Cl. Sociétés traité*, Fasc. 133-40, spéc. § 21.
CAUSSAIN (J.-J.), « La précarité de la fonction de mandataire social », *Bulletin Joly sociétés* 1993, p. 523.
CAUSSAIN (J.-J.), « A propos du devoir de loyauté des dirigeants de sociétés », dans *Mélanges offerts à Barthélémy MERCADAL*, Levallois-Perret, Editions Francis Lefebvre, 2002, p. 304.
CAUSSE (H.), « La preuve de la propriété d'actions inscrites en comptes », *D.* 1999, p. 89.
CHAMPAUD (Cl.), « Les méthodes de groupement des sociétés », *RTD Com.* 1967, p. 1003.
CHAMPAUD (Cl.), DANET (D.), « Commissaire aux comptes. Statut. Profession. Mission (L. NRE du 15 mai 2001, art. 113) », *RTD Com.* 2002, p. 80.
CHAMPAUD (Cl.), DANET (D.), « Gouvernement sociétaire. 'Corporate governance'. Société anonyme à directoire. Révocation du directoire par le conseil de surveillance (L. NRE du 15 mai 2001, art. 105 à 108) », *RTD Com.* 2002, p. 85.
CHAMPAUD (Cl.), DANET (D.), « Commentaire sous Cour d'appel de Paris, 28 mai 2004 », *RTD Com.* 2004, p. 752.
CHAMPAUD (Cl.), DANET (D.), « Contrôle de la rémunération des dirigeants. Loi pour la confiance et la modernisation de l'économie. Information sur les rémunérations des administrateurs », *RTD Com.* 2005, p. 779.
CHAMPAUD (Cl.), DANET (D.), « Dirigeants sociaux. Sociétés cotées. Indemnisation dite de "parachutes dorés" », *RTD Com.* 2007, p. 738.
CHAMPAUD (Cl.), DANET (D.), « Dirigeants sociaux. Rémunérations », *RTD Com.* 2009, p. 361.
CHAMY (E.), « Transposition du corporate governance anglo-saxon en droit français », *Les petites affiches* 9 juin 1997, p. 4.
CHAPUT (Y.), « Synthèse », *Revue Lamy droit des affaires (supplément)*, 2005, p. 37.
CHAPUT (Y.), « Les plans de sauvegarde et de redressement : renaissance légale de l'homme et de l'entreprise ? », dans *Mélanges offerts à Paul DIDIER*, Paris, Economica, 2008, p. 119.
CHARTIER (Y.), « La société dans le Code civil après la loi du 4 janvier 1978 », *JCP* 1978, I, 2917.

CHARTIER (F.), « Les nationalisations – contrôle minimal de constitutionnalité et erreur manifeste », *Gazette du Palais* 1981, p. 448.
CHARTIER (Y.), « Société à directoire ou société à conseil de surveillance ? », dans *Mélanges offerts à René ROBLOT*, L.G.D.J., Paris, 1984, p. 350.
CHASSERY (H.), « Les attributions du conseil de surveillance », *RTD Com.* 1976, p. 476.
CHAVENT-LECLERE (A.-S.), « Les juridictions interrégionales spécialisées : des compétences originales », *AJ Pénal* 2010, p. 106.
CHAZAL (J.-P.), REINHARD (Y.), « Abus de biens sociaux et légalité criminelle : de la prescription à l'action civile, entre apaisement et répression accrue », *RTD Com.* 2002, p. 694.
CHESNE (G.), « L'exercice *ut singuli* de l'action sociale dans la société anonyme », *RTD Com.* 1962, p. 347.
CHRIQUI (H.), « Prévention des difficultés des entreprises : peut-on aller plus loin ? », *Gazette du Palais* 2004, p. 1567.
CLERC (Ch.), « La réparation du préjudice subi par un actionnaire du fait de la diffusion de fausses informations », *Revue trimestrielle de droit financier* 2007/1, p. 31.
COHEN (C.), « L'abus de biens sociaux, délit imprescriptible ? », *Gazette du Palais* 2002, p. 1300.
COLLIN (R.), PONSARD (M.), « Le nouveau régime de contrôle des opérations de concentration », *Droit des sociétés* 2002, Chron. n° 13.
CONAC (P.-H.), « La distinction des sociétés cotées et non cotées », *Revue des sociétés* 2005, p. 67.
CONAC (P.-H.), « Recommandation AMF n° 2011-06 sur les agences de conseil en vote, 18 mars 2011 », *Revue des sociétés* 2011, p. 459.
CONAC (P.-H.), « L'efficacité de l'autorégulation en matière de rémunération semble avérée dès lors que l'implication de l'AMF et du Haut Comité de gouvernement d'entreprise est forte », *Revue des sociétés* 2015, p. 615.
CONSTANTIN (A.), « L'intérêt social : quel intérêt ? », *Mélanges Barthélémy MERCADAL*, Levallois, Editions Francis Lefebvre, 2002, p. 319.
CONSTANTIN (A.), « De quelques aspects de l'assurance de responsabilité civile des dirigeants sociaux », *RJDA* 2003, p. 596.
CONSTANTIN (A.), « L'utilité de l'assurance des dirigeants sociaux au regard de la jurisprudence de la Cour de cassation », *Bulletin Joly sociétés* 2010, p. 762.
CONTE (Ph.), « Aspect pénal des obligations de vigilance », *JCP G* 2005, I, 125.
COT (J. M.), « Le temps dans le contrôle *ex ante* des concentrations », *Revue concurrence consommation* 2003, n° 11, p. 28.
COULON (J.-M.), « L'actualité de la dépénalisation du droit des affaires », dans *Mélanges offerts à Jean-François BURGELIN*, Paris, Dalloz, 2008, p. 109.
COUPET (C.), « Les normes d'origine privée », *RTD Com.* 2015, p. 437.

COUPET (C.), « Loi Sapin II : consécration légale du say on pay », *Droit des sociétés* 2017, comm. 23.
COURET (A.), « Les apports de la théorie micro-économique moderne à l'analyse du droit des sociétés », *Revue des sociétés* 1984, p. 249.
COURET (A.), « Le gouvernement d'entreprise : la *corporate governance* », *D.* 1995, p. 163.
COURET (A.), « L'intérêt social », *Cahiers de droit de l'entreprise* 1996-4, p. 1.
COURET (A.), « De quelques apports conceptuels du droit financier contemporain », dans *Mélanges en l'honneur de Claude CHAMPAUD*, Paris, Dalloz, 1997, p. 195.
COURET (A.), « Première introduction législative de la corporate governance : la loi sur les fonds de pension », *D.* 1997 p. 241.
COURET (A.), « Interrogations autour de la réparation du préjudice individuel de l'actionnaire », *RJDA* 1997, p. 391.
COURET (A.), « La loi sur les nouvelles régulations économiques – La régulation du pouvoir dans l'entreprise », *JCP E* 2001, p. 1660.
COURET (A.), « Le régime des offres publiques issu de la loi sur les nouvelles régulations économiques », *D.* 2001, p. 1786.
COURET (A.), « La prévention des conflits d'intérêts. Nouveau régime des conventions », *RJDA* 2002, p. 290.
COURET (A.), « Observations sur un angle mort de la réglementation : les agences de notation », *Revue des sociétés* 2003, p. 765.
COURET (A.), « La contrainte du dividende dans les sociétés par actions », dans *Aspects actuels du droit des affaires – Mélanges en l'honneur d'Yves GUYON,* Paris, Dalloz, 2003, p. 242.
COURET (A.), « The "comply or explain" principle : From a simple financial markets regulation to a wide method of regulation », *Revue trimestrielle de droit financier* 2010/4, p. 4.
COURET (A.), « La gestion des conflits d'intérêts », *Revue Lamy droit des affaires* mai 2011, p. 118.
COURET (A.), « Much ado about nothing (or not much) », *Bulletin Joly sociétés* 2013, p. 609.
COURET (A.), MEDUS (J.-L.), « Les dispositions de la loi du 8 août 1994 portant DDOEF intéressant le droit des sociétés », *Bulletin Joly sociétés* 1994, p. 903.
COUTURIER (G.), « Un nouveau droit des (grands) licenciements collectifs », *Droit social* 2013, p. 814.
COUVRAT (P.), « Les méandres de la procédure pénale (Commentaire de la loi n° 75-701 du 6 août 1975), *D.* 1976, p. 48.
CREFF (G.), « La responsabilité des dirigeants sociaux retirés », *RTD Com.* 1978, p. 481.
CRUEGE (M.-D.), « La dualité des organes de contrôle dans les sociétés anonymes à directoire », *Revue des sociétés* 1975, p. 435.

CUIF (P.-F.), « Le conflit d'intérêts, essai sur la détermination d'un principe juridique en droit privé », *RTD Com.* 2005, p. 1.
CUZACQ (N.), « Aspects juridiques de l'investissement sociétalement responsable », *Mélanges offerts à Jacques DUPICHOT*, Bruxelles, Bruylant, 2005, p. 129.
CUZACQ (N.), « Le vote des gestionnaires d'OPCVM », *Revue des sociétés* 2006, p. 491.
CUZACQ (N.), « De l'éthique de la rémunération à la rémunération éthique du dirigeant », *Bulletin Joly sociétés* 2013, p. 673.
DAIGRE (J.-J.), « Le non-cumul de l'action en comblement du passif et des actions en responsabilité de droit commun », *Bulletin Joly sociétés* 1995, p. 953.
DAIGRE (J.-J.), « Le petit air anglais du devoir de loyauté », dans *Mélanges offerts à Pierre BEZARD*, Paris, Petites affiches-Montchrestien, 2002, p. 81.
DAIGRE (J.-J.), « L'impossibilité pour une société qui désire s'introduire sur un marché d'obtenir le visa de l'AMF ne l'empêche pas d'y parvenir indirectement par une cession limitée de titres réalisée par un actionnaire », *Bulletin Joly bourse* 2004, p. 229.
DAIGRE (J.-J.), BOMPOINT (D.), BASDEVANT (F.), « La prise de contrôle rampante », *Actes pratiques et ingénierie sociétaire* mai/juin 2000, p. 7.
DAIGRE (J.-J.), FRANCOIS (B.), « La société par actions simplifiée : une société pouvant faire appel au marché ? », *Revue des sociétés* 2010, p. 11.
DAILLE-DUCLOS (B.), « Le devoir de loyauté du dirigeant », *JCP E* 1998, p. 1486.
DALION (A.), TADROS (A.), « La catégorisation des actionnaires, un pas de plus ou un pas de trop ? Libre propos sur les perspectives d'évolution du droit des sociétés », *Bulletin Joly bourse* 2009, p. 406.
DAMMANN (R.), PODEUR (G.), « La crise du "subprime" et la responsabilité bancaire », *D.* 2008, p. 427.
DAMANN (R.), PODEUR (G.), « Les enjeux de la réforme des comités de créanciers », *JCP E* 2009, 2094.
DAMY (G.), « La répression de l'abus de biens sociaux : l'imprescriptibilité contestée », *Gazette du Palais* 2004, p. 3000.
DANGLEHANT (C.), « Le nouveau statut des minoritaires dans les sociétés anonymes cotées : l'application du principe de l'équité », *Revue des sociétés* 1996, p. 217.
DANNENBERGER (F.), « Régime spécial de conventions réglementées pour les "parachutes dorés" », *Les petites affiches* 11 décembre 2007, p. 6.
DANOS (F.), « La réparation du préjudice individuel de l'actionnaire », *RJDA* 2008, p. 471.
DAOUD (E.), FRANCESCHI (C.), « Droit pénal et (bonne) gouvernance », *AJ Pénal* 2011, p. 512.
DARROIS (J.-M.), « Le rôle des contre-pouvoirs au sein de l'entreprise », *Les petites affiches* 31 juillet 2003, n° 152, p. 20.

DATI (R.), « Si les règles sont trop nombreuses, trop contraignantes, elles découragent l'activité économique », *JCP G* 2007, I, 198.

DE BERMOND DE VAULX (J.-M.), « L'usage de la notion de contrôle par le conseil d'administration ou la direction dans les sociétés anonymes », *JCP* 1970, I, 2366.

DE GANAY D'INDY (C.), ENGEL (L.), « Les comités d'audit », *Bulletin Joly sociétés* 2003, p. 723.

DE LAENDER (M.-H.), « La révocation des dirigeants sociaux », *Droit des sociétés* mai 2000, chron. 9.

DE LAENDER (M.-H.), « La société anonyme : un mal nécessaire ? », dans LE CANNU (P.) (dir.), *D'un Code à l'autre : le droit commercial en mouvement,* Paris, L.G.D.J., 2007, p. 261.

DE MASSIAC (B.), « Réflexions à propos de l'abus de biens sociaux », *RJDA* 1996, p. 719.

DE RAVEL D'ESCLAPON (T.), « Les batailles de procurations : une nécessaire réglementation ? », *Les petites affiches* 5 octobre 2009, p. 5.

DE VENDEUIL (S.), « Nouvelles régulations économiques et nouveaux pouvoirs du conseil d'administration des sociétés anonymes », *JCP E* 2001, p. 1266.

DE VENDEUIL (S.), RAULT-DUBOIS (O.), « Représentation des salariés au conseil d'administration ou de surveillance de grandes entreprises – L. n° 2013-504 du 14 juin 2013, art. 9 », *JCP E* 2013, 1379.

DECOOPMAN (N.), VABRES (R.), THIL (A.), « Autorité des marchés financiers – Attributions. Moyens d'actions. Contrôle juridictionnel », dans *J.-Cl. Traité Banque Crédit Bourse*, Fasc. 1512.

DEDESSUS-LE-MOUSTIER (N.), « Expertise de gestion et principe du contradictoire », *Revue des sociétés* 1998, p. 45.

DELEBECQUE (Ph.), PANSIER (F.-J.), « Conseil d'administration », dans *Rép. sociétés Dalloz.*

DELGA (J.), « De l'inexistence juridique de l'administrateur indépendant en France et aux risques encourus », *Cahiers de droit de l'entreprise* septembre-octobre 2005, p. 25.

DELGA (J.), « L'administrateur indépendant n'existe pas : "Dangers" », *D.* 2002, p. 2858.

DELGA (J.), « L'administrateur indépendant, un mythe ? », *JCP E* 2004, 150.

DELGA (J.), « Les indemnités de révocation des PDG de SA en France sont interdites. – Propos sur les golden parachutes », *JCP E* 2007, 1803.

DEMOGUE (R.), « Du droit de contrôle du commanditaire », *Annales de droit commercial* 1901, p. 123.

DERRIDA (F.), « A propos de l'extension des procédures de redressement et de liquidation judiciaires », dans *Mélanges offerts à Michel CABRILLAC*, Paris, Dalloz-Litec, 1999, p. 687.

DESBARATS (I.), JAZOTTES (G.), « La responsabilité sociale des entreprises : quel risque juridique ? », *Cahiers de droit de l'entreprise* mai-juin 2012, dossier 13, p. 25.
DESCHANEL (J.-P.), GAILLARDOT (D.), « Où en est-on du blanchiment des capitaux, de sa prévention et de sa répression ? », dans *Mélanges AEDBF France II*, Paris, Banque éditeur, 1999, p. 178.
DESCORPS-DECLERE (F.), « Pour une réhabilitation de la responsabilité civile des dirigeants sociaux », *RTD Com.* 2003, p. 25.
DESHAYES (O.), « Les sanctions de l'usage déloyal des prérogatives contractuelles », *Revue des contrats* 2011, p. 726.
DEUMIER (P.), « Le principe "appliquer ou expliquer", appliquer la norme autrement ? », *RTD Civ.* 2013, p. 79.
DEVEZE (J.), « Sanctions pénales », *Revue des procédures collectives* 1996, p. 133.
DEZEUZE (E.), « La réparation du préjudice devant la juridiction pénale », *Revue des sociétés* 2003, p. 261.
DIDIER (Ph.), « Les conditions de la désignation d'un expert de gestion : l'absence de caractère subsidiaire », *Revue des sociétés* 1998, p. 82.
DIDIER (Ph.), « Les fonctions de la responsabilité civile des dirigeants sociaux », *Revue des sociétés* 2003, p. 238.
DIDIER (Ph.), « QPC et marché financier », *Les petites affiches* 29 septembre 2011, p. 49.
DIDIER (Ph.), « Le point du vue du juriste : tentative de qualification des mathématiques financières », *Revue de droit bancaire et financier* 2012, dossier 45.
DIENER (P.), « Ethique et droit des affaires », *D.* 1993, p. 17.
DOM (J.-Ph.), « La protection des minoritaires », *Revue des sociétés* 2001, p. 533.
DOM (J.-Ph.), « Les dimensions du groupe de sociétés après les réformes de l'année 2001 », *Revue des sociétés* 2002, p. 1.
DOM (J.-Ph.), « Le gouvernement d'entreprise, technique d'anticipation des risques », *Droit des sociétés* 2012, étude 12.
DONDERO (B.), « L'immunité des dirigeants d'entreprise », dans DESHAYES (O.) (dir.), *Les immunités de responsabilité civile*, PUF, 2009, p. 49.
DONDERO (B.), « Le comité des rémunérations », *Revue trimestrielle de droit financier* 2010/1, p. 89.
DONDERO (B.), « La rémunération des dirigeants sociaux : utilisons les dispositifs existants ! », *Gazette du Palais* 2012, p. 3106.
DONDERO (B.), « Droit des marchés financiers », *JCP E* 2012, 1111.
DONDERO (B.), « Loi de sécurisation de l'emploi : aspects de droit des sociétés », *Bulletin Joly sociétés* 2013, p. 471.
DONDERO (B.), « Après tout, faites comme bon vous semble… », *Gazette du Palais* 29 juin 2013, p. 3.

DONDERO (B.), « Le code AFEP-MEDEF révisé : un nouveau départ », *Revue des sociétés* 2014, p. 7.
DONDERO (B.), « Le nouveau droit des conventions réglementées dans les sociétés anonymes », *JCP E* 2014, 1466.
DONZEL-TABOUCOU (C.), « Le principe "appliquer ou expliquer" en France », *Revue des sociétés* 2015, p. 347.
DRAI (E.), « Responsabilité sociétale des entreprises : un mouvement créateur de valeur (Analyse et gestion de ses conséquences pour les sociétés cotées) », *Les petites affiches* 14 mars 2008, p. 4.
DROSS (W.), « Contrats et Obligations – Effets des conventions à l'égard des tiers – Action paulienne », dans *J.-Cl. Code civil.*
DRUMMOND (F.), « L'information des actionnaires et des investisseurs », *Revue de Jurisprudence Commerciale,* H.S. 2005, p. 18.
DRUMMOND (F.), « Le fabuleux destin de la règle *non bis in idem* », *Bulletin Joly bourse* 2014, p. 605.
DU PONTAVICE (E.), « Le principe de non-immixtion des commissaires aux comptes dans la gestion à l'épreuve des faits », *Revue des sociétés* 1973, p. 599.
DU PONTAVICE (E.), « La notion d'image fidèle dans les comptes annuels des sociétés françaises, depuis la mise en harmonie de la loi sur les sociétés commerciales avec la quatrième directive », dans *Mélanges offerts à Guy FLATTET*, Lausanne, Payot, 1985, p. 85.
DUBOIS (E.), CHACORNAC (J.), « Les limites de l'autorégulation en droit des sociétés », *Bulletin Joly sociétés* 2013, p. 758.
DUCOULOUX-FAVARD (Cl.), « Régime juridique des visas, agréments et numéros d'enregistrement de la COB », *Bulletin Joly bourse* 1994, p. 435.
DUCOULOUX-FAVARD (Cl.), « Grandeur et décadence des assemblées générales d'actionnaires », *Aspects actuels du droit des affaires – Mélanges en l'honneur d'Yves GUYON*, Paris, Dalloz, 2003, p. 359.
DUCOULOUX-FAVARD (Cl.), « La règle de la faute séparable des fonctions de gestion des sociétés de capitaux est dans la loi », *Droit des sociétés* 2007, étude 11.
DURUPT (B.), « Le contrôle des offres publiques », *Régulation et sociétés cotées*, 2008, n° 2, p. 2.
DURUPT (B.), « La procédure d'offre publique devant l'AMF », dans CANIVET (G.), MARTIN (D.), MOLFESSIS (N.) (dir.), *Les offres publiques d'achat*, Paris, LexisNexis Litec, 2009, p. 15.
EL-ADHAB (J.), « Les parachutes dorés et autres indemnités conventionnelles de départ des dirigeants : approche pluridisciplinaire et comparée », *Revue des sociétés* 2004, p. 18.
ESCARRA (J.), « Pour une étude de droit commercial comparé sur l'organisation légale des porteurs d'obligations », *Annales de l'Université de Grenoble*, 1919, n° 2, p. 371.

FABRE (A.), « Le licenciement économique et l'objectif de sécurisation », *Revue de droit du travail* 2013, p. 184.
FASTERLING (B.), DUHAMEL (J.-C.), « Le *comply or explain* : la transparence conformiste en droit des sociétés », *Revue international de droit économique* 2009/2, p. 129.
FAUCHON (A.), PHILIPPON (Th.), « La déclaration préalable : pour une prévention efficace du délit d'initié », *Bulletin Joly sociétés* 2008, p. 442.
FAVARIO (T.), « De l'attractivité du droit des entreprises en difficulté », *Revue des procédures collectives* 2009, étude 18.
FAVOREU (L.), PHILIP (L.), « Nationalisations », dans *Les grandes décisions du Conseil constitutionnel*, Paris, Dalloz, 2009, p. 356.
FENOUILLET (D.), « La notion de prérogative : instrument de défense contre le solidarisme, ou technique d'appréhension de l'unilatéralisme ? », *Revue des contrats* 2011, p. 644.
FEUILLET (P.), « Rapport sur l'atteinte à l'intérêt collectif appréciée à partir de la rupture d'égalité entre les actionnaires », *Revue des sociétés* 1979, p. 701.
FLEURIOT (P.), « Droit et éthique des affaires », *Bulletin mensuel de la COB*, juin 1995, p. 1.
FORGET (E.), « L'investissement éthique – Implication en droit des sociétés », *Revue des sociétés* 2015, p. 559.
FOY (R.), « Le mouvement du gouvernement d'entreprise contre le conseil d'administration », dans *Mélanges en l'honneur et à la mémoire de Philippe BISSARA*, Paris, ANSA, 2013, p. 192.
FRANCOIS (B.), « Consultation sur la rémunération des dirigeants d'entreprise », *Revue des sociétés* 2012, p. 598.
FRANCOIS (B.), « *Reporting* RSE : commentaire du décret n° 2012-557 du 24 avril 2012 », *Revue des sociétés* 2012, p. 607.
FRANCOIS (B.), « Loi Sapin 2 : adoption d'un *say on pay* contraignant », *Revue des sociétés* 2017, p. 59.
FREMEAUX (S.), « L'avenir du régime de révocation des dirigeants sociaux », *Les petites affiches* 20 décembre 2000, p. 6.
FREYRIA (Ch.), « Bilan juridique et fonctions économiques du comité d'entreprise », dans *Tendances du droit du travail français contemporain – Etudes offertes à G.H. CAMERLYNCK*, Paris, Dalloz, 1978, p. 290.
FREYRIA (Ch.), « L'assurance de responsabilité civile du "management" », *D.* 1995, p. 120.
FREYRIA (Ch.), « Imprescriptibilité du délit en droit pénal des affaires ? », *JCP E* 1996, 563.
FRISON-ROCHE (M.-A.), « La distinction entre sociétés cotées et non cotées », dans MATTOUT (J.-P.), DE VAUPLANE (H.) (dir.), *Mélanges AEDBF-France I*, Paris, Banque Editeur, 1997 p. 189.
FRISON-ROCHE (M.-A.) « La régulation, objet d'une branche du droit », *Les petites affiches* 3 juin 2002, p. 3.
FRISON-ROCHE (M.-A.), « Le droit de la régulation », *D.* 2002, p. 610.

FRISON-ROCHE (M.-A.), « Les conditions communautaires de validité des golden shares dans les entreprises publiques privatisées », *D.* 2002, p. 2242.
FRISON-ROCHE (M.-A.), « Les résistances mécaniques du système juridique français à accueillir la *class action* : obstacles et compatibilités », *Les petites affiches* 10 juin 2005, n° 15, p. 122.
FRISON-ROCHE (M.-A.), JOCKEY (M.), « Pourquoi existe-t-il encore des titres au porteur », *JCP E* 1994, I, 344.
FRISON-ROCHE (M.-A.), GERMAIN (M.), MARIN (J.-Cl.), PENICHON (Ch.), « Identification des actionnaires », *Revue de droit bancaire et financier* 2001, comm. 131.
GALLOIS-COCHET (D.), « Administrateur de société cotée », *J.-Cl. Sociétés Traité*, Fasc. 130-70.
GARCON (J.-P.), « La nullité des décisions de sociétés », *Revue des sociétés* 1991, p. 304.
GARRON (F.), « Les rémunérations excessives des dirigeants de sociétés commerciales », *Revue des sociétés* 2004, p. 795.
GASTAUD (J.-P.), « L'État actionnaire de l'entreprise d'intérêt général », *JCP E* 2010, 1884.
GAUTIER (P.-Y.), PASQUALINI (F.), « Action paulienne », dans *Rép. civ. Dalloz*.
GEA (F.), « La réforme de l'information et de la consultation du comité d'entreprise. Bâtir une "culture de la confiance" ? », *Droit social* 2013, p. 717.
GERMAIN (M.), « Transparence et information », *Les petites affiches* 19 novembre 1997, p. 16
GERMAIN (M.), « La responsabilité des dirigeants sociaux – Rapport de synthèse », *Revue des sociétés* 2003, p. 284.
GERMAIN (M.), « Les droits politiques des actionnaires », *Bulletin Joly sociétés* 2005, p. 39.
GERMAIN (M.), « Les structures de l'entreprise et le droit du travail », *Droit social* 2005, p. 129.
GERMAIN (M.), « Rémunération des dirigeants : évolution ou révolution ? », *JCP E* 2009, 1576.
GERMAIN (M.), MAGNIER (V.), NOURY (M.-A.), « La gouvernance des sociétés cotées », *JCP E* 2013, 1638.
GEWINNER (D.), UZAN (C.), « La transposition de la directive "Prospectus" en droit français », *Bulletin Joly bourse* 2005, p. 375.
GIBIRILA (D.), « L'atteinte à l'intérêt social, critère de recevabilité d'une demande d'expertise de gestion », *JCP E* 1999, p. 771.
GIBIRILA (D.), « La société caution », *Revue des sociétés* 2011, p. 663.
GIUDICELLI (A.), « Constitution de partie civile par voie d'action et obligation de consigner », *Revue de science criminelle* 2000, p. 217.
GODON (L.), « La protection des actionnaires minoritaires dans la loi relative aux nouvelles régulations économiques », *Bulletin Joly sociétés* 2001, p. 728.

GOLESTANIAN (M.), « Les contours de l'autorisation préalable du conseil d'administration dans le cadre de l'article 101 de la loi du 24 juillet 1966 (C. com, art. L. 225-38) », *Bulletin Joly sociétés* 2000, p. 1017.
GRANIER (T.), « Le commissaire aux comptes dans les sociétés qui font appel public à l'épargne », dans *Mélanges en l'honneur d'Yves GUYON*, Paris, Dalloz, 2003, p. 457.
GRANIER (T.), « Le rapport de gestion après l'ordonnance n° 2004-1382 du 20 décembre 2004 », *Revue des sociétés* 2005, p. 315.
GREAU (F.), « Action oblique », dans *Rép. civ. Dalloz.*
GRIMALDI (C.), « L'analyse structurale de la règle de droit au service du juge », *D.* 2007, p. 1448.
GUERY (Ch.), « Le juge d'instruction et le voleur de pommes : pour une réforme de la constitution de partie civile », *D.* 2003, p. 1575.
GUINCHARD (S.), « Une class action à la française ? », *D.* 2005, p. 2180.
GUYON (Y.), « Administration – Responsabilité civile des administrateurs », actualisé par LE BARS (B.), dans *J.-Cl. Sociétés Traité*, Fasc. 132-10.
GUYON (Y.), « Corporate Governance », dans *Rép. sociétés Dalloz.*
GUYON (Y.), « Le droit des actionnaires minoritaires », *Revue de droit bancaire et bourse* 1990, p. 35.
GUYON (Y.), « Faut-il des associations d'actionnaires et d'investisseurs ? », *Revue des sociétés* 1995, p. 207.
GUYON (Y.), « Faut-il introduire en France la théorie de la "corporate governance" ? », *Les petites affiches* 7 mai 1997, p. 28.
GUYON (Y.), « La société anonyme, une démocratie parfaite », dans *Mélanges offerts à Christian GAVALDA,* Paris, Dalloz, 2001, p. 133.
GUYON (Y.), « Eloge funèbre de la société à directoire en droit français », dans *Mélanges Lucien SIMONT*, Bruxelles, Bruylant, 2002, p. 733.
HAMEL (J.), « Préface », dans HAMEL (J.) (dir.), *Le droit pénal spécial des sociétés anonymes*, Paris, Dalloz, 1955, p. 1.
HELLERINGER (G.), « Le dirigeant à l'épreuve de l'opportunité d'affaires », *D.* 2012, p. 1560.
HEURTEUX (Cl.), « Prise de risque par l'entrepreneur et droit pénal », dans FRISON-ROCHE (M.-A.) (dir.), *Les enjeux de la pénalisation de la vie économique*, Paris, Dalloz, 1997, p. 169.
HILAIRE (J.), « La formation du commissariat aux comptes, De la surveillance par les actionnaires à la certification », dans SAYAG (A.) (dir.), *Le commissariat aux comptes, Renforcement ou dérive ?,* Vol. 1, Paris, Librairies Techniques, 1989, p. 13 et s.
HILAIRE (J.), « Le règne et la spéculation, les sociétés en commandite depuis le Code de commerce », dans VIANDIER (A.) *et alii*, *La société en commandite entre son passé et son avenir*, Paris, Librairies Techniques, 1983, p. 54.
HOPT (K.), « Problèmes fondamentaux de la participation en Europe », *RTD Com.* 1981, p. 405.

HOPT (K.), « Le gouvernement d'entreprise, expériences allemandes et européennes », *Revue des sociétés* 2001, p. 1
HOUIN (R.), « Rapport général », dans ASSOCIATION HENRI CAPITANT, *Journées suisses de Fribourg, Berne et Neuchâtel et Journées Uruguayennes*, Paris, Dalloz, 1959, p. 205.
HOUIN (R.), GORE (F.), « La réforme des sociétés commerciales », *D.* 1967, Chron., p. 139.
HOVASSE (H.), « Le retrait d'associé et la gestion du patrimoine », *Droit et patrimoine* décembre 1998, p. 42.
HOVASSE (H.), « Politique de rémunération prévue par le décret n° 2009-348 du 30 mars 2009 », *Droit des sociétés* 2009, n° 6, comm. 115.
HOVASSE (H.), DESLANDES (M.), GENTILHOMME (R.), « Directoire et conseil de surveillance – Enjeux de pouvoirs », *Actes pratiques et ingénierie sociétaire* 1998, n° 42, p. 12
HURSTEL (D.), BIEDER (Th.), « Est-il urgent et indispensable de réformer le droit des sociétés au nom de la "corporate governance" ? », *Revue des sociétés* 1995, p. 633.
HUSSON (H.), LESTIENNE (M.), « Le périmètre de la garantie : les personnes couvertes, les risques couverts », *Bulletin Joly sociétés* 2010, p. 775.
JAZOTTES (G.), « Les prérogatives des États-membres liées aux actions spécifiques (golden share) doivent respecter les règles fondamentales du traité », *RTD Com.* 2002, p. 598.
JEANDIDIER (W.), « Administration – Abus des biens, du crédit, du pouvoir ou des voix », dans *J.-Cl. Sociétés Traité*, Fasc. 132-20.
JEANDIDIER (W.), « L'élément moral des infractions d'affaires ou l'art de la métamorphose », dans *Mélanges offerts à André DECOCQ*, Paris, LexisNexis, 2004, p. 370.
JEANDIDIER (W.), « L'art de dépénaliser : l'exemple du droit des sociétés », dans *Mélanges offerts à Jean-Luc AUBERT*, Paris, Dalloz, 2005, p. 449.
JEANSEN (E.), MARECHAL (F.), « Participation des salariés à la gestion de l'entreprise, nouvelle formule », *Droit des sociétés* 2013, étude 16.
JEANTIN (M.), « La loi du 1er mars 1984 relative à la prévention et au règlement amiable des difficultés des entreprises », *Droit des sociétés* 1984, p. 599.
JESTIN (K.), « La réforme du droit anglais des sociétés opérée par le Companies Act 2006 : analyse et perspective », *Bulletin Joly sociétés* 2008, p. 727.
KADDOUCH (R.), « L'obligation de vote du gérant l'OPCVM dans la loi de sécurité financière », *D.* 2004, p. 796.
KIRRY (A.), MONSALLIER-SAINT MLEUX (M.-C.), « Dirigeant de société et prise de risque », *JCP E* 2009, 1223.

KOPF (F.), DELLA VITTORIA (M.), « L'information financière des sociétés en difficulté : entre transparence de l'émetteur et protection du débiteur », *Bulletin Joly bourse* 2013, p. 303.
KOVAR (R.), « Recommandation », *in Rép. Droit Communautaire Dalloz.*
KULLMANN (J.), « Les périmètres de la garantie : les risques non couverts », *Bulletin Joly sociétés* 2010, p. 783
LACABARATS (A.), « Compétence des juges des référés », dans GUINCHARD (S.) (dir.), *Droit et pratique de la procédure civile*, Paris, Dalloz, 2012.
LACOMBE (J.), « Régularité et sincérité des comptes et image fidèle de l'entreprise : la quadrature du cercle ? », dans *Mélanges offerts à René ROBLOT, L.G.D.J., Paris, 1984,* p. 315.
LAMBRECHTS (J.), « Utilisation de stocks-options et d'actions gratuites dans la conception de plans de rémunération incitatifs », *Option Finance Hors-Série* n° 8, 2005, p. 19
LANGLADE (J.-P.), « Le pouvoir de fournir des sûretés dans les sociétés anonymes », *RTD Com.* 1979, p. 372.
LARGUIER (J.), « L'action publique et l'action civile dans le Code de procédure pénale », *JCP G* 1959, I, 1495.
LASSALAS (Ch.), « L'actionnariat des salariés », *Mélanges en l'honneur de Jean STOUFFLET*, Paris, L.G.D.J., 2001, p. 169.
LASSERRE CAPDEVILLE (J.), « Les apports en droit pénal de l'ordonnance du 18 décembre 2008 portant réforme du droit des entreprises en difficulté », *AJ Pénal* 2009, p. 351.
LAUGIER (M.), « L'introuvable responsabilité du dirigeant social envers les tiers pour fautes de gestion ? », *Bulletin Joly sociétés* 2003, p. 1231.
LE BARS (B.), « Associations d'actionnaires et de défense des investisseurs », dans *Rép. sociétés Dalloz.*
LE BARS (B.), « Responsabilité civile des dirigeants sociaux », dans *Rép. sociétés Dalloz.*
LE CANNU (P.), « Directoire et conseil de surveillance », dans *Rép. sociétés Dalloz.*
LE CANNU (P.), « L'administrateur référent : un nouveau personnage au théâtre du conseil », *RTD Com.* 2013, p. 625
LE CANNU (P.), « Les sociétés anonymes à directoire vingt ans après », *Revue des sociétés* 1986, p. 575.
LE CANNU (P.), « Le règlement intérieur des sociétés », *Bulletin Joly sociétés* 1986, p. 723.
LE CANNU (P.), « La nature des fonctions des membres du conseil de surveillance d'une société anonyme », *Bulletin Joly sociétés* 1989, p. 479.
LE CANNU (P.), « Le principe de contradiction et la protection des dirigeants », *RTD Com.* 1996, p. 11.
LE CANNU (P.), « Pour une évolution du droit des sociétés anonymes avec directoire et conseil de surveillance », *Bulletin Joly sociétés* 2000, p. 483.

LE CANNU (P.), « Les conventions réglementées après la loi n° 2001-420 du 15 mai 2001 », *Bulletin Joly sociétés* 2001, p. 720.
LE CANNU (P.), « Des questions sans réponses », dans *Aspects actuels du droit des affaires – Mélanges en l'honneur d'Yves GUYON, Paris, Dalloz, 2003,* p. 603.
LE CANNU (P.), « L'encadrement de certains éléments de rémunération, indemnités et avantages accordés aux dirigeants », *RTD Com.* 2005, p. 764.
LE CANNU (P.), « La responsabilité civile des dirigeants de personne morale après la loi de sauvegarde des entreprises du 26 juillet 2005 », *Revue des sociétés* 2006, p. 743.
LE CANNU (P.), « Les lettres d'intention conquises par le Code civil », *RTD Com.* 2006, p. 421.
LE CANNU (P.), « L'encadrement des rémunérations des dirigeants de sociétés cotées », *Revue des sociétés* 2007, p. 465.
LE CANNU (P.), « La gouvernance choisie », *Revue Lamy droit des affaires*, juillet 2007, supplément, p. 15
LE CANNU (P.), « Les brumes de l'article L. 225-35 du Code de commerce », *Revue des sociétés* 2010, p. 17.
LE CANNU (P.), DONDERO (B.), « *Docere ignorantem* – retour sur les questions écrites », *Revue trimestrielle de droit financier* 2006/3, p. 109.
LE CANNU (P.), DONDERO (B.), « Encadrement des parachutes dorés par la loi TEPA », *RTD Com.* 2007, p. 764.
LE CANNU (P.), DONDERO (B.), « Les comités d'audit », dans COURET (A.), MALECKI (C.) (dir.), *Les défis actuels du droit financier*, Paris, Joly Editions, 2010, p. 191.
LE CANNU (P.), DONDERO (B.), « Information RSE : pratiques actuelles et recommandations pour l'avenir (recommandation AMF n° 2010-3 du 2 décembre 2010 – rapport AMF sur l'information publiée par les sociétés cotées en matière de responsabilité sociale et environnementale) », *Revue trimestrielle de droit financier* 2010/4, p. 117.
LE CANNU (P.), DONDERO (B.), « Le développement des informations sociales et environnementales du rapport de gestion », *RTD Com.* 2011, p. 740.
LE CORRE (P.-M.), « Les comités de créanciers », *Revue des procédures collectives* juillet 2011, p. 38.
LE CORRE (P.-M.) (dir.), « Chronique de droit des entreprises en difficulté », *Gazette du Palais* 13 juillet 2013, p. 18.
LE FEVRE (A.), « La participation des salariés aux conseils d'administration ou de surveillance des sociétés anonymes », *Revue des sociétés* 1987, p. 189.
LE NABASQUE (H.), « Rôle et place des mécanismes fondamentaux du droit civil en droit des affaires », *RTD Com.* 1999, p. 273.
LE NABASQUE (H.), « Recommandation de la COB sur les transactions effectuées par les dirigeants des sociétés cotées sur leurs titres », *Revue de droit bancaire et financier* 2002, comm. 117.

LE NABASQUE (H.), « Commentaire des principales dispositions de la loi n° 2003-706 », *Bulletin Joly sociétés* 2003, p. 859.
LE NABASQUE (H.), « Pitié pour le droit des sociétés ! L'exemple du cumul des mandats », dans *Mélanges offerts à Jean PAILLUSSEAU*, Paris, Dalloz, 2003, p. 343.
LE NABASQUE (H.), « Les mesures de défense anti-OPA depuis la loi n° 2006-387 du 31 mars 2006 », *Revue des sociétés* 2006, p. 237.
LE NABASQUE (H.), « Le sort des porteurs de valeurs mobilières donnant accès au capital face à une réduction de capital à zéro ou Du coup d'accordéon au coup de Trafalgar », dans COURET (A.), MALECKI (C.) (dir.), *Les défis actuels du droit financier*, Paris, Joly Editions, 2010.
LE NABASQUE (H.), « La règle "non bis in idem" et les abus de marché (à propos des arrêts de l'assemblée plénière du 8 juillet 2010) », *Revue de droit bancaire et financier* 2010, repère 6.
LE NABASQUE (H.), « Loi "Copé-Zimmermann" n° 2011-103 du 27 janvier 2011 relative à la représentation équilibrée des femmes et des hommes au sein des conseils d'administration et de surveillance (de certaines sociétés) et à l'égalité professionnelle », *Revue des sociétés* 2011, p. 454.
LE NABASQUE (H.), « Le champ d'application du nouveau say on pay (loi Sapin 2 du 9 décembre 2016 et décret du 16 mars 2017 », *Bulletin Joly sociétés* 2017, p. 263
LE ROUX (J.), « La détention par les non-résidents des actions des sociétés françaises du CAC 40 à fin 2011 », *Bulletin de la Banque de France*, 2012, n° 189, p. 2.
LE TOURNEAU (Ph.), « Mandat », dans *Rép. civ. Dalloz.*
LE TOURNEAU (Ph.), « De l'allègement de l'obligation de renseignements ou de conseil », *D.* 1987, Chron. p. 101.
LEBEL (Ch.), « Etre ou ne pas être en cessation des paiements », *Gazette du Palais* 2005, p. 2934.
LEBEL (Ch.), « Le dessaisissement du débiteur soumis à une procédure collective », dans *Mélanges offerts à Christian DUGAS DE LA BOISSONY*, Nancy, Presses universitaires de Nancy, 2009, p. 127.
LEBEL (Ch.), « Les plans de sauvegarde et de redressement dans l'ordonnance du 18 décembre 2008 », *Gazette du palais* 2009, p. 779.
LECLAIR (G.), « Impasses et crises au sein d'une société : quelques mesures pour s'en sortir », *JCP E* 2009, 2174.
LECOMPTE (H.), « Etude de divers problèmes concernant le fonctionnement des sociétés avec directoire », dans *Mélanges Daniel BASTIAN*, Tome I, Librairies Techniques, Paris, 1974, p. 154.
LECOURT (B.), « Administrateur provisoire », dans *Rép. sociétés Dalloz.*
LECOURT (B.), « Adaptation des règles du commissariat aux comptes au droit communautaire », *Revue des sociétés* 2009, p. 191

LECOURT (B.), « De l'utilité de l'action paulienne en droit des sociétés », dans *Aspects actuels du droit des affaires – Mélanges en l'honneur d'Yves GUYON,* Paris, Dalloz, 2003, p. 616.
LECOURT (B.), « La loi DDAC du 3 juillet 2008 réformant le Code de commerce dans ses dispositions relatives au gouvernement d'entreprise, aux fusions internes, à la SARL et à la SE », *Revue des sociétés* 2008, p. 563.
LECOURT (B.), « Application des règles relatives au gouvernement d'entreprise au sein de l'Union européenne », *Revue des Sociétés* 2010, p. 127.
LECOURT (B.), « Rémunérations des dirigeants de sociétés cotées et politique de rémunération dans le secteur des services financiers : bilan mitigé un an après la publication des recommandations du printemps 2009 », *Revue des Sociétés* 2010, p. 603.
LEFAILLET (Ch.), « Les comités d'audit, une nouvelle impulsion en 2010 », *Revue Lamy droit des affaires*, mai 2011, p. 99.
LEGROS (J.-P.), « La loi du 26 juillet 2005 de sauvegarde des entreprises. – Le sort des membres et dirigeants des personnes morales », *Droit des sociétés* janvier 2006, étude 2.
LEGROS (J.-P.), « Le domaine d'application de l'article 1844-7 7° du code civil », dans *Mélanges offerts à Daniel TRICOT*, Paris, 2011, Dalloz-LexisNexis, p. 507.
LEMOSSE (M.), « Le commerce antique jusqu'aux invasions arabes », dans LACOURT-GAYET (J.) (dir.), *Histoire du Commerce*, Tome II, Paris, SPID, 1950, p. 21
LEOBON (T.), « L'information du conseil d'administration : gestion et responsabilités », *Bulletin Joly sociétés* 2006, p. 168.
LEONARD (P.), « De la constitutionnalité des nationalisations », *Gazette du Palais* 1981, p. 440.
LEPAGE (A.), « Les sanctions en droit pénal des affaires – Réflexions sur la place et le rôle du droit pénal dans la vie des affaires », dans CHENAIS (C.), FENOUILLET (D.) (dir.), *Les sanctions en droit contemporain*, Vol. 1, Paris, Dalloz, 2012.
LERUTH (M.), « Gestion collective et gouvernement d'entreprise : de l'exercice des droits de vote à la défense des minoritaire », *Les petites affiches* 7 mai 1997, p. 19.
LETOURNEAU (A.), NACCARATO (M.), « La consécutivité des peines d'emprisonnement en droit pénal, les affaires *Autorité des marchés financiers c. Lacroix* et *La Reine c. Lacroix* », *Bulletin de droit économique* 2010, p. 20.
LETRÉGUILLY (H.), MADDEN (J.), « Le "soft law" en matière financière : le point de vue des praticiens », *Revue de droit bancaire et financier* 2012, dossier n° 6.
LIENHARD (A.), « Les particularités de la prescription de l'abus de biens sociaux », *AJ Pénal* 2006, p. 295.

LOUSSOUARN (Y.), « Rapport sur le contrôle des sociétés par les sociétés en droit français », dans *Travaux de l'Association Capitant*, Tome XV, Paris, Dalloz, 1967, p. 344.

LOUVARIS (A.), « Les raisons et l'objet de l'intervention de l'État », *JCP E* 2010, 1885.

LUCAS (F.-X.), « Les filiales en difficulté », *Les petites affiches* 4 mai 2001, p. 66.

LUCAS (F.-X.), « L'avenir de la révocabilité ad nutum des dirigeants sociaux », *Droit des sociétés* novembre 2001, p. 3.

LUCAS (F.-X.), « Le sort du débiteur », *Les petites affiches* 14 juin 2007, p. 60.

LUCAS (F.-X.), « Commentaire du chapitre VI, section II : Du jugement arrêtant le plan (articles L. 626-9 à L. 626-28 », *Les petites affiches* 8 février 2008, p. 81.

LUCAS (F.-X.), « Pour en finir avec la peine de mort infligée aux sociétés », *Bulletin Joly sociétés* 2008, p. 371.

LUCAS (F.-X.), « R comme rémunération, risque et responsabilité », *Bulletin Joly sociétés* 2009, p. 333.

LUCAS (F.-X.), « La "modernitude" s'invite dans les conseils d'administration », *Bulletin Joly sociétés* 2009, p. 945.

LUCAS (F.-X.), « Les innovations introduites par l'ordonnance n° 2008-1345 du 18 décembre 2008 : morceaux choisis », *Les petites affiches* 22 avril 2010, p. 47.

LUCAS (F.-X.), « Femmes… je vous aime… – Réponse à la réponse de Philippe Reigné au sujet de la proposition visant à assurer la parité dans les conseils d'administration », *JCP E* 2010, 1170.

LUCAS (F.-X.), « Les femmes et le conseil d'administration (suite…) », *Bulletin Joly sociétés* 2010, p. 431.

LUCAS (F.-X.), « Le principe du contradictoire en droit des sociétés », dans CABRILLAC (R.), FRISON-ROCHE (M.-A.), REVET (T.) (dir.), *Libertés et droits fondamentaux*, 18ème éd., Paris, Dalloz, 2012, p. 807 et s.

MACORIG-VENIER (F.), SAINT-ALARY-HOUIN (C.), « Les créanciers dans l'ordonnance n° 2008-1345 du 18 décembre 2008 portant réforme du droit des entreprises en difficulté », *Revue des procédures collectives* janvier 2009, p. 65.

MAGNIER (V.), « Gouvernance des sociétés cotées », dans *Rép. sociétés Dalloz*.

MAGNIER (V.), « Le principe se conformer ou s'expliquer, une consécration en trompe l'œil ? », *JCP E* 2008, Act. 280.

MAGNIER (V.), « Nouvelles mesures en faveur de la démocratie actionnariale dans les sociétés cotées », *Revue des sociétés* 2011, p. 267.

MALABAT (V.), « Les aspects internationaux du blanchiment », *Revue de droit bancaire et financier* juillet-août 2005, p. 41.

MALAURIE (Ph.), « La Cour de cassation au XXème siècle », dans *Rapport de la Cour de cassation*, Paris, La Documentation Française, 1999, p. 19.
MALECKI (C.), « Informations sociales et environnementales : de nouvelles responsabilités pour les sociétés cotées ? », *D.* 2003, p. 818.
MALECKI (C.), « Les retouches apportées au régime des conventions par le projet de loi de sécurité financière », *D.* 2003, p. 1350.
MALECKI (C.), « L'État actionnaire et la gouvernance des entreprises publiques », *D.* 2005, p. 1028.
MALECKI (C.), « La loi n° 2006-387 du 31 mars 2006 relative aux offres publiques d'acquisition et l'information des actionnaires et des salariés », *D.* 2006, p. 2314.
MALECKI (C.), « Les recommandations de l'AMF sur l'information publiée par les sociétés cotées en matière de responsabilité sociale et environnementale », *JCP E* 2010, 2140.
MALECKI (C.), « Le décret du 24 avril 2012 relatif "aux obligations de transparence des entreprises en matière sociale et environnementale" », *Bulletin Joly sociétés* 2012, p. 590.
MALECKI (C.), « La finance durable », *Revue de droit bancaire et financier* 2013, dossier n° 29.
MALECKI (C.), « Des chiffres et des lettres… de noblesse du reporting non financier », *Bulletin Joly sociétés* 2013, p. 780.
MALECKI (C.), « L'ISR : une définition à géométrie variable », *Bulletin Joly bourse* 2014, p. 420.
MALECKI (C.), « Publication de la directive *RSE* ou comment faire confiance à la gouvernance d'entreprise durable », *Bulletin Joly sociétés* 2014, p. 732.
MALECKI (C.), « Finance durable et RSE », *Revue de droit bancaire et financier* 2015, dossier 12.
MALECKI (C.), « Devoir de vigilance des sociétés mères et des entreprises donneuses d'ordre : la France peut-elle faire cavalier seul ? », *Bulletin Joly sociétés* 2015, p. 171.
MANGENET (D.), MARTIN (J.-Y.), ROBINE (D.), « Comités d'audit : une consécration entourée d'incertitudes », *Droit des sociétés* 2010, étude 2.
MANGENET (D.), MARTIN (J.-Y.), ROBINE (D.), « Les comités spécialités dits "comités d'audit" », *Actes pratiques et ingénierie financière*, mai 2011, p. 4.
MANSUY (F.), « Assemblée générale des actionnaires – Règles communes à toutes les assemblées – Préparation de l'assemblée. Information des actionnaires », dans *J.-Cl. Sociétés Traité*, fasc. 136-30.
MARLY (P.-G.), « La faute dans l'assurance de responsabilité des dirigeants », *JCP E* 2006, 1490.
MARLY (P.-G.), « Le paiement des primes par la société : réflexion sur la légitimité d'une pratique », *Bulletin Joly sociétés* 2010, p. 772.
MARRAUD DES GROTTES (A.), « Les dirigeants, le management, et leur entourage sous surveillance », *Droit et patrimoine*, mars 2006, p. 54.

MARTIN (D.), « L'intérêt des actionnaires se confond-il avec l'intérêt social ? », dans *Mélanges Dominique SCHMIDT*, Paris, Joly éditions, 2005, p. 319.

MARTIN (D.), TIEU (O.-T.), « La responsabilité civile des membres du comité spécialisé », *RJDA* 2010, p. 867.

MARTIN (D.), TIEU (O.-T.), « La responsabilité civile des administrateurs de sociétés – Evolutions jurisprudentielles », *JCP G* 2010, 740.

MARTIN (D.), « Réparation (intégrale) des préjudices boursiers : sortons du brouillard », dans GOURIO (A.), DAIGRE (J.-J.) (dir.), *Mélanges AEDBF-France VI*, Paris, Revue Banque éditions, 2013, p. 399

MARTIN (G. J.), « Commentaire des articles 225, 226 et 227 de la loi n° 2010-788 du 12 juillet 2010 portant engagement national pour l'environnement (dite Grenelle II) », *Revue des sociétés* 2011, p. 75.

MARTIN-LAPRADE (F.), « L'admission aux négociations », *Bulletin Joly bourse* 2007, p. 621.

MARTIN-LAPRADE (F.), PORTIER (Ph.), DENIAUD (C.), PACLOT (Y.), GAGNEUX (C.), « "Say on pay" : droit de regard des actionnaires sur la rémunération des dirigeants sociaux », *Actes pratiques et ingénierie sociétaire* septembre 2017, dossier 9

MARTINEAU-BOURGNINAUD (V.), « L'obligation de mixité dans les conseils d'administration et de surveillance », *D.* 2010, p. 599.

MARTINON (A.), « L'information et la consultation des représentants du personnel : nouveaux droits ou nouveau partage de responsabilités ? », *JCP S* 2013, 1263.

MARTIN-SERF (A.), « L'intérêt collectif des créanciers ou l'impossible adieu à la masse », dans *Mélanges en l'honneur d'Adrienne HONORAT*, Paris, éd. Frison-Roche, 2000, p. 155.

MARTIN-SERF (A.), « La procédure de sauvegarde 2ème partie : … Tout en restant chef dans son entreprise », *Les petites affiches* 14 juin 2007, p. 21.

MARTIN-SERF (A.), « Réforme des procédures collectives – Sanctions civiles », *Revue des procédures collectives*, Janvier 2009, étude 14.

MASCALA (C.), « Droit pénal des affaires, avril 2008 – mai 2009 », *D.* 2009, p. 1723.

MASCALA (C.), « Le dirigeant d'une société en liquidation : faut-il réformer les sanctions ? », *Revue des procédures collectives* avril 2008, dossier 11.

MASCALA (C.), « Le régime des sanctions dans la loi de sauvegarde des entreprises (Loi du 26 juillet 2005 et décret du 28 décembre 2005) », *RTD Com.* 2006, p. 209.

MASON (A.), BURGALA (G.), « Aspects de droit boursier des restructurations », *Cahiers de droit de l'entreprise* juillet 2011, dossier 22.

MASSIE (J.-A.), « La mise en pratique des réformes : le point de vue des actionnaires », *Les petites affiches* 2 août 2007, p. 21.

MATSOPOULOU (H.), « La banqueroute (Quelques aspects d'actualisation) », *Les petites affiches* 18 juin 2008, p. 30.

MATSOPOULOU (H.), « Le nouveau régime des incapacités commerciales », *Droit pénal* 2008, étude 24.
MATSOPOULOU (H.), « Le retour en grâce de l'intérêt personnel dans l'abus des biens sociaux », *D.* 2005, p. 2075.
MATSOPOULOU (H.), « Réflexions sur la faillite personnelle et l'interdiction de gérer après les ordonnances récentes de 2004 et 2005, et la loi de sauvegarde des entreprises du 26 juillet 2005 », *D.* 2007, p. 104.
MAZEAUD (L.), « Rapport sur la souveraineté de fait dans les sociétés anonymes en droit français », dans ASSOCIATION HENRI CAPITANT, *La responsabilité civile et pénale des administrateurs des sociétés, journées brésiliennes*, Tome XV, Paris, Dalloz, 1967, p. 330.
MEDAIL (V.), « Le rapport du président du conseil sur les procédures de contrôle interne », *JCP E* 2004, 734.
MERCIER (V.), « Contrainte environnementale et création de valeurs », dans COURET (A.), MALECKI (C.), *Les défis actuels du droit financier*, Paris, Joly Editions, 2010, p. 260.
MERCIER (V.), « Responsabilité sociétale des entreprises et droit des sociétés : entre contrainte et démarche volontaire », *Droit des sociétés* 2011, étude 6.
MERCIER (V.), « Responsabilité sociétale des entreprises : une remise en cause de la loi Grenelle II par la loi du 22 octobre 2010 de régulation bancaire et financière », *Bulletin Joly sociétés* 2011, p. 103.
MERLE (Ph.), « Faut-il vraiment créer un troisième type de direction des sociétés anonymes en France ? », *Bulletin Joly sociétés* 2000, p. 473.
MERLE (Ph.), « Les conventions au sein des groupes », *Les petites affiches* 4 mai 2001, p. 49.
MERLE (Ph.), « Du commissaire de surveillance au contrôleur légal des comptes », dans *1807-2007, Livre du bicentenaire du Code de commerce*, Paris, Dalloz, 2007, p. 229.
MERLE (Ph.), « Les nouvelles responsabilités des comités d'audit », *Bulletin Joly sociétés* 2009, p. 216.
MERVILLE (A.-D.), « La responsabilité civile, pénale et administrative des agences de notation », *Revue de droit bancaire et financier* 2013, étude n° 9.
MICHA-GOUDET (R.), « Inopposabilité des cautions, avals et garanties irrégulièrement donnés par le président du conseil d'administration : une sanction critiquable », *JCP E* 1998, p. 840.
MICHEL (J.), « La loi du 4 mars 1943 relative aux sociétés par actions », *Gazette du Palais* 1943, Doctrine, p. 50.
MIELLET (D.), « Défaut d'autorisation des cautions, avals et garanties : inopposabilité + absence de faute séparable = impunité ? », *JCP E* 2003, 1394.
MOLINS (F.), « Action publique », dans *Rép. pén. Dalloz.*
MONNET (J.), « Assurance de responsabilité – Dirigeants sociaux », dans *J.-Cl. Sociétés Traité*, fasc. 132-15.

MONSERIE-BON (M.-H.), « Capital variable (sociétés à) », dans *Rép. sociétés Dalloz.*
MONSERIE-BON (M.-H.), « Entreprises en difficulté (Détection des difficultés) », dans *Rép. com. Dalloz.*
MONTERAN (T.), « L'état de cessation des paiements clef de voûte des procédures collectives », *Revue des procédures collectives* mars 2001, p. 1.
MONTERAN (T.), « La réforme des responsabilités et sanctions », *Gazette du Palais* 2009, p. 841.
MORET-BAILLY (J.), « Définir les conflits d'intérêts », *D.* 2011, p. 1100.
MORTIER (R.), « La féminisation forcée des conseils d'administration », *Droit des sociétés* 2011, comm. 75.
MOULIN (J.-M), « La participation des salariés à la gestion de la société (le comité d'entreprise actionnaire) », *Bulletin Joly sociétés* 2002, p. 571.
MOULIN (J.-M.), « La loi n° 2006-387 du 31 mars 2006 transposant la directive OPA du 21 avril 2004 », *JCP E* 2006, 1651.
MOUSSERON (P.), « Turbulences autour des prêteurs obligataires (à propos de Com., 27 janvier 2009) », *Bulletin Joly sociétés* 2010, p. 200.
MÜLLER (A.-C.), « Révision du règlement CE n° 1060/2009 », *Revue de droit bancaire et financier* 2013, comm. n° 116.
MULLER (Y.), « L'abus réprimé : la correction par le juge », *Gazette du Palais* 2009, p. 3659.
NAVARRO (J.-L.), « Droit comptable », *JCP E* 2004, 1441
NAVARRO (J.-L.), « Le rapport sur les procédures de contrôle interne : de la loi du 1er août 2003 à la loi du 26 juillet 2005 », *Bulletin Joly sociétés* 2006, p. 135.
NEAU-LEDUC (Ch.), « La responsabilité sociale des entreprises : un nouvel enjeu fiscal », *Revue de droit fiscal* 2012, 131.
NEUVILLE (C.), « Le gouvernement d'entreprise : pour quoi faire ? », *Les petites affiches* 7 mai 1997, p. 24.
NICINSKI (S.), « L'État actionnaire, état des réflexions », dans *Mélanges en l'honneur d'Yves JEGOUZO*, Paris, Dalloz, 2011, p. 157.
OHL (D.), « Valeurs mobilières », dans *Rép. sociétés Dalloz.*
OLLARD (R.), « L'abus des biens sociaux est-il un contrôle de gestion des entreprises? », *Droit pénal* 2009, étude 19.
OMAGGIO (A.), « Faut-il encadrer l'activité des agences de conseil en vote (proxy advisors) ? », *JCP E* 2009, 2065.
OMAGGIO (A.), « Transposition de la Directive relative aux droits des actionnaires de sociétés cotées », *JCP G* 2011, 190.
OPPETIT (B.), « Droit et économie », *Archives de philosophie du Droit*, Tome XXXVII, 1992, p. 17.
OPPETIT (B.), « Ethique et vie des affaires », dans *Mélanges offerts à André COLOMER*, Paris, Litec, 1993, p. 319.
PACLOT (Y.), « A propos du décret du 30 mars 2009 sur les rémunérations de certains dirigeants », *Revue de droit bancaire et financier* 2009, repère 2.

PACLOT (Y.), « Vers une régulation financière mondiale », *Revue de droit bancaire et financier* 2009, repère 6.
PACLOT (Y.), « La juridicité du Code AFEP/MEDEF de gouvernement d'entreprise des sociétés cotées », *Revue des sociétés* 2011, p. 395.
PACLOT (Y.), « Gouvernance d'entreprise : la révision du code AFEP-MEDEF préférée à la loi », *Bulletin Joly sociétés* 2013, p. 556.
PACLOT (Y.), MALECKI (C.), « Le nouveau régime des rémunérations, indemnités et avantages des dirigeants des sociétés cotées », *D.* 2007, p. 2481.
PAILLUSSEAU (J.), « Respect des équilibres, choix de société et gestion du risque financier systémique », *Revue de droit bancaire et financier* 2010, étude 36.
PARACHKEVOVA (I.), « La nouvelle responsabilité des dirigeants dans les procédures collectives : révolution ou évolution ? », *Les petites affiches* 19 décembre 2005, p. 4.
PARACHKEVOVA (I.), « Les dispositions relatives aux conventions réglementées dans l'ordonnance du 31 juillet 2014 : en attendant la prochaine réforme », *Bulletin Joly sociétés* 2014, p. 481.
PELTIER (F.), « *Proxy fight* et action de concert », *Revue de droit bancaire et financier* 2005, meilleure pratique n° 4.
PELTIER (F.), « Réflexions sur les limites du contentieux en matière de visa COB dans les OPA », *Bulletin Joly bourse* 2002, p. 293.
PELTIER (M.), MELI (Th.), « Agences de conseil en vote et pouvoirs des assemblées générales de sociétés cotées », *JCP E* 2013, 1191.
PERCEROU (J.), « Commentaire de la loi du 4 mars 1943 relative aux sociétés par actions », *D.* 1943, Législation, p. 66.
PERCHET (Ch.), « Pertinence et pérennité de la SA avec conseil d'administration », *Bulletin Joly sociétés* 2009, p. 440.
PEREZ (J.-M.), « Esquisse sur la responsabilité civile des dirigeants sociaux en droit américain », *Revue des sociétés* 2003, p. 195.
PERROUD (J.), « La condition de l'actionnaire », *dans Etudes offertes à Georges RIPERT*, Tome II, Paris, L.G.D.J., 1950, p. 319.
PETEL (Ph.), « Le nouveau droit des entreprises en difficulté », *JCP E* 2005, 1509.
PETIT (B.), « Le préjudice personnel de l'associé », *RJDA* 2005 p. 924.
PIEDELIEVRE (S.), « Le nouvel article 2286 4° du Code civil », *D.* 2008, p. 2950.
PIETRANCOSTA (A.), POULLE (J.-B.), « Le principe appliquer ou expliquer », dans Erik LE DOLLEY (dir.), *Les concepts émergents en droit des affaires*, Paris, L.G.D.J. coll. Droit et économie, 2010, p. 377.
PIETRANCOSTA (A.), « Délits boursiers : la réparation du préjudice subi par l'investisseur », *Revue trimestrielle de droit financier* 2007/3, p. 21.
PIN (X.), « Le centenaire de l'arrêt Laurent-Atthalin », *D.* 2007, p. 1025.

PINIOT (M.-C.), « Responsabilité civile des dirigeants sociaux, non-cumul des actions du droit des sociétés et du droit des procédures collectives », *RJDA* 1995, p. 639.
PIROVANO (A.), « La "boussole" de la société. Intérêt commun, intérêt social, intérêt de l'entreprise ? », *D.* 1997, p. 199.
POMMIER (P.), « Droit de vote des non-résidents dans les sociétés cotées Françaises », *Revue trimestrielle de droit financier* 2011/4, p. 87.
PONS-HENRY (J.-Ph.), « Déclaration des transactions : les dirigeants d'émetteurs rappelés à l'ordre », note sous Sanct. AMF, 1ère sect., 1er octobre 2009, Sociétés Théolia et Colibri, Jean-Marie Santander, A, Philippe Perret et Mme B », *Bulletin Joly bourse* 2010, p. 22.
PORACCHIA (D.), « Responsabilités dans l'élaboration des informations financières relatives à la société et indépendance des commissaires aux comptes », *Les petites affiches* 17 octobre 2002, p. 4,
PORACCHIA (D.), « La responsabilité des conseils et contrôleurs », *Droit et patrimoine* septembre 2003, p. 94.
PORACCHIA (D.), « Regard sur l'évolution de la profession de commissaire aux comptes », *Les petites affiches* 30 septembre 2004, p. 3.
PORACCHIA (D.), MERLAND (L.), LAMOUREUX (M.), « Commissaire aux comptes », dans *Rép. sociétés Dalloz.*
PORACCHIA (D.), MERLAND (L.), « Le lien direct à la gestion de la société commerciale comme critère de la compétence des tribunaux de commerce », *Revue Lamy droit des affaires* décembre 2009, p. 10
PORACCHIA (D.), MARTIN (D.), « Regard sur l'intérêt social », *Revue des sociétés* 2012, p. 475.
PORRECA (R.), « Le recours au cautionnement en matière de procédures collectives », *Revue de droit bancaire et financier* 2010, dossier 15.
POULLE (J.-B.), « L'apparition du principe se conformer ou expliquer en droit français », *Revue trimestrielle de droit financier* 2008/1, p. 41.
POULLE (J.-B.), « La mise à l'épreuve du principe "se conformer ou expliquer" au Royaume-Uni », *JCP E* 2009, 1123.
PRADEL (J.), « La liberté du président des assises dans la maîtrise du déroulement des débats », *D.* 1993, p. 205.
PRALUS (M.), « Contribution au procès du délit d'abus de biens sociaux », *JCP* 1997, I, 4001.
PRIEUR (J.), D'ANCHALD (Ph.), TANDEAU DE MARSAC (V.), PERINNE (X.), « La responsabilité des membres des comités dans les sociétés par actions », *Actes Pratiques* Mars/Avril 2001, p. 5.
PRÜM (A.), « La crise financière défie les autorités européennes et américaines de surveillance », *Revue de droit bancaire et financier* 2008, repère 7.
PRÜM (A.), « Les agences de notation dans la ligne de mire des politiques », *Revue de droit bancaire et financier* 2009, repère 1.

RAMETTE (R.), « La réforme de la COB et le cumul de pouvoirs normatif, de sanction, et d'investigation », *Bulletin Joly bourse* 1995, p. 483.
RAYNAUD (B.), « La prévention des conflits d'intérêts dans les sociétés par actions », *JCP E* 2003, 354.
REBUT (D.), « Abus de biens sociaux », dans *Rép. pen. Dalloz.*
REBUT (D.), « Les sanctions pénales et la gestion des sociétés », *Revue de jurisprudence commerciale*, novembre 2001, p. 119.
REIGNE (Ph.), « Révocabilité *ad nutum* des mandataires sociaux et faute de la société », *Revue des sociétés* 1991, p. 499.
REIGNE (Ph.), « Les femmes et les conseils d'administration – Réponse à un éditorial de M. François-Xavier Lucas », *JCP E* 2010, 1048.
REINHARD (Y.), PETIT (B.), « La responsabilité civile des dirigeants », *RTD Com.* 1997, p. 282.
RENUCCI (J.-F.), « Prescription de l'abus de biens sociaux », *Revue de science criminelle* 2000, p. 410.
RIASSETTO (I.), « Fonds éthiques et sociétés commerciales », dans *Mélanges offerts à Dominique SCHMIDT*, Paris, Joly éditions, 2005, p. 401.
RIASSETTO (I.), « OPCVM d'épargne salariale », *Revue de droit bancaire et financier* 2011, comm. 73.
RIASSETTO (I.), « Finance alternative : quels fonds d'investissement pour quelles aspirations ? », *Revue de droit bancaire et financier* 2013, dossier 28
RIASSETTO (I.), « Les OPC de partage », *Bulletin Joly bourse* 2013, p. 89
RICHARD (B.), « Enjeux et appréciations de l'indépendance des administrateurs », *Cahiers de droit de l'entreprise*, n° 5, 2005, p. 46.
RIGGS (J.), « Le devoir de loyauté des dirigeants sociaux en droit américain », *Gazette du Palais* 3 décembre 2000, p. 62.
RIVERO (J.), « Ni lu, ni compris ? », *Actualité juridique de droit administratif* 1982, p. 209.
ROBACZEWSKI (C.), « La non-réforme des sanctions pénales dans la loi de sauvegarde des entreprises », *Gazette du Palais* 10 septembre 2005, p. 48.
ROBERT (J.), « Les lois du 11 juillet et du 6 août 1975 en matière pénale », *JCP* 1975, I, 2729.
ROBERT (J.-H.), « Tableau récapitulatif des dépénalisations opérées depuis 2003 dans le droit des sociétés par actions », *Droit des sociétés* 2005, étude 3.
ROBERT (J.-H.), « Banqueroutes et autres infractions : commentaire des dispositions pénales de la loi n° 2005-845 du 26 juillet 2005 », *Cahiers du droit de l'entreprise* janvier 2006, p. 40.
ROBERT (J.-H.), « La banqueroute et ses infractions satellites de 1807 à 2005 », dans *Livre du bicentenaire du Code de commerce*, Paris, Dalloz, 2007, p. 261.
ROBINE (D.), « L'extension de la procédure de redressement ou de liquidation judiciaires », dans *Mélanges AEDBF IV*, Paris, Revue Banque Edition, p. 325.

ROCHFELD (J.), « Les droits potestatifs accordés par le contrat », dans *Etudes offertes à Jacques GHESTIN*, Paris, L.G.D.J., 2001, p. 747 et s.
ROLLAND (B.), « Toutes les sociétés doivent rendre des comptes environnementaux », *Droit des sociétés* 2003, Chron. 10.
ROUSSEAU (S.), « L'analyse économique du droit », *D.* 2009, p. 352.
ROUSSEL-GALLE (Ph.), « La procédure de sauvegarde. Quand et pourquoi se mettre sous la protection de la justice ? », *JCP E* 2006, 2437.
ROUSSEL-GALLE (Ph.), « Le dirigeant de société et le "nouveau" droit des entreprises en difficulté issu de la réforme du 18 décembre 2008 », *Revue des sociétés* 2009, p. 249.
ROUSSILLE (M.), « Ordonnance du 31 juillet 2014 : dispositions relatives aux conventions réglementées », *Droit des sociétés* 2014, comm. 144.
ROUSSILLE (M.), « Loi Sapin 2 et droit des sociétés », *JCP E* 2017, 1048.
RUELLAN (C.), « Les conditions de désignation d'un administrateur provisoire », *Droit des sociétés* 2000, n° 10, chron. 20.
RUELLAN (C.), « Essai sur les conditions d'assurabilité des fautes commises par les mandataires et dirigeants sociaux », dans *Mélanges en l'honneur de Philippe MERLE*, Paris, Dalloz, 2012, p. 627.
SAINT-ALARY (B.), SAINT-ALARY-HOUIN (C.), « Le dirigeant caution », *Droit et patrimoine*, février 1996, p. 41
SAINT-ALARY-HOUIN (C.), « La gestion de l'entreprise », dans *RTD Com. 1986, numéro spécial tome I*, p. 42.
SAINT-ALARY-HOUIN (C.), « La répartition des pouvoirs au cours de la période d'observation », *Revue des procédures collectives* 1990, p. 9.
SAINT-ALARY-HOUIN (C.), « L'action en extension d'une procédure collective dans les groupes de sociétés, une action à parfaire ! », dans *Mélanges en l'honneur de Philippe MERLE*, Paris, Dalloz, 2012, p. 638.
SAINTOURENS (B.), « Les prérogatives du comité d'entreprise après la loi relative aux nouvelles régulations économiques », *Bulletin Joly sociétés* 2002, p. 7.
SAINTOURENS (B.), EMY (Ph.), « Nouvelle étape de "simplification" du droit des sociétés par la loi n° 2012-387 du 22 mars 2012 », *Revue des sociétés* 2012, p. 335.
SALEILLES (R.), « Etude sur l'histoire des sociétés en commandite », *Annales de droit commercial*, 1895, p. 29.
SALOMON (R.), « Dispositions pénales de la loi n° 2012-387 du 22 mars 2012 », *Droit des sociétés* 2012, comm. 110.
SAUCIER (L.), BORDE (D.), « Les membres du comité des comptes sont-ils responsables ? », *Bulletin Joly sociétés* 2006, p. 845.
SAYAG (A.), « Introduction », dans SAYAG (A.) (dir.), *Le commissariat aux comptes, Renforcement ou dérive ?*, Vol. 1, Paris, Librairies Techniques, 1989, p. 3.

SAYOUS (A.-E.), « Les sociétés anonymes par actions, leur nature dégagée par la méthode historique d'après l'histoire de la compagnie hollandaise des Indes orientales de 1602 à 1623 », *Revue d'économique politique* 1902, p. 614.
SCHAPIRA (J.), « L'intérêt social et le fonctionnement de la société anonyme », *RTD Com.* 1971, p. 970.
SCHILLER (S.), « L'indemnisation du préjudice de l'actionnaire en cas de diffusion d'une information erronée », *Droit des sociétés* 2009, étude 12.
SCHLUMBERGER (E.), « Chronique de droit européen des sociétés (novembre 2016 – mai 2017), *Droit des sociétés* 2017, chron. 2.
SCHMIDT (D.), « De l'intérêt social », *JCP E* 1995, 488.
SCHMIDT (D.), « Les définitions du contrôle d'une société », *Revue de jurisprudence commerciale* novembre 1998, p. 9.
SCHMIDT (D.), « Le rapport sur les conditions de préparation et d'organisation des travaux du conseil d'administration », dans *Mélanges offerts à Philippe SIMLER*, Paris, LexisNexis-Dalloz, 2006, p. 509-510.
SCHMIDT (D.), « De quelques règles procédurales régissant l'action en responsabilité civile contre les dirigeants de sociétés "cotées" *in bonis* », dans *Mélanges offerts à Paul DIDIER*, Paris, Economica, 2008, p. 388.
SCHMIDT (D.), « Des "conventions réglementées" à la publication des transactions entre parties liées », dans *Mélanges en l'honneur de Philippe MERLE*, Paris, Dalloz, 2012, p. 646
SCHMIDT (D.), « Conventions réglementées : commentaire du rapport du groupe de travail de l'AMF sur les assemblées générales d'actionnaires de sociétés cotées », *Revue des sociétés* 2012, p. 139.
SEJOURNE (B.), « Comment les épargnants français intègrent-ils le paramètre temps dans la gestion de leur portefeuille ? – Deuxième Partie », *Les cahiers scientifiques de l'AMF*, mai 2007, p. 24.
SIMLER (Ph.), « Histoire d'une impasse : la sanction des cautions, avals ou garanties consentis pour le compte des sociétés par actions », dans *Mélanges offerts à Dominique SCHMIDT*, Paris, Joly éditions, 2005, p. 458.
SOBCZAK (A.), « L'obligation de publier des informations sociales et environnementales dans le rapport annuel de gestion – Une lecture critique de la loi NRE et de son décret d'application », *JCP E* 2003, 542.
SOINNE (B.), « La procédure d'alerte instituée par la loi du 1er mars 1984 et la mission du commissaire aux comptes », *JCP E* 1985, II, 14563.
SORDINO (M.-C.), « Aménagements conventionnels et révocation *ad nutum* des dirigeants de société anonyme », dans *Mélanges Christian MOULY*, Litec, Paris, 1998, p. 260-261
SORDINO (M.-C.), « Banqueroute par détournement d'actif et abus de biens sociaux : un conflit de qualification… des solutions en clair obscur », dans *Mélanges offerts à Michel CABRILLAC*, Paris, Dalloz-Litec, 1999, p. 697.
SORDINO (M.-C.), « Les sanctions pénales du droit des entreprises en difficulté après l'ordonnance n° 2008-1345 du 18 décembre 2008 », *Gazette du palais* 14 mai 2009, p. 5.

SORTAIS (J.-P.), « Abus de droit (majorité, minorité, égalité) », dans *Rép. sociétés Dalloz.*
SORTAIS (J.-P.), « Protection des minoritaires (droit boursier), dans *Rép. sociétés Dalloz.*
SORTAIS (J.-P.), « Rapport sur l'expertise de l'article 226 », *Gazette du palais* 1975, I, p. 29.
SOUAM (S.), « L'efficacité préventive des décisions en matière de concentration », *Les petites affiches* 28 décembre 2000, n° 259, p. 16.
SOUWEINE (C.), « Garants et dirigeants dans les procédures collectives au regard de la loi nouvelle », dans BLANC (G.), LESTOURNELLE (Ch.) (dir.), *La loi du 26 juillet 2005 sur la sauvegarde des entreprises*, Aix-en-Provence, Presses Universitaires d'Aix-Marseille, 2006, p. 149
SPITERI (P.), « L'éthique des affaires », dans *Mélanges en l'honneur de Roger PERCEROU*, Paris, Vuibert, 1990, p. 203.
STASIAK (F.), « Les cumuls de sanctions en droit boursier », *Bulletin Joly bourse* 1997, p. 181.
STASIAK (F.), « La réception et la cohérence des considérations économiques relatives à l'abus de biens sociaux », *Les petites affiches* 19 mai 2005, p. 35.
STORCK (M.), « Contrats et obligations. – Représentation dans les actes juridiques », dans *J.-Cl. Civil Code.*
STORCK (M.), « Du contrôle d'une société en droit français », *Revue des sociétés* 1986, p. 394.
STORCK (M.), « L'AMF rappelle son attachement au vote de tous les actionnaires et publie une recommandation relative aux agences de conseil en vote », *Revue de droit bancaire et financier*, mai 2011, comm. 115
STORCK (M.), « Recommandation AMF n° 2011-06 du 18 mars 2011 sur les agences de conseil en vote », *RTD Com.* 2011, p. 380.
STORCK (M.), « Le risque, 10 ans après l'affaire Enron – Rapport de synthèse », *JCP E* 2012, 1393.
SUPIOT (M.), BIROTHEAU (P.), « AGOA 2013 – SA dont des titres financiers sont admis aux négociations sur un marché réglementé », *JCP E* 2013, 1103.
TAQUET (F.), « La loi sur les nouvelles régulations économiques. L'amélioration des conditions d'information des comités d'entreprise », *JCP G* 2001, Act. p. 1357.
TCHOTOURIAN (I.), « H.R. 3269 : la réaction des parlementaires américains en matière de rémunération des dirigeants », *Bulletin Joly sociétés* 2009, p. 950.
TCHOTOURIAN (I.), « L'ISR imposé aux gérants de portefeuille : big bang ou coup d'épée d'ans l'eau de la loi Grenelle II ? », *Revue de droit bancaire et financier* 2011, étude 21.

TCHOTOURIAN (I.), « Adoption du décret 2012-557 du 24 avril 2012 : le *reporting* extra-financier des sociétés revisité », *Bulletin Joly bourse* 2012, p. 300.
TEBOUL (G.), « Le rapport de Roux : vers une nouvelle réforme du droit des entreprises en difficulté ? », *Gazette du Palais* 2007, p. 323.
TEBOUL (G.), « L'information due au marché par une société cotée en difficulté », *Les petites affiches* 23 septembre 2009, p. 3.
TEBOUL (G.), « La dépossession des actionnaires comme mode de traitement des difficultés d'une entreprise », *JCP E* 2009, 2171.
TERRÉ (F.), « La disparition des tantièmes – commentaire de la loi n° 75-1347 du 31 décembre 1975 », *Revue des sociétés* 1976, p. 237.
TEYSSIÉ (B.), « Comité d'hygiène, de sécurité et des conditions de travail – Normes générales », dans *J.-Cl. Travail Traité*, Fasc. 20-20.
TEYSSIÉ (B.), « Propos iconoclastes sur le droit des licenciements économiques », *JCP G* 1996, 3902.
TEYSSIÉ (B.), « Note relative au droit pénal du travail », dans Livre du bicentenaire du Code pénal et du Code d'instruction criminelle, Paris, Dalloz, 2010, p. 695.
THALLER (E.-E.), « Les sociétés par actions dans l'ancienne France », *Annales de droit commercial* 1901, p. 185.
THIVEAUD (J.-M.), « L'histoire au présent, de la gouvernance des grandes sociétés », *Revue d'économie financière* 1994, Vol. 31, p. 243.
TORCK (S.), « AMF : un pas vers la régulation des agence de conseil en vote », *Droit des sociétés* Juillet 2011, comm. 134.
TORCK (S.), « Sollicitation active de mandats, action de concert et offre publique obligatoire », *Bulletin Joly bourse* 2011, p. 334.
TORCK (S.), « Commentaire du rapport Poupart-Lafarge sur les assemblées générales d'actionnaires de sociétés cotées », *Bulletin Joly bourse* 2012, p. 222.
TORCK (S.), « Rémunération des dirigeants de sociétés cotées : la régulation plutôt que la moralisation », *Droit des sociétés* 2013, comm. 163.
TREBULLE (F.-G.), « L'environnement en droit des affaires », dans *Aspects actuels du droit des affaires – Mélanges en l'honneur d'Yves GUYON*, Paris, Dalloz, 2003, p. 1051.
TREBULLE (F.-G.), « Prochaine abrogation de la loi du 30 mai 1857 », *Droit des sociétés* 2004, comm. 182.
TREBULLE (F.-G.), « Stakeholder theory et droit des sociétés », *Bulletin Joly sociétés* 2006, p. 1337 et *Bulletin Joly sociétés* 2007, p. 7.
TREBULLE (F.-G.), « Environnement et droit des sociétés », *Droit des sociétés* 2010, étude 19.
TREBULLE (F.-G.), « Entreprise et développement durable », *JCP E* 2010, 1890.
TREBULLE (F.-G.), « Entreprise et développement durable », *Droit des sociétés* 2011, chron. 1.

TRICOT (D.), « Abus de droit dans les sociétés : abus de majorité et abus de minorité », *RTD Com.* 1994, p. 617.
TRICOT (D.), « Propos conclusifs : la cessation des paiements, une notion stable, souple et sûre », *Les petites affiches* 14 juin 2007, p. 44.
TUNC (A.), « L'effacement des organes légaux de la société anonyme », *D.* 1952, chron. XVII, p. 71.
TUNC (A.), « Le gouvernement des sociétés anonymes : le mouvement de réforme aux États-Unis et au Royaume-Uni », *Revue Internationale de droit comparé* 1994, p. 59. TUNC (A.), « Le gouvernement des sociétés anonymes au Royaume-Uni », dans *Etudes à la mémoire d'Alain SAYAG*, Paris, Litec, 1997, p. 419.
TUNC (A.), « Le gouvernement des sociétés anonymes au Royaume-Uni : Le rapport du Comité Hampel », *Revue internationale de droit comparé*, 1998, p. 912.
UETTWILLER (J.-J.), KLING (D.), BEZARD (P.), CAUSSAIN (J.-J.), MARINI (Ph.), CHAPUT (Y.), « Les conventions réglementées après la loi N.R.E. du 15 mai 2001 : vers un accroissement des responsabilités ? », *Les petites affiches* 8 août 2002, p. 3.
URBAIN-PARLÉANI (I.), « Les nouvelles obligations d'information des dirigeants envers les actionnaires », *Revue des sociétés* 2004, p. 779.
URBAIN-PARLÉANI (I.), BOIZARD (M.), « Statuts des associations et bilan pratique », *Revue des sociétés* 1995, p. 217.
VALLENS (J.-L.), « ALSACE-MOSELLE. – Faillite civile. – Sauvegarde, redressement et liquidation judiciaires », dans *J.-Cl. Procédures collectives*, Fasc. 3115.
VALUET (J.-P.), « Information financière des sociétés cotées : Réglementations européenne et française », dans *Juri-Dictionnaire Joly Bourse et produits financiers*.
VALUET (J.-P.), « Les comités d'administrateurs : aspects juridiques et pratiques », *Droit et Patrimoine*, novembre 1999, p. 39.
VALUET (J.-P.), « L'information financière des sociétés cotées », dans *Juri-Dictionnaire Joly Bourse et produits financiers*, 2010.
VATEL (D.), « Aspects judiciaires et juridictionnels du pouvoir de sanction de la COB », *Revue des sociétés* 1994, p. 25.
VATINET (R.), « Administration provisoire », dans *J.-Cl. Sociétés Traité*, fasc. 43-10.
VATINET (R.), « Expertise de gestion », dans *J.-Cl. Sociétés Traité*, fasc. 135-10.
VATINET (R.), « Les conventions réglementées », *Revue des sociétés* 2001, p. 561.
VATINET (R.), « La réparation du préjudice causé par la faute des dirigeants sociaux, devant les juridictions civiles », *Revue des sociétés* 2003, p. 247.

VEAUX (D.), « L'abus de pouvoirs ou de fonctions en droit civil français », dans *L'abus de pouvoirs ou de fonctions – Travaux de l'Association Capitant*, Tome XXVIII, Paris, Economica, 1980, p. 77.

VERDIER (J.-M.), « L'abus de mandat social : abus des biens et du crédit de la société ; abus des pouvoirs », dans HAMEL (J.) (dir.), *Le droit pénal spécial des sociétés anonymes*, Paris, Dalloz, 1995, p. 184.

VERGES (E.), « Loi n° 2008-776 du 4 août 2008 de modernisation de l'économie : peines complémentaires et alternatives d'incapacité d'exercice d'une activité commerciale ou industrielle », *Revue de science criminelle* 2008, p. 954.

VERKINDT (P.-Y.), « L'entreprise », *in* TEYSSIÉ (B.) (dir.), *Les notions fondamentales du droit du travail*, Paris, Editions Panthéon-Assas, 2009, p. 45.

VEVERKA (F.), « Faut-il une réglementation stricte des agences de rating ? », *JCP E* 2009, 1578.

VIANDIER (A.), « L'évolution du commissariat aux comptes », dans *Mélanges offerts à René ROBLOT*, Paris, L.G.D.J., 1984, p. 323.

VIANDIER (A.), « Définition du contrôle en droit des sociétés », *JCP E* 1998, p. 705.

VIANDIER (A.), « Le droit des sociétés, demain », *JCP E* 2000, p. 3.

VIANDIER (A.), « La soumission des indemnités de départ des dirigeants sociaux à la procédure des conventions réglementées (L. n° 2005-842, 26 juillet 2005, art. 8) », *JCP E* 2005, 1585.

VIANDIER (A.), « Les engagements d'indemnisation des dirigeants sociaux après la loi n° 2007-1223 du 21 août 2007 », *JCP E* 2007, 2129.

VIANDIER (A.), « L'avis consultatif de l'assemblée des actionnaires sur la rémunération des dirigeants sociaux (Code de gouvernement d'entreprise des sociétés cotées ; juin 2013) », *JCP E* 2013, 1416.

VIDAL (D.), « L'intervention du commissaire aux comptes dans la gestion de l'entreprise société qu'il contrôle », dans *Mélanges offerts à Adrienne HONORAT*, Paris, éd. Frison-Roche, 2000, p. 327.

VIDAL (D.), « La responsabilité civile des dirigeants sociaux, *Cahiers de droit de l'entreprise* 2001, n° 3, p. 19.

VINEY (G.), « Exposé des motifs relatifs à la responsabilité civile », dans CATALA (P.) *et alii.*, *Avant-Projet de réforme du droit des obligations et du droit de la prescription*, Paris, La documentation Française, 2005.

VOINOT (D.), « La nouvelle procédure de sauvegarde », *Gazette du Palais* 2005, p. 2943.

WESTER-OUISSE (V.), « Critique d'une notion imprécise : la faute du dirigeant de société séparable de ses fonctions », *Dalloz affaires* 1999, p. 783.

WICKER (G.), « La légitimé de l'intérêt à agir », dans *Etudes sur le droit de la concurrence et quelques thèmes fondamentaux, Mélanges en l'honneur d'Yves Serra*, Paris, Dalloz, 2006, p. 455.

WIEDERKHER (G.), « La légitimité de l'intérêt pour agir », dans *Mélanges offerts à Serge GUINCHARD*, Paris, Dalloz, 2010, p. 877.
WYMERRSCH (E.), « Comment le droit pourrait aborder certains groupes de sociétés », dans *Mélanges offerts à Pierre VAN OMMESLAGHE*, Bruxelles, Bruylant, 2000, p. 703.
ZENATI (F.), « Législation française et communautaire et matière de droit privé 1er octobre 1986 – 30 décembre 1986 », *RTD Civ.* 1987, p. 161.
ZIMMERMANN (J.-P.), « Les analystes financiers », *Revue des sociétés* 2003, p. 741.

B) Droits étrangers

ADMATI (A. R.), PFEIDERER (P.), « The "Wall Street Walk" and Shareholder Activism: Exit as a Form of Voice », *Review of Financial Studies* 2009, p. 2645.
BAINBRIDGE (S. M.), « Director Primacy and Shareholder Disempowerment », *Harvard Law Review* 2006, p. 1.
BEBCHUK (L. A.), FRIED (J. M.), WALKER (D. I.), « Managerial Power and Rent Extraction in the Design of Executive Compensation », *The University of Chicago Law Review*, Vol. 69, 2002, p. 751.
BEBCHUK (L. A.), FRIED (J. M.), « Stealth Compensation via Retirement Benefits », *Berkeley Business Law Journal,* Vol. 1, 2004, p. 291.
BLACK (B. S.), « Is Corporate Law Trivial? A Political and Economic Analysis », *Northwestern University Law Review* 1990, p. 584.
BLAIR (M.), STOUT (L.), « A Team Production Theory of Corporate Governance », *Virginia Law Review* Vol. 85, 1999, p. 247.
CARY (W. L.), « Federalism and Corporate Law: Reflections Upon Delaware », *Yale Law Journal* 1974, p. 666.
CHEN (B.), « Board Monitoring and the Wall Street Rule » 2010. [En ligne], http://papers.ssrn.com/sol3/papers.cfm?abstract_id=1659436.
CHERRY (M. A.), SNEIRSON (J. F.), « Beyond Profit : Rethinking Corporate Social Responsibility and Greenwashing After the BP Oil Disaster », *Tulane Law Review* 2011, p. 983.
CHORVAT (T.), McCABE (K.), SMITH (V.), « Law and Neuroeconomics », *Supreme Court Economic Review* 2005, p. 61.
CRÊTE (R.), « La rémunération excessive des dirigeants d'entreprise et le contrôle judiciaire comme instrument de gouvernance », *Les cahiers de droit* 2004, p. 409.
CRÊTE (R.), ROUSSEAU (S.), « De la passivité à l'activisme des investisseurs institutionnels au sein des corporations : le reflet de la diversité des facteurs d'influence », *Revue de droit de McGill* 1997, p. 865.
EISENBERG (M. A.), « The Structure of Corporation Law », *Columbia Law Review* 1989, p. 1461.

FAMA (E.), « Agency Problems and the Theory of the Firm », *The Journal of Political Economy* 1980, p. 297.
GIBSON (R. J.), KRAAKMAN (R.), « Reinventing the Outside Director: An agenda for Institutional Investors », *Stanford Law Review* 1991, p. 863.
GORDON (J. N.), « Executive Compensation : If There's a Problem, What's the Remedy? The Case for "Compensation Discussion and Analysis" », *The Journal of Corporation Law* 2005, p. 102.
GUTHRIE (Ch.), RACHLINSKI (J. J.), WISTRICH (A. J.), « Inside the Judicial Mind », *Cornell Law Review* mai 2001, p. 777.
HANSMANN (H.), KRAAKMAN (R.), « The End of History for Corporate Law », *Georgetown Law Journal* 2001, p. 439.
HOLMSTROM (B. R.), KAPLAN (S. N.), « The state of U.S. Corporate Governance : What's Right and What's Wrong? », *Journal of Applied Corporate Finance*, Printemps 2003, p. 8.
HOLMSTROM (B.), « Pay Without Performance and the Managerial Hypothesis: A Comment », *Journal of Corporation Law*, Vol. 30, p. 708.
JENSEN (J.), MECKLING (W.), « Theory of the Firm: Managerial Behaviour, Agency Costs and Ownership Structure », *Journal of Financial Economics*, Vol. 3, 1976, p. 305.
JENSEN (M. C.), MURPHY (K. J.), « Performance Pay and Top Management Incentives », *Journal of Political Economy* 1990 p. 225.
JOHNSON (M. F.), PORTER (S.), SHACKELL (M. B.), « Stakeholder pressure and the structure of executive compensation », 1997. [En ligne] http://papers.ssrn.com/sol3/papers.cfm?abstract_id=41780.
KARMEL (R. S.), KELLY (C. R.), « The hardening of soft law in securities regulation », *Brooklyn Journal of International Law* 2009, p. 3.
LYON (T. P.), MAXWELL (J. W.), « Greenwash: Corporate Environmental Disclosure Under Threat of Audit », *Journal of Economics and Management Strategy* 2011, p. 3.
MATSUMUTA (E. M.), SHIN (J. Y.), « Corporate Governance Reform and CEO Compensation : Intended and Unintended Consequences », *Journal of Business Ethics* 2005, p. 102.
MURPHY (K. J.), « Explaining Executive Compensation : Managerial Power versus the Perceived Cost of Stock Options », *The University of Chicago Law Review*, Vol. 69, 2002, n° 3, p. 847.
NICHOLS (D.), SUBRAMANIAM (C.), « Executive Compensation : Excessive or Equitable ? », *Journal of Business Ethics*, Vol. 29, 2001, p. 339
PAM (M.), « Interlocking Directorates, The Problem and Its Solutions », *Harvard Law Review*, Vol. 26, 1913, p. 467
PARGUEL (B.), BENOÎT-MOREAU (F.), LARCENEUX (F.), « How Sustainability Ratings Might Deter "Greenwashing": A Closer Look at Ethical Corporate Communication », *Journal of Business Ethics* 2011, p. 15.

PARRINO (R.), SIAS (R. W.), STARKS (L. T.), « Voting With Their Feet : Institutional Ownership Changes Forced CEO Turnover », *Journal of Financial Economics* 2003, p. 3.
PORTIER (Ph.), « L'encadrement des rémunérations des dirigeants de sociétés cotées dans la loi Sapin 2 », *Bulletin Joly sociétés* 2017, p. 81.
RAPPAPORT (A.), « New Thinking on How to Link Executive Pay With Performance », *Harvard Business Review* Vol. 77, 1999, p. 91.
RIDER (Ch.), « Art, Ethics and Economics », *Review of Social Economy*, septembre 1999, p. 263.
ROSS (S. A.), « The Economic Theory of Agency: The Principal's Problem », *American Economic Review* 1983, p. 134.
ROTMAN (L. I.), « Debunking the "End of History" thesis for corporate law », *Boston college international and comparative law review*, Avril 2010, p. 234.
SAMUELSON (P. A.), « The pure theory of Public Expenditure », *Review of Economics and Statistics,* 1954, p. 387.
SCHNEPP (G. J.), « Review of Social responsibilities of the businessman », *The American catholic sociological review*, 1953, p. 42.
SNYDER (F. G.), « More Pieces of the CEO Compensation Puzzle », *Delaware Journal of Corporate Law* 2003, p. 130.
STEENO (A.), « Corporate Governance : Economic Analysis of a "Comply or Explain" Approach » *Stanford Journal of Law, Business and Finance* 2006, p. 398.
STOUT (L.), « New Thinking on "Shareholder Primacy" », *UCLA School of Law, Law-Econ Research Paper N° 11-04.*
WILLIAMSON (O.), « Economies as an Antitrust Defense : The Welfare Tradeoffs », *The American Economic Review*, Vol. 58, p. 20-23.

IV) <u>Arrêts, jugements et décisions de justice</u>

A) Décisions françaises

1. Cour de cassation

Cass. Req., 6 juillet 1836, *S.* 1836, 1, p. 633, note DEVILLENEUVE (L.-M.).
Cass. Req., 12 janvier 1927, *D.* 1927, p. 83.
Cass. Req., 22 juin 1936, *Gazette du Palais* 1936, 2, p. 411.
Cass. Req., 26 mai 1941, *DC.* 1942, p. 133.
Cass. Req., 16 novembre 1943, *JCP* 1944, II, 2551, note LESCOT (P.) ; *S.* 1947, 1, p. 1, note HOUIN (R.).

Cass. Ass. Plen., 28 janvier 1983, *D.* 1983, Jur. 269, concl. CABANNES (J.).
Cass., Ass. Plen., 9 juillet 1993, *D.* 1993, p. 469, concl. JEOL (M.) ; *ibid.* note DERRIDA (F.) ; *RTD Com.* 1993, p. 699, note CABRILLAC (M.),

TEYSSIÉ (B.) ; *Les petites affiches* 23 septembre 1993, n° 76, note J.-P. D. ; *JCP G* 1993, II, 22122, note POLLAUD-DULLIAN (F.).
Cass., Ass. plén., 5 février 1999 ; *D.* 1999 somm. p. 249, obs. BON-GARCIN (I.) ; *Dalloz Affaires* 1999, p. 410, obs. BOIZARD (M.) ; *Les petites affiches* 10 février 1999, p. 3, note P.M. ; *ibid.* p. 14, note DUCOULOUX-FAVARD (Cl.) ; *JCP G* 1999, II, 10060, note MATSOPOULOU (H.) ; *Banque et droit* mars 1999, p. 3, obs. DE VAUPLANE (H.) ; *JCP E* 1999, p. 957, note GARAUD (E.) ; *RTD Com.* 1999, p. 467, obs. RONTCHEVSKY (N.) ; *Revue des sociétés* 1999, p. 624, note LE NABASQUE (H.) ; *Revue de droit bancaire et de la bourse* 1999, p. 33, obs. GERMAIN (M.), FRISON-ROCHE (M.-A.).
Cass. Ass. Plén., 7 juillet 2006, *RTD Civ.* 2006, p. 825, obs. PERROT (R.) ; *Droit et procédure* 2006, p. 348, obs. FRICERO (N.) ; *D.* 2006, p. 2135, note WEILLER (L.) ; *JCP G* 2007, II, 10070, note WIEDERKEHR (G.) ; *JCP G* 2006, I, 183, obs. AMRANI-MEKKI (S.) ; *Revue de droit immobilier* 2006, p. 500, obs. MALINVAUD (Ph.) ; *Banque Magazine* octobre 2006, p. 79, obs. GUILLOT (J.-L.), FAYNER (S.) ; *Gazette du Palais* 5 janvier 2007, p. 22, note GAIN (M.-O.).
Cass. mixte, 27 février 1970 (*arrêt Dangereux*), *D.* 1970, p. 201, note COMBALDIEU (R.) ; *JCP G* 1970, 16305, conclusion LINDON (R.), note PARLANGE (P.).
Cass. mixte, 2 décembre 2005, *Rapport annuel de la Cour de cassation* 2006, p. 214 ; *BICC* 15 janvier 2006, rapport FOULQUIE (A.), concl. SAINTE-ROSE (J.) ; *D.* 2006, p. 729, concl. SAINTE-ROSE (J.), note AYNÈS (L.) ; *ibid.*, AJ p. 61, obs. AVENA-ROBARDET (S.) ; *ibid.*, p. 1420, obs. LEMOULAND (J.-J.), VIGNEAU (V.) ; *ibid.*, p. 2856, obs. CROCQ (P.) ; *JCP G* 2005, II, 10183, note SIMLER (Ph.) ; *JCP E* 2006, 1056, note PIEDELIEVRE (S.) ; *Defrénois* 2006, p. 586, obs. LIBCHABER (R.) ; *ibid.*, p. 1601, obs. CHAMPENOIS (G.) ; *AJ famille* 2006, p. 113, obs. HILT (P.) ; *Droit de la famille* 2006, Étude 13, BEIGNIER (B.) ; *Contrats concurrence consommation* 2006, n° 62, obs. LEVENEUR (L.) ; *Droit et patrimoine*, février 2006, p. 128, obs. DUPICHOT (Ph.) ; *Les petites affiches* 23 janvier 2006, note HOUTCIEFF (D.) ; *ibid.*, 1er mai 2006, note MOULIGNER (N.) ; *Droit et procédure* 2006, p. 113, obs. PICOD (Y.) ; *Banque et Droit* janvier-février 2006, p. 55, obs. JACOB (F.) ; *RTD Civ.* 2006, p. 357, obs. VAREILLE (B.) ; *ibid.*, p. 594, obs. CROCQ (P.) ; *RTD Com.* 2006, p. 465, obs. LEGEAIS (D.).
Cass. QPC, 8 juillet 2010, *D.* 2010, p. 1782 ; *Revue des sociétés* 2011, p. 371, note PACLOT (Y.) ; *Revue de sciences criminelles* 2011, p. 123, note STASIAK (F.) ; *Revue trimestrielle de droit financier* 2010/3, p. 152, obs. DEZEUZE (E.) ; *Droit des sociétés* 2012, comm. 232, note MORTIER (R.).
Cass. civ., 26 février 1868, *DP* 1868, 1, p. 223.
Cass. civ., 26 novembre 1912, *S.* 1914, 1, p. 372 ; *D.* 1913, 1, p. 337 note THALLER (E.-E.).

Cass. civ., 27 juillet 1937, *DP* 1938, 1, p. 5, note SAVATIER (R.) ; *S.* 1938, I, p. 321, note MARTY (G.).
Cass. civ., 8 juin 1939, *S.* 1939, I, p. 249 ; *Journal des sociétés*, 1940, p. 34.
Cass. civ., 28 mai 1946, *D.* 1946, p. 344.
Cass. civ., 4 juin 1946, *JCP* 1947, II, 3518.
Cass. civ., 29 juin 1948, *D.* 1949, p. 129, obs. PONSARD (A.).
Cass. civ. 1ère, 13 mars 1973, *JCP G* 1974, II, 17782, note GHESTIN (J.)
Cass. civ. 1ère, 15 janvier 1985, *RTD civ.* 1985, p. 728, obs. MESTRE (J.).
Cass. civ. 1ère, 12 janvier 1988, *D.* 1989, p. 1, note GAUTIER (P.-Y.).
Cass. civ. 1ère, 18 juillet 1995, *D.* 1996, p. 391, note AGOSTINI (E.) ; *D.* 1996, somm. p. 208, note PIEDELIEVRE (S.).
Cass. civ. 1ère, 1er octobre 1996, *Droit des sociétés* 1996, comm. 225, obs. BONNEAU (T.).
Cass. civ. 1ère, 15 mai 2002, *D.* 2002, p. 1780, note BARBEROT (Ch.) ; *JCP G* 2002, I, 162, § 3, obs. SIMLER (Ph.) ; *Defrénois* 2002, p. 1322, obs. CHAMPENOIS (G.) ; *ibid.* 2003, p. 413, obs. THERY (Ph.) ; *Banque et droit* novembre 2002, p. 46, obs. JACOB (F.) ; *Revue de droit bancaire et financier* 2002, n° 129, obs. LEGEAIS (D.) ; *RTD Civ.* 2002, p. 546, obs. CROCQ (P.).
Cass. civ. 1ère, 28 mai 2002, *RTD Civ.* 2002, p. 513, obs. MESTRE (J.), FAGES (B.).
Cass. civ. 1ère, 27 mai 2003, *Gazette du Palais* 2003, p. 495, note FAVRE-ROCHEX (A.) ; *Responsabilité civile et assurances* 2003, comm. 282, obs. GROUTEL (H.) ; *Revue générale de droit des assurances* 2003, p. 464, note KULLMANN (J.).
Cass. civ. 1ère, 6 avril 2004, *Responsabilité civile et assurances* 2004, comm. 240, obs. GROUTEL (H.).
Cass. civ. 1ère, 4 avril 2006, *Droit des sociétés* 2006, comm. 119, commentaire LECUYER (H).
Cass. civ. 2ème, 4 mars 1964, *Gazette du Palais* 1964, 1, p. 392.
Cass. civ. 2ème, 7 avril 1967, *JCP G* 1968, 15510, note DUPICHOT (J.).
Cass. civ. 2ème, 18 mars 2004, *D.* 2004, IR, p. 1065 ; *ibid.* p. 2324, note BEIGNIER (B.) ; *Gazette du Palais* 2004, p. 2469, note FAVRE-ROCHEX (A.) ; *Responsabilité civile et assurances*, comm. 240, obs. GROUTEL (H.) ; *Revue générale de droit des assurances* 2004, p. 364, note LANDEL (J.).
Cass. civ. 2ème, 20 septembre 2005, *JCP E* 2006, 1047, note VATINET (R.).
Cass. civ. 2ème, 18 octobre 2012, *Revue générale du droit des assurances* 2013, p. 56, note KARILA (J.-P.) ; *Responsabilité civile et assurances*, janvier 2013, comm. 36, commentaire GROUTEL (H.) ; *L'essentiel de droit des assurances* 2012, n° 11, p. 2, note ASTEGIANO-LA RIZZA (A.).
Cass. civ. 3ème, 26 juin 1996, *Defrénois* 1996, p. 1359, obs. DELEBECQUE (Ph.).
Cass. civ. 3ème, 26 février 2003, *JCP G* 2003, IV, 1736.

Cass. civ. 3ème, 6 octobre 2004, *JCP G* 2005, I, p. 2249, obs. ROBERT (A.-G.) ; *D.* 2004, p. 3098, note KESSLER (G.) ; *RTD Civ.* 2005, p. 121, obs. MESTRE (J.), FAGES (B.) ; *Defrénois* 2005, p. 323, note DAGORNE-LABBE (Y.) ; *ibid.*, p. 526, note PIEDELIEVRE (S.) ; *ibid.*, p. 612, note LIBCHABER (R.).

Cass. civ. 3ème, 6 octobre 2010, *L'essentiel du droit des procédures collectives* décembre 2010, p. 2, note MOUIAL-BASSILANA (E.).

Cass. civ. 3ème, 25 juin 2013, *L'essentiel de droit des contrats*, 4 septembre 2013, p. 4, note PILLET (G.) ; *Gazette du Palais* 10 octobre 2013, p. 17, note HOUTCIEFF (D.).

Cass. com., 28 juin 1943, *JCP* 1944, II, 2516, note BASTIAN (B.).

Cass. com., 4 août 1952, *JCP* 1952, II, 7180, note LESCOT (P.).

Cass. com., 18 avril 1961, *JCP* 1961, II, 12164, note BASTIAN (D.) ; *D.* 1961, p. 661 ; *S.* 1961, 1, p. 257, note DALSACE (A.) ; *RTD Com.* 1961, p. 634, obs. HOUIN (R.).

Cass. com., 9 janvier 1963, *RTD Com.* 1963, p. 852-853, note HOUIN (R.).

Cass. com., 17 mai 1965, *JCP G* 1966, II, 14647, note J. R.

Cass. com., 7 avril 1967, *Bull. civ.* 1967, III, n° 127.

Cass. com., 10 février 1969, *Bull. civ.* III n° 49.

Cass. com., 18 avril 1969, *Bull civ.* IV n° 126, *Revue des sociétés* 1970, p. 95, note DERRIDA (F.).

Cass. com., 4 juin 1969, *RTD Civ.* 1970, p. 166, obs. LOUSSOUARN (Y.).

Cass. com., 26 janvier 1970, *JCP G* 1970, II, 16385, note GUYON (Y.) ; *RTD Com.* 1970, p. 431, note HOUIN (R.).

Cass. com., 22 mai 1970, *Revue des sociétés* 1971, p. 51, note M.G.

Cass. com., 12 mars 1974, *Gazette du Palais* 1974, p. 662, note A.P.S.

Cass. com, 17 février 1975, *JCP* 1975, II, 18105, obs. SAVATIER (R.).

Cass. com., 10 mars 1976, *D.* 1977, p. 455, note BOUSQUET (J.-C.) ; *Revue des sociétés* 1976, p. 332, note J.H.

Cass. com., 22 avril 1976, *D.* 1977, p. 5, note BOUSQUET (J.-C.) ; *Revue des sociétés* 1976, p. 476, note SCHMIDT (D.) ; *Revue de jurisprudence commerciale* 1977, p. 93, note MERLE (Ph.) ; GERMAIN (M.), « L'abus du droit de majorité (à propos de l'arrêt du 22 avril 1976 de la Cour de cassation) », *Gazette du Palais* 1977, 1, Doctrine, p. 157.

Cass. com., 8 mars 1982, *Revue des sociétés* 1983, p. 573, note GUYON (Y.).

Cass. com., 26 avril 1982, *D.* 1982, IR p. 355 ; *Revue des sociétés* 1984, p. 93, note SIBON (J.-L.).

Cass. com., 18 mai 1982, *Revue des sociétés* 1982, p. 804, note LE CANNU (P.).

Cass. com., 7 décembre 1982, *JCP* 1982, IV, p. 69 ; *Revue des sociétés* 1984, p. 54 note RANDOUX (D.) ; *RTD Civ.* 1983, p. 536, note DURRY (G.).

Cass. com., 2 juillet 1985, *JCP* 1985, II, 20518, note VIANDIER (A.) ; *D.* 1986, jurisp. p. 351, note LOUSSOUARN (Y.) ; *Revue des sociétés* 1986, p. 231, note LE CANNU (P.) ; *Defrénois* 1986, p. 600, note HONORAT (J.).

Cass. com., 11 février 1986, *Revue des sociétés* 1986, p. 243, note DAIGRE (J.-J.).
Cass. com., 11 février 1986, *RTD Civ.* 1986, p. 601, obs. MESTRE (J.).
Cass. com., 4 mars 1986, *Revue de jurisprudence commerciale* 1987, note CHERCHOULY-SICARD (F.).
Cass. com., 3 mars 1987, *Revue des Sociétés* 1987, p. 266, note GUYON (Y.).
Cass. com., 2 juin 1987, *Les petites affiches* 23 novembre 1987, note HONORAT (A.).
Cass. com., 15 juillet 1987, *D.* 1987, IR p. 182 ; *Bulletin Joly sociétés* 1987, p. 703, note LE CANNU (P.) ; *RTD Com.* 1988, p. 75, obs. REINHARD (Y.).
Cass. com., 1er décembre 1987, *Bulletin Joly sociétés* 1988, p. 78 ; *Revue des sociétés* 1988, p. 237.
Cass. com., 15 décembre 1987, *D.* 1988, IR, p. 23.
Cass. com., 16 février 1988, *Bulletin Joly sociétés* 1988, p. 270, note LE CANNU (P.).
Cass. com., 11 juillet 1988, *Bulletin Joly sociétés* 1988, p. 666, note LE CANNU (P.).
Cass. com., 4 octobre 1988, *Revue des sociétés* 1989, p. 213, note VIANDIER (A.) ; *RTD Civ.* 1989, p. 86, obs. JOURDAIN (P.) ; *ibid.*, p. 306, obs. MESTRE (J.) ; *Defrénois* 1989, p. 577, obs. HONORAT (J.).
Cass. com., 11 octobre 1988, *Bulletin Joly sociétés* 1988, p. 925, note LE CANNU (P.) ; *Revue de jurisprudence commerciale* 1989, p. 203, note CHERCHOULY-SICARD (F.).
Cass. com., 17 janvier 1989, *Revue des sociétés* 1989, p. 209, note GUYON (Y.) ; *Bulletin Joly sociétés* 1989, p. 321, note DAIGRE (J.-J.).
Cass. com., 14 février 1989, *Revue des sociétés* 1989, p. 633, note RANDOUX (D) ; *Bulletin Joly sociétés* 1989, p. 323, note STREIFF (Y.).
Cass. com., 18 juillet 1989, *Defrénois* 1990 art. 34788, p. 633, note HONORAT (J.).
Cass. com., 24 avril 1990, *D.* 1990, IR p. 130 ; *Revue des sociétés* 1991, p. 347, note DIDIER (P.) ; *JCP E* 1991, II, 122, note JEANTIN (M.) ; *Defrénois* 1991, p. 617, note HONORAT (J.).
Cass. com., 23 octobre 1990, *D.* 1990, IR, p. 270 ; *Revue des sociétés* 1991, p. 92, note GUYON (Y.).
Cass. com., 23 octobre 1990, *D.* 1992, Somm. p. 34, obs. VASSEUR (M.) ; *Bulletin Joly sociétés* 1991, p. 403, note JEANTIN (M.) ; *Revue des sociétés* 1991, p. 86, obs. DELEBECQUE (Ph.) ; *JCP* 1991, II, 21684, note LARROUMET (Ch.) ; *Droit des sociétés* janvier 1991, p. 4, note MARTEAU-PETIT (M.) ; *Gazette du Palais* 1992, 1, p. 350, note VAN DEN BUSSCHE (C.) ; *Revue Banque* 1991, p. 207, obs. RIVES-LANGE (J.-L.).
Cass. com., 22 janvier 1991, *RJDA* 1992, n° 152.
Cass. com., 19 mars 1991, *D.* 1991, p. 542, note DUBOC (G.) ; *D.* 1992, somm. p. 257 ; *D.* 1993, somm. p. 11, note DERRIDA (F.) ; *JCP E* 1991, II, 21726, note MONTREDON (J.-F.) ; *ibid.* II, 174, note LEGEAIS (D.) ; *RTD*

Com. 1991, p. 454, obs. MARTIN-SERF (A.) ; *Revue de jurisprudence commerciale* 1992, p. 24, note PEDAMON (M.).
Cass. com., 5 novembre 1991, *Droit des sociétés* 1992, comm. 17, note LE NABASQUE (H.).
Cass. com., 19 novembre 1991, *Droit des sociétés* 1992, n° 16, note LE NABASQUE (H.) ; *Bulletin Joly sociétés* 1991, p. 66, note LE CANNU (P.).
Cass. com. 14 janvier 1992, *Bulletin Joly sociétés* 1992, p. 273, note LE CANNU (P.) ; *Revue des sociétés* 1992, p. 44, note MERLE (Ph.) ; *JCP E* 1992, II, 301, note VIANDIER (A.) ; *Droit des sociétés* 1992, n° 55, obs. LE NABASQUE (H.) ; *D.* 1992, p. 337, note BOUSQUET (J.-C.) ; *JCP N* 1992, II, 193, note BONNEAU (Th.) ; *RTD Com.* 1992, p. 636, obs. REINHARD (Y.) ; *Les petites affiches* 1992, n° 80, note GIBIRILA (D.).
Cass. com., 15 juillet 1992, *Bulletin Joly sociétés* 1992, p. 1083, note LE CANNU (P.) ; *Revue des sociétés* 1993, p. 400, note MERLE (Ph.) ; *D.* 1993, p. 279, note LE DIASCORN (H.) ; *JCP G* 1992, II, 21944, note BARBIERI (J.-F.) ; *JCP E* 1992, II, 375, note GUYON (Y.) ; *RTD Com.* 1993, p. 112, obs. REINHARD (Y.).
Cass. com., 12 janvier 1993, *Bulletin Joly sociétés* 1993, p. 343, note LE CANNU (P.) ; *Droit des sociétés* 1993, note LE NABASQUE (H.) ; *JCP G* 1993, II, 22029, note GUYON (Y.) ; *JCP E* 1993, II, 415, note VIANDIER (A.).
Cass. com., 16 février 1993, *D.* 1993, somm. p. 319, obs. HONORAT (A.) ; *Revue des sociétés* 1993, p. 655, note HONORAT (A.).
Cass. com., 9 mars 1993, *Revue des sociétés* 1993, p. 403, note MERLE (Ph.) ; *D.* 1993, p. 363, note GUYON (Y.) ; *JCP G* 1993, II, 22107, note PACLOT (Y.) ; *JCP E* 1993, II, 448, note VIANDIER (A.) ; *JCP N* 1993, II, 293, note BARBIERI (J.-F.) ; *Bulletin Joly sociétés* 1993, p. 537, note LE CANNU (P.) ; *Les petites affiches* 1993, n° 36, p. 12, obs. P.M.
Cass. com., 15 juin 1993, *Revue des sociétés* 1993, p. 806, note SAINTOURENS (B.) ; *Bulletin Joly sociétés* 1993, p. 868 ; *Defrénois* 1993, p. 1207, note LE CANNU (P.) ; *Droit des sociétés* 1993, n° 189, note LE NABASQUE (H.).
Cass. com., 12 octobre 1993, *Bulletin Joly sociétés* 1993, p. 1257.
Cass. com., 30 novembre 1993, *Bulletin Joly sociétés* 1994, p. 410, obs. PETEL (Ph.).
Cass. com., 1er mars 1994, *JCP G* 1994, IV, 1162 ; *D.* 1994, somm. p. 215, obs. FORTIS (E.) ; *Defrénois* 1994, art. 35891, p. 1118, note MAZEAUD (D.).
Cass. com., 5 avril 1994, *D.* 1995, somm., p. 215, note HONORAT (A.) ; *Revue de jurisprudence commerciale* 1995, p. 113, note HONORAT (A.) ; *JCP E* 1994, I, 397, § 20, obs. PETEL (Ph.), CABRILLAC (M.) ; *Revue des sociétés* 1994, p. 318, note GUYON (Y.).
Cass. com., 17 mai 1994, *Revue des sociétés* 1994, p. 485, note DANA-DEMARET (S.) ; *Gazette du Palais* 1994, 1, 747, note CHARTIER (Y.) ;

Bulletin Joly sociétés 1994. 816, note DAIGRE (J.-J.) ; *Defrénois* 1996, p. 1033, n° 15-16, note HONORAT (A.), HOVASSE (H.).
Cass. com., 28 février 1995, *D.* 1995, p. 390, note DERRIDA (F.) ; *Bulletin Joly sociétés* 1995, p. 544.
Cass. com., 23 mai 1995, *D.* 1995, note DERRIDA (F.) ; *JCP E* 1995, 513, obs. CABRILLAC (M.).
Cass. com., 6 juin 1995, *D.* 1995, IR p. 170 ; *JCP E* 1995, I, 513, § 16, obs. PETEL (Ph.) ; *RTD Com.* 1996, p. 336, obs. MARTIN-SERF (A.).
Cass. com., 20 juin 1995, *Les petites affiches* 21 septembre 1995, arrêt n° 1309, obs. P.M. ; *Bulletin Joly sociétés* 1995, p. 988.
Cass. com., 4 juillet 1995, *D.* 1996, p. 186 note HALLOUIN (J.-C.) ; *Revue des sociétés* 1995, p. 504, note LE CANNU (P.) ; *JCP G* 1995, II, 22560, obs. GUYON (Y.).
Cass. com., 10 octobre 1995, *RTD Civ.* 1996, p. 202, note BANDRAC (M.).
Cass. com., 3 janvier 1996, *Dalloz affaires* 1996, p. 244, D. 1996, IR p. 43 ; *Bulletin Joly sociétés* 1996, p. 388, note SAINTOURENS (B.) ; *JCP G* 1996, II, 22658, note GIBIRILA (D.).
Cass. com., 27 février 1996, *D.* 1996. p. 518, note MALAURIE (Ph.) ; *ibid.*, p. 342, obs. HALLOUIN (J.-C.) ; *ibid.*, p. 591, note GHESTIN (J.) ; *RTD Civ.* 1997, p. 114, obs. MESTRE (J.) ; *JCPG* 1996 II, 22665, note GHESTIN (J.) ; *JCP E* 1996, II, 838, note SCHMIDT (D.) ; *Bulletin Joly sociétés* 1996, p. 485, note COURET (A.).
Cass. com., 19 mars 1996, *Bulletin Joly sociétés* 1996, p. 614, note COURET (A.) ; *RTD Com.* 1996, p. 542, note HAEHL (J.-P.).
Cass. com., 14 mai 1996, *D.* 1996, p. 502, rapp. LE DAUPHIN (H.) ; *ibid.*, somm. p. 332, obs. DELEBECQUE (Ph.) ; *ibid.*, somm., p. 340, obs. HONORAT (A.) ; *RTD Com.* 1997, p. 680, obs. MARTIN-SERF (A.).
Cass. com., 4 juin 1996, *JCP E* 1996, II, 849, note GUYON (Y.).
Cass. com., 9 juillet 1996, *D.* 1996, IR, p. 203 ; *D.* 1997, IR 168 ; *Dalloz affaires* 1996, p. 1037 ; *JCP E* 1997, I, 623, obs. CABRILLAC (M.).
Cass. com., 22 octobre 1996, *D.* 1997, p. 121, note SERIAUX (A.) ; *ibid.*, p. 145, note LARROUMET (Ch.) ; *ibid.*, p. 175, note DELEBECQUE (Ph.) ; *RTD Civ.* 1997, p. 418, note MESTRE (J.) ; *RTD Civ.* 1998, p. 213, note MOLFESSIS (N.) ; *Dalloz affaires* 1997, p. 235, note DELEBECQUE (Ph.) ; *JCP G* 1997, II, 22880, note COHEN (D.) ; *JCP G* 1997, I, 4002, obs. FABRE-MAGNAN (M.) ; *Droit et patrimoine*, janvier 1997, n° 1552, p. 63, obs. CHAUVEL (P.) ; *Contrats, concurrence, consommation* 1997, n° 24, p. 9, obs. LEVENEUR (L.) ; *Gazette du Palais* 1997, 2, p. 519, note MARTIN (R.) ; *Les petites affiches* 1997, n° 73, p. 30, obs. MARTIN (D. R.) ; *Defrénois* 1997, p. 333, obs. MAZEAUD (D.) ; *RJDA* 1997, p. 291, obs. LAVABRE (Ch.) ; *JCP G* 1997, I, 4025, § 17, obs. VINEY (G.) ; *JCP E* 1997, 924, note ADOM (J. K.) ; CHAZAL (J.-P.), « Théorie de la cause et justice contractuelle, À propos de l'arrêt Chronopost (Cass. com., 22 oct. 1996) », *JCP G* 1998, I, 152.

Cass. com., 26 novembre 1996, *D.* 1997, IR 16 ; *Dalloz affaires* 1997, p. 145.
Cass. com., 1er avril 1997, *RJDA* 1997, p. 391, chron. COURET (A.) ; *Bulletin Joly sociétés* 1997, p. 650, note BARBIERI (J.-F.) ; *RTD Com.* 1997, p. 647 obs. PETIT (B.), REINHARD (Y.) ; *D.* 1998, somm. p. 180, obs. HALLOUIN (J.-C.).
Cass. com., 20 mai 1997, *Droit des sociétés* 1997, comm. 122, note CHAPUT (Y.) ; *Revue des procédures collectives* 1997, p. 487, note MARTIN-SERF (A.).
Cass. com., 17 février 1998, *RJDA* 1998, n° 776, p. 547 ; *Revue des sociétés* 1998, p. 581, note GUYON (Y.).
Cass. com., 24 février 1998, *D.* 1999, p. 100, obs. PICOD (Y.) ; *Revue des sociétés* 1998, p. 546, note COQUELET (M.-L.) ; *RTD Com.* 1998, p. 612, obs. CHAMPAUD (Cl.), DANET (D.) ; *JCP E* 1998, Pan. 637 ; *Dalloz affaires* 1998, p. 850, obs. M.B. ; *Bulletin Joly sociétés* 1998, p. 813, note PETIT (B.) ; *JCP G* 1999, II, 10003, note KEITA (M.).
Cass. com., 20 octobre 1998, *D.* 1999, p. 639, note DE LAENDER (M.-H.) ; *Dalloz affaires* 1999, p. 41, note AVENA-ROBARDET (V.) ; *JCP E* 1998, p. 2025, note COURET (A.) ; *Droit des sociétés* 1999, n° 3, note BONNEAU (T.) ; *Bulletin Joly sociétés* 1999, p. 88, note BARBIERI (J.-F.) ; *RJDA* 1999, n° 58 ; *Defrénois* 1999, p. 240, obs. LE CANNU (P.) ; *Banque et Droit* mars-avril 1999, p. 45, note STORCK (M.) ; *RTD Com.* 1999, p. 142, obs. PETIT (B.) ; *RTD Com.* 2001, p. 454, obs. CHAMPAUD (Cl.), DANET (D.) ; *Revue des sociétés* 1999, p. 111, note SAINTOURENS (B.) ; *Les petites affiches* 17 septembre 1999, p. 4, note DEPRET (B.).
Cass. com., 27 octobre 1998, *Dalloz affaires* 1999, p. 157, obs. A. L. ; *Revue des procédures collectives* 1999, 157, note MONSERIE (M.-H.) ; *Loyers et copropriété* 1999, n° 127, obs. BRAULT (P.-H.), MUTELET (C.) ; *AJDI* 1999, p. 696, note GALLET (C.-H.).
Cass. com., 27 octobre 1998, *JCP G* 1999, I, 116, § 1, note SIMLER (Ph.) ; *RDI* 1999, p. 295, obs. THERY (Ph.) ; *Banque et droit* mai 1999, p. 44, obs. JACOB (F.) ; *RTD Civ.* 1999, p. 152, obs. CROCQ (P.).
Cass. com., 26 janvier 1999, *D.* 1999, p. 577, note AYNÈS (L.) ; *Dalloz affaires* 1999, p. 344, obs. M.B. ; *JCP G* 1999, II, 10087, note LEGEAIS (D.) ; *Defrénois* 1999, p. 740, note MAZEAUD (D.) ; *RTD Com.* 1999, p. 424, obs. CHAMPAUD (Cl.), DANET (D.) ; *ibid.* p. 443, obs. PETIT (B.), REINHARD (Y.) ; *Bulletin Joly sociétés* 1999, p. 540, note BARBIERI (J.-F.) ; *Les petites affiches* 25 février 1999, p. 9, note P.M. ; *JCP E* 1999, p. 1584, obs. SIMLER (Ph.).
Cass. com., 9 février 1999, *D.* 2000, Somm, p. 231, note HALLOUIN (J.-C.) ; *Dalloz affaires* 1999, p. 563, note M. B. ; *JCP E* 1999, p. 724, note GUYON (Y.) ; *Bulletin Joly sociétés* 1999, p. 566, note DAIGRE (J ;-J.) ; *Defrénois* 1999, p. 625, obs. HOVASSE (H.) ; *Revue des sociétés* 1999, p. 81, note LE CANNU (P.) ; *Revue de jurisprudence commerciale* 1999, p. 269,

note DOM (J.-P.) ; *RTD Com.* 1999, p. 902, obs. REINHARD (Y.) ; *Droit des sociétés* 1999, n° 67, note BONNEAU (T.).
Cass. com., 15 juin 1999, *RTD Com.* 1999, p. 914, obs. RONTCHEVSKY (N.) ; *Revue des sociétés* 1999, p. 844, note VATEL (D.) ; *Dalloz Affaires* 1999, p. 1437, obs. AVEVA-ROBARDET (V.) ; *D.* 1999, IR 197 ; *Revue de droit bancaire et de la bourse* 1999, p. 33, obs. GERMAIN (M.), FRISON-ROCHE (M.-A.).
Cass. com., 23 novembre 1999, *Revue des procédures collectives* 2000, p. 115, note BARRET (A.).
Cass. com., 3 mai 2000. *RJDA* 2000, n° 1116 ; *Droit des sociétés* 2000, n° 110, note VIDAL (D.).
Cass. com., 6 juin 2000, *RJDA* 2000, n° 896 ; *Revue des procédures collectives* 2001, p. 265, obs. MARTIN SERF (A.).
Cass. com., 4 juillet 2000, *JCP E* 2001, p. 173, obs. CABRILLAC (M.), PETEL (Ph.).
Cass. com., 9 mai 2001, *JCP E* 2001, p. 1071 ; *Droit des sociétés* 2001, n° 118,
note LUCAS (F.-X.) ; *ibid.* n° 146, note VIDAL (D.) ; *Banque et droit* septembre-octobre 2001, p. 36, obs. STORCK (M.) ; *Bulletin Joly sociétés* 2001, p. 1020, note BARBIERI (J.-F.) ; *Droit et patrimoine* janvier 2002, p. 98, note PORACCHIA ; *RTD Com.* 2001, p. 934, obs. CHAZAL (J.-P.), REINHARD (Y.).
Cass. com., 8 janvier 2002, *Droit des sociétés* juillet 2002, p. 12.
Cass. com., 15 janvier 2002, *Bulletin Joly sociétés* 2002, p. 689, note SYLVESTRE (S.).
Cass. com., 26 février 2002, *D.* 2002, p. 1273, obs. LIENHARD (A.) ; *ibid.* p. 3331, obs. AYNÈS (L.) ; *Bulletin Joly sociétés* 2002, p. 607, note BARBIERI (J.-F.) ; *JCP E* 2002, p. 1003, note LEGEAIS (D.) ; *Droit des sociétés* 2002, n° 105, note BONNEAU (T.) ; *Banque et Droit* mai 2002, p. 42, obs. RONTCHEVSKY (N.) ; *Droit et patrimoine* septembre 2002, p. 110, note PORACCHIA (D.).
Cass. com., 5 novembre 2002, n° 99-13372.
Cass. com., 20 mai 2003, *D.* 2003, p. 2623, note DONDERO (B.), *ibid.*, AJ, p. 1502, obs. LIENHARD (A.) ; *D.* 2004, p. 266, obs. HALLOUIN (J.-C.) ; *JCP E* 2003, p. 1331, obs. CAUSSAIN (J.-J.), DEBOISSY (F.), WICKER (G.) ; *ibid.* p. 1580, note HADJI-ARTINIAN (S.) ; *JCP E* 2003, II, 10178, note REIFEGERSTE (S.) ; *Bulletin Joly sociétés* 2003, p. 786, note LE NABASQUE (H.) ; *Droit des sociétés* 2003, n° 148, note MONNET (J.) ; *Revue des sociétés* 2003, p. 479, note BARBIERI (J.-F.) ; *RTD Com.* 2003, p. 523, obs. CHAZAL (J.-P.), REINHARD (Y.) ; *ibid.* p. 741, obs. CHAMPAUD (Cl.), DANET (D.) ; *Defrénois* 2003, p. 1067, note MALEVILLE-COSTEDOAT (M.-H.) ; *Defrénois* 2004, p. 898, obs. HONORAT (J.) ; *Les petites affiches* 7 novembre 2003, note MESSAÏ (S.) ; *Droit du patrimoine* novembre 2003, p. 91 obs. PORACCHIA (D.) ; *Gazette*

du palais 2004, p. 482, note CLEMENT (J.-F.) ; *Banque et droit* septembre-octobre 2003, p. 64, note STORCK (M.) ; *RTD Civ.* 2003, p. 509, note JOURDAIN (P.) ; *JCP E* 2004, I, 101, obs. VINEY (G.).
Cass. com., 1er juillet 2003, *JCP E* 2003, p. 1602 ; *Bulletin Joly sociétés* 2003, p. 1137, note CONSTANTIN (A.) ; *Droit des sociétés* 2003, n° 185, note TREBULLE (F.-G.) ; *Revue des sociétés* 2004, p. 337, note LECOURT (B.).
Cass. com., 9 juin 2004, *BRDA* 2004/12, n° 3 ; *Bulletin Joly sociétés* 2003, p. 1370, note LE CANNU (P.).
Cass. com., 9 novembre 2004, *D.* 2004, p. 3069, obs. LIENHARD (A.) ; *D.* 2005, p. 296, obs. LE CORRE (P.-M.) ; *Les petites affiches* 13 février 2005, obs. LUCAS (F.-X.) ; *Droit et patrimoine* avril 2005, p. 115, note MONSERIE-BON (M.-H.) ; *RTD Civ.* 2005, p. 183, obs. PERROT (R.).
Cass. com., 16 novembre 2004, *D.* 2004, AJ p. 3144 ; *D.* 2005, Panorama p. 2950, obs. HALLOUIN (J.-C.), LAMAZEROLLES (E.) ; *JCP E* 2005, p. 123, obs. CAUSSAIN (J.-J.), DEBOISSY (F.), WICKER (G.) ; *Bulletin Joly sociétés* 2005, p. 270, note MATHEY (N.) ; *Droit et patrimoine* février 2005, p. 133, obs. PORACCHIA (D.) ; *Revue de droit bancaire et financier* 2005, n° 29, obs. COURET (A.) ; *RTD Com.* 2005, p. 111, obs. CHAMPAUD (Cl.), DANET (D.) ; *Revue des sociétés* 2005, p. 593, note LE NABASQUE (H.).
Cass. com., 30 novembre 2004, *Bulletin Joly sociétés* 2005, p. 241, note LE CANNU (P.) ; *JCP E* 2005, 17.
Cass. com., 30 novembre 2004, *Droit des sociétés* 2005, n° 50, note HOVASSE (H.).
Cass. com., 18 janvier 2005, *Gazette du palais* 2005, p. 1041, note MONTERAN (T.).
Cass. com., 25 janvier 2005, *Bulletin Joly sociétés* 2005, p. 599, note LE BARS (B.).
Cass. com., 25 janvier 2005, *RJDA* 2005, n° 569.
Cass. com., 22 février 2005 (2ème espèce), *RJDA* 2005, n° 701 ; *Revue des sociétés* 2005, p. 596, note LE NABASQUE (H.).
Cass. com., 15 mars 2005, *Actualité des procédures collectives* septembre 2005, obs. PETEL (Ph.)
Cass. com., 19 avril 2005, *Bulletin Joly sociétés* 2005, p. 690, note SAINT-ALARY-HOUIN (C.) ; *JCP G* 2005, 1241, note BOURU (O.), MENJUCQ (M.).
Cass. com., 28 juin 2005, *RJDA* 2005 n° 1107 ; *Droit des sociétés* 2005 comm. n° 209, obs. LECUYER (H.) ; *Les petites affiches* 11 octobre 2005, n° 202 note BARBIERI (J.-F.) ; *JCP E* 2005, 1325, note HOVASSE (H.) ; *Bulletin Joly sociétés* 2006, p. 80, note MESSAÏ-BAHRI (S.).
Cass. com., 27 septembre 2005, *D.* 2005, AJ p. 2681, obs. LIENHARD (A.) ; *Droit des sociétés* 2005, n° 210, obs. LECUYER (H.) ; *Droit et patrimoine* décembre 2005, p. 88, obs. PORACCHIA (D.) ; *Bulletin Joly sociétés* 2006, p. 92, note COURET (A.) ; *Banque et droit* mars-avril 2006, p. 58, obs. RIASSETTO (I.) ; *Revue des contrats* 2006, p. 443, note LUCAS (F.-X.).

Cass. com., 17 janvier 2006, *D.* 2006, p. 445, obs. LIENHARD (A.) ; *JCP E* 2006, 1122, note GIBIRILA (D.) ; *Bulletin Joly sociétés* 2006, p. 624, note GODON (L.) ; *Droit et patrimoine* juin 2006, p. 107, obs. PORACCHIA (D.) ; *Revue des sociétés* 2006, p. 570, note CERATI-GAUTHIER (A.) ; *RTD Com.* 2006, p. 605, obs. CHAMPAUD (Cl.), DANET (D.).

Cass. com., 14 février 2006, *JCP E* 2006, 1466, obs. CAUSSAIN (J.-J.), DEBOISSY (F.), WICKER (G.) ; *Bulletin Joly sociétés* 2006, p. 619, note GODON (L.).

Cass. com., 19 décembre 2006, *D.* 2007, AJ p. 87, obs. LIENHARD (A.) ; *Droit des sociétés* 2007, n° 70, note LEGROS (J.-P.) ; *Actualités des procédures collectives* 2007, n° 20, obs. REGNAUT-MOUTIER (C.) ; *JCP E* 2007, 1450, § 15, obs. PETEL (Ph.) ; *Revue des procédures collectives* 2007, p. 36, obs. ROUSSEL-GALLE (Ph.).

Cass. com., 6 février 2007, *D.* 2007, AJ p. 587 ; *D.* 2008, p. 383, obs. HALLOUIN (J.-C.), LAMAZEROLLES (E.) ; *Droit des sociétés* 2007, n° 73, comm. HOVASSE (H.) ; *RTD Com.* 2007, p. 3737, obs. CHAMPAUD (Cl.), DANET (D.).

Cass. com., 26 juin 2007, *D.* 2007, AJ p. 1864, obs. LIENHARD (A.) ; Chron., p. 2764, obs. BELAVAL (M.-L.) ; *D.* 2008, p. 570, obs. LUCAS (F.-X.) ; *JCP E* 2007, 2120, note VALLANSAN (J.) ; *JCP E* 2008, 1207, obs. PETEL (Ph.) ; *Revue de droit bancaire et financier* 2007, n° 178, obs. LUCAS (F.-X.) ; *Droit des sociétés* 2007, n° 177, note LEGROS (J.-P.) ; *Gazette du Palais* 2007, p. 3303, note LEBEL (Ch.) ; *Bulletin Joly sociétés* 2007, p. 1167, note REGNAUT-MOUTIER (C.) ; *Revue des procédures collectives* 2007, p. 222, obs. SAINTOURENS (B.) ; *Defrénois* 2007, p. 1578, obs. GIBIRILA (D.) ; *Droit et Patrimoine* juillet-août 2008, p. 103, obs. SAINT-ALARY-HOUIN (C.).

Cass. com., 10 juillet 2007, *D.* 2007, p. 2839, note STOFFEL-MUNCK (Ph.) ; *ibid.*, p. 2844, note GAUTIER (P.-Y.) ; *Defrénois* 2007, p. 1454, obs. SAVAUX (E.) ; *JCP* 2007, II, 10154, note HOUTCIEFF (D.) ; *RTD Civ.* 2007, p. 733, obs. FAGES (B.) ; *RTD Com.* 2007, p. 786, obs. LE CANNU (P.), DONDERO (B.) ; Revue des contrats 2007, p. 1107, note AYNÈS (L.) ; *ibid.* p. 1110, obs. MAZEAUD (D.) ; *Bulletin Joly sociétés* 2007, p. 1187, note COURET (A.) ; SERVICE DE DOCUMENTATION ET D'ETUDES DE LA COUR DE CASSATION, *Communiqué relatif à l'arrêt n° 966 du 10 juillet 2007.*

Cass. com., 18 septembre 2007, *Gazette du Palais* 2008, p. 49, obs. ROUSSEL-GALLE (Ph.) ; *RTD Com.* 2007, p. 775, obs. FAGES (B.) ; *D.* 2007, p. 2476 ; *JCP E* 2008, 1207, § 16, obs. PETEL (Ph.).

Cass. com., 9 octobre 2007, *Bulletin Joly sociétés* 2008, p. 92, note PARACHKEVOVA (I.).

Cass. com., 12 février 2008, *D.* 2008, p. 612 ; *Bulletin Joly sociétés* 2008, p. 384, note AUZERO (G.) ; *RTD Com.* 2008, p. 361, obs. LE CANNU (P.),

DONDERO (B.) ; *Revue des sociétés* 2008, p. 600, note CERATI-GAUTHIER (A.).

Cass. com., 30 septembre 2008, *JCP* 2008 IV, 2726 ; *JCP* 2009, I, 114, § 1, obs. PETEL (Ph.) ; *D.* 2008, p. 2501.

Cass. com., 14 octobre 2008, *Droit des sociétés* 2008, comm. 249, note LEGROS (J.-P.).

Cass. com., 27 janvier 2009, *Bulletin Joly sociétés* 2009, p. 664, note LE CANNU (P.).

Cass. com., 3 mars 2009, *Droit des sociétés* 2009, n° 110, note COQUELET (M.-L.) ; *Bulletin Joly sociétés* 2009, p. 583, note LUCAS (F.-X.).

Cass. com., 28 avril 2009, *D.* 2009, p. 1353 ; *Droit des sociétés* 2009, note LEGROS (J.-P.) ; *L'essentiel de droit des entreprises en difficultés* juillet 2009, n° 2, obs. MOUIAL-BASSILANA (E.) ; *RTD Com.* 2009, p. 807, obs. MARTIN-SERF (A.).

Cass. com., 29 septembre 2009, *D.* 2009, p. 2425 ; *RJDA* 2010, n° 35 ; *Bulletin Joly sociétés* 2010, p. 23, note GIL (G.) ; *Revue de jurisprudence commerciale* 2010, p. 180, note MESSAÏ-BAHRI (S.).

Cass. com., 16 février 2010, *Bulletin Joly sociétés* 2007, p. 638, note PORACCHIA (D.).

Cass. com., 9 mars 2010: *D.* 2010, p. 2803, obs. HALLOUIN (J.-C.) ; *ibid.* AJ, p. 761, obs. LIENHARD (A.) ; *Revue des sociétés* 2010, p. 230, note LE NABASQUE (H.) ; *RTD Com.* 2010, p. 374, obs. LE CANNU (P.), DONDERO (B.) ; *ibid.*, p. 407, obs. RONTCHEVSKY (N.) ; *RTD Civ.* 2010, p. 575, obs. JOURDAIN (P.) ; *RSC* 2011, p. 113, obs. STASIAK (F.) ; *JCP E* 2010, 1483, note SCHILLER (S.) ; *ibid.*, 1890, obs. TREBULLE (F.-G.) ; *Droit des sociétés* 2010, n° 109, note COQUELET (M.-L.) ; *RJDA* 2010, n° 637 ; *Bulletin Joly sociétés* 2010, p. 537, note SCHMIDT (D.) ; *Bulletin Joly bourse* 2010, p. 316, note RONTCHEVSKY (N.) ; *Revue trimestrielle de droit financier* 2010/2, p. 60, note SPITZ (N.) ; *Droit et Patrimoine* mai 2011, p. 80, obs. PORACCHIA (D.) ; *Gazette du Palais* 25 mars 2010, p. 28, obs. BERLAUD (C.) ; *L'essentiel droit des contrats* mai 2010, p. 2, note MULLER (A.-C.) ; *Les petites affiches* 19 novembre 2010, p. 9, note ROMANI (A.-M.) ; *L'essentiel droit des entreprises en difficulté*, mai 2010, p. 6, note PARACHKEVOVA (I.).

Cass. com., 30 mars 2010, *D.* 2010, p. 1118, obs. SALOMON (R.) ; *ibid.* p. 1678, note DONDERO (B.) ; *ibid.*, p. 2802, obs. HALLOUIN (J.-C.) ; *Revue des sociétés* 2010, p. 304, note LE CANNU (P.) ; *RTD Com.* 2010, p. 377, note LE CANNU (P.), DONDERO (B.) ; *JCP E* 2010, 1416, note COURET (A.) ; *Droit des sociétés* 2010, n° 117, note ROUSSILLE (M.) ; *RJDA* 2010, n° 640 ; *Banque et Droit* mai 2010, p. 45, obs. STORCK (M.) ; *Bulletin Joly sociétés* 2010, p. 533, note RAFFRAY (R.) ; *Gazette du Palais* 6 octobre 2010, obs. ZATTARA-GROS (A.-C.) ; *Revue de jurisprudence commerciale* 2010, p. 263, note MONSERIE-BON (M.-H.) ; *Droit et patrimoine* mai 2010, p. 79, obs. PORACCHIA (D.).

Cass. com., 18 mai 2010, *Bulletin Joly sociétés* 2010, p. 651, note LE NABASQUE (H.).

Cass. com., 5 octobre 2010, *D.* 2010, p. 2428, obs. LIENHARD (A.) ; *D.* 2011, p. 2081, obs. LE CORRE (P.-M.) ; *RTD Com.* 2011, p. 173, obs. MARTIN-SERF (A.) ; *Gazette du Palais* 2011, p. 271, obs. HENRY (L.-C.) ; *Revue des procédures collectives* 2011, n° 7, obs. ROUSSEL-GALLE (Ph.) ; *Bulletin Joly entreprises en difficultés* 2011, p. 25, note MACORIG-VENIER (F.) ; *RJDA* 2011, n° 257.

Cass. com., 8 mars 2011, *JCP E* 2011, 1215, note COURET (A.), DONDERO (B.) ; *Revue des procédures collectives* 2011, repère 2, p. 1, note MENJUCQ (M.) ; *D.* 2011, p. 919, obs. LE CORRE (P.-M.) ; *ibid.*, p. 2069, obs. LUCAS (F.-X.) ; *Revue Lamy droit des affaires* mai 2011, p. 60, obs. CAVET (S.) ; *Procédures* 2011, comm. 179, obs. ROLLAND (B.) ; *Les petites affiches* 14 mars 2011, p. 6, obs. TEBOUL (G.) ; *ibid.*, 19 juillet 2011, p. 7, note THOMASSIN (N.) ; *Droit et procédure* 2011, n° 3, p. 5, obs. P. R. G. ; *JCP E* 2011, 1263, § 1, obs. PETEL (Ph.) ; *L'essentiel de droit des entreprises en difficulté* avril 2011, comm. n° 69, obs. GORRIAS (S.), THEVENOT (Ch.) ; *Gazette du Palais* 2011, p. 717, note REILLE (F.) ; *D.* 2011, AJ p. 743, obs. LIENHARD (A.) ; *RJDA* 2011, p. 413 ; *Actualité des procédures collectives* 2011, comm. 106, comm. SAINTOURENS (B.) ; *Journal des Sociétés*, juin 2011, p. 73, obs. GIBIRILA (D.) ; *BRDA* 2011/06, comm. n° 23 ; *Droit des sociétés* 2011, comm. 160, comm. LEGROS (J.-P.) ; *Revue des sociétés* 2011, p. 404, note GRELON (B.) ; *RTD Com.* 2011, p. 420, obs. VALLENS (J.-L.) ; *Droit et patrimoine* septembre 2011, p. 73, obs. SAINT-ALARY-HOUIN (C.).

Cass. com., 29 mars 2011, *Revue des sociétés* 2011, p. 501, note DEZEUZE (E.) ; *Droit des sociétés* 2011, comm. 136, note TORCK (S.) ; *RJDA* 2011, n° 545 ; *Revue Lamy droit des affaires* juillet 2011, p. 29, obs. MARPEAU (B.), PASTERNAK (J.).

Cass. com., 3 mai 2011, *D.* 2011, p. 1215, obs. LIENHARD (A.) ; *ibid.*, p. 2076, obs. LUCAS (F.-X.) ; *RTD Com.* 2011, p. 635, obs. MARTIN-SERF (A.) ; *JCP E* 2011, 1656, note LEBEL (Ch.) ; *ibid.* 1596, § 11, obs. PETEL (Ph.) ; *Actualité des procédures collectives* 2011, n° 160, obs. COQUELET (M.-L.) ; *Revue Lamy droit des affaires* juillet 2011, p. 18, obs. GUYADER (H.) ; *RJDA* 2011, n° 719 ; *Droit et patrimoine* septembre 2011, p. 72, obs. MONSERIE-BON (M.-H.) ; *Bulletin Joly Entreprises en difficulté* 2011, p. 258, note BRENA (S.) ; *Revue des procédures collectives* 2012, n° 13, obs. LEGRAND (F.), LEGRAND (M.-N.) ; *Les petites affiches* 3 janvier 2012, p. 3 obs. REILLE (F.).

Cass. com., 12 juillet 2011, *D.* 2011, p. 1967 ; *RTD Com.* 2011, p. 584, obs. LE CANNU (P.), DONDERO (B.) ; *Revue des sociétés* 2012, p. 102, note DAIGRE (J.-J.) ; *JCP E* 2011, 1870, note PAILLER (P.) ; *Droit des*

sociétés 2011, n° 173, note GALLOIS-COCHET (D.) ; *RJDA* 2011, n° 821 ; *Bulletin Joly sociétés* 2011, p. 865, note BARBIERI (J.-F.) ; *Les petites affiches* 26 octobre 2011, note GRUNDELER (G.) ; *Gazette du Palais* 16 novembre 2011, obs. ZATTARA-GROS (A.-F.).
Cass. com., 13 septembre 2011, *Bulletin Joly entreprises en difficulté*, 2012, p. 12, note DELMOTTE (Ph.) ; *Revue des procédures collectives* 2012, comm. 31, commentaire LEBEL (Ch.) ; *Gazette du Palais* 2012, p. 318, note BIDAN (Ch.).
Cass. com., 15 novembre 2011, *D.* 2012, p. 134, note FAVARIO (T.) ; *D.* 2011, p. 2865, obs. LIENHARD (A.) ; *Revue des sociétés* 2012, p. 292, note GODON (L.) ; *RTD Com.* 2012, p. 134, obs. CONSTANTIN (A.) ; *JCP E* 2011, 1893, note COURET (A.), DONDERO (B.) ; *Droit des sociétés* 2012, n° 24, note ROUSSILLE (M.) ; *Bulletin Joly sociétés* 2012, p. 112, note LE NABASQUE (H.) ; *Gazette du Palais* 10 février 2012, obs. SAINTOURENS (B.) ; *Banque et droit* janvier 2012, p. 62, obs. URBAN (Q.).
Cass. com., 21 février 2012, *Revue des sociétés* 2012, note BRIGNON (B.), PORACCHIA (D.).
Cass. com., 15 mai 2012, *D.* 2012, p. 2275, obs. DELPECH (X.) ; *Bulletin Joly sociétés* 2012, p. 536, note BARBIERI (J.-F.) ; *L'essentiel droit des contrats* 2012, n° 7, p. 5, note CAFFIN-MOI (M.) ; *JCP E* 2012, p. 1510, note MORTIER (R.) ; *JCP G* 2012, p. 1012, note WESTER-OUISSE (V.).
Cass. com., 3 juillet 2012 ; *Actualité des procédures collectives* 2012, 206, obs. FIN-LANGER (L.) ; *JCP E* 2012, 1509, note CERATI-GAUTHIER (A.) ; *JCP G* 2012, 1073, note FABRE (A.) ; *D.* 2012, p. 2212, note DAMMANN (R.), FRANCOIS (S.) ; *Bulletin Joly sociétés* 2012, p. 631, note PELLETIER (N.) ; *Bulletin Joly entreprises en difficulté* 2012, p. 279, concl. BONHOMME (R.), note NEAU-LEDUC (Ch.) ; *JCP E* 2012, 1757, § 1, note PETEL (Ph.) ; *D.* 2012, p. 2548, note LECAROZ (J.).
Cass. com., 10 juillet 2012, *D.* 2012, p. 1953 ; *Revue des sociétés* 2012, p. 536, obs. HENRY (L.-C.) ; *ibid.* 2013, p. 99, note LE NABASQUE (H.) ; *JCP E* 2012, 1517, note MOULIN (J.-M.) ; *Droit des sociétés* 2012, n° 182, note GALLOIS-COCHET (D.) ; *ibid.*, n° 215, note LEGROS (J.-P.) ; *Bulletin Joly sociétés* 2012, p. 810, note LUCAS (F.-X.) ; *RJDA* 2012, n° 975 ; *Banque et Droit* janvier 2013, 44, obs. URBAN (Q.) ; *Gazette du Palais* 6 septembre 2012, p. 26, note BERLAUD (C.).
Cass. crim., 30 janvier 1858, *Bull. crim.* 1858, n° 27, p. 47.
Cass. crim., 11 février 1864, *Bull. crim.* 1864, n° 36, p. 62.
Cass. crim., 8 décembre 1906, *D.* 1907, 1, p. 207, rapport LAURENT-ATTHALIN (G.) ; *S.* 1907, 1, p. 377, note DEMOGUE (R.).
Cass. crim., 30 octobre 1925, *Gazette du Palais* 1925, II, p. 694.
Cass. crim., 25 juin 1927, *Gazette du Palais* 1927, 2, p. 726.
Cass. crim., 31 mars 1933, *Gazette du Palais* 1933, 1, p. 973.
Cass. crim., 18 mars 1941, *D.* 1941, I, p. 247.
Cass. crim. 22 janvier 1953, *D.* 1953, p. 110, rapport PATIN (M.).

Cass. crim., 3 mars 1960, *Revue de science criminelle* 1961, p. 105, obs. LEGAL (A.).
Cass. crim., 4 juillet 1962, *D.* 1963, p. 96, note J.-M. R.
Cass. crim., 14 janvier 1964, *D.* 1964, p. 194, note J.M. ; *JCP G* 1964, II, 13612, note J.R.
Cass. crim., 5 mai 1966, *Revue de science criminelle* 1967, p. 176, obs. LEGAL (A.).
Cass. crim., 7 décembre 1967, *D.* 1968, p. 617, note J.-M. R. ; *Bulletin Joly sociétés* 1968, p. 161 ; *Revue des sociétés* 1969, p. 237.
Cass. crim., 7 mars 1968, *Bull. Crim.* 1968, n° 80.
Cass. crim., 16 février 1971, *D.* 1971, p. 294 ; *Revue des sociétés* 1971, p. 418, note BOULOC (B.).
Cass. crim., 24 avril 1971, *JCP G* 1971, II, 16890 ; *Revue des sociétés* 1971, p. 608 note BOULOC (B.).
Cass. crim., 11 octobre 1972, *JCP* 1972, IV, 255.
Cass. crim., 1er mars 1973, *JCP G* 1974, II, 17615 note VINEY (G.).
Cass. crim., 9 mai 1973, *Revue des sociétés* 1973, p. 696, note BOULOC (B.).
Cass. crim., 6 mai 1976, *Bull. crim.* n° 144.
Cass. crim. 6 octobre 1976, *Bull. crim.* n° 281.
Cass. crim., 24 janvier 1978, *Revue des sociétés* 1979, p. 136, obs. BOULOC (B.).
Cass. crim., 6 octobre 1980, *Revue des sociétés* 1981, p. 133, note BOULOC (B.).
Cass. crim., 11 mai 1981, *D.* 1982, p. 653, note BOULOC (B.) ; *Revue des sociétés* 1982, p. 102, note SIBON (J.-L.).
Cass. crim., 10 août 1981, *Revue des sociétés* 1983, p. 368, note BOULOC (B.) ; *Gazette du Palais* 1981, 2, p. 696, note J.C.
Cass. crim., 15 avril 1982, *Bull. Crim.* n° 90
Cass. crim., 4 février 1985, *D.* 1985, p. 478, note OHL (D.) ; *Revue des sociétés* 1985, p. 648, note BOULOC (B.) ; *JCP G* 1986, II, 20585, note JEANDIDIER (W.).
Cass. crim., 10 mars 1986, *D.* 1986, p. 182, note DERRIDA (F.) ; *ibid.*, IR, p. 407, obs. ROUJOU DE BOUBEE (G.) ; *Gazette du Palais* 1986, II, p. 536, note MARCHI (J.-P.) ; *JCP E* 1986, I, 15774, obs. CABRILLAC (M.), VIVANT (M.) ; *Grands arrêts du droit des affaires*, Paris, Dalloz, 1995, n° 58, obs. RENUCCI (J.-F.).
Cass. crim., 20 octobre 1987, *Action juridique* 1988, n° 69, p. 18.
Cass. crim., 13 décembre 1988, *Revue des sociétés* 1989, p. 257, obs. BOULOC (B.).
Cass. crim., 16 janvier 1989, *D.* 1989, juris. p. 495, note COSSON (J.) ; *RTD Com.* 1990, p. 145, note BOUZAT (P.) ; *Gazette du Palais* 1989, Somm. p. 283, note DOUCET (J.-P.) ; *Bulletin Joly sociétés* 1989, p. 424, note STREIFF (Y.).

Cass. crim., 28 mai 1991, *Revue de jurisprudence sociale* 1991, n° 852 ; *Droit du travail* 1991, n° 10, p. 5.
Cass. crim., 9 novembre 1992, *Revue des sociétés* 1993, p. 433, note BOULOC (B.) ; *RJDA* 1993, p. 41.
Cass. crim., 26 mai 1994, *Revue des sociétés* 1994, p. 771, note BOULOC (B.).
Cass. crim., 28 novembre 1994, *Droit Pénal* 1995, n° 70, obs. ROBERT (J.-H.).
Cass. crim., 9 janvier 1995, *Bulletin Joly sociétés* 1995, note BARBIERI (J.-F.) ; *RJDA* 1995, n° 1098.
Cass. crim., 27 juin 1995, *Revue des sociétés* 1995, p. 747, note BOULOC (B.).
Cass. crim., 10 juillet 1995, *JCP* 1996, II, 22572, note PAILLUSSEAU (J.) ; *Revue des sociétés* 1996, p. 312, note BOULOC (B.) ; *Bulletin Joly sociétés* 1995, p. 1048, note COURET (A.), LE CANNU (P.).
Cass. crim, 13 février 1997, *Revue des sociétés* 1997, note BOULOC (B.).
Cass. crim., 19 août 1997, *Bulletin Joly sociétés* 1998, p. 36, note MASCALA (C.).
Cass. crim., 27 octobre 1997, *D.* 1997, I.R. p. 251 ; *Dalloz affaires* 1997, p. 1429, note BOIZARD (M.) ; *Les petites affiches* 7 novembre 1997, note DUCOULOUX-FAVARD (Cl.) ; *JCP* 1998, II, 10017, note PRALUS (M.) ; *Bulletin Joly sociétés* 1998, note BARBIERI (J.-F.) ; *Revue des sociétés* 1997, p. 869, note BOULOC (B.).
Cass. crim., 26 mars 1998, *Revue des sociétés* 1998, p. 609, note BOULOC (B.) ; *JCP G* 1999, I, 112, § 9, obs. ROBERT (J.-H.).
Cass. crim., 7 avril 1998, *Revue de science criminelle* 1998, p. 773, obs. RENUCCI (J.-F.) ; *RTD Com.* 1998, p. 947, obs. MASCALA (C.).
Cass. crim., 30 novembre 1999, *RJS* 5/2000, n° 550.
Cass. crim., 1er mars 2000, *D.* 2000, p. 214, obs. LIENHARD (A.) ; *Bulletin Joly sociétés* 2000, p. 710, note MEDINA (A.) ; *Revue des sociétés* 2000, p. 576, note BOULOC (B.) ; *Revue de science criminelle* 2000, p. 839, obs. RENUCCI (J.-F.).
Cass. crim., 12 décembre 2000, *D.* 2001, AJ, p. 1031, obs. BOIZARD (M.) ; *D.* 2002, somm., p. 472, obs. HALLOUIN (J.-C.) ; *Droit pénal* 2001, n° 48, obs. Jacques-Henri ROBERT ; *Bulletin Joly sociétés* 2001, p. 508, note BARBIERI (J.-F.) ; *Droit et patrimoine* juin 2001, p. 108, obs. PORACCHIA (D.) ; *Revue des sociétés* 2001, p. 323, note CONSTANTIN (A.) ; *ibid.* p. 865, note BOULOC (B.).
Cass. crim., 13 décembre 2000, *Bulletin Joly sociétés* 2001, p. 499, note BARBIERI (J.-F.) ; *Revue des sociétés* 2001, p. 394, note BOULOC (B.) ; *Droit pénal* 2001, commentaire 47, note ROBERT (J.-H.) ; *RTD Com.* 2001, p. 532, obs. BOULOC (B.).
Cass. crim., 27 juin 2001, *Revue de science criminelle* 2002, p. 339, obs. RENUCCI (J.-F.) ; *Revue des sociétés* 2001, p. 873, obs. BOULOC (B.) ;

Bulletin Joly sociétés 2001, p. 1117, obs. BARBIERI (J.-F.) ; *Droit pénal* 2001, comm. 129, obs. ROBERT (J.-H.).
Cass. crim., 12 septembre 2001, *Droit des sociétés* 2001, n° 63 note LEGROS (J.-P.)
Cass. crim., 5 décembre 2001, *Bulletin Joly sociétés* 2002, p. 492, obs. LE NABASQUE (H.) ; *Revue de science criminelle* 2002, p. 830, obs. REBUT (D.) ; *Revue de droit bancaire et financier* 2003, n° 91, comm. PORTIER (Ph.).
Cass. crim., 8 janvier 2002, n° 01-84864.
Cass. crim., 30 janvier 2002, *Bulletin Joly sociétés* 2002, p. 797, note BARBIERI (J.-F.).
Cass. crim., 19 février 2002, *D.* 2002, IR p. 1321.
Cass. crim., 10 avril 2002, *Droit pénal* 2002, comm. 96, obs. ROBERT (J.-H.).
Cass. crim., 28 mai 2002, n° 02-80275.
Cass. crim., 4 juin 2002, n° 01-83062.
Cass. crim., 14 mai 2003, *D.* 2003, p. 1766, obs. LIENHARD (A.) ; *D.* 2004, p. 319, obs. SEGONDS (M.) ; *Bulletin Joly sociétés* 2003, p. 1043, note BARBIERI (J.-F.) ; *Revue des sociétés* 2003, p. 910, note BOULOC (B.) ; *Revue de sciences criminelles* 2003, p. 797, obs. REBUT (D.) ; *Gazette du Palais* 2004, obs. SORDINO (M.-C.).
Cass. crim., 8 octobre 2003, *JCP* 2004, II, 10028, note JACOPIN (S.) ; *Droit pénal* 2003, comm. 147, obs. ROBERT (J.-H.).
Cass. crim., 10 mars 2004, *D.* 2004, AJ p. 1240 ; *Bulletin Joly sociétés* 2004, p. 952, note BARBIERI (J.-F.) ; *JCP E* 2005, 736, § 5 obs. MULLER (Y.).
Cass. crim., 30 juin 2004, *JCP E* 2004, 1817, note ROBERT (J.-H.) ; *Revue de science criminelle* 2004, p. 895, obs. REBUT (D.) ; *Droit des sociétés* 2005, n° 18, note SALOMON (R.)
Cass. crim., 22 septembre 2004, *Bulletin Joly sociétés* 2005, p. 45, note BARBIERI (J.-F.) ; *Revue des sociétés* 2005, p. 200, note BOULOC (B.).
Cass. crim., 22 septembre 2004, *Droit pénal* 2004, n° 178, note ROBERT (J.-H.) ; *Revue des sociétés* 2005, p. 205, note BOULOC (B.).
Cass. crim., 4 novembre 2004, *Droit des sociétés* 2005, n° 57, note SALOMON (R.) ; *JCP E* 2005, p. 576, obs. ROBERT (J.-H.) ; *RJDA* 2005, n° 577.
Cass. crim., 28 février 2006, *D.* 2006, p. 2145, note JACOPIN (S.) ; *ibid.* p. 1456, obs. LIENHARD (A.) ; *Revue des sociétés* 2006, p. 389, note BOULOC (B.) ; *Droit des sociétés* 2006, n° 95, note SALOMON (R.) ; *Actualité des procédures collectives* 2006, n° 120, obs. CERF-HOLLENDER (A.) ; *Gazette du Palais* 14-18 juillet 2006, p. 1035, note MASCALA (C.).
Cass. crim., 14 juin 2006, *Droit des sociétés* 2006, n° 132, note SALOMON (R.) ; *Banque et droit*, septembre-octobre 2006, p. 60 ; *Revue trimestrielle de droit financier* 2006/2, p. 124, obs. RONTCHEVSKY (N.) ;

JCP E 2007, 1146, note ROYER (G.) ; *RJDA* 2007, n° 58 ; *Revue des sociétés* 2007, p. 125, note BOULOC (B.).
Cass. crim., 25 octobre 2006, *D.* 2006, p. 2790, obs. LIENHARD (A.).
Cass. crim., 8 novembre 2006, *Droit pénal* 2007, comm. 9, obs. ROBERT (J.-H.) ; *Droit des sociétés* 2007, comm. 17, obs. SALOMON (R.) ; *D.* 2007, p. 10, obs. LIENHARD (A.) ; *RTD Com.* 2007, p. 466, note BOULOC (B.).
Cass. crim., 14 février 2007, *Droit pénal* 2007, comm. 73, note ROBERT (J.-H.).
Cass. crim, 20 février 2007, *Droit Social* 2007, p. 760, note DUQUESNE (F.).
Cass. crim., 9 mai 2007, *Droit des sociétés* 2007, n° 165, note SALOMON (R.).
Cass. crim., 19 septembre 2007, *JCP E* 2008, 1122, note ROBERT (J.-H.).
Cass. crim., 17 juin 2008, *D.* 2008, AJ p. 1903, note GIRAULT (C.) ; *ibid.* p. 2759, note PRADEL (J.) ; *Droit pénal* 2009, Chron. 1, obs. GUERIN (M.-C.).
Cass. crim., 10 mars 2010, *D.* 2010, p. 2758, note BOULOC (B.) ; *Droit des sociétés* 2010, n° 152, note SALOMON (R.) ; *Gazette du Palais* 2-3 juillet 2010, p. 45, obs. ROBACZEWSKI (C.).
Cass. crim., 24 mars 2010, *D.* 2010, p. 1204, obs. LIENHARD (A.) ; *D.* 2011, p. 1865, obs. MASCALA (C.) ; *Revue des sociétés* 2010, p. 407, obs. ROUSSEL-GALLE (Ph.) ; *ibid.*, p. 464, note MATSOPOULOU (H.) ; *JCP E* 2010, 1742, § 13, obs. PETEL (Ph.) ; *L'essentiel de droit des entreprises en difficulté* juin 2010, p. 7, obs. RUBELLIN (P.) ; *Droit des sociétés* 2010, n° 151, note SALOMON (R.) ; *Actualité des procédures collectives* 2010, n° 166, obs. CERF-HOLLENDER (A.) ; *Gazette du Palais* 2-3 juillet 2010, p. 43, obs. ROBACZEWSKI (C.) ; *Bulletin Joly sociétés* 2010, p. 669, note MOUIAL-BASSILANA (E.) ; *RJDA* 2010, n° 872 ; *Droit pénal* 2010 comm. 70, comm. ROBERT (J.-H.) ; *Revue des procédures collectives* 2010, étude 10, § 19, obs. PETIT (F.).
Cass. crim., 8 avril 2010, *Revue des sociétés* 2010, p. 400, note BOULOC (B.) ; *RJDA* 2010, n° 966.
Cass. crim., 21 septembre 2011, *Droit des sociétés* 2012, comm. 15, note SALOMON (R.) ; *Droit pénal* 2012, comm. 9, note ROBERT (J.-H.) ; *D.* 2012, p. 1698, obs. MASCALA (C.) ; *RTD Com.* 2012, p. 204, note BOULOC (B.).
Cass. crim., 16 mai 2012, *D.* 2012, p. 1401 ; *ibid.*, p. 1698, obs. MASCALA (C.) ; *RTD Com.* 2012, obs. BOULOC (B.) ; *AJ Pénal* 2012, p. 540, note BOULOC (B.) ; *Revue des sociétés* 2012, p. 697, note LE CANNU (P.) ; *Revue de Science Criminelle* 2012, p. 565, note MATSOPOULOU (H.) ; *Droit des sociétés* 2012, comm. 130, comm. SALOMON (R.) ; *Bulletin Joly Sociétés* 2012, p. 579, concl. SALVAT (X.), note DONDERO (B.) ; *Droit pénal* 2012, comm. 104, comm. ROBERT (J.-H.) ; *JCP E* 2012, 1326, note DUCOULOUX-FAVARD (Cl.).

Cass. crim., 22 janvier 2014, *Bull. crim.* n° 22 ; *D.* 2014, p. 1572, obs. MASCALA (C.) ; *Revue des sociétés* 2014, p. 321, note BOULOC (B.) ; *RTD com.* 2014, p. 159, obs. RONTCHEVSKY (N.) ; *AJ pénal* 2014, p. 180, obs. LASSERRE CAPDEVILLE (J.) ; *Revue de sciences criminelles* 2014, p. 106, obs. STASIAK (F.) ; *JCP G* 2014, 345, note MAURO (C.) ; *Droit des sociétés* 2014, comm. 56, note SALOMON (R.) ; *Bulletin Joly Bourse* 2014, p. 203, note CHACORNAC (J.) ; *Revue Lamy droit des affaires* avril 2014, p. 26, obs. MERVILLE (A.-D.) ; *Revue de droit bancaire et financier* 2014, comm. 83, obs. PAILLER (P.) ; *Banque et Droit* mai-juin 2014, p. 25, obs. KEITA (B.) ; *ibid.*, p. 39, obs. ROUAUD (A.-C.) ; *RJDA* 2014, n° 639 ; *Droit pénal* 2014, comm. 67, note BONIS-GARÇON (E.).

Cass. soc., 19 décembre 1941, *JCP G* 1942, note BECQUE (E.).

Cass. soc., 10 mai 1973, *Bull. civ.* V, n° 299

Cass. soc., 6 février 1980, *D.* 1981, IR, 1, note DERRIDA (F.).

Cass. soc., 17 avril 1991, *Droit social* 1991, p. 516 ; *JCP E* 1991, II, 229, note BLAISE (H.) ; *RJS* 1991, p. 314.

Cass. soc., 7 février 1996, *Droit social* 1996, p. 539, obs. COHEN (M.).

Cass. soc., 13 février 1997, *D.* 1997, p. 172, note LYON-CAEN (A.).

Cass. soc., 18 mars 1997, *Droit social* 1997, p. 544, note COUTURIER (G.).

Cass. soc., 17 juin 1997, *Grands arrêts du droit du travail*, 4ème éd., Paris, Dalloz, 2008, n° 111.

Cass. soc., 1er juillet 1997, *RJS* 1997, p. 619, n° 991.

Cass. Soc., 26 mai 1998, *Bulletin Joly sociétés* 1999, note LE CANNU (P.).

Cass. soc., 20 mai 1999, *JCP E* 1999, 1536, obs. CABRILLAC (M.).

Cass. soc., 28 juin 2001, *Revue des procédures collectives* 2002, p. 59, obs. TAQUET (F.).

Cass. soc., 21 septembre 2005, *Procédures* 2005, comm. 255, commentaire LAPORTE (Ch.) ; *JCP G* 2006, I, 130, § 2, obs. PETEL (Ph.) ; *ibid.*, I, 117, § 3, obs. MORVAN (P.) ; *JCP G* 2005, IV, 3244 ; *JCP S* 2005, 1352, commentaire MORVAN (P.) ; *D.* 2005, AJ p. 2446, obs. LIENHARD (A.) ; *D.* 2006, p. 79, obs. LE CORRE (P.-M.) ; *Revue de jurisprudence commerciale* 2006, p. 41, note SORTAIS (J.-P.) ; *Gazette du Palais* 2006, p. 1409 ; *Cahiers sociaux du barreau de Paris* janvier 2006, p. 30, note CHARBONNEAU (C.).

Cass. soc. 5 juillet 2006, *JCP E* 2006, p. 2636, note BEAL (S.), ROUSPIDE-KATCHADOURIAN (M.-N.).

Cass. soc., 19 septembre 2007, *Bulletin Joly sociétés* 2008, p. 48, note PETEL (Ph.).

Cass. soc., 29 mai 2013, *L'essentiel de droit des entreprises en difficulté*, juillet 2013, p. 7, note DEDESSUS-LE-MOUSTIER (G.).

2. Cours d'appel

Aix-en-Provence, 14 novembre 1957, *JCP* 1957, II, 10304.
Aix-en-Provence, 3 février 1966, *JCP G* 1966, 14861, obs. PERCEROU (R.).
Aix en Provence, 28 septembre 1982, *Revue des sociétés* 1983, p. 773, obs. MESTRE (J.).
Aix-en-Provence, 8 juin 2001, *Droit des sociétés* 2001, comm. 147, note VIDAL (D.).
Amiens, 18 mars 2009, n° 08/01088.
Amiens, 27 octobre 2010, n° 10/00605.
Bordeaux, 18 novembre 1981, *D.* 1982, IR. p. 195, obs. VASSEUR (M.) ; *JCP CI* 1983, I, 11307, n° 21, obs. CABRILLAC (M.), VIVANT (M.).
Bordeaux, 4 février 2009, *Droit des sociétés* 2009, comm. 159, note GALLOIS-COCHET (D.).
Chambéry, 23 juin 2010, n° 09/01038.
Douai, 29 avril 1997, *JCP E* 1997, II, 22919, note DAIGRE (J.-J.).
Paris, 2 mai 1935, *Gazette du Palais* 1937, 2, p. 113.
Paris, 9 janvier 1952, *JCP* 1952, II, 6970, note BASTIAN (D.).
Paris, 22 mai 1965, *D.* 1968, p. 147, note CONTIN (R.) ; *JCP* 1965 II, 14274 ; *Gazette du Palais* 1965, p. 86 ; *RTD Com.* 1965, p. 619, obs. RODIERE (R.) ; *Revue des sociétés* 1965, p. 288.
Paris, 12 décembre 1967, *D.* 1968, p. 269
Paris, 22 avril 1980, *Revue des sociétés* 1981, p. 339, note MERLE (Ph.).
Paris, 21 mars 1984, *Revue des sociétés* 1985, p. 415, note CHARTIER (Y.).
Paris, 28 mars 1988, *Gazette du Palais* 3 mai 1988, p. 8, note DUCOULOUX-FAVARD (Cl.).
Paris, 17 mai 1989, *Bulletin Joly sociétés* 1989, p. 807, note JEANTIN (M.).
Paris, 8 novembre 1991, *Droit des sociétés* 1992, n° 35, note LE NABASQUE (H.).
Paris, 17 juin 1992, *JurisData* n° 1992-021900.
Paris, 14 mai 1993, *Droit des sociétés* 1993, n° 168, obs. LE NABASQUE (H.) ; *RTD Com.* 1993, p. 535, note REINHARD (Y.).
Paris, 28 mai 1993, *Bulletin Joly sociétés* 1993, p. 1119, obs. LE CANNU (P.).
Paris, 16 juin 1993, *JCP E* 1993, panorama 349 ; *Banque et Droit* juillet 1993, n° 30, p. 18, note PELTIER (F.).
Paris, 27 octobre 1993, *RJDA* 1994, p. 327.
Paris, 4 février 1994, *Bulletin Joly sociétés* 1994, p. 402, note PARIENTE (M.).
Paris, 7 juillet 1995, *Bulletin Joly bourse* 1995, p. 517, note DE VAUPLANE (H.).
Paris, 15 décembre 1995. *JurisData* n° 1995-024667.
Paris, 31 mai 1996, *Bulletin Joly sociétés* 1996, p. 932, note LE CANNU (P.).

Paris, 8 novembre 1996, *Bulletin Joly sociétés* 1997, p. 213, note LESGUILLER (G.) ; *JCP E* 1997, I, 639, § 4, obs. VIANDIER (A.), CAUSSAIN (J.-J.) ; *RJDA* 1997, n° 219.
Paris, 28 janvier 1998, *Droit des sociétés* 1999, n° 81, note VIDAL (D.) ; *RTD Com.* 1999, p. 429, obs. CHAMPAUD (Cl.), DANET (D.) ; *Bulletin Joly sociétés* 1999, p. 1001, note RUELLAN (C.).
Paris, 19 mai 1998, *Bulletin Joly sociétés* 1998, p. 1184, note STORCK (M.).
Paris, 17 juin 1999, *D.* 1999, AJ p. 12, obs. BOIZARD (M.) ; *Droit des sociétés* 1999, comm. 153, commentaire HOVASSE (H.) ; *Revue des sociétés* 1999, p. 633, note BUCHER (F.) ; *RTD Com.* 1999, p. 710, note GOYET (Ch.) ; *Bulletin Joly bourse* 1999, p. 484, note RONTCHEVSKY (N.) ; *JCP E* 2000, 316, note DAIGRE (J.-J.) ; *RTD Civ.* 2000, p. 106, note MESTRE (J.), FAGES (B.).
Paris, 6 avril 2001, *RJDA* 2001, n° 982.
Paris, 3 mai 2001, *D.* 2001, AJ, p. 1875, note BOIZARD (M.) ; *RTD Com.* 2001, p. 727, obs. GOYET (Ch.), RONTCHEVSKY (N.) ; *JCP G* 2001, II, 10546, note DAIGRE (J.-J.) ; *JCP E* 2001, 1046, note VIANDIER (A.) ; *Bulletin Joly sociétés* 2001, p. 796, note SCHMIDT (D.) ; *Bulletin Joly bourse* 2001, p. 609, note BUCHER (F.) ; *Droit des sociétés* 2001, comm. 119, commentaire HOVASSE (H.).
Paris, 28 mai 2001, *JCP E* 2002, 477 ; *RJDA* 2002, n° 903.
Paris, 14 mai 2002, n° 2001/21399.
Paris, 26 février 2003, *RJDA* 2003, n° 843.
Paris, 26 septembre 2003, *JCP E* 2004, p. 695, note DE VRIES (G.) ; *Bulletin Joly sociétés* 2004, p. 84, note DAIGRE (J.-J.).
Paris, 21 octobre 2003, n° 2003/06342.
Paris, 30 juin 2006, *Banque et droit* juillet 2006, p. 34, obs. DE VAUPLANE (H.) ; *Bulletin Joly sociétés* 2006, p. 594, note SCHMIDT (D.) ; *RJDA* 2006, n° 1222 ; *RTD Com.* 2006, p. 875, obs. RONTCHEVSKY (N.).
Paris, 31 octobre 2008, *Revue des sociétés* 2009, p. 121, note DAIGRE (J.-J.) ; *Bulletin Joly bourse* 2009, p. 38, note DEZEUZE (E.).
Paris, 18 décembre 2008, *JurisData* n° 2008-375155.
Paris, 23 février 2010, *JCP E* 2010, 1218 ; *Droit des sociétés* 2010, comm. 95, note MORTIER (R.) ; *Bulletin Joly Bourse* 2010, p. 214, note SCHMIDT (D.) ; *RJDA* 2010, n° 963.
Paris, 25 février 2010, *D.* 2010, AJ 259, obs. DAMMAN (R.), PODEUR (G.) ; *JCP E* 2010, 1475, note SAINTOURENS (B.) ; *ibid.*, 1742, obs. PETEL (Ph.) ; *Les petites affiches* 9 mars 2010, obs. TEBOUL (G.) ; *L'essentiel de droit des entreprises en difficulté* avril 2010, p. 1, obs. LUCAS (F.-X.) ; *Gazette du Palais* 2010, p. 769, obs. LE CORRE (P.-M.) ; *Actualité des procédures collectives* 2010, n° 112, p. 1, obs. SAINTOURENS (B.) ; *Revue Lamy droit des affaires* mai 2010, p. 17, obs. CAVET (S.) ; *Droit et patrimoine* octobre 2010, p. 85, obs. SAINT-ALARY-HOUIN (C.), MONSERIE-BON (M.-H.).

Paris, 28 juin 2011, *Revue des sociétés* 2012, p. 165, note GAUDEMET (A.) ; *Bulletin Joly sociétés* 2012, p. 133, note SOTIROPOULOU (A.).
Paris, 19 décembre 2013, *RJDA* 2014, n° 352.
Pau, 16 janvier 1990, *Revue des procédures collectives* 1991, p. 294, obs. SOINNE (B.).
Pau, 6 mars 2003, *Droit des sociétés* 2003, n° 149, note MONNET (J.).
Pau, 28 mai 2009, n° 08/01009.
Nancy, 21 novembre 2002, *Droit des sociétés* 2003, comm. n° 74, note MONNET (J.).
Rennes, 4 mai 2010, n° 09-1575, *RJDA* 2010, n° 871, p. 834.
Rouen, 12 janvier 1973, *D.* 1973, somm. p. 28.
Toulouse, 4 mars 1938, *DC.* 1941, p. 28.
Toulouse, 8 mars 2011, *Revue des sociétés* 2011, p. 384, note ROUSSEL-GALLE (Ph.).
Versailles, 19 décembre 1989, *Bulletin Joly sociétés* 1990, p. 182, note LE CANNU (P.).
Versailles, 7 décembre 1995, *Bulletin Joly sociétés* 1996, p. 308, note LE CANNU (P.).
Versailles, 17 janvier 2002, *Bulletin Joly sociétés* 2002, p. 515, note BARBIERI (J.-F.) ; *Les petites affiches* 26 juin 2003, p. 8, note MERCIER (V.) ; *Droit et patrimoine* mai 2002, p. 96, note PORACCHIA (D.).
Versailles 2 avril 2002, *D.* 2002, Somm. 3266 obs. HALLOUIN (J.-C.) ; *JCP E* 2002, p. 1627 note COURET (A.) ; *ibid.*, p. 1815 obs. (J.-J.) ; *Bulletin Joly sociétés* 2002, p. 923, note LE NABASQUE (H.) ; *Droit des sociétés* 2002 n° 221, note LUCAS (F.-X.) ; *RTD Com.* 2003, p. 111, obs. CHAMPAUD (Cl.), DANET (D.).
Versailles, 2 mars 2005, *RJDA* 2005, n° 1240.
Versailles, 13 février 2006, n° 05/07803.
Versailles, 27 septembre 2007, n° 06/7848.
Versailles, 19 mai 2011, *Revue des sociétés* 2012, p. 99 note LE CANNU (P.) ; *D.* 2011, p. 1479 ; *RTD Com.*, 2011, p. 368, obs. LE CANNU (P.), DONDERO (B.) ; *Bulletin Joly sociétés* 2011, p. 597, note DONDERO (B.).
Versailles, 19 janvier 2012, *D.* 2012, Actualité p. 433, obs. LIENHARD (A.) ; *Revue des sociétés* 2012, p. 523, obs. MORELLI (N.) ; *JCP E* 2012, Actualité, 91, obs. DANIS (M.), DU BOIS DE GAUDUSSON (T.) ; *L'essentiel du droit des entreprises en difficultés* février 2012, obs. LUCAS (F.-X.) ; *Revue des procédures collectives* 2012, n° 19, obs. SAINTOURENS (B.) ; *Bulletin Joly sociétés* 2012, p. 329, obs. DAMMANN (R.), DE GERMAY (L.) ; *BRDA* 2012/05, p. 15 ; *Actualité des procédures collectives* 2012, n° 50, obs. HENRY (L.-C.) ; *RJDA* 2012, n° 522 ; *Droit et patrimoine* septembre 2012, note SAINT-ALARY-HOUIN (C.).

3. Juridictions de première instance

T. Com. Seine, 2 avril 1951, *S.* 1951, 2, p. 151.
T. Com. Paris (Réf.), 9 mai 1969, *Gazette du Palais* I, p. 315 ; *RTD Com.* 1969, p. 520, note HOUIN (R.).
T. Com. Paris, 2ème ch., 25 novembre 2003, *Bulletin Joly sociétés* 2004, p. 376, note SAINTOURENS (B.).
T. Com. Paris (Réf.), 3 décembre 2003, *JurisData* n° 2003-225535 ; *Droit des sociétés* mars 2004, comm. 46, obs. MONNET (J.) ; *JCP E* 2004, 71, comm. VIANDIER (A.).
T. Com. Paris, 12 janvier 2004, *RTD Com.* 2004, p. 337, obs. RONTCHEVSKY (N.) ; *D.* 2004, Sommaire p. 1800, obs. REINHARD (Y.) ; *Bulletin Joly sociétés* 2004, p. 388, note SCHMIDT (D.) ; *Revue des sociétés* 2004, p. 297, obs. SIMON –F.-L.) ; *Banque et droit* janvier 2004, p. 31, obs. DE VAUPLANE (H.), DAIGRE (J.-J.) ; *Les petites affiches* 28 avril 2004, p. 8, obs. LE BARS (B.) ; *Droit des sociétés* 2004, n° 66, obs. BONNEAU (T.).
T. Com. Paris, 2e ch., 11 mai 2004, *RJDA* 2004, n° 1221 ; *Bulletin Joly Sociétés* 2004, p. 1238, note LE CANNU (P.) ; *JCP E* 2004, 1154, note VIANDIER (A.).
T. Corr. Le Havre, 23 juin 1975, *Revue des sociétés* 1976, p. 150, note BOULOC (B.).
T. Corr. Paris, 3 décembre 1993, *Gazette du Palais* 1994, 1, p. 352, note J.-P. M., *Les petites affiches* 19 janvier 1994, p. 8, note DUCOULOUX-FAVARD (Cl.) ; *RJDA* 1994, n° 1152.
T. Corr. Paris, 12 septembre 2006, *Bulletin Joly sociétés* 2007, p. 119, note BARBIERI (J.-F.) ; *Revue des sociétés* 2007, p. 102, note DAIGRE (J.-J.) ; *D.* 2006, p. 2522, note SCHMIDT (D.).
TGI Paris, réf., 16 mai 2002, *RJS* 2002/8-9, p. 762, n° 997 ; *Bulletin Joly sociétés* 2002, p. 1215, note AUZERO (G.).
TGI Paris, 12 septembre 2006, *Revue des sociétés* 2007, p. 102, note DAIGRE (J.-J.).
TGI Paris, 22 janvier 2007, *Revue trimestrielle de droit financier* 2007/2, p. 120, note GARRIGUES (B.).

4. Autorités administratives

Aut. Conc. déc., n° 09-DCC-16 du 22 juin 2009, Banque Populaire et Caisse d'épargne ; maintien de l'indépendance des offres sur le marché de la publicité.
Aut. Conc. déc. n° 09-DCC-67, 23 novembre 2009, Secteur de la viande de volaille.
Aut. Conc. déc. n° 10-DCC-11 du 26 janvier 2010, Groupe TF1, NT1 et TMC, *Revue Lamy de la concurrence* 2010/23 n° 1570 obs. DE BURE (F.).

Aut. Conc. déc. n° 10-DCC-98 du 20 août 2010, Groupe Tarmac, *Revue Lamy de la concurrence* 2011/26, n° 1723, obs. GIGENSON (I.).
AMF, décision SAN-2007-18, 24 mai 2007, Société Rhodia et autres, *Banque et droit* juillet 2007, p. 29
AMF, décision n° 207C2792, 13 décembre 2007, *Banque et Droit* janvier 2008, p. 32 ; *Revue de droit bancaire et financier* 2008, n° 61, obs. BIARD (J.-F.). Paris, 18 novembre 1977, *Bulletin Joly sociétés* 1978, p. 181.
AMF, décision n° 201101, 16 décembre 2010, *Revue des sociétés* 2011, p. 257, note DIDIER (Ph.).
AMF, décision n° 213C0944, 16 juillet 2013.

5. Conseil constitutionnel

Conseil Constitutionnel, décision n° 69-55 L du 26 juin 1969, « Nature juridique de certaines dispositions modifiées, des articles 4, 9 et 12 de la loi du 2 mai 1930 relative à la protection des monuments naturels et des sites de caractère, historique, scientifique, légendaire ou pittoresque, des articles 2 et 13 bis de la loi du 31 décembre 1913 sur les monuments historiques et de l'article 98-1 du Code de l'urbanisme et de l'habitation », *JCP* 1969, 2290, note VOISSET (M.) ; *Les Grandes décisions du conseil constitutionnel*, Paris, Dalloz, 2009, p. 166, comm. FAVOREU (L.), PHILIP (L.).
Conseil Constitutionnel, décision n° 74-54 DC du 15 janvier 1975, Loi relative à l'interruption volontaire de grossesse, *JORF* 16 janvier 1976, p. 671 ; *Revue du droit public* 1975, p. 185, note FAVOREU (L.) ; *ibid.*, p. 1335, note PHILIP (L.) ; *D.* 1975, p. 529, obs. HAMON (L.) ; *AJDA* 1975, p. 134, note RIVERO (J.) ; *JCP* 1975, II, 18030, obs. BEY (E.M.).
Conseil Constitutionnel, décision n° 81-132 DC du 16 janvier 1982, Loi de nationalisation, *Gazette du Palais* 1981, p. 448, note CHARTIER (F.) ; *ibid.* p. 440, note. LEONARD (P.) ; *Actualité juridique de droit administratif* 1982, p. 209, note RIVERO (J.) ; *Les grandes décisions du Conseil constitutionnel*, Paris, Dalloz, 2009, p. 356, comm. FAVOREU (L.), PHILIP (L.).
Conseil Constitutionnel, décision n° 89-257 DC du 25 juillet 1989, *AJDA* 1989, p. 796, note ROHMER-BENOIT (F.).
Conseil constitutionnel, décision n° 89-260 DC, Loi relative à la sécurité et à la transparence du marché financier, *Pouvoirs* 1990, p. 189, note AVRIL (P.), GICQUEL (J.) ; *Revue française de droit administratif* 1989, p. 671, note GENEVOIS (B.).
Conseil constitutionnel, décision n° 2001-455 du 12 janvier 2002, *D.* 2002, p. 1129, obs. GAY (L.) ; *AJDA* 2002, p. 1163, note RENEAUD (F.) ; *JCP G* 2002, p. 1096, obs. FRANCK (Cl.) ; *Les petites affiches* 24 septembre 2002, p. 15, note MATHIEU (B.).
Conseil constitutionnel, 11 juin 2010, 2010-6/7 QPC, *Droit pénal* 2010, comm. 84, obs. ROBERT (J.-H.) ; *Revue pénitentiaire et de droit pénal* 2010/2, p. 421, note PIN (X.).

Conseil Constitutionnel n° 2014-690 DC du 13 mars 2014, *La Gazette du Palais* 27 juillet 2014, p. 21-22, note DETRAZ (S.) ; *Droit pénal*, p. 46, comm. ROBERT (J.-H.) ; *Les Petites Affiches*, 25 avril 2014, p. 7, note LEGRAND (V.) ; *Constitutions*, avril 2014, p. 169, obs. BACHSCHMIDT (Ph.).
Conseil constitutionnel 18 mars 2015, n° 2014-453/454 QPC et 2015-462 QPC, *D.* 2015, p. 894, note LE FUR (A.-V.), SCHMIDT (D.) ; *ibid.*, p. 1511, obs. MASCALA (C.) ; *Revue des sociétés* 2015, p. 380, note MATSOPOULOU (H.) ; *RTD Com.* 2015, p. 317, obs. RONTCHEVSKY (N.) ; *Revue de sciences criminelles* 2015, p. 374, obs. STASIAK (F.) ; *JCP E* 2015, Actu. 267, obs. STERU (E.) ; *JCP G* 2015, 368, note SUDRE (F.) ; *ibid.*, 369, note ROBERT (J.-H.) ; *Revue de droit bancaire et financier* 2015, 63, obs. PAILLER (P.) ; *Banque et Droit* mars-avril 2015, p. 35, obs. ROUAUD (A.-C.) ; *Bulletin Joly Bourse* 2015, p. 204, note BONNEAU (T.) ; *RJDA* 2015, n° 355 ; *Droit des sociétés* 2015, comm. 94, commentaire TORCK (S.) ; *ibid.*, comm. 99, commentaire SALOMON (R.) ; *Gazette du Palais* 8 mai 2015, p. 7, obs. MOULIN (J.-M.) ; *Bulletin Joly Sociétés* 2015, p. 273, note GAUDEMET (A.) ; *RLDA* juin 2015, p. 20, obs. STASIAK (F.) ; *RTDF* 2015/1, p. 115, obs. DEZEUZE (E.).

6. Conseil d'État

CE, 18 février 1976, *Droit fiscal* 1976, n° 17-18 comm. 628.
CE, Ass., 28 mai 1971, « Ville nouvelle-Est », *Recueil Lebon* 1971, p. 409, conclusion BRAIBANT (G.) ; *AJDA* 1971, p. 404, chron. LABETOULLE (D.), CABANES (P.) ; *D.* 1972, p. 194, note LEMASURIER (J.) ; *JCP* 1971, II, 16873, note HOMONT (A.) ; *Revue de droit public* 1972, p. 454, note WALINE (M.).
CE, 26 avril 1978, Antenne 2, *D.* 1979, p. 309, note CHEVALLIER (F.).
CE, 29 décembre 1999, Société agence de protection et de sécurité, *RJF* 2/00, n° 161.
CE, 4 février 2005, *D.* 2005, p. 717, obs. LIENHARD (A.) ; *ibid.*, p. 2608, obs. REINHARD (Y.), THOMASSET-PIERRE (S.) ; *Les petites affiches* 26 avril 2005, p. 5, concl. GUYOMAR (M.) ; *RJDA* 2005, n° 570 ; *Banque et droit* mai-juin 2005, p. 44, obs. DE VAUPLANE (H.), DAIGRE (J.-J.) ; *Bulletin Joly bourse* 2005, p. 227, note DECOOPMAN (N.) ; *RTD Com.* 2005, p. 384, obs. RONTCHEVSKY (N.) ; *Droit des sociétés* 2005, comm. 197, note BONNEAU (Th.) ; *JCP E* 2006, 718, obs. DEPREZ-GRAFF (A.).
CE, Ass., 16 juillet 2007, « Société Tropic Travaux Signalisation », *RFDA* 2007, p. 696, concl. CASAS (D.) ; *RD Publ.* 2007, p. 1383, obs. MELLERAY (F.) ; *AJDA* 2007, p. 196, note CASSIA (P.) ; *RFDA* 2007, p. 923, note POUYAUD (D.).
CE, sect. 30 décembre 2010, *RJDA* 2011, n° 352.

B) Juridictions étrangères et supranationales

CIJ, Barcelona Traction, Light and Power Company, Limited, *C.I.J. Recueil* 1970, p. 3.
CJCE, 21 février 1973, n° 6/72, *Recueil des arrêts de la Cour de justice* p. 215.
CJCE, 17 novembre 1989, n° 142 et 156/84, *Recueil des arrêts de la Cour de justice*, p. 4487.
CJCE, 4 juin 2002, *Revue des sociétés* 2002, p. 519, note PARLÉANI (G.).
CJUE, 15 octobre 2009, *Revue des sociétés* 2010, p. 45, note PARLÉANI (G.) ; *Bulletin Joly sociétés* 2010, p. 371, note MOULIN (J.-M.).
CJUE 8 juillet 2010, *D.* 2010, p. 1784, obs. LIENHARD (A.) ; *Revue des sociétés* 2010, p. 514, note PARLÉANI (G.) ; *Bulletin Joly sociétés* 2010, p. 907, note MENJUCQ (M.).
CJUE, 11 novembre 2010, *Bulletin Joly sociétés* 2011, p. 57, note MENJUCQ (M.).
CEDH, 7 juin 2001, Kress contre France ; *D.* 2003, p. 153, chron. GUINCHARD (S.) ; *JCP G* 2001, II, 10578, note SUDRE (F.) ; *D.* 2001, p. 2611 note ANDRIANTSIMBAZOVINA (J.) ; *ibid.*, p. 2619, note DRAGO (R.) ; *AJDA* 2001, p. 675, note ROLIN (F.) ; *Revue de droit public* 2001, p. 895, comm. MAUBERNARD (Ch.) ; *ibid.*, p. 983, note PRETOT (X.) ; *Revue de droit public* 2002, obs. GONZALEZ (G.) ; *RFDA* 2001, p. 991, note GENEVOIS (B.) ; *ibid.*, p. 1000, note AUTIN (J.-L.), SUDRE (F.) ; *RTDE* 2001, p. 727, note BENOIT-ROHMER (F.) ; *Gazette du Palais* 4-5 octobre 2002, note COHEN-JONATHAN (G.) ; LONG (M.), WEIL (P.), BRAIBANT (G.), DELVOLVE (P.), GENEVOIS (B.), *Grands arrêts de la jurisprudence administrative*, 19ème éd., Paris, Dalloz, 2013, p. 794.
CEDH, 4 mars 2014, Grande Stevens contre Italie, *Les petites affiches* 30 avril 2014, p. 4, note DUFOUR (O.) ; *AJ Pénal* 2014, p. 180, note LASSERRE CAPDEVILLE (J.) ; *Revue de droit bancaire et financier* 2014, comm. 83, commentaire PAILLER (P.) ; *Droit des sociétés* 2014, comm. 87, commentaire TORCK (S.) ; *Bulletin Joly bourse* 2014, p. 209, note CHACORNAC (J.) ; *Revue des sociétés* 2014, p. 675, note MATSOPOULOU (H.) ; *Revue de sciences criminelles* 2014, p. 110, obs. STASIAK (F.) ; *BRDA* 2014, n° 8, p. 21 ; *Banque et Droit* mai-juin 2014, p. 43, obs. ROUAUD (A.-C.) ; *RJDA* 2014, n° 638 ; *Revue trimestrielle de droit financier* 2014/2, p. 149, obs. RONTCHEVSKY (N.).
El Triumfo Company, sentence arbitrale du 8 mai 1902, *Recueil des sentences arbitrales*, Vol. XV, p. 467-479.
UPM-Kymmene Corp. c. UPM-KymmeneMiramichi Inc., (2002) 214 D.L.R. (4th) 496 (Ontario Superior Court).
Aronson v. Lewis, 473, A.2d 805 (1984) (Delaware Supreme Court).
Brehm v. Eisner *(In re Walt Disney Co. Derivative Litig.)*, 906 A.2d 27 (2006) (Delaware Supreme Court).

Dodge v. Ford Motor Company, 204, Mich. 459, 170 N.W. 668 (1919) (Michigan Supreme Court).

V) **Articles de presse généraliste**

A) Presse française

« Faillite de Swissair : KPMG au cœur de la polémique », *Le Figaro économie* 29 janvier 2003, p. 6.
« CAC 40 : 20 % de femmes en moyenne dans les conseils d'administration », *Les Echos*, 23 juin 2011, p. 5.
« Le rajeunissement des conseils s'amorce timidement », *La tribune*, 11 juillet 2011, p. 3.
« L'État vend 3% du capital de Safran », *Challenges.fr*, 27 mars 2013.
« L'État cède 3,12% de Safran », *Le Figaro économie*, 28 mars 2013, p. 27.
AGENCE FRANCE PRESSE, « De plus en plus mis en cause devant la justice, les patrons sont choyés par les assureurs », 4 avril 2008.
AIZICOVICI (F.), VAN EECKHOUT (L.), « Actionnariat salarié : la lutte pour le pouvoir commence », *Le Monde* 14 juin 2000, p. 3.
ALBERT (E.), MARIN (J.), « Pour quelques microsecondes de moins… et quelques milliards de plus », *La Tribune*, 13 juillet 2011, p. 28.
BADINTER (R.), « Ne pas se satisfaire de proclamations, de slogans, d'impostures », *Le Monde* 30 novembre 2011, p. 11.
BERRETTA (E.), « Aux États-Unis, Jean-Marie Messier blanchi, Vivendi accablé ! », *Le point.fr*, 29 janvier 2010.
BISEAU (G.), « Patron d'EDF en plus de ses mandats, c'est indéfendable », *Libération*, 29 octobre 2009, p. 15.
BONAZZA (P.), GOLLIAU (C.), LEWINO (F.), « Hautes tensions à EDF », *Le point*, 20 juin 1998, p. 68.
BOSTNAVARON (F.), « Le pétrole cher pousse Delta et Northwestern Airlines à la faillite », *Le Monde*, 16 septembre 2005, p. 18
CASSEN (B.), « Une Europe de moins en moins européenne », *Le Monde diplomatique*, janvier 2003, p. 8-9.
COCHEZ (P.), « Total est invité à ne plus investir dans ce pays », *La Croix*, 1er octobre 2007, p. 3.
COLLOMP (F.), « Un patron de la City tombe à cause de son salaire », *Le Figaro économie*, 9 mai 2012, p. 19.
CORNUDET (C.), « Présidentielle : Sarkozy veut mener campagne contre "la désintégration sociale" », *Les Echos,* 23 juin 2006, p. 3.
CYPEL (S.), « Malgré la sentence, le mystère "Madoff" persiste », *Le Monde* 1er juillet 2009, p. 14.

DANIELS (N.), BOHINEUST (A.), HEUZE (R.), « Après Enron, l'affaire Parmalat replonge l'audit dans la tourmente », *Le Figaro économie*, 6 janvier 2004, p. 2-3.
DE JACQUELOT (P.), « L'argent disparu du groupe Maxwell évalué à 8 milliards de francs », *Les Echos* 9 décembre 1991, p. 35.
DE KERDREL (Y.), « La crème du CAC 40 en vase clos », *Les Echos*, 5 avril 2004, p. 14.
DE KERDREL (Y.), « Le "21 avril" du capitalisme », *Les Echos* 8 avril 2004, p. 14.
DENUIT (D.), MOTTE (M.), « À la tête d'Eurotunnel, l'équipe Maillot défie l'État et les banques », *Le Figaro Economie* 8 avril 2004, p. 1.
DUGUA (P.-Y.), « Enron, l'affaire qui stupéfie l'Amérique », *Le Figaro économie*, 19 janvier 2002, p. 1 et 3.
DUPUY (G.), BASELA (A.), « L'encombrant chantier de Total en Birmanie », *L'Express*, 28 novembre 1996, p. 79.
ESCANDE (Ph.), « Ascension et chute d'un industriel au pouvoir sans partage », *Les Echos*, 19 avril 1995, p. 9.
GINGLINGER (E.), « Actionnariat des salariés : quel impact sur les performances des entreprises ? », *Option Finance* 20 février 2012, p. 58.
GUIBERT (R.), « 65 milliards d'escroquerie, 150 ans de prison », *Le Point* 2 juillet 2009, p. 80.
IGALENS (J.), « La "responsabilité sociale" au cœur des stratégies », *Le Monde économie* 20 novembre 2012, p. 8.
LE GALES (Y.), « De plus en plus de femmes aux conseils du CAC 40 », *Le Figaro*, 6 août 2011, p. 23.
LEMAÎTRE (F.), « Eurotunnel va mettre les assemblées générales sous pression », *Le Monde* 14 avril 2004, p. 19.
LESER (E.), « Enron provoque la plus grande faillite de l'histoire américaine », *Le Monde*, 4 décembre 2001, p. 21.
JULLIEN (B.), « Critères de performance : un inventaire à la Prévert », *Les Echos*, 23 avril 2008, p. 30.
M.-B. B. « L'État pourrait avoir le droit de décider l'arrêt définitif d'une centrale nucléaire », *Le Monde*, 19 juillet 2013, p. 7.
MADELIN (T.), « EDF : Henri Proglio élude les risques de conflits d'intérêts », *Les Echos*, 6 novembre 2009, p. 27 ;
MARX (P.), « Parfum de scandale financier autour de Swissair », *La Tribune*, 28 juin 2002.
N'KAOUA (L.), « 60,6 ans », *Les Echos*, 10 janvier 2012, p. 10.
RAMADIER (S.), « La capitalisation boursière a diminué de 70 milliards en treize mois », *Les Echos*, 13 mars 1995, p. 10.
ROSEMAIN (M.), « Le patron de l'Oréal acclamé pour avoir renoncé à ses stock-options », *Les Echos*, 24 avril 2009, p. 27.
ROSEMAIN (M.), « Un sur deux a touché des stock-options », *Les Echos*, 26 avril 2010, p. 31.

S.F. « Plus qu'une entreprise, une "république" », *Le Figaro économie*, 22 avril 2013, p. 20.
SMITH (A.), « Madoff condamné, le mystère reste entier », *Le Figaro*, 30 juin 2009, p. 2.
STROOBANTS (J.-P.), « La Belgique plafonne le salaire des nouveaux patrons du secteur public », *Le Monde économie*, 3 septembre 2013, p. 7.
TERRISSE (M.- N.), « L'affaire Parmalat fait craindre un "Enron européen" », *Le Monde* 22 décembre 2003, p. 17.
VISOT (M.), « Le parlement dira son mot », *Le Figaro*, 29 septembre 2009, p. 22.

B) Presse étrangère

ALONSO (X.), « Une victoire écrasante pour Thomas Minder », *La tribune de Genève*, 4 mars 2013, p. 2.
BERNET (Ch.), « Genève se démarque sur les salaires, sans faire la différence », *La tribune de Genève*, 25 novembre 2013, p. 3.
BUMILLER (E.), « Bush Signs Bill Aimed at Fraud in Corporations », *The New York Times*, 31 juillet 2002, p. A1.
FRIEDMAN (M.), « The Social Responsibility of Business is to Increase Its Profits », *The New York Times Magazine*, 13 septembre 1970, p. SM17.
GRAY (A.), « Chief executives feel the heat over corporate pay », *The Financial Times* 12 mai 2012, p. 11.
OPPEL Jr. (R.), SORKIN (A. R.), « Enron's Collapse : The Overview ; Enron Files Largest U.S Claim for Bankruptcy », *The New York Times*, 3 décembre 2001, p. A1.
RENETTE (E.), « À la recherche du "juste salaire" des patrons publics », *Le Soir*, 28 août 2013, p. 2.
TREANOR (J.), « Open season on top executive pay in "shareholder spring" as Aviva boss quits », *The Guardian*, 9 mai 2012, p. 1.
VASTEL (M.), « La Cour suprême ferme le dossier Vincent Lacroix », *La Presse* 29 janvier 2010, p. A7.

VI) Travaux préparatoires, rapports, instructions, avis

A) Sources unionistes

COMMISSION EUROPEENNE, *Rapport sur l'application, par les États membres, des recommandations sur la rémunération des dirigeants d'entreprise*, SEC(2007) 1022.
GROUPE DE HAUT NIVEAU D'EXPERTS EN DROIT DES SOCIETES, *Un cadre réglementaire moderne pour le droit des sociétés*, 2002.

B) Sources internes

1. Sources parlementaires

BESSON (E.), *Rapport n° 2327 présenté à l'Assemblée Nationale fait au nom de la commission des finances, de l'économie générale et du plan sur le projet de loi relatif aux nouvelles régulations économiques*, 6 avril 2000.
BETEILLE (L.), YUNG (R.), *Rapport n° 296 d'information fait au nom de la commission des lois constitutionnelles, de législation, du suffrage universel, du Règlement de l'administration générale par le groupe de travail sur l'évaluation de la loi n° 2007-1544 du 29 octobre 2007 de lutte contre la contrefaçon*, 9 février 2011.
BLANC (E.), *Rapport n° 3787 fait au nom de la commission des lois constitutionnelles, de la législation et de l'administration générale de la République sur la proposition de loi n° 3706 de M. Jean-Luc WARSMANN relative à la simplification du droit et à l'allègement des démarches administratives*, 5 octobre 2011.
CHARTIER (J.), *Rapport n° 2948 fait au nom de la commission des finances, de l'économie générale et du contrôle budgétaire sur le projet de loi, modifié par le Sénat, de régulation bancaire et financière (n° 2833)*, 7 octobre 2010.
DE ROUX (X.), *Rapport n° 2095 fait au nom de la commission des lois constitutionnelles, de la législation et de l'administration générale de la République sur le projet de loi n° 1596 de sauvegarde des entreprises*, 24 février 2005.
GERMAIN (J.-M.), *Rapport n° 847 fait au nom de la commission des affaires sociales sur le projet de loi relatif à la sécurisation de l'emploi – Tome I*, 27 mars 2013.
GOULARD (F.), *Rapport n° 807 fait au nom de la commission des finances, de l'économie générale et du plan sur le projet de loi, adopté par le Sénat de sécurité financière*, 10 avril 2003.
HOUILLON (Ph.), *Avis n° 772 présenté au nom de la Commission des lois constitutionnelles, de la législation et de l'administration générale de la République sur le projet de loi, adopté par le Sénat, de sécurité financière*, 8 avril 2003.
MARINI (Ph.), *Rapport n° 5 du Sénat présenté au nom de la Commission des finances, du contrôle budgétaire et des comptes de la nation sur le projet de loi, adopté par l'assemblée nationale après déclaration d'urgence, sur les nouvelles régulations économiques*, 4 octobre 2000.
MARINI (Ph.), *Rapport n° 319 fait au nom de la commission des Finances, du contrôle budgétaire et des comptes économiques de la Nation sur le projet de loi, modifié par l'Assemblée nationale, de sécurité financière*, 28 mai 2003.
MARINI (Ph.), *Rapport n° 703 fait au nom de la commission des finances sur le projet de loi de régulation bancaire et financière*, 14 septembre 2010.

SIRUGUE (C.), *Rapport n° 2792 fait au nom de la commission des affaires sociales sur le projet de loi, après engagement de la procédure accélérée, relatif au dialogue social et à l'emploi*, 21 mai 2015.
TAUGOURDEAU (J.-C.), *Avis n° 59 fait au nom de la commission des affaires économiques, de l'environnement et du territoire sur le projet de loi en faveur du travail, de l'emploi et du pouvoir d'achat*, 4 juillet 2007.
VUILQUE (Ph.), *Rapport n° 1955 fait au nom de la commission des lois constitutionnelles, de la législation et de l'administration générale de la République sur la proposition de loi n° 1896 de M. Jean-Marc Ayrault visant à rendre plus justes et plus transparentes les politiques de rémunérations des dirigeants d'entreprises et des opérateurs de marché* 7 octobre 2009.
J.O. Assemblée Nationale, 9 juin 1965, 1ère séance.
J.O. Assemblée Nationale, 9 juin 1965, 2ème séance.
J.O. Assemblée Nationale, 12 juin 1965.
J.O. Assemblée Nationale, 3 décembre 1970.
J.O. Assemblée Nationale, 16 mai 1972, 2ème séance.
J.O. Assemblée Nationale, 21 janvier 1980.
J.O. Assemblée Nationale, 13 octobre 1981.
J.O. Assemblée Nationale, 26 octobre 1987.
J.O. Assemblée Nationale, 4 mars 2003.
J.O. Assemblée Nationale, 7 mai 2003.
J.O. Assemblée Nationale Questions, 13 octobre 1986, p. 1384.
J.O. Sénat, 21 avril 1966.
J.O. Sénat, 11 juillet 1985.
J.O. Sénat, 29 juin 1994.
J.O. Sénat, 21 mars 2003.
J.O. Sénat, 7 mai 2005.
J.O. Sénat, 30 juin 2005.
J.O. Sénat, 21 février 2006.
Rapport du président du conseil sur le Décret du 30 octobre 1935 relatif à la protection des obligataires, *D.* 1935, IV, p. 415.
Rapport fait au Président de la République sur l'Ordonnance n° 67-694 du 17 août 1967 relative aux plans d'épargne d'entreprise et modifiant la loi n° 65-997 du 29 novembre 1965, *JORF* du 18 août 1967, p. 8290 ; *D.* 1967, légis. p. 310.

2. *Autorités régulatrices*

AUTORITE DES MARCHES FINANCIERS, *Rapport de l'Autorité des marchés financiers 2004*, Paris, La documentation Française, 2004.
AUTORITE DES MARCHES FINANCIERS, *Instruction AMF n° 2005-11 relative à l'information à diffuser en cas d'offre au public ou d'admission aux négociations de titres financiers sur un marché réglementé*, Paris, 2005.

AUTORITE DES MARCHES FINANCIERS, *Position AMF n° 2006-14 : Questions – réponses sur les obligations de déclaration des opérations réalisées par les dirigeants, leurs proches et les personnes assimilées*, 28 septembre 2006.

AUTORITE DES MARCHES FINANCIERS, *Rapport annuel pour l'année 2006*, Paris, La documentation française, 2007.

AUTORITE DES MARCHES FINANCIERS, *Rapport 2007 de l'AMF sur le gouvernement d'entreprise et le contrôle interne*, Paris, 2007.

AUTORITE DES MARCHES FINANCIERS, *Rapport annuel pour l'année 2007*, Paris, La documentation française, 2007.

AUTORITE DES MARCHES FINANCIERS, *Recommandation relative à la participation des actionnaires aux assemblées générales*, 16 avril 2007.

AUTORITE DES MARCHES FINANCIERS, *Rapport sur les Valeurs Moyennes et Petites (VaMP)*, Paris, 6 novembre 2007.

AUTORITE DES MARCHES FINANCIERS, *Position n° 2009-14 Information financière diffusée par les sociétés en difficulté*, Paris, 2009.

AUTORITE DES MARCHES FINANCIERS, *Rapport 2009 sur le gouvernement d'entreprise et le contrôle interne*, Paris, 2009.

AUTORITE DES MARCHES FINANCIERS, *Rapport final sur le comité d'audit*, 22 juillet 2010.

AUTORITE DES MARCHES FINANCIERS, *Cadre de référence sur les dispositifs de gestion des risques et de contrôle interne pour les valeurs moyennes et petites*, 22 juillet 2010.

AUTORITE DES MARCHES FINANCIERS, *Rapport 2010 de l'AMF sur le gouvernement d'entreprise et les rémunérations des dirigeants*, Paris, 2010.

AUTORITE DES MARCHES FINANCIERS, *Recommandation 2011-06 sur les agences de conseil en vote*, Paris, 2011.

AUTORITE DES MARCHES FINANCIERS, *Lettre économique et financière*, Automne 2011.

AUTORITE DES MARCHES FINANCIERS, *Recommandation n° 2012-02 Gouvernement d'entreprise et rémunération des dirigeants des sociétés se référant au code AFEP-MEDEF - Présentation consolidée des recommandations contenues dans les rapports annuels de l'AMF*, 9 février 2012.

AUTORITE DES MARCHES FINANCIERS, *Recommandation de l'Autorité des marchés financiers n° 2012-05*, 2 juillet 2012.

AUTORITE DES MARCHES FINANCIERS, *Rapport final sur les assemblées générales d'actionnaires de sociétés cotées*, 2 juillet 2012.

AUTORITE DES MARCHES FINANCIERS, *Rapport 2012 de l'AMF sur le gouvernement d'entreprise et les rémunérations des dirigeants de sociétés cotées*, Paris, 2012.

AUTORITE DES MARCHES FINANCIERS, *Recommandation AMF n° 2013-18, Rapport de l'AMF sur l'information publiée par les sociétés cotées en matière de responsabilité sociétale et environnementale.*

AUTORITE DES MARCHES FINANCIERS, *Etude relative aux rapports des présidents sur les procédures de contrôle interne et de gestion des risques pour l'exercice 2012*, Paris, 2013.
AUTORITE DES MARCHES FINANCIERS, *Rapport 2013 de l'AMF sur le gouvernement d'entreprise et la rémunération des dirigeants*, Paris, 2013.
COMITE DE LA REGLEMENTATION BANCAIRE ET FINANCIERE, *Règlement n° 97-02 du 21 février 1997 relatif au contrôle interne des établissements de crédit et des entreprises d'investissements.*
COMMISSION DES OPERATIONS DE BOURSE, *Bulletin Mensuel de la Commission des opérations de bourse*, n° 125, Avril 1980.
COMMISSION DES OPERATIONS DE BOURSE, *Bulletin mensuel de la COB*, juillet 1980.
COMMISSION DES OPERATIONS DE BOURSE, *Bulletin mensuel de la COB,* octobre 2000.
COMMISSION DES OPERATIONS DE BOURSE, *Rapport annuel pour 2001.*
COMMISSION DES OPERATIONS DE BOURSE, « Recommandation n° 2002-01 relative à la déclaration par les mandataires sociaux des transactions effectuées sur les titres de leur société », *Bulletin mensuel COB*, février 2002, p. 17.
GROUPE DE TRAVAIL PRESIDE PAR YVES MANSION, *Pour l'amélioration de l'exercice des droits de vote des actionnaires en France*, Paris, AMF, 2005.
GROUPE DE TRAVAIL DE LA COMMISSION CONSULTATIVE « EPARGNANTS », *Rapport sur l'épargne salariale et l'actionnariat salarié*, Paris, AMF, février 2011.

3. *Sources ministérielles et juridictionnelles*

AGENCE DES PARTICIPATIONS DE L'ÉTAT, *L'État actionnaire – Rapport pour 2013.*
COMITE FISCAL D'ORGANISATION ADMINISTRATIVE, 15 mars 2001, *DO* n° 66, p. 10 ; *JCP E* 2001, p. 1801.
COUR DES COMPTES, « L'État actionnaire : apports et limites de l'Agence des participations de l'État », *Rapport public annuel*, Paris, La documentation Française, 2008.
COUR DES COMPTES, *Dexia, un sinistre coûteux, des risques persistants*, 18 juillet 2013.
MINISTERE DE LA JUSTICE, « Circulaire du 21 octobre 1981 ; orientations nouvelles de politique criminelle », *JCP G* 1981, III, 51964.
MINISTERE DE LA JUSTICE, « Circulaire CRIM 2004-04 E8 du 14 mai 2004, Présentation des dispositions de procédure pénale immédiatement applicables de la loi n° 2004-204 du 9 mars 2004 portant adaptation de la

justice aux évolutions de la criminalité », *BO Ministère de la Justice* n° 94, 2004.

MINISTERE DE LA JUSTICE, « Circulaire relative à l'action du ministère public dans les procédures du Livre VI du Code de commerce en conséquence de la loi de sauvegarde des entreprises », JUSC0620263C, *Bulletin officiel du Ministère de la justice*, n° 102, 2006.

MINISTERE DE LA JUSTICE, « Rapport au Président de la République relatif à l'ordonnance n° 2008-1345 du 18 décembre 2008 portant réforme du droit des entreprises en difficulté », *JORF* du 19 décembre 2008, texte 19.

MINISTERE DE LA JUSTICE, *Avant-projet de réforme du Code de procédure pénale*, 1er mars 2010.

MINISTERE DE LA JUSTICE, *Les condamnations 2011*, Paris, 2013.

MINISTERE DU TRAVAIL, « Instruction DGEFP n° 2013-10 du 26 juin 2013 relative aux orientations pour l'exercice des nouvelles responsabilités des DIRECCTE/DIECCTE dans les procédures de licenciement économique collectif (loi de sécurisation de l'emploi », NOR ETSD1316861J, *Bulletin officiel du Ministère du travail, de l'emploi, de la formation professionnelle et du dialogue social*, texte 4.

4. *Sources professionnelles et sectorielles*

AFEP-MEDEF, *Rapport du comité sur le gouvernement d'entreprise présidé par M. Marc Viénot (dit Rapport Viénot II)*, Paris, 1999.

AFEP-MEDEF, *Code de gouvernement d'entreprise des sociétés cotées*, Paris, 2008.

AFEP-MEDEF, *Code de gouvernement d'entreprise des sociétés cotées*, Paris, 2016.

ASSOCIATION FRANÇAISE POUR LA GESTION FINANCIERE, *Recommandation sur le gouvernement d'entreprise*, Paris, 2010.

ASSOCIATION FRANCAISE DE LA GESTION FINANCIERE, *L'AFG souhaite que le rôle des "administrateurs référents" soit clairement défini et formalisé. L'exercice des droits de vote et le dialogue des émetteurs continuent à se développer*, 9 février 2011.

ASSOCIATION FRANCAISE DE LA GESTION FINANCIERE, *Recommandations sur le gouvernement d'entreprise*, Paris, 2015.

ASSOCIATION NATIONALE DES SOCIETES PAR ACTIONS, « Prêts intra-groupes – centrales de trésorerie et conventions réglementées », *Dossiers* n° 3014, septembre-novembre 1999.

ASSOCIATION NATIONALE DES SOCIETES PAR ACTIONS, Communication n° 06-036, p. 5.

ASSOCIATION NATIONALE DES SOCIETES PAR ACTIONS, Communication n° 3057, p. 6, *CJ* 1er mars 2000.

ASSOCIATION NATIONALE DES SOCIETES PAR ACTIONS, *Dossier n° 04-031*.

ASSOCIATION NATIONALE DES SOCIETES PAR ACTIONS, *Dossier n° 3254*, Septembre-Novembre 2003.
ASSOCIATION NATIONALE DES SOCIETES PAR ACTIONS, *Dossiers n° 3143, 3172 et 05-048.*
ASSOCIATION NATIONALE DES SOCIETES PAR ACTIONS, *Journées d'études de l'ANSA 2013*, Paris, 2013.
COMPAGNIE NATIONALE DES COMMISSAIRES AUX COMPTES, « "Justifiant de leurs appréciations" Avis technique reconnu par le HCCC au titre des bonnes pratiques professionnelles identifiées portant sur la première mise en application des dispositions de l'article L. 225-235 1er et 2ème alinéas du Code de commerce », *Bulletin CNCC* 2004.
DELISLE (J.-M.), *Renforcer l'efficacité de la procédure des conventions réglementées – Contribution de la CCIP aux travaux de place*, septembre 2011.
GROUPE DE TRAVAIL ASSOCIATION FRANCAISE DES ENTREPRISES FRANCAISES/CONSEIL NATIONAL DU PATRONAT FRANCAIS, *Le conseil d'administration des sociétés cotées (dit Rapport Viénot I)*, 1995.
GROUPE DE TRAVAIL ASSOCIATION FRANCAISE DES ENTREPRISES FRANCAISES/ MOUVEMENT DES ENTREPRISES DE FRANCE, *Pour un meilleur gouvernement des entreprises cotées (dit Rapport Bouton)*, 2002.
HAUT COMITE DE GOUVERNEMENT D'ENTREPRISE, *Guide d'application du code AFEP-MEDEF de gouvernement d'entreprise des sociétés cotées de juin 2013*, Paris, 2014.
INSTITUT FRANÇAIS DES ADMINISTRATEURS, *Instauration des comités visés par l'article L. 823-19 du Code de commerce*, octobre 2009.
INSTITUT FRANÇAIS POUR L'AUDIT ET LE CONTRÔLE INTERNES, *L'urbanisme du contrôle interne, Comment en améliorer l'efficacité ? Quelle place pour l'audit interne ?*, 2008.
INSTITUT MONTAIGNE, *Mieux gouverner l'entreprise*, Paris, 2003.
MIDDLENEXT, *Code de gouvernement d'entreprise pour les valeurs moyennes et petites*, Paris, 2009.
MOUVEMENT DES ENTREPRISES DE FRANCE, *Cap vers la RSE – Faire de la responsabilité sociétale de l'entreprise un levier de performance*, Paris, 2012.
NOVETHIC, *Le marché français en 2011.*
NOVETHIC, *Exclusions normatives – Investisseurs responsables face aux entreprises controversées*, janvier 2012.
OBSERVATOIRE SUR LA RESPONSABILITE SOCIETALE DE L'ENTREPRISE, *Responsabilité sociétale des entreprises : en catimini et sans véritable débat ni concertation préalable, le Parlement remet en cause, 3 mois après l'avoir adoptée, une disposition importante de la loi Grenelle 2*, 24 novembre 2010.

C) Droits étrangers

AUTORITES CANADIENNES DES VALEURS MOBILIERES, « Règlement 52-108 sur la surveillance des auditeurs », *RLRQ* c V-1.1, r 26.

AUTORITES CANADIENNES DES VALEURS MOBILIERES, « Règlement 52-109 sur l'attestation de l'information présentée dans les documents annuels et intermédiaires des émetteurs », *RLRQ* c V-1.1, r 27.

AUTORITES CANADIENNES DES VALEURS MOBILIERES, *Document de consultation 25-401, Perspectives de réglementation des agences de conseil en vote*, 21 juin 2012.

AUTORITE DES MARCHES FINANCIERS (QUEBEC), « Peines consécutives : l'Autorité demande à la Cour Suprême d'être entendue », 20 octobre 2009.

AUTORITÉ DES MARCHES FINANCIERS (QUEBEC), « Règlement 52-110 sur le comité de vérification », *RLRQ* c V-1.1, r 28.

AUTORITE DES MARCHES FINANCIERS (QUEBEC), « Règlement 58-101 sur l'information concernant les pratiques en matière de gouvernance », *RLRQ* c V-1.1, r 32.

COMITATO PER LA CORPORATE GOVERNANCE, *Codice di Autodisciplina*, 2006.

COMMITTEE ON CORPORATE GOVERNANCE IN CANADA, *Where Were the Directors? Guidelines for Improved Corporate Governance in Canada (The Dey Report)*, Toronto Stock Exchange, 1994.

FINANCIAL REPORTING COUNCIL, *Combined Code on Corporate Governance*, 2ème éd., Londres, FRC, 2006.

FINANCIAL REPORTING COUNCIL, *The UK Corporate Governance Code*, 2012.

NASDAQ, *Equity Rules*.

NATIONAL ASSOCIATION OF CORPORATE DIRECTORS, *Key Agreed Principles to Strengthen Corporate Governance for U.S. Publicly Traded Companies*, Washington, 2008.

NEW YORK STOCK EXCHANGE, *Listed Companies Manual*.

SECURITIES AND EXCHANGE COMMISSION, *Concept release on the U.S. proxy system*, 14 juillet 2010, n° 34-62495, IA-3052, IC-29340.

STUDY GROUP ON DIRECTORS' REMUNERATION, *Director's Remuneration, Report of a Study Group chaired by Sir Richard Greenbury (The Greenbury Report)*, Londres, GEE, 1995.

THE COMMITTEE ON CORPORATE GOVERNANCE, *Final report (The Hampel Report*), Londres, GEE, 1998.

THE COMMITTEE ON THE FINANCIAL ASPECTS OF CORPORATE GOVERNANCE, *The Financial Aspects of Corporate Governance* (*The Cadbury Report*), Financial Reporting Council, 1992.

UNITED STATES DEPARTMENT OF LABOR, « The fiduciary obligations of prudence and loyalty to plan participants and beneficiaries require the

responsible fiduciary to vote proxies on issues that may affect the value of the plan's investment », *Rules and Regulations,* Interpretative bulletin 94-2.
UNITED STATES DEPARTMENT OF LABOR, « Interpretive bulletin relating to the exercise of shareholder rights and written statements of investment policy, including proxy voting policies or guidelines », 29 *CFR* 2509.08-2.

INDEX ALPHABETIQUE

Les numéros renvoient aux paragraphes

-D-

-E-

-Q-

-R-

-S-

-T-

-U-

-V-

-W-

TABLE DES MATIERES

PARTIE SECONDE
LE CONTROLE *A POSTERIORI*
DE LA GESTION DES SOCIETES COTEES

Structures éditoriales du groupe L'Harmattan

L'Harmattan Italie
Via degli Artisti, 15
10124 Torino
harmattan.italia@gmail.com

L'Harmattan Hongrie
Kossuth l. u. 14-16.
1053 Budapest
harmattan@harmattan.hu

L'Harmattan Sénégal
10 VDN en face Mermoz
BP 45034 Dakar-Fann
senharmattan@gmail.com

L'Harmattan Cameroun
TSINGA/FECAFOOT
BP 11486 Yaoundé
inkoukam@gmail.com

L'Harmattan Burkina Faso
Achille Somé – tengnule@hotmail.fr

L'Harmattan Guinée
Almamya, rue KA 028 OKB Agency
BP 3470 Conakry
harmattanguinee@yahoo.fr

L'Harmattan RDC
185, avenue Nyangwe
Commune de Lingwala – Kinshasa
matangilamusadila@yahoo.fr

L'Harmattan Congo
67, boulevard Denis-Sassou-N'Guesso
BP 2874 Brazzaville
harmattan.congo@yahoo.fr

L'Harmattan Mali
Sirakoro-Meguetana V31
Bamako
syllaka@yahoo.fr

L'Harmattan Togo
Djidjole – Lomé
Maison Amela
face EPP BATOME
ddamela@aol.com

L'Harmattan Côte d'Ivoire
Résidence Karl – Cité des Arts
Abidjan-Cocody
03 BP 1588 Abidjan
espace_harmattan.ci@hotmail.fr

L'Harmattan Algérie
22, rue Moulay-Mohamed
31000 Oran
info2@harmattan-algerie.com

L'Harmattan Maroc
5, rue Ferrane-Kouicha, Talaâ-Elkbira
Chrableyine, Fès-Médine
30000 Fès
harmattan.maroc@gmail.com

Nos librairies en France

Librairie internationale
16, rue des Écoles – 75005 Paris
librairie.internationale@harmattan.fr
01 40 46 79 11
www.librairieharmattan.com

Librairie l'Espace Harmattan
21 bis, rue des Écoles – 75005 Paris
librairie.espace@harmattan.fr
01 43 29 49 42

Lib. sciences humaines & histoire
21, rue des Écoles – 75005 Paris
librairie.sh@harmattan.fr
01 46 34 13 71
www.librairieharmattansh.com

Lib. Méditerranée & Moyen-Orient
7, rue des Carmes – 75005 Paris
librairie.mediterranee@harmattan.fr
01 43 29 71 15

Librairie Le Lucernaire
53, rue Notre-Dame-des-Champs – 75006 Paris
librairie@lucernaire.fr
01 42 22 67 13

www.ingramcontent.com/pod-product-compliance
Lightning Source LLC
LaVergne TN
LVHW050050061026
849532LV00001BA/5
* 9 7 8 2 3 4 3 1 9 3 7 8 6 *